Petra Neukirchen, Wolfgang Bauer

Andalusien

139an bn

„Oh, Bewohner von Al-Andalus, wie ich das Eurige genieße!
Ihr besitzt Wasser, Schatten, Flüsse und Bäume;
das ewige Paradies gibt es nirgends als in Euren Wohnstätten,
und wenn ich wählen könnte, hier würde ich bleiben."

Ibn Jafaya

Impressum

Petra Neukirchen, Wolfgang Bauer
Reise Know-How Andalusien

erschienen im
Reise Know-How Verlag Peter Rump GmbH,
Bielefeld, Osnabrücker Str. 79, 33649 Bielefeld

8., neu bearbeitete
und komplett aktualisierte Auflage 2014

Gestaltung:
Umschlag: G. Pawlak, P. Rump (Layout);
M. Luck (Realisierung)
Inhalt: G. Pawlak (Layout); M. Luck (Realisierung)
Fotonachweis: die Autoren (bn, ba, nk), A. Volger (av),
R. Cansino (rc), Sierra Nevada activa (sna),
www.fotolia.de © suttonbaggies
Titelfoto: W. Bauer (Motiv: Patio de la Montería
im Alcázar von Sevilla))
Karten: Th. Buri; der Verlag

Lektorat: C. Tiemann
Lektorat (Aktualisierung): M. Luck

Druck und Bindung: Media-Print, Paderborn

ISBN 978-3-8317-2509-0
Printed in Germany

Dieses Buch ist erhältlich in jeder Buchhandlung Deutschlands, der Schweiz, Österreichs, Belgiens und der Niederlande. Bitte informieren Sie Ihren Buchhändler über folgende Bezugsadressen:

Deutschland
Prolit GmbH, Postfach 9, D-35461 Fernwald (Annerod)
sowie alle Barsortimente
Schweiz
AVA Verlagsauslieferung AG
Postfach 27, CH-8910 Affoltern
Österreich
Mohr Morawa Buchvertrieb GmbH
Sulzengasse 2, A-1230 Wien
Niederlande, Belgien
Willems Adventure, www.willemsadventure.nl

Wer im Buchhandel trotzdem kein Glück hat, bekommt unsere Bücher auch über unseren
Büchershop im Internet: www.reise-know-how.de

an14-047 nk

Wir freuen uns über Kritik, Kommentare und Verbesserungsvorschläge, gern auch per E-Mail an info@reise-know-how.de.

Alle Informationen in diesem Buch sind vo den Autoren mit größter Sorgfalt gesamm und vom Lektorat des Verlages gewissenha bearbeitet und überprüft worden.

Da inhaltliche und sachliche Fehler nicht ausgeschlossen werden können, erklärt de Verlag, dass alle Angaben im Sinne der Produkthaftung ohne Garantie erfolgen und dass Verlag wie Autoren keinerlei Verantwortung und Haftung für inhaltlich und sachliche Fehler übernehmen.

Die Nennung von Firmen und ihren Produk ten und ihre Reihenfolge sind als Beispiel ohne Wertung gegenüber anderen anzuse- hen. Qualitäts- und Quantitätsangaben sin rein subjektive Einschätzungen der Autore und dienen keinesfalls der Bewerbung von Firmen oder Produkten.

Petra Neukirchen
Wolfgang Bauer

ANDALUSIEN

Vorwort

Was schon Romantiker des 19. Jahrhunderts nach Andalusien lockte, verzaubert auch noch heute: die bergige Landschaft, Olivenhaine, die Farbenpracht, maurisches Kulturgut, Flamenco, Stierkampf, Fiestas und die lebhafte Atmosphäre. Schnell werden diese Attribute von Kritikern als klischeehaft abgetan, aber was nur wie eine schöne Fassade aussieht, ist aus dem andalusischen Leben nicht wegzudenken. Die Spuren vergangener Hochkulturen, von den vorrömischen Völkern bis zu den Arabern, sind bis heute zu erkennen. Hier kam es zu einzigartigen Verschmelzungen der Kulturen. Bauwerke wie die Moschee von Córdoba, die Alhambra von Granada und die Giralda von Sevilla zeugen hiervon.

Der Süden Spaniens steckt voller Fröhlichkeit und Lebensbejahung, auch wenn nicht vergessen werden darf, dass „la crisis", also die schlechte wirtschaftliche Lage, die hohe Arbeitslosigkeit und das Schicksal der Landarbeiter die Stimmung überschatten. Jährlich steigt die Zahl der Touristen, die vor allem die Costa del Sol bereisen, die mit rund 3.000 Sonnenstunden im Jahr eine der sonnigsten Küsten Europas ist.

Doch der Süden Spaniens bietet auch wenig überlaufene Sehenswürdigkeiten und spektakuläre, kaum bekannte Naturdenkmäler. Auf verhältnismäßig kleiner Fläche findet sich eine enorme landschaftliche Vielfalt: von der regenreichsten Region Spaniens in der Sierra de Grazalema bis zu den Halbwüsten Almerías, von der subtropischen Mittelmeerküste bis zum ewigen Schnee in der

Sierra Nevada, von der größten spanischen Tiefebene am Guadalquivir bis zum höchsten Berg der Iberischen Halbinsel, dem Mulhacén. Auch den weniger besuchten Gegenden widmet dieser Reiseführer ausführliche Beschreibungen mit zahlreichen Ausflugs- und Wandertipps, wobei auf die vielen Naturparks besonderes Augenmerk gerichtet wird. Die Bade- und Wassersportmöglichkeiten sind paradiesisch, und abseits der viel besuchten Badeorte gibt es wunderschöne Felsbuchten, kaum besuchte Sandstrände und faszinierende Küstenlandschaften zu entdecken.

Nach einem jahrelangen, fast ungezügelten Bauboom hat die im Jahr 2008 geplatzte „Immobilienblase“ Spanien voll getroffen, viele Neubauwohnungen sind schlicht unverkäuflich geworden. Vielleicht bietet diese Krise aber auch eine Chance, nämlich die letzten natürlichen Strandlandschaften, insbesondere an der andalusischen Atlantikküste oder am Cabo de Gata bei Almería, vor der „Urbanisierung“ zu retten – wenn schon nicht aus ökologischer, dann aus ökonomischer Vernunft.

Auch die Leser der 7. Auflage haben wieder wertvolle Tipps zur Neuauflage beigesteuert – an dieser Stelle herzlichen Dank dafür! Andalusien hat nach wie vor seinen Zauber behalten, und wir wünschen allen viel Spaß dabei, diesen für sich zu entdecken.

Petra Neukirchen und
Wolfgang Bauer

Inhalt

Exkurse

Preiskategorien der Unterkünfte (pro DZ)

①	bis 50 €
②	50–75 €
③	75–100 €
④	100–140 €
⑤	ab 140 €

Ausführliche Erläuterungen auf S. 596.

Karten

In den **Kopfzeilen** der Buchseiten erfolgt ein Verweis auf die jeweils in den Kontext passende Karte bzw. Stadtplan.

Übersichtskarten zu den Kapiteln/Provinzen

Stadtpläne

Wanderkarten

Nicht verpassen!

In jedem Kapitel sind einige (touristische) Highlights hervorgehoben – man erkennt sie an der **gelben Hinterlegung.**

TIPP: **Besonders gute und/oder außergewöhnliche Unterkünfte, Restaurants und sonstige Empfehlungen der Autoren** sind als Tipp gekennzeichnet.

Hinweis

Die **Internet- und E-Mail-Adressen** in diesem Buch können – bedingt durch den Zeilenumbruch – so getrennt werden, dass ein Trennstrich erscheint, der nicht zur Adresse gehören muss!

Angabe von Adressen (Abkürzungen)

- **Avda.** *Avenida* (Allee)
- **c/** *calle* (Straße)
- **Ctra.** *Carretera* (Landstraße)
- **s/n** *sin numero* (ohne Hausnummer)
- **Edif.** *Edificio* (Gebäude)

Die Regionen im Überblick

1 Provinz Jaén | 17

El Paraiso del Interior – „das Paradies im Landesinneren“ nennt sich diese waldreiche, dünn besiedelte Region im Nordosten Andalusiens, die die höchste Olivenbaumdichte der Welt aufweist. Naturfreunde kommen in den noch sehr ursprünglichen **Sierras de Cazorla, Segura y Las Villas (S. 33)** auf ihre Kosten. Kulturreisende finden ihr kleines Paradies in den vorzüglich erhaltenen Renaissancestädten **Úbeda (S. 20)** und **Baeza (S. 27),** während die eher spröde Provinzhauptstadt **Jaén (S. 38)** nicht unbedingt zum „Pflichtprogramm“ gehört.

2 Provinz Córdoba | 47

Der Guadalquivir, die Lebensader Andalusiens, teilt diese Provinz in zwei sehr unterschiedliche Hälften: im Norden das sanfte Mittelgebirge der Sierra Morena mit ausgedehnten Korkeichenwäldern, im Süden das schroffe Kalkgebirge der **Sierra Subbética (S. 98)** mit überraschender Dramatik. Gerade der Süden kann zusätzlich noch mit pittoresken Dörfern und Kleinstädten aufwarten, die sogar einen ganz speziellen Barockstil prägten. Mittendrin die beschauliche Provinzhauptstadt **Córdoba (S. 51),** im 10. Jahrhundert immerhin die Kapitale des gleichnamigen Kalifats und an Glanz nur mit Bagdad, Damaskus oder Konstantinopel zu vergleichen.

3 Provinz Sevilla | 113

Die Provinz Sevilla liegt in der Tiefebene des Guadalquivir, eine flache bis sanft hügelige Landschaft, große landwirtschaftliche Nutzflächen prägen das Bild. Die andalusische **Hauptstadt Sevilla (S. 116)** lockt mit unzähligen kulturellen und architektonischen Höhepunkten und ist ein touristisches „Muss“! Doch auch andere Orte in der Provinz haben Interessantes zu bieten, so z. B. das historisch bedeutende **Carmona (S. 166)** und die Kleinstadt **Écija (S. 170),** beide schon von Weitem an ihren zahlreichen Kirchtürmen zu erkennen.

4 Costa de la Luz und Hinterland | 177

Die Costa de la Luz zieht sich von Ayamonte in der Provinz Huelva bis Tarifa in der Provinz Cádiz, sie ist der Teil Andalusiens, der am Atlantik liegt. Viele Küstenorte, etwa **Isla Cristina (S. 190)** oder **Barbate (S. 254),** haben ihren ursprünglichen Charakter als Fischerdorf beibehalten. In der Gegend um **Sanlúcar (S. 212)** und **Chipiona (S. 217)** dominieren Landwirtschaft und Fremdenverkehr, die Bucht von **Cádiz (S. 222)** zeigt sich eher urban. Ganz im Westen locken lange Strände mit feinem Sand; ein Naturparadies ist der **Nationalpark Coto de Doñana** (S. 202).

5 Granada und die Alpujarras | 305

Historische Bauwerke aus 1001 Nacht und jugendlich-studentisches Flair sind

in der eher kleinen, aber lebhaften Provinzhauptstadt **Granada (S. 308)** kein Widerspruch. Das urige Altstadtviertel Albayzin, das auf einer Anhöhe thronende Märchenschloss Alhambra und die schneebedeckten Gipfel der Sierra Nevada im Hintergrund – dieses Bild von Andalusien faszinierte schon romantische Reiseschriftsteller und lockt Jahr für Jahr Scharen von Besuchern an. Weit weniger bekannt sind der urwüchsige Charme der **Alpujarras (S. 376),** wie die Südabdachung der fast 3.500 Meter hohen Sierra Nevada genannt wird, oder auch die Kleinstadt **Guadix (S. 370)** mit ihren kuriosen Höhlenwohnungen.

6 Provinz Almería | 401

Kakteenbestandene Halbwüsten bestimmen das Bild der südöstlichen Ecke Andalusiens – kein Wunder, dass hier zahl-

reiche Western gedreht wurden. Auch die afrikanisch anmutende Provinzhauptstadt **Almería (S. 426)** besticht eher durch einen leicht verwelkten Charme, für fortgeschrittene Traveller bietet sie aber einige Entdeckungen, vor allem die mächtig über der Stadt thronende maurische Festungsanlage Alcazaba. Hauptanziehungspunkt dieser Region ist aber zweifellos das noch sehr ursprüngliche Biosphärenreservat **Cabo de Gata (S. 412)** mit seinen geradezu archaischen Wüstenlandschaften und herrlichen Naturstränden.

7 Costa del Sol und Hinterland | 443

Nicht ganz zu Unrecht genießt die „Spanische Riviera“ einen zweifelhaften Ruf als Hochburg des Massentourismus. Doch abseits der Bettenburgen finden sich sogar noch weitgehend naturbelassene Strände. Das Hinterland überrascht mit spektakulären Naturdenkmälern wie dem **Ardales-Park (S. 494).** Neben den schillernden Großstädten **Málaga (S. 466)** und **Marbella (S. 504)** lohnt vor allem ein Besuch der auf zwei Seiten einer 100 Meter tiefen Schlucht hingestreuten Kleinstadt **Ronda (S. 514).**

Kleiner Andalusien-Kompass

Thematisch ausgewählte Highlights

Kirchen und Klöster

- **Kathedrale von Sevilla:** drittgrößte Kirche der Welt, S. 121
- **Kathedrale und Capilla Real in Granada:** Renaissance in kühler Eleganz, S. 333, 337
- **Kathedrale von Málaga:** die kleine Einarmige, S. 469
- **La Cartuja von Granada:** barocker Formenreichtum par excellence, S. 344
- **Kloster La Rábida bei Palos:** das Sprungbrett für die Entdeckung Amerikas, S. 197

Paläste und Residenzen

- **Alcázar von Sevilla:** orientalisches Märchenschloss eines christlichen Königs, S. 127
- **Casa de Pilatos, Sevilla:** schönstes Beispiel des Mudéjar-Stils an einem Privatgebäude, S. 132
- **Palacio de Viana, Córdoba:** die Vollendung andalusischer Patio-Kultur, S. 80
- **Palacio de Villadompardo, Jaén:** Renaissance-Palast mit überraschendem Innenleben, S. 42
- **Palacio de Mondragón, Ronda:** klein, aber fein und mit herrlicher Aussicht, S. 527

Maurische Architektur

- **Alhambra von Granada:** märchenhafte Residenz der Nasriden, S. 316
- **Mezquíta von Córdoba:** weltweit einzigartige Moschee-Kathedrale, S. 56
- **Madinat al-Zahra bei Córdoba:** ehemalige Palaststadt der Omaijaden, S. 92
- **Alcazaba und Gibralfaro von Málaga:** Residenz und Festung im Doppelpack, S. 472
- **Alcazaba von Almería:** gewaltige Burganlage über der Hafenstadt, S. 428

Museen

- **Museo de Bellas Artes in Sevilla:** zweitgrößte Gemäldesammlung Spaniens, S. 138
- **Hospital de la Caridad in Sevilla:** das Vermächtnis des Don Juan, S. 144
- **Torre de la Calahorra in Córdoba:** Museum der drei Kulturen, S. 66
- **Museo de Cádiz:** von den Phöniziern bis heute, S. 234
- **Picasso-Museum von Málaga:** eine Stadt feiert ihren berühmtesten Sohn, S. 476

Stadtspaziergänge

- **Albayzín von Granada:** kosmopolitisches Bergdorf mit Alhambra-Blick, S. 345
- **Barrio Santa Cruz in Sevilla:** Stein gewordene Opernkulisse im Herzen der Großstadt, S. 130
- **Judería von Córdoba:** labyrinthische Lebenswelt eines verfemten Volkes, S. 69
- **Úbeda und Baeza:** die Zwillingsstädte als Schatzkästlein der Renaissance, S. 20, 27
- **Ronda:** in dem lieblichen Städtchen tun sich Abgründe auf, S. 517
- **Altstadt von Cádiz:** das „Silbertässchen" glänzt im Licht des Atlantiks, S. 225

Weiße Dörfer

- **Arcos de la Frontera:** eine kleine weiße Stadt auf der Felsenrampe, S. 288
- **Carmona:** verträumtes Landstädtchen vor den Toren Sevillas, S. 166
- **Priego de Córdoba:** barocke Pracht in der Sierra Subbética, S. 105
- **Vejer de la Frontera:** berberische Architektur mit Atlantik-Blick, S. 267
- **Grazalema:** stimmungsvolles Dorf in alpiner Kulisse, S. 296

■ **Castellar de la Frontera:** die Wiedergeburt eines mittelalterlichen Burgdorfes, S. 542

Römische Relikte

■ **Itálica:**
Geburtsort bedeutender Imperatoren, S. 162

■ **Munigua:**
Ruinen in malerischer Landschaft, S. 164

■ **Baelo Claudia:**
Fischerdorf am Dünenstrand, S. 257

■ **Nekropole von Carmona:**
römische Totenstadt, S. 166

Zeugnisse der Frühgeschichte

■ **Dolmen von Antequera:** Hünengräber aus tonnenschweren Felsblöcken, S. 489

■ **Cueva de la Pileta, Benaoján:** Felsmalereien aus der Kinderstube des Homo sapiens, S. 533

■ **Cueva de Nerja:** viel besuchte Tropfsteinhöhle an der Costa del Sol, S. 462

■ **Cueva de los Murciélagos, Zuheros:** abenteuerlicher Abstieg in die Welt der Steinzeitmenschen, S. 104

■ **Los Millares bei Almería:** eine befestigte Siedlung aus der Jungsteinzeit, S. 440

Aussichtspunkte und Panoramastraßen

■ **Castillo de Gibralfaro, Málaga:**
subtropische Küste und pulsierende Hafenstadt im Überblick, S. 473

■ **Mirador San Nicolás, Granada:**
der Traumblick auf die Alhambra, S. 352

■ **Giralda von Sevilla:** die Schönheiten der Hauptstadt in der Rundschau, S. 121

■ **Torre Tavira von Cádiz:** virtueller Stadtrundgang mit der „Camera Obscura", S. 232

■ **Castillo de Santa Catalina, Jaén:** Stadt und Olivenhaine aus der Vogelperspektive, S. 38

Naturparks und Schutzgebiete

■ **Sierra de Grazalema:** schroffer Fels und liebliche Kulturlandschaft, S. 291

■ **Sierra de Cazorla:**
das große Waldgebirge im Nordosten, S. 33

■ **Las Alpujarras/Sierra Nevada:**
urige Bergdörfer im Schatten der Dreitausender, S. 375

■ **El Torcal de Antequera:**
bizarres Felsenlabyrinth im Hinterland der Costa del Sol, S. 490

■ **Coto de Doñana:** berühmtes Vogelparadies an der Atlantikküste, S. 202

■ **Ardales-Park:** Liebliche Seen, spektakuläre Schluchten und mozarabische Ruinen, S. 494

Strände

■ **Cabo de Gata bei San José:** vulkanische Aktivität hinterließ eine Fantasy-Kulisse, S. 419

■ **Cabo de Trafalgar bei El Palmar:**
kilometerlanger Dünenstrand mit bewegter Historie, S. 249

■ **Playa de Valdevaqueros bei Tarifa:**
Windsurfing vor der marokkanischen Küste, S. 263

■ **Mazagón – Matalascañas:**
fossile Dünen und duftende Pinienwälder, S. 201

■ **Acantilados de Maro:** ruhige Felsbuchten an der östlichen Costa del Sol, S. 454

Feste

■ **Karneval in Cádiz:**
Tanz auf dem Vulkan, S. 224

■ **Feria de Abril in Sevilla:**
das größte Volksfest Andalusiens, S. 154

■ **Feria del Caballo in Jerez:**
Pferde, Sherry und Flamenco, S. 286

■ **Festival de los Patios, Córdoba:**
Wettbewerb der blumengeschmückten Innenhöfe, S. 70

■ **Festival Internacional de Música y Danza in Granada:** klassisches Tanz- und Musikfestival in herrlicher Kulisse, S. 362

006an av

1 Provinz Jaén

Die meisten Reisenden sehen die Provinz Jaén nicht als Ziel, sondern als Zwischenstopp auf dem Weg an die Küste oder in Städte wie Granada oder Córdoba. Doch falsch! In der Region sind durchaus Entdeckungen möglich, etwa die Sierras de Cazorla, Segura y Las Villas, einige Stauseen und Lagunen sowie die schönen Renaissance-Städte Úbeda und Baeza.

◁ Vom Pass Puerto de las Palomas genießt man einen weiten Blick über die Sierras de Cazorla

Provinz Jaén

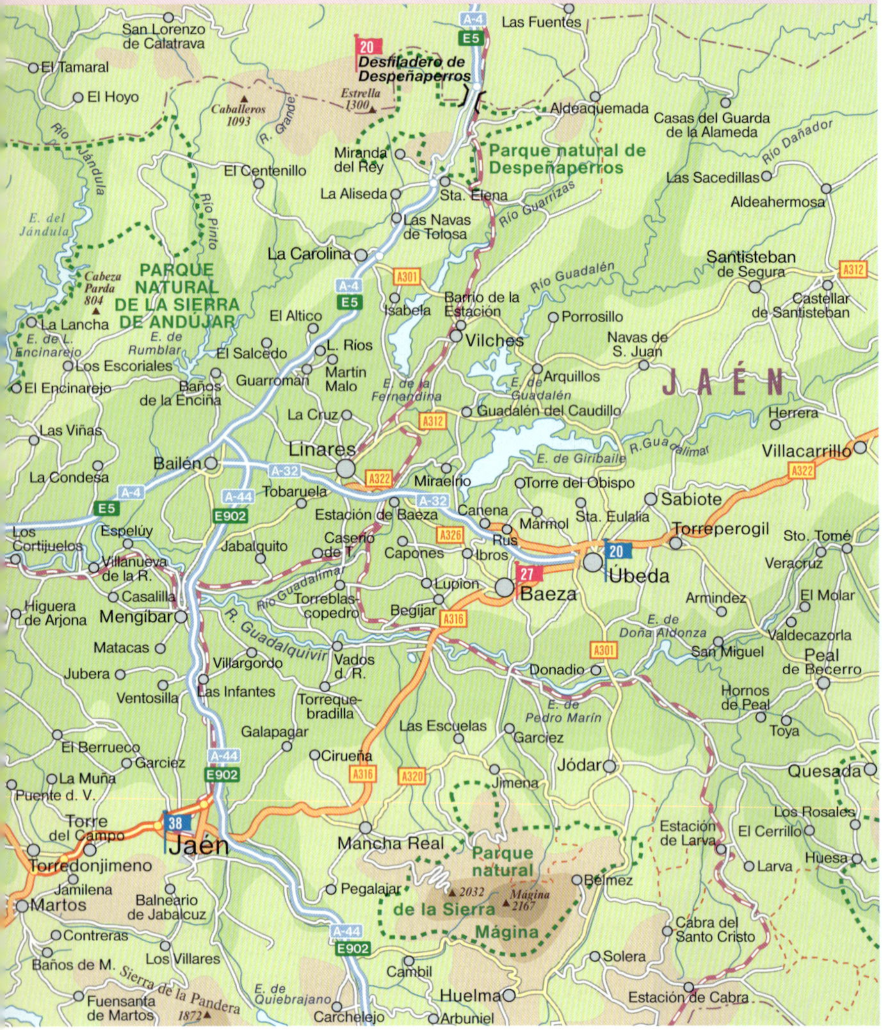

ÜBERBLICK

Eine der größten Provinzen im Nordosten Andalusiens wird von vielen Reisenden kaum beachtet. Sie dient lediglich als Durchgangsstation auf dem Weg zu den verlockenden Küsten und populären Städten. Doch damit wird die Schönheit der Region gänzlich unterschätzt, denn die Natur hat hier ein außergewöhnliches Kunstwerk geschaffen: die Sierras von Cazorla, Segura und Las

Villas im Nordosten, den Naturpark von Andújar im Nordwesten und die Sierra Magina im Süden der Provinz.

Nicht nur wahren Naturfreunden dürfte beim Anblick von 305.000 Hektar Landschaftsschutzgebiet mit Bergen, Bächen, Wasserfällen und Blumenwiesen das Herz höher schlagen. Mittlerweile erwartet das Gebiet rund eine Million Besucher jährlich, die insbesondere während der Semana Santa und in den Sommermonaten hier Erholung suchen. Dabei achtet die Umweltorganisation „Agencia de Medio Ambiente“ (A.M.A.) peinlichst darauf, dass bestimmte Vorschriften berücksichtigt werden, damit die geschützte Natur nicht gefährdet wird.

Die Provinz kann mit einigen Stauseen und Lagunen aufwarten, darunter die Laguna Grande, die sich in perfektem ökologischen Zustand befindet. Das Gebiet wird von zahlreichen Flüssen durchkreuzt, unter ihnen der Guadalquivir und der Guadalimar.

NICHT VERPASSEN!

- **Úbeda:** Kunstschätze in der **Sacra Capilla del Salvador** und viel altspanische Atmosphäre an der Plaza de Vazquez de Molina | 21
- **Baeza, Plaza del Pópulo:** der historische Marktplatz ist stimmungsvoller Auftakt eines jeden Rundgangs durch die Stadt | 28
- **Sierras de Cazorla:** ein Eldorado für Naturliebhaber mit gut markierten Wegen an der **Cerrada del Utrero** und am **Río Borosa** | 35
- **Jaén:** vom **Castillo de Santa Catalina** eröffnet sich ein toller Ausblick, in der **Kathedrale Santa María** wird jeden Freitag das „Schweißtuch der Veronika" ausgestellt | 38, 39

Diese Tipps sind gelb hinterlegt.

Weitläufige Olivenhaine prägen das Landschaftsbild der Tiefebenen. Die Provinz genießt den Ruf des weltweit größten Anbaugebiets für Oliven. Die Phönizier, die hier schon auf der Suche nach Edelmetallen waren, brachten den Ölbaum in diese Region. Mittlerweile wird ein Großteil der Ebenen für den Anbau genutzt, denn man hat sich fast vollständig auf diesen landwirtschaftlichen Zweig konzentriert, und in vielen Orten haben sich 90 % der landwirtschaftlichen Betriebe auf die Olivenölproduktion eingestellt, die auch von Brüssel subventioniert wird. Die Provinz Jaén verfügt mit den Städten Úbeda und Baeza zudem über bedeutende architektonische Baudenkmäler der andalusischen Renaissance.

Despeñaperros –

das Eingangstor zu Andalusien

Der **Desfiladero de Despeñaperros** ist das einzige natürliche **Eingangstor von der kastilischen Hochebene nach Andalusien.** Hier zogen schon die christlichen Heere hindurch, um den Süden der Iberischen Halbinsel zurückzuerobern. Es geht an steilen, fast bedrohlich senkrechten Felswänden von 1.000 Meter Höhe entlang. Ein Flüsschen hat einen natürlichen Weg durch den Schiefer geebnet.

Mit dem **Namen** der Schlucht hat es eine besondere Bewandtnis: Die Übersetzung lautet „Hinabstürzen der Hunde". Diese nicht gerade angenehme Bezeichnung ist auf die große Schlacht der Christen gegen die Mauren im Jahre 1224 bei dem rund 15 Kilometer südlich liegenden Ort **Las Navas de Tolosa** zurückzuführen, nach der die muslimischen Verlierer auf grausame Art und Weise in die Tiefe gestürzt wurden. Diese Schlacht war sehr bedeutend, denn sie sollte ein Zeichen setzen für den weiteren Verlauf des christlichen Eroberungszuges gegen die Mauren. Die zahlreichen Festungen in der Provinz Jaén zeugen von dieser Zeit, in der die bergige Region hart umkämpft war.

Úbeda

Úbeda ist eine der am besten erhaltenen Renaissancestädte Europas, die sich in ihrer Gestalt seit der Planung durch *Andrés de Vandelvira* und seine Schüler nicht verändert hat. Die Stadt ist das Resultat eines ehrgeizigen Adels, der seine Macht und Größe durch **gewaltige Prunkbauten** zu demonstrieren trachtete. Von einem Palast zum nächsten wird der Besucher fast erschlagen von der Vielzahl der mit Wappen und Reliefs versehenen Fassaden der typischen Renaissancebauten. Die insgesamt schlichten Gebäude geben der Stadt durchaus auch ein kühles, distanziertes Gepräge, vor allem, wenn zur Siesta-Zeit oder in den Abendstunden das Altstadtviertel so gut wie ausgestorben ist.

▷ Olivenhaine – die Bäume sind stets akkurat in Reih und Glied angeordnet

Sehenswertes

Innerhalb der Stadt führt die große Avenida Cristo Rey am **Hospital de Santiago,** einem schlichten Renaissancebau und Hauptwerk des Meisters *Vandelvira,* und der gegenüberliegenden Stierkampfarena vorbei zur Plaza de Andalucía, einem Verkehrsknotenpunkt.

Die Calle Real führt mit ihren zahlreichen eleganten Renaissancepalästen in den südöstlichen Teil der Altstadt, in dem sich insbesondere um die zentrale **Plaza de Vázquez de Molina** die wichtigsten und eindrucksvollsten Monumente der Stadt konzentrieren. Von der Altstadt aus bietet sich ein herrlicher Blick auf die Tiefebene des Guadalquivir. Die Plaza wirkt mit ihren rechteckigen, uniformen Bauten und dem wenigen Grün ein bisschen kühl und hat daher wenig mit den belebten Plätzen anderer andalusischer Städte gemein.

An der Stirnseite des Platzes fällt der Blick auf die **Sacra Capilla del Salvador** (von privater Hand renoviert, daher kostenpflichtig, Eintritt: happige 5 €, 10–14 und 16.30–19.30 Uhr, So 10.45–14 und 16.30–19.30 Uhr). Architekten dieser Kathedrale waren *Diego de Siloé,* der auch die Capilla Mayor der Kathedrale von Granada entworfen hat, und sein Nachfolger *Andrés de Vandelvira* sowie *Alonso de Ruiz,* der aus Úbeda stammte. Bei genauerem Betrachten fallen links und rechts von der mit Reliefs überzogenen Hauptfassade zwei kleine runde Türme auf. Stifter der Kirche war *Francisco de los Cobos,* der als Staatssekretär des Königs die Gelegenheit hatte, das Italien des 16. Jh. und seine Baukunst kennenzulernen. Seine Familie war nach der *Reconquista* eine der einflussreichsten der Stadt. Der Reichtum der Kirche setzt sich im Inneren mit Sakristeien im Stil der kastilischen Renaissance fort.

007an bn

Hinter der Kirche steht das **Hospital de Salvador,** zur Linken die prachtvolle **Casa de Deán Ortega,** die 1929 zu einem der ersten offiziellen **Paradores Nacionales** umgewandelt wurde. Den Beinamen „del Condestable Dávalos“ erhielt sie in Erinnerung an einen Günstling und Feldherrn von *Juan II.,* der in der glorreichen Geschichte der Stadt eine wichtige Rolle spielte. Auch bei diesem Bau hatte der Architekt *Vandelvira* seine Finger im Spiel. Besonders schön ist der Innenhof des zweistöckigen Renaissancepalastes, der ohne Zweifel mit den anderen Bauten des Platzes konkurrieren kann.

Schräg gegenüber steht auf der Ecke der **Antiguo Pósito,** ein alter Kornspeicher, dahinter der **Palacio del Marqués de Mancera,** dessen Besitzer *Pedro de Toledo* war, der Vizekönig von Perú (geöffnet 10–11 Uhr). Diesem Renaissancepalast gegenüber findet sich die **Iglesia Santa María de los Reales Alcázares** (Mo–Sa 10–13 und 17–20 Uhr, So nur vorm., Eintritt frei) mit einem ehemaligen Gefängnis, dem Carcel del Obispo. Die Kirche wurde auf dem Fundament einer Moschee erbaut, die zu einem gewaltigen Alcázar gehörte, der durch ausdrücklichen Befehl der Katholischen Könige 1506 zerstört wurde. Das schmiedeeiserne Chorgitter der Kirche wurde von dem bekannten, aus Jaén stammenden Künstler *Bartolomé* entworfen. Die Renaissancekirche weist mit ihrem Kreuzgang auch gotische Stilelemente auf.

Auf der anderen Seite der Plaza de Vázquez de Molina steht der **Palacio de Vázquez de Molina,** der heute das **Rathaus** beherbergt (geöffnet 10–14 und 17–21 Uhr). Platz und Palast sind nach dem Nachfolger und Vetter Cobos, *Don Vázques de Molina,* einem herausragenden Politiker unter *Karl V.* und *Philipp II.,* benannt. Der Palast, der ein weiteres grandioses Werk des Meisters *Vandelvira* ist und vortrefflich den strengen Normen der italienischen Renaissance entspricht, wird auch *Palacio de las Cadenas* („Palast der Ketten") genannt. Diese Bezeichnung ist auf einen nicht mehr existierenden Vorhof zurückzuführen, an dessen Haupttor zwei Säulen mit Eisenketten zu sehen waren.

Von hier aus ist es nicht weit zur Plaza del Mercado mit dem alten Rathaus, dem **Ayuntamiento Viejo** aus dem 16. Jh. mit sehr schönen Arkaden, und zur Plaza del 1° de Mayo mit der **Iglesia de San Pablo,** einem gotischen Bau. Ein Stück unterhalb dieses Platzes steht die interessante **Casa del Camarero Vago,** die auch die „Casa de los Salvajes" – das Haus der Wilden – genannt wird, da das Wappen der Adelsfamilie von zwei dubiosen Gestalten mit Fell getragen wird.

Geht man am Haupteingang der San-Pablo-Kirche etwa 50 Meter die Calle Cervantes bergauf, fällt auf der linken Seite die leicht orientalisch wirkende **Casa Mudéjar** aus dem 14. Jh. auf, die heute das kleine, sehenswerte Archäologische Museum von Úbeda beherbergt (Mi–Sa 9–20 Uhr, So 9–15 Uhr, Di 15–20 Uhr, Eintritt für EU-Bürger frei).

Ein ebenfalls kurzer, aber sehr lohnender Abstecher von der (bergauf gesehen) linken Seite der San-Pablo-Kirche führt am Ende der Calle Roque Rojas zur kürzlich entdeckten **Sinagoga del Agua,** der einzigen mittelalterlichen Synagoge Spaniens, deren Ritualbad, die sog. *Mikwe,* erhalten geblieben ist. Sie stammt wohl aus der Mitte des 14. Jh., als die jüdische Gemeinde Úbedas unter christlicher Herrschaft stark anwuchs. Die drei darüber gebauten Häuser sollten offenbar die Existenz der Synagoge verschleiern, denn auch in Úbeda wüteten Ende des 14. Jh. die ersten Pogrome, die Juden wurden in ein Ghetto außerhalb der Stadtmauern verbannt. Als der aktuelle Eigentümer diese Häuser in Ferienapartments umwandeln wollte, kamen im Erdgeschoss zwei alte Arkadenbögen zum Vorschein, darüber eine von Säulen unterbrochene Galerie – untrügliches Zeichen für den abgetrennten Gebetsraum der weiblichen Gemeindemitglieder. Letzte Zweifel an der Entdeckung einer Synagoge beseitigte ein nur über einen verschlungenen Felsengang zugängliches Wasserbecken im Keller, wo in einer rituellen Reinigungszeremonie zu besonderen Anlässen die Mitglieder der jüdischen Gemeinde zweimal komplett untertauchten. Das kulturhistorisch wohl wertvollste Stück des liebevoll eingerichteten Museums ist die Faksimileausgabe eines jüdischen Gesetzestextes, der von einem Gelehrten um 1290 in Úbeda geschrieben wurde. Geöffnet in der Saison 10.30–14.30 und 16.30–19.30 Uhr, Eintritt 4 €, Kinder 3 €, nur im Rahmen einer ca. halbstündigen Führung (auch englisch) zu besichtigen, es empfiehlt sich ein Anruf unter Tel. 953.73.81.50, Infos auf www.sinagogadelagua.com.

Sacra Capilla del Salvador

009an bn

Über die Calle Losal gelangt man, vorbei an der Casa del Obispo Canastero, zur **Puerta del Losal.** Dieses Tor mit Hufeisenbogen gehörte zur Stadtmauer und ist der Eingang zum Barrio de San Millán, in dem noch die wenigen architektonischen Spuren aus der Maurenzeit zu finden sind.

Von der Puerta de Granada gelangt man zur Plaza San Lorenzo mit der **Casa de las Torres,** einem Palast aus dem 15. Jh. mit zum Teil plateresker Fassade (geöffnet 8–14.15 und 16–18 Uhr).

Geht man über die angrenzende Straße Luna y Sol wieder zurück zum Rathausplatz, lohnt sich unbedingt ein Abstecher in die Calle Narváez 11. In dem privaten Museum **Casa Museo Arte Andalusí** stellt der Eigentümer seine in den letzten 45 Jahren gesammelten Exponate aus maurischer Zeit ebenso wie stark orientalisch beeinflusstes Kunsthandwerk im Mudéjar- Stil vor. Neben Möbeln und Gebrauchsgegenständen aus dem 11. bis 16. Jahrhundert liegt der Schwerpunkt auf original maurischen Architekturfragmenten, u. a. auch Teile, die bei den Umbauten der Mezquíta von Córdoba abgerissen wurden! Geöffnet 10.30–14.30 und 16–20.30 Uhr, So und außerhalb der Saison evtl. eingeschränkt, Eintritt 2 €.

Praktische Informationen

Information

- **Oficina de Turismo:** Palacio Marqués de Contadero, c/ Baja del Marqués 4, Tel. 953.77.92.04, otubeda@andalucia.org. Mo–Fr 9–19.30 Uhr, Sa/So/Fe 9.30–15 Uhr.

Service

■ **Polizei:** Policía Local, Chiclana de la Frontera s/n, Tel. 953.75.00.23.
■ **Medizinische Versorgung:** Casa de Socorro, Abda. Mártires 13, Tel. 953.75.01.15; Centro de Salud Urgencias, Tel. 953.75.11.03, Ambulatorio de la Seguridad Social Urgencias, Avda. Ramón y Cajal sn, Tel. 953.02.86.45.
■ **Post:** c/ Trinidad 4, Tel. 953.75.00.31.

Essen und Trinken

Im etwas belebteren Viertel um die Straßen Ramón y Cajal, Calle Victoria und Calle Trinidad kann man am ehesten den kleinen Hunger stillen. Inzwischen hat sich die Calle Real zwischen Rathausplatz und Plaza de Andalucia als beliebte Restaurantgasse mit guten, aber auch relativ teuren Lokalen wie der hochgelobten **Tapería Antique** (Nr. 25, www.restauranteantique.es) etabliert.

■ **Meson Gabino,** c/ Fuente Seca, Tel. 953.75.75.53, unweit des Stadttores Puerta del Losal. Verstecktes, urgemütliches Restaurant in einem alten Refugium mit den allerfeinsten Tapa-Spezialitäten der Region und guten Gerichten. Weinkenner können ihren Gaumen mit edlen Tropfen aus der Region wie dem Tinto El Torreño oder dem Tinto La Misericordía (beide aus Torreperogil) verwöhnen.
■ **El Gallo Rojo,** c/ Manuel Barraca 16, Tel. 953.75.20.38. Gutes und preiswertes Restaurant in der Nähe der Avenida Ramón y Cajal.
■ **Restaurante Condestable,** Horno del Contador 11 (Plaza Padre Antonio), Tel. 953.75.02.78, www.condestable.net. Empfehlenswertes Restaurant der gehobenen Mittelklasse mit landestypischer Küche. Man geht die Gasse zwischen Parador und Capilla del Salvador bergan, nach ca. 100 m auf der rechten Seite. Gemessen an der Konkurrenz relativ günstige Preise.

Flamenco

■ **Peña Flamenca El Quejio,** c/ Alfareros 4.

Feste

■ **Festival Internacional de Musica y Danza** „Ciudad de Úbeda". Zyklus klassischer Konzerte von der ersten Maiwoche bis zur zweiten Juniwoche jeden Jahres, vorwiegend im Auditorium des Hospital de Santiago aufgeführt.
■ **Fiesta de Nuestra Señora de Guadalupe,** 8. Sept.
■ **Fiesta de San Miguel Arcángel,** eine tagelange *feria* mit Tanz und Gesang, Feuerwerk, Stierkampf und einem bekannten Flamenco-Festival zu Ehren des Stadtpatrons, 29. Sept. bis 4. Okt.

Unterkunft

Mehrere historische Paläste in der Altstadt wurden zu komfortablen Hotels der gehobenen Mittelklasse umgebaut, es muss also nicht unbedingt der schöne, aber ziemlich teure Parador sein – für eine gemütliche Tasse Kaffee oder ein gepflegtes Mahl in prächtigem Ambiente eignet er sich immer. Quartiere für den kleinen Geldbeutel finden sich in der Regel nur an der Ringstraße Ramón y Cajal und sind entsprechend lärmgeplagt.

■ **Hotel Maria de Molina*****/③, Plaza del Ayuntamiento s/n, Tel. 953.79.53.56, www.hotel-maria-de-molina.com. Direkt am etwas belebteren Rathausplatz befindet sich der ehemalige Stadtpalast des 16. Jh., heute ein ebenfalls stilsicher gestaltetes Hotel der guten Mittelklasse.
■ **Hotel Palacio de la Rambla****/③-④, Plaza del Marqués 1, Tel. 953.75.01.96, www.palaciodelarambla.com. Von der Plaza de Andalucia ein kurzes Stück die Calle Rastro bergab, dann links. Hier logiert man wie ein Markgraf im kaum veränderten

Eine Reise in die Renaissance: Úbeda und Baeza

Das Zentrum der Provinz Jaén ist die Comarca La Loma mit den Städten Baeza und Úbeda, zwei Orten, die immensen **architektonischen Reichtum** vorweisen können. Die beiden Kleinstädte, die nur ein paar Kilometer von einander entfernt liegen, haben nichts mit dem Stadtbild andalusischer Orte in anderen südlichen Provinzen gemein. Der Baustil der Häuser und Paläste erinnert an Städte in Kastilien wie Salamanca. Hier vermischt sich die Strenge Kastiliens mit der für Andalusien so typischen Helligkeit.

Der Grund für diese besondere Architektur muss nicht lange gesucht werden, denn hier lag im 13. Jh. ein **Stützpunkt der christlichen Heere,** die versuchten, das gesamte Andalusien wieder unter christliche Herrschaft zu bringen. Adelige Ritter und ihre Nachfahren, die nach der *Reconquista* für ihre Verdienste in Baeza und Úbeda Grund und Boden offeriert bekamen, errichteten hier ihre Päläste. Diese spiegeln den Baustil der Eroberer, also des Kastiliens des 16. Jh., wider. Es scheint, als habe sich in den letzten Jahrhunderten wenig verändert, und wären nicht Zeichen der Moderne präsent, fühlte man sich vollends in die Renaissance zurückversetzt.

Die Städte legen ein beeindruckendes Zeugnis für einen Adel ab, der die **besten Architekten** für den Bau seiner Residenzen wählte – in einem Stil, der seine Anfänge im Italien des ausgehenden 15. Jh. hatte. Hier hinterließ vor allem der andalusische Renaissancearchitekt *Andrés de Vandelvira,* ein Nachfolger des nicht minder bekannten Baumeisters *Diego de Siloé,* seine Spuren.

Und dennoch, trotz ihrer Blütezeit im 16. und 17. Jh. und ihrer heutigen Bedeutung als wichtige authentisch erhaltene Renaissancestädte sind Úbeda und Baeza den wenigsten Reisenden bekannt. Selbst für die Andalusier liegen sie sozusagen „am Ende der Welt", denn im spanischen Sprachgebrauch bezeichnet die Redewendung „über die Hügel von Úbeda hinausgehen" das wenig beliebte Verhalten eines Gesprächspartners, ständig vom Thema abzuschweifen. Aber das macht Úbeda wie auch Baeza andererseits zu einem angenehmen Reiseziel, denn hier kann man fernab vom Massentourismus in geradezu idyllischer Ruhe die Architektur vergangener Zeiten genießen.

010an bn

Iglesia de San Pablo in Úbeda

Ambiente eines Stadtpalastes aus dem 16. Jh., selbst die Interieurs der acht Gästezimmer wirken geradezu museal. Trotz der stattlichen Preise fast immer ausgebucht, tel. Reservierung, auch wegen Stellplatz in der Parkgarage, dringend empfohlen.

■ **Hostal Santa Maria de Úbeda***/②-③, c/ Prior Monteagudo 1, Tel. 609.95.21.52 (Handy), www.santamariadeubeda.com. Sehr kleine, familiäre Hotelpension in ruhiger, dennoch sehr zentraler Lage auf der Rückseite des mächtigen Kirchenkomplexes Santa María de los Reales Alcázares beim Hauptplatz Vazquez de Molina, ordentliche Parkmöglichkeiten vor der Haustür. Gemessen an den zivilen Preisen komfortable und geschmackvoll eingerichtete DZ (Nachlass für Einzelreisende) mit TV und Balkon, Frühstück inbegriffen. Anfahrt: Zunächst stets an der Ausschilderung „Parador" orientieren, auf der Panoramastraße am Altstadtrand entlang bis zur o.g. Kirche, davor links einbiegen, nach ca. 50 m auf der rechten Seite.

■ **Hostal Residencia Los Cerros**①, Peñarroya 1, Tel. 953.75.16.21. Auf der Umgehungsstraße Ramón y Cajal (zunächst Ausschilderung „Hotel La Paz" folgen) hinter dem Friedensmonument rechts abbiegen. Ein Tipp für ruhebedürftige Sparfüchse. Die DZ sind eher schlicht eingerichtet, jedoch ausreichend groß und u. a. mit eigenem Bad ausgestattet – gegen Nachlass auch für Einzelreisende. Sehr billige EZ mit Waschbecken.

Turismo Rural

■ **AHRA – Asociación de Hoteles Rurales de Andalucía,** c/ Cueva de Viera 2, Centro de negocio CADI, Edificio Malaga 3, Tel. 952.70.51.28, www.ahra.es. Vermittlung von ländlichen Unterkünften in der Umgebung.

Verkehrsverbindungen

■ **Busverbindungen** über Baeza nach Jaén ca. stündl., Sa/So v.a. Weiterfahrt nach Jaén deutlich eingeschränkt. Tel. 953.75.18.35.

■ Der nächste **Bahnhof,** Linares-Baeza, befindet sich über zehn Kilometer außerhalb in westlicher Richtung. **Busbahnhof** an der Calle San José unweit des wuchtigen Hospital de Santiago, von dort noch etwa 10 Min. zu Fuß zur Plaza de Andalucía.

Anfahrt

Die Stadt ist kaum zu verfehlen: Von der Autobahn N-IV kommend führt die N-322 zu der auf einer Anhöhe zwischen den Flüssen Guadalquivir im Süden und Guadalimar im Norden gelegenen Stadt. Vor allem in der touristischen Hochsaison empfiehlt es sich, zunächst die zwischen Neu- und Altstadt gelegene **Plaza de Andalucía** mit großer Tiefgarage anzusteuern, um von dort aus das historische Zentrum bequem zu Fuß zu erkunden. Die etwas knifflige Fahrt zum Parador Nacional – auch in diesem Bereich gibt es Parkgelegenheiten – erfordert einen guten Orientierungssinn; einmal falsch abgebogen und man findet sich in einem Gewirr engster Gassen wieder.

Baeza

Die Geschichte Baezas lässt sich weit zurückverfolgen. Bereits zu römischen Zeiten erlebte die damals *Beatia Baecula* genannte Siedlung eine erste Blütezeit, und unter westgotischer Herrschaft wurde sie zum Bischofssitz erhoben. Vor allem Reste der Befestigung aus der Zeit der maurischen Herrschaft, wie die verschiedenen **puertas** („Tore"), erinnern noch an das muslimische Mittelalter.

Bereits 1227 konnte Baeza von den christlichen Heeren zurückerobert werden und übernahm im 16. Jh. wie Úbeda eine wichtige Funktion auf der Handelsroute im Grenzgebiet zu Hochkastilien. Baeza spielte aber im Vergleich zu Úbeda eine weitaus wichtigere Rolle als Verbündete im Kampf der Christen gegen die Muslime und profitierte davon durch einige Privilegien. Von der Rückeroberung bis 1248 fungierte die Stadt abermals als Bischofssitz, aufgrund der unsicheren Lage, die sich durch die dauernden Kämpfe mit den Mauren ergab, verlegte man diesen dann jedoch nach Jaén.

Auch in Baeza zeigt sich die wirtschaftliche Blütezeit des 16. Jh. in den in dieser Periode und auch in der Folgezeit entstandenen Bauten, wie in Úbeda trifft der Besucher permanent auf die prachtvollsten Renaissancegebäude. Zudem verschaffte sich die Stadt bereits im 16. Jh. Ruhm als Universitätsstadt und wurde immer wieder mit dem kastilischen Salamanca verglichen.

Sehenswertes

Hinter der Plaza de España mit dem **Torre de los Aliatares,** einem maurischen Überbleibsel aus dem einst befestigten Bayyasa, liegt der zentrale Paseo de la Constitución, eine Allee mit schöner Parkanlage, einst der Marktplatz. Die daran gelegene **Alhóndiga,** die ehemalige Markthalle, und **El Pósito** auf der anderen Straßenseite der Calle Barbacana, eine frühere Kornkammer, deuten die Wichtigkeit dieses Ortes als Handelsplatz an.

Die **Plaza del Pópulo** an der südlichen Spitze des Paseo ist Anziehungspunkt für Touristen. Der Brunnen, die **Fuente de los Leones** mit vier Löwen zu Füßen einer Frauenstatue ist die Attraktion des Platzes. Die Figuren stammen aus römischer Zeit, die Frau soll angeblich *Imilce,* die Gemahlin des Feldherrn *Hannibal* darstellen.

Interessant ist der ursprüngliche Verwendungszweck der prachtvollen Bauten an diesem Platz: Niemand würde vermuten, dass das beeindruckende Renaissancegebäude an der Nordseite, die **Antigua Carnicería,** einst als Fleischerhalle diente, schon gar nicht, wenn man das außergewöhnliche Wappen des Kaisers *Karl V.* an der Fassade betrachtet. Heutzutage befindet sich in dem Gebäude das Stadtarchiv.

Zur Rechten steht ein Gebäude, die **Casa del Pópulo** mit plateresker Fassade, in dem heute die Tourist-Information untergebracht ist. Einst verfassten hier öffentliche Notare, die *escribanos públicos,* Verträge, während ein Stockwerk höher Gericht gehalten wurde. An das Gebäude grenzt ein großer Torbogen, der **Arco de Villalar,** der 1521 zur Erinnerung an den Sieg über kastilische Aufständische erbaut wurde. Direkt daneben steht ein weiterer Torbogen, die **Puerta de Jaén.** Beide gehörten zur alten Stadtmauer.

Von der Plaza del Pópulo gelangt man in nordöstlicher Richtung über die Calle Romanones zur alten **Universität** und zum wunderschönen **Palacio de Jabalquinto.** Beide liegen an der Plaza Santa Cruz, zu der man über die schmale Calle Beato Avila gelangen kann. Die 1538 von Doktor *Rodrigo López* gegründete Universität wurde Anfang des 19. Jh. in eine humanistische Schule, 1875 dann in eine Oberschule umgewandelt, was sie heute noch ist. Hier unterrichtete auch der Dichter *Antonio Machado,* an den ein Denkmal im Innenhof des Renaissancebaus erinnert.

Der nach dem Grafen von Jabalquinto, **Don Alfonso de Benavides Manrique,** benannte Palast gegenüber der Universität fällt nicht nur durch seine Größe, sondern auch durch die Fassade im gotisch-isabellinischen Stil ins Auge, der in einigen kastilischen Städten zur Zeit der Herrschaft *Isabellas der Katholischen* üblich war. Auffallend sind die sogenannten Diamantspitzen und die gotischen Strebepfeiler. Eine andalusische Eigentümlichkeit stellen die Säulen dar, die mit kleinen Kanzeln abschließen. Der Innenhof im Renaissancestil mit Marmorsäulen gewinnt zusätzlich an Schönheit durch eine im 17. Jh. entstandene barocke Treppe, die ins obere Stockwerk führt.

Dem Palast gegenüber steht auf der Ecke zur Calle del Conde de Romanones die **Iglesia de la Santa Cruz.** Die Kirche gab der Plaza de Santa Cruz ihren Namen; bis Mitte des 13. Jh. fertiggestellt, zeigt sie einen spätromanischen Stil, der die Gotik einläutete.

Hinter dem Palacio Jabalcinto mit dem **Seminario Conciliar San Felipe Neri,** einem Priesterseminar, liegt im Süden der Stadt die Plaza Santa María mit der auffälligen dreischiffigen **Kathedrale Santa Maria** (geöffnet tägl. 10–13 und 17–19 Uhr). Auch diese Kirche wurde auf den Fundamenten einer Moschee erbaut. Der Bau erfuhr besonders im 16. Jh. einige Umgestaltungen. So erklären sich die verschiedenen Baustile: zur Plaza Santa María gerichtet, ist die zentrale Renaissance-Fassade mit der gotischen Puerta del Perdón zu sehen; die Puerta de la Luna aus dem 13. Jh. auf der Westseite zeigt eine gotisch-mudejare Bauweise. Im Kreuzgang eröffnen sich vier kleine mudejare Kapellen, dekoriert mit *atauriques,* einem arabischen Dekorationsmuster in Pflanzenform, und arabischen Inschriften. Auch bei dieser Kirche wirkte *Vandelvira* bis zu seinem Tod 1575 mit. Über dem Eingangsportal befindet sich ein besonders schönes Relief. Im Inneren kann ein weiteres kunstvoll geschmiedetes Gitter des Meisters *Bartolomé* bewundert werden. Die Plaza Santa María vor der Kirche ziert ein Brunnen mit Bogen, auf dem das Wappen *Philipps II.* zu sehen ist.

Praktische Informationen

Information

- **Oficina de Turismo,** Plaza del Pópulo, Tel. 953.77.99.82, Mo–Fr 9–19.30 Uhr, Sa/So/Fe 9.30–15 Uhr.

Service

- **Polizei:** Policía Local, c/ Cardenal Benavides 5, Tel. 953.74.06.59.
- **Med. Versorgung:** Centro de Salud Comarcal, Avda. Alcalde Puche Pardo, Tel. 953.74.09.17.
- **Post:** Julio Burell 19, Tel. 953.74.08.39.

Essen und Trinken

Bars und Restaurants mit Freiluftbetrieb sind am ehesten am Paseo de la Constitución und der Parallelstraße Benavides gegenüber dem prachtvollen Renaissance-Rathaus zu finden.

- **Restaurante Andrés de Vandelvira,** c/ San Francisco 14, Tel. 953.75.81.72, www.vandelvira.es. Es wäre erstaunlich, wenn nicht wenigstens ein Restaurant dem Meisterarchitekten der andalusischen Renaissance huldigen würde. Das Restaurant in dem 400 Jahre alten Gemäuer eines Klosters ist die Topadresse im Ort und nicht gerade billig.

Flamenco

- **Peña Flamenca,** Beato de Ávila 12, in der Altstadt gegenüber dem Stadttor Puerta del Barbudo/Universität. Wechselnde Veranstaltungen, Di Ruhetag, man kann auch eine Kleinigkeit essen.
- **Festival Flamenco** im August.

Feste

- Fiestas zu Ehren der Stadtpatronin **Virgen del Alcázar,** 12.–15. August.
- **Romería de Yedra,** 7. September.

Unterkunft

- **Hotel Puerta de la Luna******/③-④, c/ Canonigo Melgares Raya s/n, Tel. 953.74.70.19, www.hotelpuertadelaluna.com. Sehr komfortables Hotel der gehobenen Kategorie, wunderschön in einem kaum veränderten Stadtpalast des 16. Jh. eingerichtet. Bergauf gesehen an der rechten Seite der Kathedrale, ab Plaza del Pópulo ausgeschildert; man sollte das verwinkelte Terrain erst einmal zu Fuß erkunden. Vor allem werktags recht günstige Tarife. Die an das Hotel angeschlossene **Bar Paco's** verwöhnt ihre Gäste mit exzellenten Tapas zu moderaten Preisen.
- **Hotel La Casona del Arco*****/②-③, c/ Sacramento 3, Tel. 953.74.72.08, www.lacasonadelarco.com. Empfehlenswertes Mittelklassehotel in historischem Gebäude mit geschmackvoll eingerichteten Zimmern. Das im Preis eingeschlossene Frühstück kann auf der Terrasse mit Blick auf einen kleinen Garten und Pool eingenommen werden. Von der Stadtmauer bzw. dem alten Stadttor Puerta de Úbeda (dort Parkmöglichkeit) nur 50 Meter zu Fuß stadteinwärts.
- **Hospedería de Fuentenueva*****/③, c/ Carmen 15, Tel. 953.74.31.00, www.fuentenueva.com. Diese Herberge aus dem 19. Jh. weist eine interessante Geschichte auf. Als ehemaliges Frauengefängnis diente sie den damaligen Bewohnerinnen als wenig behagliche Unterkunft, später richtete sich hier ein hoher Richter häuslich ein. Im Jahr 1940 wurde das Haus zur *Hospedería* umfunktioniert. 1995 wurde es gründlich renoviert und ist heute eine gemütliche Unterkunft mit persönlichem Charakter. Zur Anlage gehören auch ein Patio und ein Swimmingpool.
- **Hostal El Patio**①, c/ Conde Romanones 13, Tel. 953.74.02.00. Sehr schön gelegen in einem alten, herrschaftlichen Haus in der Straße oberhalb der Plaza del Pópulo. Die Besitzer haben den Innenhof mit antikem Mobiliar verschönert und nutzen ihn auch selbst. In dem zugehörigen Restaurant kann man ganz gut speisen, zumal die Auswahl an Restaurants in Baeza nicht gerade groß ist. Eher schlichte, schon etwas abgewohnte DZ, ohne Bad etwas günstiger.
- **Hacienda La Laguna*****/②-③, Ctra. de Jaen (Puente del Obispo, 10 km von Baeza an der Straße nach Jaen), Tel. 953.77.10.05, www.ehlaguna.com/hotel. Ein wunderschöner Gutshof aus dem 17. Jh. südwestlich von Baeza am linken Ufer des Guadalquivir, umgeben von Olivenbäumen. Passend zur Landschaft wurde hier ein Museum „rund um die Olive" errichtet. Im Garten kann man sich gemütlich am Pool aalen. Anbei auch ein **Campingplatz** und ein ausgezeichnetes **Restaurant.**

Anfahrt

Von Úbeda kommend fährt man die Avenida Alcalde Puche Pardo immer geradeaus, biegt dann halblinks in die Calle Julio Burruel ein, in der sich auch das Postamt befindet, und fährt am Ende der Straße, auf Höhe des Stadttors, rechts in die Calle Barreras. Diese mündet in die Plaza de Espana, bzw. den Paseo de la Constitución, wo man das Auto parken kann.

Von Jaén kommend führt der Camino Real, der in die Calle del Agua übergeht, direkt zur zentralen Plaza del Pópulo.

Verkehrsverbindungen

- **Busverbindungen** nach Úbeda ca. alle 45 Min. und Jaén ca. stündl., Sa/So jeweils eingeschränkt, der Busbahnhof liegt in der Nähe der Avenida Alcalde Puche Paro stadtauswärts Richtung Úbeda.
- Der **Bahnhof** Linares-Baeza befindet sich über zehn Kilometer außerhalb, Busse fahren nur zweimal pro Tag dorthin.

012an bn

Cazorla

Cazorla ist ein beschaulicher Ort, der allenfalls während der Semana Santa und im Sommer durch den nationalen Tourismus lebhafter wird. Das Bergdorf ist ein beliebter Ausgangspunkt für den Besuch des Naturparks Sierras de Cazorla, Segura y las Villas.

Cazorla hat einen schönen alten Stadtkern mit der zentralen Plaza de la Constitución und der Plaza de la Corredera. Von letzterer aus gelangt man über die Calle Salcedo zur Plaza de Santa María, die den Blick auf das ehemalige maurische **Castillo de la Yedra** frei macht. An dieser Stelle stand ursprünglich eine römische Festung, im 14. Jh. bauten die Christen die Burg um. Heute ist hier ein Museum für Volkskunst und Traditionen untergebracht.

- **Museo del Alto Guadalquivir,** im Castillo de la Yedra, Tel. 953.71.00.39, geöffnet vom 15.9. bis 15.6. Di–Sa 10–13 und 16–19 Uhr, im Sommer 9–15 Uhr.

Reste der Kirche **Iglesia de Santa María** erinnern an die christliche Zeit des 16. Jh., und ein kleiner Bach, der hier entlang fließt, verwöhnt die Ohren mit seichtem Geplätscher. Übrigens sollte man sich in diesen Teil des Ortes nicht mit dem Auto wagen, denn die Straßen sind zum Teil sehr eng und steil und verlangen dem Fahrer gelegentlich echte

[<] Cazorla: beschauliches Bergdorf am Rande des Naturparks

Kunststückchen ab. Da lohnt es sich vielmehr, das Vehikel in der Nähe der Plaza de la Constitución zu parken und den Weg zu Fuß zu genießen.

Praktische Informationen

Information

■ **Oficina Municipal de Turismo de Cazorla,** c/ Paseo del Santo Cristo 19, Tel. 953.71. 01.02, unweit der Plaza de la Constitución bei der städtischen Parkanlage. Hier steht man allerdings außerhalb der Hochsaison häufig vor verschlossener Tür.

■ **Oficina del Parque Natural,** c/ Martinez Falero 11, Tel. 953.72.01.25.

■ **TurisNat,** Paseo del Santo Cristo 17 bajo, Tel. 953.72.13.51. Diverse Veranstalter, u. a. Quercus, Bujarkay und Excursiónes Cazorla, haben sich zu TurisNat zusammengeschlossen und bieten Ausflüge mit Geländewagen, Pferd oder per pedes in den Parque Natural de Cazorla, Seguara y Las Villas an.

Service

■ **Polizei:** Policía Municipal, c/ Francisco Martínez 1, Tel. 953.72.01.81.

■ **Med. Versorgung:** Hospital San Juan de la Cruz, Tel. 953.79.91.02, Notruf 953.79.70.04; Ambulancia Centro de Salud, c/ Ximénez de Rada, Tel. 953.72. 10.61, 953.72.10.37.

■ **Post:** c/ Mariano Extremera 2, Tel. 953.72.02.61.

Essen und Trinken

■ **Restaurante La Sarga,** Plaza de Andalucia 13, Tel. 629.01.80.76. An der zentralen Plaza de la Constitución die steile Straße hinunter und links halten. Das Restaurant ist eine Topadresse für die gesamte Umgebung: Hier erwartet Gourmets die allerfeinste Küche. Die Speisekarte weist Exquisites wie Rebhuhnpastete *(paté de perdiz roja)*, Hirschschinken in Olivenöl *(ciervo ahumado en aceite)* und für Vegetarier Artischocken in Rosmarinsoße *(alcachofas en salsa de romero)* oder Pilze in Mandelsoße *(setas en salsa de almendras)* auf.

■ **Bar Paseo del Cristo,** Paseo Santo Cristo s/n, Tel. 953.72.06.75. Mitten im Ort. Bar mit großer Terrasse, gute Tapas.

■ **Mesón Don Chema,** c/ Escaleras del Mercado 2, Tel. 953.72.00.68. Hier wird man mit Wild und Forelle verwöhnt.

Feste/Festival

■ **Santísimo Cristo del Consuelo,** aus der gesamten Region kommen Besucher, um ordentlich zu feiern, 17.–21. September.

■ **Dia de San Isicio** am 15. Mai mit Wallfahrt zu seiner Ermita, am Vorabend Musik und Tanz auf der Plaza de Santa María nahe der gleichnamigen Kirchenruine.

■ Das Bluesfestival **Bluescazorla** (seit 1994) zieht alljährlich im Juli Tausende Besucher aus allen Teilen Europas in den 8.000-Seelen-Ort.

Unterkunft

■ **Hotel Villa Turística de Cazorla**③, Calle Ladera de San Isicio, Tel. 953.71.01.00, www.villacazorla.com. Eine im ländlichen Stil errichtete Apartmentanlage, gemütlich an einem Berghang mit Blick auf Cazorla gelegen. Hier erhält man auch Infos zu Paragliding.

■ **Hotel Don Diego**①, c/ Hilario Marco 163, Tel. 953.72.05.31, am Ortsrand. Zimmer mit modernem Bad. Preise sehr angenehm.

■ **Hostal Guadalquivir**①, c/ Nueva 6, Tel. 935.72. 02.68, info@hguadalquivir.com; nahe der Plaza de la Codelera. Nette günstige Zimmer, freundliche Besitzer. DZ nur mit Waschbecken etwas günstiger.

■ **Jugendherberge:** Albergue Juvenil de Cazorla, c/ M. Martínez 6, Tel. 955.03.58.86, cazorla.itj@juntadeandalucia.es. Ganzjährig geöffnet.

Camping

■ **Camping Cortijo „San Isicio",** Tel. 953.72.12.80, www.campingcortijo.com; 2 km außerhalb von Cazorla in südlicher Richtung. Schöner, ruhiger und familiärer Campingplatz umgeben von Mandelbäumen und Kiefern. Von hier aus kann man sehr gut Wanderungen starten. Die Anfahrt mit Wohnwagen oder Wohnmobil gestaltet sich etwas schwierig. Anfang März bis Ende Oktober geöffnet.

Naturpark Sierras de Cazorla, Segura y Las Villas

Der Parque Natural de las Sierras de Cazorla, Segura y Las Villas bildet mit 214.000 Hektar den größten Naturpark Spaniens. Das massive Gebirge verbindet sozusagen die Sierra Morena mit der Betischen Kordillere. Tiefe Täler und Felsschluchten lösen hohe Berge ab, der höchste ist der **Pico de las Empanadas** (2.107 m). Stauseen, Flüsse und Bäche durchziehen das Gebiet, darunter der Segura und der Borosa sowie die Laguna de Valdeazores. In den Sierras de Cazorla entspringt der **Guadalquivir,** ein kleines Rinnsal, das sich alsbald zu einem großartigen Fluss entwickelt.

Der für Andalusien hohe Niederschlag von rund 1.200 Litern pro Quadratmeter sorgt für eine saftig grüne Landschaft mit **Kiefernwäldern** und einer reichen Pflanzenwelt, zu der auch endemische Arten wie das Cazora-Veilchen zählen. Wie viele Wälder Andalusiens musste auch dieses Gebiet im 18. Jh. für den Bau der Spanischen Flotte „Hölzer lassen". Die Sommer sind in dem von der UNESCO 1983 zum Biosphärenreservat erhobenen Schutzgebiet heiß und trocken, im Winter fällt das Thermometer unter Null Grad.

Der Naturpark bietet seltenen Vogelarten wie dem *moscón* (Fliegenschnäpper) eine Heimat. Auch **Mufflons** – Wildschafe – und der **Spanische Steinbock** haben hier ihr Zuhause. Im Herbst wird die idyllische Stille nur von den Brunftschreien der **Hirsche** und ihren Kämpfen um die Gunst der Weibchen unterbrochen, Adler und Gänsegeier kreisen in den Felsgebieten majestätisch am Himmel. Eine Besonderheit der Fauna stellte einmal der angeblich seit den dreißiger Jahren ausgestorbene kleine Wolf Lobo Deitanus dar, auch Segura-Wolf genannt, der weltweit nur in diesem Gebiet auftauchte.

Schon seit 1960 gilt die Sierra als staatliches **Jagdrevier,** und deshalb steht hier in den Restaurants und Tapa-Bars viel Wild auf dem Speiseplan. Auch das Angeln erfreut sich allgemeiner Beliebtheit.

Unterwegs im Park

Von Süden gelangt man über drei Zugänge in den Park: über Pozo Alcón, Quesada und vor allem über Cazorla. Im Norden betritt man ihn über Puente Génave, Beas de Segura und Villanueva del Arzobispo. Durch den Park führt eine

053an bn

001an bn

Landstraße von Süden nach Norden durch das Tal des Guadalquivir mit der Siedlung Arroyo Frío, vorbei am Informationszentrum Torre del Vinagre und entlang des großen **Stausees Tranco de Beas,** daher wird die Straße auch Carretera del Tranco genannt. Der Guadalquivir fließt in den Stausee, um sich von dort seinen weiteren Weg in westlicher Richtung zu bahnen.

Vom **Ausgangspunkt Cazorla** führt die Landstraße A-319 am Ort La Iruela vorbei zum Dörfchen La Burunchel, wo der Naturpark beginnt, man hält sich stets an die Beschilderung „Sierra". Innerhalb des Parks dürfen nur bestimmte Straßen befahren werden, und so müssen Wagenbesitzer am Eingang an einer Schranke halten, wo das Kennzeichen des Fahrzeugs notiert wird. Gegebenenfalls macht man so Besucher ausfindig, die sich nicht an die Regeln halten (siehe unten).

Zunächst fährt man über den sehr schönen Pass **El Puerto de las Palomas** auf 1.200 Meter Höhe, wo zwei Aussichtspunkte einen atemberaubenden Blick über die Sierra bieten. Bei einer Gabelung geht es links auf der Carretera del Tranco durch Arroyo Frío in Richtung Coto de Ríos, das direkt beim Stausee El Tranco liegt. Von der gleichen Weggabelung führt die Straße geradeaus weiter Richtung Vadillo Castril, zu Beginn dieser Straße zweigt alsbald rechts eine Straße zum Parador Nacional ab (siehe unten).

⊡ Bild links: Zahlreiche Flüsse und Bäche durchziehen die Sierra; rechts: Noch ist der Guadalquivir ein kleiner Bach

Die Carretera del Tranco bringt Parkbesucher automatisch zum **Informationszentrum** des Schutzgebietes, dem „Centro de Interpretación Torre del Vinagre". Interessierte werden hier über die Flora und Fauna der Sierra unterrichtet. Zum Zentrum gehören auch ein **Jagdmuseum** und ein **Botanischer Garten** (tägl. 10–14 und 16–19 Uhr, im Winter bis 18 Uhr, im Sommer 17–20 Uhr, Infos Tel. 953.71.30.17 oder 953.71.30.66).

Im Park sind einige **Vorschriften** zu beachten, damit das ökologische Gleichgewicht nicht gestört wird: Wildes Campen ist nicht gestattet, aber es stehen genügend Zeltplätze zur Verfügung, die zum Teil sogar gebührenfrei sind. Ein wärmendes Feuerchen am Abend ist ebenso fehl am Platze wie gedankenlos weggeworfener Müll. Der Park wird regelmäßig kontrolliert.

Rundgang Cerrada del Utrero

Auf der oben beschriebenen Straße fährt man Richtung Vadillo Castril. An einer Gabelung nach Vadillo bietet sich bei der Cerrada del Utrero die erste Möglichkeit zu einem Rundgang von nur zwei Kilometer Länge und einer Dauer von ca. 30 Minuten, der durchaus auch für „Nicht-Wanderer" geeignet ist. Auf dem relativ kurzen Stück bietet sich Spaziergängern ein weitläufiger Blick auf das **Tal des Guadalquivir** und in die unmittelbar zu Füßen liegende Felsschlucht, durch die sich der noch kleine Fluss schlängelt. Abgerundet wird diese landschaftliche Pracht durch einen herrlichen **Wasserfall,** hier stürzt der Linarejo in den Guadalquivir. Unten bildet sich eine kleine Lagune, die sicherlich eine hervorragende Kulisse für romantische Filmszenen bieten würde.

Zur Quelle des Guadalquivir

Vom Cerrado del Utrero aus geht es weiter zum ausgeschilderten **Nacimiento del Guadalquivir** (ca. 14 km). Auf diesem Weg fährt man über eine unscheinbare kleine **Steinbrücke** von großer historischer Bedeutung, den Puente de las Herrerias. Die katholischen Könige kamen während ihres Rückeroberungszuges Richtung Südspanien auch durch die Sierras de Cazorla und mussten den Guadalquivir an dieser Stelle überqueren. In einer einzigen Nacht soll die Brücke erbaut worden sein, und sie hat bis heute gehalten.

Dem Weg weiter folgend, kommt man zu einem großen natürlichen Lagerplatz. Die Wegstrecke ist bis hierher nicht unbedingt leicht befahrbar, denn sie ist weitgehend nicht asphaltiert. Vom Rastplatz „Cañada de las Fuentes" bis zur Quelle (300 m) geht es dann nur noch zu Fuß weiter.

Man benötigt für die 14 Kilometer mit dem Auto ca. eine halbe Stunde, zu Fuß sind 3–3½ Stunden einzuplanen.

Flusswanderung am Río Borosa und Lagunen

Beim Informationszentrum ist ein Weg zu einer Fischzuchtanlage *(piscifactoría)* ausgeschildert, wo sich **Forellen** in großen Wasserbecken tummeln, bevor sie auf dem Teller landen. Von hier aus startet ein traumhafter, breiter Wanderweg, der über eine Länge von ca. 4,5 Kilometer am Ufer des Flusses Borosa entlangführt, dazu muss man nach ca. 1 km bei dem Schild „Laguna de Valdeazores" links abbiegen. Nach ca. einer Stunde Fußmarsch geht rechts ein Weg ab, der mit „Cerrada de Elias" gekennzeichnet ist. Ein schmaler Pfad verläuft zwischen Felswänden und Fluss, er führt zum Teil abenteuerlich über Holzstege und kleine Brücken – an warmen Sommertagen eine wahre Wonne. Nach einer weiteren halben Stunde kommt man auf dem breiten Waldweg heraus, der zuvor verlassen worden war.

Wagemutige Wanderer können sich weiter bis zur **Laguna de Aguas Negras** vorkämpfen. Nicht weit davon entfernt befindet sich auch die Laguna de Valdeazores. Diese längere Wanderung dauert insgesamt rund sieben Stunden, die vorherige Strecke am Borosa einbezogen. Der Weg steigt leicht an und führt zunächst zum Wasserkraftwerk Central del Valle, welches das Wasser aus den Lagunen nutzt. Hier überquert man eine Brücke, um auf die linke Flussseite zu gelangen. Nun geht es rechts am Kraftwerk vorbei, ein Weg mit Hinweisschild „Lagunas 5 km" weist auf das Ziel hin. Man kommt an einem schönen **Wasserfall** vorbei, dem **Salto de los Organos** (vorausgesetzt, genügend Wasser ist vorhanden). Der Marsch belastet nun ganz schön die Waden, es geht aufwärts, immer am Fels entlang. Am Ende des Weges nach rund einer Stunde muss auf einen künstlich angelegten, recht langen **Tunnel** geachtet werden, denn dieser will durchquert werden. Darin fließt ein kleiner Kanal, durch den das Wasser der Lagune zum Kraftwerk gelangt. Das hat schon etwas Abenteuerliches an sich, wer auf Nummer Sicher gehen will, sollte eine Taschenlampe bei sich tragen. Am Ende des Tunnels geht es links nach oben. Nun folgt eine echte Belohnung: der Anblick der von Kiefern gesäumten Lagune. Ein kleiner Fußweg daran entlang führt zu einem breiten Waldweg, der dann zur **Laguna de Valdeazores** führt.

Praktische Informationen

Information

- Im Sommer am **Kontrollpunkt** zum Park direkt hinter dem Dörfchen Burunchel, sonst in den Informationsstellen in Cazorla (s. dort).
- **Centro de Interpretación „Torre del Vinagre,** Carretera del Tranco; im Park, Tel. 953.71.30.40 oder 953.72.01.15. Öffnungszeiten: tägl. 10.30–14 und 16–19 Uhr.

Ausflüge in den Naturpark

- Die **Cooperativa Quercus** organisiert Ausflüge in den Park mit dem Geländewagen (5–8 Std., mit einem Teleskop kann die Fauna beobachtet werden), zu Pferd oder zu Fuß. Infos sind im Zentrum „Torre del vinagre" oder in der Infostelle in Cazorla (siehe dort) zu erhalten. In der Hauptsaison kann es schwierig sein, noch einen Platz zu bekommen, daher am besten rund zwei Wochen vorher anmelden. Preise: Ausflug mit Geländewagen ab 17,40 € für einen halben Tag, dazu für einen professionellen Reiseleiter mind. 57 €.

Essen und Trinken

- **Café-Bar Arroyo Frío,** Ctra. del Tranco, km 38, Tel. 958.72.70.07; im Tal bei Arroyo Frio. Hier gibt es gute Hausmannskost, darunter auch köstlich zubereitetes Wild aus der Gegend, wie zum Beispiel *ciervo en salsa,* eine Art Hirschgulasch, oft auch einfach *carne de monte* („Bergfleisch") genannt. Oder wie wäre es mit Wachtelspiegeleiern, die generell in den Bergregionen Andalusiens sehr beliebt sind? Außerhalb der Hochsaison Di Nachmittag und Mi geschlossen.

Unterkunft

■ **Aparthotel Los Ranchales**②, Ctra. de la Sierra, km 6, Tel. 953.72.71.15, von Cazorla auf dem Weg in die Sierra vor dem Control de Burunchel. Hotel und schöne Apartmentanlage mit Swimmingpool am Fuße eines Berges mit eindrucksvollem Blick auf die Sierra. Hier kann man verschieden Aktivitäten nachgehen: mit dem Mountainbike oder per Pferd durch die Sierra, Kanufahren *(piragüismo),* in der Hauptsaison (Mitte Juli bis Mitte Sept.) mit Begleitung von professionellen Guides. Bungalow 60–72 €.

■ **Parador Nacional de Turismo de Cazorla**④, Tel. 953.72.70.77, www.parador.es. Nur mit Fahrzeug gut zu erreichen. In den Park Richtung Tal fahren, ab dort ausgeschildert.

■ **Hotel Noguera de la Sierpe*****/③, Tel. 953. 71.30.21, www.hotelnogueradelasierpe.com; inmitten des Naturparks an der Carretera del Tranco. An sich eine schöne, ländliche Hotelanlage mit netten, kleinen Bungalows. Allerdings scheint der Besitzer ein extremer Jagdfreund zu sein, was zu kleinen geschmacklichen Fauxpas wie z. B. ausgestopften Löwen an der Rezeption führt. Das Hauptgebäude ist eine alte Finca und Jagdhaus aus dem Jahre 1912. Zur Anlage gehört ein Fischteich zum Angeln. Pferdefreunde kommen auch nicht zu kurz. Bungalow (max. 4 Pers.) 130 € inkl. Frühstück.

■ **Hotel-Apartamentos Los Enebros**②, Tel. 953. 72.1.10, beim gleichnamigen Campingplatz. Apartment für 4–6 Pers. 108 €, für 5–7 Pers. 127 €.

Camping

■ **Camping Los Enebros,** Tel. 953.72.1.10, zentrale Lage direkt im Tal bei Arroyo Frío, daher auch gute Busverbindung.

■ **Camping Puente de las Herrerías,** Tel. 953. 72.70.90, www.puentedelasherrerias.com; nahe dem Stausee Embalse de la Bolera, über Pozo Alcón nach El Vadillo del Castril fahren. Ostern bis 1.11. geöffnet.

■ **Camping Chopera de Coto Ríos,** Tel. 953. 71.30.05, 648.29.07.10 (Handy), http://camping-chopera.es; auf der Strecke vom Informationszentrum „Torre del Vinagre" nach Coto-Ríos bei km 21. Ganzjährig geöffnet.

■ **Camping Llanos de Arance,** Tel. 953.71.31.39, www.llanosdearance.com; auf der Ctra. del Tranco bei km 22. Ganzjährig geöffnet.

■ **Camping Fuente de la Pascuala,** Tel. 953.71. 30.28, www.campinglapascuala.com; ebenfalls auf dieser Wegstrecke bei km 55. Februar bis Oktober geöffnet.

■ **Garrote Gordo,** Tel. 953.12.61.59; bei Segura de la Sierra beim Arroyo Manguillo gelegen. Mitte März bis Ende Sept. geöffnet.

Verkehrsverbindungen

■ **Busverbindung** von der Plaza de la Constitución in Cazorla über Burunchel, Empalme und Arroyo Frió bis Coto de Ríos. Die genauen Abfahrtszeiten (in der Regel 2x tägl.) und Haltestellen für die jeweilige Wanderung sollten im Informationsbüro erfragt werden.

Jaén – die große Unbekannte

Schon von Weitem erkennt man die an ein weißes Dorf erinnernde Stadt an den Ausläufen der Sierra Jabalcuz. Im Hintergrund thront beschützend eine eindrucksvolle Festung auf einer Anhöhe über dem Ort. Auch wenn die gesichtslosen Hochhäuser bei der Einfahrt unmissverständlich darauf hinweisen, dass es sich hier nicht um ein Dorf handelt, so hat sich das „silberne" Jaén mit seinen 110.000 Einwohnern im Zentrum noch etwas dörflich-gelassene Atmosphäre bewahrt. Eine gewisse Verschlafenheit wird den *Jienenses* oder *Jaeneros,* wie die Bewohner genannt werden, auch von anderen Andalusiern nachgesagt – lediglich bei der **Feria de San Lucas,** dem Höhepunkt des Festkalenders, tauen die Leute ein wenig auf. So wird man Jaén weniger der besonderen Atmosphäre oder eines malerischen Ortsbildes wegen besuchen, es sind eher die beachtlichen Sehenswürdigkeiten, die vor allem kunsthistorisch Interessierte in diese „große Unbekannte Andalusiens" (Eigenwerbung) locken. An den Glanz und Ruhm anderer Provinzhauptstädte reicht sie jedoch bei Weitem nicht heran, und so lassen organisierte Reisegruppen Jaén – nicht ohne Grund – fast immer links liegen.

In der Vergangenheit spielte die Stadt eine nicht zu unterschätzende Rolle, zumal sie am Handelsweg zwischen Zentral- und Südspanien lag. Deshalb wurde sie von den Mauren *Geen* genannt, was soviel wie „Karawanenweg" bedeutet. Die Aussicht auf gute Beute entlang der Handelsroute lockte auch viele Räuberbanden in die Region, das Gebirge bot ihnen idealen Unterschlupf. 1246 wurde die Stadt von den Christen zurückerobert.

Sehenswertes

Castillo de Santa Catalina

Seit der *Reconquista* heißt die gewaltige **maurische Festung,** die auf einem Berg thront, Santa Catalina. Unter *Fernando III.* bekam die Anlage ihr heutiges Gesicht. In den Gemäuern können sich Urlauber verwöhnen lassen, denn nun steht der rückwärtige Teil der Festung als **Parador Nacional** für Übernachtungen zur Verfügung – zumindest für diejenigen, die bereit sind, das nötige Kleingeld dafür auszugeben. Allein die **hervorragende Aussicht,** die die Festung auf die Stadt Jaén und die Olivenhaine in der Tiefebene bietet, lohnt eine kurze Stippvisite, auch wenn dafür anstrengende vier Kilometer vom Zentrum aus zurückgelegt werden müssen (der Parador ist ausgeschildert). Dafür steht dann ein vorzügliches Menü im ehemaligen Ordenssaal in Aussicht.

■ **Festung Santa Catalina,** tägl. 10–14 und 15.30–19.30 Uhr, im Sommer 17–21 Uhr, ein wechselnder Ruhetag pro Woche (vorher erkundigen!), Tel. 953.21.91.16, Eintritt 3 €.

[>] Castillo de Santa Catalina

Kathedrale

Mitten in der Stadt steht die prächtige Kathedrale **Santa María,** die durch ihre Größe das urbane Bild dominiert. Alle Wege scheinen auf sie hinzuzuführen, so auch die zentrale Calle Alamos Dr. Arroyo, an der der Arco de San Lorenzo liegt, ein gotischer Torbogen mit mudejaren Stilelementen. Der Platz mit Brunnen vor der Kathedrale wurde neu gestaltet und 2011 eingeweiht. Die Kathedrale wurde vom Meister der Renaissance aus Jaén, *Andrés de Vandelvira,* entworfen. Die Hauptfassade des imposanten Renaissancebaus ist von zwei großen Türmen umgeben, auffallend sind die zahlreichen Figuren.

Das Innere wirkt sehr feierlich, durch eine prächtige Vierungskuppel fällt reichlich Licht hinein. Einen Blick lohnt das aufwendig gestaltete **Chorgestühl** des Lettners, das deutliche Mudéjar-Einflüsse des 16. Jh. zeigt. Die 53 Sitze der unteren Reihe zeigen Reliefs von Heiligen und Märtyrern, die obere Reihe enthält 69 Sitze mit Passagen aus dem alten und neuen Testament. Ein immer wiederkehrendes Motiv ist das **„Schweißtuch der Veronika"**, in dem sich das Antlitz Jesu Christi abgebildet haben soll. Jeden Freitag von 10.30–12 und 17–18 Uhr ist das vom Bischof *Nicolás de Biedma* im 14. Jh. gestiftete „Santo Rostro" im Sagrario, einem Annexbau an der Altstadtseite der Kathedrale ausge-

003an bn

stellt. Unter Aufsicht eines Priesters huldigen Dutzende von Pilgern der in einen barocken Bilderrahmen eingefassten Reliquie.

Sehenswert ist auch die Seitenkapelle **Capilla Santisimo Sacramento** mit farbig gefassten Halbrelief-Medaillons; es ist der Hl. Benedikt (San Benito), von Engeln eingerahmt, zu sehen.

Das **Kathedralmuseum** wurde von Andrés de Vandelvira um 1550 als Pantheon des Stadtrats in reinem Renaissance-Stil erbaut. Zu den Glanzstücken in dem ansehnlichen Kellergewölbe zählt eine Darstellung des Königs *Ferdinand III.* von *Juan Valdez Leál* (1616), der jedoch nie in Jaén war – das „historische" Stadtbild im Hintergrund entsprang der Fantasie des Künstlers.

■ **Catedral Santa María,** Mo–Sa 10–14 und 16–19 Uhr, So 10–12 und 16–19 Uhr, Sa/So kann wg. Messen bereits um 18 Uhr Schluss sein; Eintritt 5 €. Das Museo Catedralicio ist 10–13 Uhr und nachmittags wie die Kathedrale geöffnet und kostet 1,80 € Eintritt.

Altstadt

Von der „Schauseite" der Kathedrale führt die kleine **Calle de la Maestra** in den „La Merced" genannten westlichen Bereich der Altstadt. Auf dem Weg zur Touristeninformation kommt man an einigen netten Cafés und Kneipen für das studentische Publikum vorbei. Am Ende der Straße markiert ein einsamer Torbogen die Überreste der einstigen Pfarrkirche San Lorenzo, die sehenswerte Kapelle im Inneren ist leider nur zu besonderen Anlässen geöffnet. Folgt man der lang gezogenen Calle Martinez Molina

0 100 m

Museo Provincial
6 Bahnhof
Parque la Victoria
Plaza de las Batallas
Calle Carmelo Torres
Española
Cruz Roja
Cronista González López
Paseo de la Estación
Calle del Santo Reino
C. de Menéndez y Pelayo
Santa Rita
C. Doctor Fléming
Calle del Arquitecto Berges
C. de Alhama
Reyes Católicos
Busbahnhof
Avenida de la Estación
Cuesta de la Virgen
Anguita Roldán
Calle de las Eras de Belén
C. de los Artesanos
Teniente
López Obregón
Martínez
Calle Maestro Bartolomé
Capitán Cortés
Calle Cid Campeador
Calle de Pío XII
C. de Castilla
Montañees
Calle Navas de Tolosa
Calle de Millán de Priego
Calle de Castilla
San Bartolomé
5
Cuesta de Belén
Avenida de Granada
C. de Huérfanos
C. Real
C. de Santa Clara
Calle de las Huertas
Calle Bailén
4
Calle del Peso de la Harina
C. Correa Weglison
C. de Vergara
Arroyo de San Pedro
Madre Soledad Torres Acosta
Plaza de los Jardinillos
Calle Roldan y Marín
Calle Nueva
Stierkampfarena
3
Calle Virgen Capilla
C. del Dr. Sagaz Zubelzu
Calle Gracia
Calle de las Higueras
San Agustín
Magdalena del Prado
Federico Mendizábal
Calle de San Clemente
Molinos
Bco. Cronada
C. de San Bartolomé
C. Accesoña
Isabel Mendez
Calle Doctor Eduardo Arroyo
Calle de Ruiz Romero
C. Capitán Oviedo
Salido
Plaza de la Constitución
C. Gracianas
2
Cuatro Torres
Josefa Sevillanos
C. Palmas
Alvarez
Dr. Sanchez de la Nieta
Calle del
Doctor Civera
Calle de la Pescadería
C. Ignacio Figueroa
Campanas de Santiago
Virgilio Anguita
Calle del
C. Atarazanas
CAlle Los Macias
Angeles
Calle Martínez Molina
Dr. García Ang
Muralla
Calle de los Alamos
Calle de Bernabé Soriano
María de Molina
Aguilar
Muñoz Garnica
Calle Cambil
Calle Almendros
Calle Colón
Cjón. de las Flores
Calle de Hurtado
Calle de
Calle Obispo
Calle de la Parrilla
Vargas
Palacio Municipal de Cultura
Calle del Cerón
Plaza de San Francisco
Arco de San Lorenzo
Madre de Dio
B. Lopez
Consuelo
C. Ramón y Cajal
Calle Mesa
C. San Lorenzo
1
Kathedrale Santa María
C. de Calvache
Aguilar
Ruiz Jimenez
Moreno Castello
Calle de la Maestra
Arco
C. las Campanas
C. de Valparaíso

gelangt man unweigerlich zur **Capilla de San Andrés,** eine ehemalige Synagoge, die 1515 zu einer christlichen Kapelle umgebaut wurde. Glanzstücke im Inneren sind die herrlich im Mudéjar-Stil dekorierte Tür der Kanzel und ein kunstvoll gefertigtes Ziergitter des Meisterschmiedes *Bartolomé* – der Eintritt ist allerdings auf den Sonntagvormittag rund um die Messe beschränkt.

Direkt gegenüber erhebt sich der prachtvolle Stadtpalast **Palacio de Villadompardo,** neben der Kathedrale sicherlich die größte Sehenswürdigkeit der Stadt. Zum Ende des 16. Jh. wurde das Anwesen von *Don Fernando de Torres y Portugal,* Graf von Villadompardo und Vizekönig von Peru errichtet. Die darin verborgenen **Arabischen Bäder** aus dem 11. Jh. wurden einfach überbaut. Erst 1913 stieß man im Zuge von Erweiterungsarbeiten auf die mit über 500 Quadratmetern wohl ausgedehnteste Anlage dieser Art in Spanien. Für die sehr behutsam ausgeführten Restaurierungsarbeiten erhielt man 1984 sogar die Ehrenmedaille „Europa Nostra". Möglicherweise pflegten hier einst die maurischen Taífa-Könige von Jaén Körper und Geist, denn ihre benachbarte Residenz, heute das Kloster Santo Domingo, war durch einen unterirdischen Gang mit den Bädern verbunden. Nach Betreten des Vestibüls durchquert man über Plexiglasscheiben die relativ schlecht erhaltene, unbeheizte *Sala fría.* Beeindruckend aufgrund ihrer Dimension und der Vielzahl von Säulen und Hufeisenbögen ist die nachfolgende warme *Sala templada* mit dem noch gut erhaltenen steinernen Wasserbecken. Die anschließende *Sala caliente* könnte man als Sauna bezeichnen, denn die ausgeklügelte Beheizung von Fußboden und Wänden sowie der Wasserdampf aus einem großen Kupferkessel sorgten hier für schweißtreibende Temperaturen. Aus heute nicht mehr existierenden Schöpfbecken konnten sich die Badegäste mit warmem bzw. kaltem Wasser übergießen. Im Palast selbst wurde bis 1990 das **Museo de Artes y Costumbres Populares** mit einer in Fülle und Qualität sehr beachtlichen Ausstellung zum Alltagsleben und (Kunst-)handwerk vor der industriellen Revolution eingerichtet – das Modell einer Olivenmühle darf dabei natürlich nicht fehlen. Automatisch gelangt man auf dem Rundgang noch in das **Museo Internacional de Arte Naif** mit Werken der naiven Malerei, die außerhalb der Kunstakademien von begeisterten Amateuren betrieben wurde.

■ **Palacio de Villadompardo,** Tel. 953.24.80.68, Mi–So 11–19 Uhr, Eintritt frei für EU-Bürger.

Nach einem kurzen Stück auf der Calle Santo Domingo erhebt sich unübersehbar der mächtige Komplex des bereits oben erwähnten, 1382 gegründeten, **Klosters Santo Domingo.** Nach der Säkularisierung beherbergte es für einige Zeit die Universität, heute befindet sich hier das Historische Provinzarchiv. Die elegante Gestalt des Kreuzgangs aus dem 17. Jh. lässt sich noch gut nachvollziehen, allerdings leidet der Gesamteindruck unter einer ziemlich brachialen Modernisierung.

▷ Das Rathaus der Stadt

■ **Convento de Santo Domingo,** im Sommer tägl. 8.30–13.30, im Winter bis 14.30 Uhr, Eintritt frei.

Auf der Calle Magdalena Baja geht es weiter in das kleinbürgerliche **Magdalena-Viertel,** einige weiß getünchte, blumengeschmückte Häuschen an sich steil bergauf windenden Gassen erinnern noch an die einstige maurische Medina. Allerdings sind sie für Jaéns Altstadt keineswegs repräsentativ, insgesamt beherrschen unansehnliche Wohnblocks aus moderneren Zeiten die Szenerie. Namensgebend für das *barrio* war die **Iglesia de la Magdalena,** ihr seltsam gedrungener Glockenturm und der recht orientalisch wirkende Patio lassen aber keinen Zweifel daran, dass hier einst eine Moschee mit Minarett und Hof der rituellen Waschungen stand. Außerhalb der Siesta-Zeit kann man den Aufseher gegen ein kleines Trinkgeld bitten, Einlass in den Innenhof mit seinen römischen Säulenbasen zu gewähren, die Kirche selbst ist nur zu Gottesdiensten geöffnet.

Museo Provincial und Parque la Victoria

Auch wenn das moderne Zentrum Jaéns eher zur schnellen Weiterfahrt animiert, lohnt sich dennoch ein Stopp am hübsch angelegten Parque de la Victoria und der angrenzenden **Plaza de las Batallas.** Der Name „Platz der Schlachten" leitet sich vom imposanten Denkmal zur Erinnerung an die strategisch so wichtigen Gefechte von Navas de Tolosa 1212 gegen die Mauren und Bailén 1808 gegen die Franzosen im Unabhängigkeitskrieg ab.

005an bn

Hauptattraktion ist jedoch das einige Schritte hangabwärts gelegene **Museo Provincial de Jaén,** denn hier werden u. a. die bedeutendsten Fundstücke der Frühgeschichte der gesamten Provinz ausgestellt. So wird die Kunst der Iberer mit zahlreichen Skulpturen aus hellem Kalksandstein aus der Stätte Cerrillo Blanco ausgiebig gewürdigt. Zu den Glanzstücken gehört der vermutlich im 5. Jh. entstandene „Stier von Porcuna“, der ebenso wie die übrigen Darstellungen von Kriegern und mythologischen Figuren deutliche Einflüsse der griechischen Kunst aufweist. Auch die schönen römischen Mosaike und diverse Exponate aus der muslimischen Periode verdienen nähere Betrachtung. Bei dem Bau des Museums, das auch über eine *Sección de Bellas Artes* mit Gemälden, Radierungen und Bildhauerei vom Mittelalter bis heute verfügt, wurden übrigens geschickt die Portale des historischen Getreidespeichers und der Kirche San Miguel als Beispiele der ortstypischen Renaissance eingearbeitet.

■ **Museo Provincial,** Paseo de la Estación 27, Tel. 953.25.06.00. Geöffnet Di 15–20 Uhr, Mi–Sa 9–20 Uhr, So u. div. Feiertage 9–15 Uhr, Mo u. hohe Feiertage geschlossen. Eintritt für EU-Bürger frei.

Praktische Informationen

Information

■ **Oficina de Turismo,** Ramón y Cajal 1, knapp südöstlich (unterhalb) der Kathedrale, ein Umzug in naher Zukunft ist nicht ausgeschlossen, Tel. 953. 19.04.55, oficinaturismo@aytojaen.es, Mo–Fr 9–19.30 Uhr, Sa/So 9.30–15 Uhr.

Service

■ **Polizei:** c/ Arquitecto Berges 13, Tel. 953.26. 18.50.

■ **Medizinische Versorgung:** Hospital Ciudad de Jaén, Avda. del Ejército Español, Tel. 953.22.24.08.

■ **Post:** Plaza Jardinillos, Tel. 953.26.08.09.

Essen und Trinken

Die „Restaurantgasse“ von Jaén ist zweifellos die Calle Nueva ein kleines Stück unterhalb (östlich) der Plaza de la Constitución, wo sich ein Restaurant ans andere reiht, was nicht heißt, dass hier das Ambiente besonders wäre. Freiluftrestaurants sind generell Mangelware, am ehesten wird man in der Calle de la Maestra (s. o.) und an der Plaza de los Jardinillos nordöstlich der Plaza de la Constitución fündig.

■ **Gamba de Oro,** c/ Nueva 1, Tel. 953.24.17.46. Ein Klassiker! Eher einfach eingerichtet, die auf Fisch und Meeresfrüchte spezialisierte Küche ist recht gut, die Preise bleiben auf dem Teppich. Der Service hat zuletzt leider etwas nachgelassen.

■ **Bar La Manchega,** c/ B. Lopez s/n. Eine Perle altspanischer Kneipenkultur ist diese urige, 1886 gegründete Tapas-Bar in einer winzigen Seitengasse der Calle del Cerón gegenüber dem Hostal La Española. Landestypische Gerichte in großer Auswahl, gute Qualität, günstige Preise.

■ **Taberna El Zurito,** Correa Weglison (auch „Calle del Rastro“) 6, Tel. 953.26.06.30. Eher unscheinbare und einfache Tapas-Bar, der renommierte Küchenchef versteht aber sein Handwerk und serviert qualitativ hochwertige regionaltypische Küche abseits des Gewohnten zu moderaten Preisen.

Feste

■ **Dia de la Cruz,** Fest der geschmückten Maikreuze am 3. Mai.

■ **Feria de San Lucas,** ein fröhliches historisches Fest mit Festzelten der Vereine auf dem Feria-Gelände hinter der Stierkampfarena, täglich Stierkämpfe, Mitte Oktober.

■ **Romería** im Castillo de Santa Catalina, Wallfahrt zur Kapelle in der Festung, 25. November.

Unterkunft

■ **Parador Castillo de Santa Catalina******/④, Tel. 953.23.00.00, www.parador.es. Wohl einer der prachtvollsten unter den staatlichen Paradores. Sowohl im Restaurant als auch in den Aufenthaltsräumen fühlt man sich an alte Rittersäle erinnert. Wem bei einem Kurzbesuch das Essen zu teuer ist, der kann es auch bei einem Drink an der Bar bewenden lassen.

■ **Hotel Europa Jaén*****/②, Plaza de Belén 1, Tel. 953.22.27.00, www.hoteleuropajaen.es. Ziemlich optimal an einem zentralen und dennoch ruhigen Platz gelegen. Eigene Tiefgarage. Die Zimmer sind nicht gerade riesig, aber freundlich eingerichtet, wohl die beste Wahl in dieser Klasse.

■ **Hostal Martín**①, Cuatro Torres 5, Tel. 953.24.36.78, www.hostalmartin.es. Einfache, ruhig gelegene Pension im Zentrum, die Parkgarage an der Plaza de la Constitución ist nur 100 m entfernt. Die DZ sind relativ klein und meist ohne Bad, dafür aber unschlagbar günstig.

■ Im Bahnhofsgebäude befindet sich das etwas nüchterne **Hostal Estación RENFE****/①, Tel. 953.27.47.04, evtl. ein Tipp für spät ankommende Bahnfahrer.

Verkehrsverbindungen

■ **Busbahnhof** an der Plaza Coca de la Piñera, Tel. 953.25.01.06. Für Córdoba und Sevilla ist die Gesellschaft Ureña S.A. zuständig, für Fahrten nach Úbeda/Baeza, Málaga, Cazorla und Granada wende man sich an den Schalter von Alsina Graells, Tel. 953.25.50.14. Nach Córdoba 8x tägl., Sa/So 13x. Nach Granada ca. stündlich. Nach Úbeda/Baeza ca. stündlich, Sa/So/Fe deutlich eingeschränkt.

■ **Zug:** Der Bahnhof liegt weitab vom Zentrum am Ende des Paseo de la Estación. Lediglich eine Verbindung am Morgen in RichtungCórdoba/Sevilla/Cádiz.

Auto fahren

Bei der Anfahrt über den Paseo de la Estación (Ausschilderung „Centro Ciudad") gelangt man unweigerlich zur Plaza de la Constitución, dem Schnittpunkt zwischen Neustadt und höher gelegener Altstadt. Es empfiehlt sich, das Auto hier zu den üblichen Tarifen (pro Stunde 1 €, pro Tag 16 €) zu parken und die Erkundung des Stadtzentrums zu Fuß vorzunehmen. Für die recht langwierige Auffahrt zum Castillo de Santa Catalina ist ein eigener Pkw natürlich optimal, ansonsten ist es auch für konditionsstarke Marschierer keine schlechte Idee, sich mit einem Taxi hochfahren zu lassen und den Rückweg auf der Landstraße per Pedes anzutreten – einen direkten Fußweg zwischen Altstadt und Burg gibt es leider nicht.

an14-006 ba

2 Provinz Córdoba

Das Herzstück der Provinz Córdoba ist die fruchtbare Schwemmlandebene des Guadalquivir, die Campiña. In deren Zentrum thront die Hauptstadt Córdoba, die mit ihrem Altstadtviertel Judería und der „Moschee-Kathedrale“ Mezquíta die Besucher in Scharen anzieht. Diese Sehenswürdigkeiten sind natürlich einmalig, doch auch viele schöne Orte und Landschaften abseits der Hauptrouten lohnen einen Besuch.

< Schulausflug in Córdoba

NICHT VERPASSEN!

- **Córdoba, Moschee-Kathedrale Mezquíta:** ein weltweit einzigartiger Sakralbau | 56
- **Córdoba, Festival de los Patios:** wer im Mai nach Córdoba kommt, sollte das Fest der blumengeschmückten Innenhöfe auf keinen Fall verpassen | 70
- **Madinat al-Zahra:** die Ruinen der Palaststadt lassen die Pracht des Kalifats von Córdoba erahnen | 92
- **Sierra Subbética:** grandiose Landschaftseindrücke in einem Meer von Olivenhainen | 98
- **Priego de Córdoba:** maurisches Erbe und christlich-barocker Formenreichtum im Hauptort der Sierra Subbética | 105

Diese Tipps sind gelb hinterlegt.

Moschee und Kathedrale, Islam und Christentum – die Mezquita in Córdoba ist eine der herausragenden Sehenswürdigkeiten ganz Andalusiens

an14-001 ba

ÜBERBLICK

Die 13.718 km² umfassende Provinz Córdoba kann grob in zwei etwa gleich große Teile untergliedert werden: Nördlich des Río Guadalquivir erhebt sich der bis knapp 1.000 Meter aufragende, mittlere Abschnitt der Sierra Morena, eine dünn besiedelte, waldreiche Mittelgebirgslandschaft mit vorwiegend extensiver Land- und Weidewirtschaft. So arm die Böden dieser Region meist sind, unterhalb der Erdoberfläche ist oft ein großer Reichtum an verschiedenen Mineralien zu finden, die schon seit prähistorischer Zeit abgebaut werden. Wolfram, Wismut, Nickel, Fluor, Blei und Uran werden bzw. wurden gefördert, manche Minen sind bereits weitgehend erschöpft. Unvermindert weiter geht der Abbau von Kohle, vor allem im westlichen Bereich um die Kleinstadt Peñarroya-Pueblonuevo.

Etwa auf halbem Wege von dort nach Córdoba liegt die bei Weinkennern bekannte Ortschaft **Villaviciosa de Córdoba,** denn dort wird aus der Palominotraube, die auch für viele Sherrysorten Verwendung findet, ein Wein gleichen Namens produziert. Mit seinem Geschmack, der ein wenig an den *Fino* erinnert, hätte der *Villaviciosa* durchaus Marktchancen, wegen der geringen Mengen ist er außerhalb der Provinz aber kaum zu bekommen.

Da sich abseits der Kulturflächen noch beachtliche, vorwiegend aus verschiedenen Eichenarten zusammengesetzte Urwälder erhalten haben, wurden im mittleren Abschnitt der Sierra Morena einige **Naturschutzgebiete** eingerichtet. Im Nordosten ragt ein Zipfel des mit 60.000 Hektar ziemlich ausgedehnten **Parque Natural Sierra de Andújar** von der Nachbarprovinz Jaén nach Córdoba hinein, und im Westen bildet der 67.000 Hektar umfassende **Parque Natural Sierra de Hornachuelos** die Fortsetzung des vom Landschaftsbild her sehr ähnlichen Schutzgebietes Sierra Norte der Provinz Sevilla.

Sowohl naturräumlich als auch kulturell abwechslungsreicher präsentiert sich das Gebiet südlich des Guadalquivir. Zum einen sorgt die bis auf 1.570 Meter

ansteigende, relativ schroffe **Sierra Subbética** für überraschend alpine Landschaftseindrücke, zum anderen handelt es sich hier um ein altes Kulturland, dessen Siedlungsgeschichte an den Ortsbildern immer noch abzulesen ist. Unter den zahlreichen interessanten Kleinstädten der Region ist **Priego de Córdoba** besonders hervorzuheben, da es neben bedeutenden Kunstschätzen auch ein vom Massentourismus vollkommen unberührtes Ortsbild bewahren konnte.

Bei der Frage nach dem schönsten Dorf der Subbética wird meist der Name **Zuheros** genannt – neben dem noch sehr ursprünglichen Ambiente ist dafür zweifellos die großartige Lage auf einem dramatisch aufragenden Felssporn verantwortlich. Im tiefer gelegenen Hügelland rund um die Kleinstadt **Montilla** wird ein gleichnamiger Wein nach dem Sherry-Verfahren hergestellt, der sich geschmacklich keineswegs hinter der Konkurrenz aus dem „Sherry-Dreieck" rund um Jeréz de la Frontera zu verstecken braucht. Die „Cordobesen", wie die Bewohner der Hauptstadt bzw. der Provinz genannt werden, wissen zwar um die Qualitäten des *Montilla*, trinken ihn aber offenbar lieber selbst, als ihn in andere Provinzen zu „exportieren".

> Die Römische Brücke in Córdoba überspannt den Guadalquivir

Córdoba – Schauplatz der Weltkulturen

Das Herzstück der Provinz Córdoba ist die **Campiña,** die fruchtbare, agrarisch intensiv genutzte Schwemmlandebene des Guadalquivir. In dieser privilegierten Lage hat sich, von sanften Hügelketten eingerahmt, die alles überragende Hauptstadt **Córdoba** angesiedelt. Mit 328.000 Einwohnern ist sie nicht nur die Zentrale von Verwaltung und Politik, sondern auch das mit Abstand bedeutendste Wirtschaftszentrum der Region. Fast alle Besucher der Provinz sehen kaum mehr als die Hauptstadt, und auch diese meist nur als begrenzten Ausschnitt, in erster Linie das Altstadtviertel **Judería** und die „Moschee-Kathedrale" **Mezquíta.** Auch wenn diese Sehenswürdigkeiten in der Tat herausragenden Rang beanspruchen dürfen, so ist die Vernachlässigung vieler schöner Orte und Landschaften abseits der Hauptrouten doch schade.

Als „Stadt der Kalifen" wird sie gerne bezeichnet, anspielend auf die absolute Blütezeit Córdobas, als sie für zweieinhalb glorreiche Jahrhunderte die unumstrittene **Metropole des maurischen Spanien,** ja des gesamten westlichen Mittelmeerraumes war. Dieses arabische Erbe scheint in der Wesensart der Bewohner immer noch durchzuschimmern: Gelten die Granadiner als ziemlich aufbrausend und die Sevillaner fast schon als übertrieben theatralisch, werden den Cordobesen vor allem Attribute wie „aristokratisch", „auf Etikette bedacht" und „still" zugeschrieben – Ei-

an14-002 ba

genschaften, die wohl auch auf die arabischen Herrscher während des Emirats bzw. Kalifats von Córdoba zutrafen.

Auch die in Córdoba besonders gepflegte **Patio-Kultur,** die liebevolle Ausgestaltung der Innenhöfe mit schmiedeeisernen Gittern, Azulejo-Verkleidungen, Wandschmuck und vor allem unzähligen Blumentöpfen, wurzelt tief in der Tradition des römisch-arabischen Wohnhauses. Das Bemühen der Bewohner, ihren Patio in ein farbenfrohes Blütenmeer zu verwandeln, wird jedes Jahr im Mai in einem Wettbewerb, dem „Concurso de los Patios Cordobeses", zumindest für die Gewinner, reich honoriert. Nach dem Festival (siehe Sehenswertes, Das Festival der Patios) ist es mit der Sitte, jeden Besucher ins „Wohnzimmer im Freien" einzulassen, aber wieder vorbei, und die vergitterten Eingangstore zur Straße schließen sich.

Das durch Schattenwurf, Springbrunnen und reichlich Pflanzenbewuchs stets etwas kühlere Mikroklima innerhalb des Patios wird für den Aufenthalt während der sommerlichen Hitze gern genutzt. Auf nur 120 Meter Höhe gelegen und weit entfernt von kühlenden Seebrisen, kann Córdoba zusammen mit Sevilla und Jaén die eindeutig höchsten Sommertemperaturen (durchschnittlich 28 °C) aller Provinzhauptstädte vorweisen, und **Spitzenwerte von 48 °C** machen die Fortbewegung in der Stadt zur Qual. Dann flüchten die Bewohner bevorzugt in die bewaldeten Hügel der nahe gelegenen **Serranía de Córdoba** zum traditionellen *perol,* einer recht aufwendigen Variante des Picknicks.

Nördlich des Zentrums durchquert man die Vororte der betuchten Gesellschaft, die sich etwas abseits der hektischen Großstadt in ausgedehnten Gärten ihre Villen erbauen ließ. Ein ganz anderes Bild bekommt man in den südlichen Außenbezirken an der Ausfallstraße Richtung Granada: Hastig hochgezogene Wohnblocks, armselig gekleidete Kinder auf staubigen Plätzen – der Kontrast zu der wohlgenährten Gutbürgerlichkeit des anderen Córdoba könnte kaum größer sein.

Segen und Fluch zugleich ist der beständig wachsende Strom der Besucher, insbesondere ausländischer **Touristen,** für die Córdoba zum „Pflichtprogramm" gehört. So ist der erste Eindruck von der Stadt während der Saison möglicherweise eher ernüchternd: Endlose Blechlawinen auf den Hauptverkehrsstraßen rund um die Altstadt und schiebende Touristenmassen zwischen der Römischen Brücke und den von Souvenirshops eingerahmten Gassen der *Judería* – willkommen in der Neuzeit!

Doch schon etwas abseits der touristischen Brennpunkte oder wenn die hereinbrechende Dämmerung den Trubel schlagartig abebben lässt, vermittelt ein Spaziergang durch das Gewirr der schmalen, gewundenen Gassen, der überraschende Anblick eines alten Minaretts oder der spitzen Zinnen einer von Kletterpflanzen überwucherten Festungsmauer immer noch den Zauber der stillen Kalifenstadt. Und wenn man erst einmal inmitten des schier endlosen „Säulenwaldes" der meist schlicht **Mezquíta** genannten „Moschee-Kathedrale" steht und sich vorstellt, dass sich einst in diesem prächtigen Sakralgebäude bis zu 20.000 Gläubige vor Allah niederwarfen, wird man der Stadt gerne zugestehen, dass sie neben Sevilla und Granada zum „Andalusien-Pflichtprogramm" gehört.

Auch wenn demgegenüber die übrigen Monumente ein wenig abfallen, bedeutet das nicht, dass in Córdoba nur die Mezquíta von Interesse wäre. Es ist vielmehr so, dass die Erkundung aller schönen Plätze und versteckten Winkel, aller interessanten Kirchen und Museen in ein oder zwei Tagen gar nicht zu schaffen ist und selbst Ortskundige bei Stippvisiten immer noch erstaunliche Entdeckungen machen. Aufgrund des historisch außerordentlich wertvollen städtebaulichen Ensembles wurde Córdoba 1994 von der UNESCO zum **Weltkulturerbe** der Menschheit deklariert.

Stadtgeschichte

Man vermutet, dass in der **Bronzezeit** um 1500 v. Chr. an den Ufern des Guadalquivir einfache, strohgedeckte Hütten standen und der Fluss bereits als Transportweg für diverse **Bodenschätze** genutzt wurde. Von den reichen Erzvorkommen angelockt, hielten sich von den Tartessern über die Griechen bis zu den Karthagern praktisch alle handeltreibenden Völker des Mittelmeerraumes an diesem Ort auf.

Nachdem die siegreichen Römer die Karthager bis 201 v. Chr. vertrieben hatten, wurde 32 Jahre später durch *Claudio Marcelo* auf dem Gebiet der bisherigen Siedlung die *Colonia Patricia Corduba* gegründet, von der auch der heutige Stadtname abgeleitet wird. Rasch entwickelte die **Römerstadt** eine große administrative Bedeutung, die sie auch nicht verlor, als sie im römischen Bürgerkrieg des 1. Jh. v. Chr. von *Julius Cäsar* zerstört wurde, da sie zu seinem Rivalen *Pompeius* hielt.

Unter Kaiser Augustus wurde *Corduba* zur Hauptstadt der Provinz Hispania Baetica, was etwa dem heutigen Andalusien entsprach, und erfuhr ein beachtliches Wachstum in jeglicher Hinsicht. Die Stadt war auch ein wichtiges Geisteszentrum des Römischen Reiches, *Lucius Seneca* und der Dichter *Marcus Lucanus* wurden hier geboren.

Dem Ansturm der „Barbaren" konnte die Stadt durch geschickte politische Manöver einige Zeit trotzen, im Jahre 584 marschierten die **Westgoten** aber doch ein. Die 711 auf der Iberischen Halbinsel ankommenden **Muslime** erkannten die günstigen Standortbedin-

Ein Bahnhof auf Palastruinen

Gerade in Córdoba ist Geschichte kein abstraktes Thema, sondern mit Händen zu greifende, alltägliche Realität. Wie das Archäologische Museum eindrucksvoll zu demonstrieren weiß, hinterließen fast alle hier ansässigen Völker ihre Spuren, man müsste nur ausdauernd danach graben. Diese Erfahrung machte auch die Bauleitung des **AVE-Bahnhofs** im Norden der Stadt: 1991 wurden hier die Grundmauern eines über 400 Meter langen und 200 Meter breiten Palastkomplexes gefunden, den der **römische Kaiser Maximian** während seines Aufenthaltes in Spanien 296/97 n. Chr. als Residenz nutzte. Obwohl dieser Fund als ein wichtiger Baustein im Puzzle der spätrömischen Geschichte Spaniens angesehen wird, setzte man den Bahnhof einfach darüber. Geschätzte 60 % der Anlage gingen so verloren, direkt neben den Gleisen sind noch einige Mauerreste in der so genannten Zona arqueológica de Cercadillas zu sehen.

gungen Córdobas sehr schnell und machten es 717 zum Regierungssitz des von Damaskus abhängigen Emirats. Knapp vierzig Jahre später proklamierte der aus Damaskus geflohene Omaijade *Abd ar-Rahman I.* die Unabhängigkeit des Reiches **Al-Andalus** von der skrupellosen Herrscherclique der Abassiden. Unter seiner Ägide begann der Aufstieg Córdobas zur größten, reichsten und prächtigsten Stadt des Abendlandes. Er begann auch mit dem Bau der **Großen Moschee** („Mezquíta") und drückte ihrer Architektur unverkennbar den Stempel seines eigenen Stilempfindens auf.

Am glanzvollsten erstrahlte die Stadt ohne Zweifel im 10. Jh., als sie unter der Herrschaft des schillernden Regenten *Abd ar-Rahman III.* (912–961) Hauptstadt des unabhängigen **Kalifats Córdoba** wurde. Besonders faszinierend ist das für damalige Verhältnisse außerordentlich friedliche Zusammenleben der Angehörigen der drei großen Religionen. Vor allem für die Juden war die weitgehend reibungslose Integration in die von der arabischen Oberschicht dominierte Gesellschaft eine positive Erfahrung. Sowohl Juden als auch Christen durften, solange es nicht in eine öffentliche Demonstration des Glaubens ausartete, ungestört ihre Gottesdienste feiern.

Von den geradezu paradiesischen Zuständen in der Kalifenstadt wurden Mitte des 10. Jh. viele Juden der gebildeten Stände aus dem östlichen Mittelmeerraum angelockt, die im Geistesleben Andalusiens lange Zeit noch eine wichtige Rolle spielen sollten. Die meisten von ihnen sprachen perfekt arabisch, sodass sie auch wichtige Funktionen bei Hofe, z. B. als Dolmetscher, Ärzte oder Rechtsgelehrte, einnehmen konnten, in Kleidungsstil und Lebensstil glichen sie sich den Muslimen stark an.

Arabische Quellen berichten von 50 Hospitälern, 600 Bädern, 1.000 Moscheen und einer Bevölkerungszahl von insgesamt etwas über einer Million, die ausgedehnten Vororte außerhalb der äußersten Stadtmauer mitgerechnet. Auch wenn die Hälfte dieser Werte eher der Realität entsprechen dürfte, kann man doch feststellen, dass *Qúrtuba* etwa die zehnfache Einwohnerzahl der größten Städte Mitteleuropas, wie z. B. Köln, aufwies und an Pracht seiner Bauwerke und Gärten einen Vergleich mit Damaskus, Konstantinopel oder Bagdad nicht zu scheuen brauchte.

Berühmt war Córdoba vor allem für seine *cordobanes* genannten feinen Lederarbeiten, aber auch für Gold- und Silberschmieden, Töpferwerkstätten, Textilverarbeitung und die Herstellung duftender Essenzen. Die körperliche Hygiene wurde überhaupt sehr groß geschrieben: Ein Sprichwort besagte, dass ein Bettler in Córdoba von seinem letzten Dinar eher ein Stück Seife als ein Stück Brot kaufen würde. Die späteren christlichen Herrscher sahen in den öffentlichen Bädern jedoch einen Hort der Unmoral, sodass fast alle Badehäuser abgerissen oder umgebaut wurden.

Auch von der berühmten Bibliothek des besonders kunstsinnigen Kalifen *Al-Hakam II.*, die nicht weniger als 400.000 Bände bzw. Schriftrollen umfasst haben soll, blieb kaum etwas der Nachwelt erhalten, wobei der Hauptschuldige für diesen unersetzlichen Verlust der Großwesir *Al-Mansur* war. Der „eingeheiratete" Herrscher versuchte durch die demonstrative Zerstörung vieler als „dekadent" und „ketzerisch" angeprangerten wissenschaftlichen Werke, die Gunst des einfachen Volkes zu gewinnen. Diese Tat war so etwas wie ein Fanal für die nach dem Zusammenbruch des Kalifats im Jahre 1031 folgenden, sehr unruhigen und gewalttätigen Zeiten, die von einem generellen Rückgang der religiösen Toleranz gekennzeichnet waren.

Dennoch brachte die Stadt auch im 11. und 12. Jh. bedeutende Denker hervor, darunter den Historiker, Philosophen und Poeten *Ibn Hazm* (994–1064), den Mediziner, Juristen und Philosophen *Ibn Rushd*, genannt *Averroes* (1126–1198), und den jüdischen Arzt, Theologen und Philosophen *Moshe ben Maimon*, genannt *Maimónides* (1135–1204). Politisch fiel Córdoba unter der Herrschaft der **Almoraviden** endgültig hinter das aufstrebende Sevilla zurück.

Nach der Eroberung Córdobas durch *Ferdinand III.*, genannt „der Heilige", zeigten sich die neuen Herrscher zunächst recht tolerant, der kulturelle und ökonomische **Abstieg** war jedoch schon vorgezeichnet. Während in der Stadt eifrig Kirchen gebaut wurden, verfiel die berühmte maurische Bewässerungstechnik, die aus der Campiña einst einen blühenden Garten gemacht hatte. Im Laufe des 17. Jh. kam es durch mehrere Pestepidemien zu einem dramatischen Rückgang der Einwohnerzahl, die gewerblichen Aktivitäten waren zeitweise beinahe lahm gelegt.

Heute versuchen sich die Cordobesen – nicht immer mit dem notwendigen Gespür – im Spagat zwischen der Bewahrung des historischen Erbes und dem Anschluss an die Moderne.

Anfahrt und Orientierung

Die nördlich des Río Guadalquivir liegende Innenstadt ist durch breite **Ringstraßen** klar umrissen, streckenweise sind noch die alten Stadtmauern zu sehen. Im westlichen Abschnitt sind die Hauptverkehrsachsen durch langgestreckte Grünanlagen wie die Jardínes de la Victoria verschönert, welche von den Cordobesen gern zum Flanieren und für Marktbetrieb genutzt werden. Die **Ronda de Isasa** genannte Hauptstraße am Guadalquivir ist für Anlieger und Hotelgäste wieder frei befahrbar.

016an bn

Mezquíta – Puerta del Perdón

Die nördlich anschließende **Altstadt** wird in den im Wesentlichen durch das Viertel **Barrio de la Judería** eingenommenen westlichen Teil und in den ruhigeren, meist **Barrio de la Ajarquía** genannten östlichen Teil untergliedert. Die nördliche Begrenzung der Altstadt wird ungefähr durch die Straßen zur Plaza Tendillas markiert.

Insbesondere nordwestlich davon erstreckt sich die **moderne City** mit der breiten, teilweise verkehrsberuhigten Prachtstraße Avenida del Gran Capitán.

Bei der Anfahrt aus einer der anderen Provinzhauptstädte wird man zunächst von Süden her auf die „Neue Brücke" **Puente San Rafael** stoßen. Biegt man zuvor rechts ab, genießt man von der Uferpromenade Avenida de la Confederación den berühmten Postkartenblick über den Guadalquivir auf die direkt gegenüber befindlichen Mauern des **Alcázar** und das sich rechts anschließende Häusergewirr der Altstadt. Deren markantestes Gebäude ist die **Mezquíta,** aus deren niedriger Bedachung die von den Christen eingesetzte Kathedrale herausragt sowie der weithin sichtbare Glockenturm. In Fahrtrichtung erkennt man den Turm **Torre de la Calahorra** und die den Guadalquivir überspannende **Puente Romano** („Römische Brücke") – nach ihrer Modernisierung ist sie wieder für Fußgänger begehbar.

Mezquíta

Die **Hauptattraktion** Córdobas und eine der bedeutendsten Sehenswürdigkeiten Andalusiens überhaupt ist die meist schlicht Mezquíta genannte **Moschee-Kathedrale.** Seit ihrem Baubeginn im

Córdoba

Essen und Trinken

1 Restaurante Casa Rubio
2 Bodegas Guzmán
6 Casa Mazal – Despensa de la Judería
8 Taberna La Fragua
9 Cafetería Gaudí
11 Casa Pepe de la Judería
12 Tetería Petra
13 El Churrasco
14 Salón de Té

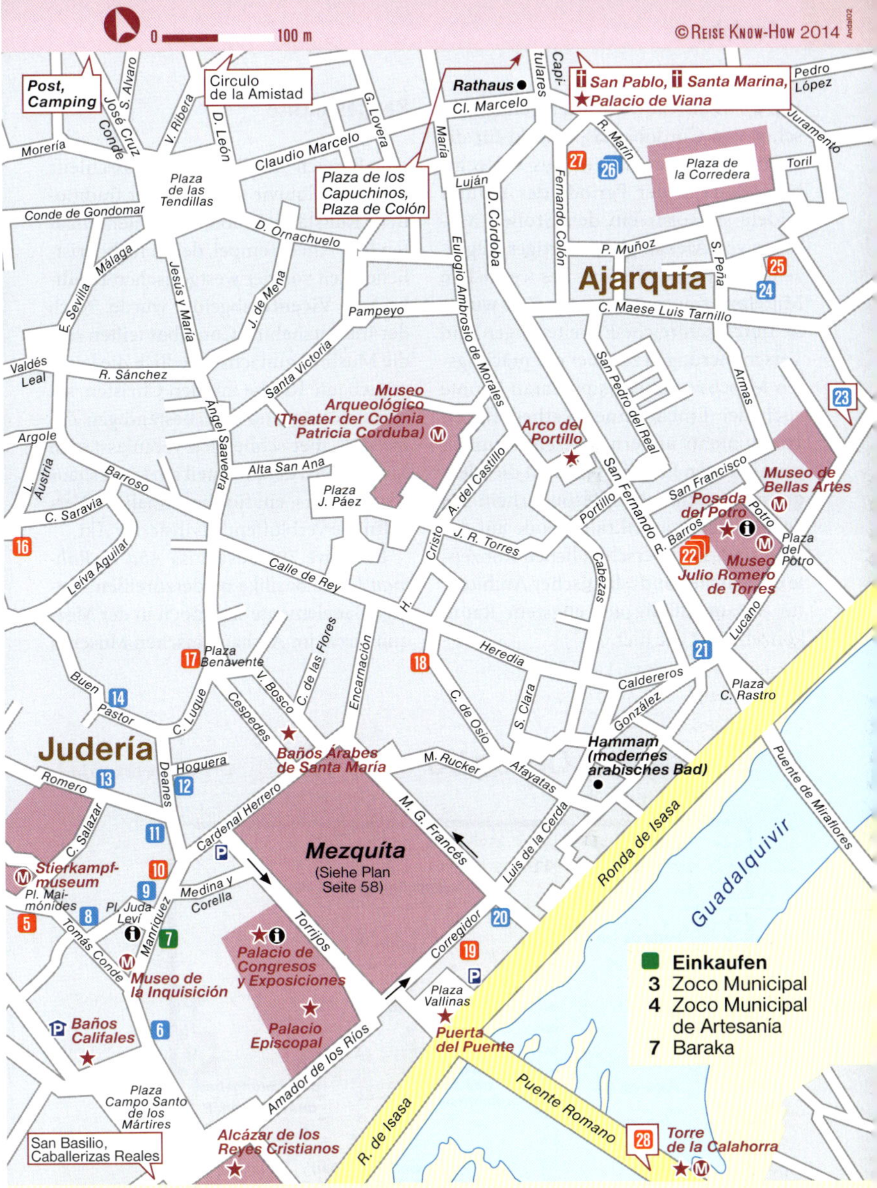

20 Restaurante Las Piconeras
21 Garum 2.1
23 Bodegas Campos
24 Bar Los Chamacos
26 Jazz Café, Taberna La Cazuela de la Espartería

Übernachtung
5 Hotel NH Amistad Córdoba
10 Jugendherberge
15 Hotel NH Califa
16 Hospedería Luis de Góngora
17 Hostal Seneca
18 Hostal Osio
19 Hotel Vallina
22 Hostal Los Arcos, Hotel und Hostal Maestre
25 Apartamentos Luna de Cristal
27 Casa de los Azulejos
28 Hotel Hesperia

Jahre 785 n. Chr. war die Freitagsmoschee von Córdoba das Vorbild für die Sakralkunst von Al-Andalus schlechthin, während der Periode des Kalifats bildete sie sogar ein der Großen Moschee von Mekka gleichwertiges Pilgerzentrum für die Muslime des westlichen Mittelmeerraumes. Zu jener Zeit wurde sie durch zahlreiche Erweiterungen und Verschönerungen zu einer der prächtigsten Moscheen überhaupt, daran konnte auch der Einbau einer Kathedrale im 16. Jh. nichts ändern. Diesem ziemlich gewalttätigen Eingriff verdankt die Mezquíta eine einmalige Besonderheit: Bei keinem anderen Sakralgebäude auf der Welt sind die unterschiedlichen Konzepte christlicher und islamischer Architektur so augenfällig auf engstem Raum konzentriert wie hier.

Baugeschichte

Der Bereich nördlich der Flussschleife des Guadalquivir war seit jeher traditionelle Kultstätte: Schon die Römer erbauten hier einen Tempel, der in frühchristlicher Zeit von der westgotischen **Basilika San Vicente** abgelöst wurde. Nach der Inbesitznahme Córdobas teilten sich die Muslime zunächst friedlich die leicht umgebaute Kirche mit den Christen, sahen sich aufgrund ihres beständigen Zuwachses aber schließlich veranlasst, den Mozarabern deren Anteil am Gotteshaus abzukaufen – ein für die damaligen Verhältnisse verblüffend zivilisierter Akt.

Im Jahre 785 beschloss *Abd ar-Rahman I.*, die Basilika niederzureißen – einige Bauelemente sind noch in der Mezquíta bzw. im Archäologischen Museum

Mezquíta von Córdoba

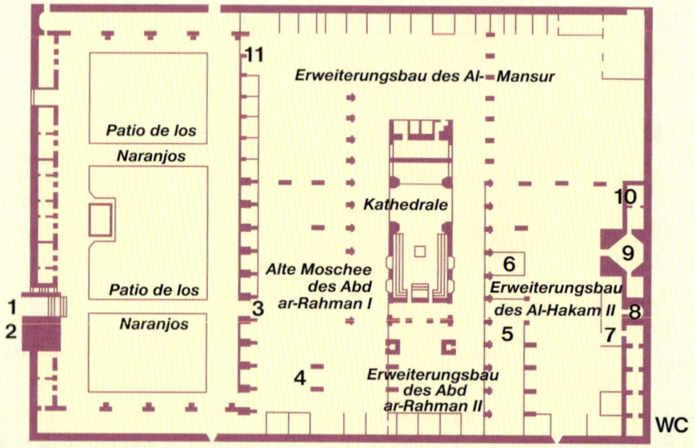

1 Puerta del Perdón
2 Glockenturm
3 Puerta de las Palmas (Eingang)
4 Basilika San Vicente (Bodenmosaike)
5 Capilla de Villaviciosa
6 Capilla Real
7 Maqsura
8 Mihrab
9 Capilla de Santa Teresa
10 Schatzkammer
11 Ausgang

zu sehen – und ein völlig neues Gotteshaus in ähnlicher Konzeption wie die Große Moschee von Damaskus zu errichten. Diese **„Ur-Mezquíta"** besaß elf Schiffe und eine für damalige Verhältnisse beachtliche Größe – sicherlich auch ein Ausdruck des gestiegenen Selbstbewusstseins nach der Ausrufung des Emirats von Córdoba.

Die in den folgenden zwei Jahrhunderten ausgeführten Erweiterungen sind bei einem Rundgang zwar mit geübtem Blick als solche erkennbar, sie fügen sich jedoch harmonisch in das Gesamtensemble ein und tragen nicht zuletzt zu dem überwältigenden Raumeindruck bei. In der künstlerisch und handwerklich herausragenden Gestaltung von Gebetsnische *(Mihrab)* und Herrscherloge *(Maqsura)* unter *Al-Hakam II.* erreicht die sogenannte **„Kalifenkunst"** um 970 ihren weltweit bewunderten Höhepunkt.

Mit der Eroberung der Stadt durch König *Ferdinand III.* wurde die Moschee zwar christlich geweiht, trotz des Einbaus mehrerer **Kapellen** aber in ihrer Substanz zunächst nicht wesentlich verändert. Ab 1523 begannen die Bauarbeiten zu der **Kathedrale,** welche schon aufgrund ihrer Ausmaße nicht ohne Einfluss auf den Charakter der Mezquíta blieb. Auch nach der konstruktiven Fertigstellung um das Jahr 1600 sollte es noch weitere 180 Jahre dauern, bis die Innenausstattung komplett war.

Rundgang

Von der Flussseite betrachtet, wirkt die Mezquíta mit ihren rund 180 bzw. 130 Meter langen, massiven Außenmauern beinahe wie eine Festung. Das Erscheinungsbild ist, von den fein verzierten Eingangsportalen (überwiegend Rekonstruktionen des späten 19. Jh.) abgesehen, betont schlicht. Dazu trägt auch die nur zur Ableitung des Regenwassers leicht gescheitelte, ansonsten weitgehend horizontale Gestalt des Ziegeldaches bei.

Betritt man den fast 24.000 Quadratmeter umfassenden Komplex von der Calle Torrijos, gelangt man zunächst in den **Innenhof** *(Sahn)* mit einem Brunnen, wo die Gläubigen der Vorschrift nachkamen, sich vor dem Gottesdienst ausgiebig zu reinigen. Nach den heute dort angepflanzten Bitterorangenbäumen wird die im 16. Jh. stark umgebaute Fläche auch **Patio de los Naranjos** („Orangenhof") genannt.

Auf der linken Seite erhebt sich der bis 1664 fertiggestellte **Glockenturm (2),** im Grunde nur eine Ummantelung des stark zerfallenen Minaretts von 952, dessen rostbraune Fassade man bei einem Blick durch die Maueröffnungen noch erkennen kann – eine Besteigung ist schon seit Jahren nicht mehr möglich.

Direkt daneben öffnet sich ein imposantes Tor, die **Puerta del Perdón (1,** „Tor der Vergebung"), so benannt, weil hier so mancher für seine „Sünden" Abbitte leisten musste. Die ursprüngliche Konstruktion entstand unter *Abd ar-Rahman III.*, die Wappenschilder der Königreiche Kastilien und León sowie einige Heiligendarstellungen verraten aber eine christliche Umgestaltung im Mudéjar-Stil (1377).

Um symbolisch allen irdischen Schmutz zurückzulassen, zogen die (ausschließlich männlichen) Gläubigen nach den rituellen Waschungen ihre Schuhe aus und betraten den eigentlichen **Betsaal** *(Haram)*. Wie die entsprechenden Modelle des Museo Vivo de Al-Andalus in der Torre de la Calahorra zeigen, existierte die Trennmauer zwischen Gebetsraum und Innenhof bis zum 16. Jh. nicht, das Raumgefühl im Inneren war daher mit Sicherheit lichter und luftiger als heute. Auch der Marmorfußboden ist nicht original, um den meist barfüßigen Besuchern erträgliche Bedingungen zu schaffen, war der Untergrund vorwiegend mit Stroh, Espartograsmatten und Teppichen bedeckt.

Wenn sich die Augen an das etwas diffuse Licht gewöhnt haben, sollte man zunächst einmal den aus christlichen Gotteshäusern völlig ungewohnten Raumeindruck auf sich wirken lassen: Nicht drei oder fünf Schiffe, sondern derer 19 unterteilen die niedrige, nahezu quadratische Halle, nicht weniger als **856 Säulen** erzeugen das Gefühl, in einen riesigen Palmenhain geraten zu sein. Dieser von den maurischen Baumeistern wohl beabsichtigte Eindruck wird noch durch

218an bn

die fächerförmig von den aufgesetzten Pfeilern strebenden Stützbögen verstärkt, die an steinerne Palmblätter erinnern. Auch wenn das Innere einst sicherlich noch bunter ausgeschmückt war als heute, erzeugt schon der relativ simple „Schichtenwechsel" von **hellem Kalkstein und rotem Ziegelstein** in seiner extremen Häufung einen faszinierenden Farbeffekt. Neben ästhetischen und statischen Erwägungen spielte dabei sicher auch der Versuch, die Unendlichkeit Allahs durch die schier endlose Wiederholung eines bestimmten Schemas zu versinnbildlichen, eine große Rolle.

Im Vergleich zum christlichen Gotteshaus wirkt die Raumstruktur in der Moschee sehr gleichförmig, lediglich das Mittelschiff und das Querschiff vor der gegenüberliegenden Qibla-Wand (die stets dem Eingang der Moschee gegenüberliegende Wand) wurden etwas breiter angelegt, sodass sich eine leichte T-Form ergibt, ansonsten zeigt der Aufbau jedoch keinerlei Hierarchisierung. Man kann dies als sichtbaren Ausdruck der religiösen Gleichheit jedes Menschen, der sich „in den göttlichen Willen ergibt" (so die wörtliche Übersetzung des Begriffs „Islam"), deuten – einen höhergestellten Klerus als Vermittler der göttlichen Gnade gibt es, anders als im Christentum, nicht. Allah ist allein durch sein Wort, vom Vorbeter *(Imam)* aus dem Koran oder der Sunna zitiert, gegenwärtig. Die Rezitationen und die damit verbundenen rituellen Gebetshaltungen pflanzen sich durch die Reihen der Gläubigen fort, sodass die Position innerhalb der Moschee keinen Unterschied macht.

Der aktuelle Eingang, die **Puerta de las Palmas** (**3,** „Palmentor", weil hier die Prozession am Palmsonntag ihren Anfang nimmt) auf der rechten Seite des Orangenhofes, ermöglicht einen Rundgang in chronologischer Abfolge. Wenn man von diesem Tor immer geradeaus in Längsrichtung weitergeht, gelangt man

◁ Der Besuch der Mezquita – ein bleibender Eindruck

an14-003 ba

durch drei verschiedene Bauabschnitte bis zum „Allerheiligsten", dem *Mihrab*, und kehrt von dort entgegen dem Uhrzeigersinn durch die letzte Erweiterung wieder zum Orangenhof zurück.

Zunächst betritt man die **ursprüngliche Moschee Abd ar-Rahmans I.** mit zwölf Bögen in Längsrichtung und einer Breite von elf Schiffen. Der Bau wurde in rekordverdächtiger Zeit von nur etwa zwei Jahren fertiggestellt, denn man konnte viele römische oder westgotische Bauteile weiter verwenden: in erster Linie aus Marmor oder Granit gehauene Säulen mit korinthischen oder Komposit-Kapitellen. Aufgrund ihrer geringen Höhe drohte der Innenraum der Moschee aber zu niedrig und damit zu dunkel zu werden, deshalb kamen die Baumeister auf die Idee, nach Art römischer Aquädukte quasi noch ein Stockwerk hinzuzufügen. Auf die mit Bleiplatten verstärkten Kapitelle wurde ein massiver Pfeiler aufgesetzt, auf dessen Basis ein, offenbar westgotisch inspirierter, Hufeisenbogen stand, von dessen oberem Ende wiederum ein die Decke stützender Rundbogen die Verbindung zur nächsten Säule herstellte. Die dezent mit 80 verschiedenen Motiven verzierte, flache Kiefernholzdecke stammt aus Restaurierungen um 1970; da Originalmodelle erhalten waren, kommen sie dem ursprünglichen Aussehen wohl sehr nahe. Auf der rechten Seite wurden westgotische **Bodenmosaike der ursprünglichen Basilika San Vicente (4)** aus dem späten 6. Jh. freigelegt (heute unter Plexiglas).

⌃ Blick hinauf zur Kuppel der Maqsura

Um der stark angestiegenen Zahl von Gläubigen während der Herrschaft **Abd ar-Rahmans II.** gerecht zu werden, ließ dieser zwischen 833 und 848 die Moschee um **acht Bögen** nach Süden erweitern, die Qibla-Wand mit dem *Mihrab* musste dafür abgerissen werden. In der baulichen Struktur gibt es zur „Ur-Mezquita" keine großen Unterschiede, es fällt nur auf, dass die Säulen keine Basen haben – um den Unterschied auszugleichen, ließ *Abd ar-Rahman II.* den Fußboden um dieses Stück anheben. Einige der Säulen wurden offensichtlich speziell für die Erweiterung angefertigt, denn die nach Art von geflochtenen Körben durchlöcherten Muqarnas-Kapitelle sind eine originär maurische Gestaltungsform.

Geht man an der Rückseite des Hochchors der Kathedrale weiter geradeaus, gelangt man in den Bereich, wo sich unter *Abd ar-Rahman II.* noch der *Mihrab* befand. Unter dem Kalifen **Al-Hakam II.** wurden hier ab dem Jahre 961 grundlegende Umbauten durchgeführt. Der nach dem Abbruch der Qibla-Wand entstandene Raum wurde durch in einander verschränkte **Vielpassbögen** vom restlichen Betsaal optisch etwas abgehoben, und auch die Konstruktion einer **Kuppel** bringt eine architektonische Neuerung ins Spiel. Diese wölbt sich über einem quadratischen Grundriss entlang kräftiger Rippen in die Höhe, durch kleine Obergaden fällt zusätzliches Licht ein.

Diese Bauweise erinnert stark an das Kreuzrippengewölbe der zweihundert Jahre später aufkommenden Gotik, möglicherweise haben sich die französischen Architekten hier wichtige Anregungen geholt. Die technischen Möglichkeiten dieser bahnbrechenden Erfindung wurde von den Baumeistern der Mezquíta allerdings noch nicht erkannt – da sich die Gewölberippen im Zenit nicht schneiden, können sie nur wenig tragende Funktion ausüben.

Wie noch weitere Teile des Querschiffes gehörte diese Kuppel zur **Capilla de Villaviciosa (5),** der von *Ferdinand III.* eingerichteten Hauptkapelle und Bischofskirche. Im 15. Jh. wurde der sich nach rechts anschließende Bereich stark umgestaltet: Die Decke bekam ein spitz zulaufendes Tonnengewölbe mit Artesonado-Verkleidung, und 16 Säulen wurden abgerissen, um dem Bischof freie Sicht auf den Altar zu gewähren. Links davon wurde auf rechteckigem Grundriss die **Capilla Real (6,** „Königliche Kapelle") eingerichtet. Zur „Königlichen Krypta" wurde sie von König *Alfons X.* bestimmt, der hier im Jahre 1284 seine letzte Ruhe fand. Die zahlreichen maurischen Dekorationselemente mit rautenförmigem Netzdekor nach nasridischem Vorbild sowie Stukkaturen in Form von Stalaktiten *(Muqarnas)* weisen den ab 1371 unter *Heinrich II.* ausgestalteten Raum als schönes Beispiel des cordobesischen Mudéjar-Stils aus.

Am anderen Ende der zwölf Bögen umfassenden Erweiterung *Al-Hakams* wird das Motiv ineinander verschränkter Vielpassbögen wieder aufgenommen und auch in den seitlichen Arkaden ausgeführt. Damit grenzt sich ein eigener Bereich, der **Maqsura (7)** genannte Gebetsraum für den Kalifen, vom übrigen *Haram* ab – durch eine Einzäunung leicht zu erkennen. Die Kapelle auf der rechten Seite führte einst zu einem Gang, der dem Herrscher bequemen Zutritt von der Residenz ermöglichte, die linke Kapelle diente als Zugang zur Schatzkammer.

Fast zweihundert Jahre nach der Begründung der Moschee hat sich das ästhetische Ideal sichtbar gewandelt: Das ursprünglich bestimmten Bauelementen eindeutig zuzuordnende statische Gerüst wird von scheinbar unabhängig von der Schwerkraft aufwärts strebenden, **steinernen Wellen** abgelöst, denen man ihre tragende Funktion nicht mehr ansieht. So beherrscht der Eindruck von Schwerelosigkeit und metaphysischer Entrückung die atemberaubende Szenerie, verstärkt durch zusätzlichen Lichteinfall in der Höhe durch Obergaden. Die für maurische Innenräume typische Tendenz zur Verhüllung grober Bauelemente durch **aufwendigen Dekor,** z. B. mittels Aufblenden fein ziselierter Reliefplatten mit floralen Motiven, findet hier einen ersten Höhepunkt. Die Kuppeln zeigen in ihrer Konstruktionsweise große Ähnlichkeit zu ihrem Pendant der Capilla de Villaviciosa, die mittlere erlangt mit ihrer Verkleidung aus mehrfarbigen, teilweise **vergoldeten Mosaiken** jedoch eine bis dahin noch nicht gekannte Pracht. Die aus einem einzigen Felsblock geschlagene, muschelähnliche Hohlform im Zenit zeigt keine nennenswerten Rußflecken, obwohl darunter eine (von mehreren hundert) mit Rosenöl gefüllte Lampe aufgehängt war – ein Beweis für die Meisterschaft der Mauren in der Herstellung ätherischer Essenzen.

In die abschließende Qibla-Wand ist der **Mihrab (8)** eingelassen, erstmals in der islamischen Kunst keine einfache Nische, sondern ein eigener achteckiger Raum mit muschelförmiger Überkuppelung. Er war akustisch so geschickt konstruiert, dass die Stimme des hineinsprechenden *Imam* ohne Hilfsmittel von jedem der bis zu 20.000 (!) Gläubigen innerhalb der Moschee verstanden werden konnte. Für die zahlreichen Pilger war er das zentrale Heiligtum, vor dem auf Knien rutschend siebenmal ein Kreis beschrieben werden musste. Oberhalb der mit glattem Marmor ausgekleideten Sockelzone verläuft ein **Fries mit Inschriften,** die Auskunft über Bauherr, Bauleiter, Handwerker sowie das Datum der Vollendung (Ende 965) geben.

Die vier **Marmorsäulen** an der Öffnung wurden vom alten *Mihrab Abd ar-Rahmans II.* weiterverwendet, darüber wölbt sich ein vielfarbiger **Hufeisenbogen** in einer Dekorationsfülle, wie ihn das maurische Andalusien bislang noch nicht gesehen hatte. Dafür sorgte vor allem der byzantinische Kaiser *Nikephoros II. Phokas,* der auf Bitten *Al-Hakams* seinen besten Mosaisten und rund zwei Tonnen Mosaikteile nach Córdoba schickte. Viele der glitzernden kleinen Glaswürfel wurden mit Goldstaub vermischt, damit sie den prachtvollen Hintergrund bilden, die farbig eingefassten Partikel wurden als Blüten und rankendes Blattwerk in den Vordergrund gestellt.

Direkt links von der Maqsura befindet sich die 1703 eingerichtete, stark barock verzierte **Capilla de Santa Teresa (9,** „Kapelle der Hl. Therese von Ávila"), die zur **Schatzkammer (10,** *Tesoro*) der Kathedrale führt. Begründet wurde die Kapelle von Kardinal *Pedro de Salazar,* der hier auch in einem Grabmal aus Marmor seine letzte Ruhe fand. Das unübersehbare Glanzstück ist zweifellos die 1518 von *Enrique de Arfe* angefertigte **Monstranz** (Hostiengefäß), die bei der Fronleichnamsprozession durch die Stadt getragen wird. Der vom Niederrhein stammende *Heinrich von Harff,* so sein eigentlicher Name, machte sich in der ersten Hälfte des 16. Jh. in Spanien als kunstfertiger Goldschmied einen Namen – das insgesamt 257 Kilogramm wiegende, spätgotische Tabernakel von Córdoba ist wohl sein Meisterwerk.

Obwohl es funktional eigentlich unnötig war, verfügte der Großwesir **Al-Mansur** im Jahre 988 eine nochmalige Erweiterung der Moschee. In seinen Möglichkeiten war er dabei jedoch sehr eingeschränkt, denn die Qibla-Wand befand sich bereits sehr nahe am abschüssigen Ufer des Guadalquivir. Also blieb ihm nichts anderes übrig, als **acht Schiffe** nach Osten zu erweitern. Dass die Mittelachse damit vom Mihrab weggerückt wurde und auch der Orangenhof erweitert werden musste, nahm er in Kauf. Auch wenn der *Haram* um gut 70 % seiner Fläche wuchs, ist der ästhetische Detaileindruck etwas unbefriedigend. Offenbar aus Geldmangel wurde an der Qualität von Säulen und Kapitellen sichtbar gespart, die weiße und rote Farbe des Schichtenwechsels wurde auf das Gestein lediglich aufgemalt.

Neben der Erweiterung des *Abd ar-Rahman II.* litt dieser Trakt am stärksten unter dem Einbau der **Kathedrale** im Zentrum der Moschee. Allein dafür mussten 70 der einst 1013 Säulen weichen, die mächtigen Strebepfeiler, zum Auffangen des enormen Gewölbedrucks unerlässlich, pflanzen sich in die noch heil gebliebenen Abschnitte der Mezquíta fort. Beim Betreten dieses Bereiches fällt der konzeptionelle Unterschied zur Bauphilosophie einer Moschee so krass wie sonst wohl nirgends ins Auge: Der Blick steigt sofort zum lichtdurchfluteten Gewölbe hinauf, das die Nähe zum „Gott im Himmel“ schon durch schiere Höhe sichtbar machen will.

Eindeutiges Zentrum des Geschehens ist der **Hochaltar,** wo der Gottheit und den Heiligen in Zeremonien und reichem Bilderwerk gehuldigt wird – der Klerus bzw. das Domkapitel auf dem Chorgestühl besitzt gegenüber den Laien eine deutlich herausgehobene Position.

Im Jahre 1521 unternahm Bischof *Alonso Manrique* den Vorstoß, anstelle der unauffälligen Capilla de Villaviciosa eine „richtige“ Kathedrale einbauen zu lassen. Beim Stadtrat und vielen Bürgern, die sich an „ihre“ Mezquíta längst gewöhnt hatten, stieß dieser Vorschlag auf harsche Ablehnung, Zuwiderhandlungen sollten sogar mit der Todesstrafe bedroht werden. Listig wandte sich das Domkapitel nun an den jungen, von spanischer Kultur und Besonderheiten fast gänzlich unbeleckten Habsburgerkaiser *Karl V.,* der, wohl um seine Akzeptanz bei den Gläubigen zu erhöhen, seine Einwilligung gab. Als er Jahre später die Mezquíta mit ihrer riesigen Baustelle in der Mitte besichtigte, soll er dies bereut und ausgerufen haben: „Wenn ich gewusst hätte, was ihr vorhabt, ich hätte meine Erlaubnis nie gegeben. Das was ihr geschaffen habt, kann man überall sehen, was ihr zerstört habt, war einmalig auf der Welt.“ Ob die Mezquíta ohne diesen Eingriff später von den christlichen Herrschern nicht gänzlich abgerissen worden wäre, ist Gegenstand ebenso tiefsinniger wie müßiger Spekulationen, vermutlich hat der Einbau der Kathedrale den totalen Verlust gerade verhindert.

Unter Federführung von *Hernán Ruiz d. Ä.* begannen im Jahre 1523 die Bauarbeiten, im weiteren Verlauf wurde der ursprünglich **spätgotische Stil** zu einem in der Gestalt an römischen Vorbildern orientierten **Renaissancestil** mit plateskem Dekor modifiziert. Der aus rotem Marmor 1618 in spätmanieristischem Stil errichtete Aufsatz des Hochaltars zeigt in Gemälden von *Antonio Palomino* Darstellungen lokaler Märtyrer (z. B. den Hl. Acisclo) sowie die Schutzheilige der Kathedrale, die Virgen de la Asunción („Jungfrau der Himmelfahrt"). Beachtenswert sind auch die beiden flankierenden **Mahagoni-Kanzeln** des französischen Bildhauers *Miguel de Verdiguier* (1766–1779) im Rokokostil. Die darunter befindlichen Marmorskulpturen von Stier, Adler, Löwe und Mensch, jeweils geflügelt, symbolisieren die vier Evangelisten.

Künstlerischer Höhepunkt der Kathedrale ist aber zweifellos das aus kubanischem Mahagoni geschnitzte **Chorgestühl** in barocker Formensprache. Als der Meister *Pedro Duque Cornejo* 1747 den Auftrag bekam, war er bereits fast 70 Jahre alt, er ließ seine gesamte Werkstatt von Sevilla hierher bringen. Es sollte sein letztes Werk sein, denn zwei Wochen nach der Einweihung im Jahre 1757 starb er. Die fein gearbeiteten Halbreliefs mit Darstellungen aus dem Leben der Maria, Figuren aus Altem und Neuem Testament und örtlicher Märtyrer wiederholen sich kein einziges Mal.

Wie ein Kranz schmiegen sich an die Innenmauern der Mezquíta nicht weniger als **34 Seitenkapellen,** vorwiegend im 16.–18. Jh. als Grabkapellen für dem Domkapitel nahestehende Familien eingerichtet – auch heute noch sieht man dort die Nachfahren Kerzen anzünden und Blumen niederlegen.

Öffnungszeiten

■ Offiziell ist die Mezquíta Mo–Sa von 10–19 und So von 8.30–10.30 und 14–19 Uhr geöffnet, letzter Einlass ist jeweils eine halbe Stunde vorher. Mai bis Sept. ist So 8.30–11.30 und 15–19 Uhr geöffnet, Messen um 12 und 13.30 Uhr. An Werktagen findet jeweils um 9 Uhr ein Gottesdienst statt, am So (Okt. bis April) um 11 und 13 Uhr – der Eintritt ist dann natürlich kostenlos. Zu den offiziellen Besichtigungszeiten müssen 8 € entrichtet werden.

Seit Kurzem gibt es auch ca. 50-minütige, stimmungsvolle *Visitas Nocturnas,* **nächtliche Führungen mit Musik und Basisinformationen** (auch auf Deutsch). Tickets im Vorverkauf (begrenzte Teilnehmerzahl!) am Schalter, im Kaufhaus Corte Inglés oder unter www.catedraldecordoba.es für 18 € oder ermäßigt 9 €. Je nach Saison zwei Durchgänge um ca. 21 und 22.30 Uhr.

Rundgang durch die westliche Altstadt

Torre de la Calahorra

An der Stelle der Torre de la Calahorra stand bereits in maurischer Zeit ein Wachtturm, von den Christen wurde dieser durch zahlreiche Erweiterungen und die Vertiefung des umlaufenden Grabens in eine kleine **Festung** umgewandelt. Auch wenn die pyramidenförmigen Zinnen sehr orientalisch wirken, waren es doch in erster Linie christliche Baumeister, die sich vom Mudéjar-Stil inspirieren ließen. Maßgeblicher Bauherr der bis 1369 vollendeten Zitadelle

⊡ Ruderregatta im Guadalquivir

war König *Heinrich (Enrique) II.* aus dem Geschlecht der *Trastámara*, der damit „seine" Stadt gegen die Angriffe seines Halbbruders *Peter I.* schützen wollte, welcher von seiner Residenz in Sevilla ebenfalls Anspruch auf die Königswürde erhob.

Heute ist in dem alten Gemäuer das sehenswerte Museum **Museo Vivo de Al-Andalus** untergebracht, ein Projekt des zum Islam übergetretenen französischen Philosophen *Roger Garaudy*, der 2012 im Alter von 98 Jahren verstarb. Trotz antijüdischer Tendenzen lohnt sich eine (kritische) Würdigung dieses fast rein didaktisch konzipierten Museums ohne großartige historische Fundstücke. Das friedliche Zusammenleben der drei Kulturen im Córdoba des 10. Jh. wird anhand von Überlieferungen bedeutender Gelehrter, wie *Averroes, Maimónides, Al-Arabi* und dem König *Alfons X.* („der Weise"), illustriert, welche sich um die Suche nach einer verbindenden, allgemeingültigen Ethik, geschöpft aus dem philosophischen Fundus der drei monotheistischen Religionen, verdient gemacht haben. Großen Raum nimmt die Vermittlung des Alltagslebens in jener Zeit ein, aber natürlich sind auch liebevoll gestaltete Modelle der großartigen Baukunst der muslimischen Andalusier, wie der Mezquíta und der Alhambra in ihrer ursprünglichen Gestalt, zu sehen.

Museo Vivo de Al-Andalus, geöffnet tägl. 10–18 Uhr, im Sommer (Mai–Sept.) 10–14 und 16.30–20.30 Uhr, letzter Einlass ca. 1 Std. vor Schließung. Die Zeiten für die zusätzlich angebotene Multivisionsshow (ca. 50 Min., kleiner Preisaufschlag) än-

013an bn

dern sich oft, in der Regel drei Vorführungen vormittags, zwei bis drei nachmittags. Eintritt 4,50 €. Beim Rundgang wird es kaum Verständigungsprobleme geben, es werden Infrarotkopfhörer ausgeteilt, die dem Besucher in den Schauräumen auch in deutscher Sprache alles Wissenswerte vermitteln. Infos unter Tel. 957.29.39.29.

Rund um den Puente Romano

Bei der **Neugestaltung des Flussbettes des Río Guadalquivir** hat man sich offenbar auf eine gemischte Lösung geeinigt: Flussabwärts der für den Autoverkehr gesperrten Römischen Brücke bleibt das spezielle Ökosystem mit üppig bewachsenen Inselchen und Sandbänken erhalten, flussaufwärts in Richtung der neuen Puente de Miraflores wurde das Ufer einbetoniert und mit diversen Spazierwegen versehen.

Auf der gegenüberliegenden Flussseite erkennt man ein hölzernes Mühlrad, die **Noria la Albolafia,** welche das Flusswasser in die ausgedehnten Gärten des rückwärtigen Alcázar (s. u.) schöpfte. Als Königin *Isabella* in dem Palast residierte, ließ sie es abnehmen, da ihr das Knarzen die Ruhe raubte. Ein dem Original nachempfundenes Stück hängt nun an der ursprünglichen Stelle.

Am anderen Ende der Brücke stand bereits in römischer Zeit ein repräsentatives Tor; die heutige, zu Ehren König *Philipps II.* erbaute **Puerta del Puente** wurde 1571 dem antiken Vorbild nachempfunden. Schräg dahinter erhebt sich die im Rokokostil gehaltene Statue **Triunfo de San Rafael,** vom französischen Bildhauer *Miguel de Verdiguier* zwischen 1765–1781 ausgeführt. Es handelt sich dabei um das auffälligste der vielen, über die ganze Stadt verstreuten Bildnisse des Erzengel Raphael, welcher, als „Medizin Gottes" verehrt, die Stadt im 16. Jh. vor einer Pestepidemie bewahrt haben soll. Der Schutzpatron Córdobas ist so populär, dass angeblich jeder fünfte männliche Bewohner seinen Namen tragen soll.

Palacio Episcopal

Auf der rechten Seite der Calle de Torrijos zieht sich bereits die schier endlose Seitenmauer der **Mezquíta** entlang, die sich, von einzelnen kunstvoll verzierten Portalen abgesehen, recht schmucklos präsentiert. Direkt gegenüber befand sich die im 9. Jh. erbaute Residenz der maurischen Herrscher, welche über einen gedeckten Gang in die Herrscherloge der Freitagsmoschee gelangen konnten, ohne mit der Masse der Gläubigen in Berührung zu kommen. Nach der Rückeroberung überließ König *Ferdinand III.* den Palast dem Bistum Córdoba, im ausgehenden 16. Jh. kam es dann zu einem kompletten Neubau. Bis 1624 wurde im schlichten Desornamentado-Stil zwischen Renaissance und Barock um einen schmucken Innenhof das Bischöfliche Palais **Palacio Episcopal** angelegt.

Palacio de Congresos y Exposiciónes

Direkt neben dem Palacio Episcopal befindet sich das ehemalige Krankenhaus **Hospital de San Sebastián** aus dem Jahre 1516, in dem heute das Kongress- und Ausstellungszentrum Palacio de Congresos y Exposiciónes untergebracht ist. In dem schönen Mudéjar-Innenhof werden meist Beispiele andalusischer **Keramik** aus den verschiedenen Provinzen ausgestellt, manches lässt sich zu akzeptablen Preisen auch käuflich erwerben. Bei entsprechendem Wetter ist es ein Genuss, hier den Nachmittagskaffee oder einen kleinen Snack einzunehmen.

Judería

Über die links abzweigende Gasse Medina y Corella geht es nun in das ehemalige **Judenviertel** Judería, das aufgrund seiner sehr gut erhaltenen bzw. restaurierten Bausubstanz für viele Reisende zum Pflichtprogramm gehört. Die Einheimischen haben sich natürlich darauf eingestellt, und so wurde die Infrastruktur des Viertels fast komplett auf die Bedürfnisse der Touristen ausgerichtet. Wer dem größten Trubel entfliehen möchte, sollte während der Saison erst ab etwa 18 Uhr durch die sorgfältig herausgeputzten Gassen schlendern.

Auffallend ist die meist ausgesprochen mondäne Gestaltung der üppig begrünten Innenhöfe mit Marmorspringbrunnen, schmiedeeisernen Ziergittern und aufwendiger Fayence. Die Baugestalt der Judería stammt noch von den Muslimen, welche das Viertel innerhalb der Medina aufbauten und lange Zeit bevölkerten. Als Mitte des 10. Jh. zahlreiche Juden in die Kalifenstadt kamen, durften sie sich zunächst nur in Ausnahmefällen in diesem durch die Stadtmauern geschützten Bereich ansiedeln. Ab Mitte des 13. Jh. zogen sie in die oft leer stehenden Häuser der Medina – ab dann kann man durchaus von einem Ghetto sprechen, denn die meisten Muslime zogen es nun vor, unter ihren Glaubensbrüdern, im Sultanat Granada, zu leben. Im 14. Jh. begann sich das Verhältnis zu den tonangebenden Christen zu verschlechtern. Da Epidemien innerhalb der christlichen Bevölkerung aufgrund der mangelhaften Hygiene wesentlich heftiger ausbrachen als bei den reinlichen Juden, ertönte schnell der Vorwurf der „Brunnenvergiftung“, der durch Hetzpredigten der Katholischen Kirche noch angestachelt wurde. Im Jahre 1391 kam es unter der Herrschaft von *Heinrich II.* zu besonders brutalen, teilweise wohl auch wirtschaftlich motivierten Plünderungen und Pogromen in der relativ wohlhabenden Judería – und es sollten nicht die letzten gewesen sein. Unter der Regentschaft der stark antisemitischen Katholischen Könige gerieten viele Juden in die Mühlen der Inquisition und mussten spätestens 1492 entweder zum Christentum konvertieren oder das Land verlassen. Über das Thema informiert anschaulich und angemessen gruselig das **Museo de la Inquisición** in der Calle Manriquez 1 unweit der Plaza Juda Leví (tägl. 10–21 Uhr, 3 € Eintritt).

Einer der Knotenpunkte der Judería ist die **Plaza Juda Leví,** wo einige Freiluftcafés zur Rast einladen. Geht man an der etwas überdimensionierten **Jugendherberge** *(albergue juvenil)* vorbei, kommt man durch die meist üppig mit Blumentöpfen geschmückte Gasse Albucasis zur **Plaza Maimónides.** Auf der linken Seite fällt ein hübscher Adelspalast aus dem frühen 17. Jh. ins Auge, der in seiner Baugestalt deutlichen Mudéjar-Einfluss erkennen lässt.

Auf der rechten Seite ist im herrschaftlichen Anwesen eines Grafen *(Casa de las Bulas)* des 16. Jh. das – hyper-

Das Festival der Patios

Es gehört zu Córdoba wie die Mezquíta und der Guadalquivir: das von zahlreichen Veranstaltungen begleitete **„Festival de los Patios Córdobeses"**, etwa in der Zeit vom 4. bis 18. Mai. Dreh- und Angelpunkt sind dabei die mit einer verschwenderischen Blumenpracht ausstaffierten Innenhöfe, die *patios*, der Stolz eines jeden Hausbesitzers. Und es geht nicht nur um Lob und Anerkennung, im „Concurso de los Patios" stellt man sich auch den Blicken einer kritischen Jury. Dabei werden sowohl die Architektur wie auch die Dekoration und der Reichtum an Blütenpflanzen, meist Geranien, Margeriten und Nelken, bewertet. Je nach Kategorie können so immerhin bis zu 3.600 € den Besitzer wechseln, und auch eine „lobende Erwähnung" wird noch mit etwa 1.000 € honoriert.

an14-004 ba

Wenn man sich vor Augen hält, welche Mühe es macht, die oft schwer erreichbaren Blumentöpfe mittels an Stangen befestigter Kannen zu gießen, erscheinen diese Summen gar nicht so übertrieben. Nicht jeder stolze Patio-Besitzer möchte sich dieser Prozedur unterziehen, daher nehmen längst nicht alle am Wettbewerb teil (zurzeit etwa 50), und nur wenige *patios fuera de concurso* („Patios außer Konkurrenz") öffnen sich dem Publikum. Wenn sie sich aber einmal dafür entschieden haben, ertragen die Bewohner das kameraklickende Interesse der stoßweise einfallenden Besuchertrupps mit stoischer Gelassenheit. Manchmal sind auch mit Münzen gefüllte Teller aufgestellt – damit wird diskret um ein kleines Trinkgeld gebeten.

◁ Festival de los Patios Córdobeses – eine Stadt schmückt sich mit Blumen

Man kann in Córdoba grob **drei besonders interessante Gebiete** herausheben: Da ist zum einen ganz im Westen das Viertel San Basilio, deren Besitzer sich traditionell besonders viel Mühe geben, die sehr dörflich wirkenden Innenhöfe auszuschmücken. In der „Hauptstraße" gleichen Namens reiht sich fast schon ein Wettbewerbspatio an den anderen. Besonders sehenswert ist ein „Doppelpatio" in der Straße Martín de Roa Nr. 7 und 9, direkt gegenüber der Stadtmauer. Auch in der übrigen Zeit des Jahres ist dieses Schmuckstück, wie auch einige weitere in der c/ San Basilio zwischen 18 und 20 Uhr öffentlich zugänglich. Ein weiterer Schwerpunkt ist im Bereich nördlich und östlich der Mezquíta festzustellen, wo viele *patios* ein eher städtisches, z. T. sogar recht mondänes Flair verströmen. Nicht gerade typisch für das Viertel, aber sehr liebevoll dekoriert, ist der *patio andalusí* in einer winzigen Seitenstraße der c/ Martinez Rücker, nur wenige Schritte von der Ostseite der Mezquíta entfernt. Ebenfalls sehr viele Innenhöfe gibt es in der Ajarquía (östliche und nordöstliche Altstadt) zu bewundern, allerdings liegen diese ziemlich verstreut.

Um auf der Suche nicht endlos umherzuirren, halte man sich an die **Ausschilderungen „Patio en concurso"**, vor der Tür sind zwei Thujen aufgestellt. Eine weitere Orientierungshilfe sind kleine Stadtpläne mit allen im Wettbewerb vertretenen *patios*, die im Tourismusbüro kostenlos ausgegeben werden. Für die Teilnahme am Wettbewerb wird jeder Haushalt mit ca. 2000 € subventioniert, muss aber dafür seinen Patio eine gewisse Zeit öffentlich zugänglich halten, üblicherweise von 11–14 und 18–22 oder 18–24 Uhr (Fr/Sa). Es gibt Überlegungen, zukünftig den Besucherstrom durch ein Reservierungssystem zu kanalisieren.

moderne, aber etwas seelenlose – **Stierkampfmuseum Museo Taurino** eingerichtet (Eintritt 4,50 €, Öffnungszeiten wie Alcázar, s. u.).

Nach einem kurzen Stück die Calle Judios bergauf öffnet sich die Gasse links zu einem winzigen Plätzchen, der Plaza de Tiberiades mit dem 1964 aufgestellten **Denkmal des Maimónides.** Der 1135 in Córdoba geborene Rabbi *Mosche ben Maimon* kann zu den bedeutendsten jüdischen Theologen und Philosophen überhaupt gerechnet werden. An seiner undogmatischen Auslegung der fünf Bücher Mose (Tora) orientieren sich die Anhänger der liberalen jüdischen Glaubenslehre noch heute. Er starb in Kairo im Jahre 1204, wurde aber am See Tiberias begraben, daher auch der ungewöhnliche Name des Platzes, an dem heute sein Denkmal steht. Neben der orientalisch wirkenden Kleidung des Gelehrten fallen die stark glänzenden Schuhe auf. Nach einem Volksglauben soll seine Weisheit auf jeden übergehen, der beide Schuhspitzen anfasst – daher wirken sie stets wie frisch poliert.

Schräg gegenüber, also praktisch an der Rückseite des Stierkampfmuseums, führt ein versteckter kleiner Gang in den **Zoco Municipal** (etwa: „Städtischer Markt"), dessen Besuch auch ohne Kaufabsicht lohnt. Rund um zwei „verwunschene" Innenhöfe verstecken sich in den umliegenden Räumen kleine Werkstätten und Verkaufsräume von Kunsthandwerk wie Relikte einer vergangenen Zeit. Auch wenn die dort feilgebotene Ware – Schwerpunkt **Leder, Keramik und Schmuck** – in erster Linie Touristen ansprechen soll, handelt es sich hier fast durchweg um solide Qualität zu vernünftigen Preisen. Von Mitte Mai bis

Ende September finden im Hauptpatio abends gelegentlich Flamenco-Vorführungen statt.

Geht man die Calle Judios weiter bergauf, sollte man bei der Hausnummer 20 nicht achtlos an einem äußerlich eher bescheidenen, geschichtlich aber sehr bedeutsamen Gebäude vorbeigehen: Bei der **Synagoge** *(Sinagoga)* handelt es sich um den letzten übrig gebliebenen Vertreter der zahlreichen jüdischen Gebäude für Gottesdienste und Gemeindeversammlungen, die es vor den Pogromen des 14. und 15. Jh. in Córdoba gab – von den vier mittelalterlichen Synagogen in Toledo, Úbeda und Barcelona abgesehen, sind es sogar die letzten in ganz Spanien.

Wie diese erlitt auch die Synagoge von Córdoba eine wechselvolle Geschichte und den Verlust ihrer ursprünglichen Funktion: Um 1315 von *Isaac Mejeb* gebaut, überlebte sie wie durch ein Wunder die Zerstörungen und wurde nach der Vertreibung aller Sephardim 1492 in ein Tollwutkrankenhaus umgewandelt. 1588 ging sie in den Besitz der Schuhmacherinnung über, bis sie 1885 zum Nationalen Kulturdenkmal erklärt wurde und erste Restaurierungen erfolgen konnten.

Der eigentliche Gebetssaal zeigt sich als relativ kleiner, annähernd würfelförmiger Raum mit einer Empore oberhalb der Eingangshalle, auf der Frauen und Kinder am Gottesdienst teilhaben konnten. Wie üblich auf den verlorenen Tempel von Jerusalem ausgerichtet, in diesem Falle an der rechten Seite, befindet sich der Heilige Schrein, in dem u. a. die fünf Schriftrollen („Pentateuch") der Tora aufbewahrt werden. An der gegenüberliegenden Wandnische ist ein christliches Kreuz aufgemalt, Zeichen, dass die Schuster in der Synagoge eine Kapelle eingerichtet hatten. Bei der vorwiegend aus Gips bestehenden Stuckdekoration sind die maurischen Einflüsse, wie in den Synagogen von Toledo, ganz offensichtlich. Stern- und Lebensbaummotive sowie florale Muster allgemein sind vorherrschend, der gut mannshohe Sockelbereich war einst vermutlich mit Holzpaneelen oder Wandteppichen ausgekleidet.

■ **Sinagoga,** Di–So 9–14.30 Uhr. Eintritt für EU-Bürger gratis, ansonsten 0,30 €. Infos unter Tel. 957. 20.29.28.

Hangaufwärts schräg gegenüber hat sich die privat betriebene **Casa de Sefarad** (www.casadesefarad.com) zu einem sehenswerten Museum zur jüdischen Kultur in Spanien entwickelt. Auf zwei Etagen werden diverse Gegenstände der jüdischen Liturgie, aber auch des täglichen Lebens gezeigt und auf Schautafeln (i. d. R. auch auf Englisch) erklärt sowie herausragende Persönlichkeiten der sephardischen Kultur portraitiert. Im hübsch gestalteten Innenhof finden, v. a. am Wochenende, gelegentlich Vorführungen von sephardischer Musik bzw. Flamenco statt (ca. 15 €) (Mo–Sa 10–18 Uhr, So 11–14 Uhr, Eintritt 4 €).

Einige Schritte oberhalb davon vermittelt die von einer Muslimin geführte **Casa Andalusí** das Flair eines noch stark orientalisch geprägten andalusischen Wohnhauses. Täglich von 10–19 Uhr, im Sommer bis 20 Uhr geöffnet, Eintritt 2,50 € (die sich durchaus lohnen).

[>] Alcázar de los Reyes Cristianos

Puerta de Almodóvar

Wendet man sich am Ende der Calle Judios nach links, durchquert man die Puerta de Almodóvar, das einzige **Stadttor der Judería zu den Vororten.** Bereits im 10. Jh. existierte hier eine *Bab al-Chawz* genannte Öffnung der Medina-Mauer, die derzeitige Konstruktion geht aber im Wesentlichen auf das 14. Jh. zurück.

Am Ausgang des Tores erinnert eine **Statue** an den um 4 v. Chr. in Córdoba geborenen **Lucius Seneca d. J.** Sein schriftstellerisches Werk war meist in Form eines mahnenden, erzieherischen Lehrvortrages gehalten, daneben trat er auch als Verfasser drastischer Tragödien und Satiren hervor. Im Jahre 49 ging er als Erzieher des späteren Kaisers *Nero* nach Rom. Letzterer sollte ihn jedoch 16 Jahre später zum Selbstmord zwingen. Von hier geht man leicht abwärts in recht angenehmem Ambiente an einem gut erhaltenen Abschnitt der Stadtmauer entlang. Dort ist auch die sitzende Statue eines weiteren bedeutenden Denkers aus Córdoba, *Ibn Rushd,* genannt **Averroes,** zu sehen. Er trat in erster Linie als Übersetzer und Kommentator des großen griechischen Philosophen *Aristoteles* in Erscheinung und trug, wie auch sein jüngerer Kollege *Maimonides,* sehr dazu bei, dass dessen Schriften vor dem Vergessen im geistfeindlichen europäischen Mittelalter bewahrt wurden.

Alcázar de los Reyes Cristianos

Ein kurzes Stück weiter könnte man durch eine kleine Öffnung in der Stadtmauer auf der Calle Luna wieder in die Judería zurückkehren. Bleibt man auf der Calle Cairuan, gelangt man zum be-

018an bn

grünten Platz **Campo Santo de los Mártires,** der außerhalb der Stoßzeiten ein recht angenehmer Ort der Entspannung sein kann.

Gegenüber erhebt sich der Alcázar de los Reyes Cristianos, der befestigte **Palast der christlichen Könige.** 1328 ordnete König *Alfons XI.* („der Gerechte") den Bau einer Festungsanlage auf fast quadratischem Grundriss an, die bis 1359 weitgehend fertiggestellt war. Ab 1482 war der Alcázar Sitz des Inquisitionstribunals, das seine schändliche Tätigkeit bis 1821 ausübte. Danach wurde das Gebäude als Gefängnis genutzt, nach seiner Überschreibung an die Stadtverwaltung in den fünfziger Jahren gab es zahlreiche Restaurierungen.

Die noch auf Alfons XI. zurückgehenden **Königlichen Dampfbäder** *(Baños Reales)* im Untergeschoss zeigen, dass einige christliche Herrscher für die maurische Lebensart durchaus empfänglich waren. Sehr ansehnlich sind die Exponate aus römischer Zeit, wie diverse Büsten, ein Sarkophag aus dem 3. Jh. oder die kunstvollen Mosaike (u. a. „Polyphem und Galatea", „Cupido und Venus", „Okeanos") aus dem 2. Jh. Auch die übrigen Mosaike, die in der ehemaligen, im 18. Jh. weitgehend umgebauten **Kapelle der Inquisition** ausgestellt sind, wurden 1959 an der Plaza de la Corredera gefunden. Die auf mehreren Terrassen angelegten **Gärten** des Alcázar laden zu einem genussvollen Spaziergang ein und zeigen von Jahr zu Jahr eine üppigere Blütenpracht.

■ **Alcázar,** Di–Fr 8.30–20.45 Uhr, Sa 8.30–16.30 Uhr und So/Fe 8.30–14.30 Uhr. Eintritt 4,50 €, an Werktagen von 8.30–10.30 Uhr frei. Außerhalb dieser Zeiten ist ein privater Betreiber für die Anlage zuständig, mit einer theatralischen Licht- und Musikuntermalung müssen dann arg teure 7 € entrichtet werden; Öffnungszeiten: Mo 8.30–20 Uhr, Sa 16.30–20 Uhr, So/Fe 14.30–20 Uhr, im Sommer bis 21 Uhr; Info-Tel. 957.42.01.51.

■ **Baños Califales,** das Ticket für den Alcázar berechtigt auch zum Eintritt (gleiche Öffnungszeiten) in die Bäder des Kalifen (10. Jh.) an der Stirnseite des Platzes Campo Santo de los Mártires. Die weitläufige Anlage wurde auch von den nachfolgenden Almoraviden und Almohaden genutzt.

San Basilio

Der Bereich zwischen dem Campo Santo de los Mártires und der Stadtmauer an der Av. del Corregidor wird auch als **Barrio del Alcázar Viejo** bezeichnet, denn hier vermutet man den befestigten Palast, den die Almohaden kurz vor der Rückeroberung Córdobas errichtet haben sollen. Seine heutige Gestalt verdankt das meist *San Basilio* genannte Viertel jedoch der neuen Stadtplanung König Alfons XI. parallel zum Aufbau des christlichen Alcázar. Wie der Name der hineinführenden Straße **Caballerizas Reales** („Königlicher Marstall") bereits andeutet, wurden hier vor allem Angehörige der königlichen Kavallerie angesiedelt. Für Córdoba sehr ungewöhnlich ist der rechtwinklige Verlauf der Straßen, der eine schnelle Mobilisierung der Truppen ermöglichen sollte.

Auch heute sind in den Caballerizas Reales wieder **Pferde** zu bewundern, in einer gut einstündigen Show zeigen adrette Andalusierhengste allerlei Tänze und Kunststücke – durchaus auf ähnlichem Niveau wie in der berühmten Königlichen Hofreitschule von Jérez. Vorführungen Mi, Fr und Sa um 21 Uhr (im

Winter 20 Uhr), So um 12 Uhr, im Sommer (ca. 15.06. bis 15.09.) um 21.30 Uhr (auch So). Eintritt ca. 15 €, bei Regen Vorführung in der Reithalle, sonst im Hof. Infos unter www.caballerizasreales.com, Tel. 957.49.78.43 oder 671.94.95.14 (Handy).

Auch wenn das San-Basilio-Viertel mit seinen ziemlich schlichten Wohnhäusern zunächst nicht gerade begeistert, gehört ein Besuch im Mai, während des **Festival de los Patios Cordobeses,** fast schon zum Pflichtprogramm (siehe Exkurs weiter oben). Die besten Chancen, einen schönen Blumen-Patio zu sehen, hat man natürlich im „Vereinsheim" der „Freunde der cordobesischen Innenhöfe" *(Asociación de Amigos de los Patios Cordobeses)* in der San Basilio 50, fast an der Ecke zur Puerta de Sevilla.

Rundgang durch die östliche Altstadt und die Neustadt

Nördlich der Mezquíta

Ausgangspunkt ist die Straße Cardenal Herrero an der Nordseite der Mezquíta. Geht man die Seitenstraße Velázquez Bosco hangaufwärts, zweigt bald eine unscheinbare kleine Gasse, die **Calleja de las Flores** („Blumengasse"), nach rechts ab. Der berühmte Blick zurück durch die eng beieinander liegenden, blumengeschmückten Mauern auf den Glockenturm der Moschee-Kathedrale gehört zu einem Córdoba-Besuch einfach dazu.

Direkt gegenüber des Ausgangs der Gasse kann man noch einen Blick in die wohl ältesten in Andalusien erhaltenen arabischen Bäder, die **Baños Árabes de Santa María,** werfen. Sie bestanden aus einem unbeheizten Ruheraum, der später in einen Patio des heutigen Wohnhauses umgewandelt wurde, und dem noch erhaltenen Heißraum. Durch die Öffnungen im Gewölbe sorgte einströmender Wasserdampf für die nötige Erwärmung, man hat es hier also mit einer Art Sauna zu tun.

In der Calle Corregidor Luis de la Cerda 51 (zwischen Mezquíta und Plaza del Potro) gibt es einen modernen **Hammam** im arabischen Stil, in dem sich der Gast bei warmen Bädern, Massagen und Aromatherapie entspannen kann. Geöffnet tägl. 10–24 Uhr, www.hammamspain.com/cordoba, Reservierungen unter Tel. 957.48.47.46 erbeten.

Weiter hangaufwärts kommt man zur **Plaza Benavente.** Rechts bergan könnte man in 10 Min. die Plaza Tendillas, das Zentrum der Neustadt, erreichen.

Archäologisches Museum

Für eine Erkundung der östlichen Altstadt sollte man die Cardenal Herrero und die anschließende Calle Encarnación bis zum Ende gehen und dann die Calle de Rey Heredia überqueren. Durch die Gasse Horno de Cristo gelangt man zu der abgeschiedenen Plaza de Jerónimo Páez mit dem außerordentlich gut bestückten **Museo Arqueológico** (siehe Info-Kasten nächste Seite). Ursprünglich befand sich das Museum im herrschaftlich wirkenden Renaissancepalast der Familie *Páez de Castillejo* an der Stirnseite des Platzes, der leider nicht mehr zugänglich ist. Als Ausstellungsraum dient

Die Highlights des Archäologischen Museums

Die drei Etagen des Museums sind thematisch und nicht chronologisch gegliedert, das heißt Fundstücke aus einer Epoche können sich durchaus in allen Stockwerken verteilt wiederfinden. Der Rundgang startet im 1. Stock („Planta Primera"), der Córdoba als Herrschaftssitz gewidmet ist. Die **Hauptstadtfunktion in römischer Zeit** dokumentieren hochklassige Skulpturen, wie die kniende Aphrodite oder die Büste des Drusus. Nach dem „barbarischen" Intermezzo knüpft Qúrtuba als Sitz des gleichnamigen Emirats in der **maurischen Epoche** wieder an diese Bedeutung an – die kunstvoll verzierten Wasserbecken, die Atauriques als Ausdruck einer universellen Schriftsprache und von den weltlichen und geistlichen Führern in Auftrag gegebene Gedenktafeln oder Gebrauchsgegenstände aus Bronze künden davon. Hier ist auch die **numismatische Abteilung** mit wertvollen Münzen vor allem aus römischer und maurischer Zeit untergebracht.

Das Erdgeschoss („Planta Baja") beleuchtet das **alltägliche Leben** in der Provinz Córdoba, dazu gehört beispielsweise die Entwicklung von Produktionstechniken und Dekorationsstilen bei der Gebrauchskeramik in prähistorischer Zeit. Beachtlich auch die Zeugnisse der oft unterschätzten **iberischen Kultur** aus dem 6. bis 3. Jh. v. Chr. Bei den vorwiegend aus Kalkstein gehauenen Skulpturen überwiegen Tierdarstellungen, z. B. Stiere oder Löwen. In der Regel hatten sie wohl Schutz- bzw. Abwehrfunktion, denn sie wurden an den turmartigen Grabmälern hochstehender Persönlichkeiten aufgestellt. Unter anderem beweisen Votivfigürchen („Exvotos"), also Weihegeschenke für den Gnadenerweis einer Gottheit, den Einfluss griechischer Mystik auch im westlichen Mittelmeerraum.

Den **orientalischen Einfluss** im römischen Hispanien dokumentiert eine in Marmor gehauene Figurengruppe mit einer Darstellung des Mithras-Mythos (Mithras war ein persischer Sonnengott) aus der Hadrianischen Epoche (erste Hälfte des 2. Jh. n. Chr.). Möglicherweise war der in der Nähe von Cabra gefundene Marmorblock ein Kultgegenstand für blutige Opferrituale im Zeremonienraum einer römischen Villa. Aus der **spätrömischen Zeit,** die offenbar eher von einer Verlagerung des Stadtzentrums außerhalb der Wehrmauern als von einem generellen Niedergang gekennzeichnet war, stammen die Steinsarkophage zum Christentum übergetretener Einwohner.

Die Abteilung der **islamischen Alltagskunst** wartet nicht nur mit wunderschöner Keramik, sondern auch einer handfesten Überraschung auf: Ein Figurenkapitell mit der Darstellung von vier Musikern widerspricht eigentlich dem ziemlich eindeutigen „Bilderverbot" des Koran – durch das Verstümmeln der Köpfe wollte vermutlich schon der Bildhauer dieser religiösen Vorschrift Genüge tun.

Im Untergeschoss („Yacimiento" = archäologische Fundstätte) wandelt der Besucher durch die Ränge des **römischen Theaters,** das vom 1. bis 4. Jh. n. Chr. in Gebrauch war, und erfährt viel Wissenswertes über Aufbau und Funktionalität des Gebäudes und seine Nutzung in jüngerer Zeit.

■ **Museo Arqueológico,** Di–Sa 10–20.30 Uhr, So 10–17 Uhr, Eintritt: EU-Bürger gratis, sonst 1,50 €, Infos unter Tel. 957.35.55.17.

nun ein etwas klobiger Neubau auf der linken Seite, der im Inneren aber sehr geschickt das ehemalige römische **Theater der Colonia Patricia Corduba,** einer der größten Musentempel außerhalb Roms, einbezieht.

Arco del Portillo

Die Gasse Romero de Torres führt auf gewundenen Wegen zu einem kleinen **Stadttor** mit angedeutetem Hufeisenbogen, genannt Arco del Portillo. Es ist eines der drei noch erhaltenen Portale zwischen der Almedina und dem Stadtviertel Ajarquía, auch wenn die Konstruktion aus dem 14. Jh. stammt, die einstige Mauer an dieser Stelle also vermutlich erst von den Christen geöffnet wurde.

Plaza del Potro

Auf der gegenüberliegenden Straßenseite geht man die Calle Romero Barro weiter bis zu einem an historischen Reminiszenzen besonders reichen Platz, der Plaza del Potro. Namensgebend war der 1577 errichtete **Renaissancebrunnen** mit einem sich aufbäumenden Fohlen *(potro),* das eine Art Maskottchen für Córdoba geworden ist. Ursprünglich ging es auf diesem Treffpunkt für Händler, Viehzüchter und Reisende wohl ausgesprochen lebhaft zu, heute macht der Ende des 15. Jh. deutlich verkleinerte Platz einen eher ruhigen Eindruck.

An der Westseite befindet sich der Eingang zur **Posada del Potro,** einer Herberge vom Beginn des 15. Jh., in der schon *Miguel de Cervantes* logierte und ihr u. a. in seinem „Don Quijote“ ein literarisches Denkmal setzte. Nach einer gelungenen Restaurierung beherbergt das Gebäude ein kleines, dem Flamenco-Künstler „Fosforito“ gewidmetes **Kulturzentrum** (geöffnet Di bis Fr 8.30–20.45 Uhr, Sa bis 16.30 Uhr, So bis 14.30 Uhr, Eintritt 2 €). Im April finden im Innenhof die **„Matinales Flamencas“** statt, sonntägliche Musik- und Tanzvorführungen um 12 Uhr mittags. Infos unter www.cultura.cordoba.es.

Plaza del Potro

019an bn

Museo de Bellas Artes

Der Hauptgrund für die spätere Verkleinerung der Plaza del Potro steht direkt gegenüber, da ließen nämlich die Katholischen Könige ein Krankenhaus der Barmherzigkeit *(Hospital de la Caridad)* errichten, das bis 1837 auch als solches genutzt wurde. Heute findet in diesem ansprechenden Rahmen das **Museum der Schönen Künste** mit seiner recht beachtlichen Sammlung vorwiegend regionaler Kunst seinen Platz.

Für den chronologischen Beginn geht es über einen Treppenaufgang mit Wandmalereien des alten Hospitals in den ersten Stock zu **Malerei und Plastik** von der Gotik bis zur Frührenaissance. Bis etwa 1520 hatte Córdoba durchaus namhafte Maler wie *Alejo Fernandéz* oder *Pedro de Córdoba* zu bieten, mit dem Beginn des Überseehandels zogen diese jedoch meist nach Sevilla, wo mehr zu verdienen war. Im 17. Jh. war es hingegen nicht unüblich, dass die barocken Meister aus Sevilla auch einmal in der kleinen Nachbarstadt Auftragsarbeiten durchführten, so z. B. *Juan Valdéz Leal,* welcher mit zwei ungewöhnlich lieblichen Gemälden vertreten ist.

In einem weiteren Saal im Erdgeschoss werden **Bilder moderner spanischer Künstler** ausgestellt, allerdings ohne Anspruch auf Hochklassigkeit.

Sehenswert sind zuletzt noch Arbeitsproben von Architekturdetails in Lehm oder Kiefernholz wie Teile des Chorgestühls der Kathedrale von *Pedro Duque Cornejo.*

■ **Museo de Bellas Artes,** Öffnungszeiten und Eintrittspreise identisch mit Archäologischem Museum, im Sommer nachmittags geschlossen.

Museo Julio Romero de Torres

Direkt gegenüber liegt das Museum (Di–Fr 8.30–20.45 Uhr, Sa bis 16.30 Uhr, So bis 14.30 Uhr, Eintritt 4,50 €) des cordobesischen „Malerfürsten“ *Julio Romero de Torres* (1874–1930), dessen Verbundenheit zu seiner Heimatstadt in den Themen seiner eher **volkstümlich wirkenden Bilder** deutlich spürbar ist. Vor allem seinen männlichen Zeitgenossen dürften die Porträts der großäugigen, dunkelhaarigen und -häutigen Schönheiten Córdobas gefallen haben. Die erotischen Darstellungen in seinem Spätwerk, z. B. „Ofrenda al arte torero“ (1929), sind für die damalige Zeit recht gewagt, ansonsten gab *Romero de Torres* der Kunst des 20. Jh. aber kaum entscheidende Impulse.

Plaza de la Corredera

Über die Straßen Armas und Sanchez Peña gelangt man zur rechteckigen Plaza de la Corredera, einem der ganz wenigen Plätze in Andalusien, der **vollkommen von Häuserzeilen umschlossen** ist, der Zugang ist nur durch drei Arkadenbögen möglich. Diese für die Barockzeit typische Baugestalt ist sonst eher in Kastilien zu sehen. Bereits im 15. Jh. existierte hier ein wichtiges Handelszentrum, wo auch Stierkämpfe, Hinrichtungen, Ritterspiele und Festlichkeiten stattfanden. Die älteste Häuserreihe, die teilweise gelb bemalten **Casas de los Señores de Angulo,** vom Eingang gesehen links, wurde Ende

⊡ Museo de Bellas Artes

des 16. Jh. errichtet. Leider verlor dieses städtebauliche Kleinod durch die übereifrige Sanierung viel von seinem nostalgischen Charme. Die gerade bei jungen Leuten beliebten, eher einfachen und preiswerten (Freiluft-)Lokale ringsum bieten immerhin die Möglichkeit, gerade an lauen Abenden, ein wenig ursprüngliches Córdoba-Flair zu genießen.

Rathaus

Durch den Torbogen auf der linken Seite gelangt man auf der Straße Rodriguez Marín zum modernen Rathaus **Ayuntamiento.** Auf dessen linker Seite ragen die stark restaurierten Säulen eines **römischen Tempels** aus der Mitte des 1. Jh. n. Chr. in den Himmel, nur einige der korinthischen Kapitelle sind original. Der von einer Mauer umschlossene Kernbereich *(Cella)* war dem Kaiserkult gewidmet, außerhalb davon muss es noch einen Altar gegeben haben, auf dem in religiösen Zeremonien u. a. Tieropfer dargebracht wurden. Im Januar 2014 wurde der umgebende Metallzaun abgebaut, das bedeutende römische Relikt soll Schritt für Schritt der Öffentlichkeit zugänglich gemacht werden.

Rund um die Plaza de las Tendillas

Weiter auf der Hauptverkehrsstraße Claudio Marcelo, gelangt man in das von herrschaftlichen Gebäuden aus der Gründerzeit flankierte **Geschäftszentrum** Córdobas. Mittelpunkt ist die 1925–30 errichtete Plaza de las Tendillas mit einem **Reiterstandbild** des 1515 verstorbenen „Gran Capitán“ *Gonzalo Fernández,* der sich als Feldherr bei der *Reconquista* und der Verteidigung spanischer Besitzungen in Italien hervortat.

020an bn

Eigenartigerweise diente für die Gestaltung des Kopfes aus weißem Marmor der legendäre Stierkämpfer *Lagartijo* als Vorlage.

Geht man nach rechts die Straße Conde León hangaufwärts, erreicht man die gemütliche kleine **Plaza de San Miguel,** an der sich Restaurants, z. T. mit Tischen im Freien, angesiedelt haben. Benannt wurde der Platz nach der zentral gelegenen **Iglesia de San Miguel,** die bereits unter König *Ferdinand III.* begründet und im Wesentlichen bis Anfang des 15. Jh. fertiggestellt war. Sehenswert ist vor allem die Fassade mit einer herrlichen Fensterrosette und einem Seitenportal, das mit seinem ausgeschmückten Hufeisenbogen stark an den Baustil des Kalifats erinnert. Auch die übrigen „maurischen" Dekorationselemente sind als Reminiszenzen zu verstehen, lediglich im Kirchturm sind Bauteile der ursprünglichen Moschee erhalten.

Círculo de la Amistad

Über die Straßen San Zoilo und Conde de Torres Cabrera geht es weiter zur ansehnlichen **Plaza de las Capuchinas** (es gibt zwei Plätze dieses Namens in Córdoba!) mit einem Denkmal des frühchristlichen Bischofs *Osio*. Die Straße Calle de Alfonso XII. wird teilweise vom imponierenden Prachtbau des Círculo de la Amistad flankiert, seit Mitte des 19. Jh. ein Treffpunkt für Künstler und Literaten zum gepflegten Gedankenaustausch. Sehenswert ist, neben einigen Bildern bekannter Maler in den Innenräumen, vor allem der Mudejár-Hauptpatio, der als ehemaliger Kreuzgang den Ursprung des Gebäudes als **Kloster** des 16. Jh. verrät.

Iglesia de San Pablo

Die Straße mündet oberhalb des Rathauses in die Calle de San Pablo, so benannt nach der Kirche Iglesia de San Pablo, deren Haupteingang sich an der Calle Capitulares öffnet. Von König *Ferdinand III.* gestiftet, begannen die Dominikaner um 1240 mit dem Bau einer riesigen Klosteranlage, deren einziger Überrest die besagte Kirche des Hl. Paulus darstellt. Diese erweist sich im Innenraum als **eines der beeindruckendsten Beispiele des Mudéjar-Stils** in Córdoba. Die kleinteilige, kunstvoll geschnitzte Artesonado-Decke des Hauptschiffs datiert aus dem 16. Jh. In der rechten Seitenkapelle nahe des Eingangs sind, in den von Vielpassbögen eingerahmten Nischen, die vier Evangelisten in aufwendiger Malerei zu sehen, in der Mitte eine Skulptur des Gekreuzigten. Es ist zu vermuten, dass die wandbedeckenden Reliefplatten in Form maurischer *Atauriques* von original islamischen Bauwerken, z. B. aus Madinat al-Zahra, entnommen wurden.

■ **Iglesia de San Pablo:** Die Kirche ist nur zu Messen geöffnet. Größte Chancen für den Einlass bestehen ca. 9.30–11 und 18.30– 20 Uhr.

Geht man die meist verkehrsreiche Calle de San Pablo bergab, gelangt man zur palmenbestandenen Plaza de San Andrés mit der gleichnamigen Kirche.

Palacio de Viana

Von hier geht es nach links über die Straßen Hnos. López und Enrique Redel bergan zur Plaza Don Gome, an deren

Seite die wohl **schönste Adelsresidenz Córdobas,** der Palacio de Viana, zu besichtigen ist. Bereits im 14. Jh. urkundlich erwähnt, wuchs der Palast im Laufe der Zeit zu einem stolze 6.500 Quadratmeter einnehmenden, um nicht weniger als **zwölf Innenhöfe (!)** gebauten, herrschaftlichen Anwesen heran. Benannt ist das Gebäude nach seinen letzten Bewohnern, den Markgrafen von Viana.

Von außen deutet eigentlich nur das manieristische Eingangsportal aus dem späten 16. Jh. auf die innere Pracht hin. Es bietet sich an, zunächst die ausgedehnten Räumlichkeiten, die den Namen **Museum** auf jeden Fall verdienen, in Augenschein zu nehmen. Besonders der für eine halbe Kleinstadt ausreichende Hausrat der Familie, mit reichlich Geschirr aus der Ostindischen Kompanie, Meißener Porzellan, Haushaltsgeräten und Möbeln, verschlägt dem demütigen Besucher fast den Atem.

Beachtlich ist auch ein aus Hornachuelos stammendes **römisches Mosaik** (4. Jh.) als Bodenbelag im *Salón del Mosaico.* Im *Dormitorio del Almirante* („Schlafzimmer des Admirals") ist vor allem ein kunstvoll gearbeiteter Sekretär aus der Zeit um 1600 hervorzuheben, in der Galerie des 1. Stocks kommt man an einem weiteren schönen Exemplar im Barockstil (17. Jh.) mit Schildpattverzierungen vorbei. Beim Aufstieg sollte man die Decke des Treppenhauses beachten, eine herrliche Artesonado-Arbeit im Mudéjarstil aus dem späten 16. Jh., möglicherweise von *Juan de Ochoa.*

Der Saal *Salón del Artesonado* wurde nach seiner schönen **Kassettendecke** benannt, daneben schmücken vier wertvolle **Brüsseler Gobelins** aus dem 16. Jh. mit Motiven aus der griechischen Mythologie die Wände. Einen weiteren künstlerischen Höhepunkt offeriert der *Salón de Goya,* denn vier der Stofftapeten mit Szenen aus dem Alltagsleben in Madrid stellte eine Manufaktur nach den Originalvorlagen auf Karton von *Franciso de Goya* her. Auch die vier **Wandteppiche** (18. Jh.) im „Gobelinsaal", die allegorisch Szenen aus der Neuen Welt darstellen, gehören zu den Pretiosen der Sammlung. Das Gemälde „San Diego de Alcalá" in der anschließenden Galerie könnte ein Original von *Francisco de Zurbarán* (17. Jh.) sein.

Zum Abschluss der Besichtigung sollte man noch einen Rundgang durch die zwölf Patios und den mit Buchsbaumhecken, Mandarinen-, Zitronen- und Orangenbäumen bestandenen **Ziergarten** unternehmen.

Palacio de Viana, Di–Sa 10–19 Uhr, Sa/So/Fe 10–15 Uhr, in der Saison sind die Patios von 10–15 Uhr geöffnet. Man sollte mindestens eine Stunde für die Besichtigung kalkulieren. Eintritt 8 €, nur Patios 5 €. Infos unter Tel. 957.49.67.41.

Iglesia de Santa Marina

Ein kleines Stück weiter auf der Straße **Santa Isabel** kann man den Nonnen des gleichnamigen **Franziskanerklosters** (Ende 15. Jh.) selbst gemachte Süßigkeiten und Gebäck abkaufen.

Auf der rechten Seite des nachfolgenden Platzes erhebt sich als zentraler Punkt dieses noch sehr volkstümlich wirkenden Viertels imposant die Kirche Iglesia de Santa Marina. Deren **festungsartiges Aussehen** liegt möglicherweise noch in ihren westgotischen Ursprüngen begründet.

Direkt gegenüber auf der Plaza del Conde de Priego kann man das aus einer größeren Figurengruppe zusammengesetzte **Manolete-Denkmal** bewundern. Der nach seinem frühen Tod am 28. August 1947 in der Arena von Linares fast mythisch verehrte Stierkämpfer *Manuel „Manolete" Rodriguez* verbrachte in diesem Viertel seine Kindheit und wurde 1939 erstmals als Matador zugelassen.

Plaza de los Capuchinos

Über die Straße Conde de Priego erreicht man eine lang gezogene Straße, von der nach rechts ein Treppenaufgang, die im Frühling wunderschön mit Bougainvillea geschmückte *Cuesta* del Bailio, abzweigt. An deren Ende windet sich eine kleine Gasse nach rechts zur stillen Plaza de los Capuchinos, auch *Plaza de los Dolores* genannt. Der langgestreckte Platz ist fast komplett mit Sakralbauten umgeben, was ihm vor allem abends eine ernste und weihevolle Stimmung verleiht.

Auf der linken Seite befindet sich die Kirche **Iglesia de los Dolores** („Kirche der Schmerzen") eines ehemaligen Hospitals für unheilbar Kranke. Im barocken Inneren wird die Statue der von der Bevölkerung hochverehrten „Schmerzensmutter", der „Virgen de los Dolores", aufbewahrt, die wie die Kirche insgesamt aus dem frühen 18. Jh. stammt.

Der Name *Capuchinos* stammt von den Kapuzinermönchen, welche im 17. Jh. das **Kloster** auf der rechten Seite des Platzes erbauten. Im Zentrum der Fläche erhebt sich das 1794 aufgestellte steinerne Kreuz mit dem **Cristo de los Faroles.** Der ungewöhnliche Name bezieht sich auf die acht Laternen, die den sterbenden Christus abends beleuchten.

Plaza de Colón

Geht man vom Ausgang die Calle Cabrera nach rechts, öffnet sich die in den 1920er Jahren angelegte Plaza de Colón – mit ihren Platanen, Palmen, Orangen- und Eukalyptusbäumen einer der wenigen „grünen Lungen" für die Stadtbevölkerung. In der Mitte befindet sich eine **kleine Moschee** *(Mezquíta almorabito)*, die auch das Zentrum der islamischen Gemeinde Córdobas darstellt.

Neben den vielen modernen Gebäuden fällt die barocke, in Bonbonfarben bemalte Fassade der **Diputación Provincial** (Provinzregierung) auf, die in dem ehemals von *Ferdinand III.* begründeten Convento de la Merced (Kloster der Mercedarier) aus dem 18. Jh. untergebracht ist.

Am nordöstlichen Ausgang des Platzes steht ein einsamer Turm mit Torbogen, die **Torre de la Malmuerta.** Trotz der relativ späten Bauzeit zwischen 1406 und 1408 ist die Ähnlichkeit mit maurischen Festungen noch sehr groß.

Praktische Informationen

Information

■ **Oficina de Turismo de la Junta de Andalucía,** c/ Torrijos 10, Tel. 957.35.51.79, www.turismodecordoba.org. Zentrales Infobüro direkt gegenüber der Mezquíta im Palacio de Congresos y Exposiciones. Mo–Fr 9.30–19 Uhr (im Winter bis 18 Uhr), Sa 10.30–14 und 15.30–19 Uhr, So/Fe nur vormittags. Weitere Infostellen siehe Stadtplan.

Service

Post: Correos y Telégrafos, c/ José Cruz Conde 15; nördliche Abzweigung von der Plaza de Tendillas, Tel. 957.47.81.02 oder 957.47.82.67. Eine Zweigstelle befindet sich an der Ausfallstraße Richtung Granada.

Telefon: Zentrale Fernsprechstelle an der Plaza Tendillas 7. In der c/ Torrijos 8, nahe der Oficina de Turismo, und in der c/ Cardenal Herrero 32, an der Nordseite der Mezquíta, sind ebenfalls öffentliche Telefone zu finden.

Ambulanz: Rotes Kreuz (Cruz Roja), am nördlichen Ende der Avda. Doctor Fleming in der Nähe der Puerta de Almodóvar, Tel. 957.21.79.03.

Städtische Polizei: Campo Madre de Dios s/n, Tel. 092.

Taxiruf: Radio taxi unter Tel. 957.45.00.00.

Internet-Café bzw. Tapas-Bar in der c/ Lucano 12, angeschlossen an die Pension El Pilar del Potro.

Essen und Trinken

Die **Altstadt** ist mit Restaurants und *tabernas,* der cordobesischen Variante der Tapas-Bar, sehr gut bestückt, es sollte für jeden Geschmack etwas dabei sein. Neben lieblosen „Abfütterungsstationen" gibt es durchaus Lokale, die zwar vorwiegend von Touristen aufgesucht werden – nur von einheimischen Gästen kann kein Restaurant in der Judería überleben –, aber trotzdem empfehlenswert sind. Inzwischen kann auch Córdoba mit einer Handvoll *teterías,* arabisch inspirierten Teestuben mit gutem Gebäck und maghrebinischer Küche, aufwarten, z. B. dem hübsch aufgemachten **Salón de Té** in der Straße Buen Pastor 13 im nördlichen Bereich der Judería (von der Calle Deanes Richtung Hotel Albucasis gehen) oder der **Tetería Petra** im schmalen Callejón de la Hoguera (Ecke Calle Deanes). An die Casa Pepe de la Judería (s. u.) ist inzwischen auch eine attraktiv aufgemachte Tetería mit Verkaufsstelle marokkanischer Produkte angeschlossen.

Garum 2.1, c/ San Fernando 120–122, Tel. 957.48.76.73, an der Ecke zur c/ Cardenal González zwischen Mezquíta und Plaza del Potro. Kleine, „postmoderne" Tapas-Bar, deren kreative Neuinterpretation klassischer cordobesischer Spezialitäten bereits diverse Auszeichnungen einheimsen konnte. Für das Gebotene sind die Preise absolut okay. Empfiehlt sich eher für den Mittagsimbiss – leider weniger zum „gemütlich im Freien Sitzen" an der verkehrsreichen Cardenal González.

Casa Mazal – Despensa de la Judería, c/ Tomás Conde 3, Tel. 957.94.18.88. Unterhalb der Plaza Maimonides versteckt sich dieses lauschige Lokal in einer kleinen Seitengasse. Der Küchenchef spürt der sephardisch-maghrebinischen Küche im mittelalterlichen Córdoba nach, mit überwiegend überzeugendem Ergebnis. Wer eine Schwäche für unkonventionelle, leichtere Kost hat und bereit ist, etwas tiefer in die Tasche zu greifen, sitzt hier richtig.

Restaurante Las Piconeras, c/ Corregidor Luis de la Cerda 73, Tel. 957.49.05.24. An der Südostecke der Mezquíta gelegene Tapas-Bar, man kann auch draußen sitzen. Auch unter neuer Führung kann der Nachfolger der Taverne La Abacería in Sachen Qualität und Service überzeugen: ortstypische Küche zu annehmbaren Preisen.

Cafetería Gaudí, Plaza de Juda Leví (ggü. Jugendherberge). Wer von der Lage am Kreuzungspunkt vieler Touristenströme der Altstadt auf „klassische Touristenfalle" tippt, sieht sich angenehm enttäuscht: Das Anfang 2014 aufgemachte Café ist nicht nur ein toller „Beobachtungsposten" fürs Frühstück oder den Nachmittagskaffee, sondern ein durchaus ambitioniertes Speiselokal mit origineller Küche zu angemessenen Preisen.

El Churrasco, Romero 16, Tel. 957.29.08.19; mitten in der Judería gegenüber der Philosophischen Fakultät der Uni Córdoba. Gemütliche und gediegene Atmosphäre in einem lauschigen Innenhof. Die Spezialität sind in erster Linie bestens zubereitete Fleischgerichte, das Preisniveau ist ähnlich wie im Caballo Rojo. Der gut sortierte Weinkeller verfügt über eine hervorragende Auswahl.

■ **Bodegas Campos,** Los Lineros 32, Tel. 957.49.75.00, www.bodegascampos.com. Schon seit 1908 verteidigt das feudale Anwesen seinen Ruf als cordobesisches Spitzenrestaurant, alle Speisen sind raffiniert, aber nicht überkandidelt zubereitet. Die zunächst recht hoch erscheinenden Preise relativieren sich durch zahlreiche eingeschlossene „Wohltaten" des Hauses, und auch die Getränkepreise sind moderat.

■ **Restaurante Casa Pepe de la Judería,** Romero 1, Tel. 957.20.07.44. Die traditionsreiche *taberna* ist einer der führenden Gourmettempel Córdobas. Bei aller Raffinesse der oft mozarabisch inspirierten Küche: Die Portionen sind reichlich und die Preise wirklich angemessen. Im Erdgeschoss gibt es eine urige Tapas-Bar, im 1. Stock ein schön dekoriertes Restaurant. Die Dachterrasse mit super Ausblick ist leider nur im Sommer geöffnet. Die – mit Abstrichen auch – empfehlenswerte Dependance **Casa Rubio** (Tapas-Bar und Restaurant am alten Stadttor Puerta de Almodóvar, Tel. 957.42.08.53) verfügt ebenfalls über eine herrliche Dachterrasse.

■ **Taberna La Cazuela de la Espartería,** Calle de Rodríguez Marín 16, Tel. 957.48.89.52, liegt zwischen dem Templo Romano und der Plaza de la Corredera. Einfache, aber leckere, spanische Küche. Reichhaltige Karte: z. B. mit Lachs gefüllte Auberginen *(berenjenas con salmón)*.

■ **Bodegas Guzmán,** Calle Judíos 7, oberhalb der Synagoge, Tel. 957.29.09.60. Urige Bodega mit sehr großer Auswahl an Weinspezialitäten, in erster Linie natürlich Montilla und Moriles, einige davon vom Besitzer persönlich hergestellt. Als Grundlage dafür werden auch Tapas angeboten, wer aber ein opulentes Mahl sucht, ist hier falsch. Mittags und abends geöffnet, Do Ruhetag.

■ **Taberna La Fragua,** Callejón del Arco (vom Campo Santo de los Martires in die c /Manriques gleich die erste Gasse rechts hinauf), leckere Tapas in einer ehemaligen Schmiede.

Cordobesische Spezialitäten

Zu den lokalen Spezialitäten gehört der **salmorejo,** eine Tomatenkaltschale ähnlich wie der **gazpacho,** nur dickflüssiger und meist mit Ei und Schinken. Eine Besonderheit ist auch der **perol,** so benannt nach einem tiefen Topf, in dem nach Art einer *paella* Reis mit verschiedenen Gemüsen und ein wenig Fleisch gekocht wird. Eine beliebte kleinere Mahlzeit ist der **flamenquín,** wo Fleisch, Schinken und Käse zu einem wurstähnlichen Gebilde zusammengerollt und dann paniert wird. Eine noch ins 16. Jh. zurückgehende Spezialität ist der **rabo de toro** (Stierschwanz). Damals entstanden an der Plaza de la Corredera Metzgereien, die das Fleisch der bei den Kämpfen ums Leben gekommenen Stiere weiter verwendeten – der Schwanz gilt als das schmackhafteste Stück an einem so „unprofessionell" getöteten Tier. Viele Süßspeisen stammen noch aus mittelalterlicher Tradition, so z. B. der **pastel judío** („Judengebäck"), das aus dem **cabello del ángel** (süßes Kürbismark) hergestellt wird. Den Arabern verdanken die Cordobesen die **pestiños,** in Honig getauchtes Ölgebäck.

Einkaufen

Kunsthandwerk

Das „Kunsthandwerk aus Córdoba" wird nicht nur in der Hauptstadt, sondern oft auch in der Provinz, z. B. in Lucena (Keramik, Schmiedeeisen) oder Espejo (Möbel aus Olivenholz), hergestellt. In der Kapitale selbst sind die Verarbeitung von **Leder** in arabischer Tradition, *cordobanes,* und die Herstellung von filigranem **Silberschmuck** noch verbreitet, wobei man sich allerdings zunehmend moderner Techniken bedient.

Während der Saison sind künstlerisch oft sehr eigenwillige Ausstellungen mit Verkauf im **Palacio**

de Congresos y Exposiciónes zu begutachten – hier kann man zu akzeptablen Preisen oft einmalige Stücke erwerben. Auch der **Zoco Municipal de Artesanía** in der Judería (hinter dem Stierkampfmuseum) ist auf jeden Fall einen Abstecher wert. Eine positive Ausnahme von den vorwiegend auf Massenware setzenden Souvenirshops in der Juderiá ist der Kunsthandwerksladen **Baraka** in der Calle Manriquez (nahe der Plaza Juda Leví). Neben Durchschnittsware werden hier auch ansprechende Produkte ausgestellt und zum Verkauf angeboten, die Preise liegen jedoch auf relativ hohem Niveau.

Kaufhäuser

Große Kaufhäuser wie „El Corte Inglés" sind, von den Außenbezirken abgesehen, v. a. an der Ronda de los Tejares zwischen dem Paseo de la Victoria und der Plaza de Colón zu finden.

Feste

Eine starke Konzentration der Festivitäten ist im Mai festzustellen, dann ist praktisch jeden Tag etwas los. Im Stadtgebiet starten auch einige *romerías*, Wallfahrten zu nahe gelegenen Einsiedeleien.

- **Semana Santa,** die Karwoche wird auch in Córdoba recht aufwendig mit insgesamt 32 Prozessionen der Bruderschaften und fast doppelt so vielen Heiligenstatuen auf schweren Holzgerüsten *(pasos)* begangen. Besonders eindrucksvoll sind die Aufmärsche der Kapuzenmänner auf der Römischen Brücke. Höhepunkt ist der Karfreitag, wenn von insgesamt acht Laienbruderschaften praktisch zu jeder Stunde des Tages ein Zug irgendwo unterwegs ist.
- **Cruces de Mayo,** 1.–4. Mai. Das Fest der Maikreuze aus Anlass der Auffindung des Kreuzes Jesu Christi am 2. Mai. An fast allen Plätzen der Stadt sind von Vereinen und Laienbrüdern aufgestellte und mit Blumen geschmückte Kreuze zu sehen, wobei der Eifer auch von einem gewissen Lokalpatriotismus der verschiedenen Viertel befördert wird.
- **Festival de los Patios Cordobeses,** das Fest der cordobesischen Innenhöfe (s. Exkurs).
- **Feria de Mayo,** letzte Maiwoche. Das Hauptfest der Stadt zu Ehren der „Nuestra Señora de la Salud" („Unsere Liebe Frau der Gesundheit"), an der Explanada del Arenal am Ufer des Guadalquivir. Auf dem Festgelände werden, ähnlich der *Feria de Abril* in Sevilla, von diversen Vereinen, politischen Organisationen und religiösen Vereinigungen Zelte aufgestellt, in denen ausgiebig gefeiert und *Montilla* getrunken wird. Die Herkunft der Feier als Viehmarkt ist lediglich in den sehr ländlich anmutenden Trachten einiger Teilnehmer noch zu erahnen. Sozusagen als Rahmenprogramm lassen es sich die Spitzen-Toreros nicht nehmen, in der traditionsreichen Stierkampfarena von Córdoba, der „Plaza de los Califas" am Rande des nordwestlichen Außenbezirkes Ciudad Jardín, aufzutreten. Zu Fuß ist die Arena vom Paseo de la Victoria in etwa 20 Min. zu erreichen.
- **Corpus Cristi,** Fronleichnamsprozession mit wechselnden Terminen. Seit kurzem tanzt wieder, wie im 16. Jh., die Gruppe der *Los Seises* vor der prachtvollen Monstranz aus der Mezquíta.
- **Festival de la Guitarra,** wechselnde Termine um Ende Juni/Anfang Juli. Das Gitarrenfestival umfasst verschiedenste Stilrichtungen von Rock über Jazz bis Flamenco. Austragungsort ist meist das Gran Teatro, nähere Auskünfte bei den Infostellen.

Nachtleben

- In der Altstadt wird abends nicht sonderlich viel geboten. Eine erfreuliche Ausnahme ist die **Bar Los Chamacos** an der Plaza de las Cañas (was man auch mit „Platz der Biere vom Fass" übersetzen könnte), ein Stück unterhalb der Plaza de la Corredera. Es handelt sich um eine nette Musikkneipe mit vorwiegend jungem Publikum, man kann sich auch draußen hinsetzen.
- **Jazz Café,** c/ R. Marín 10 (zwischen Rathaus und Plaza de la Corredera), v. a. am Wochenende Jazzkonzerte und Jamsessions.

■ Eine größere Konzentration von Bars und Discos ist im nördlichen Abschnitt der **Avenida del Gran Capitán** bzw. in deren Nebenstraßen zu finden, von der Altstadt allerdings schon ein etwas längerer Spaziergang.

■ Vor allem im Sommer sehr beliebt sind die oft mit Terrassen ausgestatteten Bars und Discos im nördlichen Villenviertel entlang der **Avenida del Brillante.** Von der Innenstadt ist dazu aber eine Fahrt mit eigenem Fahrzeug oder dem Linienbus (Linie 10/11, Richtung „Parador") unvermeidlich.

■ Vor allem von feierfreudigen Studenten wird der südliche Teil des Viertels **Ciudad Jardín** (westlich der Jardínes de Victoria) mit vielen Clubs und Musikkneipen bis in die frühen Morgenstunden – zumindest am Wochenende – bevölkert, Schwerpunkt ist der Bereich zwischen Gran Vía Parque und Plaza Costa del Sol.

Flamenco

Im Vergleich zu Granada oder Sevilla ist der Flamenco hier nicht so sehr als öffentliches Spektakel ausgerichtet, sondern spielt sich eher in eigenen Vereinen und Zirkeln ab. Zu diesen *peñas* hat man in der Regel aber nur in Begleitung eines Mitgliedes Zutritt. In einer Flamenco-Schule *(Estudio Flamenco)* wird auch ausländischen Schülern die Kunst des Tanzes und Gitarrenspiels vermittelt (c/ Cartago 32, Tel. 957.26.13.72).

■ Eine der eindrucksvollsten Möglichkeiten, authentischen Flamenco in all seinen Schattierungen mitzuerleben, ist der 1956 ins Leben gerufene **Concurso Nacional de Arte Flamenco,** ein Wettbewerb, an dem auch die Crème de la Crème der spanischen Künstler teilnimmt. Die Vorführungen finden meist in sehr gediegenem Rahmen im **Gran Teatro** (Avda. Gran Capitán 3, Tel. 957.48.02.37) statt, dennoch können die von der Bühne kommenden Emotionen sich bis in den letzten Winkel des „Großen Theaters" fortpflanzen. Die Eintrittspreise bleiben selbst bei den großen Galas in einem moderaten Rahmen. Bedauerlicherweise findet dieser Zyklus nur alle drei Jahre statt, das nächste Mal wieder im Jahr 2016 – bevorzugter Zeitraum ist die zweite Novemberhälfte.

■ Auch in Córdoba kann man während der Saison ein *Tablao* mit nahezu täglichen Vorführungen aufsuchen, das Preisniveau ist in der Regel niedriger als in vergleichbaren Etablissements in Granada und Sevilla. Zu empfehlen ist insbesondere der recht familiäre „Mesón Flamenco" **La Bulería** (c/ Pedro López 3, Tel. 957.48.38.39), etwa zwischen der Plaza de la Corredera und dem Rathaus. Hier handelt es sich eher um eine Gaststätte mit sporadischen Flamenco-Darbietungen als um eine durchgehende Show. Die Möglichkeit (durchaus gut) zu essen, ergibt sich ab ca. 20.30 Uhr, zwei Stunden später beginnen die einzelnen Vorführungen, die bis kurz nach Mitternacht andauern.

■ Eher dem Bild einer „Flamenco-Show" entspricht wohl das „Tablao Flamenco" **Cardenal** im Palacio de Congresos y Exposiciónes an der Westseite der Mezquíta (c/ Torrijos 10, Reservierungen Tel. 957.48.31.12). Ab 22.30 Uhr werden *Bulerías*, wehmütige *Soleás* und fröhliche *Alegrías* in guter Qualität geboten, die nüchternen Räume wollen aber nicht so recht dazu passen. So geschlossen. Sehr stimmungsvoll und besuchenswert sind die **Sommer-Vorführungen** des Ensembles im Patio des Kongresspalastes (ca. 18 €).

■ Etwa von Mitte Juli bis Mitte September werden 3 mal pro Woche v. a. an der Plaza del Potro und im Alcázar **„Noches Flamencas"** aufgeführt. Näheres in der Tourist-Info.

▷ Maikreuz vor dem Manolete-Denkmal

Unterkunft

Hotels

Das Angebot ist breit gefächert, auch stilvolle Quartiere sind gelegentlich zu erschwinglichen Preisen zu haben. Sehr schwierig wird die Hotelsuche vor allem im Mai, wenn die diversen Festivals ihren Lauf nehmen – bei Ankunft am Nachmittag sollte man auf jeden Fall telefonisch reservieren. Vor allem im Mai kann das Buchen über entsprechende Internet-Portale viel Geld sparen helfen, denn bei den offiziellen Tarifen sind satte Aufschläge im Vergleich zur mittleren Saison (ca. 50 %) und erst recht der Nebensaison (ca. 100 %) vorgesehen.

Hotel Hesperia****/⑤, Avda. Fray Albino 1, Tel. 957.42.10.42, www.nh-hotels.com. Recht geschmackvoll gestaltetes Hotel mit gutem Komfort (inkl. Pool) am Südufer des Guadalquivir (vor der Brücke rechts abbiegen). Zur Mezquíta über den Puente Romano nur ca. 10 Min. zu Fuß. Abends und nachts sehr ruhig, Parken problemlos. In der HS leider recht teuer.

Hotel NH Amistad Córdoba****/④-⑤, Plaza de Maimónides 3, Tel. 957.42.03.35, www.nh-hotels.com (oft günstige Internet-Tarife), zu erreichen über Campo Santo de Los Mártires, eigene Garage. Eine interessante Alternative im Luxussegment, gehört zur NH-Kette, stimmungsvoll in zwei Stadtpalästen des 18. Jh. direkt an der Stadtmauer eingerichtet.

Casa de los Azulejos***/③-④, Fernando Colón 5, Tel. 957.47.00.00, www.casadelosazulejos.com. Parkmöglichkeiten rund um das Rathaus, von dort Treppenweg Fernando Cólon zur (empfehlenswerten) Taberna Salinas, 50 Meter weiter rechts steht

022an bn

das Hotel. Die im „andalusisch-lateinamerikanischen Stil" dekorierten Zimmer sind eher knapp geschnitten (es gibt aber auch eine Suite), aber behaglich und dem Preis entsprechend komfortabel. Stark mexikanisch angehaucht ist das angeschlossene Restaurant Cantina La Guadalupana.

■ **Hotel Vallina*****/③-④, Corregidor Luis de la Cerda 83, Tel. 957.49.87.50, www.hhposadadevallina.es. Direkt gegenüber der Südfassade der Mezquita, Parkmöglichkeiten in der Nähe, vorher mit der Rezeption absprechen. Kleines Hotel mit sehr geschmackvoll gestalteten Zimmern, die kaum Komfortwünsche offen lassen dürften. Gemessen daran sind die geforderten Preise (inkl. Frühstück) v. a. in der NS recht günstig.

■ **Hotel Maestre***/②, Romero Barros 4–6, Tel. 957.47.24.10, www.hotelmaestre.com. Zwischen der Plaza del Potro und der Einbahnstraße Calle de San Fernando in der östlichen Altstadt gelegen. Die Benutzung der angeschlossenen Parkgarage für 5,10 € extra ist sehr zu empfehlen. Die Zufahrt muss aufgrund zahlreicher Einbahnstraßen, selbst wenn man vom Flussufer kommt, am Rathaus vorbei erfolgen und ist daher sehr kompliziert – vorher an der Rezeption erklären lassen! Der Aufwand lohnt sich aber, denn das Maestre gehört zu den empfehlenswertesten Quartieren der Unteren Mittelklasse in Córdoba. Die Zimmer sind ausreichend groß und gepflegt, mit allem Nötigen (inkl. Klima) ausgestattet und bis auf wenige Ausnahmen sehr ruhig. Die Preise sind für das Gebotene sehr günstig, in der HS ist frühzeitige Buchung angeraten!

Apartments

■ **Apartamentos Luna de Cristal,** Plaza de las Cañas 1 (neben Bar Los Chamacos), Tel. 957.49.23.53, 650.86.65.46 (Handy), www.lunadecristal.com. Recht zentral, dennoch ruhig unterhalb der Plaza de la Corredera gelegenes ehemaliges Patiohaus, in dem fünf thematisch sehr unterschiedliche, aber durchweg geschmackvolle und komfortable Apartments für ca. 130 € (1–2 Pers.) bzw. ca. 160 € (3–4 Pers.) eingerichtet wurden. Anfahrt nur über Rathaus und die Straßen D. Córdoba und Maese Luis Tomillo möglich, Parkplatz für ca. 14 €/Tag. Trotz der stolzen Preise in der HS schnell ausgebucht, Internetbuchung (oft mit Preisnachlass) sehr empfehlenswert, tel. Vorreservierung ohnehin unerlässlich, da es keine permanent besetzte Rezeption gibt.

Pensionen

■ **Hostal Maestre****/①, Romero Barros 16, Tel. 957.47.53.95, www.hotelmaestre.com. Die preiswertere Dependance des gleichnamigen Hotels, nur ein paar Schritte weiter. Auf Anfrage kann evtl. die Tiefgarage des Hotels benutzt werden. Atmosphärisch sehr schön durch begrünten und etwas rustikalen Innenhof. Die Zimmer sind mindestens ein Klasse einfacher als im Hotel, wer etwas Komfort sucht, ist dort zweifellos besser aufgehoben.

■ **Hospedería Luis de Góngora****/①-②, Horno de la Trinidad 7, Tel. 957.29.53.99., www.hospederialuisdegongora.com. Ein Tipp (nicht nur) für preisbewusste Autofahrer, da relativ leicht zu erreichen und mit Parkmöglichkeiten in der Nähe. Anfahrt: Auf der Ringstraße Paseo de la Victoria rechts in die Calle Lope de Hoces, vorbei am ebenfalls empfehlenswerten **Hotel NH Califa**③ (www.nh-hoteles.es), vor der Kirche San Juan parken, dann rechts an der Escuela de Arte (Kunstakademie) vorbei ca. 50 m in die schmale Horno de la Trinidad gehen. Für eine 2-Sterne-Pension recht komfortabel (Klima, TV, eigenes Bad) und dabei noch ziemlich günstig.

■ **Hostal Seneca**①-②, Conde y Luque 7, Tel. 957.47.32.34. Kleine Pension nördlich der Mezquíta unweit der Plaza Benavente. Evtl. Parkmöglichkeit an der Straße Blanco Belmonte. Sehr zentrale Lage ohne besondere Lärmbelästigung. Schön dekorierter und behaglicher Patio, in dem auch das Frühstück eingenommen werden kann. Die Zimmer sind sehr unterschiedlich geschnitten (vorher ansehen!) und wirken trotz antiker Patina recht gepflegt. Die Preise (inkl. Frühstück) gehen insgesamt in Ordnung, ein eigenes Bad kostet aber extra.

■ **Hostal Osio**②, Osio 6, Tel. 957.48.51.65, www.hostalosio.com. Diese Pension beweist, dass stilvolles Wohnen in einem alten Stadthaus nicht teuer sein muss. Die 12 um einen lichten Patio angelegten Zimmer sind überdurchschnittlich groß, pieksauber und mit dem nötigen Komfort (Klima oder Ventilator, eigenes Bad) ausgestattet. EZ gibt es nicht, aber außerhalb der HS können Einzelpersonen auf DZ zu halbem Preis hoffen. Die versteckte Lage im Gassengewirr östlich der Mezquíta sorgt für viel Ruhe, das Osio ist dadurch aber mit Pkw nicht leicht zu finden – am besten bittet man um Abholung, z. B. von der Parkgarage an der Mezquíta.

■ **Hostal Los Arcos**①, Romero Barros 14, Tel. 957.48.56.43, www.pensionlosarcos.com. Zwischen Hotel und Hostal „Maestre" gelegen. Sehr schöner, begrünter Innenhof, rustikale Atmosphäre. DZ je nach Ausstattung (z. B. eigenes Bad) und Saison sehr günstig, dafür müssen herbe Abstriche in Sachen Komfort gemacht werden.

■ Im Bereich zwischen Mezquíta und Plaza del Potro gibt es noch weitere, meist einfache und preiswerte Pensionen. Auch unterhalb des alten Bahnhofs, zwischen der Avenida de America und der Straße Reyes Católicos, sollte man fündig werden (Pensionen und Hotels der unteren Mittelklasse).

Jugendherberge

■ **Albergue Juvenil,** Plaza Judá Leví s/n, Tel. 902.51.00.00, www.inturjoven.com. Eine der großen Ausnahmen unter den andalusischen Jugendherbergen, diese ist nämlich absolut zentral mitten in der Judería gelegen. Auch sonst ein modernes und empfehlenswertes Quartier. Aufgrund des starken Andrangs während der Saison rechtzeitig reservieren!

Camping

■ **Camping Municipal El Brillante,** 1. Kat., Avda. del Brillante 50, Tel. 957.40.38.36, www.campingelbrillante.com. Gut 1 km nördlich des Innenstadtrandes, ab Avda. de America kann man der Ausschilderung „Parador" folgen, dann gegenüber dem auffälligen „Edificio Topacio" rechts abbiegen. Gut mit städtischen Bussen der Linie 10 bzw. 11 (Richtung „Parador") verbunden. Der Platz selbst ist nicht unbedingt schön, es gibt aber ordentlich Schatten, und die sanitären Anlagen sind o.k. Die üblichen Einrichtungen wie Restaurant und Geschäft sind vorhanden, der Platz ist ganzjährig geöffnet. Es werden auch Bungalows für 2 oder 4 Personen vermietet.

■ Für Autofahrer eine Alternative ist das noch weitere 10 km entfernte, eher rustikale Campinggebiet **Área de Acampada** (Tel. 957.26.14.08) in reizvoller Landschaft (Parque Forestal Los Villares). Im Winter empfiehlt sich die Nachfrage, ob auch geöffnet ist. Ausschilderung ab Camping El Brillante.

Verkehrsverbindungen

Bus

Busbahnhof an der Glorieta de Las Tres Culturas s/n direkt hinter dem RENFE-Bahnhof. Allgemeine Infos unter Tel. 957.40.40.40. Die mit Abstand wichtigste Gesellschaft ist Alsina Graells, Tel. 957.27.81.00, für Jaén-Stadt ist noch Ureña, Tel. 957.40.45.58, für Ubeda und Baeza die Firma Bacoma/Alsa von Bedeutung. Auch die „Direkt-Busse" kommen i. d. R. nicht ganz ohne Zwischenstopps aus, sind aber doch deutlich schneller und z. T. sogar billiger als die Ruta-Busse.

■ Nach **Sevilla** tägl. 8x direkt und 4x *Ruta*, Sa etwas eingeschränkt. Nach **Granada** (z. T. Weiterfahrt nach Almería) 8x direkt, 2x *Ruta*. Nach **Málaga** (z. T. Weiterfahrt nach **Algeciras** oder **Motril**) direkt 5x tägl. Nach **Écija** Mo–Fr 5x, Sa 4x, So 3x tägl. Achtung: die Abfahrten finden teilweise an der Haltestelle vor dem Restaurant Pirula, ansonsten an der Bar Jardín statt! Nach **Jaén** tägl. 7x, So und Fe 5x tägl. Nach **Zuheros** Mo–Sa 4x, So 2x tägl. Nach **Priego** über **Cabra** 5x tägl., über **Baena** 5x tägl., letztere Variante etwas kürzer.

■ Busse zur Palaststadt **Madinat al-Zahra:** Prinzipiell ist es möglich, den Stadtbus, Linie 0-1 „Córdoba – Villarubia – Veredón" (ab Avda. República de Argentina, etwa stündlich) zu nehmen. Der Bus hält an der Landstraße ca. 300 m vom Besucherzentrum entfernt.

Zug

Für den 1994 eröffneten AVE-Bahnhof an der Avenida de America wurde die alte Estación de Ferrocarril aufgegeben. Mit 42 Minuten Fahrzeit, etwa halb so viel wie mit dem Regionalexpress, ist der AVE für die Verbindung nach Sevilla nicht zu schlagen. Mit ca. 21 € wird man allerdings auch nicht zu knapp zur Kasse gebeten. Auskunft gibt es unter Tel. 957.40.02.02 oder 902.24.02. 02.

■ Nach **Sevilla** ca. stündl. von 8.41–0.41 Uhr, Sa und v. a. So deutlich eingeschränkt. Nach **Madrid** ca. stündlich von 7.13–23.43 Uhr, mit vergleichbaren Einschränkungen per AVE oder Talgo. Darüber hinaus ist Córdoba mit den Linien A-2 (Sevilla – Jaén) und A-4 (Córdoba – Bobadilla) recht gut an das Netz der Regionalzüge angeschlossen. Die Zugfahrt

an14-005 ba

nach **Granada** war bislang nur mit Umsteigen in Bobadilla möglich; durch den Einsatz des Zugtyps ALTARIA kann man jetzt 2x täglich in nur 2½ Std. für ca. 30 € nach Granada brausen (So nur abends). Nach **Málaga** in gut 2 Std. mit dem Talgo 200 auf schöner Strecke ca. alle 2 Std., nach **Jaén** 1x abends.

Puerta de Almodóvar

Auto fahren

Eine Autofahrt durch die Viertel Ajarquía und Judería sollte man sich gut überlegen – ein relativ kleines Fahrzeug, eine ruhige Tageszeit (z. B. zwischen 15 und 17 Uhr) und gute Nerven sind nötig, um in den Gassen und Einbahnstraßen klarzukommen.

Das Abstellen des Wagens in einem der meist von selbst ernannten „Parkwächtern" belagerten **Aparcamientos** („Parkplätzen") an den Ringstraßen und die Erkundung der Örtlichkeiten zu Fuß ist sicherlich vorzuziehen. Wer ganz auf Nummer Sicher gehen möchte, kann sein Fahrzeug in der (ausgeschilderten) **Tiefgarage** an der nordwestlichen Ecke der Mezquíta neben dem Hotel Maimónides abstellen (da bevorzugt Hotelgäste parken dürfen, ist die kleine Garage in der Saison schnell belegt). Zur Erkundung der Neustadt ist hingegen die **Parkgarage** an der c/ Gondomar zwischen Avda. del Gran Capitán und Pza. de las Tendillas günstiger gelegen. Für die Erkundung der Altstadt sehr günstig gelegen ist das neue, relativ große Parkhaus **Parking La Mezquita de Córdoba** in der Calle Cairuán zwischen dem Platz Campo Santo de los Mártires und dem südlichen Ende der Stadtmauer (24 Std. kosten 12 €).

Autoverleih

Neben einigen Vermietern am Bahnhof hier eine kleine Auswahl:

- **Avis,** Plaza Colón 35, Tel. 957.47.68.62.
- **Coalsa,** Polg. Amargacena, Tel. 957.29.23.11.
- **Europcar,** Avda. de la Rep. Argentina s/n, Tel. 957.23.34.60.

Weiterfahrt

Die schnellste und komfortabelste Art, nach **Sevilla** zu fahren, ist zweifellos die Autobahn N-IV, vorbei an den kunstgeschichtlich bedeutenden Städten Ècija und Carmona (s. Kap. „Sevilla, Umgebung").

Für die Fahrt nach **Granada** ist die kurvenreiche Nationalstraße N-432 die schnellste Alternative. Im Bemühen, möglichst vielen Straßen Andalusiens einen thematischen Namen zu verleihen, taufte man sie **Ruta del Califato** („Route des Kalifats"). Von diesem klingenden Namen sollte man sich allerdings nicht allzu viel versprechen – wirklich sehenswerte Zeugnisse dieser glanzvollen Epoche sind nicht mehr erhalten. Einige der Kleinstädte und Dörfer können noch mit einem recht ursprünglichen, wenn auch nicht sonderlich gepflegten Ortsbild aufwarten, an die einst große strategische Bedeutung dieser Region erinnern in erster Linie die zahlreichen Kastelle auf den Anhöhen.

Umgebung von Córdoba

Madinat al-Zahra

Die meisten Córdoba-Besucher zieht es in die nur acht Kilometer nordwestlich gelegene **Palaststadt** Madinat al-Zahra des Kalifen *Abd ar-Rahman III.* Auch wenn die bislang nur teilweise wieder aufgebauten Ruinen die einstige Pracht eher erahnen lassen als wirklich repräsentieren, lohnt sich die kurze Fahrt. Madinat al-Zahra (auch: **Medina Azahara**) hätte eine der größten Attraktionen Andalusiens sein können, vergleichbar mit der Alhambra oder der Mezquíta. Doch die Geschichte wollte es anders und hinterließ von der einst bestaunten und gepriesenen Palaststadt der Omaijaden nur ein Trümmerfeld, das nun Stück für Stück rekonstruiert werden muss.

Der Name **„Stadt der Blume"** ist wohl von der gleichnamigen, aus Granada stammenden Lieblingsfrau Abd ar Rahmans III. abgeleitet. Der Kalif soll ihr zuliebe sogar eine ganze Plantage von weiß blühenden Bittermandel- oder Aprikosenbäumchen angelegt haben, um der von Heimweh geplagten *Zahra* einen Ausblick wie auf die verschneite Sierra Nevada zu vermitteln

Baugeschichte

Offenbar ist es vielen Regenten ein großes Bedürfnis, mit etwas Abstand vom Getriebe der Hauptstadt zu residieren, gleichzeitig aber auch einen großen Hofstaat um sich zu versammeln und die Kontrolle über die Geschehnisse zu behalten. Zu diesem Zweck ließ Abd ar-Rahman im Jahre **936** mit dem Bau einer befestigten Residenz vor den Toren der Stadt beginnen.

Um das gestiegene Selbstbewusstsein des seit sieben Jahren unabhängigen Kalifats zu dokumentieren, wurde in einem noch nie dagewesenen Maßstab geplant: Das Areal an den wasserreichen und klimatisch recht angenehmen Ausläufern der Sierra de Córdoba wurde von einer rund 1.500 x 750 Meter messenden, mindestens zweieinhalb Meter dicken **Festungsmauer** mit Wachtürmen und innerem Wehrgang abgegrenzt. Auf **drei Terrassen** wurden neben dem ausgedehnten Palastkomplex für den Kalifen und seine Familie noch zahlreiche weitere Gebäude der Repräsentanz und Verwaltung sowie Wohnungen verschiedener Kategorien, Militärgebäude, Werkstätten und öffentliche Bäder gebaut. Bis zu **25.000 Menschen,** der größte Teil davon Bedienstete, sollten hier einmal wohnen und arbeiten, es handelte sich also um eine eigene, vom Umland weitgehend unabhängige Stadt.

Für die Ausgestaltung war das Beste gerade gut genug: Roter, weißer und blauer Marmor (etwa 4.300 Marmorsäulen wurden gemeißelt), Ebenholz, Elfenbein, Gold, Perlen und Edelsteine wurden verschwenderisch eingesetzt, bis zu 10.000 Arbeiter sollen am Bau beschäftigt gewesen sein. Um den enormen Wasserverbrauch der Gärten, Zierteiche mit Wasserspielen, Bäder und Toilettenspülungen (!) zu decken, mussten große Mengen davon aus der Sierra de Córdoba über **Aquädukte** herangeführt werden. Von einem zentralen Wasserturm wurde das kostbare Nass dann über bleierne Rohre in der Stadt verteilt. Die rund 40 Jahre andauernden Bauarbeiten belasteten selbst den prall gefüllten Staatssäckel des wohlhabenden Kalifenreiches ganz beträchtlich – rund ein Drittel des Haushalts wurde für diesen kaum vorstellbaren Luxus ausgegeben.

Bereits im Jahre 947 waren die Bauarbeiten so weit vorangeschritten, dass die wichtigsten Behörden und die königliche Münze von Córdoba hierher verlegt werden konnten. Nach dem Tode Abd ar-Rahmans III. 961 wurde die Anlage von seinem Sohn *Al-Hakam II.* bis 976 fertiggestellt. Dessen Sohn *Hischam,* der bereits mit sieben Jahren seine Nachfolge antreten musste, lebte in Madinat al-Zahra wie in einem Märchenschloss, während sein Großwesir *Al-Mansur* die Macht an sich riss und faktisch das Reich in erster Linie von Córdoba aus regierte. Nach seinem Tod im Jahre 1002 stürzte das Kalifat unaufhaltsam ins Chaos, und acht Jahre später verwandelten berberische Söldner die Palaststadt in ein Trümmerfeld.

Jahrhundertelang bediente man sich davon wie aus einem Steinbruch, beispielsweise zum Bau der Giralda in Sevilla oder dem etwas hangaufwärts gelegenen Kloster San Jerónimo (nicht öffentlich zugänglich). Erst **1911** begannen die ersten **Ausgrabungen,** später auch Rekonstruktionen, die ein ungefähres Bild, zumindest einiger Gebäude, widerspiegeln können. Vor Jahren wurde eine 40.000 Quadratmeter große, der Palaststadt zugeordnete Konstruktion entdeckt – Madinat al-Zahra hat also noch längst nicht alle ihrer Geheimnisse preisgegeben.

Rundgang

Von der Plattform am Eingang ist der Aufbau der Stadt in drei Terrassen recht gut erkennbar. An höchster Stelle befand sich die **private Residenz** des Kalifen, **Dar al-Mulk,** welche angeblich 400 Gemächer umfasst haben soll. Ihr zugeordnet waren Wohnräume der wichtigsten Würdenträger des Staatsapparates. Dieser in Blickrichtung rechts befindliche Komplex ist für die Öffentlichkeit noch nicht zugänglich. Über eine Rampe nach links gelangt man zur **Puerta del Norte** („Nördliches Tor"), aus Verteidigungsgründen stark gewunden. Hier befand sich mit Sicherheit ein kräftiger Wehrturm. Dahinter sind auf der rechten Seite die nachempfundenen Grundmauern der Soldatenunterkünfte zu sehen, nach links kommt man zum offiziellen Sektor von Verwaltung und Militär.

Das beherrschende Gebäude ist das noch im „Rohbau" befindliche **Wesirenhaus** (auch: „Haus der Armee") **Dar al-Wuzara.** Die fünfschiffige Basilika mit etwas betonter Mittelachse erinnert in ihrer Baugestalt stark an die „Ur-Mezquita" von Córdoba, ein Zeichen, dass die Architektur der Profangebäude sich stark an die Grundform der Sakralarchitektur anlehnte. Mit Sicherheit besaß man damals schon die technische Fertigkeit, überkuppelte Räume zu konstruie-

219an bn

ren, zumindest bei den „Empfangsgebäuden" schien man aber an flach eingedeckten Dächern festzuhalten. Im breiten Mittelschiff wurden die Gesandten vom Großwesir, der auch Oberbefehlshaber der Streitkräfte war, in Empfang genommen. In den Seitenschiffen wurde ihr Begehren von Sekretären festgehalten, daneben war noch Platz für Ruheräume und Unterkünfte, denn das Warten auf Audienz konnte quälend lange dauern.

Am Rande des heute von einer Grünanlage eingenommenen Vorhofes befanden sich einst wohl die **Stallungen** der Kavallerie und **Wohnungen** von Angehörigen des Hofstaates. Weiter hangabwärts durchquert man die mächtigen **Arkadenbögen** eines Säulengangs, der den dahinter liegenden Exerzierplatz *(Plaza de armas)* nach Westen abschloss. Die Aufmärsche der 1.200 Mann starken Leibgarde des Kalifen in vollem Ornat und mit mächtigen Krummsäbeln dürfte auf die Gesandten einigermaßen einschüchternd gewirkt haben.

Vom Geländer aus blickt man auf die unterste Terrasse, die mit einfacheren Wohnungen, Werkstätten, Läden und Marktbetrieb fast wie eine „normale" Stadt gewirkt haben dürfte, heute breiten sich hier saftige Wiesen aus. Das oberste Gebäude dieses Bereiches wurde zumindest im Grundriss wieder hergestellt. Es handelt sich dabei um die **Moschee,** zusammen mit dem anliegenden Almosenhaus das zuerst fertiggestellte Bauwerk (941) von Madinat al-Zahra. An der dem Betrachter zugewandten Seite sind die

Die Moschee von Madinat al-Zahra – viel ist nicht mehr übrig von der einstigen Pracht

Grundmauern des Minaretts erkennbar, dahinter lag der heute mit Palmen bepflanzte Innenhof und auf der abgewandten Seite der Betsaal.

Der Weg führt anschließend nach rechts zur mittleren Terrasse mit dem **„Hohen Garten"** *(Jardín alto)* und umliegenden privaten und öffentlichen Gebäuden. Zunächst wirft man einen Blick in die „fürstlichen Bäder". Am höchsten Punkt der mittleren Terrasse thront das mit Abstand am besten rekonstruierte Gebäude von Madinat al-Zahra, der **Salón de Abd ar-Rahman III.** Auch bei diesem Versammlungs- und Empfangssaal des Kalifen handelt es sich um eine fünfschiffige Basilika, allerdings mit vorgeschaltetem Vestibül (Vorhalle), wie es bei syrischen Schlössern auch üblich war. Die Wände sind mit angeklebten Reliefplatten aus Marmor oder Sandstein verkleidet, sie sollten mit ihrem raumfüllenden Dekor wie Teppiche wirken. Neben geometrischen und epigrafischen Darstellungen dominieren Arabesken mit rankendem Blattwerk, auch das altarabische Lebensbaum-Motiv ist zu sehen. Aufgrund der Ähnlichkeit zu den Reliefplatten am Eingang zur Gebetsnische der Mezquíta geht man davon aus, dass hier zwischen 953 und 957 dieselbe Werkstatt tätig war. Die mit dem Meißel scharfkantig herauspräparierten Umrisse und Nervaturen der Blätter wirken sehr naturalistisch, auf Symmetrie und Ordnung wurde aber ebenfalls Wert gelegt. Die auf dem Boden angeordneten Bruchstücke zeigen zum einen den Zustand der Originalteile, aber auch die Sisyphusarbeit, dieses gigantische Puzzle in ferner Zukunft wieder zusammenzufügen. Schon aus Kostengründen wird man aber die märchenhafte Pracht des *Salón rico* mit seinen kostbaren Glasmosaiken, kunstvoll geknüpften Teppichen, Blattgoldverzierungen und wertvollem Geschmeide nicht wieder herstellen können.

Es ist überliefert, dass der Kalif an der Stirnseite des Hauptschiffes in auffallend schlichter Kleidung mit untergeschlagenen Beinen auf einem äußerst spartanischen **„Thron"**, vermutlich eher einem Schemel oder Kissen, saß und allein durch seine Ausstrahlung und Würde die Besucher in seinen Bann schlug.

Dem *Salón rico* direkt gegenüber stand inmitten des „Hohen Gartens" ein Pavillon, in dem dazwischen befindlichen Wasserbecken sollte sich, ähnlich wie im Myrtenhof der Alhambra, die eindrucksvolle Fassade des Thronsaales widerspiegeln.

Die jüngste Rekonstruktion ist die **Casa de Yafar** weiter westlich (man folgt dem Schild „Acceso al Sector residencial"), das Haus des *Hajib Carab* („Kämmerer"), der unter dem Kalifen *al-Hakam II.* als eine Art Premierminister eine herausragende Funktion innehatte. Portal, Patio und Wohnflügel des Anwesens konnten weitgehend aus originalen Fundstücken errichtet werden.

Öffnungszeiten

■ Di–Sa 10–18.30 Uhr, So 10–17 Uhr, Mo geschlossen. Vom 1. Mai bis 15. September Di–Sa bis 20.30 Uhr, Eintritt für EU-Bürger frei. Infos unter Tel. 957.35.55.06.

Anfahrt

■ **Mit dem Auto:** Von den westlichen Parkanlagen, z. B. der Avda. de la República Argentina, wo auch die Linienbusse starten, ist „Medina Azahara" bereits gut ausgeschildert. Man fährt zunächst die A-431 Richtung Almodóvar del Río, biegt bei dem entsprechenden Schild rechts ab und steuert gleich den **Sammelparkplatz** unterhalb der Anlage an. Auffahrt mit dem **Pendelbus** zur Ruinenstadt, Abfahrten ca. viertelstündlich, 8 Min. Fahrtzeit, Ticket 2,10 €. Auch EU-Bürger sollten sich ihre **Eintrittskarten im angrenzenden Besucherzentrum besorgen,** sonst kann es oben Probleme mit dem Aufseher geben. In dem hypermodernen Flachbau verbirgt sich außerdem noch ein gut bestücktes archäologisches Museum und ein Filmsaal, in dem man das ursprüngliche Madinat al-Zahra wieder aufleben lässt.

- Anfahrt mit dem **Bus:** siehe Verkehrsverbindungen Córdoba.
- Bequemer, aber mit 20 € auch wesentlich teurer sind **organisierte Ausflüge** der Firma Vision (Avda. Doctor Flemming 10, Tel. 957.76.02.41 oder 957.29.97.77), die mit ihren Minibussen tägl. außer Mo um 10 Uhr zu den Ruinen fährt. Dabei wird man von einer Fremdenführerin auf Spanisch und Englisch über alles Wissenswerte informiert, Gesamtdauer gut 3 Stunden. Abfahrtspunkt ist üblicherweise die Bushaltestelle am Alcázar, man muss die Tickets aber schon vorher, entweder im Hotel oder in der Buchungszentrale, gekauft haben.
- Mit ca. 8,50 € recht preiswert sind die **Exkursionen** mit dem halböffentlichen „Autobus turístico", der in den Tourismusbüros und in vielen Hotels oder auch unter Tel. 902.20.17.74 oder informacion@turismodecordoba.org gebucht werden kann. Kein Ticketverkauf im Bus selbst! Im Sommerhalbjahr Abfahrten Di–Sa 10.15, 11 und 17 Uhr, im Winterhalbjahr nur 10.15 und 11 Uhr, Sa zusätzlich um 15 Uhr jeweils am Paseo de la Victoria (ca. 30 Min. von der Mezquita). In Madinat al-Zahra selbst den Exkursions-Bon beim Fahrer des Shuttle-Buses vorzeigen, sonst kostet die Auffahrt 2,10 € extra. Die Gesamtdauer beträgt 3½ Std., eine illustrierte Broschüre ist inklusive.

Essen und Trinken

Etwa zehn Autominuten von Madinat al-Zahra in Richtung **Santa María de Trassiera** bietet sich eine Einkehr in recht schön gelegenen Landgasthöfen mit Terrasse an.

- Besonders zu erwähnen ist das familiäre **Restaurante Los Almendros,** km 10.700 (Tel. 957.33.00.00), das sich auf ortstypische Wildgerichte spezialisiert hat. Für sehr gute Hausmacher-Qualität werden angemessene Preise verlangt, darüber hinaus offeriert man für den kleineren Geldbeutel „menus económicos".

Almodóvar del Río

Weniger als Tagesausflug, sondern eher als Besichtigung auf dem Weg nach Sevilla ist die **Burg** von Almodóvar del Río, rund 22 Kilometer westlich von Córdoba, anzusehen. Die Festung auf der Spitze eines dramatisch aus dem flachwelligen Umland herausragenden **Felsens** ist zweifellos die Hauptattraktion des gut 7.000 Einwohner zählenden Städtchens.

Wie sich unschwer an den pyramidenförmigen Zinnenaufsätzen und den Torbögen in Hufeisenform ablesen lässt, handelt es sich um eine ausgesprochen wehrhafte **maurische Konstruktion** aus dem 12. Jh., die von den Christen Mitte des 13. Jh. nur unter großen Mühen eingenommen werden konnte. Etwa einhundert Jahre später wurde das Kastell weiter ausgebaut, später zogen die Markgrafen *Marqueses de la Motilla* in das alte Gemäuer ein. Sie ließen zu Beginn unseres Jahrhunderts im Burghof mehrere Wohnungen im Englischen Landhausstil einrichten, Innenbesichtigungen sind jedoch nicht möglich. So beschränkt sich der sorgfältig mit weißen Pfeilen markierte Rundgang auf leere, aber dennoch recht ansehnliche Räumlichkeiten im Festungsring sowie den weiten Ausblick in die Campiña. Verblüffend ist der hervorragende Zustand des Mauerwerks, Resultat aufwendiger Restaurierungen bis in unsere Zeit.

Öffnungszeiten

Mo–Fr 11–14.30 und 16–20 Uhr, Sa/So 11–20 Uhr, im Winterhalbjahr nur bis 19 Uhr. Mittels ritterlich anmutendem Ambiente („lebensechte" Puppen, Standarten, Foltergeräte etc.) versucht man den Eintrittspreis von 6,50 €, zu rechtfertigen. Bildergalerie unter www.castillodealmodovar.com, Tel. 957.63.40.55.

Anfahrt

Die bequemste Zufahrt erfolgt direkt von der A-341, und zwar an der Stelle, wo sie dem Kastell am nächsten kommt. Von dort führt nach links ein schmaler, etwas holpriger Feldweg bis zum Eingang. Wer sein Auto schonen möchte, kann auch in den Ort hineinfahren und der Ausschilderung „Castillo" so lange folgen, bis die Asphaltstraße endet. Von dort sind es noch etwa 15 Min. zu Fuß.

Palma del Río

Bleibt man entlang des Guadalquivir auf der ziemlich schmalen Regionalstraße A-431, trifft man kurz vor dem Übertritt zur Provinz Sevilla und nahe des Zusammenflusses von Guadalquivir und Río Genil auf das Landstädtchen Palma del Río, das in erster Linie als Übernachtungsort zwischen den jeweils gut 50 Kilometer entfernten Provinzhauptstädten Córdoba und Sevilla interessant ist.

Die **Festungsmauer** der Almohaden aus dem späten 12. Jh. *(Recinto Amurallado)* ist noch ganz gut erhalten, was man von der eigentlichen Burg aber nicht behaupten kann. Für einen abendlichen Bummel ist dieser etwas verwahrloste Kernbereich weniger zu empfehlen, eher schon der ansehnliche und atmosphärisch ansprechende Abschnitt zwischen dem Mauerring und dem Festgelände am Stadtpark *(Parque municipal)*. An **Bars, Diskotheken und Freiluftcafés** besteht in diesem lebenslustigen Städtchen, das in Ambiente und Architektur bereits stark an Sevilla erinnert, wahrlich kein Mangel.

Der eigentliche Anziehungspunkt des Ortes ist allerdings das **Hotel Hospedería de San Francisco,** wie der Name schon andeutet, das ehemalige Kloster eines 1492 gegründeten Ordens des Hl. Franziskus. Dieses spezielle Datum war kein Zufall, sollten doch die Franziskaner bei der Missionierung der gerade entdeckten „Neuen Welt" eine entscheidende Rolle spielen. So entstand zu Beginn des 16. Jh. auf Weisung des siebenten Feudalherren von Palma ein ungewöhnlich großer Komplex für rund 500 Mönche, wobei die Klosterkirche heute von der örtlichen Pfarrei für Messen genutzt wird. Das Klostergebäude selbst wurde zu einem sehr empfehlenswerten **Hotel** der gehobenen Mittelklasse umgewandelt.

Unterkunft

■ **Hotel Hospedería de San Francisco*****/③-④, Avda. Pío XII s/n, Tel. 957.71.01.83/71.07.32, hospederia@casasypalacios.com. Das einst ziemlich ruinöse Kloster wurde umfangreich und aufwendig restauriert. Nun findet man statt der Mönchszellen wunderschöne, komfortable Hotelzimmer (inkl. Klimaanlage), die sich dennoch ein spezielles Flair erhalten haben. Angesichts der üppigen Raumverhältnisse sind die Preise geradezu christlich. Lärmempfindliche Naturen sollten auf einem Zimmer zum Innenhof, abseits der großen Kirchturmglocke, bestehen. Im angeschlossenen Speisesaal, dem

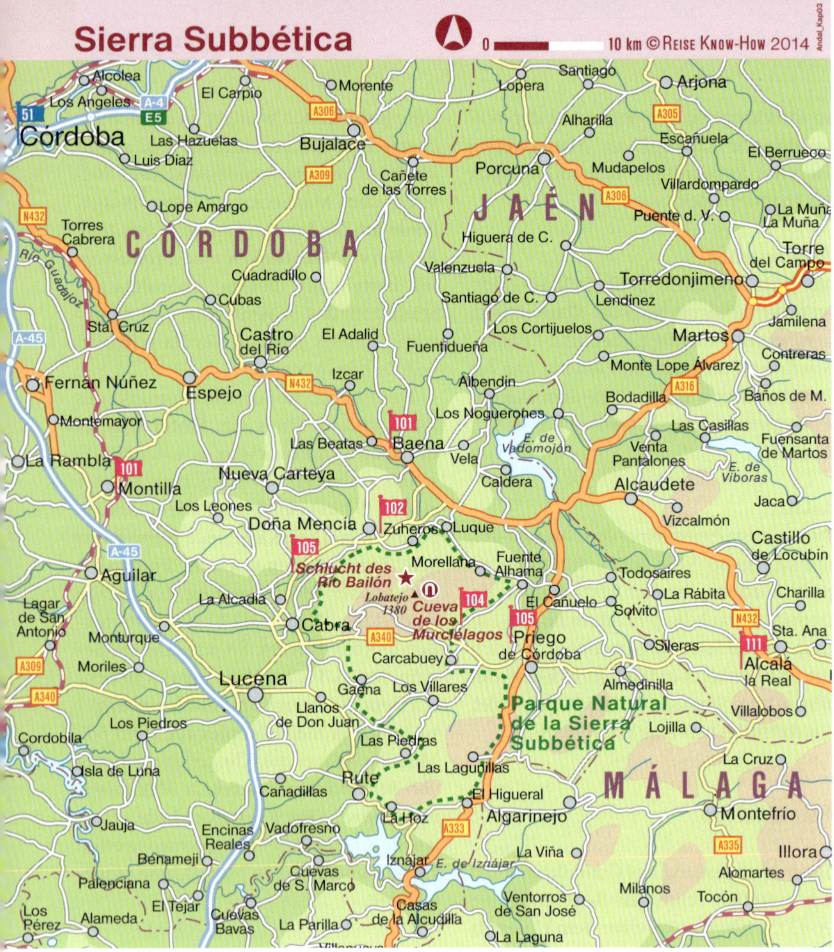

ehemaligen Refektorium, lässt es sich ganz trefflich speisen, auch wenn die Größe der Portionen nicht ganz den geforderten Preisen entspricht. Zu finden ist dieses wundersame Hotel außerhalb der Stadtmauer unweit des Stadtparks, an der benachbarten Kirche ist es relativ leicht auszumachen.

■ Das preiswertere **Hotel Castillo**② liegt schräg gegenüber, bietet aber viel weniger Ambiente.

Sierra Subbética

Zwischen Córdoba und Granada, ziemlich genau in der geographischen Mitte Andalusiens, erhebt sich der Gebirgsstock der Sierra Subbética. Obwohl mit maximal **1.570 Meter Höhe** nicht gerade ein Hochgebirge, wirkt die Subbética oft ziemlich schroff, eine Folge der scharfkantigen Verwitterung und Erosion des vorherrschenden Kalkgesteins. Dieses ist auch für interessante geologische Phänomene verantwortlich: Höhlen, Karren (Rillen im Fels), Dolinen (Sackungs- oder Einsturztrichter) und Poljen (ausgedehnte, von steilen Felswänden eingerahmte Hohlformen mit weitgehend flachem, oft recht fruchtbarem Boden). Letztgenannte Form ist besonders eindrucksvoll im *Polje de la Nava* zwischen Cabra und Zuheros zu sehen.

Auch wenn die verkarsteten Hochflächen einen ausgesprochen kargen Eindruck machen, wird die Sierra Subbética, dort wo es die Bodenverhältnisse zulassen, auch intensiv landwirtschaftlich genutzt. Fast schon Symbolcharakter haben die bis zum Horizont reichenden Plantagen der akkurat in Reih' und Glied angeordneten **Olivenbäume,** deren Früchte in zahlreichen Ölmühlen weiterverarbeitet werden.

Die „natürliche", auch aus eingeführten Arten bestehende Vegetation setzt sich meist aus Steineichen, Bucheneichen, Johannisbrotbäumen und Mastixsträuchern zusammen. An feuchteren Standorten, z. B. in Uferstreifen, können auch Ahorne, Zürgelbäume und Pappeln gedeihen. In diesen noch recht ursprünglichen Lebensräumen finden Tierarten wie Wildschwein, Wildkatze, Fuchs und die seltene Sumpfspitzmaus Unterschlupf und Nahrung, über den felsigen Anhöhen ziehen Kaiseradler, Gänsegeier, Schmutzgeier, Wanderfalke und Sperber ihre Kreise.

So überrascht es nicht, dass der Kernbereich des Gebirges von einem Naturpark, dem **Parque Natural Sierra Subbética,** eingenommen wird. Besonders reizvoll ist dessen Erkundung auf Schusters Rappen. Zwar werden von den Informationsbüros der Parkverwaltung Handzettel mit Wegbeschreibungen (nur in Spanisch) ausgegeben, auf eine Markierung der vorgeschlagenen Routen muss man jedoch verzichten. Da die **Wanderungen** teilweise über unbefestigte Schneisen mit Geröll verlaufen, ist gutes Schuhwerk (mindestens Halb- oder Sportschuhe mit Profilsohle) unabdingbar.

Aber auch als Kulturregion ist die Subbética einer intensiveren Betrachtung mehr als würdig. Der große ökonomische Aufschwung des 18. Jh. brachte hier eine eigene, **Barroco cordobés** genannte Ausprägung des Barock hervor. Diese äußert sich in einer besonders fantasievollen, üppig wuchernden Dekoration der Innenräume und Eingangsportale der Kirchen, in abgeschwächter Form auch der Adelspaläste. In der Regel wurden die Umgestaltungen an bereits bestehenden Sakralbauten durchgeführt, die bauliche Grundstruktur veränderte sich dadurch nur geringfügig.

Eine Route, die alle interessanten Punkte der Subbética mit einander verbindet, gibt es zwar, diese ist aber ziemlich verschlungen und langwierig. Bei einem begrenzten Zeitbudget erscheint es sinnvoller, bestimmte Schwerpunkte zu setzen. Für eine gelungene Mischung aus Natur- und Kulturerlebnis sollten die beiden Orte **Zuheros** und **Priego de Córdoba** auf keinen Fall fehlen. Wer mehr Zeit zur Verfügung hat, kann im westlichen Abschnitt den Städtchen Cabra, Lucena und Rute sowie dem eindrucksvollen Stausee Embalse de Iznájar einen Besuch abstatten.

Entlang der N-432 nach Granada, die jüngst auf den Namen **Ruta del Califato**

Wein aus Montilla

Generell unterscheiden sich die Produktionsmethoden zwischen Sherry und Montilla kaum, die althergebrachte Vergärung des Mostes in Tonamphoren *(tinajas)* bei Letzterem wird nur noch selten praktiziert. Besonders stolz ist man in Montilla auf die besonders natürliche Herstellung des Weines **ohne Konservierungsmittel** und ohne zusätzliches Anreichern des Mostes mit reinem Alkohol wie bei den „Anderen" – damit ist die Konkurrenz aus dem „Sherry-Dreieck" gemeint. Ähnlich wie dort gibt es auch hier eine kontrollierte Herkunftsbezeichnung („Denominación de Origen"), nämlich „Montilla-Moriles", die ein Gebiet von immerhin 12.000 Hektar, inklusive des Dorfes Moriles etwa 20 Kilometer südlich von Montilla, umfasst. Auch die zum Verkauf angebotenen Sorten sind recht ähnlich, auf kleine, aber feine Unterschiede wird allerdings großer Wert gelegt.

Wie die anderen Sorten auch, wird selbst der trockene *fino* in diesem Gebiet nicht aus der Palomino-Traube, sondern aus der etwas süßeren **Pedro-Ximénez-Traube** gewonnen. Weil hier wie dort eine Hefeschicht *(flor)* eine weitere Oxidation während des Reifungsprozesses im Fass verhindert, unterscheiden sich beide *finos* in ihrer an Weißwein erinnernden Farbe kaum, der rund 15 % starke Montilla scheint noch einen etwas runderen Geschmack zu haben.

Wer es eher süß liebt, sollte sich an die *Pedro Ximénez* oder *Dulce* genannten Weine halten. Dafür lässt man die Trauben vor der Pressung einige Tage in der prallen Sonne liegen, um einen möglichst hohen Zuckergehalt zu erzielen. Nach der aufwendigen Vergärung erfolgt der eigentliche Ausbau im Fass – aufgrund des über 17 % liegenden Alkoholgehaltes kann hier keine Hefeschicht mehr existieren. Ohne die flor nimmt der Wein bald den Geschmack und die Farbe der Eichenholzfässer an – den einstigen „Weißwein" sieht man ihm nicht mehr an.

Eine besondere Spezialität ist der **amontillado,** eine Erfindung der Winzer aus Montilla, die von der Konkurrenz in Jerez inzwischen nachgeahmt wird. Dabei durchläuft der junge Wein nach Art des *fino* den üblichen Prozess und wird danach dem gleichen Verfahren nochmals, nun aber ohne die Hefeschicht, unterworfen. Das Ergebnis ist ein runder, halbtrockener Aperitiv mit rund 17 % Alkoholgehalt, aufgrund der etwa 25 Jahre währenden Reifung ist ein echter amontillado aber relativ teuer. Ein angenehmer, nicht allzu süßer Dessertwein ist der unter Zusatz von Traubensaft gewonnene **pale cream** mit besonders harmonischem Bukett und heller Farbe, sein Alkoholgehalt beträgt nur 13–14 %.

Bodega-Besuch

Als **größte und älteste Kelterei** in Montilla kann man die 1729 gegründete Firma **Alvear** bezeichnen, die dem Park am Ortseingang direkt gegenüber liegt. In der Saison ist es auch für Privatpersonen möglich, sich gegen einen geringen Unkostenbeitrag durch die heiligen Hallen führen zu lassen, bzw. sich einer Gruppenführung mit Verkostung anzuschließen. Führungen (auch auf Deutsch) Mo– Fr um 12.30 Uhr, Sa, So und Fe nur angemeldete Gruppen. In jedem Falle empfiehlt sich am Vortag ein Anruf, um einen geeigneten Termin zu vereinbaren.

■ **Alvear S.A.,** c/ María Auxiliadora 1, Tel. 957.65.01.00, www.alvear.eu.

getauft wurde, lohnen die Orte Baena und Alcalá la Real einen kurzen Stopp. Wer einen fahrbaren Untersatz sein eigen nennt, ist in dieser relativ dünn besiedelten Gegend zweifellos im Vorteil, aber alle genannten Orte werden auch von Linienbussen ab Córdoba mit zufriedenstellender Frequenz angefahren.

Neben den flüssigen **Spezialitäten** wie Wein aus dem Gebiet Montilla-Moriles und Anisschnaps aus Rute ist als Besonderheit der Käse aus Ziegenmilch, teilweise auch aus Schafsmilch, zu nennen. Vor allem die Gegend um Zuheros ist für ihre Käsereien berühmt. Der Schwerpunkt einer durchaus bemerkenswerten Schinkenproduktion ist in Rute zu finden, wo es sogar ein eigenes Museum (Museo del Jamón) dafür gibt.

Montilla

Das sanfte Hügelland rund 45 Kilometer südlich von Córdoba – die Ausläufer der Sierra Subbética – nennt sich **Campiña alta,** die zahlreichen niedrigen Rebstöcke zeigen schon an, wofür diese Gegend berühmt ist. Namensgebendes Zentrum für die **Weinbauregion** ist die 24.500-Einwohner-Stadt Montilla, von der N-432 rund 13 Kilometer entfernt. Auch wenn der Ort sich den Reiz des Ursprünglichen bewahrt hat und durchaus ansehnliche Bauwerke vorweisen kann, konzentriert sich das Interesse der Besucher vor allem auf die Erkundung einer ortstypischen **Bodega.** Wie in Jeréz, dem Zentrum der Sherry-Produktion, handelt es sich dabei um ein oberirdisches Weinlagerhaus, in dem der typische Montilla-Wein hergestellt wird.

Baena

Das an der Ruta del Califato, der Nationalstraße N-432, gelegene Baena ist eines der bedeutendsten Zentren der **Olivenölgewinnung.** Mit ihrem von weißen Häusern förmlich übergossenen und einem maurischen Kastell bekrönten Stadthügel erscheint die Kleinstadt von der Ferne wie ein typisches *pueblo blanco.*

Nachdem das **Castillo** 1242 von *Ferdinand III.* („Der Heilige") erobert wurde, diente es zeitweilig als Adelsresidenz, aber auch als Gefängnis. Außer einer einfachen Bar hat das arg heruntergekommene Gemäuer heute nur noch einen prächtigen Ausblick auf den Ort zu bieten.

Das auffälligste Bauwerk auf dem Burghügel ist die hoch aufragende Kirche **Iglesia de Sta. María la Mayor,** mit deren Bau auf den Grundmauern einer Moschee kurz nach der Rückeroberung begonnen wurde.

Rund um Kirche und Burg breitet sich die einstige maurische Medina mit ihren engen, gewundenen Gassen und recht gut erhaltenen Torbögen aus – romantische Empfindungen wollen angesichts der hektischen Bautätigkeit im gesamten Ort aber kaum aufkommen.

So bleibt als wesentlicher Anziehungspunkt Baenas die Besichtigung einer der letzten noch verbliebenen traditionellen Ölmühlen Andalusiens.

Praktische Informationen

Essen und Trinken

- **Mesón Casa del Monte,** Avenida de la Constitución s/n, Tel. 957.67.16.75. Eines der besten Restaurants der Stadt, stilvoll in der Casa del Monte aus dem späten 18. Jh. neben dem Rathaus untergebracht. Gute Küche zu sehr angemessenen Preisen.

Feste

■ **Semana Santa,** die Karwoche: Baena hat zwar nicht die schönsten, aber sicherlich die lautesten Prozessionen der Provinz zu bieten. Die *Judíos* („Juden") genannten Laienbrüder werfen sich in Kostüme, die noch an die Zeit der französischen Besatzung im frühen 19. Jh. erinnern, und setzen sich Hüte mit Federbüschen *(penachos)* auf den Kopf. Dann schlagen die *tambores* („Trommler") Tag und Nacht auf ihre Instrumente, jede Gruppe versucht, die andere an Lärm zu übertrumpfen. Der verschiedenfarbige Kopfschmuck der *coliblancos* („Weißschweife") und *colinegros* („Schwarzschweife") hat einen historischen Hintergrund: Um unter Ihresgleichen zu bleiben, gründeten sowohl die „weißen" Großgrundbesitzer als auch die „schwarzen" Landarbeiter eigene Vereine, und man sagt, dass auch heute noch dieser untergründige soziale Konflikt bei dem Trommelwettbewerb der Karwoche ausgetragen wird.

Besuch einer Ölmühle

Baena ist berühmt für eine besonders hochwertige Olivenölqualität, das **flor de aceite** („Blume des Öls"). Dieses zart fruchtig duftende, grün-goldene Erzeugnis eignet sich besonders für die Verfeinerung von Rohkost, wo sich der milde Geschmack unverfälscht entfalten kann. Ungewöhnlich ist die Herstellung: Nur durch das Eigengewicht des Olivenbreis, also ohne zusätzliche Pressung, tropft das besonders säurearme Öl ab.

Ein Familienbetrieb, in dem diese traditionelle Methode mit viel Handarbeit noch praktiziert wird, ist die Ölmühle **Nuñez de Prado** (Avda. de Cervantes 15, von Córdoba kommend bei Café-Bar Juani links abbiegen, 4. Straße nach rechts nehmen, am Stadtpark gleich auf der rechten Seite. Tel. 957.67.01.41). Öffnungszeiten: Mo–Fr 9–13.30 und 16–18 Uhr, Sa und im Sommer nur vormittags; je nach Art und Länge der Besichtigung gratis oder 6 € Unkostenbeitrag; vorherige Anmeldung wird empfohlen. Die tatsächliche Pressung der Oliven ist natürlich nur nach der Ernte, also im Winter zu sehen. Das Endprodukt kann, nur knapp halb so teuer wie in Deutschland, käuflich erworben werden.

Unterkunft

■ **Pension Los Claveles**①, c/ Juan Valera 15, Tel. 957.67.01.74. Im Verhältnis zu den, v. a. für Einzelreisende, sehr günstigen Preisen, relativ große und komfortabel eingerichtete Zimmer mit schönem Bad; gut 100 m von der Landstraße eingerückt, daher recht leise. Von Córdoba kommend würde man bei der palmenbestandenen Verkehrsinsel halbrechts Richtung Taxistand abbiegen, wegen der Einbahnstraße ist die direkte Anfahrt jedoch etwas verzwickter.

Verkehrsverbindungen

■ Baena ist bestens an die **Buslinie** zwischen Córdoba und Granada angeschlossen. Nach Zuheros fährt der Bus 4x tägl. zwischen ca. 8 und 17 Uhr.

Zuheros

Mit nur gut 900 Einwohnern im Grunde ein kleines Dorf, kann man Zuheros dennoch als einen der interessantesten Orte der Sierra Subbética bezeichnen. Bei der Anfahrt von der N-432 über den kleinen Weiler Marbella wird auch die Herleitung des Namens („Fels") offensichtlich, denn Zuheros liegt deutlich vom Umland abgehoben auf einem **markanten Felsen** in 662 Metern Höhe. Von der maurischen Burg auf dem äußersten Sporn, aber auch von der etwas tiefer gelegenen Plaza de la Paz, dem Hauptplatz der Siedlung, genießt man einen herrlichen Ausblick auf die Olivenhaine unten im Tal.

Das im 16. Jh. als Adelsresidenz genutzte Castillo ist zusammen mit dem **Archäologischen Museum** gegenüber, das u. a. Funde aus der Höhle *Cueva de los Murciélagos* zeigt, an Wochenenden und Feiertagen um 11, 12.30, 14, 16 und 17.30 Uhr (1.4.–30.9. 17 und 18.30 Uhr) im Rahmen einer Kombi-Führung zu besichtigen – wochentags kann man frei von 10–14 und 16–18 bzw. 17–19 Uhr eintreten (Ticket für 2 €). Auch der westliche Ortsrand kann, beispielsweise vom Mirador de las Escominillas, mit interessanten Panoramen, vor allem in die Schlucht des Río Bailón, aufwarten. Neben dem noch sehr ursprünglichen, malerischen Ortsbild bietet Zuheros in seinem gebirgigen Umland auch herrliche **Wandermöglichkeiten.**

Praktische Informationen

Information

Información turística, Plaza de la Paz 2, Tel. 957.69.45.45, www.zuheros.es. Direkt gegenüber der Burg im Gebäude des Archäologischen Museums (gleiche Öffnungszeiten, s.o.).

Punto de Información „Las Cruces“, Infostelle der Umweltbehörde „Agencia de Medio Ambiente“ etwa 500 m oberhalb des Ortes an der Landstraße zur Höhle. Ordentliche Ausstattung mit Fachliteratur und Faltblättern mit Routenvorschlägen; über Spanisch hinausgehende Sprachkenntnisse sollte man jedoch nicht erwarten. Die Öffnungszeiten hängen stark vom Gutdünken der hier beschäftigten Park-Ranger ab, die Siesta-Zeit zwischen 14 und 16.30 Uhr ist ziemlich ungünstig. Telefonische Auskünfte unter 957.33.52.55, die Zentrale in Córdoba ist unter den Nummern 957.45.32.11 und 957.23.90.00 erreichbar.

Essen und Trinken

Bar-Mesón Los Palancos, Plaza de la Paz, direkt unterhalb des Kastells. Wem das Hotelrestaurant zu betulich erscheint, kann in diesem eher rustikalen Etablissement unter Einheimischen diverse landestypische Speisen zu sich nehmen. Es werden auch *tapas* für den kleineren Hunger angeboten, bei entsprechendem Wetter sitzt es sich recht schön auf der Aussichtsterrasse. Die etwas elegantere Hauptstelle, „Restaurante Los Palancos“, befindet sich einige Schritte weiter in der Calle Llana. Mo Ruhetag.

Unterkunft

Hotel-Restaurante Zuhayra**/②, c/ Mirador 10, Tel. 957.69.46.93, hotelzuhayra@zercahoteles.com. Etwa im Ortszentrum gelegener Landgasthof. Großzügig geschnittene, komfortable Zimmer inkl. Bad und Klimaanlage, freundliches und hilfsbereites Personal. Humane Preise, Frühstück inklusive. Im 1. Stock befindet sich ein Restaurant mit recht ordentlichem Essen zu vernünftigen Preisen. In der HS, v. a. im Mai, ist eine Vorreservierung per Telefon oder online dringend angeraten (z. B. www.zercahoteles.com).

Camping

Die o. g. Infostelle „Las Cruces“ nennt sich auch **Área Recreativa,** wer sich mit eher einfachen sanitären Anlagen zufrieden gibt, kann hier sein Zelt aufschlagen bzw. sein Wohnmobil parken.

Verkehrsverbindungen

Gute **Busverbindungen** in alle Richtungen, auch von und in die Provinzhauptstadt. Nach Córdoba Mo–Fr 4x, Sa/So 1x morgens und 1x nachmittags. Nach Cabra 4x tägl., nach Baena 4x tägl. Maßgebliche Gesellschaft ist Carrera, Tel. 957.50.03.02, www.autocarescarrera.es.

Cueva de los Murciélagos

Einer der großen Reize der Höhle Cueva de los Murciélagos ist zweifellos das Gefühl, in eine vom großen Touristenansturm noch weitgehend unberührte Welt eindringen zu dürfen, die Wege sind dennoch ausreichend gut befestigt. Ihr Name, **„Höhle der Fledermäuse“**, hat schon seine Berechtigung: Vor allem im Sommer am späten Nachmittag besteht die Aussicht, bis zu 50 dieser Tiere im Inneren anzutreffen.

Die ausschließlich durch Regenwasser gebildete geologische Formation besteht wohl schon seit 270–300 Millionen Jahren, man vermutet, dass die ersten Menschen vor mehr als 35.000 Jahren hier Zuflucht fanden. Die Neandertaler hinterließen Steinwerkzeuge und Knochen ihrer Jagdbeute. Auffälligste Hinterlassenschaften des Homo Sapiens im Paläolithikum waren 18.000 Jahre alte Felsritzungen von Tieren. Die ersten Höhlenmalereien gehen auf die Zeit um 5.500 v. Chr. zurück, als mit Holzkohle, die mit Tierfett vermischt war, die ersten **Bilder** stark schematisierter Ziegen an die Felswände gemalt wurden. In den 1930er Jahren fanden Soldaten das Skelett eines vor 6.500–7.000 Jahren hier sorgfältig aufgebahrten Mannes.

Nach diesem Fund begannen intensivere Erkundungen, welche 1990 sogar zu einer Neudatierung der „neolithischen Revolution“, also der Umstellung des jungsteinzeitlichen Menschen in seiner Lebensweise, führten. Bereits vom Zeitraum zwischen 4300 und 3980 v. Chr. an wurden hier Ackerbau und Viehzucht betrieben, das Leben spielte sich vorzugsweise im helleren Bereich des Höhleneinganges ab.

Die Fundstücke (Schmuck, Keramik, Werkzeuge) sind mehrheitlich im Archäologischen Museum von Zuheros ausgestellt. Aber auch ohne diese Zeugnisse prähistorischer Zivilisation lohnt sich der Höhlenbesuch, denn es gibt neben einigen Malereien auch **Stalaktiten** in Orgelform und ungewöhnliche, korallenartige Kalkausfällungen zu sehen.

Öffnungszeiten

1. Oktober–31. März Beginn der obligatorischen Führungen um 11, 12.30, 14, 16 und 17.30 Uhr, im Sommer verschieben sich die Nachmittagstermine auf 17 bzw. 18.30 Uhr. Für Einzelpersonen ist an sich nur Sa, So und Fe geöffnet, man kann werktags von 12.30–16.30 Uhr, im Sommer von 12.30–17.30 Uhr an Führungen teilnehmen, muss sich aber vorher unter Tel. 957.69.45.45 anmelden (Di–Fr 10–13.30 Uhr). Die Führungen dauern knapp 1 Std. und kosten 6 €. Die Mitnahme eines wärmenden Kleidungsstückes ist dringend geraten, einigermaßen trittfestes Schuhwerk ist nützlich. Die Zahl der Besucher ist auf 40 Personen pro Durchgang begrenzt, der Führer gibt Bescheid, wenn man eintreten darf. Weitere Informationen unter www.cuevadelosmurcielagos.com. Achtung: E-Mails (turismo@zuheros.es) werden am Wochenende nicht gelesen! Mo ist die Höhle grundsätzlich geschlossen.

Anfahrt

Südöstlich von Zuheros, am Ende einer gut beschilderten, etwa 4 km langen Zufahrtsstraße, erreicht man auf 980 m Höhe zunächst einen idyllischen Picknickplatz mit einem spektakulären Ausblick zurück in die Ebene. Auf den offiziellen Parkplätzen stellt man sein Fahrzeug ab, zum etwas versteckten Höhleneingang sind es dann nur noch etwa 100 m.

Die Höhle wird von öffentlichen Verkehrsmitteln nicht angefahren. Der Aufstieg von Zuheros ist zu Fuß in einer knappen Stunde zu bewältigen und aufgrund der schönen Ausblicke gar nicht so unangenehm.

Wanderung in der Schlucht des Río Bailón

Dieser rund vier Kilometer lange Weg ist auch als „Ruta 3: Sendero del Cañon del Río Bailón“ in den Faltblättern der Naturparkbehörde beschrieben, aufgrund entsprechender Wegmarkierungen sollten **keine Orientierungsschwierigkeiten** auftreten. Nach regenreichen Perioden, insbesondere im Winter, sollte man sich auf mehrmaliges Durchwaten des Río Bailón einstellen, bei normalen Witterungsbedingungen ist der unvermeidliche Wechsel der Flussseite auch trockenen Fußes möglich. Für die folgende Rundwanderung sollten rund 1½ Stunden einkalkuliert werden, eine Kombination mit der Höhlenbesichtigung ist naheliegend.

Von Zuheros aus folgt man auf der Landstraße zunächst der Ausschilderung „Cueva de los Murciélagos“, vom Infobüro „Punto de Información“, das auch über einen inoffiziellen Pfad mit dem Ortszentrum verbunden ist, genießt man einen schönen Blick zurück auf die weiß gestrichenen Häuser. Nach gut einem Kilometer verlässt man die Straße bei dem Hinweisschild „Cañon del Río Bailón“ nach rechts und durchquert einen landwirtschaftlich genutzten Hangabschnitt mit Streuobstwiesen. Nach ca. 15 Minuten teilt sich der Weg: Links geht ein schwer begehbarer Höhenpfad ab, der rechte, mit einem Holzpfosten gekennzeichnete Hauptweg führt in Serpentinen zum Talgrund des Bailón. Wer Zeit und Lust hat, kann noch am Ufer entlang nach links ein Stück bergauf gehen, es ist Teil eines großen Rundwanderwegs, der bei km 3 der Zufahrtsstraße zur Höhle endet.

Folgt man der Fließrichtung nach rechts, erschließt sich bald eine eindrucksvolle Schlucht mit über 200 Meter aufragenden Felsen aus Kalk- und Dolomitgestein. Man vermutet, dass sich hier ursprünglich mehrere Höhlen befanden, deren Decke durch die Erosion des Río Bailón einstürzte. Nun schlängelt sich das vergleichsweise harmlose Bächlein zwischen riesigen Felsblöcken in der Sohle einer überdimensionalen Schlucht hindurch. In den vom Hochwasser ausgespülten Kavernen unterhalb der steilen Felswände suchten bereits die in prähistorischer Zeit hier lebenden Menschen Schutz und pflanzten am Ufer Feldfrüchte an.

Schon bald taucht zwischen einem natürlichen Felsentor – genannt „das Auge des Mauren“ – das Häusergewirr von Zuheros auf, bei der Quelle El Agua del Pilar kommt man an der Landstraße nach Doña Mencía wieder aus der Schlucht heraus.

Priego de Córdoba

Im Windschatten der nie versiegenden Touristenströme zwischen Granada und Córdoba freut sich **eine der schönsten andalusischen Kleinstädte** noch ehrlich über die Aufmerksamkeit, die ihr von fremden Besuchern zuteil wird. Die rund 16.000 Einwohner zählende Gemeinde breitet sich in 650 Meter Höhe auf einem *Adarve* genannten Felsplateau aus, im gebirgigen Umland werden neben Oliven auch besonders saftige Äpfel und Getreide angebaut.

Wie das Archäologische Museum von Priego zu berichten weiß, war das Gebiet schon im mittleren Paläolithikum besiedelt, richtig interessant wird es aber erst im frühen 8. Jh., als die Araber hier den Ort Medina Bagha gründeten, was dem Stadtbild durchaus noch anzusehen ist. Ähnlich wie in Lucena existierte ein eigenes Judenviertel, das mit dem Untergang des Kalifats noch erheblich wuchs und über eine eigene Festungsmauer verfügte. Auch wenn später diese Mauer weitgehend abgerissen wurde, bildet die ehemalige *Judería* unter dem Namen *Barrio de la Villa* immer noch ein geschlossenes bauliches Ensemble, wie man es nur noch selten sieht. *Ferdinand III.* eroberte 1226 erstmals die Stadt von den Almohaden, bis zur endgültigen Einnahme durch *Alfons XI.* im Jahre 1341 sollte sie noch einige Perioden muslimischer Herrschaft erleben.

Ab dem 15. Jh. kam die Textil- und im 18. Jh. zusätzlich noch die Seidenindustrie zu einer beachtlichen Blüte, die zum Bau stattlicher Adelspaläste und zur Ausgestaltung vieler Kirchen im prunkvollen „Cordobesischen Barock" genutzt wurde.

Dreh- und Angelpunkt Priegos ist die **Plaza de la Constitución,** die von dem recht ansehnlichen, neobarocken Rathaus aus den 1950er Jahren beherrscht wird. Gleich unterhalb schließt sich die kleinere Plaza de Andalucía an, von der die herrschaftlich wirkende Calle Río am Tourismusbüro vorbei bis zur Brunnenanlage Fuente del Rey verläuft. Eine weitere Prachtstraße mit großartigen Stadtpalästen ist die Carrera de Alvarez. Nordöstlich davon öffnet sich mit dem Barrio de la Villa eines der besterhaltenen Altstadtviertel Andalusiens.

Stadtrundgang

Von der Plaza de Andalucía geht es zunächst auf der Straße Solana zur Plaza de San Pedro mit der gleichnamigen Kirche und dann in der Calle Doctor Pedrajas nach links. Am Ende dieser Straße fällt die ungewöhnliche, eindeutig manieristische Fassadendekoration der **Carnicerías Reales** („Königlicher Schlachthof") von 1571 auf. Geht man rechts daran vorbei, kann man entlang der schmalen Calle Santiago um das **Castillo** mit seinem mächtigen Bergfried *(„Torre del Homenaje")* herumlaufen. Ursprünglich eine arabische Festung, erfolgten im 13.

[<] Typische Gasse

und 14. Jh. unter den Christen zahlreiche Umbauten – das in Privatbesitz befindliche Innere der Burg kann gegen Gebühr besichtigt werden. Geöffnet (Carnicerías Reales und Castillo): Di–Sa 11.30–13.30 und 16–18 Uhr, So nur 11.30–13.30 Uhr, Eintritt jeweils 1,50 €.

Auf der gegenüber liegenden Seite der parkartig begrünten Plaza Abad Palomino fällt die sehr organisch wirkende Fassade der **Iglesia de la Asunción** (Di–Sa 10–13.30 Uhr, So 10.30–11.30 Uhr, Eintritt 3 €) mit ihren Erkern, Giebeln und Vordächern ins Auge. Ab 1525 in gotisch inspiriertem Mudéjar-Stil erbaut, wurde die „Kirche der Himmelfahrt" zwischen 1743 und 1747 von *Jerónimo Sánchez de Rueda* zu einem der schönsten Beispiele des „Cordobesischen Barock" umgestaltet. Das auf achteckigem Grundriss mit Vorraum angelegte Sakramentshäuschen, ausgeführt von *Francisco Javier Pedrajas,* dürfte selbst hartnäckige Kirchenverächter zum Staunen bringen. Dutzende vollplastischer Figuren und Medaillons mit Reliefbildern wurden in einer verschwenderischen, an Konditorcreme erinnernden Stuckornamentierung an die Wände appliziert.

Hinter der Kirche „schlüpft" man in das Viertel **Barrio de la Villa,** ein weiß gekalktes Labyrinth schmaler Gassen von geradezu unwirklicher Schönheit. Auswärtige Besucher werden hier fast als Sensation empfunden, und stößt man auf einen der winzigen, hingebungsvoll ausgeschmückten Plätze, hat man das Gefühl, im Wohnzimmer der Nachbarschaft gelandet zu sein. Am nördlichen bzw. östlichen Ende des Barrio de la Villa wird auch dessen strategisch günstige Lage deutlich, denn jäh fällt dort das Felsplateau um gut 50 Meter ab.

Im Süden wird das Viertel von dem mit Bäumen bestanden Platz Paseo de Colombia begrenzt, an dessen rechtem Ausgang die Straße Carrera de Alvarez mehrere feudale Anwesen des Adels und des wohlhabenden Bürgertums zu bieten hat. An ihrem südlichen Ende (nach links) sollte man einen Blick in die **Iglesia de la Aurora** werfen (Di–So 10.30–13.30 Uhr, Eintritt 1,50 €), deren barocker Innenraum zwischen 1744 und 1754 offenbar nach dem Vorbild des Sakramentshäuschens der Iglesia de la Asunción gestaltet wurde. Die Kirche ist Stammsitz der Laienbruderschaft „Her-

025an bn

▷ Portal der Iglesia de San Francisco

mandad Nuestra Señora de la Aurora", deren Mitglieder jeden Samstag um Mitternacht durch die Straßen ziehen und dabei *coplas*, teilweise improvisierte Lieder zu Ehren ihrer Madonna, singen. Für diese ungewöhnliche Aktion lassen sich allerdings nur noch etwa acht bis zwölf Herren mobilisieren, mancher Laienbruder ist schon zu alt dafür, und so ist zu befürchten, dass diesem bis ins 16. Jh. zurückgehenden Brauch kein langes Leben mehr beschieden sein wird.

Über die Calle San Francisco geht es weiter zur Kirche eines ehemaligen Franziskanerklosters aus dem frühen 16. Jh., der **Iglesia de San Francisco.** Der fantasievoll ausgeschmückte Innenraum geht auf die Barockkünstler *Jerónimo Sanchez de Rueda* und *Juan de Dios Santaella* zurück, die schon für die o. g. Gotteshäuser verantwortlich zeichneten. Geht man von hier nach rechts bergauf, kommt man auf verschlungenen Wegen zur breiten Calle Río, wo neben sehenswerten Stadtpalästen auch Restaurants und sogar Diskotheken zu finden sind.

An ihrem südwestlichen Ende stößt man auf einen Platz mit zwei bemerkenswert schönen Brunnen. Die aus drei Wasserbecken zusammengesetzte **Fuente del Rey** gab es schon im 16. Jh., doch ihr heutiges Aussehen mit einer zentralen, vom Meeresgott Neptun dominierten Figurengruppe verdankt sie umfangreichen Umbauten zu Beginn des 19. Jh. Die nicht weniger als 139 von Masken eingerahmten Wasserspeier sind dem Stil von Schloss Versailles nachempfunden. Der manieristische Stil des **Fuente de la Salud** dahinter erinnert stark an die Fassade des „Königlichen Schlachthofes", kein Wunder: Ihr Baumeister, *Francisco del Castillo,* war derselbe.

Geht man von der Plaza de la Constitución die Carrera de las Monjas bergauf, fällt auf der rechten Seite ein schmucker Stadtpalast ins Auge, in dem heute das **Archäologische Museum** untergebracht ist. Aus dem Paläolithikum (bis ca. 9000 v. Chr.) sind hier vor allem Waffen und Werkzeuge aus Feuerstein, Stierhorn und Knochen ausgestellt. Mit Gravuren verzierte Krüge und Amphoren zeugen vom technischen Fortschritt des Neolithikums (hier etwa zwischen 5000 und 2500 v. Chr.). Aus der Übergangsphase zwischen beiden Epochen ragt eine kleine Steinplakette aus dem Fundort Pirulejo heraus: Mit feinen Linien wurde in diese der Kopf eines Steinbocks eingraviert – vermutlich das einzige Fundstück dieser Art in Andalusien.

■ **Museo Histórico Municipal,** Di–Fr 10–13.30 und 18–20.30 Uhr, Sa 10–13.30 und 17–19.30 Uhr, So nur vormittags, Eintritt 2 €.

Praktische Informationen

Information

■ **Oficina de Turismo,** Plaza de la Constitución 3 (Rathausplatz), Tel. 957.70.06.25. www.turismodepriego.com, tägl. 10–14 Uhr, Mo/Di/Do/Fr zusätzlich 16.30–19 Uhr, Mi/Sa nur bis 18.30 Uhr. Weiterhin öffentlich zugänglich ist das Geburtshaus des ersten Ministerpräsidenten und späteren Staatspräsidenten der 1931 proklamierten zweiten Spanischen Republik *Niceto Alcalá Zamora y Torres* in der c/Rio 33: Di–Sa 10–13.30 und 17–19 Uhr, So nur vormittags, 2 € Eintritt.

Essen und Trinken

■ **Restaurante Califato,** Abad Palomino 3, Tel. 653.97.04.96 (Handy). Rustikal-stilvolles Lokal mit Tapas-Bar im Erdgeschoss gegenüber dem Castillo.

Hier stand eine alte arabische Zisterne. Im Untergeschoss, wo das eigentliche Restaurant eingerichtet wurde, sind die originalen Grundmauern unter Plexiglasscheiben zu sehen. Die Küche dürfte vor allem Freunde fleischlicher Genüsse überzeugen, die Qualität des Ausgangsproduktes ist vom Feinsten, die Preise halten sich in sehr überschaubarem Rahmen.

■ **Mesón El Telar,** c/ Buen Suceso 2, Tel. 957.54.32.23. Etwas versteckt zwischen der Iglesia de la Aurora und Compás de San Francisco gelegen. Gute, landestypische Küche, v. a. der frittierte Fisch ist ausgezeichnet, mittlere Preise.

Feste

■ **Domingos de Mayo,** jeden So im Mai festliche Umzüge mit Kapellen und Feuerwerk. Die Tradition entstand aus Dankbarkeit, dass die Pest einst Priego verschonte.

■ **Feria Real,** 1.–5. September. Das Hauptfest der Stadt rund um einen Viehmarkt. Üppiges Begleitprogramm mit Gruppen von *rocieros,* welche flamencoähnliche Gesänge zum Besten geben, Reiterparaden, Olivenölverkostung, Poesiewettbewerb und natürlich Stierkämpfen.

■ **Fiestas de la Aurora,** um den 12. September. Die Statue der „Lieben Frau zur Morgenröte" wird von der Bruderschaft „Hermandad Nuestra Señora de la Aurora" in einer kurzen Prozession durch den Ort getragen. Anschließend allgemeine Feierlichkeiten im Ort.

Unterkunft

Inzwischen gibt es in Priego und Umgebung ein **breit gefächertes Angebot** guter und relativ preiswerter Quartiere, z. B. auch private Zimmer- bzw. Häuservermietungen, sog. **Casas Rurales,** die aber durchaus auch im Ort selbst liegen können. Infos unter www.priegodecordoba.net.

■ Die luxuriöseste Casa Rural, die **Casa Baños de la Villa**③-④, c/ Real 63, Tel. 957.54.72.74, www.casabanosdelavilla.com, mit Spa und 4-Sterne-Hotelkomfort hat es zum ersten Haus am Platze im Ortszentrum gebracht. Aufgrund der versteckten Lage im Gassengewirr des Barrio de la Villa empfiehlt es sich, das Fahrzeug im Bereich des Castillo bzw. der Asunción-Kirche abzustellen und die Lage der Casa erst einmal zu Fuss zu erkunden.

■ **Villa Turística de Priego*****/②, Aldea de Zagrilla, Tel. 957.70.35.03, Fax 957.70.35.73. Die Anlage befindet sich in einem lieblichen Tal bei dem Ort Zagrilla Alta und glänzt mit einem herrlichen Blick auf die Sierra de la Horconera. 8 km von Priego entfernt, zunächst Richtung Cabra fahren, ab da gut ausgeschildert. Architektonisch perfekt in die Landschaft eingepasste, aus mehreren stilvoll eingerichteten Bungalows unterschiedlicher Kategorien zusammengesetzte Anlage mit Swimmingpool.

■ Sollte in der Villa Turística de Priego nichts mehr frei sein, bietet sich als mindestens ebenso gute, aber etwas teurere Alternative das näher (km 3,5 der gleichen Straße) bei Priego gelegene **Landhotel Huerta de las Palomas**②-③, Tel. 957.72.03.05, www.zercahoteles.com, an. Die geräumigen Zimmer sind geschmackvoll und luxuriös eingerichtet, ein kleiner Pool sorgt für Erfrischung.

■ **Hostal Rafi****/①, Isabel la Católica 4, Tel. 957.54.07.49, www.hostalrafi.net. Von der Plaza de Andalucía bergab über die Calle Monteros zu erreichen, es empfiehlt sich, das Auto zunächst weiter oben abzustellen, die Straße vor dem Hotel ist äußerst schmal. Die preisgünstige Hotelgarage ist relativ weit entfernt. Das geschmackvolle Ambiente der Lobby setzt sich zwar in den Zimmern nur sehr bedingt fort, mit Sauberkeit und Komfort (Heizung und Bad inklusive) kann man aber zufrieden sein. Angemessener Preis, sehr günstige EZ. Für den längeren Aufenthalt bietet die Rezeption einfache Apartments mit Küche in einem Stadthaus ganz in der Nähe des Hostal an.

Camping

■ **Camping-Cortijo Los Villares,** Ctra. Carcabuey – Rute km 6, Tel. 957.70.40.54 oder 908.85.37.58 (Handy), www.casasdelasubbetica.com. Man nimmt zunächst die C-336 nach Carcabuey, vor dem

Ort dann Abzweig nach Rute, nochmals 6 km. Uriges Bauernhofcamping in herrlicher Natur, aber eher ungepflegt und relativ teuer.

Außerdem kann man für einen geringen Betrag pro Person ein Zimmer in der *posada* oder ein ganzes **Landhaus** *(casa rural)* mit Platz für 7 Personen für 50 € pro Tag mieten. Die Zimmer in der rustikalen Herberge sind ohne nennenswerten Komfort und stets mit Doppel- oder Etagenbett. Die mit Duschen ausgestatteten Badezimmer machen immerhin einen gepflegten Eindruck.

Verkehrsverbindungen

■ **Bus:** Die *estación de autobuses* (Info-Tel. 957.70.18.75) ist etwa 15 Minuten von der Plaza de la Constitución entfernt. Kommt man am Busbahnhof an, empfiehlt es sich, zunächst hinauf zur Hauptstraße Ramón y Cajál und dann gleich halblinks in die Straße San Marcos zu gehen – von dort immer ungefähr geradeaus.

Nach **Córdoba:** Über Cabra 4x tägl., Sa 3x, So 2x, über Baena 8x tägl., Sa 3x, So morgens und mittags. Nach **Granada** 4x tägl., Sa/So eingeschränkt. Nach **Montilla** Mo–Sa 3x, So 2x. Zuständige Gesellschaft ist El Bauti, Tel. 957.70.19.71, 929.72.70.21 (Handy).

■ **Auto:** Für die Anfahrt vom 102 km entfernten **Córdoba** gibt es zwei, etwa gleich zeitaufwendige Alternativen: Entweder die westliche Route über die N-331 (Richtung Aguilar/Antequera), dann die A-340/C-336 über Cabra oder die wohl empfehlenswertere N-432 (Richtung Granada), dann zwischen der Estación de Luque und Alcaudete auf die A-333/N-321 nach Priego. Für die Anfahrt vom 80 km entfernten **Granada** empfiehlt sich die N-432 bis Alcalá la Real, dort auf die A-340/C-336 abbiegen.

Priego de Córdoba – Fuente del Rey

026an bn

Alcalá la Real

Das wohl auffälligste Bauwerk entlang der *Ruta del Califato* (N-432) ist die auf einem 1.033 Meter hohen Felsrücken thronende Festung **Fortaleza de la Mota,** ringsum breitet sich die bereits zur Provinz Jaén gehörende Kleinstadt Alcalá la Real aus. Auch wenn die Fundstücke in den diversen Ausstellungsräumen beweisen, dass der Burgberg mindestens seit römischer und westgotischer Zeit als Begräbnisstätte genutzt wurde, geht die *Alcazaba* in erster Linie auf die Almohaden zurück. Nach der endgültigen Eroberung der Burg 1341 durch *Alfons den XI.* war die neu gegründete „Königliche Abtei" für 150 Jahre ein christliches Bollwerk gegen das maurische Granada. Die ab 1520 in den Burghof gebaute Abtei-Kirche **Iglesia Mayor Abacial** ist schon von der Landstraße deutlich zu sehen.

Inzwischen sind die langjährigen Ausgrabungsarbeiten abgeschlossen und der zerfurchte Innenraum wirkt mit seinen römischen, westgotischen und maurischen Architekturfragmenten wie ein aufgeschlagenes Geschichtsbuch. Im aufwendig restaurierten Huldigungsturm **Torre de Homenaje** (um 1200) illustriert ein didaktisch gelungenes Museum das alltägliche Leben der Bewohner in früheren Zeiten, als die Festung noch ein mittelalterliches Burgdorf und „Schlüssel zur Verteidigung des Königreichs Kastilien" war.

Neben den beeindruckenden baulichen Dimensionen punktet das Fortaleza de la Mota auch mit **tollen Ausblicken** auf das etwa 150 Meter tiefer gelegene Umland mit seinen von Olivenbäumen bestandenen Bergkuppen.

Zufahrt und Öffnungszeiten

Das **Castillo** ist im Ort gut ausgeschildert, Parkplätze direkt unterhalb. Nach der Durchquerung der Puerta de la Harina (hier mussten die Bauern ihre Steuer in Form von Getreide abliefern), wird man von durchweg englischsprachigen Führerinnen in Empfang genommen, die eine kleine Einführung in die Anlage, bzw. auf Nachfrage auch Infomaterial geben. Di–So 10.30–14.30 und 17–20 Uhr, Eintritt 5 €, ermäßigt 3,50 €.

Essen und Trinken

■ **Casa Pedro – Restaurante Andalucía,** an der Zufahrtstraße c/ Andalucía 50, Tel. 953.58.04.83 oder 953.58.34.66. Bar mit Terrasse und herrlichem Blick auf die Festung. Im 1. Stock Restaurant mit reicher Auswahl an Fleisch- und Fischgerichten. Gute Qualität zu moderaten Preisen.

ARTISTAS DE LA
COLECCIÓN DKV
COLECCIÓN

an14-012 ba

3 Provinz Sevilla

In der bevölkerungsreichsten Provinz Andalusiens ist Sevilla, die Hauptstadt, der große Anziehungspunkt – die Stadt ist einzigartig in ihrer unglaublichen Vielfalt, ihre Kathedrale ist die drittgrößte der Welt. Auch die Umgebung hält architektonische und kulturelle Schätze parat. Die landschaftlichen Eindrücke in der Provinz variieren stark mit den Jahreszeiten: Im Frühjahr sprießt und blüht es, im Sommer kann es sehr heiß und trocken werden.

[<] Sevilla – Teatro Lope de Vega

Sevilla und Umgebung

ÜBERBLICK

Die Provinz Sevilla mit der gleichnamigen andalusischen Hauptstadt liegt in der Tiefebene des Guadalquivir, eine flache bis sanft hügelige Landschaft und große landwirtschaftliche Nutzflächen prägen das Bild. Das fruchtbare Schwemmland im Guadalquivirbecken, La Campiña genannt, wird für den Anbau von Weizen, Sonnenblumen und Zuckerrüben genutzt. Im Frühjahr wirkt die Landschaft daher auch einladend saftig grün, im Herbst dagegen ausge-

dörrt und etwas trist. In den Sommermonaten kommen die Einwohner mächtig ins Schwitzen, das Thermometer klettert nicht selten über 40 °C. Im August wirkt die Gegend dann wie leergefegt, die Bewohner flüchten in der Hoffnung auf einen Hauch von Frische an die Küsten.

Die Provinz Sevilla ist mit 14.036 km² die größte Provinz Andalusiens und weist mit Abstand die höchste Einwohnerzahl, nämlich 1,9 Millionen, auf. Allein 704.000 Menschen leben in der Stadt Sevilla.

Einige Orte der Provinz haben überraschend Interessantes und Kurioses zu bieten, so zum Beispiel das historisch bedeutende Carmona, nur eine halbe Stunde Autofahrt von Sevilla entfernt, und die interessante Kleinstadt Écija, die schon von Weitem an ihren zahlreichen Kirchtürmen zu erkennen ist. Durchaus reizvoll ist auch die ehemalige Universitätsstadt Osuna.

NICHT VERPASSEN!

- **Sevilla, Alcázar:** verblüffendes Nebeneinander von Architektur und Kunst verschiedener Kulturen und Religionen | 127
- **Sevilla, Kathedrale:** ein Highlight der Provinzhauptstadt, dazu das symbolträchtige ehemalige Minarett, die Giralda | 121
- **Itálica:** auf den Spuren der Römer | 162
- **Carmona:** sehr sehenswert ist dieses verträumte Städtchen mit uralter Geschichte | 166
- **Sierra Norte:** Naturschutzpark und römische Ruinenstadt **Munigua** | 163, 164
- **Osuna:** unbekannte Stadt abseits der Touristenströme | 174

Diese Tipps sind gelb hinterlegt.

Sevilla – im Herzen Andalusiens

Mit **betörenden Düften und einer gewaltigen Geschichte,** die sich in der vielgestaltigen Architektur manifestiert, berauscht Sevilla die Sinne. Die Stadt inspirierte Literaten und Musiker. Ob Bizets „Carmen", Rossinis „Barbier von Sevilla" oder Mozarts „Don Giovanni" und „Figaros Hochzeit" – die Stadt fand als romantische Kulisse in der Musik ihren Platz. Sevilla hat jedoch viele Gesichter, wer nur das von den Komponisten geprägte wahrnimmt, wird dieser facettenreichen Stadt nicht gerecht.

Untermalt wird das Stadtbild durch eine **Fülle von Farben.** Was der Nordeuropäer in heimischen Gefilden mühselig und mit viel Liebe im Blumentopf züchten muss, prangt in Vierteln wie Santa Cruz oder Triana in überschwenglicher Pracht an den Häuserfassaden: zum Beispiel üppige Wandelröschen und Bougainvillea.

Die Sevillanos stecken an mit ihrer **Lebenslust,** die dem Besucher in den vielen Bars und an den belebten Plätzen begegnet. Aber hier herrscht auch hektisches Treiben und ein dichtes Verkehrsgedränge während der alltäglichen Rush-hour, fern von idyllischer Ruhe und Romantik. Sevilla ist eben auch eine moderne Metropole des spanischen Südens. Die Hauptstadt Andalusiens ist seit langem touristischer Anziehungspunkt. Dennoch hat sich die Stadt mit ihren beeindruckenden Monumenten und ihrer bewegten Geschichte einen ganz eigenen Charme bewahrt.

Stadtgeschichte

In der Antike wurde Sevilla *Hispalis* genannt. Vielleicht steht die Herkunft dieses Namens in Verbindung mit dem lateinischen Wort *palos,* was Pfahl bedeutet, denn die Stadt soll bereits in vorrömischer Zeit im Schwemmland des Guadalquivir auf Pfählen errichtet worden sein. Sevilla wurde vermutlich unter den **Karthagern** befestigt, spätestens aber zur Zeit *Caesars* mit Mauern umgeben.

Unter den **Westgoten** war die Stadt Bischofssitz. *Isidor von Sevilla,* dessen theologische Schriften noch bis ins Hohe Mittelalter großen Einfluss hatten, wurde im Jahre 600 Bischof von Sevilla.

Die Mauren nannten die Stadt *Ischbiliya* – was so viel heißt wie „die ausgedehnte Stadt" –, woraus sich auch der heutige Name bildete. Die Stadt musste immer wieder Angriffe von Muslimen aus Nordafrika über sich ergehen lassen. Nahm zunächst unter den Omaijaden Córdoba die Schlüsselstellung des Reiches Al-Andalus ein, so übernahm Sevilla die Rolle als Hauptstadt der vielen Teilreiche unter der Herrschaft der **Abbadiden.**

Das 10. und 11. Jh. war das große Jahrhundert der Literaten in Al-Andalus und Sevilla mit dem Herrscher *Al-Mutamid* das Zentrum dieses Poeten-Paradieses. Doch als König *Alfons VI.* Toledo einnahm, blieb keine andere Möglichkeit, als Hilfe aus Nordafrika zu holen.

[>] Plaza de España

Die **Almoraviden** kamen nach Sevilla, und übernahmen angesichts des drohenden inneren Zerfalls des Reiches die Herrschaft. Sie regierten zunächst streng und wurden dann schließlich von den **Almohaden** aus Nordafrika besiegt.

Unter deren Herrschaft blühte die Stadt zu neuem Glanz auf. Es entstanden Bauten wie die **Moschee** mit dem Minarett, der heutigen **Giralda,** oder die **Torre del Oro** – die Wahrzeichen Sevillas, die heute noch Anziehungspunkte für Reisende aus aller Welt sind.

Im Zuge der **christlichen Rückeroberung** der Gebiete Andalusiens nahm *Ferdinand III.* 1248 die Stadt ein und demonstrierte seinen Erfolg, indem er die Rampe des Minaretts hinaufritt. Dennoch ließ er den Einwohnern gegenüber Gnade walten und sie mit ihrer Habe von dannen ziehen. Doch das maurische Element war aus der Stadt nicht mehr einfach wegzustreichen. Ein prägnantes Beispiel dafür ist der im 14. Jh. unter *Pedro El Cruel* (Peter dem Grausamen) errichtete **Alcázar** im maurischen Stil.

Die spanischen Juden unterstanden dem persönlichen Schutz des Herrschers. Ihr Viertel, das heutige **Barrio Santa Cruz,** entstand daher in unmittelbarer Umgebung des Palastes.

Seit Beginn des 16. Jh. war Sevilla längst nicht mehr nur die bedeutendste Stadt Andalusiens, sondern mittlerweile Zentrum des gesamten kastilischen Königreiches. Mit der Eroberung Amerikas bekam die Stadt gar eine **Schlüsselstellung innerhalb Europas.** Es begann die Epoche, in der Andalusien die Basis für große Entdeckungsreisen in die „Neue Welt" war, Sevilla als Hafenstadt wurde zum Herz Spaniens und hatte das Handelsmonopol. 1503 wurde hier die „Casa de Contratación" errichtet, die für den

an14-011 ba

Handel mit den neuen Kolonien in Amerika zuständig war. Im Fahrwasser von *Kolumbus* gewann die Stadt eine magische Anziehungskraft für wagemutige Seefahrer. So plante *Amerigo Vespucci* von hier aus seine großen Seereisen, mit denen er Kolumbus beweisen wollte, dass er nicht Indien, sondern eine „Neue Welt" entdeckt hatte. Der Portugiese *Magellan* startete von Sevilla aus seine berühmte Entdeckungsfahrt durch die Meerenge zwischen dem südamerikanischen Festland und Feuerland.

Im 17. Jh. verlor Andalusien und damit auch Sevilla durch die zentralistische Politik Spaniens mehr und mehr an Bedeutung, obwohl der Hof von *Philipp V.* nach Sevilla verlegt wurde. Die schweren **Epidemien und Hungersnöte,** vor allem in der zweiten Hälfte des 17. Jh., trafen auch die Sevillaner hart. Einige Gemälde der andalusischen Zeitzeugen *Murillo* und *Valdes Leál* stellen diese beklemmende Situation treffend dar. Die Bilder sind heute im Hospital de la Caridad zu besichtigen.

Auch wirtschaftlich ging es mit der Stadt bergab. 1717 musste sie auf das Handelsmonopol verzichten, und zu allem Übel verlegte man die „Casa de Contratación" in die Konkurrenzhafenstadt Cádiz, nicht zuletzt, weil der Guadalquivir allmählich versandete. Sevilla sollte erst in napoleonischer Zeit wieder auf sich aufmerksam machen.

Die zunehmende Verschlechterung der Situation der Landarbeiter im 19. Jh. versetzte Andalusien in Aufruhr, und Sevilla wurde zum zentralen Schauplatz der **Bauernaufstände,** später galt es auch als Hochburg der Sozialisten. So diente die Universität Sevilla als Basis für den organisierten **Protest gegen die Diktatur Francos.** Berühmte politische Persönlichkeiten wie der spanische Ex-Präsident *Felipe González* oder der Ex-Präsident der andalusischen Regierung, *Manuel Chaves,* sind Kinder dieser Stadt.

Zweimal war Sevilla in diesem Jahrhundert Standort großer internationaler Ausstellungen: **1929** fand hier die **iberoamerikanische Ausstellung** statt, woran die damals entstandenen Bauten um den Parque María Luisa erinnern, und 1992 die **Weltausstellung EXPO '92** auf der Cartuja-Insel.

In das Jahr 1992 hatte man große Hoffnungen gesetzt. Doch die Weltausstellung in Sevilla und die Olympischen Spiele in Barcelona rückten Spanien zwar für eine Zeit ins internationale Rampenlicht, bewirkten jedoch nicht den gewünschten Aufschwung, sondern allenfalls hohe Staatsschulden. Große Projekte, wie die Umgestaltung des Weltausstellungsgeländes in einen Technologiepark, mit dem Andalusien sich in den elektronisch-technologischen Fortschritt des übrigen Europa einreihen wollte, haben sich in Luft aufgelöst. Es klingt fast absurd, aber die EXPO, wie so vieles in Andalusien, sollte wenigstens dem Vergnügen dienen, und so wurde dort ein Freizeitpark hochgezogen; nur einige wenige Pavillons werden heute von der Universität und von kleinen Firmen als Büroräume genutzt.

Der Versuch, Sevilla an das europäische Netz wirtschaftlich relevanter Städte anzuschließen, kann nicht unbedingt als gelungen bezeichnet werden. Auch wenn sich die Infrastruktur seit der Weltausstellung stark verbessert hat und mit der neuen Hochgeschwindigkeitsstrecke von Sevilla nach Madrid ein Hauch von Hightech weht, ist das Projekt, aus dem Gelände der Weltausstellung einen hochmodernen Technologiepark entstehen zu lassen, gescheitert.

Orientierung

Das Zentrum der Stadt liegt auf der **linken, östlichen Flussseite.** Zentraler Anlaufpunkt ist die Kathedrale an der Avenida de La Constitución, dahinter erstreckt sich das Barrio Santa Cruz, an das der Alcázar grenzt. Südlich dieses Palastes liegt die Universität, dahinter das 1929 entstandene Ausstellungsgelände und der Parque María Luisa mit der Plaza de España.

Auf der **rechten Flussseite** befindet sich das moderne Stadtviertel Los Remedios und nördlich davon das traditionelle Viertel Triana. Den Fluss weiter aufwärts erstreckt sich alsbald die Isla Cartuja mit dem Karthäuserkloster und den futuristisch anmutenden Gebäuden der Weltausstellung von 1992.

Die dichte Altstadt ist von einer großen **Ringstraße** umgeben, die vom Parque María Luisa im Süden bis zum Viertel Macarena im Norden an dem größten Stück der ehemaligen Stadtmauer entlang in einem großen Bogen zurück zum Fluss führt.

Besichtigungstipps

Sevilla sprengt in seiner **Fülle an Reichtümern** sogar das Aufnahmevermögen begeisterter Kunst- und Architekturliebhaber. Für den Kurzbesucher heißt es deshalb Akzente setzen. Ob auf den Spuren der Antike in der Calle Mármoles, wo sich einst ein römischen Tempel befand, oder auf den versteckten Pfaden der westgotischen Herrschaft – hier flüstern dem interessierten Besucher die steinernen Zeugen in allen Winkeln und Gassen ihre Geschichte zu.

Besonders die **Almohaden** hinterließen prägende Spuren: Reste der Stadtmauer, das ehemalige Minarett, die heutige Giralda, die Torre del Oro ... Und auch nach der Zeit der Mauren wurde ihr Baustil in vielen Formen und Dekorationen bewahrt. Es kam zu einer Verschmelzung der gotischen und maurischen Architektur, wobei für den Laien letztere auf den ersten Blick eher erkennbar ist. Daraus entwickelte sich der für Andalusien so typische Mudéjar-Stil, wofür der Alcazár wohl das imposanteste Beispiel ist. Dieser Baustil dominierte bis ins 18. Jh., und Bauten des 19. Jh. weisen den Neo-Mudéjar-Stil auf – so der ehemalige Bahnhof an der Plaza de Armas, ein interessantes Gebäude aus Ziegelsteinen, Eisen und Kristall.

Einen umfassenden **Rundgang** durch die Stadt vorzuschlagen, gestaltet sich äußerst schwierig, zumal dieser an einem Tag kaum zu bewältigen ist – es sei denn, man schwingt sich auf einen Drahtesel, den man mieten kann, oder hakt die Hauptsehenswürdigkeiten per Kutschfahrt oder mit den dafür vorgesehen Touristenbussen ab (Ausgangspunkt ist die Torre del Oro). Kurzausflügler haben deshalb die schwere Wahl zwischen der flüchtigen Sightseeing-Tour auf ausgetretenen Pfaden und der Beschränkung auf einzelne ausgewählte Sehenswürdigkeiten. Die Highlights werden hier separat vorgestellt und dann Spaziergänge vorgeschlagen, auf denen es noch das eine oder andere Interessante zu entdecken und zu bestaunen gibt.

an14-007 ba

Kathedrale Santa María de la Sede

Im Herzen von Sevilla steht als zentraler Anziehungspunkt die Kathedrale. Nach dem Petersdom in Rom und der Saint Paul's Cathedral von London ist sie flächenmäßig die **drittgrößte Kathedrale der Welt** und das erste große gotische Bauwerk Sevillas. Als Bauzeit vermutete man lange den Zeitraum zwischen 1401 und 1564, doch nach fast dreißigjähriger Forschung kommen nun die Wissenschaftlerin *Begoña Alonso* und der Architekt *Alfonso Jiménez* zu einem anderen Ergebnis: Mit dem Bau wurde erst im Jahr 1433 begonnen und die Arbeiten dauerten vermutlich hauptsächlich bis ins Jahr 1506. „Hagamos una iglesia tan grande que los que la vieren acabada nos tengan por locos" (Bauen wir eine so große Kirche, dass die, die sie fertig sehen, uns für verrückt erklären) – lange wurde geglaubt, dieser Satz stamme vom Stadtrat aus dem Jahr 1401, als entschieden und begonnen worden sei, den gotischen Tempel zu bauen. Tatsächlich scheint es nun, dass der Historiker *Ortiz de Zúñiga* diese Sentenz erst im 17. Jh. veröffentlichte. Laut *Jiménez* ist die Jahreszahl 1401 eine Erfindung, verlässliche Dokumente zum Beginn des Baus gäbe es eben erst ab 1433. Interessant auch, dass *Jiménez* herausfand, dass Rom bzw. der Papst die Erlaubnis zur Erteilung von Ablassbriefen tolerierte, damit im Gegenzug auch unentgeltlich an dem Großprojekt geschuftet werden konnte.

☒ Die Kathedrale von Sevilla – der Architektur gewordene Triumph des Christentums

Wie so viele Kirchen in Andalusien wurde die Kathedrale über dem Fundament einer Moschee errichtet, die unter den Almohaden eine der größten Moscheen der islamischen Welt gewesen war und nach einem Erdbeben zusehends verfiel. Bereits von den Römern war an dieser Stelle ein Tempel errichtet worden, und auch zur Zeit der westgotischen Herrschaft befand sich dort ein Gotteshaus. Die Architekten – unter ihnen französische und deutsche – der neuen Kathedrale waren sich einig, dass mit diesem Bauwerk ein unvergessliches Exempel zu statuieren sei. Schon die mächtigen Außenmauern vermitteln eine Ahnung von dem ebenso großartigen Inneren.

Giralda

Der Orangenhof als ehemaliger Vorhof der Moschee und auch der rechteckige Grundriss der Kathedrale sind Überbleibsel aus islamischer Zeit, ebenso wie die Giralda, das ehemalige **Minarett** der Moschee, das heute der Glockenturm der Kathedrale ist. Die Giralda wurde 1184 vom Architekten *Ahmed Ibn Baso* konstruiert und von *Ali de Gomara* 1198 fertiggestellt. Da es üblich war, Materialien von antiken Bauten zu verwenden, stammten auch die Steinblöcke, die die Basis des Turms bilden, von alten römischen Gebäuden der Stadt. Der Rest des 94 Meter hohen Turms wurde aus Ziegelsteinen errichtet, die die Araber in Andalusien einführten. Er ist mit dem in der islamischen Kunst bekannten **Rautenmuster** versehen, an allen vier Seiten befinden sich Zwillingsfenster und Balkone im Renaissancestil.

■ **Übernachtung**

1 Patio de la Cartuja
2 Hostal Doña Feli
3 Patios de Sevilla, Patio de la Alameda
8a Espacio Azahar
11 Hostal Unión Campana
12 Pension Romero
13 Trotamundos Hostel
18 Samay Hostels
20 Pensión Doña Trinidad
21 Hotel Las Casas de la Judería
22 Hotel YH Giralda
23 Hotel Patio de las Cruces
27 Hotel Elvira Plaza
30 Hotel Alminar
31 La Banda Rooftop Hostel
36 Albergue Triana Backpackers
39 Hotel Alfonso XIII
40 Albergue Juvenil Sevilla

Essen und Trinken

4 Al Aljibe
5 La Ilustre Víctima
6 Barajas 20 tapas
7 Eslava
8 Mordisco Tapas
9 Nazca
10 La Pepona
14 Patio de San Eloy
15 Confitería la Campana
16 Bar Europa
17 El Rinconcillo
19 La cava del Europa
24 Casa Roman
25 La Albahaca
26 Corral del Agua
28 Rest. San Marco
29 Bar Giralda
32 Rest. Taberna del Alabardero
33 La Brunilda
34 Pepe Hillo
35 Bar Santa Ana
37 Victoria 8
38 Tetería Salam
41 En la casa de Abdul

Die Kapitelle der Marmorsäulen, die die Fenster teilen, wurden aus dem Kalifenpalast von Madinat Az-Zahra bei Córdoba nach Sevilla geholt. Über den Fenstern befindet sich der für die islamische Baukunst typische Hufeisenbogen. Zu maurischer Zeit war das Minarett mit einer Keramikkuppel versehen, deren Spitze vier über einander angeordnete „Himmelskugeln" krönten. In Marrakesch befindet sich ein Gegenstück zum ehemaligen Minarett, das zur gleichen Zeit entstand.

Namensgeberin der Giralda ist die Wetterfahne, eine vier Meter hohe **Bronzefigur,** *Giraldillo* genannt, gegossen von *Bartolomé Morel.*

1355 zerstörte ein Erdbeben das **Minarett,** woraufhin die ursprüngliche Spitze durch einen einfachen **Glockenturm** ersetzt wurde. 1558 vertraute das Domkapitel dem Architekten *Hernán Ruiz* die Erneuerung dieses Aufbaus an, und so entstand der heutige, fünfstöckige Glockenturm.

Um einen Gesamteindruck von dem Grundriss und der Größe der Kathedrale zu gewinnen und daneben einen herrlichen Rundblick über die Stadt zu genießen, lohnt es sich, die Giralda zu besteigen. Es ist für die Konstruktion eines Minaretts typisch, dass der Aufstieg in die Spitze über eine Rampe verläuft, die immer schmaler wird.

Die Portale

An der nördlichen Seite der Kathedrale (Calle Alemanes) eröffnet das ehemalige Eingangstor, die **Puerta del Perdón,** den Zugang zum Vorhof der Moschee. Der Hufeisenbogen, die Bronzeplatten mit ihren kufischen Schriftzeichen, orientalische Ornamente: all dies weist auf die islamische Vergangenheit des heute christlichen Ortes hin. Auch die Türflügel des Portals weisen Korantexte in kufischer Schrift auf. Deutlich ist hier die einzigartige, ja geradezu widersprüchliche Verbindung islamischer und christlicher Kunst zu beobachten.

Das geöffnete Tor bietet einen Blick in den **Patio de los Naranjos** (Orangenhof), den Vorhof zur Moschee, in dem die Muslime ihre rituellen Waschungen vollzogen, bevor sie das Gebäude betraten. So befindet sich dort auch noch ein Brunnen, der von den Mauren aus westgotischer Zeit übernommen wurde.

Der Haupteingang zur Kathedrale, die **Puerta Principal** (auch Puerta de la Asunción genannt), liegt an der Westseite, an der die große Avenida de la Constitución entlangläuft. Dieser Eingang weist zahlreiche Heiligenfiguren auf. Von der Südseite eröffnet sich ein schöner Blick auf das prachtvolle Gebäude,

Tipp

Wer in der Vorweihnachtszeit die Gelegenheit hat, Sevilla zu besuchen, sollte sich auf keinen Fall eines der fantastischen **Orgelkonzerte** in der Kathedrale entgehen lassen. Die Tourist-Information gibt dazu nähere Auskünfte.

[>] Ansicht der Kathedrale – rechts die Giralda, das ehemalige Minarett

der sehr gut den Aufbau der Kathedrale und die verschiedenen Höhen der fünf Schiffe vermittelt. Der **Eingang für Besucher** ist an der Plaza del Triunfo gegenüber dem Archivo de Indias.

Das Innere

Im Inneren kann der Besucher die gewaltige Macht der christlichen Kirche der frühen Neuzeit spüren: Kapellen mit Altären, Madonnenfiguren, Kruzifixe, Sarkophage bedeutender Persönlichkeiten der Sevillaner Geschichte, Reliquien und riesige Gemälde zeugen vom immensen Reichtum an Kunstschätzen. Das alles wird umhüllt von blassem Licht und dem Geruch von kaltem Weihrauch und versetzt den Besucher in eine andere Welt.

Zentraler Orientierungspunkt ist der **Chor** *(Coro)* im Mittelschiff. Er steht frei, eine Altarwand, der *Trascoro,* bildet den Abschluss. An den Seiten des Chors befinden sich **Alabasterkapellen,** einige von ihnen weisen spätgotische, andere plattereske Stilelemente auf.

Dem Chor gegenüber steht die **Capilla mayor** mit der Sakristei (*Sacristía Alta),* umgeben von einem plateresken Eisengitter. Besondere Aufmerksamkeit erweckt der großartige goldene Hochaltar, der **Retablo mayor.** Rund 100 Jahre schnitzten Meister wie der Flame *Pieter Dancart, Jorge Fernández, Roque de Balduque* und *Juan Bautista Vázquez der Ältere* an dem größten christlichen Altar der Welt. Die bildlichen Darstellungen werden nach oben hin immer größer, was dem Betrachter nicht unbedingt auffallen muss, denn durch die perspek-

an14-083 ba

tivische Verkürzung werden die Proportionen ausgeglichen, sodass alle Figuren gleich groß erscheinen. Bedeutende Persönlichkeiten der Stadt wie der Heilige Isidor oder die Schutzheiligen Justina und Rufina sind hier verewigt.

Auf der anderen Seite, gegenüber der Sacristía Alta, findet sich die **Capilla Real.** Ihr kostbarer Schatz ist die Virgen de los Reyes mit dem Christuskind, die Schutzpatronin Sevillas. Die Figuren stammen aus dem 13. Jh., die kostbaren Gewänder sind – typisch für die spanische Madonnendarstellung – reich bestickt und mit Perlen und Edelsteinen besetzt. In der Capilla der Schutzheiligen fand der später heilig gesprochene König *Ferdinand III.* in einem wertvollen Schrein seine letzte Ruhestätte.

In der **Krypta** der Capilla befindet sich ein kostbarer Domschatz, hier stehen auch die Särge *Peters des Grausamen* und seiner Geliebten *María Padilla.* Zum Schatz gehören unter anderem ein wertvolles Kruzifix des Bildhauers *Alonso Cano* und eine Madonnenstatue, beide aus kostbarem Elfenbein geschnitzt.

Auffällig ist auch das **Grabdenkmal des Kolumbus** auf der Südseite: Vier Herolde tragen den Sarg des berühmten Entdeckers auf ihren Schultern. Sie repräsentieren die vier Königreiche Kastilien, León, Aragón und Navarra, ihre mantelartigen Überwürfe sind mit dem Wappen des jeweiligen Reiches versehen. Wo sich der Leichnam von *Kolumbus* tatsächlich befindet, weiß niemand genau. Zumindest kam man aber seinem Wunsch nach, nicht in spanischer Erde begraben zu sein: Der Sarg hängt praktisch in der Luft. Wendet man sich vom Grabmal nach rechts Richtung Westen, liegt dort das Archiv, das auch die Büchersammlung von *Kolumbus'* Sohn beherbergt, mit großartigen Handschriften und Darstellungen zu den Entdeckungsreisen.

Zwischen der Capilla Real und dem Kolumbusgrabmal gelangt der Besucher zu zwei wichtigen Anbauten, der **Sacristía de los Cálices** und der Sacristía Mayor. Anziehungspunkt ist hier die formvollendete Skulptur des Christus von *Juan Martínez de Montañes.* Er setzte damit ein Zeichen für die barocke spanische Bildhauerkunst. Desweiteren findet der Besucher hier Gemälde bedeutender Künstler, u. a. „Die Freilassung des Petrus" von *Valdés Leal* und ein Werk von *Goya* mit dem Titel „Die heiligen Justina und Rufina". Daneben sind Werke von *Zurbarán* und *Lucas Valdés* zu sehen.

Durch eine Seitenkapelle gelangt man zur **Sacristía Mayor,** auch dieser Raum enthält kostbare Kunstwerke: hervorragende Gemälde *Murillos,* die die bedeutenden Bischöfe Sevillas darstellen, ein wahrscheinlich von *Zurbarán* stammendes Gemälde namens „Die Heilige Theresa" und den gewaltigen, sieben Meter hohen Bronzekandelaber, der von *Hernán Ruiz* entworfen und von *Bartolomé Morel* gegossen wurde. Ein weiteres Glanzstück der Sacristía Mayor ist die Silber-Kustodie von *Juan de Arfe y Villafañe,* einem Mitglied der berühmten spanischen Goldschmiedefamilie deutscher Abstammung. Angesichts solch großartiger Pracht wirken die zahlreichen Schmiedeobjekte in den Vitrinen fast unscheinbar, sie sind aber nicht minder kunstvoll und daher zählen zu den besten Stücken der spanischen Goldschmiedekunst.

Die links von der Sacristía Mayor liegende **Sala Capitular** sticht insbesondere durch ihre ovale Form hervor. Eine Kopfbewegung Richtung Kuppel eröffnet den Blick auf ein Gemälde von *Murillo*, die „Immaculada".

Öffnungszeiten

Mo 11–15.30 Uhr, Di–Sa 11–17 Uhr, So 14.30–18 Uhr, So 14.30–18 Uhr, im Juli/August Mo 9.30–14.30 Uhr, Di–Sa 9.30–16 Uhr, So 14.30–18 Uhr, die Kasse schließt jeweils eine Stunde früher; Eintritt für Kathedrale und Giralda 8 €, Studenten bis 25 Jahre und Rentner 4 €; Tel. 954.21.49.71. Um den Besuch der Kathedrale zu vereinfachen, können Karten per Internet unter www.catedraldesevilla.es (hier auf „reservas" klicken) gebucht werden. Auch das Dach der Kathedrale kann von einer begrenzten Anzahl Personen bestiegen werden. Infos auch unter www.cubiertasdelacatedral.com. Der Eintritt berechtigt auch zur Besichtigung der Iglesia Colegial del Divino Salvador.

Alcázar

Auf den ersten Blick wirkt der Palast wie ein märchenhaftes Baudenkmal aus maurischer Zeit, aber bei näherem Hinschauen entdeckt man die für Andalusien so bezeichnende Symbiose aus maurischer und christlicher Baukunst, die den **Mudéjar-Stil** ausmacht. Von dem in maurischer Zeit entstandenen Palast sind nur noch ein Innenhof und ein Teil der almohadischen Außenmauern, so z. B. entlang der Callejón de Agua, erhalten geblieben.

Der Großteil dieses traumhaften Palastes wurde von *Peter dem Grausamen* und seinen Nachfolgern errichtet. Der König liebte den maurischen Baustil und holte sich maurische Architekten und Handwerker aus dem Königreich Granada, um den Prachtpalast zu bauen. Und so ist in den pflanzlichen und geometrischen Motiven, die die Wände schmücken, der Einfluss nasridischer Dekorationskunst nicht zu übersehen.

Der Eingang zum Alcázar befindet sich an der Plaza del Triunfo, gegenüber der Kathedrale. Das Eingangstor, die **Puerta del León,** ist anhand eines auf Kacheln abgebildeten Löwens ausfindig zu machen, gegebenenfalls aber auch durch eine Traube von Touristen. Man betritt die Anlage über den begrünten **Patio del León.** Zur linken kann man durch eine

040an bn

▷ In den Gärten des Alcázar

Tür den Palacio de la Justicia im bezaubernden Mudéjar-Stil sehen, dahinter liegt der älteste Teil des Palastes, der **Patio del Yeso,** der noch aus der Almohadenzeit stammt.

Hinter dem Eingang betritt man den großen **Patio de la Montería.** Es lohnt sich, zunächst einen Blick in die sich anschließende ehemalige Casa de Contratación (siehe: Stadtgeschichte) zu werfen. Ihr Herzstück ist der von einer prächtigen Artesonado-Decke überwölbte Audienzsaal, in dem einst berühmte Seefahrer wie *Christoph Kolumbus* vom König empfangen wurden. An der Stirnseite des Patio de la Monteria markiert ein reich verziertes Portal den Eingang zum Hauptkomplex, dem Palast *Peters I.* Beim genaueren Hinschauen entdeckt man kufische Schriftzeichen, die besagen: „Es gibt keinen Gott außer Allah". Langsam tritt die Komplexität des jahrhundertelangen Miteinanders von Christen und Mauren ins Bewusstsein,

an14-008 ba

denn es ist vielbedeutend und ungewöhnlich, wenn eine islamische Formel an den Mauern eines christlichen Herrscherpalastes zu finden ist.

Durch das Portal hindurch gelangt man in einen Vorraum, den *Vestibulo,* der zum Zentrum der Palastanlage führt, dem **Patio de las Doncellas.** Dieser Patio musste einige Veränderungen über sich ergehen lassen: Dominieren im Erdgeschoss die rein maurischen Dekorationsformen, so ist die Galerie des Obergeschosses deutlich von der italienischen Renaissance beeinflusst – eine ungewöhnliche Mischung. In diesem Innenhof finden gelegentlich Konzerte statt. Der Bereich macht den offiziellen Teil des Palastes aus.

Die drei Hufeisenbögen, die in den Botschaftersaal, die **Sala de Embajadores,** führen, muten mit ihren goldenen Verzierungen zutiefst maurisch an und versetzen den Betrachter in eine orientalische Märchenwelt. Sie dienten bereits mehrmals als Filmkulisse. Vor allem die Kuppel mit sternförmiger Dekoration macht den Saal der Botschafter zum prunkvollsten Raum des Palastes. Auch diese Kuppel erscheint für den Laien durch und durch maurisch, sie weist aber deutlich die Symbole des unter *Isabella* und *Ferdinand* vereinigten Königreiches auf: die Burg und den Löwen. Hinter dem Saal liegt der **Salón del Techo de Felipe II.** Den Namen verdankt er einer Kassettendecke aus dem 16. Jh.

Der **Patio de las Muñecas** ist der zentrale Punkt des privaten Palastbereiches. An den Palast *Peters I.* ist der Palast *Karls V.* angegliedert. Eigentlich waren es nur seine Gemächer, denn der Palast wurde nicht unter ihm, sondern bereits vom Sohn *Ferdinands III., Alfons X.,* errichtet. Die Räume sind mit Gobelins ausgestattet, die die Eroberungsfeldzüge des Königs und Kaisers in Tunesien zeigen.

< Patio de la Montería

Die **Gärten des Alcázar** versprechen mit ihren zahlreichen Wasserspielen kühlende Erfrischung. Hier wird der Spaziergang zum fast paradiesischen Erlebnis, die kunstvoll gekachelten Bänke im maurischen Stil laden zum Verweilen ein. Der Anblick der Pavillons, das Rauschen der Palmen und der betörende Duft der vielen Blüten verführen zum Tagträumen. Die Mauern der Galerie sind ein klassisches Beispiel der Groteske der spanischen Renaissance.

Schreitet man von hier aus die Treppen hinunter, liegen zur rechten Seite die **Bäder** der Geliebten von *Peter I.* In diesen Hallen hat man das Gefühl, noch das fröhliche Lachen und Plantschen *María Padillas* und ihrer Begleiterinnen zu hören. Geht man in der gleichen Richtung weiter, gelangt man zu einem orientalisch anmutenden Wasserspiel im westlichen Teil des Gartens. In den Gärten gibt es zwei **Pavillons:** der eine im manieristischen Stil, der andere, Pabellón de Carlos V., im Mudéjar-Stil. Im östlichen Teil der Anlage befindet sich der **Jardín de los Poetas** („Garten der Poeten"), ein wahrhaft zur Lyrik inspirierender Ort.

Die Palastanlage verlässt man durch den *Apeadero,* eine Art Ankunftshalle. Der Ausgang führt in den **Patio de Banderas** mit herrlichen Orangenbäumen.

Wenn der spanische König oder seine Familie in Sevilla zu Besuch sind, residieren sie noch heute in einem Teil des Palastes, der für Besucher grundsätzlich nicht zu besichtigen ist. Dann bleiben die Tore des Alcázar verschlossen.

■ **Reales Alcázares,** tägl. 9.30–19 Uhr, im Winter bis 17 Uhr; Eintritt 9,50 €; Studenten und Rentner 2,05 €, Kinder unter 16 Jahren frei. Tel. 954.50. 23.23, www.alcazarsevilla.es.

Wer für einen Moment in die arabischen Zeiten Sevillas eintauchen möchte, sollte die Bäder **Baños Árabes** unweit der Alcázares besuchen: c/ Aire, Tel. 955.01. 00.24/25/26, www.airedesevilla.com. Die Bäder stammen nicht original aus jener Zeit, sondern sind nachgebaut. Es lohnt sich auch ein Besuch in der dazugehörigen **Tetería** (16–24 Uhr, Fr/Sa bis 2 Uhr); weitere Öffnungszeiten (Bäder): 10–14 Uhr (letzte Behandlung) und 16–22 Uhr, Fr und Sa letzte Behandlung 24 Uhr; Preise: Badbesuch 26 €, mit 15-minütiger Massage 37 € und dann aufwärts je nach Behandlung.

Barrio Santa Cruz und Umgebung

Das Viertel Santa Cruz grenzt an die Mauern des Alcázar und erstreckt sich nordöstlich davon zwischen der Calle Santa María la Blanca und der Kathedrale. Das ehemalige **Judenviertel** entstand in der Zeit der Herrschaft *Ferdinands III.,* der die Juden unter seinen Schutz gestellt hatte. Es bezaubert durch die verwinkelten kleinen Gassen, die verträumten Innenhöfe und die farbigen Hausfassaden, auf welche die Blumenpracht noch zusätzliche Farbtupfer setzt.

Allerdings strömen vor allem im Frühjahr und Herbst viele Touristengruppen durch das Viertel und erschweren verträumte Spaziergänge und stille Romantik. Davon sollte man sich jedoch nicht abschrecken lassen. Die Gruppen folgen unter der Führung professioneller Reiseleiter oft festgelegten Routen. So hat man die Chance, früh morgens oder zur Mittagszeit auch zur Hochsaison eine kleine einsame Gasse anzutreffen oder den Anblick eines Innenhofes nicht mit mindestens dreißig Augenpaaren teilen zu müssen.

Hospital de los Venerables

Das Viertel erscheint zunächst ein wenig unübersichtlich. Mehrere schöne Wege führen ins Zentrum, einer davon vom Patio de Banderas vor dem Alcázar unter einem Bogen hindurch die Calle Judería entlang. An den Mauern des Alcázar vorbei geht man durch die Callejón de Agua. Von hier aus gelangt man über die Calle Pimienta zur Plaza de los Venerables mit dem gleichnamigen Hospital.

Das ehemalige **Altersheim für Priester** wurde in der zweiten Hälfte des 17. Jh. errichtet. Sehenswert ist vor allem der mächtige Patio mit einem **Brunnen,** der auf einer tieferen Ebene angelegt ist. Es ist der einzige dieser Art in Andalusien. Seine besondere Lage verdankt er einem physikalischen Umstand: Es gab Probleme mit dem Wasserdruck, und deshalb legten ihn die Konstrukteure tiefer als das Straßenniveau. Daneben stößt man auf eine beeindruckende **Treppe** von *Leonardo de Figueroa* – Stellvertreter der Sevillaner Barockbaukunst –, über der sich eine bezaubernde Kuppel befindet, deren Bemalung die täuschend echt wirkende Illusion einer hölzernen Oberfläche erweckt.

Die angrenzende **Kapelle** beherbergt zwei wertvolle Skulpturen des Bildhauers *Pedro Roldán:* die Darstellung von *San Fernando,* dem Eroberer Sevillas, und *San Pedro,* dem das Hospital gewidmet ist – sie stehen rechts und links vom barocken Hochaltar, der ungewöhnliche goldene Klinker aufweist. Heute ist in diesem Gebäude die Stiftung Focus untergebracht, die zahlreiche kulturelle Veranstaltungen in Sevilla organisiert.

Von November bis Mai finden in der Capilla des Hospitals **Orgelkonzerte** statt. Der Eintritt ist meist frei, genaue Daten für Veranstaltungen können dem Veranstaltungskalender „El Giraldillo" entnommen werden.

■ **Hospital de los Venerables,** tägl. 10–13.30 und 16–19.30 Uhr; Eintritt 5,50 €, ermäßigt 2,75 €, nur mit Führung (span. und engl.), die bei Zustandekommen einer Gruppe stattfindet. Derzeit Eintritt frei für Kinder unter 12 Jahren und So 16–19.30 Uhr. Tel. 954.56.26.96.

Rund um die Plaza de Santa Cruz

Die Callejón de Agua verläuft weiter entlang der Alcázar-Mauern zur Plaza Alfaro und von dort links zur etwas versteckt gelegenen **Plaza de Santa Cruz.** Ein schmiedeeisernes Kreuz in der Mitte des Platzes, „La Cruz de la Cerrajería", gab diesem Platz und dem Viertel seinen Namen. Hier soll sich einst die Synagoge befunden haben. Die Calle Mezquíta führt zur Plaza de los Refinadores mit der **Statue Don Juan Tenorios,** einer der mythischen Figuren der Literatur, die zum Bild von der „anmutigen Stadt" beigetragen hat.

Von der Plaza Santa Cruz führt die Calle Santa Teresa vorbei am **Convento de San José del Carmen,** in dem sich interessante persönliche Gegenstände der berühmten Literatin des mystischen Zeitalters, Schwester Teresa aus Ávila, befinden. Direkt gegenüber steht das Wohnhaus des Künstlers **Murillo.** Von hier aus geht es hoch zur **Iglesia Santa Cruz** aus dem 17. Jh. Die Fassade dieser Kirche blieb zweihundert Jahre unvollendet, bis schließlich 1929 der Architekt *Juan Talavera* das Werk abschloss.

Rechts von der Plaza de Santa Cruz befindet sich eine schöne Parkanlage, die **Jardínes de Murillo,** mit einem Denkmal zu Ehren der katholischen Königin *Isabella.*

Casa de Pilatos

Unweit des Barrio Santa Cruz kann dieses weitere beeindruckende **Bauwerk der Mudéjar-Kunst** bewundert werden. Die Verlängerung der Calle Santa María La Blanca, die Calle San José, führt in nördlicher Richtung zur Kirche San Cristobal, von hier aus geht es die Calle Vírgenes hinunter zur Kirche San Ildefonso und von dort zur Casa de Pilatos.

Das Gebäude gehörte zum Besitz des *Marqués de Tarifa* (der Herzöge von Alcalá, heute im Besitz der *Medinaceli*) und entstand Ende des 16. Jh. Allein schon das Eingangsportal ist ein architektonisches Glanzstück, bei dem gotische, arabische und plattereske Elemente miteinander verschmelzen. Der Palast selbst ist neben dem Alcázar eines der Meisterwerke der Mudejar-Architektur in Andalusien. Die Wände der unteren Galerie sind mit Fliesen und Stuckverkleidung versehen, der **Salon del Pretorio** bietet eine Pracht an mudejarer Dekorationskunst. Antike Statuen im Innenhof des Palastes, darunter Ceres und Athena, verstärken die kuriose Mischung.

Eine Reise nach Jerusalem soll den Adelsmann zum Bau seines Palastes in-

an14-009 ba

spiriert haben. Der Marqués soll sich auf der Rückreise auch einen Abstecher nach Italien gegönnt haben, von wo er Baupläne für seine *casa* mitnahm. Auch ein Portal sowie Marmorsäulen und einen genuesischen Brunnen ließ er sich von dort kommen. Kinofans dürften beim Anblick des Brunnens im Hof Szenen aus den Filmen „Lawrence von Arabien" und „1492 – Die Eroberung des Paradieses" vor dem geistigen Auge erscheinen.

Angeblich wurde an der Stelle des Palastes die erste Station des im 15. Jh. entstandenen Kreuzweges **Cruz del Campo** errichtet, womit die Anlehnung an den Namen *Pilatus* zu erklären wäre. Der „Cruz del Campo" endet übrigens am Ostende der Calle de Luis Montoto im Neubauviertel Sevillas, nicht weit entfernt vom Hauptbahnhof – genau dort, wo gewitzte Geschäftsleute nicht ohne Sinn für Humor ihre Bierbrauerei Cruzcampo hingepflanzt haben.

■ **Casa de Pilatos,** täglich 9–18 Uhr, Tel. 954.22.52.98. Eintritt 8 €; wer nur die untere Etage besichtigen will, was im Grunde genommen reicht, um einen Eindruck von der Anlage zu gewinnen, zahlt 6 €. Allerdings ist der Eintritt Mi 15–19 Uhr für EU-Bürger derzeit sogar frei!

Altstadtrundgang

Archivo General de Indias

Ausgangspunkt des Spaziergangs ist die Kathedrale. Zwischen ihr und dem Alcázar, an der Plaza de Triunfo, liegt die ehemalige **Casa de Lonja** aus dem 16. Jh., die Warenbörse Sevillas, in der später das Archivo de Indias untergebracht wurde. Die Architektur des Gebäudes ist eines der wichtigsten Beispiele für den Manierismus in Sevilla. Die Entdeckung Hispano-Amerikas, der Handel mit der „Neuen Welt" und ihre gesamte Verwaltung sind in dem Archiv dokumentiert – die Akten dürfen nur mit einer speziellen Erlaubnis konsultiert werden. Für die Öffentlichkeit ist ein großer Raum zugänglich, in dem man sich einen Eindruck vom Aufbau des Archivs machen kann.

■ **Archivo General de Indias,** Mo–Fr 9.30–17 Uhr, So 10–14 Uhr, Eintritt frei. Für Forschungszwecke (beantragen, offizielles Schreiben notwendig) 8–15 Uhr, Tel. 954.50.05.28.

Palacio Arzobispal

An der Ostseite der Kathedrale befindet sich der Palacio Arzobispal. Durch das spätbarocke Portal, ein Werk von *Lorenzo Fernández de Iglesias* und *Diego Antonio Díaz* aus den Anfängen des 18. Jh., betritt man zwei schöne manieristische Innenhöfe aus der zweiten Hälfte des 16. Jh. Am Ende des zweiten steht ein Nebengebäude, zu welchem eine prachtvolle Treppe hinaufführt. Es beherbergt das **erzbischöfliche Archiv** mit wertvollen historischen Dokumenten.

◁ Casa de Pilatos

Wikingerschiff contra U-Bahn

Die **Plaza Nueva** mit dem Denkmal zu Ehren *Fernandos III.* birgt ein unsichtbares Geheimnis, von dem selbst viele Sevillanos nichts wissen: Unter ihr liegt ein Wikingerschiff. Im Zuge der Planung einer U-Bahn wurde es entdeckt, konnte aber nicht geborgen werden und führt daher weiterhin sein **unterirdisches Schattendasein.** Die Baupläne für die U-Bahn wurden derweil wieder über Bord geworfen. Diese Geschichte mag unglaublich klingen, ist aber nicht ganz so absurd, wie sie scheint. Die Menschen aus dem Norden, von den Mauren „Magiogen" genannt (damit waren die Wikinger gemeint), machten im 9. Jh. die andalusischen Küsten und auch die Gebiete um die schiffbaren Flüsse herum unsicher. Früher verlief ein Seitenarm des Guadalquivir durch das Zentrum mit der Plaza Nueva, um dann schließlich im Viertel El Arenal wieder in den Hauptarm zu münden. Somit ist zu erklären, wie ein Schiff zur heutigen Plaza Nueva gelangen konnte. Was die Plaza Nueva betrifft, machten die Stadtväter aus dem U-Bahn- ein **Straßenbahnprojekt.** Busse und Autos wurden kurzerhand aus dem inneren Bereich des Zentrums verwiesen, nun fahren Straßenbahnen vom Prado de San Sebastián bis zur Plaza Nueva. Die Teerstraßen sind verschwunden und durch großflächige Steinquader ersetzt worden. Der ganze Bereich wurde in eine weitaus schönere **Fußgängerzone** verwandelt. Störten vorher noch stinkende Busse einen gemütlichen Spaziergang von der Puerta de Jerez entlang der Avenida de la Constitución zur Kathedrale, lässt es sich hier nun genüsslich flanieren. Und ganze 35 Jahre nach Beginn der Planung wurde 2007 die erste Straßenbahnlinie eingeweiht: die Linie 1 von Aljarafe und Montequinto nach Sevilla.

Rathaus

Folgt man vom Haupteingang der Kathedrale der Avenida de la Constitución in nördlicher Richtung, bewegt man sich direkt auf einen prachtvollen **Renaissancebau** mit teilweise platereske Fassade zu: das 1527 von *Diego de Riaño* entworfene Rathaus *(Ayuntamiento)*. Im 19. Jh. wurde der Bau erweitert; aus dieser Zeit stammt die neoklassizistische Fassade zur Plaza Nueva mit dem Haupteingang.

Plaza del Salvador

Von der kopfsteingepflasterten Plaza San Francisco führt die Calle F. Bruna am Ende des Platzes rechts hoch zur Plaza Salvador. Was an diesem Platz beeindruckt, ist das unbeschwerte, heitere Leben, das sich auf ihm abspielt – an einem sonnigen Tag oder in einer lauen Nacht. Gerade im Frühjahr ist es traumhaft, hier die ersten Sonnenstrahlen zu genießen und sich so gar nicht als Tourist, sondern inmitten des sevillanischen Lebens zu fühlen. Junge Menschen sitzen auf den Treppen vor der **Iglesia del Salvador** (offiziell Iglesia Colegial del Divino Salvador) mit der prachtvollen barocken Fassade, an der *Leonardo de Figueroa* entscheidend mitwirkte, es wird Gitarre gespielt, und man kann sich einfach dazuhocken und das Treiben beobachten oder mitmischen. Gegenüber sind vor den kleinen Bars Holztische aufgebaut. Am Ende des Platzes sitzen oft Pärchen, Familien und ältere Herrschaften und beobachten beim Eisessen die herrlich belebende Atmosphäre. Die Rushhour an diesem Platz ist zwischen

14 und 16 Uhr und dann wieder ab 20 Uhr. Spätestens ab 1 Uhr nachts ist er meist wie leergefegt, und die ganze Menschenmenge – die Spanier sagen dazu *movida* – verteilt sich auf andere Viertel oder Plätze.

An dieser höchsten Stelle Sevillas wurde die älteste Moschee, die **Mezquíta Mayor,** im 9. Jh. während des Kalifats *Abd ar-Rahmans II.* errichtet, dort, wo sich heute die Iglesia del Salvador befindet. Reste von ihr sind im Seiteneingangsbereich in einem Innenhof, vermutlich dem damaligen Vorhof, zu begutachten. Der Innenhof ist nicht immer geöffnet, in der Regel stehen die Tore aber zu den Hauptgeschäftszeiten offen.

Von dem im Volksmund *Plaza del Pan* genannten Platz auf der Rückseite der Kirche eröffnet sich ein sehr schöner Blick auf die mächtigen Kuppeln des Gebäudes, und die Bar Europa bietet eine ruhige Alternative zum lebhaften Treiben an der Plaza Salvador.

■ **Iglesia del Salvador,** Tel. 954.21.16.79. Mo–Sa 11–17.30 Uhr, So 15–19 Uhr, Eintritt 4 € oder 8 € für Kathedrale und Iglesia zusammen.

El Metropol Parasol

Las Setas de la Encarnación (die Pilze der Fleischwerdung) – so nennen die Sevillaner eine der neuesten architektonischen Errungenschaftn der Stadt an der Plaza de la Encarnación. Das an Pilze erinnernde wabenartige Gebilde ist das Werk des Berliner Architekten *Jürgen*

☐ Las Setas de la Encarnación

224an bn

Museo del Baile flamenco

Haben Sie sich schon einmal in eine künstliche Erscheinung verliebt? Dann Vorsicht beim Besuch des Museo del Baile flamenco (kurz **mbf**), denn hier begegnen Ihnen **Projektionen von Tänzerinnen und Tänzern** in Menschengröße, die Ihnen auf einer Art Bühne die verschiedenen Varianten des Flamencotanzes vermitteln, so als würden sie nur für den Betrachter tanzen. Und für einen Augenblick lassen sie vergessen, dass sie nicht real sind.

Mit dem Museum ist eine außergewöhnliche Huldigung an den ausdrucksstarken Tanz Spaniens bzw. Andalusiens geglückt, fernab von Folklore, sondern vielmehr als ein Tor zur **Flamencowelt** mit ihren tief gehenden Wurzeln in den unterschiedlichsten Kulturen. Das Museum vermittelt einen Eindruck der Persönlichkeiten, die dem Flamencotanz im Laufe der Zeit ihre ganz eigenen Gefühle und Interpretationen verliehen haben.

Diese Tiefe wird verstärkt durch *Cristina Hoyos*, der „Grande Dame" des Flamencotanzes und Seele des Museums: „Ich möchte mit dem Museum dem Tanz das wiedergeben, was er mir über so viele Jahre geschenkt hat". Unterstützt wird sie von einem ambitionierten, mehrsprachigen Team, allen voran *Tina Panadero* und der Deutsche *Dr. Kurt Grötsch.*

Wird mit dem Wort Museum nicht selten ein angestaubter, bisweilen langweiliger Kontext assoziiert, bekommt es hier eine völlig neue Bedeutung. **Beeindruckende Technik** und Modernität sind geschickt mit der Schönheit des Gebäudes, einem Stadtpalast aus dem 18. Jh. mit säulengesäumten Innenhof, auf drei Ebenen verknüpft worden.

Außergewöhnlich ist auch das Kellergewölbe, dass u. a. als Trainingsstätte genutzt wird. Professioneller Flamenco-Unterricht ist hier garantiert, neben **Tanz**- wird auch **Gitarren- und Gesangsunterricht** angeboten. Des Weiteren finden regelmäßig Veranstaltungen statt. Im Museumsshop gibt es reichlich Fachlitertur zum Thema.

192an bn

- **Kosten für Tanzunterricht:** 1 Privatstunde 60 €, Intensivkurs 1 Woche ca. 200 €.
- **Museo del Baile flamenco** (mbf), c/ Mauel Rojas Marcos 3, Tel. 954.34.03.11, www.museoflamenco.com, von der Plaza del Salvador aus der Calle Cuesta de Rosario folgen, rechts in die c/ M.R. Marcos abbiegen, geradeaus gehen, etwas versteckt liegt das Museum in einer schmalen Gasse. Täglich 10–19 Uhr (April–Okt.) geöffnet, Rest des Jahres bis 18 Uhr, Eintritt 10 €, ermäßigt 8 €, Kinder 6–12 Jahre 6 €, jeden Abend 19–20 Uhr Flamenco-Show, im Frühjahr und Herbst sogar zwei Shows am Abend, Eintritt 20 €, ermäßigt 14 €, Kinder 12 €.

◁ Camarón de la Isla – eine Legende des Flamenco

Mayer und mutet inmitten der Altstadt erst einmal ungewöhnlich an. Offiziell heißt das Gebäude, das aus mit Polyurethan beschichtetem Holz und Beton erbaut wurde, „El Metropol Parasol". Es hat die beachtliche Größe von 150 x 70 Metern und ist stolze 26 Meter hoch. Nachdem die Bauarbeiten bereits 2005 begonnen hatten, konnte das „Verschönerungsprojekt" der Stadt im März 2011 eingeweiht werden. Untergebracht sind hier verschiedene kleine Geschäfte, ein Aussichtspunkt sowie das archäologische **Museo Antiquarium** im Untergeschoss. Las Setas sind nicht weit entfernt von der Calle de la Cuna (parallel zur Calle Sierpes), die man bis zum Ende geht und sich dann rechts hält.

■ **Mirador Metropol Parasol,** für den Aussichtspunkt müssen 3 € bezahlt werden, Kinder unter 12 Jahren frei. Geöffnet So–Do 10.30–24 Uhr, Fr/Sa 10.30–1 Uhr.

■ **Museo Antiquarium,** Eintritt 2 € (wer über eine Eintrittskarte für den Real Alcázar verfügt, muss hier nicht mehr extra zahlen), Kinder unter 16 Jahren Eintritt frei, Di–Sa 10–20 Uhr, So 10–14 Uhr, Mo geschlossen.

Calle Sierpes

Auf der **Einkaufsstraße** Calle Sierpes herrscht vormittags und am späten Nachmittag eine **quirlige Atmosphäre.** Das Getümmel wird zwischendurch von lauten „Para hoy"-Rufen („für heute") durchdrungen. Sie stammen von den Lotterieverkäufern der **Organisation Once,** die dort an den Straßenecken stehen und die Lottoscheine des Tages ver-

☐ Kutscher auf der Feria de Abril; spanischer Sombrero gefällig?

047an rc

039an bn

kaufen. Das ist kein anrüchiger Handel, sondern eine sinnvolle Maßnahme, um den in vielen Fällen blinden Menschen eine Verdienstmöglichkeit zu bieten. Jeden Abend um 21.30 Uhr werden im Spanischen Fernsehen (Tele 5) die Lotteriezahlen unter notarieller Aufsicht gezogen. Diese Institution ist in ganz Spanien vertreten.

Museo de Bellas Artes

Vom Ende der Calle Sierpes schlendert man zur Plaza Duque de la Victoria und weiter die Calle Alfonso XII. Richtung Fluss zum Museo de Bellas Artes. Auf mittlerer Höhe der Straße befindet sich seit 1839 das Museum an der Plaza de Museo innerhalb alter **Klostergemäuer** aus den Anfängen des 17. Jh. Nach dem Prado in Madrid ist dieses Museum eines der bedeutendsten Spaniens. Schon das Gebäude selbst ist sehenswert, nicht zuletzt wegen der drei schönen Patios, um welche die Ausstellungsräume herumführen. Das Museum besitzt wertvolle Bilder berühmter Künstler aus dem Barock, Schüler der sogenannten **Sevillaner Malschule.** Vor allem Werke der großen Meister *Bartolomé Esteban Murillo, Francisco de Zurbarán* und *Juan de Valdés Leal* sind hier zu sehen. Die Fassade des Gebäudes ist rötlich und ocker wie die Erde Andalusiens, eine Farbkombination, die sowohl bei der Sevillaner Malschule als auch in der Sevillaner Barockarchitektur gebräuchlich war.

■ **Museo de Bellas Artes,** Di–Sa 10–20.30 Uhr, So/Fe 10–17 Uhr, Mo geschlossen, Tel. 955.54.29.42. Eintritt für EU-Bürger frei, ansonsten 1,50 €.

Alameda de Hércules

Die Alameda de Hércules blickt auf eine lange Tradition als **sonntäglicher Treffpunkt der Sevillanos** zurück. In den letzten Jahrzehnten war sie für Besucher eine irritierende Mischung aus nächtlichem Straßen-Rotlichtviertel, Parkplatz den Tag über und gleichzeitig beliebtem Ausgehviertel junger Menschen, Künstler und Intellektueller. Mitunter sah man in den Monaten vor der Semana Santa eine *Hermandad* (Bruderschaft) mit schleppenden Schritten ein mit schweren Säcken beladenes Holzgestell quer über den Platz tragen, um sich auf ihren großen Auftritt in der Karwoche vorzubereiten – nicht selten von Prostituierten „begleitet", die ehrfurchtsvoll ihren Kopf neigten. Dieses skurrile Bild hat sich nach einem gründlichen Hausputz gewandelt. Der staubig-sandige Platz wurde gepflastert, Autos fahren hier nicht mehr, und damit verschwand auch der Parkplatz. Rundherum haben sich noch mehr **Cafés und Bars** angesiedelt, und mehr denn je wird junges und jung gebliebenes Volk angezogen. Das Ziel der Stadtverwaltung, „zwielichtige Gestalten" fernzuhalten, scheint erreicht worden zu sein.

Für die einen zum Bedauern, für die anderen zur Freude, wurde auch der allsonntäglich stattfindende, vor allem von *Gitanos* aus dem Boden gestampfte, **Trödelmarkt** an die Uferpromenade des Guadalquivir, gegenüber der Isla Cartu-

▷ Die Markthalle (links) grenzt direkt an die Iglesia Omnium Sanctorum

ja, verlegt. Auch die Stände für den Donnerstagmarkt werden nun wieder wie ursprünglich auf der Calle Feria aufgebaut.

Die Entstehungsgeschichte der Alameda de Hércules erweist sich als mindestens ebenso interessant wie ihre heutige Vitalität. Bis ins 16. Jh. hinein verlief hier ein Seitenarm des Guadalquivir. Zu dieser Zeit wurde mit einer groß angelegten architektonischen Umgestaltung Sevillas begonnen: Es sollten sichtbare Zeichen der einflussreichen römischen Zeit Sevillas aufgestellt werden, und so transportierte man kurzerhand **römische Säulen** aus der Calle Mármoles, wo einst ein Römertempel gestanden hatte, in den trockengelegten Flussarm. Noch heute stehen diese Säulen am Anfang der Alameda. Die Figur des Herkules auf einer der Säulen gab der Allee ihren Namen. Den Plan für die Alameda entwarf *Diego Pesquera*. An ihrem Ende wurden im 18. Jh. zwei weitere, neue Säulen mit den Wappen des Königreichs Kastilien und der Stadt Sevilla aufgestellt.

Man sollte sich in diesem Viertel mit einer angemessenen Aufmerksamkeit bewegen. Ein Tourist ist in der Regel leicht zu erkennen – dieser Situation sollte man sich bewusst sein und dementsprechend achtgeben. Auch Sevillanos müssen auf ihre Börse aufpassen, und das nicht nur in der Alameda. Wie in allen großen Städten Europas ist der Besucher auch in Sevilla vor Kriminalität nicht geschützt.

Markthalle

Wenn man am Ende der Alameda die Calle Peris Mencheta hinaufläuft, stößt man direkt auf die schönste Markthalle Sevillas, die noch aus dem 16. Jh.

034an bn

035an bn

stammt. Sie liegt direkt an der Calle Feria. In einer kleinen Gasse, die links am Markt entlang führt, gibt es eine *pastelería* („Konditorei"), in der man wunderbar frühstücken kann, um dann gestärkt durch die Halle zu streifen. Der Markt ist montags bis samstags von 9 bis 14 Uhr geöffnet. (Fisch wird allerdings nur von Dienstag bis Samstag verkauft.)

An der **Calle Feria** treffen sich jeden Donnerstagvormittag Händler und Besucher über die gesamte Straßenlänge zu einem Markt, der dem sonntäglichen Alameda-Markt nicht unähnlich ist.

Iglesia de Omnium Sanctorum

In einer schmalen Gasse rechts vom Markt, im kühlenden Schatten des Gemäuers der angrenzenden gotischen Iglesia de Omnium Sanctorum mit vielen **mudejaren Stilelementen** aus dem 14. Jh., können zur Mittagszeit die billigsten und frischesten Fisch-Tapas von ganz Sevilla genossen werden. Ein Blick auf die Kirche beweist wieder, wie faszinierend die Mischung verschiedener Stilelemente wirken kann. Die Fenster mit Vielpassbögen und der für die Mudéjar-Kunst so typischen Keramik sind an diesem christlichen Gebäude nicht zu übersehen.

Gelände der Weltausstellung von 1929

Von der **Puerta de Jerez** führen die Calle San Fernando oder parallel dazu die Calle Palos de la Frontera am **Hotel Alfonso XIII.** vorbei, ein Prachtbau im neomaurischen Stil aus den 1920er Jahren und Topadresse unter den Hotels der Stadt. Auf der anderen Straßenseite steht der prachtvolle Barockbau **Palacio de San Telmo,** ein typisch kastilischer Rechteckbau mit vier Türmen um einen großen Innenhof. Nicht zu übersehen ist, dass dieses Gebäude das Thema Schifffahrt berührt. Schon im Portal steht die Statue von San Telmo, dem Patron der Seefahrer. Die zahlreichen Figuren an der Nordseite des Palastes stellen berühmte Sevillaner Persönlichkeiten dar.

Universität Sevilla

Hinter dem Hotel Alfonso XIII. liegt ein weiteres interessantes Gebäude aus dem 18. Jh., das die reale Vorlage für eine der bekanntesten **Opernkulissen** ist. Wo heute Studenten über Büchern brüten, wurden einst mühselig Tausende von Zigarren für die feine Männergesellschaft von den Händen Sevillaner Frauen gedreht. Ihr Arbeitsplatz war dabei zugleich auch ihre Wohnung. Stellvertretend für sie steht die von *Prosper Merimée* geschaffene literarische Figur der legendären **Carmen,** die auch die Protagonistin in *Bizets* gleichnamiger Oper ist. In der **ehemaligen Tabakfabrik** sind heute die juristische Fakultät und das Philosophikum der Universität Sevilla untergebracht.

Teatro Lope de Vega

Der Calle Palos de la Frontera folgend gelangt man geradewegs zum Teatro Lope de Vega, das zum Ausstellungsgelände der Ibero-Amerikanischen Ausstellung von 1929 gehört. Allein die barocke Inneneinrichtung dieses Baus ist sehenswert. Hier wird nicht nur Theater, sondern auch erstklassiger Flamenco aufgeführt.

Parque María Luisa

Auf der gegenüberliegenden Seite erstreckt sich Sevillas grüne Lunge, der Parque María Luisa. Die Anlage wurde von dem Franzosen *Lecolant* entworfen. Ursprünglich gehörte das gesamte Gelände zum Palacio San Telmo und wurde dann Ende des 19. Jh. der Stadt übergeben. Während der Diktatur *Primo de Riveras* wurde Sevilla für die Ibero-Amerikanische Ausstellung von 1929 neu gestaltet, so auch das Ausstellungsgelände selbst. Bereits 1911 wurde die neue Bebauung in Angriff genommen: Man schuf Plätze, wie die Plaza de España (1923–28) oder die Plaza de América (1911–19) am Ende des Parks, und neue Gebäude wurden errichtet, darunter das Teatro del Coliseo und das Teatro Lope de Vega, ein Casino für die Ausstellung und eine Ansammlung von Pavillons rund um das Theater.

Der Architekt *González Álvarez Ossorio* verband in der halbkreisförmigen Anlage an der **Plaza de España** – hier sind u. a. das spanische Militär und diverse öffentliche Einrichtungen untergebracht – verschiedene architektonische Stilrichtungen miteinander. Wie ein historisches Bilderbuch erzählen die auf Kacheln gemalten Bilder an der Fassade vom jeweiligen geschichtlich bedeutsamsten Ereignis der acht Provinzen Andalusiens. Allsonntäglich schlendern die Sevillanos über diesen Platz mit großem Brunnen und künstlich angelegtem Wasserlauf, den man mit kleinen Bötchen entlangrudern kann. Es ist wohl kein Zufall, dass der Parque María Luisa mit seinen romantischen Ecken auch Gedenkstätte für den bekanntesten Romantiker und Poeten Sevillas, *Gustavo Adolfo Bécquer* ist, dem hier ein Denkmal gesetzt wurde.

An den Süden des Parks grenzt die **Plaza de América** mit drei weiteren beeindruckenden Gebäuden: dem Pabellón Real im spätgotischen Stil, dem Pabellón Renacimiento, in dem sich das **Archäologische Museum** befindet, und dem Pabellón Mudejar mit dem **Museo de Artes y Costumbres Populares,** das das volkstümliche Leben in Andalusien dokumentiert. Es macht Spaß, den Kindern zuzuschauen, wie sie vergnügt den *palomas blancas* hinterherjagen. Selbst die Tauben wirken in Sevilla malerischer als anderswo, denn hier sind sie nicht grau, sondern blütenweiß gefiedert.

- **Museo Arqueológico,** Di–Sa 10–20.30 Uhr, So/Fe 10–17 Uhr, Mo geschlossen, Tel. 955.12.06.32. Eintritt für EU-Bürger frei, ansonsten 1,50 €.
- **Museo de Artes y Costumbres Populares,** Di–Sa 10–20.30 Uhr, So/Fe 10–17 Uhr, Mo geschlossen, Tel. 954.71.23.91. Eintritt für EU-Bürger frei, sonst 1,50 €.

Auch die große **Avenida de la Palmera,** die am Weltausstellungsgelände und am Parque María Luisa entlangführt, ist in dieser Zeit entstanden. Links und rechts wird sie von Palmen und prachtvollen Bauten verschiedener Stilrichtungen, von Mudéjar bis zum englischen Landhausstil, gesäumt. Sie führt schließlich am **Fußballstadion Campo de Betis** vorbei aus der Stadt hinaus gen Süden.

La Macarena

Hervorstechendes Merkmal des zur Altstadt gehörenden Viertels Macarena ist das gut erhaltene Stück der **Befestigungsmauer** mit insgesamt acht Wehrtürmen. Sie wurde im 12. Jh. von den Almoraviden erbaut und dann von den Almohaden, später von den Christen verstärkt. Die *muralla* liegt direkt an der Calle Muñoz León und kann nicht bestiegen werden.

Das Viertel mit seiner zentralen Straße, der Calle Feria, hat einen ganz eigenen Charme. Hier wohnt die einfache Bevölkerung. Die Häuser strahlen nicht den Glanz aus, für den Sevilla gerühmt wird, aber das Ambiente wirkt authentisch. Man sollte ihm mit der nötigen Vorsicht begegnen, die für unbekannte Stadtecken jenseits der klassischen Touristenpfade selbstverständlich sein sollte. Ein charakteristischer Platz ist zum Beispiel die **Plaza de Pumarejo** mit einem Kiosk, einer Tapas-Bar und einem netten Tante-Emma-Laden.

Basilica de Nuestra Señora de la Esperanza

Das Herz des Viertels, die Basilica de Nuestra Señora de la Esperanza, im Volksmund einfach „Basilica de la Macarena" genannt, steht an der **Puerta de la Macarena,** einem Tor, das zur Stadtmauer gehört. Insbesondere in der *Semana Santa* rückt diese Kirche ins Rampenlicht (siehe Exkurs im Kapitel „Kunst und Kultur: Feste und Feiertage"). Hier wird die von den Bewohnern des Viertels tief verehrte **Virgen de la Macarena** aufbewahrt. Berühmt wurde diese Marienfigur durch ihren hingebungsvollem Gesichtsausdruck, der sie zur wichtigsten *virgen* Sevillas machte. Davon sind zumindest die Bewohner des Viertels überzeugt; die Trianeros wiederum sind damit nun gar nicht einverstanden, halten sie doch ihre Virgen de la Esperanza für genauso bedeutsam und verehrungswürdig. Zur Basilica gehört auch ein Museum.

■ **Basilica de Nuestra Señora de la Esperanza,** Mo–So 9.30–14 und 17–21 Uhr, Eintritt frei, Museum 9.30–14 und 17–20.30 Uhr, Eintritt 5 €, ermäßigt 3 €. Tel. 954.90.18.00.

Hospital de la Sangre

Gegenüber der Puerta de la Macarena steht das stolze Hospital de la Sangre, das im 16. Jh. entstand. Noch im 20. Jh. diente es als Krankenhaus, seit seiner Restaurierung im Jahr 1992 steht es nun dem andalusischen **Parlament** zur Verfügung. Viele Sevillanos sind stolz darauf, noch zu denen zu gehören, die in diesem traditionsreichen Krankenhaus das Licht der Welt erblickten.

Plaza de los Terceros

Hinter der Basilica de la Macarena führt die Calle San Luis, an der Iglesia San Gil vorbei, zur Plaza Pumarejo. Der nun folgende Weg wird von interessanten alten Gemäuern, Kirchen und Klöstern gesäumt. Von der Plaza de Pumarejo der Calle San Luis folgend, stößt der Spaziergänger auf zwei Kirchen, die viele mudejare Elemente aufweisen und typisch für dieses Viertel sind. Weiter geht es zur

Plaza San Marcos und durch die Calle Bustos Tavera bis zur Plaza de los Terceros. Hier lädt das allgemein als **älteste Bar Sevillas** bekannte **El Rinconcillo** zu einer kleinen Verschnaufpause ein. Das Portal der Franziskanerkirche an diesem Platz entstand zwar unter den Einflüssen des Spätbarocks, aber der Künstler – vermutlich der portugiesische Mönch *Manuel Ramos* – erlaubte sich hier auch kreative Freiheiten. Irgendwo verbirgt sich in dem Portal sogar ein Hauch von Hispano-Amerika.

Von der Torre del Oro zum Viertel Triana

Der Fluss Baetis, wie der Guadalquivir zu römischen Zeiten genannt wurde, war einst der bedeutendste Fluss Spaniens, auf dem viele Waren transportiert wurden. Hier landeten die mit Gold, Silber und Gewürzen beladenen Schiffe und löschten ihre Waren vor der **Torre del Oro,** dem „Goldturm", neben der Giralda das Wahrzeichen der Stadt. Wenn am Abend die Sonne untergeht, dann umhüllt die Torre del Oro ein goldenes warmes Licht, und man erahnt, wie der Name für diesen Turm entstanden sein muss. Das Bauwerk der Almohaden aus dem Jahr 1220 war angeblich vollständig mit goldenen Fliesen versehen. Auf der gegenüberliegenden Uferseite stand ein weiterer Turm, und eine zwischen den beiden gespannte eiserne Kette sicherte den Hafen vor unerwünschten Eindringlingen.

In der Torre del Oro ist das **Schifffahrtsmuseum** untergebracht. Geöffnet Mo–Fr 9.30–18.45 Uhr, Sa/So 10.30–18.45 Uhr, Eintritt 3 €, ermäßigt 1,50 €, Kinder unter 6 Jahren frei.

Torre del Oro am Guadalquivir

027an bn

Nicht weit entfernt vom Goldturm steht ein von vielen unbeachteter „kleiner Bruder“, die **Torre de la Plata** („Silberturm“). Man muss nur auf die gegenüberliegende Straßenseite gehen und die rechts liegende Einfahrt zum modernen Versicherungsgebäude hochlaufen, und plötzlich liegt der Blick frei auf diesen Turm und ein beachtliches Stück der alten Stadtmauer. Durch einen Wehrgang bestand ursprünglich eine Verbindung zwischen den beiden Türmen.

Hospital de la Caridad

Nicht weit entfernt von den beiden Türmen steht in der Calle Temprado, einer Parallelstraße zum Paseo de Colón, das Hospital de la Caridad mit einer kleinen Kapelle. Wie viele Kirchen und Museen in Sevilla birgt auch das Hospital kostbare Werke **andalusischer Maler** der Sevillaner Schule des 17. Jh., darunter solche Schmuckstücke wie Gemälde der Maler *Murillo* und *Valdés Leal*. Der Name des Gebäudes – *caridad* bedeutet Nächstenliebe – gibt einen Hinweis auf den Anlass für die Hospitalserbauung. Die „Bruderschaft der heiligen Barmherzigkeit“ kümmerte sich um zum Tode Verurteilte, ihr war der wohlhabende Bürger Sevillas, *Miguel de Mañara*, beigetreten, der den ursprünglichen Bau erweitern ließ und das Hospital für Arme und Kranke gründete. In Anbetracht seines bisherigen Lebens, in dem es ihm an nichts gefehlt hatte, machte er sich nun ernsthafte Gedanken über die Weltverachtung, die Nächstenliebe und den Tod. Mit der Darstellung dieser Themen beauftragte er verschiedene Künstler Sevillas, um das Hospital damit zu gestalten.

In der kleinen Kapelle und im Vorraum befinden sich diese Meisterstücke der andalusischen Maler, in denen sich die Krisen der Zeit widerspiegeln. Vortrefflich veranschaulicht **Valdés Leal,** dass Reich und Arm gleichermaßen vom Tod dahingerafft, von der Pest gepeinigt werden. So ist auf einem seiner Gemälde ein von Würmern bereits arg angenagter Bischof zu sehen, in seiner Gesellschaft ein Ritter, dem es nicht besser ergeht, und ein König, der nur noch ein Skelett ist. Angeblich soll sich *Murillo* jedes Mal beim Anblick des Bildes angewidert die Nase zugehalten haben. Nicht ganz so krass interpretierte **Murillo** das Thema Nächstenliebe mit seinem Gemälde, das die heilige *Elisabeth von Thüringen* bei der Pflege von Aussätzigen zeigt.

Die **Kapelle** des Hospitals ist ein Paradebeispiel für den spanischen Barock. Im Mittelpunkt des Altars steht der zu Grabe getragene Christus, Trauer und Schmerz sind sehr realistisch dargestellt.

Der Innenhof des Hospitals wurde mit blau-weiß bemalten **Kachelbildern** des holländischen Künstlers *de Wet* versehen. Sie stellen Szenen aus dem Alten Testament dar. Im Garten wurde für den Gründer des Hospitals ein Denkmal errichtet. Heute ist das Hospital ein Altersheim für Männer.

■ **Hospital de la Caridad,** Tel. 954.22.32.32. Mo–Sa 9.30–13 und 15.30–19 Uhr, So/Fe 9–12.30 Uhr, Eintritt 5 €.

Oper

Von hier aus gelangt man wieder zurück zum Paseo de Colón und geradewegs auf die Oper zu, unweit der Stierkampfarena. Die Oper wurde zur Weltausstellung 1992 errichtet. Um eine optimale Akustik zu erreichen, sang *Placido Domingo* während der Bauarbeiten und gab Tipps. Die Sevillaner nennen ihre Oper auch „olla a presión" („Schnellkochtopf") und treffen mit dieser Bezeichnung tatsächlich ein wenig das äußere Erscheinungsbild des Gebäudes.

■ **Teatro de la Maestranza,** Paseo de Colón 22–23, Tel. 954.22.33.44 oder Tel. 954.22.65.73 für den Ticketkauf, www.teatrodelamaestranza.com, über „Venta de Localidades" kommt man zur „compra-online", um auf der Website Tickets zu kaufen. Es gibt aber nach wie vor eine Kasse direkt am Theater.

Stierkampfarena

Die mit 14.000 Sitzen größte Stierkampfarena Andalusiens, **La Real Maestranza** aus dem 18. Jh., ist eine der wichtigsten Spaniens und wird mitunter auch die „Kathedrale der Stierkämpfer" genannt. Strahlend weiß, die Türen und Rahmen in den immer wiederkehrenden Farben ocker und rotbraun angemalt, steht sie stolz zum Fluss gerichtet. Zum Gebäude gehören auch eine kleine Kapelle für die *toreros* und ein Museum über die Geschichte der Maestranza und des Stierkampfs.

Mit der **Feria de Abril** werden im Frühjahr die Stierkämpfe eingeläutet und in der Regel sonntags bis in den Juni und dann wieder im September bis Mitte Oktober vollführt.

■ **La Real Maestranza** bzw. **Plaza de Toros,** Tel. 954.22.45.77, Besichtigung tägl. 9.30–19 Uhr, an Stierkampftagen 9.30–15 Uhr, August geschlossen. Eintritt 7 €, ermäßigt 4 €. Karten für einen Stierkampf sind direkt an der *taquilla* bei der Arena erhältlich. Wie in allen Stierkampfarenen sind auch hier die Plätze im Schatten die begehrtesten und teuersten. Karten kosten ab 15 €, April bis Sept. Auf www.realmaestranza.com findet sich unter „Real Plaza de Toros" der Unterpunkt „La Temporada", diesen anklicken und im Text dann auf rotes „aqui" klicken; es öffnet sich eine Seite mit den jährlich aktuell stattfindenden Stierkämpfen; unter „Entradas" gibt es Infos zu Preisen etc.

Triana

Gegenüber der Torre del Oro liegt am anderen Ufer das traditionsreiche Triana, ein eigenständiges Viertel. Noch heute betrachten stolze Trianeros Sevilla als einen Stadtteil Trianas. Das Seefahrer- und Handwerkerviertel war von jeher von einer besonderen Aura umgeben. Als ehemaliger Vorort von Sevilla wurde es zur Heimat der Gitanos, hier schlug im 19. Jh. das Herz des Flamenco.

Der wohl klassische Zugang zum Viertel verläuft über die von den Sevillanos „Puente de Triana" genannte schmiedeeiserne Brücke von 1845, die angeblich von einem Schüler *Eiffels* entworfen wurde. Offiziell heißt sie **Puente Isabella II.** Die Brücke führt zur Hauptstraße des Viertels, der Calle Jacinto, die Triana in das einstige Seefahrerviertel zur Linken und das Handwerkerviertel zur Rechten teilt – in letzterem wurde und wird vor allem Keramik hergestellt.

Ein Bild voller lebhafter Farben, insbesondere bei Nacht, bietet zur Linken der Brücke die Calle Betis. Hier reihen sich Cafés und Tapas-Bars aneinander – teilweise mit zum Fluss gerichteten Terrassen. Parallel zur Calle Betis verläuft die Calle Pureza, in der die kleine **Capil-**

an14-010 ba

la de los Marineros („Kapelle der Seefahrer“) steht. In ihr wird die **Virgen de la Esperanza de Triana** aufbewahrt, vor deren Antlitz sich täglich Hunderte von Trianeros bekreuzigen. Sie wird hier mindestens so verehrt wie die entsprechende *virgen* des Macarena-Viertels, und man konkurriert miteinander darum, wer die schönere Jungfrau hat.

Hier steht auch die älteste Kirche Sevillas, die **Iglesia Santa Ana** aus dem 13. Jh., mit einem schönen plateresken Hochaltar. Die Gemäuer der Kirche mussten unter dem schweren Erdbeben 1755 leiden, ein Großteil wurde erneuert. Die Fassade leuchtet rot wie die Erde Andalusiens und wirkt nicht so düster, wie man es von gotischen Kirchen kennt.

Der Name Calle Alfarería („Töpferei“) deutet an, was zur Rechten der Calle Jacinto zu erwarten ist. Dabei sind vor allem die **Töpfereien** „Cerámica Santa Isabel“ und „Cerámica Santa Ana“ zu erwähnen. Schon zu maurischer Zeit wurde hier Keramik hergestellt.

Eine weitere Attraktion des Viertels sind die **Corrales de vecinos,** große Innenhöfe, umgeben von vielen Zimmern auf zwei oder drei Etagen, zu denen einst ein gemeinschaftliches Bad gehörte – eine frühe Art Mietshaus, in dessen Hof sich das gemeinschaftliche Leben abspielte. In den Corrales wird heute das Fest der „Cruces de Mayo“ zelebriert, wofür sie auf Hochglanz geputzt und mit Blumen verschönert werden. Solch ein *corral* ist zum Beispiel in der Calle Alfarería (Nr. 32) oder in der Calle Castilla (Nr. 16) zu bewundern.

Insel La Cartuja

Von der Uferstraße Calle Torneo aus gelangt man über die Fußgängerbrücke Pasarela La Cartuja zum **Kartäuserkloster Santa María de las Cuevas** auf der Isla Cartuja. Der Eingang zum Gebäudekomplex liegt auf der Westseite an der Calle Américo Vespucio. Schon von Weitem fallen die seltsam geformten Türme ins Auge – dabei haben sie gar nichts direkt mit dem Kloster zu tun. Diese „hornos de botella“ („Öfen in Form einer Flasche“) sind Überbleibsel der **Keramikfabrik Pickman,** die seit dem 19. Jh. in den Gemäuern der einst religiösen Stätte untergebracht war.

028an bn

> Glockenturm der Iglesia Santa Ana

< Stadthaus im Triana-Viertel

Ein Wolkenkratzer für Sevilla

In den letzten Jahren wurde tonnenweise Glas Richtung Isla Cartuja direkt beim Puerto Triana transportiert. Sevillas neuestes, ehrgeiziges Projekt ist ein Wolkenkratzer, der zumindest in Sachen Höhe der Giralda den Rang ablaufen wird: Der **riesige Glasbau** des argentinischen Architekten *Cesar Pelli* wird stolze 82 Meter höher sein als der altehrwürdige Turm der Kathedrale, sprich insgesamt 180 Meter hoch!

Das Projekt ist das Resultat der Fusion der Banken El Monte und San Fernando zur **Cajasol,** die hier ihren Sitz haben soll. Im Jahr 2007 wurde der Grundstein gelegt und man sprach vom Bauende 2010, was natürlich nicht erreicht wurde. Zudem kommen Diskussionen auf, ob Sevilla durch den modernen Wolkenkratzer den Status als Weltkulturerbe verlieren könnte. Die UNESCO hat dieses Thema noch nicht ad acta gelegt. Auch die Kosten schüren das Feuer der Kritiker: Sprach man anfänglich von 250 Millionen Euro, soll der Finanzriese mittlerweile schon **353 Millionen Euro** verschluckt haben. Nichtsdestotrotz peilten Optimisten der Cajasol das Jahr 2013 zur Fertigstellung des Wolkenkratzers an, ob nun hoch oder niedriger als geplant. Mittlerweile heißt es lapidar: „Le comunicamos que el proyecto sigue en curso". Hierbei handelt es sich um eine Auskunft auf Anfrage, was wohl so viel bedeutet wie „Wir sind am Werk, doch wann wir fertig sind, wer weiß das schon" … Immerhin: Zu erkennen ist der unfertige Wolkenkratzer schon von Weitem.

Schon die Almohaden, deren Töpferhandwerk ein hohes Niveau hatte, errichteten auf der kleinen Flussinsel mit ihren guten lehmigen Böden eine Töpferei und die dazugehörigen Öfen. Angeblich soll bei der Rückeroberung Sevillas 1248 in einem dieser höhlenartigen Öfen das Abbild der Jungfrau erschienen sein, die dann auch *Virgen de las Cuevas* („Jungfrau der Höhlen") genannt wurde. Ihr zu Ehren baute man hier zunächst eine Franziskanerkapelle, und 1399 wurde durch den Erzbischof von Sevilla, *Gonzalo de Mena,* ein Kloster gegründet. Die Gemäuer können von glänzenden und weniger glänzenden Epochen erzählen. Allein aufgrund der Lage direkt am Fluss wurde es Opfer unzähliger Überschwemmungen. Hier hielt sich *Christoph Kolumbus* auf, um seine zweite große Reise vorzubereiten. Dreißig Jahre lang sollen in der zur Kirche gehörenden Capilla de Santa Ana seine Gebeine aufbewahrt worden sein. Hierher zog sich auch der spanische König *Philipp II.* zuweilen zurück, um ein wenig Ruhe zu finden. Während der Belagerung durch napoleonische Truppen wurden die Mönche aus dem Kloster verjagt, und es wurde zur Kaserne der Franzosen umfunktioniert. Die Mönche kehrten zwar 1812 noch einmal zurück, wurden aber 24 Jahre später endgültig vertrieben. Das verlassene Gebäude erwarb 1839 der englische Händler *Charles Pickman,* der dort eine Fabrik für Steingut und später für chinesisches Porzellan errichtete.

Im Zuge der Produktionserweiterung veränderte sich das architektonische Bild des Komplexes immer mehr. Fünf der insgesamt zehn Schornsteine sind heute noch zu sehen. Die Keramikfabrik war

Provinz Sevilla

bis 1982 in Betrieb. 1986 ordnete die andalusische Regierung Restaurierungsarbeiten an. Während der Weltausstellung 1992 war das Kloster Standort des königlichen Pavillons und wichtiges Ausstellungsgebäude, es wurde zum **Symbol für die EXPO '92.** Der monumentale Gebäudekomplex verfügt über hervorragende mudejare Werke wie den Sitzungssaal, eine gotische Kirche – das Portal weist einen gotischen Bogen und maurische Dekoration auf – und über eine großartige Keramiksammlung. Der kleine Kreuzgang der Kirche ist eine Perle sevillanischer Mudéjar-Kunst.

1998 kam es zu einer Fusion mit dem **Centro Andaluz de Arte Contemporáneo** (CAC, Andalusisches Zentrum für zeitgenössische Kunst). Hier sind bedeutende Werke, sowohl Skulpturen als auch Gemälde, bekannter nationaler Künstler untergebracht, darunter *Chillida, Pablo Serrano, Tapies, Viola, Zobel* und *Joaqín Sáenz, Francisco Molina* und *Pérez Aguilera.* Es finden regelmäßig Wechselausstellungen statt.

■ **Conjunto Monumental de la Cartuja** und **Centro Andaluz de Arte Contemporáneo,** Di–Fr 10–20 Uhr, Sa 11–20 Uhr, So 10– 14.30 Uhr, Mo geschlossen, Eintritt 3 €, Di Eintritt frei.

Die Überbleibsel der EXPO '92

Das **Teatro Central** ist ein kleines Theater, das im Zuge der Weltausstellung 1992 errichtet wurde. Hier wird sehr gutes Theater aufgeführt, aber auch Musik (u. a. Flamenco) und Tanz präsentiert – auch diese meist von hoher Qualität (Tel. 954.46.07.80).

Seit der Weltausstellung gibt es auch ein großes **Freiluft-Auditorium** auf der Isla Cartuja, wo von Frühjahr bis Herbst verschiedenste Aufführungen stattfinden, vor allem aber große Konzerte: **Auditorio de la Cartuja** (Tel. 954.48.19.92).

Was in der Ferne am Abend wie eine untergehende Sonne aussieht, ist das **Panorama-Kino Omnimax.** In der 360°-Kuppel werden fünf Filme zu verschiedenen Themen (z. B. „Afrika und Serengeti") gezeigt. Die Filme dauern 45 Minuten, Eintritt 3,90 bwz. 3,30 €.

Nicht weit entfernt und ebenfalls aus der Zeit der Weltausstellung stammend, informiert der Pabellón de la Navegación über die **Geschichte der Schifffahrt.**

■ **Pabellón de la Navegación,** Di–Sa 11–19.30 Uhr, So/Fe 11–15 Uhr, der Besuch dauert rund 50 Min., Eintritt 4,90 €, ermäßigt 3,50 €, Kinder unter 5 Jahren frei.

Praktische Informationen

Information

■ **Oficina de Turismo,** Avenida de la Constitución 21-B, Tel. 954.78.75.78 (bei viel Trubel in der *oficina* springt schon mal gern der AB an), zentral gelegen zwischen Kathedrale und Puerta de Jerez. Hier gibt es sämtliche Informationen rund um Sevilla, aber auch für Andalusien. Hier kann man auch Faltblätter inklusive Karten zu diversen Ausflugszielen in Andalusien kaufen. Ebenfalls gibt es einen recht gut überschaubaren Stadtplan, der z. B. auch Taxistände, Tankstellen und andere nützliche Anlaufstellen zeigt. Zu Beginn eines jeden Monats wird in diesem Tourismusbüro der **Veranstaltungskalender „Giraldillo"** kostenlos ausgeteilt. Öffnungszeiten: Mo–Fr 9–19.30 Uhr, Sa/So 9.30–19.30 Uhr.

3

Service

■ **Policía Nacional,** Plaza de la Concordia, Tel. 091.

■ **Policía Municipal,** Avda. de las Delicias 15, Tel. 092.

■ **Medizinische Versorgung:** Hospital Universitario Virgen Macarena, Avda. Doctor Fedrianai s/n, Tel. 955.00.80.00.

■ **Post:** Avda. de la Constitución 32, gegenüber Archivo de Indias, Mo–Fr durchgehend 8.30–20.30 Uhr, Sa 9.30–13 Uhr. Im Gebäude befindet sich auch die Caja Postal.

Essen und Trinken

In der Calle Betis direkt am Guadalquivir gibt es zahlreiche Restaurants, die alle recht guten Fisch servieren. Sevilla bietet eine große Anzahl von guten Restaurants und vor allem Tapas-Bars. Die Lokale, die dem Besucher das Essen schon per Foto auf der Karte präsentieren – z. B. in der Nähe der Kathedrale – mögen Hungrige für einen Augenblick lang in ihren Bann ziehen, aber Sevilla hat weitaus bessere Gaumenfreuden zu bieten.

Bei derart vielen Zutaten und extravaganten Zusammenstellungen empfiehlt es sich, ein kleines Wörterbuch bei sich zu tragen, um überhaupt erahnen zu können, auf was für ein Gericht Sie sich einlassen. Sonst landen womöglich ungewollt Kutteln – Spanisch *callo* oder *mondongo* – aufgrund ihres interessant klingenden Namens auf dem Speiseteller. Da sich diese Restaurants auf eine exquisite Küche und nicht auf den Tourismus konzentrieren, kann man nicht unbedingt eine übersetzte Speisekarte erwarten.

Restaurants

TIPP: **Victoria 8,** c/ Victoria 8, Tel. 954.34.32.30 (im Sommer So geschlossen!). Das in Triana gelegene gemütlich-rustikale Restaurant im andalusischen Stil überzeugt schon bei den Vorspeisen mit außergewöhnlichen Gerichten wie z. B. Artischocken mit foie gras *(alcachofa con foie)* oder Rebhuhnpastete *(empanadilla con perdiz)*. Die Karte wechselt regelmäßig.

■ **En la casa de Abdul,** c/ Virgen de Luján 54, Tel. 954.28.04.69 (vom Kreisverkehr am Parque María Luisa aus über die „Puente los Remedios" den Fluss überqueren und geradeaus weiter auf der Virgen de Luján). Wie wäre es mit marokkanischer Küche nach einem Spaziergang durch das maurisch angehauchte Sevilla? Am Wochenende, d. h. ab Do sollte ein Tisch reserviert werden. Hier hat gute Küche ihren Preis.

■ **Corral del Agua,** Callejón del Agua 6, Tel. 954.22.48.41, Mitte Nov. bis Mitte Febr. geschlossen bzw. nur für Gesellschaften. Ein wunderschönes Restaurant mit romantischem Innenhof im Barrio Santa Cruz, direkt bei der Mauer des Alcázar. Umgeben von Grün und Wasserspiel, ein wahrer Traum! Das Haus stammt aus dem 17. Jh. Das Restaurant bietet u. a. sevillanische Küche. Mittlere bis gehobene Preisklasse.

■ **Restaurante San Marco,** c/ Mesón del Moro 6, Tel. 954.21.43.90, im Barrio Santa Cruz bei der gleichnamigen Kirche. Weniger das Essen als der Ort ist einmalig: Das Restaurant befindet sich in einem Bad aus maurischer Zeit (12. Jh.); mittlerweile moderner Anbau, d. h. auf den älteren Teil des Gebäudes achten. Die Preise wurden erhöht. Die Auswahl ist reichlich, es gibt viele Pizzen und Nudelgerichte.

■ **La Albahaca,** Plaza de Santa Cruz 12, Tel. 954.22.07.14. An dem Platz, der dem Barrio Santa Cruz seinen Namen gegeben hat, befindet sich das Restaurant in den Gemäuern eines alten, palastähnlichen Gebäudes. Gehobene Preisklasse.

TIPP: **Hotel/Restaurante Taberna del Alabardero**④, c/ Zaragoza 20, unweit der Plaza Nueva, Tel. 954.50.27.21, www.tabernadelalabardero.es (auch Reservierung!). Im Hause des sevillanischen Poeten *J. Antonio Cavestany* (1861–1924) kann man nicht nur vornehm nächtigen (nur 3 Suiten, fast immer ausgebucht), sondern auch in verschiedenen

Salons, die größtenteils dem Originalzustand entsprechen, fürstlich speisen. Hier ist die Hotelfachschule untergebracht, deshalb gibt es vorzügliche Tagesmenüs zu moderaten Preisen.

Tapas-Bars („tapear por Sevilla")

Tapas essen ist sowohl mittags als auch abends bei den Sevillanos „gang und gäbe". Diese Art von Sättigung mittels verschiedener kleiner, schmackhafter Minimahlzeiten, häufig im Stehen an der Theke bei einem Bier oder Glas Wein eingenommen, scheint in dieser Stadt zuweilen beliebter zu sein, als sich großartig den gesamten Abend mit einem üppigen Menü zu vergnügen. Nicht selten werden dabei die Lokale gewechselt. Gerade in Sevilla haben sich einige Tapas-Bars herauskristallisiert, die nicht nur andalusienweit bekannte Tapas servieren, sondern sich zur Aufgabe gemacht haben, eine Auswahl exquisiter, zuweilen verblüffender Kombinationen zu kreieren, wie kleine gefüllte Sardinen, Schweinelendchen mit Ziegenkäsesauce, Auberginenpudding oder Knoblauch gepaart mit Weintrauben. Und die Zauberer der Gourmetküche lassen sich immer wieder neue Variationen einfallen. Die Auswahl ist endlos, hier nur einige Anlaufstellen:

TIPP: **Eslava,** c/ Eslava 5, Tel. 954.90.65.68. Zwischen Plaza del Duque, Alameda de Hércules und Fluss. Hier gibt es eine Tapas-Bar und direkt daneben das gleichnamige exquisite Restaurant. Die Tapas sind außergewöhnlich extravagant zusammengestellt, der Koch ist ein wahrer Meister seiner Kunst. Zudem liegt die Bar an der wunderschönen, versteckten Plaza San Lorenzo direkt bei der Kirche Jesús del Gran Poder. Ein Platz zum Träumen. Der Besitzer *Sixto Tóvar* vermietet neuerdings auch modern eingerichtete Apartments an der Plaza Lorenzo: www.espacioeslava.com, Tel. für Vermietung: 954.91.54.82.

■ **Casa Roman,** Plaza de los Venerables, mitten im Barrio Santa Cruz. In der antik eingerichteten Tapas-Bar kann hervorragender Serrano-Schinken genossen werden.

■ **Barajas 20 tapas,** c/ Conde de Barajas 20 (nahe der Alameda de Hércules), modern eingerichtete Tapas-Bar mit klassischen und modernen Varianten.

■ **Bar Giralda,** c/ Mateos Gago 1, Tel. 954.22.74.35. Unweit der Kathedrale. Seit 1934 besticht dieses Lokal durch sein Ambiente im Mudéjar-Stil, deshalb lohnt ein Besuch, die Qualität der Tapas hat allerdings etwas nachgelassen.

■ **Nazca,** c/ Baños 32 (am Museo de Bellas Artes die c/ Teodosio hoch, dann links). Nicht typisch andalusisch, aber eine Empfehlung wert: Fusion aus andalusischer, japanischer und peruanischer Küche.

■ **Mordisco Tapas,** c/ Harinas 13 (unweit der Kathedrale, von der Avda. de la Constitución links in die c/ García Vinuesa, dann rechts in die c/Harinas einbiegen), Tel. 954.21.86.36. Modern eingerichtete Tapas-Bar mit traditionellen Tapas, die einen besonderen „Pfiff" haben.

■ **Pepe Hillo,** c/ Adriano 24, direkt bei der Stierkampfarena, Tel. 954.21.53.90. Bei Sevillanos derzeit sehr beliebter Treffpunkt, gerade am Wochenende. Auch hier locken neben der rustikalen Einrichtung außergewöhnliche Tapas wie z. B. Tintenfisch mit Apfelsauce. Die Karte wechselt regelmäßig.

■ **Patio de San Eloy,** c/ San Eloy, nahe der Calle Sierpes. Mittags und abends stärken sich hier die Sevillanos nach ihren Einkäufen. Auch Studenten zieht es in diese Tapas-Bar, die mit ihrer langen Theke vielen Hungrigen Platz bietet. Am Ende der Bar kann man auf großen gekachelten Stufen hocken, die beliebten Sandwiches und *montaditos* (mit feinen Sachen belegte Brötchen) essen und die plaudernde Menge beobachten. Preise sehr günstig!

■ **Al Aljibe,** zu Beginn der Alameda de Hércules, Tel. 954.90.05.91. Elegante Tapas-Bar mit hübschem Vorhof.

TIPP: **La Pepona,** c/ Javier Lasso de la Vega 1 (Verlängerung der c/ Cuna in die c/ Orfila, an der Ecke in der Nähe der Parroquía San Andrés), Tel. 954.21.50.26. Ausgefallene Tapas, u.a. ein Fischburger mit exquisiter *lubina* und Algenbrot.

■ **Bar Santa Ana,** c/ Pureza 82, direkt bei der Kirche Santa Ana im Barrio Triana (Parallelstraße zur c/

Betis), Tel. 954.27.21.02. Typische kleine Bar, in der sich Heiligen- und Stierkampfbilder Gesellschaft leisten, weit ab vom Tourismus.

TIPP: **La cava del Europa,** Puerta de la Carne 6, spanischer Sekt auch im einzelnen Glas, prämierte tapas (Ecke Mendez Pelayo – Santa María la Blanca, unweit der Jardínes de Murillo).

■ **El Rinconcillo,** c/ Gerona-Alhóndiga 2, Tel. 954.22.31.83. Nahe der Plaza Encarnación, im Macarena Viertel. Angeblich älteste Tapas-Bar Sevillas.

■ **La Ilustre Víctima,** c/ Dr. Letamendi (nahe der Calle Feria), Tel. 944.38.94.90. Von 12–2 Uhr geöffnet, vor allem auch orientalische Tapas, z. B. marokkanische Spinatbällchen. Sehr zu empfehlen. Vor allem Junge und Junggebliebene zieht es hier her.

■ **La Brunilda,** c/ Galera 5 (hinter der Stierkampfarena rechts in die c/ Católicos, links c/ Alemansa, dann c/ Galera), Tel. 954.22.04.81. Optisch reizvoll angerichtete Tapas, von außen unscheinbar, innen tolles Ambiente.

048an bn

Cafés

■ **Confitería La Campana,** am Ende der Calle Sierpes. Ein traditionsreiches Café mit leckeren Torten und Kaffee zum Stärken nach dem Einkaufsbummel. Auch ideal zum Frühstücken.

■ **Bar Europa,** c/ Siete Revueltas 35. Stilvolle Bar auf der Rückseite der Iglesia Salvador, ideal gelegen vor oder nach dem Shoppen. Auch leckere Tapa-Variationen, schönes Ambiente.

■ **Tee: Tetería Salam,** c/ Luca de Tena 6, Tel. 907.93.79.89. Liegt mitten im Barrio Triana, über die Puente de Triana gehen, dann links in die c/ Rodrigo de Triana, geradeaus, sie führt zur c/ Luca de Tena. Marokkanische Teebar. Jeden Do findet von 22–23 Uhr eine Musikveranstaltung mit klassischen arabischen Instrumenten statt.

■ **Internet-Café: Netsk@fe,** c/ Carlos Caña 5, zwischen der Plaza Nueva und dem Corte Inglés gelegen, tägl. von 10–23 Uhr geöffnet.

■ **Seville Internet Center,** gegenüber Kathedrale, neben der Post u. auf der Ecke der c/ Almirantazgo, Mo–Fr 9–22 Uhr, Sa/So 10– 22 Uhr.

■ „Ave María Purísima, sin pecado concebida" (Gegrüßt seiest Du, reine Maria, die unbefleckt empfangen), das sind die Worte, die vor den Toren des **Convento de las Agustinas** (auch Convento de la Encarnación oder de Santa Marta) den **Nonnen** gesagt werden müssen, um für wenig Geld die allseits beliebten **Oblaten** (bzw. Oblatenreste, die beim Schnitt anfallen), die von den dort lebenden Nonnen hergestellt werden, zu erstehen. Direkt bei der Giralda an der Plaza del Triunfo 3 werden sie seit rund 50 Jahren verkauft. Die Oblaten werden von den Nonnen höchstpersönlich zubereitet und eingetütet. Geöffnet 8.30–13 und 16.45–18.30 Uhr.

< Tante Emma-Laden im Viertel Macarena

Nachtleben

Andalusier sprechen im Zusammenhang mit nächtlichen Ausgeh-Sessions von der *móvida*. Das bedeutet, dass eine ganze Menge vergnügungswilliger Menschen von einem bestimmten Fleck der Stadt angezogen wird, der gerade „in“ ist. Die Regeln, nach denen entschieden wird, welchem Viertel oder welcher Straße gerade diese Ehre gebührt und wohin sich dann die *móvida* bewegt, sind nicht klar zu erkennen. So beliebt ein Viertel sein mag – ein paar Jahre später kann es gähnend leer wirken, und dann liegt dort „der Hund begraben“.

Vor Jahren war das moderne Stadtviertel Los Remedios der Anziehungspunkt, da es dem modernen Zeitgeist entsprach. In den letzten Jahren war es die Alfalfa, und von Donnerstag bis Samstagabend gab es kein Durchkommen in der Calle Boteros. Die **Alameda de Hércules** ist nun für die Szene der absolute Renner, und das nicht nur für junges Publikum. Besonders beliebt bei Tag und Nacht sind am Ende der Alameda de Hércules die beiden Bars **Café Central** und **La Habanilla,** letztere besticht durch ihr Fliesendekor und die kleinen *teteras* („Teekännchen“), die hier ausgestellt sind. In der Alameda befindet sich auch der Rock-Pub **Fun-Club,** wo regelmäßig Rockkonzerte stattfinden (auf www.funclubsevilla.com aktuelle Konzerttermine). Nicht weit entfernt direkt bei der Iglesia Omnium Sanctorum in der c/ Fería 96 ertönt in der **Bar La Estraza** vornehmlich Rock-Musik. Im Sommer gibt es vor allem eine *móvida* entlang des Flusses.

In und um das Barrio Santa Cruz

Von der östlichen Seite der Kathedrale die Calle Mateos Gago hoch, ist ab dem frühen Abend immer etwas los. Von hier aus geht es die Calle Farnesio weiter über die Calle Santa María La Blanca in die verwinkelte Seitenstraße Levíes zu **La Carbonería** (Nr. 18). Ein urig gemütliches altes Haus mit funktionierendem Kamin im Winter und begrüntem Innenhof, der im Sommer durch einen unter freiem Himmel liegenden Teil noch vergrößert wird. Hier finden regelmäßig kleine Musiksessions statt, darunter durchaus auch guter Flamenco. Die Carbonería ist mittlerweile stark international angehaucht.

An der Nordseite der Kathedrale geht es von der Calle Alemanes in die **Calle Argote de Molina.** Hier reihen sich mehrere Bars aneinander.

Zu späterer Stunde begeben sich viele junge Leute zur **Plaza Alfalfa,** um die herum sich zahlreiche Bars befinden, u. a. in der Calle Boteros oder in der Calle Odreros. Viele Bars schließen gegen 3 Uhr nachts. Die optisch nicht gerade spektakuläre **Bar Berlin** ist eine beliebte Anlaufstelle für junge Nachtschwärmer.

Von der Plaza Salvador kommt man durch die Fußgängerzone über die Calle Alcaicería zur Plaza de Alfalfa. Auf diesem Weg befindet sich die **Bar Alcaicería,** an der man nicht vorübergehen sollte. Gute Musik ist in diesem alten, urgemütlichen Gebäude Gesetz.

El Arenal

Ein weiteres Ausgehviertel ist das Gebiet von El Arenal zwischen Avda. de la Constitución, Stierkampfarena und Torre del Oro. Auch hier konzentrieren sich einige Bars, zum Beispiel wenn man gegenüber der Kathedrale und dem Archivo de Indias in eine der Seitenstraßen der Avda. de la Constitución einbiegt, die direkt zur Calle Arfe führen.

Triana

Rund um den Fluss herrscht in warmen Sommernächten lebhaftes Treiben. Sowohl in der Calle Betis als auch auf der gegenüberliegenden Flusspromenade am Torre del Oro sitzen die Menschen in den Straßencafés.

Am Fluss

Eine besonders junge Szene versammelt sich im Sommer zwischen dem Puente Isabell II. und dem modernen Puente del Cachorro. Hier gibt es keine Bars, die Getränke werden selbst mitgebracht oder von findigen „Geschäftsleuten“ aus Kühlboxen verkauft.

Feria de Abril – Trachten, Jahrmarkt und durchtanzte Nächte

Das **weltliche Gegenstück zur Semana Santa** (siehe Exkurs im Kapitel „Kunst und Kultur: Feste und Feiertage") ist die Feria de Abril, ein riesiger Jahrmarkt, der von den Sevillanos mit ebensoviel Inbrunst gefeiert wird. Eine Woche lang (in der Regel zwei Wochen nach der Semana Santa) tanzen die Menschen in rot-weiß und grün-weiß gestreiften Zelten, den *casetas*, die extra für die *feria* errichtet werden, durch die Nächte. Die vielen Zelte stehen auf einem riesigen Rummelplatz. Das Gelände grenzt im Süden an das moderne Viertel Los Remedios. Man erreicht es über die Brücke San Telmo, die zur Plaza de Cuba führt, von dort läuft man links die breite Calle Asunción hoch. Allein wegen der sich in eine bestimmte Richtung bewegenden Menschenmassen ist dieser Platz kaum zu verfehlen.

031an rc

Die **Ursprünge** der *feria* liegen im 19. Jh. Der Katalane *José María de Ybarra* kam gemeinsam mit dem Basken *Narciso Bonaplata* auf die Idee, die traditionellen Jahrmärkte, die mit der Rückeroberung der Stadt durch die Truppen *Ferdinands III.* entstanden waren, wieder aufleben zu lassen. Und so wurde mit offizieller Erlaubnis des Königs regelmäßig seit 1846 ein großer Viehmarkt in Sevilla abgehalten, der alsbald den Charakter eines Jahrmarktes annahm.

Man trifft während der *feria* auf das **romantisch verklärte Bild der typischen Andalusierin** in ihren farbenprächtigen Trachten: die Haare elegant mit geschnitzten Kämmen hochgesteckt und mit Blumen geschmückt, dazu große Ohrringe, Armreifen und der typische, oft kunstvoll bestickte Schulterumhang. Diese Tracht ist auf die Zeit der Anfänge der *feria* zurückzuführen: Die Viehhändler wurden von ihren Frauen begleitet, meist *gitanas* oder Frauen vom Lande, die zwar einfach, aber dennoch mit anmutigen Kleidern, den *trajes de flamenca,* erschienen. Mit der Entwicklung des Viehmarktes zum Jahrmarkt wurde die *feria* auch zum Treffpunkt der gehobenen Gesellschaft, und die feinen Damen übernahmen diese Mode der einfachen Frauen mit den fröhlichen, ins Auge springenden Farben. Noch heute werden die mittlerweile traditionellen Kleider getragen.

Hinzu gesellen sich die **stolzen Reiter** mit weißen Hemden, kurzen Jacken, grau-schwarz gestreiften Hosen, dem Beinschurz aus Leder und dem typischen Hut *(sombrero),* dessen klassisches Merkmal die breite Krempe ist. Die

Tracht stellt den typischen Kleidungsstil der andalusischen Gutsherren im 19. Jh. dar. Aber auch Frauen kommen darin hoch zu Ross geritten, ein elegant anmutendes Schauspiel, das noch durch große **Kutschen,** die von mehreren bunt geschmückten Pferden gezogen werden, untermalt wird. Die Kutscher tragen einen spitzen Hut, darunter ein Tuch. Das gesamte Bild steckt voller Anmut und zugleich unnahbarer Schönheit.

Während der *feria* wird der beliebte Volkstanz **Sevillanas** getanzt, der oft fälschlicherweise dem Flamenco zugeordnet wird. Man trinkt reichlich Sherry, insbesondere den trockenen *fino* und den *manzanilla* aus Sanlúcar de Barrameda.

Die große Eingangspforte zum Gelände, die *portada,* besteht aus einem riesigen Metallgestell, das ein wichtiges Thema der Stadt behandelt und von Hunderttausenden Glühbirnen übersät ist. In der **noche luminosa** („leuchtende Nacht") werden die Lichter auf einen Schlag eingeschaltet, was den Beginn des Festes einläutet.

Die meisten **Zelte** sind privat von betuchten Familien, Gesellschaften, aber auch öffentlichen Institutionen und Parteien angemietet, und Fremde haben keinen Zutritt. Spätestens hier zeigt sich, wer Einfluss in der Stadt hat. Die Zelte werden auf Hochglanz herausgeputzt, es dreht sich viel um „Sehen und Gesehenwerden". Das Interieur gleicht einer typischen *casa sevillana* („sevillanisches Haus") aus dem 19. Jh. Einige größere Zelte stehen auch der Öffentlichkeit zur Verfügung. Beendet wird die *feria* mit einem großartigen Feuerwerk.

Wegen der Weltausstellung 1992 wurde die **Flusspromenade gegenüber der Isla Cartuja** unterhalb der Calle Torneo zwischen der Fußgängerbrücke Pasarela de la Cartuja und dem Puente de la Barqueta ausgebaut. Es entstanden großzügig gebaute Bars unter freiem Himmel, die zu späterer Stunde zum Teil zu Open-Air-Diskotheken werden. Unterhalb des Puente de Barqueta gibt es eine gleichnamige Bar, die bei Sonnenuntergang einen fantastischen Blick auf das Kartäuserkloster, die moderne Brücke und den golden schimmernden Guadalquivir bietet. Hier finden auch gelegentlich Konzerte statt, von klassischer Musik bis Flamenco.

In den kühleren Monaten konzentriert sich die *móvida* am Fluss auf die Innenräume der Bars in der Calle Betis. Die Open-Air-Lokalitäten öffnen erst wieder ab März, spätestens ab der Semana Santa.

Besondere Tipps

- Die Café-Bar **El Almacén** an der Plaza San Antonio de Padua (Nr. 9) liegt direkt neben dem kleinen Theater La Imperdible. In dieser Bar finden regelmäßig Theater- und Musikaufführungen statt. Meist von ca. 19 Uhr bis in die frühen Morgenstunden geöffnet.
- **Teatro Quintero,** benannt nach dem gleichnamigen Besitzer und bekannten Radio- und TV-Moderator *Jesús Quintero.* Hier wird nicht nur Theater gespielt, sondern es gibt auch regelmäßig verschiedene Musikveranstaltungen, darunter auch traditionelle spanische Volksmusik, die sog. *coplas* (meist jeden Di, „Martes de Copla), aber auch Klavierkonzerte, Flamenco etc. Auf der Website www.teatroquintero.com gibt es unter „Programación Teatral" Infos zu aktuellen Veranstaltungen. Das Teatro mit drei Sälen befindet sich in der c/ Cuna 15 (parallel zur Einkaufstraße c/ Sierpes), hier können auch Karten von Di–Sa 10–14 und 17–20 Uhr gekauft werden.

Sprachschule

■ **CLIC,** c/ Albareda 19, Tel. 954.50.21.31, www.clic.es. Die Sprachschule ist zentral in einem schönen Sevillaner Gebäude untergebracht. *CLIC* hat einige Jahre Erfahrung und bietet sehr professionellen Unterricht auf verschiedenen Levels.

Flamenco

Die Kunst des Flamenco hautnah zu spüren oder wahre Flamencokünstler in Sevilla in familiärer Atmosphäre erleben zu können, gestaltet sich äußert schwierig. Die Szene zeigt sich weitaus weniger offen als z. B. in Madrid.

■ **Flamencoschule Manolo Marín,** c/ Rodrigo de Triana 30–32, Tel. 954.34.05.19. Mitten im Herzen von Triana befindet sich die renommierte Flamencoschule des bekannten Tänzers und Choreografen *Manolo Marín.* Neben professionellem Flamencounterricht werden auch Sevillanas-Stunden gegeben.
■ **Taller Flamenco,** c/ Peral 49, Tel. 954.56.42.34, www.tallerflamenco.com. Die Schule mit familiärem Charakter und jungem Team befindet sich im Macarena-Viertel. Neben Flamenco und Sevillanas auch Gitarrenunterricht. Die Schule will Interessierten abseits der großen Flamencoveranstaltungen in diversen *Tablaos* einen Einblick in die Flamencowelt verschaffen. U. a. werden Intensivkurse von 1–3 Wochen gegeben. Auch Spanischunterricht.
■ Ein *tablao flamenco,* in dem abendliche Flamencoveranstaltungen stattfinden, ist **Los Gallos,** Plaza de Sta. Cruz 11, Tel. 954.21. 69.81, www.tablaolosgallos.com. Zwei Veranstaltungen am Abend, 20–22 Uhr und 22.30–0.30 Uhr, Eintritt 35 €, i. d. R. Auftritte von März bis Sept.
■ **Auditorio Flamenco,** c/ Álvarez quintero. Hier gibt es immer wieder feine Flamenco-Veranstaltungen in einem kleinen Saal innerhalb eines typisch sevillanischen Innenhofes. Für das Publikum sind einfache Stühle aneinandergereiht.
■ Alle zwei Jahre (2014, 2016) im September findet die **Bienal de Flamenco** statt, ein Flamencofestival, bei dem die Künstler u. a. im Teatro Lope de Vega, im Teatro de la Maestranza und im Teatro Central auftreten. Ein *Muss* für Flamenco-Begeisterte. Karten sollten rechtzeitig an den Verkaufsschaltern *(taquillas)* des jeweiligen Theaters Anfang September besorgt werden.
■ Ein beliebter Treff der Nachtschwärmer im Triana-Viertel ist die familiäre Bar **Casa Anselma.** Ab ca. 20 Uhr geöffnet, ab etwa 0.30 Uhr, z. T. auch unter der Woche, präsentieren begeisterte Amateure Sevillanas und Flamenco, kein Eintritt, daher oft brechend voll. Zu erreichen über die Brücke Puente de Isabel II, von der Calle San Jacinto rechts in die Pages del Corro, ca. 200 m bis zur Hausnummer 49.

Einkaufen

Haupteinkaufsstraßen sind die **Calle Sierpes** und die Parallelstraße **Tetuán,** die zum Café La Campana und von dort zur Plaza Duque de la Victoria führen, wo sich **El Corte Inglés** befindet. Die größte Kaufhauskette Spaniens unterscheidet sich nicht großartig von anderen im restlichen Europa. Vorteilhaft sind die Öffnungszeiten: 9–22 Uhr.

Von La Campana lohnt sich ein Bummel durch die Calle San Eloy, auf der sich zahlreiche kleine, einfache Geschäfte befinden. Ein Blick in das Schaufenster des **Supermarkts San Eloy** auf der linken Seite der Straße dürfte Fans andalusischer **Spezialitäten** erfreuen, denn dort findet man getrockneten *bacalao* („Stockfisch") und andere feine Dinge.

Allegro Música hat sich auf klassische und ethnische Musik sowie Flamenco spezialisiert und befindet sich beim Teatro de la Maestranza, Calle Dos de Mayo 38.

Märkte

■ Allseits beliebt ist der wöchentliche Markt auf der **Plaza Duque** von Do bis Sa. Leicht flippig orientiert, werden hier teilweise sehr origineller und kunstvoller Schmuck, aber auch Tücher, Gürtel und andere kunsthandwerkliche Souvenirs angeboten.

■ **Trödelmarkt,** riesiger allsonntäglicher Markt an der Flusspromenade mit wahren Schnäppchen von Kitsch bis wertvollen Antiquitäten, ab den frühen Morgenstunden bis ca. 14 Uhr.

■ **Mercado Calle Feria,** Trödelmarkt entlang der Calle Feria im Barrio Macarena (parallel zur Alameda de Hércules), jeden Do Vormittag. Dieser ehemalige Jahrmarkt hat jahrhundertelange Tradition.

■ **El Postigio,** gegenüber der Westseite der Kathedrale gelangt man durch den Torbogen Arco del Postigo zur Plaza del Cabildo. El Postigo ist ein alter Marktplatz, hier wird heutzutage Kunsthandwerk verkauft, So Vormittag treffen sich begeisterte Münzen- und Briefmarkensammler.

■ Ebenfalls jeden So Vormittag findet der Kunstmarkt **Mercadillo del arte** für echte Kunstliebhaber auf der Plaza del Museo statt.

Unterkunft

Sevilla mag als Hauptstadt von Andalusien sicherlich nicht Tiefpreise für Hotels und Pensionen anbieten. Wenn man vergleicht, wird man aber doch eine frappierende Spanne im Preis-Leistungsverhältnis feststellen können. Auf keinen Fall sollte man davon ausgehen, dass ein 3- oder 4-Sterne-Hotel Komfort garantiert. Hier gibt es eklatante Unterschiede zwischen den einzelnen Hotels, ähnlich verhält es sich mit den Pensionen. Eine Lage im Zentrum ist auch nicht unbedingt mit höheren Preisen gleichzusetzen. Die Hochsaison der Stadt liegt vor allem in den Monaten der Semana Santa und der Feria de Abril, dann steigen die Preise teilweise um ein Dreifaches. Die Preise für Einzelzimmer werden von einigen Vermietern gerne verhandelt. Einige Unterkünfte sind in typisch sevillanischen Häusern mit Patio untergebracht. Früher war es üblich, dass es in solchen Häusern auch Räume ohne Fenster oder nur zum Innenhof gab. Deshalb kann man bei solchen Gebäuden, die zu Hotels oder Hostales umgebaut wurden, durchaus auf solche Zimmer treffen, die preislich aber oft entsprechend günstiger angeboten werden – vorher erkundigen!

Luxus

■ **Hotel Alfonso XIII*******/⑤, c/ San Fernando 2, Tel. 954.91.70.00, www.hotel-alfonsoxiii.com. Luxus pur, seit 1928 lassen sich VIPs aus Politik, Kultur und Adel in dem traumhaften Hotel im Mudéjar-Stil nahe der Kathedrale verwöhnen. Die Zimmer sind elegant-antik ausgestattet. Der Preis ist natürlich auch „traumhaft": DZ ab ca. 350 €.

Umgebung Alameda de Hércules

■ **Patios de Sevilla*****/③, **Patio de la Alameda,** c/ Alameda de Hércules 56, Tel. 954.90.49.99, www.patiodelaalameda.com, erreicht man über die c/ Antonio Susillo 45, Garage vorhanden, **Patio de la Cartuja,** c/ Lumbreras 8-10, Tel. 954.90.02.00, www.patiodelacartuja.com. Moderne Anlagen mit viel Geschmack und Sinn für sevillanisches Ambiente. Stilvolle, sehr große Apartments, die einen großen Salon, eine komplett eingerichtete Küche, ein großes Schlafzimmer und Badezimmer aufweisen.

■ **Hostal Doña Feli****/②-③, c/ Jesús del Gran Poder 130, Tel. 954.90.10.48, www.hostaldonafeli.com (über die Internetseite können je nach Reisesaison DZ zu Spezialpreisen gebucht werden). Saubere, geräumige Zimmer mit Bad.

Umgebung Museo de Bellas Artes

■ **Hotel Alminar****/③, c/ Álvarez Quintero 52, Tel. 954.29.39.13, www.hotelalminar.com. Sehr zentral zwischen Kathedrale und Rathaus liegt dieses Hotel mit zwölf Zimmern in einem typischen sevillanischen Stadthaus. Klassisch-modern eingerichtet.

■ **Espacio Azahar****/③, c/ Jesús del Gran Poder 28, Tel. 954.38.49.59, www.espacioazahar.com. Unweit der Plaza del Duque liegt das Gebäude aus dem ersten Viertel des letzten Jahrhunderts etwas verborgen in einer Seitenstraße. Neben den fein eingerichteten Zimmern ist die Terrasse im afrikanisch-arabischen Stil mit kleinem Pool das Highlight dieses kleinen Hotels. Gutes Preis-Leistungsverhältnis.

■ **Pension Romero**①-②, c/ Gravina 21, Tel. 954.21.13.53, www.pensionromerosevilla.es. Schönes, altes einfaches Haus mit heimeligem *patio* und familiärer Atmosphäre, Zimmer mit Waschbecken, auf jeder Etage ein Bad; einfach, aber sauber. Zentrale Lage in der Nähe des Museo de Bellas Artes.

■ **Hostal Unión Campana**①, c/ Tarifa 4, Tel. 954.21.17.90, www.uchostalsevilla.com. In der Nähe der c/ Sierpes, also mitten im Zentrum. Dementsprechend fahren dort Autos und Busse, aber der Preis für solch eine Zentrumslage (DZ ca. 40 €, Preise aktuell erfragen, da je nach Monat und Tag unterschiedlich) tröstet darüber hinweg. Die Zimmer sind sauber, mit Bad, TV und Klimaanlage.

■ **Trotamundos Hostel**①, c/ Bailén 12, tel. Kontakt auf engl. 653.31.31.66 bzw. span. 672.10.02.99, besser Kontakt und Reservierung unter www.hosteltrotamundos.es. Tolle Herberge mit sevillanischem Flair mitten im Zentrum zwischen Plaza Nueva und Museo de Bellas Artes, sehr günstig, moderne, helle Mehrbettzimmer.

Barrio Santa Cruz (Zentrum)

Obwohl man vermuten könnte, dass in so einem schönen und daher auch touristisch attraktivem Viertel die Preise für Pensionen wesentlich höher liegen, als in weniger erschlossenen Gebieten (was sicherlich auch für einige Hotels und Pensionen zutrifft), hier zwei Unterkünfte, die auch preislich zu empfehlen sind. Zudem liegen sie relativ versteckt und versprechen eine geruhsame Nacht. Auffallend ist, dass gerade in den einfacheren **Pensionen** die Stimmung einiger Besitzer oder Verwalter insbesondere in arbeitsreichen Monaten/Momenten enorm kippen kann. Da kann manch eine/r dem Kunden gegenüber regelrecht „pampig" werden. Parkmöglichkeiten gibt es im Barrio Santa Cruz keine. Der nächste bewachte Parkplatz befindet sich in der Calle Santander unweit der Kathedrale (von der zentralen Avenida de la Constitución hinter der Post rechts abbiegen). Beim Parque Murillo am Rand des Barrio Santa Cruz gibt es eine Parkgarage: ca. 22 € für 24 Std. bzw. 2,20 € für 1 Std. (die Preise können sich ändern!).

TIPP: **Pensión Doña Trinidad**①, c/ Archeros 7 (Seitenstraße der c/ Santa María La Blanca), Tel. 954.54.19.06, www.donatrinidad.com. Sehr gutes Preis-Leistungsverhältnis, direkt beim Barrio Santa Cruz, familiär von den beiden Schwestern *Charo* und *Beatriz* geführt. Nicht alle Badezimmer direkt im Doppelzimmer, teilweise auf dem Flur, wird dann aber nur von einem Zimmer benutzt, d. h. keine Gemeinschaftsbadezimmer.

■ **El Patio de las Cruces**①, Plaza Cruces 10, mitten im Barrio Santa Cruz bei der gleichnamigen Plaza Santa Cruz, die dem Viertel seinen Namen gegeben hat, Tel. 954.22.60.41, www.hotelpatiodelascruces.com. Die Pension existiert schon länger, wurde aber komplett renoviert.

Auch sehr schön, aber preislich eine andere Liga:

■ **Hotel Elvira Plaza**③, Plaza Doña Elvira 5, Tel. 954.29.36.98, www.hotelelviraplaza.com. Kleines Hotel an heimeligem Platz mit Orangenbäumen mitten im Zentrum. Ob seiner Lage direkt bei der Kathedrale nur zu Fuß zu erreichen.

■ **Hotel YH Giralda**③, c/ Abades 30, Tel. 954.22.83.24, www.yh-hoteles.com. Ebenfalls in einer versteckten Gasse nahe der Kathedrale. Schöne Badezimmer, gutes Preis-Leistungsverhältnis außerhalb der Hochsaison.

■ **Hotel Las Casas de la Judería**④, Callejón de Dos Hermanas 7, kleine Seitenstraße direkt an der Plaza Sta. María la Blanca (an gleichnamiger Straße), Tel. 954.41.51.50, www.casasypalacios.com. Als ob der *Duque* höchstpersönlich eingeladen hätte, so fühlt man sich in dem aus zwei Adelspalästen und mehreren sogenannten *casas de vecinos* (mehrere kleine Wohnungen um einen Innenhof herum) aus dem 15. und 16. Jh. zusammengefassten Hotel. Abgerundet wird dieser fürstliche Genuss mit rund zwanzig größeren und kleineren Innenhöfen. Einst dienten die Gebäude als Unterkunft für die Familie und Bediensteten des *Duque de Béjar*. Kaum ein der rund 95 Zimmer gleicht dem anderen.

Außerhalb von Sevilla

Hotel Cortijo Torre de la Reina③, ca. 12 km von Sevilla entfernt, Tel. 955.78.01.36, www.torredelareina.com. Auf der SE-30 von Sevilla aus Richtung Mérida fahren, nach Santiponce Abfahrt Algaba nehmen, im ersten Kreisverkehr Richtung Alcalá Richtung Córdoba fahren, dann Richtung Torre de la Reina, das Hotel wird nicht angegeben, im Dorf angekommen, ist es das zweite große dunkle Tor links. Die Zimmer sowie Aufenthaltsräume der ehemaligen Festung aus dem 13. Jh. sind mit z. T. wertvollem antikem Mobiliar bestückt. Großzügig angelegte Gärten und Pool laden zum „Fallenlassen" ein.

Jugendherbergen

Albergue Juvenil Sevilla, c/ Isaac Peral 2, Tel. 902.51.00.00, www.inturjoven.com, ganzjährig geöffnet.

La Banda Rooftop Hostel Sevilla (ehem. The Living Roof Hostel), c/ Dos de Mayo 16, sehr zentral, nahe Teatro de la Maestranza, Tel. 955.22.81.18, 954.22.43.71, www.labandahostel.com. Vier Jungs aus England, die Kunst und Musik lieben, haben das Hostel übernommen. Modern, zentral, schöne Dachterrasse.

Samay Hostels, Avda. Menendez Pelayo 13, Tel. 955.10.01.60, www.samayhostels.com. Zentral und günstig.

Albergue Triana Backpackers, Rodrigo de Triana 69, Tel. 954.45.99.60, www.trianabackpackers.com, ebenfalls zentral gelegen.

Trotamundos Hostel, s. o.

Camping

Club de Campo, Avda. de la Libertad 13, Ctra. Sevilla – Dos Hermanas, bei Dos Hermanas, Tel. 954.72.02.50. Ganzjährig geöffnet.

Villsom, Ctra. Sevilla – Cádiz (N-IV), km 554,8, bei Dos Hermanas, Tel. 954.72.08.28. Für einen Campingplatz in der Nähe einer Großstadt durchaus annehmbar, die sanitären Anlagen sind gut. Ganzjährig geöffnet.

Verkehrsverbindungen

Flughafen

Der Flughafen liegt gut 10 km außerhalb der Stadt an der N-IV Richtung Córdoba. Die genaue Adresse lautet: Aeorpuerto Internacional San Pablo, Autopista de San Pablo, s/n, Tel. 954.44.90.00.

Mo–Fr fährt ein **Bus** für 2,30 € im Halbstundentakt zwischen ca. 5 und 24 Uhr zum Flughafen. Die Haltestelle befindet sich nahe der Busstation Prado de San Sebastián (Straße zwischen Universität und Barrio Santa Cruz weiter geradeaus stadtauswärts) in der c/ José-María Osborne, der Bus ist an den großen Lettern „EA" (steht für *Especial Aeropuerto*) zu erkennen und gehört zur Linie „Los Amarillos". Die Fahrt dauert rund 40 Minuten. Sa, So und feiertags fährt der Bus im Stundentakt, Zeiten ggf. aktuell im Tourismusbüro bestätigen lassen.

Das **Taxi** zum Flughafen kostet vom Zentrum aus rund 20 €, zwischen 21 und 7 Uhr rund 25 €.

Zug

Der Hauptbahnhof **Estación Santa Justa** liegt im modernen Viertel, Avda. de Kansas City. Von dort fahren regelmäßig Züge in sämtliche Himmelsrichtungen, unter anderem auch der Schnellzug AVE in 2½ Stunden nach **Madrid.** Nach **Málaga** fahren wochentags in der Regel 11 Züge: Der Avant benötigt nur knapp 2 Stunden, der MD rund 2½ Stunden. Nach **Jerez/Cádiz** etwa alle 1–2 Stunden, Salbo eingeschränkt. Nach **Córdoba** mit dem AVE mind. stündl. in nur 43 Minuten. Preiswerter, aber fast doppelt so zeitaufwändig mit dem Regionalexpress 6x tägl., Sa/So 4x. Nach **Granada** 4x direkt, 1x mit Umsteigen in Bobadilla, Fr/So 5x. Nach **Niebla/Huelva** 3x tägl.

■ **Información RENFE,** über www.renfe.es unter „horarios y precios" (Strecken im Nahverkehr unter „cercanías"), telefonisch gibt es nur eine kostenpflichtige Servicenummer, die nur im spanischen Netz funktioniert: Tel. 902.32.03.20.

■ **RENFE-Büro im Zentrum,** c/ Zaragoza 29 (nahe der Plaza Nueva), Öffnungszeiten Mo–Fr 9.30–14 und 17.30–20 Uhr, Sa 10–13.30 Uhr, So und an Feiertagen geschlossen. Gute Möglichkeit, die Wartezeiten im neuen Bahnhof zu umgehen.

Bus und Straßenbahn

Die orangefarbenen **Stadtbusse** kosten 1 €,eine Karte für zehn Fahrten („Bonobus", fast an jedem Kiosk zu kaufen) ist deutlich günstiger.

Eine **Straßenbahn** fährt vom Prado de San Sebastián bis zur Plaza Nueva, Autos und Busse sind auf dieser Strecke komplett verschwunden, der Rest ist Fußgängerzone. Die Fahrkarte kostet 1,40 €. Die Tranportgesellschaft Tussam verkauft u. a. am Prado San Sebastián neben der Universität wieder aufladbare Mehrfahrtkarten („tarjeta multiviaje"). Zukünftig sollen noch mehr Metro- bzw. Straßenbahnstrecken hinzukommen.

In Sevilla gibt es zwei große Busbahnhöfe. Vom modernen Bahnhof an der **Plaza de Armas** fahren Busse vor allem Richtung Provinz Huelva, aber auch u. a. nach Badajoz, Madrid und Portugal. Vom Busbahnhof **Prado San Sebastián** fahren Busse vor allem in die Provinz Cádiz, an die Costa del Sol (u. a. nach Málaga von 7–21 Uhr mindestens jede zweite Stunde, Marbella, Nerja, aber auch nach Ronda) sowie in die Provinzen Córdoba (mindestens alle 2 Stunden fährt ein Bus von Sevilla nach Córdoba), Jaén und Granada. Eine Liste der Hauptziele der verschiedenen Busse mit Abfahrtszeiten und Preisen ist in der Tourist-Info erhältlich.

Busbahnhöfe/Infos zu Busverbindungen:

■ **Plaza de Armas,** Tel. 955.03.86.65, www.autobusesplazadearmas.es.

■ **Prado San Sebastián,** Tel. 954.41.71.11.

Taxi

Ein zentraler Taxistand befindet sich an der Plaza Nueva beim Rathaus, ansonsten gilt: grünes Lämpchen an – Taxi frei. Eine Stadtfahrt kostet ca. 10 €.

Kleiner Sicherheitshinweis

Der fahrbare Untersatz ist natürlich am besten auf einem **bewachten Parkplatz** untergebracht, denn das ausländische Kennzeichen lockt Diebe an. Gerade in einer Stadt wie Sevilla ist es absolut unangebracht, im geparkten Wagen Gepäckstücke liegenzulassen. Die Sevillaner haben sich grundsätzlich angewöhnt, nichts im Vehikel zu lassen und auch das Autoradio mitzunehmen.

Auf eine unfeine Sitte durchorganisierter **Räuberbanden per Motorrad** muss noch hingewiesen werden. An roten Ampeln wird im Sommer, wenn die Fensterscheiben heruntergedreht sind, der Person auf dem Beifahrersitz kurzerhand die Tasche oder andere Wertgegenstände gestohlen, woraufhin das Motorrad dann blitzschnell zwischen den vielen Autos hindurch verschwindet. Auch Fußgänger können von Dieben auf vorbeiflitzenden Zweirädern ihrer Tasche beraubt werden.

Fahrradverleih

Sevilla mit dem Fahrrad zu durchkreuzen ist eine recht waghalsige Aktion, denn scheinbar hat man als Radfahrer ein Tarnkäppchen auf, das die Autofahrer dazu bringt, einen so gut wie gar nicht zu beachten. Dennoch hat das Fahrradfahren hier große Vorteile, da die verschiedenen Besichtigungspunkte zum Teil weit voneinander entfernt liegen.

■ **BiciBike,** am Hauptbahnhof Santa Justa, Tel. 955.51.41.10, www.bicibike.es, Mo–Fr 9.30–14.30

und 16.30–19 Uhr, Sa/So 9.30–20 Uhr, 8 €/3 Std., 12 €/10 Std.,15 €/24 Std.

■ **Bici4City,** c/Peral 6 (am Ende der Alameda de Hércules), Tel. 954.22.98.83, www.bici4city.com. Zwei Frauen, die sich in Sevilla und Umgebung supergut auskennen, beraten bei Fragen rund ums Rad und geben Tipps für Ausflüge. Tourenvorschläge in und um Sevilla via MP3-Player (5 €)! Öffnungszeiten: Mo–Fr 10–14 und 17–20.30 Uhr, Sa/So 10–14 Uhr; 1 Std. Fahrradverleih 3 €, 1 Tag 12 € (am gleichen Tag zu den Geschäftszeiten zurückbringen, bis zum nächsten Tag 15 €).

Bootsfahrten

Im 19. Jh. tuckerten Dampfschiffe mit Reisenden von Sevilla nach Cádiz. Das ist heute leider nicht mehr der Fall, aber man kann zumindest eine kleine Bootstour von ca. 1 Stunde auf dem Guadalquivir machen. Die Boote legen von der Torre del Oro ab und fahren den Guadaliquivir aufwärts zum EXPO-Gelände. Preis ca. 15 €.

Auto fahren

Stadtautobahnen

Bei näherem Betrachten sind die Zufahrten nach Sevilla gar nicht so verwirrend, wie sie zunächst scheinen. Seit der Weltausstellung 1992 hat sich die Infrastruktur enorm verbessert. Eine große Umgehungsstraße, die SE-30, ermöglicht es, vom Norden in den Süden und vom Osten in den Westen zu gelangen, ohne ins Zentrum fahren zu müssen.

Aus Madrid kommend führt die N-IV über Córdoba am Flughafen vorbei Richtung Zentrum. Am ersten großen Kreisverkehr führt geradeaus weiter die Avenida de Kansas City direkt zum Hauptbahnhof Santa Justa. Hält man sich am Kreisverkehr rechts, der Ausschilderung Mérida folgend, gelangt man über zwei weitere Kreisverkehre zum Fluss Guadalquivir. Am Fluss entlang führt die Calle Torneo zum Zentrum oder geradeaus weiter über die Brücke San Jerónimo zur N-630 Richtung Extremadura oder zur Autobahn A-49 nach Huelva. Folgt man der SE-30, gelangt man über den riesigen Puente del Quinto Centenario in den Süden auf die Wegstrecke, die zur Autobahn A-4 bzw. Landstraße N-IV Richtung Cádiz führt. Hierher gelangt man auch vom Zentrum aus über die Avenida Palmeras.

Auch von Málaga bzw. Granada von der A-92 kommend führt die Autobahn auf die SE 30. Befindet man sich erst einmal auf der SE 30, ist höchste Konzentration auf die Hinweisschilder angebracht, um nicht die Auf- bzw. Abfahrten zu verpassen.

Autoverleih

Am Flughafen wie auch am Hauptbahnhof befinden sich Autoverleihe, die sich im Preis nicht groß unterscheiden.

Bewachte Parkplätze

■ Einfache Parkmöglichkeiten, etwa entlang der Calle Torneo gegenüber dem EXPO-Gelände oder in der Alameda de Hércules, bieten keinen Schutz vor Diebstahl. Hier sollte nur ein komplett leergeräumter Wagen geparkt werden. In Sevilla gibt es jedoch mehrere **bewachte Parkplätze,** die dementsprechend bezahlt werden müssen, etwa 6 € pro Nacht (die Preise ändern sich regelmäßig). Dennoch bieten auch sie keinen absoluten Schutz vor Einbruch. Aktuelle Infos auch auf www.parkopedia.es/aparcamiento/sevilla.

■ **Plaza de la Encarnación** (unweit der Calle Sierpes): Hier gibt es einen Parkplatz und eine Tiefgarage, ca. 22 €/24 Std.

■ **Plaza Nueva** (nahe Rathaus): c/ Albareda 18, ca. 19 €/24 Std.

■ **Plaza Duque de Victoria:** Die Tiefgarage gehört zum großen Kaufhaus El Corte Inglés und ist nicht gerade billig.

■ **Jardínes de Murillo:** direkt hinter dem Barrio Santa Cruz, in der Calle Cano y Cueto gibt es eine Tiefgarage.

Umgebung von Sevilla

Itálica

Die alte **römische Stadt** Itálica liegt ca. neun Kilometer außerhalb von Sevilla an der N-630 Richtung Extremadura. Gegründet im Jahre 206 v. Chr. an einem Netz aus befestigten Straßen, war Itálica ein wichtiger Knotenpunkt des Handels in Südspanien und außerdem erste und wichtigste römische Siedlung in Hispania. Die zum Teil gut erhaltenen Ruinen befinden sich heute am Rande des kleinen Ortes **Santiponce.**

050an bn

Der Name Itálica entstand im Gedenken an die ersten Einwohner: italienische Soldaten, die sich erfolgreich im Punischen Krieg schlugen. Hier wurden die beiden bedeutenden römischen Kaiser des 2. Jh. n. Chr., *Trajan* und *Hadrian*, geboren.

Bemerkenswert ist das noch sehr gut erhaltene ovale **Amphitheater.** Es zählt nach dem Kolosseum in Rom und dem Amphitheater von Capua mit 160 Meter Länge zu den größten der römischen Kaiserzeit. Die Ruinen der öffentlichen und privaten Gebäude zeugen noch heute vom Glanz der Stadt. Die zentrale Hauptstraße mit den aneinandergereihten großen Steinplatten ist noch sehr gut zu erkennen. Zu ihrer Linken stehen die Reste der **Casa de la Exedra** aus dem 3. Jh. n. Chr. Ihr Boden bestand aus Marmor, Reste davon sind heute im Archäologischen Museum von Sevilla und im Palacio de Lebrija, ebenfalls in Sevilla, zu sehen. Wertvolle Mosaikfußböden zeugen vom luxuriösen Lebensstil einiger Einwohner.

■ **Itálica,** Avda. de Extremadura 2, Santiponce, Tel. 955.12.38.47, jeden Tag geöffnet ab 10 Uhr, Juni bis Sept. bis 17.30 Uhr, April/Mai bis 20.30 Uhr, Okt. bis März bis 18.30 Uhr (da sich hier die Zeiten häufig ändern können, empfiehlt sich, die aktuellen Zeiten im Tourismusbüro z. B. in Sevilla zu erfragen). Eintritt für EU-Bürger frei, ansonsten 1,50 €. An der Eingangspforte verteilt der Pförtner einen Lageplan (englisch und spanisch).

Römische Spuren in Itálica

Zum Ort Santiponce gehört auch das schon von der Landstraße aus erkennbare **Kloster San Isidoro del Campo,** das von *Guzmán el Bueno,* dem Statthalter Tarifas, ins Leben gerufen wurde. Ab der Mitte des 19. Jh. bis Anfang des 20. Jh. diente es als Gefängnis. Zum Gebäudekomplex gehören eine Kirche, drei Innenhöfe und ein Fabrikationsbereich.

■ **Information: c/ La Feria s/n,** Santiponce, tel. Info über die Oficina de turismo Santiponce, Tel. 955.99.80.28, Mi–Fr 10–14 Uhr, Fr/Sa zusätzlich Okt. bis März 16–19 Uhr, April bis Sept. 17.30–20.30 Uhr, So/Fe 10–15 Uhr, Mo und Di geschlossen, Eintritt frei.

■ **Bus:** von Sevilla nach Santiponce ab der Plaza de Armas Mo–Fr 7–21 Uhr jede halbe Stunde, Sa und So 7–21 Uhr stündlich (Zeiten veränderbar!).

Unweit von Itálica befindet sich das **Römische Theater,** an dem erst seit 1991 gezielt archäologisch gearbeitet wird (ausgeschildert, einfach dem Hinweisschild „Mirador del teatro" folgen).

Sierra Norte

Die Sierra Norte ist der nördlich von Sevilla gelegene Abschnitt der **Sierra Morena.** Aufgrund der Nähe zu Sevilla und der leichten Erreichbarkeit bietet sich ein Tagesausflug in diese liebliche, noch weitgehend von mediterranem Wald bedeckte Mittelgebirgslandschaft an. Sanft geschwungene Hügelketten im Wechsel mit weit ausladenden Tälern sind der vorherrschende Landschaftstyp. Durch die bereits rund 300 Mio. Jahre wirkende Erosion zeigen selbst die höchsten Berge (Cerro la Capitana: 960 m ü. NN) weitgehend abgerundete Formen.

Die Sierra Norte vermittelt dem Reisenden den Eindruck einer noch größtenteils unzerstörten Naturlandschaft. Ein erheblicher Teil wird inzwischen durch einen **Naturschutzpark** rund um die Kleinstadt Cazalla de la Sierra abgedeckt. Der mediterrane Wald setzt sich hier vorwiegend aus Stein- und Korkeichen und, in geringerem Maße, Esskastanien zusammen. An den Fluss- und Bachläufen bilden Esche, Erle, Ulme und verschiedene Weidenarten lang gestreckte Galeriewälder aus. Ihr Wurzelwerk verträgt gelegentliche Überflutung und bietet zusammen mit weiterer Ufervegetation zahlreichen Tierarten, wie z. B. dem Fischotter, Unterschlupf. Die ausladenden Kronen knorriger Kork- und Steineichen werden von großen Vögeln, wie Schwarzstorch, Mönchsgeier und Kaiseradler, als Nistplätze genutzt.

In den letzten Jahren haben sich trotz intensiver Bejagung die Bestände des **Wildschweins** deutlich vergrößert. Neben der äußerst vielseitigen Speisenauswahl – das Wildschwein frisst vom Körnermais bis zur Kreuzotter praktisch alles, was ihm vor den Rüssel kommt – hat sicherlich auch die hohe Fortpflanzungsquote zu dieser Entwicklung beigetragen. Das rau behaarte Huftier verschmäht auch seine domestizierten Verwandten als Paarungspartner nicht. Dieser Liaison entsprang das **Iberische Hausschwein,** das aufgrund seiner dunklen Hautfarbe oft für ein Wildschwein gehalten wird, aber doch wesentlich zierlicher und friedfertiger ist.

Nach einem regenreichen Winter erblühen die Weiden in einer verschwenderischen Farbenpracht, wie sie dem mitteleuropäischen Besucher allenfalls noch aus nostalgischen Überlieferungen geläufig ist. Auch die Stille und Abgeschiedenheit vom geschäftigen Treiben der großen Städte macht eine Erkundung dieser noch sehr ursprünglichen Landschaft zu einem besonderen Erlebnis.

Wanderung zur römischen Ruinenstadt Munigua

- **Ausgangspunkt:** Villanueva del Río y Minas
- **Länge:** 12 km
- **Dauer:** Hinweg 2:15 Std., Rückweg 1:45 Std.
- **Höhenunterschied:** 100 m
- **Schuhe:** Sportschuhe ausreichend – für Begehung der Ruinen Profilsohle erforderlich
- **Klima:** wenig Schatten, Temperaturen kaum niedriger als in der Ebene
- **Hinweis:** Der archäologische Komplex ist offiziell von 9–16 Uhr geöffnet; er wird auf einigen Landkarten auch als „Castillo de Mulva" bezeichnet.

Ein intensives Kennenlernen der Sierra Norte ist nur zu Fuß möglich. Die Wanderung nach Munigua verknüpft diesen Naturgenuss ideal mit der Besichtigung einer archäologischen Stätte, die – obwohl sehr bedeutend – im Gegensatz zu anderen Ruinenstätten weit weniger erforscht und touristisch erschlossen ist. Abseits der Hauptverkehrswege gelegen und weder durch Busse noch Privat-Pkw erreichbar, bietet Munigua die seltene Gelegenheit, die steinernen Relikte einer versunkenen Kultur ganz ohne Rummel auf sich wirken zu lassen.

Anfahrt

Das Bergarbeiterstädtchen **Villanueva del Río y Minas** liegt knapp 40 Kilometer nordöstlich von Sevilla unweit des Río Guadalqivir. **Von Sevilla** bietet sich folgende Zufahrtsmöglichkeit: Auf der N-630 fährt man Richtung Mérida, kurz hinter Itálica geht es auf die SE-182, dann weiter auf der C-431 Richtung Alcalá del Río/Cantillana. In Cantillana muss man sich stets an der Ausschilderung „Alcolea del Río" orientieren, nach einigen Kilometern zweigt die Straße dann links nach Villanueva del Río y Minas ab. Am Ortsende links fahren (*Conjunto Arqueológico de Munigua* ist ausgeschildert) über den kleinen Fluss Rivera de Huéznar, danach weiter rechts in Richtung einer Eisenbahnbrücke, die auch Endpunkt des Rückweges ist. Zuvor zweigt die Straße links zum Dorf Ermita de Santa Barbara ab, es empfiehlt sich aber, das Auto bereits im Schatten der Eukalyptusbäume abzustellen.

Hinweg

Am Ende des Dorfes geht die Asphaltstraße in eine einfache Staubpiste über, an deren Seite ein Zaun verläuft. Bereits im März verwandeln zahlreiche Blumenarten die offene Weidelandschaft in ein farbenprächtiges Blütenmeer. Eine botanische Besonderheit ist in einer flachen Senke zu bestaunen – hier blühen Ende März/Anfang April Dutzende Exemplare des Peru-Blausterns, der mit seinem aus einer Vielzahl von Einzelblüten zusammengesetzten, traubenartigen Blütenstand wie eine Zierpflanze wirkt.

Nach ca. 1½ Stunden sieht man eine **verlassene Bahnstation,** der Weg führt nun rechts über einen Viehtritt-Rost. Man geht hinunter in ein locker mit Steineichen bewaldetes Tal, in dessen Grund ein landwirtschaftliches Anwesen durchquert werden muss. Am Ende geht man rechts weiter, kurz darauf hält man sich bei einer Gabelung halblinks.

Nach einem weiteren Stück kommt eine Abzweigung: links führt ein Weg bergauf, wir bleiben aber auf der mit einem Pfeil gekennzeichneten Staubpiste.

Auf der gegenüberliegenden Hangseite taucht nun ein überdimensionales steinernes Bauwerk auf, fast fühlt man sich an einen von üppiger Vegetation umwucherten Maya-Tempel erinnert. Bei dem Gemäuer handelt es sich jedoch um die Rückseite des Terrassenheiligtums, dem in mehrfacher Hinsicht bemerkenswertesten Bauwerk der römischen Ruinenstadt Munigua. Zuvor muss noch ein meist nur wenig Wasser führender **Bach** durchquert werden.

Die Ruinenstadt

Der archäologische Komplex von Munigua ist **komplett eingezäunt,** das Eingangstor kann von den wenigen Besuchern selbstständig geöffnet werden. Auf dem Gelände steht auch das Wohn- und Arbeitshaus des Aufsehers. Ein offizielles Besucherzentrum oder Gastronomie wird man hier vergeblich suchen.

Dem Terrassenheiligtum hat Munigua zu verdanken, dass man es lange Zeit für eine arabische Festung, Castillo de Mulva, hielt und daher nicht sonderlich beachtete. Erst Mitte des 18. Jh. stellte sich heraus, dass es sich bei der Anlage um eine römische Siedlung namens **Municipium Flavium Muniguense** handelt, deren Ursprung noch auf die Iberer des 4. Jh. v. Chr. zurückgeht. Nach der Romanisierung zu Beginn des 1. Jh. verlief die Entwicklung offenbar sehr günstig, denn schon bald wurden der Siedlung unter Kaiser *Vespasian* die Stadtrechte verliehen, und auf der unteren Terrasse des Hügels wurde ein **Forum** als Marktplatz und Sitz der Gerichtsbarkeit erbaut.

Deutsche Archäologen fanden hier 1958 zwei historisch sehr bedeutsame **Bronzetafeln.** Eine davon beinhaltet die Abschrift eines Briefes des römischen Kaisers *Titus* aus dem Jahre 79 n. Chr. Daraus geht hervor, dass der Stadt Munigua eine recht bedeutende Rolle in der Landesentwicklung der Provinz Baetica zugeschrieben wurde.

An das Forum schließen sich rechts (vom Hangfuß aus gesehen) die städtischen **Thermenanlagen** an, in deren Wasserbecken 1960 die künstlerisch wertvollste Entdeckung von Munigua gemacht wurde: der Kopf einer jungen Frau, der offenbar Teil einer Büste oder auch Statue war. Diese lange Zeit als **Hispania** bezeichnete Skulptur stellt mit großer Wahrscheinlichkeit nicht, wie anfangs vermutet, die Personifizierung der idealen Spanierin dar, sondern wird inzwischen als römische Gottheit (Venus oder Diana) klassifiziert. Wie alle übrigen bedeutenden Fundstücke wurde sie in das Archäologische Museum von Sevilla gebracht.

Im 2. Jh. n. Chr. erlebte das Municipium seine Blütezeit. Reste großer **Tongefäße** künden vom Wohlstand der Olivenöl- und Weinhändler. Den größten Anteil am Reichtum Muniguas hatte aber sicherlich der seit iberischer Zeit beständig vorangetriebene **Erzabbau.** Die prosperierende Erzgrubenstadt konnte sich die aufwändige Umgestaltung des Stadthügels in eine Art heiligen Bezirk leisten. So wurde auf der mittleren Terrasse oberhalb des Forums eine doppelgeschossige Halle gebaut, die vermutlich als Versammlungsraum diente, dazu kam noch ein Vorbau in Form einer Ädikula (eine Art Häuschen für eine Statue) – vermutlich dem Merkur geweiht. Der sich rechts an diesen Komplex anschließende Podiumstempel, von dem nur Grundrisse erhalten sind, war Ausgangspunkt für Prozessionen.

Über die Bedeutung des weit größeren **Terrassenheiligtums** auf der Spitze des Stadthügels wurde lange Zeit gerätselt, es war nur unbestritten, dass es sich ebenfalls um ein sakrales Gebäude handeln müsse. Inzwischen ist sich die Forschung sicher, dass dieses beeindruckende Bauwerk dem **Kaiserkult** gewidmet war, denn es konnten deutliche Parallelen zu vergleichbaren Stätten in Mittelitalien festgestellt werden.

Natürlich gab es auch ganz profane **Wohngebäude,** 15 Häuser mit steinernen Fundamenten wurden bis heute freigelegt. Um 300 n. Chr. wurde Munigua von den Bewohnern aufgegeben. Die großen Handelswege verliefen nun weit an Munigua vorbei, und die verlassene Stadt dämmerte über Jahrhunderte im Dornröschenschlaf dahin. Nach wie vor sind viele Fragen ungeklärt, und man darf gespannt sein, welche Geheimnisse die Forscher diesem Ort noch entlocken können.

Rückweg

Der Rückweg **nach Villanueva** verläuft vom Haus des Aufsehers unterhalb der Ausgrabungen durch ein großes Tor. Nach einer Stunde Gehzeit durch aufgelichtetes Weideland erreicht man ein ausgedehntes landwirtschaftliches Anwesen. Hier orientiert man sich links. Nach einer Rechtsbiegung führt der breite Feldweg aus dem Weiler heraus und endet schließlich unter der anfangs genannten Eisenbahnbrücke.

Carmona

Dieser wunderschöne, verträumte Ort, dessen historische Bauten und uralte Grabanlagen steinerne Zeugen einer großartigen Vergangenheit sind, zählt zu den ältesten Spaniens. Zum Teil halb unter der Erde verborgen, ist hier manch Interessantes und Spannendes zu entdecken und nicht nur für Archäologie-Begeisterte ein Anziehungspunkt.

Obwohl Belege existieren, die eine Besiedlung der Gegend seit dem 9. Jh. v. Chr. nachweisen, gewann Carmona erst zur Zeit des Römischen Imperiums im 1. Jh. zunehmend an Bedeutung. Wegen der strategisch günstigen Lage an den römischen Straßen von Córdoba nach Sevilla und Itálica erlebte die Siedlung eine erste Blütezeit. Von der Puerta de Sevilla quer durch die Stadt zur Puerta de Córdoba führte eine der Römerstraßen, die Via Augusta. Auch die gut erhaltene **Necropolis Romana,** eine große Grabanlage, und das ihr gegenüberliegende Amphitheater, in dem die Ausgrabungsarbeiten noch andauern, zeugen von der römischen Glanzzeit. Seitdem hinterließen die verschiedenen Kulturen, die sich im Laufe der Jahrhunderte in Andalusien ansiedelten, hier ihre Spuren.

■ **Conjunto Arqueológico de Carmona,** Tel. 600.14.36.32 (Handy), Di–Fr 10–18 Uhr, Sa/So 10–14 Uhr, Mo/Fe geschlossen, 15.6. bis 15.9. Di–Fr 8.30–14 Uhr, Sa 10–14 Uhr, So geschlossen; die Zeiten variieren, siehe unter www.turismo.carmona.org „turismo", dann „horarios", hier aktuelle Infos für die meisten Besichtigungspunkte in Carmona; Eintritt für EU-Bürger frei.

Stadtrundgang

Im unteren Teil des Ortes, an der zentralen Straße Richtung Altstadt, steht die farblich auffällige **Barockkirche San Pedro,** deren Bau im 15. Jh. begonnen wurde, aber erst im 17. Jh. seinen Abschluss fand. Für den Glockenturm stand die berühmte Giralda in Sevilla Modell. Eine Besonderheit im reichlich verzierten Inneren der Kirche sind die Taufbecken aus grün glasiertem Ton und die geradezu verschwenderisch gestaltete Capilla del Sagrario, ein klassisches Beispiel für den Churrigueresco, die spanische Sonderform des Rokoko. Sie ist ein Werk von *Ambrosio Figueroa,* dem Sohn des berühmten Barockarchitekten *Lenoardo de Figueroa.*

Von hier aus geht es geradewegs auf die Plaza de Blas Infante mit dem **Alcázar de Abajo** und der **Puerta de Sevilla.** Sein heutiges Aussehen verdankt der Alcázar vor allem den baulichen Veränderungen durch die Mauren im 9. und 12. Jh. Von der Puerta führt ein gut erhaltenes Stück römischer Stadtmauer nordwärts. Charakteristisch für die Puerta de Sevilla ist das imposante römische Tor mit drei hintereinander folgenden Halbbögen in Verbindung mit eindeutig maurischen Gestaltungselementen.

■ **Alcázar de Abajo,** Mo–Sa 10–18 Uhr, So und Fe 10–15 Uhr. Eintritt 2 €, Studenten, Rentner 1 €.

Hinter der Stadtmauer verbirgt sich die höher gelegene **Altstadt,** die komplett unter Denkmalschutz gestellt wurde. Hier reiht sich ein historisches Gebäude an das andere. Von der Puerta de Sevilla führt die Calle Prim zum Hauptplatz der Altstadt, der **Plaza San Fernando,** auch *Plaza Arriba* oder *Plaza Mayor* genannt. Hier spielt sich in den Mittagsstunden und vor allem am frühen Abend das gesellschaftliche Leben ab. Gemütlich bei einer Tapa an der *plaza* sitzend, kann in den Bars der Anblick der Paläste im Renaissance- und Mudéjar-Stil genossen werden, die den Platz umgeben.

Weiter die Calle Salvador hoch, am Rathaus mit der angrenzenden Iglesia Salvador vorbei, gelangt man zur **Iglesia de Santa María.** An ihrer Stelle stand einst die Hauptmoschee, woran vor allem der Orangenhof mit den Hufeisenbögen erinnert. Aber die Kirche hat noch etwas Besonderes zu bieten. Im ehemaligen Vorhof der Moschee steht eine von den Mauren weiterverwendete **westgotische Säule** mit deutlich erkennbaren westgotischen Schriftzeichen. Experten entzifferten die Schrift und fanden heraus, dass es sich um einen Kalender mit den Namenstagen der Ortsheiligen handelt – somit steht hier wohl der älteste Kalender Spaniens. Im Inneren der Kirche beeindruckt besonders der schöne platereske Hauptaltar aus der Mitte des 16. Jh.

Rund um die Kirche stehen einige beachtenswerte Adelspaläste aus dem 17. und 18. Jh., darunter die **Casa de los Quintanilla** von 1755 in der Calle San José (auch *Casa del Marqués des las Torres* genannt), in der das **Historische Museum** mit interessanten Fundstücken von der Frühzeit bis zur zeitgenössischen Geschichte untergebracht ist.

■ **Museo Histórico Marqués de las Torres,** Mo–So 11–19 Uhr, Mi nachmittags geschlossen. Eintritt 3 €, Studenten, Rentner 1,50 €.

Das **Kloster Santa Clara** auf der Rückseite der Kirche birgt insbesondere für

Kunstliebhaber einige Schätze, zum einen ein Gemälde von *Valdés Leal* über dem Hauptaltar, zum anderen einige Werke aus der Schule *Zurbaráns.*

■ **Convento Santa Clara,** Mo und Fr, Sa/So 11–14 und 16–18 Uhr, Eintritt 2 €, ermäßigt 1 €.

Weiter die Gassen hoch schlendernd, erreicht man über die Plaza de Santiago das große Tor an der Ostseite der Altstadt. Die **Puerta de Cordóba** weist neoklassizistische Merkmale auf, die auf Umbauarbeiten im 18. Jh. durch den Architekten *José Chamorro* zurückgehen. Daneben finden sich aber auch barocke und Renaissance-Elemente aus früheren Zeiten. Den beiden sie umgebenden achteckigen Türmen dienten römische Quader als Fundamente.

Von hier aus liegt der **Alcázar de Arriba** nur rund 900 Meter entfernt. Diese ehemalige Almohadenburg kann aber auch direkt von der Puerta de Sevilla über folgenden Weg erreicht werden: die Calle San Bartolomeo hoch, die in die Calle San Felipe übergeht, und an der Iglesia San Felipe vorbei.

Peter der Grausame, der Herr des Alcázar von Sevilla, ließ seine Residenz in Carmona gründlich erweitern. Angeblich hielt er dort auch die Geliebte seines Vaters, *Lenor de Guzmán,* gefangen, bis er sie schließlich in Medina Sidonia, wohin sie geflüchtet war, ermorden ließ. Auf der Terrasse des Parador genießt man einen herrlichen Blick über die Tiefebene des Guadalquivir-Beckens. Glücklicherweise konnte ein schwerer Erdrutsch im Jahr 1996 dem Gebäude nicht derart schaden, dass es, wie die Betreiber zunächst befürchteten, für immer geschlossen werden musste.

Praktische Informationen

Information

■ **Oficina de Turismo,** Arco de la Puerta de Sevilla, Tel. 954.19.09.55, Mo–Sa 10–18 Uhr, So/Fe 10–15 Uhr.

Service

■ **Policía Local,** c/ Carmen Lorca, Tel. 954.14.00.08.

■ **Medizinische Versorgung:** beim Paseo de la Feria, Servicetelefon, das nur im spanischen Netz funktioniert: Tel. 902.50.50.61, in Notfällen wie immer 061 oder 112.

■ **Post,** c/ Prim 29, Tel. 954.14.15.62.

Essen und Trinken

■ **Molino de la Romera,** c/ Pedro I., Tel. 954.14.20.00, zwischen Puerta de Córdoba und Parador. Tolles Restaurant und Tapas-Bar in einer Mühle (Olivenpresse) aus dem 15. Jh., die als solche bis 1937 in Funktion war. Der Speiseplan lockt mit regionaler Küche. Allein das Gebäude lohnt einen Besuch.

■ **Restaurante San Fernando,** c/ Sacramento 3, Tel. 954.14.35.56. Das Restaurant liegt inmitten der historischen Altstadt in einem Haus aus dem 16. Jh. und bietet einen schönen Blick auf die Plaza de San Fernando. Sowohl internationale als auch regionale Küche.

■ **Mesón La Almazara,** c/ Santa Ana 33, Tel. 954.19.00.76. Restaurant und Tapas-Bar, insbesondere wochenends kann es voll werden.

Feste

■ **Feria,** großer Jahrmarkt mit Tanz, Feuerwerk, Wettspielen und Volkstanz im Mai.

■ **Romería del la Virgen de Gracia,** besonders in Carmona gepflegte Wallfahrt mit Pferden und Wagen, 1. So im September.

Unterkunft

■ **Parador Alcázar del Rey Don Pedro******/④, Tel. 954.14.10.10, www.paradores-spain.com. In dem Alcázar aus maurischen Zeiten nächtigten bereits die Katholischen Könige. Der Parador liegt oberhalb von Carmona und bietet einen hervorragenden Blick auf die Tiefebene des Guadalquivir-Beckens.

■ **Casa de Carmona**⑤, Plaza de Lasso 1, Tel. 954. 19.10.00, www.casadecarmona.com. Das Gebäude aus dem 15. und 17. Jh. inmitten des Ortes ist bestückt mit lauter Antiquitäten. Man fühlt sich wie in einem Museum zum Anfassen. Zumindest lohnt es sich, einen Blick hineinzuwerfen oder im Restaurant des Hotels zu speisen.

■ **Pension Comercio**②, c/ Torre del Oro 56 (direkt an der Stadtmauer mit Torbogen), Tel. 954.14.00. 18. Einfach, aber ganz nett, die rustikale Variante. Ohne Bad günstiger.

Unterkunft außerhalb von Carmona

■ **Hacienda el Triguero**②, über den Platz vor dem Alcátar und an der Kirche San Pedro vorbei Richtung Sevilla fahren, dann links abbiegen Richtung El Viso del Alcor. Auf der linken Seite taucht dann ein kleines Schild auf, das auf eine Hacienda hinweist. Tel. 955.95.36.26 oder 914.11.69.74. Typisch für die Landschaft des Guadalquivir-Beckens, ca. 3 km von Carmona entfernt. Ein Swimmingpool ist vorhanden, umgeben von Orangenbäumen. Insgesamt 9 Zimmer, DZ inkl. Frühstück. Die Hacienda könnte etwas liebevoller gestaltet sein.

Reiten

■ **Epona Equestrian Center,** Hacienda Los Nietos in der Nähe der N-IV km 519, Tel. 954.14.82.93, www.eponaspain.com. In ländlicher Umgebung können hier Reitferien gemacht werden.

Verkehrsverbindungen

■ Stündlich fährt ein **Bus** von und nach Sevilla. Haltestelle im unteren Stadtteil an der zentralen Calle Sevilla. Im Informationsbüro können aktuelle Abfahrtszeiten erfragt werden.

Römische Nekropole

Wie für römische Städte üblich, errichteten die Einwohner die Nekropole (**Necropolis Romana**) außerhalb der ummauerten Stadt. Sie liegt unweit der Landstraße, die von der Autobahn nach Carmona führt. Zum Eingang gelangt man über die zentrale Calle Sevilla, von der links in die Calle Atarazanilla und sofort wieder links in die Calle Bonsor abgebogen werden muss.

An die **250 Gräber** – 1.000 werden vermutet – aus der Zeit vom 1. bis 4. Jh. wurden freigelegt. In einige darf der Besucher – wenn es ihm nicht zu gruselig erscheint – unter den wachsamen Augen einer Aufsicht hinabsteigen. Deutlich sind noch die Höhlungen und Nischen zu erkennen, in denen die Urnen standen. Einige Grabstätten angesehener Familien nehmen die Dimension unterirdischer Paläste an. In den meisten Fällen wurden die Leichen eingeäschert, was in Kammern innerhalb des Grabes geschah. Je nach Bedeutung und Vermögen der Familie versah man die Gräber mit Stuck und Freskomalereien.

Entdeckt wurden die Grüfte in der zweiten Hälfte des 19. Jh., und ab 1881 begannen unter Anweisung des Engländers *Georges Bonsor* und *Juan Fernández López* erste Ausgrabungen. Unter den zahlreichen Gräbern sind einige besonders lohnend. In das große, runde **Mausuleo Circular** führt eine Steintreppe hinab. Das Grab liegt größtenteils unter der Erde. Unter den zahlreichen Nischen fällt eine etwas größere auf, die wohl den Überresten wichtiger Familienoberhäupter vorbehalten war. Reste von Wandmalerei und Stuck verzieren die Mauern.

Kurioses hat die **Tumba del Elefante** zu bieten – sie wurde nach einem dort gefundenen Steinelefanten benannt. Warum diese Tierfigur dem Familiengrab beigegeben wurde, ist bisher nicht vollständig geklärt. Der Fund von Resten einer Attis-Statue lässt vermuten, dass dieses Grab dem in der Spätantike verehrten Gott – welcher der Legende zufolge starb und wiederauferstand – und seiner Geliebten Kybele geweiht wurde. Wie in großen Gräbern üblich, gehören zum Mausoleum auch Speisesäle *(Triklinien)* für den Leichenschmaus.

Das bisher beeindruckendste Grab der Anlage ist sicherlich die große **Tumba de Servilia.** Ein Teil der Wände des Mausoleums zeigt gut erhaltene Freskomalereien, darunter eine Dame mit Harfe und Dienerin. Allein die Größe des Grabes lässt darauf schließen, dass es sich hier um eine sehr vornehme Familie gehandelt haben muss. Der Name der Tumba kann auf eine lebensgroße Statue zurückgeführt werden, die dort – allerdings ohne Kopf – gefunden wurde, denn in den Sockel der Figur meißelte einst ein römischer Steinmetz den Namen „Servilia". Vermutlich handelt es sich bei der Statue um die Darstellung eines der beigesetzten Familienmitglieder. Sie kann in dem zur Nekropolis gehörigen Museum bestaunt werden.

In der Nekropole gab es auch Erdbestattungen, so in der **Tumba del Póstuma.** Allerdings sind auch hier kleine Nischen für Urnen vorhanden – vermutlich für Sklaven.

In dem zum Gelände gehörigen **Museum** können interessante Stücke besichtigt werden, die in den Gräbern gefunden wurden: Urnen, Krüge, Gläser und besondere Votivgaben, darunter auch die erwähnte Statue der *Servilia*, die Darstellung einer Dame aus Carmona und einige Altäre.

■ **Necrópolis Romana,** Avda. de Jorge Bonsor, Tel. 954.14.08.11, 15. Juni bis 15. September, Di–Fr 8.30–14 Uhr, Sa 10–14 Uhr; Rest des Jahres Di–Fr 9–17 Uhr, Sa/So nur 10–14 Uhr. Eintritt für EU-Bürger frei.

Écija

Im Guadalquivir-Becken kann es in den Sommermonaten mächtig heiß werden, aber der Ort, an dem es, zumindest seinem Ruf nach, am heißesten wird, ist das 40.000 Einwohner zählende Écija. Und deshalb wird er auch von den Andalusiern „el sartén de Andalucía" – die **Bratpfanne Andalusiens** – genannt. Eine kleine Abkühlung bietet der Fluss Genil, an dessen Ufer die Stadt der Sonne liegt.

Aber Écija bietet noch einen anderen Superlativ. Der längste Balkon Europas ziert in der Calle Caballeros den 1726 vollendeten **Palacio de los Marqueses de Peñaflor.** Die Fassade wurde zudem mit schönen Freskomalereien gestaltet.

Als zentraler Anlaufpunkt dient die große, von Palmen gesäumte **Plaza de España** mit ihrem großen Brunnen, ein beliebter Treffpunkt der Écijaner am Morgen und frühen Abend, von dem aus die Sehenswürdigkeiten mit Leichtigkeit per pedes zu erreichen sind.

[>] Das Kasino von Écija

Das barocke Écija wird auch die Stadt der Türme genannt. Diese weisen einen Barockstil mit ganz eigenem Charakter auf. Exemplarisch hierfür ist der interessante Glockenturm der **Iglesia San Juan** in der Nähe des Palacio de Peñaflor. Man geht durch die Calle Aparicio, vorbei an dem Palacio de Valdehermosa mit plateresker Fassade aus dem 16. Jh. und der Iglesia de San Felipe Neri, einem neoklassizistischen Bau aus dem 19. Jh., und läuft geradewegs auf sie zu. In gewisser Weise lässt der Stil dieses Kirchturms an den Kolonialbarock in Hispano-Amerika denken.

Nur Teile der starken **Befestigungsmauern** aus der Almohadenzeit konnten dem starken Erdbeben von 1755 trotzen (das ja bekanntlich auch einen Großteil Lissabons zerstört hat), der Rest der Stadt wurde fast komplett zerstört. Viele Paläste und Kirchen mussten neu aufgebaut werden. Das Stadtbild passte sich dem Zeitgeschmack der Erbauer an. Es ist daher vom Barock geprägt, aber auch die Mudéjar-Baumeister hinterließen ihre Handschrift, wie zum Beispiel beim neu errichteten Turm der gotisch-mudejaren **Kirche Santiago la Mayor** am Ende der Calle La Marquesa. Um ihn zu finden, geht man am Rathaus an der Stirnseite der Plaza de España die Calle El Conde entlang, dann biegt man rechts in die genannte Straße ein.

In der gleichen Straße befindet sich der **Palacio de la Justicia.** Wie ein Palast aus 1001 Nacht erscheint dem Betrachter das Gebäude aus dem Jahre 1931

an14-013 ba

(10–14.30 Uhr geöffnet). Bei genauerer Betrachtung erweist sich der Palacio als anschauliches Beispiel für den Historismus. Hier gehen Renaissance-Stil und maurische Kunst eine gelungene Verbindung ein.

Interessant ist auch die neoklassizistische **Iglesia Santa Cruz,** im Innenhof der Kirche kann man Hufeisenbögen entdecken, am Glockenturm sind Steintafeln mit arabischen Schriftzeichen angebracht. Im Inneren der Kirche befindet sich ein frühchristlicher Sarkophag aus dem 5. Jh., der heute als Altartisch genutzt wird. Geht man die gleichnamige Straße wieder zurück zur Plaza de España und die gegenüberliegende c/ Cinteria weiter, stößt man auf den gewaltigen Barockpalast **Palacio de Benamejí** aus dem 18. Jh., der sich als wahre Wundertüte entpuppt. Hier ist auch die Touristinfo (s.u.) untergebracht. Wenn man in der c/ Canovas del Castillo an der linken Seite des Gebäudes entlang geht, wird man ein prunkvolles Marmorportal entdecken, hinter dem sich der Haupteingang mit herrschaftlicher Freitreppe verbirgt. Im Obergeschoss sind im **Historischen Museum** ausgezeichnet erhaltene römische Mosaike und Skulpturen, darunter die „Verwundete Amazone“ aus dem 2. Jh. n. Chr., zu sehen. Zu den Highlights der kleinen, aber feinen Sammlung gehören das Mosaik der vier Jahreszeiten, das Mosaik der Nereiden (Meeresnymphen) und der Triumpf des Bacchus/Dionysos – der Gott der Sinnenfreuden wird hier auf einem Wagen, wohl von einem gewonnenen Kampf zurückkehrend, dargestellt.

an14-014 ba

an14-015 ba

■ **Museo Histórico Municipal,** c/ Cánovas del Castillo 4, Di–Fr 10–13.30 und 16.30–18.30 Uhr, Sa 10–14 und 17.30–20 Uhr, So 10–15 Uhr. Vom 01.06.–30.09. nur vormittags 10–14.30 Uhr, Sa zusätzlich 20–22 Uhr geöffnet. Eintritt frei.

Praktische Informationen

Information

■ Beim **Museo Histórico Municipal,** Palacio de Benamejí, Calle Elvira 1A, Tel. 955.90.20.33, www.turismoecija.com, Mo–Sa 10–14 und 17–19 Uhr, So/Fe nur vormittags.

Essen und Trinken

In Écija werden die typischen Gerichte aus der Region des Guadalquivir-Beckens aufgetischt, so zum Beispiel die *sopa del gato*, die **Katzensuppe** – was nicht erschrecken muss. Sie heißt zwar so, enthält aber keine Katzenstückchen, sondern stellt stattdessen eine besondere Variante der Knoblauchsuppe *(sopa de ajo)* dar, mit frittiertem Knoblauch, geschälten Tomaten, grünem Paprika und Brühe. Das ganze wird mit Ei angereichert, oft auch zusätzlich mit grünem Spargel oder Muscheln. Oder wie wäre es mit *espinacas labradas*? Gekochter Spinat wird mit rohem Knoblauch, Kümmel, Essig und Salz vermischt, dazu reicht man frittierten Knoblauch und frittiertes Brot. Das ganze wird dann mit süßem Paprikaöl auf einem Teller vermischt und kalt gegessen. Leider werden diese Gerichte nicht immer und überall serviert.

■ **Casa Machín,** c/ Galindo 4 (Seitenstraße der Avda. Miguel de Cervantes), Tel. 955.90.12.95. Traditionelle Küche, schöner Innenhof.

Unterkunft

■ **Hotel Palacio de los Granados****/②, c/ Emilio Castellar 42, Tel. 955.90.53.44, www.palaciogranados.com. Ein ehrwürdiger Stadtpalast am Rande der Altstadt wurde zu einem höchst komfortablen, dabei aber überraschend preiswerten Boutique-Hotel mit zahlreichen orientalischen Dekorelementen umgebaut, ein Pool sorgt bei Hitze für Erfrischung. Die Anfahrt erfolgt am besten über die den Río Genil begleitende Ringstraße Avda. Doctor Fleming, dann bei der Plaza Giles y Rubio stadteinwärts, nach ca. 500 m auf der linken Seite.

Feste

■ **Noche Flamenca Ecijana,** Flamenco-Festival im September.

■ Fest zu Ehren der Stadtpatronin **Nuestra Sra. del Valle** am 8. September. Das Fest wird in der Iglesia Mayor de Santa Cruz zelebriert, anschließend folgt eine Prozession durch die Stadt.

an14-016 ba

◁ ▷ Der Palacio de Benamejí enthält Kunstschätze wie die „Verwundete Amazone" und das Mosaik der Nereiden

■ **Feria de San Mateo,** ein fröhliches Fest mit Volkstänzen. Am „Día del Caballo" werden die stolzen Pferde der *pura raza* vorgeführt. Um den 21. September.

Verkehrsverbindungen

■ **Bus** nach Sevilla: ab der Plaza de España, oder Avda. Andalucía, beim Stadion San Pablo; nach Córdoba: ab der Avda. Andalucía, Haltestelle bei der Bar Jardín; nach Madrid, Valencia und Barcelona: Avda. del Genil, Haltestellen bei der Casa Pirula.

Osuna

30 Kilometer von Écija entfernt erreicht man über die C-430, quer durch die Felder, Osuna – aus Richtung Sevilla und Granada auch bequem über die A-92. Tourismus ist hier weit weniger zu erwarten als beispielsweise in Écija – in Osuna werden Reisende durchaus mit einer gewissen Neugier betrachtet, aber insgesamt wirken die Bewohner wesentlich distanzierter als in der „Stadt der Sonne".

Unter maurischer Herrschaft hatte Osuna keine sonderliche Bedeutung. Lediglich die **Torre del agua,** der Wasserturm, erinnert noch an diese Zeit. Nach der christlichen Rückeroberung sollte die Stadt eine Blütezeit als Zentrum der Wissenschaft und Künste erleben. Osuna wurde Mitte des 16. Jh. zur Universitätsstadt. Das alte **Universitätsgebäude,** zu dem auch ein minarettähnlicher Turm gehört, steht neben dem wohl auffälligsten Bau der Stadt: Die dreischiffige Stiftskirche **Santa María La Colegiata** wirkt, auf einer Anhöhe des Ortes gelegen, geradezu monströs und belegt die einstige Bedeutung Osunas. Architektonisch wirkt das Gebäude eher schlicht: ein einfacher Renaissancebau ohne Prunk und Glanz. Die Hauptfassade weist drei verschiedene Eingangstore auf, wovon das sogenannte Sonnentor der Haupteingang ist. Der Innenraum der Kirche ist überwältigend, hier ist alles in Weiß gehalten, Licht durchflutet die drei Schiffe. Hinzu kommt noch der glanzvolle goldene Hochaltar. In der Kirche ist auch ein Museum untergebracht, in dem bedeutende Gemälde, u. a. von *Jusepe Ribera,* ausgestellt sind.

■ **Santa María La Colegiata,** Plaza de la Encarnación, Tel. 954.81.04.44, Mo–Fr 10–13.30 und 16–19 Uhr, November bis April nachmittags 15.30–18.30, Sa und So sowie im Juli und August nur vormittags geöffnet. Eintritt 2 €.

In dem ehemaligen Krankenhaus **Convento de la Encarnación,** seit 1626 Kloster, gibt es interessante Keramikwerke zu besichtigen, darunter eine sehenswerte Sammlung sevillanischer Wandfliesen (aus Triana) aus dem 18. Jh. – eine von ihnen zeigt eine Darstellung der Alameda de Hércules in jener Zeit. Des Weiteren sind hier einige Skulpturen sowie Gold- und Silberschmiedearbeiten ausgestellt.

■ **Convento de la Encarnación,** Plaza de la Encarnación, Tel. 954.81.11.21), Mo–Fr 10–13.30 und 16–19 Uhr, Nov.–April nachmittags 15.30–18.30, Sa/So sowie im Juli und Aug. nur vormittags geöffnet. Eintritt 2,50 €.

Osunas Stadtbild bietet dem Besucher eine interessante Mischung aus Klöstern, barocken Kirchen und großartigen Profanbauten aus dem 17. und 18. Jh., so zum Beispiel der **Palacio de los Condes de Gomera** mit einem beeindruckenden barocken Portal in der Calle San Pedro oder der weiß gekachelte **Palacio del Cabildo Colegial** in der Calle Sevilla.

Ein beeindruckender Palast in der Calle de la Huerta ist der **Palacio der Familie Cepeda** aus dem 18. Jh. Er glänzt mit einer wunderschönen Fassade, auf der das Familienwappen zu sehen ist, das von zwei Figuren getragen wird. Der Palast hat einen prachtvollen Innenhof mit Säulengang und mächtiger Treppe.

Sehenswert ist auch das **Archäologische Museum,** das im Torre del agua untergebracht ist. Den Besucher erwarten hier u. a. Relikte aus iberischer und römischer Zeit. Das Museum liegt unweit der Colegiata in der Calle Arjona.

■ **Archäologisches Museum,** Plaza de la Duquesa, Tel. 954.81.12.07, Mo–Fr 10–13.30 und 16–19 Uhr, Nov. bis April nachmittags 15.30–18.30 Uhr, Sa und So sowie im Juli und Aug. nur vormittags geöffnet. Eintritt 2 €.

Praktische Informationen

Information

■ **Oficina de Turismo,** c/ Carrera 82, www.turismosuna.com.

Essen und Trinken

■ **Restaurante Doña Guadalupe,** Plaza de Guadalupe. Gutes, edles Essen.

■ **Casino de Osuna,** direkt an der Plaza Mayor gelegen. In den eigentlich klassischen „Alt-Herren-Club", wie es sie in vielen Orten Andalusiens gibt, kann jeder einkehren.

Feste

■ Religiöse Feier zu Ehren **St. Arkadius,** Schutzpatron von Osuna, 12. Januar.

■ **Feria** von Osuna, Mitte Mai.

■ Fest zu Ehren der Schutzheiligen Osunas, **Nuestra Sra. de Consolación,** 8. September.

Unterkunft

■ **Hostal Caballo Blanco****/①, c/ Granada 1, unweit der Calle Carrera, Tel. 954.81.01.84. Das Hostal ist in einem schönen, denkmalgeschützten Gebäude untergebracht. Die Zimmer sind nett eingerichtet, allerdings nicht besonders groß.

■ **Five Gates**② (ehem. Hostal Las Cinco Puertas), c/ Carrera 79, Tel. 955.82.08.77, www.fivegates.es. Die Renovierung hat sich gelohnt – helle, moderne Unterkunft und trotzdem annehmbare Preise.

Verkehrsverbindungen

■ **Bus:** Estación de Autobuses, Avda. de la Constitución.

an14-017 ba

4 Costa de la Luz und Hinterland

Die „Küste des Lichts" ist weniger touristisch geprägt als die Mittelmeerküsten Spaniens – das Wasser des Atlantiks ist kälter, das Sonnenbaden stört gelegentlich der Ostwind Levante. Neben naturbelassenen Stränden locken an der Küste und im Hinterland unerwartete Kulturerlebnisse. Naturfreunde wird der Nationalpark Coto de Doñana begeistern.

< Blick über Cádiz

NICHT VERPASSEN!

- **Nationalpark Coto de Doñana:** ein Paradies für Ornithologen | 202
- **Cádiz:** das „Silbertässchen" mit Kathedrale am Meer ist die älteste Stadt Europas | 222
- **Bolonia:** römische Ruinenstadt am Naturstrand unweit der größten Wanderdüne Spaniens | 257
- **Vejer de la Frontera:** geheimnisvoll prunkt der kleine Ort mit seinen verwinkelten und steilen Gassen auf einem Hochplateau | 267
- **Arcos de la Frontera:** eines der schönsten Weißen Dörfer | 288
- **Sierra de Grazalema:** in der beeindruckenden Flora findet sich auch eine botanische Seltenheit: die Igeltanne | 291

Diese Tipps sind gelb hinterlegt.

Abendstimmung am Strand von Los Caños de Meca

ÜBERBLICK

an14-036 nk

Die Costa de la Luz bietet kilometerlange Strände, aber auch kleine Felsbuchten, die noch nicht vom Massentourismus und riesigen Hotelanlagen „befallen" sind. An einem Wochentag außerhalb der Hochsaison kann es am Strand von Bolonia passieren, dass man sich diesen nur mit ein paar Kühen teilt, die die kleinen Süßwasserläufe, die sich zum Meer schlängeln, entlanggetrampelt sind.

Die gesamte Costa de la Luz zieht sich von Ayamonte in der Provinz Huelva bis Tarifa in der Provinz Cádiz, sie ist der Teil Andalusiens, der am Atlantik liegt. Viele Küstenorte, wie Isla Cristina, Ayamonte oder Barbate, haben noch ihren ursprünglichen Charakter als Fischerdorf beibehalten.

Die **Atlantikküste Andalusiens** ist von den Gezeiten beeinflusst, und die See kann durchaus sehr stürmisch werden. Die Wassertemperaturen sind merklich kühler als an der Mittelmeerküste, das Sonnenbaden wird gelegentlich durch den starken Ostwind Levante gestört – der Sand wird dann so stark hochgewirbelt, dass man schnell einem panierten Schnitzel gleicht. Die Felsbuchten sind an solchen Tagen, zumindest in der Saison, ziemlich schnell belegt.

Der Teil der Costa de la Luz, der zur **Provinz Cádiz** gehört, erstreckt sich von der Guadalquivir-Mündung bei Sanlúcar de Barrameda bis zum Beginn der Meerenge von Gibraltar bei Tarifa. Dieser Küstenstreifen ist recht unterschiedlich geprägt: In der Gegend um Sanlúcar und Chipiona dominieren Landwirtschaft und Fremdenverkehr, die Bucht von Cádiz zeigt eher urbanen Charakter und ist traditionelles Gebiet für Handel und Schifffahrt, der Küstenstreifen zwischen Sancti Petri und Tarifa zeichnet sich vor allem durch pure Natur mit schroffen Felswänden (Roche, Los Caños), großen Dünen (Bolonia, Tarifa) und langen Sandstränden (Conil, La Barrosa, Zahara) aus.

Der westliche Teil der Costa de la Luz gehört zur **Provinz Huelva** und erstreckt

Provinz Huelva

0 10 km

sich von der Guadalquivir-Mündung bis zur portugiesischen Grenze, die durch den Río Guadiana gekennzeichnet ist. Hier dominieren lange Strände mit feinem Sand, die bisher vor allem den nationalen Fremdenverkehr belebten. Bis an diesen Teil der Küste reicht ein Naturparadies, der Nationalpark Coto de Doñana mit seiner sumpfigen Landschaft, den *marismas*.

Provinz Huelva

Die im Westen Andalusiens liegende Provinz Huelva **grenzt an Portugal** und wird daher von vielen Reisenden vor allem als Durchgangsgebiet zur Algarve wahrgenommen. Dementsprechend wenig bekommen Reisende von den Anziehungspunkten fernab der Wegstrecke mit, vor allem seit Bestehen der Autobahn A-49, die von Sevilla nach Huelva führt. Dabei hat auch diese Provinz einige **Highlights** zu bieten: kilometerlange Sandstrände, traumhafte Natur in der Sierra Aracena mit einer der schönsten Tropfsteinhöhlen im Norden der Provinz und einen einzigartigen Nationalpark, das größte Vogelreservat Europas, den Coto de Doñana im Südosten.

Zudem zieht der Wallfahrtsort El Rocío am Rande des Nationalparks zu Pfingsten jährlich Hunderttausende von Pilgern an, die der Madonna *Blanca Paloma* ihre Ehre erweisen. Geschichtsbegeisterte kommen im Städtchen Niebla oder auf den Spuren von *Kolumbus* auf der Ruta Columbina auf ihre Kosten. Die **Strände** der Provinz werden überwiegend vom nationalen Tourismus dominiert. Und so sind in Orten wie La Antilla Wohnsiedlungen entstanden, die außerhalb der turbulenten Sommersaison menschenleer bleiben.

Auch das **Handwerk** der Provinz hat sich einen besonderen Namen gemacht. Kennzeichnend dafür stehen vor allem die Lederwaren aus Valverde del Camino – von Stiefeln bis hin zum Zaumzeug.

Die Sierra der Provinz Huelva liefert den beliebten **Schinken** des Iberischen Schweins, den *jamón serrano de pata negra,* auch *jamón ibérico* genannt, aber auch köstliche Wurstwaren. Orte wie Jabugo, Cortegana oder Cumbres Mayores sind Hauptlieferanten dieser schmackhaften Spezialität.

Niebla

Niebla ist ein kleiner verträumter Ort, umgeben von einer vollständig erhaltenen Stadtmauer aus maurischer Zeit, die auf dem Fundament einer römischen Mauer erbaut wurde. Unter dieser befinden sich wiederum – und das ist eine Seltenheit – iberische Mauerreste aus **vorrömischer Zeit.** Zu Unrecht wird der Ort von den wenigsten Reisenden beachtet, denn er erweist sich als ein Mosaik aus Legenden, Traditionen und historischen Erinnerungen. In Niebla kann man in malerischen Gassen auf den Spuren der Geschichte wandeln.

Der Ort liegt am **Río Tinto,** der sich seinen Weg von der Sierra Morena Richtung Huelva bahnt, um dort ins Meer zu münden, er war früher schiffbar. Von oxidierten Metallen und dem kupferhaltigen Abraum der riesigen Bergwerke „Minas de Ríotinto" weiter im Norden der Provinz erhielt der Fluss seine an Rotwein erinnernde Farbe, der Name *Río Tinto* passt also wie die Faust aufs Auge.

Schon immer vermuteten Archäologen, dass die Gründung Nieblas in vorrömischer Zeit zu suchen sei. Heute bekräftigen archäologische Funde die These, dass die Stadt bereits unter den Tartessiern errichtet wurde. Möglicherweise handelt es sich sogar um die Hauptstadt des ruhmreichen und dennoch unbekannten Königreiches **Tartessos** (siehe Exkurs im Kapitel „Geschichte").

Niebla ist bereits von der Autobahn A-49 (Sevilla – Huelva) aus zu sehen. Über die hervorragend erhaltene **römische Brücke** über den Río Tinto führt die moderne Landstraße N-431 direkt an der riesigen Festung aus dem 15. Jh. vorbei und auch am ersten kleinen Tor der Stadtmauer, der **Puerta del Agujero** mit steinerner Treppe.

Durch die **Puerta de Socorro** gelangt man auf die **Plaza San Martín,** eine erste architektonische Überraschung, verläuft hier doch eine Straße quer durch eine Kirche, d. h. zur Linken und Rechten stehen die Kirchenreste. Zunächst befand sich an diesem Platz in maurischer Zeit eine Moschee, was man am auf der rechten Seite stehenden Eingangsportal mit dem Fassadenfragment erkennen kann. Auf der gegenüberliegenden Seite stehen der Glockenturm und die Kapelle des christlichen Gotteshauses.

Unterhalb des zum Fluss gerichteten, nicht mehr ganz so gut erhaltenen Teiles der almohadischen Stadtmauer mit der **Puerta del Embarcadero** fanden Ar-

[>] Von den Römern erbaut:
Brücke über den Río Tinto

chäologen Reste einer vorrömischen Mauer, die sie auf die Zeit des Tartesso-Reiches datierten. Diese Vermutung bestätigte sich jüngst durch die Entdeckung eines großen **Steinquaders** mit einer Inschrift und der Abbildung einer von den Tartessiern verehrten Göttin (siehe Exkurs im Kapitel „Geschichte").

Mit den Punischen Kriegen ging der Glanz dieses Reiches unter, und die Römer bemächtigten sich der Stadt, die nun den Namen Illipula erhielt. Eine Römerstraße führte von der Flussmündung des Río Guadiana durch Niebla nach Itálica bei Sevilla.

Die Mauren gaben der Stadt den Namen Lebla. Nach dem Zerfall des Kalifats von Córdoba blühte sie als Zentrum eines kleinen Königreiches auf, in dieser Zeit entstand die starke Befestigungsmauer. Später wurde Lebla der almohadischen Herrschaft untergeordnet, während der zwei Moscheen und die fünf großen Eingangstore zur Stadt entstanden. Alle Tore wurden im 90°-Winkel erbaut, was das Eindringen von Feinden erschweren sollte.

1231 bemächtigten sich die Christen zum ersten Mal der Stadt, mussten sie aber alsbald wieder an die Mauren abtreten. Während der *reconquista* verloren die Muslime innerhalb kürzester Zeit bedeutende Städte wie Córdoba, Jaén oder Sevilla, nur Niebla hielt den Widerstand aufrecht, und seine Einwohner weigerten sich sogar, einen Tribut an den König von Kastilien zu zahlen, woraufhin *Alfonso X.* den Angriff gegen die Stadt unternahm. Bei dieser Belagerung kamen zum ersten Mal in der Geschichte des Okzidents **Kanonen und Schießpulver** zum Einsatz. Dieser Tatsache verdankt Niebla den Beinamen „La Ciudad de la Polvera", die Stadt des Schießpulvers.

055an bn

Bei diesem historisch bedeutsamen ersten Einsatz des Pulvers soll es so gehörig gekracht haben, dass König *Alfons X.* mit dem Beinamen „der Weise" gar nicht mehr so schlau dreingeschaut haben soll, als ihm Steinkugeln mit Feuer und Getöse um die Ohren flogen. Sein Erstaunen darüber war derart groß, dass er dies schriftlich niederlegen ließ: „Sie warfen Steine und Speere mit Maschinen und Donnerknall mit Feuer." Man kann sich gut vorstellen, wie die Christen beim Ertönen des ersten Kanonenschlags entsetzt den Rückzug antraten, um dem Teufelswerk zu entkommen.

Ob auf einem steinernen Sockel im Festungsinnenhof oder als Zierde in Gartenanlagen oder auch auf den Mauern von Eingangstoren – im ganzen Ort begegnet dem Besucher auf Schritt und Tritt einem der entscheidendsten Relikte dieser Zeit: den **steinernen Kanonenkugeln.** Im **Museum,** untergebracht im Castillo de los Guzmàn, widmet sich eine Ausstellung diesem Thema. Dort steht eine Miniatur der Befestigungsanlage mitsamt den dazugehörigen Figuren, die am Eroberungs- bzw. Verteidigungskampf beteiligt waren.

Aber die Muslime zermürbten auf noch ganz andere listige Art und Weise die tapferen Christen. Die Mauren verfügten in der Regel über gut befestigte Städte, ein direkter Angriff bei deren Rückeroberung war also meist nicht die ideale Kampfstrategie. So belagerten die christlichen Heere einfach die Orte, um die Versorgung zu lähmen und eine freiwillige Aufgabe durch Aushungern zu erzwingen. Diese Rechnung ging in den meisten Fällen auf, die Mauren wagten sich oft nicht mehr aus ihren Städten heraus, denn ein offener Kampf auf freiem Feld gegen das häufig zahlenmäßig überlegene christliche Heer wäre zu ihrem Nachteil ausgegangen. Von den Stadtmauern aus jedoch konnten sie die Städte mit Erfolg oft lange Zeit verteidigen, sodass sich die Christen teilweise sogar wieder zurückziehen mussten. Diese **Belagerungsstrategie** setzten die Christen auch gegen Niebla ein, doch wunderten sie sich, dass die Einwohner der Stadt auch nach Monaten der Belagerung keine Anzeichen von Aufgabe zeigten, zumal die Versorgungslage der Belagerer selbst schon ziemlich schlecht war.

Was sich die Muslime dann mit den tapferen Kriegern leisteten, musste deren Eroberungsmut endgültig brechen. Eines Tages ließen sie ein rund gefüttertes Rind durch eines der Stadttore hinaustrotten, damit die mittlerweile am Hungertuch nagenden Christen etwas in die leeren Mägen bekämen, aber vor allem um zu beweisen, dass deren Aushungerungsstrategie erfolglos blieb. Noch heute trägt ein Tor den Namen **Puerta del Buey** („Ochsentor"). Die Mauren hatten in wohlweislicher Voraussicht für den Fall einer Belagerung rechtzeitig einen kilometerlangen **Tunnel** bis zum Ort Bonares gegraben. Die unterirdische Verbindungsstraße war so groß, dass dort bequem ganze Wagen und Reiter mit Pferd hindurchpassten. Während also die Christen die Tore der Stadtmauern bewachten, versorgten sich die Muslime durch den Tunnel mit allem Nötigen. Irgendwann jedoch entdeckten ihn die Christen und eroberten schließlich nach neun Monaten die Stadt. Der Tun-

[>] Der ursprüngliche Haupteingang zur Moschee

[>>] Westgotischer Brunnen im Kathedralenvorhof

nel steht bis heute und kann besichtigt werden.

Neben kuriosen Geschichten hat Niebla auch interessante Denkmäler der andalusischen Architekturgeschichte zu bieten, so die **Moschee-Kathedrale Santa María la Granada.** Die Kirche ist einzigartig und erinnert noch stark an die einstige Moschee. Unverkennbar maurischen Charakters ist das schöne Eingangsportal, ein Vielpassbogen, gestützt von römischen Säulen und Kapitellen. Zuvor betritt man den früheren Vorhof der Moschee. Die Kirche birgt auch zahlreiche Hinweise auf die westgotische Zeit Nieblas, denn die Mauren „recycelten" deren Säulen und Brunnen. Im Vorhof steht ein westgotischer Brunnen, und blickt man hoch zum Turm, wird ein Zwillingsfenster sichtbar, dessen Säulen mit westgotischen Schriftzeichen versehen sind. Das Innere des Gotteshauses zeigt anschaulich die architektonische Symbiose der verschiedenen Religionen: Christliche Figuren stehen in den Nischen mit Hufeisenbogen. Kurios ist auch der Beichtstuhl: Er besteht aus einem westgotischen steinernen Stuhl, Symbol des damaligen Bischofssitzes, dem noch einige Teile hinzugefügt wurden. Hinter dem Altar steht ein weiterer steinerner Bischofsstuhl aus westgotischer Zeit.

An dem schönen ruhigen Platz vor der Kirche steht das **Hospital Medieval Nuestra Señora de los Angeles.** In einem Teil befindet sich das Kulturhaus mit dem Museum, im anderen ist eine urgemütliche Bar untergebracht.

Das **Castillo** von Niebla mag maurisch anmuten, aber nur Teile dieser riesigen Festung stammen noch aus jener

064an bn

058an bn

Zeit. Der Grundriss ist auf das 15. Jh. zurückzuführen, denn das Castillo wurde vom Grafen *Enrique Gúzman* an der Stelle der maurischen Festung errichtet. Unterhalb dieser Burg beginnt der von den Mauren erbaute Tunnel.

■ Mittlerweile wurde auch das Castillo dem Tourismus öffentlich gemacht und mit bunten Fahnen und blank polierten Wappen auf Hochglanz gebracht. Untermalt wird die Besichtigung mit klassischer Musik. Im Großen und Ganzen etwas overstylt, aber dennoch sehr aufschlussreich und für Groß und Klein eine spannende Reise in die Vergangenheit.

■ **Castillo de los Gúzman:** Öffnungszeiten im Oficina de Tourismo, im Castillo befindet sich auch das Museum, Eintritt: 3,60 €.

Weißwein aus der Grafschaft Niebla

Vor allem Gourmets sollten sich an der Strecke von Sevilla nach Huelva einen Abstecher gönnen: in die Dörfer **Bollullos par del Condado** und **La Palma del Condado.** In den dortigen Bodegas werden hervorragende junge Weißweine der Gegend serviert, etwa der „Privilegio", der „Viña Odiel" und „El Gamo". Die wichtigsten Traubensorten sind Zalema, Listán, Palomino und Garrido fino. Alle Weine sind mit dem Gütesiegel D. O. (*Denominacion de origen,* vergleichbar mit dem Q b A für deutsche und A. O. C. für französische Weine) Condado de Huelva versehen.

Der Beiname „del Condado" zeigt an, dass die kleinen Orte einst zur Grafschaft Niebla gehörten. In diesen Dörfern spürt man noch die ursprüngliche Atmosphäre des ländlichen Andalusiens. (Das kurz hinter Sevilla liegende Bollullos de la Mitación ist zum Teil nur als „Bollullos" ausgeschildert und kann deshalb leicht mit Bollullos par del Condado verwechselt werden!)

Im Herbst gibt es in diesen Dörfern und rund um Sevilla den frischen **mosto,** die sogenannte *primera muestra del vino* („erste Weinprobe"), in der Regel von Anfang bis Mitte Oktober. In den *bodegas* wird der mosto frisch gezapft, ein halber Liter kostet teilweise nur 1,20 €. Gleichzeitig wird bei diesem Anlass auch die Gastronomie der Region vorgestellt.

In den *bodegas* kann man auch typische Produkte der Gegend kaufen, unter anderem so verlockende süße Sachen wie *roscos* aus Mehl, Ei, Zucker und Zitrone, *tortas rezobadas* aus den Zutaten Mehl, Olivenöl, Mandeln, Sesam und Karamel, *sultanas,* riesige Kokosmakronen, die auf der Zunge zergehen, oder *brazo gitano,* ebenfalls aus Mandeln und mit viel Puderzucker bestreut.

Die Weine der Region

■ **Blanco seco:** trockener, leicht fruchtiger Wein (10 % Alkohol), ideal zu Fisch und Meeresfrüchten.

■ **Condado pálido:** blassfarbener Wein mit leichtem *aroma almendrado* („Mandelaroma"), eignet sich zum *jamón serrano* oder *ibérico* und zu Meeresfrüchten (15–17 % Alkohol).

■ **Condado viejo:** bernsteinfarbener Dessertwein.

Bodega

■ **Bodegas Roldan,** Avda. 28 de Febrero 111, Tel. 959.41.13.49, an der Hauptstraße von Bollullos par del Condado. In dieser *bodega* muss man einfach ein Gläschen Weißwein mit einer *tapa* frisch gekochter *gambas* („Garnelen") und dazu einem Teller Oliven probieren.

Praktische Informationen

Information

■ **Oficina de Turismo,** im Castillo de los Gúzman, Tel. 959.36.22.70, tägl. 10–15 und 17–21 Uhr, Juli/August Sa nur 10–15 Uhr.

Essen und Trinken

■ **Restaurante La Parada,** Avda. de Palos de la Frontera. Außerhalb der ummauerten Stadt, man geht durch die Puerta del Buye zur nächsten Kreuzung. Gute Hausmannskost.

■ **Restaurante Las Almenas,** typisches Dorflokal direkt am Castillo de los Gúzman, kleine Terrasse.

Feste

■ **Romería Virgen del Pino,** letzte Maiwoche.

■ **Feria de „Tosantos"**, Jahrmarkt, dessen lange Tradition auf maurische Zeiten zurückzuführen ist. 1. November.

Unterkunft

■ Wer in Niebla übernachten möchte, hat keine Wahl: Hier gibt es nur die einfache **Pension Los Hidalgos,** die kaum als solche auffällt, in der c/ Moro 3, Tel. 959.36.20.80.

■ **Hostal Los Morenos**①-②, außerhalb in La Palma del Condado, c/ Huelva 3, Tel. 959.40.24.44, einfaches Hostal mit Parkmöglichkeit auf dem Hof.

Huelva

Die Provinzhauptstadt ist keine Schönheit. Selbst viele Andalusier sehen in Huelva **eine der reizlosesten Städte Spaniens.** Sehenswürdigkeiten sind rar, was auf den Umstand zurückzuführen ist, dass die Stadt während des großen Erdbebens 1755 fast vollständig zerstört wurde. Huelva ist heute durch und durch **Industriestadt** – mit einem großen Handelshafen.

An der Küste bei Huelva zollt man *Christoph Kolumbus* Tribut, der viele Seeleute aus der Stadt rekrutierte. So ragt an der Punta del Sebo, dort wo der mittlerweile versandete Río Tinto und der Odiel aufeinandertreffen (man folgt dem gelben Hinweisschild zum Paseo Marítimo), ein monströser, über 30 Meter hoher Steinklotz mit diffus erkennbaren Beinen und einem etwas versteinerten Gesichtsausdruck in die Luft, für dessen Wertschätzung man schon reichlich Freude am Kuriosen aufbringen muss. Es ist das **Denkmal des Kolumbus,** ein Geschenk der USA, das 1929 von der amerikanischen Bildhauerin *Gertrude (Vanderbilt) Whitney* geschaffen wurde.

Nicht weit vom Stadion Colombino am Rande der Stadt Richtung Süden befindet sich die **Muelle del Río Tinto** am Ufer des Río Odiel. Hierbei handelt es sich um die Reste einer alten Brücke, einer Konstruktion aus Eisen und Holz, die von *Sir George Barclay Bruce* und *Thomas Gibson* zwischen 1874 und 1876 – ähnlich der für diese Zeit modernen Eisenkonstruktionen wie dem Eiffelturm – konzipiert wurde. Die Brücke war das Ende einer Eisenbahnstrecke, auf der Mineralien, die in den Minen des Río Tinto gewonnen wurden, nach Huelva transportiert wurden. Von ihr hat man insbesondere bei Sonnenuntergang einen schönen Blick auf das gegenüberliegende Marschland, die *Marismas de Odiel.* Die Uferstraße hat dagegen eher einen industriellen Charakter.

Der Küstenstreifen, der am Ostufer der Flussmündung beginnt, trägt den bezeichnenden Namen „Costa Columbina", denn diese Küste schrieb Weltgeschichte. Von hier aus stachen die großen Entdecker der „Neuen Welt" in See.

Im Juli bzw. August feiert Huelva die **Fiestas Columbinas,** die ganz im Zeichen des Entdeckers stehen. Die Einwohner Huelvas werden übrigens im Spanischen „Onubenses“ genannt.

Praktische Informationen

Information

- **Oficina de Turismo,** Avda. Alemania 12, Tel. 959.25.74.03, am Rand der Stadt unweit des Kreisverkehrs am Fluss Odiel, der Busbahnhof befindet sich in der Nähe; ferner an der Plaza del Alcalde Coto Mora 2 (unweit der Avda. Italia und Iglesia de Nuestra Señora Estrella del Mar), Tel. 959.65.02.00.

Unterkunft

- Unweit der Avenida de Italia, die am Bahnhof liegt, gibt es mehrere **einfache Pensionen,** unter denen keine besonders hervorsticht.
- **Hotel Eurostars Tartessos****,** Avda. Martín Alonso Pinzón 13 (zentral neben dem Rathaus), Tel. 959.28.27.11, www.eurostarstartessos.com.
- **Jugendherberge,** Albergue Juvenil de Huelva, c/ Marchena Colombo 14, südlich vom Parque Moret, Tel. 959.65.00.10 oder Zentrale von inturjoven 955.03.58.86, www.inturjoven.com, ohne Altersbegrenzung.

Verkehrsverbindungen

- **Zug:** Bahnhof an der Avenida de Italia im Süden am Rande der Stadt. Täglich Züge nach Sevilla. Información Provincial de RENFE: Tel. 959.24.56.14.
- **Bus:** Busbahnhof an der Avenida Doctor Rubio 1, unweit der Avenida de Alemania im Südwesten, ebenfalls am Rande der Stadt. Vormittags und nachmittags fährt ein Bus nach Sevilla und Aracena, des Weiteren fahren Busse nach Cádiz, Algeciras und La Línea. Andere Linien fahren auch zwischen den Dörfern innerhalb der Provinz hin und her.

Lepe und El Terrón

Wenn in Deutschland **Erdbeeren** *(fresas)* aus Spanien verkauft werden, vor allem die dicken und saftigen *fresones,*

an14-018 nk

dann stammen sie in den meisten Fällen aus Lepe. Dieses Dorf westlich von Huelva hat sich mit den begehrten Früchten regelrecht eine goldene Nase verdient.

Ab Huelva führt die N-431 bis zur portugiesischen Grenze, ab Lepe prägen groß angelegte Obstanlagen das Landschaftsbild. Im Dorf gibt es eine Abzweigung zum Hafen El Terrón, einem kleinen idyllischen **Fischerhafen** inmitten der natürlichen Landschaft der *marismas* des Río Piedras. An diesem reizvollen Fleckchen informiert ein von der Bevölkerung ins Leben gerufenes **Naturkundemuseum** über Flora und Fauna der Region. Zum Museum gehören mehrere liebevoll gestaltete Aquarien sowie zwei Ausstellungsräume.

■ **Öffnungszeiten:** Juni bis Mitte September täglich 10–14 und 16.30–20 Uhr, in der restlichen Zeit Sa, So und Fe die gleichen Öffnungszeiten (allerdings nachmittags nur bis 18 Uhr). Eintritt: 3,50 €.

Essen und Trinken

Wie in einem Fischerhafen kaum anders zu erwarten, wird hier hervorragender Fisch serviert.

■ **Restaurante El Ancla,** El Terrón, Tel. 959.38.04.52. Hier gibt es garantiert frischen und guten Fisch, die Besitzer sind sehr freundlich. In den Sommermonaten Juli und August erstürmen viele Sommerurlauber das Restaurant, eine rechtzeitige Reservierung kann dann von Vorteil sein.

◁ Roter Knurrhahn, auf Spanisch schlicht Rubio

La Antilla

Die Attraktion des nächsten Küstenortes ist die kilometerlange Playa de La Antilla, die sich auf einer Landzunge bis zur Mündung des Río Piedras hinzieht. Das ehemals kleine Fischerdorf hat sich zu einer großen Siedlung mit zum Teil äußerst unschönen Hochhäusern entwickelt, die für den nationalen Tourismus hochgezogen wurden. So wirkt La Antilla außerhalb der Saison wie ausgestorben und gleicht einer Geisterstadt mit stillen Betonklötzen, im Sommer dagegen ist der Ort extrem übervölkert.

Sehr ungewöhnlich ist die **Casa de Raúl** im alten Viertel der Fischer. Der Besitzer hat das Haus und seine Fassade mit lauter Kuriositäten, die er am Strand gefunden hat, geschmückt. Und im Club de Raúl gingen früher bekannte nationale Künstler ein und aus.

Der **Markt** von La Antilla bietet hervorragenden Fisch und frische Meeresfrüchte, deren Preise in der Hauptsaison relativ hoch liegen, außerhalb dagegen äußerst günstig sind.

Camping/Unterkunft

■ **Camping Giralda,** Tel. 959.34.33.18, www.campinggiralda.com, an der Landstraße zwischen Isla Cristina und La Antilla bei km 1,5 am Río Carrera gelegen. Ein sehr guter Campingplatz mit allem Komfort in einem Pinienwäldchen mit viel Schatten. Hier können sich Urlauber auch dem Paddeln und Surfen auf dem Fluss hingeben. Ein kleiner Swimmingpool sorgt für weitere Erfrischung. Auch für Kinder werden in der Hauptsaison viele Aktivitäten angeboten. Hunde sind erlaubt. So angenehm leer der Campingplatz außerhalb der Sommersaison sein kann, so überfüllt und laut ist er z. B. im August, zumal die Sevillanos das nahe Ausflugsziel nutzen. Ganzjährig geöffnet.

■ Nahe Isla Cristina bei La Antilla befindet sich das **Hostal Azul,** Avda. La Antilla 15. Die Terrasse bietet einen schönen Meeresblick. Anfahrt: Von Sevilla aus Plaza-de-Armas-Bus des Damas-Unternehmens nach La Antilla – hält auch in Huelva – nehmen, die Bushaltestelle ist knapp 2 Minuten vom Hostal entfernt; mit dem Auto Richtung Huelva, dann Richtung Portugal, Ausfahrt Lepe Oeste raus, dann noch ca. 6 km bis La Antilla.

Isla Cristina

Fragt man Andalusier, was sie mit Isla Cristina verbinden, ist die Antwort in vielen Fällen „las gambas", die **Garnelen.** Wer erst einmal auf den Geschmack dieser herrlichen Meeresfrüchte gekommen ist, weiß die Qualität der *gambas,* die in den Gewässern vor Isla Cristina gefangen werden, zu schätzen. Die *lonja del pescado* (Fischbörse) direkt am Hafen ist eine der wichtigsten Spaniens. So verspeisen Feinschmecker in guten Madrider Restaurants Meeresfrüchte aus Isla Cristina. Im Ort wird Fisch, insbesondere Sardinen, auch zu Konserven oder Pökelfisch weiterverarbeitet.

Der Ort Isla Cristina liegt unweit der portugiesischen Grenze auf einer Halbinsel direkt neben La Antilla, die über einen **kilometerlangen Strand** verfügt, von dem aus man theoretisch bis zum Hafen El Terrón gelangen kann. Besonders reizvoll sind der Sporthafen und der Leuchtturm im äußersten Südwesten. In der Bar El Faro kann man gemütlich einen Kaffee trinken und den Schiffen zuschauen, die in den Hafen einkehren.

Charakteristisch für Isla Cristina ist der traditionelle Bau von **Holzbooten** in den Werften an beiden Ufern des Río Carrera, der hier in den Atlantik mündet. Die Bootsbauer beherrschen ihr Kunsthandwerk in hohem Maße. Hier wurden auch die großen Karavellen der Entdecker Amerikas für die Weltausstellung 1992 in Sevilla originalgetreu nachgebaut.

Praktische Informationen

Service

■ **Policía Local,** c/ Gran Vía, Tel. 959.33.19.12.

■ **Post,** c/ Extremadura 5, Tel. 959.33.11.21.

Essen und Trinken

Besonders typisch für die Küche des Ortes sind Fischeintöpfe, beliebt sind auch der Rochen in Pfeffersoße *(raya en pimentón)* und vor allem Thunfisch in vielerlei Varianten. Natürlich wird auch eine Menge frischer Fisch frittiert angeboten. Eine Spezialität für Naschkatzen ist die *coca,* ein flacher Kuchen aus Mandeln, Eiern, Fasermelonenkonfitüre *(cabello de ángel),* Öl, Zucker und Karamell.

■ **Restaurante Casa Rufino,** Avda. de la Playa 1, gut aber teuer.

■ **Mesón La Isla,** Avda. Extremadura 70, Tel. 959.34.30.18. Hier wird sowohl Fleisch als auch Fisch lecker zubereitet.

■ **Restaurante Hermanos Moreno,** Avda. Padre Mirabent 39, Tel. 959.34.35.71. Typische Landesküche, guter Fisch, v. a. *acedías* (eine kleine Schollenart der Region) und *gambas blancas.*

Feste

■ Das Fest zu Ehren der Patronin der Seefahrer, der **Virgen del Carmen,** wird mit Regatten und Feuerwerk auf der Flussmündung zelebriert. Im Juli.

■ **Festival Coral del Atlántico,** an diesem Festival nehmen zahlreiche Chöre aus Spanien und Iberoamerika teil. Im Oktober.

Ayamonte

Ayamonte ist ein netter, ruhiger Ort an der natürlichen **Grenze zu Portugal,** dem **Río Guadiana.** Jahrelang prägten in den Sommermonaten kilometerlange Autoschlangen das Stadtbild, denn man konnte Portugal nur mit der Fähre erreichen. Mit dem Bau der großen Autobahnbrücke über den Río Guadiana im Jahr 1993 hat sich das geändert, der Ort hat wieder zu seiner verträumten Ruhe zurückgefunden. Nach wie vor besteht die kurze Fährverbindung über die Flussmündung, der immer noch etwas Romantisches anhaftet.

Viele Andalusier besuchen den Wochenendmarkt im portugiesischen Ort **Vila Real de Santo Antonio** auf der gegenüberliegenden Flussseite, um billige Baumwolltextilien wie Handtücher, Teppiche oder Sweatshirts einzukaufen oder aber den besonders guten portugiesischen Kaffee – *uma bica* – zu genießen.

Praktische Informationen

Unterkunft

■ **Parador de Ayamonte,** Tel. 959.32.07.00, c/ El Castillito, www.parador.es. Komfortabel, auch wenn das moderne Gebäude nicht mit den historischen, verträumten Paradores in anderen Orten zu vergleichen ist.

■ **Hotel Marqués de Ayamonte**①-②, c/ Trajano 12, Tel. 959.32.01.26. Besticht nicht gerade durch Schönheit, ist aber annehmbar und ganzjährig geöffnet.

■ **Hostal Guadiana**①, c/ Benavente 3, Tel. 959.32.05.23. Richtung Isla Canela, liegt direkt am ersten Kreisverkehr. In einem unschönen Mietshaus untergebracht, aber preisgünstig.

Verkehrsverbindungen

■ **Fähre nach Portugal:** Transporte Fluvial del Guadiana S.L., Fahrkarten können an der *taquilla* direkt am Fluss gekauft werden; Preise: 1,75 € pro Person, 3- bis 10-Jährige 1,15 €, Auto inkl. Fahrer 5,25 €, Motorräder 3 €, Fahrrad 1,15 €; Abfahrten: 9.30–21 Uhr (1.6. bis 15.9.), 9.30–19 Uhr (16.9. bis März), 9.30–20 Uhr (April/Mai), Abfahrtszeiten auch unter www.rioguadiana.net.

■ **Bus:** Busgesellschaft Damas, Avda. Cayetano Feu, Tel. 959.32.11.71.

Isla Canela

Isla Canela verspricht Erholung und Strandvergnügen, denn der kilometerlange Strand verlockt zum Sonnenbaden und Planschen. Der Ort liegt rund fünf Kilometer von Ayamonte entfernt und kann nur über eine von dort zum Strand führende Straße erreicht werden. Noch sieht alles ganz nett und ordentlich aus, aber auch hier raubt der Tourismus der einst unberührten Landschaft viel von ihrem Charme. In der Nähe liegt das kleine **Fischerdörfchen Canela** unweit der Flussmündung des Río Carrera, gegenüber von Isla Cristina.

Unterkunft

■ **Hotel Riu Atlantico******/④-⑤, Punta del Moral s/n, Tel. 959.62.10.00, www.riu.es. Die Kette dürfte Mallorca-Urlaubern bekannt sein. Das Hotel hat sich dem andalusischen Flair angepasst und liegt direkt am Strand. Die Gartenanlage rund um den großen Swimmingpool lädt zum Erholen ein. Das Hotel ist aber nicht billig.

Sierra de Aracena

Der **Norden der Provinz Huelva** erfuhr durch den Tourismus eine eher stiefmütterliche Behandlung, obwohl die Sierra de Aracena, ein Ausläufer der Sierra Morena, für den Landtourismus durchaus reizvoll ist. Eichen und Kastanienbäume prägen das Landschaftsbild, kahle Felswände und üppige Wälder wechseln sich ab. Weit verstreut finden sich sehr schöne rustikale Bergdörfer. In den kälteren Monaten duftet es nach Kaminfeuern, im Frühjahr wetteifern Kastanien- und Kirschbäume mit ihrer Blütenpracht.

An der A-470 Richtung Aracena, dem zentralen Anlaufpunkt dieser Route, liegt das Dorf **Alájar.** Einen guten Kilometer entfernt befindet sich der **Felsen von Arias Montano,** wo die Capilla de los Angéles steht. Von hier kann man einen wunderschönen Ausblick auf Korkeichen und Kastanienbäume genießen. In den Fels ist ein angeblich christliches Taufbekken gehauen.

Aracena ist mit rund 9.000 Einwohnern der Hauptort der Sierra. Besonders die **Höhle Gruta de las Maravillas** („Grotte der Wunder") zieht viele Besucher an. Bereits 1911 wurde sie einer staunenden Öffentlichkeit zugänglich gemacht, 1923 das Eingangsgebäude vom renommierten Architekten *Aníbal Gonzáles* errichtet. Die Ausbildung einer Höhle in Marmorgestein sowie die Ausformung von drei Niveaus durch unterirdische Gewässer sind ungewöhnlich. Das Kalziumkarbonat des Marmors löst sich nur sehr langsam im Wasser. Da dieser Prozess jedoch schon seit 570 Mio. Jahren andauert, konnten sich v. a. im mittleren Niveau bemerkenswerte Tropfsteinformationen ausbilden. Calcite erscheinen wie Eiskristalle, Aragonite leuchten himmelblau, rötliche Eisenoxideinfärbungen erinnern an Orangensorbet oder Schaumstoffpolster. Von den bekannten 2,1 Kilometern sind 1,2 km in der mittleren und unteren Etage für die Öffentlichkeit zugänglich. Hier befinden sich ungewöhnlich viele Tümpel und Seen.

■ **Anfahrt** über die A-470 in den westlichen Ortsteil, die Höhle ist gut ausgeschildert. Der Eingang liegt etwa in der Mitte der „Restaurantgasse" Pozo de la Nieve, vom Kreisverkehr der Plaza San Pedro rechts bergauf. Linker Hand die Touristinfo und der Ticketschalter, **geöffnet** 10–13.30 und 15–18 Uhr. Obligatorische, knapp einstündige Führung für 25 bis max. 40 Personen, in der Saison meist halbstündlich. Die Höhle ist nicht kalt, rutschfeste Schuhe sind aber angeraten. Eintritt Erwachsene 8,50 €, Senioren 6,50 €, Kinder 6 €.

Ein weiterer Anziehungspunkt des Ortes sind die Reste der **Templerburg,** die im 12. Jh. auf den Fundamenten einer alten Almohadenburg entstand. König *Alfons X.* hatte die Stadt an den Templerorden übergeben, in dessen Händen sie bis 1312 lag.

Von Aracena führt die N-433 an **Fuenteheridos** vorbei, das einen romantisch-idyllischen Marktplatz vorweisen kann, nach **Galaroza,** in einem traumhaften Tal mit zahlreichen Kastanien-, Kirsch-, Apfel und Granatbäumen gelegen. Von hier aus gelangt man nach **Cumbres Mayores,** dessen Geschichte auf die Zeit der Römer zurückzuführen ist. Der schöne Stadtkern lädt zum Bummeln ein. Das Dorf **Castaño del Robledo** ist eines der schönsten Bergdörfer Andalusiens und ganz vom Stil des 19. Jh. geprägt.

4

Auf der Strecke von der N-435 Richtung Cortegana fährt man durch **Almonaster la Real** an den Ausläufern der Sierra. Das verträumte Bergdörfchen arabischen Ursprungs weist interessante Gebäude auf, wie die Capilla de Santa Eulalia de Mérida und die „Burg-Moschee" aus dem 10. Jh., die zum nationalen Baudenkmal erhoben wurde. Reste wie Säulen stammen aus römischer und westgotischer Zeit. Nach der christlichen Rückeroberung des Ortes wurde die Moschee in eine Kirche umfunktioniert, der Bau an sich blieb jedoch weitgehend erhalten. Daher kann man noch den Gebetsturm, das Minarett, den *mihrab* („Gebetsnische") und die komplett erhaltenen Hufeisenbögen besichtigen.

Praktische Informationen

Information (Aracena)

■ **Oficina de Turismo,** c/ Pozo de la Nieve, Tel. 663.93.78.77 (Handy), oder kostengünstiger über das Rathaus *(Ayuntamiento)* unter Tel. 959.12.62.76 anrufen und sich mit der *oficina* verbinden lassen. Geöffnet Mo–So 10–14 und 16–18 Uhr. Auch Auskünfte über Wanderungen und Ausflüge per Pferd oder Mountainbike.

■ **Tropfsteinhöhle Gruta de Las Maravillas,** Tel. 663.93.78.77 (Handy), Eintritt, Öffnungszeiten und Anfahrt s. o.

■ **Centro de Visitantes del Parque Natural „El Cabildo Antiguo",** Plaza Alta s/n, Tel. 959.12. 84.75. Besucherzentrum des Naturparks, Mo–So 10–14 und 17–19 Uhr.

■ **Centro de Turismo Rural,** Plaza San Pedro s/n, Tel. 959.12.82.06, gegenüber der Gruta de Las Maravillas, tägl. 9–14 und 16–19 Uhr. Auskunft über Unterkünfte auf dem Land, Wanderungen und Ausflüge mit dem Pferd oder Mountainbike.

■ **Museo del Jamón,** Gran Vía s/n (von der Plaza de San Pedro/Gruta de Maravillas an der gleichnamigen Kirche vorbei in die Avenida de Huelva, links in die Straße Juan del Cid, am Ende der Straße linker Hand), Tel. 959.12.79.95. In einer ca. 40-minütigen Führung erfährt der Gourmet alles Wissenswerte über das „Olivenöl auf vier Beinen", wie das für die Sierra de Aracena so typische, dunkle Iberische Hausschwein und sein delikater Schinken hier auch genannt werden. Die dazugehörige **Tapas-Bar** an der c/ Juan del Cid ist ebenfalls sehr zu empfehlen und steht natürlich auch Nicht-Museumsbesuchern offen. Tägl. 11–18.30 Uhr, das Museum macht von 13.45–15.30 Mittagspause, Eintritt inkl. Schinkenverkostung 3,50 €, Kinder (6–14 Jahre) und Rentner 2,50 €.

■ **Medizinische Versorgung:** Über Tel. 902.50. 50.61 der Urgencias Sanitarias bekommt man Auskunft, welches medizinische Zentrum zuständig ist.

Essen und Trinken

Besonders zu empfehlen für Feinschmecker sind die **Pilzwochen** im Oktober. Experten geben Erläuterungen, anschließend können die Köstlichkeiten verspeist werden (nähere Auskunft über Termine und die teilnehmenden Restaurants aktuell im Tourismusbüro in Aracena).

Unterkunft (Aracena)

■ **La Casa Noble**④, c/ Campito 35, Tel. 959.12. 77.78, www.lacasanoble.net. Nomen est omen: elegant und teuer. Kinder sind im Hotel nicht willkommen.

■ **Hotel-Restaurante Los Castanos**②, Avda. Huelva 5, Tel. 959.12.63.00, www.loscastanoshotel.com. Nur 10 Fußminuten von der Plaza San Pedro/Gruta de las Maravillas entfernt gegenüber dem Stadttheater. Einfaches Hotel der unteren Mittelklasse, v. a. für Einzelreisende sehr gutes Preis-Leistungsverhältnis.

■ **Hotel Rural Molino del Bombo**①, c/ Ancha 4, Tel. 959.12.84.78, www.molinodelbombo.com. Auch wenn das kleine Landhotel neu gebaut wurde, passt es sich dem ländlichen Baustil der Sierra de Aracena an. An Natursteinen wurde nicht gespart, was dem Hotel ein besonderes Ambiente verleiht. Die Zimmer sind individuell gestaltet und bezahlbar. Das Hotel liegt mitten im Zentrum. An kalten Tagen wärmt der Kamin.

- **Hotel Rural La Posada de Alájar**②, außerhalb von Aracena (ca. 20 Min. mit dem Auto, HU 8114 Richtung Fuenteheridos, auf die AV 5214 abbiegen, dann auf die A-470), c/ Médico González 2. Alájar ist ein kleines Bergdorf.

Camping

- **Camping El Madroñal,** bei Fuenteheridos an der Straße Richtung Castaño del Robledo, (km 0,6) mitten im Kastanienwald. Tel. 959.50.12.01, www.campingelmadronal.com. Im großen Aufenthaltsraum wärmt ein Kamin an kälteren Abenden.

Verkehrsverbindungen

- Ab Huelva fahren **Busse** nach Aracena. Busbahnhof an der Avda. de Sevilla im Südosten der Stadt, zur Gruta de las Maravillas muss man eine halbe Stunde um den Burgberg herum gehen.

Abstecher nach Castaño del Robledo

Typisch für die Gegend um Aracena ist der sehr kleine Ort Castaño del Robledo rund um die zentrale Plaza de Alamo mit der Iglesia Santiago el Mayor aus dem 16. Jh. Anfahrt mit dem Auto (½ Std.) über die N-433 Richtung Jabugo, dann links auf die HU 8144 Richtung Fuenteheridos abbiegen und weiter bis Castaño (auf dieser Strecke liegt auch der o.g. Camping). Mit 700 Metern über dem Meeresspiegel ist Castaño der **höchstgelegene Ort der Provinz Huelva.** Markant ist die „neue" Kirche aus dem 18. Jh., die am Rand des Ortes steht und nie gänzlich fertiggestellt wurde. Sie wird wegen ihrer imposanten Größe im Vergleich zu den restlichen Gebäuden auch als „El Monumento" bezeichnet.

An der Plaza de Alamo liegt der kleine Laden **El Rincón de Pepe** (Tel. 959.46.55.20, www.elrincondepepe.com), in dem man den hervorragenden Schinken der Region *(jamón de bellota),* aber auch leckere Wurstsorten und Käse kaufen kann. An der gleichen Plaza befindet sich auch das **Restaurante Maricastaña,** dessen Name bezeichnend für die Gegend ist: *Mari* ist die Abkürzung für *Maria,* und so heißt fast jede zweite Frau in den ländlichen Regionen, *Castaña* bedeutet Kastanie und steht stellvertretend für die vielen Kastanienbäume, die in der Sierra de Aracena wachsen. Und so gibt es im Restaurant natürlich auch selbst gemachten Kastanienpudding.

Moguer

Moguer liegt einige Kilometer östlich von Huelva auf der anderen Seite des Río Tinto. An der zentralen Plaza del Cabildo gegenüber dem prächtigen Rathaus aus dem 18. Jh. wurde zu Ehren des berühmtesten Sohnes der Stadt ein Denkmal errichtet: Der Lyriker und Literaturnobelpreisträger **Juan Ramón Jiménez** erblickte am 23.12.1881 in Moguer das Licht der Welt. Die Liebe des Dichters zu seinem Heimatstädtchen kommt nicht von ungefähr: Es bereitet schon Vergnügen, durch die schmalen Straßen zu schlendern, immer wieder trifft man auf begrünte Plätze.

In der Calle Juan Ramón Jiménez befindet sich das Haus, in dem der Autor von „Platero und ich" (1917) seine Kindheit und Jugend verbrachte. Wie viele andere Gebäude in der Straße wurde auch die **Casa-Museo de Zenobia y Juan Ramón** im 18. Jh. erbaut und strahlt dezent großbürgerliches Flair aus. Neben der großen Bibliothek sind in dem Museum zahlreiche Gemälde, einige vom Dichter selbst angefertigt, zu sehen.

Casa-Museo de Zenobia y Juan Ramón, Di–So 10.15–13 und 17.15–19 Uhr stündlich Führung (3 €), So Nachmittag und Mo geschlossen.

Monasterio de Santa Clara

Die kunsthistorisch bedeutendste Sehenswürdigkeit von Moguer ist von diesem Platz nur noch ein paar Schritte über die hübsche Fußgängerzone Calle Andalucía bergab entfernt: das Monasterio de Santa Clara, 1337 als **Klarissinnenkloster** gegründet und nach 1903 Heimstatt von zwei weiteren Ordensgemeinschaften. 1975 wurde der Konvent aufgelöst.

Hinter dem Empfangssaal gelangt man in den ganz in weiß gehaltenen Kreuzgang, dessen untere Galerie bereits im 14. Jh. im Mudéjar-Stil errichtet wurde. Im Antecoro setzt sich der Mudéjar-Stil mit einer Artesonado-Decke und Kacheln aus dem 16. Jh. fort. Zu den Glanzstücken gehört hier ein Retabel von *Juan Martínez Montañes* aus dem 17. Jh. und ein Relief des namhaften Holzschnitzers *Pedro Roldán.*

In der Kirche fallen sieben aus Alabaster gefertigte spätgotische Grabmäler aus der ersten Hälfte des 16. Jh. ins Auge. Hier liegen der Gründer des Konvents, *Alonso Jofre Tenorio,* und der Feudalherr und Stifter *Pedro Portocarrero* jeweils mit ihrer Familie begraben. Für *Portocarreros* Sohn und dessen Gemahlin wurden sogar zwei weitere, besonders lebensechte Tumben aus Marmor von einem Schüler *Michelangelos* angefertigt.

Das Kloster ist aber auch eng mit **Kolumbus** verbunden: Hier ließ er am 16. März 1493 als Dank für die glückliche Heimkehr von seiner ersten Reise eine Messe lesen. Seine Gönnerin und spätere Liebhaberin, die reiche Witwe *Beatriz Enriquez de Araña,* der als Feudalherrin praktisch ganz Moguer gehörte, liegt in der Kirche begraben. Nicht zuletzt stammten die drei Brüder *Pedro Alonso, Juan* und *Francisco Niño,* welche die Karavelle „Santa Clara" zur Verfügung stellten und auch wichtige Funktionen an Bord übernahmen, aus Moguer – ihnen ist das modern gestaltete Denkmal an der Einfahrt zur Stadt gewidmet.

Monasterio de Santa Clara, Innenbesichtigung nur im Rahmen einer Führung Di–Sa 10.30, 11.30, 12.30, 16.30, 17.30 und 18.30 Uhr möglich, So 10.30, 11.30 und 12.30 Uhr, Mo/Fe geschlossen, Eintritt 3,50 €. Infos unter Tel. 959.37.01.07 oder www.monasteriodesantaclara.com.

Praktische Informationen

Information

Casa de la Cultura, Calle Andalucía, nahe dem Rathaus. Hier sind Stadtpläne und Broschüren erhältlich. Auch zu Festen, Unterkünften und Verkehrsverbindungen werden Auskünfte erteilt. Wochentags 10–15 und 18–20 Uhr.

Unterkunft

Neben einer Handvoll billiger **Pensionen,** von denen man aber nicht allzu viel Komfort erwarten sollte, ist als guter Kompromiss folgendes Hotel zu nennen:

■ **Hotel Plaza Escribano****/②, Lora Tamayo 5, Tel. 959.37.30.63, www.hotelplazaescribano.com. Ein hübsches Stadthaus mit drei Patios wurde zu einem rundum angenehmen Hotel der unteren Mittelklasse umgestaltet, die relativ großen, nett eingerichteten Zimmer sind u. a. mit TV, Telefon, Klima und Wifi ausgestattet (evtl. nach Zimmer mit Balkon fragen). Recht zentrale Lage, alle Sehenswürdigkeiten sind gut zu Fuß erreichbar. Anfahrt: Von der Landstraße nach Palos (A-494) in die breite Avenida Quinto Centenario stadteinwärts abbiegen, etwa 300 m vor der Iglesia de Nuestra Señora de Granada liegt das Hotel. Kleiner Hotelparkplatz, evtl. Stellplatz vorreservieren.

Verkehrsverbindungen

■ **Bushaltestelle** an der Plaza Coronación mit dem etwas pathetischen Denkmal der Stadtpatronin. Nach Huelva über Palos 11x tägl., Sa/So 7x, nach Sevilla Mo morgens.

Palos de la Frontera

Mit 7.000 Einwohnern ist Palos, gegenüber von Huelva auf der anderen Seite des Río Tinto gelegen, nur gut halb so groß wie Moguer, im Zentrum aber auch mit schönen Ecken gesegnet. „La Cuna de America", die **„Wiege Amerikas"**, nennt sich das kleine Örtchen stolz und nicht ganz zu Unrecht, legten doch die drei Schiffe am 3. August 1492 von der Mole an der Flussmündung nach Amerika ab. Darüber hinaus hatte Kolumbus dem aus Palos stammenden Seemann **Martín Alonso Pinzón** zu verdanken, dass er überhaupt eine Mannschaft für seine waghalsige Reise zusammenbekam. Dieser befehligte auch als Kapitän die Karavelle „Pinta", sein Bruder *Vicente Yañez Pinzón* hatte auf der Karavelle „Niña" das Sagen.

Auf dem **Rathausplatz,** der immer noch den zweifelhaften Namen *Plaza del Comandante Franco* trägt, wurde zu Ehren des *Martín Alonso* ein Denkmal aufgestellt. Der selbstbewusste und ehrgeizige Seebär sah sich im Übrigen keineswegs als bloßer Befehlsempfänger des Kolumbus, sondern machte sich am Ziel mit „seiner" Karavelle schon mal selbstständig und versuchte, ihm bei der Rückfahrt mit der Kunde von der geglückten Überfahrt zuvorzukommen.

An der Durchgangsstraße Calle Cristóbal Colón, etwas oberhalb der *plaza,* befindet sich nach der Überlieferung das – stark restaurierte – Wohnhaus der Gebrüder *Pinzón.* Geht man zu der einstigen Mole von Palos hinunter, ist außer einer unscheinbaren Skulptur nichts mehr zu sehen, was an das historische Ereignis erinnert – die Natur hat das verlandete Terrain wieder zurückerobert.

Am Ortseingang von Palos erhebt sich unübersehbar die gotische Kirche **Iglesia de San Jorge** („Hl. Georg"), einige schöne Dekorationselemente lohnen einen Blick in den Innenraum.

Am frühen Morgen des 3. August 1492 erbaten die Seeleute aus Palos vor der Abfahrt nochmals himmlischen Beistand von der Schutzheiligen, der *Nuestra Señora de los Milagros* („Unsere Liebe Frau der Wunder"). Dann schritten sie durch das schöne Mudéjar-Portal **Puerta de los Novios** ins Freie, ein Privileg, das eigentlich nur der Feudalherr der Gemeinde genoss.

Auf einer Grünfläche unterhalb des Kirchhügels hat sich ein ummauerter Brunnen aus arabischer Zeit erhalten – **La Fontanilla** – es heißt, hier sei das Frischwasser für die Karavellen geschöpft worden.

Praktische Informationen

Information

Casa Museo Martín Alonso Pinzón, Calle de Cristóbal Colón 34 (zwischen Rathaus und Iglesia San Jorge), Tel. 959.10.00.41, www.museomartinalonsopinzon.es. Das Geburtshaus des Reeders und Kapitäns der Karavelle „Pinta", *Martín Alonso Pinzón* (1441–1493), „Mitentdecker" Amerikas neben *Christoph Kolumbus,* wurde hübsch restauriert zu einem Museum mit angeschlossener Infostelle eingerichtet. Geöffnet Mo–Sa 10–14 Uhr, in der Saison auch nachmittags 16–20 Uhr, Eintritt 1 €. Infos über die Provinz unter www.turismohuelva.org.

Unterkunft

Aufgrund der Nähe zum Kloster La Rábida ist Palos als Übernachtungsort wichtiger als Moguer und kann auch gehobene Ansprüche befriedigen.

Hotel La Pinta**/②, c/ Rábida 79, Tel. 959.35.05.11, www.hotellapinta.com. Das beste Haus am Platze, direkt an der Hauptstraße unweit des Rathauses. Großzügig geschnittene, etwas altbacken eingerichtete Zimmer, freundliches, wenn auch ein wenig in die Jahre gekommenes Ambiente. Die kleine Parkgarage ist ein Stück vom Hotel entfernt. Ein hochgelobtes Restaurant ist angeschlossen.

Verkehrsverbindungen

Die **Busse** der Gesellschaft Damas der Linie Huelva – Mazagón halten direkt am Rathaus. Abfahrt in Huelva werktags 6x, Sa, So und Fe 3x. Abfahrt in Palos werktags 5x, Sa, So und Fe 3x.

Kloster La Rábida

Drei Kilometer südwestlich von Palos liegt das restaurierte **Franziskanerkloster** Santa María de la Rábida. Der im späten 14. Jh. gegründete Ordenssitz erlangte in den Jahren 1485/86 größte Bedeutung für die späteren Entdeckungsfahrten. Mit Unterbrechungen verbrachte **Christoph Kolumbus** 18 Monate in dem Gemäuer. Bei den traditionell den Wissenschaften aufgeschlossenen Franziskanern fand er Beistand und bekam für das riskante Unternehmen nützliche Kenntnisse vermittelt. Der universell gebildete Verwalter des Ordensbezirks, *Antonio de Marchena,* kannte sich mit der Navigation anhand von Sternbildern aus, der Klostervorsteher *Juan Pérez* verfügte als Beichtvater der Königin *Isabella von Kastilien* über die Möglichkeit, die finanzielle Realisierung des Vorhabens zu beschleunigen.

Obwohl immer noch von Mönchen bewohnt, stehen große Bereiche des Klosters der Öffentlichkeit zur Besichtigung frei. Bescheiden stellen die *fratres* in erster Linie die historische Bedeutung des Gebäudes in den Vordergrund, doch auch künstlerisch und ästhetisch lohnt sich eine Besichtigung.

Rundgang

Vom Vestibül gelangt man in einen Vorraum, an dessen Wänden **Al-fresco-Malereien** des aus Huelva stammenden Picasso-Schülers *Daniel Vázquez Días* aus den Jahren 1929/30 zu sehen sind. Natürlich geht es dabei um die Rolle des Klosters bei den Vorbereitungen der Abfahrt in die Neue Welt, künstlerisch eine gelungene Gratwanderung zwischen historischer Genauigkeit und expressiver Stilisierung.

Vom Patio de la Hospedería tritt man in die **Klosterkirche** aus dem frühen 15. Jh. ein, deren Mudéjar-Einflüsse nicht zu übersehen sind. Nach dem Zusammenbruch des Gewölbes während des Erdbebens von Lissabon 1755 wurde

Palos, La Rábida und die Entdeckungsreisen des Christoph Kolumbus

Auch wenn die Wikinger sehr wahrscheinlich schon knapp 500 Jahre vor ihm in Neufundland auf amerikanischem Boden landeten, so hatte die spektakulär inszenierte Überfahrt des Kolumbus für den weiteren Verlauf der Geschichte zweifellos die dramatischeren Auswirkungen. Der **Aufstieg Spaniens zur Weltmacht** und die bis heute andauernde **kulturelle Dominanz der christlichen Europäer** auf diesem Globus wäre ohne diese „Großtat" nicht denkbar gewesen. Die anschließende Kolonisierung der „Neuen Welt" wurde, auch wenn sie in Wahrheit eher von Profitgier getrieben war, von den Spaniern lange Zeit als Missionierung verstanden – gerade die Franziskaner taten sich bei der Verbreitung des Evangeliums unter den „primitiven" Heiden hervor.

Die **Herkunft** des großen Seefahrers war lange Zeit umstritten, man geht davon aus, dass **Cristóbal Colón,** so sein spanischer Name, um 1451 in Genua zur Welt kam. Nach seinen Lehrjahren auf verschiedenen Routen im Mittelmeer und Nordatlantik heiratete er um 1479 die portugiesische Adlige *Felipa Moniz de Perestrello.* Zu jener Zeit entwickelte er auch seine berühmte Idee, einen westlichen Seeweg in den Indischen Ozean zu finden und so den zeitraubenden Umweg um das Kap der guten Hoffnung zu vermeiden und den Handel mit den Ländern des Nahen Ostens und dem Indischen Subkontinent zu intensivieren. Kolumbus war ein sehr befähigter Kartograf, die ihm zugeschriebene Karte von Europa zeigt vor allem die Umrisse der Mittelmeerländer ziemlich exakt. Die über die damals bekannte Welt hinausgehenden Kartenskizzen sind jedoch fast ausschließlich spekulativ. Man kann davon ausgehen, dass Kolumbus die Erde für eine Kugel hielt, allerdings schätzte er ihren Umfang auf nur 25 % ihrer tatsächlichen Größe, kein Wunder also, dass er nach seiner Ankunft in der Karibik glaubte, die Weltkugel bereits gut zur Hälfte umrundet zu haben.

In den Jahren 1483 und 1484 schlug der Genuese dem portugiesischen König *Juan II.* mehrmals vor, diesen Plan finanziell und logistisch zu unterstützen, doch der lehnte ab. Nach dem Tode seiner Frau *Felipa* zog Kolumbus 1485 mit seinem ca. fünf Jahre alten Sohn *Diego* nach Spanien, im **Franziskanerkloster La Rábida** fanden die beiden freundliche Aufnahme. Doch auch die beiden Katholischen Könige *Isabella* und *Ferdinand* standen den abenteuerlich klingenden Plänen des verwegenen Seefahrers skeptisch gegenüber, zumal alle Anstrengungen der Eroberung des maurischen Königreiches Granada galten. Man beschloss, zunächst wissenschaftliche Räte an den Universitäten zur Prüfung der Pläne auf Durchführbarkeit zu bilden und die *reconquista* Granadas abzuwarten. Tatsächlich unterzeichneten die Katholischen Könige am 17. April 1492 die Verträge, welche die Bewohner von **Palos** ultimativ aufforderten, drei voll ausgerüstete Karavellen bereitzustellen, Kolumbus auf seiner Fahrt zu begleiten und seinem Oberbefehl zu gehorchen.

Nach der Abfahrt der drei Schiffe am 3. August 1492 hielt man sich zunächst 30 Tage auf den Kanarischen Inseln auf, dem letzten Vorposten der bekannten Welt, danach ging es mit den Passatwinden westwärts. Am 12. Oktober erschallte schließlich der Ruf „tierra", nach gut einem Monat Fahrt hatte man die Bahamas-Insel Guanahani entdeckt, die von Kolumbus in „San Salvador" umgetauft wurde. Am 27. Oktober segelte er an der Küste Kubas entlang, am 6. Dezember legte er an der Westküste der heutigen Dominikanischen Republik an, dabei zerschellte die „Santa María".

Am 15. März 1493 kehrten die „Pinta" und die „Niña" nach Palos zurück. Einen Monat später erfolgte der feierliche Empfang bei den Katholischen Königen in Barcelona, der Entdecker wurde zum Admiral ernannt. Die zweite Reise startete von Cádiz mit einer regelrechten Flotte von 17 Schiffen und 1.200 Mann Besatzung, die Großen und Kleinen Antillen wurden erkundet.

Am 30. Mai 1498 brachen sechs Schiffe in Sanlucar de Barrameda zur dritten Tour auf. Als Kolumbus die Flussmündung des Orinoco entdeckte, sprach er von einer „Neuen Welt" – möglicherweise eine erste Ahnung, dass er gar nicht in Indien gelandet war? Sein Versuch, Gouverneur der neu erworbenen Kolonien zu werden, scheiterte allerdings, wohl aufgrund seiner (zusammen mit seinem Bruder) tyrannischen Herrschaft auch über die christlichen Siedler. Er wurde bald abgesetzt, musste als Gefangener die Rückfahrt antreten und wurde nie mehr vollständig rehabilitiert. Seine letzte Reise von Sevilla am 8. April 1502 nach Mittelamerika und Jamaika sollte über ein Jahr dauern. Danach machten sich große gesundheitliche Probleme (Gicht) bemerkbar, und als seine große Gönnerin *Isabella von Kastilien* 1504 starb, verwelkte auch sein Lorbeer als Entdecker rasch.

Am 20. Mai 1506 starb Christoph Kolumbus in Valladolid als – wie er fand – armer Mann. Über seine Wahlheimat war der Genuese so verbittert, dass er in seinem Testament verfügte, nicht in spanischer Erde begraben zu werden. Seine mutmaßlichen sterblichen Überreste befinden sich heute in Sevilla – dem Wunsch des Toten entsprechend halten vier Statuen den Sarg in sicherem Abstand über spanischem Boden.

die Artesonado-Decke zur 400-Jahr-Feier 1892 eingezogen, sie erinnert an einen umgedrehten Schiffsrumpf. Zu den ältesten Stücken des Innenraums gehören ein Kruzifix aus dem 14. Jh. am Hochchor und die Alabasterstatue der *Virgen* de la Rábida, als Virgen de los Milagros auch Schutzheilige von Palos, die Mitte August in einer Prozession vom Kloster in den Ort getragen wird. Die aus dem späten 13. Jh. stammende Statue wurde im Spanischen Bürgerkrieg zu Boden geworfen und musste später restauriert werden. Mi, Sa und So werden hier noch immer Messen gefeiert.

Schließlich gelangt man in den eigentlichen **Kreuzgang Claustro mudéjar,** einen wunderschönen Arkadenhof aus der ersten Hälfte des 15. Jh. im Mudéjar-Stil. Wegen herber Zerstörungen des Klosters während der französischen Besatzung zu Beginn des 19. Jh. musste die obere Galerie stark restauriert werden. In dem mit einer Kanzel ausgestatteten Refektorium speisen die Mönche heute nur noch am 3. August im Gedenken an den Tag der Abfahrt *Kolumbus'*.

Sein Konterfei an der Wandseite im **Kapitelsaal** des oberen Stockwerks wurde übrigens von der Porzellanmanufaktur Hutschenreuther aus Selb als Stiftung an das Kloster übergeben. Das Reliefmedaillon wurde dem berühmten Bronzebildnis des *Guido Mazzoni* aus dem Jahre 1505 nachempfunden – ob es tatsächlich als Abguss der Totenmaske des Seefahrers gelten darf, bleibt unter Historikern umstritten.

In der oberen **Galerie** sind neben zahlreichen Gemälden über den Ordensgründer, den *Hl. Franz von Assisi*, detailgetreue Modelle der drei Kolumbus-Schiffe zu sehen. Im „Flaggensaal" sind die Banner aller Nationen des amerikanischen Kontinents sowie in Kisten Proben ihrer Erde ausgestellt.

Öffnungszeiten: Man kann sich einer der ca. 30-minütigen Führungen anzuschließen. Di–So von 10 Uhr jede Dreiviertelstunde bis 13 Uhr und von 16–19 Uhr, im Winter nur bis 18.15 Uhr, So/Fe erst ab 10.45 Uhr. Mo grundsätzlich geschlossen. Tel. 959.35.04.11. Eintritt mit Führung 3 €, es gibt auch Audioguides. Infos unter www.monasteriodelarabida.com.

Muelle de las Carabelas

Unten am Wasser, vom Kloster aus in einem viertelstündigen Spaziergang problemlos zu erreichen, wurden 1993 die originalgetreuen **Nachbauten der Kolumbus-Schiffe** in einem Hafenbecken festgezurrt, nachdem sie schon bei der EXPO in Sevilla für Aufsehen gesorgt hatten. Wirklich erstaunlich sind die bescheidenen Dimensionen der drei Hochsee-Segelschiffe, selbst das Flaggschiff „Santa María" wirkt mit seinen knapp 30 Meter Länge eher wie eine Nussschale.

Generell bot das Leben an Bord keinerlei Bequemlichkeiten, geschlafen wurde auf Säcken oder Matten, die schlicht auf die Planken gelegt wurden. Lediglich der spätere Admiral *Christoph Kolumbus* nannte eine Kajüte sein Eigen, dort brütete er über Seekarten und Navigationsberechnungen.

Den Verdiensten des Franziskanerordens wurde auch mit der Wahl der Beflaggung Rechnung getragen, das rote Kreuz symbolisiert die Wundmale Jesu, welche der Hl. Franziskus bei seiner Stigmatisierung zu tragen glaubte.

Im angeschlossenen **Ausstellungsraum** wird, allerdings ausschließlich auf Spanisch, allerlei Wissenswertes zur christlichen Seefahrt des 15. Jh. vermittelt. Neben zeitgenössischen Ausrüstungsgegenständen verdient vor allem das technische Rüstzeug und das vorhandene Kartenmaterial Beachtung. Ausführlich wird auch der enorme Aufschwung gewürdigt, den das von den Seefahrer-Nationen angeführte Abendland durch die Entdeckungsreisen gegenüber dem Rest der Welt erlebte.

In all den Jubel mischen sich auch **kritische Anmerkungen** zu der unrühmlichen Rolle späterer Konquistadoren, deren Raffgier und Grausamkeit zum Untergang ganzer Kulturen auf dem amerikanischen Kontinent führte. In einer Art Kino wird die Überfahrt auf 20 Minuten komprimiert, im nachempfundenen „Indiodorf" bietet eine Cafeteria Getränke und einfache Mahlzeiten an.

Öffnungszeiten: 15.6. bis 15.9. 10.30–22 Uhr, sonst 9.30–20 Uhr, Mo grundsätzlich geschlossen. Tel. 959.53.05.97. Eintritt 3,40 €, Familienkarte 6,25 €.

Die Strände südlich von Huelva

Der Abschnitt der Costa de la Luz zwischen den Mündungen des Río Tinto und des Guadalquivir besteht aus ausgedehnten Dünenstränden. Dahinter liegt der trotz des weitgehend ebenen Reliefs überraschend abwechslungsreiche **Nationalpark Coto de Doñana,** der mögliche Aktivitäten der Besucher deutlich eingeschränkt. Die noch relativ wenig erschlossenen Küstenlandschaften mit ihren Pinienwäldern und Strandseen im Hintergrund sind für einen naturverbundenen Urlaub oder einige Tage Erholung wie geschaffen, vor allem Camper werden von diesem paradiesischen Fleckchen magisch angezogen.

Als geologische Besonderheit sind die fossilen Strandwälle Acantilados del Asperillo zu nennen, zum Stillstand gekommene Dünen, die sich fast zu Gestein verfestigt haben und regelrechte **Klippen** ausbildeten. Ein kleiner Wermutstropfen ist die Richtung Huelva deutlich abnehmende Wasserqualität und das Fehlen historisch gewachsener Küstenorte.

Matalascañas und **Mazagón,** hier die wesentlichen Tourismusmagnete, stammen aus der Retorte und bieten kein nennenswertes Ambiente. Das kleine Dörfchen **El Rocío** zieht zur Zeit der Pfingstwallfahrt Massen von Besuchern an, ist für den Rest des Jahres aber nur als Übernachtungs- oder Verpflegungsort von Interesse.

Mazagón

Etwa elf Kilometer südlich des Klosters La Rábida taucht zwischen ausgedehnten Pinienwäldern die etwas planlos hingestreute Feriensiedlung Mazagón auf. Der kilometerlange, von Muscheln durchsetzte Strand kann auch gehobenen Ansprüchen genügen, die weiter nördlich gelegenen Industriegebiete sind jedoch ebenso wenig zu übersehen wie deren Auswirkungen. So wird das Badevergnügen durch eine mäßige Wasserqualität im Ortsbereich deutlich eingeschränkt, motorisierten Reisenden bleibt die Möglichkeit, weiter nach Süden auszuweichen.

Information

■ **Información Turística,** am Hauptplatz, der Plaza Dr. Odon Betanzos, in der Nebensaison häufig geschlossen.

Unterkunft

■ **Hotel Martín Alonso Pinzón*****/②-③, Avda. Conquistadores s/n, Tel. 959.37.78.25, www.hotelmartinalonsopinzon.com. Solides 3-Sterne-Hotel mit 80 Zimmern, Pool und überdurchschnittlichem Komfort etwas oberhalb des Sporthafens knapp 10 Fußminuten vom Strand entfernt. Lärmempfindliche Naturen sollten ihr Zimmer in sicherem Abstand zur Disco buchen. Ordentliches Restaurant und Cafeteria angeschlossen. Im August steigt der offizielle DZ-Preis ohne Verpflegung deutlich über 100 €, es sei denn, man bucht online.

■ **Parador de Mazagón******/⑤, Tel. 959.53.63.00, www.parador.es. Etwa 6 km von Mazagón auf der A-494 Richtung Matalascañas, gut ausgeschildert. Einsam in absoluter Toplage oberhalb des kilometerlangen Dünenstrandes gelegen, ein ideales, leider nicht gerade billiges Refugium für erholsame Tage. Restaurant und Service mit der von Paradores gewohnten Qualität, zum Traumhotel fehlt den im typischen Stil der 1970er Jahre eingerichteten Zimmern und Installationen aber eine gründlichere Renovierung.

■ **Pension Álvarez Quintero**①, Hernández de Soto 174, Tel. 959.37.61.69. Nur etwa 200 m vom Strand entfernt.

Camping

■ **Camping Doñana,** 1. Kat., Ctra. Huelva– Matalascañas, km 28,8; Tel. 959.53.62.81, www.campingdonana.com. Sehr schön im Pinienwald mit viel Schatten oberhalb eines herrlichen Strandes. Hervorragend mit allen Einrichtungen ausgestattet, dennoch hat sich der Platz ein naturnahes Flair bewahrt. Ganzjährig geöffnet.

Verkehrsverbindungen

■ Etwa 50 m oberhalb der Strandlinie verläuft parallel die Avenida de los Conquistadores, die von den Bussen der Linie Mazagón – Palos – Huelva angefahren wird. Abfahrten Mo–Fr 5x tägl., Sa/So 3x tägl.

Matalascañas

Der Ort wirkt in seinen Dimensionen wie ein Gegenstück der Costa de la Luz zu Torremolinos, mit dem Unterschied, dass es sich hier um eine reinrassige **Retortensiedlung** ohne alten Ortskern handelt. So hinterlässt ein Spaziergang an der nicht weniger als fünf Kilometer langen Strandpromenade vor allem im Ortskern einen sehr zwiespältigen Eindruck: auf der einen Seite ein traumhaft schöner, strahlend heller Sandstrand, auf der anderen gesichtslose Betonarchitektur ohne einen Hauch von Flair.

Etwas erträglicher ist der Vorort **Torre de la Higuera** direkt am Ende der A-483, hier kann man wenigstens auf einen unbebauten Strandabschnitt ausweichen.

Information

■ **Información Turística Playa de Matalascañas,** Tel. 959.43.00.86, bei der Einfahrt nach Torre de la Higuera der gläserne Pavillon auf der linken Seite. Mo–Fr 10–14 u. 16–18 Uhr, Sa 9.30–14 Uhr.

Essen und Trinken

■ **Chiringuito La Cabana,** vom Torre de la Higuera links auf der Uferpromenade ca. 10 Min. in den stark verbauten Bereich gehen, Tel. 959.44.31.86. Trotz der Hochhäuser im Hintergrund sehr nettes, karibisch angehauchtes Ambiente, im Erdgeschoss Strandbar, im 1. Stock Restaurant. Eher einfache, aber schmackhafte Bistroküche, gute Auswahl, mittlere Preise.

Unterkunft

An ziemlich unpersönlichen Mittelklassehotels besteht kein Mangel, preiswerte Unterkünfte mit etwas Flair sind rar.

■ **Hostal Restaurante Los Tamarindos**①, Avda. de las Adelfas 31, Tel. 959.43.01.19. Ordentliche Zimmer, akzeptable Preise.

■ **Hostal Rocio**①, Sector A, bei Torre de la Higuera unweit der Kreuzung El Rocio – Mazagón, günstig als Quartier für die Erkundung des Nationalparks. Einfache, saubere Zimmer.

Verkehrsverbindungen

■ Die **Busse** der Linie Sevilla – Matalascañas starten in Sevilla 4x tägl., So 3x tägl. In umgekehrter Richtung Mo–Sa 3x tägl., So/Fe 3x nachmittags. Busse von Huelva nach Matalascañas 1x nachmittags umgekehrt 1x morgens, generell nur werktags!

Nationalpark Coto de Doñana

Unter Ökologen gilt der Parque Nacional Coto de Doñana im **Mündungsgebiet des Guadalquivir** als der **bedeutendste spanische Nationalpark.** In erster Linie hat er dies seiner Funktion als Refugium für **bedrohte Tierarten** zu Lande, zu Wasser und in der Luft zu verdanken, so kann die Zone als bedeutendster Rast- und Überwinterungsplatz für **Zugvögel** in Europa gelten. Seine landschaftlichen Reize liegen weniger in den spektakulären Formen des Reliefs begründet, es ist eher die große Ruhe und Ursprünglichkeit der Natur, welche bei der Erkundung des Coto de Doñana zum Erlebnis wird.

Die Vegetation des Parks

Der riesige Bereich zwischen Wasser und Land, genannt **marismas,** bietet Pflanzen, die auf extreme Standortbedingungen spezialisiert sind, letzte Überlebenschancen. Ähnlich wie bei der Marsch bzw. dem Watt an der Nordseeküste wird bei den *marismas* der küstennahe Bereich von der Flut periodisch mit **Salzwasser** überschwemmt; es gibt jedoch einen breiten **Übergangsbereich (vera)** zu den fast vollkommen von Süßwasser bestimmten Schlickflächen. In der Salzwasser-Marsch finden sich ausschließlich sogenannte salztolerante (halophile) Pflanzenarten, oft an ihren dickfleischigen Blättern zu erkennen.

Vor allem in der Vera gibt es auch trockenere Standorte, die Sträuchern und Bäumen gute Wuchsbedingungen bieten können. Die bis zu 34 Meter hohen **Dünen** besiedeln bevorzugt hitze- und trockenheitsertragende Pflanzen wie Distelarten, Strandhafer und Strand-Quecke, in den feuchteren Senken können sogar Pinien wachsen.

In der Nähe des Flussdeltas kann der Übergang zwischen den sattgrünen *veras* und den blendend weißen Dünen eindrucksvoll scharf sein, weiter im Westen sorgt die nur episodische Überflutung, in erster Linie durch heftige Regenfälle, für eine lockere Strauch- und Baumvegetation, die an unsere **Heiden** erinnert. In den höheren Lagen dominieren gelbblühende Sträucher wie die gelbe Zistrose oder Blumen wie Sonnen- und Nadelröschen, auch aromatische Kräuter wie Rosmarin und Schopf-Lavendel können weite Areale einnehmen.

Vor allem im Umkreis der **Bäche und Tümpel** bilden sich kleine Wäldchen aus Strandkiefern, Pinien und knorrigen Korkeichen, die z. B. dem **Storch,** der es zum heimlichen Wappentier des Parks gebracht hat, als Nistplatz dienen. Daneben sind häufig immergrüne Sträucher wie Erdbeerbaum, Myrte, Steinlinde und Mastix eingestreut. Dieser sehr ausgewogene Lebensraum wird meist als **matorral** bezeichnet, aufgrund des Reichtums an Wild auch als *cotos* (im Sinne von „Gehege“).

059an bn

⊡ Besucherzentrum El Acebuche

Der Dammbruch im Jahr 1998 – nur knapp an der Katastrophe vorbei?

In der Nacht des 25. April 1998 geriet der Nationalpark Coto de Doñana durch den Dammbruch einer **Eisenerzmine** bei Aznalcóllar, einem Ort nordwestlich von Sevilla und etwa 30 Kilometer vom Park entfernt, ernsthaft in Gefahr. Giftiger Schlamm, der bei der Trennung der Mineralien vom Gestein entsteht, floss durch den 50 Meter großen Riss eines Auffangbeckens. Nur die sofortige Zuschüttung konnte Schlimmstes verhindern, auch an den Zuflüssen zum Doñana wurden Schutzdeiche errichtet. Dennoch flossen fünf Millionen Kubikmeter Schlamm, der mit **Schwermetallen wie Eisen, Kupfer, Quecksilber und Blei** belastet war, in den Río Guadiamar, der dadurch über die Ufer trat – das verseuchte Wasser drang nah zum Nationalpark vor. Tonnenweise trieben tote Fische darauf, und die schwarze Masse breitete sich auf landwirtschaftlich genutzten Flächen aus. Insgesamt wurden 5.000 Hektar Land mit vermutlich 20 Millionen Tonnen giftigem Schlick verseucht. Der verheerende Kreislauf, der dadurch entsteht, lässt Schlimmes befürchten: Die Vögel, die im Nationalpark leben, fressen vergiftete Würmer und Fische, weswegen nicht nur die vom Schlamm überzogenen Gebiete betroffen sind.

Beim Abtragen des getrockneten Giftschlamms entstand ein weiteres Problem: Giftiger aufgewirbelter Staub verteilte sich über die umliegenden Felder. Es bleibt auch fraglich, ob die großen Schaufeln der Bagger wirklich den gesamten Schlamm abtragen konnten und nicht Reste zurückgeblieben sind. Die wiederholten Bitten der Umweltschützer, den Schlamm mit Schaufeln und Hacken gründlich abzutragen, wurden nicht beachtet. Die übrig gebliebenen Giftreste werden vom Regen in die Flüsse gespült und damit weiter in die *marismas* des Coto de Doñana geleitet.

Schon seit Jahren kämpfen Umweltschützer und Privatleute gegen die **Gefährdung der Landschaft und des Nationalparks** durch die 1987 von der schwedischen Firma Boliden übernommene Eisenerzmine. Bereits 1996 beobachteten Ökologen Lecks im Auffangbecken, wodurch immer wieder giftige Rückstände in den Guadiamar fließen konnten. Man schickte sogar einen Bericht an die EU-Kommission, worauf ein Verfahren gegen Boliden in Gang gesetzt wurde. Der Kampf dauerte zwei Jahre, schließlich wurde das Verfahren jedoch eingestellt mit dem Argument, dass der Guadiamar nicht direkt in den Nationalpark fließe. Nur zwanzig Tage später brach der Damm.

Noch Jahre nach dem Dammbruch waren viele Hektar Erde im Norden des Nationalparks verseucht. Inzwischen ist ein Großteil des giftigen Schlamms und der verseuchten Erde abgetragen, die vergiftete Landschaft ist aber immer noch nicht komplett wiederhergestellt.

Tiervorkommen

In der Tierwelt sind natürlich in erster Linie die rund **360 Vogelarten** zu nennen, die von den amphibischen Lebensräumen im besonderen Maße profitieren. Nach der Jagd auf Fische, Schnecken, Frösche und kleine Krebse können sich die **Stelz- und Watvögel** wie Uferschnepfen, Löffler, Kuh- und Seidenreiher, Störche und Flamingos wieder ungestört in ihre Nistplätze auf kleinen Inseln zurückziehen. Auf diesen Teichen ziehen Schwarzhalstaucher sowie Tafel-, Stock-, Krick- und Kolbenente ihre Kreise. Unter den Raubvögeln ist vor allem der majestätische **Kaiseradler** hervorzuheben. Von den insgesamt etwa 200 Brutpaaren auf der Iberischen Halbinsel wurden elf im Coto de Doñana registriert.

Größter Beliebtheit erfreut sich der Coto de Doñana bei **Zugvögeln** aus Nord- und Mitteleuropa, neben Störchen fallen im Herbst ganze Schwärme von **Graugänsen** und **Schwalben** ein, um nach einer längeren Rast weiter nach Afrika zu ziehen. Etwas träge sind die **Flamingos** geworden, in milden Wintern bleiben sie einfach da. Vor allem im Winter geht die Gesamtzahl der gefiederten Freunde in die Hunderttausende.

Natürlich streifen auch Säugetiere durchs Unterholz, etwa **Fuchs, Dachs** und **Ginsterkatze.** Auf eine kleine, aber dank Aufzuchtstation von 120 auf aktuell ca. 350 Exemplare angewachsene Population des seltenen **Pardel-Luchses** ist man besonders stolz. Am ehesten wird man auf Lichtungen kleine Rotten von **Wildschweinen** oder **Rotwild** zu Gesicht bekommen, zumindest die Borstentiere werden von den Park-Rangern aber durchaus kritisch beäugt, pflügen sie doch bei ihrer rustikalen Nahrungssuche ganze Wiesen um.

Entstehung des Nationalparks

Seit Beginn des 20. Jh. versuchte man, durch diverse **Entwässerungsmaßnahmen** und den Bau von Deichen die Sümpfe für den Anbau von Reis, Zuckerrüben, Baumwolle und Obst urbar zu machen, die Fläche der *marismas* schrumpfte dadurch auf rund 30.000 Hektar. Bereits 1934 wurden der Plan einer Straße Bonanza – Almonte, also quer durch die *marismas,* geschmiedet, ein Projekt, das zum Glück bis heute nicht realisiert wurde.

Nachdem 1957 eine internationale wissenschaftliche Expedition die Region untersucht hatte, ging es Schlag auf Schlag: Vier Jahre später wurde von dieser Gruppe in London der **WWF** (World Wildlife Found) gerade mit der Absicht gegründet, das weitere Vordringen von Landwirtschaft und Gewerbe in den Coto de Doñana durch gezielte Landkäufe zu verhindern. 1963 konnte ein Kerngebiet von 7.000 Hektar als „Reservat und biologische Forschungsstation" ausgewiesen werden, keinen Tag zu früh, denn schon vier Jahre später wurde der Raumordnungsplan für die riesige **Feriensiedlung Matalascañas** verabschiedet.

1969 wurde der damals rund 35.000 Hektar umfassende Nationalpark geschaffen, die Bautätigkeit an der Küste war allerdings schon im Gange, und die Retortenstadt Matalascañas wurde wie geplant zu Ende gebaut. In den Jahren 1978 und 2004 wurde der Park nochmals bis auf die heutige Größe von 54.252 Hektar erweitert, zusätzlich richtete man den 53.835 Hektar großen **Parque Natural Entorno de Doñana** ein, eine Art Pufferzone ringsum. Damit soll verhindert werden, dass die negativen Begleiterscheinungen der intensiven Landwirtschaft wie Absenkung des Grundwasserspiegels, Verfrachtung von Düngemitteln, Abwässern und Pestiziden sowie die Lärm- und Abgasemissionen der Traktoren und Lastwagen unmittelbar auf das empfindliche Ökosystem prallen.

Dennoch stellt gerade die Bewässerung der **Erdbeerfelder** in der Nähe des Doñana ein großes Problem für den Nationalpark dar: Der Rocina ist ein wichtiger Zufluss des Doñana. Diesem Fluss wird jedoch bereits in den ersten Monaten des Jahres Wasser für den Anbau der Früchte entnommen. Dadurch versiegt der Fluss zu früh. Zudem wurden Wälder illegal gerodet. Der World Wide Fund for Nature (WWF) kämpft weiter für den Naturpark. So scheint es, dass bald offiziell anerkannt wird, dass mindestens 1500 Hektar illegal für den Erdbeeranbau kultiviert wurden.

Parkbesuch

In erster Linie bestehen mögliche Aktivitäten im Park aus **kurzen Wanderungen** bzw. Spaziergängen, kombiniert mit der Beobachtung der Tierwelt aus speziell konstruierten Hütten. Die der Öffentlichkeit zugänglichen Wege beschränken sich auf die Pufferzone bzw. die äußeren Bereiche des eigentlichen Nationalparks am Strand und um El Rocío. Alle Pfade sind gut markiert und problemlos zu begehen, es versteht sich von selbst, dass man nicht von ihnen abweichen darf.

Wem es auf eine möglichst hohe „Ausbeute" bei der Tierbeobachtung ankommt, der sollte möglichst früh am Morgen starten. Sowohl die zunehmende Hitze tagsüber als auch der unvermeidliche Lärm von Besuchergruppen trägt dazu bei, dass sich die Tiere bald zurückziehen. Im März/April und Oktober, wenn die Zugvögel Station machen, stehen die Chancen am besten. Ein gutes Fernglas ist nicht nur nützlich, sondern bei gesteigertem Interesse auch unverzichtbar, denn richtig nahe kommt man den Tieren fast nie.

Mehrere **Besucherzentren** kümmern sich um das geistige, teilweise auch leibliche Wohl der Gäste. Um den Besucherstrom zu kanalisieren, werden von der Verwaltung **Jeeptouren** durch den südlichen Abschnitt des Parks angeboten, die zentrale Reserva Biológica darf nur mit Sondergenehmigung betreten werden. Privatfirmen veranstalten auch **Ausflüge mit Pferden oder Mountainbikes,** sie müssen sich jedoch auf den Naturpark, z. B. die fossilen Dünen (Dunas del Asperillo) nordwestlich von Matalascañas oder die Strände südöstlich davon, beschränken.

■ Die **Öffnungszeiten** der Besucherzentren liegen im Sommer meist zwischen 8 und 21 Uhr (am Sonntag 20 Uhr), im Winter schließen die Gebäude schon um 19 Uhr, üblicherweise ist zwischen 15 und 16 Uhr Mittagspause.

Schutzgebiet Las Rocinas

Nur wenige hundert Meter südlich von El Rocío befindet sich direkt an der Landstraße H-612 das kleine **Besucher-**

zentrum Las Rocinas. Schräg gegenüber steht eine Hütte mit hoch aufragendem, von Riedgras bedecktem Dach als Beispiel für die Lebensweise der früheren Bewohner. Neben der Ausstellung typischer Einrichtungsgegenstände und Geräte informiert der Innenraum über die geschichtliche Entwicklung der Pfingstwallfahrt von El Rocío.

Von hier startet auch der **Rundgang zum Bach La Rocina,** der sich zu einem weitverzweigten Tümpel mit schilfbestandenen Ufern weitet. Zur Beobachtung diverser Vogelarten wurden kleine Hütten eingerichtet; da der Weg durchgehend auf hölzernen Bohlen verläuft, sollte die Orientierung keine Probleme bereiten. Eine Abzweigung vom Rundweg führt nach rechts zu einem weiteren Arm des kleinen Sees, man geht von dort auf gleicher Route wieder zurück.

Palacio de Acebrón

Fünf Kilometer hinter Las Rocinas erhebt sich in etwas bemüht herrschaftlichem Stil der **Palast** von 1961. Die permanente **Ausstellung** im Erdgeschoss widmete sich bislang in erster Linie dem Jagdwesen der zumeist blaublütigen Besitzer des Parks. Im ersten Stockwerk reifte eine sehenswerte naturkundliche Ausstellung ähnlich wie im Besucherzentrum El Acebuche heran. In Schautafeln wird der Besucher über Geologie, Klima, Böden und Hydrografie des Coto de Doñana aufgeklärt, auch kritische Anmerkungen zur „Kultivierung" des Landes fehlen nicht.

In einem rund 45-minütigen Spaziergang rund um einen dicht bewachsenen Tümpel erschließt sich eine romantische **Auenlandschaft** mit rundkronigen Pinien und knorrigen Korkeichen. Mangels Beobachtungshütten kommen die „Bird Watchers" hier weniger auf ihre Kosten.

Centro de Visitantes El Acebuche

An der A-483, nur zwei Kilometer vor Matalascañas, fährt man bei der entsprechenden Ausschilderung in diesen westlichen Zipfel des Parque Natural ab. Das Besucherzentrum El Acebuche mit Naturkundemuseum, Cafeteria, Infostelle und Shop bietet die umfangreichsten Serviceeinrichtungen im Park. Von hier verläuft ein mit Holzbohlen abgedeckter Weg zu einem 33 Hektar großen See, der **Laguna del Acebuche,** der im Wesentlichen vom Ökosystem des *matorral* umgeben ist. Vor allem im Winterhalbjahr, wenn der See gut mit Wasser gefüllt ist, können in dem naturnahen Ambiente viele Vogelarten ausgemacht werden, nicht wenige wurden von einer Aufzuchtstation hier ausgesetzt.

Geländewagentour

In 3½–4 Stunden ermöglicht eine 70 Kilometer lange Fahrt in abenteuerlichen 21-sitzigen Vehikeln einen recht guten Überblick über die wichtigsten Ökosysteme des Parks. Die schaukelige Fahrt ist nichts für Magenkranke. Sehr schön sind die kleinen Exkursionen zu Fuß in absolut unberührter Natur. Diese sollte man auch zu würdigen wissen, denn der Coto de Doñana ist kein Freiluftzoo, normalerweise bleiben die Tiere eher auf Distanz. Während der Fahrt am Strand, zur Mündung des Guadalquivír, am Rande der *marismas,* durch den *matorral* und über den Dünenwall gibt es Erläuterungen durch den geschulten Fahrer, auf gute Fremdsprachenkenntnisse sollte man aber nicht zu sehr hoffen.

■ **Abfahrten** im Winter (15.9.–30.4.) um 8.30 und 15 Uhr, im Sommer um 8.30 und 17 Uhr (außer So). Preis 29,50 €/Pers. Bildershow unter www.donanavisitas.es, die Anmeldung muss aber per Telefon 959.43.04.32, per Fax 959.43.04.51 oder persönlich im Besucherzentrum El Acebuche erfolgen. Da die tägliche Besucherzahl im Park auf 250 Personen beschränkt ist, sind die Sitzplätze im Jeep ziemlich schnell ausgebucht. An den Wochenenden der Saison und an Feiertagen sollte die Anmeldung mehrere Tage vorher erfolgen, zu Ostern und Pfingsten sollten es einige Wochen sein. Sind alle Sitzplätze ausgebucht, bleibt noch die Möglichkeit, über den privaten Veranstalter Doñanareservas mit dessen IVECO-Geländebussen zumindest einen Eindruck vom nördlichen Teil des Parks zu gewinnen – die Ökosysteme Kiefernwald und Marschland sind dabei, auf Dünen und Strand muss man verzichten. Verschiedene Varianten ab 28 € (Kinder bis 10 Jahre zahlen die Hälfte), zwei Abfahrten tägl., morgens um 8 Uhr, nachmittags variabel. Buchung unter Tel. 959.44.24.74 oder über www.donanareservas.com.

Private Tourveranstalter

■ **Reitausflüge:** Ansprechpartner sind private Anbieter wie der **Club Hípico El Pasodoble** in Matalascañas, Sector G, N° 91 (bei Parque Dunar), Tel. 959.44.82.41, www.donana-rutas-caballo.com. Die Ausritte werden in Variationen von 2 Stunden bis zu Exkursionen von 5 Tagen angeboten, dann wird es aber, vor allem im Sommer, richtig teuer. Ein zweistündiger Ausflug kostet 26 €. Etwas preisgünstiger ist der Veranstalter **Donana Ecuestre,** der sein Büro im Hotel Puente del Rey in El Rocio aufgeschlagen hat (Avda. de la Canaliega s/n, Handy 674.21.95.68, Kontakt über www.donanaecuestre.com bzw. www.donanaacaballo.com); für 1 Stunde muss man 20 € einkalkulieren.

■ Wer an Besuchen im Nationalpark unter **fachkundiger Führung** interessiert ist, sollte sich an die Cooperativa Marismas del Rocío, Plaza Acebuchal 16 (Tel. 959.43.04.32, info@donanavisitas.com) in El Rocío wenden.

Verkehrsverbindungen

■ **Auto:** Die bequemste Anfahrt von Sevilla verläuft über die Autobahn A-49 bis Bollullos del Condado und weiter über Almonte nach El Rocío. Die Verbindungsstraße A-482 von der Autobahn nach Almonte ist kürzer, allerdings auch etwas kurvenreicher – Geschmackssache.

■ **Bus:** Entlang der A-483 befinden sich vor den Einfahrten zu den Besucherzentren die Bushaltestellen der Gesellschaft Damas, man muss dem Fahrer Bescheid geben, dass man aus- bzw. einsteigen will. Verbindungen von Sevilla und Huelva nach Matalascañas siehe dort.

060an bn

El Rocío

Für eine **Wallfahrt** nach El Rocío am Rande des Nationalparks Coto de Doñana nehmen viele Gläubige in bunten Trachten einen tagelangen Fußmarsch auf sich, der von farbenprächtig geschmückten Wagen und Pferden begleitet wird – **eines der großartigsten Feste Andalusiens,** das eine ergreifende Mischung aus tiefer Religiosität und fröhlicher Feierstimmung darstellt.

Im Grunde ein winziges Kaff von 650 Einwohnern, zieht El Rocío jedes Jahr zu **Pfingsten** Heerscharen von Pilgern an – die Wallfahrt ist sozusagen der einzige Lebenszweck des kuriosen Ortes und wirklich ein außergewöhnliches „Event", bei dem Geistliches und Weltliches eine Symbiose bilden, bei dem Tanz, Musik, Gesang, Gitarren, Kastagnetten, Tamburine und die feierliche Verehrung der

☑ Die Wallfahrtskirche von El Rocío

Madonna eine geradezu elektrisierende Spannung in der Luft erzeugen.

Im Ort selbst kann kaum von einem Alltagsleben gesprochen werden, El Rocío erinnert mit seinen extrem breiten Staubpisten und vollkommen überdimensionierten Plätzen eher an eine verwaiste Westernstadt. Eigentlich wird diesem Ort erst mit der Wallfahrt Leben eingehaucht, viele Gebäude sind lediglich Niederlassungen der Bruderschaften aus ganz Andalusien.

Hier am Ufer der Madre de las Marismas, einem riesigen, im Sommer vergänglichen Flachwassersee, in dem sich schon mal Flamingos tummeln, ließ *Alfons der Weise* zwischen 1280 und 1300 eine **Kapelle** zu Ehren der *Santa María de las Rocinas* errichten. 1755 fiel die wesentlich vergrößerte Einsiedelei dem Erdbeben von Lissabon zum Opfer, schon wenige Jahre darauf begannen wieder die Bauarbeiten. Auch hier gab es im Laufe der Jahrhunderte zahlreiche Umbauten, 1963 entschloss man sich, die Kirche abzureißen und eine völlige Neukonstruktion im Stil des Sevillaner Barock zu wagen. Schon mit seiner riesigen Jakobsmuschel am Portal, dem Pilgersymbol schlechthin, macht der 1980 vollendete Bau seine Bestimmung klar. Im Inneren sind alle Perspektiven auf die Madonnenfigur **Nuestra Señora del Rocío** im prächtigen Goldornat einer Königin ausgerichtet.

Als die Marienstatue im späten 13. Jh. ihren Bestimmungsort gefunden hatte, waren gerade die christlichen Heiligtümer vor Schändungen durch maurische Rebellen keineswegs sicher. Allerdings hatte man die Madonna deswegen offenbar so gut versteckt, dass sie lange Zeit verschollen blieb. Erst im 15. Jh. wurde sie von einem Jäger gefunden. Dieses Ereignis wurde als **Pfingstwunder** gedeutet, denn just zum Feiertag des Heiligen Geistes tauchte sie wieder auf. Ihre feierliche Erhebung zur Schutzheiligen von Almonte fand 1652 statt, worauf sich in den folgenden Jahrzehnten die ersten **Laienbruderschaften** *(hermandades)* bildeten. Wegen ihrer wundersamen Entdeckung wählte man als Zeitpunkt für Wallfahrten das Pfingstfest, eine Tradition, die sich in den folgenden Jahrhunderten enorm ausweiten sollte. Heute werden bereits rund 100 Bruderschaften aus fast ganz Spanien gezählt.

So erscheint die Zahl von mehreren hunderttausend Teilnehmern an der Wallfahrt gar nicht zu hoch gegriffen, die Höhepunkte werden auch im Fernsehen (Canal Sur) übertragen. Die festliche Kleidung ist die gleiche, wie sie auch zu *fiestas* und *ferias* getragen wird, nur das Schuhwerk ist ganz anders: auch die Frauen pflegen robuste Stiefel aus Valverde (Provinz Huelva) zu tragen. Praktischer ist das, denn die Pilgerwege führen oft durch Sand, Sümpfe und Bäche und können recht strapaziös sein. Traditionell bedient man sich als Fortbewegungsmittel bunt geschmückter **Planwagen,** die von Ochsen gezogen werden, so dauert die Fahrt etwa drei Tage. Vor allem abends finden sich die Pilger an **Lagerfeuern** fröhlich singend und tanzend zusammen, von frommer Andacht ist nicht viel zu spüren. Ähnlich wie bei der *Semana Santa* steht hier nicht die Askese und stille Buße im Vordergrund, sondern nach andalusischer Art wird die Frömmigkeit ausgelassen und lebensfroh inszeniert. Ein Zug ins Heidnische ist nicht ganz von der Hand zu weisen, stellen doch eingefleischte *Rocieros* fest, man könne an die *Virgen del Rocío* glauben, ohne an Gott zu glauben.

Höhepunkt der Wallfahrt ist der frühe Morgen des Pfingstsonntags, wenn die Statue aus der Kirche getragen und den *Rocieros* präsentiert wird. Nach der Vorschrift soll sie den ersten Lichtstrahl erblicken, was natürlich nicht sklavisch genau eingehalten wird. Beim Anblick der in einen silbernen Aufsatz gestellten Figur verfällt die zuvor andächtig stille Gemeinde in regelrechte Ekstase, manche brechen in Tränen aus, andere stehen da wie vom Donnerschlag gerührt, die meisten lassen aber ihrer Freude in unbeschreiblichem Jubel freien Lauf. Unter den Rufen „Viva la blanca Paloma" („Es lebe die weiße Taube") bewegt sich die Masse durchs Dorf an den Häusern der Bruderschaften vorbei. Nur die Pilger aus Almonte, der Gemeinde, zu der auch El Rocío gehört, dürfen die Statue berühren.

Unterkunft

Zu „normalen" Zeiten sind die Übernachtungspreise akzeptabel, zu Pfingsten steigen sie in astronomische Höhen. Manchmal muss man dann auch sog. Pakete buchen, drei Nächte zu exorbitanten Preisen. Es versteht sich fast von selbst, dass monatelanges Vorbuchen für diesen Termin dennoch unerlässlich ist. Nicht wenige Restaurants nützen die vielen Tagesbesucher inzwischen leider aus, um kräftig abzusahnen bzw. mindere Qualität anzubieten.

■ **Hotel Toruño****/②-③, Plaza del Acebuchal 22, Tel. 959.44.23.23. Rustikales, freundlich gestaltetes Hotel am Ende des Ortes, nahe der *marisma*. Die Zimmer sind nicht riesig, aber gut ausgestattet und wohnlich. DZ zur Romería kosten 300 €! Sowohl innen als auch außen sehr anheimelndes Restaurant mit guter Qualität, daher an Wochenenden oft randvoll belegt. Etwas gehobenes Preisniveau.

■ **Pension Cristina**①, c/ Real 58 (an der Kirche rechts vorbei geradeaus), Tel. 959.44.24.13. Einfache Pension unter freundlicher Leitung zu akzeptablem Preis. Das angeschlossene Restaurant ist relativ günstig und verwöhnt mit leckerem Essen.

Verkehrsverbindungen

■ El Rocío ist an die **Buslinie** Matalascañas – Sevilla – angeschlossen (siehe Matalascañas).

Die Küste der Provinz Cádiz

Die südlichste Provinz Andalusiens bietet Reisenden einsame Strände und Felsbuchten und eine traumhafte Sierra, die sich durch besonders üppige, saftig grüne Vegetation in den Tälern und schroff aufragenden Kalkfelsen in den Höhenlagen auszeichnet. Die Provinz ist gespickt mit kleinen Orten wie Medina Sidonia oder Arcos de la Frontera, die wegen der gekalkten Hauswände **„Weiße Dörfer"** genannt werden.

Im Westen der Provinz liegt zwischen den Städten Jerez, El Puerto de Santa María und Sanlúcar de Barrameda das 105 Quadratkilometer große Anbaugebiet des weltbekannten **Sherry**, daher Sherry-Dreieck genannt.

Die Städte und Dörfer der Provinz blicken auf eine ereignisreiche Geschichte zurück, allen voran die Provinzhauptstadt **Cádiz**, eine der ältesten Städte Europas und noch heute eine wichtige Handelsstadt. Die Küste war Schauplatz großer Seeschlachten, der Meeresgrund ist übersät mit alten Wracks. Hier blühte der Handel mit der „Neuen Welt".

Heute lockt die Provinz zahlreiche Wassersportbegeisterte aller Herren Länder in ihre Gewässer, vor allem das **Wind- und Kitesurferparadies** bei Tarifa, dem südlichsten Zipfel Spaniens, ist zu internationaler Berühmtheit gelangt.

Sanlúcar de Barrameda

Nach seiner langen Reise quer durch Andalusien mündet hier der **Guadalquivir** in den Atlantik. Berühmte Seefahrer wie *Kolumbus* und *Magellán* starteten von dieser Flussmündung ihre großen Entdeckungsreisen. Sanlúcar – nicht mit Sanlúcar la Mayor nahe Sevilla zu verwechseln – verschaffte sich vor allem durch seinen berühmten Wein, den **manzanilla,** einen Namen. Dieser Tropfen ist ein heiß begehrtes Getränk bei der *feria* in Sevilla. Die trockene Sherry-Sorte wird nur hier gewonnen, bedingt durch einen bestimmten Arbeits- und Reifeprozess und vor allem durch das besondere Mikroklima der Gegend.

Sanlúcar ist nicht nur ein kleines Fischerdorf, sondern war schon immer ein bekanntes Ziel der Städter, vor allem auch betuchter Sevillaner, die hier ihren Sommerurlaub verbringen. Die prachtvollen Häuser an der Avenida de Bajo de Guía bestätigen das. Der Strand von Sanlúcar ist nicht der idealste zum Baden, aber die Strandpromenade entlang der Flussmündung mit ihren zahlreichen **Fischrestaurants** lohnt einen Ausflug. Von hier hat man einen herrlichen Blick auf das gegenüberliegende Ufer mit Kiefern und Sandstrand – dort beginnt der **Nationalpark Coto de Doñana.**

Ein großes Ereignis ist das älteste **Pferderennen** Spaniens am Strand von Sanlúcar über eine Strecke von zwei Kilometern, das jeden August Tausende von Zuschauern anlockt. Am Ende des Paseo Marítimio gibt es einen kleinen Sporthafen, den **Club Náutico.** Der eigentliche Fischerhafen **Bonanza** befindet sich außerhalb in nördlicher Richtung. Entweder läuft man am Strand entlang, oder man fährt die Avenida de Huelva in Richtung Bonanza.

Ein Spaziergang durch die höher gelegene Altstadt **Barrio Alto** lohnt sich. Von der Plaza del Cabildo, auf der sich allabendlich die Einwohner treffen, gelangt man in nördlicher Richtung zur Plaza de San Roque. Von dort die Calle Bretones hinauf, geht man geradewegs auf die **Covachas** aus dem 15. Jh. mit gotischer Fassade zu, die vermutlich ein Teil der alten Stadtmauer sind. Hier gab es einmal ein Tor, die **Puerta del Mar,** durch die die Bürger im Mittelalter die Stadt betraten. Das Gebäude ist gerade renoviert worden und soll zukünftig als Informationszentrum dienen.

Von hier schlängelt sich die Straße Cuesta de Belén hoch, an deren Ende der Besucher überrascht wird vom Anblick des **Rathauses,** dem ehemaligen Palacio Orleáns y Borbón, der vollständig im Neo-Mudéjar-Stil gebaut wurde. Auffallend sind die in den wechselnden Farben rot und ocker gestaltete Fassade und der mit mudejarem Stuck verzierte Eingang und Balkon des Gebäudes. Auch das Innere des Palastes weist orientalisches Stuckdekor auf, das aufwändig bemalt ist. Auf den ersten Blick gewinnt man den Eindruck, zumindest Teile dieses Palastes stammten aus maurischer Zeit, aber dieses Bauwerk wurde komplett im 19. Jh. konstruiert. Den Garten entwarf kein Geringerer als der Architekt der Gärten des Parque María Luisa in Sevilla, der Franzose *Lecolant.*

In westlicher Richtung geht es zum **Palast der Fürsten von Medina Sidonia** mit seiner prachtvollen gotischen Fassade. Nicht weit entfernt steht die **Kirche Nuestra Señora de la O.** mit einem mudejaren Portal aus dem 14. Jh. Im Inneren sind ein Hochaltar aus dem 18. Jh. und eine Renaissance-Decke sehenswert. Von hier aus gelangt man in westlicher Richtung zum **Castillo Santiago,** das einen idealen Ausblick über Sanlúcar bis zum Nationalpark bietet.

Fábrica de Hielo

In der Fábrica de Hielo befindet sich eines der **Besucherzentren** des Nationalparks. Früher wurde in der Fabrik Eis zur Fischkonservierung hergestellt. Mit der Einführung neuer Methoden wurde sie überflüssig; das Gebäude verfiel allmählich, bis es von der Verwaltung instand gesetzt wurde. In der unteren Etage kann eine **Ausstellung** zur Natur und Landschaft des Nationalparks besichtigt werden, in der zweiten eine interessante historische Ausstellung zur Geschichte und Kultur des Nationalparks und des Guadalquivir-Beckens, so auch zur Expedition der „Nao Victoria", mit der zum ersten Mal die Welt umsegelt wurde. Die dritte Etage bietet einen schönen Aussichtspunkt.

■ **Fábrica de Hielo,** c/ Bajo de Guía s/n, Tel. 956.38.65.77, täglich 9–19 Uhr, von April bis September bis 20 Uhr. Im Besucherzentrum können auch Tickets für einen **Bootsausflug in den Nationalpark** gekauft werden. Die einem Dampfer aus dem 19. Jh. nachempfundene „Real Fernando" startet von Bajo Guía unweit der Strandpromenade in Sanlúcar und hält an den Punkten Las Salinas und Poblado de La Plancha. Von dort geht es jeweils zu Fuß auf einem kleinen Rundgang durch den Park. Der Ausflug dauert ca. 4 Std., nähere Infos unter www.visitasdonana.com, Tel. 956.36.38.13. Rechtzeitig reservieren! Tickets spätestens 30 Min. vor Abfahrt im Besucherzentrum. Abfahrtszeiten (voraussichtlich): Nov. bis Feb. 10 Uhr, März, April, Mai und Okt. 10 und 16 Uhr, Juni bis Sept. 10 und 17 Uhr. Ausflüge in den Nationalpark auch unter www.donanareservas.com. Den Nationalpark in einem Fischerboot zu erleben, ist mit Atlantisan möglich, ein Fischer ist immer mit an Bord. Dafür muss man früh aufstehen, 6 Uhr morgens geht es los, max. 9 Personen. Infos unter www.atlantisan.com.

Museo del Mar

Ein uriges und zugleich kurioses kleines Museum, das der Besitzer mit viel Liebe zum Detail aufgebaut hat, befindet sich im Ortszentrum. Über Jahre sammelte der „König der Muscheln", wie er genannt wird, verschiedene **Muschelarten und Schneckengehäuse,** die das Meer an die Strände Sanlúcars gespült hat. Vor allem Kinder haben hier ihren Spaß.

■ **Museo del Mar,** c/ Truco 4, Mo–So 11–13.30 und 18–21 Uhr.

Praktische Informationen

Information

■ **Oficina Municipal de Turismo,** c/ Calzada del Ejército (die mit Bäumen gesäumte Allee in der Nähe des Paseo Marítimo, kurz vor der Altstadt), Tel. 956.36.61.10, im Winter Mo–Fr 10–14 und 16–18 Uhr, im Sommer 10–14 und 18–20 Uhr.

Service

■ **Polizei:** Policía Nacional, Notruf 091, ansonsten Tel. 956.38.53.25; Policía Local, Notruf 092, Tel. 956.38.80.11.

■ **Medizinischer Notruf:** Ambulatorio de la S.S. (Notambulanz), Tel. 956.04.72.00 (c/ Calzada del Ejercito 7); Centro Salud „Barrio Alto" (Notambulanz), Tel. 956.04.73.63 (c/ Carril de San Diego).

■ **Post:** Avda. Cerro Falón 6, Tel. 956.96.03.50.

Essen und Trinken

Entlang des Paseo Marítimo und der Bajo de Guía, dem ehemaligen Matrosenviertel, gibt es einige gute Fischrestaurants. Sanlúcar ist auch bekannt für seine hervorragenden Langusten.

■ **Casa Bigote,** c/ Bajo de Guía, Tel. 956.36. 26.96. Nach Ansicht von Kennern das renommierteste Restaurant für Fischgerichte und Meeresfrüchte in Sanlúcar.

Mirador de Doñana, c/ Bajo de Guía 10, Tel. 956.36.35.02. Gutes Fischlokal. Vom Speisesaal im 1. Stock genießt man einen schönen Blick auf die Mündung des Guadalquivír.

Casa Balbino, Plaza del Cabildo 11, Tel. 956. 36.05.13. Typische Tapas-Bar, die sehr beliebt ist und an einem wunderschönen Platz in der Altstadt liegt. Hier hängen die leckeren Serrano-Schinken zuhauf von der Decke, aber auch andere Köstlichkeiten verwöhnen den Gaumen.

Gastrobar El Espejo, c/ Caballeros 6 (vom Hauptbahnhof linke Seite geradeaus, nahe der Gärten Jardínes del Palacio de Orleáns y Borbón und einer Kirche, der „Parroquia de la O"), Tel. 956.36. 50.60. Eine moderne, stilvolle Tapas-Bar im Hotel Posada de Palacio.

Nachtleben

In den Sommermonaten ist in Sanlúcar wie in allen Orten am Strand der Teufel los. Im Sommer öffnen zusätzlich noch die in Andalusien so beliebten *chiringuitos* („Strandhütten") unter freiem Himmel in der Calle Ancha und der Calle Calzada Ejercito.

El Almacén, c/ Regina 16 (nicht weit vom Plaza San Roque). Tolle Bar, die in einem alten Lager von 1888 untergebracht ist.

Bekannt im Ort ist die **Discoteca Oxi** in der Calle Bajo de Guía in einem ehemals herrschaftlichen Haus; für alle Altersklassen, schon nachmittags kann man hier gemütlich seinen Drink nehmen, bis ca. 1 Uhr (offiziell) geöffnet.

Junges Volk zieht es in die **Discoteca Musseo,** c/ Muro Bajo.

Flamenco

Bodegón Cultural Mirabrás, c/ La Plata 50, Tel. 956.38.17.07. Gemütliche Bar, typisch für Sanlúcar, die von 21 Uhr abends bis zum Sonnenaufgang geöffnet hat. Der Treff für die Flamencoszene. Jeden Sa gibt es hier ein Flamenco-Spektakel.

A Contratiempo, Miguel 5, Tel. 653.07.10.99 (Handy). Bar mit hübschem Patio, fast jedes Wochenende Flamenco-Aufführungen.

Bodegas

Einige Bodegas befinden sich inmitten des Altstadtviertels von Sanlúcar.

La Cigarrera, Plaza de Madre de Dios s/n (Nähe der Plaza de Abastos). Wie viele *bodegas* der Gegend entstand diese in der zweiten Hälfte des 18. Jh. Angenehme Atmosphäre. Mo–Fr 8–15 Uhr, Sa 10–13.30 Uhr, Reservierung, Tel. 956.38.12.85, ganzjährig geöffnet.

La Gitana – Vinícola Hidalgo, c/ Banda Playa 24, Tel. 956.36.05.16. Hier wird der in Andalusien am meisten getrunkene *manzanilla* hergestellt. Führungen Mi, Fr, und Sa 12 Uhr.

Bodegas Pedro Romero, c/ Trasbolsa 60, Tel. 956.36.07.36. Diese *bodega* produziert den mindestens genauso guten und auch bekannten *manzanilla* „Aurora". Auch der Brandy „Punto Azul", der in bester amerikanischer Eiche reift, darf von Feinschmeckern nicht unversucht bleiben.

Sport

Pferderennen am Strand von Sanlúcar: 1. Woche im August, Kontaktadresse: Sociedad de Carreras de Caballos, Avda. de las Piletas s/n, Tel. 956.36.32.02.

Segeln: Club Naútico, Paseo Marítimo s/n, Tel. 956.36.19.93.

Feste

Feria de la Manzanilla, eine in der gesamten Provinz bekannte *feria* gegen Ende Mai, die ein buntes Volk anzieht.

Festival Cante Flamenco „Noches de Bajo Guía", während der „Romería del Rocio" im Mai herrscht in Sanlúcar buntes Treiben, denn am „Bajo de Guía" setzen zahlreiche bunt geschmückte Wagen zum Nationalpark über.

■ **Festival Internacional de Música a Orillas del Guadalquivir,** internationales Festival für klassische Musik im August.

■ **Fiestas de Exaltación al Río,** eine zauberhafte Bootsprozession zu Ehren des Flusses Guadalquivír im August.

Unterkunft

■ **Hotel Posada de Palacio**②-③, c/ Caballeros 9–11, Tel. 956.36.50.60. Ein traumhafter, alter Stadtpalast im Barrio Alto aus dem 18. Jh., den die Besitzer spanisch-marokkanisch eingerichtet haben. Mit Tapas-Bar El Espejo. Es lohnt sich, unter www.posadadepalacio.com „ofertas" nach Angeboten außerhalb der Saison zu schauen.

■ **Hostal Blanca Paloma**①, Plaza San Roque 9, Tel. 956.38.09.81. Günstiges Hostal mitten im Ort, kleine Zimmer. Die Plaza ist klein und fein.

■ **Algaida**①, Colonia Monte Algaida, c/ I Nr. 4, Tel. 956.38.73.72, www.casa-algaida.com. Nicht ganz einfach zu finden, an der C-441 zwischen Sanlúcar und Trebujena. Die Avenida de Huelva führt von Sanlúcar aus nördlicher Richtung zum Hafen Bonanza, diese Straße führt auch zur Colonia Monte Algaida. Ein gemütliches Haus, mitten auf dem Land, umgeben von Feldern, mit direktem Blick auf den Nationalpark. Der Preis ist Spitze: Frühstück inklusive.

■ **Hotel Los Helechos*****/②, Plaza Madre de Dios 9, Tel. 956.36.13.49, www.hotelloshelechos.com. Mittelklassehotel im andalusischen Stil unweit der Avda. V. Centenario. Gemessen am guten Komfort erstaunlich preisgünstig.

Verkehrsverbindungen

■ **Busse** nach Jerez mit Linesur, Tel. 956.34.10.63, nach Chipiona, El Puerto, Cádiz, Rota und Sevilla mit Los Amarillos. Busstation an der Plaza Pradillo, Tel. 956.36.04.66.

Cigalas – ein Genuss für Liebhaber von Meeresfrüchten

an14-019 nk

Chipiona

„Das Dorf der tausend Unterkünfte“, so lautet der vielsagende Ruf dieses ehemaligen Fischerdorfes unweit von Sanlúcar de Barrameda. Der gesamte kleine Ort wird vom nationalen Fremdenverkehr beherrscht, dementsprechend platzt Chipiona in den Monaten Juli und August aus allen Nähten, außerhalb der Saison jedoch herrschen fast Zustände wie in einer Geisterstadt. Trotz der vielen Unterkünfte laden andere Orte an dieser Küste mehr zum Verweilen ein.

■ **Information: Oficina de Turismo,** im Castillo de Chipiona in der gleichnamigen Straße in Küstennähe, Tel. 956.92.90.65, im Sommer tägl. 9–14 und 18–21 Uhr, im Winter Mo–Fr 10–14 und 17–19 Uhr, Sa/So 10–14 Uhr.

Rota

An sich wäre Rota ein typisches kleines Dorf mit weiß gekalkten Häusern, wenn da nicht die große **amerikanische Militärbasis** wäre. Somit hat der Ort zwar noch eine nette kleine Altstadt zu bieten, aber um sie herum sind zahlreiche Neubauten entstanden. Viele „Läden“, die das amerikanische Armee-Herz begehrt, wie Burgershops, Pizzerias oder Diskotheken, sind wie Pilze aus dem Boden geschossen. Dazu gesellen sich große Gebäude und moderne Hotels.

Mit dem **Castillo de Luna** hat Rota auch eine Sehenswürdigkeit zu bieten. Die Ursprünge dieser Festung sind auf das 13. Jh. zurückzuführen. Weitere historische Bauten sind die **Kirche Nuestra Señora de la O.** aus dem 16. Jh. und die **Torre de la Merced,** ein Turm, der von einem 1600 erbauten Kloster übriggeblieben ist, das bei einem starken Wirbelsturm Anfang des 18. Jh. zerstört wurde.

An der Westseite des Ortes gibt es einen schönen, langen **Sandstrand.** Zwischen Chipiona und Rota liegt die **Playa Nudista,** der Strand für Verfechter der Freikörperkultur. Die südlichste Spitze der Stadt mit Leuchtturm lockt im Sommer nachts viele Vergnügungslustige an. Hier kann man schön auf dem Paseo Marítimo flanieren.

Praktische Informationen

Information

■ **Oficina Municipal de Turismo,** im Castillo de Luna, Tel. 956.84.63.45. Mo–Fr 9.30–13.30 und 18–20 Uhr, Sa/So 10–14 und 18–20 Uhr.

Service

■ **Med. Versorgung:** Centro Salud, Avda. Maria Auxiliadora, Tel. 956.81.07.08.

■ **Post:** Urbanización Parque Victoria 5, Tel. 956. 81.19.91.

■ **Busbahnhof:** Zoilo Ruiz Mateo, Tel. 956.81. 04.99.

Essen und Trinken

■ **Ruta 66,** nette Strandbar (nur Getränke) direkt an der Playa de la Costilla – hier läuft stets gute Musik.

Camping

■ **Camping Agua Dulce,** Ctra. Rota – Chipiona, km 8, Tel. 956.84.70.78, www.playaaguadulce.com. Schöne Lage direkt am Strand an der Costa Ballena zwischen den Städten Chipiona und Rota. Mit der Buslinie 3 kommt man nach Rota bzw. von Rota zum Camping.

El Puerto de Santa María

061an bn

El Puerto de Santa María an der Mündung des Río Guadalete in der Bucht von Cádiz ist einer der schönsten Orte an der Costa de la Luz. Die idyllische Altstadt strahlt einen noblen Charakter aus und zeugt von einer wirtschaftlichen Blütezeit in der Vergangenheit. Der Baustil der Häuser aus dem 17. und 18. Jh. ist dem der Provinzhauptstadt ähnlich. In El Puerto Santa María steigt und fällt das Leben nicht mit dem Fremdenverkehr, hier lebt noch der natürliche Charakter einer kleinen Hafenstadt.

Anziehungspunkt ist für viele die **Ribera del Marisco,** das „Ufer der Meeresfrüchte", so lautet der verlockende Name einer Zone im historischen Zentrum der Stadt unweit des Kais, die den Ort zum beliebten Ausflugsziel für Feinschmecker gemacht hat.

Gleich bevor man in den Ort hineinfährt, liegt an der N-IV das **Monasterio de la Victoria,** ein Franziskanerkloster, das im 15. bis 17. Jh. erbaut wurde und gotische, Renaissance- und Barockelemente aufweist. Dieser Bau diente später lange Zeit als Hochsicherheitsgefängnis.

Das **Castillo San Marcos** aus dem 15. Jh. ist eine befestigte Kirche eines früheren Ritterordens und liegt in der Calle Jesús de los Milagros (Di und Sa zwischen 11 und 13.30 Uhr jede halbe Stunde mit Führung zu besichtigen, Eintritt frei, evtl. unter Tel. 956.85.17.51 oder 627.56.93.35 nachfragen, welche Führungen stattfinden).

Die **Iglesia Mayor Prioral** aus dem 15. Jh. trägt zusätzlich den Namen der Madonna Nuestra Señora de los Milagros, die angeblich König *Alfons X.* erschienen sein soll und ihm eine kampflose Übergabe der Stadt prophezeite. Die Kirche wurde zum Teil im 16. und 17. Jh. umgebaut. Sehenswert im Inneren ist ein silberner Hochaltar aus der zweiten Hälfte des 17. Jh.

El Puerto de Santa María lockt viele Reisende mit einem besonderen Event in die Stadt: Während der **Motorradweltmeisterschaft** jeweils am ersten Maiwochenende auf dem Circuito de Jerez ist in El Puerto de Santa María die Hölle los. Ein Riesenspektakel, das für Motorradfans ein absolutes „Muss" ist. Die Ribera del Marisco verwandelt sich dann zum Schauplatz für Motorradakteure, die die wildesten Kunststückchen auf ihren Heißen Öfen zum besten geben. Nichts für Liebhaber idyllischer Ruhe, dafür eine spaßige Dauerparty über zwei Tage und vor allem Nächte!

Zu El Puerto de Santa María gehören zwei Strände, zum einen die **Playa de la**

Puntilla, zum anderen ein langer durchgehender Sandstrand, die **Playa de Fuentebravía.** Dazwischen liegt der Yachthafen Puerto Sherry. Ein Abschnitt der Playa de Levante südlich von Valdelagrana wurde als FKK-Strand ausgewiesen. Die Strände liegen am Rande der Stadt, gerade die Playa de Fuentebravía ist nur mit dem Auto oder Bus zu erreichen und außerhalb der Saison allein reisenden Frauen nicht unbedingt zu empfehlen. Wie Cádiz ist auch El Puerto de Santa María kein klassischer Badeort, aber schöner Ausgangspunkt für Ausflüge in die Provinz.

⌃ El Puerto de Santa María

Praktische Informationen

Information

- **Oficina de Turismo,** im Palacio Aranibar, Plaza de Alfonso X el Sabio 9 (wird auch Plaza del Castillo genannt), Tel. 956.48.37.15, im Winter Mo–Fr 9–14 und 17.30–19.30 Uhr, Sa/So/Fe erst ab 10 Uhr, So Nachmittag geschlosssen, Mai bis Okt. nachmittags 18–20 Uhr. Der Palast aus dem 17. Jh. ist ein Schmuckstück, kennzeichnend sind Elemente der Múdejar-Architektur und geometrische Formen.

Service

- **Polizei:** Policía Nacional, c/ Aurora (Parallelstraße zur Avda. de la Bajamar an der Flussmündung). Policía Local, Ronda de las Dunas s/n, Tel. 092 oder 956.54.35.75.
- **Medizinische Versorgung:** Centro Salud, c/ Ganado 23, Tel. 956.01.14.00; Hospital Santa Maria del Puerto, c/ Valdés, Tel. 956.01.70.00.
- **Post:** c/Aurora 2 (Parallelstraße zum Fluss), Tel. 956.85.53.22.

Essen und Trinken

In den Straßen um die Ribera del Marisco gibt es einige gute Restaurants und Tapas-Bars, die zum Teil direkt nebeneinander liegen. In den letzten Jahren hat sich El Puerto de Santa María zum Treffpunkt für Gourmets entwickelt.

■ An erster Stelle steht das kaum zu übersehende **Romerijo** an der Calle Ribera del Marisco, Tel. 956. 54.12.54, dessen Spezialität frische Meeresfrüchte sind: frittierte und gekochte Tintenfische, Gambas, Langustinen, Krebse und, und, und ... können nach Gewicht gekauft werden. Romerijo zieht Feinschmecker aus vielen Teilen des Landes an.

■ **Aponiente,** c/ Puerto Escondido 6, Tel. 956.85. 18.70, www.aponiente.com. Wie schon vor Jahren vermutet, hat sich der Koch *Angel León* mittlerweile über die Grenzen der Provinz hinaus als „Jéfe del Mar" einen Namen gemacht und sich zum Sternekoch gemausert. Er verwandelt einfache andalusische Küche, insbesondere das, was ihm das Meer schenkt, in ein wahres Gedicht und kreiert völlig neue Geschmackskonstellationen oder verfeinert auf verblüffende Weise Bekanntes in einen kulinarischen Hochgenuss, wie z. B. *ostiones* (Austerntyp der Provinz Cádiz) in Algenwodka mit einem Hauch Kräuterschaum. Dieses Vergnügen hat allerdings auch seinen Preis, der sich aber lohnt. Das Restaurant ist stilvoll-modern eingerichtet, es gibt nicht viel Platz, wegen seines Bekanntheitsgrades ist eine rechtzeitige Reservierung unabdingbar! Das Restaurant legt meist Winterpause ein, damit an neuen Rezepten und Kreationen gearbeitet werden kann.

■ **Restaurante Casa Flores,** c/ Ribera del Río 9, Tel. 965.54.35.12. In diesem Restaurant wird edel und gut gespeist. Es liegt in der Parallelstraße zur Ribera del Marisco am Parque Calderón.

■ **Pasta Gansa,** c/ Puerto Escondido 5, Tel. 956.54. 35.36. Sehr stilvolles, gutes italienisches Restaurant mit origineller Architektur in einer kleinen Seitenstraße der Ribera del Marisco.

■ **El Faro,** das Restaurant an der Landstraße nach Rota (Camino de Vistahermosa) gehört zur gleichen Kette wie das Top-Restaurant El Faro von Cádiz und bietet edle Kost. Tel. 956.85.80.03.

Einkaufen

■ **Fischmarkt** gegenüber vom alten Kai, auf der anderen Seite der Flussmündung. Hier befindet sich der moderne Muelle Pesquero, über die N-IV zu erreichen. Ein tolles Erlebnis für Frühaufsteher oder aber für Nachtschwärmer ist die Ankunft der Fischerboote und der anschließende Verkauf des Fisches in der großen Markthalle um 6 Uhr morgens.

■ **El Mercadillo de los Gitanos,** jeden Di Vormittag kann man auf diesem Markt in der Nähe des Stadtstrandes La Puntilla günstig Textilien, Schuhe usw. kaufen oder sich einfach unter das bunte Volk mischen. Die Avenida de la Bejamar entlang der Flussmündung führt auf den Markt zu.

Nachtleben

Im Frühjahr 2014 waren folgende Etablissements angesagt: das **Trocadero** (ehemals Bar & Co) an der zentralen Plaza Herrería (junges Publikum), das **Kheops** für Nachtschwärmer jeden Alters (Plaza de la Cárcel 1), das **Burladero,** c/ Curva 4, und **Los Milagros,** eine stylische Mischung aus Bar und Diskothek in altem Stadtpalast (c/ Jesús de los Milagros 29–31). Unübersehbar ist die **Bar La Cristalera** direkt am Kai. Wie in vielen Orten Andalusiens füllen sich die Bars erst nach dem Abendessen, das meist zwischen 20.30 und 23 Uhr eingenommen wird.

Flamenco

El Puerto de Santa María hat hervorragende Flamencokünstler wie *Tomás „El Nitri", Pedro Niño „El Brujo"* oder *Antonia „La Coquinera"* hervorgebracht. In der **Tertulia Flamenca Tomás El Nitri,** c/ Diego Niño und c/ Caldevilla, und der **Peña Flamenca El Chumi,** c/ Luja 15, wird die Hingabe zum Flamenco bewahrt.

Bodegas

■ **Bodegas Terry,** c/ Tonelero, Tel. 956.15.15.00. Im Frühjahr 2014 wegen Renovierung geschlossen.

■ **Bodegas Osborne,** c/ Los Moros, Tel. 956.86.91.00. Wohl eine der bekanntesten Sherry-Bodegas, der Stier steht als Symbol für diesen Wein. Besichtigungen Mo–Fr 10.30 Uhr, 11 und 12 Uhr, um 12.30 Uhr auf Deutsch. 8 €.

■ **Bodegas Gutiérrez Colosia,** Avda. Bajamar 40, Tel. 956.85.28.52, Mo–Fr 13 Uhr, Sa 12.30 und 13.30 Uhr, 5 €.

Feste

■ **Feria de Primavera:** Der „Jahrmarkt des Frühlings" wird mit viel Sherry und Tanz gefeiert. 7.–11. Mai.

■ **Semana Naútica Internacional,** eine internationale Regatta in den Gewässern vor El Puerto de Santa María, die Wettkämpfe dauern eine Woche an. Juli oder August.

■ **Fiesta de la Patrona „Virgen de los Milagros"**, ein Fest zu Ehren der Schutzpatronin der Stadt, die Straße zur Kathedrale wird festlich geschmückt. 5.–8. September.

Unterkunft

Die Übernachtungspreise in El Puerto, Jerez und näherer Umgebung schießen während der Motorrad-Meisterschaft in den Himmel, und trotzdem gibt es spontan keine Unterkunft mehr. Das heißt: Rechtzeitig reservieren oder Unterkünfte in anderen Orten der Costa de la Luz suchen.

■ **Hotel Los Cántaros*****/②-③, c/ Curva 6, bei der Ribera del Marisco, Tel. 956.54.02.40 www.hotelloscantaros.com. Der Name dieses Hotels ist nicht aus der Luft gegriffen: Als das Hotel in den 1980er Jahren entstand, entdeckte man bei den Bauarbeiten zahlreiche Krüge *(cántaros)* aus dem 17. Jh. Einige zieren heute das Restaurant und den Brunnen des Hotels, der Rest landete im Stadtmuseum. Die Belegschaft ist äußerst freundlich und hat stets einen guten Tipp zur Provinz Cádiz parat. Da sich das Hotel mitten im historischen Zentrum befindet, kann es am Wochenende laut werden. Parkgarage vorhanden. Das Frühstück ist eher simpel.

■ **Hostal Santa Maria**①, c/ Neveria (auch: Pedro Muñoz Seca) 38, Tel. 956.85.36.31. Von der Plaza de Isaac Peral (Parkplätze/Taxistand) noch ein Stück Richtung Zentrum. Einfache (z. T. DZ ohne Bad), aber saubere Pension in restauriertem Stadthaus. Rechtzeitig reservieren!

■ **Casa de los Leones**②-③, c/ La Placilla 2, Tel. 956.87.52.77, www.casadelosleones.com. Direkt am Markt, inmitten des historischen Zentrums liegt dieses Adelhaus aus dem 18. Jh., das eine typisch barocke Fassade aufweist. Dieses Prachtstück beherbergt mehrere schöne Apartments mit kompletter Ausstattung für 3–5 Personen. Ab 10 Tagen Aufenthalt 25 % Rabatt.

■ **La Casa No. 6**②, c/ San Bartolomé 14, Tel. 956.87.70.84, www.casano6.com. Nächtigen in einem alten, denkmalgeschützten Haus unweit der Stierkampfarena. Neben Zimmern verfügt das kleine Hotel auch über zwei Apartments mit eigener Terrasse.

■ **Jugendherberge:** Albergue-Campamento Juvenil El Puerto de Santa María, Dunas de San Antón, ganzjährig geöffnet.

Camping

■ **Playa Las Dunas**①, Paseo Marítimo La Puntilla, direkt beim Stadtstrand (die Flussmündung hochfahren), Tel. 956.87.22.10, www.lasdunascamping.com, ganzjährig geöffnet.

Anfahrt

Auto- oder Motorradfahrer, die auf der N-340 von Süden kommen, müssen, um ins Zentrum von El Puerto de Santa María zu gelangen, sich am deutlich erkennbaren alten Gemäuer des Monasterio rechts einordnen, die Straße überqueren und die nächste wieder rechts Richtung „centro ciudad" fahren.

Verkehrsverbindungen

■ **Zug:** Der Hauptbahnhof (Tel. 902.24.02.02) liegt an der N-IV gegenüber dem Monasterio de la Victoria. Von früh morgens (6.25 Uhr) bis 22 Uhr fährt regelmäßig ein Zug über Jerez nach Sevilla. Vom

Bahnhof bringen Stadtbusse Reisende ins Zentrum, der Weg ist aber auch zu Fuß nicht allzu weit, man muss nur entlang der Flussmündung laufen.

- **Bus:** Vom Hauptbahnhof fahren Busse regelmäßig nach Algeciras, Cádiz und Sevilla. Busse der Gesellschaft Los Amarillos fahren nach Sanlúcar, Jerez oder Chipiona. Für Fahrten in den Süden der Provinz (z. B. Conil oder Vejer) muss man in Cádiz umsteigen. Vor allem für Fahrten nach Cádiz ist der zentrale Busbahnhof an der Stierkampfarena (Plaza de Elias Ahuja s/n, Tel. 956.54.24.13) mit etwa halbstündigen Verbindungen vorzuziehen.
- **Bootsfahrt nach Cádiz:** Mehrmals täglich kann man mit dem **Schnellboot „El Catamarán"** von El Puerto de Santa María nach Cádiz übersetzen (½ Std., Details siehe unter Cádiz).

Bar Manteca in Cádiz

an14-023 nk

Cádiz

Cádiz ist trotz seiner außergewöhnlichen Lage auf einer schmalen **Halbinsel** noch nicht komplett dem Tourismus verfallen. Dennoch zog die Stadt in den letzten Jahren Besucher (vornehmlich von den Britischen Inseln) an. Cádiz hat ihren Charakter als **lebendige Hafen- und Handelsstadt** beibehalten. Der Ort überrascht mit modernem Städtebau, aber auch mit einer wunderschönen Altstadt, die auf einem Muschelkalkfelsen errichtet wurde. Hier befinden sich ein botanischer Garten, der Parque Genoves, mit herrlichem Blick aufs Meer und eine barocke Kathedrale an einem ebenso privilegierten Standort. Über der Stadt liegt an wolkenfreien Tagen ein strahlendes Licht, gerade hier wird dann der Ursprung des Namens „Küste des Lichts" deutlich.

Die Stadt ist von der Nachbarstadt San Fernando im Süden über die N-IV zu erreichen und außerdem über eine riesige **Hafenbrücke,** die die Verbindung zum östlichen Festland herstellt. Auf beiden Strecken sind von Weitem die Kräne zu sehen, mit denen die Waren im Hafen gelöscht werden. Der Eindruck einer Industriestadt bleibt auch bei der Fahrt über die zentrale Avenida José Leon de Carranza, die in die Avenida Cayetano del Toro übergeht, erhalten. Sie führt zunächst durch das moderne Cádiz, das nicht gerade durch urbane Schönheit glänzt.

Die **Puerta de Tierra** mit den Resten einer aus dem 16. und 17. Jh. stammenden **Stadtmauer** eröffnet dann den Zugang zur eleganten Altstadt, die rundherum von einem Mauerring und dem Meer umgeben ist. Hier stehen die weiß gekalkten Häuser mit ihren typischen *rejas* („Gittern") vor den Fenstern dicht nebeneinander. Der knapp bemessene Raum auf der Halbinsel und die weitreichende Zerstörung der Stadt im 16. Jh. bewirkten, dass neue Bauten auf den Fundamenten alter Gebäude entstanden. So ist die Altstadt heute vornehmlich vom Baustil des 17. und vor allem des 18. Jh. geprägt.

Stadtgeschichte

Cádiz kann auf das stolze Alter von 3.000 Jahren zurückblicken und ist damit eine der **ältesten Städte Europas.** Die felsige Landzunge war einst überhaupt nicht mit dem Festland verbunden. Erst im Laufe des 19. Jh. erhielt die Insel durch die Anspülung von Sedimenten Anschluss an das übrige Andalusien, der Damm wurde befestigt und trägt heute die Neustadt.

Auf die **Phönizier** soll laut schriftlicher Quellen die Gründung der Stadt Cádiz, *Gadir* genannt, zurückgehen. Auch für die **Römer** war *Gades* ein strategisch wichtiger Umschlagplatz für den Mittelmeerhandel. Nur Rom selbst übertraf die Stadt in der Zahl der Einwohner. Der Untergang von Gades konnte bisher nicht geklärt werden, erst unter den **Mauren** gelangte die nun wieder *Gadir* genannte Stadt zu neuem Ruhm. Nach der Rückeroberung durch die Christen spielte sie zunächst eine relativ geringe Rolle, was sich aber im Zuge der Entdeckung Amerikas schlagartig änderte: Nun nahm die Hafenstadt, über die der **Handel mit dem Kolonialreich** abgewickelt wurde, neben Sevilla eine besondere Stellung ein.

Spanien musste seine Besitzungen in Übersee gegen **England** schützen. Bei diesen Auseinandersetzungen zu Wasser spielte der Pirat und spätere Ritter **Francis Drake** eine wichtige Rolle, er machte immer wieder die Küsten Andalusiens unsicher. Auch Cádiz blieb von diesen Auseinandersetzungen nicht verschont, und 1596 wurde die Stadt unter *Robert Devereux,* dem damaligen Earl of Essex geplündert, zerstört und erst allmählich wieder aufgebaut. Durch die Verlegung der für den Handel mit Amerika verantwortlichen „Casa de la Contratación de las Indias" von Sevilla nach Cádiz im Jahr 1717 rückte die Stadt wirtschaftlich ins Rampenlicht.

Im Zuge der Eroberung eines Großteils Spaniens durch **napoleonische Truppen** machte Cádiz sogar europaweit auf sich aufmerksam: Nach einer Niederlage in Bailén drangen die Truppen quer durch Andalusien bis Cádiz vor, das sich erfolgreich gegen die Einnahme auflehnen konnte.

1812 wurde hier eine **„liberale Verfassung"** ins Leben gerufen, die drei Jahre lang Gültigkeit hatte (s. Kap. „Geschichte"). Ein Denkmal an der Plaza de España (beim Hafen in der Altstadt) erinnert an diese Zeit.

Die neueste Entwicklung: Cádiz hat sich zum meistfrequentierten Anlaufhafen für **Kreuzfahrtschiffe** in Andalusien gemausert und mit 300 Zwischenstopps 2013 den Hafen von Málaga übertroffen. Die andalusische Präsidentin *Susana Díaz* und der europäische Kommissar für Regionalpolitik sprachen Anfang 2014 über eine finanzielle Förderung durch die EU in Höhe von 120 Millionen Euro zum Ausbau des Hafens. Eine Entscheidung stand im Mai 2014 noch aus.

Karneval in Cádiz

Der Monat **Februar** ist der Monat des Karneval, und für den ist Cádiz landesweit berühmt. Während der drei Wochen des lustigen Treibens befindet sich die Stadt fast im Ausnahmezustand, Banken sind nur wenige Stunden geöffnet, die Hotels fast durchgehend ausgebucht (rechtzeitig reservieren!), dafür sind viele Konditoreien, Frittierstuben und Geschäfte bis spät in die Nacht geöffnet.

Zum „Aufwärmen" finden Wettbewerbe der **Chöre (coros)** im Gran Teatro de Falla statt, die dort ihre **Spottgesänge (chirigotas)** zum Besten geben. Höhepunkt des Karneval ist das Wochenende vor Rosenmontag, vor allem am Freitag und Samstag abend ist im zentralen Bereich der Altstadt die Hölle los. Fast jeder hat den Ehrgeiz, ein lustiges oder originelles Kostüm zu tragen. Trotz der Ausgelassenheit und des nicht unerheblichen Alkoholkonsums, bleibt das Fest friedlich, gelegentliches Gedränge ist nicht zu vermeiden.

Man kann grob drei Schwerpunkte unterscheiden: Besonders viel jugendliches Publikum findet sich zu Dancefloor-Musik an der **Plaza de la Mina** ein, recht gemischt, aber ebenfalls vorwiegend ausgelassen geht es rund um den **Mercado de Abastos** zu, etwas rustikaler und familiärer hingegen wirkt das Treiben im volkstümlichen **Viertel La Viña** oberhalb der Uferstraße Campo del Sur. Insgesamt muss man jedoch eher Stadtteile suchen, die nicht vom Karnevalsfieber infiziert sind, als umgekehrt. Die Linienbusse spucken noch zusätzlich im Fünf-Minuten-Takt ganze Ladungen amüsierwilliger Narren aus den Vorstädten aus.

Es gibt auch mehrere **Cabalgatas,** Paraden von Motivwagen, die stark an unsere Rosenmontagszüge erinnern, hier aber eher fantasievoll bis poetisch als politisch daherkommen – Schwerpunkt ist ebenfalls das Wochenende. Offizieller Tag der Chöre ist der Rosenmontag, dann stellen sie sich in entsprechender Kostümierung auf provisorisch aufgebauten Bühnen an vielen Plätzen der Altstadt den Passanten vor. Am Dienstag um Mitternacht wird zwar der **Dios Momo,** das verrückte Maskottchen des Karneval, verbrannt, um sich die „Asche aufs Haupt zu streuen", doch die Feiernden denken gar nicht daran, aufzuhören. Der Karneval endet offiziell am folgenden Wochenende, an dem sich aber doch schon starke Ermüdungserscheinungen bemerkbar machen.

063an bn

Stadtrundgang

Hat man die Puerta de Tierra erst einmal durchquert, kann man nach rechts abbiegen, und gelangt so, an der **Iglesia de Santo Domingo** und der Tabakfabrik vorbei, zum modernen Handelshafen. Wer mit dem Auto unterwegs ist, sollte im Parkhaus vor der Plaza San Juan de Dios schräg gegenüber parken und hier den Spaziergang durch die Altstadt beginnen.

An diesem Platz steht mit dem **Rathaus** ein schönes Beispiel für den Klassizismus in Cádiz. Das Gebäude weist als Zitat auch isabellinische Stilelemente auf. Die Fassade zeigt interessante Reliefs in Form von phönizischen Münzen, und auch der angebliche Stadtgründer, kein geringerer als Herkules, ist zwischen seinen mythologischen Säulen zu sehen. Tagsüber jede Stunde ertönt das Glokkenspiel mit einer Melodie aus „El Amor brujo“ von *Manuel de Falla.*

Rund um die Neue Kathedrale

Vom Rathaus führt die gemütliche Altstadtgasse Pelota zur imposanten **Nueva Catedral** mit großer, leuchtend gelber Kuppel und mehreren Türmen. Die jüngste der großen Kathedralen Spaniens liegt direkt am Meer und steht stellvertretend für den Barock und Klassizismus in Cádiz. Der Bau wurde 1722 durch *Vicente de Acero* begonnen und 1789 von *Manuel Machuca* weitergeführt, jedoch erst Mitte des 19. Jh. vollendet, also ein ganzes Jahrhundert später. Damit sind die verschiedenen Stileinflüsse zu erklären. Die klassizistischen Elemente sind auf den Architekten *Torcuato Cayón* zurückzuführen. Durch den vorherrschenden hellen Kalkstein strahlt dieses eindrucksvolle Gotteshaus eine große Freundlichkeit aus, sehr im Gegensatz zu anderen spanischen Kathedralen.

Das gewaltige Innere vermittelt jedoch auch eine gewisse Kühle. Die mächtigen Pfeiler, umgeben von korinthischen Säulen, wirken geradezu majestätisch. In der Mitte erhebt sich der prächtige Chor aus Mahagoni-Holz, er stammt ursprünglich aus Sevilla und ist älter als das Gotteshaus selbst. In der Krypta fand der berühmte Komponist **Manuel de Falla,** wohl der berühmteste Sohn der Stadt, seine letzte Ruhestätte. Das massive, unterhalb des Meeresspiegels gelegene Gewölbe besitzt eine einzigartige Akustik mit extrem starkem Halleffekt.

Der sehenswerte Kirchenschatz wird zurzeit im **Museum** der Kathedrale in der Alten Zahlstelle („Casa de Contaduría“) an der benachbarten Plaza de Fray Félix ausgestellt (Die Straße an der linken Seite des Doms hochgehen). Hier stechen insbesondere drei große Monstranzen hervor, Meisterwerke der Schmiedekunst, unter anderem aus der Goldschmiedeschule Arfe. Hier sind auch Kunstwerke einer Frau zu bewundern: Statuen von *Luisa Roldán* („La Roldana“), darunter der „Heilige Sebastián“ und eine „Inmaculada“.

■ **Kathedrale und Museum,** Plaza de Fray Félix, Di–Fr 10–13.30 und 16.30–18.30 Uhr, Sa 10–13 Uhr (die Zeiten ändern sich oft), Kombiticket (Kathedrale und Museum): 5 € für Erwachsene, 3 € für Kinder, Eintritt Di–Fr 19–20 Uhr frei.

Einer der Zwillingstürme der Kathedrale, der 74 Meter hohe **Torre del Poniente,** kann bestiegen werden (geführte Besichtigung auch auf Deutsch); von die-

Cádiz Altstadt

Übernachtung
4 Parador de Cádiz
10 Apartamentos Ancha 34
11 Hostal San Francisco
12 Hotel Las Cortes de Cádiz
13 Hotel Argantonio
14 Hospedería Marqués
15 Hostal Colón
17 Hostal Bahía
18 Hostel Casa Caracol

Essen und Trinken
1 Restaurante Escuela Hostelería de Cádiz
2 Bar Restaurante El 10 de Veedor
3 Ultramarinos Bar El Veedor
5 Club Caleta
6 Taberna Casa Manteca 1953
7 Restaurante El Faro
8 Taberna El Garbanzo Negro
9 Café Bar Liba
15 Taberna La Manzanilla
16 Tetería Arabe La Azotea
19 El Aljibe
20 Ventorillo El Chato

0
200 m
©Reise Know-How 2014
Andal08a
Marqués de Comillas
Calderón de la Barca
A. de Castro
Buenos Aires
Zorilla
Tinte
Plaza San Antonio
Plaza de la Mina
General Menacho
Santiago Terry
Ahumacia
Fermín Salvochea
Pl. de los Pozos de la Nieve
Costa Rica
Honduras
Rep. del Salvador
San Germán
Conde O'Reilly
Plaza Filipinas
Fernando el Católico
República Argentina
Mexico
Avda. del Descubrimiento
Centro Cultural Municipal Reina Sofia
Antonio López
Isabella C.
M. Rances
Rafael de la Viesca
Museo de Cádiz
Plaza de España
Busstation Comes
Pl. de la Hispanidad
San Pedro
Cánovas del Castillo
Ancha
Sagasia
Plaza San Francisco
Beato Diego de Cádiz
General Luque
Valverde
Rosario
Avenida Ramón de Carranza
Fähren
Puerto Comercial (Handelshafen)
Pl. Gaspar del Pino
Yacimiento Arqueológico Gadir
Oratorio de La Santa Cueva
Dr. Ramón y Cajal
Ceped
San Miguel
Barrie
Novena
José del Toro
Columela
San Francisco
Avenida del Puerto
Javier de Burgos
Torre Tavira
Juan de Dios
Pl. del Palillero
Feduchy
Montañés
Santo Cristo
Pl. Guerra Jiménez
Mujeres
Nicaragua
Dr. Dacarrete
Plaza Candelaria
Manzanares
Busstation Los Amarillos
Markthalle
Pl. de las Flores
Compañía
Villalobos
Berrocal
Cristóbal Colón
Flamenco
sa mparados
Arboli
Urquinaoría
Cobos
Marqués de Cádiz
Plaza San Juan de Dios
Soto
Plaza Sevilla
Puerto Chico
San Juan
Plaza de la Catedral
Rathaus
Plocia
Amaya
Campo del Sur
Arquitecto Acero
Kathedrale (Nueva Catedral)
Félix Soto
Sopranis
Bahnhof
Fundstätte Casa del Obispo
Barrio del Pópulo
Merced
Kathedrale Santa Cruz (alte)
Teatro Romano
Obispo
Barrio de Santa María
Jaraquemada
Público
Botica
Sto. Domingo
Iglesia de Santo Domingo
Cobcepción Arenal
Mirador
Estadio R. de Carranza, Salida de Cádiz, San Fernando, Playa de la Victoria
Puerta de Tierra
8
9
10
11
12
13
14
15
16
17
18
19
20

sem höchsten Aussichtspunkt der Stadt hat man einen fantastischen Rundblick. Der Turm ist ein Paradebeispiel für die Architektur im Cádiz des 18. Jh., fertiggestellt wurde er allerdings erst im 19. Jh.

Torre del Poniente, tägl. 10–20 Uhr, von Sept. bis Juni nur bis 18 Uhr, Eintritt 5 €, Reservierungen unter Tel. 956.25.17.88.

Direkt bei der Kathedrale kann die **Fundstätte Casa del Obispo** besichtigt werden, eine Art Kellergewölbe, in dem sich Reste phönizischer Grabstätten und eines römischen Tempels befinden. Verschiedene Kulturen nutzten diesen Ort als Kultstätte – ein interessanter Einblick in die Geschichte von Cádiz. Man läuft über Glasböden, also quasi direkt über den Ausgrabungen.

Casa del Obispo, tägl. 10–20 Uhr, von Sept. bis Juni nur bis 18 Uhr, Eintritt 5 €, zusammen mit dem Torre de Poniente 7 €, Tel. 956.26.47.34, www.lacasadelobispo.es.

Direkt bei der Neuen Kathedrale steht die ältere **Kathedrale Santa Cruz.** Sie wurde im 13. Jh. über den Fundamenten einer Moschee errichtet und war ursprünglich als Ruhestätte für König *Alfons X.* vorgesehen. Sie fiel zum großen Teil der Zerstörung von 1596 zum Opfer, wurde dann aber neu errichtet.

Das **römische Theater** neben der Alten Kathedrale stammt aus der Mitte des 1. Jh. v. Chr. und wurde auf Initiative der Familie *Balbos* erbaut.

Teatro Romano, Campo del Sur u. c/ San Juan de Díos, vom Meer aus betrachtet rechts neben der Kathedrale, normalerweise Di–So 10–14 Uhr, evtl. nicht zu besichtigen, vor Ort nachfragen, Eintritt frei.

an14-024 ba

> Die Neue Kathedrale erhebt sich aus der Altstadt

Markthalle

Richtig gemütlich wird es auf dem **zentralen Markt,** wo Obst und frisches Gemüse, Fisch und Meeresfrüchte zum Kauf verlocken – ein wahrer Augenschmaus. Die riesige Marktanlage wurde in der zweiten Hälfte des 19. Jh. im klassizistischen Stil erbaut, die Außenfassade wurde komplett restauriert. Auch das Angebot hat sich neben den klassischen Frischwaren gemausert, an einigen Ständen werden Tapas, Schinken oder auch gute Weine und Cava angeboten. Zuvor kann man das fröhliche Treiben bei einem Kaffee an der **Plaza de Las Flores** genießen, zu der man gelangt, wenn man an der Alten Kathedrale rechts vorbei die Gasse Compañia hochläuft, zu erkennen an den Blumen, die dort verkauft werden.

an14-021 nk

Barrio del Pópulo

Das **älteste Viertel der Stadt** ist herausgeputzt worden. Es erhebt sich auf den Gemäuern des mittelalterlichen Cádiz, das ringsum von einer **Stadtmauer** umgeben war, geschützt durch eine Festung. Sowohl die Festung als auch der größte Teil der Mauer sind zerstört worden, heutige Überbleibsel dieser Zeit sind die **drei Eingangstore:** „Arco de la Rosa" mit dem höchsten Torbogen und Jungfrau, zur Plaza de la Catedrál hin gerichtet, „Arco de los Blancos", die ursprünglich mittelalterliche „Puerta de Tierra", und „Arco del Pópulo", der im 17. Jh. erneuert wurde und über dem 1598 eine Kapelle zu Ehren der Virgen de los Remedios errichtet wurde (zu besichtigen). Die Stadtmauer kann Di–So von 9.30–17.30 Uhr besichtigt werden (Zugang an der Cuesta de las Bóvedas de Santa Elena, Eintritt frei).

■ **Arco del Pópulo,** Öffnungszeiten der *capilla:* Di, Do und Fr 10–13 und 16.30–19.30 Uhr, Mi/Sa 10–13 Uhr, Mo/Fe geschlossen, Eintritt: 1,50 €, So lateinische Messe um 13 Uhr.

Barrio de Santa María

Verlässt man das Barrio del Pópulo durch den Arco de los Blancos und überquert die Calle San Juán de Diós, landet man direkt im Barrio de Santa María. Einst neben dem Barrio de Santiago in Jerez und dem Barrio Triana in Sevilla eine Flamenco-Hochburg, lag das Barrio Santa María lange im Dornröschenschlaf und erwacht nun langsam zu neuem Leben, nicht zuletzt dank zahlreicher von der Stadt subventionierter Sanierungsarbeiten. Erstes Zeichen einer Wiederherstellung alter Zeiten ist die Einrichtung des **Centro municipal de Arte flamenco La Merced** an der gleichnamigen Plaza de la Merced in einer ehemaligen Markthalle mit großzügigem Veranstaltungsraum und mehreren kleinen Proberäumen. In dem an die Architektur *Eiffels* erinnernden, von Eisenpfeilern gestützten Gebäude finden regelmäßig Konzerte, Tanzvorführungen und Lesungen rund um den Flamenco sowie Flamenco-Unterricht statt (Öffnungszeiten 10–14 und 18–21 Uhr; einen Veranstaltungskalender gibt es im Tourismusbüro).

Hier befand sich einst ein Kloster, das **Convento de los Mercedarios,** aus dem Jahre 1629, der heutige **Plaza de la Merced** stammt aus dem Jahr 1867. 1871 kam der Gedanke auf, dort einen öffentlichen Markt zu errichten, im Jahr 1935 wurde eine Art Metallpavillon aus dem Parque Genovés, der dort als Theater gedient hatte, auf den Platz versetzt und der untere Bereich mit Mauerwerk verschlossen.

Hospital de Mujeres

Vom Markt aus gelangt man in westlicher Richtung an der **Iglesia de San Lorenzo** vorbei zum Hospital de Mujeres auf der gleichnamigen Straße. Das Hospital ist ein barocker Bau aus dem 18. und 19. Jh. mit einem sehr schönen Innenhof und einer monumentalen Treppe. Die zum ehemaligen Hospital gehörige **Kapelle** birgt ein sehr ausdrucksstarkes Meisterstück der Kunst des 17. Jh.: die „Stigmatisierung des heiligen Franziskus" von **El Greco.**

< Unterwegs im Barrio La Viña

■ **Hospital de Mujeres,** c/ Hospital de Mujeres 26, Mo–Sa 10–13.30 und 17.30–20.30 Uhr, Anfang Aug. bis Anfang Sept. Mo–Fr 9– 14 Uhr, Eintritt frei. Wer die Capilla de Nuestra Sra. del Carmen besuchen möchte: Mo–Sa 10–13.30 Uhr und Mo–Do 17.30–20.30 Uhr, Eintritt 1,50 €.

Torre Tavira

Von der Calle Hospital de las Mujeres führt die Calle Juan de Dios auf eine Besonderheit der Stadt zu: die Torre Tavira, einen der rund 170 für Cádiz typischen **Aussichtstürme** *(miradores)*. Diese wurden zumeist auf die Wohnhäuser der reichen Geschäftsleute aufgesetzt, die von dort hervorragend das Meer beobachten konnten, um das Kommen der Handelsschiffe im Auge zu haben. Die Torre de Tavira besetzt den höchsten Punkt der Stadt und ist damit für ihren heutigen Zweck hervorragend geeignet: Das Gebäude birgt eine **Camera Obscura.** Diese „Dunkelkammer“ basiert auf einem einfachen optischen Prinzip, das schon zu Zeiten *Leonardo da Vincis* existierte. Mittels einer weißen Leinwand, einer speziellen Vergrößerungslinse und einem großen Spiegel – die beiden letzteren sind in einem langen Rohr verborgen – bietet sich dem Betrachter ein ungewöhnliches Panoramabild der Stadt, das wie eine alte Fotografie wirkt, die sich bewegt. Zusammen mit den Erläuterungen der Führerin (auch in Deutsch) kann man so einen etwa viertelstündigen Stadtrundgang unternehmen, ohne sich einen Schritt zu bewegen.

[>] Castillo de San Sebastián

■ **Torre Tavira,** c/ Marques del Real Tesoro 10, Tel. 956.21.29.10, www.torretavira.com, Mai bis Sept. tägl. 10–20 Uhr, sonst 10–18 Uhr, jede halbe Stunde kann die *Camara Obscura* unter Aufsicht besucht werden, 25.12. und 1.1. geschlossen. Letzte Führung um 17.30 Uhr. Eintritt 5 €.

Oratorio San Felipe Neri

Nicht weit von der Torre Tavira liegt in westlicher Richtung (Calle Solano) das Oratorio San Felipe Neri. In dieser Kirche wurden die Texte der liberalen Verfassung von 1812 entworfen, sie war Sitz der **Cortes,** der verfassungsgebenden Versammlung.

■ **Oratorio San Felipe Neri,** Plaza San Felipe Neri, Di–Fr 10–13.45 und 17–19.45 Uhr, Sa 10–17.45 Uhr, So 11–13.45 Uhr, Mo geschlossen, Eintritt frei.

Museo de las Cortes de Cádiz

Das Museo de las Cortes de Cádiz gleich nebenan wurde anlässlich des 100. Jahrestages der Verfassung gegründet. Hier dreht sich dementsprechend alles – von Waffen über Festungspläne bis hin zu Stadtansichten – rund um die Zeit des **Spanischen Unabhängigkeitskrieges.**

■ **Museo de las Cortes de Cádiz,** c/ Santa Inés 9, Mo–Fr 9–18 Uhr, Sa/So 9–14 Uhr, Mo geschlossen, Eintritt frei.

Teatro Falla

Geht man die Calle Solano, die in die Calle Sacramento übergeht, weiter hoch, kommt man zu einem Neo-Mudéjar-Bau, dem Teatro Falla, benannt nach dem **Komponisten Manuel de Falla.** Er ist einer der wichtigsten Vertreter der nationalen spanischen Musik und komponierte so berühmte Opern wie „El Sombrero de Tres Picos“ (Der Dreispitz) oder „Soneto a Córdoba“. Sein Werk weist deutliche Einflüsse traditioneller andalusischer Musik auf. Immer wieder wird eines seiner bekanntesten Stücke, „El Amor brujo“, ein Ballett, interpretiert, auch von Flamenco-Künstlern wie dem Gitarristen *Paco de Lucía. Falla* starb im Jahr 1946 in Argentinien – sein letzter Wunsch, nämlich in seiner Heimatstadt beigesetzt zu werden, wurde erfüllt. Sein letztes, unvollendet gebliebenes Werk ist „Atlántida“.

Parque Genoves

Ein Stück weiter die Straße hoch, beginnt der zum Meer gewandte, Ende des 19. Jh. angelegte **Botanische Garten** Parque Genoves. Er lädt zum Ausruhen und Einatmen betörender Düfte ein. Auffallend sind die **Gummibäume** *(Ficus elastica)* hinter dem Park. Trotz ihres oft ausladenden Wuchses haben die meisten Exemplare kaum mehr als 100 Jahre auf dem Buckel; Nonnen brachten im Jahr 1902 mehrere Setzlinge aus Südamerika hierher.

Castillos

Von hier führt die große Avenida in südlicher Richtung zum Stadtstrand **Playa de la Caleta,** der auf der einen Seite vom **Castillo de Santa Catalina** begrenzt wird, einer Festung mit sternförmigem Grundriss aus dem 16. Jh., die bis 1994 als Militärgefängnis diente und jetzt im Frühling und Sommer Spielstätte für Konzerte, Tanz und Flamenco ist, auf der anderen Seite vom **Castillo de San Sebastián** aus dem 17. Jh., das durch einen Damm mit dem Festland verbunden ist; hier ist heute das spanische Militär zu Hause. Der auffällige, über 40 Meter hohe **Leuchtturm** war der zweite elektrisch funktionierende in Spanien. Die Metallkonstruktion wurde 1908 von *Rafael de la Cerda* entworfen.

an14-022 nk

Besonderer Blickfang am Strand ist das **ehemalige Kurhotel (Balneario de la Palma)** aus den 1920er Jahren. Dieser Strandabschnitt mit dem Castillo dürfte Filmliebhabern als Kulisse für den James-Bond-Streifen „Stirb an einem anderen Tag" mit *Pierce Brosnan* und *Halle Berry* bekannt sein.

Eines der bedeutendsten historischen Gebäude der Stadt ist das ehemalige **Hospiz Valcárcel** im neoklassizistischen Stil. Es befindet sich gegenüber dem Balneario und sieht renovierungsbedürftig aus. Waren in diesem wuchtigen quadratischen Gebäude mit Innenhof und Marmorsäulen eine Zeit lang ein Institut und öffentliche Büros untergebracht, befindet es sich jetzt in Händen einer aragonesischen Unternehmensgruppe, die mit dem ehemaligen staatlichen Besitzer in einen Rechtsstreit verwickelt ist. Nun hatte Cádiz 2013 gute Besucherzahlen zu verzeichnen, und so werden auch wieder die Pläne, aus Valcárcel ein Sterne-Hotel zu machen, aus den Schubläden geholt. Jetzt will die Provinz das Gebäude wieder in Besitz nehmen, aber auch andere Interessenten und die Aragoneser selbst stehen wieder auf dem Plan.

■ **Castillo Santa Catalina,** Campo de las Balas, tägl. 11–19.30 Uhr, im Sommer bis 20 Uhr und Fr/Sa Konzerte im Innenhof – konkrete Termine vor Ort erfragen.

■ **Castillo San Sebastián,** Di–So 11–19.30 Uhr, Eintritt vor Ort erfragen.

Centro Cultural Municipal Reina Sofia

Geht man die Avenida vom Parque Genovés aus in nördlicher Richtung, liegt auf der rechten Seite (die Straße macht dort eine starke Biegung) das Centro Cultural Municipal Reina Sofia, benannt nach der spanischen Königin, das besichtigt werden kann. Hier bekommt man einen guten Eindruck vom Reichtum, der im 18. Jh. einigen Gaditanos aufgrund der Geschäfte mit Lateinamerika beschert worden war. Der **Adelspalast** steht für den Neo-Klassizismus, der sich allmählich ausbreitete.

■ **Centro Cultural Municipal Reina Sofia,** Paseo Carlos III 9, Tel. 956.22.16.80, Mo–Sa 9–21 Uhr, So 9–15 Uhr, Führungen Mo–Sa 11.30 und 17 Uhr (vorher anmelden).

Oratorio de La Santa Cueva

Für Goya-Liebhaber dürfte das Oratorio de La Santa Cueva in der Calle Rosario Nr. 10, unweit der Plaza de la Mina im Norden der Altstadt, interessant sein, denn dort sind frisch restaurierte **Freskenmalereien** des spanischen Malers zu sehen.

■ **Oratorio de La Santa Cueva,** geöffnet Di–Fr 10.30–13 und 16.30–19.30 Uhr, Sa/So 10–13 Uhr, April bis Okt. Di–Fr 11–14 und 17.30–20.30 Uhr, Sa/So 11–14 Uhr, Mo/Fe geschlossen, Eintritt 3 €.

Museo de Cádiz

In einer Stadt, auf der so viel Geschichte lastet, bietet natürlich ein Museumsbesuch viel Aufschlussreiches: Das Museo de Cádiz an der Plaza de la Mina beinhaltet sowohl das **Archäologische,** das **Historische** als auch das Museum der Schönen Künste, das **Museo de Bellas Artes.** Die verschiedenen Abteilungen sind in einem ehemaligen Franziskanerkloster untergebracht, das um 1830 aufgelöst wurde, der einstige Klostergarten wurde zu einem von Bäumen bestandenen Platz umgestaltet. Von dem ausgedehnten Konvent ist außer der Kirche an der Plaza de San Francisco nur wenig übriggeblieben, für das Museum wurde der Bau im 19. Jh. stark verändert und im 20. Jh. erweitert.

Besonders interessant sind die Funde aus **phönizischer Zeit,** die im unteren Stockwerk ausgestellt sind und von den engen Beziehungen zwischen den Hafenstädten Cádiz und Sidon künden. Glanzstücke sind zwei Sarkophage von Verstorbenen, deren Antlitz auf dem Deckel so naturgetreu wie möglich nachgebildet wurde, da nur dies die Unsterblichkeit ihrer Seelen garantierte. Tatsächlich fanden Archäologen im Inneren je ein weibliches und ein männliches Skelett, deren Alter auf 470 bzw. 400 v. Chr. datiert wird. Die Tradition der einstigen Insel Cádiz als Begräbnisstätte wird durch eindrucksvolle Grabbeigaben (Terrakottafiguren, Schmuck, Vasen, Masken usw.) aus phönizischer Zeit sowie durch die Nachbildung diverser Begräbnismethoden der Römer dokumentiert.

In der hervorragenden **Gemäldesammlung** im Obergeschoss können in mehreren Sälen die Gemälde spanischer, italienischer und niederländischer Künstler und der Maler der Sevillaner Malschule des 17. Jh. wie *Bartolomé Esteban Murillo* und *Francisco de Zurbarán* betrachtet werden. Auch ein *Ribera* und ein *Rubens* sind ausgestellt.

■ **Museo de Cádiz,** Plaza de Mina, Di–Sa 10–20.30 Uhr, So 10–17 Uhr, Juni bis Sept. Di–Sa 9–15 Uhr, So 10–17 Uhr, Mo geschlossen, Eintritt für EU-Bürger frei.

Strände

Cádiz ist nicht gerade der ideale Badeort, obwohl es über mehrere Stadtstrände verfügt. An der Altstadt liegt die mit

☐ Playa de la Caleta

an14-020 nk

bunten Fischerbötchen gespickte **Playa de la Caleta** (450 Meter lang). Hier gibt es auch die gleichnamige, einfach anmutende Bar direkt an der Mauer, die immer herrlich frischen, meist frittierten Fisch parat hat. Die **Playa de la Victoria** befindet sich hinter dem modernen Stadtteil. Kaum zu glauben, aber dieser 2.500 Meter lange Strand genießt einen besonderen Ruf wegen seiner Sauberkeit und dem feinen Sand. Mit der Blauen Fahne für sauberes Wasser können sich beide Strände schmücken. Im Sommer sind die beiden Strände meist mit Einheimischen überfüllt. Gerade am Caleta-Strand kann man aber einfach auch bei einem kühlen Drink im Schatten dem städtischen Strandtreiben und der Lieblingsbeschäftigung einiger Cádizer Damen, dem Bingo-Spiel, zuschauen oder sich kurz im Meer abkühlen.

Praktische Informationen

Information

■ **Oficina de Turismo,** Oficina de Turismo, Avda. Ramón de Carranza s/n (nahe der Plaza San Juan de Dios), Tel. 956.28.56.01, im Winter Mo–Fr 8.30–15 und 16.30–18 Uhr, Sa/So 9–17 Uhr, Juli bis Sept. 9–15 und 17–19 Uhr, Sa/So 9–17 Uhr.

■ **Oficina Municipal de Turismo,** Paseo de Canalejas, in einem Glaspavillon in der Grünzone direkt gegenüber dem Hafen (teilweise übernimmt ein kleiner Kiosk schräg gegenüber die Aufgabe), Tel. 956.24.10.01 oder 956.29.07.93, Mo–Fr 8.30–18.30 Uhr, im Winter 9–19 Uhr, an Wochenenden und Feiertagen 9–17 Uhr, im Sommer auch kleiner Tourismusstand an der Playa de la Caleta.

Es gibt **vier Rundgänge** durch die Stadt, die durch blaue, grüne, orangene oder violette Markierungen auf der Straße gekennzeichnet sind. Teilweise überschneiden sie sich und dauern 1–1½ Std.

■ Leider gibt es derzeit (Mitte 2014) die **Càdiz-Card,** mit der alle wichtigen Monumente ermäßigt besichtigt werden konnten, nicht mehr. An einer neuen Lösung wird gearbeitet, ggf. in der Touristinfo nachfragen. Bei einigen Monumenten wie der Torre de Tavira muss man seinen Besuch anmelden; vorher an den Kassen Information einholen!

■ Unterhaltsame (leider unregelmäßige) **Stadtführungen** gibt es von **Visitas Teatralizadas.** Verkleidete Schauspieler bringen dem Besucher die Geschichte der Stadt näher, u. a. im Castillo de San Sebastián. Mehr Infos unter www.animartecadiz.com oder in der Touristinfo.

Service

■ **Polizei:** Policía Nacional, Avda. de Andalucía 28, Tel. 956.29.75.60; Policía Municipal, Plaza San Juan de Puerto Rico s/n, Tel. 092.

■ **Medizinische Versorgung:** Residencia Sanitaria (Hospital de la Seguridad Social), Avda. Ana de Viya 21, im modernen Stadtteil (Tel. 956.00.21.00); Rotes Kreuz, c/ Santa María de la Soledad 10, Tel. 956.22.22.22.

■ **24-Std.-Apotheke:** auf der Avda. de Huelva gegenüber dem Einkaufszentrum El Corte Inglés.

Essen und Trinken

Im Süden der Altstadt befindet sich das **Barrio de la Viña,** in dem man gut auf Tapas-Tour gehen kann, so zum Beispiel an der Plaza del Tío de la Tiza oder in der **Bar Manteca** in der Calle Corralon de los Carros. Am Stadtstrand **Playa de la Caleta,** auf der Nordseite unweit des Castillo de Santa Catalina, kann gemütlich unterhalb der Promenade mit schönem Blick auf die Bucht gespeist werden, vor allem Fisch-Tapas werden hier angeboten.

Für Liebhaber von Meeresfrüchten interessant sind die **„Erizada"** und **„Ostionada"** im Barrio de la Viña und an der Plaza San Antonio, bei denen bis zu 400 kg Seeigel und Austern der Region an nur einem Tag verspeist werden (normalerweise im Januar). Mit dem Großereignis wird der Karneval in Cádiz eingeläutet.

■ **Club Caleta,** direkt am gleichnamigen Strand La Caleta. Hier kann man frischen Fisch genießen. Ein Leckerbissen ist *montadito de marrajo,* Brötchen belegt mit Katzenhai. Hierher kommen auch viele Einheimische, um den Ausblick zu genießen.

■ **Zwei besonders gute Tapas-Bars,** die schlicht den Namen der Straße, in der sie sich befinden, in etwas variierter Form übernommen haben, dafür aber umso gelungenere Tapas-Klassiker und auch ausgefallenere Tapas-Kreationen servieren, sind: **Bar Restaurante El 10 de Veedor,** Tel. 956.22. 52.22, und **Ultramarinos Bar El Veedor,** c/ Veedor, Tel. 956.21.26.94. Die Calle Veedor ist eine schmale Seitenstraße der zentralen Plaza San Antonio. Ultramarinos El Veedor war vorher so etwas wie ein Tante-Emma-Laden, und noch heute ist nur die Hälfte der Theke eine Bar, ansonsten werden hier Delikatessen verkauft.

■ **Restaurante El Faro,** c/ San Felix 15, Tel. 956. 21.10.68. „El restaurante más famoso de Cádiz", so die einhellige Meinung der Stadtbewohner. Es befindet sich im Barrio de la Viña. Hier wird Edles serviert, das seinen Preis hat. An einer langen Theke werden zudem vorzügliche Tapas-Variationen angeboten.

■ **Ventorillo El Chato,** direkt an der Straße, die von Cádiz nach San Fernando führt, dahinter liegt der Stadtstrand. Die einstige Spelunke – so das deutsche Wort für *ventorillo* – aus dem 18. Jh. zählt heute zu den edelsten Restaurants der Umgebung.

■ **Taberna Casa Manteca 1953,** c/ San Felix, in dieser Bar eines bekannten ehemaligen Stierkämpfers werden nur kalte Tapas serviert. In früheren Zeiten eine Art Tante-Emma-Laden, gab es an der Wurst- und Käsetheke immer einen Happen zu essen. Diese Theke breitete sich immer mehr aus, bis der Einkaufsladen schließlich ganz verschwand. Noch heute werden die Happen auf Butterbrotpapier serviert. Hier kehrten und kehren Größen des Stierkampfs und des Flamencos – unverkennbar an den zahlreichen Fotos an den Wänden – ein.

■ **El Aljibe,** c/ Plocia 25, Tel 956.26.66.56. Restaurant in einem typischen Haus von Cádiz. Im Erdgeschoss gibt es leckere Tapas, in der 1. Etage werden in diversen Salons v. a. verlockende Fischgerichte serviert. Boden und Decken sind original erhalten geblieben. Die Karte wechselt alle paar Monate.

■ **Restaurante Escuela Hostelería de Cádiz,** c/ Alameda Marques de Comillas 2, Tel. 956.80.80.02, unweit des Baluarte de Candelaría gelegene Hotelfachschule mit exzellenter Küche und edlem Ambiente zu moderaten Preisen. Nach längerem Hin und Her, nicht zuletzt wegen fehlender Gelder, konnte das Weiterbestehen des Instituts für 2014 gesichert werden. Da es sich um eine Schule handelt, kann man hier nur tagsüber montags bis freitags von 13.30 bis 15.30 Uhr speisen. Feinschmecker sollten diese Gelegenheit wahrnehmen, eine telefonische Reservierung ist angebracht.

■ **Taberna El Garbanzo Negro,** Calle Sacramento 18 (unweit der Torre Tavira) Tel. 956.22.23.17. Gute Hausmannskost, z. B. Kichererbsen mit Langusten zu passablen Preisen.

■ **Taberna La Manzanilla,** c/ Feduchy 19 (Seitenstraße der c/ Rosario, unweit der Plaza Agustín), Tel. 956.28.54.01. Urige Sherry-Bar, in der vom Amontillado über den süßen Moscatel bis hin zum Manzanilla die edlen Flüssigkeiten direkt aus Eichenfässern abgezapft werden.

■ **Café Bar Liba,** c/ San José 8 (fast am Ende der Haupteinkaufsstraße). Hier kann man nicht nur guten Kaffee trinken, die 1938 gegründete Bar hat sich über die Jahre auch kaum verändert und ist ein guter „Zeitzeuge" des Andalusiens früherer Zeiten.

■ **Tetería Arabe La Azotea,** c/ Posadilla, Barrio del Pópulo. Der Name ist Programm, hier gibt es eine große Vielfalt an Teesorten.

Nachtleben

Je nach Jahreszeit sind verschiedene Viertel in Cádiz „in": Im Winter sind eher die Bars im Zentrum des Altstadtviertels beliebt, im Sommer vor allem auch der Paseo Marítimo im neuen Teil der Stadt zwischen der Playa La Caleta und dem Hotel Meliá und dem Ende der Stadt (Castillo de Cortadura), so z. B. die **Bar Flamenco,** Paseo Marítimo 14, hier genießen auch die einheimischen *gaditanos* in nettem Ambiente ihren Sundowner; Besitzer *Adolfo* legt gute Musik auf. Auch kleine Strandhütten *(chiringuitos)*, die Getränke anbieten, sind eine willkommene Abwechslung. Besonders zu erwähnen ist die **Bar Arena,** c/ Amilcar Barca 17 (westliches Ende des Paseo Marítimo kurz vor dem Friedhof Cementerio), von deren Terrasse man einen herrlichen Blick auf die Playa de la Victoria hat. Unweit der Stadtmauer und dem Zugang zur Altstadt, der Puerta de la Tierra, befindet sich in der Avda. Fernández Ladreda 1 das **Pelícano Musicafé** mit Blick auf die Küste und einem Gewölbe für Musikveranstaltungen aller Art; Konzerte beginnen oft erst am späten Abend (ca. 23 Uhr).

Rund um die Plaza de San Francisco und die Plaza de Mina in der Altstadt herrscht abends gute Stimmung. Hier gibt es mehrere Bars mit Terrassen, wo man sich auch noch für die Nacht stärken kann. Man gelangt dorthin von der zentralen Plaza San Juan de Dios direkt am Hafen, die Calle Nueva hoch.

- **Mesón de Cumbres Mayores** und **Cervecería Aurelio,** beliebte Anlaufstelle in der Altstadt, und das nicht nur nachts, sondern auch gerne einmal am Sonntagmittag, sind diese Bars in der c/ Zorilla. Hier herrscht meistens bis 24 Uhr Stimmung.
- **Café del Levante,** c/ Rosario 23. Eine typische Bar für Kaffee und *cubatas* (Longdrinks aus Alkohol und Limonade). Hier kommt es gelegentlich zu Auftritten unbekannter Musiker, die noch berühmt werden wollen.
- Im äußersten Zipfel der Altstadt im Nordosten, noch hinter der Plaza de España (von hier aus die c/ República de la Argentina hoch), liegt die **Punta de San Felipe.** Hier gibt es zahlreiche Bars und den Pub „Anfiteatro" zum Tanzen, der vor allem für Nachtschwärmer geeignet ist. Überhaupt herrscht hier an Wochenenden in der Regel bis zum Morgengrauen Stimmung.
- **El Teniente Seblón,** Posadilla 4, Tel. 956.28. 11.72. Der Katalane *Manel* und der Madrider *Paco* entdeckten nicht nur vor langer Zeit ihr Gefallen an Cádiz, sondern hatten auch Lust, das neu herausgeputzte Barrio del Pópulo mitzugestalten. Aus dieser Idee heraus entstand ein modernes Literatencafé unweit der Casa del Almirante, das sich abends auch zur stilvollen Ausgehbar mausert.
- **CaféTeatro Pay-Pay,** c/ San Antonio Abad 5, Barrio del Pópulo (führt direkt auf den Arco de los Blancos zu). Flamenco, Blues, Rock, Theater, Magie,

Neue archäologische Fundstätte aus der Phönizierzeit

Im Mittelpunkt des im März 2014 eröffneten **Yacimiento Arqueológico Gadir** steht **Mattán,** ein Phönizier, der bei einem großen Brand im 7. Jh. v. Chr. im alten Gadir ums Leben kam. Er war ca. 1,77 Meter groß und ist wohl nie begraben worden. Seine Überreste fanden Archäologen an einem 14. Februar, deshalb gaben sie ihm zunächst den Namen **Valentín.** Wissenschaftler der Universidad Complutense Madrid konnten dank eines neuen Verfahrens seine Gesichtszüge rekonstruieren.

Die archäologische Fundstätte aus der phönizischen Zeit von Cádiz umfasst **zwei Straßen und die Reste von acht Wohngebäuden,** die zu den ältesten phönizischen Relikten der mediterranen Welt überhaupt zählen. Sie befindet sich unterhalb des Puppentheaters Teatro de Tía Nórica in der c/ San Miguel 15 unweit der Torre Tavira (aktuelle Öffnungszeiten in der Oficina de Turismo erfragen).

Die Ambitionen der Stadt Cádiz gehen weiter: Bürgermeistern *Teófilia Martínez* schwebt vor, Ausgrabungen unterhalb des Castillo San Sebastián durchführen zu lassen, um herauszufinden, ob sich dort auf der kleinen, vorgelagerten Insel womöglich der berühmte Tempel von Kronos befindet.

Drag Queens ... Im Pay-Pay finden regelmäßig kleine, feine Veranstaltungen statt, es ist vor allem von Do–Sa ein beliebter abendlicher Anlaufpunkt.

Sprachschule

■ **Gadir,** c/ Pérgolas 5, Tel. 956.26.05.57, www.gadir.net. Eine relativ kleine Schule mit dementsprechend familiärer Atmosphäre, nicht weit vom Stadtzentrum und dem Stadtstrand La Caleta entfernt. Durchschnittlich fünf Teilnehmer pro Klasse.

Fahrradverleih

Bis Mitte 2015 soll ein Fahrradweg über die Distanz von rund 12 Kilometern von Cádiz nach Chiclana fertiggestellt sein. Teilweise führt der Weg entlang der Eisenbahnlinie.

■ **Urbanbike Cádiz,** c/ Marques de Valdeiñigo 4, Tel. 856.17.01.64, www.urbanbikecadiz.es. Juni bis Sept. Mo–Fr 10.30–14 und 18–21 Uhr, Winter 10.30–13.30 und 17.30–20.30 Uhr, Sa 10.30–13.30 Uhr, So geschlossen, 1 Std. 3 €, 24 Std. 14 €, wochenends 15 € (Fr abends abholen, Mo morgens zurückbringen).

Einkaufen

■ **Kunsthandwerk** wird in der **Galería Artesanal El Pópulo** in der c/ San Antonio Abad verkauft: u. a. handbemalte Fächer und Keramikarbeiten.

Friseur

■ Ein kurioser Friseurladen ist die **Peluquería de los Santos** in der c/ San Miguel 11 (von der zentralen c/ Sagasta hoch und rechts in die c/ Cervantes abbiegen, dann links und wieder rechts in die c/ San Miguel), Tel. 956.22.04.92: Gespickt mit sakralen und weniger sakralen Dekoelementen, gibt es immer wieder etwas Neues für das Auge zu entdecken. Mit viel Liebe fürs Detail vom Friseur *Juan Carreño* über die Jahre eingerichtet. Es handelt sich aber nicht um ein Museum, also Eintreten nur bei Bedarf: Waschen, Schneiden, Fönen ist schon ab 12 € zu haben.

Flamenco

■ **Peña La Perla de Cádiz,** c/ Carlos Ollero s/n, Tel. 956.25.91.01. Neben dem ehemaligen königlichen Gefängnis *(Antigua Cárcel Real)*. Authentischer Flamenco meistens Fr ab ca. 22 Uhr, Eintritt frei.

■ **La Cava** (Taberna Flamenca), c/ Antonio López 16. Bajo. Sehr guter, professioneller Flamenco, meist Di, Do, Sa um 22 Uhr, Juli bis Sept. tägl. außer Mo. Eintritt 22 €, mit Abendessen 36 €. Zwischen Plaza de la Mina und Plaza de España, Tel. 956.21.18.66.

■ **Peña Juanito Villar,** direkt beim Damm zum Castillo de Sán Sebastián, Tel. 956.22.52.90.

■ **Peña Enrique „El Mellizo“,** Paseo de San Felipe, s/n, Tel. 956.22.19.85, in der Festung im Sommer jeden Do sehr stimmungsvoller Flamenco.

Feste

■ **Corpus Cristi,** Fronleichnamsprozession, zu der die großen Monstranzen der Kathedrale durch die Altstadt getragen werden, im Mai.

■ **Festival de Manuel de Falla,** ein Bonbon für Fans der klassischen Musik, im Oktober.

■ Folklorefestival **Ciudad de Cádiz,** im Juli.

■ Anfang August wird die **Velada de los Angeles** gefeiert, eine großes Volksfest.

■ Internationales Festival für **Iberoamerikanisches Theater,** im Oktober.

■ Generell gibt es **im Sommer zahlreiche Veranstaltungen** wie Open-Air-Konzerte im Parque Genovés, *Jueves Flamenco* im Baluarate de la Cenadelaria oder *Conciertos bajo Luna* im Castillo de Santa Catalina; aktuelle Infos im Touristenbüro, Paseo de Canalejas.

Unterkunft

Cádiz hat sich herausgeputzt und dem internationalen Tourismus geöffnet, was sich auch z.T. in den Unterkünften widerspiegelt. Nach wie vor ist aber auch das nahe gelegene **El Puerto de Santa María,** das von der Architektur des 17./18. Jh. geprägt ist, als Basis zu empfehlen, denn dort ist das Preis-Leistungsverhältnis besser. Von El Puerto nach Cádiz gibt es eine Zugverbindung. Der letzte Zug fährt allerdings spätestens um 23 Uhr (unbedingt vorher erkundigen). Schneller ist die Fähre „El Catamarán" (s. u.). Wer dennoch in Cádiz bleiben möchte, hier eine Auswahl:

■ **Parador de Cádiz******/④, Avda. Duque de Nájera 9, im Nordwesten der Stadt unweit des Stadtstrandes La Caleta, Tel. 956.22.69.05, www.parador.es. Frisch renoviert, luxuriös, modernes Design, fantastischer Blick auf den Atlantik.

■ **Hotel Argantonio*****/③, c/ Argantonio 3, Tel. 956.21.16.40, www.hotelargantonio.com. *Teresa Reyes Romero* hat beim Umbau des Hauses aus dem 19. Jh. viel Liebe zum Detail und ein Faible für arabisch-andalusische Architektur walten lassen. Das Hotel liegt mitten im historischen Stadtkern nahe der Plaza de las Tortugas.

■ **Hotel Las Cortes de Cádiz**③, in der Nähe vom Hostal San Francisco (s. u.) gelegen, Tel. 956.22.04.89, www.hotellascortes.com. Komfortable Zimmer, die rund um den Patio eines Stadtpalastes aus dem 19. Jh. angelegt wurden. Parkmöglichkeit ca. 100 m entfernt in der c/ Beato Diego de Cádiz.

■ **Apartamentos Ancha 34**③, in der gleichnamigen c/ Ancha 34, Tel. 647.50.34.69, www.ancha34.com. Minimum 2 Nächte, elegant eingerichtete Apartments in der Nähe des Torre Tavira.

■ **Hospedería Marqués**②-③, c/ Marqués de Cádiz 1, Tel. 956.28.58.54, www.hospederiamarques.es. In der Altstadt nahe des Rathauses, guter Preis.

■ **Hostal Bahía****/②-③, c/ Plocia 5, Tel. 956.25.90.61, www.hostalbahiacadiz.com. Sehr gute Lage fast direkt am „Rathausplatz" San Juan de Diós (Parkgarage) und in der Nähe der zwei ältesten Viertel der Stadt, Barrio de Santa María und Barrio El Pópulo. Die Zimmer sind, vom Bad abgesehen, relativ groß und bieten annehmbaren Komfort.

■ **Hostal San Francisco**①-②, c/ San Francisco 12, Tel. 956.22.18.42. Gepflegtes Ambiente.

■ **Hostal Colón**①-②, c/ Marqués de Cádiz 6, Tel. 956.28.53.51, unweit der Plaza San Juan de Diós. Sehr preiswert.

■ **Hostel Casa Caracol**①, c/ Suarez de Salzar 4, Tel. 956.261.116, www.hostel-casacaracol.com. Moderne, preisgünstige Mehrbettzimmer, aber auch DZ, Gemeinschaftsküche, Hängematten zum Chillen – v. a. für junge Leute eine ideale Anlaufstelle in Cádiz mitten in der Altstadt (nicht weit vom Busbahnhof).

Parken

Parken in Cádiz ist **schwierig und kostenpflichtig.** Im modernen Cádiz gibt es tagsüber die Chance, am Paseo Marítimo eine Parklücke zu finden. In der Altstadt steht in Hafennähe der Parking de Canalejas bereit (durch die Puerta de la Tierra kommend rechts halten), 2,30 €/Std., ca. 20 €/Tag. Des Weiteren gibt es einen Parkplatz nahe der Kathedrale. An der Westseite in der Nähe der Playa Caleta befindet sich ein weiterer Parkplatz an der Avda. Duque de Nájera (durch die Puerta de la Tierra links halten und immer am Meer entlang fahren) direkt beim Valcárcel-Gebäude, hier kostet die Stunde nur 1,20 € (noch!). Entlang dieser Strecke kann man mit Glück auch Parklücken finden, die aber auch größtenteils an Automaten bezahlt werden müssen. Im Norden am Parque Genovés sowie nahe des Parador befinden sich ebenfalls Parkplätze (19 €/Tag). Sich mit dem Auto ins Innenleben der Altstadt durch enge Gassen auf der Suche nach Parkmöglichkeiten zu begeben, könnte zu einem „Himmelfahrtskommando" (nicht nur) für ungeübte Fahrer ausarten …

Tourismus und Einzelhandel leiden auch in Cádiz unter der Krise. Um die Stadt für Besucher attraktiver zu machen, denkt man darüber nach, die Parkgebühren mittels einer „Flatrate" am Wochenende z.T. erheblich zu senken. Es gilt abzuwarten.

Verkehrsverbindungen

■ Der **Flughafen Jerez de la Frontera** liegt 32 km von Cádiz entfernt (Tel. 913.21.10.00). Der Bus nach Cádiz kostet 3,40 €, der nach El Puerto de Santa María 1,40 €, der erste Bus fährt um 6.30 Uhr, der letzte um 22.30 Uhr.

■ Der **Bahnhof** befindet sich in der Altstadt direkt beim Hafen an der Plaza de Sevilla (Tel. 956.25. 43.01).

■ **Zug:** Alle 1–2 Stunden über Puerto de Sta. María und Jerez nach Sevilla Santa Justa und San Bernardo. Sa/So vor allem morgens und mittags eingeschränkt. Fahrtdauer nach Sevilla: knapp 2 Std., d. h. deutlich schneller als mit dem Bus. Leider gibt es am Bahnhof bisher keine Gepäckaufbewahrung, dafür aber an der Busstation Comes.

■ In Cádiz gibt es zwei **Busbahnhöfe: Busstation Comes,** Plaza de la Hispanidad (Tel. 956.21. 17.63 oder 956.22.46.00), in der Altstadt unweit des Hafens. Busse nach El Puerto de Santa María mind. stündl., Sa 10x, So 7x), Jerez (ca. stündl., Sa 8x, So 6x, i.d.R. Weiterfahrt nach Sevilla), Rota (11x tägl., Sa 5x, So 3x), Conil (13x tägl., Sa/So 6x), Arcos (6x tägl., Sa/So nur 3x), Barbate (12x tägl., Sa/So 6x) Vejer (10x tägl., Sa/So 6x), Tarifa (8x tägl.), Algeciras (10x tägl.), Ronda (3x tägl.), Sevilla, Málaga (3x tägl.), Almería, Granada, Córdoba und Huelva (nur 1x nachmittags, So nicht); **Busstation Los Amarillos,** Avda. Ramón de Carranza 31, nahe der Plaza San Juan de Dios, Tel. 956.28.58.52, www.losamarillos.es. Für kurze Distanzen nach Sanlúcar, Chipiona und Ubrique.

■ **Fähren** zu den Kanarischen Inseln mit Compañía Trasmediterránea, Verkauf von Fahrkarten: Estación Marítima (Tel. 956.22.74.21 oder -22).

■ Die Einwohner von Cádiz oder El Puerto de Santa María sprechen einfach von **„El Catamarán“,** wenn sie die **Schiffe der Líneas Marítimas Metropolitanas** meinen, die etwa im halb- bis einstündigen Takt von ca. 7–21 Uhr (je nach Jahreszeit; im Sommer letzte Fahrt von Cádiz nach El Puerto de Santa María um 22 Uhr, umgekehrt von dort um 21 Uhr nach Cádiz) die Bahía de Cádiz in ca. 40 Minuten durchqueren. Ein mit 2,65 € günstiges, schnelles und angenehmeres Vergnügen als die Fahrt mit dem Zug oder Bus. El Catamarán startet in Cádiz mit dem Rücken zum Rathaus stehend auf der rechten Seite des Hafens, in El Puerto vom Fluss aus auf mittlerer Höhe. Aktuelle Zeiten am Schalter oder unter www.cmtbc.es. Tel. 902.45.05.50. Die gleiche Linie bietet auch eine Fahrt zwischen Cádiz und Rota an.

Die Puente de la Constitución del 1812

Seit einigen Jahren wird eifrig an einer Brücke gebaut, die **Cádiz direkt mit Puerto Real auf dem Festland verbinden** soll. Von Weitem schon sind die massiven Stützpfeiler zu erkennen. Mit einer Länge von 5 Kilometern und einer Höhe der beiden Hauptpfeiler von bis zu 187 Metern wird sie eine der größten Brücken Europas. Optimisten sprechen von einer Fertigstellung der „Puente de la Constitución del 1812“, unter Einheimischen auch gerne „Puente de la Pepa“ genannt, im März 2015, Kritiker halten das für unmöglich, daher ist das Datum auch nicht offiziell. Mit der neuen Brücke würde die stark befahrene „Puente Carranza“ entlastet und die Fahrt nach El Puerto de Santa María um einiges verkürzt.

Naturpark Bahía de Cádiz

Das gesamte Feuchtgebiet um die Orte Cádiz, San Fernando, Puerto de Santa María und Chiclana wurde 1989 zum Naturpark erklärt, was wegen der immer stärker auftretenden Industrie und der Besiedelungsdichte auch dringend notwendig war. Zahlreiche Salinen in dem sumpfigen Küstengebiet, den *marismas*, und Dünenlandschaften prägen das Bild der Bahía, das durch vielfältige Ökosysteme den verschiedensten Vegetationsformen Nährboden bietet. Der Naturpark dient **Zugvögeln** als Überwinterungsort, und viele Vogelarten haben hier ihren Lebensraum gefunden. So befindet sich hier die größte Kolonie von Seeschwalben in Spanien.

Die **Salzgewinnung** ist einer der ältesten und traditionellsten Wirtschaftszweige dieser Region: Bereits die Phönizier wussten das Salz aus dem Meer zu gewinnen. In den Salinen wird in den Monaten November bis April eine traditionelle **Fischfangmethode** angewandt. Dabei werden die Netze einfach durch die schmalen Kanäle der Salinen gezogen, in denen sich dann die Fische verfangen. Diese Methode wird insbesondere in der Saline „La Pastorita" bei Chiclana praktiziert. Hier halten sich Fische auf, die den hohen Salzgehalt ertragen können wie *lenguados* (Seezunge), *lisas* (Steinbeißer), *doradas* (Goldbrasse), *robalos* (Meerbarsch), *lubinas* (Wolfsbarsch) und *anguila* (Aal). Diese Fische weisen gegenüber ihren „Genossen" im offenen Meer einen salzigeren Geschmack auf.

San Fernando

San Fernando wird kurz **„La Isla"** – die Halbinsel – genannt und liegt am Südrand der Bucht von Cádiz. Der Tourismus hält sich hier in Grenzen, der Ort hat seinen unverfälschten Charakter bewahrt. Die Altstadt zeugt von einer wirtschaftlichen Blütezeit in früheren Jahrhunderten. Ein Abstecher lohnt sich also allemal.

Der Ort wurde vor allem durch **Camarón de la Isla** bekannt, einen der bedeutendsten Flamencosänger, gestorben 1992 im Alter von nur vierzig Jahren. Besonderer Anziehungspunkt ist die **Flamencobar Venta de Vargas,** am ersten Kreisverkehr am Anfang der Stadt gelegen. Hier ist der berühmte Künstler bereits in jungen Jahren aufgetreten, um sich ein wenig Kleingeld zu verdienen. Die Venta war Treffpunkt von Künstlern, Toreros, Sängern und Politikern, hier durchlebte *Camarón* mit seinen Freunden *El Cojo Farina* (Tänzer), *Rancapino* (Sänger), *Niño Lorizo* und vielen anderen manche Flamenco-Session, die nicht selten bis in die frühen Morgenstunden andauerte. Die Venta steht ganz im Zeichen des Künstlers, die Bar ist gespickt mit Fotos. Der freundliche Besitzer erinnert sich gern an die alten Zeiten. Seit *Camaróns* Tod 1992 aber gibt es keine Flamenco-Aufführungen mehr. Dafür kann man hier nach wie vor gut speisen. Dem Künstler wurde vor der Venta auf der Plaza de Juan Vargas ein Denkmal gesetzt.

Daneben ist San Fernando vor allem Stützpunkt für die spanische Marine. Deshalb gibt es hier auch ein **Marinemuseum** (im Sommer am Wochenende 10.30–13.30 Uhr geöffnet, Tel. 956.59.90.52, Eintritt frei).

Hinter dem Viertel Barriada Buen Pastor führt die gleichnamige Straße zum Strand **Camposoto.** Allerdings ist es zu Fuß ein bisschen weit, Stadtbusse fahren dorthin.

Essen und Trinken

In der Straße Barriada de Buen Pastor kann man sehr guten Fisch essen. Die Straße wird auch *La Ribera del Pescado,* die Küste des Fisches, genannt. Die Barriada erreicht man über die zentrale Calle Real, von wo man nach der Plaza del Carmen links in die Santo Entierro einbiegt und sich am Ende rechts hält. Das **Restaurant La Marisma** und die **Casa Pepe** liegen beide an der Barriada Buen Pastor.

Verkehrsverbindungen

■ Der **Bahnhof** liegt am Stadtrand von San Fernando, Tel. 956.88.36.25.

Chiclana de la Frontera

Chiclana hat sich von einem Fischerdorf zu einem großen Ort entwickelt und war schon immer beliebtes Ziel für Sommerurlauber aus den Städten Andalusiens und aus Madrid. Quer durch den Ort fließt der **Río Iro** und mündet in den **Caño,** ein riesiges Marschland, das den Gezeiten unterliegt und somit regelmäßig vom Meer überflutet wird.

Chiclana verfügt über einen eigenen **Sherry,** die Sorte lautet wie der Name der Stadt. Da er aber nicht zur Zone gehört, in dem der eigentliche Sherry produziert wird, darf er nicht als solcher bezeichnet werden.

In Chiclana weisen immer wieder Schilder auf das „Balneario" hin, das Kurbad des Ortes, welches aber in keiner Weise das bietet, was man von Kurhäusern Mitteleuropas gewohnt ist.

Praktische Informationen

Information

■ **Oficina de Turismo,** c/ La Plaza 3, Tel. 956.53.59.69, und Playa de la Barrosa (im Winter geschlossen), Tel. 956.49.72.34, in der Urbanización Novo Sancti Petri (beim Pinar Público).

Service

■ **Policía Municipal,** Polígono urbisur, Avda. de los Descubrimientos, Tel. 092.

■ **Medizinische Versorgung:** Centro de Salud „El Lugar", c/ Jesús Nazareno, Tel. 956.81.85.59; Hospital und Centro Médico, c/ Ayala 2, Tel. 956.53.33.33.

Essen und Trinken

■ **El Santuario,** c/ Sant Antonio 4, Tel. 956.40.42.64. Unweit der N-340 von Cádiz nach Conil, die mitten durch Chiclana führt. Von der Plaza de Andalucia kurz vor dem Fluss die c/ Virgen del Carmen hoch, erste Straße rechts. Schickes Restaurant in einem Haus aus dem 17. Jh. An kalten Tagen lockt zusätzlich der Kamin.

■ **Mesón Cerro del Trigo,** c/ Hormaza 18 (Esquina Bailén), noch hinter der Plaza de Andalucía und dem Río Iro. Restaurant mit schönem Innenhof.

■ **Bodegón El Caballo,** c/ Mendaro. Hier gibt es Käse, iberischen Schinken *(jamón ibérico)* und Garnelen zu guten Preisen.

■ **Bodega Sanatorio,** c/ Olivo 1, Tel. 956.40.07.56, www.bodegasanatorio.com. Über den Fluss fahren, an der Plaza de Andalucía rechts in die Calle Ancha einbiegen, dann links halten. In der *bodega* kann der Wein aus Chiclana probiert werden, aber auch Würste und Käse der Region. Die Bodega ist von 8–24 Uhr geöffnet, kleine Weinprobe für 3 €.

■ **Monasterio,** an der Plaza de Jesús del Nazareno. Der Ruf der leckeren *tortas de almendras* (Mandeltorten), die in diesem Kloster hergestellt werden, hallt die gesamte Costa de la Luz entlang.

Nachtleben

■ **La Moska:** Wer nachts „abzappeln" möchte, kann das in dieser Disco tun. Sie ist im gesamten Umkreis bekannt. Allerdings muss man schon Fan von moderner Disco-Musik sein, das Publikum ist relativ jung.

Unterkunft

■ **La Campa**①, Avda. Los Pescadores 8, Tel. 956.49.48.90. Günstige Unterkunft.

Camping

■ **Camping La Rana Verde,** Tel. 956.49.43.48, www.campinglaranaverde.com. Zwischen Chiclana und der Playa de la Barrosa. Hier bieten unter anderem Palmen den nötigen Schatten. Ein Pool ist auch vorhanden.

067an bn

Verkehrsverbindungen

Von Chiclana fahren **Busse** zum Puerto Sancti Petri, nach Novo Sancti Petri (ab Plaza Andalucía), zur Playa La Barrosa (u. a. ab dem Fußballplatz – Campo de Fútbol) und nach San Fernando und Cádiz.

Busgesellschaften Comes, Plaza de Andalucía (unweit der Brücke des Río Iro), Tel. 956.40.03.57, und Belizón y Rodríguez, ebenfalls Plaza de Andalucía, Tel. 956.40.13.60.

Novo Sancti Petri

Unweit von Chiclana wurden vor rund 25 Jahren an der **Playa de la Barrosa** zahlreiche schöne Sommervillen inmitten eines Pinienwaldes am Rande des damals noch unberührten Strandes gebaut. Und damit schwand die traumhafte Einsamkeit und wurde in den letzten Jahren ersetzt durch Apartments, Clubs und einen **Golfplatz,** der viele Golfer anzieht. Die neu geschaffene Siedlung nennt sich Novo Sancti Petri. Zwischen der Playa de la Barrosa, die sich südlich anschließt, und der luxuriösen Wohnsiedlung **La Roche** liegt zurzeit noch ein Stück unversehrter Landschaft mit traumhaftem Strand. Man sollte sich beeilen, diese noch einmal zu genießen, denn der Bau weiterer Apartmentanlagen deutet sich bereits an. Zudem entsteht eine große Hotelanlage nach der anderen. Es ist nur eine Frage der Zeit, bis auch das letzte Stückchen der natürlichen Strandlandschaft verschwindet und die Grenze zwischen Novo Sancti Petri und La Roche fließend ist.

Zum Glück wurde das Küstengesetz wirksam, wonach die neuen Hotelanlagen nicht mehr als zwei Stockwerke hoch gebaut werden dürfen. Deshalb fü-

Fischer im Hafen von Sancti Petri

gen sie sich zumindest ein wenig in die Landschaft ein und sind im andalusischen Stil erbaut, und damit verschandeln sie die Landschaft nicht so gnadenlos wie die Betonklötze der Costa del Sol.

Sancti Petri

Ganz im Gegensatz zur modernen Ansiedlung Novo Sancti Petri steht das alte Sancti Petri, ein **verlassenes Fischerdorf,** das in den 1950er Jahren für den Thunfischfang errichtet wurde. Aber die Schwärme veränderten leicht ihren Strom, und so verließen die Fischer das Dorf, und die Häuser verfielen. Nun liegen dort nur noch kleine bunte Fischerboote im Wasser, zudem wurde ein moderner Jachthafen ins Leben gerufen.

Diese kleine Halbinsel ist bei Geschäftsleuten sehr begehrt, aber glücklicherweise hat die Stadt Chiclana sie bisher noch nicht verkauft und man kann nur hoffen, dass dies so bleibt und sich Sancti Petri nicht auch in eine moderne Clubanlage verwandelt.

Der Strand von Sancti Petri ist besonders bei Hobby-Anglern beliebt. Der in der Sonne schimmernde Strand gegenüber gehört zur **Isla de León,** so wird der südlichste Zipfel der Halbinsel genannt, die von San Fernando aus zu erreichen ist. Unweit des Strandes liegt auf einer kleinen Insel eine **Festung.** Sie soll auf den Resten eines von den Phöniziern errichteten Tempels zu Ehren des Melkarts errichtet worden sein, dem Hauptgott von Tyros und Karthago, der häufig mit Herkules gleichgesetzt wird. Die Festung und der „Herkules-Turm" können aus der Nähe besichtigt werden. Täglich schippert eine kleines Boot vom Sporthafen zur Insel: Novojet (Tel. 956.49.49.32, www.novojet.net, zwischen 10 und 19 Uhr), oder Cruceros Sancti Petri (Tel. 956.61.73.78.894, einstündiger Ausflug zum *castillo,* Playa Barrosa oder Parque Natural de la Bahía, ebenfalls vom Sporthafen aus, tägl. 13, 19.30 und 21 Uhr, Mo, Mi, Fr und So auch 11.30 Uhr, Zeiten aktuell überprüfen, v. a. im Winter evtl. geändert, www.albarco.com).

■ **Essen und Trinken:** Auf der östlichen Seite von Sancti Petri liegt eine sehr schöne **Bar** (dem Sandweg am Wasser bis zum Ende folgen). Der Tresen ist ein altes Fischerboot, und die *tapas* sind ein Genuss für den Gaumen. Mitte Juni bis Mitte September ist sie täglich geöffnet und im Hochsommer tobt hier bis 3 Uhr nachts der Bär. Außerhalb der Saison öffnet die Bar nur am Wochenende.

Tipp: Wer die Seele baumeln lassen will, gehe ins **Hammam Sancti Petri,** das dem Stil alter arabischer Bäder nachempfunden ist: Tartessus Center Sancti Petri, Centro de Ocio, Tel. 956.49.60.47, Ctra. de la Loma s/n (von der N-340 bei km 16,8 abbiegen), www.hammamsanctipetri.com.

Conil de la Frontera

Conil ist ein verträumtes Weißes Dorf, das an einem weitläufigen Strand liegt. Es hat **internationales Flair** und unterscheidet sich stark von anderen Fischerdörfern an diesem Küstenstreifen. Dennoch wird Conil nicht vom Tourismus überrannt, und außerhalb der Hochsaison ist die Stimmung ruhig und gemütlich. Der Ort liegt direkt an der Mündung des **Río Salado** in den Atlantik.

Conil wurde wie viele Orte an dieser Küste bereits von den Phöniziern ins Leben gerufen. Reste einer **phönizischen Nekropolis** in der Huerta de Sol, hinter der Casa de Postas, sind steinerne Zeugen dieser Zeit.

Der **Hafen** von Conil liegt außerhalb Richtung Norden und ist nicht direkt ausgeschildert. Man biegt von der Hauptstraße in der Nähe der Tourist-Info in die Calle Menéndez Pidal ein und fährt immer geradeaus stadtauswärts. Danach ist „El Puerto" ausgeschildert.

Hinter dem kleinen Hafen liegen die **Felsbuchten von La Roche,** die zu den schönsten Stränden Andalusiens zählen. Die schroffen Felswände sind übersät von Fossilien. Steintreppen führen zu den Buchten, außerhalb der Saison trifft man hier nur wenige Sonnenhungrige.

Achtung: Allein reisende Frauen seien darauf hingewiesen, dass es für eine kleine Zahl von Männern zur Mode geworden ist, sie an einsameren Stränden beim Sonnenbaden zu belästigen. Das geschieht Andalusierinnen wie Fremden gleichermaßen, sehr zum Bedauern der Bevölkerung. Die *Guardia Civíl* ist bemüht, den „Spannern" beizukommen.

Praktische Informationen

Information

- **Oficina Municipal de Turismo,** c/ Carretera (zentrale Hauptstraße von der N-340 ins Zentrum), Tel. 956.44.05.00 oder 956.44.05.01.

Service

- **Policía Local,** Plaza Sta. Catalina, Tel. 956.44.01.25.
- **Medizinische Versorgung:** Centro de Salud „La Atalaya", c/ Gonzalo Sánchez Fuentes 1, Mo bis Fr 8–20 Uhr, Tel. 956.45.62.05, Notfalltel. 902.50.50.61; Centro de Salud, c/ Gonzalo Sánchez Fuentes 1, Tel. 956.44.27.45/46.

Unterkunft/Essen und Trinken

- **La Fontanilla,** Playa de la Fontanilla, Tel. 956.44.07.79. Den Strand hoch bis ans Ende der Siedlung. Besonders schön ist hier die große Strandterrasse, auf der am Abend der Sonnenuntergang genossen werden kann. Spezialität sind Gerichte mit Zahnbrassen *(urtas),* aber auch andere gut zubereitete Fische sowie köstliche Austern (hier *ostiones* genannt) der Region. Am gleichen Strand ist die nette **Strandbar La Ola** nicht zu übersehen (im Winter geschlossen).
- **La Posada,** c/ Quevedo, Tel. 956.44.41.71. Nicht weit vom Marktplatz ist dieses für Conil typische Haus zu finden. Dazu gehört ein ruhig gelegener schöner Garten, wo man gemütlich hausgemachtes Brot frühstücken oder sich am Abend Wildschwein mit Thymian schmecken lassen kann. Das Restaurant wartet mit interessanten Gerichten auf. Ab 8 Uhr morgens geöffnet. Mo Ruhetag. Zur Posada gehört auch ein **Gästehaus** mit einfachen, sauberen Zimmern, die außerhalb der Saison preiswert sind. Infos unter www.laposadadeconil.com.
- **Mesón La Fragua,** c/ Herrería 3, Tel. 956.44.40.89. Fleisch vom Grill, preiswert.
- **Restaurante Blanco y Verde,** c/ Rosa de los Vientos, Tel. 956.44.26.13, www.blancoyverde.com. Fleisch vom Grill und andalusische Eintöpfe, und das bis spät in die Nacht. In der Hochsaison können im Notfall noch um 4 Uhr morgens hungrige Mägen beruhigt werden. Auch hier sitzt man angenehm in einem *patio*. Angeschlossen ist ein einfaches, sauberes **Hotel,** aber etwas teurer als La Posada.

Nachtleben

- Nicht weit vom Strand herrscht in der Altstadt in den Sommermonaten fröhliches Treiben, u. a. in der Calle José Tomas Borrego nahe der Plaza de España, z. B. im **El Cafetín del Sur** (marokkanische Teestube) und im **La Montera** mit schönem Innenhof.
- **La Luna,** Disco-Pub im Altstadtviertel, etwas zum „Abtanzen" für wilde Sommernächte. Bevor sich La Luna um 24 Uhr (bis 4 Uhr) mächtig füllt, kommt im *patio* romantische Atmosphäre auf.

La Cochera, c/ Ancha 1 (neben der Kirche). Typische „casita de Conil" mit *patio* und vielen Grünpflanzen für heiße Sommernächte. Im Sommer tobt hier ab 2 Uhr nachts der Bär.

Los Bateles, Stranddisco, die zwei Flächen für Tanzhungrige bietet. Von Juli bis Mitte Sept. wird hier unter freiem Himmel oder im Pyramidenzelt ordentlich geschwooft, je nach Geschmack Salsa oder Techno.

Feste

Feria de la Primavera de „El Colorado", eine *fiesta* mit landwirtschaftlichen Wettbewerben, Ausstellung, Umzügen und Stierkämpfen, im Juni.

Der 16. Juli wird als Tag der **Virgen del Carmen** gefeiert, der Schutzpatronin der Seefahrer. Die Boote werden bunt geschmückt und fahren dann aufs Meer hinaus, um in Strandnähe herumzuschippern.

Feria mit fröhlichem Gesang, Tanz und Wein, im September.

Tauchen

Club de Buceo Scorpora, an der Straße zum Fischerhafen, Roche Viejo, Tel. 956.23. 23.64.

Reiten

Centro Hípico Pinares y Mar, Carretera Fuente del Gallo (wenn man nach Conil reinfährt, noch vor dem Hauptort rechts abfahren), Cañada de El Rosal, Tel. (dt.) 649.98.62.75, www.picaderopacheco.com. Schöne Reitausflüge am Meer entlang.

Unterkunft

Hotel Almadraba③, c/ Señores Curas 4, Tel. 956.45.60.37, www.hotelalmadrabaconil. com. Das Familienhotel mitten in der Altstadt Conils ist ein typisches herrschaftliches Haus Andalusiens aus dem 18. Jh. Stilvolle Zimmer, schöner Blick von der Dachterrasse auf Conil und die Playa de los Bateles.

Hostal Torre de Guzmán②, c/ Hospital 5, Tel. 956.44.30.61, www.hostaltorredeguzman.com. Sehr schönes Hostal inmitten der Altstadt unweit des Torre de Guzmán, nahe zum Strand. Auch das dazugehörige Restaurant ist sehr gemütlich. Zu bedenken ist allerdings, dass es im Zentrum in den Sommermonaten nicht gerade ruhig zugeht. Zum Hostal gehört auch eine Terrasse mit Meerblick.

Hostal Malia①, c/ Pascual Junquera 46, Tel. 956.44.09.25, www.hostalmalia.com. Die zentrale Calle San Sebastián bis zum Kreisverkehr mit Torbogen, hier nicht in die Altstadt fahren. Vom Kreisverkehr aus zweigt die Calle Pascual Junquera ab.

☒ Strand von Conil de la Frontera

070an bn

Cabo de Trafalgar – eine historische Schlacht

Das Kap von Trafalgar ist mit einem besonderen historischen Ereignis verbunden. Am 21. Oktober des Jahres 1805 trafen in den Gewässern vor der Landspitze ungefähr auf der Höhe des Leuchtturms 26 englische und 33 spanisch-französische Galeonen aufeinander. Trotz der zahlenmäßigen Unterlegenheit trug die englische Flotte unter **Admiral Lord Horatio Nelson** den Sieg davon, 18 Schiffe, v. a. der spanischen Armada, wurden versenkt. Die Gründe für den **Erfolg der Engländer** waren vielfältig: die überlegene Feuerkraft der britischen Kanonen, die etwa minütlich einen Schuss abfeuern konnten, wofür der Gegner jeweils fünf Minuten brauchte, die konfuse Strategie des französischen Oberbefehlshabers, was von den entschlossen angreifenden Engländern ausgenutzt wurde und nicht zuletzt der günstige Wind, der die britischen Schiffe keilförmig in die Reihen der Armada trieb, trugen dazu bei. Der von zahlreichen Schlachten gegen die Spanier bereits gezeichnete Seeheld der Engländer, der einarmige *Lord Nelson,* konnte seinen Triumph jedoch nicht auskosten: durch einen Kanonenschuss verlor er sein Leben. Als Standbild grüßt er heute vom Trafalgar Square in London. Mit der gewonnenen Schlacht sicherte sich England die Seeherrschaft und damit wurde der Zwist mit England zu einer dauerhaften Konstante der spanischen Politik. Erst zum 200-jährigen Gedenken gab es 2005 eine Geste der Aussöhnung: Bei einer gemeinsamen Seeprozession wurde mit ausgestreuten Rosenblüten der rund 6000 Gefallenen dieser Auseinandersetzung gedacht.

Vorbei sind die kriegerischen Zeiten am Kap von Trafalgar

an14-025 ba

■ **Hostal Zara**①, Tel. 956.44.04.66, ebenfalls Calle Pascual Junquera. Der Komfort entspricht dem im Hostal Malia, aber preislich ist das Zara günstiger.

■ **Cortijo El Caserío**①-②, Carril de la Pinaleta bei El Colorado, Tel. 956.23.26.77, www.cortijoelcaserio.com. Umgebauter ehemaliger Bauernhof aus den Anfängen des 20. Jh., die kleinen Häuser liegen inmitten von landwirtschaftlichen Gärten nicht weit von den Felsbuchten La Roche entfernt. Der Cortijo bietet eine herrliche Lage zum Ausspannen. Angrenzend kann in einer gemütlichen Bar gefrühstückt werde. In einem der Häuser ist ein Aufenthaltsraum untergebracht, ein ehemaliges Wasserauffangbecken wurde zum kleinen Pool umfunktioniert. Fahrradverleih. Zunächst nach Conil reinfahren, dann Richtung Hafen, an einer Weggabelung mit der Beschilderung links Richtung Puerto nicht links abbiegen, sondern weiter geradeaus. Man fährt immer der Straße folgend geradewegs auf den Cortijo zu. Hinweis: Im Winter kann es evtl. etwas klamm sein.

Camping

■ **Camping Fuente del Gallo,** Tel. 956.44.01.37, www.campingfuentedelgallo.com. Der Platz liegt in der gleichnamigen *urbanización* (Wohnsiedlung). Wie beim Cortijo El Caserío muss man auch hier auf der Höhe der Tourist-Info in die Calle Menéndez Pidal einbiegen und stadtauswärts Richtung Hafen fahren. Hunde sind erlaubt. Von Mitte März bis Anfang Oktober geöffnet.

■ **Camping Roche,** unweit des Hafens von Conil bei Pago del Zorro. Tel. 956.44.22.16, www.campingroche.com. Hunde sind erlaubt, der Platz ist ganzjährig geöffnet.

Verkehrsverbindungen

■ **Bushaltestelle** der Gesellschaft Comes an der Hauptstraße (Tel. 956.44.29.16). Bei der Anreise empfiehlt es sich, darauf zu achten, das die Busse an der *parada central* (zentrale Haltestelle) halten. Busse fahren von und nach Cádiz, Barbate, Zahara, El Palmar, Algecíras, Málaga, Almería und Sevilla.

El Palmar und Zahora

Zwischen Conil und Los Caños de Meca liegt umgeben von landwirtschaftlich genutzten Flächen der Strand von El Palmar. Hier halten sich besonders gern **Surfer** auf, da der Wellengang ideal ist. Direkt am Strand liegen ein paar gute Restaurants. Ein einstündiger Spaziergang am Strand entlang führt zum **Cabo de Trafalgar** bei Los Caños. Dieses Stück Strand ist traumhaft schön und noch unbebaut. Auf dem Wege kommt man an der Wohnsiedlung **Zahora** vorbei, wo die schöne Bar Sajorami direkt am Strand liegt, aber dennoch kaum auffällt.

Die Wohnsiedlung befindet sich sozusagen auf illegalem Boden, denn dieses Stück Land ist nicht urbanisiert. Viele Parzellen sind schon verkauft, und die neuen Eigentümer warten nur darauf, dass der Boden endlich legalisiert wird. Ist die Siedlung bisher aus den natürlichen Bedürfnissen der Bewohner der Region heraus entstanden, bleibt nun abzuwarten, wer mit welchen Absichten Land gekauft hat. Viele Einwohner befürchten, dass „Tourismushaie" nur darauf warten, Ähnliches anzurichten wie in Atlanterra (s. „Zahara de los Atunes"). Wilde Gerüchte kreuzen sogar um reiche Scheichs, die nur darauf bedacht sind, Betonburgen aus dem Boden zu stampfen. Auch wenn die Dringlichkeit der Legalisierung des Bodens offen auf der Hand liegt, und das zuständige Rathaus in Barbate diese in Angriff nehmen will, betont dieses, man möchte in jedem Fall vermeiden, dass sich hier der Massentourismus breit machen kann. Bleibt zu hoffen, dass nicht korrupte Politiker diese ehrenhaften Absichten zukünftig untergraben werden.

Praktische Informationen

Unterkunft/Essen und Trinken

Sajorami, zur gleichnamigen Apartmentanlage gehört auch eine traumhaft schön gelegene Bar direkt am Strand mit Schilfdach und Kakteen. Besonders romantisch wirkt sie in klaren Sommernächten, wenn der Mond aufgeht und das Meer sein silbernes Licht reflektiert.

Asador, Playa de El Palmar (Landstraße Conil – Los Caños, bei km 4,5 rechts abfahren, hinter dem Turm noch rund 100 m weiter rechts ab. Der Strand ist nicht weit entfernt. Hier gibt es abwechslungsreiche Küche.

Casa Juan, Tel. 956.23.20.99. Direkt am Strand von El Palmar Richtung Cabo de Trafalgar. Eher einfach und rustikal, aber die Zutaten sind von erster Güte. Familiäres Ambiente, hier wird noch mit Liebe gekocht, und die Preise sind wirklich moderat.

Casa Francisco①-②, Tel. 956.23.22.49. Einfache Zimmer, dafür direkt am Meer gelegen, dazugehöriges, attraktiv aufgemachtes Restaurant mit sehr guter Küche, v. a. gute Auswahl an Fisch- und Meeresfrüchten.

Restaurante La Chanca, Playa de El Palmar, Tel. 659.97.74.20 (Handy), das letzte Lokal an der Strandstraße Richtung Kap Trafalgar, an Casa Francisco und Casa Juan vorbei. In einer ehemaligen Fischkonservenfabrik eingerichtetes Lokal, dennoch traumhaftes Ambiente, insbesondere im Garten mit direktem Strandblick. Relativ happige Preise (Fisch je nach Gewicht um die 20 €), die aber durch beste Qualität gerechtfertigt werden, auch die Paella und die Fleischgerichte sind gut.

Camping

Camping El Palmar, Tel. 956.23.21.61. Zum Teil schattig, keine gehobene Kategorie, aber akzepta-

an14-026 nk

bel. Außerdem mit großem Swimmingpool, und der Strand ist nur einen knappen Kilometer Fußmarsch entfernt. Erwachsene 5 €, Kinder 4 €, Zelt 3,50 €, das Ganze zuzüglich MwSt.

Los Caños de Meca

Los Caños de Meca war in den 1970ern und auch noch Anfang der 1980er Anlaufpunkt für **Aussteiger und Hippies** und ein Mekka für Freaks und Alternativurlauber, die allesamt mit Vorliebe am Strand übernachteten. Allmählich entstand hier eine kleine Wohnsiedlung mit Sommervillen, die im Winter komplett verschlafen wirkt, im Sommer aber Anziehungspunkt vor allem für junge und jung gebliebene Menschen ist. Der Ort ist umgeben von Pinienwäldern und landwirtschaftlich genutzten Flächen. Heute übernachten an den Stränden eher „Möchtegern-Hippies", die Müll hinterlassen und scheinbar nicht im Einklang mit der Natur leben.

Bevor man von der N-340 oder von Conil kommend nach Caños gelangt, taucht zunächst rechts von der Straße die Wohnsiedlung Zahora auf. Auf dem weiteren Weg nach Caños zweigt alsbald eine Straße rechts zum Cabo de Trafalgar mit dem Leuchtturm ab. Das weiße Hinweisschild ist ein wenig verrostet, deshalb muss gut darauf geachtet werden.

Los Caños („Wasserstrahl") verdankt seinen Namen den **Süßwasserquellen** am Strand. Diese sind nicht ganz einfach zu erreichen. Dafür muss man am Ende des Ortes, dort wo der **Parque Natural de la Breña** mit den schönen Pinien anfängt, über einen Sandweg zum Strand hinabsteigen. Nun geht es am Strand entlang immer in südliche Richtung. Allerdings ist diese Exkursion nur bei Ebbe möglich, das sollte unbedingt berücksichtigt werden (auch die Tatsache, dass eine Rückkehr nur bei Ebbe möglich ist). Deshalb: die Gezeiten beobachten und sich dann früh auf den Weg machen!

Praktische Informationen

Essen und Trinken

Insgesamt scheint es in Los Caños mehr Restaurants und Bars als Wohnhäuser zu geben. Außerhalb der Saison bleiben allerdings viele geschlossen.

Am Strand von Los Caños de Meca

Almadraba – Thunfischfang wie in maurischer Zeit

Seit Jahrtausenden machen sich im Frühjahr riesige Thunfischschwärme auf den weiten Weg von der Antarktis und der norwegischen Küste, um in den warmen Gewässern der Meerenge von Gibraltar und des Mittelmeers ihr **Laichgebiet** aufzusuchen. Im Herbst kehren sie wieder in ihr Winterlager zurück. Dieses Ereignis lockt Jahr für Jahr nicht nur Wale zum großen Fressen in die Meerenge, sondern auch der Mensch sieht darin seit jeher eine leichte Beute.

Der Thunfischfang an diesen Küsten kann auf eine lange Tradition zurückblicken, **bereits die Phönizier** wussten den Fisch zu schätzen. Sie kommerzialisierten hier vor 3.000 Jahren den Thunfischfang und pökelten den Fisch. Im 1. Jh. n. Chr. war der **Pökelfisch** über die Grenzen des Landes hinaus begehrt und wurde in Rom als Luxusprodukt gehandelt.

Die heute angewandte Methode der *almadraba* scheint auf das 13. Jh. zurückzugehen, dennoch sind die Ursprünge vermutlich in der Antike zu suchen. Das arabische Wort *almadraba* bedeutet **„Thunfischfalle“.** Bei dieser Methode werden die Fische mit mehreren Booten und Netzen in unmittelbarer Nähe der Küste (ca. 3.000 Meter entfernt) immer mehr in die Enge gedrängt, bis sie schließlich auf kleinstem Raum gefangen sind. Nun folgt eine beeindruckende, aber zugleich auch erschreckende Szenerie: Das Meer schäumt weiß auf ob der vielen Fische, die sich mit heftigen Schwanzschlägen gegen ihre Gefangenschaft wehren. Die Fischer animieren sich gegenseitig mit lautstarkem Gebrüll. Schließlich werden die Fische mit großen Harpunen von den dicht nebeneinander stehenden Fischern abgestochen, das Wasser verfärbt sich vom vielen Blut tiefrot. Die zum Teil mehrere Zentner schweren Thunfische werden dann mit Eisenhaken auf die Boote gehievt.

Ab dem 13. Jh. wurde der Fischfang an dieser Küste von den *Guzmáns* und ihren Nachfolgern, den späteren Herzögen von Medina Sidonia, bis zum Anfang des 19. Jh. kontrolliert. Rund 60.000 Thunfische wurden damals jährlich gefangen. Heute sind es jährlich um die 6.000, in manchen Jahren aber auch weitaus weniger, die ins Netz getrieben werden. Der Ruf des iberischen Thunfisches ging nicht nur in den Zeiten der Römer über die Landesgrenzen hinaus, auch heute zieht er über den Erdball, und so haben die Japaner Fischereirechte für die andalusischen Gewässer erworben.

an14-027 nk

Las Dunas, an der Straße, die noch vor der Wohnsiedlung zum Cabo de Trafalgar mit dem Leuchtturm *(faro)* führt. Die Bar liegt kurz vor dem Strand. Im typischen Baustil der Region ist Las Dunas mit einem Schilfdach versehen. Im Sommer, während der *Semana Santa* und an Wochenenden ist die Bar sehr angesagt. In den kalten Monaten dagegen kann man sich am Wochenende gemütlich an den frei im Raum stehenden Kamin kuscheln.

El Pirata, die Bar liegt direkt am Strand von Los Caños, etwas oberhalb des Strandes. Sie ist in den Sommermonaten täglich geöffnet, sonst nur am Wochenende. In der Hochsaison kann hier auch gegessen werden.

Ketama, schräg gegenüber von El Pirata. Die Bar ist beliebter Treffpunkt auch der einheimischen Szene. Außerhalb der Saison bleiben die Türen verschlossen.

La Pequeña Lulu, am Ende der Straße von Los Caños, kurz davor befindet sich ein kleiner Parkplatz, der im Sommer aber schnell belegt ist. Die Bar liegt am höchsten Punkt des Ortes und bietet daher einen hervorragenden Blick aufs Meer. Die Besitzer haben einen ausgesprochen guten Musikgeschmack. Außerhalb der Saison öffnet die Bar allenfalls am Wochenende.

Im Sommer wird in der Regel ein **marokkanisches Zelt** inmitten des Ortes aufgestellt, wo man gemütlich auf Kissen hocken und sich wohlfühlen kann. Um Mitternacht tritt dann häufig eine Bauchtänzerin auf.

Nachtleben

La Caracola: Nicht zu übersehen liegt am Strand eine Disco in Form eines Schneckenhauses mit großen Fenstern, großer Terrasse und direktem Zugang zum Strand. Sie ist nur in den Sommermonaten geöffnet, und dann geht es dort teilweise „heiß" zu.

Reit-Ausflüge

Centro Ecuestre, c/ de neca, Tel. 619.47.77.82 (Handy).

Einkaufen

Für den richtigen Großeinkauf fährt man besser nach Barbate, dort gibt es einen großen Markt und Supermärkte. In Los Caños gibt es einen **Supermarkt** in der Nähe der Abzweigung von Los Caños in Richtung Barbate. Öffnungszeiten jedoch sehr irregulär, v. a. im Winter eher geschlossen.

Unterkunft

Von Juni bis Mitte September liegen die Preise für Unterkünfte wesentlich höher, als in der restlichen Zeit. Während der *Semana Santa* und der „Formel 1" in Jerez steigen die Preise in der Regel ebenfalls an. Ab der *Semana Santa* bis Mitte September sind alle Pensionen in Caños geöffnet.

Hostal Las Acacias①-②, Tel. 956.43.71.88, www.hostallasacacias.com. An der Straße Richtung Los Caños, hinter der Wohnsiedlung Zahora. Das ganze Jahr über geöffnet.

Hostal Minigolf①-②, Tel. 956.43.70.83, www.hostalminigolf.com. Direkt gegenüber der Abzweigung zum Cabo de Trafalgar mit dem Leuchtturm. Ganzjährig geöffnet.

TIPP: **Sajorami**②-③, Tel. 670.99.11.26 (Handy), www.haciendasajorami.com. Direkt am Strand der Wohnsiedlung Zahora wunderschön gelegene Bungalows im ländlichen Stil. Apartments für 2–8 Personen.

Finca las Tres Liebres, Tel. 956.442.58.56 oder 956.462.08.17. Die Besitzer bieten drei verschieden große Bungalows an. Sehr schön gelegen bei Zahora. Eine Reservierung von Deutschland aus empfiehlt sich. Vermietung in der Regel für 2–3 Wochen (nur in der HS).

Camping (nur in der Saison)

Camping Caños de Meca, Tel. 956.43.71.20, www.campingcm.com. In der Wohnsiedlung Zahora vor Los Caños. Mit Supermarkt.

Camping Faro de Trafalgar, Tel. 956.43.70.17. An der Straße zum Leuchtturm. Recht einfach.

■ **Camping Camaleón,** Ava. de Trafalgar, gegenüber den ersten Apartments links in einen Sandweg einbiegen. Der Platz liegt im Pinienwäldchen. Gute Stimmung.

Barbate

Barbate stellt sich erst allmählich auf den Tourismus ein, was dem Dorf seinen natürlichen Charme bewahrt hat. Der Ort wirkt zunächst etwas unspektakulär. Der Dorfstrand verblasst trotz seines Paseo Marítimo im Vergleich zu den natürlichen Stränden von Los Caños oder dem benachbarten Dorf Zahara.

In Barbate dreht sich alles um den **Thunfischfang,** der Ort verfügt über einen relativ großen Fischerhafen. Noch heute wird die traditionelle Fischfangmethode „Almadraba" aus dem 13. Jh. angewandt (siehe Exkurs oben).

Praktische Informationen

Information

■ Alles Wissenswertes über die Almadraba erfährt man im **Informationszentrum „El Centro de Interpretación del Atún de Almadraba"** im Puerto Deportivo de Barbate (Sporthafen), Tel. 956.45.98.04 und 670.94.68.79 (Handy), www.atunalmadraba.com. Von hier werden auch (i. d. R. ab Anfang Juni) Ausflüge mit dem Boot im Gebiet der Almadraba angeboten: ca. 20 €, Öffnungszeiten Mo–Fr 9–14, 16–18, Sa/So 9–14 Uhr.

■ **Oficina Municipal de Turismo,** Avda. del Río (in den Ort von Caños aus kommend im Kreisverkehr dritte Straße rechts), Tel. 956.43.39.62, geöffnet 9–14.30 Uhr, im Sommer sind weitere Infopunkte auch nachmittags zwischen 17 und 20 Uhr geöffnet, u. a. in Strandnähe (Standortwechsel möglich).

Service

■ **Policía Municipal,** Plaza Inmaculada 1, Tel. 956.43.10.09.

■ **Med. Versorgung:** Urgencias Medicas Casa del Mar, Avda. del Generalísimo, Tel. 956.43.05.79; Ambulancías Barbate, Tel. 956.43.29.06.

■ **Post:** c/ Cádiz 2, Tel. 956.43.00.96 oder 956.43.13.53.

Essen und Trinken

Am Paseo Marítimo finden sich einige Cafés und Restaurants.

■ **La Esquina del Tofe,** Av. Atlántico, Seitenstraße des Paseo Marítimo, hier können alle Spezialitäten des Thunfischs vom Bauch bis zu den Bäckchen gekostet werden. Da nicht das ganze Jahr Almadraba-Saison ist, friert der Besitzer einen großen Teil ein, um ihn nach und nach hervorzuholen. Auch eingelegter Thunfisch schmeckt hier köstlich.

■ **Restaurante Torres,** Avda. Ruiz de Alda 1 (gegenüber der Plaza el Faro). Hier gibt es vor allem guten Fisch und Meeresfrüchte.

■ **Jaima Alandalus,** c/ Queipo de Llano. In dieser Bar geht es zu wie in arabischen Zeiten: Gemütlich am Boden auf Kissen sitzend trinkt man Tee und andere Getränke.

■ **Café-Bar La Tienda,** c/ Onesimo Redondo 8. Typische Bar inmitten des Altstadtviertels.

■ Wer die direkt in Barbate eingedosten Fischköstlichkeiten genießen möchte, kann diese bei **La Barbateña** (Avda. Generalísimo 10) kaufen. Eine weitere Firma, die sich darauf spezialisiert hat und besichtigt werden kann: **Herpac,** Hnos. Romero, c/ Abreu 3, Tel. 956.43.07.49. Eine Spezialität ist die *mojama*, sie sieht ein bisschen wie Schinken aus, ist aber luftgetrockneter Thunfisch und eine wahre Köstlichkeit.

Feste

■ Im Juni wird die **Hoguera de San Juan,** das Johannisfeuer, zelebriert. Die Einwohner Barbates versammeln sich in der alten Fischbörse, um dort

„Juan und Juana" symbolisch zu verbrennen, es wird viel getanzt.

■ **Las Fiestas del Carmen,** große Prozession zu Ehren der Schutzpatronin der Seefahrer, das Fest ist auch mit einer großen *feria* verbunden, bei der viel getanzt wird. Mitte Juli.

■ Jeden 2. Sonntag im August gibt es das große Fest **Gran Sardinada,** bei dem gegrillte Sardinen im Fischerhafen verspeist werden.

Outdoor

■ **Naturexplorer,** Puerto Deportivo (Sporthafen), Local A2, Tel. 956.45.14.00. Wer sich bewegen und dabei Spaß haben möchte, ist hier gut aufgehoben. Besonders spaßig sind die Mountainbike-Touren in der Umgebung. Auch Tauchen steht auf dem Programm, Tauchkurs ab 360 € aufwärts. Aktuelle Preise unter www.naturexplorer.com.

Sporthafen

Der **Puerto Deportivo** bietet allen Service, der zu einer modernen Anlage gehört. Das Büro des Hafens befindet sich an der Avda. del Generalísimo, Tel. 956.43.19.07. Der **Club Náutico** bietet die Möglichkeit zum **Segeln** an, z. B ein Wochenende oder eine ganze Woche (Auch Anfängerkurse).

■ **Club Náutico Barbate,** Puerto Deportivo, Apartado de Correos 23, 11160 Barbate, Tel. 956.43.39.05, Di–Sa 10–15 Uhr.

Unterkunft

Barbate stellt sich erst allmählich auf den Tourismus ein. Die umliegenden Orte wie Los Caños oder Conil bieten gemütlichere Strandunterkünfte.

Verkehrsverbindungen

■ **Bus:** Transportunternehmen „Comes", an der zentralen Avda. del Generalísimo, Tel. 956.43.05.94. Früh morgens, nachmittags u. abends fährt ca. 5x tägl. ein Bus von Caños nach El Palmar und Conil, z. T. weiter bis Sevilla, in der Mittagszeit u. abends ca. 2x nach Barbate, Zahara bis Atlanterra.

Parque Natural de la Breña

Das Gebiet rund um Barbate wurde 1989 zum Naturpark erklärt. Dieser besteht aus einem **Kiefernwald,** der sich an der Küste von Caños de Meca bis Barbate erstreckt. Die Kiefern reichen fast bis ans Meer, dazwischen liegen nur die zum Teil **schroffen Felsen,** in denen zahlreiche kleine Buchten verborgen sind. Die vielen Nischen und kleinen Aushöhlungen bieten Wasservögeln Schutz, darunter vielen Silbermöwen. Auch Wanderfalken und Turmfalken halten sich hier auf.

Beim **Torre del Tajo,** einem Wachturm aus dem 16. Jh., ist die Steilküste spektakuläre 100 Meter hoch. Dorthin führt ein schöner Fußweg entlang der Klippen. Der Weg beginnt am Strand Hierbabuena neben dem Sporthafen von Barbate. Dort beginnt auch der Naturpark.

Zahara de los Atunes

Allein der Name *Atunes* („Thunfisch") bestätigt, dass das Leben im Dorf wie in Barbate im Zeichen des Thunfischfangs steht. Die Strecke von Barbate nach Zahara de los Atunes führt durch militärisches Sperrgebiet. Der Hinweis „prohibido el paso" (Betreten verboten) ist ernst gemeint, dementsprechend wird auch kontrolliert.

Zahara hat nur rund 1.000 Einwohner und zeichnet sich vor allem durch einen sehr schönen **weitläufigen Sandstrand** aus. In den Monaten Juli und August herrscht hier reger nationaler Sommertourismus, aber spätestens ab Mitte September kann man hier wieder die Seele baumeln lassen. Hinter dem Ort, beginnt alsbald eine *urbanización* („Wohnsiedlung"), an einem Hang gelegen, mit traumhaften Luxusvillen, von denen die eine oder andere von deutschen Besitzern bewohnt wird. Hier sprechen die Einwohner auch von der „Playa de los Alemanes".

Erschreckend ist die Entwicklung im Bereich der **Bahía de la Plata** (Silberbucht) zwischen dem Campingplatz und der Siedlung Atlanterra: Hier wird eine *urbanización* nach der anderen aus dem Boden gestampft. Irgendwie scheint das Küstengesetz, wonach Gebäude am Strand nur max. zwei Stockwerke hoch sein dürfen, hier nicht wirksam zu sein. Die sterilen, fast durchweg vierstöckigen Wohn- und Geschäftsblocks erinnern fatal an gewisse Retortensiedlungen der Costa del Sol.

Praktische Informationen

Service

- **Medizinische Versorgung:** Ambulatorio, c/ Angelines Sanz, Tel. 956.43.93.73.
- **Post,** c/ Almadraba.

Fest

- **Feria de Agosto:** An einem langen Wochenende im August zelebrieren die Einwohner Zaharas ihre große *feria,* dazu gehört auch ein Flamenco-Wettbewerb mit Künstlern aus der gesamten Region. Im Schatten der alten Almadraba werden die Schönsten der Region gekrönt, und die ganze Nacht wird in *casetas* (kleinen Festzelten) gefeiert.

Unterkunft

Zahara bietet im Gegensatz zu anderen Dörfern an der Küste nicht gerade günstige Unterkünfte. Wer billigere Zimmer sucht, sollte nach Caños de Meca oder Conil fahren.

an14-028 nk

Hotel Gran Sol**/③, Avda. de la Playa, Tel. 956. 43.93.09, www.gransolhotel.com. Sehr schönes kleines Hotel direkt am Strand, nette Gartenanlage mit Pool.

Hotel Pozo del Duque***/②-③, Tel. 956. 43.94.00, www.pozodelduque.com. Ähnlich komfortabel wie das Gran Sol. Auch das Pozo del Duque liegt am Strand und kann einen schönen kleinen Garten mit Pool vorweisen.

Camping

Camping Bahia de la Plata, Avda. de las Palmeras, Tel. 956.43.90.40, www.campingbahiadelaplata.com. An der Straße von Zahara Richtung Atlanterra gelegen. Zum Teil bietet der Platz Schatten spendende Bäume. Ganzjährig geöffnet.

Bolonia

Zwischen Zahara de los Atunes und Tarifa liegt eine **traumhafte Bucht** mit weitläufigem Strand und einer riesigen Wanderdüne – hier ist die Welt noch in Ordnung. Eine schmale Landstraße führt quer durch meist saftig grüne Hügellandschaft ans Meer. Auf der N-340, ca. 20 Kilometer vor Tarifa bei Kilometer 70,2, zweigt diese Straße ab, die Bucht ist nicht zu sehen, denn man fährt erst einmal einen begrünten Hügel hoch, bis sich dann ein herrlich weiter Blick auftut. Die Bucht ist teilweise von der kahlen Berglandschaft der **Sierras de la Plata** und **San Bartolomé** umgeben.

Diese ideale Lage und Schönheit wussten bereits die Römer zu schätzen. In Strandnähe steht die Ruine einer römischen Stadt – **Baelo Claudia** – in der nahezu unberührten Landschaft, was dem Ort ein besonderes Flair verleiht.

Bolonia selbst besteht nur aus ein paar Häusern, die teilweise noch mit den für die Region typischen getrockneten Gräsern bedeckt sind. Einige wenige, dementsprechend teure Pensionen bieten die Möglichkeit zur Übernachtung in der Bucht, das Campen ist verboten.

Essen und Trinken

Restaurante La Rejas, Tel. 956.68.85.46, direkt bei der Ruine gelegen. Herrlich leckerer *Atún encebollado* (Thunfisch mit Zwiebeln) und andere Köstlichkeiten; außerhalb der Saison oft nur am Wochenende geöffnet.

Unterkunft

Hostal-Bar Rios① bzw. ②, El Lentiscal 8, Tel. 956.68.85.44. Direkt oberhalb des Strandes gelegen, sehr ruhig. Rustikale, gemütliche Anlage, familiäres Ambiente. Man hat die Wahl zwischen recht ordentlichen Zimmern (inkl. Bad) und Apartments mit Küche. Im Juli und August oft ausgebucht.

Hostal Lola① bzw. ②, Tel. 956.68.85.36, www.hostallola.com.

Römerstadt Baelo Claudia

Baelo Claudia wurde im 2. Jh. v. Chr. gegründet und entwickelte sich rasch zu einer wichtigen Stadt der römischen Provinz Baetica. Die Siedlung stand ganz und gar im Zeichen des **Fischfangs** und dessen Verarbeitung zu **Pökelfisch** und einer dickflüssigen Soße, *garum* genannt (später auch als *garón* bekannt), die aus Fischresten zubereitet wurde. Die Stadt erlebte durch diesen Handel eine Zeit der wirtschaftlichen Blüte. Vermutlich war die unter Kaiser *Claudius* im 1. Jh. n. Chr. zum *municipium romanum* ernannte Stadt gleichzeitig auch Verwaltungszentrum für das gesamte Küstengebiet.

Rundgang

Baelo Claudia wurde nach allen Regeln des römischen Städtebaus errichtet. Die Umgrenzung der Stadt ist gut durch die zum Teil noch erhaltene Stadtmauer zu erkennen. Gleich zu Beginn trifft man auf das erst jüngst ausgegrabene ehemalige Stadttor. Zwei wichtige **Straßen** durchqueren die Stadt, die eine, *decumanus maximus,* von Osten nach Westen, die andere, *cardo maximus*, von Norden nach Süden. Letztere führte bis zur – im modernen Sprachgebrauch könnte man sagen – Fischfabrik.

Garum – ein römischer Leckerbissen aus Fischköpfen

Die im ganzen Römischen Reich bekannte Soße garum wurde in Baelo Claudia aus Fischresten hergestellt. Köpfe, Innereien und andere „Leckerbissen" der Thunfische (teilweise auch von anderen Fischsorten wie der Makrele) wurden **in Salzlake eingelegt und drei bis vier Monate der Sonne ausgesetzt,** manchmal wurde diese Masse auch direkt über dem Feuer gegart. Es ist leicht vorstellbar, dass sie gewaltig **gestunken** und außerdem auch recht streng geschmeckt hat, deshalb vermischte man das garum mit Wein, Essig, Öl oder Honig. Die fertige Soße wurde zu Gemüse und Fleisch gereicht, man sagte ihr aber auch heilende Kräfte gegen Verbrennungen, Vergiftungen und Geschwüren nach. Auf jeden Fall erfreute sie sich großer Beliebtheit und war wohl laut schriftlicher Quellen schon den Griechen bekannt.

An der Kreuzung dieser beiden Straßen lag das Zentrum mit den wichtigen Gebäuden des administrativen, kulturellen und religiösen Lebens, die rund um einen öffentlichen Platz, das **Forum,** konzentriert waren. Zu den Gebäuden zählten drei **Tempel,** die den Göttern Jupiter, Juno und Minerva geweiht waren (auch als Kapitol bekannt), ein Tempel zu Ehren der ägyptischen Göttin Isis, der **Senat** und einige kleine Geschäfte, die später durch den großen **Markt** ersetzt wurden. Im südwestlichen Teil Baelos liegen die **Thermen,** das **Theater** wurde etwas abseits im Nordwesten errichtet. Die Wasserversorgung der Stadt wurde durch drei **Aquädukte** geregelt.

Die Reste der Stadt reichen bis zum Strand, und sicher gibt es noch einiges unter der Erde zu entdecken, denn die Ausgrabungen sind noch nicht endgültig abgeschlossen. Ob ein Teil der Stadt sogar im Wasser verborgen liegt, ist umstritten, der Gedanke allein hat aber natürlich etwas Abenteuerliches an sich.

Wie für römische Städte üblich, liegen die Gräber außerhalb der ummauerten Stadt. In Baelo wurden **drei Nekropolen** gefunden: zwei am Ausgang des Ost- und Westtores, eine dritte zwischen dem östlichen Aquädukt und der aktuellen Zufahrtsstraße nach Bolonia.

Lediglich die **Fischfabrik** lag dicht beim Wasser, weit weg von den Wohngebäuden, vermutlich wegen der Geruchsbelästigung, aber auch, um den Fisch sofort verarbeiten zu können. Den Fischen wurden die Flossen und der Kopf abgetrennt, sie wurden gesäubert und geschlagen, damit das Salz später gut eindringen konnte. Dann wurden sie in großen Becken mit jeweils einer Schicht Fisch und einer dicken Schicht Salz gela-

an14-029 ba

gert. In Amphoren transportierte man den fertigen Pökelfisch.

Architektenherzen scheint es höher schlagen zu lassen, andere sehen darin einen zu groß geratenen Schuhkarton: Das zu Baelo Claudia gehörende **Museum,** schon von Weitem deutlicher zu erkennen als die Ruine selbst, scheidet die Geister. Der sevillanische Architekt *Guillermo Vázquez Consuegra* – übrigens ein Freund des ehemaligen andalusischen Präsidenten *Chaves* – hat sich damit vielleicht eine Art Denkmal gesetzt. Das Museum bietet viel Ausstellungsplatz, der aber eher bescheiden genutzt wird. Seit es das Museum gibt, wird auch die Ruine herausgeputzt, die Wege sind ausgearbeitet und gekennzeichnet, wichtige Bereiche nicht mehr zugänglich, um sie vor Beschädigung zu schützen.

Öffnungszeiten

■ Die **Ruinenstadt** ist mittlerweile mit Wegweisern und Hinweisschildern ausgestattet. Leider fahren keine Busse bis zur Ruine, nur bis Facinas, von wo man doch einen langen Fußmarsch vor sich hat. Eintritt für EU-Bürger frei, Tel. 956.21.43.00, Öffnungszeiten: Juni bis Sept. Di–Sa 10–20 Uhr, Okt. und März bis Mai 10–19 Uhr, Nov. bis Feb. 10–18 Uhr, So/Fe 10–14 Uhr, Mo geschlossen.

■ **Museum,** Juni–Sept. 10–20 Uhr, Rest des Jahres 9–19 Uhr, an Feiertagen 10–14 Uhr, Mo geschlossen (1./6.1. sowie 24./25./31.12. geschlossen), Eintritt für EU-Bürger bisher frei, Änderungen vorbehalten.

Römerstadt Baelo Claudia

Tarifa – der südlichste Zipfel Spaniens

Wenn man in den Ort hineinfährt, spürt man sofort die Präsenz der **Windsurfer.** Die Hauptstraße ist gesäumt von Surfshops. In den letzten 25 Jahren ist durch diese „Welle" ein ganz neues Stadtbild entstanden. Über die Freaks wundert man sich im Ort schon lange nicht mehr, sie sind willkommen. Mittlerweile haben sich hier auch viele Nichtspanier niedergelassen, um Sonne, Wind und Meer zu frönen. In der Hauptsaison ist die Stadt zuweilen touristisch überladen, auch der Lärmpegel in den Cafés und Bars steigt enorm an. Außerhalb der Saison zeigt sich Tarifa wieder von der schönsten Seite. Die Altstadt ist ein bezauberndes kleines Viertel mit engen Gassen und deutet auf eine ereignisreiche Geschichte hin.

Durch seine **strategisch günstige Lage** nahm der Ort schon immer eine Schlüsselstellung bei der Überwachung der Meerenge ein. Funde aus der Bronze- und vorrömischen Zeit belegen, wie bedeutend der Standort von jeher war. Die Stadt ist teilweise noch von einer alten Stadtmauer umgeben, die im 18. Jh. zum großen Teil neu errichtet wurde, denn Tarifa hatte sich in dieser Zeit zur Basis der militärischen Operationen Spaniens zur Rückeroberung Gibraltars entwickelt.

Man betritt die Altstadt durch ein Stadttor im Mudéjar-Stil, die **Puerta de Jerez,** auch einfach nur El Arco („Torbogen") genannt. Nur Reste der Stadtmauer stammen noch aus islamischer Zeit, so im Süden der Altstadt.

Nur 15 Kilometer trennen die südlichste Spitze Spaniens von Afrika. Tarifa verdankt seinen Namen dem **Berberführer Tarif ibn Malik,** der 710 erste Erkundungstouren nach Südspanien unternahm und damit den Grundstein für die Eroberung Spaniens durch die Muslime legte. 1292 wurde Tarifa unter *Sancho IV. el Bravo* von den Christen zurückerobert, ein Spruch auf der Puerta de Jerez erinnert daran.

Vom Aussichtspunkt **Miramar** hat man bei guter Wetterlage einen hervorragenden Blick auf die Küste Afrikas. An diesem strategisch günstigen Punkt steht auch die **Alcazaba** aus dem 10. Jh. und das **Castillo de Guzmán el Bueno** mit dem achteckigen Turm Torre de Guzmán. Zum Teil wurde das Castillo im 13. Jh. umgebaut. Die Geschichte dazu: Tarifa musste auch nach der Rückeroberung gegen die Angriffe der Mauren verteidigt werden. Dabei kam es zu einem tragischen Ereignis: Die Mauren hielten den Sohn des Statthalters *Alonso Pérez de Guzmán* gefangen und drohten, ihn vor den Augen des Vaters zu töten. Von einem Fenster des achteckigen Turms aus (heute zugemauert) warf ihnen *Guzmán* sein Schwert zu, um die Tat zu vollbringen. Damit opferte er seinen Sohn, um die Stadt zu retten. Im westlich an die Altstadt angrenzenden kleinen Park ist ihm ein Denkmal errichtet worden.

■ **Öffnungszeiten:** Di bis Sa 11–14 u. 16–18 Uhr (im Sommer bis 20 Uhr), Eintritt 2 €. Hinter dem Castillo führt ein Treppenaufgang zum idyllischen Rathausplatz Plaza de España mit einem Centro Cultural (Kulturzentrum), in dem gelegentlich Flamenco-Abende veranstaltet werden.

Die **Iglesia de San Mateo** in der Altstadt ist ein spätgotischer Bau aus dem 16. Jh. mit neoklassizistischer Fassade. Sie entstand im 17. Jh. unter den wachsamen

an14-031 ba

Augen des Baumeisters *Torcuato Cayón*. Auch hier stand zuvor eine Moschee. Eine Schrifttafel mit westgotischen Zeichen aus dem Jahr 647 deutet auf die lange Geschichte Tarifas hin.

Ebenfalls in der Altstadt, in der Calle Colón (auch Calle de la Fuente), befindet sich der schöne **Markt** im Mudéjar-Stil; Betrieb ist von 9–14 Uhr.

Praktische Informationen

Information

- **Oficina de Turismo,** Tel. 956.68.09.93, am Anfang der Parkanlage, die im Westen der Altstadt, von der Puerta de Jerez aus gesehen rechts, liegt.

Service

- **Policía Local,** Plaza Santa María 3, Tel. 956.68.41.86.
- **Post:** c/ Coronel Moscardó.
- **Taxiruf:** Tel. 956.68.42.41.
- **Medizinischer Notruf:** Tel. 956.68.48.96.
- **Centro de Salud:** Tel. 956.02.77.00, Krankenhaus/Notaufnahme in der Straße Amador de los Rios, stadtauswärts Richtung Algeciras.
- **Windsurfer-Rettungsdienst:** Tel. 900.20.22.02.
- **Wetterbericht „Tarifa Tráfico“:** Tel. 956.68.10.01 (auf Spanisch).
- **Busstation:** c/ Batalla del Salado, Tel. 956.68.40.38.

Essen und Trinken

In der zentralen Altstadtstraße, der c/ Sancho IV. el Bravo, befinden sich einige Bars und Restaurants.

^ Castillo de Guzmán el Bueno

Surfparadies Tarifa – das europäische Maui

Dort, wo zwei Meere aufeinandertreffen und der europäische und der afrikanische Kontinent nur 15 Kilometer voneinander entfernt liegen und wo der Wind manchmal mit zehn Beaufort über den Strand peitscht, entstand in den letzten 25 Jahren ein Windsurferparadies. Das milde Klima und die viele Sonne runden das Vergnügen ab. Der **„Düseneffekt" der Straße von Gibraltar** ist an allem schuld: Dieser Effekt tritt insbesondere bei schönem Wetter, d. h. Hochdruckgebiet, auf. Die Winde, die vom Mittelmeer Richtung Atlantik wehen, werden durch die Straße von Gibraltar, die von Gebirgen eingerahmt ist, gepresst und nehmen dadurch an Stärke zu. Das heißt, je mehr man sich der Straße von Gibraltar nähert, desto mehr „kachelt's", wie Insider sagen, und darum ist Tarifa ein Traum für Starkwindfans und manchmal ein Alptraum für Strandurlauber, die an solchen Tagen an der playa wie ein Wiener Schnitzel paniert werden. Selbst ein Spaziergang am Strand kann dann allenfalls noch für die gute Durchblutung der Waden sorgen, denn der feine Sand zwirbelt einem mächtig gegen die Haut.

Wahre Windsurferseelen begeistert diese Macht des Windes, aber Nicht-Starkwind-Erprobte seien gewarnt. Dieses Terrain ist **kein Kinderspiel,** denn die Wellen kommen hier sehr dicht und parallel hintereinander, d. h. unfreiwillige Sprünge mit dem Brett können vorprogrammiert sein. Da muss man schon sicher in den Fußschlaufen stehen, um den Spaß nicht in einen Kampfakt gegen das Meer ausarten zu lassen. Zudem sind die Strömungen an der Costa de la Luz nicht zu unterschätzen. Gute Segler sind darüber in der Regel informiert, aber viele Surfer wagen sich oft leichtsinnig weit hinaus.

Die Winde an der Costa de la Luz

Der **Poniente** ist ein thermischer, auflandiger Westwind, er weht vom Atlantik – daher ist dieser Wind auch meistens kühler – mit Stärken bis zu fünf Beaufort. Der **Levante** ist des Surfers

an14-032 ba

liebstes Kind. Dieser starke, ablandige Ostwind, der in der Meerenge so richtig in Fahrt kommt, erreicht Stärken über sechs Beaufort.

Der starke Wind bei Tarifa leistet aber noch ganz andere gute Dienste. In dieser Region drängt es sich geradezu auf, den Wind als **Energiequelle** zu nutzen, und so prägen an der N-340 auf dem Weg von Gibraltar Richtung Algeciras zahlreiche Windkraftanlagen des Parque Eólico das Landschaftsbild.

Strände westlich von Tarifa

Der Windsurferstrand **Valdevaqueros** liegt vor dem Ort Tarifa, eine Abzweigung zum Strand befindet sich an der N-340 bei km 74, die auch zum Campingplatz La Paloma führt. Ein Stückchen weiter die N-340 hoch gibt es bei einer kleinen Häusersiedlung eine weitere Anfahrt zum Strand. Man fährt praktisch quer über den Acker auf einem schlaglochreichen Sandweg. Am Ende des Weges steht eine Surfbar inklusive Shop. An diesem Strand kann Equipment ausgeliehen und ein Surfkurs belegt werden. Auch Starkwindkurse werden angeboten (Gruppen- oder Einzelunterricht, Stunde etwa 9 €).

Wenn einem zehn Beaufort oder mehr des Levante um die Ohren fegen, und die Wellen am Strand von Tarifa nur noch für absolute Spitzencracks zu bewältigen sind, gibt es die Möglichkeit, an den Strand von **Los Caños de Meca** auszuweichen. Dort bläst der Levante etwas weniger stark. Eine ideale Stelle mit wenig Felsen liegt direkt rechts vor den ersten Reihenapartments in Los Caños (hinter der Abzweigung zum Cabo Trafalgar). In der Regel sind dort immer ein paar Windsurfer anzutreffen, der Strand ist also nicht zu verfehlen. Für Wellenreiter ist der Strand von El Palmar eher geeignet, denn dort gibt es meist höhere Wellen.

- Besonders zu empfehlen ist am Ende der Straße direkt bei der Kirche das Restaurant **El Morilla** mit der Küche Tarifas (Tel. 956.68.17.57). Das Essen ist originell und preiswert.
- Ebenfalls auf der c/ Sancho IV. befindet sich eine sehr stilvoll eingerichtete Bar/Restaurant im **Hotel Sancho IV.,** Tel. 956.62.70.83. Hier werden auch etwas nüchterne Zimmer vermietet.
- **Bar Misiana,** c/ Sancho IV., Designerbar im alten Gemäuer mit marokkanischen Elementen im gleichnamigen Hotel.
- **Café Azúl,** c/ Batalla del Salado 8, originelles Café an der Hauptstraße, der Name *azúl* (blau) ist Programm.
- In der Nähe des Hostals Correo befinden sich zwei kleine typisch andalusische Tapas-Bars: **Los Mellí** und **El Pasillo** (an der Pension vorbei, die Straße rauf und am Ende rechts).
- **Chilimosa Comida Vegetariana,** c/ Peso 6, Puerta de Jerez. Eine Seltenheit in Andalusien: ein vegetarisches Restaurant. Klein und gemütlich, z. B. Falaffel zu günstigen Preisen.

Nachtleben/Fest

- In der Altstadt befinden sich zahlreiche Bars und Pubs, z. B. in der Calle Nuestra Señora das **Moby Dick.** Beliebt sind auch das **Soul Café** mit Acid-Jazz und Hip-Hop, **The Face** und **Dos Columnas.** Im **Pósito,** Tel. 956.68.32.00, in der c/ Santísima Trinidad in der Nähe des Castillo werden leckere Gin Tonics gemixt. In den wärmeren Monaten (meist von Mai bis Sept.) sind die Pforten des **Jardín del Convento,** c/ Batalla del Salado 14 (gehört zum Hotel Convento), geöffnet: Man sitzt draußen zwischen alten Gemäuern eines ehemaligen Klosters aus dem 18. Jahrhundert.
- In der ersten Augustwoche findet jährlich ein **Folk-Festival** statt, Kulisse ist das Castillo.

Unterkunft außerhalb in Strandnähe

Am Strand außerhalb gibt es ein paar schöne, vereinzelte kleine Hotelanlagen, die das Landschaftsbild nicht verschandeln.

■ **Hurricane Hotel**③-④, Ctra. N-340 km 78, Tel. 956.68.49.19, www.hotelhurricane.com. Das Hotel wirkt wie ein kleiner Mudéjar-Palast mit schöner Gartenanlage, die zum Strand führt. Der hoteleigene Pool ist umgeben von einem Blumenparadies aus Bougainvillea und Hibiskus. Hier kann Surf-Equipment gemietet werden, außerdem gibt es eine „Club Mistral"-Windsurfschule. Auch Pferdenarren kommen auf ihre Kosten. Frühstück inklusive, Kinder 18 ¤ für zusätzl. Bett.

■ **100 % Fun**②-③, Ctra. N-340, km 76, Tel. 956.68.03.30, www.100x100fun.com. Das Hotel bietet laut eigener Angabe eine „tropical atmosphere" mit „Polynesian style" und exotischem Garten. Auch Filmproduktionen haben es schon als Kulisse entdeckt. Klar, dass der Strand nicht weit entfernt ist. 100 % Fun bietet außerdem mit „Max Workshop" eine Werkstatt, wo Surfbretter entworfen und hergestellt, über Nacht aber auch repariert werden. Zudem kann man hier das neueste Material anmieten (Tel. 956.68.52.77). Auch Mountainbike-Fans können ihrem Lieblingssport nachgehen. Ostern und 2. Augustwoche etwas teurer, für Kids von zwei bis acht Jahren werden 9 € berechnet, Frühstück inkl.

■ **Hotel Dos Mares**③-④, Ctra. Cádiz-Málaga, km 79,5, Tel. 956.68.40.35, www.dosmareshotel.com. Ein schönes romantisches kleines Hotel im andalusischen Stil direkt am Wasser, hier dominieren die mediterranen Farben ocker, terrakotta und blau. Zum Hauptgebäude kommen noch 20 Bungalows mit Meerblick und Hütten, *cabañas* genannt, hinzu. Am Strand finden Windsurfwettkämpfe statt, die man vom Restaurant aus beobachten kann. Pool und Reitmöglichkeiten sind auch vorhanden. Frühstück und Aufbewahrung des Surfequipments sind inklusive. Windsurf-/Kiteschule direkt beim Hotel.

■ **Cortijo Las Piñas**②-③, Ctra. N-340, km 74,3, Tel. 956.68.51.36, www.cortijolaspinas.com. Geeignet für Surfer, Pferdenarren und andere Naturliebhaber ist der traditionelle andalusische Bauernhof mit Blick auf die Bergkette. Der Strand ist nur 250 m entfernt, allerdings muss zunächst die Landstraße N-340 überquert werden. Die Anlage ist in kleine Zweier- und Vierer-Apartments aufgeteilt. Der *cortijo* war ursprünglich eine Viehzuchtfarm, dort gibt es jetzt Pferdeställe und eine Reitbahn. Vierer-Apartment etwas teurer. Pferdeverleih, Ausritt am Strand 20 € pro Stunde.

Der Spaß und der bittere Ernst

Schön ist der Blick von Tarifas Küste hinüber nach Afrika. Und auf der gegenüberliegenden Seite? Da schauen Menschen aus ganz Afrika voller **Hoffnung auf ein besseres Leben** auf den reichen, nahen und doch so fernen Kontinent und wagen riskante Aktionen, um ihn zu erreichen. Viele nehmen jede Gefahr auf sich, um ihr Glück in Europa zu versuchen. Die erste Etappe ist die andalusische Küste, die in lebensgefährlichen und teuer bezahlten Überfahrten angesteuert wird.

Jahr für Jahr wollen immer mehr Menschen Europa erreichen. Zu Tausenden werden sie wieder zurückgeschickt. In nicht wenigen Fällen müssen die fast zu Tode erschöpften Menschen aus dem Wasser gerettet werden. Gerade in mondarmen Nächten sucht die Guardia Civíl deshalb immer wieder die Strände mit Nachtsichtgeräten ab.

Unterkunft im Ort

Die Hostales in Tarifa unterscheiden sich sowohl optisch als auch preislich (v. a. in der teuren Hochsaison von Juli bis Sept.).

■ **Hostal Africa**①-②, Tel. 956.68.02.20, www.hostalafrica.com. Eine echte Überraschung im Bereich „Hostales" – mediterrane Farben und passable Preise.

■ **Hostal Tarik**①-②, c/ San Sebastián 34, Tel. 956.68.06.48, www.hostaltarik.es. Parallelstraße zur Calle Batalla del Salado im modernen Teil des

Ortes. Dieses Haus ist ideal für Surfer, da die Eingänge der einzelnen Zimmer direkt zur Straße liegen, man kann das Brett sogar mit aufs Zimmer nehmen. Rechtzeitig reservieren; von Juli bis Sept. schießen die Preise arg in die Höhe.

■ **Hostal Alborada****/①-②, c/ San José 52, Tel. 956.68.11.40, www.hotelalborada.com. Nette kleine Pension, sauber, Zimmer mit Bad.

■ **Hostal Tarifa**①-②, c/ Batalla del Salado 40, Tel. 956.68.33.03, www.hostaltarifa.com. Hell eingerichtete, moderne, saubere Zimmer. Private Parkgarage vorhanden.

Unterkunft in der Altstadt

■ **La Casa Amarilla**②, c/ Sancho IV el Bravo 9, Tel. 956.68.19.93, www.lacasaamarilla.net. Jedes Apartment in diesem Haus aus dem 19. Jh. ist unterschiedlich und mit andalusischem Flair sehr geschmackvoll eingerichtet. Küche und Bad vorhanden. Tolle Atmosphäre! Im Haus befindet sich auch eine kleine *bodega* mit einheimischer Gastronomie, obendrein wird dort eine kleine Flamencoshow vorgeführt. 4-Personen- bzw. 3-Personen-Apartment entsprechend teurer als das 2-Personen-Apartment, zusätzliches Bett 9–15 €.

■ **Hostal Correo**①, c/ Coronel Moscardó, Tel. 956.68.02.06, www.pensioncorreo.com. In der Nähe der Post und direkt neben dem „Casino" (klassischer andalusischer Treff für ältere Herren) gelegen, ein typisches Haus in der Altstadt. Die Preise für die Zimmer fallen unterschiedlich aus. Die meisten verfügen über ein Bad.

■ **Hotel Misiana,** El Bravo 16, Tel. 956.62.70.83, www.misiana.com. Designhotel, außergewöhnliche, hell eingerichtete Zimmer.

■ **Posada La Sacristía**③-④, c/ San Donato 8, Tel. 956.68.17.59, www.lasacristia.net. Mitten in der Altstadt liegt dieses aus dem 17. Jh. stammende Haus in einer abgelegenen und damit ruhigen Seitenstraße. Stilvolle Zimmer mit rustikalem Charme, allerdings nicht besonders groß.

■ **Casa Blan+Co**④-⑤, c/ Ntra. Sra. de la Luz 2, Tel. 956.68.15.15, www.casablan-co.com. Modern eingerichtet, ohne die alte Bauweise komplett zu überrumpeln, sind die Suites der Casa Blan+Co.

■ **Posada Vagamundos**②-③, c/ San Francisco 8, Tel. 956.68.15.13, www.posadavagamundos.com. Eine gute Wahl in der Mittelklasse, die Struktur und wesentlichen Elemente dieses Hauses aus dem 18. Jh. sind erhalten geblieben.

■ **El Beaterio**②, Plaza del Angel 2, Tel. 956.68.09.24, www.el-beaterio-tarifa.com. Originell eingerichtete 2- bis 6-Zimmer-Apartments im ehemaligen Kloster in der Nähe des Marktes.

Camping

■ **Camping Paloma,** N-340, km 74, Tel. 956.68.42.03, www.campingpaloma.com. Der Campingplatz liegt ideal, 400 m zum Strand und in der Nähe der archäologischen Ausgrabungsstätte Necrópolis de los Algarbes aus der Bronzezeit und außerdem an *dem* Surferstrand Tarifas, Valdevaquero genannt, wo sich eine riesige Düne aufgebaut hat. Viele nennen diesen Strand einfach *La Duna,* und jeder weiß, was gemeint ist. Der Campingplatz hat allen Komfort. Ganzjährig geöffnet.

■ **Camping Torre de la Peña I,** benannt nach dem gleichnamigen Wachturm auf einem markanten Felsen. Bis ins 19. Jh. hinein wurde der Turm genutzt, der auch Torre de la Roqua del Ciervo genannt wird. Der Campingplatz liegt nahebei an der N-340, km 76, Tel. 956.68.49.03, www.campingtp.com. Der Platz bietet viel Schatten. Hier finden Strandliebhaber kleine Buchten. Ganzjährig geöffnet.

Verkehrsverbindungen

Die **Bushaltestelle** in Tarifa befindet sich an der Hauptstraße Calle Batalla del Salado kurz vor der Altstadt, in der Nähe der Puerta de Jerez. Busse u. a. nach Almería, Málaga, Sevilla und Jerez.

Mirador del Estrecho

Auf der N-340 Richtung Algeciras (ca. 10 Minuten von Tarifa) befindet sich ein Aussichtspunkt, der bei guter Sicht einen schönen **Blick auf die marokkanischen Berge** bietet.

Bootstouren (whale watching)

Von Tarifa aus werden Exkursionen in die Meerenge von Gibraltar mit dem Boot „La Rajorca" unternommen, bei denen **Delfine und Wale** beobachtet werden können. Der Ausflug dauert rund 2½ Stunden, vor dem Start gibt es eine kleine Einweisung zum Thema und ein Büchlein über Wale.

■ **firmm** (Foundation for information and research on marina mammals), c/ Pedro Cortés 3 (direkt neben dem Café Central), Tel. 956.62.70.08, 678.41. 83.50 (Handy), www.firmm.org. Erwachsene 30 €, Jugendliche unter 14 Jahren 20 €, Kinder unter 6 Jahren in Begleitung 10 €. Möglichst ein bis zwei Tage vorher reservieren. Die Schweizer Organisation firmm hat sich zum Ziel gesetzt, mittels des sanften Tourismus ihre Forschungsaktivitäten für den Schutz der Wale und Delfine zu finanzieren.

Wind- und Kitesurfen (v. a. an der Playa Valdevaqueros)

■ **Surfschule und Ausrüstungsverleih:** neben den genannten Hotels gibt es noch den **Club Mistral** an der Nationalstraße bei km 78, www.clubmistraltarifa.com; dazu gehört auch eine Bar/Café mit Terasse und Meerblick. Auf Grünflächen kann man sich bei chilliger Musik in der Sonne räkeln.

Tauchen

■ **Centro de Buceo Scorpora,** Plaza del Mirador 6, Tel. 629.54.61.77 (Handy), www.buceoscorpora.com. Hier gibt es neben einer Tauchschule alles rund ums Tauchen, vom Equipment bis zum Bootsverleih.

Lieferservice in Tarifa

an14-033 nk

Fähre nach Marokko

Zur Einreise ist ein mindestens sechs Monate gültiger **Reisepass** nötig.

- **Tarifa – Tanger** tägl. 10 Uhr außer So, Abfahrtszeiten je nach Jahreszeit unterschiedlich, im Winter eher 13 Uhr Abfahrt, im Frühjahr 9 und 17 Uhr; Tanger – Tarifa tägl. 14.30 und 21.30 Uhr, im Frühjahr 8.30, 14.30 und 21.30 Uhr; es empfiehlt sich, vor Ort nachzufragen bzw. unter www.frs.es und dort unter „Horarios" den gewünschten Reisetag eingeben. Die Überfahrt dauert mit der FRS-Fähre nur 35 Min., je nach Wetterlage evtl. etwas länger. Tickets können am Hafen oder in den *agencias* auf der Calle Batalla del Salado gekauft werden: Tarifa – Tanger – Tarifa ca. 50 €.
- Es werden auch **Tages- oder Zweitagesausflüge** angeboten mit deutschsprachigem Reiseführer. Preise 42 bzw. 81 €.

Im Landesinnern der Provinz Cádiz

Vejer de la Frontera

Dass es sich bei Vejer de la Frontera um **eines der schönsten Dörfer Spaniens** handelt, haben die 13.000 Einwohner seit 1978 auch amtlich: Es erhielt einen entsprechenden Titel des Ministeriums verliehen. Zwei Jahre zuvor hatte man schon die Auszeichnung *Conjunto Histórico Artistico* (etwa: „Nationales Baudenkmal") eingeheimst. Zum Glück hat sich seit damals nicht viel verändert, noch immer haben moderne Neubauten im Ortszentrum keine Chance gegen die urwüchsigen, kleinen weißen Häuschen. Selbst Hotels und Bars passen sich der historischen Bausubstanz an, machen sich hinter der ehrwürdigen Fassade eines ehemaligen Klosters oder den rustikalen Steinquadern der Stadtmauer geradezu unsichtbar.

Schon die Anfahrt begeistert, denn die umfriedete Altstadt besetzt wie ein kleines Schneefeld die Kuppe eines 190 Meter hohen Berges. So freundlich und einladend wie der Ort wirken auch seine Bewohner, und wenn sie erzählen, dass hier bis vor Kurzem niemand seine Haustür absperrte, weil es praktisch keine Kriminalität gab, dann glaubt man ihnen aufs Wort. Ähnlich wie in Córdoba gibt es auch hier im Frühling einen **concurso de patios,** also Prämierungen von besonders schön mit Blumen geschmückten Innenhöfen. Die Preise wandern meist in das Viertel gegenüber dem Hotel Convento de San Francisco rund um die Calle Altozano. Außergewöhnlich schön ist der Patio, der den barocken Palacio del Marqués de Tamarón (17./18. Jh.) mit der Casa del Mayorazgo verbindet, ebenfalls ein barocker Bau aus dem 18. Jh. Der Patio liegt am Ende der c/ Corredera, sozusagen die Verlängerung der Hauptstraße, direkt beim Stadttor Arco de Sancho IV.

Die außerordentlich günstige strategische Lage auf einem relativ steilen Berg inmitten fruchtbaren, saftig grünen Tieflandes erkannten bereits die Karthager, welche im 3. Jh. v. Chr. eine Stadt namens *Baka* gründeten, wovon sich der heutige Name ableitet. Bald darauf wurde der Ort von den Römern erobert, eine alte Pflasterstraße, der Torbogen Arco Sanchez IV. sowie möglicherweise Teile der Fundamente der heutigen Pfarrkirche Iglesia del Divino Salvador gehen auf sie zurück.

Im Jahr 711 fand in der Nähe, am Unterlauf des Río Barbate, das entscheidende Gefecht zwischen Westgoten und arabischem Invasionsheer statt. Die siegreichen Muslime bauten im ersten Drittel des 10. Jh. eine *Alcazaba* auf der höchsten Erhebung und nannten die Stadt *Baskir*. Rund um die Kuppe des Hügels wurde eine rund einen Kilometer lange Befestigungsanlage mit vier Stadttoren errichtet. Die Häuser und Straßen innerhalb dieses Rings besitzen auch heute stark orientalisches Gepräge.

Eine Besonderheit, auf die man in Vejer zumindest auf Postkarten noch stößt, sind die **cobijos,** eine auf islamische Tra-

ditionen zurückgehende Tracht mit Gesichtsschleier. Dieser Tschador wurde 1931 von der regierenden Volksfront verboten, als reaktionäre Kräfte die „Verkleidung“ nutzten, um unerkannt Waffen für terroristische Anschläge zu transportieren. Ein Halbrelief an der Fassade der Klosterkirche Iglesia Merced an der Plaza de Padre Caro zeigt das Porträt einer Cobijada (etwa: „Verschleierte“), man könnte sie auf den ersten Blick auch für eine Nonne halten.

Stadtrundgang

Der beste Ausgangspunkt ist das ehemalige Franziskanerkloster **Convento de San Francisco** aus dem späten 16. bzw. frühen 17. Jh., das von der Zufahrtsstraße Avenida de los Remedios gut ausgeschildert ist. Von hier geht die Calle Nuestra Señora de la Oliva hinauf zur Pfarrkirche **El Divino Salvador.** Die Architekturfragmente früherer Sakralbauten der Römer, Westgoten, Juden und Muslime wurden in diesem im 13. Jh. begonnenen und im 16. Jh. gotisch ausgebauten Gotteshaus weiterverwendet, sodass das Innere ein Sammelsurium verschiedener Stilepochen darstellt.

Von hier kann man an der Stadtmauer entlang die Calle José Castrillón nehmen, die oberhalb des Stadttors **Arco de la Villa** endet. Von dort lohnt ein Abstecher hinunter zur malerischen **Plaza de España** mit einem mit Sevillaner Keramik verkleideten „Froschbrunnen“. Im Hintergrund ist die Fassade der **Iglesia Merced** mit dem Relief der *Cobijada* zu erkennen.

Den Bereich oberhalb des Arco de la Villa durchziehen winzige, blumengeschmückte Gassen. Geht man die Calle Canalejas geradeaus weiter, kann man an deren Ende einen schönen Blick auf Umland und die Atlantikküste genießen. Wendet man sich dort nach rechts, ist schon das wuchtige, gut tausend Jahre alte **Castillo** zu sehen, über die Straßen Rosario, Mesón de Ánimas und Castillo erreichbar. Heute wird die lange als Adelsresidenz genutzte Festung im Wesentlichen von einer Schule und einem Kunstgewerbeladen eingenommen.

Über die Straße Ramón y Cajal, vorbei am Nonnenkloster **Convento de las Monjas Concepcionistas,** erreicht man wieder die Pfarrkirche – von dieser Seite ist an der Außenmauer in einer Keramikplakette das Porträt der Schutzpatronin der Stadt zu sehen, La Virgen de la Oliva („Die Jungfrau der Olive").

Praktische Informationen

Information

■ **Oficina Municipal de Turismo,** gleich zu Beginn des Dorfes an der Hauptstraße, die nach Vejer hinaufführt, beim Parkplatz auf der linken Seite, Tel. 956.45.17.36, www.turismovejer.es. Juni bis Sept. tägl. 10–15 und 17–21 Uhr.

an14-034 nk

■ **Asociación Empresarial Turismo Janda Litoral,** Vereinigung von Hotelbesitzern, die den ländlichen Tourismus in der Umgebung Conils, Vejers und Barbates fördern möchten, ganz im Gegensatz zum Massentourismus an der Costa del Sol: www.turismojandalitoral.es.

Service

■ **Policía Local,** Avda. de Andalucía 9 (vom Kreisverkehr der Zugangsstraße nach Vejer links abbiegen), Tel. 956.45.15.34.

■ **Medizinische Versorgung:** Centro de Salud, Avda. de Andalucía, Tel. 956.44.76.25.

Essen und Trinken

Die typisch spanische Kaltschale *gazpacho* wird in Vejer auch heiß als *gazpacho caliente* genossen, und die eher als Süßspeise bekannte *gacha*, eine Mischung aus Wasser, Milch, Mehl und Zimt, verfremden die Bewohner zur pikanten *poleá* mit Zwiebeln.

Die **Markthalle** im oberen Teil der Altstadt wurde aufgehübscht; man kann dort neben Obst, Gemüse und frischem Fisch auch weitere Delikatessen der Gegend für den feinen Gaumen entdecken. Hier wird auch der lokal produzierte Bio-Wein „ETU" der deutschen *Ute Mergner* verkauft.

■ **Las Delicias,** c/ Corredera 31 (die Hauptstraße von Vejer, wenn man in den Ort kommt), Tel. 956.15.18.07, www.lasdeliciasvejer.com. Ausgefallenes, avantgardistisches Restaurant in einem alten Theater, designt von *Gaspar Sobrino.*

■ **Garimba,** zentral an der Plaza España (mit dem Fröschebrunnen), Tel. 956.45.53.02. Hier kommen nicht nur ausgefallene kleine Gerichte auf den Tisch, auch der Gin Tonic wird mit aller Kunst im kühlen Schatten serviert (meist im Winter geschlossen).

■ **Los Quatro Gatos,** c/ Corredera. Kleines, freundliches Lokal mit nicht alltäglichen Gerichten.

< Islamische Spuren in Vejer

■ **Bar Lusitania,** kleines Restaurant am Anfang der c/ Juan Relinque an der Plazuela. Die Liste der Tapas wechselt regelmäßig, z. B. *solomillo de cerdo al oporto* (Schweinfilet in Portwein) oder *bacalao dorado* (goldbrauner Stockfisch).

■ **La Posada,** Avda. de los Remedios, gegenüber der Taxihaltestelle. Restaurant, aber v. a. gute Tapas-Bar, leckere Rindfleischgerichte der *raza retinta,* einer Rasse, die nur in Andalusien und Extremadura gezüchtet wird.

■ **Gadir,** ein wenig erinnert dieses im traditionellen Baustil der Region errichtete Restaurant an eine der typischen Mühlen von Vejer. Selbst in heißen Sommernächten weht hier aufgrund der günstigen Lage ein frisches Lüftchen. Tagsüber bietet sich ein entspannender Blick auf Wiesen und hinunter zum Meer. Feine andalusische Küche. Das Restaurant liegt wie Vejer auf einer Anhöhe. In direkter Nähe befindet sich auch die Startbahn für Paraglider. Wegbeschreibung: Von der Meerseite kommend am ersten Kreisverkehr im Dorf Vejer rechts abbiegen, bis zum Ende fahren, auf der Höhe des Supermarktes SuperSol rechts abbiegen und dem Straßenverlauf folgen, auf der rechten Seite liegt das Restaurant Gadir.

■ **El Poniente,** schön gelegen, befindet sich das Restaurant in einer alten Mühle an der *Carretera de los Militares* – hier lohnt sich allein schon wegen des Sonnenuntergangs eine *copita.*

■ **La Castillería,** das Restaurant unter freiem Himmel hat nur in der Hauptsaison zwischen der *Semana Santa* (bis Juni nur an Wochenenden) und Mitte September geöffnet. Es liegt in der Nähe von Überresten eines römischen Aquädukts. Hier gibt es auch eine Süßwasserquelle, die mit einem kleinen Wasserfall das Ambiente abrundet. Ein Traum in einer warmen Sommernacht mit Mondschein. Das Restaurant ist unter Einheimischen derart beliebt, dass ohne vorherige Reservierung so gut wie gar nichts klappt (Handy 989.36.40.60). Das Restaurant ist nicht ganz einfach zu finden und die Abzweigung von der N-340 schnell verpasst. In Richtung Cádiz nimmt man zwischen der Abzweigung nach Medina Sidonia und der nach Los Caños de Meca rechts die Abzweigung nach La Muella; dahinter links abfahren.

■ **Il Forno,** ein Restaurant mit italienischer Küche. Das Besondere: Hinter dem einfach gestalteten Restaurant liegt ein zauberhaft angelegter Gemüsegarten; die meisten Produkte, die auf den Teller kommen, wurden hier geerntet. Reservierungen sind in dem beliebten Il Forno nicht möglich, ab 20.30 Uhr ist das Restaurant geöffnet. Mögliche Wartezeiten lassen sich auf der Wiese im Garten bei einem kühlen Gläschen abkürzen. Das Lokal liegt an der Carretera Richtung La Muella. Di geschlossen.

■ Nicht weit entfernt ist das **Restaurant La Tajea,** Tel. 956.44.71.42, das seine Gäste u. a. mit Gambas-Carpaccio, verziert mit Trüffeln und ausgezeichnetem Olivenöl, sowie guten Fleischgerichten verwöhnt.

Nachtleben

In den sommerlichen Monaten ist der gesamte Ort auf den Beinen. Die **Altstadt** von Vejer ist klein genug, um einfach durch die Gassen zu streifen und sich nach Lust und Laune von den zahlreichen Lokalen anziehen zu lassen. Viele Bars schließen gegen 3 Uhr nachts, zumindest offiziell. Im Winter geht es in Vejer und Umgebung naturgemäß wesentlich beschaulicher zu.

■ **Café-Bar Janis Joplin,** c/ Marqués de Tamarón, in einem Gewölbe des Stadttores Puerta de la Segur. Sehr urwüchsig und intim – wie der Name schon andeutet, ist Sixties-Musik angesagt. In erster Linie ein gemütliches Plätzchen zum Plaudern und Trinken, öffnet abends relativ spät.

■ Schräg gegenüber, vor dem Steinbogen, gibt es eine weitere Bar, **La Bodeguita,** die ebenfalls Nachtschwärmer anlockt. Hier finden manchmal Live-Konzerte (Blues, Jazz, Rock) statt.

■ Von Ende Juni bis September kann man herrlich in der **Bar Jardines** hinter der Kirche bis 3 oder 4 Uhr nachts chillen, aber auch Frühstück gibt es in dieser Open-Air-Bar an der c/ Ramón y Cajal.

■ In El Palmar nahe Vejer (Taxi!) lockt die **Strandbar El Dorado,** die erst so gegen 5 Uhr morgens schließt. Fr heißt das Motto „Friday Fever Night" mit Funk, Soul oder Electro. Im El Dorado spielt u. a. die Band „Dub Tonez" einen coolen Reggae-Mix oder auch die lokale Band „The Dock" mit dem bekannten andalusischen Musiker *Diego Pozo „El Ratón"* (Soul und R&B der 1960er und -70er Jahre). Do gibt es v. a. Electro und House, und wer ein Instrument beherrscht, sollte die Jam session am Mi nicht verpassen.

Feste

■ **Semana Santa** (Karwoche), nicht so pompös wie in Sevilla oder Málaga, aber dennoch beeindruckend, wie der „paso" durch die steilen Gassen des Ortes zieht.

■ **Toro Embolao,** Ostersonntag. Eine Stierhatz à la Pamplona: Zwei Stiere, deren Hörner mit Kugeln geschmückt sind, werden um 12 bzw. 16 Uhr durch den mit Gittern abgesperrten Ort getrieben, da heißt es rechtzeitig die Flucht ergreifen. Von Straßenmarkt und anderen Festivitäten begleitetes Ereignis.

■ **Feria de Primavera,** das Frühlingsfest am übernächsten Wochenende nach Ostern (Do–So). Zahlreiche Aktivitäten mit geschmückten Ochsen- und Pferdekarren, Wettbewerben, Musik und Tanz. Das Festgelände Recinto Ferial befindet sich am südlichen Ortsende Richtung Barbate direkt bei den Windmühlen aus dem 19. Jh., die als Festbuden genutzt werden.

■ **Romería al Santuario de Nuestra Señora de la Oliva,** am 7. Mai. Wallfahrt zur etwa 5 km entfernten Einsiedelei der Stadtheiligen. In einer feierlichen Zeremonie wird die Marienstatue mit dem Ölbaumzweig in der Hand durch die Gärten des Heiligtums getragen.

■ **Candela de San Juan,** 23. Juni. In der Johannisnacht werden auf der Plaza de España von Jugendlichen aus Abfällen hergestellte, überdimensionale Puppen – *Juanillos* (männlich) bzw. *Juanillas* (weiblich) – in einer festlichen Zeremonie verbrannt. Damit soll symbolisch alles Böse verbannt werden.

Unterkunft

TIPP: El Cobijo②-③, La Viña 7 (auch San Filmo 7), Tel. 956.45.50.23, www.elcobijo.com. El Cobijo hat eine geradezu magische Anziehungskraft, man fühlt sich nicht wie in einem Hotel, sondern die Seele des Hauses, Besitzer *Juan,* bewahrt mit dem Cobijo nicht nur ein kulturelles Erbe, sondern gibt einem das Gefühl, bei einem guten Freund zu Besuch zu sein. Unterstützung bekommt er von *Carmen* und den sympathischen Vejerianos *Merche* und *Jesús,* die das schmucke Hotel leiten. Die Zimmer sind ein heimeliger Rückzugsort und sowohl vom Aufbau (teilweise auf zwei Etagen, mit Terrasse und einzigartigem Blick auf das alte Vejer und bis hinunter zum Meer) als auch vom Mobiliar her sehr unterschiedlich und mit Liebe zum Detail eingerichtet, jedes für sich ein Schmuckstück. Das Frühstück ist spektakulär: *Merche* und *Jesús* zaubern vom Käse bis zur *mantequa* (einer Art Schmalz, gewürzt mit viel Paprika) Hausgemachtes von verschiedenen Bekannten der Umgebung auf den Tisch, sozusagen das „Herzstück" des Cobijo, denn traditionsgemäß versammeln sich hier jeden Morgen alle Gäste in gemütlicher Runde.

■ **Hostal La Botica**②-③, c/ Canalejas 13, Tel. 956.45.02.25, www.laboticadevejer.com. Der Name des Hotels steht in großen Lettern auf der Eingangsschwelle geschrieben und ist das alte Wort für Apotheke, und genau die befand sich einst in diesem alten Gemäuer inmitten des historischen Ortskerns. Die Einrichtung des alten Hauses mit Patio und Dachterrasse changiert zwischen traditionell und modern; je nach Lage hat man von den Zimmern einen wunderschönen Blick auf Vejer und die umliegende Landschaft.

☒ Vejer – der Prototyp eines „Weißen Dorfes"

Hotel La Casa del Califa③, Plaza de España 16, Tel. 956.44.77.30, www.lacasadelcalifa.com. Direkt am Rathausplatz mit Blick auf den „Froschbrunnen" gelegen. Zum orientalischen Charme Vejers passt dieses mit z. T. original maghrebinischen Einrichtungsgegenständen zum kleinen Hotel umgewidmete Stadthaus mit mehrfach gelobtem Restaurant *Caliph's Garden*.

Hostal Luz①-②, Avda. Buenavista 32 (im neuen Teil des Ortes, der zwar aus moderneren Häusern besteht, jedoch nicht aus hohen Bauten), Tel. 956.45.10.06 oder 618.55.30.50 (Handy), www.hostaluz.com. Schlichtes, helles Hostal. Gutes Preis-Leistungsverhältnis!

Hostal Buena Vista*/①, Manuel Machado 4, Tel. 620.31.66.71 (Handy), www.hostalbuenavista-vejer.com. Nur einige Schritte unterhalb des gut ausgeschilderten Hostal La Janda, schöner Blick auf den Altstadthügel, etwa 15 Minuten Fußweg bis dorthin. Kostenlose Garage für Fahrräder und Motorräder vorhanden.

Unterkunft außerhalb von Vejer

Casa Blanca de la Luz, Tel. 956.44.84.60 oder 696.96.76.30, www.casablanca-de-la-luz.de. Außerhalb von Vejer auf einer Anhöhe unweit der Siedlung Patria stehen auf rund 9 Hektar Land drei kleine Bungalows in modernem Stil: Casa Arriba (hoch oben) und Casa Azul mit je einem Schlafzimmer und Casa Roja mit zwei Schlafzimmern. Hier kann man in aller Ruhe die Seele baumeln lassen. Mind. 1 Woche Übernachtung, 2–3 Personen 265–600 € (August). *Ute Mergner,* die Betreiberin, hat aber noch mehr zu bieten: Sie stellt einen exzellenten, zu 100 % ökologischen Hauswein her (Weißwein: Sauvignon blanc, Rotwein: Tempranillo, Syrah, Tintilla de Rota, Rosé), den man auch für 5–8 € kaufen kann (so lange der Vorrat reicht). Von den Bungalows hat man einen schönen Blick auf die Weinreben. Auf dem verschönerten Markt in Vejer gibt es auch einen Weinstand, an dem man den ETU-Wein kaufen kann. Und ein weiteres „Schmankerl" wird angeboten: Rundflüge über der Costa de

an14-035 nk

la Luz und Sierra de Grazalema mit einer Cessna 172 (max. 3 Personen), 1 Std. 220 €, oder wahlweise auch Schnupperflüge mit einem Helikopter (www.fly-in-spain.com).

■ Ein bisschen fühlt man sich an eine mexikanische Hacienda erinnert: Der **Palomar de la Breña**② ist eine außergewöhnliche Unterkunft in einem Gebäude aus dem 18. Jahrhundert und in seiner Art einmalig. Die Hacienda liegt inmitten des Naturparks La Breña und birgt etwas ganz Besonderes: das auch aus dem 18. Jahrhundert stammende Taubenhaus mit sage und schreibe 7.770 Nisthöhlen (von denen die Tauben heute natürlich keinen Gebrauch mehr machen). Die Besitzer *Erik, José Luis* und vor allem *Chema* können einiges zu ihrem „Schmuckstück" erzählen. Die 15 Zimmer weisen eine Mischung aus ländlicher Einfachheit und modernen Elementen auf, dazu gehören ein kleines Restaurant und ein Pool. Ohne Auto allerdings schwer zu erreichen; Abzweigung von der Straße Caños de Meca nach Barbate, Park sowie Unterkunft sind ausgeschildert. Tel. 956.43.50.03, siehe auch www.palomardelabrena.com.

■ **Hotel Síndhura**③, nahe der Wohnsiedlung Patria, Tel. 956.44.85.68, www.hotelsindhura.com. Charmantes, kleines Landhotel inmitten hügeliger Landschaft mit einer den Gaumen entzückenden internationalen Küche. Im Winter sorgt u. a. ein Kamin für wohlige Wärme.

Camping

■ **Camping Vejer,** unterhalb des Ortes, von der N-340 bei km 39,5 rechts bzw. links (von Süden/Algeciras kommend) abbiegen (beim Restaurant El Valenciano), Tel. 956.45.00.98. Großer Pool vorhanden, umgeben von schützenden Pinien.

Verkehrsverbindungen

Vejer hat zwei **Bushaltestellen,** eine davon zentrumsnah in der Avenida de los Remedios direkt am gleichnamigen Stadtpark, die andere im Vorort La Barca am Fuß des Hügels, knapp 2 km entfernt. Taxi-Ruf für La Barca: Tel. 956.45.01.85. Ticketverkauf am *teléfono publico* unweit des Hotels Convento, Auskunft unter Tel. 956.45.16.80.

■ **Vom Zentrum:** Nach Cádiz 7x tägl., Sa, So und Fe eingeschränkt, nach Conil ebenso, am Wochenende nur um 14.30 und 18.45 Uhr. Nach Barbate 8x tägl., am Wochenende eingeschränkt, nach Jerez und Sevilla Mo–Fr um 6.45 Uhr, So und Fe im Sommer um 19.45 Uhr.

■ **Von La Barca:** Cádiz 7x tägl., Algeciras 8x tägl., Sevilla und Tarifa 3x tägl. Die Busse nach Barbate kommen hier vorbei.

■ **Zum Strand:** Ein Bus fährt in der Regel 2x am Tag Richtung Strand, macht aber viele Umwege. Im Sommer, normalerweise ab Mitte Juli, werden mehr Busse eingesetzt. Abfahrt neben der Oficina de Turismo beim großen Parkplatz am Anfang des Ortes.

■ **Radio Taxi Vejer,** da Vejer nicht unmittelbar am Strand liegt, gibt es auch die Möglichkeit, ein Taxi zu nehmen: Tel. 956.45.17.44, 24-Std.-Service, Fahrpreis absprechen, ca. 15 € nach El Palmar, ca. 18 € nach Los Caños.

Medina Sidonia

Umgeben von flacher Weidelandschaft, in der sich auch die eine oder andere Stierherde tummelt, liegt Medina Sidonia von Weitem sichtbar auf einem Hügel rund 300 Meter über dem Meeresspiegel. Hierher verirren sich nicht viele Touristen, obwohl der kleine Ort einige Überraschungen zu bieten hat. Der **maurische Charakter** des Dorfes mit seinen schmalen, verwinkelten Gassen und den weiß gekalkten Häusern ist allgegenwärtig.

Medina Sidonia wurde unter den Phöniziern gegründet, es wird vermutet, dass diese aus Sidonia kamen, dem heutigen Saida im Nordwesten Algeriens.

Damit wäre die Herkunft des Namens zu erklären. Zur Zeit des Römischen Imperiums erlebte der damals *Assido Caesarina* genannte Ort eine Blütezeit. Die römische Stadt muss eine wichtige Station auf dem Handelsweg vom Meer zu den großen Städten im Landesinneren gewesen sein. Funde von Keramik belegen Handelsbeziehungen zu Ländern wie dem heutigen Frankreich und Italien.

Durch Ausgrabungen in den letzten Jahren wurde und wird erst das Ausmaß der römischen Stadt erkennbar. Archäologen entdeckten in einem unscheinbaren *patio* den Zugang zu einem ausgeklügelten römischen Abwassersystem, den **Cloacas Romanas,** die besichtigt werden können. Der Eingang befindet sich im Innenhof eines Wohnhauses in der Calle Ortega mitten im Stadtkern, zu erreichen von der zentralen Plaza de España über die Straßen San Juan und Herrete. Zunächst betritt man einen römischen Wohnraum mit Bruchstücken einer Wandmalerei. Dahinter auf tieferer Ebene liegen die Kanäle, deren Mauern aus Quadersteinen zusammengesetzt sind, die gewölbten Decken wurden aus dem Felsen gehauen.

Cloacas Romanas, Di–So 10.30–14 u. 17.30–19.30 Uhr, Eintritt 3,50 €.

An die maurische Epoche erinnert insbesondere ein spitz zulaufender Hufeisenbogen, das ursprüngliche Eingangstor, die **Puerta de la Pastora** aus dem 10. Jh. Auf der A-393 aus nördlicher Richtung von Arcos kommend, liegt sie gleich im Anfangsbereich des Ortes und ist nicht zu verfehlen. Reste der Stadtmauer gehören zu einer großen ehemaligen Festungsanlage. 1264 wurde die Stadt von *Alfons X.* zurückerobert und rund dreißig Jahre später nach der Eroberung Tarifas den *Guzmáns* übergeben. Die Herzöge übernahmen später den Namen des Ortes. Ihre Paläste und Besitzungen sind in der gesamten Provinz Cádiz verstreut.

Am höchsten Punkt des Ortes steht die **Iglesia Santa María La Mayor La Coronada.** Schräg dahinter finden sich Reste der einstigen Befestigungsanlage mit Burg. Obwohl die Kirche zunächst vom Äußeren eher unscheinbar wirkt, hat sie dennoch einige Schätze und sogar Kurioses zu bieten. Der Bau des gotisch-plateresken Gebäudes mit einigen mudejaren Elementen wurde bereits Ende des 15. Jh. begonnen. Wie in so vielen Orten Andalusiens stand an dieser Stelle in maurischen Zeiten eine Moschee.

Zunächst betritt man einen großen *patio.* Wenn der Levante über das Land fegt, pfeift und heult es hier gewaltig und gibt dem ganzen eine unwirkliche Atmosphäre. Neben einem schönen manieristischen Hochaltar der Künstler der Sevillaner Schule, u. a. *Juan Bautista Vázquez* und Sohn sowie *Melchor Turín,* gibt es im Inneren ein Porträt von *Ribera* zu sehen.

Eine Besonderheit ist die Skulptur in der hinteren Seitenkapelle der Kirche, sie stellt einen Muslim dar. Eine weitere Kuriosität ist die Abbildung des Gesichts eines Dämons oberhalb des Eingangs zur Kapelle. Und noch etwas Ungewöhnliches kann hier besichtigt werden: An einem Altar ist der heilige Joseph mit Kind zu sehen, für gewöhnlich wird nur die Jungfrau mit dem Kind dargestellt. Im hinteren Teil der Kirche hängt ein Gemälde von *Zurbarán* neben weiteren Gemälden seiner Schule.

Die Kirche verdeutlicht den einstigen Reichtum Medina Sidonias zur Zeit der wirtschaftlichen Blüte im 16. Jh. unter der Herrschaft der Herzöge. Heute wirkt sie zum Teil renovierungsbedürftig.

■ **Iglesia Mayor,** Mo–Fr 10–14 und 15.30–18 Uhr, im Sommer nachmittags 16–20 Uhr.

Praktische Informationen

Information

■ **Oficina Municipal de Turismo,** c/ San Juan (innerhalb des *mercado*), Tel. 956.41.24.04, bei der Kirche, tägl. 10.30–14.30 und 17.30–19.30 Uhr. Auch Führungen durch den Ort werden vermittelt.

Essen und Trinken

Medina Sidonia hat eine besondere Süßigkeit zu bieten: die **Alfajor de Medina Sidonia.** Das Rezept stammt noch aus maurischer Zeit und wurde von Generation zu Generation überliefert, eine Süßigkeit aus Honig, Mandeln, Haselnüssen, Zucker, Mehl und besonderen Gewürzen, selbstverständlich ohne künstliche Zusätze. Zu kaufen gibt es sie unter anderem an der Plaza de España bei **Sobrina de las Trejas.**

■ **Mesón Bar Machín,** Crta. Medina-Chiclana km 2,5. Das Restaurant (zugleich Tapas-Bar) liegt am Hang, deshalb steigt man über eine Treppe auf eine tiefere Ebene hinab. Es ist gespickt mit den herrlichsten Fundstücken aus der Geschichte Medina Sidonias. Hier gibt es leckere *tapas* und guten Wein. Die Terrasse bietet einen tollen Blick auf den Ort und die sanfte Hügellandschaft.

■ **Restaurante Cádiz,** Plaza de España 13. Kleines, einfaches Restaurant am historischen Platz mit gemütlicher Terrasse und *patio* in der Weinlaube. Typische Gerichte der Region wie *perdiz* („Rebhuhn"), *conejo de monte* (wildes Kaninchen) und hausgemachte Desserts.

Feste

Den ganzen Sommer hindurch werden in regelmäßigen Abständen bestimmten Speisen Feste gewidmet: *Fiesta del Gazpacho, del Pimiento* (grüner Paprika), *del Tomate, del Espárrago* (Spargel), *del Chicharrón* (bestimmte Art von Röstfleisch) … Guten Appetit!

Unterkunft

■ **Apartamentos Rural Los Balcones**②, c/ La Loba, Tel. 956.42.30.33. Im Stadtzentrum zwischen Plaza de España und Plaza Santiago gelegen. Die geräumigen und sehr gepflegten Apartments (mit Küche und Bad) wurden in einem historischen Stadtpalast eingerichtet.

■ **La Tagarnina***/②, c/ Moritos 10 (mitten in der Altstadt von der zentralen c/ Alamo rechts abbiegen), Tel. 956.42.30.67, www.latagarnina.com. Typisches Haus mit Patio und altem Brunnen, die schlichte Außenfassade lässt nicht die ländliche, geschmackvolle Einrichtung der Zimmer mit Holzbalken vermuten.

■ **Casa Rural Sidonia**②, c/ Nuestra Señora de la Paz 14. Innenhof mit kleinem Pool.

■ **Casa de Huéspedes Napoleón**①, c/ San Juan 21, Tel. 956.41.01.83. Schlicht eingerichtete Zimmer mit Bad. Von der Plaza de España ca. 500 m in die Einbahnstraße San Juan.

■ **Pensión Amalia**①, Plaza de España 6, Tel. 956.41.00.35. Einfache Pension am Hauptplatz der Altstadt.

Benalup

Einen ungewöhnlichen **Abstecher in die 1930er Jahre** ermöglicht die Ortschaft Benalup. Machte der Ort zwischen Medina Sidonia und Vejer damals aufgrund einer traurigen Begebenheit auf sich aufmerksam – im Januar 1933 fiel die Guardía Civil in das Dorf, das damals nur aus alten Häusern *(casas viejas)* bestand, ein, um der aufständischen anarchistischen Szene, die sich hier stark formiert hatte, einen Schlag zu versetzen und tötete fast alle, die ihren Weg kreuzten –, wird im Ort bzw. im **Hotel Utopía** nun die schöne Seite der 1930er Jahre wieder lebendig. Ansonsten ist das einfache Dorf ohne Besonderheiten, die Umgebung ist dagegen mit Stausee und dem angrenzenden Parque Natural de los Alcornocales besonders reizvoll.

Praktische Informationen

Information

■ **Oficina de Turismo de Benalup y Punto de Información del Parque Natural de los Alcornocales,** c/ Paterna s/n, Tel. 956.42.40.09, Öffnungszeiten 10–14 und 16–19 Uhr bzw. im Sommer 18–21 Uhr.

☐ Tartar vom Roten Thunfisch

Unterkunft

■ **Hotel Utopía,** Benalup/Casas Viejas, c/ Dr. Rafael Bernal 32 (mitten im alten Ortskern), Tel. 956.41.95.32, www.hotelutopia.es. Das Utopía ist mehr als ein Hotel: Neben den mit vielen originellen Details eingerichteten 16 komplett unterschiedlichen Zimmern – sie tragen sprechende Namen wie Tánger, Art Decó, Paris 1937 etc. –, das jedes für sich eine Geschichte aus den 1930er Jahren erzählt, wurde in liebevoller Fleißarbeit ein kleines Museum zusammengestellt. Die Zimmer befinden sich in ehemaligen kleinen Häuschen auf verschiedenen Ebenen. Wen wundert's, dass in diesem Ambiente gerade der Tango wiederbelebt wird. Als würde man in das Paris oder Buenos Aires der 1930er Jahre eintauchen, wartet der zum Hotel gehörige, durch Art Decó und Säulen geprägte Saal „La Fonda del Utopía" nicht nur mit Tangoveranstaltungen, sondern am Wochenende auch mit Blues-, Rock-, Funk-, Klassik oder Flamenco-Darbietungen auf. Die Zimmer haben ihren Preis (130 € aufwärts), aber schon das Museum oder ein Essen im La Fonda lohnen die Anreise. Wegbeschreibung: Von der A-396 Medina Sidonia – Vejer auf die A-2228 Richtung Benalup.

an14-037 nk

Jerez de la Frontera – Stadt der Bodegas und Pferde

Etwas neidisch blicken die gut 200.000 Jerezanos, die Bewohner von Jerez, auf Cádiz, das ihrer Meinung nach weniger zu bieten hat, viel kleiner ist und sich doch Provinzhauptstadt nennen darf. Ihre Heimatstadt kann dagegen mit der Reitschule Real Escuela de Arte Ecuestre, der Rennstrecke Circuíto de Jerez und vor allem unzähligen *bodegas* zur Herstellung des weltberühmten **Sherry** aufwarten. In ihrem Charakter sind die beiden Städte tatsächlich extrem unterschiedlich: hier das lässig-kosmopolitische Cádiz, fast ganz vom Atlantik umgeben, dort das eher **ländlich-behäbige Jerez,** dessen erdige Düfte stets ein wenig an die Eichenholzfässer der Weinlagerhäuser erinnern.

Die extremen **Klassenunterschiede** zwischen den reichen „Sherry-Baronen" auf der einen und den einfachen Tagelöhnern auf der anderen Seite blieben in Jerez nicht ohne Auswirkungen auf das Stadtbild: Gutbürgerliches Ambiente im Zentrum und luxuriöse Villenviertel im Norden stehen ziemlich heruntergekommenen Wohngebieten der „kleinen Leute" in der westlichen Altstadt und sozial äußerst problematischen Zonen im Süden der Stadt gegenüber.

Eine **Erkundung** des Zentrums entlang der Fußgängerzone Calle Larga und der maurisch geprägten Gassen und anheimelnden kleinen Plätze westlich davon verspricht dennoch Genuss, eine Beschränkung auf die Hauptattraktionen wäre schade.

Stadtgeschichte

Die Ursprünge der Stadt liegen im Dunkeln. Die Phönizier, die sich in der Bucht von Cádiz angesiedelt hatten, nannten die Region um das heutige Jerez **Xera.** Es wird vermutet, dass sie auch die ersten **Rebstöcke** nach Andalusien brachten, dennoch ist ungewiss, ob die heute für den Sherry verwendeten Rebsorten auf sie zurückgehen. Als die **Mauren** 711 den westgotischen König *Roderich* am Fluss Guadalete besiegten, besiedelten sie die umliegende Region, so auch die Stadt, die sie **Xeret** nannten, worauf der heutige Name zurückzuführen ist. Unter den Almohaden entwickelte sich die Stadt zu einem wirtschaftlich wie auch militärisch wichtigen Stützpunkt, weswegen sie mit starken Mauern befestigt wurde, deren Überreste heute noch die Altstadt umgeben. Schon in jener Zeit gab es hier eine bedeutende **Pferdezucht.** *Alfons X.* startete 1255 den ersten Rückeroberungszug gegen die maurische Stadt, konnte sie aber tatsächlich erst neun Jahre später endgültig einnehmen. Da sie als Grenzfestung zum maurischen Königreich Granada diente, erhielt sie wie einige Orte der Umgebung den Beinamen de la Frontera („an der Grenze"). Die Gegend wurde bis zum Sieg der Christen im Jahr 1340 bei der Schlacht von Salado stark umkämpft.

Orientierung

Bei der Anfahrt von der Costa de la Luz stößt man zunächst unübersehbar auf die von Kletterpflanzen überwucherten Mauern des Alcázar, hinter der nachfolgenden Plaza del Arenal befindet sich die **Plaza Estévez** mit einer Parkgarage. Wenn man von Arcos ins Stadtzentrum kommt, biegt man am Ende der gleichnamigen Straße links ab und gelangt so zur selben Parkgarage. Von Sevilla fährt man über die Avenida Alcalde Alvaro Domecq zur **Plaza Mamelón,** deren Tiefgarage ebenfalls recht zentral liegt. Die Verbindungsstraße zwischen beiden Plätzen, die verkehrsberuhigte **Calle Larga** bildet die Hauptachse der Innenstadt, westlich davon erstreckt sich die Altstadt, östlich davon sind fast alle Hotels und Pensionen zu finden.

Stadtrundgang

Kathedrale

Der einstige Mittelpunkt der almohadischen Medina war der Komplex aus der Residenz des Herrschers und der gegenüberliegenden Hauptmoschee der Stadt. Heute befindet sich hier die Kathedrale mit ihrer imposanten Freitreppe vor dem Hauptportal, deren Baugestalt gotische Einflüsse verrät. Der 1266 nach einem Dekret *Alfons X.* begonnene Bau musste nach seinem Einsturz im frühen 18. Jh. wiedererrichtet werden, Ursache für die stilistische Mixtur des Gebäudes. Der separat stehende **Glockenturm** wirkt wie ein ehemaliges Minarett, wurde jedoch im Wesentlichen im Mudéjar-Stil des 15. Jh. gebaut.

Über den Eingang an der linken Seite gelangt man in einen lichten Innenraum mit kunstvoll ausgearbeiteten Gewölben. Vor allem die für die Helligkeit verantwortliche **Kuppel** weist in die Zeit des Klassizismus, zog sich der Neubau doch von 1716 bis 1778 hin. In der **Schatzkammer** ist in erster Linie das anrührende Gemälde „Die heilige Jungfrau als Kind“ von *Zurbarán* zu beachten.

Öffnungszeiten: sehr variabel, üblicherweise Mo–Sa 10.30–19 Uhr, So 12.30–15.30 Uhr, außerhalb der Gottesdienste müssen 5 € bzw. 2 € für Senioren und Kinder entrichtet werden.

Alcázar

Gegenüber der Kathedrale erhebt sich der noch auf die Almohaden zurückgehende Alcázar aus dem 12. Jh. Starke Umbauten durch die Christen, v. a. des Palastes von *Lorenzo Fernandez de Villavicencio* aus dem 18. Jh., lassen im Inneren kaum den Eindruck eines orientalischen Palastes aufkommen. Immerhin ist in einem Turm noch eine private, achteckige Moschee in ihrer Struktur erhalten, und auch die Arabischen Bäder können besichtigt werden. Wie der heutige Name, *Santa María la Real,* andeutet, wurde die Moschee später zu einer Kapelle geweiht und dem asketisch wirkenden Mauerwerk noch eine Kuppel aufgesetzt. Nach dem Vorbild von Cádiz erlaubt im Turm des barocken Palastes eine **Cámara Obscura** einen weiten Rundblick über die Stadt.

An die Südfassade des Alcázar schließt sich die mit Bitterorangenbäumen bepflanzte **Alameda Vieja** an, ein Ort, den man nach Einbruch der Dunkelheit eher meiden sollte.

Öffnungszeiten: Cámara Obscura, 1.5. bis 15.9. 11–20 Uhr, 16.9. bis 30.4. 10–17.30 Uhr, Alcázar Mo–Sa 10–18 Uhr, So bis 15 Uhr, Tel. 956.32.69.23. Eintritt nur Alcázar 5 €, Führung Cámara Obscura halbstündlich ca. 15 Min., einige Guides sprechen auch deutsch. Kombiticket 7 €.

Jerez de la Frontera

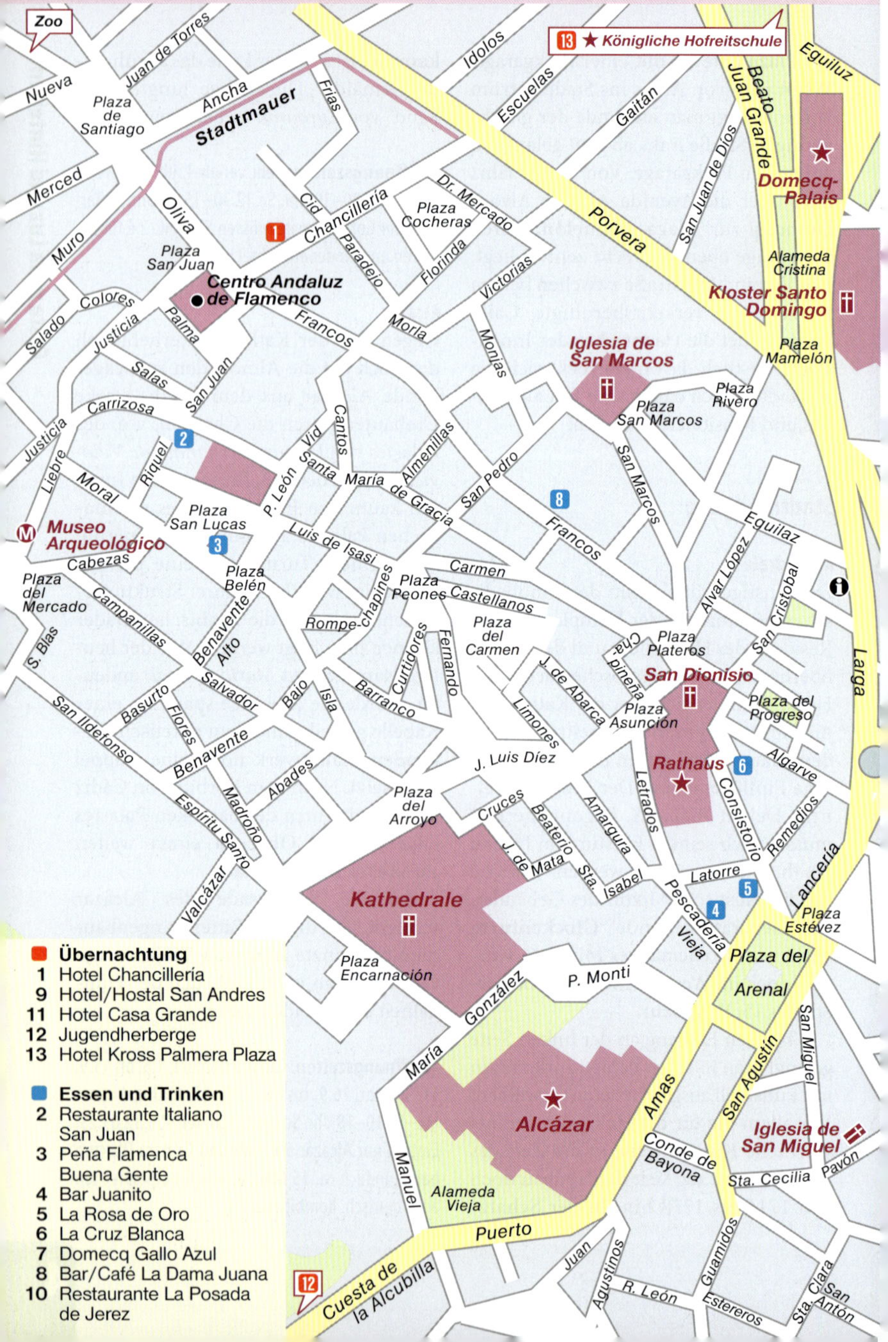

Übernachtung

1 Hotel Chancillería
9 Hotel/Hostal San Andres
11 Hotel Casa Grande
12 Jugendherberge
13 Hotel Kross Palmera Plaza

Essen und Trinken

2 Restaurante Italiano San Juan
3 Peña Flamenca Buena Gente
4 Bar Juanito
5 La Rosa de Oro
6 La Cruz Blanca
7 Domecq Gallo Azul
8 Bar/Café La Dama Juana
10 Restaurante La Posada de Jerez

Iglesia de San Miguel

Von der Nordseite der Festung gelangt man zur Plaza del Arenal mit einem politisch nicht gerade korrekten Reiterstandbild des Generals *Miguel Primo de Rivera.* Von dort zweigt nach rechts die Calle San Miguel zur gleichnamigen Kirche ab, ein Schmuckstück des plateresken Stils, auf das die Einheimischen mit Recht stolz sind. Baubeginn war zwar bereits im 15. Jh., ein definitiver Abschluss konnte aber erst im frühen 18. Jh. erfolgen. Barocke Elemente, wie z. B. an der reich verzierten Fassade unterhalb des charakteristischen Turmes, sind nicht zu übersehen.

Höhepunkt im Inneren ist der prachtvolle Altaraufsatz des Erzengels Michael, der gerade die verdammten Seelen ins Höllenfeuer stößt, ein Meisterwerk des Siglo de Oro. Für die Renaissance-Elemente war vor allem *Martínez Montañez* verantwortlich, die barocken Einflüsse sind dem Bildhauer *José de Arce* zuzuschreiben, der die Arbeit im Jahre 1653 abschloss.

■ **Öffnungszeiten:** Mo–Fr 9.30–13.30 und 16.30–18.30 Uhr, Sa/So nur rund um die Gottesdienste geöffnet, Eintritt 2 €.

Rund ums Rathaus

Von der Plaza del Arenal kann man geradeaus über die Calle Lancería in die von herrschaftlichen Bauten der Gründerzeit gesäumte Calle Larga gehen. Eine reizvolle Alternative ist ein Abstecher in die Altstadt über die Calle Consistorio. Man passiert dabei das ockerfarbene **Neue Rathaus,** das im Jahre 1840 im ehemaligen Hospital San Bartolomé errichtet wurde. Die nachfolgende **Plaza Plateros** gehört mit ihrem ursprünglichen Charme zu den schönsten Plätzen der Stadt, einst konzentrierten sich hier viele Geschäfte.

Auf den Grundmauern einer Moschee errichtete man zu Ehren des Stadtheiligen im 14. und 15. Jh. die heute etwas verwitterte **Iglesia de San Dionisio,** an der deutliche Mudéjar-Einflüsse nicht zu übersehen sind. Ungewöhnlich ist der Glockenturm: die **Torre de la Atalaya** war einst ein Wachturm und zeigt ebenfalls Mudéjar-Elemente. Noch weiter nach links gelangt man zur sehr repräsentativen **Plaza de la Asunción.** Neben der Rückseite der Kirche San Dionisio fällt hier vor allem die großartige Renaissancefassade des **Alten Rathauses** von 1575 ins Auge, das im 19. Jh. für den Stadtrat zu klein wurde.

Rund um die Iglesia de San Marcos

Geht man die Calle San Marcos weiter, gelangt man zur Iglesia de San Marcos, im 15. Jh. auf den Grundmauern einer Moschee im spätgotischen Stil errichtet. Biegt man hier nach rechts ein, kann man in einer der Bars an der **Plaza Rivero** einen Drink im Freien einnehmen. Die umliegenden Stadtpaläste strahlen die etwas morbide Grandezza des späten 18. Jh. aus. Unter ihnen befindet sich ein Renaissancepalais mit tollem Patio. Gleich um die Ecke kommt man zum nördlichen Ausgang der Calle Larga, die hier in die Alameda Cristina mit weiteren interessanten Bauwerken übergeht.

Kloster Santo Domingo und Domecq-Palais

Auf der gegenüberliegenden Seite sollte man einen Blick in das von *Alfons X.* gegründete Kloster Santo Domingo mit seinen zwei stilistisch völlig unterschiedlichen Schiffen werfen. Hauptattraktion ist jedoch der schön mit geometrischen Motiven der Gotik verzierte Kreuzgang. Nicht weit davon zeugt das von einem Markgrafen im Jahr 1775 erbaute Domecq-Palais vom damaligen wirtschaftlichen Aufschwung der Stadt. Seinen heutigen Namen verdankt es der berühmten Winzerdynastie *Domecq,* deren Rechtsnachfolger den Palast erwarben.

Königliche Hofreitschule

Über die parkartige Plaza Mamelón gelangt man über die Straßen Guadalete und Pozo del Olivar zur **Real Escuela Andaluza de Arte Ecuestre.** Das Hauptgebäude wirkt zwar barock, ist in dieser Form aber erst gut drei Jahrzehnte alt, der Palast schräg gegenüber wurde 1861 von dem Architekten erbaut, der auch für die Oper von Paris verantwortlich war. In der ehemaligen Residenz einer wohlhabenden französischen Familie sind heute Büros untergebracht.

„Wie die andalusischen Pferde tanzen" ist das Motto der regelmäßig stattfindenden Vorführungen, und tatsächlich vollführen die bemerkenswert schönen Vierbeiner verblüffende Drehungen und Sprünge. Auch die historischen **Pferdekutschen** und die traditionellen Kostüme der Reiter sollen in erster Linie dem Augenschmaus des Publikums dienen.

Der ursprüngliche Zweck der Königlichen Reitschulen *(Reales Maestranzas)* war jedoch eindeutig **militärischer Natur,** d. h. durch das Ausschlagen der Hufe sollte das Pferd wie eine Waffe gegen den Feind eingesetzt werden. Geradezu legendär war die im 15. Jh. begründete Zucht des Kartäuserklosters Nuestra Señora de la Defensión, die aus der **Kreuzung von Arabern mit einheimischen Tieren** die *pura raza española* (rein spanische Rasse) hervorbrachte, eine elegante, aber eher kräftig gebaute Gattung, deren Fell bei der Geburt noch dunkelgrau ist, sich mit zunehmendem Alter aber strahlend weiß verfärbt. Ob die Pferde der Hofreitschule direkte Nachfahren jener Tiere sind, oder ob die Besetzung des Klosters durch napoleonische Truppen einen Bruch der Ahnenlinie verursachte, ist nicht mehr zu klären. Die 1973 vom „Sherry-Baron" und Gestütsbesitzer *Álvaro Domecq* gegründete Reitschule verfolgt jedenfalls den Zweck, diese spezielle Pferderasse zu erhalten und der Öffentlichkeit zu präsentieren.

■ **Öffnungszeiten:** Avda. Duque de Abrantes s/n, Reservierungen unter Tel. 956.31.96.35, www.realescuela.org. Offizielle Vorführung März bis Dez. jeden Di, Do (sofern er auf keinen Feiertag fällt) und Fr (Aug./Sept.) zwischen 12 und 13.30 Uhr, z. T. auch Sa Vorführungen (Termine auf der Website), je nach Sitzplatz müssen 21–27 € investiert werden. In der HS oft sehr gut besucht, daher Reservierung angeraten! Fotografieren und Filmen verboten. Eine günstigere Alternative ist das Training *(entrenamiento)* am Mo, Mi und Fr zwischen 10 und 12 Uhr, das nur 11 € kostet und einen geführten Rundgang durch Museen und Installationen einschließt.

■ Das **Museo del Enganche** (Kutschenmuseum) ist Mo–Sa von 10–14 Uhr für 4,50 € zu besichtigen; Di, Do und Sa ist zu den gleichen Zeiten eine „Visita reducida" der Gärten, Palastsalons (Sa nicht) und der Museen für 6,50 € möglich.

An der Stadtmauer

Auf dem Weg vom Haupteingang der Hofreitschule zurück zur Innenstadt stößt man bald auf Überreste der almohadischen Stadtmauer. Entlang der links abzweigenden Calle Porvera lässt es sich nett bummeln, kleine Bars verlocken zur Einkehr. Am Ende der Mauer, neben dem Denkmal *Alfons' X.*, führt die Calle Chancillería in den nördlichen, eher kleinbürgerlichen Teil der Altstadt.

Bodegas

Der Besuch einer *bodega* sollte bei einer Besichtigung der Stadt Jerez nicht fehlen. Hier kann man sehen, wie der **Sherry** in uralten Eichenfässern gelagert wird, und zwar nicht in Kellern, wie das bei Wein in der Regel der Fall ist, sondern in großen, überirdischen Gewölben, die man auch als Kathedralen bezeichnet.

Zwischen Jerez, Sanlúcar de Barrameda und El Puerto de Santa María gedeihen die **Reben,** die jene besonderen Weine hervorbringen (siehe auch Exkurs im Kapitel „Praktische Reisetipps: Essen und Trinken"). Jerez wird als Zentrum dieses Gebietes angesehen und genießt weltweiten Ruf. Als Primus unter den zahlreichen *bodegas* gilt die 1730 von einem französischen Adligen gegründete Kelterei *Domecq,* deren Firmengebäude im Stadtbild von Jerez nicht wegzudenken ist. In erster Linie waren es aber **englische Gesellschaften,** die sich hier im 18. und 19. Jh. im großen Stil einkauften, viele *bodegas* tragen daher englische Namen. Die Rezepte für den Sherry werden streng gehütet, auch wenn der Besucher bei Führungen über die wesentlichen Schritte des Reifeprozesses und die verschiedenen Sorten aufgeklärt wird. Auch hervorragende **Brandys,** die dem französischen Cognac durchaus Konkurrenz machen, werden hier hergestellt.

Bodega-Besichtigung

Wer sich für eine Besichtigung interessiert, sollte am Vortag einen Termin vereinbaren. Bei vielen Bodegas ist das Wochenende Gruppenbesichtigungen vorbehalten, der Preis liegt dann meist höher. Der Tarif für Einzelpersonen liegt derzeit bei etwa 7–10 € inklusive Degustierung (2–5 Sorten), die zu manchen Terminen angebotenen Tapas kosten natürlich extra.

■ **Grupo Estévez – Bodegas Real Tesoro y Valdespino,** Ctra. Nacional IV, km 640, Tel. 956.32.10.04, www.grupoestevez.es. Auf der westlichen Umgehungsstraße am Hospital vorbei nach Süden Richtung Alcázar liegt diese größere Bodega unübersehbar auf der rechten Seite. Sehr nettes Ambiente mit Kunstsammlung und beachtlicher Pferdezucht, die Führerinnen sprechen fast durchweg gut deutsch, großzügige Degustierung. Offizieller Besichtigungstermin um 12 Uhr auf Deutsch für 12,50 €, auf Anfrage sind aber i.d.R. auch andere Zeiten möglich.

■ **Williams & Humbert,** Ctra. N-IV, Km 641, 75, Tel. 956.35.34.06, www.bodegas-williams-humbert.com. Stadtauswärts an der Landstraße Richtung Cádiz/El Puerto de Santa María. 1877 von Engländern gegründet, gehört sie heute zu den größten Bodegas Andalusiens. Dazu gehört die eigene Zucht von Pferden der Kartäuserrasse, die Ställe können besichtigt werden. Führungen auch in deutscher Sprache Mo bis Fr 10, 12 und 13.30 Uhr; nachmittags und am Wochenende muss telefonisch reserviert werden, weil dann nur Gruppen geführt werden. Mit 7,30 € recht günstig.

■ **Gonzales Byass,** c/ Manuel M. González 12, Tel. 956.35.70.16, www.bodegastiopepe.com. Große Bodega, auch „Tío Pepe" genannt, bei der Stadteinfahrt von Süden links vom Alcázar, nicht zu übersehen. Führungen jeden Tag um 12, 13, 14 und 17 Uhr (span./engl.), um 12.15, 14 und 16 Uhr Führungen in Deutsch. So nur vormittags Führungen. Führung (inkl. 2 Sherry) 12,50 €, mit Tapas-Verkostung 16 €. Architektonisch wohl die schönste Bodega, aber auch sehr kommerzialisiert

■ **Domecq,** c/ S. Ildefonso 3, Tel. 956.15.15.00, www.bodegasfundadorpedrodomecq.com. Von der Hauptfassade der Kathedrale gut zu sehen. Mo–Fr von 10–13 Uhr jede Stunde (vorher reservieren), Sa bis 12 Uhr. Führungen auch in Deutsch. Sehr gepflegtes und nobles Ambiente.

Flamenco

Neben Sevilla ist Jerez **eine der Hochburgen des Flamenco.** Viele Kinder der Stadt wie *Antonio Chacón* oder *Mateo de la Sera,* bekannt als „El Loco Mateo", waren Koryphäen des Flamencogesangs. Und immer wieder bringt die Stadt neue Meisterinnen und Meister hervor wie die junge Sängerin „La Chiqui", die vor allem den Tango und die *bulería* hervorragend interpretiert. So ist es nicht verwunderlich, dass in Jerez der Lehrstuhl für Flamencologie und Andalusische Folkloristische Studien ins Leben gerufen wurde. Das 1958 gegründete Institut widmet sich der Erforschung und Verbreitung dieser Kunstform.

Das von der andalusischen Regierung 1993 ins Leben gerufene Flamenco-Zentrum **Centro Andaluz de Flamenco** verfolgt ähnliche Ziele. Untergebracht im Palacio Pemartín aus dem 18. Jh. inmitten des „Flamenco-Viertels" **Barrio de Santiago,** werden hier verschiedene Veranstaltungen und Seminare organisiert, Dokumente und Gegenstände, die in Verbindung mit dem Flamenco stehen, sind ausgestellt: Bücher, alte Tonaufnahmen, Filme und Gemälde. Eine ausführliche Bibliothek mit rund 4.000 Werken zum Thema ist ebenfalls vorhanden.

■ **Centro Andaluz de Flamenco,** Plaza de San Juan 1, Tel. 956.90.21.34, Mo–Fr 9–14 Uhr, Mi zusätzlich 16.30–19 Uhr.

Peñas

Jerez bezeichnet sich gern als eine der Wiegen des Flamenco. Die *bulería*, eine stark rhythmische, treibende Form, soll aus dem Viertel Santiago stammen, was natürlich nicht mehr nachzuweisen ist. Der Besuch einer *Peña Flamenca*, einem Club, in dem Enthusiasten zusammen üben und ihre Musik einem interessierten Publikum darbieten, gehört zu einem Jerez-Besuch einfach dazu. Für ca. 1 Stunde Vorführung und Getränk sollte man mit ca. 20 € rechnen.

- Besonders zu empfehlen ist die **Peña El Laga de Tio Parrilla** an der Plaza del Mercado, Ecke San Mateo, Tel. 956.33.83.34. Die Vorstellung mit Musik und Tanz erreicht fast professionelle Qualität, der Charme des leicht amateurhaften bleibt aber erhalten. Kein Eintritt, man kann auch essen. Offiziell treten die Gruppen Mo–Sa um 22.30 Uhr auf.
- Nahe der Kirche Santiago befindet sich **La Taberna Flamenca,** Angostillo de Santíago 3, Tel. 956.32.36.93, mit Vorführungen von Di–Sa um 22.30 Uhr, im Sommer tägl., man kann auch essen.

Flamenco-Schulen

Vielfältig ist auch das Angebot an Instituten, die **Lehrgänge für Flamenco-Tanz und -Gitarre** anbieten.

- Die Möglichkeit, der berühmten Flamenco-Tänzerin „Chiqui" hautnah zuzusehen, ergibt sich in der **Academía de Baile Chiqui,** c/ Empedrada 32, Tel. 956.33.58.71.

Flamenco-Aufführungen

- Wenn sich die Gelegenheit ergibt, kann man hoffnungsvollen Talenten im **Concurso de Saetas** zusehen. Die Darbietungen finden an den letzten drei Wochenenden im März, das Finale am ersten April-Wochenende jeweils um 22.30 Uhr statt. Veranstaltungsort ist üblicherweise die **Peña Flamenca Buena Gente,** Plaza San Lucas, Tel. 956.33.84.04. Genauere Hinweise in der Tourist-Info.
- **Festival de Jerez,** hier trifft sich im Teatro Villamarta die Elite des Flamenco, findet im Frühjahr statt, meist Anfang März.
- **Festival de la Bulería,** jährlich jeweils in der ersten Septemberhälfte.

Praktische Informationen

Information

- **Oficina Municipal de Turismo,** sehr „umzugsfreudige" Touristinfo, aktuell mitten in der Fußgängerzone, Calle Larga 39, Tel. 956.33.88.74 oder 956.34.17.11, www.turismojerez.com. Geöffnet 1.6. bis 30.9. Mo–Fr 9–15 und 17–19 Uhr, Sa/So 9–14.30 Uhr, sonst Mo–Fr 8.30–15 und 16–18.30 Uhr, Sa/So 9–15 Uhr.

Service

- **Post:** c/ Cerrón 2, nahe dem *Teatro Villamarta* an der Calle Santa María.
- **Ärztlicher Notdienst:** Ambulatorio de la Seguridad Social, José Luis Diez (im Zentrum der Altstadt); in Notfällen: Tel. 061.

Essen und Trinken

Liebhaber von Fisch und Meeresfrüchten sitzen in der lauschigen **Passage Pescadería vieja** (bei der Plaza del Arenal) richtig, z. B. in der preisgekrönten **Bar Juanito,** bei den Beilagen würde man sich allerdings etwas mehr Kreativität wünschen.

TIPP: **La Cruz Blanca,** c/ Consistorio 16, Tel. 956.32.45.35. Gemütliche Tapas-Bar am unteren Ende der „Rathausgasse", nicht zu verwechseln mit der gleichnamigen Dependance an der Plaza del Arenal. Erstaunlich raffinierte Tapas von bester Qualität, freundlicher Service und dazu noch ziemlich preiswert – ein echter Tipp für die Altstadt von Jerez.

- **Domecq Gallo Azul,** Calle Larga 2. Am südlichen Ende der Fußgängerzone in einem auffälligen halbrunden Bau der Jahrhundertwende, der als „Blauer Hahn" sogar unter „Sehenswürdigkeiten" gelistet ist. Sehr gute, raffinierte Tapas und Desserts, dabei recht moderate Preise. Im OG Restaurant, am schönsten sitzt man natürlich auf der Straße mit Blick auf das muntere Treiben.

■ **Restaurante La Posada de Jerez,** c/ Arboledilla 1 (im „Hotelviertel" östlich der Fußgängerzone), Tel. 956.33.91.20. Vor allem ein Tipp für abends, intime, stilvolle Atmosphäre, gehobenes Preisniveau. Spezialität sind Fisch und Meeresfrüchte in bester Qualität.

■ **La Rosa de Oro,** Consistorio 3 (zwischen Plaza del Arenal und Neuem Rathaus). Wohl das beste Café von Jerez mit erstklassigen Konditorwaren. Bei entsprechendem Wetter sitzt man in einer der schönsten Gassen der Innenstadt. 14.30–16.30 Uhr Mittagspause.

■ **Bar/Café La Dama Juana,** c/ Francos 18 (Altstadt). Mo Ruhetag. Die nette Musikkneipe mit lauschigem Innenhof gehört eher in die Kategorie „Nachtleben", da erst ab 20 Uhr geöffnet und vorwiegend von jugendlichem Publikum zum Plauschen aufgesucht. In der kleinen Küche werden u. a. diverse Crêpes zubereitet.

■ **Ristorante Italiano San Juan,** Plaza Melgarejo s/n, Tel. 956.32.64.72, www.restaurantesanjuan.com. Hochgelobtes italienisches Restaurant in dunkelrotem Stadthaus aus dem 18. Jh., etwas versteckt in der Altstadt, direkt gegenüber der Kirche San Juan de los Caballeros, gelegen.

■ **Restaurante Venta Antonio,** Carretera Jerez – Sanlucar km 5, Tel. 956.14.05.35, www.restauranteventantonio.com. Spanische Persönlichkeiten wie das Königspaar oder der Frauenschwarm und Sänger *Julio Iglesias* haben hier schon gespeist, bevorzugt Meeresfrüchte und Fisch.

Feste

■ **Feria del Caballo,** etwa 10.–17. Mai (Sa/So). Fest mit einem großen Pferdemarkt, Pferdeumzügen, Stierkampf und Flamenco. Das bunte Treiben auf dem Festgelände des Parque Gonzalez Hontario im Nordosten der Stadt kann durchaus mit der bekannten Feria de Abril von Sevilla mithalten.

■ **Fiestas de Otoño,** in den letzten beiden Septemberwochen (Fr–So). Mit der Traubenlese beginnt ein ganzer Reigen von Festivitäten. Den Auf-

204an bn

takt bildet die **Fiesta de Vendimia** (Fest der Weinlese) vor der Freitreppe der Kathedrale. Dabei werden die Trauben vor dem Bildnis des Heiligen Ginés gesegnet.

Unterkunft

Inzwischen hat auch Jerez ein **breites Angebot** stimmungsvoller und – außerhalb der absoluten Hochsaison – relativ preiswerter Quartiere zu bieten. Die „temporada extra" umfasst v. a. die Feria del Caballo und die Motorrad-WM im Mai, dann muss man mit dem Doppelten des HS-Tarifs und Dreifachen des NS-Tarifs rechnen. Sollte die Zimmersuche erfolglos sein, bietet es sich an, in das nahe gelegene **Arcos de la Frontera** (s. u.) auszuweichen. Trotz einiger Neueröffnungen in letzter Zeit ist die eigentliche Altstadt, also der Bereich westlich der Calle Larga, mit Unterkünften schwach bestückt.

■ **Hotel Kross Palmera Plaza*******/④-⑤, c/Pizarro 1 (nur 100 m von der Königlichen Hofreitschule), Tel. 956.03.15.00, www.krosshotels.com. Die ehemalige Bodega Wisdom & Warter wurde zu einem luxuriösen Hotel in hübscher Gartenanlage (inkl. kleinem Pool) umgestaltet. Zu einem echten 5-Sterne-Haus fehlt zwar etwas Feinschliff und diensteifriges Personal, aber schon die Standard-DZ sind mit 45 m² riesig, sehr gut ausgestattet und wunderbar ruhig. Gutes Frühstücksbuffet, Restaurantbetrieb aber nur auf Anfrage, Parken für 12 € im Hof. Der nördliche Teil der Altstadt ist in ca. 10 Min. zu Fuß erreichbar. In der NS verblüffend günstige Preise, da lässt sich ein Schnäppchen machen.

■ **Hotel Chancillería*****/③-④, c/ Chancillería 21 (nördliche Altstadt Nähe Flamenco-Zentrum), Tel. 956.30.10.38, www.hotelchancilleria.com. Edles Boutique-Hotel mit (nur) 14 relativ großen und komfortablen Zimmern, großartiger Blick von der Dachterrasse. Das Frühstück (inkl.) kann in einem hübschen Patio eingenommen werden, das Preis-Leistungsverhältnis stimmt. Man spricht englisch, auch für Rollstuhlfahrer geeignet.

■ **Hotel Casa Grande*****/③, Plaza de las Angustias, 3 , Tel. 956.34.50.70. Recht junges Hotel mit nur 15 Zimmern in einem Stadtpalast der 1920er Jahre mit zentralem Patio und Dachterrasse. Stilvoll eingerichtete Zimmer bzw. Suiten. Außerhalb der Feria del Caballo gemessen an der gehobenen Kategorie recht günstige Preise.

■ **Hotel/Hostal San Andres**①, c/ Morenos 12–14, Tel. 956.34.31.96, www.hotel-sanandres.com. Zwei Gebäude unter derselben sehr familiären Leitung. Man kann sich hier auch für Gitarren- und Flamenco-Kurse einschreiben. Das Hostal ist um herrliche, blumenübersäte *patios* angelegt. Von den rustikalen Zimmern sollte man keinen großen Komfort erwarten. DZ mit Bad gegen Aufschlag. Das Hotel ist mit schönen Dachterrassen ausgestattet, die etwas größeren Zimmer sind ein bisschen altbacken eingerichtet, verfügen aber über Bad, Klimaanlage und weitere Extras.

■ **Jugendherberge: Albergue inturjoven,** Avda. Blas Infante 30 (südlich des Zentrums), Tel. 955.03.58.86 (ggf. wird man weiterverbunden). Moderner Block mit Pool, Buchung über www.inturjoven.com („Jerez").

Verkehrsverbindungen

■ **Flughafen:** Einige Kilometer nordöstlich von Jerez wurde ein ehemaliger Militärflughafen zu einem kleinen Charterflughafen umgebaut, der auch von zahlreichen deutschen Städten angeflogen wird. Aeropuerto de la Parra, Tel. 956.15.00.00. oder 902.40.47.04. Dort gibt es auch einige Autovermietungen.

■ **Busbahnhof** in der c/ Cartuja unweit der Plaza Madre de Dios, Tel. 956.34.52.07. Knapp 15 Minuten von der Innenstadt entfernt. Linie Comes (Tel. 902.19.92.08): nach Cádiz stündl. 7–22 Uhr, Sa und So stark eingeschränkt, nach Sevilla mit Star Class

◁ Eigentlich Werbung für Osborne-Sherry, inzwischen so etwas wie das inoffizielle Wahrzeichen Spaniens

und Comes insgesamt 20x tägl., Sa/So 12x, Ronda 3x tägl. Nach El Puerto de Santa María 6x tägl., am Wochenende 4x, nach Tarifa/Algeciras werktags 3x. Nach Arcos 18x tägl., Sa und So stark eingeschränkt, Ubrique 6x tägl., Sa/So stark eingeschränkt, El Bosque 6x tägl., Sa/So eingeschränkt, einige Busse fahren bis Grazalema weiter. Linie La Valenciana-Linesur (Tel. 956.34.10.63): nach Sanlúcar 14x tägl., am Wochenende stark eingeschränkt.

■ **Bahnhof:** Plaza de la Estación s/n, Tel. 902.24.02.02, noch ein Stück weiter Richtung Landstraße nach Arcos. Recht ansehnliches Gebäude in Sevillaner Mudéjar-Stil. Jerez ist an die Linie A-1 (Cádiz – Sevilla) angeschlossen, ausgezeichnete Verbindungen in beide Richtungen.

Ausflug für Pferdeliebhaber

■ **Yeguada de la Cartuja Hierro del Bocado,** Finca Fuente del Suero, Crta. Medina-El Portal, km 6,5; Tel. 956.16.28.09, www.yeguadacartuja.com. Auf dieser Finca erlebt der Besucher die fünf Jahrhunderte alte Geschichte der Kartäuser-Pferde, der „pura raza", die hier inmitten herrlicher Landschaft nach wie vor gezüchtet wird. Jeden Sa öffnen sich für das Publikum die Tore, das Programm beginnt um 11 Uhr mit einem kurzen Film zu Geschichte und Zweck der „Yeguada del Hierro del Bocado", dann geht es zur Besichtigung und Vorführung. Wegbeschreibung: Ausfahrt Nr. 5 Jerez Sur/Medina Sidonia (A-381), Richtung Medina Sidonia/Algeciras fahren, rechts abbiegen Richtung El Portal. Eintritt 15,50 €, reduziert 10 €, je nach Sitzplatz auch etwas teurer. Von 8.30–15.30 Uhr kann unter Tel. 956.16.28.09 reserviert werden, der geführte Besuch samstags dauert ca. von 11–13.30 Uhr. Von April bis Okt. gibt es auch Führungen auf Deutsch, außerhalb dieser Monate auf Englisch, anschließend einige Erklärungen auf Deutsch. Unter der Woche Voranmeldung für Gruppen von mindestens 6 Personen.

▷ Ruhige Gasse in Arcos de la Frontera

Arcos de la Frontera

Der Name des Ortes – *arco* bedeutet Bogen – weist bereits auf die Besonderheit dieses schönen Beispiels für ein **„Weißes Dorf"** hin, dessen Häuser wie Würfelzucker in der saftig grünen Landschaft anmuten. In diesem maurisch geprägten Ort sind die Häuser in den engen Gassen durch **Bögen,** die als Stützen dienen, miteinander verbunden. Schon von Weitem ist der Anblick des auf einem schroffen Felsen gelegenen Dorfes bezaubernd. Der Ort befand sich wie auch Jerez und Vejer an der Grenzlinie *(frontera)* der von den Mauren und Christen während der *Reconquista* hart umkämpften Gebiete.

Arcos ist von Jerez de la Frontera über die A-382 leicht zu erreichen. Auf dieser Landstraße rauscht man übrigens an der Asphaltstrecke vorbei, die die Herzen der Formel-1-Fans höher schlagen lässt, die Rennstrecke **„Circuito de Velocidad".** Auch Motorradbegeisterte haben hier jeden Mai ihren Spaß.

Von Westen gelangt man der Ausschilderung „Centro ciudad" folgend zum **Paseo de Andalucía,** hier kann man das Auto in einer Tiefgarage abstellen. Ein Spaziergang durch die engen, verwinkelten Gassen gleicht einer spannenden Entdeckungstour durch die Jahrhunderte. Die gesamte Altstadt steht unter Denkmalschutz. Beim Aufstieg zur zentralen Plaza de Cabildo fallen neben den *arcos* die strahlend weißen Häuserfassaden auf. Jedes Jahr wird eine neue Kalkschicht aufgetragen, die Fassade wirkt dadurch wulstig, die Kanten sind abgerundet. Manchmal erwecken die Hausmauern den Eindruck von modelliertem Schnee. Mit bunten Blumen bepflanzte Töpfe setzten sich kontrastreich von den Wänden ab. Nicht selten wird der zu maurischen Zeiten *Medina Arkosh* genannte Ort mit dem marokkanischen Bergdorf Chaouén in der Nähe von Tetuán verglichen.

Unterbrochen wird die „weiße Pracht" hier und da durch eine alte Säule an einer Hausecke oder durch palastähnliche Fassaden. In der Calle Cristóbal Colón findet sich die Fassade eines Bürgerhauses aus dem Jahr 1265. Nach der Rückeroberung der Stadt entstanden prachtvolle **Adelspaläste,** die stark mit der restlichen Bebauung kontrastieren. Unter den zahlreichen Herrenhäusern stechen der Palacio des Grafen *de Aguila* mit einem mudejaren Tor in der Nähe der Kirche Santa María de la Asunción hervor und der des Herzogs *Marqués de Osuna* mit Türmen, die noch von der ursprünglichen Befestigungsmauer stammen.

Die große, zentrale **Plaza del Cabildo** eröffnet von einem Balkon aus einen weiten Blick in die Tiefebene mit dem Fluss Guadalete. Bei guter Sicht sind auch die Berge der Sierra de Grazalema unverkennbar. Rund um den Platz sind die Iglesia de Santa María de la Asunción aus dem 16. Jh., der Parador und das Rathaus mit dem dahinter liegenden **Castillo** aus maurischer Zeit angeordnet. Letzteres kann nicht besichtigt werden, da es in Privatbesitz der Herzöge von Arcos ist. Um die Burg herum soll es spuken, so wird erzählt.

Das auffallend schöne und reich verzierte platereske Hauptportal der **Basilica de Santa María** zur Westseite zeigt spätgotische Einflüsse. Aus diesem Portal tragen starke Schultern jeden 5. August die Patronin von Arcos hinaus, die Virgen de las Nieves mit weißem Kleid und goldenen Stickereien. Begleitet wird

an14-038 ba

das Fest nachts in der Regel mit Flamencogesang.

Die Kirchenfront an der Plaza del Cabildo wird durch den dreigeteilten Glockenturm ohne Spitze dominiert. Er zeigt barocke Elemente, das Kirchenschiff hingegen weist mudejare Stilelemente auf. Vor allem der kunstvoll geschnitzte **Hochaltar** von 1585 ist ein beeindruckendes Kunstwerk, an dem verschiedene Künstler der Sevillaner Schule arbeiteten. Es handelt sich hierbei um ein hervorragendes Beispiel des spanischen Manierismus. Dahinter tauchen versteckte Spuren der Mezquíta auf. Hier sind Reste des *mihrab* (Gebetsnische) mit *ataurique*s, den typischen Dekorationsmustern aus Pflanzenformen, und arabische Stuckarbeiten zu sehen.

Von der Plaza de Cabildo geht es ostwärts zur **Iglesia San Pedro,** die zum Teil auf Resten der maurischen Befestigungsmauer erbaut wurde. Ein *ajimez* (Zwillingsfenster) erinnert an den maurischen Ursprung. Mit ihren Altären und Kapellen ist die Kirche durch und durch vom Barock geprägt.

■ **Basilica de Santa María de la Asunción,** Plaza del Cabildo, Mo–Fr 10–13 und 16–19 Uhr, Sa 10–14 Uhr, 2 €.

■ **Iglesia de San Pedro,** c/ San Pedro, Mo–Sa 10–13 und 16–19 Uhr, So 10–13.30 Uhr, 1 €.

Praktische Informationen

Information

■ **Oficina Municipal de Turismo,** c/ Cuesta de Belén 5 (vom Paseo de Andalucía stets bergauf Richtung Basilica de Santa María, kurz vor der Kirche auf der rechten Seite neben dem Palacio del Conde de Aguila liegt das Tourismusbüro), Tel. 956.70.22.64, www.turismoarcos.es. Ein kleines Stadtmuseum ist angeschlossen. Mo–Sa 9.30–14 und 15–19.30 Uhr, So 10–14 Uhr, im Winter evtl. eingeschränkt.

■ **Führungen** durch die Stadt hat infotur übernommen, Tel. 654.92.17.92 (Handy), www.infoturarcos.webnode.es.

Essen und Trinken

■ **Restaurante El Convento,** c/ Marqués Torresoto 7. Gehört zwar zum gleichnamigen Hotel, befindet sich aber nicht in selbigem, sondern nicht weit entfernt im Palacio Valdespino aus dem 17. Jh. mit schönem arkadengesäumten *patio.*

■ **Bar Alcaravan,** c/ Nueva 1, Tel. 956.70.33.97. Mitten im Altstadtviertel unweit der Kathedrale gelegene höhlenähnliche Bar, die vor allem regionale Tapas und Wurstspezialitäten zu bieten hat.

Feste

■ **Fiesta del „Toro del Aleluya",** eine nicht ungefährliche Angelegenheit: Am Ostersonntag werden zwei Stiere quer durch die Stadt gejagt. Mutige rennen den Tieren vorweg – eine etwas zweifelhafte Volksbelustigung.

■ **Feria del Patrón San Miguel Arcángel,** ein großes Fest mit Wein, Kirmes und viel Tanz im September.

Einkaufen

■ **Galería San Pedro** in der gleichnamigen Calle San Pedro 7. In einem traumhaften Patio kann handgemachte Keramik erstanden werden.

■ Typisches Süßes vom Lande bekommt man im **Convento de RR.MM. Mercedarias Descalzas** an der Plaza de Boticas.

Flamenco

In den Monaten Juni und August wird Flamenco im Freien zelebriert, i. d. R. auf der Plaza Cananeo im Altstadtviertel ab ca. 22.30 Uhr. Nähere Infos im Tourismusbüro.

Unterkunft

■ **Parador Casa del Corregidor*****/⑤, Plaza del Cabildo, Tel. 956.70.05.00, www.parador.es. Dieser 1966 errichtete Parador im für Andalusien typischen Stil bietet nicht zuletzt einen hervorragenden Blick auf den Río Guadalete und den Ort.

■ **Hotel El Convento****/②-③, c/ Maldonado 2, Tel. 956.70.23.33, www.hotelelconvento.es. Das angenehme Hotel inmitten der Altstadt ist in einem ehemaligen Kloster aus dem 17. Jh. untergebracht. Auf einer Dachterrasse kann die Sonne genossen werden.

■ **Hotel Los Olivos del Convento*****/②-③, Paseo Boliches 30, Tel. 956.70.08.11, www.hotel-losolivos.es. Typisches weiß getünchtes, sehr gemütliches Haus mit romantischem *patio* oberhalb der Plaza de España.

■ **Hotel Marqués de Torresoto**②-③, Marqués de Torresoto 4, Tel. 956.70.07.17, www.torresoto.es. Der Palast aus dem 17. Jh. liegt in der gleichnamigen Straße inmitten der Altstadt. Hier lebten einst die Marquéses de Torresoto. Das kleine Hotel verfügt über einen schönen arkadengesäumten *patio* und eine kleine Kapelle.

Tipp: **La Casa Grande**②-③, c/ Maldonado 10, Tel. 956.70.39.30, www.lacasagrande.net. Kleines Hotel mit Liebe zum Detail und viel Geschichte mitten im Altstadtviertel in einem alten Stadtpalast aus den Anfängen des 18. Jahrhunderts. Heimelige kleine Terrasse mit Blick auf die Basilica. Gutes Preis-Leistungsverhältnis.

■ **Hostal San Marcos**①, c/ Torresoto 6, Tel. 956. 70.07.21, www.hostalsanmarcoscadiz.com. Mit nur vier Zimmern sehr kleines, aber feines Hostal, guter Preis, inmitten des Altstadtviertels gelegen.

■ **Hostal Callejón de las Monjas**①, c/ Deán Espinosa 4, Tel. 956.70.23.02. Nicht weit von der Plaza del Cabildo enfernt, direkt bei der Kirche Santa María gelegen.

■ **Fonda del Comercio**②, c/ Corredera 83, Nähe Plaza de España, Tel. 956.70.00.57. Übernachten in schönen alten Gemäuern, das Haus stammt aus dem Jahr 1863.

■ **Hacienda El Santiscal**③-④, Avenida del Santiscal 129, Tel. 956.70.83.13, www.santiscal.com, etwas außerhalb am Stausee gelegen. Eine echte *hacienda* aus dem 15. Jh. mit blumengeschmücktem Innenhof und Brunnen.

Verkehrsverbindungen

■ Vom **Busbahnhof** in der Calle Alcaldes fährt die Busgesellschaft Los Amarillos u. a. nach Jerez, Sevilla und Cádiz sowie in die Sierra de Grazalema nach El Bosque und Ubrique. Für die Fahrt nach Grazalema selbst muss man in Ubrique (wird 4x tägl., Sa/So eingeschränkt, angefahren) umsteigen. Die Busgesellschaft Comes (Tel. 956.70.20.15) fährt u. a. nach Jerez, Cádiz, Setenil, Ronda und Málaga. Eine weitere Haltestelle befindet sich in der Calle Corregidor.

Sierra de Grazalema

Westlich von Ronda erheben sich die Gebirgsstöcke der Sierra de Margaríta, Sierra de Zafalgar, Sierra del Pinar, Sierra del Caillo und Sierra del Endrinal. Der Einfachheit halber wird die gesamte Region nach einem zentral gelegenen Ort meist als Sierra de Grazalema bezeichnet, auch wenn dieser Begriff in den meisten Landkarten nicht auftaucht. Der ziemlich ausgedehnte Naturpark **Parque Natural Sierra de Grazalema** erstreckt sich etwa zwischen den Stauseen Embalse de Zahara im Norden und Embalse de los Hurones im Südwesten, dem Dorf El Bosque im Westen und dem Tal des Río Guadiaro im Osten.

Der hauptsächliche **Reiz** der Sierra de Grazalema liegt in der Abwechslung lieblicher, relativ dicht bewaldeter Täler und Hänge und schroff bis auf rund 1.650 Meter aufragender Felsgrate begründet. Diese ausgesprochen pittores-

073an bn

ke, beinahe mitteleuropäisch wirkende Naturlandschaft im Kontrast zu den typisch andalusischen Weißen Dörfern zieht in zunehmendem Maße Anhänger des Natur-Tourismus an, in erster Linie Wanderer und Radsportler. Spaziergänge in klarer Bergluft durch gepflegte, noch weitgehend von traditioneller Architektur geprägte Dörfer wie Grazalema oder Zahara de la Sierra bereiten aber sicherlich nicht nur Outdoor-Freaks Vergnügen.

Zum besseren Schutz der vom Verschwinden bedrohten Tier- und Pflanzenarten dieses vielgestaltigen Naturraums wurde im Jahre 1977 ein beträchtlicher Teil der Sierra von der UNESCO als **Biosphärenreservat** ausgewiesen. Die Junta de Andalucía verfügte 1984 die Bildung eines 52.000 Hektar umfassenden Naturparks. An den Ufern des Stausees Embalse de los Hurones erreicht das Gebiet mit knapp 220 Meter seinen tiefsten Punkt, der höchste Gipfel ragt mit 1.654 Meter in der Sierra del Pinar in die Höhe. Vor allem bei der Anfahrt von Westen wird deutlich, wie steil sich diese Gebirgszüge aus dem flachwelligen Vorland herausheben. So erklärt sich auch die Tatsache, dass hier mit 2.132 mm die höchsten Niederschlagsmengen der gesamten Iberischen Halbinsel gemessen werden – was auch im europäischen Vergleich ein rekordverdächtiger Wert ist.

In der Vegetation gibt es zwischen den feuchten Nordwesthängen und den relativ trockenen Südostseiten der Berge enorme Unterschiede. Die den Westwinden voll ausgesetzten Bereiche tragen ein grünes Kleid, bestehend aus Arten wie Flaumeiche, Tanne, Montpellier-Ahorn und Seidelbast, insbesondere die schattigen Wälder der **Igeltanne** erinnern stark an die Heimat (s. auch Exkurs über die Igeltanne im Kap. „Provinz Málaga und westliche Costa del Sol"). Auf den stärker besonnten Hangflächen dominieren vor allem in tieferen Lagen die immergrünen Laubbäume wie Stein- und Korkeiche, Johannisbrotbaum, Oleaster (Wilder Ölbaum) und Erdbeerbaum, in höheren Lagen die Kiefer.

Vorherrschende Gesteinsart ist Kalk, teilweise recht **skurrile Felsformationen** und eine starke Verkarstung der Hochflächen sind die Folge. Die anspruchslose Flora auf diesen Standorten sorgt in der Blütezeit für optische Glanzlichter: Anfang April leuchten ganze Bergrücken im strahlenden Gelb des **Stechginsters, Zistrosen** steuern ein zartes Rosa oder blütenreines Weiß bei, und die prächtigen Blütenstände der **Peonien** lassen ihre gezüchteten Verwandten, die Pfingstrosen, fast erblassen.

Die lichten Wälder bieten einer reichen Tierwelt Lebensraum, so ist der **Steinbock** inzwischen wieder recht gut vertreten, ebenso verschiedene Arten von **Rotwild.** Relativ häufig sind der majestätische Gänsegeier und sein kleinerer Verwandter, der Schmutzgeier, anzutreffen, ebenso natürlich viele Singvogelarten. Zur Beobachtung von Kaiseradler, Rebhuhnadler, Zwergadler, Habicht und Sperber bedarf es schon etwas mehr Glück.

Der Peñón Grande, das geografische Zentrum der Sierra de Grazalema

Wanderungen

Obwohl, wie in Naturparks üblich, professionelle **Info-Tafeln** mit Wegbeschreibungen aufgestellt wurden, hat man an eine narrensichere **Markierung** der oft sehr schmalen und gewundenen Pfade nur selten gedacht. Auch wenn gutes **Kartenmaterial,** z. B. der aus mehreren Militärkarten zusammengesetzte „Plano Topográfico del Macizo de Grazalema" (1:50.000) des Verlags Penthalon, nützlich sein kann, bei längeren Strecken ist man damit u. U. auch verloren.

Eine – leider etwas aufwendige – Alternative ist die Wanderung in einer **organisierten Gruppe** mit einem erfahrenen, teilweise auch englischsprachigen Führer. Für Wanderungen im Naturpark außerhalb der Área de Reserva ist keine **Genehmigung** notwendig, man sollte sich aber auf jeden Fall an die vorgegebenen Wege und die üblichen Verhaltensmaßregeln halten. Zwingend vorgeschrieben ist eine Erlaubnis für den Besuch des Kerngebietes zwischen der Sierra del Pinar und Zahara de la Sierra, wo sich täglich maximal 180 Personen aufhalten dürfen. Davon betroffen sind die ziemlich anspruchsvolle Wanderung durch die 400 Meter tief eingeschnittene, eindrucksvolle Schlucht **Garganta Verde** entlang des Bachs Arroyo del Pinar, die nur für geübte Bergwanderer geeignete Besteigung des 1654 Meter hohen **Torreón,** dem höchsten Gipfel der Sierra, der leichte Panoramaweg **Llanos del Rabel,** der auf einer Passhöhe der CA-531 südlich von Zahara de la Sierra beginnt, sowie der mittelschwere **Itinerario del Pinsapar,** der nahe der Kreuzung der CA-531 und der A-372 (El Bosque – Grazalema) anfängt, ziemlich steil auf einen Sattel unterhalb des Pico de San Cristóbal führt und dann durch den berühmten Igeltannenwald bis zum kleinen Dorf Benamahoma absteigt. Es handelt sich stets um Halbtageswanderungen von 4–6 Stunden Dauer.

■ Weitere **Infos** unter www.sierradecadiz.com und www.ventanadelvisitante.es.

■ Die **Genehmigung** für die genannten Wanderungen holt man sich entweder direkt bei der Naturschutzbehörde in El Bosque (siehe dort) ab, oder man reserviert sich die Erlaubnis einige Tage vorher unter Tel. 956.70.97.33. Rund um die Feiertage ist das sehr ratsam – dabei ist u. U. auch die Hotelrezeption bzw. das Tourismusbüro behilflich. Den *permiso* sollte man in der Área de Reserva unbedingt mit sich führen, die Kontrollen der Park-Ranger sind streng und Zuwiderhandlungen werden mit Geldbußen von mindestens 100 € bestraft. Vom 16.10. bis 31.5. darf man die Wege auch ohne Begleitung gehen, in der übrigen Zeit bzw. bei erhöhter Waldbrandgefahr muss man sich einer geführten Gruppe anschließen. Recht professionell arbeitet z. B. die **Agentur HORIZON** in Grazalema (c/ Corrales Terceros 29, Tel. 956.13.23.63, www.horizonaventura.com). Da die Genehmigungen sehr restriktiv vergeben werden, führt HORIZON nur etwa 2x pro Woche durch den Igeltannenwald. Anfragen per Telefon oder am besten auf Englisch per E-Mail: info@horizonaventura.com. Die Gruppe muss aus mind. 6 Personen bestehen, meist kommt diese Zahl auch zustande. Eine Halbtageswanderung kostet 13 €, eine Ganztageswanderung 16 € (jeweils p.P.). Außerdem werden u. a. auch Kletterkurse *(escalada)*, Höhlenerkundungen *(espeleología)*, Canyoning *(descenso de cañones)* und Bungee-Jumping *(puenting)* angeboten – man ist dabei auch versichert.

Zahara de la Sierra mit dem Torre del Homenaje auf dem Felshügel

072an bn

„Weiße Dörfer"

Nicht nur die herrliche Natur, sondern auch die zauberhaften *pueblos blancos* lohnen einen Aufenthalt in der Sierra de Grazalema. Viele Ortschaften tragen die Vorsilbe *Ben,* eine Ableitung des arabischen Begriffs *Ibn* für „Sohn". **Benaocaz** hieße also so viel wie „Sohn des Windes", bei **Benamahoma** oder **Benaoján** spielen die nachfolgenden Teile auf den Namen von Familien oder Stämmen an. Ähnlich wie in den Alpujarras der Provinz Granada blieben in diesem sehr spät zurückeroberten Gebiet die Glaubenskriege des späten 15. Jh. in ritualisierten Festspielen – **Moros y Cristianos** („Mauren und Christen") – lebendig.

Zahara de la Sierra

Das nördliche Ende des Naturparks Sierra de Grazalema markiert das kleine Dorf Zahara, malerisch auf einer Anhöhe am westlichen Ufer des gleichnamigen **Stausees** gelegen. Schon von Weitem ist der Bergfried Torre del Homenaje eines **maurischen Kastells** (13.–15. Jh.) zu sehen, auf einer Art archäologischem Lehrpfad ist dieser zusammen mit einer **römischen Zisterne** und den Ruinen einer kleinen Kirche zu besichtigen. Die Mühe des Aufstiegs wird durch herrliche Ausblicke auf den Stausee, die Weißen Dörfer Algodonales und Olvera sowie die im Süden grandios aufragende Sierra de Grazalema belohnt.

Auch sonst ist Zahara ein ausgesprochen angenehmer Ort mit blumengeschmückten, schön herausgeputzten Gassen. Trotz der geringen Einwohnerzahl von 1.600 Seelen strahlen einige Straßenzüge wie die Calle San Juan eine geradezu mondäne Atmosphäre aus. Schmucke **Adelshäuser** mit aufwendig dekorierten Fassaden zeigen an, dass Zahara auch als sichere Fluchtburg der Reichen diente. Wirtschaftliche Basis für ihren Wohlstand war vor allem der Anbau von Olivenbaumplantagen der Sorte *aceituna manzanilla,* eine quittenfarbene, sehr mild schmeckende Sorte.

Eine **Ölmühle** aus dem Jahre 1755 steht für Besichtigungen offen, die Verarbeitungsanlagen sind neueren Datums. Wer nicht nur das mit 1° Säuregehaltbetont fruchtig schmeckende Olivenöl und andere Erzeugnisse vom Hersteller kaufen, sondern auch den Arbeitsprozess beobachten möchte, muss natürlich zur Erntezeit zwischen November und Januar kommen.

■ **Molino de Aceite „El Vinculo",** Tel. 956.12.30.02, www.molinoelvinculo.com, 1 km außerhalb Richtung Grazalema, Besichtigung etwa zwischen 10 und 19 Uhr. Es werden auch komplett eingerichtete Bungalows ab 86 €/Tag angeboten; Näheres auf der Website.

Praktische Informationen

Information

■ **Oficina de Información del Parque Natural,** Plaza Zahara 3 (zwischen Hostal Marqués de la Sierra und Restaurante Mirador), Tel. 956.12.31.14. Mo–Sa 9–14 und 17–20 Uhr, So nur vormittags.

Aktivitäten

■ *Santiago Sánchez,* c/ Guadalete 7, Tel 608.84.03.76 (Handy), caballos@zaharadelasierra.info, organisiert **Ausritte** in die Umgebung. *Santiago* ist ein andalusisches Original – man sollte etwas Spanisch verstehen oder bereit sein, mit Händen und

Füßen zu kommunizieren. Laut *Santiago* ist Englisch auch kein Problem ... Ein Erlebnis allemal. Die Stunde kostest 18 €, bei mehreren Stunden sind es 15 € pro Stunde.

Unterkunft

■ **Hotel Arco de la Villa****/②, Camino Nazarí, s/n, Tel. 956.12.32.30, www.tugasa.com, unweit des Aufstiegs zum Castillo. Direkt oberhalb eines Felsens errichtet, daher großartiger Blick auf den Stausee. Die Zimmer sind mittelgroß und komfortabel ausgestattet.

■ **Hostal Los Tadeos****/②, Paseo de la Fuente, Tel. 956.12.30.86, www.lostadeos.com. Die frühere einfache Pension hat sich zu einem schmucken Hotel inkl. tollem Pool mit Aussicht gemausert. Dadurch ist auch der Preis gestiegen, aber immer noch erschwinglich.

■ **Hostal Marqués de Zahara****/①-②, Tel. 956.12.30.61, www.marquesdezahara.com, am Hauptplatz. Der einstige Adelspalast eines Markgrafen, entsprechend stilvoll und komfortabel ist das Ambiente, lediglich die Ausstattung der Zimmer erinnert eher an eine Pension. Dafür ist an Platz kein Mangel, und Bad und Heizung sind inklusive. Das angeschlossene Restaurant ist ziemlich gut und gar nicht so teuer.

Camping

■ **Camping-Cortijo Arroyomolinos,** Tel. 956.23.40.79, in einer Bucht 3 km südlich des Ortes.

Verkehrsverbindungen

■ **Bus:** mit COMES, www.tgcomes.es, Mo–Fr 2x tägl. nach Ronda.

Weiterfahrt nach Grazalema

Es bieten sich zwei zeitlich wohl identische Alternativen: zum einen die Fahrt am See entlang, wobei man von der C-339 Richtung Ronda am Südende des Stausees rechts in die beschilderte Landstraße nach Grazalema abbiegt. Von der Wegstrecke kürzer, aber nicht schneller, geht es über die landschaftlich besonders reizvolle Serpentinenstraße CA-531. Von der Passhöhe **Puerto de las Palomas,** etwa 1157 Meter über dem Meeresspiegel, genießt man einen atemberaubenden Blick zurück auf den nur rund 400 Meter hoch gelegenen Stausee.

Grazalema

Schon die Anfahrt auf das geografische Zentrum der gleichnamigen Sierra beeindruckt: weiß gekalkte, ziegelgedeckter Häuser, gepflasterte Gassen mit reichlich Blumenschmuck und der wie ein Matterhorn en miniature aufragende Fels **Peñón Grande** (1309 m) im Hintergrund.

Bis 1485 stand Grazalema unter maurischer Herrschaft, was man der 2.300-Seelen-Gemeinde noch ansieht. Wie die Reste eines römischen Maultierpfades auf der Passhöhe **Puerto de las Cumbres** und Spuren einer **Nekropole** auf einer tiefer gelegenen Ebene beweisen, gab es hier aber auch schon vor ihnen menschliche Siedlungstätigkeit. Im 17. Jh. erlebte der auf 830 Meter ü. NN gelegene Ort einen Aufschwung durch die Herstellung von Tüchern und Decken, und auch heute noch wird **traditionelles Handwerk** wie die Herstellung von Geflochtenem, Korkprodukten sowie Decken und Ponchos aus Schafwolle hochgehalten.

[>] Wanderer in der Sierra de Grazalema

Praktische Informationen

Information

Información Turística, an der Plaza Asomaderos 3 (auf der linken Seite des großen Parkplatzes etwas unterhalb der Iglesia de la Encarnación), Tel. 956.13.20.52, in der Saison 10–14 und 15.30–19 Uhr, im Winter eingeschränkt.

Unterkunft

Hotel Peñón Grande**/②, direkt gegenüber der Iglesia de la Encarnación, Tel. 956.13.24.34, www.hotelgrazalema.com. Die freundliche Wirtin spricht etwas Deutsch.

Villa Turística de Grazalema***/②, Olivar s/n, Tel. 956.13.21.34, www.villasdeandalucia.com. Perfekt wie ein kleines Dorf in die Landschaft eingepasste Hotelanlage mit Pool am unteren Ortseingang. Übernachtung entweder in den teureren separaten Bungalows für Selbstversorger oder in rustikal-komfortablen DZ. Über die Rezeption können auch Genehmigungen bzw. Führer für Wanderungen bestellt werden. Ein anheimelndes Restaurant mit guter regionaler Küche ist angeschlossen.

Hostal-Restaurante Casa de las Piedras①-②, c/ Las Piedras 32, Tel. 956.13.20.14, www.casadelaspiedras.es. Von der Bank UNICAJA am Hauptplatz die Straße Las Piedras links bergauf. Rustikale, zumindest im Haupthaus ausreichend komfortable Pension, zu den Feiertagen oft ausgebucht! Die Zimmer im alten Trakt sind wesentlich billiger, dafür aber auch ziemlich spartanisch, ohne Bad und ohne Heizung – dies kann sich aber in Zukunft ändern. Das Restaurant ist sehr zu empfehlen.

Camping

Camping Tajo Rodillo, 2. Kat., etwas oberhalb des Ortes an der Straße Richtung El Bosque, Tel. 956.13.24.18, www.campingtajorodillo.com. Rustikaler, mit dem Nötigsten ausgestatteter Platz. Nach Grazalema sind es ca. 10 Min. zu Fuß. Kleine Blockhütten können für 30 € pro Tag (an Wochenenden das Doppelte) gemietet werden. In letzter Zeit nur noch wochenends geöffnet – Anruf tätigen!

152an bn

Essen und Trinken

■ **Mesón El Simancón,** Plaza Asomadero (Aussichtsterrasse unterhalb der Ortsmitte), Tel. 956.13. 24.21. Gutes Restaurant, mittlere Preisklasse, Tische im Freien, Di Ruhetag.

■ **Bar La Posadilla,** c/ Agua 19, Tel. 625.48.81.34 (Handy). Einfache Tapas-Bar an lauschigem Plätzchen unterhalb der zentralen Plaza de España. Preiswert und gut, Do Ruhetag.

■ **Tetería Azul,** Plaza de España. Gemütliche Teestube und Internet-Café auf dem Hauptplatz neben der Aurora-Kirche.

■ **Caféteria Rumores/Confitería Chacón,** neben dem Hotel Peñón Grande. Sehr gute und äußerst preiswerte Konditorwaren.

Reiten

■ **Al-hazán,** Tel. 956.23.42.35, 610.32.91.46 (Handy), al-hazan@airtel.net. Vom unteren Ortsrand Grazalemas fährt man ca. 3 km auf der CA-5311 in Richtung Montecorto, dann Abzweig auf einem Feldweg beachten. Von der Deutschen *Hanna Wenzel* engagiert geführter Reitstall mit breit gefächertem Angebot (nach telefonischer Absprache).

Verkehrsverbindungen

■ **Bus:** mit Los Amarillos, www.losamarillos.es, 2x tägl. nach Ronda/Ardales (morgens und nachmittags) und nach Ubrique/Benaocáz (morgens und nachmittags). Nach El Bosque frühmorgens um 5.30 Uhr.

Wanderung rund um den Peñón Grande

■ **Ausgangs-/Endpunkt:** Campingplatz von Grazalema.

■ **Dauer:** vom Campingplatz 2 Std. und 40 Min., vom Ortszentrum 3 Std.

■ **Höhenunterschied:** Anstieg von 900 m ü. NN auf 1280 m ü. NN und wieder zurück.

Schuhe: Wanderstiefel optimal, Sportschuhe mit Profilsohle für geübte Wanderer ausreichend.
Hinweis: überwiegend schmale Maultierpfade, Trittsicherheit ist erforderlich.

Die mittelschwere Wanderung rund um den „Hausberg" von Grazalema, den markant über 1300 Meter aufragenden Peñón Grande, vermittelt einen guten Eindruck von der fast schon alpin wirkenden Gebirgslandschaft der **Sierra del Endrinal** und ist auch für nichtmotorisierte Reisende gut geeignet, da sich die Wanderung nur geringfügig verlängert, wenn man vom Ortszentrum über die lang gestreckte Calle Piedras zum Campingplatz (s. o.) hinauf geht. Vom Parkplatz folgt man noch ca. 500 Meter der Landstraße nach El Bosque bergan und biegt bei dem Schild „Camino de los Charcones" links auf einen Feldweg ab. Dieser führt in etwa einer halben Stunde entlang des meist ausgetrockneten Río Guadalete zu einem **überdachten Picknickplatz.** Hier bietet sich ein kurzer Abstecher zur 1103 Meter hoch gelegenen **Passhöhe Puerto del Boyar** an, von wo man einen herrlichen Ausblick auf die westliche Abdachung der Sierra und den Zwillingsfelsen „Salto del Cabrero" hat: Man geht dazu rechts oberhalb der Straße entlang eines Zaunes (Tor nicht öffnen!) an einigen Schautafeln zur Naturkunde des Parks vorbei.

Unsere Wanderung setzt sich aber auf der linken Seite des besagten Unterstandes „El Merendero" hinter einem hölzernen Gatter fort, und ist durch aufgemalte blaue Pfeile gut erkennbar. Nach knapp 30 Minuten beständigen Aufstiegs erreicht man eine von Felsbrocken übersäte **Hochebene.** Nach weiteren 10 Minuten gabelt sich die Route bei einem kleinen Steintürmchen, der richtige Abzweig **nach links** ist inzwischen durch einen hölzernen Wegweiser mit der Aufschrift „Camping" und „Grazalema" eindeutig gekennzeichnet. Wenige Minuten später folgt man dem recht gut ausgetretenen Pfad nach links bergab – der schmalere Pfad geradeaus verliert sich erkennbar im Gestrüpp. Der Weg führt nun links an einem Schafpferch in Form eines Steinrings und einer Viehtränke vorbei und verläuft bald in Serpentinen gut sichtbar hinunter in den Talgrund – kleinere Pfade bleiben unbeachtet. Im Tal steuert man auf eine mit Steinmauern eingefriedete Kiefernschonung zu, die man rechts liegen lässt, jetzt sind etwa 1¾ Std. vergangen. Man geht im Uhrzeigersinn um die Anlage herum, auf der gegenüber liegenden Seite weist ein gelber Pfeil links bergauf in die richtige Richtung. Der Wanderweg windet sich gut sichtbar einen kleinen Höhenrücken hinauf – eine schmalere Abzweigung nach rechts bleibt unbeachtet. Auf dem Sattel folgt man dem Schild „Camping" und steigt halblinks wieder in etwa 10 Minuten zum Campingplatz bzw. Parkplatz ab.

El Bosque

Auf nur 290 Meter über dem Meer gelegen, kann man das Dorf El Bosque als westliches Tor zur Sierra de Grazalema bezeichnen. Die schöne Lage am Hangfuß und idyllische Winkel am gleichnamigen Fluss sind die wesentlichen Attraktionen. Im oberen Ortsbereich wurde ein ansehnlicher **Botanischer Garten** *(jardín botánico)* eingerichtet, der großzügig ausgeschildert ist und auch während der Siesta-Zeit Besuchern offen steht.

In El Bosque befindet sich der **regionale Hauptsitz der Naturschutzbehörde Agencia del Medio Ambiente** (A.M.A.), welche die Genehmigungen für Wanderungen in der Área de Reserva erteilt, dem Besucher aber auch mit Ratschlägen und Auskünften zur Seite steht.

Praktische Informationen

Information

■ Die **Oficina de Turismo** und auch das Informationszentrum mit kleinem Museum zur Flora und Fauna des Naturparks befinden sich an der Plaza de Toros 8–12, Tel. 956.70.97.33. Hier wird auch einiges rund ums Thema Outdoor angeboten. Geöffnet üblicherweise Di–Sa 10–14 und 16–18 Uhr, im Sommer nur vormittags.

Unterkunft

■ **Hotel Las Truchas****/②, Avda. Diputación 1, Tel. 956.71.60.61, www.tugasa.com. Das bei der Anfahrt von Arcos am Ortseingang gut erkennbare Hotel (gegenüber der Stierkampfarena) erinnert in seiner Machart stark an die Villa Turística von Grazalema, der Architekt war derselbe. Auch hier sind die Zimmer ausreichend groß und mit Heizung, teilweise auch Balkon ausgestattet. Preise identisch mit Villa Turística, Restaurant ebenfalls empfehlenswert. 2014 renoviert.

■ **Hostal Enrique Calvillo***/①, Avda. Diputación 5, Tel. 956.71.61.05, www.hotelenriquecalvillo.com. Vom Hauptplatz unterhalb der Landstraße nur wenige Schritte weiter über den Fluss. Eher einfache, aber ordentlich eingerichtete DZ mit Bad, Nachlass für Einzelreisende. An die Pension ist ein Restaurant mit Tischen im Freien angeschlossen.

■ **Jugendherberge Albergue juvenil El Bosque,** Molino de Enmedio, Tel. 956.70.96.15, auch unter www.inturjoven.com zu finden. „Molino" heißt Mühle, und auf die Reste einer alten Mühle wurde die Herberge gebaut. Pool vorhanden. Auch Camping in der Nähe. Gelegen gleich hinter dem Hotel Las Truchas am Fluss. Vor allem in der Hochsaison oft ausgebucht, daher vorher anrufen oder auch Kontakt per E-Mail aufnehmen: elbosque.itj@juntadeandalucia.es

Verkehrsverbindungen

■ **Bus:** El Bosque ist mit Los Amarillos gut an Arcos und Ubrique angebunden (10x tägl., Sa/So 6x). Nach Grazalema Mo–Fr um 6.30 und 15.30 Uhr, Fr zusätzlich um 20 Uhr.

Benamahoma

Der nur fünf Kilometer entfernte Nachbarort Benamahoma (Richtung Grazalema) schmiegt sich äußerst pittoresk an den Hangfuß einer waldreichen Senke auf knapp 500 Meter Höhe, eingerahmt von den bis zu 1.654 Meter aufragenden Gipfeln des Gebirgsstocks **Sierra del Pinar.** Das Dorf ist über einen Wanderweg entlang des idyllischen **Río El Bosque** mit El Bosque verbunden (s. u.).

■ **Essen und Trinken: Venta El Bujio,** am Ortseingang direkt am Fluss, Tel. 956.71.60.77. Rustikales Gartenlokal, man sitzt sehr nett unter Feigenbäumen. Herzhafte regionale Küche zu moderaten Preisen, diverse Wurst- und Käsespezialitäten werden verkauft. Mo Ruhetag, Feiertage werden „nachgeholt", d. h. am darauffolgenden Tag ist meist geschlossen.

Wanderung am Río El Bosque

Wohl kein Geheimtipp mehr, aber immer noch sehr schön ist die Route von El

Bosque **nach Benamahoma** entlang des Flusses El Bosque, der inzwischen in „Río Majaceite“ umbenannt worden ist. Der hauptsächliche Reiz dieser Tour ist die saftig grüne Ufervegetation, die zahlreichen Tierarten wie dem Fischotter und diversen Singvögeln Lebensraum bietet. Der vorwiegend aus Eschen, Erlen und Ulmen, teilweise auch Eukalyptus bestehende Galeriewald mit seinem dichten Kronendach erinnert stark an die mitteleuropäischen Auwälder, gerade an sonnigen und warmen Tagen ist dieses „Schattenreich“ ein äußerst angenehmer Aufenthaltsort. Die Flusslandschaft zeigt sich mit eingestreuten **Felsblöcken und Stromschnellen** abwechslungsreich, seitdem **Treppenstufen** in die Felsen geschlagen wurden, ist der Weg auch mit Halb-/Sportschuhen einigermaßen problemlos gehbar.

Insgesamt stellt die rund **zweistündige Wanderung** weder bezüglich der Streckenlänge noch was den Höhenunterschied betrifft nennenswerte Anforderungen. Die Orientierung ist leicht, man darf sich nur nicht verführen lassen, den breiten Fahrwegen nachzulaufen, sondern muss stets im Talgrund bleiben. Einige **Markierungen** in Form von Holzpfählen mit dem Symbol eines Wanderers erleichtern die Sache.

Die Asphaltstraße am Hotel Las Truchas in El Bosque führt zum Ausgangspunkt, dort wurde auch eine **Info-Tafel** aufgestellt. Auf dem gegenüber liegenden Ufer ist der **Zeltplatz der Jugendherberge** zu sehen. Zunächst geht es an der linken Flussseite entlang über eine kleine Brücke. Dahinter stößt man auf einen breiten Fahrweg, der überquert wird, man bleibt also in der Flussaue. Nach ca. 30 Minuten erreicht man über eine Brücke die rechte Uferseite und weitere 10 Minuten später einen Fahrweg, auf dem man ca. 50 Meter nach links entlanggeht. Am anderen Ufer ist ein **Wasserkraftwerk** erkennbar. Der Wanderweg bleibt weiter auf der rechten Seite, dann wechselt er in rascher Folge mehrmals das Ufer. Das letzte Stück bleibt man stets auf der rechten Seite, einige Gebäude kündigen schon die „Zivilisation“ an. Endpunkt ist die **Venta El Bujio,** wo man sich gleich etwas erholen kann.

Der Rückweg nimmt durch das Gefälle nur rund anderthalb Stunden in Anspruch, sodass eine Fahrt mit dem nur zweimal täglich zwischen Benamahoma und El Bosque verkehrenden Bus unnötig erscheint.

Olvera

An der A-382 zwischen Jeréz und Antequera etwas nördlich der Sierra de Grazalema erhebt sich eindrucksvoll ein Hügel mit dem weiß in der Sonne glänzenden Häusergewirr der Kleinstadt Olvera. Die beiden beherrschenden Bauwerke auf dem Gipfel sind sakraler wie auch profaner Natur: einmal die etwas pompöse, in ihrer Gesamtkonzeption klassizistische Kirche **Iglesia Encarnación,** dann das maurische **Castillo** gegenüber, an dem zwar erkennbar der Zahn der Zeit nagte, dessen Zinnen jedoch einen schönen Blick auf die Umgebung vermitteln.

■ Der Eingang zum **Castillo** wird von einer kleinen **Tourist-Info** eingenommen, die Öffnungszeiten beider Gebäude sind daher gleich: Di–So 10–14 und 16–19 Uhr, der Eintritt ist frei.

074an bn

Es empfiehlt sich, vor einem Rundgang das Fahrzeug am Stadtmarkt, dem **Mercado de Abastos** abzustellen, dort ist meist ein Plätzchen frei. Die schönsten Straßen schließen sich gleich unterhalb des Kirchplatzes an, so z. B. die fast schon mondäne Geschäftsstraße Calle Llana. Auch wenn Olvera über (ausgeschilderte) Übernachtungsmöglichkeiten verfügt, erscheint der recht verschlafene Ort als Standort für Ausflüge deutlich weniger geeignet als das atmosphärisch reizvollere Zahara de la Sierra.

Ansicht von Olvera

Setenil

Ein kleiner Abstecher in dieses Dorf zwischen Olvera und Ronda bietet sich an, denn es hat Kurioses zu bieten. Hier hat sich der Rió Guadalporcún im Laufe der Jahrtausende allmählich seinen Weg durch das „weiche" Gestein gegraben. Die freigespülten Felsen überlagern teilweise die weißen Häuser des Dorfes. Die Einwohner nutzten die Felswände als Decken und Rückwand ihrer Häuser, zum Teil wurden sogar **Räume in den Fels gemeißelt.** Ein bisschen wirkt es so, als ob die Häuser den Felsen stützen würden. Gleich am Eingang unweit der Iglesia Mayor bieten nette kleine Bars die Möglichkeit, solch ein Haus einmal von Innen zu betrachten. Das Weiße Dorf erinnert an den Sacromonte bei Granada.

Der Ort ist gut überschaubar. Zunächst läuft man am Fluss entlang und überquert dann links eine steinerne

Brücke, um in den Dorfkern mit der Iglesia Mayor zu gelangen. Vom Vorplatz der Kirche bietet sich ein schöner Blick auf das kleine Tal des Guadalporcún. Stimmen behaupten, hier hätte einst eine Römische Straße entlanggeführt. Unweit des Ortes wurden lateinische Inschriften gefunden.

Die **Mauren** wussten den versteckt gelegenen Ort zu nutzen, man gliederte ihn dem Königreich Granada an. Dementsprechend weist er die Ruinen einer früheren Festung auf. Wegen der strategisch günstigen Lage unter den Felsen war Setenil schwer anzugreifen. Mit diesem Umstand erklären Sprachwissenschaftler die etymologische Herkunft des Namens Setenil. Angeblich unternahmen die **Christen** 1407 siebenmal den vergeblichen Anlauf, den Ort zu erobern, die lateinische Bezeichnung dafür lautet *septem nihil* („siebenmal nichts"). Schließlich konnte Setenil erst 1484 der Kastilischen Krone unterstellt werden.

Im Hochsommer erscheinen hier Busse mit Ausflüglern von der Costa del Sol. Dabei handelt es sich meist um organisierte Tagesausflüge nach Ronda mit Abstecher nach Setenil. Den Rest des Jahres herrscht im Ort aber in der Regel angenehme Ruhe.

Praktische Informationen

Unterkunft

■ **Hotel El Almendral****/②, Ctra. Setenil-Pto. del Monte, Tel. 956.13.40.29. Statt links ins Dorf zu gehen, die Straße weiter hochfahren, zur Rechten liegt das Hotel mit großem Swimming-Pool.

Essen und Trinken

■ **Bar Frasquito,** c/ Cuevas del Sol 77, an der Kreuzung rechts, dann den Fluss entlang. Sehr gute *tapas* und *raciones,* man kann auch unter den Felsüberhängen draußen sitzen.

Verkehrsverbindungen

Von **Arcos de la Frontera** fährt täglich die Busgesellschaft Comes nach Setenil. Von und nach **Ronda** Mo–Fr 5x, Sa 2x mit Portillo.

075an bn

☒ „Überdachte" Straße in Setenil

an14-045 ba

5 Granada und die Alpujarras

Granada und die Alhambra, dazu die imposante Kulisse schneebedeckter Gipfel und beinahe subtropisches Klima, ferner orientalisch anmutende Dörfer und Altstädte – kaum eine Region illustriert den kulturellen und landschaftlichen Reichtum Andalusiens so sinnfällig wie Granada und sein Umland.

< Die Alhambra in Granada – ein Manifest maurischer Kunstfertigkeit

Granada und die Alpujarras

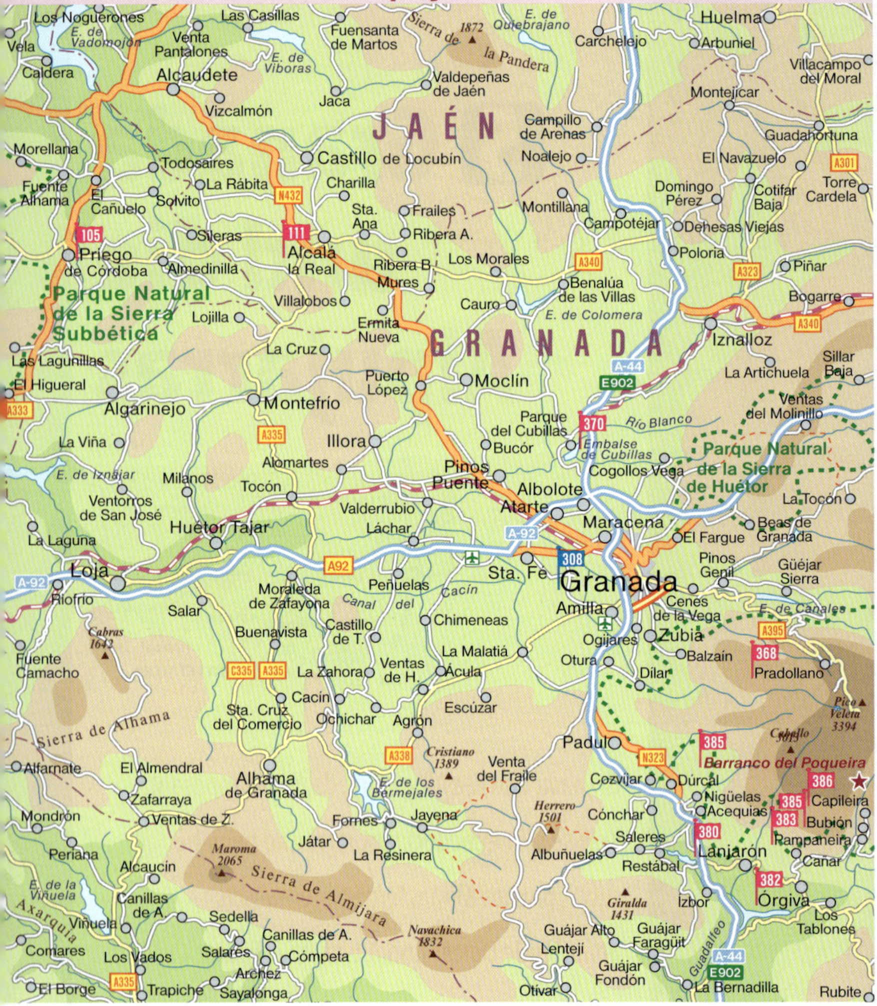

ÜBERBLICK

Subtropisches Ambiente mit Palmen und Orangenbäumen im Vordergrund und als augenfälliger Kontrast die schneebedeckten Gipfel der majestätisch aufragenden Sierra Nevada dahinter – kaum ein Bild kann die Vielgestaltigkeit Andalusiens besser dokumentieren als dieses. Zu den speziellen landschaftlichen Reizen kommt in der Region um Granada noch die unverkennbar orientalische Prägung des Siedlungsbildes hinzu, war doch die Kapitale bis 1492 die

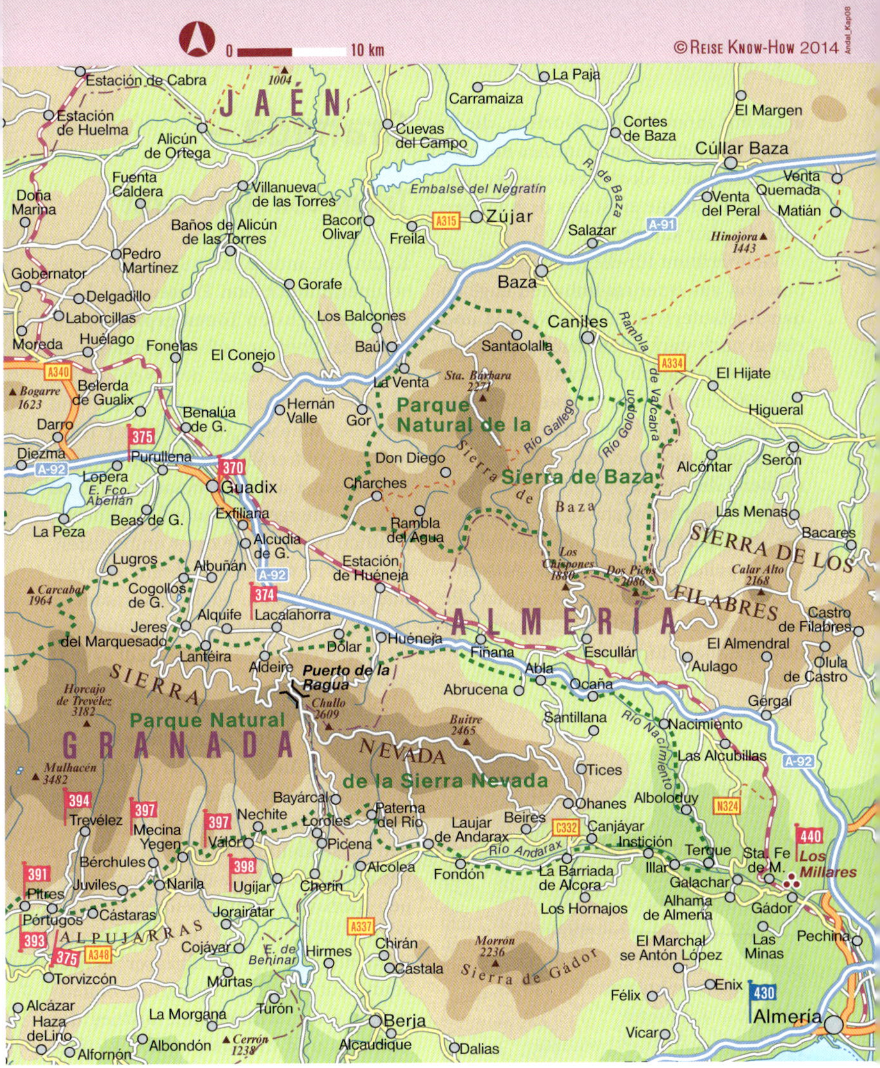

letzte noch verbliebene muslimische Residenz auf der Iberischen Halbinsel. Zudem bildeten die schwer zugänglichen Täler der Sierra Nevada bis weit in das 16. Jh. hinein das letzte Rückzugsgebiet für die vertriebenen Morisken.

Die eindrucksvolle Natur kann sowohl auf anspruchsvollen Trekking-Touren zu den über 3.000 Meter aufragenden Hochlagen der Sierra Nevada („Beschneites Gebirge") als auch auf eher beschaulichen Wanderungen an den Hängen der Alpujarras, der südlichen Abdachung, erschlossen werden. In Kontrast zum Getriebe der großen Städte und der Costa del Sol begeistern die Alpujarras auch mit ihren Weißen Dörfern, die in ihrem Erscheinungsbild immer noch an die traditionelle Siedlungsweise der Berber erinnern, die einst aus dem Hohen Atlas hierher kamen.

Weltberühmt für die einmalige Kombination aus einer traumhaften Lage an den Ausläufern der Sierra Nevada und einem noch stark orientalisch geprägtem Ortsbild ist natürlich Granada, mit gut 240.000 Einwohnern urbanes Zentrum der Region. „Stadt der Alhambra“ wird sie oft genannt, doch neben diesem absoluten Glanzstück sorgen auch bedeutende Bauwerke aus christlicher Zeit wie die Kathedrale oder die Königliche Grabkapelle, das malerische Altstadtviertel Albayzín und nicht zuletzt die ausgelassene abendliche Szenerie für unvergessliche Eindrücke.

NICHT VERPASSEN!

- **Granada, Alhambra:** das orientalische Märchenschloss ist ein absolutes „Muss“ einer jeden Andalusienreise | 316
- **Granada, Kathedrale:** stilistische Reinheit und raffinierte architektonische Kniffe zeichnen die elegante Renaissancekirche aus | 333
- **Granada, Albayzín:** die noch sehr maurisch wirkende Altstadt Granadas | 345
- **Lacalahorra:** eine Entdeckung abseits des Tourismus | 374
- **Las Alpujarras:** die Südabdachung der Sierra Nevada verbindet großartige Naturerlebnisse mit dem urwüchsigen Charme ehemaliger Berberdörfer | 375

Diese Tipps sind gelb hinterlegt.

Granada –

Traum von 1001 Nacht

Kaum eine andere Stadt Spaniens wurde so unermüdlich **von Poeten und Literaten in höchsten Tönen gepriesen** wie Granada. Vom „irdischen Paradies“ und der „schönsten Stadt der Welt“ ist da ganz selbstverständlich die Rede, und manche Zitate wie „dieser Ort der Träume“ von *Andres Segóvia* wirken, als seien sie von einer anderen, besseren Welt zu uns herübergeweht worden. Ebenso stattlich ist die Liste der Komponisten, die sich von Granada in ihrem Schaffen inspirieren ließen, auch wenn manche von ihnen, wie beispielsweise *Claude Debussy*, nie einen Fuß in die Stadt gesetzt haben.

Geradezu **unerschöpflich erscheinen die Vorzüge** dieses wunderbaren Fleckchens Erde. Auf einer Höhe von 685 Metern gelegen, erschien das vorindustrielle Granada mit seiner kristallklaren Luft den Reisenden der Romantik geradezu wie ein Kurort. Trotz der relativ trockenen Klimaverhältnisse betören die Gärten der Alhambra und die Innenhöfe der *carmenes*, üppige Landhäuser in der Stadt, mit verschwenderischer Blütenpracht – der schmelzende Schnee des Gebirges und die zahlreichen, kleinen Zuflüsse bescheren der Stadt zumindest im Frühling reichlich kostbares Nass.

[>] Der Sommerpalast Generalife ist Teil der Alhambra

Besonders eindrucksvoll ist ihr Anblick bei der Anfahrt von Córdoba oder Jaén nach einem schneereichen Winter: Dann glitzern die rund 3.400 Meter hohen Schneeriesen Veleta und Mulhacén geradezu unwirklich abgehoben im Sonnenlicht – ihnen zu Füßen liegt, im Übergangsbereich zur weiten, fruchtbaren Schwemmlandebene *(vega)*, die Ansiedlung.

Stolz thront darüber auf der Anhöhe Sabika Granadas Wahrzeichen, die **Alhambra.** Dieser viel besungene „Rubin in der Krone der Sabika" (so der maurische Dichter *Ibn Zamrak*) kann als die prächtigste und besterhaltene muslimische Palastanlage auf europäischem Boden gelten.

Auf der anderen Seite der Schlucht des **Río Darro** breitete sich auf der Anhöhe Cerro de San Miguel das Viertel **Albayzín,** sozusagen das zivile Gegenstück zur Alhambra, aus. Wohl kein anderes andalusisches Großstadtviertel weist heute noch eine derartige Authentizität als einstmals muslimisch geprägte Lebenswelt auf wie dieses „Kalklabyrinth" *(Eulalia-Dolores de la Higuera).*

Von gänzlich anderem Charakter ist das eher großbürgerliche **Domviertel** rund um das imposante Doppelgebäude der **Kathedrale/Königlichen Grabkapelle** unterhalb der Gran Vía de Colón. Hier prallt die gesammelte Verkehrslast einer mittleren Großstadt mit der Armada der Reisebusse und unzähligen Autotouristen auf engstem Raum zusammen, was nicht gerade für romantische Empfindungen sorgt. Aber auch in der vornehmlich durch christliche Bauten des 16. und 17. Jh. geprägten **Unterstadt** lohnen eindrucksvolle Straßen und Plät-

an14-039 ba

ze einen Besuch. Neben den Renommierstücken Kathedrale und Königlicher Grabkapelle können auch die weniger bekannten **Sakralbauten von San Jerónimo** und **San Juan de Dios** sowie das etwas außerhalb der Innenstadt gelegene **Kloster La Cartuja** mit großartiger Architektur und wertvollen Kunstschätzen aufwarten.

In diesem Bereich befinden sich auch zahlreiche Fakultäten und Akademien der berühmten **Universität** von Granada, welche zu einem der bedeutendsten Zentren für Forschung und Lehre in ganz Spanien ausgebaut wurde. Rund 60.000 eingeschriebene Schüler und Studenten, rund ein Fünftel der Stadtbevölkerung, bleiben im täglichen Leben natürlich keineswegs verborgen und tragen maßgeblich zum jugendlichen Erscheinungsbild Granadas bei.

Etwa 4.000 Studenten aus Europa, Amerika und Asien erlernen spanische Sprache und Landeskunde im *Centro de Lenguas Modernas*, dazu kommen noch die Teilnehmer an den zahlreichen privaten Sprachschulen. Sie tragen, ebenso wie die stetig wachsende Gemeinde der Emigranten aus Nordafrika, zu einer aufgeschlossenen **kosmopolitischen Atmosphäre** bei, die Granada weltstädtischer erscheinen lässt, als es dem Grunde nach ist.

Eines steht für die Bewohner ohnehin fest: „Quien no ha visto Granada, no ha visto nada" („Wer Granada nicht gesehen hat, der hat gar nichts gesehen") – wer schon einmal an einem lauen Frühlingsabend vom Aussichtspunkt **Mirador de San Cristóbal** (vom Hospital Real bergauf Richtung El Fargue/Guadix) seinen Blick von den weiß im Mondlicht glän-

an14-084 ba

zenden Häusern des Albayzín zur golden erleuchteten Alhambra und dann hinauf zu den unwirklich in den Himmel ragenden Schneefeldern der Sierra Nevada schweifen ließ, wird diesem stolzen Wort nur schwerlich widersprechen.

Stadtgeschichte

Über den Ursprung Granadas wurde viel gerätselt, es ist aber stark anzunehmen, dass es in diesem Gebiet bereits im 5. Jh. v. Chr. eine iberische Siedlung namens *Iliverir* gab. Die Existenz der nachfolgenden **römischen Siedlung** *Municipium Florentinum Iliberitanum*, oder schlicht Ilíberis, wurde durch die Ausgrabung eines Forums eindeutig nachgewiesen.

Einen größeren Anteil an der Stadtentwicklung als bisher angenommen hatten die **Juden:** Nach ihrer zweiten Vertreibung aus Jerusalem kam ein Teil von ihnen in diese Gegend, ließ sich weiter oben auf dem Hügel Cerro de San Miguel nieder und gründete eine Siedlung mit dem Namen *Garnata* (hebräisch: „fremdartig“, „Pilger“), die Keimzelle des späteren Granada.

Nach 711 lösten die **Mauren** die Westgoten als Herrscher ab und orientierten sich bei ihrer Siedlungstätigkeit zunächst hin zur fruchtbaren *vega* des relativ wasserreichen Río Genil – so entstand Medina Elvira, das friedlich mit dem vorwiegend von Juden bewohnten Garnata koexistierte. Nach dem Zusammenbruch des Kalifats bildete Granada ab 1012 ein eigenes Taifa-Reich unter der Herrschaft des *Zawi Ibn-Ziri,* der seine Residenz, der besseren Verteidigungsmöglichkeiten wegen, nach Garnata verlegte und die heute teilweise noch erhaltene Stadtmauer aus Stampflehm errichten ließ.

Der Zusammenbruch des Almohadenreiches brachte eine neue Herrscherdynastie, die **Nasriden,** an die Macht. Ihr Ahnherr, *Mohammed Ibn-Jusuf Ibn-Nasr (Mohammed I.)* riss in verschiedenen andalusischen Städten die Führung an sich, musste sich aber aufgrund der Überlegenheit der kastilischen Truppen ab 1237 nach Granada zurückziehen. Sein christlicher Gegenspieler, *Ferdinand III.,* gestand ihm 1246 die Gründung eines Sultanats zu, das ungefähr die heutigen Provinzen Málaga, Granada

☐ Die Alhambra mit der Sierra Nevada im Hintergrund

und Almería umfasste, unter der Voraussetzung, dass er ihm Tribut zahlen und seine Truppen bei der Einnahme Sevillas militärisch unterstützen müsse. So wurde dem letzten muslimischen Reich auf iberischem Boden eine fast 250-jährige Gnadenfrist gewährt, auch wenn die Peripherie weiterhin umkämpft blieb. Als Residenz erwählte *Mohammed* das strategisch geschützt gelegene Granada, neben der wichtigen Hafenstadt Málaga zweifellos der Ort, der am meisten von der nun einsetzenden Blüte von Kunst und Kultur profitierte.

Insbesondere die noch von *Mohammed I.* begründete Alhambra mit ihren zinnenbewehrten Türmen, prachtvollen Palästen und blühenden Gärten erregte allgemeine Bewunderung, aber auch der Albayzín, wohl der bevölkerungsreichste Stadtteil des maurischen Granada wurde mit seinen gepflegten Villen, hochentwickelten Badeanlagen und prächtigen Moscheen zu einem wahren Schmuckstück.

080an bn

Im 15. Jh. schwächten innere Zwistigkeiten das Nasriden-Regime, außerdem erwuchs den Muslimen ab 1469 mit den **Katholischen Königen** ein schier übermächtiger Gegner. Zu Beginn des Jahres 1492 sah sich der letzte Nasridenkönig, *Abu Abd-Allah Mohammed XII. (Boabdil),* vor die Wahl zwischen bedingungsloser Kapitulation und einem letzten, vermutlich aussichtslosen Gefecht gestellt. Er entschied sich zum Glück für die erste Alternative, so blieben Granada größere Zerstörungen erspart. Am 2. Januar marschierten die christlichen Truppen mit großem Pomp in die Stadt ein.

Wohl auch aus taktischem Kalkül lösten die Katholischen Könige ihr Versprechen, den Muslimen Glaubensfreiheit zuzugestehen, zunächst weitgehend ein, versuchten aber gleichzeitig, möglichst viele Christen aus dem nördlichen Spanien, insbesondere in der Unterstadt anzusiedeln. Im Laufe des 16. Jh. wurden schließlich fast alle Moscheen in Pfarrkirchen oder Klöster umgewandelt; die große Freitagsmoschee der Ziriden musste für den Neubau der Kathedrale weichen.

Die Tradition Granadas als Universitätsstadt wurde von Kaiser *Karl V.* ab 1531 fortgesetzt, doch die Repressalien gegen die **Morisken,** wie z. B. Zwangstaufen, nahmen nun immer mehr zu. Unter dem nachfolgenden König *Philip II.* eskalierte schließlich der schwelende Konflikt zwischen Christen und Muslimen. Auf die zahlreichen Verbote, religiöse und kulturelle Traditionen fortzuführen, reagierten die Morisken mit

Volkserhebungen, die im Jahre 1571 von den Christen in einem regelrechten Feldzug niedergeschlagen wurden.

Die 1609 beschlossene endgültige **Vertreibung der Morisken** war für die Stadt ein schwerer Aderlass. Im 18. Jh. war die Einwohnerzahl des Provinzstädtchens auf nur noch 50.000 geschrumpft. Die Alhambra dämmerte fast vergessen als „wunderschöne Burgruine“ (so der französische Archäologe *Alexandre de Laborde)* vor sich hin, im ruinösen Vorort Albayzín bröckelten die Fassaden. Gerade diese Rückständigkeit und Wildheit faszinierte aber auch ausländische Reiseschriftsteller wie *Victor Hugo* und *Alexandre Dumas* (Vater). Sie fanden hier ein geradezu exotisches Ambiente vor, welches perfekt in die romantische Sehnsucht nach 1001 Nacht des frühen 19. Jh. hineinpasste.

Nach den Zerstörungen der napoleonischen Besatzung und des Spanischen Bürgerkrieges erlitt die historische Bausubstanz Granadas in den letzten Jahrzehnten auch durch die moderne Stadtplanung unübersehbare Verluste. Gerade noch rechtzeitig erkannte man den unschätzbaren Wert dieses „Weltkulturerbes der Menschheit“ (UNESCO-Auszeichnung) und seine magnetische Anziehungskraft auf Besucher. Heute ist Granada neben Sevilla die meistbesuchte Stadt Andalusiens.

Orientierung

Die Anfahrt nach Granada erfolgt in der Regel über die **Circunvalación** genannte Stadtautobahn, welche an der westlichen Stadtgrenze entlang führt. Fährt man diese in Nord-Süd-Richtung (aus Sevilla, Córdoba, Jaén), ist die Abzweigung *Centro* nicht besonders zu empfehlen, denn statt direkt in das Zentrum, geht es zunächst in den Bereich von Bahnhof und Busbahnhof. Günstiger ist es, noch ein Stück weiter auf der Circunvalación zu bleiben und sich der Innenstadt entweder über die Abzweigung Calle Mendez Nuñez oder – für eine erste Orientierung noch besser – über die Zubringerstraße Calle Regogidas zu nähern.

Letztgenannte geht am Platz Puerta Real in die Calle Reyes Católicos über, welche direkt zur **Plaza Isabel la Católi-**

090an av

> Apotheke in der Calderería Nueva

< Haustür im Stadtviertel Albayzín

Granada

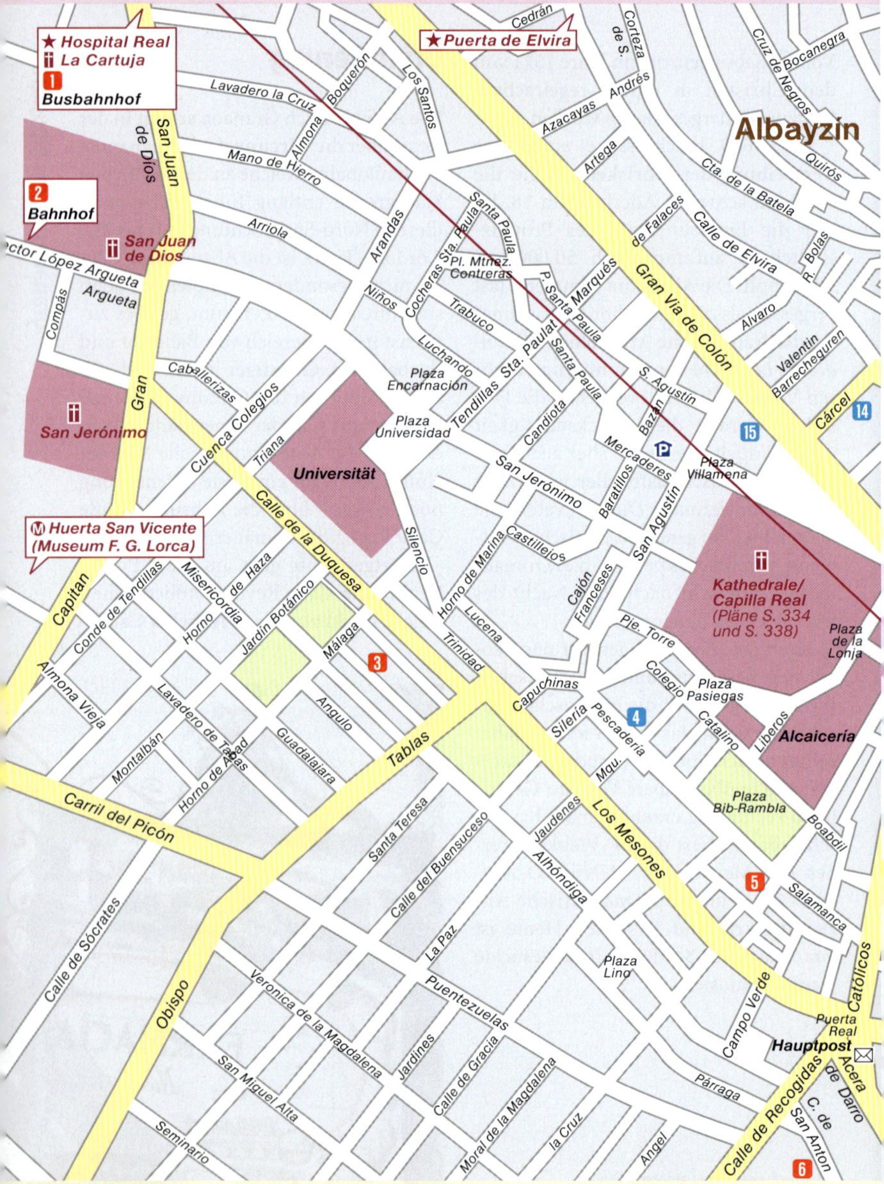

Übernachtung

1 Camping Sierra Nevada
2 Jugendherberge
3 Hostal Rodri
5 Hotel Los Tilos
6 Villa Oniria
7 Hotel Macià Monasterio de los Basilios
11 Hotel Anacapri
12 Posada del Toro, Hostal Antares
18 Pension Casa del Aljarife
19 Apartamentos Muralla Zirí
20 Hotel Carmen de Santa Inés
21 Hotel Palacio de Santa Inés
22 Casa del Capitel Nazarí
24 Parador de Granada
26 Hostal La Ninfa

Essen und Trinken

- 4 Restaurante Marisquería Cunini
- 8 Restaurante Chikito
- 9 Bar-Restaurante Alacena de las Monjas
- 10 Cafetería Lisboa
- 12 Bodegas Castañeda
- 13 La Nueva Bodega
- 14 Disco Granada 10
- 15 Heladería Los Italianos
- 16 Bar Las Cuevas del Albayzín
- 17 Restaurante Arrayanes
- 23 Rest. Pilar del Toro
- 25 Jardines Alberto
- 27 La Esquinita

ca – dem verkehrstechnischen Mittelpunkt Granadas führt. Von hier verläuft nach links die Prachtstraße **Gran Vía de Colón,** die Hauptverkehrsachse der Innenstadt, welche das höhergelegene Altstadtviertel Albayzín vom tiefer gelegenen Dom- bzw. Universitätsviertel trennt. Würde man die Calle Reyes Católicos geradeaus weiterfahren, käme man zur **Plaza Santa Ana** welche, zwischen Alhambra und Albayzín gelegen, ein äußerst beliebter Treffpunkt zu jeder Tageszeit ist.

Generell ist bei der Orientierung zu beachten, dass kaum ein Stadtplan korrekt nach Norden ausgerichtet ist, d. h. die Gran Vía verläuft in Wahrheit nicht in West-Ost-Richtung, sondern eher in nordwestlich-südöstlicher Linie, und der Río Darro fließt nicht von Norden nach Süden, sondern von Nordost nach Südwest.

Alhambra

Sie ist nicht nur das Wahrzeichen Granadas, sondern wohl auch die bekannteste Sehenswürdigkeit Andalusiens: die Alhambra. Wie aus einem Traum von 1001 Nacht hereingeweht, thront die einzige in ihrer Gesamtheit weitgehend erhaltene Palaststadt des maurischen Andalusien auf dem bewaldeten Plateau der **Sabika,** das sich wie ein gewaltiges Schiff bis in die Innenstadt hineinschiebt.

Auch aus dem arabischen Begriff *Medina al-Hamra* („die rote Stadt", siehe Glossar) geht hervor, dass es sich hier nicht bloß um eine Burg oder einen Palast, sondern um eine immerhin 130 Hektar umfassende **Stadt in der Stadt** mit bis zu 2500 Bewohnern handelte. Neben sieben Palästen gab es auch einfachere Wohngebäude, das Münzamt, Werkstätten und Büros des beachtlichen Verwaltungsapparates. Unverzichtbar in einer islamischen Stadt waren natürlich auch Nutzgärten, öffentliche und private Bäder, Moscheen und private Oratorien, dazu kamen noch Kasernen und Gefängnisse.

Viele dieser Einrichtungen sind im Laufe der Zeit verschwunden oder nur noch fragmentarisch erhalten, einiges fiel dem Umgestaltungsbedürfnis der christlichen Eroberer zum Opfer. Aber das Herzstück der Alhambra, die **Paläste der nasridischen Sultane,** konnte sich weitgehend unbeschadet in unsere Zeit hinüberretten.

Baugeschichte

Aufgrund der Bedrohung durch innere Feinde wurden im 9. Jh. sowohl die auf römische Ursprünge zurückgehenden **Torres Bermejas** („Rötliche Türme") wieder instand gesetzt, als auch die verfallenen Festungsmauern auf der Sabika zu einer „Elvira-Festung" genannten **Alcazaba** verstärkt.

Gleich nach seiner Ankunft in Granada 1238 veranlasste *Mohammed Ibn-Nasr* die Restaurierung der bereits stark zerfallenen Burg und den Bau der mächtigen **Torre de la Vela,** den am weitesten zur Innenstadt vorgeschobenen Wachturm. Nach der Gründung des neuen Königreiches Granada 1241 ließen er

☒ Die Gärten des Generalife

bzw. sein Nachfolger einen gut 700 Meter langen und 200 Meter breiten, unregelmäßigen Mauerring, ausgehend von der Alcazaba, über die Anhöhe legen.

Vor allem das wirtschaftlich und politisch sehr erfolgreiche 14. Jh. brachte unter den Sultanen *Jusuf I.* und *Mohammed V.* mit den **Nasridischen Palästen** die großartigsten Zeugnisse muslimischer Baukunst auf der Iberischen Halbinsel hervor. Auch die zahlreichen Sommerpaläste außerhalb der Festungsmauer stammen aus jener Zeit; mit dem **Palast und** den **Gärten des Generalife** hat sich zumindest eine dieser Anlagen bis in unsere Zeit erhalten.

Nach der Eroberung Granadas 1492 standen vermutlich sogar die Katholischen Könige einigermaßen beeindruckt vor der verschwenderischen Pracht der nasridischen Architektur, die baulichen Veränderungen gingen recht vorsichtig und nur schrittweise voran. Um das Herzensanliegen der Königin *Isabella* zu erfüllen, nämlich dereinst in einem Franziskanerkonvent begraben zu werden, musste ein maurischer Palast weichen; für den Sommerpalast des Kaisers *Karl V.* wurde die Nekropole der nasridischen Herrscher weitgehend überbaut, und zum Ende des 16. Jh. beschloss man, die Freitagsmoschee der Alhambra durch eine christliche Kirche namens **Santa María** zu ersetzen.

Im 18. und großen Teilen des 19. Jh. wurde die „entzückende Königspfalz" *(Washington Irving)* von staatlicher Seite praktisch aufgegeben, zwielichtige Gestalten wie Ganoven und Schmuggler nisteten sich in dem von Wildkräutern überwucherten Gemäuer ein. Um das Jahr 1812 richteten die Truppen *Napoleons* schwere Schäden an und hätten große Teile der Burg beinahe in die Luft ge-

an14-040 ba

jagt, wenn nicht ein mutiger Soldat namens *José García* in letzter Minute die Zündschnüre durchgeschnitten hätte. Es bedurfte romantischer Reiseschriftsteller aus Europa und den USA sowie des Einsatzes von Königin *Isabella II.*, um auf das unschätzbare Kulturerbe hinzuweisen, welches ignorante Bürokraten offenbar dem Verfall preisgeben wollten. 1870 endlich wurde die Alhambra als Nationalmonument anerkannt, und nach umfangreichen Restaurierungsarbeiten erstrahlt das **„Weltkulturerbe der Menschheit"** heute fast wieder in dem Glanz von einst – eine vollkommen detailgetreue Wiederherstellung wurde nicht angestrebt.

Bauprinzipien

Zu den Grundmotiven der Alhambra gehört die angestrebte **Verschmelzung von Architektur und Natur,** sprich Licht, Wasser, Vegetation und Landschaft. Ganz bewusst sollten Bauelemente je nach Sonnenstand und Schattenwurf eine Art Metamorphose durchlaufen und dem Betrachter verblüffende Sinneseindrücke bescheren. Das Wasser als Element des Lebens wurde sowohl als atmosphärisches Element der Kühlung und Beruhigung, als auch für visuelle Effekte benutzt. Ähnlich verhält es sich mit der Flora in Form von Blumenrabatten, Sträuchern und Bäumen, ohne die ein vollkommenes Glück im Diesseits unerreichbar erscheint.

Wichtig war den Bauherren, die Bauwerke locker und harmonisch ineinander übergehen zu lassen, die natürlichen Gegebenheiten mit einzubeziehen und dem Menschen weite Ausblicke in die großartige Umgebung zu gewähren. Der Eindruck, wie eingemauert zu sein, stellt sich hier, anders als in manchen christlichen Bauwerken, praktisch nie ein.

Zufall oder nicht: Sowohl die gesamte Anlage als auch der Kernbereich der Residenz zerfallen in **drei Teile.** Alcazaba, Nasridische Paläste (auch: *Alcázar*) und Generalife sind die sehr unterschiedlichen Hauptkomponenten, aus denen sich die Alhambra zusammensetzt. Auch der sogenannte Alcázar besteht aus drei aneinander liegenden Palästen, deren Gebäudeflügel stets um einen zentralen Innenhof *(patio)* angelegt sind. Jede dieser Einheiten dient einem vorwiegenden Zweck: Der **Mexuar** diente der Audienz und Rechtsprechung, der **Diwan** oder das **Serail** umfasste in erster Linie die Regierungszentrale, vielleicht auch Wohnungen, der **Harem** war ein stark abgeschirmter Wohnbereich in erster Linie der weitverzweigten Herrscherdynastie.

Sowohl in der Abfolge dieser Einheiten als auch deren innerer Struktur ist das Moment der **Steigerung als wichtiges Bauprinzip** festzuhalten – der Besucher wird nicht von Anbeginn überwältigt, sondern mit immer neuen, geschickt gesetzten Höhepunkten überrascht. Wer in christlicher Tradition von diesen Palästen ehrfurchtgebietende Fassaden und prunkvolles Dekor erwartet, wird zunächst enttäuscht sein: Bescheiden und nahezu schmucklos ducken sich die Gebäude neben dem kolossalen Palast Kaiser *Karls V.*, lediglich der bullige Comares-Turm sticht aus der Ferne etwas heraus.

⊡ Im Löwenhof

an14-041 ba

Das muslimische Prinzip, nach außen eher schlicht und unscheinbar, aber überwältigende **Pracht im Inneren,** wurde hier auf die Spitze getrieben. In geradezu schreiendem Kontrast steht die Wehrhaftigkeit der Außenmauern zu der filigranen Zartheit der Innenräume, ganz im Sinne des islamischen Bewusstseins, dass unser Dasein im Diesseits vergänglich ist, und man die Schönheit auskosten sollte, solange dies möglich ist. Ein muslimischer Bauherr, der sich erdreisten würde, im privaten Bereich für die Ewigkeit zu bauen, beginge eine maßlose Selbstüberschätzung, denn ewig ist nur Allah.

Daher ist das Bemühen, der Architektur einen organischen Charakter zu verleihen, in den Räumen der Alhambra besonders ausgeprägt. Das tragende Gerüst soll möglichst verdeckt werden – manche Säulen sind dünn wie Bambusrohre, Pfeiler wirken leicht wie Waffeln, massive Mauern verstecken sich hinter einem Schleier der Ornamentierung. Auf festgefügte Steine verzichtete man nach Möglichkeit; Ziegel, Holz, Marmor und Stuck (v. a. aus Alabaster, einem feinkörnigen Gips) wurden bevorzugt verwendet.

Zum speziellen Reiz der Alhambra tragen in hohem Maße die Kuppeln mit nachträglich eingehängten Dachstühlen bei, d. h. das sichtbare Gewölbe übernimmt keine tragende Funktion und kann fast nach Belieben ausgeschmückt werden. Neben prachtvollen Holzvertäfelungen sind hier besonders die sogenannten **Mocárabes** hervorzuheben, eine Stukkatur des Gewölbes, die aufgrund ihrer Zellenstruktur und herausragenden Zapfen (Stalaktiten) den Betrachter gleichsam in eine Tropfsteinhöhle versetzt.

an14-042 ba

Ein typisches Verfahren der Nasriden zur Herstellung von Wandpaneelen ist das Zerreiben von Alabaster zu Gesteinsmehl, welches mit diversen Bindemitteln, vor allem Harz, zu einer Art Mörtel gemischt wird. Dieser wird in Holzformen gefüllt, in der gewünschten Form bearbeitet und dann in einem Stück an die Wand geklebt. Bei diesen **Atauriques** genannten Dekorationsformen sind florale Motive wie rankendes Blattwerk, Blumen, Palmetten und Pinienzapfen sowie kufische Inschriften vorherrschend. Diese arabische Zierschrift bezieht sich z. B. auf Koransuren, nicht selten auch auf lyrische Charakterisierungen des betreffenden Raumes, meist verbunden mit Lobpreisungen des Herrschers, unter dessen Ägide gebaut wurde. Der mit Abstand am häufigsten in den umlaufenden Wandfriesen reproduzierte Satz ist jedoch „Es gibt keinen Sieger außer Allah", der Wahlspruch des Nasridenreiches. Die Namen von Baumeistern und Dekorateuren wird man hingegen vergeblich suchen.

Im Sockelbereich der Wände sind in der Regel **Azulejos** (glasierte Kacheln) in Alicatado-Technik zu finden, d. h. mit einer Flachzange *(Alicates)* wurden die einzelnen Komponenten wie bei einer Holzintarsienarbeit aneinandergelegt. Die so erzeugten geometrischen Muster wirken auf den ersten Blick in ihrer Komplexität verwirrend, es wurde jedoch festgestellt, dass sie auf nur 17 geometrische Grundformen reduziert werden können.

☐ Prachtvolles Glasfenster in der Alhambra

Die Alhambra ist auch ein Musterbeispiel dafür, wie mit Hilfe der Dekoration versucht wurde, spirituelle Zustände zu visualisieren. Gerade die geometrischen **Fayanceformen** mit ihren vielfältigen Möglichkeiten, Zahlenmystik und untergründige Bedeutungen von Farbe optisch umzusetzen, können beim Betrachter bestimmte seelische Zustände auslösen.

In einigen Stalaktitengewölben sind bei genauerer Betrachtung noch Reste der ursprünglichen Bemalung in den vier Farben Grün, Gold, Rot und Blau zu sehen. Letztere wurden durch Mangan- bzw. Kobaltoxide gewonnen; mit einer neuen Farbzusammenstellung bekam solch ein Raum gleich eine ganz andere Ausstrahlung.

Vor allem als Bodenbelag ist gelegentlich das Motiv zweier übereinander gelegter Quadrate zu sehen, das eine hochkant stehend, das andere liegend, das man bei flüchtiger Betrachtung für einen Judenstern halten könnte. Bei diesem achteckigen Gebilde, das meist nur als Umriss mit gerundeten Zwischenecken verwendet wird, handelt es sich jedoch um das **heraldische Zeichen** des Nasridenreiches – oft auch in Verbindung mit einem aufgeplatzten Granatapfel als Symbol für die Stadt Granada.

Generell kann man sagen, dass im Vergleich zur omaijadischen Kunst sowohl die Stilisierung als auch die streng symmetrische Ausrichtung des Baudekors zugenommen hat. Spektakulär Neues ist den nasridischen Baumeistern streng genommen nicht eingefallen, es wurde vorwiegend bereits Bekanntes übernommen und zu höchster Eleganz und Harmonie verfeinert. Mag auch mancher die Alhambra für eklektisch oder dekadent halten, dem Zauber dieses einzigartigen Bauwerkes kann sich kaum jemand entziehen.

Rundgang

Bei dem Aufstieg entlang der Cuesta de Gomerez durchquert man zunächst die **Puerta de las Granadas,** dessen Vorgängerbau die Alcazaba und die Torres Bermejas verband, und stößt dann auf den prachtvollen Renaissancebrunnen **Pilar de Carlos V.** – beide Bauwerke wurden von Kaiser *Karl V.* in Auftrag gegeben und vor allem von *Pedro Machuca* ausgeführt.

Links davon sieht man bereits die wuchtige **Puerta de la Justicia** (arabisch: *Bab al-Saria*), das 1348 fertiggestellte Haupttor zwischen der Bürgerstadt und der Medina Alhamrá. In der Inschriftentafel über der Tür des inneren Bogens heißt es übersetzt: „Gott möge hier die Gerechtigkeit des Islam aufkommen lassen". In diesem Bereich ist auch ein eingravierter Schlüssel zu erkennen – vermutlich eine Reminiszenz an die ersten muslimischen Herrscher in Al-Andaluz, welche einen blauen Schlüssel auf silbernem Grund im Wappen hatten; gelegentlich wird die Puerta de la Justicia auch als Schlüssel zur Herrschaft über die Alhambra interpretiert.

Darüber findet sich die Kopie einer gotischen Madonna des Künstlers *Ruperto Alemán* von 1501, mit deren Hilfe die Katholischen Könige das Tor christlich weihten. Über dem Schlussstein des äußeren Bogens empfängt den Besucher eine nach oben geöffnete Hand, die reichlich Anlass zu Spekulationen gab: Die ausgestreckten Finger könnten stellvertretend für die fünf Gebote des Islam stehen; möglicherweise ist es auch eine Art Amulett, welches im Sinne der Hand der *Fatima* Unheil, wie den „bösen Blick", abwenden soll – vermutlich trifft beides gleichermaßen zu.

Am Ende des Hauptweges taucht auf der rechten Seite ein weiteres Tor auf, die **Puerta del Vino,** welche ursprünglich den Eingang zum zentralen Bereich der Medina markierte, seit dem Abriss der Trennmauern aber etwas verloren herumsteht. Der Name „Tor des Weines" überrascht doch etwas, lehnte doch der Prophet *Mohammed* den Genuss von Wein aufgrund seiner berauschenden Wirkung ab. Vermutlich kam der heutige Name erst im 16. bis 18. Jh. auf, als hier Händler den Wein zollfrei, z. B. an die Militärgarnison, verkaufen durften.

Der offene Platz neben dem Tor nennt sich **Plaza de los Aljibes** („Platz der Zisternen"), nach den Brunnen, welche 1494 vom Grafen von Tendilla angelegt wurden. In nasridischer Zeit war hier ein tiefer Geländeeinschnitt, d. h. die links aufragende Alcazaba war noch stärker von der Medina abgetrennt als heute, wo man bequem über die aufgeschüttete Fläche spazieren kann.

Im Gegensatz zur Residenzstadt hatte die **Alcazaba** stets einen eindeutig militärischen Charakter, was schon durch die Vielzahl der Wehrtürme und die geringe Begrünung deutlich wird. Da man nach 1492 kaum noch Verwendung für die Burg hatte, ist abgesehen von den Wehrmauern nur noch wenig erhalten.

Im zentralen **Patio de Armas** (Waffenhof), vom Kassenhäuschen über einen gewundenen Gang erreichbar, wurden die Grundmauern der fast völlig zerfallenen Soldatenwohnungen und Bäder im Zuge einer Restaurierung in den 1940er Jahren wieder ein Stück hochgemauert, um dem Betrachter eine Ahnung von den Dimensionen zu geben. Auch die Zisterne zur Wasserversorgung wurde wieder hergestellt.

Das auffälligste Bauwerk ist zweifellos die **Torre de la Vela** (Wachturm), welche erhaben an der westlichsten Spitze über der Bürgerstadt aufragt und leicht am Flaggenschmuck erkennbar ist. Der 27 Meter hohe Turm aus der Gründerzeit der Alhambra (Mitte 13. Jh.) erlitt im Laufe der Jahrhunderte viele Beschädigungen und Umbauten, bis vor Kurzem hatte er jedoch stets die Funktion, mithilfe des Klangs einer mächtigen Glocke die Bevölkerung der Stadt vor Katastrophen zu warnen.

Von dem **Caballerizas** genannten Vorplatz auf der rechten Seite genießt man eine schöne Sicht auf den Albayzín, während von der schmalen Brüstung unterhalb des links gelegenen Pulverturms ein Panorama der Sierra Nevada und des Stadtteils Realejo geboten wird.

Über den neuzeitlichen **Jardín del Adarve** („Garten des Wehrgangs") verlässt man die Alcazaba wieder durch das Eingangstor. Direkt gegenüber baut sich der Palast Kaiser *Karls V.* auf, über eine Treppe nach links gelangt man zu den **Palacios Nazaríes,** den Nasridischen Palästen, welche den Kernbereich der Alhambra bilden.

Nach dem Vorzeigen der Eintrittskarten passiert man zunächst den **Patio de Machuca,** den ehemaligen Innenhof des **Mexuar** (arab. *Mashwar* = Ort der Rechtsprechung), dessen teilweise verschwundene Außenmauern durch eine speziell geschnittene Thujenhecke nachgeahmt werden. Danach betritt man nach erneuter Kartenkontrolle den eigentlichen Audienz- und Gerichtssaal, der noch relativ nüchtern wirkt, aber bereits einen Vorgeschmack auf kommende Genüsse vermittelt. In dem mit einer Kassettendecke, Stukkaturen im Gebälk und seitlichen Azulejo-Verkleidungen im Mudéjar-Stil geschmückten **Hauptsaal** empfing der König oder in Vertretung der *Kadí* (oberster Richter) an zwei Vormittagen in der Woche Untergebene, welche um Anhörung baten. Sie wurden durch eine Kachelinschrift am Eingang dazu ermuntert: „Tritt ein und trage dein Anliegen vor. Scheue dich nicht, die Gerechtigkeit zu erbitten, welche dir hier zuteil wird."

Allerdings litt der Ratssaal am stärksten unter der **christlichen Umgestaltung** in der zweiten Hälfte des 16. Jh., denn hier sollte eine Kapelle eingerichtet werden, wie man an den seitlichen Weihwasserbecken und den diversen Wappen leicht erkennen kann.

An den Raum schließt sich ein schmaler, wegen der Ausrichtung nach Mekka asymmetrischer Gebetsraum mit Ausblick zum Albayzín an. Das filigrane Wanddekor wurde bis zum Jahr 1917 fast schon zu perfekt restauriert bzw. dem Original nachempfunden. Ein Stück weiter kommt man zum **Cuarto Dorado** („Goldener Saal"), so benannt nach den Blattgoldverzierungen in der Holzdecke, welche unter den Katholischen Königen neu gestaltet und 1965 nochmals restauriert wurden.

Der kleine Innenhof des Mexuar mit einer Marmorschale aus dem Jahre 1943 wäre an sich nicht weiter bemerkenswert, wäre da nicht der Ausblick auf die im 19. Jh. stark restaurierte **Südfassade des Palastes.** Im Originalzustand muss

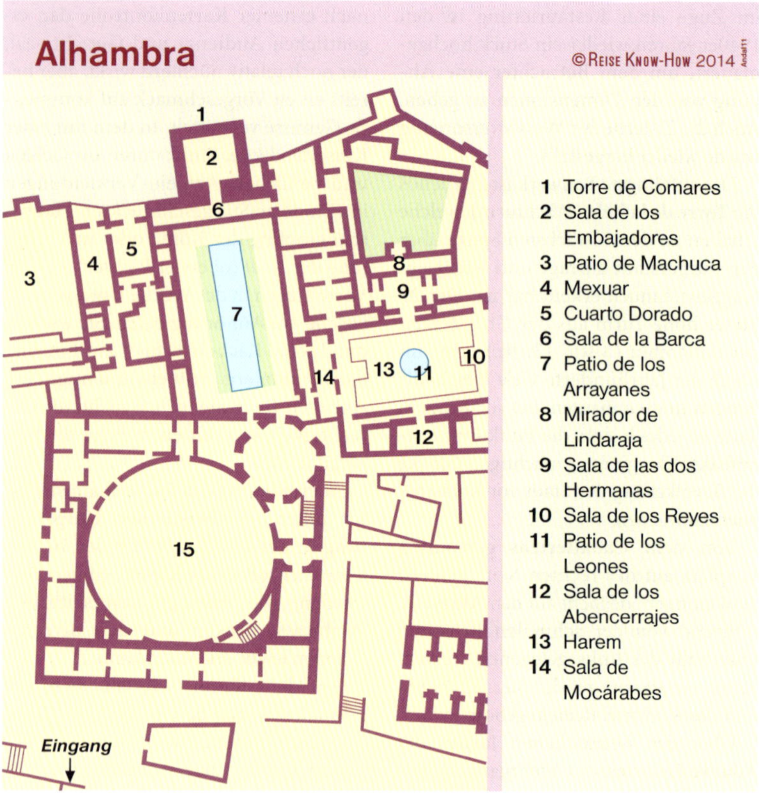

dieses Wunder an mühsam gebändigtem, übersprudelndem Formenreichtum bei gleichzeitig strenger Symmetrie und Ordnung noch wesentlich farbenprächtiger gewesen sein und Besuchern aus dem mittelalterlichen Europa schlichtweg die Sprache verschlagen haben.

Hat man diesen Eindruck einigermaßen verarbeitet, wird das Gesehene sogleich überboten, denn jetzt gelangt man in das offizielle Herrschaftszentrum der Alhambra, welches als **Serrallo** (Serail) oder **Diwan** bezeichnet wird. Auch wenn dieser Bereich stark auf Repräsentation ausgerichtet ist, gibt es doch Hinweise auf eine private Nutzung als Wohnraum des Königs. Mittelpunkt der Anlage ist der **Myrtenhof (Patio de los Arrayanes),** so benannt nach der umlaufenden Hecke der Myrte, welche für die Araber das Symbol für die körperliche Liebe war, da die Blätter ihren Duft erst durch Zerreiben ausströmen.

In dem rechteckigen Wasserbecken spiegelt sich die Fassade der imposanten **Torre de Comares,** welche mit 45 Meter

Höhe als der wuchtigste Turm der Festungsmauer gilt. Bei der Anlage wurde darauf geachtet, dass bereits die Säulenfüße der Vorhalle vom Wasser gespiegelt werden, dieser Bau sich also gleichsam in ein schwimmendes Schloss verwandelte. Um den Teichspiegel glatt zu halten, tüftelten die Nasriden ein gebremstes System der Frischwasserzufuhr aus, aber der Wellenschlag der inzwischen eingesetzten Goldfische macht diese Bemühungen wieder zunichte.

Es ist anzunehmen, dass Gesandte und hohe Würdenträger zunächst in den Myrtenhof geschickt wurden, um sich dann demutsvoll dem im Halbdunkel innerhalb des Turmes wartenden Sultan zu nähern. Dabei betraten sie zunächst ein relativ schlichtes Vestibül, um dann in der **Sala de la Barca** den göttlichen Segen zu empfangen und sich an dem in den Nischen bereitgestellten Wasser zu laben. Den seltsamen Namen „Bootssaal" erhielt der Raum durch die Form der 1965 nachgebildeten hölzernen Dekke, welche an einen umgedrehten Bootsrumpf erinnert, zudem ähnelt der arabische Begriff *baraka* (Segen) dem spanischen Wort für „Barke".

Das Innere des Comares-Turms wird vom quadratischen **Botschaftersaal (Sala de los Embajadores)** bzw. Thronsaal eingenommen, denn hier muss sich auch der Thron der nasridischen Herrscher befunden haben. Ein Blick nach oben offenbart die wohl schönste **Artesonado-Decke** überhaupt: Nicht weniger als 8.017 Holztäfelchen aus Zedernholz wurden zusammen mit Elfenbein und Perlmutt in sieben Registern übereinander zu einem funkelnden Sternenzelt angeordnet. Die Analogie zu den berühmten Sieben Himmeln des Koran ist offensichtlich, der siebte Himmel ist höchste Glückseligkeit und nur noch strahlendes Licht.

Auch bei diesem gigantischen Puzzle wurde in Bezug auf Anordnung und Farbe nichts dem Zufall überlassen; ein einst heruntergefallenes Plättchen wies auf der Rückseite eine akribisch genaue Lagebeschreibung auf. Neben diversen Koransuren und Poesiefragmenten beinhalten die Inschriften in den Friesen und Bogenlaibungen vor allem Lobpreisungen des Sultans *Jusuf I.*, der 1333–54 regierte und als einer der wichtigsten Baumeister der Alhambra gilt.

Danach gelang den nasridischen Baumeistern wieder eine kaum noch für möglich gehaltene Steigerung, denn nun betritt der neuzeitliche Besucher sozusagen das Allerheiligste, den **Harem** (von arabischen *harim* = „verboten"). In den privaten Wohngemächern des Sultans hatten nur er selbst, seine Frauen, Sklaven und Verwandten Zutritt, auch wenn einige Forscher vermuten, dass hier gelegentlich auch politische Aktivitäten entfaltet wurden. Als Bauherr dieses „Winterpalastes" gilt der Sohn *Jusufs, Mohammed V.*, welcher mit Unterbrechungen 1354–91 regierte und bereits für die Fertigstellung des *Diwan* verantwortlich zeichnete.

Das Herzstück dieses Bereiches ist der berühmte **Löwenhof (Patio de los Leones),** so benannt nach den zwölf Tierskulpturen im Zentrum, welche scheinbar eine große Marmorschale mit Springbrunnen auf ihren Rücken tragen. Über die Herkunft der dem islamischen Bilderverbot an sich widersprechenden Figuren wird immer noch viel gerätselt. Mehrheitlich vermutet man eine Herstellung im 10. Jh. in Córdoba für das

Anwesen eines jüdischen Wesirs oder einer jüdischen Händlerfamilie und ihre spätere Übereignung an den Sultan. In diesem Falle können die Löwen als Symbol für die zwölf Stämme Israels betrachtet werden.

Zweifellos wollte Mohammed mit diesem geschlossenen Garten seine Vorstellung vom **Schattenbild des Paradieses** – ein Ebenbild kann es auf Erden nicht geben – verwirklichen. Im Koran ist von vier Gärten die Rede, unter welchen die Paradiesflüsse in alle Himmelsrichtungen strömen. So scheint es auch hier zu sein, in Wahrheit sprudelt das kostbare Nass jedoch am Ende der Kanäle aus einem kleinen Brunnen und erzeugt durch das Plätschern auf einen metallenen Ring einen beruhigenden Klang.

Da die Inschriften auf der Wasserschale stets von einem Garten sprechen, steht außer Zweifel, dass der Löwenhof einst von einer üppigen, aber keineswegs wild wuchernden Vegetation bestanden war. Auch die These, dass die Rabatten damals einige Meter unter dem Niveau der heutigen Kiesauflage waren, erscheint plausibel – wie hätte man denn hinter ebenerdig wachsenden Sträuchern und Bäumen etwas von der herrlichen Architektur sehen können? Und in seiner Leichtigkeit und Zartheit korrespondiert diese auch vortrefflich mit dem ausgesprochen intimen Charakter des zum Lustwandeln einladenden *Patio de los Leones*. Zur Erhebung der Seelen und Überwindung irdischer Mühsal wurde hier in einem letzten Höhepunkt

an14-043 ba

muslimischen Bauens in al-Andaluz ein Gesamtkunstwerk geschaffen, über das die Inschrift auf der Brunnenschale u. a. erzählt: „Dies ist der Garten; in ihm gibt es so wunderbare Kunstwerke, dass Gott keiner anderen Schönheit erlaubte, ihr gleichzukommen. Und dieser bildliche Schmuck von durchscheinender Klarheit, der die Arkaden mit einer perlenbestickten Borte verziert. Flüssiges Silber, welches zwischen den Juwelen rinnt, und das in seiner weißen und durchscheinenden Schönheit einzigartig ist. Scheinbar vermischen sie sich, das Flüssige und das Feste, Wasser und Marmor, und wir wissen nicht, welches von beidem gerade in Bewegung ist."

Die zierlichen, an Bambusrohre erinnernden **Säulen** hielten sowohl den häufigen Erdbeben, als auch den gewaltigen jahreszeitlichen Temperaturschwankungen in Granada ohne erkennbare Schäden stand – ein Verdienst der zwischen Schaft und Kapitellen eingeschobenen Bleiplatten, welche alle Materialveränderungen ausglichen. Mit den beiden pavillonartigen Vorbauten wirkt der Löwenhof in der Struktur fast wie der Kreuzgang eines Zisterzienserklosters. Da *Mohammed V.* einen regen Gedankenaustausch mit dem christlichen König *Peter I.* pflegte, sind derartige Inspirationen durchaus wahrscheinlich.

Rings um den Hof befinden sich vier Säle, deren Namen vorwiegend Fantasiekonstrukte sind und keinen Hinweis auf die einst dort lebenden Menschen geben.

[<] Stalaktitendecke – ein Meisterstück ornamentaler Kunst

Die **Sala de Mocárabes,** in die man vom Myrtenhof zunächst eintritt, erhielt ihre Bezeichnung von dem ursprünglichen Stalaktitengewölbe, welches man auch *Mocárabes* nennt.

Diese Dekorationsform ist in der **Sala de los Abencerrajes** auf der rechten Seite des Löwenhofes in fast absoluter Perfektion zu bewundern. Der Eindruck, in einer verwunschenen Grotte zu stehen, verstärkt sich noch bei einem Blick in den zwölfeckigen Brunnen in der Mitte, der die lichtdurchflutete Kuppel scheinbar unergründlich widerspiegelt. Was nüchterne Gemüter für Eisenoxidausfällungen halten würden, bietet Stoff für Geschichtenerzähler, die die rötlichen Flecken in der Wasserschale auf das Blut der grausig hingeschlachteten adligen Ritter *Abencerrajes* zurückführen, die dem Saal seinen Namen gaben.

Rätsel anderer Art gibt die entgegen dem Uhrzeigersinn folgende **Sala de los Reyes** („Saal der Könige") auf, die einst wohl als Fest- und Bankettsaal genutzt wurde. Der lang gestreckte, schön mit Stalaktitengewölben ausgeschmückte Raum besitzt drei Alkoven, deren Deckenmalerei auf Schafsleder in Farbgebung und Formensprache eindeutig christlich-europäische Einflüsse zeigt. Ob hier tatsächlich eine Ahnengalerie mit zehn Königen der Nasriden-Dynastie oder ein bestimmter Sultan mit seinen neun Ministern abgebildet wurde, ist nicht endgültig geklärt, die zweite Variante erscheint wahrscheinlicher. Dieses einzigartige Zeugnis islamischer Porträtmalerei ist allerdings aus konservatorischen Gründen schon seit Jahren den Blicken der Öffentlichkeit entzogen, bis auf Weiteres kann man sich nur anhand von Fotos einen Eindruck verschaffen.

Die sich nach rechts anschließende **Sala de las dos Hermanas** („Saal der zwei Schwestern") weist in der Struktur große Ähnlichkeit mit der gegenüber liegenden Sala de Abencerrajes auf, wirkt mit ihrem spielerischen Formenreichtum aber noch festlicher. In den Inschriften oberhalb der mit *Azulejos* geschmückten Sockelzone wird vor allem auf die verzaubernde Wirkung des Lichts zu verschiedenen Tageszeiten Bezug genommen, das durch eine Fensterreihe unterhalb der Kuppel reichlich in den Saal einfällt.

Fast direkt angrenzend erlaubt der **Mirador de Daraxa** einen Blick in den romantischen Innenhof **Patio de Lindaraja,** weshalb dieser schmucke Erker auch als **Mirador de Lindaraja** bekannt ist. Hier konnten sich die einzigen noch originalen Buntglasfenster der Alhambra erhalten. Die nachfolgenden Räume zeigen kaum noch orientalischen Charakter. In die schweren Kassettendecken wurde mehrmals der Wahlspruch *Karls V.* „Plus Ultra" (übersetzt etwa: „es geht doch weiter") angebracht, denn der Kaiser verbrachte hier Teile seiner Flitterwochen mit *Isabella* von Portugal. Auch der US-amerikanische Reiseschriftsteller *Washington Irving* lebte und arbeitete hier im Jahre 1829 für fünf Monate.

An den Garten Jardín de Lindaraja grenzen die **Baños Reales,** die relativ schlichten „Königlichen Bäder", welche von *Jusuf I.* begründet, später aber mehrfach umgebaut wurden. Sie sind ebenso wie diverse Lagerräume zu besichtigen.

Ein Stockwerk höher bieten die umlaufenden Wehrgänge bzw. der Pavillon **Tocador de la Reina** („Toilettenzimmer der Königin") fantastische Ausblicke auf den Albayzín.

Am Ausgang erwarten den Besucher die **Jardínes del Partal** (übersetzt etwa: „Gärten des Portals") mit dem gleichnamigen Palastbau und der *Torre de las Damas* (Turm der Damen) im Hintergrund eines großen Wasserbeckens.

Verlässt man die Residenz über ein Drehtor (Rückkehr unmöglich!) nach rechts, steht man schon direkt vor dem wie ein Gebirge aufragenden **Palast Karls V. (Palacio de Carlos V.).** Im Jahr 1526 erteilte der Kaiser den Auftrag, mit dem Bau eines Sommerpalastes im Renaissancestil zu beweisen, dass Granada Anschluss an die kunstgeschichtliche und politische Entwicklung des übrigen Europa gefunden hatte. Dafür musste zwar die Nekropole der nasridischen Sultane weichen, die von ihm bewunderten Nasriden-Paläste sollten aber geschont werden – ein Vorsatz, welcher aufgrund von Fehlberechnungen leider nicht ganz umgesetzt werden konnte. Mit dem bei italienischen Meistern wie *Michelangelo* und *Raffael* ausgebildeten Architekten *Pedro Machuca* fand er den kongenialen Künstler für dieses Vorhaben. Nach dessen Tod im Jahr 1550 arbeitete vor allem *Juan de Orea* an der Fertigstellung. Ganz vollendet wurde der Bau jedoch nie, man ahnt schon, dass über der zweigeschossigen Säulengalerie mit dorischen und ionischen Säulen gemäß der antiken Säulenordnung noch ein drittes Stockwerk mit korinthischen Säulen geplant war.

[>] Der Palast von Kaiser Karl V.

Aber auch so ist der in Spanien wohl einzigartige Palast, außen quadratisch und innen rund, schon imposant genug: satte 63 Meter Seitenlänge und ein Patio mit 31 Meter Durchmesser drücken die zarten Nasridenpaläste geradezu an die Wand und brachten dem an sich sehr harmonisch proportionierten Bauwerk viel Schelte ein. Der auffallenden Schmucklosigkeit im Inneren stehen einige Dekorationselemente an den Fassaden gegenüber, deren allegorische Figuren den selbstbewussten Kaiser in die Nähe von *Cäsar* und *Herkules* rücken.

Als königliche Residenz wurde der Palast nie genutzt, aber seit 1958 ist immerhin das **Museo de Bellas Artes** („Museum der Schönen Künste") von Granada darin untergebracht, in dem bildende Kunst von ca. 1500 bis heute, schwerpunktmäßig aber Renaissance- und Barockmalerei u. a. von *Jacobo Florentino, Pedro Bocanegra, José Risueno* und *Alonso Cano* zu sehen ist.

Museo de Bellas Artes, Di–Sa 9–15.30 Uhr, So/Fe 10–17 Uhr, Eintritt für EU-Bürger frei.

Eine unbedingt lohnende Ergänzung zum Alhambra-Besuch bietet das **Museo de la Alhambra** am Haupteingang des Palastes, das sich vor allem mit den historischen Hintergründen der muslimischen Herrschaft in Andalusien bzw. Granada beschäftigt. Besonders interessant ist die Ausstellung nasridischen Kunsthandwerks, wie Teppiche, Gewänder, Holzarbeiten, Architekturfragmente und die im 14. Jh. weithin gerühmte granadinische Keramik.

211an bn

Museo de la Alhambra, Di/So 8.30–14.30 Uhr, Mi–Sa 8.30–20 Uhr.

Geht man vom Palast *Karl V.* bergauf, passiert man zunächst die 1617 fertiggestellte **Kirche Santa María de la Alhambra** mit einer Statue des Ecce Homo, ein bedeutendes Werk des berühmten Bildhauers *Pedro de Mena.*

Manchen Besucher mag es überraschen, dass sich innerhalb der Festungsmauern **zwei Hotels,** das America und der 1944 eingerichtete **Parador,** befinden. Letztgenannter war bis 1832 ein Franziskanerkonvent, welcher, 1495 gegründet, als das älteste christliche Gebäude der Stadt gilt. Vom ursprünglichen nasridischen Palast mit Oratorium und Bädern, unter *Jusuf I.* Mitte des 14. Jh. gebaut, sind noch einige Teile erhalten, welche auf Anfrage auch von Nicht-Hotelgästen in Augenschein genommen werden dürfen. *Isabella* und ihr Gemahl *Ferdinand* wurden in dem Kloster beigesetzt, doch ihre ewige Ruhe wurde 1521 nochmals gestört, als man sie in die Königliche Grabkapelle umbettete.

Linker Hand sind die Reste eines Aquäduktes zu sehen, der in den 1960er Jahren durchbrochen wurde, um den Besuchern einen bequemen Zugang zu den **Gärten des Generalife** zu ermöglichen. Die in den letzten Jahrzehnten angelegten Grünanlagen haben mit ihren historischen Vorbildern nicht mehr allzu viel gemein. Da die Muslime auch den Blüten von Nutzpflanzen durchaus ästhetische Qualitäten zubilligten, waren die Grünanlagen damals eher Obstgärten, die auch der Versorgung der Bewohner der Medina Alhamrá dienten.

Heute achtet man in erster Linie auf eine möglichst lang andauernde **Blütenpracht,** wobei natürlich die Zeit von etwa Mitte April bis Ende Mai mit hunderten sich öffnenden Rosen als besonders farbenprächtig gelten kann. Zum romantischen Ambiente und der mildwürzigen Luft tragen außerdem noch Granatapfel, Oleander, Lorbeer, Persischer Flieder, Glyzinie und Magnolienbäume bei, welche von Myrtenhecken und geometrisch geschnittenen Zypressen eingerahmt werden. Die besinnliche Atmosphäre und die herrlichen Ausblicke auf die Paläste und den Albayzín animierten Komponisten wie *Manuel de Falla* („Nächte in spanischen Gärten") und eine Vielzahl von Schriftstellern zu Prosa und Gedichten.

Auf der kleinen Freilichtbühne finden auch Veranstaltungen des traditionsreichen *Festival Internacional de Música y Danza* statt, bevorzugt die tänzerischen Darbietungen wie modernes Ballett oder Flamenco. Im Hochsommer ist die abendliche Atmosphäre in den *Jardínes del Generalife* natürlich besonders stimmungsvoll, die Eintrittspreise bleiben im Rahmen.

Auf der anderen Seite der Gärten hat ein kleiner Palastkomplex, als einziger von mehreren Sommersitzen der Sultane, die Zeiten überdauert: der **Palacio del Generalife.** Mittelpunkt ist der lang gestreckte **Patio de la Acequia** mit namensgebendem Wasserbecken und zwei begrenzenden Wohngebäuden, in denen der Sultan etwas Abstand von den Regierungsgeschäften suchte. Die Architektur ist daher sehr luftig und sommerlich, das leise Murmeln des Wassers und viel frisches Grün schmeicheln den Sinnen.

Im besser erhaltenen Palast der Nordseite mit seinen schönen Ausblicken besagt eine Inschrift, dass er bereits 1319

Granada und die Alpujarras

unter König *Abu-l-Walid Ismail* gebaut wurde; die übrigen Gebäude unterlagen sehr starken Umwandlungen. Die Leitungen für die Wasserspiele sind zwar neuzeitlich, aber der Fund von alten Tonröhren, die nach dem Prinzip eines artesischen Brunnens das kostbare Nass sprudeln ließen, zeigt, dass auch die Nasriden Meister der „nassen Architektur“ waren und durchaus ansehnliche Fontänen zustande brachten.

Parallel zum Hof des Wasserbeckens liegt der **Hof der Sultanin,** in dem eine abgestorbene, eingezäunte Zypresse angeblich Zeuge des unschicklichen Liebesgeflüsters zwischen der Lieblingsfrau *Boabdils* und einem Ritter der Abencerrajes gewesen sein soll. Nach der Legende soll jeder, der den Baum umarmt, im nächsten Jahr heiraten, deshalb wirkt der Stamm in Brusthöhe auch wie blankpoliert. Heute ist der Baum abgesperrt und kann nicht mehr umarmt werden. Bis 1921 (!) befand sich das ausgedehnte Grundstück des Generalife in Besitz einer adligen Familie, die letzte Markgräfin durfte in einer kleinen Villa aus dem 19. Jh. etwas oberhalb der Gärten ihren Lebensabend verbringen. Das zurzeit leerstehende Gebäude soll in den kommenden Jahren zu einem Ausstellungsraum über die Alhambra umfunktioniert werden.

Die Beschilderung „salida“ führt zum Ausgang unweit des neuen Ticketschalters, wo auch Taxis zur Verfügung stehen – der Fußweg durch den schattigen Park bergab nimmt bis zur Plaza Nueva nur etwa 15 Minuten in Anspruch. Wer auf der Asphaltstraße bleibt, kann auf halbem Wege auch nach links zum Viertel **Antequeruela** und dem Anwesen **Cármen de los Mártires** abbiegen. Eine Alternative für den Rückweg ist der Schotterpfad Cuesta de los Chinos, der ein kleines Stück bergab am Restaurant La Mimbre beginnt und am Paseo de los Tristes endet.

Besichtigungstipps

Mit rund 3,6 Millionen Besuchern jährlich gehört die Alhambra zu den **meistbesuchten Monumenten Europas.** Es liegt auf der Hand, dass vor allem an den Feiertagen zwischen Ostern und dem Nationalfeiertag am 12. Oktober der Trubel ein Ausmaß annimmt, der den Genuss einer Besichtigung deutlich mindert; es gibt aber Möglichkeiten, den Stoßzeiten ein wenig aus dem Weg zu gehen. Vor allem zwischen März und Oktober, wenn bis 20 Uhr geöffnet ist, empfiehlt sich eindeutig der späte Nachmittag, da viele Reisegesellschaften gegen 17 Uhr die Alhambra wieder verlassen. Wer ein Ticket für den frühen Morgen bekommen hat, sollte sich gleich in die Nasridischen Paläste begeben, ab etwa 9.30 Uhr wird es dort allmählich voll.

Um dem Ansturm Herr zu werden, wurde für den Kernbereich ein **Limit von 7.700 (Sommer) bzw. 6.300 (Winter) Besuchern** pro Tag festgesetzt, ausgedehnte Warteschlangen am Eingang sind daher nicht selten. Während Alcazaba und Generalife ohne Einschränkungen einmal besichtigt werden dürfen, enthält der Ticketabschnitt für die nasridischen Paläste eine Vorgabe von einer halben Stunde, innerhalb der man obligatorisch eintreten muss – der Aufenthalt selbst ist unbegrenzt. Das bedeutet aber auch, dass man am Ticketschalter nicht automatisch eine Eintrittskarte bekommt, die zur sofortigen Besichtigung der Paläste berechtigt; oft kann diese erst einige Stunden später stattfinden. In Phasen erhöhten Andrangs muss man sogar damit rechnen, überhaupt keine Karte zu ergattern. Als besonders problematisch gilt die Zeit zwischen Ostern und Pfingsten, der Hochsommer (Juli/August), sowie rund um den Nationalfeiertag, den 12.

5

Oktober. Sollte der Granada-Besuch in diese Zeit fallen, ist unbedingt eine Reservierung einige Wochen ansonsten einige Tage vor der Besichtigung vorzunehmen (s. u. „Eintritt und Öffnungszeiten"). Das Ticket gilt inzwischen nur noch einen halben Tag – vormittags bis 14 Uhr bzw. nachmittags – man kann also nicht mehr z. B. um 10 Uhr den Generalife oder die Alcazaba besichtigen, wenn das Zeitfenster für die Nasidischen Paläste z. B. 14.30–15 Uhr beträgt. Für die Besichtigung der Anlage sind mindestens 3 Stunden einzuplanen.

Eintritt und Öffnungszeiten

Die Eintrittskarten für den gleichen Tag werden am Ticketschalter *(taquilla)* des **Besucherzentrums Rey Chico** gegenüber den Gärten des Generalife verkauft. In der Hauptreisezeit sind die Tageskontingente oft schon wenige Stunden nach Öffnung der Schalter vergeben, dann geht man als Individualtourist leer aus. Wenn man sich das Schlangestehen schon antun will, sollte man in der Hauptsaison unbedingt vor 8 Uhr erscheinen, um eine realistische Chance zu haben. Das Risiko, nach langem Warten komplett leer auszugehen, vermeidet man mit der dringend empfohlenen **Vorreservierung** einen bis 365 Tage vor dem Besuch. Diese kann z. B. im Internet unter www.alhambra-tickets.es oder an allen Geldautomaten („Cajeros") der Bank La Caixa („Servicaixa") erfolgen, nicht jedoch am Schalter, in jedem Fall also nur mit Maestro-/EC- bzw. Kreditkarte und Geheimzahl möglich! In Granada z. B. an der Ecke Gran Vía de Colón/Carcel Baja unweit der Kathedrale, hier erleichtert ein seitlich angebrachter „Merkzettel" das Verfahren für Ausländer. Wer die Sprachbarriere fürchtet, ist besser im Geschäft Tienda **Librería de la Alhambra** in der Straße Reyes Católicos 40 (oberhalb vom Kolumbus-Denkmal) aufgehoben (tägl. 9.30–20.30 Uhr geöffnet), wo das Personal bei der Bedienung des Ticketautomaten behilflich sein kann – auch hier sind grundsätzlich nur Karten ab dem nächsten Tag zu erwerben. Barzahlung sowie EC-/Maestro- oder Kreditkarte ohne PIN ist nicht möglich! Ein Tipp, um doch noch Tickets für den gleichen Tag zu ergattern, sind die wenig frequentierten Ticketautomaten des Besucherzentrums direkt hinter dem Souvenirshop. Bei fester Reservierung werden 15,40 € (statt 13 € am Ticketschalter) abgebucht. Tel. Reservierung unter 902.88.80.01 (in Spanien) bzw. 0034.93.49.23.750 (vom Ausland) oder direkt bei der Alhambra unter Tel. 0034.958.92.60.31 (Kreditkarte erforderlich). Wer nur die Gärten des Generalife besuchen will, wird am Ticketschalter mit 7 € zur Kasse gebeten, bei der – in diesem Fall nicht unbedingt notwendigen – Vorreservierung mit 8 €. War die Reservierung erfolgreich, erhält man eine Reservierungsnummer (auch „localizador" genannt) und kann da-

an14-044 ba

Überkuppelte Nische „Iwan" am Bogengang des Myrthenhofs

mit an einem speziellen Schalter des Besucherzentrums neben der Tageskasse die Eintrittskarten abholen (Ausweis nicht vergessen!). Die Paläste können auch in einer **Visita nocturna** am späten Abend erkundet werden. Auch wenn einzelne Abschnitte gesperrt sind und 8 € bezahlt werden muss, lohnt sich dieser Besuch aufgrund der besonderen Atmosphäre. Ticketvorverkauf z. B. in der Librería de la Alhambra (s. o.) oder für den gleichen Tag am Ticketschalter des Besucherzentrums, in der Saison sollte man sich schon am Vormittag in die Schlange einreihen.

Die **Öffnungszeiten** der Alhambra ändern sich vom 15. auf den 16. März:

- **November bis 15. März:** tägl. 8–18 Uhr. *Visita nocturna* Fr/Sa 20–21.30 Uhr. Zu dieser Jahreszeit reicht es i. d. R., sich im Laufe des Vormittags am Ticketschalter anzustellen.
- **16. März bis Oktober:** tägl. 8.30–20 Uhr, Schalter ganzjährig ab 8 Uhr geöffnet. *Visita nocturna* Di–Sa 22–23.30 Uhr.

Zugang

Für den Aufstieg zur Alhambra gibt es mehrere Möglichkeiten: Der schnellste und auch am häufigsten benutzte ist die von der **Plaza Nueva** rechts abzweigende steile Straße **Cuesta de Gomerez,** die man auch als „Straße der Gitarrenbauer" bezeichnen könnte. Hier in der Wiege der Flamenco-Gitarre werden viele Instrumente noch in Handarbeit hergestellt (s. a. Praktische Tipps Granada: Einkaufen).

Anfahrt

Für Autofahrer ist keine direkte Zufahrt von der Innenstadt aus möglich. Man muss über die Acera de Darro eine gut ausgeschilderte Umgehungsstraße entlang des Río Genil ansteuern (großer Parkplatz, mit 1,50 € pro Std. nicht gerade billig). Es existieren auch Verbindungen mit dem kleinen **Alhambra-Bus** von der Plaza Nueva zur Alhambra. Abfahrten zwischen ca. 7 und 23 Uhr etwa alle 6 Min., Fahrpreis ca. 1,30 €.

Kathedrale Santa María de la Encarnación

Mit der Kathedrale Santa María de la Encarnación wurde der stark an italienischen Vorbildern orientierte Stil der andalusischen Hochrenaissance erstmals an einem großen Sakralbauwerk in die Tat umgesetzt. Die Bischofskirche von Granada wurde dank wegweisender architektonischer Lösungen zum **Modell** für die später gebauten Kathedralen von Málaga, Jaén, Almería und Cádiz. Ihre unterkühlte, dezent festliche Eleganz löste bei Kunstkritikern unterschiedliche Reaktionen aus, die von hymnischer Begeisterung über die „schönste Renaissancekirche Spaniens" bis zu eisiger Ablehnung („kalt, sehr kalt") reichten.

Baugeschichte

Die ursprünglich hier befindliche Freitagsmoschee der Ziriden aus dem 11. Jh. wurde 1492 zu einer provisorischen Bischofskirche geweiht. Doch um den **Triumph des siegreichen Christentums** jedermann deutlich vor Augen zu führen, entschied man sich später für den Abriss und Neubau einer repräsentativen Kathedrale. Im Jahre 1518 wurde *Enrique de Egas* mit der Konstruktion beauftragt; Vorbild war die nur wenig ältere, imposante Kathedrale von Toledo, welche von

Kathedrale von Granada

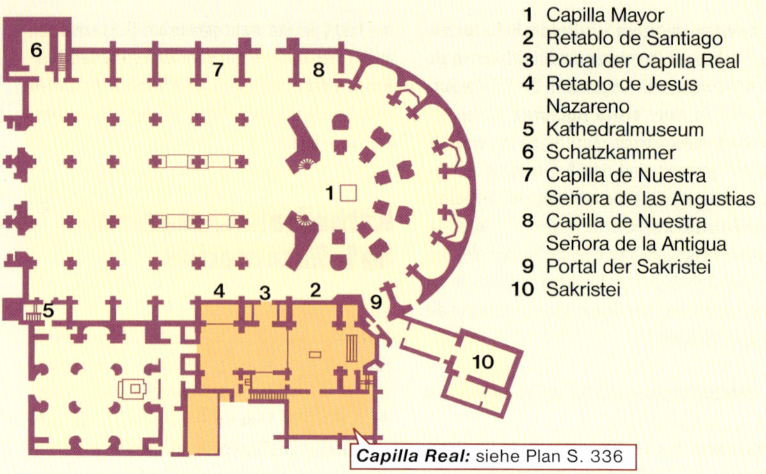

der in Granada an Grundfläche sogar noch übertroffen werden sollte. Es war hier ebenfalls eine fünfschiffige Anlage mit Seitenkapellen, Querschiff und runder Apsis im Stil der Gotik geplant.

Schon fünf Jahre nach Baubeginn wurde jedoch der durch den meisterlichen Kirchenbau des Klosters San Jerónimo zu Ansehen gekommenen *Diego de Siloé* als Bauleiter berufen, der es schaffte, auf den Grundmauern seines Vorgängers eine von italienischen Vorbildern inspirierte **Renaissancekathedrale** zu errichten. Bereits 1561, zwei Jahre vor *Siloés* Tod, wurden die ersten Gottesdienste gefeiert; die Bauarbeiten sollten jedoch noch bis in das frühe 18. Jh. hinein fortdauern.

So wurde die eindrucksvolle **Hauptfassade** an der Südwestseite erst 1667 vom granadinischen Universalkünstler *Alonso Cano* entworfen. *Cano* griff kongenial die Renaissance-Ideale *Siloés* auf, indem er die weit herausragenden Wandpfeiler zwischen den drei Eingangsportalen an höchster Stelle mit imposanten Triumphbögen verband. *Siloé* sah an den Flanken der Hauptfassade ursprünglich zwei reich dekorierte, rund 78 Meter hohe Türme vor. Es wurde bis 1589 jedoch lediglich der nördliche ausgeführt, der aufgrund eines durch Brand zerstörten achteckigen Aufsatzes auch nur 60 Meter Höhe erreicht.

Innenraum

Der vorwiegend in den Farben **Weiß und Gold** gehaltene Innenraum erstrahlt dank zahlreicher, meist farbloser Glasfenster in einem, den klassischen Proportionen angemessenen, klaren

☐ Blick auf die Kathedrale inmitten der Innenstadt

Licht. Augenfälligster Unterschied zu den gotischen Kathedralen ist der Ersatz der ursprünglich vorgesehenen Bündelpfeiler durch außerordentlich elegante, von korinthischen Kapitellen bekrönte Säulenbündel.

Mittelpunkt und architektonischer Höhepunkt der Kathedrale ist die von *Diego de Siloé* in einzigartiger Weise gestaltete **Capilla Mayor** (Hochchor). Ursprünglich sollte hier eine halbrunde Apsis mit doppeltem Chorumgang das Langhaus abschließen, doch der Baumeister schaffte es, nicht zuletzt dank der Einbeziehung des ersten Chorumgangs, auf diesem Grundriss einen perfekt symmetrisch erscheinenden Rundbau mit einer gut 47 Meter hohen Kuppel einzufügen.

Den Eingang zu dieser in Spanien bis dato einmaligen **Chorscheitelrotunde** markiert ein kassettierter römischer Triumphbogen, der zum Hauptschiff hin einen perfekten Halbkreis beschreibt, an der Innenseite aufgrund der Wandrundung jedoch abgeflacht werden musste. In der Bogenlaibung erscheinen etwa auf halber Höhe die betenden Figuren der Katholischen Könige, geschaffen von *Pedro de Mena.*

Der auch als „granadinischer Michelangelo" apostrophierte Universalkünstler *Alonso Cano* zeichnete für die **sieben großformatigen Gemälde** im Tambourbereich der Kuppel oberhalb der Balustrade verantwortlich. Der wohl bedeutendste Künstler, den Granada im 17. Jh. hervorbrachte, illus-

085an bn

trierte in dieser 1652–64 angefertigten Serie, die starke Einflüsse venezianischer Meister vermuten lässt, die sieben Mysterien der Jungfrau Maria.

Darüber sind **bunte Glasfenster** in zwei Reihen angeordnet, welche Mitte des 16. Jh. von flämischen Künstlern wie *Johan van Campen* ausgeführt wurden. Sie tauchen den Altarraum in ein warmes, etwas mystisches Licht und lassen die stark gewölbte Kuppelschale gleichsam himmelwärts schweben – ein Eindruck, der durch die strahlenförmig hinaufgezogenen Gewölberippen noch verstärkt wird. Der tiefere Grund, den Hochchor in dieser ungewöhnlichen Form zu bauen, lag in der Absicht Kaiser *Karls V.* begründet, dort auch die Grabstätte der spanischen Könige einzurichten. Architektonisches Vorbild war dabei zweifellos der kuppelüberwölbte Petersdom in Rom, der sich damals gerade als Mausoleum der Päpste in Bau befand.

Geht man vom Eingang im Uhrzeigersinn durch den Chorumgang zum Hauptschiff, stößt man auf der linken Seite zunächst auf den prächtig skulpturierten Altaraufsatz **Retablo de Santiago** von 1640, der dem Heiligen Jakobus geweiht ist. *Alonso de Mena* stellte den als „Maurentöter" *(Matamorros)* berühmten spanischen Nationalhelden als bärtigen Ritter mit breitkrempigem Hut und hocherhobenem Schwert dar, welches im Begriff ist, auf einen bereits am Boden liegenden Mauren niederzusausen.

Geht man ein Stück weiter das Hauptschiff entlang, fällt das wesentlich rustikalere Mauerwerk der benachbarten **Capilla Real** mit dem (inzwischen verschlossenen) Eingangstor auf. Das von *Enrique de Egas* gestaltete Portal ist eines der schönsten Beispiele für den gotisch-plateresken Stil mit seinem zierlich geschwungenen, aber nie überladen wirkenden Dekor.

Noch weiter rechts erscheint der churrigereske Altar **Retablo de Jesús Nazareno** mit hochrangigen Gemälden von *José de Ribera:* „Das Jesuskind erscheint dem Heiligen Antonius" (ganz oben), „Das Martyrium des Heiligen Laurentius" (Mitte rechts), „Büßende Magdalena" (Mitte links), und *Alonso Cano* mit „Heilige Jungfrau", „Via Dolorosa" und „Der Heilige Augustinus" (unten rechts). Das stilistisch an *El Greco* gemahnende Gemälde des „Heiligen Franziskus" ist vermutlich das Werk eines Schülers.

Der Versammlungsraum des Domkapitels wurde inzwischen zum **Kathedralmuseum** umgewandelt, in dem bedeutende Werke von *Alonso Cano* wie „Die Jungfrau von Bethlehem" und „Der Heilige Paulus" ausgestellt sind.

Geht man von der **Schatzkammer** das nordwestliche Seitenschiff entlang, fällt auf der linken Seite die mit rotem Marmor aus Lanjarón (Alpujarras) verschwenderisch ausgestattete **Capilla de Nuestra Señora de las Angustias** ins Auge. Die gekrönte „Liebe Frau der Todesängste", auch die Schutzheilige Granadas, präsentiert den Leichnam Jesu, welcher auf einem Tisch aufgebahrt ist.

In der darauffolgenden Seitenkapelle **Nuestra Señora de la Antigua** steht eine Madonnenfigur aus dem 15. Jh., welche angeblich vor der Stiftung an das Domkapitel von den Katholischen Königen in ihrem Heerlager in Santa Fé zur Andacht verwendet wurde. Man beachte den wie ein lockeres Tuch herabfallenden, in Wahrheit aber hölzernen Baldachin des Retabels von *Pedro Duque Cornejo* aus dem 18. Jh.

Direkt neben dem Eingang in den Innenraum der Kathedrale führt ein von *Diego de Siloé* kunstvoll verziertes **Portal** in die **Sakristei.** Neben wertvollen liturgischen Gewändern bewahrt dieser Raum mit der **Immaculada** („Unbefleckte") von *Alonso Cano* wohl das kostbarste künstlerische Kleinod der Kathedrale auf. Die zunächst eher unscheinbare, nur 49 Zentimeter hohe Marienstatuette strahlt mit ihren zum Gebet erhobenen Händchen eine anrührende, kindliche Anmut aus. Gleichzeitig ist der Blick etwas verschämt vom Betrachter abgewendet. Es heißt, der damals bereits 55-jährige *Cano* habe mit dem erst 15-jährigen Modell nicht nur eine künstlerische Beziehung gehabt, und die Auswölbung des blauen Umhanges in Bauchhöhe sei das entsprechende Resultat gewesen. Möglicherweise trugen diese speziellen Umstände der Entstehung auch dazu bei, der Inmaculada ihre herausragende Ausdruckskraft zu verleihen.

■ **Öffnungszeiten:** Mo–Sa 10.45–13.15 und 16–19.45 Uhr, im Winter (1.11. bis 15.3.) nur bis 18.45 Uhr, So nur 16–18.45 Uhr, im Winter 14–18 Uhr. Eintritt 4 €, So gratis. Infos unter Tel. 958.22.29.59. Der Eingang ist aktuell an der Hauptfassade (Plaza Pasiegas).

Capilla Real

Als Annexbau der Kathedrale eher unscheinbar, verdient die Capilla Real als **Grabkapelle der Katholischen Könige** dennoch größte Aufmerksamkeit. Ihr Inneres ist nicht nur historisch von Interesse, auch bedeutende künstlerische Exponate heben sie in einen gleichwertigen Rang zur Kathedrale.

Baugeschichte

Bereits am 13. September 1504, also zweieinhalb Monate vor *Isabellas* Tod, unterzeichneten die Katholischen Könige in ihrer bevorzugten Residenzstadt Medina del Campo (Provinz Valladolid) die Gründungsurkunde für eine **separate Kapelle,** in der ihre sterblichen Überreste dereinst bestattet werden sollten. Die Grundsteinlegung erfolgte zwar erst 1506, doch der renommierte Architekt *Enrique de Egas* hielt sich getreulich an das Konzept der verstorbenen Königin und errichtete ein wenig prunkvolles, fast schon etwas unscheinbares Gebäude. Dass der Isabellinische Stil zu der an sich verzierungsfreudigen Spätgotik zu rechnen ist, zeigt sich lediglich in der flamboyanten Verschnörkelung der Balustrade, in die als heraldische Zeichen der Katholischen Könige die Anfangsbuchstaben ihrer Namen – „F" und „Y" – eingearbeitet sind. Im Jahre 1521 war der Bau der Capilla Real beendet, sodass die sterblichen Überreste von *Ferdinand* und *Isabella* vom Franziskanerkloster in der Alhambra hierher transferiert werden konnten.

Innenraum

Man betritt die Grabkapelle über das ehemalige Börsengebäude **La Lonja;** früher waren Kathedrale und Capilla Real durch ein Portal in ihrer gemeinsamen Längsseite verbunden. In diesem Vorraum befindet sich eine **Kopie des Gemäldes „Übergabe von Granada"** von *Francisco Pradilla* aus dem späten 19. Jh., welches die Schlüsselübergabe an *Ferdinand* durch den Maurenkönig *Bo-*

Capilla Real von Granada

©Reise Know-How 2014 Andal10

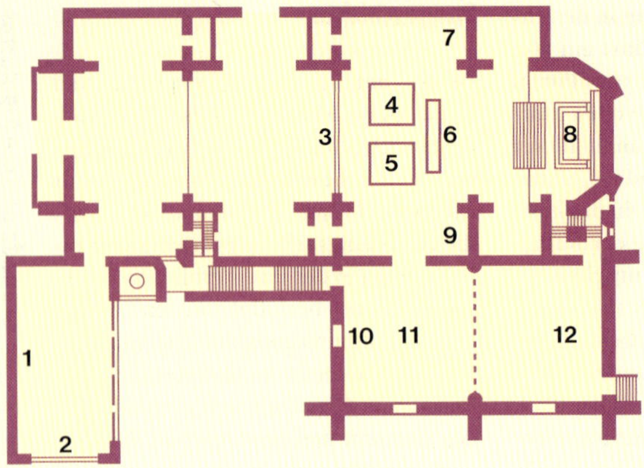

1 Gemälde "Die Übergabe von Granada"
2 La Lonja
3 Ziergitter
4 Grabmal Philipp und Johanna
5 Grabmal des Kath. Königspaares
6 Krypta
7 Reliquienaltar
8 Altaraufsatz
9 Reliquienaltar
10 Sakristei
11 Silberkrone und Zepter von Königin Isabella, Schwert v. König Ferdinand
12 Passionstriptychon

abdil illustriert. Zur linken und rechten Seite des Gemäldes sind Medaillons mit der bildlichen Darstellung der königlichen Insignien, F = *Flechas* (gebündelte Pfeile) und Y = *Yugo* (Ochsenjoch) zu sehen, welche die großen Anstrengungen symbolisieren, die zur Eroberung Granadas notwendig waren.

Der eigentliche Kirchenraum wirkt mit seiner **simplen Raumgestaltung** kaum prunkvoller als die Fassade. Für den repräsentierfreudigen Enkel der Katholischen Könige, den „Imperator" *Karl V.*, war diese Schlichtheit völlig unangemessen, weshalb er die Tradition der Capilla Real als Grabkapelle auch beendete.

Ein gänzlich unerwartetes Schmuckstück ist das **prunkvolle Ziergitter** *(reja)* des Meisters *Bartolomé de Jaén* von 1520, welches Hauptschiff und Hochchor voneinander trennt. Das aus vergoldetem und polychromiertem Schmiedeeisen hergestellte Gitter ist doppelt gegossen, d. h. die Figuren sind vollplastisch und auch vom Altar aus mit Genuss zu betrachten. In dem oberen Schmuckfries wird die Leidensgeschichte Jesu bildreich erzählt. Natürlich darf im Zentrum des Gitters das von Löwen getragene Wappen des vereinten Königreiches innerhalb eines gekrönten Adlers nicht fehlen.

Der eigentliche künstlerische Höhepunkt der Capilla Real sind jedoch die beiden aus hochwertigem Carrara-Marmor hergestellten **Grabmäler der spanischen Königsfamilie** im Altarraum. Rechts des Durchganges befindet sich die etwas tiefer angeordnete Tumba der Katholischen Könige, vom florentinischen Bildhauer *Domenico Fancelli* 1517, also kurz nach *Ferdinands* Tod, in außerordentlich filigraner und prachtvoller Weise angefertigt, die eigentlich nicht im Sinne *Isabellas* war. Während König *Ferdinand* den St. Georgs-Orden trägt und

> Grabmäler der spanischen Königsfamilie

Granada und die Alpujarras

ein Schwert hält, sind die Hände der Königin *Isabella* fromm gefaltet; auf der Brust trägt sie das Santiago-Kreuz. Auffällig ist, dass ihr Kopf das Kissen stärker eindrückt als der ihres Gemahls, was *Ferdinand* den Spott der Nachwelt über seine Gehirnmasse eintrug.

Das gegenüberliegende Grabmal wurde vom spanischen Bildhauer *Bartolomé Ordoñez* 1519 ausgeführt, wobei er sich ebenfalls an der Florentiner Renaissance orientierte, ohne die Brillanz seiner Vorbilder ganz zu erreichen. Dargestellt werden die Tochter der Katholischen Könige, *Johanna die Wahnsinnige,* und ihr habsburgischer Gemahl *Philipp der Schöne,* der Sohn des Kaisers *Maximilian I. Johanna* hält in ihren Händen ein Königszepter; aufgrund der Intrigen ihres ehrgeizigen Sohnes *Karl V.* wurde ihr die Besteigung des Thrones aber faktisch lebenslang verwehrt. Während ihr Gemahl *Philipp* 1506 im Alter von nur 28 Jahren starb, sollte die Unglückliche die Herstellung ihrer Grabtumba um 36 Jahre überleben – die populäre Theorie, sie würde im Augenblick des Todes den Kopf von ihrem treulosen Gatten abwenden, ist daher Nonsens.

Hinter den Grabmälern führt eine Treppe in die **Krypta** hinunter, wo in nüchternen Bleisärgen die sterblichen Überreste der Monarchen ruhen. In dem steinernen Gewölbe befindet sich noch ein fünfter, kleinerer Sarg. Er gehört zu dem als Kind gestorbenen Prinzen *Miguel von Portugal,* einem Enkel der Katholischen Könige, der für Spanien thronberechtigt gewesen wäre. Damit endete auch schon die Funktion der Capilla Real als Begräbnisstätte der spanischen Könige, denn seit 1574 fanden fast

226an bn

alle Herrscher, beginnend mit Kaiser *Karl V.*, ihre letzte Ruhe im *Panteón de los Reyes* des Klosterschlosses El Escorial bei Madrid.

Der **Aufsatz des Hochaltars** wurde bis 1522 vom burgundischen Künstler *Felipe de Vigarny* geschaffen und gilt als eines der ersten und künstlerisch bedeutendsten Renaissanceretabeln Spaniens. Die vollplastisch aus den prunkvoll verzierten Nischen hervortretenden, in Haltung und Ausdruck recht expressiv wirkenden Figuren stellen eine deutliche Abkehr von der wesentlich statischeren Formensprache der Gotik dar.

Unter den zahlreichen **Skulpturengruppen** sind die Darstellungen der beiden Schutzheiligen der Kirche im mittleren Abschnitt hervorzuheben: Auf der linken Seite erkennt man die Übergabe des abgetrennten Kopfes von Johannes dem Täufer an die *Salome* in bis dato nicht gekannter Deutlichkeit; rechts ist der bartlose Lieblingsjünger und Apostel Johannes bei seinem Martyrium in einem Kessel siedenden Öls zu sehen.

Auf der rechten und linken Seite der Vierung wurden 1632 von dem bedeutenden Bildhauer *Alonso de Mena* zwei ursprünglich als **Reliquienschreine dienende Seitenaltäre** aufgestellt. Die außerordentlich farbenprächtigen und reich vergoldeten Bildwerke zeigen vor allem Reliefs der hier begrabenen Monarchen, aber auch historische Szenen wie die Einnahme Granadas und die Zwangstaufen von Morisken.

In der **Sakristei,** die rechts an die Vierung anschließt, sind in Vitrinen die wichtigsten Reliquien der Katholischen Könige wie **Krone, Zepter** und Gebetsbuch der Königin, sowie *Ferdinands* florentinisches **Schwert** ausgestellt. Ein Kuriosum ist der Spiegel der frommen *Isabella,* aus dem später sinnigerweise eine Monstranz hergestellt wurde.

Noch bedeutsamer ist zweifellos die umfangreiche Sammlung vorwiegend religiös inspirierter **Tafelbilder,** von der durchaus kunstsinnigen Monarchin im Laufe ihres Lebens angehäuft. Die großen flämischen Meister des 15. Jh., wie *Rogier van der Weyden* (u. a. eine „Pietá", also die trauernde Muttergottes), *Dierick Bouts* (u. a. ein sehr menschliches Christusporträt) und *Hans Memling* (u. a. die „Heiligen Frauen" und „Kreuzabnahme"), sind ebenso vertreten wie spanische und italienische Künstler, wobei das poetische Bildnis des „Gebets im Garten" von *Sandro Botticelli* besonders hervorzuheben ist. Auf der Stirnseite der Sakristei dominiert das von verschiedenen Künstlern bis 1521 angefertigte **„Passionstryptichon"** mit biblischen Szenen, die dreiteilige „Kreuzabnahme" von *Dierick Bouts* wurde bereits 1450–60 gemalt.

■ **Öffnungszeiten:** Mo bis Sa 10.30–13.30 und 16–19.30 Uhr, So und Fe 11–13.30 und 14.30–18 Uhr, letzter Eintritt 15 Min. vor Schließung. Vom 1.11. bis 15.3. geringe Verschiebungen möglich. Eintritt 4 €, Infos unter Tel. 958.22.92.39. Eingang über die Calle Oficios, eine Parallelstraße zur Kathedrale. Zwischen beiden Gebäuden gibt es keine direkte Verbindung mehr.

Vom Domviertel zum Universitätsviertel

Auf der **Plaza de Isabel la Católica** ist die Königin des vereinten Spanien in einer monumentalen Plastik abgebildet. Man sieht *Isabella* in königlichem Ornat auf einem Thron sitzend, wie sie *Christoph Kolumbus* eine Schriftrolle mit der Zusicherung übergibt, die geplante Erkundung eines neuen Seeweges nach Indien finanziell und logistisch zu unterstützen. Dieses Ereignis vom 17. April 1492 ging als capitulationes de Santa Fé in die Geschichte ein.

Corral del Carbón

Geht man von dem Platz ein kurzes Stück die Calle Reyes Católicos bergab in Richtung Neues Rathaus *(ayuntamiento)*, kann man in der linken Parallelstraße den Corral del Carbón (deutsch: „Kohlenhof") erspähen, die letzte in Andalusien noch erhaltene **Karawanserei** aus dem frühen 14. Jh. Wie üblich wurde auch dieser *funduk*, sprich Großhandelszentrum, Warenlager und Herberge, in unmittelbarer Nähe des Hauptmarktes der islamischen Stadt errichtet.

Vor allem in der Endphase des Nasridenreiches wurde das Gebäude auch als Heerlager für Kuriere und Kundschafter der Kavallerie genutzt – was bedeutet, dass nicht wenige Räume des heutigen Erdgeschosses einstmals **Pferdeställe** waren. Im stark restaurierten Innenhof blieb von der originalen Bausubstanz so gut wie nichts erhalten. Sehenswert ist aber auf jeden Fall die mit Arabesken geschmückte Ziegelfassade rund um das hufeisenbogenförmige Eingangsportal.

Alcaicería

Überquert man die verkehrsreiche Calle Reyes Católicos, findet man sich schnell in einem Gewirr schmaler, orientalisch ausgeschmückter Gassen wieder. Hier befand sich einst der Alcaicería genannte, nachts bewachte **Hauptmarkt** Granadas, auf dem vor allem Seide und andere wertvolle Produkte gehandelt wurden. Auch im 16. Jh. boten hier und im angrenzenden Zacatín die Morisken noch Stoffe und Gewänder, Gold- und Silberschmuck sowie anderes hochwertiges Kunsthandwerk feil. In der Nacht vom 19. zum 20. Juli 1843 zerstörte ein Feuer die Alcaicería; man versuchte im nachfolgenden Wiederaufbau das maurische Ambiente, manchmal etwas künstlich, zu rekonstruieren. Auch heute steht hier ein Laden neben dem anderen, doch sie haben sich fast alle auf das schnelle Geschäft mit touristischer Massenware spezialisiert.

Auf der gegenüberliegenden Seite wird das Marktviertel von der **Plaza de la Lonja** begrenzt, so benannt nach der ehemaligen Warenbörse, die heute als Eingang zur Capilla Real dient. Zusammen mit der Kathedrale bildet sie einen beeindruckenden Baukomplex im Herzen der Stadt.

La Madraza

Auf der gegenüberliegenden Seite ist ein lang gestrecktes Gebäude mit barocken Dekorationselementen zu sehen – La Madraza, eine **Hochschule** für Theologie, Mathematik, Medizin und Rechtswissenschaften aus nasridischer Zeit. Sultan *Jusuf I.* ließ das auch Medersa genannte „Haus des Wissens" bis 1349 direkt gegenüber der Freitagsmoschee erbauen. Das wenig islamische Äußere ist auf die Nutzung des Gebäudes als Altes Rathaus *(Ayuntamiento Viejo)* bis in das frühe 19. Jh. zurückzuführen; danach folgte eine Restaurierung. Sehenswert ist im Inneren vor allem der wunderschöne Gebetsraum, dessen achteckige Kuppel eine zweifache Staffelung, unten mit Holzintarsien und oben mit Mocárabes-Dekor, aufweist.

Öffnungszeiten: offiziell täglich 10–20 Uhr geöffnet, vom 1.11. bis 15.3. nur bis 19 Uhr, Eintritt 2 €.

Plaza Bib-Rambla

Geht man an der Alcaicería vorbei die Calle Libreros bergab, gelangt man zur Plaza Bib-Rambla, der **guten Stube Granadas.** Der eigenartige Name leitet sich vom arabischen Begriff für „Sandtor“ ab, denn hier, auf einer ehemaligen Sandbank des heute im Untergrund verlaufenden Río Darro, befand sich in maurischer Zeit eines der vielen Stadttore. Damals war der Platz zweifellos auch wesentlich kleiner, erst die Katholischen Könige verfügten um 1500 eine deutliche Vergrößerung und Ausschmückung. Stets war die „Bibarrambla“ Schauplatz wichtiger Ereignisse: Wettkämpfe, Turniere, Stierkämpfe, Ketzer-Tribunale, Feste (z. B. Fronleichnam), Pferdemärkte und Öffentliche Aufführungen. Heute locken die Freiluftcafés und Restaurants zu einer erholsamen, aber nicht ganz billigen Einkehr in gefälligem Ambiente.

Iglesia San Juan de Dios

Weiter in nordwestlicher Richtung bewegt man sich allmählich vom eher ruhigen Domviertel in das – zumindest während des Semesters – äußerst betriebsame **Universitätsviertel,** das aber ebenfalls seine Reize hat. Hier befinden sich zahlreiche schöne Gebäude, die man anderswo vermutlich sofort zu denkmalgeschützen, eintrittspflichtigen Monumenten deklariert hätte, welche aber hier in der Stadt des Überflusses ganz selbstverständlich als Hörsaal, Konservatorium oder Krankenhaus genutzt werden.

Die von der Westfassade der Kathedrale an der Universität vorbeiführende Straße Calle San Jerónimo endet an einer prachtvollen Basilika mit grün bemalter Vierungskuppel. Es handelt sich um die im 17. Jh. erbaute **Kirche des Hospitals San Juan de Dios.** Kann man 4 € erübrigen, sollte man einen Blick in den mit reichlicher Vergoldung prunkenden Innenraum werfen. Dabei hält das barocke Arrangement geschickt die Balance zwischen überschwenglicher Festlichkeit und überladenem Kitsch, sodass man sich – auch angesichts der vielen Balkone – eher in ein Opernhaus als in eine Stätte stiller Einkehr versetzt fühlt.

Gratis ist der Eintritt in die beiden **Innenhöfe** des eigentlichen Hospitals von 1552, da es immer noch als solches genutzt wird. Im Azulejo-geschmückten Arkadengang werden die Gründung des Klosters und die Heilung von Kranken in zahlreichen, schon leicht verwitterten Gemälden illustriert. Ein kaum beachtetes Glanzstück ist der prachtvoll ausgeschmückte Treppenaufgang zur oberen Galerie, den eine herrliche, polychrom gefasste Kassettendecke überkuppelt.

Öffnungszeiten, tägl. 10–13 und 16–19 Uhr, So nur nachmittags.

Monasterio de San Jerónimo

Vom Ausgang des Hospitals nach rechts gelangt man nach ca. 200 Metern zum **äußerlich eher unscheinbaren Kloster** San Jerónimo – innen ist es ein Meisterwerk der granadinischen Renaissance.

Mit dem Bau eines Klosters für den **Hieronymus-Orden** wurde zunächst *Jacobo Florentino* (genannt *El Indaco*) betraut, der zunächst den relativ schlichten Isabellinischen Stil bevorzugte. 1526 kam Kaiser *Karl V.* mit seiner frisch Angetrauten, *Isabel von Portugal,* nach Granada. Auf Bitten der Witwe von **Gonzalo Fernández de Córdoba,** *Doña María Manrique,* verfügte er, die Kirche zu einer Begräbnis- und Erinnerungsstätte des großen Feldherrn zu machen. Der Cordobese *Gonzalo Fernández,* besser bekannt als *El Gran Capitán,* erwarb sich vor allem bei der Eroberung und Verteidigung spanischer Besitzungen in Italien gegen Franzosen und Türken ewigen Ruhm, ebenso als großzügiger Stifter für den Bau des Hieronymus-Klosters. Die Aufgabe, ein repräsentatives Pantheon für den 1515 verstorbenen Feldherrn zu errichten, übernahm ab 1528 der berühmte Baumeister *Diego de Siloé,* der sich streng an die Ideale der italienischen Renaissance hielt.

Nach der Säkularisierung 1830 wurde das bereits vieler Kunstschätze beraubte Gemäuer zum Heerlager für die Kavallerie umfunktioniert und verfiel zusehends, bis man sich ab 1958 zu einer langwierigen Restaurierung durchringen konnte. Seit 1977 wird das Kloster wieder als solches genutzt, und zwar von einer Schwesterngemeinschaft des Hieronymiter-Ordens, die man während eines Rundgangs nicht ansprechen sollte.

Die Anlage verfügt über zwei relativ schlichte Kreuzgänge, wobei der innere, mit Orangenbäumen bestandene Hof durch besonders harmonische Proportionen gefällt. Mit der ornamentalen Zurückhaltung ist es jedoch in der **Klosterkirche** vorbei: Ungewöhnlich prachtvoll ausgemalt und mit einer Fülle an Skulpturen und Büsten versehen, verschlägt es dem Betrachter im Innenraum zunächst den Atem. Der Renaissancestil macht sich in der konsequent durchgehaltenen Kassettierung der Gewölbe, dem streng der antiken Säulenordnung folgenden Aufbau des gigantischen Altaraufsatzes und den vielen weltlichen bzw. mythologischen Figuren bemerkbar – zweifellos sollen die Heldenporträts aus der Antike auch eine gedankliche Verbindung zu den Heldentaten des *Gran Capitán* ziehen. Dessen überraschend schlichte Grabplatte befindet sich unterhalb der Treppe zum Hochaltar, an dessen Seiten jeweils auch eine kniende Skulptur von ihm und seiner Gemahlin zu sehen ist. Das optische Zentrum des viergeschossigen Retabels, an dem nicht weniger als neun Bildhauer im letzten Viertel des 16. Jh. arbeiteten, bildet ein Relief des *Heiligen Hieronymus* in der Wüste.

■ **Öffnungszeiten:** tägl. 10–13.30 und 16–19.30 Uhr, Sa/So nur bis 14.30 Uhr, 1.11. bis 15.3. 10–13.30 und 15–18.30 Uhr, Eintritt 4 €, Mo nachmittags gratis. Zugang über die ruhige Seitenstraße Compas de San Jerónimo gegenüber dem gleichnamigen Hotel.

Hospital Real

Geht man die Hauptstraße am Hospital de San Juan de Dios vorbei weiter, gelangt man zum parkartig gestalteten Platz **Fuente de Triunfo,** der mit seinen Wasserfontänen und Blumenrabatten zu einem beliebten Ort der Entspannung für die Studenten geworden ist. An höchster Stelle thront stolz das imposante **Hospital Real** („Königliches Krankenhaus"), welches 1504 von den Katholischen Königen speziell für die Armen in Auftrag gegeben wurde. 1511–36 u. a. von *Enrique Egas* realisiert, gilt der um vier Innenhöfe angelegte Prachtbau als eine Perle des Plateresken Stils zwischen Spätgotik und Renaissance. Heute beherbergt er das Rektorat und die Bibliothek der Universität Granada sowie wechselnde Ausstellungen zu meist unibezogenen Themen.

Monasterio de La Cartuja

Auf der Rückseite des Hospital Real führt die Ausfallstraße Real de Cartuja in einem etwa 20-minütigen Fußmarsch zum Monasterio de La Cartuja, dem ob seiner barocken Dekorationsfülle berühmten **Kartäuserkloster.** Der Plan, außerhalb der Stadtgrenzen einen Klosterkomplex zu errichten, wurde zwar bereits kurz nach der Eroberung durch die christlichen Truppen gefasst, und der vom *Gran Capitán* maßgeblich unterstützte Baubeginn war bereits 1514. Dennoch stammen die wesentlichen Komponenten aus dem 17. und 18. Jh. Wenn man berücksichtigt, dass das klassizistische Hauptportal erst 1794 angebracht wurde, arbeitete ein ganzes Heer von Künstlern fast drei Jahrhunderte an diesem komplexen Bauwerk.

Über dem Eingang ist eines der zahlreichen spanischen Wappen zu erkennen, ein Zeichen, dass es sich hier um eine **königliche Gründung** handelt. Mit der staatlichen Unterstützung war es jedoch 1836 vorbei, als das Kloster säkularisiert und aufgelöst wurde.

Die Cartuja wird bisweilen als die erste **klösterliche Gemäldesammlung** Spaniens bezeichnet, durchaus zu Recht: Alle Bilder gehorchen einem weitgespannten ikonografischen Programm, welches als sichtbare Sprache von Entwicklung und Geisteswelt des Kartäuserordens die Mönche und Laienbrüder auf Schritt und Tritt begleiten sollte. Jedes Gemälde wurde hier im Kloster, oft von Angehörigen des Ordens, gemalt und nach thematischen Gesichtspunkten an einem vorher festgelegten Ort angebracht.

Mittelpunkt der Anlage ist ein relativ einfacher, herrlich begrünter **Kreuzgang,** um den herum die klösterlichen Dépendancen angelegt wurden. Bei einem Rundgang entgegen dem Uhrzeigersinn betritt man zunächst das spätgotische **Refektorium,** in welchem die Mönche zu den Feiertagen ihre Mahlzeiten einnahmen. An der Stirnseite prangt sinnigerweise ein großformatiges Gemälde des letzten Abendmahls aus dem Jahre 1618. Die übrigen Bilder des Raumes, von *Sánchez Cotán* angefertigt, zeigen diverse Martyrien der Kartäuser unter *Heinrich VIII.* Die drastische Darstellung grausiger Foltermethoden dürfte so manchem braven Mönch den Appetit verdorben haben. Der anschließende **De-Profundis-Saal** diente nicht nur dem Gebet, sondern auch als Sterbekapelle, daher sind auf dem Gemälde des Marmorretabels auch die Himmelswächter Petrus und Paulus abgebildet.

Geht man im Kreuzgang ein Stück weiter, gelangt man zu der Kapelle der

Laienbrüder und dann in den **Kapitelsaal,** in dem Versammlungen abgehalten wurden. Hier sind neben weiteren schockierenden Märtyrerszenen auch Erscheinungen dokumentiert, die den Heiligen Bruno zur Gründung des Ordens bewegten. Die anschließenden kleinen Kapellen dienten dem Gebet und der Meditation. Hervorzuheben sind eine ausdrucksstarke Rosenkranzmadonna mit dem Jesuskind des barocken Bildhauers *José Risueño* und eine meisterliche Terrakottafigur des Ecce Homo der Gebrüder *García* aus dem 16. Jh.

Die **Klosterkirche** wurde bis 1662 fertiggestellt und vermittelt mit ihrer reichlichen Wanddekoration den Eindruck scheinbar den irdischen Gesetzen entrückter Bewegung. Im Hochchor errichteten *Francisco Hurtado Izquierdo* und *José de Mora* einen Altar in Form eines Baldachins mit dem Bildnis der „Lieben Frau der Himmelfahrt", der Schutzheiligen des Klosters, und auch in den übrigen Bildnissen des Kirchenschiffs dominieren Darstellungen aus dem Leben der Maria.

Hinter dem Hochaltar öffnet sich das Allerheiligste des Klosters, das von *Francisco Hurtado Izquierdo* konzipierte **Sanktuarium.** Üppig mit verschiedenfarbigem Marmor, vergoldetem Schnitzwerk und leuchtender Freskenmalerei ausgeschmückt, gehört es zu den brillantesten Schöpfungen des ausgehenden Barock (1704–20) in Andalusien. In bis dahin einzigartiger Weise sollte das *Sancta Sanctorum* symbolisch als Klosterzelle für den geopferten Gottessohn eingerichtet werden; es sind daher auch zahlreiche Allegorien auf das gemeinschaftliche Leben in der Einsamkeit zu finden.

Vom Hochaltar links gelangt man in den wohl berühmtesten Abschnitt der Cartuja, die **Sakristei** (1727–64), wo die spätbarocke, churrigereske Dekorationslust in ein kaum noch zu überbietendes Extrem getrieben wurde. Scheinbar regellos überwuchert der weiße Stuck alle stützenden Elemente, was zusammen mit raffinierten Lichteffekten und perspektivischen Spielereien zum Eindruck von Schwerelosigkeit und mystischem Glanz beiträgt.

■ Bequemer als zu Fuß geht es mit dem **Stadtbus:** Ab Gran Vía die Linie 8, ebenso der Circular-Bus – am „C" erkennbar. Achtung: Nur die ausdrücklich als „Monasterio" ausgewiesene Haltestelle befindet sich direkt am Kloster, die Bezeichnung Cartuja besagt nicht allzu viel.
■ **Öffnungszeiten:** 10–13 und 16–20 Uhr, 1.11. bis 15.3. 10–13 und 15–18 Uhr, Do nachmittags gratis, Eintritt 4 €. Infos unter Tel. 958.16.19.32.

Albayzín und Sacromonte

Sehr anschaulich brachte der aus Tarifa stammende Journalist und Granada-Fan *Luis Seco de Lucena* 1941 das Wesen dieses einzigartigen Stadtviertels auf den Punkt: „Der **Albayzín** ist ein gigantisches Monument der intimen Lebensweise der granadinischen Muselmanen, die bezwingt und anzieht, intensive und melancholische Gefühle weckt." Vor allem das labyrinthische Gewirr schmaler, oft steil ansteigender Gassen und die wie zufällig eingestreuten kleinen Plätze, auf denen sich die Nachbarn wie in einem Innenhof zum Gedankenaustausch einfinden, fasziniert damals wie heute die Besucher. Als Ort der Spiritualität und der Mysterien wird er oft beschrieben,

Stadtteil Albayzín

0 100 m

Übernachtung
3 White Nest Hostel
6 Pension Casa del Aljarife
7 Hotel Carmen de Santa Inés
8 Hotel Palacio de Santa Inés
9 Casa del Capitel Nazarí
12 Hotel Anacapri
13 Posada del Toro, Hostal Antares

Rundgang

Essen und Trinken
1 Rest. Carmen Mirador de Aixa
2 Bar Rabo de Nube, Restaurante Ruta del Azafrán
4 El Huerto de Juan Ranas
5 Mesón El Trillo
10 Restaurante Pilar del Toro
11 Cafetería Lisboa
13 Bodegas Castañeda
14 La Nueva Bodega
15 Bar Las Cuevas del Albayzín
16 Restaurante Arrayanes

und zweifellos ist er auch ein besonders fruchtbarer Boden für Anekdoten und Legenden.

Das Lebensgefühl des Albayzín (von *al-Bayyazin,* „Viertel der Falkner") ist ebenso unauflöslich mit den **Carmenes** verbunden, Landhäusern mitten in der Stadt, von hohen Mauern umgebene Refugien des ruhigen, naturverbundenen Lebens. Der umschlossene, fremden Blicken verborgene Garten um das Wohnhaus ist das wesentliche Merkmal dieser typisch granadinischen Lebensform. Noch heute lassen diese oft stattlichen Villen erahnen, dass der Albayzín in nasridischer Zeit das gutbürgerliche Viertel wohlhabender Handwerker und Händler war. Berühmt waren unter anderem die Keramikwerkstätten, Webereien, Gerbereien und Kupferschmieden. Auch die Bezeichnung *Aljibe* besitzt einen maurischen Ursprung, denn damit sind die 27 ummauerten **Zisternen** gemeint, die auch heute noch in restaurierter Form das Stadtbild prägen. Da sie stets in unmittelbarer Nähe einer Moschee errichtet wurden, geht man davon aus, dass sie in erster Linie der rituellen Waschung dienten. Die Wohngebäude waren schon früh an ein Kanalisationsnetz angeschlossen.

An sich bezieht sich der Name Albayzín nur auf den Bereich um die **Plaza Larga** im hoch gelegenen nördlichen Abschnitt des Hügels, von dem die muslimische Besiedlung ihren Ausgang nahm, aber der Einfachheit halber wird heute meistens der gesamte **Hügel San Miguel** als Albayzín (auch: Albaicín) bezeichnet.

Auch wenn man ihn gern „Dorf in der Stadt" nennt, die Atmosphäre vor allem in seinen tiefer gelegenen Partien nahe der Gran Vía oder der Plaza Santa Ana hat nicht mehr viel Dörfliches an sich: Auf den Straßen wimmeln propere amerikanische Sprachschüler, leicht verlotterte Aussteiger und Lebenskünstler, marokkanische Händler in wallenden Gewändern und hemdsärmelige Einheimische durcheinander, und alle scheinen problemlos miteinander auszukommen – der Albyzín, wahr gewordene Vision eines multikulturellen Dorfes?

Der nachfolgende **Rundgang** soll nur eine Anregung darstellen, denn schöne Ecken gibt es im Albyzín zuhauf, lediglich der untere Abschnitt der **Straße San Juan de los Reyes** wirkt als Hauptverkehrsachse in Nord-Süd-Richtung ungemütlich. Auch wenn die Taxifahrer in halsbrecherischer Geschwindigkeit durch die schmalen Gässchen zirkulieren, sollte man als Ortsunkundiger eine Durchfahrt mit dem eigenen Auto vermeiden!

Chancillería

Der erste Abschnitt verläuft entlang des idyllischen Flüsschens **Río Darro,** in welchem früher nicht unerhebliche Mengen an Goldkörnern gefunden wurden. Ausgangspunkt ist die Plaza de Isabel la Católica bzw. die **Plaza Nueva** ein kurzes Stück bergan. Trotz seines Namens wurde dieser Platz bereits 1506 über dem Fluss angelegt und ist heute, zusammen mit der *Plaza Santa Ana* bei schönem Wetter ein beliebter Rastplatz an der Wegscheide zwischen Albayzín und Alhambra.

Auf der linken Seite erhebt sich der imponierende Prachtbau der **Chancillería** (Staatskanzlei), in dem der 1505 auf

an14-085 ba

Anweisung König *Ferdinands* von Ciudad Real hierher verlegte **Gerichtshof** untergebracht wurde. Zweifellos sollte damit die Bedeutung des jüngst eroberten Granada unterstrichen werden, umfasste der Geltungsbereich doch fast die gesamte Südhälfte Spaniens inklusive der Kanarischen Inseln. Die gewaltigen Dimensionen des heute als Oberlandesgericht der Region Andalusien genutzten Renaissancepalastes sind auch auf die Nutzung als Gefängnis zurückzuführen, welches mit aufrührerischen Morisken gut gefüllt gewesen sein dürfte. Der fanatische Inquisitor *Philipp II.* ließ bis 1587 den Bau vergrößern und mit einer eindrucksvollen Fassade im manieristischen Stil verschönern.

Iglesia de Santa Ana

Das obere Ende der Plaza Nueva wird von der anheimelnden **Mudéjar-Kirche** Iglesia de Santa Ana abgeschlossen. *Federico Garcia Lorca* befand den 1563 angefügten, minarettartigen Turm, „der eher für Tauben als für Glocken" geeignet sei, als typisches Beispiel für die Neigung der Granadiner, besonders anmutig und *en miniature* zu bauen. Im Inneren der Mitte des 16. Jh. von *Diego de Siloé* errichteten Kirche sind bedeutende Skulpturen der Meister *Juan de Mora, Pedro A. Bocanegra* und *José Risueño* zu finden, Letzterer liegt hier auch begraben.

⌃ Blick von der Alhambra auf das Altstadtviertel Albayzín

Arabische Bäder

Geht man weiter an der flussbegleitenden Straße Carrera del Darro, gelangt man in das alte maurische Quartier **Axares,** das „Viertel der Erquickung und Wonne", das mit seinen vielen Quellen und Gärten immer wieder Gegenstand romantischer Beschreibungen war. Das bedeutendste Relikt aus jener Zeit sind zweifellos die Arabischen Bäder aus dem 11. Jh., wegen ihrer geringen Ausdehnung meist verkleinernd **El Bañuelo** genannt.

Im Inneren des äußerlich sehr schlichten Gebäudes (Carrera del Darro 34) sind die überwölbten und meist mit Säulen abgestützten Bade- und Aufenthaltsräume gut erkennbar, sicherlich auch ein Verdienst der ausgezeichneten Restaurierung. Die Kalt- und Warmwasserbecken dienten allein der rituellen Reinigung, ansonsten hat man sich die Anlage in erster Linie als **öffentliches Dampfbad** vorzustellen. Dieser am weitesten vom Eingang entfernte Raum besaß einen mittels Hypokausten erhitzten Fußboden, um darauf gehen zu können trugen die Gäste Schuhe mit dicken Korksohlen, die sogenannten *chapizes.* Um Dampf zu erzeugen, wurde einfach Wasser auf dem heißen Fußboden verspritzt.

Im benachbarten unbeheizten **Ruheraum** wurden auch Massagen verabreicht; dort und im anschließenden Versammlungsraum ergab sich die Möglichkeit für Gespräche und Verhandlungen. Männer und Frauen badeten an unterschiedlichen Tagen, sodass es keine Durchmischung der Geschlechter gab. Für die Katholischen Könige waren die arabischen Bäder in Granada aber dennoch ein Ort des Lasters und der Sünde, weshalb man auch fast alle per Gerichtsbeschluss abreißen ließ.

Nicht weit von hier, in der Calle Santa Ana oberhalb der gleichnamigen Plaza, lädt ein **moderner arabischer Hammam** zur Entspannung ein (nur Wasserbecken, keine Sauna!); Näheres unter Service.

Praktisch nebenan erhebt sich das **Kloster Santa Catalina de Zafra,** welches 1520 durch den Umbau eines arabischen Palastes entstand.

El Bañuelo, tägl. 10–20 Uhr, 1.11. bis 15.3. nur bis 18 Uhr. Kein Eintritt, evtl. Trinkgeld für die Verwalterin.

Iglesia de Santa Ana

199an bn

Archäologisches Museum

Ein Stück weiter bergauf, direkt gegenüber der **Kirche San Pedro y San Pablo,** befindet sich ein prachtvoller Renaissance-Palast aus dem Jahre 1539, die **Casa de Castril.** Die vermutlich von *Diego de Siloé* entworfene, platereske Frontfassade beinhaltet ein Wappenschild mit einem Bildnis vom Comares-Turm der Alhambra. Heute dient der nach seinen späteren Besitzern *Castril* genannte Palast als Archäologisches Museum der Provinz Granada.

■ **Museo Arqueológico y Etnológico,** zurzeit wegen Renovierung geschlossen.

Casa de Castril (Archäologisches Museum)

086an av

Ins Viertel Sacromonte

Weiter flussaufwärts nennt sich die Straße nun **Paseo del Padre Manjón,** im Volksmund jedoch besser bekannt als **Paseo de los Tristes** (Spazierweg der Traurigen), denn hier verliefen traditionell die Leichenzüge zum Friedhof. Zur Traurigkeit besteht angesichts der großartigen Szenerie allerdings überhaupt kein Anlass: Auf der linken Seite sieht man einige der schönsten Moriskenhäuser des Albayzín, z. B. in der **Calle Horno de Oro** oder der **Cuesta Victoria;** auf der gegenüberliegenden Seite die majestätisch auf ihrem Felsrücken thronende Alhambra – sicherlich nicht der schlechteste Platz für ein Mittagessen oder einen Kaffee im Freien.

Am Ende des Paseo de los Tristes zweigt nach rechts ein kleiner Schotterweg namens **Cuesta del Rey Chico/ Cuesta de los Chinos** ab, ein etwas holpriger, aber sehr lauschiger Alternativpfad für den Aufstieg zur Alhambra – der Ticketschalter ist so in etwa 15 Minuten zu erreichen.

Nach links führt die **Cuesta del Chapiz** hinauf in den Albayzín bzw. zum Sacromonte; hier war in maurischer Zeit offenbar das Viertel der Schuhmacher. Kurz vor dem Abzweig des Camino del Sacromonte taucht auf der rechten Seite ein wuchtiges Doppelgebäude aus dem 16. Jh. auf, die **Casa del Chapiz,** in der heute die Schule für Arabische Studien untergebracht ist.

Zu Beginn des 18. Jh. hatte sich die kakteenbestandene Einöde am nordöstlichen Stadtrand als **Zigeunerviertel** herauskristallisiert, bot doch das weiche Sedimentgestein die Möglichkeit, sich kostengünstig eine Wohnhöhle zu graben. Wie europäische Reisende des 19. Jh. festhielten, gab es damals rund 140 primitive Kavernen, in denen bis zu zehnköpfige Familien auf engstem Raum lebten und nicht selten auf dem Boden schlafen mussten.

Auch heute noch hat der Sacromonte den Ruf als eine der andalusischen **Hochburgen des Flamenco,** auch wenn das Viertel nicht mehr so zigeunerisch ist, wie es damals der Fall war – man spricht heute von etwa 100 Zigeunerfamilien im ganzen Viertel. Bei Unwetterkatastrophen vor allem im 19. Jh. wurden viele der kaum gesicherten Höhlen verschüttet, und die Bewohner entweder in die Alhambra (!) umquartiert, oder sie zogen freiwillig in die Neubauviertel der Unterstadt.

Seit einigen Jahren wurde aber nicht nur der Charme des Albayzín, sondern auch der des Sacromonte mit seinen herrlichen Ausblicken auf das Darrotal und die Alhambra von den bürgerlichen Schichten, auch aus dem europäischen Ausland, neu entdeckt. Aus den einfachen Erdlöchern sind nun komfortable Wohnungen im troglodytischen Stil geworden, die keinen Vergleich mit modernen Apartments zu scheuen brauchen, aber wesentlich mehr Atmosphäre besitzen. Dennoch ist es dringend anzuraten, nächtliche Ausflüge sowohl in den Albayzín als auch in den Sacromonte nur mit der nötigen Barschaft und möglichst nicht allein zu unternehmen – ein wirklich sicheres Pflaster sind die schwach beleuchteten Gassen beileibe nicht.

Wer sich speziell für die traditionelle Lebensweise der Bewohner als Weber, Korbflechter, Schmiede etc. interessiert, sollte dem didaktisch sehr gut aufgemachten **Museo Cuevas del Sacromonte** („Höhlenmuseum") einen Besuch abstatten; es gibt auch ein Info-Heft in deutscher Sprache.

■ **Museo Cuevas del Sacromonte,** Barranco de los Negros s/n, Tel. 958.21.51.20, www.sacromontegranada.com. Geöffnet tägl. 10–20 Uhr, 15.10. bis 14.3. 10–18 Uhr; Eintritt Museum 5 €, nur Mirador mit tollem Alhambra-Blick 1 €; Anfahrt: Zufahrt mit Pkw von 11–14 Uhr verboten und auch sonst nervenaufreibend, besser Sacromonte-Bus 34 ab Plaza Nueva bis Haltestelle unterhalb Venta El Gallo nehmen, dann links am Lokal vorbei ca. 5 Min. bergauf.

Colegiata de Nuestro Salvador

Für die Erkundung des Albayzín kann man die Cuesta del Chapiz weiter bergauf zur Stiftskirche **Colegiata de Nuestro Salvador** gehen, welche im 16. Jh. an der Stelle der wichtigsten Moschee des Viertels errichtet wurde – der etwas schmucklose Innenhof für die rituellen Waschungen aus almohadischer Zeit blieb weitgehend erhalten.

■ **Colegiata de Nuestro Salvador,** Mo–Sa 12–13.30 und 17–18.30 Uhr, Juni bis Sept. nur nachmittags, Eintritt 0,75 €.

Rund um die Plaza Larga

Über die Straße Panaderos erreicht man die Plaza Larga, von der die Besiedlung des Altstadthügels ihren Ausgang nahm. Dieser Platz ist gar nicht so groß, wie sein Name vermuten lassen würde, aber man kann ihn mit seinem bunten Treiben rund um die Uhr als das **Herz des**

087an bn

Albayzín bezeichnen; jeden Vormittag findet ein Straßenmarkt statt.

Durch die **Puerta Nueva** („Neues Tor", das aber bereits aus dem 11. Jh. stammt) schlüpft man in den inneren Bereich der Befestigungsanlage der Ziriden, welche einstmals bis zur majestätischen Puerta de Elvira (12. Jh.) am unteren Ende der Anhöhe Cerro de San Miguel reichte. Von der **Alcazaba Cadima** genannten alten Burg sind allerdings nur noch recht unansehnliche Mauerreste und Türme erhalten.

Mirador San Nicolás

Nach der Durchquerung der Puerta Nueva sollte man sich zunächst links halten und anschließend über die Calle San Cecilio weiter über den mit Freiluftcafés bestandenen Platz Cementerio San Nicolás gehen. Am Endpunkt, dem **Mirador San Nicolás,** wartet einer der herrlichsten Postkartenblicke auf den Besucher, den Granada zu bieten hat: die Alhambra inklusive der Gärten des Generalife in voller Schönheit, dahinter mit etwas Glück die höchsten Gipfel der Sierra Nevada mit weißer Schneehaube.

Die namensgebende **Kirche San Nicolás** dahinter wurde gleich nach der Rückeroberung Granadas in Auftrag gegeben und ist neben der Iglesia de Santa Ana wohl die beliebteste Hochzeitskirche der Stadt, auch wenn der Inneneindruck aufgrund des zusammengebrochenen Gewölbes nicht der Beste ist. Gleich nebenan das Kontrastprogramm:

die 2003 nach langen behördlichen Querelen eingeweihte **Neue Moschee** für die rund 18.000 Muslime Granadas und Besucher aus dem arabischen Raum. Der ziemlich nüchtern wirkende Gebetsraum ist für Nicht-Muslime unzugänglich, nur die an den Mihrab der Mezquíta von Córdoba erinnernde Gebetsnische zeigt künstlerische Raffinesse. So bleiben als Anziehungspunkt im Wesentlichen nur die tägl. von 11–14 und 18–20.30 Uhr öffentlich zugänglichen Gärten mit tollem Alhambra-Blick.

Das unterhalb des *mirador* in der c/ Nueva de San Nicolas 12 gelegene **Atelier Carmen de los Geranios** des v. a. als Porträtmaler hervorgetretenen Künstlers *Max Moreau* (1902–92) bietet die Möglichkeit, einen der sonst so unzugänglichen *carmenes* auch einmal von innen zu begutachten. Di–Sa 10.30–13.30 und 17–19 Uhr, Nov.– März 16–18 Uhr, Eintritt frei, an der blauen Türe läuten.

Über die bergab führenden Straßen San Nicolás und Nuevo San Nicolás erreicht man einen recht interessanten Gebäudekomplex, bestehend aus dem Kloster **Monasterio de Santa Isabel la Real,** das von der Königin *Isabella* 1501 gegründet wurde, und dem **Palacio de Dar al-Horra** („Haus der Witwe“), einem arabischen Palast, der vermutlich der verwitweten Mutter *Boabdils, Aischa,* gehörte. Während das Kloster Mo, Mi, Fr und Sa vormittags geöffnet ist, bleibt der Palast vorerst geschlossen.

Ein lauschiges und relativ ruhiges Plätzchen für ein Essen oder einen Kaffee im Freien findet man direkt dahinter, auf der **Plaza San Miguel Bajo.** Von hier zweigen die Straßen San Miguel und San José zur spätgotischen **Kirche San José** (1525) ab, welche schöne Kassettendecken und ansehnliche Kunstwerke birgt. Vom Ursprung des Gotteshauses als Moschee des 9. Jh. zeugt heute noch das zu einem Glockenturm umgewandelte, etwas jüngere Minarett.

Wendet man sich auf dem folgenden Mini-Platz San Gregorio nach rechts, gerät man schnell in den Trubel der **Caldería Nueva,** besser bekannt als die **Straße der Teterías.** Und tatsächlich fühlt man sich in dem orientalischen Ambiente von Teestuben, arabischen Restaurants und fliegenden Händlern schon ein wenig von Europa entrückt.

Verkehrsverbindungen Albayzín: Wer nicht so gut zu Fuß ist, kann sich mit den roten **Minibussen Nr. 31 und 32** durch den Albayzín bzw. den Sacromonte fahren lassen. Die Preise sind recht moderat, man zahlt direkt beim Fahrer. Von der Plaza Nueva startet der Bus durch den Albayzín von ca. 7.30 bis 23 Uhr ungefähr alle 7 Minuten, in den Sacromonte geht es 10x täglich von ca. 8 bis 19.30 Uhr – Rückfahrt jeweils 9 Minuten später.

Realejo und Antequeruela

Man kann den Aufstieg zur Alhambra auch mit einem Bummel durch das ehemalige Judenviertel Realejo verbinden, welches vom großen Touristenrummel weitgehend unberührt bleibt.

Casa de los Tiros

Geht man von der Plaza de Isabel la Católica auf der Straße Panaveras entlang, fällt auf der linken Seite ein **sehr wehrhaft wirkender Stadtpalast,** die Casa de los Tiros, ins Auge. Ungewöhnlich sind zweifellos die fünf mythologischen Figu-

Federico García Lorca – Licht und Schatten Andalusiens

Unter den Dichtern des 20. Jahrhunderts gibt es wohl keinen, den man so eng mit Andalusien verbindet wie Federico García Lorca. Keiner hat die geheimnisvollen Mythen dieser Region Spaniens so eindrucksvoll erfasst wie der berühmte **Sohn Granadas,** der dann selbst Teil des andalusischen Mythos wurde.

Frederico García Lorca wird am 5. Juni 1898 in Fuente Vaqueros, einem westlich von Granada liegenden Dorf in der Vega, geboren. Als Lorca elf Jahre alt ist, zieht seine Familie vom Land in die Stadt Granada. Hier immatrikuliert er sich im Jahr 1917 und absolviert seinen Eltern zuliebe ein Jura-Studium. Doch seine tiefe Leidenschaft gilt dem Schreiben. 1921 veröffentlicht er seine erste Gedichtsammlung „Libro de Poemas", sieben Jahre später folgt der **Gedichtband „Romancero Gitano" (Zigeunerromanzen),** der Lorca in kurzer Zeit zu einem der bekanntesten Dichter Spaniens macht. Es war sein Musiklehrer *de Falla* gewesen, der Lorca mit dem *Cante Jondo,* dem schmerzensreichen Gesang, der das Herzstück des Flamenco darstellt, vertraut gemacht hatte. Die Auseinandersetzung mit dem Liedgut der Gitanos inspiriert Lorca zu neuen, kraftvollen Bildern, und er findet zu seiner eigenen Sprache: eine Verschmelzung von traditioneller Lyrik und avantgardistischen Elementen. „Die Zigeunerromanzen" werden in Spanien innerhalb weniger Jahre zum meistgelesenen Gedichtband. Fortan feierte man Lorca vor allem als popularistischen Dichter.

So sehr Lorca von Herzen andalusischer Dichter war, der die Schönheit und Eigenart seiner Heimat mit ungeheurer Intensität beschrieb, so wenig entging ihm doch deren soziale Enge. Andalusiens Gesellschaft war unter einem rigorosen Katholizismus erstarrt – eine lebensfeindliche Atmosphäre, die Lorca als liberal denkenden Dichter, zumal als **homosexuellen Dichter,** bedrücken musste. So war Lorca nicht vorrangig Bewahrer andalusischer Kultur – sein Werk und Leben war immer auch eine Suche nach Grenzerweiterungen. Er unternahm zahlreiche Reisen und knüpfte Kontakte zu anderen Künstlern. Schon 1919 war er nach **Madrid** gegangen, wo er u. a. den Surrealisten *Dalí* kennenlernte. Der Surrealismus faszinierte Lorca vor allem als künstlerischer Befreiungsschlag und bot ihm sprachliche und formale Impulse für eine konsequentere Umsetzung seiner kritischen Ideen.

1929 ging Lorca nach **New York.** Neun Monate verbrachte er dort, studierte an der Columbia University und reiste schließlich über Kuba nach Spanien zurück.

Im Jahr 1931 wird die **Republik** ausgerufen, die nicht länger als zwei Jahre bestehen sollte. Das Kultusministerium berief Lorca zum Leiter der Wanderbühne „La Barraca". Mit einer Studententruppe zog er durch die Provinzen Spaniens und führte vor der einfachen Bevölkerung die Klassiker der spanischen Dramen auf.

In der Folgezeit entstehen Lorcas wichtigste Dramen. In Deutschland sind es vor allem die Tragödien, die seine Bekanntheit begründet haben. „Die Bluthochzeit", „Yerma" oder „Bernada Albas Haus" spiegeln in strenger Klarheit die karge Landgesellschaft wider. Die Grundthemen sind auch hier die großen Chiffren andalusischer Kultur: **Ehre, Eros, Blut und Tod** – in den Grenzen einer archaischen Gesellschaft auf bedrohliche Nachbarschaft gebracht.

Lorca war nicht im direkten Sinne politisch tätig, er trat keiner Partei bei – dennoch bezog er Position. Er war eines der führenden Mitglieder der Dichtergeneration, die heute als die „27er Generation" bezeichnet wird und deren gemeinsamer Ausgangspunkt der Barockdichter *Gongora* war. In seinem Werk entdeckte die junge Dichtergeneration richtungsweisende Sprachformen. Gongoras 700. Todestag im Jahre 1927 wurde zum Stichtag für ein radikal-ästhetisches Postulat. *Aleixandre, Alberti, Cernuda, Salinas* sind neben Lorca einige der Dichter, welche die Sprache von ihrer spanischen Erblast der Rhetorik befreien und ihre Möglichkeiten in innovativer Dichtung ausloten wollten. Formulierte die Gruppe damit anfangs in erster Linie ästhetische Ziele, so konnte die Arbeit am spanischen Selbstverständnis in den 1930er Jahren doch nicht apolitisch bleiben.

Lorca war sich nicht bewusst, welche brisante Bedeutung ihm als hochrangigem Kulturschaffenden in dieser Zeit zukam. Er unterzeichnete mit Dichterkollegen **antifaschistische Manifeste** und solidarisierte sich in der Presse mit dem einfachen Volk Spaniens. Nachdem in der liberalen Tageszeitung „El defensor de Granada" eine Stellungnahme Lorcas abgedruckt wurde, war seine politische Ausrichtung auch für die konservativen Kräfte klar definiert. Lorca hingegen sah keinen Widerspruch darin, neben seinen antifaschistischen Aktivitäten auch den Kontakt zum Führer der Falange in Granada, *José Antonio Primo de Rivera,* aufrechtzuerhalten.

Am 16. Juli 1936 fuhr er – wie immer über die Sommerzeit – nach Granada, am 23. Juli fiel die Stadt nach einem mühelosen **Putsch** in die Hand der Nationalisten, die ihre brutale Schreckensherrschaft über die Zivilbevölkerung begannen. Schon bald wurden Personen aus dem nahen Umfeld Lorcas verhaftet und die Drohungen gegen ihn immer massiver. Es war offensichtlich, dass er sich in Lebensgefahr befand und die Sommerresidenz seiner Eltern ihm keine Sicherheit mehr bot. Anfang August floh er dann in das Haus seines Freundes *Luis Rosales* – ein junger Falangist und Verehrer seines dichterischen Werkes. Die gesamte Familie Rosales gehörte den Falangisten an, und Lorca erhoffte sich einen gewissen Schutz. Vergeblich: Am 16. August wurde er im Haus der Rosales **verhaftet.** Verschiedene Freunde, darunter *Manuel de Falla,* setzten sich in den folgenden Tagen für ihn ein. Der genaue Ablauf der Geschehnisse konnte nie rekonstruiert werden, doch am 19. August 1936, nach nur wenigen Tagen Haft im Zivilgouvernement, wurde Federico García Lorca am Rande der Vega, deren landschaftliche Schönheit er in seiner Dichtung beschrieben hatte, von den Falangisten **erschossen.**

Unter dem Franco-Regime wurden Lorcas Schriften und Theaterstücke bis in die frühen 1950er Jahre verboten. Seine Ermordung war über lange Zeit verleugnet und verschleiert worden, Legenden wurden in Umlauf gebracht. Bis Franco schließlich selbst in einer späten Vereinnahmung die Veröffentlichung des Gesamtwerks Lorcas veranlasste. Die **Huerta de San Vicente** steht noch heute. Bis 1984 war das Haus im Besitz der Familie Lorca, wurde dann an die Stadt übergeben und beherbergt jetzt ein Museum. An diesem Ort kann man den Ausblick auf die einzigartige Landschaft und die Sierra Nevada nachvollziehen. Im **Museo de García Lorca** finden sich viele persönliche Erinnerungsstücke des Dichters, Fotos der Familie und Geschenke von befreundeten Künstlern, unter anderem von Dalí. Und nicht zuletzt sind einige Originalhandschriften des Dichters einzusehen.

Roswitha Langer

■ **Huerta de San Vicente,** c/ Arabial, direkt im gleichnamigen Park im Südwesten der Stadt, Tel. 958.25.84.66, www.huertadesanvicente.com. Di–So Okt. bis März 9.15–14.15 und 16–19 Uhr, 1.4. bis 14.6. nachmittags 17–20 Uhr, 15.6. bis 15.9. nur 9.15–14.15 Uhr. 3 €. Führungen spanisch/englisch.

ren, u. a. Herkules und Merkur, welche die relativ schlichte Renaissancefassade zieren. Mitte des 16. Jh. wurde die nach einem Artilleriegeschoss benannte Casa de los Tiros als Archiv der Real Chancillería eingerichtet, eine ungewöhnlich reich verzierte Kassettendecke kündet noch davon. Heute beherbergt das Haus ein kleines **Kunst-** und **Volkskundemuseum** sowie ein (Zeitungs-)Archiv über Themen, die Granada betreffen.

■ **Casa de los Tiros,** Di–So 10–20.30 Uhr, Eintritt für EU-Bürger frei.

Campo del Principe

Über die Straße Santa Escolástica erreicht man die Plaza del Realejo, von dem die Straße Cocheras zum ausgedehnten Campo del Principe, **einem der schönsten und angenehmsten Plätze Granadas,** führt, der sich damit einwandfrei für einen Imbiss oder Nachmittagskaffee qualifiziert.

Antequeruela

Weiter bergauf gelangt man in das stille Viertel Antequeruela mit seinen kleinen Häusern und steilen Gassen, das stets außerhalb der Stadtmauern lag. Seinen Namen erhielt es von den Flüchtlingen aus Antequera, die 1410 vor der christlichen Besatzung hierher flüchteten. In den steilen Hängen gab es recht große unterirdische Verliese, in welchen die Mauren ihre christlichen Sklaven nachts einsperrten und bei Arbeitsverweigerung dort auch längere Zeit schmachten ließen. Bald nach der Rückeroberung Granadas ließ Königin *Isabella* die Einsiedelei **Ermita de los Mártires** im Gedenken an die Opfer errichten.

Carmen de los Mártires

Beim weiteren Aufstieg orientiere man sich zunächst an dem im Mudéjar-Stil gehaltenen Hotel Alhambra Palace und laufe dann die Straße Paseo de los Mártires bis zum Ende durch. Nicht nur der Generalife, sondern auch das südliche Umfeld der Alhambra wurde von den Sultanen des Nasridenreiches gern als Sommersitz genutzt, da man hier dem städtischen Leben wesentlich näher war.

In diese parkartige Anlage wurde im 19. Jh. der Carmen de los Mártires hineingebaut, in dem der 1889 zum nationalen Poeten erhobene Dichter **José Zorilla** lange Zeit wohnte. Für einen besinnlichen Ausklang eines Alhambra-Besuchs unter schattigen Baumkronen ist das relativ schwach besuchte Anwesen genau das Richtige.

■ **Öffnungszeiten:** April bis 14. Okt. Mo–Fr 10–14 und 18–20 Uhr, Sa/So/Fe 10–20 Uhr, sonst Mo–Fr 10–14 und 16–18 Uhr, Sa/So/Fe 10–18 Uhr.

Praktische Informationen

Information

■ **Oficina Provincial de Turismo,** Plaza Mariana Pineda 10, oberhalb der Acera del Darro, Tel. 958. 22.66.88, www.turismodegranada.org. Mo–Fr 9.30–19 Uhr, Sa 10–14 Uhr, So und Fe geschlossen.
■ **Oficina de Turismo,** c/ Santa Ana 4, Tel 958. 22.59.90, www.andalucia.org. Das Büro der Junta

de Andalucía liegt neben der Kirche Santa Ana. Mo–Fr 9–19.30 Uhr, Sa, So, Fe 9.30–15 Uhr.

■ **Federación Andaluza de Montañismo,** Camino de Ronda 101, Edif. Atalaya 1°, Oficina 7-G. Tel. 958.29.13.40. Eine Art andalusischer Alpinclub, Ansprechpartner für Wanderer und Kletterer. Hier können auch Plätze für die *refugios* (Berghütten) insbesondere in der Sierra Nevada gebucht werden.

■ Wer Granada besonders intensiv erkunden will, kann sich bei der Bank Caja Granada an der zentralen Plaza de Isabel la Católica (www.cajagranada.es) oder – mit längeren Öffnungszeiten – am Kiosk This is Granada direkt an der Bushaltestelle der Plaza Nueva den **Touristenpass Bono turístico** besorgen (33,50 €, mit Audioguide 37,50 €; 5 Tage lang freier Eintritt in diverse Monumente und 10 Freifahrten mit den Stadtbussen). Das eigentliche Plus dieser Magnetstreifenkarte besteht in dem deutlich erleichterten Zugang zur Alhambra in der Hauptsaison. Deutschsprachige Infos z. B. unter www.turgranada.es bei „Besucherticket".

■ **Librería de la Alhambra,** Reyes Católicos 40 (zwischen Kolumbus-Denkmal und Plaza Nueva). Große Auswahl an Literatur und Souvenirs zum Thema Alhambra, auch besteht die Möglichkeit, über den „Ticketmaster" Eintrittskarten ab dem Folgetag zu kaufen (Näheres siehe „Alhambra/Eintritt und Öffnungszeiten").

Service

■ **Post:** Hauptpostamt Correos y Telégrafos an der Puerta Real zwischen den Straßen Reyes Católicos und Acera del Darro, Tel. 958.22.48.35, Mo–Fr 8.30–20.30 Uhr, Sa 9.30–14 Uhr. Für zahlreiche Serviceleistungen gelten jedoch wesentlich knappere Zeiten.

■ **Telefon/Internet: Navegaweb,** Reyes Católicos 55, etwas unterhalb der Plaza Nueva.

■ **Banken:** Sehr viele Banken in der Gran Vía, insbesondere Richtung Plaza Isabel la Católica. Weitere Institute in der Pedro Antonio de Alarcón am südwestlichen Innenstadtrand.

■ **Polizei:** Hauptwache an der Plaza Carmen 5, Tel. 958.20.94.61.

■ **Taxiruf:** 958.28.06.54.

■ **Medizinische Versorgung: Uniklinik Hospital Universitario San Cecilio,** Avda. Doctor Oloriz 16, Tel. 958.27.59.00, in dieser Zone noch weitere Krankenstationen. Für kleinere Blessuren genügt auch das Ambulatorio oberhalb des Mirador San Nicolás im Albayzín-Viertel.

■ **Arabische Bäder:** Trendsetter ist das relativ kleine, aber hübsch gestaltete **Hammam,** c/ Santa Ana 16, Tel. 902.33.33.34, www.hammamspain.com/granada, unweit der Tourist-Info; Bad, Massage, Aromatherapie, 1¾ Std. ab 28 €, zu wenig gefragten Zeiten 5 € Rabatt, alle 2 Std. von 10–24 Uhr. Größer und geringfügig günstiger ist der Nachahmer **Aljibe,** c/ San Miguel Alta 41, www.aljibesanmiguel.es, Tel. 958.52.28.67, 10, 12, 14, 16, 18, 20 und 22 Uhr. Jeweils Reservierung (v. a. wenn Massage erwünscht) und Badekleidung erforderlich.

■ **Fahrradverleih: Ecoway,** Plaza Cuchilleros 6 (vom Kolumbus-Denkmal Richtung Plaza Nueva gehen, rechte Seitenstraße), Tel. 958.05.06.91, Handy 672.22.88.90, http://granadamap.com/ecoway. City-Bikes für ca. 15 €, E-Bikes für ca. 20 €/Tag. Werktags 10–14.30 und 16.30–20 Uhr geöffnet.

■ **Geführte E-Bike-Touren:** Wer Granada und Umgebung relativ bequem im Rahmen ca. zweistündiger Trips auf dem E-Bike kennenlernen möchte, kann mit **Electric Bike Granada** (Tel. 958.16.36.84, www.electricbikegranada.com) Kontakt aufnehmen, Treffpunkt ist die c/ Santa Ana 2 direkt neben der Touristinfo der Junta de Andalucía oberhalb der Plaza Santa Ana. Für die üblicherweise von 10–20 Uhr (im Sommer 8–22 Uhr) alle 2 Stunden angebotenen Ausflüge werden ca. 50 € verlangt. Etwas kürzer und preiswerter sind die geführten Segway-Touren des gleichen Anbieters, Infos unter www.playsegway.com.

■ **Ausflüge: Caminos auténticos,** Tel. 649.93.02.61 (Handy), www.caminosautenticos.com. Die langjährige Studienreiseleiterin und Wahlgranadinerin *Evelyn Jagnow* und ihr deutschsprachiges Team bieten kenntnisreich und engagiert Tagesausflüge abseits der ausgetretenen Wege an, z. B. in die Alpujarras, nach Guadix, an die Costa Tropical, Kulinarische Trips usw., aber auch intensive Führungen durch die Alhambra.

Essen und Trinken

Die granadinische Küche lebt erkennbar im Spannungsfeld zwischen den Genüssen des rund 65 km entfernten Mittelmeeres und der eher rustikalen Küche der nahen Sierra Nevada. An Meeresgetier sind vor allem Sardinen zu nennen, z. B. zusammen mit Muscheln in der *Moraga de Sardinas*, oder Stockfisch, z. B. mit Bohnen und Schnecken im Gericht *Habas Verdes con Bacalao Seco*. Die dicken Bohnen *Habas* sind auch fast unverzichtbar für die zahlreichen Eintöpfe (*Potajes*), z. B. die *Olla de San Antón* mit allen möglichen Teilen des Schweins. Etwas Geschmacksache ist die nur hier erhältliche *Tortilla de Sacromonte*, denn zu den üblichen Zutaten kommen noch Hirn und Hoden von Schwein oder Lamm hinzu. Fast schon ein Ritual ist die Zubereitung des typisch granadinischen *Choto*, denn das nur von der Muttermilch ernährte Zicklein muss bei der Schlachtung genau anderthalb Monate alt sein.

Als eine der Hochburgen der **Tapas-Kultur** werden in vielen Kneipen zum (alkoholischen) Getränk automatisch diverse Appetithäppchen ohne Aufpreis gereicht. Diese schöne Tradition ist vor allem in den touristisch stark beeinflussten Bereichen leider etwas im Rückgang begriffen, man sollte sich also nicht zu sehr darauf verlassen. In der Fußgängerstraße **Calle Navas** zwischen Neuem Rathaus und der Plaza Campos reiht sich fast schon eine Tapas-Bar an die andere, teilweise kann man auch draußen sitzen. Angesichts der harten Konkurrenz kann es sich kaum ein Wirt leisten, minderwertige Ware anzubieten, für die Qualität muss jedoch auch entsprechend gezahlt werden.

Die vom Zauber des Orients inspirierten **Teterías** („Teestuben") sind v. a. in der Calderería Nueva zu finden. Sowohl die Preise als auch die Auswahl und Qualität der Tees und Backwaren sind recht ähnlich, man kann also nach Ambiente und Gemütlichkeit auswählen. *Teterías,* welche zusätzlich Live-Musik maghrebinischer Folkloregruppen offerieren, verlangen zwar keinen Eintritt, aber man zahlt indirekt über die etwas höheren Preise mit.

Restaurants

■ **Restaurante Marisquería Cunini,** Plaza de la Pescadería 14, Tel. 958.25.07.77. Eindeutig auf Fisch und Meeresfrüchte spezialisiertes Lokal der gehobenen Kategorie. Gute Qualität, aber hohes Preisniveau, Tische im Freien.

■ **Restaurante Chikito,** Plaza Campillo 9, Tel. 958.22.33.64. Sehr traditionsreiches Lokal der gehobenen Kategorie, in dessen Vorläufer sich schon *Manuel de Falla* und *Federico García Lorca* zum intellektuellen Diskurs trafen. Etwas oberhalb der Acera del Darro gelegen, mit gediegener Atmosphäre. Im Sommer wird auf der *plaza* eine Terrasse eingerichtet. Preislich auf recht hohem Niveau, Qualität in letzter Zeit etwas schwankend. Mi Ruhetag.

■ **Jardines Alberto,** Paseo de la Sabika 1, Tel. 958.22.16.61, www.jardinesalberto.es. Vom Ticketschalter der Alhambra nur wenige Schritte bergab auf der linken Seite, daher v. a. ein Tipp für den kulinarischen Ausklang einer Alhambra-Besichtigung. Vor allem schön zum Draußensitzen auf mehreren Terrassen im Grünen, in der HS möglichst vor 13.30 Uhr kommen oder Platz im Freien vorreservieren. Das Angebot ist von eher simplen, aber qualitativ exzellenten Tapas bis zu kompletten Menüs breit gefächert, angesichts des sehr lauschigen Ambientes gehen die Preise durchaus in Ordnung. Tägl. geöffnet, abends nur in der warmen Jahreszeit.

■ **El Huerto de Juan Ranas,** Calle de Atarazana 8, Tel. 958.28.69.25, www.restaurantejuanranas.com. Direkt unterhalb des berühmten Mirador San Nicolás mit entsprechendem Traumblick auf die Alhambra liegt dieses Kleinod von Restaurant, in dem sehr gute Gourmetküche zu entsprechenden Preisen stilvoll serviert wird. Wer die hohen Preise scheut, kann es auch bei einem unvergesslichen Sundowner auf der Terrasse bewenden lassen.

Restaurante Pilar del Toro, Hospital de Santa Ana 12, Tel. 958.22.38.47, www.hotelcasadelpilar.com. Zu einem Restaurant und kleinem Hotel (**Casa del Pilar**②-③) umgewandelter Stadtpalast aus dem 17. Jh. an der (bergauf gesehen) rechten Seite der Plaza Santa Ana, benannt nach dem nahe gelegenen „Stierbrunnen", mit stilvollen Räumlichkeiten und lauschigem Patio im Obergeschoss. Nach einer gewissen Schwächephase scheint das Lokal durch einen Besitzerwechsel im Herbst 2013 wieder an die gewohnt hohe Essensqualität früherer Zeiten anknüpfen zu können.

Bar-Restaurante Alacena de las Monjas, Plaza del Padre Suarez 5, Tel. 958.22.95.19, www.alacenadelasmonjas.com. Über drei arabischen Zisternen errichtetes Restaurant mit Tapas-Bar an einem ruhigen Platz abseits des Touristenrummels, kreative, landestypische Küche, mittlere bis gehobene Preise.

Restaurante Arrayanes, Cuesta Marañas 4, Tel. 958.22.84.01. In einer Seitenstraße der Calderería Nueva am südwestlichen Ausgang des Albayzín. Hervorragende arabische Küche, vor allem mit Lamm oder Huhn, zu moderaten Preisen, alkoholische Getränke sind nicht erhältlich. Sehr gemütliches, marokkanisch inspiriertes Ambiente.

Mesón El Trillo, c/ Aljibe del Trillo 3, Tel. 958.22.51.82. Einfaches, gemütliches Gartenlokal in einer versteckten Ecke des Albayzín. Recht gute bodenständige Küche, man sollte nach dem preiswerten Tagesmenü fragen. Di Ruhetag.

Bar Las Cuevas del Albayzín, Calderería Nueva 30, Tel. 958.22.68.33. Uriges Kellergewölbe, man kann aber auch draußen sitzen. Am Wochenende oft brechend voll mit fast ausschließlich jungem Publikum, dann sollte man etwas Zeit und Geduld mitbringen. Gute Küche mit reichlicher Auswahl an verschiedenen Pizza-Kreationen, es gibt aber auch landestypische Gerichte. Die Preise sind auf den eher schmalen Geldbeutel der Kundschaft zugeschnitten.

Carmen Mirador de Aixa, Carril de San Agustín 2, Tel. 958.22.36.16, www.miradordeaixa.com. Noble Adresse in einem ehemaligen Stadtpalast des Albayzín. Herrlicher Blick auf die Alhambra, ambitionierte landestypische Küche, teuer, aber mehrfach sehr gelobt. Am Wochenende unbedingt reservieren! So abends und Mo geschlossen.

Bars

Bodegas Castañeda, c/ Elvira 5. Urige Tapas-Bar im Kneipenviertel zwischen der Gran Vía und der Plaza Nueva, man kann auch draußen sitzen. Riesige Sherryfässer und von der Decke baumelnde Schinken zeigen schon an, worum es hier hauptsächlich geht: kleiner, deftiger Imbiss zu einem gepflegten Gläschen – die Preise bleiben in angemessenem Rahmen.

La Nueva Bodega, Cetti Meriem 9 (neben Hostal Antares), Tel. 958.22.59.34, 12–24 Uhr geöffnet. Eher einfaches Lokal in der belebten Kneipenzone zwischen Plaza Nueva und Kathedrale, nur Indoor. Reiche Auswahl an leckeren Tapas und Raciones, günstige Preise.

Bar Rabo de Nube, Paseo de los Tristes 1, Tel. 958.22.04.21. Anheimelnd aufgemachtes kleines Lokal, große Terrasse mit Alhambra-Blick, daher nicht gerade „untouristisch". Liebevoll angerichtete kleinere und größere Speisen, das nette Ambiente muss ein bisschen mitbezahlt werden. Nebenan ist das edle **Restaurante Ruta del Azafrán** mit einfallsreicher, nicht ganz billiger Küche zu empfehlen.

La Esquinita, am noch relativ ursprünglichen Platz Campo del Príncipe im Viertel Realejo. Die gemütliche Tapas-Bar ist bevorzugtes Lokal vieler Künstler Granadas.

Kiosko Las Titas, Paseo del Salón. Hübscher Jugendstilpavillon mit Terrasse am stadteinwärtigen Ufer des Río Genil – an lauen Sommerabenden ein lauschiger Ort für eine gepflegt „Copa". Auch das Essen ist gut, die Preise entsprechen durchaus dem mondänen Ambiente.

089an bn

In der „Straße der Teterías (Teestuben)“

Cafés

■ **Cafetería Lisboa,** Calle Hermosa 3. Etwas unterhalb der Plaza Nueva gelegenes Café mit guten Backwaren und Obstkuchen.

■ **Heladeria Los Italianos,** an der Gran Vía fast direkt gegenüber der Kathedrale. Wie man an den oft riesigen Käuferschlangen erkennen kann, handelt es sich um die beste Eisdiele Granadas.

■ In der Calle de Molinos zwischen Campo del Principe und Plaza del Realejo befindet sich ein **Internet-Café,** wo man bei Verzehr für eine gewisse Zeit die Computer sozusagen gratis nutzen kann. Ein weiteres Internet-Café, das **Cyberlocutorio de Moe,** befindet sich im Süden der Innenstadt, in der Calle Martínez Campos, nahe der Hauptverkehrsstraße Calle de Recogidas.

Einkaufen

Kaufhäuser

In Granada gibt es zwei große Kaufhäuser der Kette **El Corte Inglés:** zentrumsnah an der Acera del Darro/Ecke Carrera del Genil sowie an der Kreuzung der

Straßen Méndez Nuñez und Arabial nahe der Umgehungsstraße Circunvalación. Das riesige Einkaufs- und Unterhaltungscenter **Centro Comercial Neptuno** hat sich in der Straße Arabial unweit des García-Lorca-Parks etabliert.

Kunsthandwerk

Wer sich für Kunsthandwerk interessiert, sollte sich an den Albayzín halten, wo es eine Reihe kleiner Werkstätten mit Verkauf gibt.

Eine reiche Tradition haben in Granada die Werkstätten der **Fajalauza-Keramik,** so benannt nach einem ehemaligen Stadttor im Albayzín. In nasridischer Zeit hatten die Tonwaren oft eine metallische Beimischung – für Essgeschirr wie Krüge und Teller zieht man heute aber ungefährlichere Farben, vor allem Blau und Grün, vor. Ebenfalls auf maurische Vorbilder beziehen sich die **Holzintarsienarbeiten** *(taracea)*, die Schatullen, Schmucktellern oder Schachbrettern ein prächtiges Aussehen verleihen. In das meist verschiedenfarbige Holz werden Elfenbein, Perlmutt oder Muscheln eingelegt. Tücher und Schleier aus **Tüll und Seide** sind vielleicht nicht mehr so verbreitet wie zu maurischer Zeit, werden aber nach wie vor angeboten.

Gitarren

In der von der Plaza Nueva zur Alhambra führende Straße **Cuesta de Gomerez** werden viele Gitarren noch in Handarbeit hergestellt. Die Preise schwanken stark je nach Grad der Vorfertigung und Qualität der Hölzer zwischen 3.000 und 6.000 €. Das in etwa einmonatiger Arbeit von einem geschickten und erfahrenen Handwerker zusammengesetzte Edelstück hebt sich natürlich entscheidend von Massenprodukten (meist aus Fernost) ab.

Neben Flamenco- und Konzertgitarren haben die *guitarreros* (Gitarrenbauer) auch Lauten, Mandolinen und die in der volkstümlichen Musik Granadas als Melodieinstrument so beliebten Bandurrias im Programm.

Feste

- **Día de la Toma,** 2. Januar. Fest zur Eroberung Granadas durch die Katholischen Könige.
- **Fiesta de San Cecilio,** 1. Februar. Äußerst populäre Wallfahrt zur Abtei von Sacromonte zu Ehren des Stadtpatrons. Die städtische Blaskapelle gibt ein Konzert und Folkloregruppen führen Tänze auf.
- **Semana Santa,** die Karwoche wird fast ebenso prunkvoll wie in Sevilla und Málaga gefeiert. Die Prozessionen konzentrieren sich in erster Linie um die Kathedrale und die dann gesperrte Gran Vía de Colon. Gemäß der Tradition als Universitätsstadt sind auch oft Kapellen der *tunas* (Studentenverbin-

dungen) in ihren traditionellen Trachten unterwegs. Sie verleihen dem weihevollen Spektakel manchmal einen (beabsichtigt) komödiantischen Touch.

■ **Día de la Cruz,** 3. Mai. Fest der Kreuzauffindung. Sehr farbenfrohes Fest mit fast 400-jähriger Tradition mit überdimensionalen Kreuzen, welche von den Bürgern selbst ausgeschmückt werden. Musikdarbietungen auf Freiluftbühnen.

■ **Corpus Cristi,** Fronleichnam mit variablem Termin. Das offizielle, einwöchige Hauptfest von Granada, von den Katholischen Königen institutionalisiert. Neben religiösen Feierlichkeiten rund um die Kathedrale wird in erster Linie auf dem Feria-Gelände (Recinto Ferial) am südlichen Stadtrand in Zelten gefeiert und getanzt.

■ **Festival Internacional de Música y Danza,** www.granadafestival.org, etwa vom 20. Juni bis 6. Juli, stets von Fr bis So. Sehr viele Veranstaltungen vor allem klassischer Musik, Ballett und Flamenco an den unterschiedlichsten Orten, am schönsten natürlich im Freilichttheater des Generalife. Bis kurz vor Beginn der Reihe können Karten in der Tourist-Info gekauft werden. Telefonische Reservierungen ab ca. 10. Februar unter Tel. 958.22.18.44 (10–14 Uhr, Kreditkarte erforderlich).

■ **Romería del Albayzín,** 29. September. Wallfahrt und Feierlichkeiten zu Ehren des San Miguel im Albayzín.

■ **Nuestra Señora de las Angustias,** letzter So im September. Fest zu Ehren der Stadtpatronin.

■ **Festival de Flamenco y Jazz,** Oktober. Bereits seit vielen Jahren existierendes Flamenco- und Jazzfestival mit zahlreichen, recht verstreuten Aufführungen z. T. sehr bekannter Künstler. Austragungsort ist in der Regel das Theater Isabel La Católica unterhalb vom Hauptpostamt.

■ **Corrida de Toros,** Stierkämpfe finden in erster Linie rund um die Feiertage Corpus Cristi (Fronleichnam), Dia de la Cruz (3. Mai) und das Johannisfest San José (23. Juni) statt. Austragungsort ist die Plaza de Toros weit außerhalb des Zentrums nördlich des Bahnhofs. Ticketschalter in der Calle Lepanto 11 (bei Corral del Carbón), Tel. 958.22.22.72.

Flamenco

Granada ist die Heimstatt des rauen, von einer melancholischen Grundnote durchzogenen **Sacromonte-Flamenco.** Die zahlreichen *peñas*, also Klubs, die sich dem Spielen und Tanzen von Flamenco verschrieben haben, stehen meist nur Mitgliedern offen. Aber auch diese eher amateurhaften Zirkel öffnen sich phasenweise dem geneigten Publikum, wie in den **Los Jueves Flamencos,** wenn man über einige Wochen hinweg Musik- und Tanzgruppen an fast jedem Donnerstag *(jueves)* ab 22 Uhr kostenlos begutachten darf. Austragungsort ist die **Peña Platería,** Placeta de Toqueros 7 (im Albayzín unweit der Kirche San Juan de los Reyes), Tel. 958.21.06.50. Hoffnungsvollen Talenten kann man von Mitte Juli bis Ende August auch in der **Muestra del Baile Flamenco** in der Reihe „Los Veranos del Corral" zusehen. Austragungsort ist entweder der Innenhof des Rathauses oder der Corral del Carbón, Eintritt ca. 12 €, Infos unter Tel. 958.52.25.89.

Wenn sich diese Möglichkeit nicht ergibt, kann man auch professionellen Showgruppen in den *tablaos* zusehen, die praktisch jeden Tag um ca. 22 Uhr auftreten. Für eine ca. anderthalbstündige Vorführung werden üblicherweise 25–30 € inkl. Getränk verlangt. Einen guten Kompromiss zwischen der nötigen Professionalität und urwüchsiger Wildheit bietet insbesondere das *tablao* **Albayzín** direkt gegenüber der Aussichtsplattform Mirador de San Cristóbal an der Umgehungsstraße Carretera de Murcia. Die musikalische Untermalung ist mit maximal zwei Gitarren dem puren Flamenco verpflichtet. Es wird auch ein Bauchtanz aufgeführt. Reservierungen unter Tel. 958.80.46.46, zu Ostern und Pfingsten kann es voll werden.

In einer versteckten Ecke des Albayzín oberhalb des Stadttors Puerta Elvira etablierte sich mit dem **Templo del Flamenco** (c/ Pernaleros Altos 41, Tel. 958.96.39.04 oder 622.50.00.52, www.templodelflamenco.com) eine bemerkenswerte Bereicherung der Szene. Eine in das Sedimentgestein geschürfte „Geheimkirche" wurde zu einem sehr stimmungsvollen, eher intimen Flamenco-Lokal umgewandelt. Unter der künstlerischen Leitung des charismatischen Sängers/Tänzers *Antonio Vallejo* wird hier ein sehr individueller Flamenco mit poetischem Einschlag zelebriert, Formationstänze sind auf der kleinen Bühne aber nicht möglich. Vorführungen üblicherweise tägl. um 22.15 Uhr, Dauer ca. 1¼ Std., aber je nach Nachfrage ziemlich variabel. Unbedingt telefonisch oder per E-Mail vorreservieren, man kann auch zu Abend essen.

Auch im **Sacromonte** sind die meisten *tablaos* als Höhlen in den Fels gebaut, z. T. tanzen die Künstler direkt vor den Füßen des Publikums. Allerdings wird hier oft ein recht einförmiger Zambra-Flamenco abgespult. Für den Kenner, der von den Protagonisten auch individuelle künstlerische Klasse und Hingabe erwartet, sind die Höhlen also nur bedingt zu empfehlen. Vom Camino de Sacromonte sind die bekanntesten Tablaos, wie das **Los Tarantos,** das **La Rocío** oder die **Venta El Gallo,** gut auszumachen. Abends ist die Zufahrt für Privat-Pkw nicht gestattet, gegen Aufpreis wird ein Minibus-Transfer vom/zum Hotel arrangiert!

Künstlerisch ambitionierter, aber mit dem Charme des leicht Amateurhaften zeigt sich der Flamenco mit begleitender Multivision in der winzigen Flamencobühne **Vimaambi** in der Cuesta de San Gregorio 30, etwas oberhalb der „Straße der Teterías" im Albayzín. Fr und Sa 21 und 22.30 Uhr, Eintritt 15 € inkl. Getränk.

In manchen Restaurants, z. B. dem **Jardínes de Zoraya,** c/ Panaderos 32 (nahe Iglesia del Salvador im Albayzín), Tel. 958.20.62.66, sind stimmungsvolle Flamenco-Aufführungen täglich garantiert (Mo–Fr 22.30 Uhr, Sa/So 15 Uhr, Eintritt 20 €, inkl. Menü ca. 45 €, das Essen wird sehr gelobt).

Nachtleben

Für eine Stadt dieser Größe wird erstaunlich viel geboten, im unteren Albayzín geht es dabei ausgesprochen kosmopolitisch zu.

TIPP: **Disco Granada 10,** Carcel Baja 10. Zwischen Gran Vía und Calderería Nueva. In einem etwas plüschigen Kino aus dem Jahr 1945 eingerichtete Diskothek für die schicke Jugend Granadas, gelegentlich auch Sonderveranstaltungen.

Paseo de los Tristes

Hier haben sich mehrere Bars für den nächtlichen Streifzug angesiedelt, z. B. das eher modern aufgemachte **La Bóveda** oder das mehr barocke **Versus.** Nahe der Plaza Nueva ist die schrille Nachtbar **Fondo Reservado** zu finden, in der auch Drag Queens ihr (Un-)wesen treiben. „Seriöser" geht es in der Musikkneipe **El Aljibe** zu, wo auch Kammermusik und Jazzkonzerte aufgeführt werden.

Calle de Elvira

In dieser Parallelstraße zur Gran Vía werden Nachtschwärmer ebenfalls fündig, z. B. in der vor Kurzem auf „gemütlich" umgestylten **Bar El Espejo.**

Zwischen Plaza Albert Einstein und Plaza Gran Capitán

In diesem tagsüber eher unscheinbaren Viertel oberhalb der Hauptverkehrsstraße Camino de Ronda tanzt an den Abenden des Wochenendes der Bär. Vor allem jüngeres Publikum und die Studenten der nahen Ciudad Universitaria finden hier in Form von unzähligen Kneipen, Pubs und Discos ein reiches Betätigungsfeld.

Unterkunft

Das Angebot ist, wie nicht anders zu erwarten, sehr reichhaltig und deckt praktisch alle Bedürfnisse ab. Inzwischen geht es bei den **Zimmerpreisen** zu wie an der Warenbörse, je nach Buchungssituation können sie innerhalb weniger Tage um das Doppelte steigen oder auch wieder fallen. Vor allem rund um Ostern sollte man sich in den besseren Hotels auf knackige Preise einstellen, die durchaus das vierfache des NS-Tarifs erreichen können.

Zu den Saisonspitzen an Ostern und Pfingsten sowie bei eventuell auftretenden langen Wochenenden rund um den 1. Mai, 15. August und 12. Oktober kann ganz Granada **ausgebucht** sein; da heißt es rechtzeitig am Tag auf Zimmersuche gehen oder telefonisch reservieren.

Die **stärkste Konzentration von Hotels und Pensionen** ist im Dom- bzw. Universitätsviertel und im Bereich zwischen Rathaus und der Plaza Campos zu finden. Im Albayzín entstanden in den letzten Jahren zahlreiche atmosphärisch reizvolle, aber nicht ganz billige Unterkünfte in alten Stadtpalästen.

■ **Parador de Granada******/⑤, Real de la Alhambra s/n, Tel. 958.22.14.40, www.parador.es. Im fantastischen Ambiente des ehemaligen Franziskanerkonvents mit maurischen Reminiszenzen auf der Alhambra eingerichtet. Die Zimmer sind ebenfalls sehr stilvoll und mit dem üblichen Komfort ausgestattet, Raumwunder sollten allerdings nicht erwartet werden. Die 33 DZ sind rasch ausgebucht, das einzige EZ ist natürlich kaum zu ergattern. Für die Zufahrt (über die Umgehungsstraße) benötigt man keine Eintrittskarte, der Parador befindet sich im frei zugänglichen Bereich der Alhambra, Parkplätze sind vorhanden.

■ **Villa Oniria**④, San Antón 28, Tel. 958.53.53.58, www.villaoniria.com. Herrschaftliches Anwesen aus dem 19. Jh., vor Kurzem zu einem kleinen (32 Zi.), aber feinen Oberklasse-Hotel mit Spa umgebaut. Ausgesprochen behaglich eingerichtete Zimmer mit allem Komfort, besonders nett die mit Blick auf den Garten. Die Zimmer zur tagsüber lebhaften Geschäftsstraße San Antón (reservierte Gästeparkplätze) sind nicht leise, die günstige Zentrumslage (15 Min. zur Kathedrale) tröstet darüber hinweg.

■ **Hotel Carmen de Santa Inés*****/③-④, San Juan de los Reyes 15, Tel. 958.22.63.80, www.carmensantaines.com. Direkt im Albayzín, etwas oberhalb der Carrera del Darro gelegen. Wie der Name „Carmen" schon sagt, haben wir es hier mit einer alten maurischen Villa zu tun, die im 16. und 17. Jh. modernisiert wurde. Die sehr unterschiedlich gestalteten Zimmer sind meist puppenstubenhaft klein, aber höchst komfortabel ausgestattet und mit herrlichen Ausblicken auf die Alhambra oder den lauschig begrünten *patio* gesegnet. Ein kleiner Wermutstropfen: Die Zufahrt mit dem Pkw ist schwierig, und echte Parkmöglichkeiten gibt es nicht. Alternative: Auto in der Parkgarage San Agustín (Vertragsgarage des Hotels) abstellen und die gesparten 4 € in eine Taxifahrt zum Hotel investieren. Eine ebenso reizvolle Alternative ist das größere Schwesterhotel **Palacio de Santa Inés** in der nahe gelegenen Cuesta de Santa Inés 9, Tel. 958.22.23.62, www.palaciosantaines.com.

■ **Pension Casa del Aljarife**③, Placeta de la Cruz Verde 2, Tel. 958.22.24.25, www.casadelaljarife.com. Mit Liebe zum Detail in rustikal-komfortable Pension umgewandelte Stadtvilla des 17. Jh. unter deutscher Leitung im Albayzín. Bei Bedarf Abholung von der Tiefgarage San Agustín, da schwierig zu erreichen.

■ **Casa del Capitel Nazarí*****/③, Cuesta Aceituneros 6 (etwas oberhalb der Plaza Nueva/Plaza Sta. Ana), Tel. 958.21.52.60, www.hotelcasacapitel.com. Hinter dem sperrigen Namen verbirgt sich ein schöner Renaissancepalast von 1504 mit original nasridischem Kapitell, der jüngst in ein Hotel mit 17 rustikal-komfortablen Zimmern umgewandelt wurde. Vor allem die Zimmer ohne Alhambra-Blick sind – gemessen an der Kategorie – recht preiswert. Anfahrt mit Pkw über die Calle Elvira muss wegen Sondererlaubnis mit der Rezeption abgesprochen werden.

■ **Hotel Anacapri*****/③-④, c/ Joaquín Costa 7, Tel. 958.22.74.77, http://hotelanacapri.com. Sehr zentral unweit der Plaza Isabel la Católica in einer Parallelstraße zur Gran Vía gelegen, etwas abseits des größten Verkehrslärms, die Zimmer zum *patio* sind sogar richtig ruhig. Recht stilvolles Ambiente in einem Gebäude des 18. Jh., dezent modernisiert. Die Parkmöglichkeiten vor der Haustür sind sehr begrenzt, die Parkgarage San Agustín ist jedoch noch in akzeptabler Entfernung.

Posada del Toro②-③, c/ Elvira 25, Tel. 958.22.73.33, www.posadadeltoro.com. Eine Herberge aus dem 19. Jh. wurde zu diesem stilvollen und dabei auch noch relativ preisgünstigen Mittelklassehotel umgewandelt. Nur 15 DZ, Nachlass für Einzelreisende. Schnelles Be- und Entladen an der lebhaften Calle Elvira, dann Parkgarage San Agustín.

Hotel Macià Monasterio de los Basilios***/②-③, Paseo de los Basilios 2, Tel. 958.81.74.01, www.maciahoteles.com. Ein Tipp für Autofahrer, die sich nicht gleich in das Verkehrschaos der Innenstadt stürzen wollen, die Kathedrale ist zu Fuß dennoch in 20 Min. erreichbar. Leicht zu finden: Von der Circunvalación Richtung Motril die Ausfahrt „Palacio de Congresos" nehmen, nach dem Kongresspalast stets am rechten Ufer des Río Genil geradeaus fahren bis rechts die Kirche Iglesia de los Escalopios auftaucht; direkt daneben das Hotel, ein umgebautes Kloster und Priesterseminar des 18. Jh. Im Innern ist die Atmosphäre eher unterkühlt, doch die modern eingerichteten Zimmer haben durchaus 4-Sterne-Komfort. Gebührenpflichtige, aber preiswerte (5 Std. für 1,35 €) Parkplätze an der Straße.

Hotel Los Tilos**/②, Plaza de Bib-Rambla 4, Tel. 958.26.67.12, www.hotellostilos.com. Zentral und abends relativ ruhig hinter der Kathedrale gelegen. Weder an den Zimmern noch an der Ausstattung (inkl. Heizung oder Klimaanlage) gibt es viel auszusetzen, das Preis-Leistungsverhältnis geht in Ordnung.

Hostal La Ninfa**/②-③, Campo del Principe s/n, Tel. 958.22.79.85, www.hostallaninfa.net. Schnuckelige kleine Pension an der (bergauf gesehen) linken Ecke des ruhigen Platzes Campo del Principe, vom Zentrum ca. 15 Minuten zu Fuß. Die ausreichend geräumigen und komfortablen Zimmer (inkl. Bad und Klimaanlage) sind originell und liebevoll eingerichtet. So viel optische Delikatesse hat allerdings auch ihren Preis.

Hostal Rodri**/①-②, Laurel de las Tablas 9, Tel. 958.28.80.43, www.hostalrodri.com. Freundliche kleine Pension mit hotelähnlichem Komfort in einer ruhigen Seitenstraße der baumbestandenen Plaza Trinidad, in deren Umkreis zahlreiche Quartiere zu finden sind, die Kathedrale ist nur 5 Min. zu Fuß entfernt. Günstig für Autofahrer, denn das Hostal ist ab der Kreuzung der Straßen Méndez Nuñez (Abfahrt von der Ringautobahn)/Melchor Almagro (Abzweig nach rechts beim Hotel Granada Center) gut ausgeschildert und nicht allzu schwer zu finden. Hoteleigene Garage für (nur) 10 €. V. a. in der HS ausgezeichnetes Preis-Leistungsverhältnis.

White Nest Hostel①, c/ Santisimo 4, Tel. 958.99.47.14, www.nesthostelsgranada.com. Auf ein jugendliches Publikum mit schmalem Budget zugeschnittene Jugendherberge der gleichnamigen Kette, eingerichtet in einem Stadtpalast des 17. Jh. im Albayzín. Man geht den Río Darro entlang bis zur Kirche San Pedro y San Pablo und dann ein Gässchen links bergauf. Kleiner Wermutstropfen: Die nächste Bushaltestelle in der Gran Via liegt ca. 15 Fußminuten entfernt, mit Gepäck kommt man kaum um eine Taxifahrt herum. Dafür sind selbst die „privaten DZ" überraschend preiswert, erst recht natürlich die Betten in den Gemeinschaftsunterkünften. Peppige Dekorationen, Sauberkeit wird großgeschrieben.

Hostal Antares①, Cetti Meriem 10, Tel. 958.22.83.13, www.hostalantares.com. Einfaches, aber recht gepflegtes Hostal mit ordentlichem Komfort (Klima, TV, Bad) an der Ecke c/ Elvira mit Cetti Meriem oberhalb der Gran Vía. Parken praktisch nur in der Tiefgarage San Agustín (ca. 200 m entfernt) möglich, dafür absolute Zentrumslage.

Im mittleren Bereich der **Gran Vía** sind relativ komfortable Pensionen im Bereich um 45 €, für Zimmer ohne Bad sind ca. 30 € anzulegen.

Jugendherberge *(albergue juvenil)*, Avda. Ramón y Cajal 2, Tel. 958.00.29.00, www.inturjoven.com. Etwas weit vom Schuss westlich des Uni-Campus, leicht am nahe gelegenen Stadion auszumachen. Zur Kathedrale etwa eine halbe Stunde Fußmarsch.

Apartments für Selbstversorger werden vorgestellt unter www.granadainfo.com. Ein Tipp für den anspruchsvollen Gast sind die **Apartamentos**

Muralla Zirí, c/ San Juan de los Reyes 7, Tel. 958. 04.98.51, www.apartamentosmurallaziri.com, ganz in der Nähe des Hotels Carmen de Santa Inés. In dem historischen Gebäude des unteren Albayzín wurden ein Spa und 12 zauberhafte Apartments unterschiedlicher Kategorie – z. T. mit Alhambra-Blick – eingerichtet. Rezeption Mo bis Fr 10–18 Uhr besetzt, um vorherige Kontaktaufnahme (man spricht auch Englisch) wird gebeten. Die Zufahrt ist kompliziert, besser ein Taxi nehmen. Standard-DZ 80–105 €, generell sind Apartments in Granada kaum unter 65 € pro Nacht zu bekommen.

■ Eine reizvolle Alternative sind **Höhlenwohnungen im Sacromonte,** die als Apartments vermietet werden, z. B. **Las Cuevas del Abanico**②-③, Verea del Enmedio (Nähe Venta El Gallo), Tel. 958. 22.61.99, www.el-abanico.com. Recht gute Ausstattung und kleine Sonnenterrasse. Die Anfahrt gestaltet sich kompliziert, da z. T. durch den Abayzín und von 11–14 und 20–24 Uhr nicht möglich. Unbedingt vorher anrufen, man spricht ein wenig englisch.

Camping

■ **Camping Sierra Nevada,** 1. Kat., Avda. de Madrid 107/Circunvalación-Salida 126, Tel. 958.15. 00.62, www.campingsierranevada.com. Nur 3 km nordwestlich des Zentrums nahe des Busbahnhofs gelegen. Diverse Sporteinrichtungen, ein großes Einkaufszentrum liegt praktisch gegenüber. Busverbindungen ins Zentrum alle 15 Minuten. Von März bis Oktober geöffnet. Ein preiswertes Motel ist angeschlossen.

■ **Camping Reina Isabel,** 2. Kat., am Eingang des Vorortes La Zubia, etwa 4 km südlich vom Zentrum, Tel. 958.59.00.41, www.reinaisabelcamping.com. Man orientiere sich auf der Umgehungsstraße Ronda Sur zunächst an der Ausschilderung „Sierra Nevada" und nehme dann die Abfahrt Nr. 2 Richtung La Zubia. Gute Ausstattung: Pool, Supermarkt und Restaurant, ausreichend Schatten. Es werden auch sehr komfortable Bungalows vermietet. Busse ins Zentrum fahren alle 30 Min. Ganzjährig geöffnet.

Verkehrsverbindungen

Flughafen

Weit außerhalb der Stadt nahe der A-92 Richtung Loja bzw. Málaga befindet sich der kleine Flughafen von Granada. Flughafen-Tel. 958.24.52.00. **Busverbindungen** von der Plaza Isabel la Católica (nahe der Banesto-Filiale), Infos unter Tel. 958.27.86.77. Auf dem gleichen Platz hat auch die Gesellschaft Iberia ihr Büro, Infos unter Tel. 958.22.75.92.

Bus

Der **Busbahnhof** *estacion de autobuses* befindet sich an der Ausfallstraße Richtung Jaén/Madrid. Da hier außer dem Campingplatz Sierra Nevada kaum Unterkunftsmöglichkeiten bestehen, kommt man um eine Bus- bzw. Taxifahrt in die Innenstadt nicht herum. Infonummer: Tel. 958.18.54.80. Infos für die Buslinien innerhalb der Stadt (Albayzín/Sacromonte, Alhambra) unter Tel. 900.71.09.00.

Die Verbindung zu den anderen Provinzhauptstädten ist generell gut, mit den Directo-Bussen spart man gegenüber den Ruta-Bussen nach Sevilla oder Córdoba etwa eine Stunde. Nach **Sevilla** 9x tägl., **Córdoba** 7x tägl. + 2x *Ruta*, **Málaga etwa** stündlich. Nach **Almería** 6x tägl. directo, + 2x *Ruta*. Nach **Jaén** etwa stündliche Verbindungen, So leicht eingeschränkt. Nach **Guadix** mit Autedia, Tel. 958. 15.36.36, ca. stündlich, Sa/So/Fe eingeschränkt. Nach **Almuñecar** 9x tägl. In die **Alpujarras** (Lanjarón/Órgiva) 9x tägl., Sa/So eingeschränkt. Nach **Cazorla** 2x tägl., **Úbeda** 9x tägl. (Sa/So eingeschränkt), **Priego** 4x tägl., Sa 3x, So 2x. Weitere Auskünfte bei der Gesellschaft Continental-Auto (Busfirma Alsina Graells), Tel. 902.42.22.42.

Zug

Auch der **Bahnhof** unweit der Avenida Andalucía nordwestlich des Universitätscampus ist nicht gerade zentral gelegen; Alsina Graells bietet Busfahrten ins Zentrum an. Die RENFE ist unter Tel. 958.27.12.72 oder 902.24.02.02 zu erreichen. Granada ist an die Linien A 3b (Sevilla – Almería), A-5 (Algeciras – Granada) und A-6 (Granada – Linares – Baeza) angeschlossen.

Nach **Sevilla** direkt 4x tägl. mit dem **Hochgeschwindigkeitszug Altaria** (auch TRD genannt) in 3 Std. Bei der Wahl der Verbindung sollte man auch auf die Zahl der zeitraubenden Zwischenstopps achten. Nach **Córdoba** und **Málaga** musste man früher umständlich in Bobadilla umsteigen; so ergeben sich 1 Verbindung nach Córdoba und 3 nach Málaga pro Tag. Der Hochgeschwindigkeitszug Altaria/TRD fährt 2x tägl. in nur 2½ Std. nach Córdoba (kostet 55 € ggü. 12 € für den Bus!). Nach **Guadix/Almería** 4x tägl. Nach Algeciras 3x tägl. Eine Zugverbindung nach **Jaén** gibt es nicht, eine Bahnfahrt mit mehrfachem Umsteigen wäre im Vergleich zur Busfahrt völlig unsinnig.

Auto fahren

Innerhalb Granadas existieren seit einigen Jahren **Verkehrsbeschränkungen** für Privatfahrzeuge, die engen Gassen des Albayzín sind schon mit einem kompakten Fahrzeug schwierig zu meistern. Dringend ist von der Fahrt zur Plaza Nueva abzuraten – da es sich bei dem letzten Abschnitt um eine Einbahnstraße handelt, ist ein komplizierter Rückweg durch den Albayzín unvermeidlich. Die Weiterfahrt ab Puerta Real ist von 8–22 Uhr schon seit Jahren offiziell nur Anliegern, Taxis und Bussen erlaubt (wer sein Hotel unbedingt direkt anfahren will, muss entweder diverse Umwege in Kauf nehmen oder besser der Rezeption Bescheid geben, dass man kommt, dann ist man bei einer eventuellen Kontrolle sozusagen „Anlieger"), Gleiches gilt für die Fahrt von der Gran Vía in das Viertel Realejo und umgekehrt. Ohne Probleme sind die gebührenpflichtige **Parkgarage** an der Acera del Darro ab der Ringstraße „Circunvalación" entweder über die Abfahrt „Regocidas" oder „Palacio de Congresos" anzusteuern oder die von Nordwesten (z. B. Abfahrt „Mendez Nuñez") zu erreichende **Tiefgarage** an der Plaza San Agustín, pro Tag muss man mit ca. 30 € Gebühr rechnen.

Autoverleih

■ **ATESA,** Avda. Andaluces (bei RENFE-Bahnhof), Tel. 958.20.95.55, **Hertz,** Avda. Fuentenueva (im Granada Center), Tel. 958.20.44.54, **Avis,** Calle Recogidas 31, Tel. 958.25.23.58, **Europcar,** Avenida del Sur 2, Tel. 958.29.50.65. Die Anbieter Hertz und Europcar sind auch am Flughafen vertreten.

Weiterfahrt

Die Überquerung der Sierra Nevada auf der GR-411, der höchstgelegenen Passstraße Europas hinüber zu den Alpujarras, ist aufgrund einer **Sperrung** nicht mehr möglich. Für die Fahrt dorthin empfiehlt sich die N-323 in Richtung Motril mit dem anschließenden Abzweig der A-348 über Lanjarón.

Wem an einer möglichst zeitsparenden Fahrt nach **Almería** bzw. zum Cabo de Gata gelegen ist, der sollte die Inlandsroute auf der A–92 über **Guadix** anderen, kurvenreicheren Varianten vorziehen. Das hübsche Landstädtchen lohnt vor allem auf Grund seiner kuriosen Höhlenwohnungen, in denen man auch wunderbar übernachten kann, einen Stopp. Auch für die Anreise nach **Málaga** bringt die A-92, diesmal in anderer Richtung über Loja, gegenüber der kurvenreichen Küstenroute eine gute halbe Stunde Zeitvorteil – man verpasst dabei allerdings die durchaus sehenswerten Landschaften und Städte der östlichen Costa del Sol.

Sierra Nevada – Wintersport unter spanischer Sonne

Es klingt schon etwas befremdlich in den Ohren: eine mediterrane Skistation unweit der subtropischen Costa del Sol? Spätestens seit den Alpin-Ski-Weltmeisterschaften 1996 dürfte den meisten bekannt sein, dass nicht nur die Pyrenäen, sondern auch die Sierra Nevada Wintersportvergnügen auf spanischem Boden bietet. **Ab Herbst** setzt in der Regel die Skisaison ein und dauert **bis ins Frühjahr** an, und wenn sie ausfällt, dann meist nicht wegen zu hoher Temperaturen, sondern eher wegen der Trockenheit.

Das **Skigebiet Solynieve** („Sonne und Schnee"), das nach Nordwesten ausgerichtet ist, erstreckt sich auf einer Fläche von 2.500 Hektar mit 19 Skiliften und insgesamt 45 Pisten verschiedenen Schwierigkeitsgrades. Die zwei Tiefschneepisten sind zusammen 8,6 Kilometer lang. Die Abfahrtsgebiete tragen die Namen Veleta, Laguna de las Yeguas, Borreguiles, Loma Dilar, Parador und Río Monachil. Hier können die unterschiedlichsten Wintersportarten durchgeführt werden, vom Monoski bis hin zum Paragliding. Ausflüge in den Tiefschnee werden ebenfalls organisiert. Für Snowboarder steht auf der Piste Borreguiles eine Halfpipe zur Verfügung, zusätzlich gibt es Pisten für nächtliche Abfahrten. Slalommeister *Alberto Tomba* errang 1996 auf der Piste Neveros seine Goldmedaille – dementsprechend schwer ist diese Abfahrt.

Unweit des Skigebietes liegen die höchsten Berge der Sierra Nevada, der **Pico Veleta** mit 3.394 Metern, von den Pisten aus sichtbar, und der in östlicher Richtung dahinter liegende **Mulhacén,** der mit 3.482 Metern höchste Berg des spanischen Festlands. Das ewige Eis der Sierra Nevada hat sich mittlerweile eher in ewigen Schnee verwandelt. Noch in den 1950er Jahren gab es hier einen Gletscher, der dann im Zuge der allgemeinen Klimaerwärmung abgeschmolzen ist. Wenn die Winter die normalen Schneemengen bringen, rettet sich ein Teil davon über den Sommer hinweg.

Der zentrale Ort des Skigebietes Sierra Nevada ist **Pradollano,** ein typischer Wintersportort auf 2.100 Meter Höhe, der sich nicht großartig von alpenländischen Treffpunkten der Skifans unterscheidet. Hier reihen sich Hotels, Restaurants, Bars, Supermärkte und ein paar Banken aneinander. Auch Sportgeschäfte und Werkstätten für Ski-Equipment sind vorhanden. Ab Pradollano starten Skilifte zu den verschiedenen Abfahrtspisten, eine Seilbahn fährt nach Borreguiles. Die Hochsaison liegt ungefähr zwischen Mitte Dezember und Mitte Januar und noch einmal Ende Februar, ebenfalls während der Semana Santa.

Information

- **Cetursa** (Betreiber der Skistation), Tel. 958.24.91.19, http://cetursa.es.

Skischulen

- **Escuela Española de Esquí,** Tel. 958.48.01.68.
- **Escuela Oficial de Esquí Solynieve,** Tel. 958.48.00.11.
- **Escuela Internacional de Esquí,** Tel. 958.48.01.42.

Medizinische Versorgung

- **Klinik** an der Plaza de Andalucía, unweit der Sessellifte (Tel. 958.24.91.38).

Unterkunft und Buchung

In Pradollano gibt es zahlreiche Hotels, ein Hostal, Apartmentanlagen und eine Jugendherberge, die sich allesamt der Gesellschaft „Asociación de Comerciantes e Industriales de Sierra Nevada" angeschlossen haben. Über die **Central de Reservas Sierra Nevada** können Pauschalpakete mit zum Beispiel fünf Tagen Übernachtung, Skipass *(pase de remonte)*, Skikurs und Ausrüstung gebucht werden. Die Preise sind abhängig von der Kategorie der gewählten Unterkunft, in der Regel aber billiger als eine Direktbuchung vor Ort im Hotel. Über die Zentrale ist ein Katalog mit Informationen und Preisen erhältlich, sie hat ihren Sitz in Granada und Madrid.

■ **Central de Reservas Sierra Nevada,** Plaza de Andalucía s/n, Granada, Tel. 958.24.91.11; Paseo Pintor Rosales 32, Madrid, Tel. 915.48.44.00.

Anfahrt

■ **Auto:** Das Skigebiet der Sierra Nevada liegt rund 32 Kilometer von Granada entfernt. Bereits auf der Umgehungsstraße Ronda Sur ist die Sierra Nevada ausgeschildert. Die ziemlich stark gewundene A-395 bringt die Schneebegeisterten in schwindelnde Höhen. Auf dem Weg bieten sich immer wieder traumhafte Ausblicke, zum Beispiel auf das Tal des Río Genil noch am Anfang der Strecke. Im Skigebiet stehen 2.880 Parkplätze zur Verfügung. Auf der Strecke Granada – Sierra Nevada liegen zwei Tankstellen, die eine am Anfang bei km 0,6, die andere bei km 22.

■ **Bus:** Die Busse der Gesellschaft Viajes Bonal fahren täglich vom Palacio de Congresos in Granada um ca. 9 Uhr morgens ab und halten in der Sierra an der Plaza Pradollano. Um ca. 17 Uhr geht es zurück nach Granada. Infos unter Tel. 958.27.31.00 oder 27.24.97.

■ **Taxi:** Ein Taxi von Granada in die Sierra Nevada kostet rund 36 €, vom Flughafen ca. 51 €, Tel. 958.40.01.99. Der Preis hängt aber auch ein wenig von der Befahrbarkeit der Straße ab.

Hundeschlittenfahrten

Unter der warmen Sonne Südspaniens bieten sich Aktivitäten, die man nur vom äußersten Norden Europas oder den Schneegebieten Kanadas her kennt: Schlittenfahrten mit **Huskies.** In der Sierra Nevada kann man das spannende Abenteuer erleben, auf einem Schlitten *(trineo)* mitzufahren oder ihn gar selbst zu lenken.

Fran Maruenda, einer der Organisatoren von **„Aventura Polar en el Sur",** die die Schlittenfahrten organisieren, hat mehrere Jahre mit Huskies im hohen Norden Schwedens gemeinsam mit den besten Schlittenhundeführern der Welt gelebt und dort Ausflüge mit Touristen organisiert. Schließlich kehrte der Spanier mit einigen Hunden in seine Heimat zurück und rief gemeinsam mit Freunden dieses exotische Unternehmen ins Leben. Er lebt mit seinen Hunden in einer Berghütte auf 2.700 Meter Höhe und trainiert hier auch für das große Schlittenhunde-Rennen über 1.000 Meilen in Alaska.

Die Holzschlitten aus Esche, bedeckt mit Rentierfellen, werden in der Regel von vier bis fünf Alaskan oder Siberian Huskies gezogen. Schnell ruft der Schlittenführer den Hunden die wichtigsten schwedischen Worte zu, und schon geht es mit einem langgezogenen „Heiaaa" auf den Weg quer durch die verschneite Sierra.

Ein Kurzausflug von 45 Minuten kostet 21 €, ein 4-Stunden-Ausflug 42 €. Die Saison dauert von Dezember bis Mai. Aventura Polar organisiert auch Ausflüge mit Pferdekutschen durch die verschneiten Berge, Tiefschnee-Trips und fast das ganze Jahr hindurch Mountainbike-Touren und Ausflüge zum Bergsteigen.

■ **Aventura Polar en el Sur,** S.L., Oficina Central, Avda. Matias Sáenz de Tejado s/n., Edif. Fuengirola Centro 2, Oficina 4, 29640 Fuengirola (Málaga), Tel. 952.58.39.45. Hier wird auch deutsch gesprochen.

Zur Erkundung der nordwestlich von Granada aufragenden **Sierra Subbética** mit ihrem reizenden Hauptort **Priego de Córdoba** sollte man zunächst die Ruta del Califato, also die N-432 nach Córdoba, einschlagen und kurz hinter Alcalá la Real nach links auf die A-340 Richtung Priego abbiegen. Der Umweg über das etwas verwahrloste Landstädtchen Loja lohnt sich kaum, zumal die nach Priego führende Serpentinenstraße N-321 Autofahrer auf eine harte Geduldsprobe stellt.

Embalse de Cubillas

Ein **beliebtes Naherholungsgebiet** für die Granadiner ist die Embalse de Cubillas, ein **Stausee** etwa zwölf Kilometer nördlich von Granada unweit der Autobahn nach Jaén (Abzweigung „Embalse de Cubillas" beachten), mit Bademöglichkeiten, Bolz- und Spielplatz und Ausflugslokal (Restaurante Romero, Mittwoch Ruhetag). Schön mit Kiefern bewachsenes Gelände, herrliche Ausblicke auf die Sierra de Cogollos.

■ **Camping Cubillas,** 2. Kat., Ctra. Jaén – Granada, km 418, Tel. 958.45.32.65 oder 958.45.33.28, campingcubillas@hotmail.com. Sehr schön direkt am Stausee gelegen, ca. 200 m vom Restaurante Romero entfernt. Eher einfacher Platz mit Bar, Pool und Geschäft, außerhalb der Hochsaison Einschränkungen im Service. Offiziell ganzjährig geöffnet; zwischen November und Februar sollte man aber zuvor anrufen.

Busverbindungen von der Haltestelle bei den Comedores Universitarios: Mo–Fr 7x von 8–21 Uhr, Sa nur 3x, So nicht.

Östlich von Granada

Guadix

Rund 50 Kilometer von der Provinzhauptstadt entfernt, erstreckt sich auf knapp 1.000 Meter Seehöhe ein intensiv landwirtschaftlich genutztes Hochbecken mit seinem beschaulichen Hauptort Guadix. Ein Abstecher dorthin lohnt sich, vor allem, wenn man ohnehin auf dem Weg

088an bn

nach Almería ist bzw. über den Pass Puerto de la Ragua in die Alpujarras fahren möchte. Hauptattraktion der gut 20.000 Einwohner zählenden Stadt sind in die Felsen geschlagenen **Höhlen,** die vor allem zur Zeit der Reconquista als Wohnhäuser genutzt wurden und auch heute noch von etwa 4500 Menschen genutzt werden. Die Anlage von künstlichen Höhlen ist stets an entsprechend leicht abbaubares Gestein gebunden. Hier ist es so, dass das Becken in dem Guadix heute liegt, im Tertiär von einem See eingenommen wurde, in dem Flüsse ihre Sedimente ablagerten – es handelt sich somit um lediglich zu weichem Gestein verfestigte Seetone. Lässt man seinen Blick von einer Anhöhe, z. B. der Rückseite der Kathedrale in die Ferne schweifen, erkennt man deutlich eine lang gestreckte, horizontale Geländekante, die das ehemalige Seeufer markiert. Im Inneren der Höhlen bleibt die Temperatur im Sommer wie im Winter konstant bei etwa 17 °C, Kamine sorgen für eine natürliche Luftzufuhr. Die meist recht behaglich eingerichteten Wohnungen können im Stadtviertel Bar-

Guadix – Stadt der Höhlen und Keramik

rio de las Cuevas (vom Bereich rund um die Kathedrale ausgeschildert) bzw. im Barrio Ermita Nueva ganz oben am Hang bewundert werden. Eine dieser **„Wohnhöhlen"** wurde zum Museum **Cueva Museo** umfunktioniert, das mit Mobiliar und Werkzeugen original so ausgestattet ist, wie die Menschen früher hier gelebt haben. Wer nun Gefallen an dieser Art von Unterkunft gefunden hat, kann in diversen Höhlenhotels übernachten (s. u.).

■ **Cuevas de Guadix,** Centro de Interpretación, Plaza Ermita Nueva, Tel. 958.66.35.68, Mo–Sa 10–14 und 16–18 Uhr (im Sommer 18–20 Uhr), So nur vormittags, Eintritt 1,30 €.

Schon in früher Zeit sollen sich in Guadix Menschen angesiedelt haben. Unter den Römern wurde hier 45 v. Chr. eine Stadt gegründet, die die Westgoten zum Bischofssitz machten. Ganz so unscheinbar wie sie heute wirkt, war die Stadt zur Zeit der Mauren keineswegs. Der Ort, in jener Zeit „Guad-Haix" (Fluss des Lebens) genannt, behielt auch in christlicher Zeit seine Rolle als wichtiger strategischer Verkehrsknotenpunkt zwischen dem Osten und dem Westen Andalusiens. Nicht zuletzt deshalb wurde bereits im 10. und 11. Jahrhundert die befestigte Residenz **Alcazaba** errichtet, von deren Türmen sich ein herrlicher Panoramablick über den Ort und hinüber zur Sierra Nevada bietet. Die Burg ging nach der Rückeroberung 1489 in den Besitz des Priesterseminars San Torcuato über. Heute gilt sie trotz ihres etwas verwahrlosten Zustandes als **Nationales Baudenkmal.** Ab dem 18. Jh. verlor die Stadt immer mehr an Bedeutung, jedoch kann man bei einem Rundgang der vergangenen Pracht nachspüren.

Die ursprünglich gotische **Kathedrale von Guadix** wurde zu Beginn des 16. Jh. auf den Fundamenten einer Moschee errichtet, zeigt aber auch Renaissance- und Barockelemente, da sie erst zum Ende des 18. Jh. endgültig fertiggestellt wurde. Der harmonische Chorumgang und die Sakristei wurden vom bekannten Architekten Diego de Siloé entworfen, der auch in verantwortlicher Position für den wegweisenden Umbau der Kathedrale von Granada zeichnete (geöffnet im Winter Mo–Sa 8–13 Uhr, im Sommer Mo–Sa 8–11 und 17–19 Uhr, Eintritt 2 €). Hinter der Kathedrale, rund um den einst im Spanischen Bürgerkrieg zerstörten Hauptplatz Plaza de la Constitución, erstreckt sich das Altstadtviertel mit seinen noch sehr ansehnlichen Adelspalästen.

Mit dem Schriftsteller **Pedro Antonio de Alarcón** – 1833 geboren – kann Guadix auch eine bedeutende Persönlichkeit nicht nur der andalusischen, sondern der gesamtspanischen Literatur vorzeigen. Er schrieb das Werk „El sombrero de tres picos" (Der Dreispitz), das später vom Cádizer Komponisten *Manuel de Falla* musikalisch interpretiert wurde.

In Guadix wird das **Handwerk** großgeschrieben. Die in diesem Ort hergestellte **Keramik** weist ganz eigene Züge auf. Mit sehr viel Liebe zum Detail werden die schönsten Kunstwerke gefertigt. In einer alten Höhle ist das private Museum **Museo de Alfarería Cueva La Alcazaba** untergebracht, das sehr schön die Entwicklung der Keramik in dieser Region beschreibt, angefangen mit der *copa algárica* aus der Zeit von 3.500 v. Chr. Die verschiedenen Formen der typischen Gefäße der jeweiligen Jahrhunderte sind kunstvoll in die Höhlenwände eingemeißelt worden. Über zwanzig Jahre hat der

Museumsbesitzer *Juan* verschiedene Keramiken gesammelt, dabei sind rund 750 Stücke zusammengekommen.

Museo de Alfarería Cueva La Alcazaba, das Museum liegt bergauf gesehen an der rechten Flanke der Stadtmauer in der c/ Caballarón, San Miguel 48. Eintritt 2 €, geöffnet ganzjährig 10–14 Uhr, im Winter zusätzlich 16–19 Uhr, im Sommer 17–20 Uhr, So meist geschlossen. Gegenüber liegt *Juans* Werkstatt, wo Interessierte dem Meister bei der Arbeit zuschauen und sehr schöne von Hand hergestellte Keramik kaufen können.

Praktische Informationen

Information

Oficina de Turismo Comarca de Guadix, Plaza de la Constitución (Hauptplatz hinter der Kathedrale), Tel. 958.66.28.04, www.guadix.es, Mo–Fr 9–14 und 16–18 Uhr, im Sommer nachmittags 17–20 Uhr.

Unterkunft

Aparta-Hotel Cuevas Pedro Antonio de Alarcón②-③, liegt in dem Viertel San Torucato, Tel. 958.66.49.86, www.cuevaspedroantonio.com. Vor allem für Einzelreisende recht preiswert. Großes, gepflegtes „Höhlenhotel" mit Pool ca. 2 km außerhalb des Stadtzentrums; die dahinter verlaufende Autobahn A-92 stört nicht allzu sehr. Anfahrt: Vom Kreisverkehr bei der Kathedrale auf der Avda. Buenos Aires Richtung Murcia, bei dem Schild „Alojamiento en cuevas" 200 m nach links.

Hotel Comercio***/②-③, c/ Mira de Amezcua 3, Tel. 958.66.05.00, www.hotelcomercio.com. Ein rustikal-komfortables Hotel mit viel gelobtem Restaurant (s. u.) inmitten der Altstadt. Seit der Aufwertung zum ***-Hotel kein billiges Quartier mehr.

Cuevas Abuelo Ventura②-③, Camino de Lugros 22, Tel. 958.66.40.50, www.cuevasabueloventura.com. Familiär geführtes, relativ kleines „Höhlenhotel" in herrlicher Lage südwestlich des Zentrums. Als Besonderheit hat man einen überdachten Pool zu bieten; Frühstück ist inklusive. Anfahrt: Etwa bei der Tourist-Info zweigt bergauf eine schmale Straße mit rotem Schild „Ruta del Valle del Río Alhama" ab; diesem roten Schild stets folgen bis zum Kreisverkehr, dort halbrechts bergauf, bei dem Schild „Ruta del Río Alhama – Lugros" rechts abbiegen, nach weiteren 500 m liegt rechts das Hotel.

Hotel Mulhacén**/①, Avda. Buenos Aires 43, Tel. 958.66.07.50, www.hotelmulhacen.com. Vom Kreisverkehr bei der Kathedrale ca. 800 m Richtung Murcia, neben einer Tankstelle, Parken problemlos, evtl. ruhiges Zimmer verlangen. Räumlichkeiten mit relativ viel Platz und ordentlichem Komfort, eher altbacken eingerichtet, aber das Preis-Leistungsverhältnis stimmt.

Typische Keramik aus Guadix (der sog. Hochzeitskrug)

091an bn

Essen und Trinken

■ Zum Hotel Comercio gehört auch das 2000 mit dem Titel „bestes Restaurant der Provinz Granada" prämierte **Restaurante Comercio,** das mit *cordero con pasas y piñones* (Lamm mit Rosinen und Pinienkernen), *perdiz en escabeche* (mariniertes Rebhuhn) oder der *sopa de Guadix* (eine Suppe) hervorragende Küche der Region anbietet.

■ **Mesón Granadul,** c/ San Miguel 4, von der Durchgangsstraße aus gesehen rechts von der Kathedrale. Günstiges Lokal mit deftiger Küche und ausgezeichnetem Schinken.

■ **Brasería La Tinaja,** Ctra. Baza 77. Vor allem am Wochenende gut besuchtes Grill-Restaurant nahe der Cuevas Pedro Antonio de Alarcón. Mi Ruhetag.

Feste

Die **Cascamorra** am 9. September ist ein recht ungewöhnliches Fest. Im Mittelpunkt steht die Madonnenfigur der „Virgen de la Piedad", die in der Erde der Nachbarstadt Baza gefunden wurde, eigentlich aber zu Guadix gehört. Dennoch beanspruchen die Einwohner Bazas die Madonna als ihr Eigentum. So kam es zu einem ungewöhnlichen Wettstreit, nach dem die Einwohner von Guadix es schaffen müssen, fleckenfrei, d. h. unbeschmutzt, bis zur Virgen vorzudringen. In diesem Fall würde sie an Guadix zurückgegeben. Also werden sie in Baza von den Einwohnern intensiv mit Farbe beworfen, damit es ihnen niemals gelinge, dieses Ziel zu erreichen.

Verkehrsverbindungen

■ **Bus:** Estación de Autobuses unweit der Landstraße Richtung Almería, knapp 1 km südöstlich vom Zentrum, in der c/ Rambla del Patrón, Tel. 958.66.06.57. Maßgebliche Gesellschaft ist Alsina Graells, www.alsa.es.

■ **Zug:** Guadix ist an die Linie A-3 angeschlossen, 4x tägl. nach Almería, 4x tägl. nach Granada. Der Bahnhof liegt fast 2 km nordöstlich des Stadtzentrums, zu erreichen über die Avda. Buenos Aires, Tel. 902.24.02.02.

Lacalahorra

Es lohnt sich ein Abstecher zu dem nur 12 km von Guadix entfernten Dorf Lacalahorra, das sich an den **Nordhang der Sierra Nevada** schmiegt. Schon von Weitem sichtbarer Anziehungspunkt ist die an eine kastilische Ritterburg erinnernde Festung **Castillo de Lacalahorra.** Sie hat einen rechteckigen Grundriss, aber besonders auffällig sind die vier seitlichen Rundtürme, die mit Kuppeln abschließen. Die Mauern der Festung sind drei Meter dick, weshalb sie von außen nüchtern und abweisend wirkt, aber das Innere eröffnet dem Besucher einen schönen Palast im florentinischen Renaissancestil aus den Anfängen des 16. Jh. Anfang des letzten Jahrhunderts wurde diese beeindruckende Festung kurzerhand von einem Amerikaner aufgekauft, der sie Stein für Stein abbauen und auf dem anderen Kontinent wieder neu errichten lassen wollte. Sozusagen in allerletzter Minute kaufte die Adelsfamilie *Mendoza,* die Nachfahren der früheren Besitzer, 1913 das Schloss, das bereits als Filmkulisse diente, zurück. Solange die *Junta de Andalucia* das Castillo nicht gekauft hat, werden die Öffnungszeiten vom Verwalter *Antonio Tribaldo* sehr restriktiv gehandhabt: nur Mi von 10–13 und 16–18 Uhr, ein Trinkgeld von ca. 3 € wird erwartet (Tel. 958.68.70.98 oder Handy 620.94.73.43).

Nur von Lacalahorra aus kann man über den landschaftlich eindrucksvollen **Pass Puerto de la Ragua** auf die Südseite der Sierra Nevada, die **Alpujarras,** gelangen.

Praktische Informationen

Unterkunft

■ **Hospedería del Zenete******/③, Ctra. La Ragua 1, Tel. 958.67.71.92, www.hospederiadelzenete.com. Schick aufgemachtes Nobelhotel, unschwer als kleine Imitation der Festung zu erkennen.

■ **Hostal Labella**①, Tel. 958.67.73.63, www.hostallabella.com. Einfaches, aber recht wohnliches Hostal am Ortsrand Richtung Aldeire.

Unterkunft in der Umgebung

■ Der **Refugio Postero Alto,** eine rustikale Hütte, liegt in einem der abgelegensten Gebiete der Sierra Nevada und überwältigt daher mit natürlicher Einsamkeit. Zudem bietet der Standort einen atemberaubenden Panoramablick im Süden auf das Massiv der Sierra Nevada mit dem Gipfel El Picón (3.094 m) und im Norden auf das Tal der Cormarca del Zenete und bei guter Sicht auf die Tiefebene von Guadix. Die Zimmer sind einfach ausgestattet, ein großer Aufenthaltsraum lädt zum Aufwärmen am offenen Kamin ein. Der Refugio liegt auf 1.880 Meter Höhe, unweit der Gemeinde **Jérez del Marquesado,** die wiederum rund 12 km von Guadix entfernt liegt. Insgesamt können hier 70 Personen untergebracht werden in 7–14 Bett-Zimmern, die alle über einen Holzofen verfügen. Zudem kann man hier die typische Küche der Region probieren. Vom Refugio können die verschiedensten Aktivitäten in der größtenteils unberührten Landschaft dieses Teils der Sierra Nevada gestartet werden wie Klettern im Eis, Ski-Wanderungen usw. Nähere Infos unter ALSAYFA (Organisator), c/ Alrután 3 in Jérez del Marquesado, Tel. 958.34.51.54 oder 958.67.23.84.

Camping

■ Ebenfalls in Jérez del Marquesado, c/ San Antonio 8, liegt der schöne Campingplatz **Albergue-Mesón La Lomilla,** Tel. 958.67.22.22, www.campinglalomilla.com. Das Restaurant genießt einen so guten Ruf, dass manche Gäste extra aus Guadix hierher kommen.

Weiterfahrt Richtung Granada

Das benachbarte **Purullena,** von dessen 2700 Einwohnern noch 1100 in Höhlen leben, wirkt bei der Durchfahrt wie ein einziger Souvenirshop. Sehenswert ist das Höhlenmuseum **Museo Cueva La Inmaculada** mit herrlicher Aussichtsterrasse, etwa in der Mitte der Durchgangsstraße. Es gibt auch ein deutsches Infoblatt über die z. T. museale Einrichtung der insgesamt drei Wohnungen.

■ **Museo Cueva La Inmaculada,** Tel. 958.69.01.81, www.cuevainmaculada.com, geöffnet im Winter 9–19 Uhr, im Sommer 8.30– 21.30 Uhr (1 Std. Mittagspause), Eintritt 2 €.

Etwa 500 Meter die Hauptstraße bergab verlockt das große, sehr gepflegte Restaurant Ruta del Sur zur Einkehr.

■ **Restaurante Ruta del Sur,** Avda. Andalucia 51, Tel. 958.69.01.67. Qualitativ hervorragend und geradezu sensationell günstig (üppige Tagesmenüs inkl. Getränk um 10 €).

Las Alpujarras –

die Südhänge der Sierra Nevada

Die südliche Abdachung der Sierra Nevada gehört zu den schönsten Gebirgslandschaften Andalusiens: klare, frische Luft mit brillantem Sonnenlicht, herrliche Ausblicke auf die meist schneebedeckten Dreitausender des Hauptmassivs, rauschende Wildbäche und harmonisch in die Landschaft eingefügte Wasserbecken und Kanäle inmitten Schatten spendender Laubwälder. Hinzu kommt eine in Spanien einmalige, von den einst hier lebenden Berbern eingeführte Art der Architektur, welche zusätzlich zum speziellen Reiz dieser Region beiträgt.

Generell bezeichnet man als **Las Alpujarras** (auch Alpujarra ist korrekt) den Bereich zwischen dem Hauptkamm der Sierra Nevada im Norden und den küstennahen Bergzügen der Sierra de Lújar und Sierra de Contraviesa (Provinz Granada) bzw. der Sierra de Gádor (Provinz Almería). Im westlichen Längstal sorgt der **Río Guadalfeo** für die Entwässerung hin zur Costa Tropical, sein östliches Pendant, der **Río Andarax,** mündet nahe der Provinzhauptstadt in den Golf von Almería.

So teilen sich die Alpujarras auch in zwei ähnlich große Teile: die westliche **Alpujarra Granadina** mit 1.390 km² Fläche und die 1.210 km² umfassende, östliche **Alpujarra Almeriense.** Ohne Zweifel kann in erster Linie die Alpujarra der Provinz Granada die oben genannten Attribute für sich in Anspruch nehmen, weshalb sie auch wesentlich mehr Besucher anzieht als ihr östliches Gegenstück.

Einen großen Reiz der Hohen Alpujarra machen sicherlich die großartigen Ausblicke auf die **Gipfel der Sierra Nevada,** insbesondere auf den 3.398 Meter hohen **Pico Veleta,** aus. Auffallend sind die für ein Hochgebirge insgesamt eher gerundeten Formen und der relativ gleichmäßige Anstieg der Landoberfläche bis zum höchsten Punkt. Ursache hierfür sind in erster Linie die sehr harten kristallinen Gesteine, wie Glimmerschiefer, Quarzite und Gneis, die nicht so leicht von der Erosion angegriffen werden. In einem mittleren Höhenniveau tritt anfälligeres Kalk- und Dolomitgestein hinzu, sodass die Flüsse, wie z. B. der Río Poqueira, dort beachtlich tiefe Schluchten ausbildeten.

In den höheren Lagen kann man insbesondere in den Flusstälern und entlang der aus maurischer Zeit noch erhaltenen Kanäle *(acequías)* in das lauschige Ambiente beinahe mitteleuropäisch anmutender Laubwälder mit üppiger Staudenvegetation eintauchen. Die floristische Sonderstellung dieser Region verdeutlicht die enorm hohe Zahl von mindestens 65 **Endemiten,** also Pflanzenarten, die es nur hier gibt, mehr als in vielen europäischen Ländern zusammen.

Aber man muss nicht unbedingt die einzigartigen Spezies der Alpujarras zu würdigen wissen, um mit Genuss auf alten Maultierpfaden durch die Landschaft zu streifen. Sowohl im Frühling, sprich April und Mai, wenn der Drüsenginster ganze Hänge mit leuchtend gelben Farbklecksen verziert, als auch im Herbst, bevorzugt zwischen Ende September und Ende Oktober, wenn die Edelkastanien ihre stacheligen Fruchtstände hervorbringen und das Laub sich zu verfärben beginnt, ist das einstmals verborgene Gesicht Andalusiens ein Labsal für Körper und Seele.

Lange Zeit waren die Alpujarras ein bettelarmes und **rückständiges Land,** noch in den 1920er Jahren waren die meisten Dörfer nur auf Maultierpfaden zu erreichen. Dennoch übte dieser fremdartige Landstriche schon damals auf auswärtige Besucher einen besonderen Reiz aus. Zu großer Bekanntheit brachte es der romantische Reiseschriftsteller *Pedro Antonio de Alarcón* aus Guadix, der auf seinen Wanderungen in den 70er und 80er Jahren des 19. Jh. zahlreiche Sinnsprüche und Gedichte schrieb, die heute oft auf Keramiktafeln über den liebevoll angelegten Brunnen der Alpujarras zu lesen sind.

Als in den 1960er Jahren die Diskrepanz zwischen der fortschreitenden Zivilisation außerhalb der Berge und den **armseligen Lebensbedingungen** in der Heimat allzu groß wurde, suchten die Jüngeren in den Großstädten des Nordens, später auch in den Trabantenstädten der Agroindustrie Arbeit und eine komfortablere Existenz. Etwa die Hälfte ihrer Bewohner verlor die Region in diesem Jahrhundert, erst in den letzten Jahren konnte die Abwanderung durch den zunehmenden Fremdenverkehr etwas gebremst werden.

Die Alpujarras wurden auch zu einem **Refugium für zivilisationsmüde Aussteiger,** welche in der klaren Bergluft nicht selten spirituelle Erleuchtung suchen. Dazu gehören sicherlich auch die Angehörigen des buddhistischen Zentrums **O-Sel-Ling** („Ort des klaren Lichtes") auf einer **La Atalaya** genannten Anhöhe oberhalb von Soportújar. Vom *Dalai Lama* 1982 höchstpersönlich eingeweiht, erlangte diese multinationale Gemeinschaft öffentliches Aufsehen, als man 1987 verkündete, ein kleiner, in Bubión als Sohn eines französisch-spanischen Künstlerehepaars geborener Bub sei die Reinkarnation des wenige Jahre zuvor verstorbenen tibetischen Priesters *Lama Yeshe.* Nach einer buddhistischen Ausbildung im südindischen Kloster Sera und dem Besuch der High School in Kanada sagte sich *Tenzin Ösel Hita* (so sein heutiger Name) teilweise von der religiösen Gemeinschaft los und arbeitet heute eher weltlich als Filmschaffender.

Eine wichtige Rolle spielen immer noch **traditionelle Handwerke,** mancherorts sind sogar noch originale Webstühle aus maurischer Zeit in Betrieb, die Schafwolle, Baumwolle und Textilreste zu Teppichen *(jarapas)*, Laken und Tüchern verarbeiten. Vor allem in Lanjarón wird Espartogras zu Körben und Matten geflochten, und auch ortstypische Keramik ist in Geschäften zu erwerben.

Feste

- Eine besondere Rolle spielen – angesichts der langen Geschichte der Auseinandersetzungen zwischen Mauren und Christen in dieser Region naheliegend – die **Fiestas de Moros y Cristianos.** Sie bestehen aus symbolischen Kämpfen der Kontrahenten in historischen Kostümen und aufwändigen Inszenierungen mit ordentlich Pulverdampf. Die Texte der teilweise bis auf das frühe 17. Jh. zurückgehenden Festspiele sind üblicherweise nirgendwo aufgeschrieben, sondern werden von Generation zu Generation mündlich überliefert. Da meist auf lokale Ereignisse in der Vergangenheit Bezug genommen wird, gibt es keinen festgelegten Zeitpunkt, der für alle Austragungsorte gelten würde.
- Auch die Festivitäten rund um den Fuchs, **Entierro de la Zorra** (Beerdingung der Füchsin) oder **Quema de la Zorra** (Verbrennung der Füchsin) sind in den einzelnen Orten rund um das Jahr verteilt. Bei diesen Aktionen wird natürlich kein lebender Fuchs, sondern nur ein Fell verwendet, dennoch kann man hier von einer Form des Exorzismus sprechen – der Fuchs, der in der Vergangenheit viel Schaden in den Ställen anrichtete, bzw. das Böse schlechthin, soll durch einen symbolischen Akt für immer verbannt werden.
- Im Winter, wenn die Schweine geschlachtet werden, haben sich in einigen Orten rund um dieses Ereignis auch Schlachtfeste, **Fiestas de la Matanza,** entwickelt.

Terrassen und Flachdachhäuser – das Erbe der Berber in den Alpujarras

Im 8. Jh. begann die verstärkte Besiedelung und Kultivierung der Alpujarras durch die Mauren, insbesondere Berber, welche ihre bereits **im Hohen Atlas bewährten Landbaumethoden** mitbrachten. Sie terrassierten die Hänge, was neben dem geringeren Bodenabtrag auch die Möglichkeit eines ausgeklügelten Bewässerungssystems mittels Wasserbecken und offener Brunnen mit sich brachte. Sowohl in der Architektur der Häuser als auch in der dörflichen Struktur orientierte man sich an den üblichen Bauweisen in der nordafrikanischen Heimat.

Bei der **Anlage ihrer Dörfer** achteten die Mauren auf die natürlichen Gegebenheiten, d. h. Terrassen auf halber Hanghöhe wurden ebenso bevorzugt wie Südhanglagen mit maximaler Sonneneinstrahlung. Ähnlich wie bei den Weißen Dörfern wirkt die Dorfanlage regellos mit stark gewundenen, schmalen Gassen und freien Plätzen nur dort, wo zufälligerweise kein Gebäude steht. Beim Bau der Dorfkirchen, wie üblich meist anstelle einer Moschee, entstanden in christlicher Zeit etwas größere Hauptplätze, die für Feierlichkeiten genutzt werden.

093an bn

Die **Baumaterialien** für die würfelförmigen, sorgfältig gekalkten Häuser holte man sich aus der Umgebung: Der zu scharfkantigen Platten verwitternde Glimmerschiefer eignet sich zusammen mit Lehm gut zum Aufbau der mächtigen Grundmauern, darüber legte man mächtige Trägerbalken aus den ungehobelten Stämmen der Edelkastanie, quer darüber dünnere Latten und Äste. Wenn so ein tragfähiges Gitter entstand, konnte man flache Schieferplatten darüber legen, die wiederum mit einer **Launa** genannten Schicht von Magnesium-Tonsubstrat abgedeckt wurden. In der Regel weisen die Häuser noch ein zweites, ähnlich gebautes Stockwerk auf, das als Wohnraum, Küche und Getreidespeicher genutzt wurde, während das Erdgeschoss den Stallungen und der Brennholzlagerung vorbehalten war.

In jedem Fall bildet die graue Launa bereits das wasserundurchlässige Hausdach, man achtete nur darauf, das Regenwasser über eine Rinne auf die Straße oder in eine Zisterne ablaufen zu lassen. Diese **terraos** genannten Flachdächer sind begehbar und werden z. T. immer noch zum Trocknen von Espartogras, Feigen, Paprikaschoten, Tomaten, Fisch etc. genutzt, oft auch zur Kommunikation mit den Nachbarn.

Noch mehr Platz ergibt sich, wenn ein brückenartiger Vorbau an das Haus angefügt wird – spaziert man unter einem solchen **tinao** hindurch, kann man die Bauweise der Alpujarra-Häuser besonders gut nachvollziehen. Besonders pittoresk ist der Anblick der übereinander gestaffelten Flachdachhäuser von oben, wie kleine Iglus ragen die kegelförmigen, geweißten Schornsteine aus praktisch jedem Dach heraus.

Wandern in den Alpujarras

Die Wanderwege der Alpujarras sind von sehr **unterschiedlicher Beschaffenheit:** Zuweilen gut ausgebaute Feldwege wechseln mit schmalen Maultierpfaden ab, die sich zwar manchmal *Camino del Rey* (Königsweg) nennen, aber nur mit einem Mindestmaß an Trittsicherheit zu bewältigen sind. Vor allem im Frühling, wenn das Schmelzwasser manchen Weg zu einer Abfolge von Schlammlöchern verwandelt, sind Wanderschuhe sehr zu empfehlen. Auf jeden Fall sollte das Schuhwerk eine Profilsohle aufweisen.

Seitdem der Europawanderweg E-4 in der Provinz Granada eine Fortsetzung namens **GR-7** (*Gran Recorrido,* „Lange Strecke") gefunden hat, ist die Ausschilderung der Strecken deutlich besser geworden. Den richtigen Weg erkennt man an Holzpfeilern mit einer weißen und roten Banderole, während eine mit „X" markierte Abzweigung von der Hauptroute abweicht. Dennoch – ein klarer Himmel, gutes Kartenmaterial und evtl. ein Kompass sind bei längeren Erkundungen auf eigene Faust unerlässlich, denn man kann nicht behaupten, dass diese Kennzeichnungen mit letzter Akribie durchgeführt wurden.

Vorzugsweise in der Tourist-Info von Pampaneira können, zumindest in der Saison zwischen Ostern und Ende Oktober auch **geführte Wanderungen** gebucht werden.

■ **Karten und Wanderführer:** An Kartenmaterial ist die „Mapa Guía Sierra Nevada" im Maßstab 1:50.000 des IGN zu empfehlen. Das Gebiet der mittleren und westlichen Sierra Nevada wird dabei recht detailliert abgedeckt, dazu kommen noch Informationen zu Hotels etc. Wesentlich schlichter, aber noch etwas genauer sind die Karten der Reihe „Mapa Topográfico Nacional de España" im Maßstab 1:25.000. Die nach dem jeweils wichtigsten Ort benannten Karten decken jedoch nur sehr kleine Gebiete ab, man muss also unter Umständen mehrere davon kaufen. Wer über gute Spanischkenntnisse verfügt, kann sich den kleinen Wanderführer des Penthalon-Verlags „Andar por la Alpujarra" (1995) kaufen, in dem zahlreiche Routen beschrieben sind.

Busverbindungen

Für die Busverbindungen ist die Gesellschaft Alsina Graells (Tel. 958.25.13.58, www.alsa.es) zuständig. Es gibt **zwei Linien,** die von Granada beide über Lanjarón und Órgiva führen, sich dann aber in einen Zweig zur nördlichen und westlichen Alpujarra (u. a. Pampaneira, Capileira, Pitres, Trevélez, Bérchules) und einen Zweig zur südlichen und östlichen Alpujarra (u. a. Cadiar, Yegén, Válor und Ugíjar) aufteilen. Je größer die Entfernung von Órgiva, desto geringer die Zahl der Verbindungen. Die Weiterfahrt von Ugíjar nach Almería ist nur auf der Küstenroute über Berja/El Ejido möglich.

Lanjarón

Als Tor zur Alpujarra *(Portico de la Alpujarra)* bezeichnet sich die rund 4.500 Einwohner zählende Kleinstadt gern; in Spanien ist sie jedoch vor allem wegen ihres exquisiten Quellwassers bekannt. Neben der großen Mineralwasserabfüllanlage am Ortseingang wird das kostbare Nass vor allem zum Betrieb eines **Heilbades** *(balneario)* genutzt. Seit dem Jahre 1765 entdeckte man insgesamt vier Quellen mit unterschiedlicher mineralischer Zusammensetzung, die gegen fast jedes erdenkliche Zipperlein helfen sollen. So überrascht es nicht, dass rund um das im Mudéjar-Stil errichtete Kurmittelhaus in erster Linie sehr gereifte, oft mit einem Plastikbecher bewaffnete Herrschaften herumtapsen, um eine der zahlreichen Trinkkuren in Anspruch zu nehmen.

Im Dunstkreis des Kurmittelhauses siedelten sich mehrere Hotels in leicht angestaubter Belle-Epoque-Architektur an, die zusammen mit einem großzügigen Kurpark dem Dorf ein überraschend **mondänes Flair** verleihen. Ansonsten findet sich von der typischen Architektur der Alpujarras nur relativ wenig, am ehesten noch rund um die Pfarrkirche Parroquía de la Encarnación, z. B. in der Straße Virgen del Carmen.

Praktische Informationen

Information

- Ein echte Tourist-Information gibt es nicht, aber eine Zweigstelle der Reiseagentur **Viajes Union Travel** hilft bei Fragen zu Busverbindungen, Festen und Hotels gern weiter. Das kleine Büro befindet sich an der Durchgangsstraße, fast direkt gegenüber dem Kurmittelhaus. Tel. 958.77.02.82. Geöffnet 9.30–13.30 und 17–20 Uhr, im Winter nur vormittags.

Feste

- **Fiesta de San Sebastián,** Patronatsfest am 20. Januar.
- **Fiestas de San Juan,** etwa 23.–28. Juni. Wie nicht anders zu erwarten, dreht sich bei dem Hauptfest Lanjaróns alles um das feuchte Element. Höhepunkt ist stets die Nacht vom 23. zum 24. Juni, wenn die große Wasserschlacht, genannt **Fiesta del Agua,** losbricht. Die um Mitternacht immer noch auf der Hauptstraße spazierenden Passanten werden aus Kübeln und Schläuchen nach allen Regeln der Kunst nassgespritzt. Natürlich ist den Opfern dieses Ritual wohlbekannt, sodass sich fast alle mit Regenschirmen etc. davor schützen, nicht wenige laufen auch gleich in der Badehose herum. In der anschließenden **Fiesta del Jamón** gibt es diverse Wettbewerbe, der Hauptpreis ist stets eine Keule Schinken. Ein weiterer Höhepunkt ist eine Art Rosenmontagszug am Sa, genannt **La Publica,** wo Kostümzwang herrscht.
- **Fiesta de la Virgen del Rosario,** Fest der Schutzheiligen am 7. Oktober.

Lokale Spezialitäten

Die lokale Küche ist vorwiegend deftig mit **Wurst oder Fleisch, Kartoffeln und dicken Bohnen.** Als Vorspeise wird bevorzugt eine *sopa de picadillos* mit Schinken, Paprikawurst und Ei gereicht. Ein sehr schmackhaftes Gericht mit Blutwurst, Paprikawurst, Kartoffeln, Eiern und Paprika ist der *plato alpujarreño.* Als Nachtisch kann man einen Eintopf mit Esskastanien, den *potaje de castañas,* probieren. In verschiedenen Varianten wird ein als *migas* bezeichneter Brei aus Mehl oder Gries angeboten.

Der berühmte *jamón serrano* (luftgetrockneter Schinken) aus Trevélez wird am liebsten pur, manchmal aber auch zusammen mit einer Forelle verspeist, was sich dann *trucha con jamón* nennt. Als besondere Fleischspezialitäten sind noch *perdiz* (Rebhuhn) und *conejo* (Kaninchen) in verschiedenen Zubereitungsarten zu nennen.

Als **Nachspeisen** werden bevorzugt Mandeln, wie im *queso de almendras* (Mandelkäse, ist aber trotzdem süß) oder den *turrones* (Nougat) und getrockneten Feigen, wie z. B. im *pan de higo* (Mandelbrot) verarbeitet. Die **Landweine** der Region stammen vorwiegend aus der klimatisch begünstigten Contraviesa-Alpujarra; ein besonders süffiger, herzhafter Roséwein ist der Laujar de Andarax aus einer Mischung verschiedener Trauben.

Unterkunft

Gemessen an der Größe des Ortes ist das Angebot an Unterkünften fast aller Preisklassen hervorragend. Die meisten Quartiere liegen direkt an der stark frequentierten Durchgangsstraße **Avenida de la Alpujarra,** man sollte daher eventuell auf einem ruhigen Zimmer zur anderen Seite bestehen.

- **Hotel España***/②, Avda. de la Alpujarra 42, Tel. 958.77.01.87, www.lanjaron.biz. Altehrwürdiges Hotel von 1917, aber gut in Schuss. Hohe, geschmackvoll eingerichtete Zimmer inkl. Heizung. Die Preise gehen in Ordnung.
- **Hotel Alcadima**②-③, c/ Francisco Tarrega 3, Tel. 958.77.08.09, www.alcadima.com. Vor allem ab zwei Personen aufwärts unser Tipp in Lanjarón. Von der Durchgangsstraße bergab zum Ende der Nebenstraße Francisco Tarrega, ohne jeglichen Verkehrslärm. Optisch sehr gelungenes Hotel mit Swimmingpool und schönem Ausblick auf die maurische Burgruine Castillo de los Moros. Wohnungen modern und freundlich eingerichtet, großzügige Ausstattung mit Heizung und kleiner Küche. Preise je nach Größe, 2–4 Personen finden bequem Platz. In der HS Aufschlag, gemessen am Gebotenen aber immer noch günstig.

Verkehrsverbindungen

- Hervorragende **Busanbindung** an Granada, 9x tägl., Sa/So eingeschränkt.

Órgiva

Etwa neun Kilometer von Lanjarón entfernt führt die A-348 in eine kleine Schwemmlandebene des **Río Chico,** auf deren Hochufer sich die Kleinstadt Órgiva angesiedelt hat. Das rund 6.500 Einwohner zählende Städtchen ist der verkehrstechnische Dreh- und Angelpunkt und das städtische Zentrum der westlichen Alpujarras. In der Ortsmitte fallen die **Pfarrkirche** aus dem 16. Jh. ins Auge, die einen bedeutenden *Cristo de la Expiración* („Sterbender Christus") aus der Bildhauerschule von *Martínez Montañés* beherbergt, sowie auf der anderen Straßenseite der **Palast des Grafen von Sástago,** der einst der Feudalherr der Gemeinde war. Obwohl das Ortsbild darüber hinaus keine besonderen Höhepunkte bietet, hat sich Órgiva erkennbar zum beliebten Treffpunkt von Rucksacktouristen vornehmlich mitteleuropäischer und britischer Herkunft entwickelt.

Praktische Informationen

Feste

- **Fiesta del Cristo de la Expiración,** am Fr vor Palmsonntag, das Fest des Schutzpatrons.
- **Feria de Órgiva,** vom 29. Sept. bis 2. Okt. Diverse Festivitäten in der bunt ausgeschmückten Stadt.

Einkaufen

- Jeden Do Vormittag bis ca. 14 Uhr ausgedehnter **Straßenmarkt** im oberen Bereich des Stadtzentrums.

Unterkunft

- **Hotel Puerta Nazarí****/②, Carretera A-348, km 15,9, Tel. 958.78.46.67, www.hotelpuertanazariorgiva.com. Sauberes, freundlich geführtes Hotel der unteren Mittelklasse etwa 1 km außerhalb von Órgiva Richtung Lanjarón, für eine Zwischenübernachtung auf jeden Fall empfehlenswert.

⊡ Gehöft in den Alpujarras

■ **Pension Alma Alpujarreña**①, Gonzáles Robles 49, Tel. 958.78.40.85. Lauschige kleine Pension unterhalb der Ortsmitte, ein kleines Stück von der Hauptstraße entfernt, daher nicht allzu laut. Günstig für nicht-motorisierte Reisende: Die Bushaltestelle ist nur 100 m unterhalb. Die Zimmer sind sehr einfach, nur einige DZ besitzen ein eigenes Bad. Das urige Ambiente muss ein bisschen mitbezahlt werden. Alternativ angehauchtes Restaurant angeschlossen.

Camping

■ **Camping Órgiva,** 2. Kat., Cortijo del Cura s/n, an der C-333 Tablate – Albuñol, km 18,9, Tel. 958.78.43.07, www.descubrelaalpujarra.com. Etwa 2 km unterhalb des Ortes in der Nähe des noblen Hotels Taray. Offiziell ganzjährig geöffneter, relativ kleiner Campingplatz. Sowohl Restaurant als auch Geschäft stehen jedoch nur von Mitte Juni bis Ende September zur Verfügung.

Verkehrsverbindungen

In Órgiva starten **zwei Buslinien.** Zur Alpujarra Alta (Capileira/Bérchules) um ca. 12, 13.30 und 18.45 Uhr, in die südliche und östliche Alpujarra (Cádiar/Ugíjar) um ca. 10.15 und 19.50 Uhr. In Richtung Granada ebenso viele Verbindungen wie von Lanjarón, Abfahrt jeweils 15 Minuten früher. Bushaltestelle etwa 300 m unterhalb der Kirche.

Pampaneira

Auf rund 1.060 Metern gelegen, ist Pampaneira, 14 Kilometer von Órgiva entfernt, das unterste der drei Dörfer im **Tal des Río Poqueira** (Pampaneira, Bubión und Capileira). Für sein hervorragend erhaltenes bzw. renoviertes Ortsbild erhielt Pampaneira in der Vergangenheit zu Recht zahlreiche Auszeichnungen.

094an bn

Insbesondere die liebevoll ausgeschmückten Brunnen und der Ausblick vom oberen Hang auf die schräg gestaffelten Dächer mit ihren kegelartigen Schornsteinen sind ein optischer Leckerbissen. Sowohl an der Landstraße als auch rund um den Hauptplatz **Plaza de la Libertad** neben der mudejaren Pfarrkirche aus dem 16. Jh. bieten zwar schon ziemlich viele Souvenirshops ihre Teppiche, Flechtwaren, Keramik etc. an, doch die 700-Seelen-Gemeinde wirkt insgesamt immer noch recht verträumt und ursprünglich.

Praktische Informationen

Information

■ **Centro de Información,** an der Plaza de la Libertad, Tel. 958.76.31.27, Di–Sa 10–14 und 17–19 Uhr, So und Mo 10–15 Uhr. Betrieben wird das Büro von der Organisation Nevadensis, die auch geführte Bergtouren von mittel bis anspruchsvoll anbietet und bei Fragen über Unterkünfte z. B. in umgebauten Bauernhöfen oder rustikalen *refugios* (Berghütten) weiterhilft. Angeschlossen ist ein kleines **Natur- und Volkskundemuseum,** das anschaulich (auf Spanisch) über Geologie, Klima, Flora und Fauna sowie Architektur und Handwerk der Alpujarras informiert.

Feste

■ **Día de la Cruz,** 3.–5. Mai. Patronatsfest zur Kreuzesauffindung mit „Beerdigung der Füchsin" und weiteren volkstümlichen Riten.

■ **Feria Artesanal,** 12.–15. September. Kunsthandwerksmesse.

■ **Fiesta de la Matanza,** 5.–8. Oktober. Schlachtfest mit Verzehr von gepökeltem Schweinefleisch, Migas und Wein.

Unterkunft, Essen und Trinken

■ **Hostal Pampaneira**①, c/ José Antonio 1, Tel. 958.76.30.02, www.hostalpampaneira.com. DZ inkl. Dusche und Heizung, insgesamt recht einfach.

■ **Restaurante Ruta del Mulhacén,** direkt an der Landstraße, Tel. 958.76.30.10, www.rutadelmulhacen.es. Ortstypisches Lokal mit sehr guter Hausmannskost, die Dachterrasse mit Sierra Nevada-Blick ist ein Traum. Seit einiger Zeit keine Zimmervermietung mehr, man vermittelt aber Zimmer im überraschend komfortablen **Hotel Rural Estrella de las Nieves**②-③, im Ortszentrum (c/ Huerto 21, Tel. 958.76.39.81, www.estrelladelasnieves.com).

Verkehrsverbindungen

Die **Busse** in Richtung Capileira/Pitres fahren um ca. 12.35, 14.05 und 19.20 Uhr ab, in Richtung Lanjarón/Granada um etwa 6.45, 16.30 und 18.30 Uhr.

095an bn

◁ Typisches Vordach („tinao") in Pampaneira

Barranco del Poqueira

Das vom Wildbach **Río Poqueira** ausgeschürfte Tal kann man mit Fug und Recht als eines der Glanzstücke der Alpujarras bezeichnen. Faszinierend vor allem, wie der Blick von der schattigen Schlucht im mittleren Abschnitt geradewegs zur schneebedeckten Spitze des Pico Veleta im Hintergrund schweifen kann. Noch mehr als die landschaftlichen Reize beeindruckt aber die Architektur der drei aus der Ferne wie Schneefelder am Hang klebenden Dörfer Pampaneira, Bubión und Capileira, in denen die Zeit stillgestanden zu sein scheint.

Wanderung im Poqueira-Tal

Die rund 240 Höhenmeter zwischen Pampaneira und Bubión können auf einer kurvenreichen Landstraße, oder – mit wesentlich intensiveren Sinneseindrücken – auf einem der alten Königswege in einer knapp einstündigen Wanderung überwunden werden. Dazu startet man in **Pampaneira** vom *supermercado* (ausgeschildert) auf halber Höhe des Dorfes. Auf seiner rechten Seite führt die Straße steil geradeaus bergauf bis zum oberen Ortsrand. Dort wurde bereits ein Hinweisschild auf Bubión angebracht, dem man einfach folgt – im Zweifelsfall die steiler nach oben führende Abzweigung wählen. Edelkastanien, Weiden, Feigen- und Walnussbäume sorgen für ein idyllisches Ambiente.

Am Ortseingang von **Bubión** geht man immer geradeaus weiter. Ein Stück innerhalb des Dorfes steht auf der linken Seite ein perfekt restauriertes öffentliches Waschhaus, wie es früher als Waschplatz in den Alpujarras weit verbreitet war. Dahinter erhebt sich die **Iglesia de San Sebastián** (16. Jh.), für deren Bau ein Wachturm der Nasridenzeit weiterverwendet wurde.

Um das nochmals knapp 140 Meter höher gelegene **Capileira** zu erreichen, geht man zunächst bergauf Richtung Villa Turistica. Etwa 200 Meter oberhalb der Einfahrt verlässt man hinter dem km-Stein 3 bei dem Keramikschild „Propiedad Privada" wieder die Landstraße. Es geht rechts an der „Casa Alguaztar" vorbei auf eine breite Pflasterstraße, die bald in einen schmalen Pfad übergeht. Dieser verläuft stets unterhalb der Landstraße und nimmt ca. 30 Min. Gehzeit in Anspruch. Bei der ersten Gabelung nach ca. 10 Min. nimmt man den linken Weg, ebenso bei einer Verzweigung an einem Strommast. Bei der dritten Abzweigung an einer mächtigen Edelkastanie ist der rechte Weg der bessere. Nun geht man unterhalb des Dorfes nach links, bis man auf einen breiten Pflasterweg mit Geländer trifft, den man hinaufsteigt. Bei den ersten Häusern empfiehlt es sich, nach links in die Gasse zur Kirche einzubiegen.

Bubión

Das kleinste der drei Dörfer im Poqueira-Tal wirkt fast zu jeder Tageszeit ziemlich verschlafen – kaum zu glauben, dass es in maurischer Zeit einmal der Hauptort des Tales war. Im Bereich unterhalb der Durchgangsstraße breiten sich die ebenfalls sehr pittoresken Wohnhäuser der oft noch von der Landwirtschaft lebenden Menschen aus. Seit einigen Jahren werden hier auch **Kiwis angebaut,** die sich hier, rund 1.300 Meter über dem Meeresspiegel, offenbar recht wohl fühlen. Neben der Landwirtschaft spielen auch **traditionelle Handwerke,** vor allem Webereien und Goldschmieden, eine zunehmende Rolle. Deren Erzeugnisse sind in den Geschäften entlang der Landstraße zu kaufen.

Interessante Einblicke in die Lebensweise der Gebirgsbewohner vermittelt das kleine **Museum Casa Alpujarreña** am Kirchplatz von Bubión (Mo–Fr 11–14 Uhr, an Feiertagen und Sa/So zusätzlich 17–19 Uhr, Di geschlossen).

Praktische Informationen

Essen und Trinken

- **Restaurante Teide,** Carretera 2, Tel. 958.76.30.37. An der linken Seite (bergauf gesehen) der Zufahrtsstraße, mit schattiger Sommerterrasse. Gilt als besonders guter Vertreter der hiesigen Küche und bleibt preislich in einem sehr bescheidenen Rahmen.
- Ebenfalls zu empfehlen ist das sehr attraktiv aufgemachte **Restaurant La Artesa** direkt gegenüber, Tel. 958.76.30.82. Die raffinierte Küche wird vor allem von Urlaubern aus dem nördlichen Europa geschätzt.

Feste

- **Fiesta de San Sebastián,** 20. Januar. Fest des Stadtheiligen.
- **Fiestas de Moros y Cristianos,** am vorletzten So des August.

Aktivitäten

- Die Engländerin *Dallas Love* bietet u. a. **Ausritte** in der herrlichen Umgebung von Bubión an. Tel. 958.76.30.38.
- Wer sich für längere Reittouren interessiert, sollte das **Gestüt Cabalgar,** Tel. 958.76.31.35 *(Rafael Belmonte),* kontaktieren. Bei der Ausschilderung „Horse Treks“ rechts abbiegen, nächste Straße links. Weitere Infos unter www.ridingandalucia.com.

Unterkunft

Zwei sehr verschiedene Quartiere stehen zur Auswahl, beide sind ganzjährig geöffnet.

- **Villa Turística del Poqueira*****/③-④, Barrio Alto s/n, Tel. 958.76.39.09, www.villasdeandalucia.andalucia.org. Mit ihren weiß gekalkten Bungalows, schmalen Gässchen und blumengeschmückten Plätzchen wirkt die 1985 errichtete Anlage etwas oberhalb von Bubión wie ein Alpujarras-Dorf im Kleinen und passt sich perfekt der idyllischen Umgebung an. Die durchgreifende Renovierung hat dem Hotel gut getan. Internet-Frühbucher können tolle Schnäppchen machen.
- **Hostal Las Terrazas****/①, Plaza del Sol 7, Tel. 958.76.30.34, www.terrazasalpujarra.com. Am Ortseingang Hinweisschild beachten und links ein Stück in den Ort fahren. Rustikale, ortstypische Architektur, die Zimmer mit Bad und Heizung bieten aber durchaus ordentlichen Komfort. Wer an einem längeren Aufenthalt interessiert ist, bekommt hier auch Apartments vermittelt. Günstige Preise.

Verkehrsverbindungen

Gegenüber Pampaneira sind die Abfahrtszeiten jeweils 10 Minuten später (bei Fahrt Richtung Capileira/Pitres) bzw. 5 Minuten früher (bei Fahrt Richtung Lanjarón/Granada).

Capileira

Stolze 1.436 Meter hoch gelegen, markiert dieses immerhin rund 900 Einwohner zählende Dorf den obersten Ausläufer menschlicher Siedlungstätigkeit im Tal des Poqueira. Theoretisch nimmt hier die **höchstgelegene Passstraße Europas,** knapp an den Gipfeln von Mulhacén und Veleta vorbei, ihren Anfang. Allerdings wurde die bald hinter dem Ort einsetzende Schotterpiste mittlerweile für den Autoverkehr gesperrt – für passionierte Mountainbiker sicher eine Herausforderung.

Als Ausgangspunkt für ausgedehnte Hochgebirgstouren oder auch mittelschwere Wanderungen, etwa hinunter zum Weiler La Cebadilla bzw. flussaufwärts zum Wasserkraftwerk Central de Poqueira, zieht das Dorf zahlreiche Touristen, z. T. auch Dauerurlauber an, was sich in einem fast schon **polyglotten Ambiente** und einer stark aufgefächerten Infrastruktur bemerkbar macht.

Ein weiteres Motiv, sich hier für eine Weile niederzulassen, liegt zweifellos im speziellen Ambiente des Ortes begründet. Erst 1993 erhielt er einen Preis, den man mit der deutschen Auszeichnung „Unser Dorf soll schöner werden" vergleichen kann. Tatsächlich gehört das mit reichlich Blumenschmuck verzierte und sorgfältig herausgeputzte Capileira zu den schönsten Beispielen typischer Alpujarra-Architektur.

In der Pfarrkirche wird die Dorfheilige in Gestalt der **Virgen de la Cabeza** („Unsere liebe Frau des Kopfes") aufbewahrt, eine mehrfarbige, von den Katholischen Königen gestiftete Madonnenfigur. Nicht weit davon steht die **Casa Museo de Pedro Antonio de Alarcón,** ein nach dem Schriftsteller aus Guadix benanntes Kulturhaus und Volkskundemuseum, auch wenn Capileira angeblich nicht auf seiner Route lag.

Typische Alpujarras-Architektur in Capileira

097an bn

096an bn

Praktische Informationen

Information

■ **Servicio de Interpretación de Altas Cumbres de Sierra Nevada,** Tel. 958.76.30.90, 671.56.44.06 (Handy), pi.capileira.cma@juntadeandalucia.es, tägl. 10–14 und 17–20 Uhr, Jan. bis Ostern geschlossen. Infohäuschen der Nationalparkverwaltung am Ortseingang links. Hier werden im Sommer die Minibus-Touren zum Alto del Chorillo (2.700 m) organisiert, die Bergsteigern den Weg auf den Mulhacén erleichtern sollen (Reservierung notwendig!).

Essen und Trinken

Die Gastronomie Capileiras gibt sich international, auch vegetarische Restaurants haben sich inzwischen etabliert.

■ **Restaurante Abuxarra,** Tel. 958.76.39.19. Auf der bergwärts gesehen rechten Seite der Landstraße am oberen Ortsrand unweit des Hotels Finca Los Llanos. Sehr gute, ortstypische Küche, leicht gehobenes Preisniveau, hübsche Terrasse.

■ Noch etwas idyllischer, mit kleinen Abstrichen an der Essensqualität, ist das 50 m weiter bergauf gelegene Terrassenlokal **Casa de Pilar y Paco Lopez,** Tel. 958.76.30.61, Spezialität ist Grillfleisch.

■ **El Fogón de Raquel,** Plaza del Calvario 16, Tel. 958.76.34.14. Empfehlenswertes Restaurant am Hauptplatz mit hübscher Terrasse, aber auch geschmackvoll gestalteten Innenräumen. Erstaunlich raffinierte Küche, auch große Auswahl für Vegetarier, das gehobene Preisniveau wird durch beste Qualität gerechtfertigt. Die Bedienung ist freundlich, aber man sollte etwas Zeit mitbringen. Mi Ruhetag.

Feste

■ **Fiestas en honor a Nuestra Señora de la Cabeza,** am letzten So im April. Kirchweihfest zu Ehren der Schutzheiligen.

■ **Romería en honor a La Virgen de las Nieves,** am 5. August. Die höchstgelegene Wallfahrt Spaniens auf den Mulhacén zu Ehren der dort aufgestellten „Jungfrau vom Schnee". Zugeständnis an die Moderne: statt Eselskarren kommen immer mehr allradgetriebene Geländewagen zum Einsatz.

Unterkunft

Relativ breites Angebot für fast jeden Geldbeutel.

■ Die hübsch gestaltete **Hotelanlage Finca Los Llanos*****/③, Tel. 958.76.30.71, www.hotelfincalosllanos.com, am oberen Ortsrand ist eine gute und preiswerte Alternative zur Villa Turística von Bubión, das Essen ist allerdings nur mittelprächtig, und einige Zimmer im Erdgeschoss sind dunkel und wenig einladend – vorher anschauen!

■ **Hostal Mesón Poqueira**①-②, c/ Doctor Castillo 6, bei Einfahrt hinter Tourist-Info links, Tel. 958.76.30.48. Einfache Pension in typischer Alpujarra-Bauweise. Die Zimmer inkl. Bad sind ihr Geld wert. Das günstige EZ ist schnell vergeben, als Einzelreisender sollte man rechtzeitig reservieren. Das Restaurant gilt als sehr gut und preiswert. Ganzjährig geöffnet.

■ **Cortijo Catífalarga**②-③, Tel. 958.34.33.57, 639.10.18.65 (Handy), www.catifalarga.com. Alternativ angehauchtes Landhotel der besonderen Art, vom gebürtigen Madrilenen *Luís Miguel* mit viel Hingabe und Geschmack eingerichtet. Kleiner Pool und Sportgelände, jeden Do Abend um 22 Uhr Flamenco in der Bar. Das um kreative Küche bemühte Restaurant bezieht das Gemüse aus dem eigenen Garten. Die Zimmer bzw. Apartments sind sehr unterschiedlich, entsprechend breites Spektrum der Preise. Anfahrt: Einfach die Landstraße durch Capileira weiter bergauf fahren, nach 1 km Abzweig nach links.

■ **Hostal Apartamentos Ruta de las Nieves**①-②, Tel. 958.76.31.06, www.turismoenlaalpujarra.com/dondealojarse/rutanieves.html. An der Durchgangsstraße oberhalb des Ortskerns, daher recht ruhig. Alle Zimmer mit Terrasse, wer mehr Platz braucht, kann auf die geringfügig teureren „Estudios" zurückgreifen. Gemessen am ordentlichen Komfort günstige Preise.

☒ Capileira liegt 1.436 Meter hoch

Verkehrsverbindungen

■ Gegenüber Bubión sind nochmals 10 bzw. 5 Minuten Verschiebung bei der **Busverbindung** einzukalkulieren.

Rundwanderung durch das Tal des Río Poqueira

■ **Ausgangs-/Endpunkt:** Ortsmitte von Capileira.
■ **Dauer:** 3½ Std.
■ **Höhenunterschied:** von 1430 m (Capileira) auf 1300 m (Schlucht des Poqueira), dann auf 1600 m (bei La Cebadilla) und wieder auf 1430 m.
■ **Schuhe:** Sportschuhe mit Profilsohle.
■ **Orientierung:** Durch Markierungen und Hinweisschilder relativ einfach.
■ **Hinweis:** Ausreichend Wasser mitnehmen,denn es gibt nur in Capileira Versorgungseinrichtungen.

Der hauptsächliche Reiz dieser **mittelschweren Wanderung** in die Schlucht des Río Poqueira liegt vor allem in den herrlichen Ausblicken auf den Hauptkamm der Sierra Nevada begründet, nebenbei lernt man auch die kleinbäuerliche Terrassenkultur der Alpujarra kennen. Ausgangspunkt ist der pittoreske Hauptplatz Plaza del Calvario von Capileira oberhalb der Pfarrkirche. Hier orientiert man sich nach links und geht an einer Telefonzelle vorbei in die Calle del Cubo. Bei den Apartamentos Vista Veleta gelangt man auf den Paseo del Aldeire, der in einer großen Aussichtsplattform mit schönem Blick auf die meist schneebedeckten Gipfel des Pico Veleta (3.394 m) und Mulhacén (3.482 m) endet. Mit den „Eras" sind die kreisrunden Dreschtennen gemeint, die uns auch auf der Wanderung noch begleiten werden. Auf der rechten Seite führt der breite Feldweg **Camino de Abuchite** sanft

Rundwanderung bei Capileira

bergab aus dem Dorf hinaus. Eine rechts abzweigende Trasse wird ignoriert, ebenso ein links abgehender, mit Kette abgesperrter Jeepweg. Es geht weiter leicht bergab. An einer weiteren Abzweigung bei einem gelben Klecks auf Felsen gehen wir links einen schmaleren Serpentinenweg bergab, der breitere Hauptweg verliert sich bald. Schließlich erreichen wir eine Gabelung: Ein relativ breiter Weg könnte zu einem steilen Abstieg nach links verleiten, er bezieht sich aber auf einen anderen Weg zur Puente del Chiscal. Wir gehen hingegen halbrechts bzw. geradeaus entlang einer mit violetten Farbklecksen gekennzeichneten Felspartie und erreichen nach insgesamt etwa 30 Minuten die weiter flussaufwärts gelegene Brücke **Puente de Abuchite.** Auf der anderen Flussseite geht es rechts auf einem nun schmaleren Pfad deutlich bergauf, dieser Abschnitt erfordert ein wenig Kondition; Holzpfosten mit weißgelber Markierung bestätigen, dass wir richtig sind. Vorbei an z. T. verfallenen Bauernkaten und Getreidefeldern gewinnen wir rasch an Höhe, blau markierte Abzweige nach links werden ignoriert. Der Weg verläuft stets deutlich oberhalb des Poqueira flussaufwärts, gelegentlich werden kleine Schluchten der meist wasserarmen Zuflüsse durchquert. In der Nähe eines moderneren Gebäudes fällt ein Strommast aus Metall ins Auge, dahinter mündet der Weg in eine breite Schotterpiste ein, auf der man nach rechts zum Fluss hinunter geht.

Nach insgesamt knapp 2 Stunden Gehzeit hat man den verlassenen Weiler **La Cebadilla** (1540 m) erreicht, dessen Gründung in den 1950er Jahren mit der Errichtung des Pumpspeicherkraftwerks „Central Eléctrica" einherging. Wer mag, kann diesen Komplex, nur ein kurzes Stück weiter flussaufwärts, als Abstecher erkunden. Ansonsten folgen wir dem Verlauf des breiten Fahrweges jenseits des Flusses an der ehemaligen Kirche vorbei bergauf und erreichen bald mit gut 1600 m den höchsten Punkt der Wanderung. Ein Abzweig zum Cortijo Roble Blanco wird ignoriert, in einer Linkskurve weist kurz darauf ein Schild mit der Aufschrift „Capileira" auf den weiteren Verlauf zu unserem Ziel hin. Es geht rechts bergab auf einem recht schmalen Pfad zu einem *acequía* genannten Bewässerungskanal, wo sich die Route teilt. Beide Abzweige treffen sich später wieder, auf dem tiefer gelegenen Abschnitt kann man ein Stück entlang des plätschernden Wassers spazieren. Beide Wege treffen sich wieder, und man geht rechts unterhalb einer Kiefernpflanzung weiter leicht bergab, ein Schild mit der Aufschrift „Capileira" erleichtert die Orientierung. Nach gut 3 Stunden Gehzeit neigt sich der nun recht holprige Pfad steil den ersten Häusern von Capileira und einer großen Hinweistafel mit Wanderbeschreibung entgegen. Nun geht man nach links zur Durchgangsstraße oder bummelt durch blumengeschmückte Gassen zurück zum Ausgangspunkt.

Pitres

Fast schon einen Platz an der Sonne haben sich die rund 800 Einwohner des ziemlich genau südwärts exponierten Pitres gesichert. Auch in diesem typischen Straßendorf ist die Alpujarra-Architektur zu bewundern, und es gibt auch noch die Möglichkeit, in einer etwa dreieinhalbstündigen Wanderung die sehr ursprünglichen Weiler **Mecinilla, Mecina-Fondales, Ferreirola** und **Atalbéitar** kennenzulernen, welche in maurischer Zeit zur **Taha de Pitres** gehörten. Startpunkt ist der Schotterweg rechts vom Restaurant La Carretera, die Orientierung von Ort zu Ort ist jedoch mangels Ausschilderung ziemlich schwierig, selbst mit gutem Kartenmaterial muss man sich gelegentlich durchfragen. Wer auf Nummer Sicher gehen will, sollte sich einer geführten Wanderung von Nevadensis (Näheres siehe unter Pampaneira) mit ausführlichen Ortsbesichtigungen anschließen.

Praktische Informationen

Unterkunft/Essen und Trinken

TIPP: **Hotel de Mecina Fondales****/③, Mecina Fondales, c/ La Fuente s/n, Tel. 958.76.62.54, www.hoteldemecina.com. Komfortables Hotel mit Pool neben der Kirche der Streusiedlung Mecina Fondales mit schönem Blick auf das nur 2 km entfernte Tal des Río Trevélez. Dank guter Küche und sehr nettem Ambiente eines unserer Lieblingshotels in den Alpujarras.

■ Im benachbarten Ferreirola bietet das deutschsprachige Besitzerpaar *Inger* und *Sepp* im Gästehaus **Sierra y Mar**② (Tel. 958.76.61.71, www.sierraymar.com) sieben DZ und zwei EZ mit viel ortstypischem, urigem Charme an.

■ **L'Atelier,** c/ Alberca 21 (Mecina Fondales, ca. 200 m Richtung Ferreirola), Tel. 958.85.75.01, www.ivu.org/atelier. Hervorragendes vegetarisches Restaurant des renommierten Kochs und Buchautors *Jean-Claude Juston* (spricht auch englisch), nur Do–So geöffnet. Für 45 € inkl. Frühstück werden hübsch dekorierte DZ mit Bad in traditionellen Alpujarras-Häusern vermietet; in der HS und Mo–Mi unbedingt telefonisch reservieren!

Camping

■ **Camping Balcón de Pitres,** 2. Kat., Ctra. Órgiva – Ugíjar km 51, Tel. 958.76.61.11, www.balcondepitres.com. Sehr schön angelegter Platz mit herrlicher Aussicht, zwischen Bubión und Pitres gelegen. Recht gut mit Bungalows, Restaurant, Supermarkt und Pool ausgestattet. Geöffnet vom 1.3.–31.10., Supermarkt und Restaurant nur im Sommer.

Verkehrsverbindungen

■ **Linienbus** in Richtung Capileira/Lanjarón ca. um 6, 15, 16 und 18 Uhr, nach Pórtugos/Trevélez etwa um 13.15, 14.45 und 20 Uhr.

Rundwanderung von Ferreirola über Busquístar durch das Tal des Río Trevélez

■ **Ausgangs-/Endpunkt:** Ferreirola
■ **Dauer:** 3½ Std. bzw. 1½ Std. (kurze Variante), jeweils ohne Ortsbesichtigungen.
■ **Höhenunterschied:** von 1000 m (Ferreirola) auf 1150 m (Busquístar), dann von 950 m (Tal des Río Trevélez) auf 1200 m (Venta del Relleno), bergab auf 900 m (Tal) und zurück auf 1000 m.
■ **Schuhe:** Wander- bzw. Trekkingschuhe empfehlenswert, für die kurze Variante genügen Sportschuhe.
■ **Orientierung:** Durch vorbildliche Markierung einfach; gut ausgebauter Wanderweg.
■ **Anspruch:** Mittel bis schwer, in der kurzen Variante leicht.
■ **Hinweis:** Es empfiehlt sich, ein Picknick mitzunehmen, Einkehr ist nur in Busquístar und eingeschränkt in Ferreirola möglich.

Diese **konditionell recht anspruchsvolle Wanderung** vermittelt einen hervorragenden Eindruck von einem noch urwüchsigen Abschnitt der Alpujarra, der vom „touristischeren" Poqueira-Tal in kurzer Fahrt zu erreichen ist. Wer nicht so gut zu Fuß ist, kann es auch mit dem sehr hübschen Dorfverbindungsweg zwischen Ferreirola und Busquístar bewenden lassen.

Das Fahrzeug lässt man am besten am Kirchplatz von **Ferreirola** ganz in der Nähe der Casa Rural Sierra y Mar (siehe „Unterkunft") stehen, hier hat das winzige Dorf auch seinen Brunnen mit Waschplatz. Man geht entlang einer weiß-roten Markierung rechts an der Villa Kiko vorbei in die Calle El Rosario und hält sich hier stur geradeaus. Beim *consultorio* (Krankenstation) macht die Gasse einen Knick nach rechts und führt dann links unter einem *tinao* (Vordach) aus dem Ort hinaus. Gleich darauf verwandelt sich die Pflasterstraße in einen ausgesprochen idyllischen Wanderweg, vor allem im Frühjahr, wenn die zahlreich angepflanzten Mandelbäume blühen. Bei einer weiß-roten Markierung zeigt das Schild „Busquístar 50 Min." unser erstes Etappenziel an. Auf einem felsigen Abschnitt ist ein Pfosten mit weiß-gelben Ringen zu sehen, hier nach links weitergehen, bis wieder die gewohnte weiß-rote Markierung folgt. Gleich dahinter biegt man nach links ab, der falsche Weg rechts ist mit einem „X" gekennzeichnet. Wenig später wird eine steile Abzweigung nach links bergauf nicht beachtet, aber mit Annäherung an Busquístar steigt der bislang höhenparallele Pfad allmählich ebenfalls an. Kurz vor dem Ziel kommt man zu einem breiten Feldweg, wo man nach rechts ein Stück bergab gehen muss. Im Hintergrund ist eine Markierung auf einem Felsen zu erkennen, dort führt ein schmaler Pfad geradeaus weiter bis zum Ortsrand. Nach einem ziemlich steilen Anstieg erreicht man eine Infotafel, wo der gerade bewältigte **Camino Rural de Ferreirola** charakterisiert wird. Auch wenn man keinen weiteren sportlichen Ehrgeiz verspürt, lohnt es sich dennoch, weiter bergan durch die verträumt wirkenden Gassen von **Busquístar** zu spazieren. Erfrischung ist in den einfachen Bars rund um die Pfarrkirche oder an der noch höher gelegenen Landstraße zu finden. Bei der kürzeren Variante sind Hin- und Rückweg identisch, ansonsten kehrt man zu dem o. g. Hinweisschild zurück und geht dann rechts bergab, ein schwarzer Pfeil an einer rostigen Tür weist die Richtung. Am Ende der Straße ist eine Infotafel „Sendero de la Escarihuela de Busquístar" aufgestellt, von der aus man rechts bergab in die Schlucht des **Río Trevélez** steigt. Bei einem Wegkreuz nimmt man den mit Pfosten markierten mittleren Weg und biegt später links ab. Nach etwa 1,5 Std. reiner Gehzeit wird der Fluss auf einer Brücke überquert, danach steigt der Weg halblinks im Zickzack steil bergan – jetzt stehen etwa 20 schweißtreibende Minuten auf dem Programm.

Nach etwa 250 Höhenmetern erreicht man bei der **Venta del Relleno** die Landstraße nach Almegijar/Torvizcón und geht hier auch rechts in diese Richtung. Nach gut 1 Kilometer auf Asphalt erreicht man eine Gruppe von fünf Häusern. Bei einem breiten Feldweg mit der Aufschrift „Coto privado de caza" verlassen wir die Straße nach rechts, der weißgelbe Markierungspfosten ist etwas schwer zu erkennen. Zwischen zwei Häusern zweigt unser Weg rechts Richtung Fluss ab, jetzt ist er wieder gut gekennzeichnet. Bei dem erst gemächlichen, später ziemlich steilen Abstieg eröffnen sich großartige Ausblicke in die Schlucht des Río Trevélez und auf die Sierra Nevada im Hintergrund. Nach knapp 3 Std. Gehzeit wird der Fluss wieder auf einer Brücke überquert, bei einer verfallenen Mühle hält man sich links.

Der letzte **Anstieg nach Ferreirola** ist mit rund 100 Höhenmetern vergleichsweise harmlos. Bald hat man den mit „X" gekennzeichneten Abzweig (s. o.) wieder erreicht, hier biegt man links in den bekannten Dorfverbindungsweg nach Ferreirola ein und gelangt nach insgesamt 3½ Std. zurück zum Ausgangspunkt.

Pórtugos

Die etwas kleinere Nachbargemeinde, die nur zwei Kilometer von Pitres entfernt liegt, besitzt insbesondere im Tal des **Río Bermejo,** am westlichen Ortsrand, idyllische Winkel. Ansonsten sind vor allem die beiden stark mineralhaltigen Quellen **Fuente Agria** und **Fuente de Churriana,** rund 500 Meter von der Bebauungsgrenze an der Landstraße Richtung Bérchules, erwähnenswert. Angeblich besitzt das kohlensäurehaltige Nass heilende Wirkung bei Gelbsucht, Asthma und Appetitlosigkeit. Auf jeden Fall hat sich das Bachbett durch die Eisenoxid-Ausfällungen rostrot verfärbt – angesichts der nahen Eisenminen von Busquístar ist dieses Phänomen nicht überraschend. Der Glaube an die segensreiche Wirkung der sauren Quellen wird zweifellos durch die direkt daneben aufgebaute **Kapelle der Virgen de las Angustias** („Unsere Liebe Frau der Ängste") beflügelt, welche auch Ziel von Wallfahrern ist. Von der unterhalb der Landstraße angelegten Plattform lohnt sich außerdem noch der kurze Abstieg zu einem einige Meter hohen Wasserfall, der sich in eine kleine, moosbewachsene Schlucht ergießt.

Praktische Informationen

Feste

- **Fiesta en Honor a la Virgen del Rosario,** 7.–10. Oktober. Prozession mit dem Bildnis der Schutzheiligen des Ortes, welches in der Pfarrkirche aufbewahrt wird. 17.–19. Oktober dann die für nur 500 Einwohner überraschend lebhafte *feria.*

092an bn

Unterkunft/Essen und Trinken

- **Hostal Restaurante El Mirador**①, am Hauptplatz nahe der Kirche, Tel. 958.76.60.14. Einfache Gästezimmer, hervorragende, landestypische Küche zu akzeptablen Preisen.

Verkehrsverbindungen

- **Bus** 2x tägl. in Richtung Trevélez, 1x früh morgens und 1x nachmittags in Richtung Capileira/Lanjarón.

Trevélez

Obwohl mit rund 1.150 Einwohnern nicht gerade riesig, erfreut sich Trevélez in Spanien eines außerordentlich hohen Bekanntheitsgrades. Zum einen rühmt es sich, die **höchstgelegene Ortschaft Spaniens** zu sein, zum anderen lässt der hier produzierte *jamón serrano* die Liebhaber feinen Schinkens mit der Zunge schnalzen – neben seinem Rivalen aus Jabugo (Sierra Morena) gilt er als der beste Andalusiens.

Ob die offiziell angegebenen 1.480 Höhenmeter wirklich für den Titel als höchstes Dorf ausreichen, sei einmal dahingestellt, der oberste Rand der Besiedelung auf rund 1.750 Metern lässt dieses Prädikat schon als gerechtfertigt erscheinen. So artet ein Spaziergang durch den Ort aufgrund der enormen Höhendifferenzen leicht in eine kleine Wanderung aus, denn im Namen „Trevélez“ steckt nicht ohne Grund das Wort „tres“,

◁ Die Fuente Agria bei Pórtugos

teilt sich doch die Siedlung in drei Ortsteile auf verschiedenen Höhenniveaus. Das **Barrio Bajo,** unten an der GR-421, steht noch ganz im Zeichen des Schinkens, im **Barrio Medio** und **Barrio Alto** gibt es aber manche schöne Häuserzeile, welche die Mühe eines Aufstiegs durchaus lohnt.

Angesichts der riesigen Einsalzungs- und Trocknungsfabriken *(Jamonerías)* entlang der Hauptstraße fragt man sich, wo denn eigentlich die ganzen Iberischen Hausschweine herumlaufen, die hier zu **Schinken** „veredelt" werden – in der Tat könnten die Alpujarras allein den ganzen Bedarf gar nicht decken. Neben der strengen Aussortierung des importierten „Rohschinkens" spielt zweifelsohne auch das fast ganzjährig kühle Klima mit ausgeglichener Luftfeuchtigkeit für die optimale Reifung zum hochwertigen Endprodukt eine wichtige Rolle.

Nach der Schlachtung im Winter wird jeder **jamón serrano** einige Tage in Meersalz eingelegt (Faustregel: Zahl der Tage = Zahl der Kilos) und danach für vier Monate in einem kühlen Raum luftgetrocknet, traditionell im Obergeschoss der Trocknungsanlagen, heute meist in Kühlräumen mit konstant etwa 5 °C. Anschließend wird vor allem die speckfreie Seite mit einer Paste aus Schmalz und Olivenöl eingerieben, um ein zu starkes Austrocknen und Insektenbefall zu verhindern. Im mittleren Geschoss der Trocknungsanlage „schwitzt" nun der Schinken für weitere zehn Monate, bevor er – je nach Dicke der Speckschwarte – für weitere zwei bis zehn Monate in die kühlen Gewölbe der Bodega wandert, wo die abschließende Reifung beobachtet wird.

Die in der Alpujarras geläufigere Keule **pata blanca** des normalen Hausschweins unterscheidet sich gegenüber der **pata negra** nicht nur durch den namensgebenden weißen = fleischfarbenen Huf, sondern auch durch eine rundlichere Form und ein höheres Gewicht (ca. 12 kg vor, 8–9 kg nach der Reifung). Die schlankere Keule des dunklen Iberischen Schweins, einer Kreuzung aus Haus- und Wildschwein, ist sehr leicht am schwarzen Huf erkennbar. Der Schinken selbst charakterisiert sich mit einer dunkleren Farbe und einem würzigeren Aroma, der Reifungsprozess kann hier bis zu drei Jahre dauern. Traditionell ist diese hochwertigere und teurere Variante eine Domäne des westlichen Andalusien mit seinen ausgedehnten Kork- und Steineichenwäldern. Bei vorherrschender Eichelmast in den Wochen vor der Schlachtung wird mit dem **jamón ibérico de bellotas** die höchste Qualitätsstufe und mit annähernd 50 € pro Kilo (im Geschäft) auch der höchste Preis erreicht. Für den meist nur schlicht als *jamón serrano* (Gebirgsschinken) bezeichneten *pata blanca* sind im Laden etwa ein Fünftel, für „normalen" *pata negra* gut die Hälfte dieses Betrages anzulegen, direkt vom Erzeuger ist es natürlich deutlich günstiger. Der als *pataleta* bezeichnete Vorderschinken ist bei den Gourmets nicht ganz so begehrt, was sich auch im Preis bemerkbar macht.

Der ausgereifte Schinken kann dann auch in den zahlreichen Souvenirshops, wo die **Keulen** dicht an dicht **von der Decke hängen,** gekauft oder in einer der vielen Bars verkostet werden. Kleine Hütchen am unteren Ende dienen dazu, das abtropfende Fett aufzufangen. Wenn Köche oder Metzger mit einem langen und dünnen Messer die hauchzarten Scheiben von der Keule ablösen, sprechen die Spanier treffend von *tocar el violín*, denn es sieht tatsächlich so aus, als würde der Meister die Violine spielen. Die *tapa de jamón* für den kleinen Hunger, gratis zur *caña* (Bier vom Fass) oder dem Glas Wein, ist ortsüblich und gehört zu einem Besuch von Trevélez einfach dazu.

Praktische Informationen

Feste

■ **Romería de la Virgen de las Nieves,** 5. August. Neben Capileira der zweite Startpunkt dieser Wallfahrt.

■ **Dia del Jamón,** „Tag des Schinkens", 15. August.

■ **Feria del Ganado,** 19. und 20. Okt. Viehmarkt.

Unterkunft/Essen und Trinken

Mehrere einfache Pensionen und Gästezimmer im Ort bzw. in der nahen Umgebung.

■ **Hotel Pepe Alvarez***/①-②, Plaza Don Francisco Abellán 16, Tel. 958.85.85.03, www.hotelpepealvarez.es. Sehr leicht zu finden, da direkt an der Einmündung der Landstraße in den Hauptplatz des Barrio Bajo gelegen – trotzdem ziemlich ruhig. Sehr gepflegte, recht komfortable Zimmer mit Bad und Fußbodenheizung. Gutes Preis-Leistungsverhältnis, v. a. für Einzelreisende.

■ **Hotel La Fragua**①, San Antonio 4, Tel. 958.85.86.26, www.hotellafragua.com. Bei Anfahrt von Westen am Schild „Barrio Medio" orientieren, vom Hauptplatz (Pkw hier parken) ca. 150 m zu Fuß zum empfehlenswerten **Restaurant Mesón La Fragua** zur Anmeldung. Das Hotel ist an sich ein typischer andalusischer Landgasthof, aber noch eine Spur gepflegter und liebevoller eingerichtet als die Konkurrenz. Sehr preiswert, Mitte Jan. bis Mitte Feb. geschlossen.

Camping

■ **Camping Trevélez,** 2. Kat., Ctra. Trevélez – Órgiva km 1, ca. 1 km vom Ort Richtung Pitres, Tel. 958.85.85.35, www.campingtrevelez.net. Gute Ausstattung mit Pool und gutem Restaurant, ordentlich Schatten, offiziell ganzjährig geöffnet.

Verkehrsverbindungen

■ **Bus** in Richtung Capileira/Lanjarón 1x früh morgens und 2x nachmittags, nach Bérchules 2x tägl.

Weiterfahrt in die östlichen Alpujarras

Trevélez stellt für viele Alpujarra-Besucher nicht nur den Höhepunkt – zumindest topografisch gesehen – ihrer Tour dar, sondern meist auch den Endpunkt. Falsch ist das bei einem begrenzten Urlaub sicher nicht, denn fundamental Neues wird weiter östlich nicht mehr geboten. Dennoch kann sich die Erkundung des ein oder anderen Dorfes gerade wegen der relativen Unberührtheit schon lohnen.

Fährt man bis **Válor** weiter, steht zudem eine reizvolle Alternativstrecke zur Rückkehr nach Granada offen: die Überquerung der Sierra Nevada über den 2.000 Meter hohen Pass **Puerto de la Ragua** sowie ein Abstecher zur Kleinstadt **Guadix** und ihrer Umgebung. Auf der Fahrt Richtung Ugíjar durchquert man auf der aussichtsreichen A-4130 zunächst die Dörfer **Juviles, Bérchules** und **Mecina Bombarón.** Für Busreisende ist in Bérchules bzw. der Nachbargemeinde Alcutar Endstation, weiter nach Ugíjar müsste man umständlich in Cádiar umsteigen (Abfahrt 6.50 Uhr!).

Auch die Landschaft beginnt sich nun allmählich zu verändern: Die sich in erster Linie aus Steineichen, Walnussbäumen und Edelkastanien zusammensetzende Vegetation wird lichter und erscheint nun eher mediterran als alpin. Der Blick auf die gegenüber liegende, nahezu kahle **Sierra de Contraviesa** erinnert bereits an die fast wüstenartigen Landschaften der Provinz Almería.

Yegen

Den Mittelpunkt des Dörfchens bildet ein Stück unterhalb der Durchgangsstraße der hübsch gestaltete Hauptplatz mit seiner Miniaturnachbildung des Löwenbrunnens der Alhambra. Von hier aus startet der rund zweieinhalbstündige Wanderweg **Ruta de Gerald Brenan,** der auch schöne Ausblicke auf die Umgebung bietet. Das Haus, in dem der britische Hispanist *Gerald Brenan* sieben Jahre seines Lebens zwischen 1920 und 1934 verbrachte, wird durch eine Gedenktafel der Stadtverwaltung geschmückt.

Bei der Betrachtung des **gut erhaltenen Ortsbildes** fällt auf, dass die meist zweigeschossigen Gebäude mit ihren glatten, hoch aufragenden Fassaden wesentlich strenger wirken als die putzigen Flachdachhäuser des Poqueira-Tales. Auf Besucher ist man in dem ausgesprochen verschlafen wirkenden Örtchen kaum eingestellt.

Praktische Informationen

Unterkunft

- **Bar La Fuente**①, am Hauptplatz, Tel. 958.85.10.67. Außerordentlich preiswerte Gästezimmer mit Bad und Terrasse.
- **Alojamientos Rurales Las Eras**①-②, Tel. 958.85.11.91, 636.87.93.10 (Handy). Recht schmucke Anlage mit kleinem Pool oberhalb der Landstraße Richtung Ugíjar. Komfortable, relativ preiswerte EZ und DZ (auch für eine Nacht), sehr große Bungalows für ca. 80 €. Anmeldung im Restaurant.
- **El Rincón de Yegen**①-②, Camino de las Eras (Richtung Válor), Tel. 958.85.12.70, www.elrincondeyegen.com. Rustikale, landestypische Zimmer und Bungalows, Terrasse mit schönem Blick und kleiner Pool.

Verkehrsverbindungen

- Die Weiterfahrt nach Ugíjar per **Bus** erfolgt 1x mittags und 1x abends, in Richtung Cádiar/Órgiva 1x frühmorgens und 1x nachmittags.

Válor

Mit rund 2.000 Einwohnern kann man das aus drei Ortsteilen bestehende Válor schon als recht großes Dorf bezeichnen. Allzu viel Lokalkolorit konnte es sich nicht bewahren, am ehesten wird der Liebhaber typischer Alpujarra-Architektur im Bereich rund um die mächtige **Iglesia Parroquial** fündig.

In den Geschichtsbüchern gilt der Ort als die Heimat von **Aben Humeya,** dem tragischen Helden der letzten großen maurischen Aufstände in dieser Region, der hier um 1520 als Sohn einer christianisierten Moriskenfamilie geboren worden sein soll. Ihm gilt eine Inschriftentafel am Altersheim.

Praktische Informationen

Einkaufen

- Bekannt ist Válor für seinen in Olivenöl eingelegten Schafskäse. In einem gut sortierten Geschäft namens **La Despensa** an der Hauptstraße (zwischen dem Hostal Las Perdizes und der Pfarrkirche) kann man den Käse oder auch diverse Wurstspezialitäten zusammen mit dem aus der Gegend von Laujar stammenden Wein kosten. Daneben werden auch die Alpujarra-typischen *Jarapas*, Keramik und Korbwaren, angeboten.

Feste

■ **Fiestas de Moros y Cristianos,** 14.–15. Sept. Die Festspiele „Mauren und Christen" werden im Zusammenhang mit den Feiern zu Ehren des Ortspatrons Sto. Cristo de la Yedra (etwa: „Heiliger Christus vom Efeu") ausgetragen und gehören zu den traditionsreichsten und spektakulärsten ihrer Art in den Alpujarras.

Unterkunft

In Válor entstanden in den letzten Jahren kleine, gepflegte Apartmentanlagen wie das **Balcón de Válor**②-③ oberhalb der Landstraße im Ortsteil Torrecilla (Tel. 958.85.18.21, www.balcondevalor.com), die sich auch für einen längeren, geruhsamen Aufenthalt anbieten. Wer eher hotelähnlich unterkommen möchte, sollte den prämierten „agrotouristischen Komplex" **Alquería de Morayma****/②-③ in Erwägung ziehen, Tel. 958.34.32.21, www.alqueriamorayma.com, ca. 2 km außerhalb der Kleinstadt Cadiar (Richtung Torvizcón). Die Bungalows (es gibt auch billigere DZ) des umgebauten Bauernhofs (span. *alquería*) sind recht urig und weitgehend „naturbelassen", viele hübsche Details erfreuen das Auge. Schöne Aussichtsterrasse mit Pool und tollem Blick auf die für Bergwanderer leider schon recht weit entfernte Sierra Nevada.

Verkehrsverbindungen

Die Zeiten verschieben sich gegenüber Yegen um je 10 Minuten.

Ugíjar

Bleibt man auf der C-332, geht es hinter Válor auf kurze Distanz von 900 Höhenmetern hinunter in den von steilen Felsabbrüchen eingerahmten Talkessel von Ugíjar auf nur 560 Meter Höhe. Im Vergleich zu den umliegenden Bergdörfern wirkt die mit einigen ansehnlichen Adelshäusern gesegnete Kleinstadt von rund 3.000 Einwohnern geradezu mondän. Rund um die wieder aufgebaute Kirche **Santuario de Nuestra Señora del Martirio** sind Postamt, Bank und Bushaltestelle zu finden. Etwas weiter hangabwärts kommt man in das **Centro Urbano,** dessen verwinkelte Gassen noch stark an die Alpujarras erinnern, sodass ein Bummel durch das lebensfrohe Städtchen durchaus Genuss bereiten kann.

Praktische Informationen

Feste

■ **Fiesta en Honor a la Virgen del Martirio,** 10.–14. Oktober. Das Hauptfest des Ortes, welches auch Besucher aus weiter entfernten Dörfern anlockt. Hintergrund ist die Geschichte einer Madonnenfigur, die während der Moriskenaufstände von 1568 aus ihrer damaligen Kapelle entwendet und auf verschiedene Arten geschändet wurde. Den Rebellen gelang es jedoch nicht, die Statue zu zerstören. 1606 wurde sie in einem Brunnen gefunden und seither als „Jungfrau des Martyriums" und Schutzpatronin der gesamten Alpujarras verehrt. Rund um die religiösen Feierlichkeiten in der gleichnamigen Kirche hat sich ein regelrechter Jahrmarkt mit Stierkampf, Tontaubenschießen etc. entwickelt, einige Veranstaltungen können bereits am 9. Oktober beginnen.

Unterkunft

Im Ortszentrum gibt es zwei Pensionen, die beide an der Durchgangsstraße nicht weit von der Bushaltestelle liegen.

■ **Hostal Vidaña**①, Ctra. de Almería, Tel. 958.76. 70.10. Einfaches Quartier mit Restaurant. DZ mit Bad und Heizung.

■ **Hostal Pedro**①, c/ Fábrica de Sedas, Tel. 958. 76.14.49. Sehr ruhig oberhalb der kleinen Parkanlage am Ortseingang gelegen – empfehlenswert. In Preis und Qualität ähnlich wie das Vidaña.

Verkehrsverbindungen

■ Für die **Buslinie** von Granada ist hier Endstation. Verbindungen nach Granada um ca. 6 und 15 Uhr. Nach Almería über Berja/El Ejido um ca. 8.30 und 15.15 Uhr (Sa/So) bzw. 17.30 Uhr (Mo–Fr).

Weiterfahrt

Bei einer Weiterfahrt Richtung Guadix sollte man sich vergewissern, dass der Tank noch Reserven aufweist, in Ugíjar befindet sich für rund 60 Kilometer die **letzte Tankstelle.**

Auf der GR-431 über Mecina Alfahar kommt man auch an dem Dörfchen **Mairena** vorbei, das sich stolz *Balcón de la Alpujarra* nennt – und in der Tat ist der Ausblick aus 1080 Metern Höhe nicht von schlechten Eltern. Auch die Zufahrt durch eine majestätische Berglandschaft zum Pass **Puerto de la Ragua** ist sehr reizvoll.

Ist Almería das Ziel, stellt sich bald die Frage, ob man die zeitlich kürzere Küstenstrecke über Berja oder die landschaftlich interessantere Inlandsstrecke über Laujar wählt. Entscheidet man sich für eine Weiterfahrt durch die **Alpujarra almeriense,** wird man zunächst mit einer recht rauen und kargen Steppenlandschaft konfrontiert. Erst im Hochtal des **Río Andarax** wird es wieder grüner, Gartenbaukulturen und vor allem endlose Rebflächen bestimmen das Bild. Inmitten der gleichnamigen *vega* breitet sich das Städtchen **Laujar de Andarax** aus, das sich keck *Capital de la Alpujarra* („Hauptstadt der Alpujarra") nennt. Auch wenn in einigen *bodegas* der süffige Laujar-Wein angeboten wird, will sich der Eindruck eines lauschigen Winzerstädtchens kaum einstellen.

Empfehlenswert auch für längere Aufenthalte ist auf jeden Fall die frisch renovierte **Bungalowanlage Villa Turística*****/②-③ (Paraje Cortijo de la Villa, Tel. 950.60.80.50) am östlichen Ortsrand von Laujar oberhalb des Flusses Andarax; ähnlich wie in Bubión können Frühbucher auch hier richtige Schnäppchen machen (siehe dazu www.villasdeandalucia.andalucia.org).

Etwa 20 Kilometer weiter östlich ist als größere Siedlung noch **Canjáyar** rund um einen Bergkegel zu nennen. In dieser Gegend tritt nun zunehmend die nackte Verwitterungsdecke zutage, bekommen die zerfurchten Berghänge einen fast schon wüstenartigen Charakter. Die zum Río Andarax strebenden Gewässer sind nur noch periodisch mit Wasser gefüllt, im Sommer trocknen sie völlig aus. Die Kultivierung von Wein und Oliven konzentriert sich auf die Flussauen, wo Brunnen zur Bewässerung in das Grundwasser getrieben werden können. Als letzter Besichtigungsstopp vor Almería können die prähistorischen Ausgrabungen von **Los Millares** erwähnt werden (siehe Kapitel „Provinz Almería").

an14-046 nk

6 Provinz Almería

Archaisch und rückständig – das war einmal. Heiß und trocken ist es in der Provinz noch immer. Die positive Folge: ein ökonomischer Aufschwung, landwirtschaftlich in Form riesiger Treibhauskulturen, touristisch in Gestalt von Badegästen an der langen Costa de Almería mit dem Cabo de Gata als spektakulärem Höhepunkt. Einen ganz speziellen Reiz übt die Provinzhauptstadt Almería aus.

◁ Der katholische Glaube ist in Andalusien noch sehr präsent

Provinz Almería

0 10 km

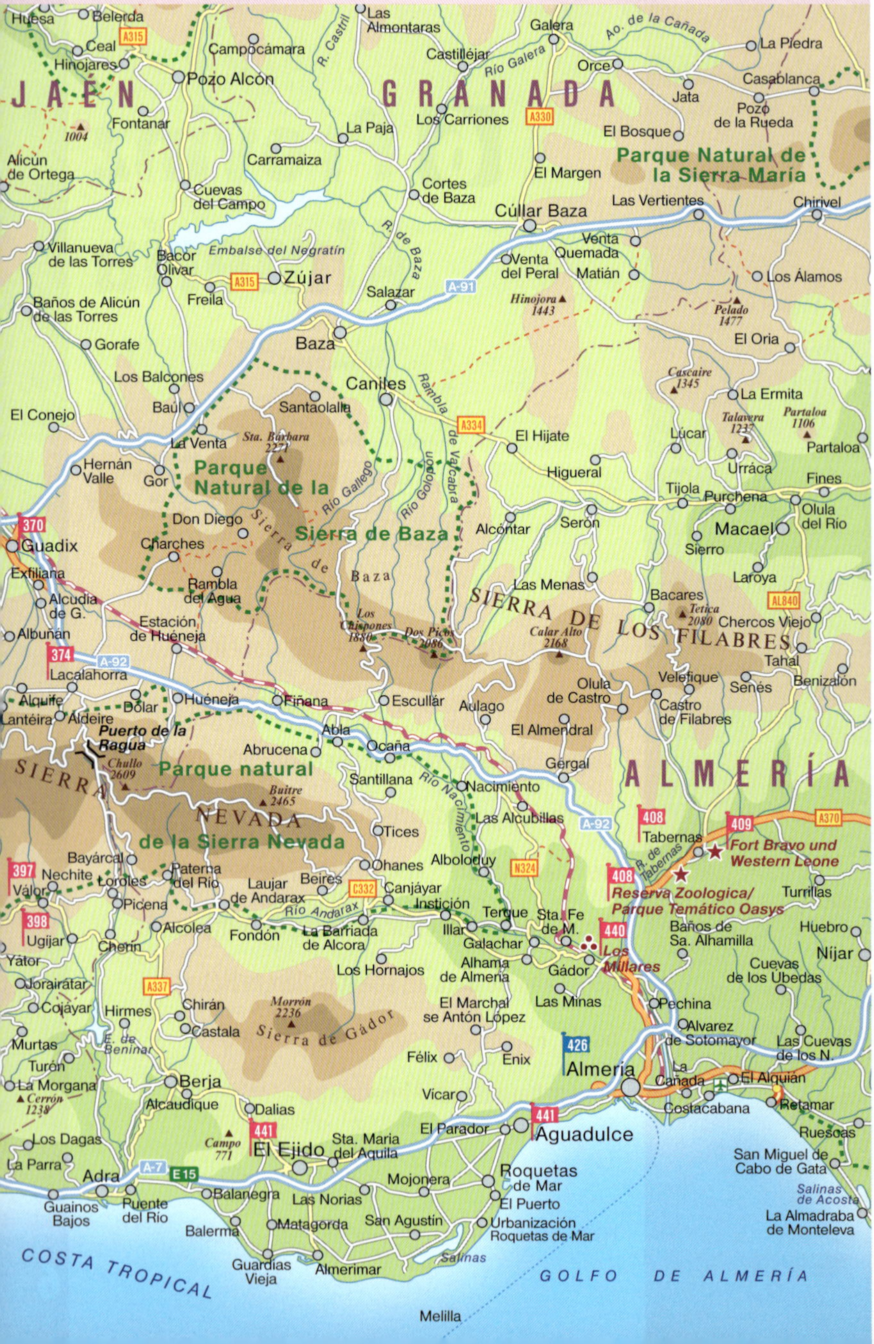

ÜBERBLICK

Eine Provinz von eigenem Reiz erwartet den Besucher an der Grenze zur Region Murcia. Archaische, bereits an Nordafrika erinnernde Landschaften, sowie Dörfer und Städte von eher spröder Schönheit bilden in jedem Fall ein interessantes Kontrastprogramm zum übrigen Andalusien.

Mit gerade einmal 200 mm Jahresniederschlag, kaum die Hälfte dessen, was im Rest des Landes vom Himmel fällt, muss sich die Provinz Almería durchschnittlich begnügen – Dornsträucher und Kakteen bestimmen weithin das Bild. Die Mehrzahl der Urlauber hält sich bevorzugt an der abwechslungsreichen, mit herrlichen Stränden gesegne-

NICHT VERPASSEN!

- **Vélez Rubio und Vélez Blanco:** in den Zwillingsstädten an der Grenze zu Murcia scheint die Zeit stehen geblieben zu sein | 406
- **Mojácar:** die Küste ist fest in Touristenhand – das Weiße Dorf auf der Anhöhe hat sich jedoch Einiges an andalusischem Flair bewahrt | 409
- **Naturpark Cabo de Gata-Níjar:** vulkanische Aktivität sorgte an der südöstlichen Ecke Andalusiens für eine bizarre Kulisse bei Wanderungen und Badefreuden | 412
- **Almería:** die „afrikanischte Großstadt Spaniens" hält einige Überraschungen bereit | 426

Diese Tipps sind gelb hinterlegt.

ten Küste auf, aber auch im noch sehr ursprünglich wirkenden Hinterland gibt es einiges zu entdecken.

Auch in Andalusien selbst galt die Provinz lange Zeit als randständige, gottverlassene Einöde, in der eine Hand voll Unverbesserlicher einer menschenfeindlichen Natur mühselig das Nötigste zum Leben abrangen. Archaische Wirtschaftsweisen, wie die Gewinnung von Textilfasern bzw. Sisal aus Kakteen, die Gewinnung des roten Farbstoffs Koschenille durch die Züchtung einer Schildlausart auf Feigenkakteen sowie das Sammeln von Kräutern und Gewürzen waren für die Landbevölkerung bis in unser Jahrhundert eine unverzichtbare Erwerbsquelle.

Heute sieht man von diesen Tätigkeiten nichts mehr, auch die Wanderschäferei oder die Kultivierung von Getreide im Trockenfeldbau ist wegen niedriger Erträge deutlich zurückgegangen. Lediglich das Anlegen von huertos, Nutzgärten mit Granatapfel-, Feigen-, Orangen- und Olivenbäumen, in begünstigten Lagen lohnt sich bei entsprechender Bewässerung noch.

El Playazo bei Rodalquilar in der Provinz Almería

100an bn

Die Bemühungen des Menschen, an das **kostbare Grundwasser** zu gelangen, sind in Form meist halbkugelförmig eingedeckter Zisternen und hölzernen, von Eseln oder Maultieren angetriebenen Wasserschöpfrädern gegenwärtig. Permanent wasserführende Flüsse sind in diesem ariden Gebiet selten, die Landoberfläche wird eher durch meist trockene Täler, die *Ramblas,* zerschnitten, in denen erst nach heftigen Regenfällen reißende Wildbäche hinabstürzen.

Betrachteten in der Vergangenheit Almerías Bewohner die fast ganzjährige Trockenheit und eine an 320 Tagen gnadenlos vom Himmel brennende Sonne eher als Fluch, so sieht man inzwischen auch den Segen dieses in Europa einzigartigen Klimas: Für die mittlerweile rund 35.000 Hektar Fläche einnehmenden **Treibhauskulturen,** vor allem im Süden der Region, stellt das Klima geradezu traumhafte Bedingungen dar. Aber auch der zu einem Wirtschaftsfaktor ersten Ranges aufgestiegene **Badetourismus** an der 190 Kilometer langen Costa de Almería profitiert natürlich enorm von der fast ganzjährigen Sonnenscheingarantie. Und nicht zuletzt lockte die Aussicht auf über 200 wolkenlose Nächte Wissenschaftler des Max-Planck-Instituts auf den 2.168 Meter hohen Calar Alto in der Sierra de los Filabres, um dort eines der bedeutendsten astronomischen Observatorien Europas zu errichten.

Die Provinz Almería hat inzwischen auch ein eigenes **Maskottchen:** den auch als „Puppe von Mojácar" bekannten **Indalo,** der bereits vor etwa 4.500 Jahren von jungsteinzeitlichen Künstlern an die Wand der Höhle Cueva de los Letreros gepinselt wurde. Dabei handelt es sich um eine stark schematisierte Menschengestalt, zwischen deren ausgebreiteten Armen ein halbkreisförmiger Bogen verläuft, der von der Bevölkerung als Regenbogen interpretiert wurde.

In der Provinz Almería kommen insgesamt eher die Freunde außergewöhnlicher Naturlandschaften auf ihre Kosten, als die Liebhaber von Kunst und Kultur. Die **Provinzhauptstadt Almería** versprüht einen herben Charme. Mit der gewaltigen Alcazaba, der festungsartigen Residenz der maurischen Herrscher, hat aber auch die Kapitale ein Monument ersten Ranges zu bieten.

Costa de Almería

Die Küste der Provinz Almería trug schon viele Namen: In den 1920er Jahren gab es eine Broschüre, welche den Abschnitt von Motril (Provinz Granada) bis zum Cabo de Gata als „Costa del Sol" bezeichnete – diesen eingängigen Begriff eignete sich aber später die Provinz Málaga an, und dabei ist es bis heute auch geblieben. So nennt man die Küste heute schlicht **Costa de Almería,** die allerdings in zwei sehr unterschiedliche Teile zerfällt: Der Bereich nordöstlich des Cabo de Gata bis zur Grenze der Provinz Murcia wird gern als **El Levante Almeriense** bezeichnet. Ca. sechs Kilometer landeinwärts gelegen, kann die Kleinstadt **Vera** als wichtigstes Touristenzentrum im Norden der Küste angesehen werden, vor allem für die Anhänger der Freikörperkultur.

Das einige Kilometer südlich von Vera gelegene **Mojácar** kann weniger mit beeindruckenden Stränden, dafür aber mit einer pittoresken Altstadt und einem anheimelnden Ambiente aufwarten. Der unbestrittene landschaftliche Höhepunkt der Costa de Almería ist das unter Naturschutz gestellte, wild zerklüftete Kap **Cabo de Gata,** das auch Badefreuden der besonderen Art bereithält.

Westlich davon erstreckt sich der zweite Teil der Costa de Almería, der überwiegend vom **Golfo de Almería** eingenommen wird und keinen besonderen Namen besitzt. Auch wenn die Strände z. T. ihre Qualitäten haben, erscheint ein Aufenthalt in dieser Region doch als sehr zweifelhaftes Vergnügen. Die hastig hochgezogenen Feriensiedlungen verbreiten oft das Flair von Trabantenstädten, und die mit Gewächshäusern überzogene Landschaft wirkt ziemlich eintönig.

Allen Abschnitten der almeriensischen Küste ist ein ausgesprochen trockenes, auch im Winter angenehm mildes Klima zu eigen. An der entsprechend kargen, steppenartigen Vegetation scheiden sich natürlich die Geister: Was der eine als faszinierend fremdartig empfindet, erscheint dem anderen möglicherweise nur öde und lebensfeindlich.

Vélez Rubio und Vélez Blanco

Das 6.700 Einwohner zählende Städchen Vélez Rubio befindet sich fast direkt an der A-92-N von Murcia nach Granada. Von der Costa de Almería kommend, sollte man auf der E-15 bis Puerto Lumbreras (Provinz Murcia) fahren und dort die entsprechende Autobahnabfahrt nehmen. Das deutlich kleinere Vélez Blanco ist nur noch sechs Kilometer von der Schwesterstadt entfernt.

Reizvoll zeigt sich **Vélez Rubio** vor allem im Bereich um die mit einer imposanten, klassizistischen Fassade prunkende Pfarrkirche Iglesia de la Encarnación aus dem 18. Jh. Die meist gut erhaltenen Stadtpaläste gehen teilweise noch auf das 17. Jh. zurück, aber auch Beispiele des spanischen Jugendstils wie die Casa Modernista sind zu sehen.

Noch beeindruckender ist jedoch der Besuch der stillen Schönheit **Vélez Blanco** an den Ausläufern der bis zu 2.045 Meter hohen Sierra de María. Erst 1488 kampflos von den kastilischen Truppen eingenommen, konnte sich dieser Ort viel von seinem maurischen Gepräge bewahren. Das gilt insbesondere für das Barrio de la Moreria, welches sich unterhalb des **Castillo de los Vélez** an den Hang schmiegt. Diese auch „Castillo de los Fajardo“ genannte Renaissance-Burg thront unübersehbar auf dem 1.128 Meter hohen Stadthügel und gehört sicher zu den beeindruckendsten ihrer Art in Andalusien. Die Innenausstattung des bis 1515 fertiggestellten Schlosses mit kunstvoll verzierten Kassettendecken, einer wertvollen bronzenen Tür und einem fast komplett aus weißem Marmor gearbeiteten Innenhof muss einst von umwerfender Pracht gewesen sein, bis sie 1904 weit unter Wert an einen französischen Antiquar verkauft wurde. 1995 musste das weitläufige Gemäuer auch noch eine ziemlich brachiale Renovierung über sich ergehen lassen, sodass vom ursprünglichen Flair nicht viel übrig geblieben ist. Eine Erkundungstour durch die abenteuerlich verwinkelten Gänge, vor allem aber die herrlichen Ausblicke auf die steil aufragende Sierra del Gigante und das in der Sonne glänzende Häusergewirr des Weißen Dorfes Vélez Blanco lohnen den Besuch aber auf jeden Fall.

■ **Castillo de los Vélez,** geöffnet 1.4. bis 30.9. Mi–So 10–14 und 17–20 Uhr, sonst nachmittags 16–18 Uhr, Eintritt frei, Infos unter Tel. 950.61.48.00 oder 607.41.50.55 (Handy).

Praktische Informationen

Feste

■ **Las Mascaras,** 17. Januar bis 3. Februar, dem Karneval ähnlich mit Kostümen, Musik und *Comparsas*, die ihre Spottgesänge zum Besten geben.
■ **Fiesta del Santísimo Cristo de la Yedra,** das Patronatsfest in der zweiten Augustwoche, beginnend mit einer Prozession, in der das Christusbild durch die Straßen getragen wird, gefolgt von Spielen, Wettbewerben und Feuerwerk.

Unterkunft

■ **Bar-Hostal La Sociedad***/①, c/ Corredera 14, Tel. 950.41.50.27. Direkt an der – nicht sehr verkehrsreichen – Hauptstraße von Vélez Blanco gelegen. Im Haupthaus einfaches Restaurant, separates Pensionsgebäude. In der HS empfiehlt sich eine telefonische Reservierung. 15 DZ mit Bad, für Einzelreisende in der Regel kein Nachlass.
■ **In Vélez Rubio** sind insbesondere am Ortseingang mehrere Hostals, wie das **Zürich,** Tel. 950.41.09.43, www.actiweb.es/hotelzurich, zu finden.

Verkehrsverbindungen

■ **Vélez Blanco:** Bushaltestelle am Eingang der Calle Corredera, evtl. auch vor der Bar La Sociedad; nach Almería mit ALSA über Vélez Rubio So nachmittags, 1x frühmorgens, nach Lorca 2x tägl.
■ **Vélez Rubio:** Haltestelle bei Hostal Zürich, Infos unter Tel. 950.41.03.35; Gesellschaft Alsina Graells fährt nach Murcia 4x tägl., nach Málaga 2x tägl., nach Córdoba 1x vormittags (über Granada). Gesellschaft Enatcar bietet tägl. Fahrt nach Málaga an, einen Tag vorher im Hostal Zürich Platz reservieren.

Cueva de los Letreros

Etwa zwei Kilometer von Vélez Blanco Richtung Vélez Rubio zweigt ein Feldweg rechts zur Cueva de los Letreros ab. Die **Höhle** beherbergt **86 bronzezeitliche Felsmalereien** des Levante-Typs (ca. 2500 v. Chr.). Der Name „Höhle der Aufschriften" leitet sich von der Hypothese ab, die abstrakten Darstellungen seien eine Art primitives Alphabet. Daneben wurden, vermutlich im Zusammenhang mit Jagd- und Fruchtbarkeitsriten, Tiere und Menschen wie der sichelschwingende „Zauberer" und das heute als Glücksbringer verehrte Maskottchen *Indalo* bildlich festgehalten.

■ **Cueva de los Letreros,** die Höhle kann Mi/Sa/So für 2 € um 16.30 Uhr (Juli/Aug. 19 Uhr) besichtigt werden, es empfiehlt sich eine Reservierung unter Tel. 650.80.83.90 (Handy).

Die Westerndörfer von Tabernas

Eine halbe Autostunde von Almería auf der A-92 in nördlicher Richtung, fühlt man sich in eine andere Welt versetzt. Von hohen Gebirgen umzingelt, verirrt sich nur höchst selten eine Regenwolke in diese **unwirtliche Gegend,** die, von den zumeist ausgetrockneten Flusstälern abgesehen, nur anspruchslose Gräser und Dornsträucher hervorzubringen vermag. Unwillkürlich fühlt man sich an die staubigen, sonnengedörrten Steppenlandschaften des **US-amerikanischen Westens** erinnert. Doch was da in Kino und Fernsehen als Texas, Arizona oder Mexiko verkauft wurde, könnte sich in Wahrheit durchaus als Rambla de Tabernas oder Sierra de Alhamillas entpuppen. Die Wahrscheinlichkeit ist gar nicht so gering, denn mindestens 100 Filme wurden hier in Mini-Hollywood gedreht, unter anderem „Zwei glorreiche Halunken“, „Die Glorreichen Sieben“, „Wem die Stunde schlägt“, „Für eine Handvoll Dollar“ und nicht zuletzt *Bullys* „Der Schuh des Manitu“.

Parque Temático Oasys

Der **Pionier unter den Westerndörfern** befindet sich unweit der Abzweigung von A-92 (nach Guadix) und N-370 (nach Tabernas) und ist aufgrund reichlicher Ausschilderung kaum zu verfehlen. Die einst nur aus Fassaden bestehende Kulissenansammlung wurde mit zunehmender Nachfrage zu einer **„originalgetreu“ nachgebauten Wildwest-Siedlung,** in der schon *Clint Eastwood* missmutig auf seinem Zigarillo kaute.

Nachdem das Gelände von einer Hotelkette aufgekauft wurde, dient es nun als **Touristenattraktion** mit allem, was das bleichgesichtige Greenhorn in einer Westernstadt so erwartet: Saloon, Holzkirche, Amtsstube des Sheriffs und natürlich eine Bank, die darauf wartet, ausgeraubt zu werden. Genau das passiert auch täglich um 12 und 17 Uhr (gutes Wetter und Nachfrage vorausgesetzt), professionelle Stuntmen inszenieren die übliche Show mit Schießereien, Faustkämpfen und Verfolgungsjagden. Das Ambiente lässt sich natürlich noch für weitere Geschäfte wie Spielsalon, Restaurant, Souvenirshop und Pferdeverleih nutzen, sodass der Besuch von Mini-Hollywood zu einem teuren Spaß werden kann. Wenn man sich dann noch die stolzen Eintrittspreise vor Augen hält, fragt man sich, wer hier eigentlich die glorreichen Halunken sind …

■ **Parque Temático Oasys:** geöffnet zwischen 10 und 18 Uhr je nach Monat, aktuelle Zeiten auf der Website (s. u.) unter „Horarios, Calendario“. Diverse Vorführungen (Vogeldressur, Can Can, Western) ab 12 Uhr. Preise: Erwachsene zahlen 22 €, Kinder (bis 11 Jahre) 12,50 €, inkl. Besuch des Tierparks, Parken 2,50 €. Tel. 950.36.52.36, www.oasysparquetematico.com.

Reserva Zoológica

Der nahe gelegene Tierpark gehört zum Oasys-Park, beherbergt etwa 700 Tiere und ist als eine Art **Drive-in-Zoo** konzipiert. Besuch nur in Kombination mit dem Mini-Hollywood-Ticket (Tel. 950. 36.29.31).

Fort Bravo und Western Leone

Etwas preiswerter als Mini-Hollywood sind das kleinere **Fort Bravo/Texas Hollywood** (Tel. 950.16.54.58, auch im Winter tägl. 9–18 Uhr geöffnet), das in der Nähe von Tabernas über eine 2 km lange Staubpiste zu erreichen ist, sowie das **Dorf Western Leone** (Tel. 950.06.60.14) ganz in der Nähe der Autobahn A-92, Ctra. N-340, km 468, ca. 2 Minuten von Tabernas entfernt.

Mojácar

Auf einer felsigen Anhöhe gelegen, präsentiert sich Mojácar als recht schmuckes, liebevoll mit Blumen und Sträuchern dekoriertes **„Weißes Dorf"**. Das lauschige Ambiente in Verbindung mit einer äußerst günstigen Lage in Küstennähe blieb der aufmerksamen Tourismusmaschinerie natürlich nicht verborgen. So wurde das Städtchen zu einem **beliebten Urlaubsort** – und auch Dauerwohnsitz für sonnenhungrige Nordeuropäer meist britischer Herkunft.

Souvenirshops und Boutiquen gibt es geradezu im Überfluss, neben einigen schönen Exponaten wird auch jede Menge **grauenhafter Kitsch** angeboten, der *Indalo*, das Maskottchen der gesamten Region, darf natürlich keinesfalls fehlen. Sogar das Chorgemälde der aus einer Festung hervorgegangenen Kirche Santa María (1560) könnte dem Pinsel eines Pop-Artisten entsprungen sein.

Ein ästhetischer Hochgenuss, vor allem im Frühling, ist ein Aufstieg durch die mit Bougainvillea geschmückte Gasse Cuesta de la Fuente zum intimen, von tropischen Baumarten bestandenen Rathausplatz Placita del Ayuntamiento. Dabei passiert man das alte Stadttor **Puerta de la Ciudad,** dessen Wappen mit dem habsburgischen Doppeladler (1574) als typisches Ehrenzeichen für das loyale Verhalten einer Stadt bei einer vergangenen Schlacht interpretiert werden kann. Die aus arabischer Zeit stammende Burg auf dem höchsten Punkt des Ortes wurde durch ein Erdbeben 1518 weitgehend zerstört, vom **Mirador del Castillo** kann man aber an einem weiten Blick auf die eindrucksvolle Küstenlandschaft werfen und bei Bedarf auch Einkehr in dem hübschen Terrassencafé gleichen Namens halten.

Generell gilt: Es empfiehlt sich nicht, mit dem Auto gleich in das Gassengewirr der Altstadt hineinzufahren. Zu einer ersten Erkundung sollte man das Vehikel an dem offiziellen, etwas abgelegenen **Parkplatz** abstellen, die zentrale Plaza Nueva eignet sich nur noch zum Be- und Entladen.

Strände

Wer Badefreuden genießen möchte, muss zunächst das knapp zwei Kilometer vom Ortskern entfernte **Mojácar Playa** ansteuern, was mit den häufig verkehrenden Linienbussen kein Problem ist. Allerdings dürfte der schmale, von Ferienhäusern hart bedrängte Sandstreifen, mit dem man zunächst konfrontiert wird, kaum Begeisterung auslösen. Die unmittelbar hinter den Strand gelegte Küstenstraße Avenida del Mediterraneo und eine endlose Abfolge von meist sterilen Hotelkomplexen und unpersönlichen Einkaufszentren tragen auch nicht gerade zum Wohlbefinden bei.

Aber Mojácar brüstet sich mit nicht weniger als 17 Kilometer badetauglicher Küstenlinie, sodass man vor allem im Süden Richtung Carboneras durchaus fündig werden kann. Im Bereich zwischen der Playa de Macenas und der Playa de la Granatilla gliedert sich die nun schroffer werdende Küste in abgeschiedene, **kleine Buchten,** in denen auch FKK möglich ist. Einziger Wermutstropfen: Die Busverbindungen nach Carboneras sind miserabel. Wesentlich besser sind die Verbindungen in das unansehnliche (Sport)hafenstädtchen Garrucha, aber die Strände in dieser Richtung genügen nur bescheidenen Ansprüchen. Keine Probleme sollte die Wasserqualität bereiten; einige Strände schmücken sich seit Jahren mit der Blauen Umweltflagge.

Praktische Informationen

Information

- Die **Oficina de Turismo** befindet sich nur wenige Schritte unterhalb der Plaza Nueva in einem Gebäudekomplex, der u. a. auch die **Polizeiwache** und das **Postamt** beherbergt. Tel. 950.61.50.25. Mo–Fr 10–14 und 17–19.30 Uhr, Sa 10.30–13.30 Uhr, So geschlossen.

Essen und Trinken

Restaurants, Cafés, Bars und Kneipen gibt es in reicher Auswahl, die Preise sind naturgemäß etwas höher als üblich. Eine hohe Kneipendichte weist neben der Plaza Nueva auch die Calle Arco de Luciana an der ehemaligen Stadtmauer (oberhalb der Kirche) auf. Sehr nett ist z. B. die Bar **Time & Place** nahe der Pension El Torreon, in der auch Kunst ausgestellt wird.

- **La Muralla** nennt sich eine atmosphärisch sehr angenehme Musikkneipe an dem alten Torbogen.

Feste

- **Romería de San Isidrio,** 15. Mai, Wallfahrt.
- **Moros y Cristianos,** am Wochenende um den 10. Juni. Bei dieser besonders prächtigen Festivität lässt man in Umzügen und Tänzen die historischen Kämpfe zwischen Mauren und Christen wiederaufleben.
- **Fiesta de San Juan,** am 24. Juni brennen die Johannisfeuer am Strand.
- **Fiesta de San Agustín,** Fest zu Ehren des Schutzpatrons von Mojácar am 28. August.

Aktivitäten

- Die Möglichkeiten für **Wassersport** wie Windsurfing, Wasserski, Segeln, Hochsee-Kanus, Tauchen, Wellenreiten auf dem „Funtube" usw. sind nahezu unbegrenzt. Zum Tauchen wende man sich an das Centro Escuela Buceo Mojácar, Paseo Mediterraneo 55, Tel. 950.47.27.60.

Unterkunft

Mojácar offeriert dem Reisenden ein breitgefächertes Angebot teilweise sehr erfreulicher Quartiere, sowohl im ursprünglichen Ort als auch in Mojácar Playa. Wer vom Urlaub mehr haben will als nur Strandaufenthalt, ist in der historisch gewachsenen Siedlung natürlich besser aufgehoben. Die Hotelbewertungen beziehen sich daher stets auf Mojácar Pueblo. Das Preisniveau erscheint vor allem zu den Hochsaisonzeiten wie Ostern, Pfingsten und von Juli bis September ziemlich hoch, aber in der verbleibenden Zeit des Jahres werden vor dem zaudernden Kunden erstaunlich günstige Angebote aus dem Hut gezogen.

■ **Cortijo de la Media Luna**②-③, zwei ländlich eingerichtete *cortijos* zum Entspannen mit schönem Innenpool. Mindestaufenthalt 2 Nächte. Pasaje de las Marismas 36, Tel. 950.47.88.13, www.cortijodelamedialuna.com, ca. 1 km von Mojácar entfernt, rund 800m zum Strand.

■ **Pension El Torreón***/②, c/ Jazmín 4–6, Tel. 950.47.52.59. Wunderbar mit Jugendstil-Elementen eingerichtetes altes Haus; hohe, atmosphärisch sehr schöne DZ ohne besonderen Komfort. Die Gemeinschaftsbäder sind von der freundlich-patenten Wirtin tiptop gepflegt. Die supergemütliche Terrasse mit tollem Ausblick ist schon allein ein Grund, diese Unterkunft in die engere Wahl zu ziehen – aber Achtung, im Sommer sind die wenigen Zimmer rasch ausgebucht! Nachlass für Einzelreisende. Zufahrt und Parkmöglichkeit für Autofahrer schwierig – vorher die Lage zu Fuß (gut 5 Minuten von der Plaza Nueva entfernt) peilen.

■ **Hostal El Olívar**①-②, c/ Estación Nueva 11, Tel. 950.47.20.22, www.hostalelolivar.es. Ein etwas verwinkeltes Häuschen – dank der gründlichen Renovierung durch die neuen Besitzer hat die gemütliche Pension deutlich an Komfort gewonnen. Frühstück und Parken im Preis inklusive.

Camping

■ **Camping El Quinto,** 2. Kat., Tel. 950.47.87.04. Zwischen Mojácar und Turre gelegen, mit Biergarten und Pool.

■ **Camping El Cantal de Mojácar,** 2. Kat., Ctra. Garrucha – Carboneras, Abzweigung Vera – El Cantal, Tel. 950.47.93.05. An der Landstraße nach Garrucha nur wenige Gehminuten vom Strand entfernt. Relativ schattig, Bar und Restaurant vorhanden, ebenso diverse Wassersporteinrichtungen. Ganzjährig geöffnet, außerhalb der Saison aber Einschränkungen im Service.

Verkehrsverbindungen

■ **Bus:** Bushaltestelle an der Calle Glorieta einige Meter unterhalb des Touristenbüros. Nach Vera 3x tägl., Almería 9x tägl., Granada 3x tägl., Sa/So 2x, diverse Busgesellschaften. Weitere Infos bzw. Ticketvorbestellung im Parque Comercial in Strandnähe, Tel. 950.47.21.99. Strandbusse nach Garrucha fahren vom Hotel Indalo (Mojácar Playa) ab, die Busfirma Baraza kann unter Tel. 950.39.00.53 kontaktiert werden. Abfahrten 10x tägl.

■ **Taxiruf:** Tel. 950.47.81.84.

Weiterfahrt

In südlicher Richtung erreicht man nach 15 km Fahrt auf landschaftlich reizvoller Strecke zwischen Küste und Sierra Cabrera die Hafenstadt Carboneras.

Carboneras

Der letzte größere Ort vor dem Naturpark Cabo de Gata-Nijar galt lange Zeit als etwas ärmliches Fischerdorf, bis Anfang der 1980er Jahre hart an der heutigen Grenze zum Schutzgebiet eine **gigantische Industrieanlage** aus dem Boden gestampft wurde. Durch zugewanderte Gastarbeiter auch aus Nordspanien schwoll die Einwohnerzahl auf heute fast 7.000 Personen an, wozu auch der rege innerspanische Tourismus seinen Teil beitrug, denn die Einheimischen scheinen sich an optischen Zumutungen wie dem genannten Zementwerk und den dazugehörigen Industriehäfen nicht sonderlich zu stören.

Dennoch braucht man Carboneras nicht links liegen zu lassen, schon der **Stadtstrand** mit seinem Paseo Marítimo ist ganz ansehnlich. Trotz ihres makabren Namens („Strand der Toten") ist auch die 5 Kilometer südlich bereits im

Schutzgebiet befindliche **Playa de los Muertos** für Badelustige zu empfehlen; vom Parkplatz am Punto de Información Los Muertos geht man noch etwa 10 Minuten.

Hauptanziehungspunkt im Ortszentrum ist das **Castillo de San Andrés de la Carbonera,** welches der Markgraf von El Carpio im 16. Jh. zum Schutz vor plündernden berberischen Piraten errichten ließ. Zur Fiesta de San Antonio (10.–13. Juni) werden in der Burg auch Ritterspiele mit Kämpfen zwischen Moros y Cristianos aufgeführt.

Südlich der Playa de los Muertos erhebt sich das 222 Meter hohe **Plateau La Mesa Roldán** mit einem gut erreichbaren Mirador, der herrliche Ausblicke auf die umgebende Küstenlandschaft erlaubt. Von dort ist es nur noch ein Katzensprung zum beschaulichen Fischerdorf Agua Amarga.

102an bn

Naturpark Cabo de Gata-Níjar

Das Cabo de Gata („Achat-Kap“): für Geografen schlicht die südöstliche Ecke Spaniens, für Alternativurlauber lange Zeit unter der Hand weitergegebener Geheimtipp als **einer der letzten noch weitgehend unverbauten Küstenabschnitte des Mittelmeers** – und die hochgeschraubten Erwartungen werden nicht enttäuscht. Vulkanische Tätigkeit schuf eine äußerst abwechslungsreiche Mittelgebirgslandschaft mit einer speziellen, der extremen Trockenheit angepassten Vegetation. Die meist zwischen steilen Felsklippen eingestreuten **Strände** gehören zu den schönsten des Landes, sogar ausgedehnte, feinsandige Dünen sind zu finden. Gemessen am sonst üblichen Trubel der spanischen Mittelmeerküste ist das Cabo de Gata geradezu eine Oase der Ruhe, entsprechend schwierig gestalten sich aber auch die Anfahrt mit öffentlichen Verkehrsmitteln und in der Hochsaison die Quartiersuche.

Die rund 40 Kilometer in Südost-Nordwest-Richtung verlaufende **Sierra del Cabo de Gata** gilt als das bedeu-

tendste vulkanische Massiv des spanischen Festlandes. Rauchende Krater wird man zwar nicht mehr finden, aber die vor 8 bis 15 Millionen Jahren ausgespieenen Aschen und Lavamassen hinterließen ein beeindruckendes Landschaftsbild mit steil aufragenden Vulkankegeln, dramatisch zum Meer hin abstürzenden Felsklippen und tief eingekerbten Trockentälern, den **Ramblas.**

Die einstigen, gegenüber der Erosion sehr widerstandsfähigen Förderschlote sind heute noch in Gestalt der **Arrecifes,** fingerartiger Felsnadeln in der Brandungszone des Kaps, zu sehen. In der Vergangenheit bildeten sich in warmen Klimaperioden im Meer Muschelbänke und Korallenriffe, die dann nach ihrem Zerfall als Kalkfelsen oder silbrig glänzende Sanddünen ihren Beitrag zur Landschaftsgestaltung leisteten.

Las Negras am Cabo de Gata

Die bis zur Mitte des 20. Jh. noch sehr archaisch wirkende Sierra konnte sich in den 60er Jahren als beliebter **Schauplatz von Historienfilmen** wie „Lawrence von Arabien" oder „El Cid" etablieren, und auch unser *Blacky Fuchsberger* ritt in „Der letzte Mohikaner" durch almeriensischen Staub.

Eine bedeutende Rolle für das Erscheinungsbild des Cabo de Gata spielt auch das besondere Klima: Mit rund 130 mm Jahresniederschlag ist es nicht nur die trockenste Gegend Spaniens, sondern sogar ganz Europas. Zusammen mit der Jahresdurchschnittstemperatur von 18 Grad und völliger Abwesenheit von Frösten ergeben sich geradezu afrikanische Klimaverhältnisse, die eine **speziell angepasste Pflanzenwelt** hervorbrachten. Außerhalb der feuchteren Flussauen gedeiht lediglich eine karge Dornstrauchvegetation, der **Matorral.** Hochwüchsige Gehölzpflanzen sind, teilweise auch durch Rodung und Überweidung, Mangelware, an mediterrane Wälder ist gar nicht zu denken.

Während die Steppengebiete von der heimischen **Tierwelt** aufgrund des bescheidenen Nahrungsangebotes eher spärlich bevölkert werden, erfreuen sich Feuchtgebiete wie die Salinen, vor allem bei standortunabhängigen Zugvögeln, großer Beliebtheit. Als einziger Naturpark der spanischen Mittelmeerküste kann der Cabo de Gata einen 24.000 Hektar messenden, marinen Sektor vorweisen, denn auch die vor der Küste lebenden Meerestiere wurden als schutzwürdig anerkannt.

Im Jahr 1987, zu einem Zeitpunkt, als große Teile der andalusischen Mittelmeerküste bereits unter Beton begraben waren, richtete die Naturschutzbehörde Agencia del Medio Ambiente den insgesamt 50.000 Hektar umfassenden **Parque Natural Marítimo-Terrestre** zwischen der Urbanisation Retamar im Südwesten und den Hafenanlagen von Carboneras im Nordosten ein – keinen Tag zu früh, denn gerade in San José hatte die Bautätigkeit bereits bedenkliche Ausmaße angenommen. Doch spätestens seit der Bestimmung des Areals zum Biosphärenreservat im Winter 1997/ 98 sind zumindest die Verordnungen der Junta de Andalucía so streng, dass eine Wiederholung früherer Fehlentwicklungen nicht zu erwarten ist – der Expansion sind durch den Mangel an Trinkwasser ohnehin natürliche Grenzen gesetzt. Ein Sündenfall aus jüngerer Zeit war der Bau einer riesigen Hotel- und Apartmentanlage oberhalb der zum Naturpark gehörenden Playa del Algarrobico (ca. 4 km nördlich von Carboneras), für die ein ganzer Berg umgegraben wurde. Nach heftigen Protesten von Naturschützern verfügte der Oberste Gerichtshof 2012 einen kompletten Abriss des Gebäudes.

Zu beachten ist, dass die **Hotels und Pensionen im Hochsommer oft ausgebucht** sind und wildes Campen im Nationalpark nicht mehr geduldet wird. Von Juli bis September tut man gut daran, sich seine Bleibe ein paar Tage vorher telefonisch zu reservieren.

Trotz der beeindruckenden Klimadaten herrscht am Cabo de Gata aufgrund der relativ **starken Winde** nicht unbedingt ganzjährig eitel Sonnenschein – wer in Sachen Badespaß auf Nummer Sicher gehen möchte, sollte schon die Zeit von Mitte Mai bis Mitte Oktober bevorzugen. Die Qualität des kristallklaren Meerwassers ist im gesamten Parkbereich ausgezeichnet, das Leitungswasser ist hingegen mit Vorsicht zu genießen.

Besucherzentrum: Centro de Interpretación de la Naturaleza Amoladeras, von Almería kommend 1 km vor der Gabelung der Landstraße nach Cabo de Gata oder San José, in der Nähe des Örtchens Ruescas, Tel. 950.16.04.35. Öffnungszeiten: 1.10. bis 30.6. von 10–15 Uhr, im Sommer zusätzlich am frühen Abend. Eintritt frei. Landkarten und Bücher zum Thema sind erhältlich. Das von der Naturschutzbehörde betriebene landeskundliche Museum besticht durch besonders liebevoll gestaltete Schautafeln zur Geologie, Ökologie und Kulturgeschichte des Cabo de Gata. Auch die Gefahren, die dem Naturpark durch Landwirtschaft, ungezügelten Bauboom und bestimmte Formen des Tourismus drohen, werden angesprochen. Auch wenn die Ausstellung didaktisch sehr gut aufgemacht ist, sind zum Verständnis doch einige Spanisch-Kenntnisse notwendig, denn an eine Übersetzung hat leider niemand gedacht.

Agua Amarga

Einst möglicherweise der legendäre maurische Ankerplatz Chabala, dann im 16. Jh. der kleine Hafen Puerto de Sorbas, zeigt sich Agua Amarga heute in erster Linie als **beschaulicher Urlaubsort.** In den letzten Jahren eröffnete hier eine Reihe edler kleiner Hotels, wie das großartig gelegene El Tío Kiko④ (Tel. 950.13.80.80, www.eltiokiko.com); wer preiswert unterkommen möchte, hat es schwer. Der rund 500 Meter lange, vorwiegend aus feinem, hellen Sand zusammengesetzte Ortsstrand **Playa de Agua Amarga** gehört zu den erfreulicheren Vertretern seiner Gattung, die touristische Infrastruktur mit Beachvolleyball, Duschen, Bars und Restaurants deckt das nötigste ab, ohne aufdringlich zu wirken. Am westlichen Ende des Strandes befinden sich Hohlräume, die von den Menschen einst in den relativ weichen, muscheldurchsetzten Kalksandstein gegraben und dann als Behausung eingerichtet wurden. Man erkennt sogar steinerne Regale, die offenbar der Unterbringung kleinerer Utensilien dienten.

An der rechten Seite der Einhöhlungen verläuft parallel zu Küste ein Wanderweg in südwestlicher Richtung zu dem kleinen Weiler **Cortijos del Plomo,** der mit seinen Dattelpalmen wie eine Oase in der Sahara wirkt. Ähnlich ruhig und abgeschieden erscheint die kleine, halbmondförmige Bucht **Cala del Plomo** mit einem schönen, vollkommen naturbelassenen Strand. Dieses paradiesische Fleckchen ist etwa zwei Stunden Fußweg von Agua Amarga entfernt, kann aber auch mit einem Pkw angefahren werden: Von Agua Amarga fährt man etwa fünf Kilometer auf der *carretera* landeinwärts und biegt dann links auf eine Schotterstraße ab, die an einer alten Mühle vorbeiführt. Ein kurzes Stück hinter der Mühle gabelt sich der Weg, wobei der linke bereits durch die Aufschrift „Playa" auf einem Gebäude als der richtige gekennzeichnet ist. Nach rund drei Kilometern holpriger Fahrt durch die *rambla* des Plomo erreicht man schließlich den Strand.

Eine kürzere Wanderung (Sportschuhe erforderlich!) führt in einer knappen halben Stunde zur schmalen Sandbucht **Playa del Enmedio** mit skurrilen Auswaschungsformen im Felsgestein. Dazu geht bzw. fährt man eine Asphaltstraße (Schild „Sendero Fernan Perez") am Ortseingang in der Nähe des Hotels Family steil bergauf. Spätestens bei einem

Trafohäuschen muss geparkt werden, eine Infotafel der Nationalpark-Behörde zeigt den Beginn der Wanderung Cala del Enmedio – Cala del Plomo – Las Negras an. Der Pfad verläuft steil an einer Hangkante bergan, dann auf einen Höhenrücken ohne Anstieg. Bei einer Steinpyramide zweigt der Weg links ab und führt in 10 Minuten hinunter zum Strand.

Praktische Informationen

Essen und Trinken

■ **Asador La Chumbera,** c/ Los Ventorrillos, Tel. 634.67.62.98 (Handy), www.asadorlachumbera.com. Hier schwingen *Carmen* und *Silvain* den Kochlöffel. Ambitionierte landestypische Küche zu akzeptablen Preisen. Reservierung zur Hauptsaison empfohlen, Mo und Di Ruhetag. Von Agua Amarga Richtung Carboneras, unscheinbares Häuschen auf der linken Seite.

Unterkunft

■ **La Almendra y el Gitano**④, Camino de Cala Plomo, Agua Amarga, www.laalmendrayelgitano.com. Minimum zwei Nächte, sehr stilvolles Hotel, Mischung aus ländlich und modern.

■ **Hostal-Restaurante Family**②-③, c/ La Lomilla 6, Tel. 950.13.80.14, www.hotelfamily.es. Hübsches Gebäude am landwärtigen Ortsrand von Agua Amarga. Französisches Besitzerpaar (*René* und *Michèle*), was sich natürlich auch in der Küche bemerkbar macht. Schön begrünt und mit Swimmingpool ausgestattet. Preise stark saisonabhängig, im Sommer schnell ausgebucht, kaum Nachlass für EZ.

■ **Hostal-Restaurante La Palmera**③-④, c/ Aguada 4, Tel. 950.13.82.08, www.hostalrestaurantelapalmera.com. Am nordöstlichen Ende des Strandes, d. h. man muss sich erst durch die Calle Ferrocarril Minero (parallel zur Uferstraße) nach links durchschlagen, kann aber dafür den „Strandparkplatz" nutzen. Saubere, aber nicht besonders große Zimmer mit guter Ausstattung. Die privilegierte Lage direkt am Strand muss man nicht zu knapp mit bezahlen, in der Nebensaison gibt es aber Verhandlungsspielraum. Das angeschlossene Restaurant ist für Liebhaber mariner Fauna durchaus eine Empfehlung, aber natürlich ebenfalls relativ teuer.

Las Negras

Den Namen „Die Schwarzen" erhielt das kleine Dorf von einem aus dunkler Lava aufgebauten Berg, der sich gleich nördlich davon erhebt. Noch immer hat Las Negras das **Flair eines Fischerdorfes,** auch wenn erste Apartmentanlagen eine neue Richtung anzeigen. Der **Ortsstrand** selbst ist rund 600 Meter lang und teilweise mit grobem Kiesel durchsetzt. Wer sich damit nicht zufrieden geben will, kann beispielsweise den sanfteren südlichen Küstenabschnitt von der **Cala del Cuervo** bis zum weit geschwungenen Strand El Playazo bei Rodalquilar erkunden – bis zum Endpunkt (über eine 500 Meter lange Betonpiste auch mit Pkw erreichbar) sind knapp 1½ Stunden zu kalkulieren. Dazu geht man am südlichen Ende des Strandes auf der asphaltierten Zubringerstraße in etwa 15 Min. in Richtung Campingplatz Nautico La Caleta und erreicht so den kleinen Strand Cala del Cuervo („Rabenbucht").

Von hier startet der malerische **Hochküstenweg „La Molata"** (siehe Hinweistafel am südlichen Ende des Strandes), der sogleich steil bergan entlang hölzerner Pfosten zu einem verfallenen Haus führt. Es empfiehlt sich, von diesem Aussichtspunkt nicht direkt den (durch Rutschungen fast unpassierbaren) Küstenpfad zu nehmen, sondern wieder ein Stück zurück zum letzten Holzpfosten zu gehen und von hier einen kleinen Sattel landeinwärts anzusteuern. Nach Erreichen der „Passhöhe“ geht man wieder direkt oberhalb der z. T. skurril ausgewaschenen Klippen bis zur barocken Festungsanlage Castillo de San Ramón (nicht öffentlich zugänglich), ab Hinweistafel kann man mit einer knappen Stunde Gehzeit rechnen. Hier bietet sich ein schöner Blick auf den v. a. bei Campern beliebten Sandstrand von **El Playazo** („Riesenstrand“), der bereits nach wenigen Minuten erreicht ist. Maßgebliche Gemeinde ist das ehemalige Bergarbeiterstädtchen **Rodalquilar** im Hinterland, wo auf der Suche nach Aluminium und v. a. Gold der Untergrund so planlos ausgehöhlt wurde, dass die britische Bergbaugesellschaft 1966 ihre Tätigkeit einstellen musste. Nicht wenige der ehemaligen Unterkünfte der Bergarbeiter wurden zu Ferienhäusern oder Domizilen für Auswanderer aus nördlichen Breiten umgewandelt.

Für die landschaftlich eindrucksvolle Wanderung zur klippengesäumten **Cala de San Pedro** weiter nördlich gibt es zwei Möglichkeiten: Zunächst fährt man in der Calle Las Aguillas (Ortszentrum Las Negras) der Ausschilderung „Playa San Pedro“ nach. Nach ca. 5 Min. verwandelt sich die Asphaltstraße in eine Staubpiste, die mit einem normalen Pkw nicht ganz leicht zu befahren ist. Entweder man fährt hier gleich rechts bei einigen Privathäusern hinauf zu einer Infotafel der Parkverwaltung und wandert von hier los, oder man fährt geradeaus weiter zu einer Trinkwasseraufbereitungsanlage, an deren rechter Seite eine freie Parkfläche liegt. Von hier startet ein schmaler Wanderweg, der an einem verfallenen Haus vorbeiführt und uns schließlich einen Sattel erklimmen lässt. Bei einem Wegkreuz gehen wir links auf einen herrlichen Hochküstenweg mit einer Felsmalerei der „Indalo“ als Markierung. Nach insgesamt knapp 1 Stunde Wanderung (vom Ortszentrum 75 Min.) erreichen wir – vorbei an der Burgruine San Pedro – die weit geschwungene Bucht mit einer Strandbar, die in der Saison Getränke und Baguettes bereithält.

Praktische Informationen

Essen und Trinken

■ **Restaurante La Palma,** c/ Bahia de las Negras 21, Tel. 950.388.042. Auch bei spanischen Besuchern beliebtes, größeres Lokal am nördlichen Ende des Ortsstrandes mit schöner Terrasse. Dank reicher Auswahl an liebevoll zubereiteten Süßspeisen qualifiziert es sich auch einwandfrei für den Nachmittagskaffee. Gehobenes Preisniveau, die Paella ist gut und mit ca. 12 € p.P. relativ günstig. Mo Ruhetag.

■ **La Tasquilla,** c/ Risco de la Agulilas, Rodalquilar, Tel. 950.38.98.16, www.latasquilla.com, klein, gemütlich, familiär.

Camping

■ **Nautico La Caleta,** 2. Kat., Tel. 950.52.52.37, www.vayacamping.net/lacaleta. An der idyllischen Bucht Cala del Cuervo rund 400 m südlich des Ortes, über eine schmale Asphaltstraße zu erreichen. Restaurant und Pool liegen fast am (vorwiegend sandigen) Strand, insgesamt gut ausgestattet, sogar mit Behindertentoiletten. Ganzjährig geöffnet.

Unterkunft

■ **Hotel Cala Chica****/③-④, c/ Bahia de Las Negras, Tel. 950.38.81.81, www.calachica.com. Gut geführtes Hotel der unteren Mittelklasse, ca. 150 m vom Strand entfernt. Von der HS abgesehen recht gutes Preis-Leistungsverhältnis.

Hostal Arrecife①, Tel. 676.23.93.07 (Handy). Gepflegte einfache Pension ca. 100 m oberhalb des Strandes, v. a. in der HS überraschend preisgünstig.

Casa Rural La Cortijada④, Bentonita 4, Rodalquilar, www.booking.com/Casa-Rural-La-Cortijada, nur wenige individuell eingerichtete Zimmer.

Apartments Loli García, c/ Las Aguillas 12 (nach Hostal Arrecife links abbiegen Richtung Playa San Pedro), Tel. 950.38.80.76, 606.82.03.33 (Handy). Ortstypische, geräumige Apartments mit Terrasse in Bestlage oberhalb des Strandes. Je nach Größe und Saison kann man mit 40–60 € rechnen – für das Gebotene absolut okay. Die patente Wirtin *Loli* ist praktisch durchgehend anzutreffen, v. a. in der Saison empfiehlt sich dennoch tel. Reservierung einige Tage vorher, im Hochsommer meist von Stammkunden belegt. *Lolis* Sohn betreibt ein kleines Taxiunternehmen, Tel. 636.79.11.27 (Handy).

La Isleta

Auf einem buckligen Felssporn mit vorgelagertem Inselchen (La Isleta del Moro) gelegen, bewahrte sich La Isleta im Bereich des Nationalparks wohl am stärksten den Charakter eines still vor sich hin träumenden **Fischerdörfchens.** Die kleinen Boote können nur bei ruhiger See hinausfahren, einen geschützten Hafen gibt es bislang nicht – ob entsprechende Pläne realisiert werden, steht noch in den Sternen. Der nach Süden orientierte Küstenabschnitt ist nur mit mäßigen Bademöglichkeiten ausgestattet. In nördlicher Richtung, über eine Treppe gut erreichbar, gelangt man zur lauschigen, von Felsen eingerahmten **Playa del Peñón Blanco.**

Von einer Parkbucht zwischen dem Mirador Las Amatistas und dem Café La Loma (s. u.) führt ein etwa zehnminütiger Spaziergang zum dunkelsandigen, z. T. mit grobem Geröll durchsetzten Strand der **Cala de los Toros.** Die Abschirmung durch einen kleinen Kiefernwald wird hier gerne für hüllenloses (Sonnen-)Baden genutzt.

Praktische Informationen

Feste

Kurioserweise erlebte La Isleta einen Wechsel des Schutzheiligen: Statt des *San Agustín* (28.8.) hat nun die maritime Patronin **Virgen del Carmen** diese ehrenvolle Aufgabe. Die Feierlichkeiten halten das kleine Nest jedes Jahr vom 14.–16. Juli in Atem.

Unterkunft

Hostal-Restaurante Isleta del Moro①-②, Calle del Paraiso, Tel. 950.38.97.13. Modernes Gebäude direkt am Meer. Zur Semana Santa und im Sommer zuzüglich eines Aufschlags. Das Restaurant gilt als gute Adresse für Fischgerichte.

El Jardín de los Sueños③, Tel. 950.52.52.14, www.eljardindelossuenos.es, nahe des Ortes Rodalquilar, an der Strecke von La Isleta nach Las Negras gelegen, max. 14 Gäste. Der Wunsch, dass Menschen Raum und Platz finden für ihre eigenen Träume, Zeit für Dinge, für die sie sich im Alltag keine Zeit mehr nehmen, bewegte den deutschen Besitzer dazu, einen ehemaligen Bauernhof zu dem umzubauen, was der *Jardín de los Sueños* – der Garten der Träume heute ist: eine Oase der Ruhe, in der Gedanken wieder zum Fließen kommen können. Ein üppiges Frühstück serviert auf einem alten Dreschplatz mit weitem Blick in sanfte Hügellandschaft, stilvoll und nicht überladen eingerichtete Zimmer in ehemaligen Getreidelagern mit Marmorboden, beheizbar für kältere Tage, sind weitere Details, die diese Ruhe abrunden. Dies kann die Autorin persönlich bestätigen. Neu hinzugekommen sind verschieden große Suiten. Hunde sind erlaubt!

Casa Café La Loma②, Tel. 950.38.98.31, www.casacafelaloma.com. Etwa 1 km außerhalb Richtung Rodalquilar auf einer Anhöhe liegt diese alternativ angehauchte Herberge unter deutscher Leitung. Nur 5 liebevoll mit marokkanischen Elementen eingerichtete Zimmer und Gästeküche, evtl. auch HP. Diverse Kurse und Veranstaltungen, auch Kinderbetreuung, lauschige Sommerterrasse.

Los Escullos

Am südlichen Ende der Bucht liegt das ebenso winzige Los Escullos, benannt nach den skurril von der Brandung ausgewaschenen Sandsteinklippen, auf die der Ort hingestreut wurde. Ein etwas überraschender Anblick ist die ziemlich große, wohlproportionierte Festung **Castillo de San Felipe,** in der gelegentlich Ausstellungen stattfinden.

Neben kleineren, gut versteckten Kiesstränden im Süden, ist noch die sich nördlich anschließende **Playa del Arco** zu erwähnen. Es handelt sich hierbei um einen rund 300 Meter langen, mit Kieseln durchsetzten Sandstrand, der allerdings zur Landstraße hin gänzlich ungeschützt daliegt.

Unterkunft/Camping

Hostal Casa Emilio②, Tel. 950.38.97.61, www.hostalcasaemilio.es. In Strandnähe gelegenes, von einem reizenden älteren Ehepaar geführtes Haus mit nur 7 DZ und 1 EZ, aber großem Restaurant. DZ inkl. Bad. In der Zeit vom 15.6. bis 15.9. und zur Semana Santa ein wenig teurer.

Das nebenan gelegene **Hotel Escullos**③, Tel. 950.38.97.33, www.hotelescullos.es, bietet größere und komfortablere Zimmer – aufgrund der stärkeren Preisschwankungen v. a. in der Nebensaison eine erwägenswerte Alternative.

Camping Los Escullos, Tel. 950.38.98.11, www.losescullossanjose.com. Im Tal des Barranco de la Capitana gut 1 km landeinwärts gelegen (Richtung El Pozo de los Frailes). Sehr gut mit Bar, Restaurant, Supermarkt, Schwimmbecken, Sportanlagen usw. ausgestattet, sogar Animationsprogramme und Tauchkurse werden offeriert. Auch Bungalows verschiedener Größe kann man mieten.

San José

Von allen Ortschaften im Nationalpark Cabo de Gata hat San José sicher die schwunghafteste touristische Entwicklung genommen. Das einstige Fischerdorf kann heute eine **beachtliche Zahl von Hotels, Restaurants und Geschäften** vorweisen, und die unvermeidlichen Bungalowkomplexe überwuchern bereits recht bedrohlich die umliegenden Hänge. Dennoch ist San José im Kern ein beschauliches Dorf geblieben, sowohl die optischen als auch die akustischen Belästigungen halten sich sehr im Rahmen. Auch der Ortsstrand ist keineswegs hässlich; die ungewöhnlichen Felsformationen sind aus glühend heißen vulkanischen Aschen verbackenes Tuffgestein.

Der sich südlich an die Halbinsel **Punta del Castillo** anschließende Küstenabschnitt ist nicht direkt erreichbar, denn alle Wege enden hier. Stattdessen nimmt man kurz hinter dem Hotel Doña Pakyta eine mit „Playas" ausgeschilderte Abzweigung im südlichen Ortsbereich, die durch das Inland zum ersehnten Ziel führt. Die nachfolgende Schotterstraße ist für normale Pkw problemlos befahrbar. Der erste, **Playa de los Genoveses** genannte Strand ist auch zu Fuß in einer knappen halben Stunde zu erreichen, zumindest wenn man den ersten Stichweg durch eine Feigenkaktus-Plantage wählt. Autofahrer können die weit geschwungene Bucht noch ein Stück weiter entlangfahren und ihr Vehikel auf dem offiziellen Parkplatz abstellen.

Inzwischen zieht an diesen Stränden jeder Badegast an, was er will, dennoch sind besonders für FKK-Freunde die nach zwei weiteren Kilometern auftauchenden **Playas del Barronal** von Interesse. Auch hier muss man von der Schotterstraße einige Minuten zu Fuß gehen, dafür ist der Strand hinter einem Dünenwall auch vor unliebsamen Einblicken geschützt. Ebenfalls herrliche, weiße Sandstrände sind die rund fünf Kilometer von San José entfernten **Playa del Mónsul** und **Playa de la Media Luna,** nur in einer größeren Dimension. Berühmt ist die Playa del Mónsul für ihre gewaltige Düne (Betreten nicht erlaubt!), die sich wie ein Laken an die östliche Anhöhe schmiegt. Eindrucksvoll sind auch die aus verbackenen vulkanischen Konglomeraten gebildeten Felsen, die wie steinerne Wellen über den Strand hereinzubrechen drohen. Es verwundert nicht, dass dieser fast unwirklich schöne Küstenabschnitt als Kulisse für Fantasy-

Filme wie „Indiana Jones" oder „Die Abenteuer des Barons Münchhausen" diente.

Zuletzt erreicht man die etwas raue, kleine Bucht **Cala Carbón,** wo der Weg für Motorfahrzeuge zu Ende ist. Der Aufstieg zum 213 Meter hohen **Cerro de la Vela Blanca** wurde von der Naturparkbehörde für Motorfahrzeuge gesperrt, wohl auch um einen Schleichverkehr zwischen San Miguel de Cabo de Gata und San José zu unterbinden. Es lohnt sich aber, noch ein Stück bergauf zu gehen, um einen großartigen Blick auf die Strände zu genießen.

103an bn

Eine Busverbindung zwischen San Miguel de Cabo de Gata und San José gibt es nicht.

In dem kleinen Dorf **El Pozo de los Frailes** wurde direkt an der Durchgangsstraße ein altes Wasserschöpfrad originalgetreu rekonstruiert und kann besichtigt werden.

Praktische Informationen

Information

■ **Oficina de información del parque Cabo de Gata,** Avda. de San José 27 (Hauptstraße), Tel. 950.38.02.99, geöffnet Mo–Fr 10–14, 17–20 Uhr, So 10–14 Uhr, hier werden auch Ausflüge in den Naturpark organisiert.

Essen und Trinken

■ **Bar El Duende,** am Hauptplatz von San José zwischen Hostal La Bahía und Strand. Die alternativ angehauchte Musikkneipe offeriert erstaunlich gute Bistro-Küche (v. a. Pasta) zu sozialverträglichen Preisen für das vorwiegend jugendliche Publikum.

■ Am nördlichen Ende des Hafens von San José liegt die **Taberna del Puerto** der Familie *Martiney Rubi,* Tel. 950.38.00.42, in der neben klassischen Tapas auch hervorragende Küche geboten wird.

■ **Restaurante El Tempranillo,** Tel. 950.38.02.06. Am nördlichen Ende des Ortsstrandes kurz vor dem Hafen, wo sich fast schon ein Lokal an das andere reiht, allesamt mit schöner Terrasse. Die lobende Erwähnung im „Michelin-Führer" weckt sehr hohe Erwartungen, die der Küchenchef nicht ganz erfüllen kann – dennoch eine empfehlenswerte, wenn auch nicht ganz billige Adresse.

☐ Cala Carbón bei San José

Aktivitäten

■ Die Gesellschaft **Ocioymar S.L.** bietet vom Sporthafen San José aus zwei **Bootsausflüge** an: In der Kreuzfahrt 1 werden die Strände und Buchten des Cabo de Gata erkundet, die Kreuzfahrt 2 hat die kleinen Fischerdörfer und Kastelle zwischen San José und der Halbinsel Punta de la Polacra zum Ziel. 4 Abfahrten tägl. Preise: 15 € für Erwachsene und 9 € für Kinder. Infos unter Tel. 908.05.64.77 (Handy), direkt im Hafen oder in der Tourist-Info.

■ Das Sportartikelgeschäft **Deportes Medialuna,** c/ del Puerto, Tel. 950.38.04.62, vermietet **Fahrräder** und bietet **Exkursionen** zu Fuß oder mit dem Rad in den Naturpark an.

■ **Tauchen: Diving Center Alpha** im gleichnamigen Gebäude im Sporthafen, Tel. 950.38.03.21, www.alphabuceo.com.

Unterkunft

Breites Angebot von der einfachen Pension bis zum 4-Sterne-Luxushotel, in der HS kann es trotzdem etwas eng werden.

■ **Hostal El Dorado**②-③, Camino de Aguamarina, Tel. 950.38.01.18, www.hostaleldorado.com. Sehr gepflegtes, relativ großes Hostal mit hotelähnlichem Komfort (es gibt sogar Suiten), die Preise (inkl. Frühstück) sind daher absolut vertretbar. An der südwestlichen Umgehungsstraße Richtung Strände etwas hangaufwärts gelegen, daher auch schöne Ausblicke z. B. von der Poolterrasse auf die Bucht von San José, zum Strand sind es etwa 10 Min. zu Fuß.

■ **La Posada del Tío Paco**②-③, Avda. San José 12, Tel. 950.38.04.05, www.laposadadepaco.com, stilvolles, sehr modernes Hotel mit Pool.

■ **Hostal Sol Bahia***/①-②, direkt an der Hauptkreuzung, etwa 200 m vom Strand entfernt, Tel. 950.38.03.07, www.solbahiasanjose.es. Die Zimmer sind, ebenso wie die Bäder, großzügig bemessen und großzügig eingerichtet, bei sehr moderaten Tarifen. Außerhalb der Hochsaison werden für Einzelreisende manchmal DZ zu unschlagbar günstigen Preisen angeboten. Die vergleichbare Dependance Bahia Plaza liegt direkt gegenüber.

■ **Hostal Aloha***/①-②, Tel. 950.61.10.50, www.hostalaloha.com. Bei der Ortseinfahrt vor der Tourist-Info links, etwa in der Ortsmitte, ca. 100 m vom Strand. Vom jungen Belgier *Fritz* betriebene kleine Pension mit schlichten, aber geräumigen Zimmern inkl. Bad. Garten mit großem Pool.

■ **Albergue Juvenil de San José,** c/ Montemar 7, Tel. 950.38.03.53, www.alberguesanjose.com. Jugendherberge in günstiger Lage im Ortszentrum unweit des Strandes. Es werden Zimmer für 2, 4, 6 und 8 Personen angeboten. Reservierung in der HS sehr empfehlenswert! Geöffnet April bis Oktober.

Unterkunft außerhalb von San José/Cabo de Gata

■ **Apartamentos Túristicos Villa Maltés**②-③, Tel. 607.11.92.06 (Handy), www.villamaltes.es. Wunderschöne Appartmentanlage im ländlichen Stil ca. 5 km von San José im Landesinnern bei Boca de Los Frailes.

Camping

■ **Camping Tau,** 2. Kat., Bda. San José, Bancalón de Sotillo s/n, Tel. 950.38.01.66, www.parquenatural.com/tau. Es gibt auch einfache Zimmer auf dem Campingplatz. DZ 30 €. Am nordöstlichen Ortsrand, zum Strand gut 500 m. Von Bar und Restaurant abgesehen, fehlen bei der Ausstattung einige Dinge, dafür sind die Preise recht moderat. Geöffnet von April bis Anfang Oktober, die Kapazität von 185 Parzellen ist im Hochsommer schnell erschöpft. Die mit dem Auto über eine Schotterpiste gut erreichbare Playa de la Higuera zeigt sich mit grobem Kies eher unattraktiv.

Verkehrsverbindungen

■ **Bushaltestelle** gegenüber Hostal Bahia, So/Fe in der Regel kein Busbetrieb. San José – Almería: 4x tägl., So/Fe 2x; Almería – San José: 2x tägl., Sa nur 1x mittags. Nach Isleta de Moro Mo–Sa 1x.

San Miguel de Cabo de Gata

Das recht verschlafen wirkende Fischerdorf auf der westlichen Seite des Kaps wird meist schlicht „Cabo de Gata“ genannt und in den Karten auch so eingezeichnet. Die Bebauung ist angenehm niedrig, jedoch ziemlich schmucklos. An der **einfachen Uferpromenade** haben sich einige Bars und Cafeterías niedergelassen, und hier werden auch Zimmer vermietet.

Der dazugehörige **Strand** mit Duschen ist teils sandig, teils kieselig und insgesamt passabel; die Wasserqualität wurde mit einer „Blauen Flagge“ ausgezeichnet. Wem es im Siedlungsbereich zu voll werden sollte, der hat an der **Playa de San Miguel** genügend Ausweichmöglichkeiten, denn der Strand reicht ohne Unterbrechung auf der südöstlichen Seite fast bis zum etwa sechs Kilometer entfernten Kap. Auf der anderen Seite geht er sogar noch sehr viel weiter, bis in die Außenbezirke der Provinzhauptstadt Almería, weshalb er manchmal auch als „Playa de Almería“ bezeichnet wird.

Aber Länge ist nicht alles: Durch die recht knapp dahinter verlaufende Verbindungsstraße will sich zumindest im südlichen Abschnitt nicht das gleiche heimelige Gefühl einstellen wie an den Superstränden von San José. Aufgrund der teilweisen Sperrung der Straße rund um das Kap sind diese von hier aus leider nur sehr beschwerlich zu erreichen, und eine Busverbindung nach San José existiert auch nicht. Für Beachboys und -girls ist Cabo de Gata also nicht unbedingt allererste Wahl. Dafür ist der Weg zum Kap auf dieser Seite mit landschaftlichen Highlights gepflastert.

Praktische Informationen

Information

■ In einem Süßwarenladen am westlichen Ende der Uferpromenade befindet sich eine mit der AMA assoziierte Info-Stelle **Centro de Información.**

Unterkunft

Gehobenen Ansprüchen können die Handvoll Pensionen nicht gerecht werden; von Juli bis September muss man mit Engpässen bei der Zimmerversorgung rechnen. Wer ein Apartment mieten möchte, kann sich an die **Bar Maimar,** c/ Florida del Cabo de Gata 33, wenden, Tel. 950.27.27.00.

■ **Hostal Las Dunas***/②, c/ Barrionuevo 58, Tel. 950.37.00.72, www.lasdunas.net. Ein recht neues Gebäude, an der ockernen Farbe und der gefälligen Architektur leicht erkennbar. Vom Strand bzw. der Infostelle ca. 200 m landeinwärts. 15 hübsch eingerichtete Zimmer mit Bad und Terrasse.

Camping

■ **Camping Cabo de Gata,** Tel. 950.16.04.42 oder 950.16.04.43, www.campingcabodegata.com. Ca. 2 km nördlich von Cabo de Gata in der Nähe des Weilers Pujaire, knapp 1 km vom Strand entfernt und auch nicht besonders schön gelegen. Immerhin, die Ausstattung mit diversen Sportplätzen, Restaurant, Supermarkt und Swimmingpool kann sich sehen lassen, und Naturliebhaber können von hier aus einen rund 7 km langen, ausgeschilderten Wanderweg (Sendero de El Pocico) parallel zum Strand bis zur Torre García ansteuern. Ganzjährig geöffnet.

Verkehrsverbindungen

■ **Bus:** Die Bushaltestelle ist die letzte vor dem Kap. Von Ende Juni bis Anfang September vormittags und nachmittags jede Stunde eine Verbindung nach Almería, in der übrigen Zeit Mo–Fr 6x tägl., Sa, So und Fe 4x. Weitere Auskünfte in der Tourist-Info.

Taxiruf: Unter Tel. 950.38.97.37 oder 908.05.62.55 (Handy) kann man sich ein Taxi aus San José kommen lassen.

Auf dem Weg zum Kap

Südlich der Ortschaft San Miguel de Cabo de Gata dehnen sich in dem ebenen Gelände die **Salinas del Cabo de Gata** aus. Die flachen, vermutlich von den Römern geschaffenen Tümpel liegen etwas unter dem Meeresspiegel und werden bei Westwind über einen kleinen Stichkanal mit frischem Meerwasser versorgt – ein simples, aber überaus praktisches System. Der südliche Abschnitt der Salinen ist immer noch in Betrieb und für die Öffentlichkeit nicht zugänglich.

Der nördliche Teil wurde inzwischen zu einem wichtigen Futterplatz von Stelz- und Watvögeln, wie Flamingos, Säbelschnäblern und Stelzenläufern, die den reich gedeckten Tisch vor allem im Sommer aufsuchen. Dieses Biotop ist so bedeutend, dass es extra als **Área de Reserva Integral** unter Naturschutz gestellt wurde und nur über einen Lehrpfad betreten werden darf. In einer Beobachtungshütte kann man ein (kostenpflichtiges) Fernrohr benutzen; die noch weiter in das Reservat vorgeschobene Forschungsstation ist nur in Ausnahmefällen zugänglich. Im Sommer gibt ein kleines Informationsbüro Auskunft.

Ganz im Zeichen des Salzes steht der nur 300 Meter entfernte Weiler **La Almadraba de Monteleva,** sogar die heftig

verwitterte Kirche wirkt wie aus Salz erbaut. Neben Salzgewinnung und Fischerei gewinnt der Tourismus an Bedeutung, auch wenn die Endstation der Linienbusse im 5 km entfernten San Miguel de Cabo de Gata ist.

Unterkunft/Essen und Trinken

■ **Hotel Las Salinas del Cabo de Gata****/③, Tel. 950.37.12.39, www.lasalinascabodegata.com. Direkt an der Zufahrtsstraße zum Kap. Bereits seit den 1920er Jahren existiert hier ein Gaststättenbetrieb, das Hotel selbst wurde 1995 eingeweiht. Die Zimmer sind komfortabel (Klimaanlage, Balkone z. T. mit Meerblick) und sehr geschmackvoll eingerichtet, aber nicht gerade riesig. Der Mittelklasse-Standard hat natürlich seinen Preis. Auch nicht billig ist das angeschlossene, sehr schick aufgemachte **Restaurante Morales.** Angesichts der gebotenen Qualität gehen die Preise aber vollkommen in Ordnung.

■ **Bar-Restaurante El Faro,** die letzte Verpflegungsstelle vor dem Kap ca. 100 m vor dem Parkplatz am Leuchtturm.

□ Trocken und karg – Cabo de Gata

105an bn

Von La Almadraba aus steigt die Straße an, wird kurvenreich und ziemlich schmal. In die immer wilder werdende Landschaft wurden einige Ferienhäuser hineingestreut. Davon abgesehen hält sich die touristische Erschließung aber in erfreulichen Grenzen. Wenig belebt sind auch die kleinen Buchten mit ihren rauen, vorwiegend aus Schotter bestehenden Stränden.

Das **eigentliche Cabo de Gata** wurde einst von einem gegen anlandende Piraten gerichteten *castillo* markiert, heute steht an dieser Stelle ein **Leuchtturm.** Im Sommer ist unterhalb ein kleiner Info-Kiosk in Betrieb. Von hier aus hat man einen herrlichen Blick auf die dramatischen Felsabbrüche und die fingerartig aus dem Meer ragenden **Arrecifes de las Sirenas.** Wie diese Felsnadeln sind auch die fast weißen, aus Aschen gebildeten Tuffstein-Felsen vulkanischen Ursprungs.

Weiter geht die Fahrt durch eine atemberaubende Szenerie bis zum Hügel **Cerro de la Vela Blanca** mit seinem alten Wachturm – La Almadraba ist von hier rund sieben Kilometer entfernt. Der nachfolgende Schotterweg zu den Stränden von San José ist für Motorfahrzeuge gesperrt, aber in einem halbstündigen Spaziergang erreicht man die Schranke oberhalb der **Cala Carbón.**

Almería – der verblasste „Spiegel des Meeres“

Direkt an der weit geschwungenen Bucht **Golfo de Almería** befindet sich in verkehrstechnisch günstiger Lage die Hafenstadt Almería, in der rund ein Drittel der Bewohner der gleichnamigen Provinz lebt. Als bedeutendste Sehenswürdigkeiten sind neben einigen noch recht ursprünglich wirkenden Stadtvierteln die festungsartige **Kathedrale** und vor allem die gigantische Festungsanlage **Alcazaba** zu nennen, deren Glanz einst weit über die heutigen Provinzgrenzen hinaus erstrahlte.

107an bn

Eingang zur Kathedrale

Mit Kunstdenkmälern nicht gerade reich gesegnet, erleben Andalusien-Urlauber die Provinzhauptstadt meist nur als Durchgangsstation auf der Fahrt zur Levante-Küste, und auch die internationalen Reiseveranstalter halten sich aufgrund der wenig offensichtlichen Reize mit Angeboten zurück. Das – von den Bewohnern eher als Beleidigung aufgefasste – Wort von der **„afrikanischsten Großstadt Andalusiens“** hat sowohl vom wüstenhaften Klima, der kargen Vegetation als auch vom Erscheinungsbild der einfachen Fischerhäuschen her durchaus seine Berechtigung. Dass in Almería ein erheblicher Teil der Bevölkerung mit materieller Not zu kämpfen hat, ist ebenso wenig zu übersehen wie der fast durchweg schlechte Erhaltungszustand der Hausfassaden und Straßen.

Bei näherem Kennenlernen entfaltet die Stadt dennoch einen **urwüchsigen Charme.** Einen erheblichen Teil der Faszination bezieht Almería dabei aus seiner offenkundigen Fremdartigkeit und Wildheit, die einem Spaziergang außerhalb des eher bürgerlichen Zentrums einen Hauch von Abenteuer verleiht. Obwohl mit rund 145.000 Einwohnern eine der kleineren Provinzhauptstädte, zeigt Almería durchaus **urbanes Flair;** an den Wochenenden geht es im Zentrum sogar ausgesprochen lebhaft zu.

Stadtgeschichte

Aufgrund seiner günstigen Lage war der Golf von Almería schon in vorgeschichtlicher Zeit ein wichtiger Knotenpunkt für die seefahrenden Völker des Mittelmeers. Vor allem die reichen Zinnvorkommen im Hinterland stellten für Phönizier und Griechen eine wichtige Motivation dar, hier Kolonien zu gründen.

Der Ausbau des Hafens mit Schiffswerften unter dem Kalifen *Abd ar-Rahman III.* im Jahre 955 wird oft als die eigentliche Stadtgründung angesehen, zumindest nahm die Entwicklung nun einen geradezu kometenhaften Verlauf. Rund um die zeitgleich erbaute Festung **Alcazaba** entwickelte sich eine Siedlung namens Al-Mariya, der „Spiegel des Meeres", auf deren Gebiet sich heute das Centro Historico befindet, das von allen Stadtvierteln noch den traditionellsten Charakter besitzt. In der sogenannten Taifa-Zeit des 11. Jh. bildete Almería die **Hauptstadt eines Teilkönigreiches,** das praktisch den gesamten südöstlichen Teil der Iberischen Halbinsel von Valencia bis Córdoba umfasste.

Die Blütezeit währte aber nur kurz: Im Jahre 1147 eroberte der kastilische König *Alfons VII.* mit einem multinationalen Truppenverband aus Genua, Pisa, Kastilien, Aragonien, Navarra, Barcelona und Montpellier die Stadt und richtete beachtliche Verwüstungen an. Auch wenn die christliche Besatzung nur zehn Jahre dauerte, konnte Almería auch unter der Herrschaft der nasridischen Sultane nicht mehr an die einstige Glorie anknüpfen. 1489 erfolgte die endgültige Kapitulation vor den Katholischen Königen. In der Folge überschatteten mehrere verheerende **Erdbeben** die weitere Entwicklung. Besonders im Jahr 1522 wurden dadurch viele bedeutende Bauwerke wie die Alcazaba stark in Mitleidenschaft gezogen oder gänzlich zerstört. Weitere Erschütterungen Mitte des 17. Jh. warfen Almería zeitweise auf den Status eines Dorfes zurück, und erst im 19. Jh. konnte die Stadt durch den Bau eines größeren Hafens und einer Eisenbahnlinie wieder eine größere Bedeutung erlangen. Ein unübersehbares Zeugnis dieser neuen Blütezeit erhebt sich am östlichen Ende des Hafens: die 1904 fertiggestellte Eisenbahn-Landungsbrücke **El Cable Inglés** zur bequemen Verschiffung der Erze, v. a. Eisenerz, aus dem Hinterland, die heute als Baudenkmal allerdings nicht mehr in Betrieb ist.

Die extreme Ausbreitung der **Treibhaus-Landwirtschaft** in der Umgebung brachte für den Verkehrsknotenpunkt Almería zweifellos zusätzliche Beschäftigung. Gleiches gilt für die Orangen- und Weintraubenproduktion im Tal des Río Andarax, während der Export von Eisenerz durch die Schließung von Bergwerken im Hinterland stark im Rückgang begriffen ist.

Orientierung

Nähert man sich der Stadt vom 219 km entfernten Málaga oder von der autonomen Region Murcia auf der küstennahen N-340, gelangt man fast automatisch zum **Hafen,** der bereits einen recht guten Startpunkt für einen Rundgang abgibt. Zwischen dem Handelshafen (Puerto Comercial) und dem Stadtzentrum erstreckt sich die ansprechend gestaltete Grünanlage **Parque de Nicolás Salme-**

rón, von der sowohl die Kathedrale als auch die Alcazaba ausgeschildert sind. Aber auch vom zentral gelegenen Kreisverkehr am Platz Puerta del Mar) sind beide Monumente zu Fuß in 10 bzw. 20 Minuten zu erreichen, sodass man sich die nervige Fahrt durch das Gassengewirr eigentlich sparen kann. Der Knotenpunkt des öffentlichen Lebens, der nach dem ehemaligen Haupttor der Stadt benannte Platz **Puerta de Purchena,** befindet sich zwar genau am anderen Ende der Altstadt, ein Spaziergang dorthin nimmt aber kaum eine halbe Stunde in Anspruch.

Bei der Anfahrt vom Landesinneren, z. B. vom 185 Kilometer entfernten Granada über die A-92, orientiere man sich zunächst an der lang gestreckten **Avenida Federico García Lorca,** welche in der Innenstadt in einen ausladenden, bis zum Hafen führenden Boulevard übergeht, der auch „Rambla de Belén“ genannt wird. Die **Puerta de Purchena** ist im mittleren Bereich entweder über die Rambla del Obispo Orbera oder knapp oberhalb des Hafens über den Paseo de Almería erreichbar. Letztgenannte Straße ist mit ihren zahlreichen Restaurants und Geschäften auch die bevorzugte Flaniermeile der Einheimischen, wohingegen die von modernen Hochhausblocks eingerahmte Rambla de Belén, trotz Begrünung des ehemaligen Flussbetts, ziemlich ungemütlich wirkt.

Alcazaba

Das auf einem rund 100 Meter hohen Felsplateau gelegene Wahrzeichen Almerías ist mit seinen gigantischen Dimensionen nahezu allgegenwärtig und kann zumindest äußerlich als eine der eindrucksvollsten **mittelalterlichen Festungen** Spaniens gelten. Maximal 430 Meter lang und durchschnittlich 80 Meter breit, umfasst die Burg eine Fläche von 3,5 Hektar und konnte bei Bedarf bis zu 20.000 Menschen innerhalb ihrer mächtigen Mauern aufnehmen.

Begründet wurde die Anlage vom Kalifen *Abd ar-Rahman III.* im Jahr 955, einige Jahrzehnte später wurde sie vom Großwesir *Al-Mansur* erweitert und zu Beginn des 11. Jh. vom ersten Taifa-König Almerías, *Hayrán,* fertiggestellt. Ähnlich wie die Alhambra war auch die Alcazaba mehr als nur ein Bollwerk zur Verteidigung der Stadt, sondern in erster Linie die repräsentative Residenz der jeweiligen Herrscher, mit prunkvollen Palästen und paradiesischen Gärten. Die zahlreichen Umbauten belegen, dass auch die christlichen Herrscher nach 1489 nicht untätig waren und der Alcazaba bis in die zweite Hälfte des 18. Jh. ihren Stempel aufdrückten.

Rundgang

Der stark gewundene Zugang führt zunächst durch ein äußeres, in einen kleinen Turm integriertes Tor, bevor man durch die **Puerta de la Justicia** den eigentlichen Burghof betritt. Auf der rechten Seite ragt die **Torre de los Espejos** („Turm der Spiegel“) in die Höhe, der sei-

⊡ Alcazaba, das Wahrzeichen der Stadt

099an bn

Almería
Übernachtung
1 Plaza Vieja Hotel & Lounge
3 Hotel Catedral
6 Torreluz Centro**
7 Nuevo Torreluz Hotel***
8 AC Hotel Almería (Marriott)****
10 Hotel Sevilla
11 Hotel Citymar Indálico
12 Jugendherberge
Essen und Trinken
2 Tetería Almedina
4 Casa Puga
5 Tapas-Bar Nuestra Tierra
9 Bodega Las Botas
13 Casa Joaquín
Cerro de San Cristóbal
Camino de San Cristobal
Calle Antonio Vico
Navarro Darax
Belluga Jorge Juan
Luzán
Plaza del Monte
Hernán
C. Perea
Solano
Marín
Arabische Bäder
C. del Posito
Calle Jovellanos
Calle
Dicha
Plaza Vieja
Rathaus
Alhóndiga Vieja
Calle Mariana
La Alcazaba
José María Acosta
C. del Milagro
C. Almanzor
C. Juez
Beatriz Silva
Calle Lope de Vega
Calle
Parque Ramón Castilla Pérez
Cruces Altas
Cruces Bajas
C. Arraez
C. Cervantes
Palacio Episcopal
C. Descariso
Calle Chantre
Sanchez Toca
Convento de las Puras
Gral. Castaños
Plaza de la Catedral
Plaza de Pavía
Calle del Clarín
C. Ulloa
Calle de Reina
Almedina
Calle San Juan
Barrio de la Pescadería
J. Llopis
Velázquez
Kathedrale
Calle de la Almedina
C. de la Estrella
Narvaez
Plaza Bendicho
General Luque
San Juan
San Telmo
C. Alborán
Marques
Roma
Soledad
C. Duende
Olmos
Plaza Chafarinas
Calle del
Calle de Pedro Jover
Braulio
Calle
C. Violeta
Camping-platz
C. Chafarinas
Santa Cruz
C. Alborán
C. Atarazanas
C. Reina
Hospital Real
C. Alicante
Pintor Díaz Molina
Posada
Barrio de la Chanca, Plaza López Falcón
Parque de Nicolás Salmerón
Paseo de San Luis
Hafen

0
100 m
©Reise Know-How 2014
Andal07
10
Plaza San Sebastián
C. Alcalde Muñoz
C. Dolores
R. Sopeña
11
Federico de Castro
Pl. Carmen
Puerta de Purchena
Pl. Manuel Pérez García
Plaza Vivas Pérez
de las Tiendas
Aljibes de Jayrán
Tenor Iribarne
9
Cortes
Calle Juan Lirola
Calle de San Leonardo
Calle de la Terriza
Calle González Ganbín
Rambla del
Obispo Orbera
M. Castro
Plaza del Educador
Markt
8
7
Concepción Arenal
Azahara
6
Aguilar de Campoo
12
Torres
C. Castelar
San Francisco de Asis
Calle Navarro Rodrigo
Calle de los Reyes Católicos
C. García Alix
Zaragoza
Calle Javier Sanz
San Pedro
Plaza San Pedro
Calle Real
Beatriz
Siloy
Alfonso Torres
Gómez Ulla
Minero
La Unión
Padre
C. Padre Luque
Paseo de Almería
C. Eguilor
Calle Méndez Nuñez
Campomanes
San
C. Socrates
Busbahnhof und Bahnhof
Padre Santaella
C. Infanta
Calle Real
Antonio Glez. Egea
Pedro
Calle
de Rueda López
Lachambre
C. Eduardo Pérez
C. Trajano
Ledesma
Calle Ofalia
Calle de los Reyes Católicos
Marqués de Comillas
Avenida Reina Regente
Rambla de Belén
Avenida Federico García Lorca
Antonio
Calle
Séneca
Plaza de la Virgen del Mar
Virgen del Mar
Poeta Villaespesa
Tamayo
Gravina
Calle General
Moreno
Calle Real
de Castro
Martínez Campos
C. de Arápiles
General
Segura
C. Hermnanos Machado
del Mar
Jesús Durbán Remón
Santísima Trinidad
Calle de Gerona
Plaza Emilio Pérez
13
Calle Alvarez
Calle de
C. de Arápiles
Calle López Falcón
C. Canónigo
Parque de Nicolás Salmerón

nen Namen von einem raffinierten System von Spiegeln erhielt, welches vermutlich der Nachrichtenübermittlung diente, z. B. an noch weit vom Hafen entfernte Schiffe.

Der auch **Primer Recinto** („Erster Bereich") genannte untere Burghof nimmt gut die Hälfte der gesamten Festung ein und wurde in erster Linie als Heerlager und Fluchtburg der Bevölkerung in Krisenzeiten genutzt. Die Wasserversorgung erfolgte über eine zentral gelegene Zisterne. Heute breiten sich hier reizvoll gestaltete Gärten aus.

Von der dem Eingang gegenüberliegenden Seite erkennt man die **Cortina de la Hoya** genannte, aus Stampflehm gebaute freistehende Wehrmauer zwischen Alcazaba und einer heute nur noch fragmentarisch erhaltenen Festungsanlage auf dem Hügel Cerro de San Cristóbal. Sie ist der Überrest einer die Stadt einst fast vollständig umgebenden Wehranlage, die im Wesentlichen auf König *Hayrán* zurückgeht.

Der untere Burghof wird durch eine hohe Mauer mit gotischem Torbogen vom **Segundo Recinto** („Zweiter Bereich") getrennt, den man auch als *Alcázar,* sprich Residenz der Herrscher, bezeichnen könnte.

Im zentralen Abschnitt der Alcazaba wurden zahlreiche Funde gemacht, die darauf hindeuten, dass hier stets die bedeutendsten Gebäude standen, wie Königspalast, Moschee, Gefängnis und diverse Bäder, z. B. die öffentlichen **Baños de la Tropa** („Bäder der Truppe") und die privaten **Baños de la Reina** („Bäder der Königin"). Die Badeanlagen gliederten sich meist in Kalt- und Warmwasserbecken sowie Dampfbad; das Heizungssystem in Form von Hypokausten (tunnelartigen Rohren im Boden) ist gerade bei den Bädern der Königin noch recht gut erkennbar.

Der **Aljibe Califal,** rechts an der Mauer, ist eine begehbare Zisternenanlage, in der einige Architekturfragmente ausgestellt werden. Direkt daneben befindet sich die kleine Kapelle **Ermita de San Juan** im Mudéjar-Stil, die von den Katholischen Königen – vermutlich auf den Grundmauern einer Moschee – errichtet wurde.

Hinter den **Casas Musulmanas** (Wohnhäusern von Bediensteten) erstreckte sich der einst zweifellos sehr repräsentative **Palacio de Al Mutasim,** von dem nur der Innenhof Zeugnis einstiger Größe vermitteln kann. Das Gebäude selbst ist nur noch ein Trümmerhaufen.

An der nördlichen Burgmauer befindet sich die **Ventana de la Odalisca** („Fenster der Haremsdame"), um die sich eine tragische Legende rankt: Die Lieblingssklavin des Maurenkönigs hatte sich unsterblich in einen jungen Christen verliebt, der in der Alcazaba gefangengehalten wurde. Als sie zusammen fliehen wollten, wurden sie von den Wachen entdeckt und der Nebenbuhler über dieses Fenster in den Tod geworfen. Einige Tage später war auch die Haremsdame nicht mehr am Leben – ob sie an gebrochenem Herzen starb oder sich selbst ebenfalls in den Abgrund stürzte, weiß niemand genau zu sagen.

Ebenfalls von einer hohen Mauer abgetrennt ist der vorwiegend von einer **Plaza de las Armas** („Waffenhof") eingenommene, höchstgelegene **Tercer Recinto** („Dritter Bereich"). Wie die typisch kastilischen Rundtürme bereits vermuten lassen, wurde dieser höchstgelegene Abschnitt der Alcazaba von den Katholischen Königen und Kaiser *Karl V.* als uneinnehmbare Verteidigungsbastion hinzugefügt, denn Almeria war weiterhin durch Angriffe von Piraten oder maurischen Guerilleros gefährdet. Der einzige Turm mit quadratischem Grundriss ist die gleich hinter der Mauer aufragende **Torre del Homenaje,** dessen Inneres inzwischen für Kunstausstellungen genutzt wird. Das Wappen der Katholischen Könige ist noch recht gut über dem Eingangsportal erkennbar. Innerhalb der **Torre de la Noria** befand sich einst ein Schöpfrad, welches mittels Windenergie Wasser aus einem Brunnen innerhalb des Turmes förderte. An der äußersten westlichen Spitze sollte man auf jeden Fall auch den **Pulverturm** besteigen, der eine fantastische Aussicht auf noch verbliebene Reste der einstigen Stadtbefestigung, den Hafen sowie – aus sicherer Entfernung – auf das etwas zwielichtige Viertel La Chanca gewährt.

■ **Öffnungszeiten:** 16.9. bis 31.03. Di–Sa 9–18.30 Uhr, 1.4. bis 31.5. Di–Sa 9–20 Uhr, 1.6. bis 15.9. 9–15.30 und 18.30–22 Uhr (in der ersten Junihälfte nur vormittags). So/Fe ganzjährig von 10–17 Uhr, Mo grundsätzlich geschlossen.

■ **Anfahrt:** Wer unbedingt ganz nah mit dem Auto an den im südöstlichen Abschnitt gelegenen Eingang fahren möchte, kann sich gut orientieren. Die Zufahrt zur Alcazaba ist insbesondere vom Parque de Nicolás Salmerón gut ausgeschildert, an der Plaza Joaquín Santisteban am Ende der Calle Almanzor befindet sich ein kleiner Parkplatz. Das Risiko eines Autoaufbruchs in dieser ziemlich zwielichtigen Gegend dürfte aufgrund der verstärkten Präsenz von Wachleuten, zumindest während der Öffnungszeiten, deutlich gesunken sein – dass Wertsachen nicht offen im Wagen herumliegen sollten, versteht sich trotzdem von selbst.

Kathedrale

Neben der Alcazaba ist auch die *Catedral* inmitten des Centro Historico als überregional bedeutendes Monument anzusehen. Beeindruckend ist vor allem ihre sehr massiv wirkende äußere Gestalt, welche eher an eine **Festung** als an ein Gotteshaus denken lässt. Dabei war die Verknüpfung beider Konzeptionen durchaus im Sinne der Erfinder: Aufgrund wiederholter Angriffe von Seeräubern und Aufständen rebellierender Morisken sind die Fensteröffnungen auffallend klein, und die vier massigen Ecktürme hatten den Sinn, die Kirche nach allen Seiten verteidigen zu können.

Nachdem der Vorgängerbau, eine maurische Moschee, 1522 einem verheerenden Erdbeben zum Opfer fiel, machte man sich zwei Jahre später an die Errichtung einer neuen Bischofskirche. Maßgeblicher Architekt war *Diego de Siloé,* der sich schon mit dem meisterlichen Weiterbau der Kathedrale von Granada einen Namen gemacht hatte. So verwundert es nicht, dass sowohl im Baustil, einer Übergangsform von der Spätgotik zur Renaissance, als auch in der Baugestalt, beispielsweise im rotundenartigen Hochchor und den sternförmigen Gewölberippen, große Ähnlichkeiten zum Vorbild in Granada festzustellen sind.

Ab 1550 wurde der Bau von *Juan de Orea* getreu der Pläne von *de Siloé* fortgeführt. Auf ihn gehen auch die sehr stilsicher ausgeschmückten Renaissanceportale **Puerta Principal** (Haupttor) und **Puerta de los Perdones** (westliches Nebentor, aktuell der Eingang für die Besichtigung) zurück, die in einem gewissen Gegensatz zur Strenge des Gesamtbaus stehen.

Auch innen ist die relativ gedrungene Hallenkirche aufgrund klarer Linien und harmonischer Proportionen durchaus sehenswert. Im **Hochchor** sind vor allem das vergoldete Retabel aus dem 18. Jh. mit einer Skulpturengruppe rund um den gekreuzigten Christus (16. Jh.) sowie acht Bilder mit Szenen aus dem Leben der Jungfrau Maria von *Antonio García* (18. Jh.) von Interesse.

Auf der linken Stirnseite des **Chorumgangs** birgt die nach der früheren Stadtheiligen benannte Seitenkapelle **Capilla de la Piedad** drei wertvolle Gemälde des granadinischen Künstlers *Alonso Cano:* „Fleischwerdung Christi", „Hl. Theresa" und „Mariä Himmelfahrt". Rechts daneben, in der **Capilla del Cristo de la Escucha,** befindet sich das von *Juan de Orea* geschaffene Grabmal für den Erzbischof *Fray Diego Fernández de Villalán,* der als Begründer der Kathedrale gilt. Eine weitere meisterliche Arbeit desselben Künstlers ist das 1558 geschaffene **Chorgestühl** aus Walnussholz mit naturalistisch geschnitzten Porträts von Aposteln, Propheten und Heiligen.

Zu guter Letzt sollte man noch einen Blick in den klassizistischen **Kreuzgang** im Süden der Kathedrale werfen, 1795 anstelle eines Waffenhofs angefügt.

■ **Öffnungszeiten:** Mo–Fr 10–13.30 und 16–17 Uhr, Sa nur vormittags, Eintritt 5 €, Tel. 950.23.48.48.

Stadtrundgang

Ausgangspunkt ist der leidlich repräsentative Verkehrsknotenpunkt **Puerta de Purchena.** Um sich einen Überblick zu verschaffen, kann man zunächst über die Straße Antonio Vico, vorbei am riesigen Hotel La Perla, den **Cerro de San Cristóbal** ansteuern, einen Hügel mit großer Jesus-Statue, von dem man eine schöne Aussicht auf Almerías Alt- bzw. Innenstadt genießt.

Die bedeutendste Verbindung von der Puerta de Purchena in die Altstadt ist die als Fußgängerzone ausgewiesene **Calle de las Tiendas.** Wie der Name „Straße der Geschäfte" schon andeutet, handelt es sich bei dieser angeblich ältesten Straße der Stadt um die Haupteinkaufsmeile. Einige Restaurants und eine recht angenehme Atmosphäre laden aber auch zu einem abendlichen Bummel ein.

Gleich zu Beginn lohnt sich ein Abstecher links in die c/ Tenor Iribarne zum restaurierten maurischen Wasserspeicher **Aljibes de Jayrán** aus dem 11. Jh. In dem geräumigen Gewölbe wurden bis zu 630.000 Liter Wasser von einer gut 6 km entfernten Quelle gesammelt und anschließend über Kanäle in die verschiedenen Zisternen der Stadt und der Alcazaba verteilt.

■ **Aljibes de Jayrán,** Di–Sa 10–14 und 17–20 Uhr, Eintritt frei.

Am anderen Ende der Calle de las Tiendas wartet etwas versteckt der schönste Platz Almerías: die **Plaza de la Constitución,** im Volksmund auch **Plaza Vieja** genannt. Das vollständig von restaurierten Arkadengebäuden umgebene Quadrat wird von dem schmucken **Rathaus** *(Ayuntamiento)* des 19. Jh. dominiert. In der Mitte fällt eine hoch aufragende Säule ins Auge. Es handelt sich dabei um das Denkmal für die *Coloráos,* Aufständische gegen den „entfesselten Despoten" *Ferdi-*

nand VII., die 1824 hingerichtet wurden. Ihren volkstümlichen Namen „die Farbigen" bekamen sie aufgrund ihrer dunkelroten Kleidung. Das Denkmal wurde 1988 wieder aufgestellt, nachdem es 1943 von der faschistischen Regierung abgerissen worden war.

Südwestlich des meist wenig belebten Platzes breitet sich im Schatten der Festung das **Barrio Almedina** aus. Am verwinkelten Verlauf der schmalen Gassen ist das ehemalige maurische Viertel Al-Mariya noch zu erahnen. Über die Straßen José María Acosta und Almanzor ist der **(einzige) Eingang zur Alcazaba** ganz nah. Mit seinen würfelförmigen, bunt bemalten Häusern wirkt dieses typische Kleinbürgerviertel tagsüber recht pittoresk, abends ist aber selbst an den Wochenenden kaum ein Mensch auf der Straße zu sehen, und bei einbrechender Dunkelheit stellt sich ein mulmiges Gefühl in der Magengrube ein.

Als Hauptachse fungiert die **Calle de la Almedina,** deren etwas verwitterte Stadtpaläste noch einen Hauch Grandezza verströmen. An ihrem Ende gelangt man zur **Iglesia San Juan.** Äußerlich eher wie eine Festungsmauer wirkend, offenbart sich erst im Inneren die muslimische Herkunft des dem Evangelisten Johannes geweihten Gotteshauses. Wie am noch recht gut erhaltenen *Mihrab* (Gebetsnische) erkennbar, befand sich hier einst die Hauptmoschee von Almería aus dem 10. Jh., welche auf Betreiben der Katholischen Könige zur ersten Kathedrale der Stadt umgebaut wurde. Oberhalb der hufeisenbogenförmigen Öffnung ist in der Qibla-Wand, die dem Eingang gegenüberliegt, eine Blendarkade mit Pflanzenmotiven zu sehen, welche eine gewisse Ähnlichkeit zu Stuckarbeiten in der Mezquíta von Córdoba aufweisen.

■ **Iglesia San Juan,** offiziell geöffnet Okt. bis März 18–18.30 Uhr, April bis Sept. 19–19.30 Uhr, sonst nur rund um die Gottesdienste, Tel. 950.23.30.07.

Ein kleines Stück Richtung Meer biegt man links in die Straße Pedro Jover ein, die unmittelbar am imponierenden Prachtbau des **Hospital Real** („Königliches Krankenhaus") aus dem 16. Jh. vorbeiführt. Neben der klassizistischen Fassade aus dem 18. Jh. lohnt auch ein Blick in den arkadengesäumten Innenhof des immer noch in Funktion befindlichen Gebäudes.

Linker Hand stößt man auf die wuchtigen Außenmauern eines **Kreuzgangs,** der bereits zur Kathedrale gehört – der Eingang befindet sich ein Stück bergauf an der Plaza de la Catedral. Auf der anderen Seite dieses Platzes fällt besonders das herrliche Renaissanceportal des 1505 begründeten Klosters **Convento de las Puras** (nicht öffentlich zugänglich) ins Auge, der **Palacio Episcopal** rechts davon dient dem Erzbischof der Diözese Almería als Residenz.

Geht man von hier über die Straße Eduardo Pérez weiter in Richtung Paseo de Almería, verändert sich insbesondere abends an den Wochenenden das Erscheinungsbild schlagartig: Die Straßen (v. a. die Trajano und Seneca) sind teilweise zum Bersten mit Nachtschwärmern gefüllt; Straßencafés, Kneipen und Diskotheken stehen in reicher Auswahl zur Verfügung.

Am Ende der c/ Seneca stößt man auf die **Plaza de la Virgen del Mar** (auch Plaza Alfonso XIII genannt) mit der gleichnamigen **Basilika** im Hintergrund. Ursprünglich handelte es sich bei diesem äußerlich eher schlichten Bauwerk um die Kirche des Klosters **Santo Domingo,** welches die Katholischen Könige unmittelbar nach der Rückeroberung Almerías dem Dominikanerorden stifteten. Heute beherbergt es als eine Art Wallfahrtskirche in Form der gotischen Statue **Virgen del Mar** das Bildnis der Stadtheiligen. Deren Name („Jungfrau des Meeres") rührt daher, dass sie angeblich im 16. Jh. an den Strand von Torre García geschwemmt wurde. An der Fundstelle, 18 Kilometer östlich von Almería, errichtete man eine Einsiedelei, in welche die Figur am ersten Sonntag des Januar feierlich überstellt wird.

Ebenfalls noch zum Centro Historico wird das **Barrio de la Pescadería** („Viertel des Fischmarktes") rund um die Plaza de Pavía gezählt. Wie der Name schon sagt, handelt es sich dabei um das traditionelle Wohngebiet der Fischer, auch wenn sich die Bevölkerung heute eher gemischt präsentiert. Die vor allem im Umkreis der Alcazaba recht ursprünglichen Fischerhäuschen sind immer noch ein fröhlicher Farbtupfer im eher schmucklosen Stadtbild Almerías. In Richtung Hafen dominieren hingegen die gesichtslosen Wohn- und Büroblocks der Moderne.

Jenseits der Avenida del Mar, also bereits am südwestlichen Stadtrand, breitet sich das **Barrio de la Chanca** aus, die traditionelle Hochburg der *Gitanos* (Zigeuner) Almerías. Doch Zigeunerromantik und Flamencobegeisterung sind hier fehl am Platz: Die Bewohner leben meist in sehr bescheidenen, teilweise baufälligen Häuschen. Nicht wenige haben sich in den Höhlen der umgebenden Hänge eingerichtet, die, nur mit dem Notwendigsten ausgestattet, mit denen in Granada nicht zu vergleichen sind. Eine Szene mit entsprechenden Kneipen, Straßencafés oder Flamenco-Lokalen ist auch nicht zu finden, sodass ein abendlicher Bummel durch dieses Viertel absolut nichts bringt, außer der Gefahr, ausgeraubt oder belästigt zu werden.

Praktische Informationen

Information

- **Oficina de Turismo,** Parque Nicolás Salmerón s/n, Tel. 950.27.43.55, otalmeria@andalucia.org. An der hafennahen Grünanlage schräg gegenüber dem Delfinbrunnen. Mo–Fr 9–19.30 Uhr, Sa/So 9.30–15 Uhr.

Service

- **Post:** Correos y Telégrafos, Plaza del Ecuador, etwa in der Mitte des Paseo de Almería. Geöffnet Mo–Fr 8.30–20.30 und Sa 9.30–14 Uhr. Viele Dienstleistungen beschränken sich auf die Werktage von 8.30–14.30 Uhr.
- **Mietwagen:** Alva, Rambla de Alfareros 11, Tel. 950.23.56.88. Wochentarif ohne Kilometer-Beschränkung vergleichsweise günstig.
- **Taxiruf:** Tel. 950.21.00.00 oder 950.25.11.11, nachts 950.42.57.57.
- **Medizinische Versorgung:** Ambulancias Tel. 950.26.89.94.
- **Arabische Bäder Alhammam Almeraya,** c/ Perea 9, Tel. 950.23.10.10, www.alhammamalmeraya.com. Hammam mit Schwimmbecken, Dampfbad und Massage/Aromatherapie (Reservierung erforderlich), 1½ Std. für relativ günstige 23 €; 10, 12, 16, 18 und 20 Uhr, Di geschlossen.

Essen und Trinken

Eine deutliche Konzentration guter Restaurants ist zwischen der Puerta de Purchena und der Plaza San Pedro bzw. Plaza Vieja feststellbar. Für den Verzehr von Fisch und Meeresfrüchten im Freien bieten sich mehrere Freidurías bzw. Marisquerías am Paseo de Almería und seinen Seitenstraßen an. Das Preisniveau ist generell relativ hoch, günstiger speist man in den einfachen Lokalen um den sehenswerten Mercado (Markthalle) zwischen dem Paseo und der Rambla del Obispo Orbera. Internet-Café in der Calle Tiendas 20.

■ **Casa Puga,** c/ Jovellanos 7, etwa zwischen Calle de las Tiendas und Plaza Vieja gelegen. Eine Institution in Almería, bereits 1870 gegründet. Im Inneren betont rustikale, an den Abenden des Wochenendes knallvolle Tapas-Bar. Auch im winzigen *comedor* („Speisesaal") geht es eng und hektisch zu, aber die Fischgerichte sind von ausgesuchter Delikatesse. Die *raciónes* aus Fisch oder Fleisch schlagen der Qualität angemessen mit leicht überdurchschnittlichen Preisen zu Buche, an Vegetarischem ist allenfalls ein Gemischter Salat zu bekommen.

■ Ebenfalls in der c/ Jovellanos, mit der Hausnummer 16, empfiehlt sich die **Tapas-Bar Nuestra Tierra** als gute und preiswerte Option.

■ **Bodega Las Botas,** c/ Fructuoso Perez 3, eine kleine Gasse zwischen Paseo de Almería und Plaza Flores. Mit riesigen Weinfässern, Käse und Schinken sehr appetitlich eingerichtetes Lokal. Gute Tapas und *raciónes* zu akzeptablen Preisen, einige Tische stehen im Freien.

■ **Casa Joaquín,** c/ Real 111, ein kleines Stück oberhalb des Parque de Nicolás Salmerón unweit der Puerta del Mar. Relativ schlichte, traditionsreiche Tapas-Bar mit ausgezeichnetem Ruf.

■ **Restaurante Tetería Almedina,** c/ Paz 2 (winzige Seitengasse der c/ Almanzor), sehr familiäre, nett dekorierte Teestube unweit des Eingangs zur Alcazaba, großzügig ausgeschildert. Gute, original marokkanische Küche, mittlere Preise. Hervorragende Tees und selbst gemachte Limonade, Alkohol wird vom muslimischen Besitzerpaar natürlich nicht ausgeschenkt.

Einkaufen

Die **Straßenmärkte** finden jeden Werktag in verschiedenen Stadtteilen statt, z. B. Mo in kleinem Maßstab im Barrio de la Chanca, Di etwas außerhalb in der Avenida del Mediterráneo und Fr rund um die Plaza de Toros (Stierkampfarena) ca. 15 Min. zu Fuß nördlich der Puerta de Purchena.

Nachtleben

Sehr beliebt bei Nachtschwärmern ist der Bereich **zwischen der Plaza San Pedro und der Plaza Alfonso XIII.,** wo viele Straßencafés (v. a. in der c/ Alfonso Torres), Musikkneipen und Bars zu finden sind. Schwerpunkte jugendlicher Ausgelassenheit sind die Straßen Trajano und Real, wo sich fast schon eine Disco an die andere reiht. Einige Clubs sind aber nur für Mitglieder *(sólo socios).* Im Sommer wird auch der Bereich um den Sporthafen **Puerto Deportivo** gerne aufgesucht, wenn man nicht gleich in die gut ausgestatteten Urbanisationen von Aguadulce und Roquetas del Mar fährt.

Obwohl viele Einwohner gerne **Flamenco** hören, sind in Almería keine speziellen Bühnen zu finden. Die einzige *peña* (Klub) namens El Taranto ist Mitgliedern vorbehalten, das **Festival de Flamenco** in der letzten Augustwoche ist somit eine der wenigen Möglichkeiten, Flamenco in Almería live zu erleben.

Feste

■ **Romería de la Virgen del Mar,** Wallfahrt zu Ehren der Stadtheiligen Almerías am ersten Sonntag im Januar, (siehe auch Kap. „Stadtrundgang").

Festival de Folklore de los Pueblos Ibéricos y del Mediterráneo, Folklorefestival in der zweiten Augusthälfte, wo verschiedene Volkstänze, wie z. B. der Seemannstanz *Fandango,* zu sehen sind.

Feria de la Virgen del Mar, gut einwöchiges Hauptfest der Stadt vom vorletzten Freitag bis letzten Sonntag im August. Das Festgelände (Recinto Ferial) befindet sich am östlichen Stadtrand in der Avenida del Mediterráneo, wo die lokalen Vereine und Institutionen ihre *casetas* („Häuschen") aufstellen. Begleitet werden die sehr ausgelassenen Festivitäten von täglichen Stierkämpfen und Flamencoaufführungen auf dem Gelände der Alcazaba.

Fiestas de Santa Teresa, 1998 erstmalig veranstaltetes Fest am zweiten Wochenende im Oktober. Diverse Freiluftveranstaltungen und Fahrgeschäfte mit volkstümlichem Charakter. Die Aktivitäten konzentrieren sich auf das Neubauviertel rund um die c/ Canónigo Molina Alonso zwischen Rambla de Belén und Bahnhof.

Unterkunft

Das Angebot erscheint für eine Stadt dieser Größe bescheiden, das Gros der Touristen fährt gleich weiter ans Cabo de Gata. Unterkünfte mir Flair sind generell Mangelware, auch bei den Hotels dominieren moderne Zweckbauten.

Ein Tipp für Sparfüchse ist das 2007 renovierte **Hotel Sevilla***/①, c/ Granada 25, Tel. 950.23.00.09, www.hotelsevillaalmeria.net, etwas oberhalb der Puerta de Purchena, das ordentlichen Komfort (Bad, TV, Telefon) zu Pensionspreisen bietet.

Hotel Catedral****/②-③, Tel. 950.23.26.00, www.hotelcatedral.net. Wie der Name schon sagt, direkt an der östlichen Seite der Kathedrale in einem historischen Gebäude – das erste selbst ernannte „Hotel mit Charme in Almería". Wenn man sich von diesem Attribut nicht zu viel erwartet, bekommt man immerhin ein sehr ordentliches Mittelklassehotel mit allgemein gelobtem Restaurant und Parkmöglichkeit. Bei (dringend angeratener) Internet-Buchung gutes Preis-Leistungsverhältnis im Standard-DZ, es gibt aber auch richtig teure Suiten.

Plaza Vieja Hotel & Lounge****/④, Plaza de la Constitución 4, Tel. 950.28.20.96, www.plazaviejahl.com. Recht neues, nicht ganz billiges Designhotel am Rathausplatz, also absolut zentral gelegen. Sehr schick eingerichtete „thematische" Zimmer mit allem Komfort. Das Hotel hat Zugang zum benachbarten **Hammam/Spa Aire de Almería** (www.airedealmeria.com).

Nuevo Torreluz Hotel****/②-③, Plaza Flores 10, Tel. 950.23.43.99, www.torreluz.com. Ruhig und dennoch zentral unweit der Calle de las Tiendas gelegenes „konventionelles" Hotel der oberen Mittelklasse, die Preise sind für ein 4-Sterne-Haus moderat. Sehr praktisch ist die Tiefgarage vor der Haustür, die Zimmer sind nicht riesig, seit der Renovierung aber komfortabler geworden.

Torreluz Centro**/①-②, Plaza Flores 8, Tel. 950.23.43.99, www.torreluzcentro.com. Direkt gegenüber unter derselben Leitung. Auch hier gab es eine gründliche Modernisierung, die dem Haus besonders gut getan hat und die Klassifizierung als 2-Sterne-Hotel fast zu niedrig erscheinen lässt – TV, Klimaanlage und Garage sind auch hier mit dabei. Wer länger bleiben will, kann sich auch in dem etwas teureren, aber besonders großzügigen Aparthotel Torreluz einquartieren.

AC Hotel Almería****/③, Plaza Flores 5, Tel. 950.23.49.99, www.marriott.com. Der nobelste Ableger der Torreluz-Hotels, jetzt in die Marriott-Kette integriert. Der Preisaufschlag zu den beiden anderen Hotels lohnt sich aber wohl nur für den besonders anspruchsvollen Gast. Es gibt sogar einen Pool, der aber offenbar außerhalb der Sommermonate nur ungern geöffnet wird.

Jugendherberge Albergue Juvenil, Isla de Fuerteventura s/n, Tel. 950.17.51.36, www.inturjoven.com. Die Herberge liegt zu Fuß eine gute Dreiviertelstunde vom Stadtzentrum entfernt im Osten der Stadt (beim „Estadio de la Juventud").

Camping

■ **Camping La Garrofa,** 2. Kat., CN-340 (Motril – Almería), km 435,4, Tel. 950.23.57.70, www.lagarrofa.com. Vom Hafen auf der N-340 einige Kilometer nach Westen (Richtung Aguadulce), dann Abzweigung zur Playa de la Garrofa. Recht gut ausgestatteter, begrünter Platz, ganzjährig geöffnet.

Verkehrsverbindungen

■ **Flughafen:** Der rund 8 km entfernte *aeropuerto* ist vom Hafen in östlicher Richtung auf der N-344-A (Ausschilderung auch: „Cabo de Gata") zu erreichen. Busverbindungen der Linie 14, Haltestellen des Flughafenbusses in der c/ Obispo Orbera unweit der Puerta de Purchena. Ein Taxi dürfte aber auch noch im bezahlbaren Bereich liegen. Flughafentelefon: 950.21.37.00. Büro IBERIA: Paseo de Almería 32, Tel. 950.23.84.11 oder 950.23.86.84; Information/Reservierung IBERIA: Tel. 901.33.31.11 (national), Tel. 901.33.32.22 (international).

■ **Zug:** Der hübsche Bahnhof im Mudéjar-Stil befindet sich östlich der Rambla de Belén, rund 15 Fußminuten vom Parque de Nicolás Salmerón entfernt. Maßgebliche Bahnlinie ist die A-3b, welche Almería u. a. mit Guadix, Granada, Antequera und Sevilla verbindet. Mangels Küstentrasse ist eine Zugfahrt von Almería nach Málaga mit Umsteigen in Granada und Bobadilla bzw. 1x Umsteigen in Dos Hermanas bei Sevilla vollkommen unsinnig, per Bus geht es erheblich schneller (ab 3½ Std.) und preiswerter. Zugfahrt und Busfahrt („Directo") nach Granada dauern mit ca. 2 ¼ Std. praktisch gleich lang, derzeit 4 Abfahrten pro Tag. Infos im Stadtbüro der RENFE in der c/Alcalde Muñoz 1 (direkt hinter der Kirche San Sebastián), Tel. 950.23.18.22. Telefonische Info am Bahnhof: 950.25.11.35.

■ **Bus:** Die *estación de autobuses* ist mit dem Bahnhof zu einer *estación intermodal* zusammengefasst worden. Allg. Auskunft: Tel. 950.21.00.29. Für die Provinzen Granada und Málaga sind die Gesellschaften ALSA, Tel. 950.25.04.22, www.alsa.es, und BERNARDO, Tel. 950.25.04.22, www.autocaresbernardo.com, zuständig. Nach Tabernas 7x tägl., am Wochenende 2x; Guadix um 15.30 Uhr nur direkt, Directo-Busse nach Granada 5x tägl., 4x tägl. Ruta-Busse, die aufgrund vieler Stopps aber deutlich langsamer sind. Málaga 9x tägl., davon 2x direkt. Nach Roquetas de Mar halbstündliche Verbindungen, nach Almerimar 6x tägl. Sa/So /Fe jeweils deutlich eingeschränkt. Nach Sevilla 3x tägl., davon eine Nachtfahrt, nach Córdoba 1x tägl. V. a. nach Granada bieten auch andere Gesellschaften Verbindungen an. Nach Ugijar (Alpojarras) 1x morgens und 1x nachmittags.

Nach **Cabo de Gata** mit Alsina Graells 6x tägl. nach San José; mit BERNARDO Mo–Sa 3x, So/Fe 2x. Abgelegene Orte wie Agua Amarga, Isleta del Moro oder Vélez Rubio/ Vélez Blanco werden nur 1x tägl. angefahren. Die Gesellschaft ALSA fährt 4x tägl. (Sa/So eingeschränkt) nach Mojácar.

Auto fahren

Für eine erste Stadterkundung bietet sich die **Parkgarage** an der **Plaza López Falcón** oberhalb des Hafens unweit der Touristeninformation an. Von Málaga kommend, fährt man auf der Hauptstraße bis zur Rambla de Belén und biegt dort um 180° nach links in die Einbahnstraße Nicolas Salmerón ein, ab hier ist die Parkgarage ausgeschildert. Absolut zentral ist die **Tiefgarage** unter der **Plaza San Pedro,** sie ist jedoch schwieriger zu erreichen und auch öfters belegt.

Weiterreise

Nach Motril bzw. nach Málaga: Am westlichen Ende der Hafenpromenade teilt sich die Carretera de Málaga links in die kurvenreiche Küstenstraße nach

Aguadulce, bzw. rechts in die gut ausgebaute Autobahn N-340.

In die Alpujarras: Die von der Puerta de Purchena abzweigende Calle Granada wird im weiteren Verlauf zur Carretera de Granada und mündet schließlich in die A-92 ein. Hinter dem Ort Benahadux gelangt man links Richtung Gádor auf die A-348, welche nach Laujar de Andarax, dem Hauptort der Alpujarra almeriense, führt.

Für den direkten Weg **nach Granada** ist die Inlandsroute auf der gut ausgebauten A-92 über Guadix deutlich schneller als die längere Küstenstrecke über Motril. Insbesondere für Reisende in die Alpujarras bietet sich ein Abstecher zur prähistorischen Ausgrabungsstätte von Los Millares bei Gádor an.

Los Millares

Die Überreste der 1891 entdeckten **jungsteinzeitlichen Siedlung** Los Millares, gut 20 km nördlich von Almería, gelten als eines der bedeutendsten archäologischen Untersuchungsobjekte jener Zeit im westlichen Mittelmeerraum. Die um **2700 v. Chr.** entstandene Siedlung oberhalb des Río Andarax besaß nicht nur eine sehr fortschrittliche Festungsarchitektur, ihre Bewohner schmiedeten bereits vor der eigentlichen Kupferzeit diverse Waffen und Werkzeuge. Auch ihre ungewöhnlich kunstvoll verzierte **Glockenbecherkeramik** (etwa 2000 v. Chr.) sorgte in der Fachwelt für Aufsehen. Von der 1.000-jährigen Geschichte des Ortes zeugen heute nur noch einige Grundmauern der Bastion sowie die Rekonstruktion einer *Tholos* genannten Grabkammer in der einst rund 80 Gemeinschaftsgräber umfassenden Nekropole.

⌄ Jungsteinzeitliche Grabanlage in Los Millares

108an bn

Anfahrt und Öffnungszeiten: Von Almería zunächst auf der A-348 nach Gádor. Hinter einer spektakulären Brücke über den Río de Huéchar an der nächsten Kreuzung ein kurzes Stück nach rechts (Richtung Santa Fé), dann gleich wieder rechts auf die N-324 und an der folgenden Kreuzung nicht nach Santa Fé, sondern ca. 100 m weiter zum ockerfarbenen Haus des Aufsehers. Geöffnet Mi–So 10–14 Uhr, Infos unter Tel. 677.90.34.04 (Handy).

Westlich von Almería

Auf der westlichen Seite des Golfo de Almería ist es mit der touristischen Zurückhaltung vorbei, die Urbanisationen aus der Retorte erinnern bereits stark an die schlimmsten Abschnitte der Costa del Sol. Nur wenige Kilometer von Almería entfernt, wird der sich allmählich weitende Küstenstreifen von einem Ferienort namens **Aguadulce** eingenommen – auf so überflüssige Dinge wie Eleganz oder Ästhetik wurde komplett verzichtet. Der ohnehin nicht sehr breite Strand wurde durch einen sterilen *paseo marítimo* noch weiter eingequetscht und kann erst außerhalb des Ortskerns als einigermaßen einladend bezeichnet werden. Das mit Bars und Diskotheken gut bestückte „Zentrum" kann man etwa zwischen dem Sporthafen und dem 4-Sterne-Hotel Playadulce lokalisieren, südwestlich davon geht das Ganze in eine Art Villenbezirk über.

Die südwestlich anschließende Halbinsel ist eine von **Gewächshäusern und Plastikbahnen** übersäte Steppenlandschaft ohne Höhepunkte. Nur an wenigen Stellen hat man der Natur kleine Refugien gegönnt, z. B. einem Schilfgürtel an der **Punta Entinas,** in unmittelbarer Nachbarschaft wird aber hemmungslos weiter umgegraben und gebaut.

Die zu einer kleinen Stadt angewachsene **Urbanización Roquetas de Mar** (19 Kilometer von Almería) wirkt da in ihrer maßgeschneiderten Gepflegtheit fast schon wie eine Oase in der Ödnis. Die Apartmentanlagen im „landestypischen" Stil und die Hotelburgen sind natürlich dem Reißbrett der Tourismusplaner entsprungen, einen ursprünglichen Ortskern sucht man vergeblich. Von diesem Urlaubsparadies wird die übliche betuliche Klientel angezogen, also vor allem Pensionäre und junge Familien. Etwa 80 % der Hotelgäste stammen aus Deutschland, sodass sich das heimatliche Idiom noch vor Englisch als zweite Verkehrssprache etablieren konnte.

Weiter nach Westen nähert sich die N-340 wieder der Küste an, weder die Strände noch die Ortschaften, wie die Hafenstadt **Adra,** zeichnen sich durch besondere Attraktivität aus. Erfreulich zumindest die große Auswahl an Campingplätzen, vor allem rund um Adra sowie zwischen **El Ejido** und der am Reißbrett entstandenen Feriensiedlung **Almerimar.** Letztere kann mit einer recht hübschen Marina aufwarten, die offenbar nach dem Vorbild von Puerto Banús (Marbella) gestaltet wurde. Der Uferpromenade am relativ ausgedehnten, vorwiegend feinkiesigen Strand ist aber höchstens ein gewisser Charme des Unfertigen zuzubilligen, und die teilweise in schrillen Farben bemalten Hotelsilos im Hintergrund scheinen ebenfalls ohne ein ästhetisches Konzept hingestellt worden zu sein.

an14-053 ba

7 Costa del Sol und Hinterland

Die „Spanische Riviera" ist dicht besiedelt und eine klassische Hochburg des Massentourismus, doch es gibt noch schöne Flecken, und das Hinterland überrascht mit spektakulären Naturdenkmälern. Neben den schillernden Großstädten Málaga und Marbella lohnt vor allem ein Besuch der berühmten Kleinstadt Ronda.

⊲ Am Strand von Fuengirola

NICHT VERPASSEN!

- **Nerja:** touristisch geprägt, aber ein guter Ort zum Entspannen | 458
- **Málaga:** die „Königin der Costa del Sol" ist mit bedeutenden Sehenswürdigkeiten und zahlreichen Museen auf jeden Fall eine Stippvisite wert | 466
- **Ardales-Park:** das wenig besuchte Naturschutzgebiet verblüfft mit der spektakulärsten Schlucht Andalusiens und historischen Relikten | 494
- **Marbella:** die hübsche, gepflegte Altstadt lohnt einen Besuch | 504
- **Ronda:** schon Rilke schwärmte von der kleinen, weißen Stadt oberhalb der dramatisch eingeschnittenen Schlucht | 514

Diese Tipps sind gelb hinterlegt.

Die Stadtmauer von Ronda

an14-086 ba

ÜBERBLICK

Für die Mehrzahl der Andalusientouristen ist sie immer noch die Hauptattraktion: die berühmte und mittlerweile auch ziemlich berüchtigte Costa del Sol. Berühmt wurde sie unter anderem aufgrund ihrer großartigen Landschaften, die dem stolzen Wort von der „spanischen Riviera" durchaus seine Berechtigung geben. Die oft über 1.000 Meter ansteigenden Gebirge im Hinterland zeichnen zum anderen für das weithin gerühmte Klima verantwortlich, das mit lauen, aber nicht zu trockenen Lüften dem menschlichen Wohlbefinden fast das ganze Jahr hindurch entspricht.

Der schon seit den 1920er Jahren existierende Begriff **„Costa del Sol"** bezeichnete immer etwas unterschiedliche Regionen: zunächst nur den Abschnitt von Motril in der Provinz Granada bis zum Cabo de Gata, später die gesamte, etwa 350 Kilometer messende andalusische Südostküste. Die Küste der Provinz Almería rechnet man inzwischen nicht mehr dazu.

Lange Zeit war dieser Küstenabschnitt eine spärlich besiedelte und der allgemeinen Entwicklung hoffnungslos hinterherhinkende Einöde am Rande Europas, die zu bereisen schon ein Abenteuer für sich darstellte. Das chronisch devisenschwache Franco-Regime förderte den einsetzenden **Tourismusboom** nach Kräften, und zunehmend wurden einfache Bettenburgen aus dem Boden gestampft.

Ende der 1980er Jahre fing die gut geölte Tourismusmaschinerie jedoch an zu stocken. Die wählerisch gewordene Klientel bemerkte, dass das **Preis-Leistungsverhältnis** in eine bedenkliche Schieflage geraten war: Nachlässiger Service, mäßiges Essen, verdreckte Strände und Gehwege, übel riechendes Meerwasser und ausufernde Kleinkriminalität ließen viele Urlauber nach neuen Zielen Ausschau halten.

Gerade noch rechtzeitig warf man das Ruder herum: Flugs wurden Kläranlagen gebaut, Reinigungstrupps ins Leben gerufen und die verstärkten Polizeikräfte zu hartem Durchgreifen angewiesen. Seit 1994 ist wieder alles in bester Ordnung: Die Strände sind gepflegt, die Wasserqualität zumindest zufriedenstellend, geklaut wird nicht mehr als anderswo auch, und die Touristen kommen – mehr als je zuvor. Die Zahl der Übernachtungen (in Hotels oder Pensionen) hat an der Costa del Sol inzwischen die Marke von zehn Millionen pro Jahr überschritten – in Spanien nur noch übertroffen durch die Bucht von Palma de Mallorca. Dies bedeutet nichts anderes, als dass hier etwa **zwei Millionen Touristen** – mehr als die Provinz Málaga Einwohner hat – Jahr für Jahr eine Bleibe suchen.

Die Auswirkungen dieser nackten Zahlen auf die an sich wunderschöne Landschaft der Costa del Sol sind nicht zu übersehen und zeigen auch, weshalb sie inzwischen einen so **zweifelhaften Ruf** genießt. Der meist sehr schmale Küstenstreifen ist fast durchgehend mit Hotels und Apartmentblocks zugebaut worden, die Strände werden oft von Hochhäusern eingerahmt, sind mit Serviceeinrichtungen fast schon überversorgt und zur Hochsaison auch entsprechend voll. Wenn man sich die **unverminderte**

Fiestas an der Costa del Sol

Folgende zwei Termine stehen fast obligatorisch im Festivitätenkalender aller größeren Orte and der Costa del Sol:

Zum einen die **Fiesta de San Juan,** das Johannisfest in der Nacht vom 23. auf den 24. Juni. Typische Aktionen in dieser Nacht sind die Verbrennung überdimensionaler Puppen, der so genannten *Juanillos* und *Juanillas*, die das Übel an sich symbolisieren, sowie das Waschen des Gesichts im Meerwasser als rituelle Reinigung.

Zum anderen feiert man praktisch überall die **Fiesta de la Virgen del Carmen** am 16. Juli. Die Schutzheilige der Fischer und Seeleute wird traditionell in farbenprächtigen Prozessionen mit Fischerbooten entlang der Küste geehrt.

Bautätigkeit auch an bisher noch halbwegs naturbelassenen Küstenabschnitten betrachtet, fragt man sich, ob die Verantwortlichen aus der damaligen Krise wirklich die richtigen Lehren gezogen haben. Auch wenn die Architektur der Feriendomizile inzwischen etwas erträglicher geworden ist, Beton bleibt doch Beton, und alle diese Bewohner auf Zeit werden zusätzlich noch die Strände bevölkern, die ohnehin schon verkehrsreiche Küstenautobahn entlang fahren, Müll und Abwässer produzieren und kostbares Trinkwasser verbrauchen.

Aber für einen Weg zurück zur Natur ist es ohnehin zu spät; so versucht man die Attraktivität vor allem durch weitere Zerstreuungen wie Freizeitparks, Meerwasser-Aquarien, Go-Kart-Bahnen und ähnliches zu steigern und wird vielleicht erst dann zur Besinnung kommen, wenn die Sonnenküste ihren Charme vollständig eingebüßt hat.

Aber noch gibt es Bereiche, die sich dem Massentourismus nicht gänzlich ausgeliefert haben, wo die Bebauung in erträglichen Grenzen bleibt, mehr Einheimische als Touristen durch die Straßen gehen und sich die Strände noch einen Hauch von Ursprünglichkeit bewahrt haben. Gerade im bergigen Hinterland ist da noch manche Entdeckung zu machen, und auch der östlichste Küstenabschnitt zwischen La Rábita und La Herradura, die sogenannte **Costa Tropical,** wirkt oft noch erfrischend unverdorben.

Costa Tropical

Um sich von der übrigen Costa del Sol abzugrenzen, verfielen die Tourimusplaner der Provinz Granada auf die Idee ihren ca. 60 Kilometer langen Küstenabschnitt als Costa Tropical zu deklarieren. In der Tat verfügt dieser Landstrich durch die abschirmende Wirkung der im Hinterland aufragenden Sierra Nevada über ein außergewöhnlich **mildes Klima,** das von tropischen Verhältnissen nicht mehr weit entfernt ist.

Der **Río Guadalfeo** teilt das Gebiet in einen östlichen Abschnitt, der recht karg, streckenweise fast schon trostlos wirkt, und in einen touristischeren westlichen Teil, der mit **Salobreña** nicht nur ein malerisches Weißes Dorf, sondern

„Küste der Chirimoya"

Geradezu ein Symbol für die Costa Tropical ist die auch als **„Zuckerapfel"** bekannte Frucht Chirimoya, deren zweiter Beiname „Jamaika-Apfel" Aufschluss über die Herkunft gibt. Das Tal des Guadalfeo ist fast schon flächendeckend mit den Chirimoyos bepflanzt, die man bei flüchtigem Hinsehen auch für Kirschbäume halten könnte. Im Herbst wird das mild schmeckende Obst geerntet und in den darauffolgenden Monaten an improvisierten Ständen kistenweise verkauft. In Torrecueva findet alljährlich am 12. Oktober sogar das **Fest der Chirimoya** statt, was nicht nur mit der Erntezeit, sondern zufälligerweise auch noch mit derm Tag der Entdeckung Amerikas durch *Christoph Kolumbus* zusammenfällt.

hinter La Herradura auch noch bemerkenswert schöne Strände im Naturschutzgebiet **Acantilados de Maro** zu bieten hat. Da kann die Küste um Castell de Ferro und Calahonda nur mit einer deutlich geringeren Bebauung und dem Fehlen jeglichen Trubels bis in den Sommer hinein kontern.

Castell de Ferro

Mit reizvollen Küstenstädtchen ist die Costa Tropical nicht gerade reich gesegnet. Durchaus als positive Ausnahme darf da Castell de Ferro gelten, das mit umliegenden Dörfern gerade mal 3.200 Einwohner zählt und sich seinen beschaulichen, untouristischen Charakter weitgehend bewahrt hat. Der wohl attraktivste Abschnitt des grobsandigen, z. T. auch kieseligen Strandes erstreckt sich bei der eher urwüchsigen Uferpromenade, an der auch Bars und Einkaufsmöglichkeiten zu finden sind. Die Strände in den Randbereichen des Ortes sind entweder ziemlich schmal oder durch nahegelegene Straßen arg ungemütlich, sodass Liebhaber lauschiger Badebuchten hier nicht auf ihre Kosten kommen.

Praktische Informationen

Unterkunft

Einfache Pensionen dominieren; die Auswahl ist sehr bescheiden.

■ **Hostal Bahia***/①, Plaza de España 5, Tel. 958.65.60.60. Ganzjährig geöffnet. Die Zimmer sind nicht gerade riesig, aber ganz annehmbar. Zimmer mit Meerblick kosten Aufpreis, dafür sind die Innenzimmer aber ruhiger. Die Preise für DZ (inkl. Bad) – bleiben im Rahmen. Die Rezeption ist nicht immer besetzt, man wende sich bei Interesse an das Cafe-Bar-Restaurante l'Andaluz, Tel. 958.64.64.82, das über eine gute Küche verfügt und in dem man auch die Busabfahrtszeiten erfragen kann.

Camping

■ **Camping Huerta Romero,** 2. Kat., Paseo Marítimo 18, Tel. 958.65.60.01, http://camping.castell-deferro.org. Sehr liebevoll mit vielen blühenden Sträuchern und exotischen Baumarten (inkl. botanischer Hinweistafeln!) bepflanzt. Einen Pool gibt es zwar nicht, aber ansonsten wurde an alles Wichtige gedacht. Ganzjährig geöffnet.

Verkehrsverbindungen

Busse nach **Almería** 8x tägl., nach **Granada** 3x direkt und 2x tägl. mit Umsteigen in Motril; nach **Málaga** 2x tägl.

Calahonda

Sechs Kilometer weiter in Richtung Motril taucht zwischen den unvermeidlichen Treibhauskolonien die **Straßensiedlung** Calahonda auf. Die vorwiegend feinkiesigen Strände sind ziemlich lang, was auf der meerwärtigen Seite der N-340 zum Bau größerer Apartment-Wohnblocks verführte, die außerhalb der Saison und abends eine etwas triste Stimmung verbreiten. Mehr Leben herrscht zweifellos entlang der Durchgangsstraße, hier sind auch Bars und Hotels zu finden.

[>] Torbogen im Festungsring des Castillo von Salobreña

[>>] Gasse in Salobreña

Motril

Das geschäftige Handels- und Industriezentrum ist für den Reisenden in erster Linie als **Verkehrsknotenpunkt** von Interesse, denn das Stadtbild wird weitgehend von gesichtslosen Neubauten bestimmt. Die vorwiegend kieseligen, grauen **Strände** rund um die zwei Kilometer entfernte Hafensiedlung **Puerto de Motril** sind zwar relativ ausgedehnt, doch durch umliegende Wohnblocks und Industrieanlagen – Motril ist der bedeutendste Hafen der Costa Tropical – hält sich ihr Reiz in Grenzen. Generell werden die Strände um so sandiger, je mehr man sich dem Schwemmlanddelta des Río Guadalfeo nähert. An Duschen und Verpflegungsmöglichkeiten *(Chiringuitos)* besteht an allen Stränden kein Mangel.

■ **Camping Playa de Poniente,** 2. Kat., Playa Poniente, Tel. 958.82.03.03, www.campingplayadeponiente.com. Direkt an der breiten, von Kies durchsetzten Playa El Pelaillo, die von Einheimischen gern mit Autos oder Motorrädern befahren wird. Erst die weiter westlich gelegene, sandige Playa Granada strahlt durch umliegende Vegetation eine etwas heimeligere Atmosphäre aus. Mit diversen Sporteinrichtungen sowie Pool, Restaurant und Supermarkt ist der Campingplatz gut ausgestattet. Ganzjährig geöffnet.

Salobreña

Eine im wahrsten Sinne des Wortes hervorstechende Erscheinung an der granadinischen Costa Tropical ist das kleine Städtchen Salobreña. Etwa 100 Meter ragt ein **Felssporn,** der heute die Altstadt trägt, aus dem intensiv genutzten

109an bn

110an bn

Schwemmland des Río Guadalfeo heraus. Oberhalb der hell in der Sonne glänzenden Häuser thront unübersehbar ein maurisches Kastell, von dem man einen weiten Ausblick auf das Umland und die zum Greifen nahe Küste genießt. Souvenirshops und speziell auf ausländische Besucher zugeschnittene Gaststätten wird man um so weniger finden, je höher man die Hänge hinaufsteigt. Dafür machen sich am Fuße des Berges unübersehbar Apartmentbłocks breit, die sowohl mit dem schönen Blick auf den Ort, als auch mit bequemer Fußweg-Distanz zum Strand werben können, aber letztlich das besondere Flair Salobreñas immer weiter beschädigen.

Wegen der **Steigungen** ist ein Spaziergang durch das Gassengewirr der Altstadt hinauf zum Castillo ziemlich beschwerlich, aber die hübschen, sorgfältig gekalkten Häuser und der reichliche Blumen- und Blütenschmuck – hier ist vor allem der Treppenaufgang in der Nähe des Centro de Actividades Artesanales zu nennen – entschädigen für die Mühe.

Das Herzstück des alten Stadtkerns ist rund um die **Plaza del Ayuntamiento** auszumachen, auch wenn das namensgebende Rathaus nicht mehr existiert. Heute befindet sich hier das **Historische Museum.** Über einen links abzweigenden Weg gelangt man zur Kirche **Iglesia del Rosario**, deren Vorplatz herrliche Ausblicke auf die Küste erlaubt. Unterhalb davon führt ein ungewöhnlich langes, mittelalterliches Gewölbe, **Bóvedas** genannt, in das Viertel Barrio del Albayzin („Viertel der Falknerei").

111an bn

Hauptanziehungspunkt ist natürlich die als **Castillo Árabe** ausgeschilderte Festung auf dem Gipfel des Berges. Für den Aufstieg sollte man etwa eine halbe Stunde einkalkulieren. Der Eingang befindet sich oberhalb der malerisch mit Blumen dekorierten Calle Andres Segovia. Die Anlage stammt im Wesentlichen aus dem 13. Jh. und teilt sich in einen äußeren Verteidigungsring und die innere Alcazaba auf. Schön ist der Ausblick auf die umliegenden Zuckerrohrfelder und die Azucarera de San Francisco, die einzige noch in Betrieb befindliche Zuckerraffinerie der Costa Tropical – die übrigen Fabriken haben sich auf die Destillierung von Alkohol spezialisiert.

■ **Castillo Árabe,** Di–So 10.30–13.30 und 16–19 Uhr. Vom 21.06. bis 20.09. von 9.45–14 und 15.30–22 Uhr. Eintritt 2,55 €.

Strände

Über eine Allee von den unteren Bereichen der Altstadt aus zu Fuß recht gut erreichbar. Der grausandige, mit Duschen und Bars reichlich versorgte Strand gliedert sich durch den Felsvorsprung Peñon in **zwei Teile.** Rund um den Felsen ist es am schönsten und geschütztesten, während die offenen Abschnitte weiter im Osten (Playa del Molino) etwas ungemütlich wirken. Im Sommer, wenn Badelustige aus dem nur 45 Autominuten entfernten Granada einströmen, kann der Strand ziemlich voll werden.

◁ Salobreña mit maurischem Castillo

Praktische Informationen

Information

■ **Plaza de Goya s/n,** Tel. 958.61.03.14. Einzelnes Gebäude auf einem Platz fast direkt an der Abzweigung der N-340 Richtung Playas. Im Sommer Di–Sa 10.30–21 Uhr, So/ Mo 10.30–13.30 und 18–21 Uhr, im Winter tägl. 8–15 Uhr.

Essen und Trinken

Auf dem Altstadthügel sind vorwiegend einfache Restaurants und Bars zu finden, für das Mittagessen am Strand stehen mehrere *chiringuitos* zur Verfügung, die neben dem kleinen Imbiss z. T. auch komplette Menüs anbieten. Besonders zu empfehlen ist die engagiert geführte **Casa Emilio,** Tel. 958.34.94.32, im mittleren Abschnitt des Strandes.

■ **Bar Pesetas,** einfaches, günstiges Restaurant etwa auf halber Höhe des Altstadthügels. Schöne Aussicht auf die Küste durch verglaste Aussichtsterrasse. Am leichtesten zu finden, wenn man von der Iglesia del Rosario durch das Gewölbe La Bóveda in die gleichnamige Straße geht. Mo Ruhetag. Tel. 958.61.01.82.

Feste

■ **Fiestas Patronales de la Virgen del Rosario,** Fest zu Ehren der Stadtpatronin. Neben der Prozession am 8. Oktober gibt es in den fünf Tagen zuvor auch eine Straßenparade sowie Tanzveranstaltungen, Flamenco-Messen, Konzerte usw.

Unterkunft

■ Das Angebot wird von Jahr zu Jahr größer. Mit dem **Hotel Avenida****/②-③, Avda. Mediterraneo 33, Tel. 958.61.15.44, www.hotelavenidatropical.

com, ist auch ein Hotel der unteren Mittelklasse in der Unterstadt (ca. 200 m vom Strand entfernt) zu finden. Auf dem Altstadthügel gibt es nur relativ einfache Pensionen, im Juli/August ist telefonische Reservierung ratsam.

■ **Hostal Miramar**①, c/ Arrabal Villa 37, Tel. 958. 82.85.34. Etwa auf halbem Wege der Verbindungsstraße zwischen der N-340 und dem Strand. Zunächst der Ausschilderung des **Hostal Mary Tere** folgen (dort auch Parkmöglichkeiten), dann wenige Meter zu Fuß den Altstadthügel hinauf. Die Zimmer sind sehr sauber, modern eingerichtet und ausreichend groß – gemessen daran erscheinen die Preise für DZ mit Bad wirklich moderat. Die EZ besitzen zwar kein eigenes Bad, sind dafür aber äußerst preiswert.

■ **Hostal San Juan****/①-②, c/ Jardínes 1, Tel. 958.61.17.29, www.hostalsanjuan.com. Liebevoll dekoriertes Haus unter französischer Leitung unterhalb des Altstadthügels. Dachterrasse mit schönem Blick, ein behindertengerechtes Zimmer. Anfahrt: Von der Tourist-Info nicht direkt zum Strand, sondern halbrechts in die Avda. Federico Garcia Lorca, dann wieder rechts abbiegen (ausgeschildert).

Verkehrsverbindungen

■ Im Ort fährt ein **Stadtbus,** der für wenig Geld von ca. 8.30–13.50 und 16–19.25 Uhr diverse Stationen abfährt, Tel. 958.61.00.11. Auch die Playa de Molino wird von 9–14 und 16–21 Uhr von einem Bus in stündlichem Turnus angefahren.

■ Die Haltestelle für die **Überlandbusse** befindet sich unweit der Tourist-Information hinter dem Taxistand in der Avda. Motril s/n. Die maßgebliche Firma Alsina Graells betreibt dort von 8.30–11.45 und 16.15–20.15 Uhr (Sa und Fe nur am Nachmittag) ein kleines Infohäuschen mit Fahrkartenverkauf, Tel. 958.61.25.21. Nach Almeria 4x tägl., Almuñécar 15x tägl., So 10x, Granada 7x tägl., Lanjarón um 17.15 Uhr, Málaga 6x tägl., Motríl stündlich, Nerja 8x tägl.

■ **Taxiruf:** Tel. 958.61.09.26.

Almuñécar

Das ehemalige „Weiße Dorf" Almuñécar mit seiner bis in phönizische Zeit zurückreichenden Historie ist zu einem **„Torremolinos der Costa Tropical"** geworden: Ohne Rücksicht auf Verluste wurden entlang der Strände, zunehmend auch in der Schwemmlandebene im Hinterland monströse Hotelklötze und Apartment-Hochhäuser hochgezogen. Unbeschwertes Urlaubsgefühl will da nicht mehr aufkommen, allenfalls noch an der etwas offeneren **Playa de Velilla** am Ortsausgang in Richtung Salobreña. Auch in der auf einem Hügel ausgebreiteten Altstadt vermisst man das Flair anderer andalusischer Küstenorte, die Gassen und Häuser werden nicht gerade mit Hingabe gepflegt. An Sehenswertem ist das **Archäologische Museum** in dem römischen Kellergewölbe **Cueva de los Siete Palacios** (etwa auf halbem Wege zwischen Rathausplatz Plaza de la Constitución und arabischem Kastell) mit beachtlichen Exponaten aus der mediterranen Frühgeschichte zu nennen und auch das hoch über der Stadt thronende **Castillo Árabe** klärt in einer gut gemachten Ausstellung über die lange Geschichte des Ortes auf. Beide Monumente sind Di bis Sa 10.30–13.30 und 17–19.30 Uhr, am So 10.30–14 Uhr, im Sommer 10.30–12.30 und 19–22 Uhr, geöffnet.

Wer sich von Nerja kommend stets an der Ausschilderung „Peñon del Santo" orientiert, gelangt an den namensgebenden Felsen, der unterhalb der Altstadt weit ins Meer vorspringt – hier gibt es auch gute Parkmöglichkeiten. Direkt gegenüber befindet sich der recht hübsch angelegte **Vogelpark Loro-Sexi** in dem etwa 100 verschiedene Vogelarten, dem tropischen Ambiente entsprechend vor allem Kakadus, Papageien, Loris und diverse Sittiche zu sehen sind – der lustige Name „Sexi" ist übrigens ganz harmlos, denn so hieß Almuñécar in phönizischer Zeit. Eintritt 2 €, tägl. zwischen 11 und 14 sowie 17 und 19 Uhr, im Sommer zwischen 18 und 21 Uhr.

La Herradura

Das kleine, in der gleichnamigen Bucht gelegene Herradura fällt mit seinen relativ bescheidenen Hochhausbauten angenehm aus dem Rahmen der üblichen Urlaubsorte an der Costa del Sol. **Ruhig und beschaulich** geht es zu, der grobsandig-kieselige Strand wird recht pittoresk von felsigen Landzungen eingerahmt.

Trotz seiner bescheidenen Dimensionen ist La Herradura eines der wichtigsten Zentren für Wassersport an der Costa Tropical. Vor allem die Taucher kommen bei glasklarem Wasser und reicher Unterwasserfauna voll auf ihre Kosten, mindestens ein halbes Dutzend Tauchschulen haben sich inzwischen hier angesiedelt. Neben dem Ortsstrand tut sich dabei besonders der etwas außerhalb Richtung Almuñécar gelegene Sporthafen **Puerto Deportivo Marina del Este** hervor, wo noch weitere sportliche Betätigungen organisiert werden.

Vor allem aber ist La Herradura für motorisierte Urlauber ein hervorragender Ausgangspunkt, um die herrliche Steilküstenlandschaft der **Acantilados de Maro** mit ihren trubelfreien Stränden weiter westlich kennen zu lernen.

Praktische Informationen

Aktivitäten

■ Am Ortsstrand befinden sich **Windsurf La Herradura,** Tel. 958.46.10.43, www.windsurflaherradura.com, der Tauchclub **Centro Internacional de Buceo,** Tel. 958.64.01.25, und das **Centro de Actividades Subacuáticas Granada-Sub,** Tel. 958.82.79.44.

■ Jachthafen **Club Náutico Marina del Este** an der Landspitze Punta de la Mona, Tel. 958.82.75.14.

■ Am Jachthafen hat sich auch der **Riding Club** niedergelassen, der Ausflüge zu Pferde organisiert (Tel. 958.64.01.28).

Unterkunft

■ Einfache Pensionen, wie z. B. das **Hostal La Caleta**①-② (Tel. 958.82.70.07, im südöstlichen Abschnitt der Uferstraße Paseo de Don Andrés Segovia), dominieren das Angebot. Insgesamt recht ruhige DZ für relativ happigen Preis.

■ **Hostal Peña Parda**①-②, Paseo Andrés Segovia 65, Tel. 958.64.00.66. Recht schön und vergleichsweise ruhig am westlichen Ende des Strandes gelegen. Die eher schlicht eingerichteten Zimmer besitzen gegen Aufpreis eine eigene Terrasse.

■ Wer gehobenen Komfort wünscht, hat die Wahl zwischen dem **Hotel Sol Los Fenicios******/④, Tel. 958.82.79.00, www.melia.com, am östlichen Ende des Strandes und dem zentral gelegenen **Hotel Almijara*****/③, Tel. 958.61.80.53, www.hotelalmijara.com, das mit seiner klobigen Architektur kaum zu übersehen ist und außerhalb der HS mit einem guten Preis-Leistungsverhältnis aufwarten kann.

■ Etwa 2 km von der Küste entfernt liegen die liebevoll eingerichteten Apartments der **„Avocadofinca"** (www.avocadofinca.de) von *Anja Büsch,* Tel. 670.96.57.55, und *Charlie Lübke,* Tel. 670.96.57.33. Die Preise von 30–60 €, je nach Größe, erscheinen moderat, Kontaktaufnahme per Telefon oder E-Mail erbeten.

Camping

■ Von den ehemals drei Plätzen ist nur noch das rundum empfehlenswerte **Nuevo Camping La Herradura** übrig geblieben, 2. Kat, Tel. 958.64.06.34, www.nuevocamping.com, unweit des Hostal Peña Parda. Anfahrt: Durch den Ort bis zur Uferstraße Paseo Andrés Segovia, dann rechts fast bis zum Ende der Bucht. Supermarkt, Restaurant, Tauchschule und reichlich Schatten machen den Aufenthalt angenehm.

Paraje Natural Acantilados de Maro – Cerro Gordo

Hinter diesem etwas sperrigen Namen versteckt sich etwa zwischen den kleinen Ortschaften La Herradura und Maro eine der **aufregendsten Küstenlandschaften** der Costa del Sol. Sehr erfreut registriert man auch, dass sich die touristische Erschließung noch einigermaßen in Grenzen hält, was vor allem auf das felsige Relief zurückzuführen ist. Bis in die 1980er Jahre hinein galt die Gegend sogar noch als Geheimtipp der örtlichen Jugendlichen, die hier ausgelassene Strandpartys feierten und schon mal nackt in die Fluten sprangen. Heute haben auch mitteleuropäische Touristen dieses reizende Fleckchen als willkommene Alternative zu den überfüllten Hotelstränden entdeckt; schon bei gemäßigt warmen Temperaturen wird man den Badespaß also mit mehreren Gleichgesinnten teilen müssen.

Die Ernennung zur 375 Hektar umfassenden **Paraje Natural** (übersetzt etwa „Naturlandschaftsgebiet“) bedeutet eine Einschränkung der Nutzung ähnlich wie bei Landschaftsschutzgebieten, d. h. wildes Zelten, Haustiere am Strand, jegliche Art von Fischfang usw. sind verboten.

Der **Cerro Gordo** („dicker Berg“) markiert die westliche Einrahmung der Bucht von La Herradura und kann über eine Serpentinenstraße, die von der N-340 abzweigt, problemlos angefahren werden. Vom Restaurante Mirador de Cerro Gordo (Tel. 958.34.90.99) kann man in einem kurzen Spaziergang (rote Markierung beachten) den von einem Wachturm bekrönten Gipfel besteigen und eine phantastische Aussicht auf die wildzerklüftete Küste und die Bucht von La Herradura genießen.

Vom Restaurant aus ist es nur noch ein kurzes Stück bis zu einer 2 km langen Asphaltpiste, die recht steil zu der ca. 200 Meter tiefer gelegenen **Playa Naturista Cantarrijan** hinunterführt.

Wer aus Richtung Málaga auf der CN-340 kommt, muss die Ausfahrt Paraje Natural Cerro Gordo nehmen und wird zu einer ca. 1,5 Kilometer langen Schotterpiste gelangen, die nach einigen Baumaßnahmen relativ gut zu befahren ist. Der rund 350 Meter lange Kiesstrand ist durch helle Kalksteinfelsen zweigeteilt und dabei schön eingerahmt. Das Wasser ist von einer an der Costa del Sol seltenen Klarheit und scheint auch kühler zu sein als anderswo. Anders als der Name suggeriert, handelt es sich hier nicht um einen Nudistenclub, sondern lediglich um einen Strand, an dem FKK möglich, aber nicht zwingend vorgeschrieben ist. Im vorderen Strandbereich haben sich zwei relativ große Restaurants niedergelassen, die auch einen schwunghaften Sonnenschirm- und Liegenverleih betreiben. Das Restaurant La Barraca bietet auch kostenlose Parkplätze und Süßwasserduschen an, es wird lediglich der Besuch des Lokals als „Gegenleistung“ nahegelegt.

Als textile Alternative ist die **Playa del Cañuelo** zu empfehlen, die über eine kurze Fahrt auf der CN-340 Richtung Maro zu erreichen ist. Bei der Anfahrt von Nerja achte man auf den Kilometerstein 302; ca. 400 Meter weiter östlich befindet sich die ausgeschilderte Abzweigung zum Strand. Auch hier muss man einen halsbrecherischen Abstieg auf einer kurvenreichen Schotterpiste bewältigen, der schon einen VW-Bus vor Probleme stellen dürfte. Nach 1,5 Kilometer Fahrt wird man von einer zauberhaft eingerahmten Bucht mit einem gepflegten Kiesstrand empfangen. An einer kleinen Bar kann man sich mit Getränken, Eis oder auch einer kühlen Dusche erfrischen. Außerhalb des Hochsommers sollte man sich aber nicht darauf verlassen, dass geöffnet ist.

Eher gemischt präsentiert sich das Publikum an der hübschen, naturbelassenen **Cala del Pino** noch ein Stück weiter Richtung Maro. Vom Parkplatz unweit eines verfallenen Wohnhauses geht man in ca. 10 Min. in Richtung eines mittelalterlichen Wachtturmes hinunter zum feinsandigen Strand.

Provinz Málaga und westliche Costa del Sol

Der rund 170 Kilometer lange Küstenstreifen der Provinz Málaga, etwa zwischen Nerja und Estepona, darf sich mit Recht als das **Kernstück der Costa del Sol** bezeichnen. Dies gilt sowohl in positiver Hinsicht, was Klima und Landschaftseindruck anbelangt, aber auch in negativer, wenn man sich die teilweise **wahnwitzigen Auswüchse ungezügelter Bauwut** vor Augen hält. Besonders schlimm erwischte es den Bereich zwischen Fuengirola und dem Großraum Málaga: Eine einförmige Betonwüste hat sich über die Küstenniederung ergossen, eine Stadt geht fast nahtlos in die andere über, erdrückend überragen gigantische Hotel- und Apartmentklötze die meisten Strände. Städtebaulich interessant darf sich hier nur das ganz ansehnliche Zentrum von **Málaga** nennen, aber auch die Provinzkapitale wird von einem schier endlosen Ring hässlicher Neubauten eingekreist.

Im östlichen Abschnitt der Küste ist vor allem das atmosphärisch recht angenehme Städtchen **Nerja** hervorzuheben, das sich auch als Ausgangspunkt für schöne Ausflüge in die Umgebung z. B. in die vom Rummel noch weitgehend verschonte, ländliche **Axarquía** eignet.

Auch der westliche Abschnitt der Costa del Sol kann, nur wenige Kilometer abseits der Küste, mit Weißen Dörfern wie **Mijas, Ojén, Casares** und **Gaucín** aufwarten, die dem Besucher einen

Provinz Málaga und westliche Costa del Sol

0 10 km
©Reise Know-How 2014
Andal_Kap12
GRANADA
MÁLAGA
COSTA DEL SOL
Ensenada de Málaga
San Juan
Estación de Archidona
Estación de Salinas
A-92
A-45
Los Llanos de A.
Archidona
Fuente Camacho
Loja
Salar
Cabras 1642
Buenavista
C335
A335
Castillo de T.
Canal del Cacín
Chimeneas
Ventas de H.
Acula
La Zahora
Cacín
Escúzar
Agrón
Sta. Cruz del Comercio
Ochichar
Alhama de Granada
A338
Cristiano 1389
E. de los Bermejales
Fornes
Jayena
Játar
La Resinera
485
490
Antequera
Paraje Natural Torcal de Antequera
489
Dolmengräber
A343
Villanueva del Trabuco
Sierra de Alhama
Alfarnate
El Almendral
Villanueva del Rosario
Alfarnateyo
Zafarraya
Nogales
Villanueva de Cauche
Mondrón
Ventas de Z.
La Hoya
Periana
Maroma 2065
465
Sierra de Almijara
Valle de Abdalajís
Villanueva de la Concepción
A356
Riogordo
Alcaucín
Colmenar
E. de la Viñuela
Casabermeja
Axarquía
Canillas de A.
Sedella
Viñuela
Canillas de A.
Río Guadalmedina
A-45
Parque natural de los Montes de Málaga
Comares
Los Vados
Salares
Cómpeta
Almogía
E. Casasola
El Borge
A335
Archez
Navachica 1832
Sayalonga
463
Trapiche
Frigiliana
Totalán
Algorrobo
Vélez Málaga
Torrox
La Fresneda
Puerto de la Torre
Olías
Moclinejo
A-7
El Sesmo
Cerrado de C.
Benagalbón
Lagos
458
Maro
Estación Cartama
Torre del Mar
Algarrobo Costa
Nerja
Cerro Gordo
A-7
El Palo
Torre de B.
Torrox Costa
466
R. Guadalhorce
Cartama
Rincón de la Victoria
Benajarafe
Málaga
Doñana
Churriana
San Julián
Alhaurin de la Torre
499
Torremolinos
Benalmádena
Arroyo de la Miel
499
Mijas
501
Benalmádena
Carvajal
500
Fuengirola
N340
Cala de Mijas
Palma (Genova)
Ibiza
Cádiz
Melilla

Eindruck vermitteln, wie die einstigen Fischerdörfer einmal ausgesehen haben. Zumindest im baulichen Erscheinungsbild ist solches in den Altstadtbereichen von Estepona und vor allem **Marbella** ebenfalls möglich – allerdings hatte die einstige „Perle der Costa del Sol" unter einem fast ungebremsten Bauboom zu leiden.

Im Landesinneren der Provinz Málaga warten grandiose Naturlandschaften wie das Felsenlabyrinth **El Torcal,** die **Serranía de Ronda** oder die Stauseen und Schluchten des **Ardales-Parks** darauf, entdeckt zu werden, allesamt nur eine bis zwei Stunden Autofahrt von der Kapitale entfernt. Besuchenswert unter den Städten dieser Region sind vor allem das spektakulär über einer Felsschlucht gelegene **Ronda** und das kulturhistorisch bedeutsame **Antequera.**

Nerja

Die rund 15.000 Einwohner zählende Kleinstadt darf im Gebiet Östliche Costa del Sol zusammen mit der kleinen Nachbargemeinde Maro als **einer der angenehmeren Urlaubsorte** bezeichnet werden. Der erste Eindruck von der mittlerweile bis La Herradura fertiggestellten Küstenautobahn ist zwar eher ernüchternd, denn ausgedehnte *urbanizaciónes* und einige klotzige Hochhausbauten künden auch hier vom florierenden Fremdenverkehr, bei näherer Betrachtung ist Nerja dennoch ein gewisser Charme nicht abzusprechen. In der – etwa von Ostern bis Mitte Oktober währenden – Saison wirken manche Bereiche der Innenstadt wie ein englischer Badeort unter südlicher Sonne, etwas abseits der Touristenströme kann man aber immer noch weitgehend unverfälschtes spanisches Alltagsleben beobachten. Der ursprünglich noch aus maurischer Zeit stammende Ortskern Narixa (arab. „üppige Quelle") wurde 1884 von einem Erdbeben gründlich zerstört, doch der Wiederaufbau wurde so geschickt durchgeführt, dass ein Bummel durch die schmalen, blumengeschmückten Gassen auch heute noch Freude bereitet.

Heimlicher Mittelpunkt des Ortes unterhalb der Altstadt ist der berühmte **Balcón de Europa,** eine weit in das Mittelmeer vorspringende Felsnase, die zu einer **begrünten Promenade** mit großartigen Ausblicken gestaltet wurde. Sie teilt die Küste in einen westlichen Abschnitt mit den Stränden **Playa El Salón** (unterhalb der Hauptkirche Iglesia de El Salvador) und **Playa La Torrecilla** (bei dem riesigen Hotel Mónica) und den östlichen Abschnitt, der mit der ausgedehnten **Playa Burriana** (unterhalb des Paradors bis zum östlichen Ortsrand) den wohl schönsten Strand innerhalb der Gemeindegrenzen bietet. Direkt unterhalb des Balcón fällt der Blick auf die malerisch von Felsen eingerahmte **Playa Calahonda.** Der an sich wunderschöne Fußweg **Paseo de los Carabineros** entlang lauschiger Badebuchten zur Playa Burriana ist durch einen Felsrutsch seit einigen Jahren leider nicht mehr begehbar. Auf keinen Fall sollte man an den

> Blick auf Nerja

Ortsstränden Rucksäcke oder Taschen unbeaufsichtigt lassen, denn das unübersichtliche Terrain gilt als ideales „Jagdrevier“ für Ganoven.

Praktische Informationen

Information

Oficina de Turismo, c/ Puerta del Mar 2, Tel. 952.52.15.31. Vorbildlich geführte Informationsstelle in unmittelbarer Nähe des Balcón de Europa. Mo–Fr 10–14 und 17–20 Uhr, Sa 10–13.30 Uhr.

Essen und Trinken

Im Bereich um den **Balcón de Europa** gibt es natürlich auch jede Menge Restaurants, die jedoch stark auf ausländische Touristen ausgerichtet sind. Positiv ist in diesem Bereich die **Bar La Fuente** (Hausnr. 9) zu erwähnen. Wer lieber unter Einheimischen speisen möchte, sollte sein Glück im Bereich unterhalb der **Plaza Andalucía** am östlichen Rand der Altstadt versuchen, wo einige ursprüngliche Tapas-Bars zu finden sind. Ebenfalls etwas abseits der Touristenströme befindet sich die **Plaza de la Marina** im Neubauviertel westlich der Altstadt mit empfehlenswerten Restaurants.

Ristorante Dal Toscano, c/ San José 13. Kleines italienisches Restaurant mit einigen Tischen in einer schmalen Nebengasse der Calle Cristo (Almirante Ferrándiz). Sehr freundliche Bedienung und liebevoll zubereitet Speisen zu moderaten Preisen.

Restaurante Haveli, c/ Cristo 42–44 (in der Fußgängerzone), leckere indische Tandoori-Küche zu vernünftigen Preisen. Große Dachterrasse. Nur abends geöffnet, Mo Ruhetag.

Restaurante 34 (beim Hotel Carabeo), c/ Hernando de Carabeo 34, Tel. 952.52.39.41. Äußerst gediegen eingerichtetes Spezialitätenrestaurant mit lauschiger Gartenterrasse. Nouvelle Cuisine für Leute, die auch satt werden wollen, gehobenes Preisniveau. Am Wochenende kann eine Reservierung nötig sein.

118an bn

■ **Restaurante Oliva,** c/ Pintada 7, Tel. 952.52.29.88, www.restauranteoliva.com. Im „Boutique-Stil" aufgemachtes Restaurant der gehobenen Kategorie ein Stück oberhalb des Balcón de Europa. Relativ hohe Preise, dafür hat die ambitionierte landestypische Küche Qualität und Rafinesse.

■ **Med Web Café,** Avda. Castilla Perez 21, Tel. 952.52.72.02. Ein an der westlichen Uferpromenade auf dem Weg von der Altstadt in Richtung Hotel Riu Monica gelegenes Internetcafé mit freundlichem englischem Personal.

■ **Restaurante Ayo,** am östlichen Ende der Playa de Burriana. Von ca. 14–16.30 Uhr wird in diesem Strandlokal u. a. leckere Paella angeboten.

■ **Café Anahi,** c/ Puerta del Mar, neben dem Hotel Portofino. Schöne Sonnenterrasse über der Playa Calahonda, Frühstück ab 8 Uhr, gute Backwaren zu moderaten Preisen.

Feste

■ **Concurso Cante Flamenco,** Wettbewerb des instrumentalen Flamenco Anfang Oktober. Meist am Abend des 8. Oktober Abschlussfestival im großen Festzelt auf dem Recinto Ferial – Auftakt für die **Feria de Nerja,** das Hauptfest der Stadt vom 9. bis 12. Oktober zu Ehren des Erzengels Michael und der Stadtpatronin. Äußerst reichhaltiges Programm mit Fahrgeschäften, Paraden, Wettbewerben, Tanzvorführungen usw., ausführliches Programm in der Tourist-Info.

Nachtleben und Flamenco

Die meisten Diskotheken und Bars sind an der Plaza Tutti Frutti im westlichen Ortsteil zwischen der c/ Castilla Pérez und dem großen bewachten Parkplatz am Recinto Ferial. Ein weiterer Schwerpunkt des Nachtlebens ist auch oberhalb des Balcón de Europa in den Straßen Pintada und Gloria auszumachen, z. B. die Cocktail-Bar **Pub Coconuts** mit schönem tropischen Garten in der c/ Pintada 11. Flamenco ist in Nerja in erster Linie als touristisches Spektakel, meist in Verbindung mit einem Abendessen, zu erleben. Authentischer sind zweifellos die Darbietungen begeisterter Amateure in der **Peña Flamenca La Soleá,** für die Öffentlichkeit in der Regel samstags zugänglich. Der betont nüchterne Übungskeller befindet sich in der Calle Antonio Millón im westlichen Ortsteil, einem Schwerpunkt jugendlichen Nachtlebens. Empfehlenswert ist auch die **Bar El Molino** in der Calle San José 4 (Seitengasse der Almirante Ferrándiz), eine urige Kneipe im Stil eines alten Gutshofes. Als Bühne dient eine Olivenmühle mit kegelförmigem Mahlstein. Tägl. Flamenco-Vorführungen ab ca. 22 Uhr, in der NS etwas eingeschränkt. Kein Eintritt, man zahlt über die Getränkepreise mit.

Unterkunft

An Unterkünften aller Klassen besteht kein Mangel, preisgünstige Quartiere sind aber eher knapp und im Sommer auch rasch ausgebucht. Die Quartiere an der c/ Cristo bzw. c/ Pintada befinden sich im zentralen Bereich oberhalb des Balcón de Europa. Von La Herradura kommend, biegt man bei der kleinen Parkanlage Plaza Cantarero scharf links (Ausschilderung: „Centro") in die Hauptverkehrsachse Calle Pintada ab. Aufgrund der prekären Parkplatzsituation empfiehlt es sich, zunächst die gut ausgeschilderte Parkgarage anzusteuern und sich zu Fuß einen Überblick zu verschaffen. Der untere Bereich der Altstadt wird von 18 bis 2 Uhr für Motorfahrzeuge komplett gesperrt, einige der genannten Pensionen sind dann nicht mehr direkt anzufahren.

■ **Apartamentos Abril**②, c/ Cristo (auch: Almirante Ferrandiz) 1, Ecke c/ San Juan, Tel. 952.52.61.67, www.hostalabril.com. Ein Stück die Calle Pintada entlang, dann links in die c/ San Juan abbiegen. Sehr gepflegte und nett eingerichtete Apartments, mit etwas Verkehrslärm muss man leben. Zum Balcón de Europa eine gute Viertelstunde, v. a. in der HS ein Tipp. Das etwas preiswertere und ebenfalls empfehlenswerte **Hostal Abril** befindet sich in der Parallelstraße c/ Pintada 124.

■ **Hostal Tres Soles**①-②, c/ Carabeo 40, Tel. 952.52.51.57. Familiäre Pension in relativ ruhiger Seitenstraße oberhalb des Paseo de los Carabineros, am einfachsten vom an der Hauptstraße ausgeschilderten Parador aus anzusteuern. Relativ geräumige und hübsch eingerichtete Zimmer zum günstigen Preis.

■ **Hotel Paraiso del Mar****/③-④, c/ Prolongación de Carabeo 22, Tel. 952.52.16.21, www.hotelparaisodelmar.es. Schnuckeliges Mini-Hotel neben dem Parador direkt oberhalb der Playa de Burriana – von der Pool-Terrasse führt ein Privatweg hinunter. Sehr komfortable Zimmer, gegen Aufpreis auch mit Balkon und Whirlpool. Frühzeitige Reservierung angeraten.

■ **Apartamentos La Casa del Barrio****/①-②, c/ Virgen de las Maravillas 3 (Maro), Tel. 659.61.87.09, www.lacasadelbarrio.es. Ein Tipp für ruhebedürftige Autofahrer ist diese gepflegte, preisgünstige Apartmentanlage im 4 km von Nerja entfernten Nachbardorf Maro. Von der Terrasse (mit kleinem Pool) herrliche Ausblicke auf Meer und Gebirge, zu den schönen Stränden muss man aber doch mit dem Auto fahren. Im August muss ein Extra-Tarif gezahlt werden.

■ **Hostal Miguel**①-②, c/ Cristo 31, Tel. 952.52.15.23, www.hostalmiguel.com. Gemütliche Pension im Herzen der verkehrsberuhigten, am Abend aber recht belebten Altstadt unweit des Balcón de Europa, der nächste Parkplatz ist relativ weit. DZ mit Bad, angesichts des ordentlichen Komforts und der günstigen Lage okay.

■ **Hotel California***/②-③, c/ Maria de Waard 21, Tel. 952.52.62.53, www.elhotelcalifornia.com. Im ruhigen Villenviertel oberhalb der Playa Burriana (mit Pool), zum Balcón gut 20 Min. zu Fuß. Vom Schweizer *Marcel Studer* ausgesprochen freundlich geführte Hotelpension mit nur fünf geräumigen DZ plus Familienzimmer; geringer Nachlass für Einzelreisende. Frühstück (natürlich mit Müsli!) inklusive.

Camping

■ **Nerja Camping,** 2. Kat., Ctra. N-340, km 297 (Maro), Tel. 952.52.97.14, www.nerjacamping.com. Kleiner Platz oberhalb der Landstraße Nerja – Motril östlich von Maro. Okt. geschlossen, von Nov. bis Mai deutliche Rabatte; Kreditkarten werden nicht akzeptiert.

Verkehrsverbindungen

■ Die **Bushaltestelle** befindet sich an der Durchgangsstraße Avda. Pescia unweit der Plaza Cantarero. Über die Calle Pintada ist das Ortszentrum in ca. 10 Minuten zu Fuß erreichbar. Auskunft über Tel. 952.52.15.04.

Nach Málaga ca. stündlich, nach Maro 8x tägl. (nur Mo–Fr), nach Frigiliana 9x tägl. (So generell keine Verbindung), Rückfahrt 10x, nach Vélez/Málaga (ab Hospital) 5x tägl., So nicht, nach Almuñécar 13x tägl., nach Granada 6x tägl., Sa/So eingeschränkt, nach Motril 7x tägl., nach Lanjarón/Órgiva 1x nachmittags, nach Almería 6x tägl., So 5x. Zum Flughafen Málaga alle 30 Min. Direktverbindungen nach Córdoba, Cádiz und Sevilla. Zu den **Cuevas de Nerja** tägl. Busverbindungen ca. stündlich (geringer Fahrpreis).

■ **Taxiruf:** Tel. 952.52.05.37.

Aktivitäten

Sowohl das Meer als auch das bergige Hinterland von Nerja ermöglichen zahlreiche sportliche Betätigungen.

Wandertipp

An der Küste wie auch in der nahe gelegenen, bis 1832 Meter ansteigenden Sierra Almijara können Wanderungen unterschiedlicher Länge und Schwierigkeit unternommen werden. Wer auf eigene Faust losziehen möchte, besorge sich vorher die **Broschüre „Die Berge von Nerja und die Steilküste von Maro"** mit Skizzen und ausführlichen Wegbeschreibungen. Das Heft ist kostenlos in der Tourist-Info von Nerja erhältlich.

- Taucher können sich an das **Buceo Costa Nerja,** Tel. 952.52.86.10, www.nerjadiving.com, an der Playa Burriana wenden. Verleih von Ausrüstung und PADI-Kurse jeden Grades. Geführte Tauchgänge.
- Der **Club Nautique Nerja** offeriert Kurse in Tauchen, Paragliding und Reiten. Daneben werden auch Mountainbikes und Motorroller vermietet. Avda. Castilla Pérez 2, Tel. 952.52.46.54, 907.58.19.97 (Handy).

Cueva de Nerja

Eigentlich müsste sie ja „Cueva de Maro" heißen, denn bei der Fahrt auf der N-340 durch das Gebiet der Nachbargemeinde Maro kommt man fast direkt an dem hervorragend ausgeschilderten Höhle vorbei. Zuvor fällt auf der linken Seite noch ein römisch wirkender **Aquädukt** namens Puente del Aguila („Adlerbrücke") ins Auge, der in der heutigen Form aber im 19. Jh. als Wasserleitung für eine Zuckerfabrik gebaut wurde.

1959 durch Zufall von spielenden Kindern entdeckt, hat sich die Cueva de Nerja bis heute zu einer Touristenattraktion ersten Ranges entwickelt. Angeblich steht sie bezüglich der Besucherzahl an dritter Stelle aller Sehenswürdigkeiten in Spanien; ihre Erkundung hat also nicht mehr viel Abenteuerliches an sich. Die Wege sind sandalentauglich ausgebaut, starke Scheinwerfer leuchten die letzten Winkel aus, und säuselnde Hintergrundmusik sorgt für eine weihevolle Atmosphäre.

Dennoch versetzt ein Rundgang auch verwöhnte Untergrund-Fans in Erstaunen, denn das vier Kilometer lange Höhlensystem öffnet sich zu mehreren, bis zu 60 Meter hohen Sälen mit rippenartigen Tropfsteinformationen, weshalb die Cueva de Nerja gerne als **„Kathedrale der Vorgeschichte"** bezeichnet wird. Dazu passen auch die *organos*, wie Orgelpfeifen geformte Stalaktiten, denen dumpfe Töne entlockt werden können. Im „Hauptschiff der Kathedrale" ist die **Gran Columna de Cataclismo** („Große Untergangssäule") zu sehen. Hier wuchsen ein Stalaktit, also ein hängender Tropfstein, und ein Stalagmit, der vom Boden emporstieg, im Laufe von Jahrmillionen zu einer 32 Meter hohen Säule zusammen.

In einem Raum (in naher Zukunft in einem *Centro de Interpretación* beim Busparkplatz) ist in einer Vitrine das Skelett einer Frau ausgestellt, die hier in der Höhle um 6.300 v. Chr. vermutlich aufgrund einer Mittelohrentzündung im Alter von 18 bis 20 Jahren starb. Auch weitere Funde wie z. B. primitive Werkzeuge und Schmuck aus Stein oder Knochen sowie Scherben einfacher Keramik deuten darauf hin, dass die Höhle vom ältesten Neolithikum (Jungsteinzeit) bis zur Wende von Kupfer- zu Bronzezeit (ca. 1800 v. Chr.) **besiedelt** war. Einige Fundstücke sind in Vitrinen im Eingangskorridor aufgestellt, außerdem Fotografien von Höhlenmalereien, die im Original aber nicht zu besichtigen sind. Aus konservatorischen Gründen sind nur etwa 30 % der Höhle allgemein zugänglich.

Im letzten Drittel des Juli findet in der Höhle unter optimalen akustischen Bedingungen ein sechstägiges **internationales Festival** mit Konzerten klassischer Musik, Ballett und Flamenco statt. Programmhefte sind in der Tourist-Info von Nerja erhältlich.

■ **Öffnungszeiten:** Einlass im Sommer tägl. 10–19.30 Uhr, im Winter 10–12.30 und 16–18 Uhr. Man kann sich bis zu 30 Minuten nach der Schließung noch in der Höhle aufhalten. Eintritt 8,50 € plus 1 € Parkgebühr. Infos unter Tel. 952.52.95.20, www.cuevadenerja.es.

Frigiliana

Unbedingt lohnend ist die Besichtigung des nur 6 Kilometer von Nerja entfernten Dorfes Frigiliana. Neben den herrlichen Ausblicken – das Dorf liegt rund 350 Meter über dem Meer – übt auch das **malerische Ortsbild** selbst eine große Anziehungskraft aus. Die maurische Bauweise konnte hier deutlich geschlossener in die Moderne hinübergerettet werden als in anderen Orten der Axarquía. Zu den auffälligsten Bauwerken zählen die **„El Ingenio“** genannte Melassefabrik, einst ein Adelspalast aus dem 16. Jh., wo heute Sirup aus Zuckerrohrsaft *(Miel de Cana de Azúcar)* hergestellt wird, und die im 17. Jh. errichtete **Pfarrkirche San Antonio.** Zu Ehren dieses Schutzheiligen wird alljährlich rund um den 13. Juni eine Wallfahrt mit begleitenden Festlichkeiten veranstaltet. Damit stehen auch die Kachelbilder an vielen Hauswänden von Frigiliana in Zusammenhang, die einen Moriskenaufstand gegen die christliche Vorherrschaft, der im Jahre 1569 blutig niedergeschlagen wurde, illustrieren.

Bei der **Anfahrt** von Nerja bzw. der Autobahn ist zu beachten, dass sich die Ausschilderung „Frigiliana“ auf das Neubaugebiet bezieht, für den Besuch der Altstadt hält man sich im Zweifelsfall eher links Richtung „Casco Histórico“ und gelangt so automatisch zum großen Parkplatz unterhalb der Melassefabrik.

Praktische Informationen

Information

■ **Oficina de Turismo,** zusammen mit dem Centro Cultural im alten Stadtpalast Casa del Apero untergebracht. Etwas versteckt, rechts oberhalb des Parkplatzes bei der Melassefabrik ausgeschildert. Öffnungszeiten (in der Saison): Mo–Fr 9–20 Uhr, Sa/So 10–13.30 und 16–20 Uhr, im Winter eingeschränkt.

Unterkunft

Wem es an der Küste zu turbulent ist, findet hier v. a. in der Hauptsaison relativ preiswerte und stilvolle Unterkünfte.

■ **Hotel Rural La Posada Morisca*****/③, Loma de la Cruz s/n, Tel. 952.53.41.51, www.laposada-morisca.com. Kleines Landhotel etwa 2 km außerhalb von Frigiliana Richtung Torrox mit schönem Blick bis zur Küste, Terrasse mit Pool. Die Zimmer im Bungalow-Stil sind mit viel Geschmack eingerichtet und können in zwei Komfortkategorien gebucht werden. Frühstück inklusive, Nachlass für Einzelreisende.

■ **Hospedería El Caravansar**①, Callejón de la Ermita, Tel. 952.53.35.86, hospederiaelcaravonsar@hotmail.com. Nett aufgemachte Pension mit hübschem Dekor und ordentlicher Ausstattung im Zentrum der „Neustadt“. Je nach Saison und Kategorie sehr günstige Preise, v. a. für die (kleinen) EZ. Anfahrt: Der Ausschilderung „Frigiliana“ (nicht „Casco Histórico“) folgen, die automatisch in die Avda. de Andalucía führt, dann halbrechts in die Príncipe de Asturias, wo man nach ca. 300 m parkt, dann ein Stück auf einem Treppenweg links bergab (ausgeschildert).

Wanderung von Frigiliana zum Río Chillar und zurück

- **Ausgangs-/Endpunkt:** Melassefabrik von Frigiliana.
- **Dauer:** knapp 4 Std., ohne Abstieg zum Río Chillar 3 Std.
- **Höhenunterschied:** von 350 m (Frigiliana/Río Higuerón) auf 600 m (Cruz de Pinto) bis 400 m (Flussbett des Chillar) und zurück.
- **Orientierung:** einfach; wenige Abzweigungen, ordentliche Ausschilderung.
- **Schuhe:** Wanderstiefel optimal, Sportschuhe mit Profilsohle ausreichend.
- **Anmerkung:** Es empfiehlt sich, vor ca. 13 Uhr zu starten, sonst kann der erste Anstieg sehr schweißtreibend sein. Erfrischung verspricht ein Sprung in den Río Chillar oder auch in das nur 15 Autominuten entfernte Mittelmeer. Durch die gute Busverbindung Nerja – Frigiliana (außer So!) auch für nichtmotorisierte Wanderer zu empfehlen.

Diese **mittelschwere Wanderung** vom „Vorzeigedorf" Frigiliana in östliche Richtung vermittelt auf engstem Raum eine erstaunliche Vielfalt unterschiedlicher Landschaftseindrücke von der Küste bis zum Hochgebirge. Trotz der Nähe zum etwas trubeligen Nerja bewegt man sich in fast unberührter Natur. Startpunkt ist der große Parkplatz unterhalb der Melassefabrik (s. o.), wo man das Fahrzeug abstellt. Rechter Hand ist unschwer das Hauptquartier der Guardia Civil zu erkennen, rechts neben dem Annexgebäude, der Bank Unicaja, geht die Wanderung los. Das Schild „Río Higuerón" zeigt die erste Etappe an, schon nach 10 Minuten erreicht man über eine steile Betonpiste den Talgrund.

Man folgt dem meist ausgetrockneten Bachbett des **Río Higuerón** „flussaufwärts", wendet sich also nach links. Nach etwa 500 Metern erreicht man ein Pumpenhaus mit Stromgenerator, gleich dahinter ist eine große Info-Tafel mit der Wanderskizze „Sendero de la Fuente del Esparto" zu sehen. Der besagte Brunnen östlich des Río Chillar soll in einer zweistündigen Tour zu erreichen sein, in der Realität muss man aber mit Pausen eher mit dem Doppelten rechnen. Wir verlassen hier das Flussbett und steigen nach rechts einen ziemlich steilen Wanderpfad bergauf, etwa 250 Höhenmeter müssen überwunden werden.

Von der **Passhöhe Cruz de Pinto** genießt man bereits einen fantastischen Blick auf die umgebenden Bergketten der Sierra de Almijara, ein Holzpflock zeigt die weitere Richtung an. Nun geht es auf einem schönen Panoramaweg an der Stirnseite des Tals ohne wesentliche Höhenunterschiede ca. 45 Minuten durch Strauchvegetation, später lichte Kiefernwälder dahin. Erst am Ende verlangt ein Anstieg mit knapp 100 Höhenmetern noch einmal etwas Kondition. Nach etwa 1½ Stunden Gesamtgehzeit ist das erste Ziel erreicht: Die eindrucksvoll tief eingeschnittene **Schlucht Cajorro des Río Chillar** liegt uns zu Füßen. Der Abstieg über 200 Höhenmeter in den Talgrund dieses permanent Wasser führenden Flusses nimmt noch einmal eine gute Viertelstunde in Anspruch und lohnt sich aufgrund der besonderen, eher an alpine Wildbäche erinnernden Atmosphäre. Stramme Marschierer können auf einem gut ausgeschilderten Weg in einer knappen Stunde noch weiter zur **Fuente del Esparto** wandern, ansonsten wird man nach einer Erfrischungspause am Fluss wieder auf gleichem Wege nach Frigiliana zurückkehren.

Die Axarquía

Zwischen den Montes de Málaga im Westen, der Sierra de Alhama im Norden und der Sierra de Almijara im Osten breitet sich die historische Landschaft der Axarquía (gesprochen: „Ascharkia" mit betontem „i") aus, was sich vom arabischen „az-shark" (östlich) ableitet. Die 31 Gemeinden dieses Landkreises besitzen oft noch **orientalisches Flair.** Nach der Rückeroberung durch die Christen 1487 blieb die Gegend bis in das späte 16. Jh. Rückzugsort für die Morisken. Heute wird das sanft zwischen hohen Gebirgszügen eingebettete Hügelland ausgiebig landwirtschaftlich genutzt. Aufgrund des ungewöhnlich warmen und relativ trockenen Klimas stehen der Anbau subtropischer **Gartenfrüchte** und die Produktion von **Weintrauben** bzw. Rosinen im Vordergrund. Typisch für die Axarquía ist die Rebsorte Moscatel. Nach einer Trocknung von drei bis zehn Tagen in der prallen Sonne werden die Trauben zu dem gleichnamigen, besonders süßen Málaga-Wein gekeltert. Das bekannteste Gericht der abwechslungsreichen Küche ist wohl die *cazuela de choto* – geschmortes Zicklein mit Knoblauch- oder Mandelsoße.

Aufgrund des boomenden Sonnentourismus zwischen Málaga und Nerja leben inzwischen mehr als zwei Drittel der rund 125.000 Bewohner der Axarquía an der Küste, wo **Trabantenstädte** mit dem Beinamen „Costa" aus dem Boden gestampft wurden, welche die Mutterorte im Landesinneren an Einwohnerzahl längst überflügelt haben.

Nur rund vier Kilometer landeinwärts liegt der inoffizielle Hauptort der Axarquía, **Vélez Málaga,** der von der Hochhaussiedlung Torre del Mar bequem über die C-335 zu erreichen ist. Vom Tourismus an der Küste fast gänzlich unberührt, zeigt die geschäftige Kleinstadt viel eigenständigen Charakter, denkt aber gar nicht daran, die durchaus vorhandenen Reize besonders herauszuputzen. Von der einst beherrschenden maurischen Burg Alcazaba auf dem Stadthügel sind nur noch einigermaßen wiederhergestellte Überreste zu sehen. Unweit der alten Stadtmauer lohnt ein Besuch der Kirche Iglesia de San Juan (16. Jh.), vor allem aufgrund der künstlerisch bemerkenswerten, farbig eingefassten Holzskulpturen von *Pedro de Mena* im Innenraum.

Bei der Weiterfahrt an der Küste Richtung Málaga kommt man durch viele Ortschaften, die ebenfalls zur Axarquía gezählt werden, mit den gewachsenen Siedlungen des Hinterlandes aber kaum etwas gemein haben. Da und dort lässt sich das ehemalige Fischerdorf noch erahnen, aber der enorme Zustrom von Dauerurlaubern vor allem britischer Herkunft, hat sich im Bau monströser Apartmentblocks und der entsprechenden Infrastruktur in Siedlungen wie **Torrox-Costa, Algarrobo-Costa** oder **Torre del Mar** deutlich niedergeschlagen. Auch die dunkelgrauen Strände sind in diesem Bereich nicht sonderlich einladend, denn die trotz der inzwischen fertiggestellten Autobahn noch relativ stark befahrene N-340 verläuft knapp hinter den Köpfen der Sonnenanbeter.

Zu den annehmbaren Ausnahmen gehören neben dem Strand zwischen Lagos und Torrox-Costa die Strände im **Schwemmlanddelta des Río Vélez** westlich von Torre del Mar. Sie werden nicht durch Straßen oder Hochhäuser, sondern von Zuckerrohrfeldern eingerahmt, was zumindest dem Umkreis der Flussmündung einen Hauch von Ursprünglichkeit verleiht.

An der **Playa de Almayate** hat sich auch das kleine Nudistencamp Alcanat Complejo Naturista (gut ausgeschildert) mit Cafetería eingenistet, an deren Randbereichen auch textiles Baden möglich ist. Der letzte erwähnenswerte Badeort vor Málaga ist **Rincón de la Victoria,** der mit erträglicher Bebauung und einem sehr ausgedehnten Sandstrand glänzen kann.

Unterkunft

■ **Casa Aguadero** (*Verena* und *André Müller*), im Gemeindegebiet von Periana, ca. 3,5 km vom Dorf Ventas de Zafarraya, Tel. 952.11.50.83, www.aguadero.com. Von mehreren Lesern sehr gelobtes Gästehaus (mit Pool) einer schweizerischen Familie in der noch sehr ursprünglichen Gebirgslandschaft der Sierra de Alhama nahe der Provinzgrenze zu Granada mit herrlichen Ausblicken auf den großen Stausee La Vinuela. Die Anfahrt (z. T. nicht asphaltiert) wird auf der Website detailliert erklärt, um vorherige Kontaktaufnahme wird ohnehin gebeten. 2 DZ und 2 TZ für 39 € p.P., mind. 2 Nächte Aufenthalt, auf Wunsch mit Abendessen. Die *Müllers* organisieren bei Bedarf auch Aktivitäten wie Wandern, Radfahren, Reiten und Kulturtrips.

☒ Málaga – Stierkampfarena La Malagueta

Málaga – der Hafen der Costa del Sol

Das von Málaga-Eis, Málaga-Wein und blumenseligen Schlagern genährte positive Image Málagas wird von der schnöden Realität nur bedingt bestätigt. Der weite Rundblick von der Anhöhe des **Monte de Gibralfaro** zeigt eine abwechslungsreiche Küstenlandschaft, subtropische Parkanlagen und einige bemerkenswerte Gebäude, aber leider auch eine gigantische Lawine aus Stahlbeton, welche sich über die Küstenniederung ergossen hat und die vergleichsweise winzige Altstadt fest umschlossen hält. Auf das **Zentrum** zwischen der Plaza de la Merced und dem Hafen konzentriert sich auch das touristische Interesse, denn hier wird das Klischee vom fröhlichen, mediterranen Málaga, das inzwischen eine 570.000 Einwohner-Metropole ist, noch am ehesten wahr.

Lagen Málagas durchaus vorhandene Reize lange Zeit unter einer dicken Staubschicht verborgen, so hat sich in den letzten Jahren doch einiges zum Positiven verändert. Die ehemalige Hauptverkehrsachse **Marqués de Larios** wurde zu einer eleganten Flanier- und Shoppingmeile umgestaltet, und die bislang etwas verwahrlost wirkenden Fassaden der gründerzeitlichen Bürgerhäuser in der Innenstadt glänzen nun in frischem Anstrich.

Neben dem obligatorischen Bummel durch das Zentrum lohnt sich auch ein Abstecher hinunter zum **Hafen,** wo mehrere aufwändig mit exotischen Pflanzen angelegte Parks für subtropisches Ambiente sorgen. An klassischen Monumenten ist in erster Linie die unbedingt sehenswerte **Catedral de la Encarnación** im Herzen der Altstadt zu nennen. Die maurische Festung **Alcazaba** befindet sich immer noch im Stadium der Restaurierung, ein Teil der Anlage ist aber schon wiederhergestellt und für Besucher geöffnet. Vor allem wegen des großartigen Ausblicks vom Monte de Gibralfaro gehört auch ein Besuch der frisch restaurierten Bastion **Castillo de Gibralfaro** zum Málaga-Pflichtprogramm.

Ein Muss für Liebhaber moderner Kunst ist sicherlich ein Rundgang durch das exklusiv dem berühmten Sohn der Stadt gewidmete **Museo Picasso** mitten in der Altstadt. Ergänzend dazu kann man noch den familiären Wurzeln des *Pablo Ruiz Picasso* in seinem Geburtshaus an der nahe gelegenen Plaza de la Merced nachspüren. Nimmt man noch das Museum der schönen Künste im Palacio de la Aduana (Zollgebäude) und das Zentrum für zeitgenössische Kunst CAC Málaga in der Avda. Comandante Benítez hinzu, kann man in Málaga inzwischen mindestens genauso viel Kunst des 20. Jh. begutachten wie in der Landeshauptstadt Sevilla.

Vom Castillo abgesehen, liegen alle Sehenswürdigkeiten innerhalb eines sehr überschaubaren Bereiches und sind problemlos zu Fuß erreichbar.

Für einen Badeaufenthalt ist Málaga sicher nicht der ideale Ort. Wer **Stadtbesichtigung und Strandleben** verknüpfen möchte, sollte sein Quartier im etwa 10 Busminuten entfernten **Vorort Pedregalejo** am östlichen Stadtrand aufschlagen.

117an bn

Stadtgeschichte

Von den Phöniziern als Handelskolonie gegründet, darf sich Málaga **eine der ältesten Städte Andalusiens** nennen. Nach den Punischen Kriegen (bis 201 v. Chr.) wurde das damalige Malacitanum dem Römischen Reich einverleibt und spielte sowohl als Hafen wie auch später als Zentrum der christlichen Missionierung eine wichtige Rolle.

Die eigentliche **Blütezeit** erlebte die Stadt jedoch ab 711 unter den Mauren, welche die Stadt als wichtigsten Verbindungshafen nach Nordafrika ausbauten. Aufgrund ihres wunderbar milden Klimas und den ausgedehnten, verschwenderisch blühenden Gartenanlagen wurde Málaga von Poeten häufig als irdisches Paradies gepriesen. Auch unter der Herrschaft der Nasridenkönige von Granada behielt sie ihre Stellung als prosperierende Handelsmetropole.

Damit war es ab der Rückeroberung durch die Katholischen Könige am 19. August 1487 erst einmal vorbei, heftige Kämpfe zwischen der christlichen Zentralregierung und den vielen hier noch verbliebenen Morisken fügten der Stadt schwere Schäden zu.

In der zweiten Hälfte des 19. Jh. schien Málaga dann wieder an alte Größe anknüpfen zu können: Wohlhabende Patrizierfamilien, teilweise aus Nordspanien zugewandert, investierten in den Aufbau von Werften, in eisen- und metallverarbeitende Industrie, Textilmanufakturen und Zuckerraffinerien. Großbürgerliche Prachtstraßen im Stil der Gründerzeit entstanden, und romantische Reiseschriftsteller aus dem nördlichen Europa fanden freundliche Worte für die „Königin der Costa del Sol".

Kaum eine andalusische Großstadt wurde aber vom Chaos des **Spanischen Bürgerkriegs** so verheerend getroffen wie Málaga. Als traditionelle Hochburg des liberalen Widerstands gegen die faschistischen Franco-Truppen wurden ganze Straßenzüge durch Bombardierungen dem Erdboden gleichgemacht, Kirchen als Symbol des verhassten Klassenfeindes von Republikanern in Brand gesteckt.

Orientierung

Aufgrund der ziemlich schwierigen Orientierung innerhalb des Stadtzentrums empfiehlt es sich, zunächst die Prachtstraße **Alameda Principal** bzw. die **Plaza de la Marina,** wo auch Parkplätze zur Verfügung stehen, anzusteuern. Diesen Bereich oberhalb des Hafens erreicht man bei Anfahrt auf der Küstenstraße N-340 fast automatisch. Etwas schwieriger gestaltet sich die Sache, wenn man aus dem Landesinneren, also über die N-331 kommt. Man halte sich dabei möglichst lange an die den Río Guadalmedina begleitenden **Avenidas,** bis man zur Hauptbrücke **Puente Tetuán** gelangt, und biegt dort nach links in die Alameda Principal ein.

Der touristisch interessante Bereich Málagas befindet sich oberhalb davon, zwischen dem Río Guadalmedina im Westen, der Plaza de la Merced im Norden und der Stierkampfarena Plaza de Toros im Osten. Die westlich des Flusses gelegenen Viertel sind hingegen von Industrie und Gewerbe geprägt und nur dann von Bedeutung, wenn man bestimmte Dienstleistungen (Bus, Bahn, Post, Einkaufen etc.) in Anspruch nehmen möchte. Sehr zu empfehlen ist in jedem Fall, sich vor dem Stadtrundgang durch die Auffahrt zum **Castillo de Gibralfaro** einen groben Überblick zu verschaffen.

Kathedrale

Als unübersehbares Wahrzeichen überragt sie das Häusermeer der Altstadt, genau in die Hauptachse Málagas zwischen Alcazaba, Plaza de la Constitución und Río Guadalmedina wurde sie von den siegreichen Christen hineingebaut – die **Catedral de la Encarnación** („Kathedrale der Fleischwerdung Christi"). Die Baugeschichte ist von zahlreichen Unterbrechungen und Änderungen geprägt: So wurde der erste Versuch 1523, im Stil der Spätgotik zu bauen, schon bald wieder abgebrochen. Lediglich ein schönes Portal, das heute den Eingang der Kirche El Sagrario ziert, ist davon noch erhalten. 1528 wurde ein zweiter Anlauf unter der Aufsicht von *Pedro López* gestartet, dessen spätgotische Pläne von den nachfolgenden Architekten *Andrés de Vandelvira* und *Diego de Vergara* zunehmend in Richtung Renaissance modifiziert wurden. Aufgrund zahlreicher Unterbrechungen wegen Geldmangels zog sich die Bautätigkeit bis 1782 hin. Daher sind auch barocke Einflüsse, z. B. an der Hauptfassade, nicht zu verleugnen. Ein Blick nach oben zeigt aber auch, dass die Arbeit an der Kathedrale keineswegs abgeschlossen wurde: Der Nordturm ragt zwar plangemäß 92 Meter in den Himmel, doch der Aufsatz des Südturms fehlt immer noch – ob er je vollendet wird, erscheint mehr als fraglich. Im Volksmund bekam die Kirche daher den liebevoll-spöttischen Beinamen **La Manquíta** (übersetzt etwa: „Die kleine Einarmige") verpasst.

Im weiten Innenraum der dreischiffigen Hallenkirche überwiegt der Eindruck stilgetreuer Renaissance mit aufwändig ornamentierten Sterngewölben und Säulenbündeln in römisch-antiker Formensprache. Sowohl der Hochchor als auch die Seitenschiffe werden von Kapellen begleitet, die teilweise bedeutende Kunstschätze bergen. Dazu gehört sicherlich die **Capilla de la Virgen del Rosario,** benannt nach einer großformatigen Rosenkranzmadonna des granadinischen Künstlers *Alonso Cano.*

Rechts vom Hochaltar beinhaltet die **Capilla de la Virgen de los Reyes** zwei sehr unterschiedliche Kunstwerke: zum einen die namensgebende Madonnenfigur der „Jungfrau der Könige" aus dem späten 15. Jh., zum anderen ein großformatiges Gemälde des aus Málaga stammenden Künstlers *Enrique Simonet,* welches schockierend realistisch die Enthauptung des Heiligen Paulus zeigt.

Geht man weiter in den Chorumgang, fällt in der **Capilla de Santa Barbara** ein reich skulpturierter gotischer Altaraufsatz ins Auge, der bereits in der ursprünglichen, zur Bischofskirche geweihten Moschee aufgestellt war.

Besondere Aufmerksamkeit verdient das mitten im Hauptschiff aufgebaute **Chorgestühl,** für das nur beste Hölzer, wie Mahagoni, Zeder und Grenadill verwendet wurde. 1633 wurde das Werk von *Luis Ortiz de Vargas* konzipiert und teilweise ausgeführt. Künstlerisch noch bedeutsamer aufgrund ihrer Ausdruckskraft und Feingliedrigkeit sind die Relieffiguren des granadinischen Bildhauers *Pedro de Mena.* Nach *Ortiz'* Tod

Málaga

Zamorano
Feijoo
Del Tiro
P. M. Sánchez
Mármoles
Riviera de Guadalmedina
Avda. de la Rosaleda
Nuño
Arance
Carretería
Arco de Cabeza
Montes de Oca
Estébanez
Pte. Aurora
Pulidero
Puente
Polvorista
Cañaveral
P. de Narváez
Pozos
Dulces
Puerta Nueva
A. Parejo
Pasillo de Guimbarda
P. Nueva
Fajardo
Horno
Santos
Mártires
Ríos
Huerta del Obispo
Cerrojo
Cisneros
Especerías
Don Cristián
Armengual de la Mota
Fuentecilla
Pasillo Sta. Isabel
Museo de Artes y Costumbres Populares
Glez.
Calvo
Almansa
Luciano
Pte. Sto. Domingo
Aguijero
Higuera
S. Juan
Cerezuela
Sta. Rosa
Marqués
Nueva
Liborio
S. Jacinto
Río Guadalmedina
S. Souvirón
Pl. Félix Sáez
M. García
2
Matadero Viejo
Olózaga
Sagasta
Plaza Arrola
Alhóndiga
H. Rey
Alarcón Luján
Esquilache
Pasillos de Sto. Domingo
Prim
P. Atocha
H. Espartero
Zentralmarkt
Puerta del Mar
6
Atarazanas
Martínez
V.
Escusa
Ordoñez
Torregorda
Pastora
Panaderos
3
Andalucía
Puente Tetuán
Alameda Principal
Busbahnhof
Tomás de Heredia
Aurora
Trinidad
Grund
Córdoba
5
Bahnhof Cercanías
Vendeja
Angosta del Carmen
Ancha del Carmen
Casas de Campos
Alameda de Colón
Navalón
San Lorenzo
Barroso
Simonet
4
Peregrino
Somera
Martínez Campos
Cuarteles
Pasillo del Matadero
Comandante Benítez
Duquesa de Parcent
Pinzón
Avenida Manuel Agustín Heredia
Salitre
Centro de Arte Contemporáneo
1
Bahnhof
Alemania
San Andrés

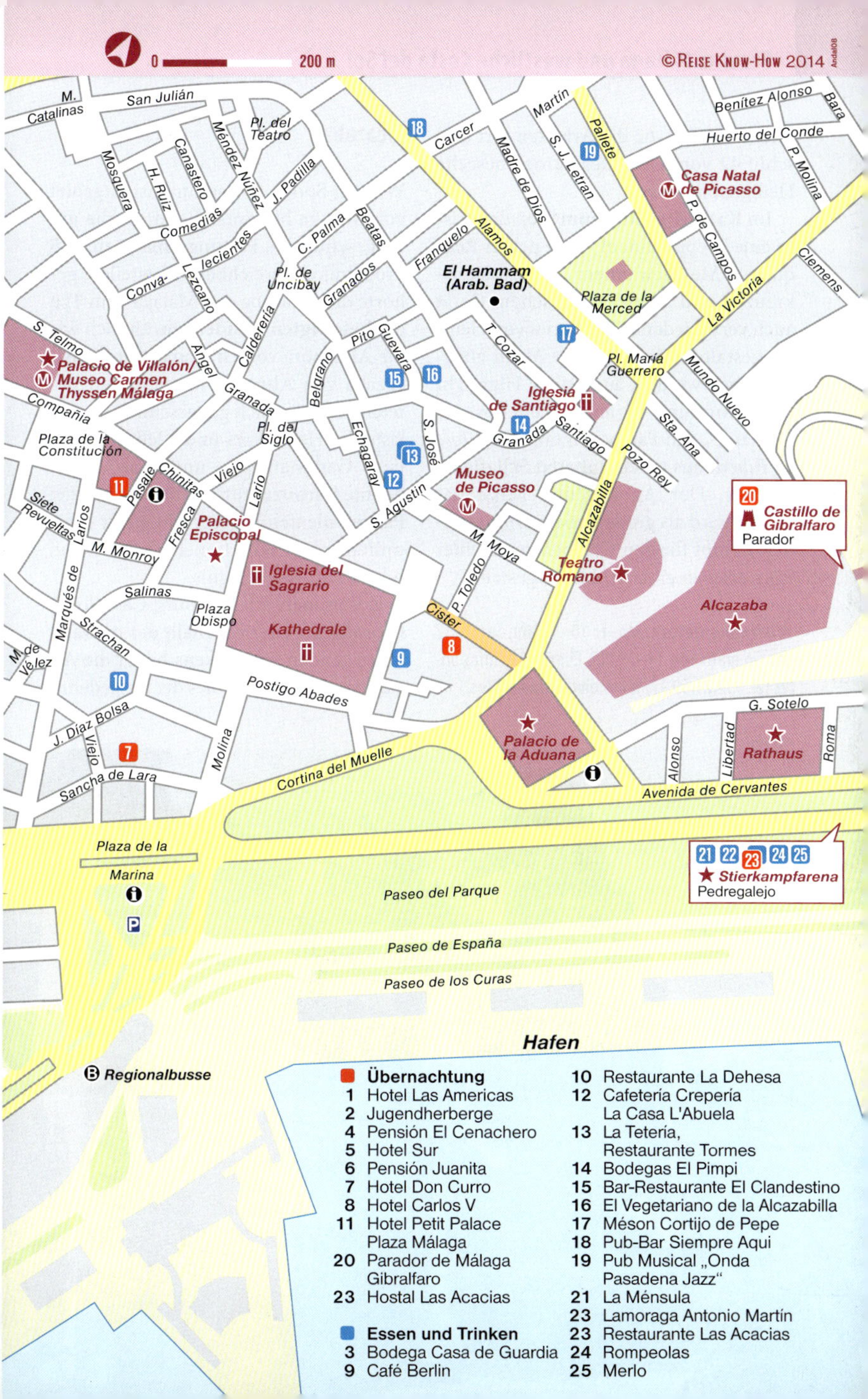

Übernachtung

1 Hotel Las Americas
2 Jugendherberge
4 Pensión El Cenachero
5 Hotel Sur
6 Pensión Juanita
7 Hotel Don Curro
8 Hotel Carlos V
11 Hotel Petit Palace Plaza Málaga
20 Parador de Málaga Gibralfaro
23 Hostal Las Acacias

Essen und Trinken

3 Bodega Casa de Guardia
9 Café Berlin
10 Restaurante La Dehesa
12 Cafetería Crepería La Casa L'Abuela
13 La Tetería, Restaurante Tormes
14 Bodegas El Pimpi
15 Bar-Restaurante El Clandestino
16 El Vegetariano de la Alcazabilla
17 Méson Cortijo de Pepe
18 Pub-Bar Siempre Aqui
19 Pub Musical „Onda Pasadena Jazz"
21 La Ménsula
23 Lamoraga Antonio Martín
23 Restaurante Las Acacias
24 Rompeolas
25 Merlo

führte er 1658–62 die Arbeiten fort und schuf 42 vom Geist des Barock beseelte Heiligenbildnisse.

Im **Kathedral-Museum** (von der Kasse eine Treppe hinauf) sind neben Reliquien, Messgewändern, Prozessionskreuzen und allerlei liturgischem Gerät auch verschiedene Skulpturen von Heiligengestalten, die *Pedro de Mena* zugeschrieben werden, ausgestellt. Highlight der Sammlung ist aber zweifellos das Gemälde „San Pablo ermitaño“ von *José de Ribera* aus einer früheren Schaffensperiode. Der Apostel und Missionar Paulus wird als greiser, vom zermürbenden Kampf für den Glauben zerfurchter Einsiedler in einer Höhle dargestellt.

Öffnungszeiten: Mo–Fr 10–18 Uhr, Sa 10–17 Uhr, So gratis von 14–18 Uhr, Eintritt 5 €, Infos unter Tel. 952.21.59.17, www.diocesismalaga.es.

Alcazaba

Wie ein Sporn in das Innenstadtgebiet von Málaga hineinreichend, ist die gut ausgeschilderte Festungsanlage zu Fuß problemlos erreichbar. Zweifellos gehörte die Alcazaba von Málaga zum Typ der **befestigten Residenzen,** ähnlich wie die Alhambra von Granada oder die Alcazaba von Almería. Im zentralen Bereich befanden sich gut geschützt die Paläste des Herrschers und adeliger Familien, Gartenanlagen und eine ausgedehnte Infrastruktur. Die exponiertesten Partien dienten hingegen in erster Linie militärischen Funktionen als Garnison oder auch als Gefängnis.

Zusammen mit der Burg Castillo de Gibralfaro weiter oberhalb des ostwärts ansteigenden Felsrückens bildet die Alcazaba von Málaga eines der ausgedehn-

an14-048 ba

testen muslimischen Festungssysteme Spaniens. Da ihr Baustoff, fossilienreicher **Kalkstein,** sehr **verwitterungsanfällig** ist, wurden immer wieder umfangreiche Restaurierungsarbeiten notwendig.

Von den Arabern wurde eine Burg der Römer im 8. Jh. als Basis für eine größere Festung benutzt, der entscheidende Ausbau mit einem insgesamt dreifachen Mauerring und nicht weniger als 110 Türmen fand jedoch zwischen 1040 und 1065 auf Anweisung des granadinischen Ziriden-Königs *Badís* statt. Im 14. Jh. ließen die Könige des Nasridenreiches einige Türme erneuern, sowie den Herrscherpalast Palacios Nazaríes wesentlich umbauen.

Rundgang

Von der Plaza de la Aduana geht es in Serpentinen zum Eingangstor des äußeren Mauerrings, Torre de la Bóveda Vaída („Tor des Kreuzrippengewölbes"), und weiter zur Puerta de las Columnas, leicht an den original römischen Säulenbasen und Kapitellen zu erkennen. Durch die Torre del Cristo gelangt man in den **Primer Recinto Amurallado** („Erster ummauerter Bereich"). Dieser besteht im Wesentlichen aus dem heute begrünten Waffenhof (Patio de Armas), in dem die siegreichen christlichen Truppen ihre Artillerie stationierten.

Der Zugang zum **Segundo Recinto Amurallado** („Zweiter ummauerter Bereich") erfolgt durch die stark restaurierte Puerta de los Cuartos de Granada, deren Name wohl auf die granadinische Herkunft der Baumeister der darin befindlichen Wohnungen anspielt. Die östliche Ecke dieses Bereiches wurde von dem schlecht erhaltenen Torre del Homenaje („Huldigungsturm") verteidigt, bei deren Konzeption sich die muslimischen Baumeister im 14. Jh. offenbar auch von den Bergfrieden christlicher Burgen inspirieren ließen. Der zweite Bereich beinhaltet eine Abfolge von vier Innenhöfen, der erste davon, Patio de los Surtidores, diente einst wohl auch als Vorratslager. Rechts davon erkennt man von der Kalifatskunst inspirierte Vielpassbögen in einem Turmfenster des Doppelturms Torre del Siglo XVI/ Torre de Maldonado.

Die höher gelegenen **patios** („Innenhöfe") mit den umliegenden Palästen und Wohnungen, darunter auch einem regelrechten Stadtviertel (Barrio de Viviendas) aus dem 11. Jh., sind inzwischen so weit restauriert, dass man mit etwas Fantasie die einstige Pracht erahnen kann. Der nicht zufällig an die Alhambra erinnernde **Palacio Nazarí** (13./ 14. Jh.) dient auch als Ausstellungsraum für die hier gefundene Keramik.

Öffnungszeiten: tägl. 9.30–20 Uhr, Nov. bis März 8.30–19 Uhr, Mo 9–18 Uhr, Eintritt 2,25 €, So ab 14 Uhr gratis, Kombikarte (mit Castillo) 3,55 €. Infos unter Tel. 952.12.88.30. Es gibt auch einen Aufzug in der c/ Guillén Sotelo hinter dem Rathaus.

Castillo de Gibralfaro

Schon die Türme der Alcazaba bieten recht gute Ausblicke auf die Innenstadt, absolut fantastisch an klaren Tagen ist jedoch die Rundsicht vom 116 Meter hoch gelegenen **Monte de Gibralfaro** auf die

◁ Die Alcazaba in der Innenstadt von Málaga

gesamte Bucht von Málaga. Damit ist die Hauptattraktion der Festung bereits beschrieben, denn an original historischer Bausubstanz ist an diesem einstmals stark verfallenen und bis vor Kurzem wieder aufgebauten Gemäuer nicht mehr viel zu sehen.

Der Bau eines großen, aufgrund der Geländeverhältnisse sehr unregelmäßigen Mauerrings ging vermutlich erst unter *Yusuf I.* im 14. Jh. vor sich. Grund für den Bau einer Burg oberhalb einer anderen Festung dürfte die zeitgleiche Entwicklung einer schlagkräftigen Artillerie bei den christlichen Heeren gewesen sein, die den Beschuss der Alcazaba von der Bergkuppe durchaus erlaubt hätte. Die funktionale Einheit beider Bauwerke wird durch den von Mauern gesicherten **Verbindungsgang Coracha** verdeutlicht, der Truppenbewegungen zwischen Gibralfaro und Alcazaba ermöglichen sollte.

Im alten Pulvermagazin wurde inzwischen ein **Besucherzentrum** *(Centro de Interpretación)* in Form eines militärhistorischen Museums eingerichtet. Sehr aufschlussreich ist ein liebevoll gestaltetes Diorama über das maurische Málaga, wie es die Katholischen Könige bei ihrem Einmarsch am 19. August 1487 vorfanden. Eine zehnminütige Multivisionsshow zu jeder vollen Stunde rundet derzeit das Bildungsprogramm ab.

■ **Anfahrt:** Mit dem Auto fährt man auf der Straße Alcazabilla links an der Alcazaba vorbei Richtung Plaza de la Victoria. Ab hier ist das Castillo bzw. der Parador Nacional de Gibralfaro ausgeschildert. Mit dem Bus nimmt man die Linie 35 vom Paseo del Parque, die von etwa 11–19 Uhr ca. alle 45 Minuten abfährt. Der Fußweg vom Info-Häuschen am Eingang der Alcazaba nimmt nur etwa 15 Minuten in Anspruch. Dazu geht man die Straße „Don Juan Temboury" zwischen Alcazaba und Zollgebäude bergauf, bis man sich an der südöstlichen Flanke der Festung befindet. Eine Treppe führt direkt bis an die Mauer, man geht nun stets an den Befestigungsanlagen entlang einen breiten Fußweg bergauf, bis man den Parador bzw. das Castillo erreicht hat.

■ **Öffnungszeiten:** im Sommer 9–20 Uhr, im Winter 9–18 Uhr, Eintritt 2,25 €, So ab 14 Uhr gratis.

Stadtrundgang

Zentralmarkt

Nur wenige Schritte oberhalb der Alameda Principal befindet sich der gut hundertjährige **Mercado Central,** der Zentralmarkt Málagas. Wenn man an einem Vormittag (ca. 7–14 Uhr, So nicht) Zeit findet, sollte man sich das lebhafte Treiben in dieser vorwiegend im Neo-Mudéjar-Stil gestalteten Markthalle mit ihren vielfältigen Sinneseindrücken nicht entgehen lassen.

Die Straße mit dem Namen **Atarazanas** („Schiffshebewerk") weist dezent darauf hin, dass an dieser Stelle der Kalif *Abd al-Rahman III.* im 10. Jh. die Hauptwerft Málagas errichten ließ. Von dem ausgedehnten Bauwerk, das auch als Waffenarsenal diente und eine eigene Moschee besaß, ist nur noch das Eingangsportal mit rund 15 Meter hohem Hufeisenbogen erhalten geblieben.

Museo de Artes y Costumbres Populares

Weiter in Richtung Fluss gelangt man zur Uferstraße Pasillo Sta. Isabel, wo sich das Museum volkstümlicher Kunst und Gebräuche befindet, das stilgerecht in dem ehemaligen Gasthof **Mesón de la Victoria** aus dem späten 17. Jh. untergebracht wurde. Im einstigen Pferdestall sind diverse Gerätschaften und Fuhrwerke aus vergangener Zeit sowie eine Weinkelterei und eine Ölmühle zu besichtigen. Ein Stockwerk höher sind Mobiliar, Keramik, Kleidung und Küchengerät aus dem Málaga vergangener Jahrhunderte ausgestellt.

Öffnungszeiten: Mo–Fr 10–17 Uhr, Sa 10–14 Uhr, So/Fe geschlossen, Eintritt 4 €.

Rund um die Plaza de la Constitución

Geht man die Straße Cisneros stadteinwärts immer geradeaus, stößt man auf die Plaza de la Constitución, den geschäftigen **Mittelpunkt der Altstadt,** dessen Szenerie sich bequem von einem der Straßencafés aus beobachten lässt. Ginge man hier die c/ Compañia nach links, würde man bei Hausnummer 10 auf den prächtigen Renaissancepalast **Palacio de Villalón** stoßen. Vor Kurzem wurde hier die umfangreiche Sammlung von *Carmen Thyssen-Bornemisza* mit Schwerpunkt Landschafts- und Genremalerei des 19. und frühen 20. Jh. eingerichtet. Zu den bekanntesten Namen zählen neben *Gaugin* und *Renoir* die Spanier *Gonzalo Bilbao, Julio Romero de Torres* (siehe bei Córdoba) und der Barockmaler *Franciso de Zurbarán* mit dem Bildnis der Santa Marina.

Museo Carmen Thyssen Málaga, Tel. 952.21.75.11, www.carmenthyssenmalaga.org, Di–So 10–20 Uhr, Eintritt: Wechselausstellung 4 €, Dauerausstellung 6 €, Kombiticket 8 €.

Von der Plaza de la Constitución führt die breite Haupteinkaufsstraße Málagas, die **Marqués de Larios**, wieder zur **Alameda Principal** hinunter, wo ein Denkmal des namensgebenden Markgrafen *Don Manuel Domingo Larios y Larios* aufgestellt wurde. Durch Landwirtschaft und Nahrungsmittelindustrie zu großem Reichtum gekommen, hatte dieser den Bau der Prachtstraße im späten 19. Jh. eigenhändig mitfinanziert, verwinkelte und verwahrloste Altstadtgassen mussten dafür weichen.

Wie es hier früher einmal aussah, lässt sich am ehesten nachvollziehen, wenn man durch den Torbogen der **Pasaje Chinitas** in das gleichnamige Viertel der kleinen Handwerker, Arbeiter und Krämer geht. Begrenzt wird das Quartier im Südosten durch einen imposanten Kirchenkomplex, bestehend aus Alter und Neuer **Kathedrale** sowie dem ehemaligen Bischofspalast **Palacio Episcopal.** Dieser spätbarocke, komplex angelegte Prachtbau aus dem 18. Jh. wirkt von der Plaza del Obispo (erreichbar über die Straßen Fresca und Salinas) am eindrucksvollsten. Hier befindet sich auch der Eingang zu den wechselnden Kunstausstellungen, für die das Gebäude seit kurzem vorgesehen ist.

Palacio Episcopal, Di–So 10–14 und 17–19.30 Uhr. Infos unter Tel. 952.60.27.22.

Direkt gegenüber erhebt sich die eindrucksvolle Kathedrale und links davon ein kleinerer Kirchenbau, der bis 1588 als Bischofskirche diente. Die Konstruktion der heute **Iglesia del Sagrario** genannten ursprünglichen Kathedrale wurde gleich nach der Rückeroberung Málagas auf dem Grundstück einer Moschee in Auftrag gegeben. Die zahlreichen Blumendekorationen und Wappen am Portal zeugen vom isabellinischen Stilempfinden der ersten Bauherren, auch wenn die heutige Pfarrkirche zahlreiche Umbauten über sich ergehen lassen musste.

Iglesia del Sagrario, 9.30–12.30 Uhr und 18.30–19.30 Uhr. Eintritt frei.

Rund um die Plaza de la Merced

Nach einem kurzen Stück auf der Calle Cister zweigt halblinks die malerische Calle San Agustín ab, die an einem auffällig aus Quadergestein errichteten Renaissancegebäude mit Mudéjar-Elementen vorbeiführt. Dieser ehemalige Stadtpalast des Grafen von *Buenavista* beherbergt seit 2003 das lange geplante **Museo de Picasso** mit einer Sammlung von 285 Exponaten aus dem Privatbesitz der Schwiegertochter *Cristine* und des Enkels *Bernard Ruiz-Picasso.* Auch wenn die Ausstellung nicht mit ihren hochklassigen Pendants in Barcelona, Paris oder New York konkurrieren kann und einige Stationen des voltenreichen künstlerischen Werdegangs *Picassos* nur durch Zeichnungen oder Grafiken dokumentiert werden, vermittelt das Museum dennoch einen höchst interessanten Einblick in die enorme Schaffenskraft eines Jahrhundertgenies. Der auf den Überresten einer nasridischen Villa im frühen 16. Jh. errichtete Adelspalast birgt in seinem Keller sogar noch sehenswerte archäologische Fundstücke. Unter anderem künden die Reste einer phönizischen Stadtmauer aus dem 6. Jh. v. Chr. und eine römische Fischeinsalzungsanlage aus dem 3. Jh. n. Chr. von den uralten Kulturschichten, auf denen Málaga heute steht.

Museo de Picasso, Di–Do, So/Fe 10–20 Uhr, Fr/Sa 10–21 Uhr, Mo geschlossen. Eintritt Dauerausstellung 6 €, Wechselausstellung (Picasso-Leihgaben anderer Museen) 4,50 €, Kombikarte 9 €, freier Eintritt So ab 18 Uhr. Infos: www.museopicassomalaga.org, Tel. 902.44.33.77.

In der anschließenden Calle Granada lohnt ein Blick in die hübsch dekorierte und vielfach überkuppelte **Iglesia de Santiago,** wo der kleine *Pablo Ruiz-Picasso* getauft wurde.

Plaza de la Merced

Ein kurzes Stück weiter stößt man auf einen fast quadratischen, sehr repräsentativ angelegten Platz, die **Plaza de la Merced,** die zum Flanieren oder zur Einkehr in eines der vielen Restaurants und Freiluftcafés einlädt. Auf der linken Seite befindet sich ein Saal der *Fundación Picasso,* wo in wechselnden Ausstellungen Werke des Meisters selbst oder von Künstlern, die durch ihn beeinflusst wurden, gezeigt werden (Eintritt frei). In der Mitte des Platzes erinnert ein großer Obelisk aus dem Jahre 1842 an die Begräbnisstätte von *General Torrijos* und 52 seiner Mitstreiter, die ein gutes Jahrzehnt zuvor gegen das diktatorische Regime des *König Ferdinand VII.* aufbegehrten und nach ihrer Gefangennahme am Strand von Málaga hingerichtet wurden. Den nordöstlichen Abschluss des Platzes bildet eine prachtvolle Häuserzeile aus den 1870er Jahren, die nach ihrem adeligen Bauherrn auch **Casas de Campos** genannt wird.

114an bn

Das Haus an der linken Ecke mit der heutigen Nummer 15 ist nicht nur das älteste (1861 erbaut), sondern auch das berühmteste, denn hier erblickte am 25. Oktober 1881 kein Geringerer als *Pablo Picasso* das Licht der Welt. Er sollte in den folgenden 91 Jahren ein in diesem Jahrhundert unvergleichliches Gesamtwerk künstlerischer Ausdrucksformen bestehend aus Malerei, Zeichnung, Grafik und Plastik schaffen. Das **Geburtshaus von Picasso** *(Casa Natal de Picasso)* wurde 1983 unter Denkmalschutz gestellt und nach der Gründung der Stiftung *Fundación Pablo Ruiz Picasso* 1991 als Museum anerkannt.

Die bis vor Kurzem recht dürftige Anzahl von Exponaten zeigt, dass die Bindungen zwischen Picasso und seiner Geburtsstadt nicht sehr eng waren. Immerhin lieferte der Ort seiner Kindheit später oft wiederkehrende Motive für sein künstlerisches Schaffen: die teilweise recht skurrilen Händler und Handwerker auf der Plaza de la Merced, die Tauben, die Stierkampfszenen in der Arena La Malagueta usw. Seitdem die hochklassigen Exponate bevorzugt im Museo de Picasso gezeigt werden, konzentriert sich das Geburtshaus neben einer Dokumentation seines künstlerischen Werdegangs nun vor allem auf die Ausstellung von Keramik, Grafik und Buchillustrationen des Meisters.

■ **Casa Natal de Picasso,** tägl. 9.30–20 Uhr, Fe geschlossen, Eintritt 2 €, So kostenlos. Wer sich für das umfangreiche Forschungs- und Dokumentationszentrum der Fundación Picasso interessiert, kann sich direkt an das Museum wenden. Auskunft unter Tel. 952.06.02.15, www.fundacionpicasso.es. Der Erwerb eines Kombitickets für 3 € berechtigt zum Besuch der Sala de Exposiciónes schräg gegenüber (Plaza de la Merced 13) mit durchaus interessanten Wechselausstellungen.

Rund um die Alcazaba

Nördlich der Plaza de la Merced endet das Stadtzentrum, man sollte sich im eigenen Interesse spätabends auch nicht viel weiter in die Außenbezirke vorwagen. Vom kleinen Vorplatz Plaza María Guerfero erkennt man im Hintergrund auf einer felsigen Anhöhe die Mauern der Alcazaba. Der Eingang ist über die verkehrsreiche Straße Alcazabilla zu erreichen, die zuvor am erst 1951 entdeckten **Teatro Romano** vorbeiführt, das wohl kurz nach der Zeitenwende unter Ausnutzung der natürlichen Hangneigung angelegt wurde und bis in das 3. Jh. in Betrieb war.

■ **Teatro Romano,** Mi–Sa 10–19 Uhr, Di nur bis 18 Uhr, So nur bis 16 Uhr, Eintritt frei.

Das Ende der Straße markiert unübersehbar der quadratische Klotz des **Palacio de la Aduana** (Zollgebäude), 1788 im klassizistischen Stil entworfen und heute von Regierungsstellen „bewohnt“ – und einem kleinen Kunstmuseum mit Schwerpunkt Malerei des frühen 20. Jh. (Eintritt frei).

Dahinter laden die schön gestalteten Palmengärten des **Paseo del Parque** zum erholsamen Flanieren inmitten des großstädtischen Verkehrsgewühls ein. 1897 durch Aufschüttungen dem Meer abgerungen, erinnert der Park mit seinen vielen, teilweise aus den Tropengebieten Lateinamerikas, Afrikas oder Asiens stammenden Zierpflanzen fast schon an einen Botanischen Garten.

Zwischen Park und Alcazaba fügt sich harmonisch das dekorative **Rathaus** in das Gesamtbild ein. Von 1911 bis 1919 gebaut, vereint es auf der Grundlage einer neoklassizistischen Anlage Baustile wie Barock, Renaissance und Jugendstil zu einer interessanten Mischung.

Strand

Deutlich attraktiver als die Strände westlich des Hafens Richtung Torremolinos präsentiert sich der 1200 Meter lange, flach abfallende Strand der **Bucht von Pedregalejo** – nicht unbedingt ein Traum für zwei Wochen Badeurlaub, aber als Ergänzung zu einer Málaga-Besichtigung durchaus erwägenswert. Anfahrt mit dem Stadtbus der Linie 11 von der Alameda Principal (1,10 €; ca. alle 8 Min.) z. B. bis zum Hotel Elcano in der gleichnamigen Straße, die parallel zur Uferpromenade verläuft. Als Unterkunft empfiehlt sich z. B. das anheimelnde **Hostal-Restaurante Las Acacias**②, Paseo de las Acacias 5, Tel. 952.20.01.67, www.lasacaciashr.com. Die Zimmer sind nicht riesig (es gibt auch Suiten), aber hübsch dekoriert, im lauschigen Innenhof kann man essen (Frühstück ist inklusive) und jeden Do Live-Konzerten lauschen. Zum Strand sind es nur ca. 100 Meter, wo sich praktisch ein Restaurant an das andere reiht. Empfehlenswert sind auf jeden Fall die **Restaurants Rompeolas und Merlo** der kleinen Kette „La Revuelo“ am östlichen Ende des Paseo Marítimo El Pedregal, Tel. 952.20. 15.05 bzw. 952.29.49.24., die gute Fischgerichte zu absolut reellen Preisen frisch vom Grill anbieten.

Praktische Informationen

Information

Nicht weniger als **sechs Informationsstellen** sind über das Stadtgebiet verteilt, die des Flughafens nicht mitgerechnet. Broschüren und Infos über Sehenswürdigkeiten und Öffnungszeiten sind auch am Kiosk des Busbahnhofs, an der Puente de Tetuán und an einem mobilen Infostand am Römischen Theater erhältlich.

- Die Hauptstelle der von der Regionalregierung verwalteten **Oficina de Turismo** befindet sich in der Pasaje de Chinitas 4, unweit der Plaza de la Constitución. Öffnungszeiten: Mo–Fr 9–19.30 Uhr, Sa/So 9.30–15 Uhr. Tel. 952.21.34.45, www.malagaturismo.com.
- Die Zentrale der **Oficina Municipal de Turismo** befindet sich in der Avda. de Cervantes 1 in der Nähe des Zollgebäudes am Paseo del Parque. Diese von der Stadt betriebene Infostelle ist allerdings weniger gut ausgestattet. Tel. 952.13.47.30. Ein gut sortiertes Büro wurde kürzlich an der zentralen Plaza de la Marina errichtet; Öffnungszeiten: Mo–Fr 9–19 Uhr, Sa/So 10–19 Uhr, Nov.–März nur bis 18 Uhr.

Service

- **Post/Telefon/Internet:** Postamt in der Avenida de Andalucía 1, Tel. 952.35.90.08, von der Innenstadt aus gesehen hinter der Brücke Puente Tetuán links. Öffentliche Telefone und Internet im **Navegaweb,** Molina Larios 11, bei der Kathedrale. Internet-Salon in der Gomez Pallete 7 zwischen Plaza de La Merced und Teatro Cervantes.
- **Medizinische Versorgung:** Hospital mit Notaufnahme westlich der Brücke Puente de Armiñan an der Calle Barcelona. Centro de Salud für kleinere Blessuren: Von der Alameda Principal in die c/ Córdoba, dann einige Meter in die c/ Trinidad.
- **Taxiruf:** Tel. 952.32.00.00, 952.33.33.33.
- **Autoverleih:** Die meisten Gesellschaften befinden sich am Flughafen. Wer für den gesamten Ur-

laub einen Wagen mietet, ist damit am besten bedient. Mehrheitlich befinden sich die Garagen in der Avda. García Morato, praktisch jede Firma bietet aber einen Shuttleservice an. *Avis,* Tel. 952.04.84.83, www.avis.es; *Hertz,* Tel. 952.04.84.78, www.hertz.es; *Marinsa,* Tel. 952.23.23.04; *Marbesol,* Tel. 952.23.35.07, www.marbesol.com (günstige Wochentarife); *Helle Hollis,* Tel. 952.24.55.44, www.helleholis.com (vor allem bei längerer Mietzeit sehr günstig); *Centauro,* Tel. 902.10.41.03, www.centauro.net (vor allem bei kürzerer Mietzeit sehr günstig, Büro im UG des Flughafens). Ebenfalls am Flughafen: *Aurigacrown,* Tel. 952.17.64.86, www.aurigacrown.com, preiswert.

In der Stadt weitere Büros: *Avis,* Cortina del Muelle, Tel. 952.21.66.27; *Hertz,* Alameda de Colón 17, Tel. 952.22.55.97.

■ **Radfahren: Malaga Bike Tours,** c/ Trinidad Grund 4 (50 m von der Plaza de la Marina und der Touristeninfo entfernt), Tel. 606.97.85.13 (Handy), www.malagabiketours.eu. Ein multinationales Team veranstaltet unterhaltsame Stadtführungen (auch auf Deutsch) zu den bekannten und versteckten Sehenswürdigkeiten Málagas (ca. 4 Std. für 23 €, inkl. Getränk), aber auch längere Touren ins Umland. Nahebei (c/ Vendeja) Fahrradverleih bei **Bike2Malaga,** Tel. 650.67.70.63 (Handy), www.bike2malaga.com, z. B. 1 Tag für moderate 10 €, tägl. 10–14 und 16–20 Uhr geöffnet. Wer es gemütlicher mag, kann sich von den Fahrrad-Rikschas des Unternehmens **Tricosol** (www.tricosol. com) chauffieren lassen, die rund um die Kathedrale auf Kundschaft warten (auch hier mit Erläuterungen zu den Sehenswürdigkeiten, z. B. 1 Std. für 16 €).

■ **Arabisches Bad El Hammam,** c/ Tomás de Cózar 13, Nähe Plaza de La Merced, Tel. 952.21.23.27, www.elhammam.com. (Dampf-)Bäder und (nach Voranmeldung) türkische Massagen. Mehrere Leser waren trotz der relativ hohen Preise (Bad + 25 Min. Massage ca. 50 €) sehr angetan.

■ **Alhambra-Tickets:** Am Geldautomaten Servicaixa an der Ecke Alameda Principal/Marqués de Larios können die begehrten Eintrittskarten für 13 € (nur Gärten 7 €) vorbestellt werden. Ohne Spanischkenntnisse hier allerdings schwieriger als in Granada. Auf dem Bildschirm müssen nacheinander folgende Felder angetippt werden: 1. „Eintritte/Veranstaltungen", 2. „mucho mas", 3. „mucho mas otras provincias", 4. „Granada", dann das gleiche Verfahren wie in Granada (siehe dort).

Essen und Trinken

In der Küche Málagas nehmen Fisch und Meeresfrüchte einen breiten Raum ein, insbesondere in frittierter Form *(pescado frito).* Zu den Spezialitäten der Region gehört der *Ajoblanco,* eine kalte, weiße Knoblauchsuppe.

Eine deutliche Konzentration an Restaurants ist rings um die Kathedrale feststellbar, ebenso im Strandvorort Pedregalejo, wo sich fast schon ein Restaurant an das andere reiht. Stark im Kommen sind, ähnlich wie in Granada, die *Teterías,* Teestuben mit orientalischem Flair, die oft auch kleine Snacks anbieten. Freiluftcafés sind an den großen Plätzen Plaza de la Constitución (z. B. das **Café Central**) und Plaza de la Merced oder an den die Kathedrale umgebenden Gärten (Calle Cañon) zu finden.

■ **Bar-Restaurante El Clandestino,** c/ Guevara (die Calle Granada von der Plaza de la Constitución bergauf Richtung Plaza de la Merced gehen, hinter der Bank BBVA links in schmale Gasse). Wirkt zunächst wie eine urige Kneipe für vorwiegend junges Publikum, entpuppt sich aber als raffiniertes Restaurant mit experimentierfreudiger Küche, v. a. die selbst gemachte Pasta ist zu loben, die Preise sind für das Gebotene o.k.

■ **El Vegetariano de la Alcazabilla,** Pozo del Rey 5, Tel. 952.21.48.58. Das vielleicht beste vegetarische Restaurant Málagas ist in die Nähe der Alcazaba umgezogen.

■ **La Ménsula,** c/ Maestranza 18, Tel. 952.22.50.30. Im Hafengebiet befindet sich dieses Restaurant mit „Comida malagueña".

■ **Mesón Cortijo de Pepe,** Plaza de la Merced 2 (Kathedralen-Seite), Tel. 952.22.40.71. Familiäre

Tapas-Bar, im oberen Stockwerk kann man sich auch gemütlich an Tischen niederlassen. Sehr gutes Preis-Leistungsverhältnis und große Auswahl. Di Ruhetag.

■ **Restaurante La Dehesa,** c/ Diaz Bolsa 3, Tel. 952.21.21.32. Kleines Lokal in der Seitenstraße der Marqués de Larios, man kann auch draußen sitzen. Die ortstypische Küche zeichnet sich durch beste Qualität und eine gewisse Raffinesse aus, mittleres Preisniveau, So abends geschlossen.

■ **Lamoraga Antonio Martín,** Plaza Malagueta 4, Tel. 952.22.41.53, www.lamoraga.com. Ein Ableger von *Dani Garcías* kleiner, aber feiner Restaurantkette (auch am Flughafen im Terminal 5 neben den Eincheckschaltern der Lufthansa zu finden) direkt am Strand von La Malagueta – von der Stierkampfarena einfach die breite Avenida Cánovas hinunter. Von außen ein typischer „Chiringuito", innen überraschend „stylish"; zu gehobenen, aber noch akzeptablen Preisen wird landestypische Küche kreativ verfeinert.

■ **Café Berlin,** Calle Afligidos 2, Tel. 952.22.30.96. Gepflegtes Frühstückscafé zwischen Kathedrale und Alcazaba auf einem kleinen Platz bei dem Ausstellungsraum des Künstlers *Revello de Toro.* Neben der freundlichen Bedienung sind insbesondere die guten Obstkuchen nach deutschem Rezept hervorzuheben.

■ **Restaurante Tormes,** c/ San Agustín 13, Tel. 952.22.20.63. Direkt gegenüber dem Picasso-Museum, man sollte deswegen möglichst einen Platz im Freien ansteuern, um das schöne Ambiente zu genießen. Ein Genuss ist auch die gute regionale Küche, die Preise sind angemessen. Mo Ruhetag.

■ **La Tetería,** San Agustín 9. Wie der Name schon sagt, vornehmlich ein gemütlicher Ort, um ein Tässchen Tee zu trinken. Auch sehr schön zum Draußensitzen, da in der wohl schönsten Gasse Málagas zwischen Kathedrale und Placa de la Merced gelegen.

■ **Cafetería Crepería La Casa L'Abuela,** Echegaray 9. Nur einige Schritte weiter Richtung Kathedrale – ein angenehmer Ort für den Nachmittagskaffee mit Crêpes oder Kuchen.

■ **Bodegas El Pimpi,** Calle Granada 62, Tel. 952.22.89.90. Stilvolle Taverne unterhalb der Plaza de la Merced in schöner Umgebung. Da der Eigentümer gebürtiger Cordobese ist, werden außer meist süßen Málaga-Weinen natürlich auch *Finos* aus der Provinz Córdoba kredenzt. Tolle Sonnenterrasse an der c/ Alcazabilla, wo man für 10 € einfache Mittagsmenüs mit Blick auf das römische Theater bekommt.

■ **Bodega Casa de Guardia,** Alameda Principal 18 (stadtauswärts gesehen rechts), Tel. 952.21.46.80. Bereits 1840 gegründet, gilt diese wohl traditionsreichste Bodega Málagas auch als die „Kathedrale des Málaga-Weins". Einige der Weinspezialitäten werden exklusiv an diese Bodega geliefert, und können auch gekauft werden. Als Unterlage für die Verköstigung gibt es Fisch und Meeresfrüchte.

Einkaufen

Die Prachtstraße **Marqués de Larios** ist immer noch eine wichtige Shopping-Meile für die Bewohner Málagas. Auch in den Seitenstraßen sind viele Einzelhandelsgeschäfte zu finden. Auffallend ist die lange Siesta der Inhaber, spätestens um 13.30 Uhr werden die Rollläden heruntergelassen. Dieses Problem hat man in den großen **Warenhäusern** nicht, man muss sich dafür aber auf die westliche Seite des Río Guadalmedina begeben. Auf der rechten Seite der Avenida de Andalucía bietet das große Kaufhaus **Corte Inglés** fast alles, was das Herz begehrt. Nicht weit davon, auf der linken Seite der Parallelstraße Avenida de la Aurora hat sich das **Larios Centro** etabliert, eine riesige Shopping Mall mit mehr als 125 Einzelgeschäften.

■ **Flohmarkt Mercadillo** jeden So etwa 9–14 Uhr am Paseo de los Martiricos.

Feste

■ **Semana Santa,** in der Karwoche hat man natürlich den Ehrgeiz, ähnlich prunkvolle Prozessionen auf die Beine zu stellen wie in Granada oder Sevilla. Eine Besonderheit ist die seit rund 200 Jahren

115an bn

praktizierte Freilassung eines Häftlings, symbolisch vorgenommen durch „Vater Jesus" *Nuestro Padre Jesús El Rico* am Mittwoch, wenn diese Figur am Gefängnis vorbeizieht. Einer der Höhepunkte ist der Gründonnerstag mit der Erscheinung von *El Cristo de la Buena Muerte* („Der Christus des guten Todes"), begleitet von der Spanischen Fremdenlegion. Am Karfreitag konzentriert sich das Interesse auf *el Santo Sepulcro*, das „Heilige Grab".

■ **Feria de Málaga,** das Hauptfest der Stadt in der Woche rund um den 19. August, stets Sa und So. Viele Umzüge, Vorführungen von Flamenco und anderen Tänzen, geschmückte Pferde und besonders ausgelassenes Nachtleben. Jeden Tag Stierkämpfe.

■ **Octubre Picassiano,** jüngst ins Leben gerufenes Kulturfestival rund um *Pablo Picasso* im Oktober. Ausstellungen, Vortragsreihen, Musikfestivals, internationale Symposien und Feiern sollen zu einer Popularisierung des Künstlers beitragen.

Flamenco

Natürlich gibt es auch in Málaga Möglichkeiten, Flamenco zu hören und zu sehen. Die Region hat auch einige Sonderformen, wie die *Malagueña* und die fröhlichen *Verdiales* hervorgebracht. Bei letztgenannten handelt es sich um besonders volkstümliche Gesänge, die mit Kastagnetten getanzt und von Geigen, Gitarren und Schellen begleitet werden.

■ Am 28. Dezember gibt es eine eigene **Fiesta de los Verdiales** und am 16. Juli in der Nachbarstadt Rincón de la Victoria.

■ Flamenco-Aufführungen bekannter Künstler sind gelegentlich im 1870 erbauten **Teatro Miguel de Cervantes** etwas oberhalb der Plaza de la Merced

^ Andrang auf der Feria de Málaga

zu genießen. Infos in der Broschüre „MLG – Málaga en tus manos“ (span./engl.), tel. unter 95.222.41.00 oder online unter www.teatrocervantes.com.

■ Unter den relativ wenigen *tablaos* („Flamencobühnen“) ist das **Diguela** in der Avda. de los Guindos 29, Tel. 670.76.00.60 (Handy), zu nennen. Vorführungen Di um 21.30 Uhr, Sa um 0.30 Uhr.

Nachtleben

Eine beliebte Bar- und Discozone der jugendlichen Malagueños ist der Strandvorort **Pedregalejo,** vor allem natürlich im Sommer, wenn man ohnehin das Strandleben genießt. Aber auch die Innenstadt hat reichlich Bars und Kneipen zu bieten, insbesondere der Bereich zwischen dem Cervantes-Theater und der Plaza de la Constitución.

■ **Pub-Bar Siempre Aqui,** Carcer 3/Ecke c/ Alamos, Tel. 952.21.25.72. Gemütliche Bar im Tetería-Look. Wie der Beiname „Cervecería Alemana“ andeutet, geht es hier aber mehr um's Bier, von dem mehr als 60 Sorten angeboten werden.

■ **Pub Musical „Onda Pasadena Jazz“,** Gómez Pallete (nahe Plaza de la Merced), Tel. 952.60.09.84. Bei Sprachstudenten beliebte Musikkneipe/Disco mit häufigen Live-Konzerten.

Unterkunft

Die Übernachtungsmöglichkeiten sind für eine Stadt dieser Größe relativ schmal, wer auf einen gewissen Stil Wert legt, muss tief in die Tasche greifen. Im Bereich oberhalb der Plaza Marina gibt es viele einfache Pensionen, die aber oft gewisse Nehmerqualitäten erfordern und keineswegs besonders billig sind. Eine weitere Konzentration von Hotels und Pensionen ist zwischen der Alameda Principal und der Avenida Manuel Agustin Heredia feststellbar.

■ **Parador de Málaga Gibralfaro******/⑤, Castillo de Gibralfaro s/n, Tel. 952.22.19.02, www.parador.es. An das maurische Kastell baulich sehr gut angepasstes Gebäude mit sehr geschmackvoll gestalteten Räumen.

■ **Hotel Petit Palace Plaza Málaga******/③-④, Nicasio calle 3 (Ecke c/ Marqués de Larios gegenüber der Touristinfo), Tel. 952.22.21.32, www.petitpalace.com. Ein hübscher Stadtpalast aus dem 19. Jh. im Herzen der Altstadt wurde von der Gruppe „High Tech Hoteles“ (www.hthoteles.com) zu einem komfortablen Boutique-Hotel umgestaltet. Die Zimmer sind recht unterschiedlich in Schnitt und Ausstattung, nach Möglichkeit vorher anschauen. Verkehrslärm gibt es hier praktisch nicht, die Zimmer nach außen sind zu bevorzugen. Kleine Einschränkung: Die nächste Parkmöglichkeit an der Plaza de la Marina (nach Rabatt für Hotelgäste fragen!) ist ca. 500 m entfernt, Koffer müssen durch die Fußgängerzone getragen/gezogen werden.

■ **Hotel Don Curro*****/③-④, c/ Sancha de Lara 7, Tel. 952.22.72.00, www.hoteldoncurro.com. Relativ großes und komfortables Mittelklasse-Hotel in absolut zentraler und dennoch relativ ruhiger Lage. In der Straße nur Be- und Entladen möglich, Parkgarage in der Nähe.

■ **Hotel Carlos V****/②, c/ Cister 6, Tel. 952.21.51.20, http://hotel-carlosvmalaga.com. Die Calle Cister ist inzwischen Fußgängerzone, Parken an der Plaza de la Marina. Die Zimmer erinnern zwar eher an ein Hostal, angesichts der Traumlage zwischen Kathedrale und Alcazaba kann man den mäßigen Komfort gut verschmerzen.

■ **Hotel Sur****/②-③, c/ Trinidad Grund 13 (Fußgängerzone), Tel. 952.22.48.03, www.hotel-sur.com. Gepflegtes und recht komfortables Hotel mit Garage unterhalb der Alameda Principal, ein beruhigendes Stück von der verkehrsreichen c/ Córdoba eingerückt. Gemessen an der Konkurrenz gutes Preis-Leistungsverhältnis.

■ **Hotel Zen****/①-②, c/ Los Fresnos 9 (Torremolinos), Tel. 952.37.38.82. Vor allem für ruhebedürftige Spätankömmlinge interessant – nur wenige Kilometer vom Flughafen Richtung Torremolinos, beim Hotel Roc Costa Park rechts hoch, dann die rechte Seitenstraße. Traumhaft ruhig in geradezu idyllischer Anlage. Sehr großzügig geschnittene, komfortable Zimmer, dabei auch noch günstig.

■ **Hotel Las Americas***/②-③, c/ Cuarteles 66 – Edif. Cantabria, Tel. 952.31.93.74, www.hotel-las-americas.com. Vor allem für nicht-motorisierte Reisende empfehlenswert, da direkt gegenüber RENFE-Bahnhof und nur fünf Minuten von Busbahnhof entfernt. DZ inkl. Bad und Klimaanlage .

■ **Pensión El Cenachero****/①-②, c/ Barroso 5, Tel. 952.22.40.88, www.pensionelcenachero.com. In relativ ruhiger Lage zwischen Alameda Principal und Avenida Manuel Agustín Heredia. In der HS einige Tage vorher telefonisch reservieren.

■ **Pensión Juanita***/①, Alarcón Luján 8, Tel. 952.21.35.86, www.pensionjuanita.es. Von außen nicht gerade einladend, öffnet sich im 4. Stock (Aufzug) eine supergepflegte, nicht unkomfortable Pension unter sehr liebenswürdiger Leitung. Zimmer (z. T. mit eigenem Bad) ohne Aussicht, dafür – in Anbetracht der zentralen Lage – ausgesprochen ruhig. Ab der Ecke Alameda Principal/Manuel Larios (Be- und Entladen) müssen Koffer wegen der Fußgängerzone ca. 200 m gezogen/getragen werden.

■ **Jugendherberge** *(albergue juvenil)*, Plaza Pio XII 6, Tel. 951.30.81.70. Weit westlich des Zentrums zwischen der Hauptausfallstraße Avenida de Andalucía und der Obispo Angel Herrera Oria. Ins Zentrum ein unschöner Fußmarsch von ca. 30 Minuten. Komfortable und angenehme Unterkunft. Rund um Neujahr etwa drei Wochen geschlossen.

Unterkunft außerhalb von Málaga

■ In dem kleinen Ort Periana nordöstlich von Málaga haben *Verena* und *André Müller* einen Rückzugsort geschaffen: die **Casa Aguadero**③, Tel. 952.11.50.83, www.aguadero.com (Näheres weiter oben im Abschnitt „La Axarquía").

Verkehrsverbindungen

■ **Flughafen: Aeropuerto de Málaga,** Avda. García Morato s/n. Information: AENA, Tel. 902.40.47.04. Der internationale Flughafen Málagas, der größte Andalusiens, befindet sich knapp 10 km südwestlich des Stadtzentrums Richtung Torremolinos. Durch diverse Umbaumaßnahmen soll seine Kapazität annähernd verdoppelt werden. Für eine **Taxifahrt** werden ab Málaga-Zentrum rund 20 € verlangt. Wesentlich günstiger mit rund 1,30 € ist die Fahrt mit dem **Bus.** Die Linie 19 fährt alle 30 Minuten ab Calle Molina Lario (zwischen Kathedrale und Hotel Málaga Palacio) zu allen Terminals. Deutlich schneller und ebenso günstig geht es mit dem **Nahverkehrszug** *Cercanías Málaga* (siehe Zug).

■ **Bus:** *Estacion de autobuses* westlich des Río Guadalmedina am Paseo de los Tilos unweit des AVE-Bahnhofs (ins Stadtzentrum ca. 20 Minuten zu Fuß). Allgemeine Informationen: Tel. 952.35.00.61. Für Andalusien sind vor allem die Gesellschaften Alsina Graells (Tel. 952.31.82.95) und Comes Portillo (Tel. 902.14.31.44) zuständig.

Nach Algeciras etwa stündl., mit *directo* gut 1 Std. schneller, Almería ca. alle 2 Stunden und eine Nachtfahrt um 3 Uhr, Antequera etwa stündl., Cádiz 3x tägl. + 3x *ruta,* Córdoba 5x tägl., Granada 10x tägl., Marbella ca. alle 45 Min., Nerja (inklusive Höhle) ca. stündl., Ronda 4x tägl., Fr 5x (davon 1x *directo,* nur dieser ist schneller als der Zug). Nach Sevilla Direktverbindungen ca. alle 2 Std., mehrere tägl. Verbindungen nach Madrid. Nach La Linea (bei Gibraltar) 4x tägl., So 1x abends.

Näher am Zentrum befindet sich die **Subestación de Autobuses** an der Avenida Manuel Agustín Heredia zwischen Plaza de la Marina und Hafen. Sie bedient die Linie Westliche Costa del Sol. Nach Torremolinos/ Benalmádena-Costa/Fuengirola alle 15 Minuten, Nachtbusse bis 2 Uhr.

■ **Zug:** Neuer AVE-Bahnhof „María Zambrano" wenige Gehminuten vom Busbahnhof, das Stadtzentrum ist in knapp 20 Min. zu Fuß erreichbar. RENFE-Büro Tel. 902.24.02.02.

Nach **Antequera, Córdoba und Sevilla** mit dem neuen Hochgeschwindigkeitszug AVANT Mo–Fr 6x tägl., Sa/So 4x. Die Fahrt dauert 70 Min. (Córdoba) bzw. knapp 2 Std. (Sevilla) und kostet ca. 20 bzw. 35 €. Nach Córdoba bzw. Madrid zusätzlich 9x tägl. (Sa/So etwas eingeschränkt) mit dem AVE, der noch etwas schneller, aber auch doppelt so teuer ist. Eine Direktverbindung nach Granada gibt es nicht. Durch den Stopp des Hochgeschwindigkeitszuges AVANT in Antequera gibt es nun theoretisch sieben Verbindungen täglich. Da die Umsteigezeiten nicht abgestimmt sind, kommt aber eigentlich nur die Abfahrt mit dem Regionalexpress um 14.05 Uhr mit Umsteigen in Bobadilla in Frage, selbst dann hat man mit knapp 3 Std. Fahrzeit zu rechnen – besser den Bus nehmen. Nach **Ronda** 3x tägl. mit Umsteigen in Bobadilla. Da es keine echte Küstenlinie gibt, ist eine Zugfahrt nach **Algeciras** kaum, nach **Almería** wegen mehrfachen Umsteigens überhaupt nicht zu empfehlen. Zum Umsteigebahnhof Bobadilla 7x tägl., zusätzlich 2x tägl. kaum schneller und viel teurer per Talgo, So jeweils 1 Verbindung weniger.

Die zentrumsnahen Bahnhöfe der **Nahverkehrszüge Cercanías** befinden sich z. Z. in Umbau, Abfahrten nur im AVE-Bahnhof „María Zambrano" möglich. Halbstündliche Verbindungen von 5.45–22.30 Uhr (So und Fe eingeschränkt) u.a. nach Torremolinos, Benalmádena und Fuengirola. Zum Flughafen (Terminal 2, ca. 200 m zu Fuß über Rampe) halbstündlich mit der Linie C1. Die Tickets (1,35 €) müssen vor der Fahrt am Automaten gelöst werden.

Auto fahren

Zentrumsnah und leicht zu finden ist die (relativ teure) **Tiefgarage** an der Plaza de la Marina zwischen der Alameda Principal und dem Hafen. Das benachbarte interaktive Musik-Museum **Museo interactivo de la Música** ist tägl. von 10–14 und 16–20 Uhr geöffnet (Mo nur vormittags), der Eintritt beträgt 4 €.

Antequera

Nach der Durchquerung der schroff aufragenden Küstengebirge nördlich von Málaga erreicht die N-331 nach knapp 50 Kilometern ein weites Becken mit inselhaft herausragenden Bergstöcken. In strategisch günstiger Lage blickt das gut 40.000 Einwohner zählende Antequera von einer Anhöhe auf die friedvolle, von intensiver Landwirtschaft geprägte Umgebung. Auch dem urbanen Zentrum dieser Region ist hektische Betriebsamkeit eher fremd, für den Erhalt des noch bemerkenswert intakten Ortsbildes war dies zweifellos von Vorteil.

Und an Zeugnissen einer bewegten Vergangenheit ist auch kein Mangel, sogar Relikte aus der Kupferzeit sind in Form der berühmten Dolmen von Antequera noch zu besichtigen. Den Römern verdankt Antequera nicht nur bedeutende Kunstschätze, sondern auch den Stadtnamen, der vom lateinischen *Antikaria* abgeleitet wurde. Die Mauren taten sich vor allem als Baumeister einer soliden Stadtbefestigung und der heute noch existierenden Burg Castillo Árabe hervor.

Für die Reconquista war Antequera ein wichtiger strategischer Brückenkopf in der Frontlinie gegen die muslimischen Hochburgen Málaga und Granada. Der Eifer der christlichen Missionierung lässt sich noch heute an der schier unglaublichen Zahl von rund **23 Kirchen und Klöstern,** so viele wie in keiner anderen Stadt dieser Größe in Spanien, ablesen. Zeitweilig waren mehr als ein Zehntel der Bevölkerung Mitglieder des Klerus und auch heute noch leben viele Nonnen abgeschieden vom öffentlichen Leben in Klausur. Vor allem im 18. Jh. bauten sich die Adligen in der Innenstadt ihre barocken Paläste.

Obwohl die Stadt nach wie vor im Schnittpunkt wichtiger Verkehrswege zwischen den Metropolen Sevilla, Granada und Málaga liegt und eine Fülle an Sehenswertem zu bieten hat, ist sie keineswegs zu einer Pilgerstätte des internationalen Tourismus geworden, sondern eine **beschauliche Kleinstadt** geblieben.

Östlich von Antequera erhebt sich aus der Ebene markant die **Peña de los Enamorados,** der „Felsen der Verliebten", den man auch „El Indio" nennt, zeigt er doch das Profil eines Indios, der gen Himmel blickt.

Stadtrundgang

Bei der Anfahrt aus Richtung Málaga oder Granada passiert man zunächst Teile der arabischen Stadtmauer mit dem Mitte des 18. Jh. eingefügten Stadttor Puerta de Granada. Weiter stadteinwärts stößt man auf die von einer regelrechten Front von Kirchen eingerahmte **Plaza de las Descalzas,** zu der man automatisch auch bei der Anfahrt aus Richtung Córdoba kommt – es bietet sich an, in diesem Bereich das Fahrzeug abzustellen oder das gut ausgeschilderte Parkhaus anzusteuern. Über die Straße Cuesta de los Rojas erreicht man den **Postigo de la Estrella,** einen kleinen Durchschlupf durch die Befestigungsmauer.

Zuvor lohnt jedoch ein Abstecher zu der weiter links gelegenen **Iglesia de Nuestra Señora del Carmen** (ausgeschildert) mit ihrer prachtvollen Innenausstattung. Die Kirche des ehemaligen Klosters der „Unbeschuhten Karmeliter" wurde von 1583–1633 erbaut und inzwischen als Nationaldenkmal anerkannt. Sehenswert ist vor allem die hölzerne Kassettendecke mit Sternmotiven im Mudéjar-Stil und der kunstvoll aus dem rötlichen Holz der nordamerikanischen Gelbkiefer geschnitzte Aufsatz des barocken Hochaltars, der reizvoll mit dem zart bemalten, skulpturalen Schmuck kontrastiert.

■ **Iglesia de Nuestra Señora del Carmen,** Di–Fr 11–13.30 und 16.30–17.45 Uhr, Sa/So/Fe nur vormittags, Eintritt 2 €.

Auf der anderen Seite des Postigo de la Estrella fällt ein wahrhaft monumentaler Kirchenbau ins Auge: die **Real Colegiata de Santa María la Mayor.** Obwohl bereits 1514 begonnen, zeigt die platereske Hauptfassade schon deutliche Anklänge an die allmählich sich verbreitende römische Renaissance – es handelt sich hierbei vermutlich um das erste Bauwerk dieser Stilrichtung in Andalusien. Auch im Inneren der um 1550 fertiggestellten Königlichen Stiftskirche herrscht mit ionischen Säulen und *Artesonados* im Mudéjar-Stil das Stilempfinden der Renaissance vor. Gelegentlich werden hier auch Konzerte aufgeführt.

■ **Real Colegiata de Santa María la Mayor,** Mo–Sa 10.30–17.30 Uhr, So 10.30–15 Uhr, Eintritt 3 €.

Der Kirche direkt gegenüber wurde 1585 der **Arco de los Gigantes** („Bogen der Riesen") errichtet, der mit seinen eingefügten Fundstücken aus den römischen Siedlungen Antikaria, Singilia und Nescania eindeutig manieristischen Charakter zeigt. Von der sich anschließenden Festung **Castillo Árabe** (auch: „Alcazaba"), erbaut auf römischen Fundamenten an der Wende vom 13. zum 14. Jh., sind außer Mauerresten nur noch die Türme Torre Blanca und der zur Renaissancezeit eingefügte Bergfried Torre del

Homenaje zu sehen. Von diesem nach einer Uhr auch „Papabellotas" genannten Gemäuer genießt man einen herrlichen Blick über die Stadt. Die Öffnungszeiten sind identisch mit denen der Santa-María-Kirche. Der Eintrittspreis ist mit 6 € relativ happig.

Vom Arco de los Gigantes nach links, führt die Straße Herradores an der Festung entlang zur **Plaza del Portichuelo** mit der gleichnamigen Votivkapelle, einer für Antequera typischen Einrichtung. Diese zur Straße geöffneten Andachtskapellen wurden auf Initiative der religiösen Laienbruderschaften gebaut, um der vor allem im 18. Jh. rasant ansteigenden Zahl von Mitgliedern die Möglichkeit zur Verehrung der jeweiligen Heiligenfigur zu geben.

Geht man von hier die Straße Caldereros wieder hinunter in die Altstadt, gelangt man zur **Plaza San Sebastián,** dem Knotenpunkt des öffentlichen Lebens mit der gleichnamigen Renaissancekirche. Nur ein kleines Stück die Straße Encarnación bergab, taucht rechts der repräsentative **Coso Viejo** („Alter Festplatz") mit dem **Museo Municipal** auf. Die teilweise hochklassige Sammlung wurde stilgerecht im **Palacio de Nájera,** dem herrlichen Stadtpalast einer adeligen Familie aus dem 18. Jh., eingerichtet. Im Innenhof empfängt den Besucher ein buntes Sammelsurium römischer Säulen und anderer Bauelemente.

Das Glanzstück des Museums ist der **Efebo de Antequera,** der zu den bedeutendsten Kunstwerken der Römerzeit auf der Iberischen Halbinsel gezählt werden kann. Bei den Epheben handelte es sich um Jünglinge von 18 bis 20 Jahren im antiken Griechenland, die eine militärisch ausgerichtete Ausbildung vom Staat durchliefen. Die Herkunft der zierlichen, rund 35 Kilogramm schweren Bronzestatue aus dem ersten nachchristlichen Jahrhundert ist immer noch ungeklärt. Um 1970 wurde sie zufällig auf dem Bauernhof El Cortijo de la Pileta gefunden und nach geglückter Restaurierung als wissenschaftliche Sensation in halb Europa herumgereicht. In den Flügeln des Palastes sind zahlreiche Exponate sakraler Kunst und Kunsthandwerk ausgestellt.

■ **Museo Municipal,** Di–Fr 9.30–14 Uhr, Sa 9.30–14 und 16–19 Uhr, So 10–14 Uhr, Eintritt 3 €, So Eintritt frei. Gruppen sollten sich eine Woche vorher unter Tel. 952.70.83.00 anmelden. Einzelpersonen schließen sich der etwa 30-minütigen obligatorischen Dauerführung an. Die Museumsführer sind Fremdsprachen nur bedingt mächtig, evtl. geben sie einige Erklärungen in Englisch.

Vor allem im 17. und 18. Jh. erwirtschaftete der Landadel mit seinen riesigen Ländereien in der fruchtbaren Ebene des Río Guadalhorce beachtliche Gewinne, die in den Bau repräsentativer Stadtpaläste investiert werden konnten. Die von der Plaza San Sebastián abzweigende Prachtstraße Antequeras, die **Calle Infante Don Fernando,** ist damit besonders reich gesegnet.

In der ebenfalls von der Plaza San Sebastián abgehenden Calle Lucena ist in der Nr. 36 der **Palast des Marqués de Villadarias** aus dem frühen 18. Jh. hervorzuheben, den schon König *Philipp V.* als Residenz benutzte. Das auch als Casa de las Columnas („Säulenhaus") bekannte Anwesen mit seinem schönen Innenhof, der – typisch für Antequera – an einen klösterlichen Kreuzgang erinnert, ist gelegentlich für Besucher geöffnet.

Selbst das heutige Rathaus, der **Palacio Consistorial** am Ende der c/ Lucena, war im 17. und 18. Jh. das Kloster der *Padres Terceros*. Ein original erhaltener Kreuzgang zeugt noch heute davon.

Über die Avenida de Andalucía gelangt man zu einem parkartigen Gelände, an dessen Seite der ansehnliche Rundbau der **Stierkampf-Arena** von Antequera zu sehen ist. Am 20. August 1848 wurde die Plaza de Toros eingeweiht. Das angeschlossene **Stierkampfmuseum** zeigt, dass alle berühmten Toreros der letzten 150 Jahre hier ihren Auftritt hatten.

■ **Museo Taurino/Plaza de Toros:** In die Arena kann man tagsüber immer einen Blick werfen, das Museum ist Di–Sa 9.30–14 und 16–18 Uhr geöffnet (So nur vormittags), Eintritt 1 €.

Praktische Informationen

Information

■ **Oficina Municipal de Turismo,** Plaza San Sebastián 7, Tel. 952.70.25.05, www.turismo.antequera.es, von der Plaza San Sebastián ein kleines Stück Richtung Coso Viejo, Mo–Sa/Fe 10–19 Uhr, So 10–14 Uhr.

■ Es existiert auch eine Infostelle mit diversen Büchern und Broschüren **im Palacio de Nájera/ Museo Municipal.** Öffnungszeiten wie das Museum.

Essen und Trinken

Rund um Antequera haben sich an den Landstraßen mehrere z. T. hochklassige Restaurants etabliert, die regionale Küche zu fairen Preisen anbieten. Im Bereich der Alameda de Andalucía gibt es auch Cafeterías und Eisdielen zum Draußensitzen, man muss sich allerdings mit einigem Autolärm und Abgasen abfinden.

Zu den **lokalen Spezialitäten** gehört die *porra antequerana,* eine Gemüsekaltschale, die eher dem *salmorejo* Córdobas ähnelt als dem *gazpacho.* Für Freunde des Deftigen empfiehlt sich der *guiso de patas,* bei dem Kichererbsen mit Schweinshaxen und anderen Schlachtprodukten gemischt werden. Ein Erbe der klösterlichen Backkunst ist der vorwiegend aus Mandeln hergestellte *bienmesabe* – die deutsche Übersetzung „Es schmeckt mir gut" trifft aber nur für Freunde zuckersüßer Nachspeisen zu.

■ **Restaurante La Espuela,** Paseo Maria Cristina s/n, Plaza de Toros. Tel. 952.70.34.24. Wie die Adresse schon andeutet, unterhalb der Tribüne der Stierkampfarena eingerichtet – wohl einmalig in der Welt. In den stilvollen Räumlichkeiten werden vorwiegend lokale Spezialitäten serviert, auch gute vegetarische Gerichte sind zu bekommen. Angesichts einwandfreier Qualität und einem eingeschlossenen *aperitivo* gehen die Preise vollkommen in Ordnung. Täglich 12–24 Uhr, So nur mittags geöffnet. Eine empfehlenswerte Dependance des Restaurants befindet sich im zentrumsnahen Abschnitt der c/ Infante Don Fernando hinter der Kirche San Agustín. Jüngst wurde hier die **Tapas-Bar La Tapería de Reina** (auch Frühstück) für den kleineren Geldbeutel angeschlossen.

■ **Hospedería Coso San Francisco,** c/ Calzada 27–29, Tel. 952.84.00.14, www.cososanfrancisco.com. Sehr gemütliches, eher einfaches Restaurant mit ortstypischer Küche in einem Stadthaus des 17. Jh.; familiäres Ambiente. Es werden auch zweckmäßig eingerichtete Zimmer zu günstigen Preisen angeboten. Anfahrt: Von Granada/Málaga kommend Richtung Coso Viejo, aber kurz vor dem Platz nach rechts Richtung Parkhaus Parking Centro; bevor sich die Straße teilt auf der linken Seite.

Feste

■ **Feria de Primavera,** 30.5. bis 1.6. Ursprünglich ein Fest, um sich auf die bevorstehende Erntezeit einzustimmen, ein Viehmarkt findet immer noch statt.

La Noche Flamenca de Santa María im August. Vertreter des *cante jondo* singen vor der Stiftskirche Santa María.

Real Feria de Agosto, 18.–23. August. Das von den spanischen Königen zweimal autorisierte Hauptfest der Stadt mit vielen Aufführungen, Pferdewettbewerben und Stierkämpfen.

Unterkunft

Hotel Coso Viejo②-③, c/ Encarnación 9, Tel. 952.70.50.45, www.hotelcosoviejo.es, gegenüber dem gleichnamigen „Alten Festplatz", wo man das Auto parken kann. Gute Alternative zu dem deutlich teureren Parador④, behaglich eingerichtete, komfortable Zimmer, das Flair des klassizistischen Stadtpalastes konnte weitgehend bewahrt werden, erstaunlich günstige Preise.

Hotel Plaza San Sebastián**/①, Plaza San Sebastián 4, Tel. 952.84.42.39, www.hotelplazasansebastian.com. Hotelähnlichen Komfort zum Pensionspreis bietet diese sympathische Unterkunft direkt am belebten Hauptplatz von Antequera – es gibt auch ruhige Zimmer nach hinten. Be- und Entladen am Platz, kostenlose Parkmöglichkeit an der bergauf führenden Cuesta Zapateros.

Pensión Colón**/①, Infante Don Fernando 31 (Hauptstraße), Tel. 952.84.00.10, www.castelcolon.com. Komfortable Pension mit eigener Parkgarage.

Hospedería Coso San Francisco, siehe „Essen und Trinken".

Verkehrsverbindungen

Bus: Busbahnhof am nordwestlichen Stadtrand unweit der Stierkampfarena, Auskunft unter 952.84.19.57. Für die größeren Städte ist in erster Linie die Gesellschaft Alsina Graells zuständig, Tel. 952.84.13.65. Nach **Córdoba** 2x tägl., **Granada** 5x tägl., Sa/So eingeschränkt, **Jaen** 1x tägl. nachmittags, **Málaga** 3x tägl., **Sevilla** 5x tägl.

Automóviles Casado nach **Málaga** 12x tägl., Sa/So/Fe 9x. Nahverkehrsverbindungen u. a. nach **Fuente Piedra** 8x tägl., Sa 4x, So/Fe 3x. Busverbindungen auch zum Umsteigebahnhof **Bobadilla.** Anfahrt zum El Torcal siehe dort.

Zug: RENFE-Bahnhof weit außerhalb im Norden, ins Stadtzentrum etwa 2 km. Auskunft unter Tel. 952.84.32.26. Als traditioneller Verkehrsknotenpunkt ist Antequera vielfältig angebunden: Auf den Linien A-3b und A-5 6x tägl. nach **Granada,** 4x tägl. nach **Sevilla.** Die Linie A-5 verbindet 3x tägl. mit **Bobadilla, Ronda** und **Algeciras.** Es gibt keine Direktverbindung nach **Málaga,** hier ist der Bus eindeutig vorzuziehen.

Taxiruf: Tel. 952.84.42.92 bzw. 908.51.926, 908.51.927 (Handy).

Dolmengräber

Auf dem Gemeindegebiet von Antequera befindet sich wohl der **bedeutendste und am besten erhaltene Dolmenkomplex Europas.** Dabei handelt es sich um Grabkammern, die vom kupferzeitlichen Menschen meist mittels gewaltiger Felsblöcke bis 180 Tonnen Gewicht, daher auch der Beiname **Megalithgräber,** errichtet wurden. Danach überschüttete man den so gewonnenen Hohlraum mit Erde, nur ein schmaler Korridor führt aus dem Grabhügel ins Freie.

Die lange Zeit auch fälschlich als *cuevas* („Höhlen") bezeichneten Begräbnisstätten wurden im Jahre 1905 von den Brüdern *Viera* entdeckt. Auf dem Boden fanden sie zahlreiche Skelette, aber kaum Grabbeigaben; vermutlich hatten Grabräuber im 17. Jh. die wertvollen Stücke bereits mitgenommen.

Der Dolmenkomplex **Dolmen de Menga y Viera** aus der Zeit um 2500 v. Chr. ist zu Fuß von der Innenstadt in etwa 30 Minuten erreichbar. Man orientiert sich zunächst am nordöstlichen Ortsende Richtung Málaga/Granada, der Eingang befindet sich direkt neben der Repsol-Tankstelle.

Besonders die **Cueva de Menga,** der älteste Dolmen, beeindruckt durch die enorme Größe der zweischiffigen Grabkammer, die von drei großen Monolithen in der Mitte zusätzlich gestützt wird. Die in Mörtel geritzten Daten geben den Wissenschaftlern Auskunft, ob die gewaltigen Felsblöcke durch Erdbeben oder ähnliches im Laufe der Zeit ihre Lage verändern. Original sind hingegen zwei anthropomorphe Ritzungen im Eingangsbereich, vermutlich die Darstellung von Mann und Frau. Die benachbarte **Cueva de Viera** weist einen gut erhaltenen, langen Eingangskorridor auf, der in eine relativ kleine, würfelförmige Grabkammer mündet. Aufgrund der sorgfältigen Bearbeitung der Felsbrocken geht man von einem jüngeren Entstehungsdatum, ca. 2000 v. Chr., aus.

Der etwas abgelegene kleinere **Dolmen del Romeral** ist in erster Linie für Autofahrer aus Richtung Málaga/ Granada als Abstecher interessant. Am ersten Kreisverkehr vor der Stadt (beim Warenlager *Mercadona)* biegt man rechts ab, hinter der Brücke dann wieder links (ausgeschildert).

Die wohl um 1800 v. Chr. errichtete größere Grabkammer zeigt einen kreisförmigen Grundriss, der von einer sogenannten falschen Kuppel überwölbt wird, d. h. die schräg aufeinandergesetzten, mit Lehm verbundenen Steine bilden kein sich selbst tragendes Gewölbe. Diese Tholos genannte Bauweise ist eher für die mykenische Kultur in Griechenland typisch. Da in Los Millares (Provinz Almería) Gräber mit ähnlicher Bauweise entdeckt wurden, ist die Theorie eines Kulturkontaktes zwischen Griechenland und der Iberischen Halbinsel in der Kupferzeit gar nicht so abwegig. Ein benachbarter, kleinerer Raum mit vergleichbarer Struktur diente wohl als Altarraum für Opfergaben.

■ **Öffnungszeiten:** Sie werden alle paar Monate willkürlich neu festgelegt, vor Besuch evtl. Tourist-Info kontaktieren. Aktueller Stand (Mai 2014): Di–Sa 9–18.30 Uhr, So 10–17 Uhr, Mo stets geschlossen, Eintritt frei. Sehenswertes Video (auch auf Deutsch) über den Bau der Dolmen auf Anfrage im Besucherzentrum.

Weiterfahrt

Auf der Weiterfahrt nach Granada kann man die A-92 für einen Abstecher nach **Archidona** verlassen. Städtebaulicher Höhepunkt des ruhigen Landstädtchens ist die um 1780 erbaute Plaza Ochavada, mit Sicherheit der einzige achteckige Hauptplatz in Andalusien. In diesem Bereich sind auch einige Freiluftbars und die Tourist-Information (Tel. 952. 71.64.79) zu finden.

Paraje Natural Torcal de Antequera

Zu den landschaftlich eindrucksvollsten Naturparks in Andalusien gehört der 1.171 Hektar umfassende Torcal de Antequera. Der **bizarre Felsengarten,** in dieser Form wohl einmalig in Europa, wurde 1978 zum Naturpark erklärt. Der bis zu 1.336 Meter hohe Gebirgsstock des **El Torcal** wirkt bei der Anfahrt aus Antequera oder Villanueva wie ein kompakter Block; geologisch gehört er, wie die umliegenden Höhenzüge Sierra de Chimenea und Sierra de las Cabras, zu den jurazeitlichen Kalksteinformationen der Sierra Subbética.

Die Gesteinspakete zeigen eine unterschiedliche Konsistenz: Feinkörnigere und grobkörnigere Schichten wechseln sich ab, was zur Ausbildung der **scheibenartigen Struktur** der Felstürme beitrug. Die mit gröberem Material durchsetzten Abschnitte sind gegenüber der Verwitterung wesentlich anfälliger als die feinkörnigen Gesteinspakete, die regelrecht herauspräpariert werden. So entstanden Felsen, die, je nach Sichtweise, mit Schrauben oder übereinander gestapelten Pfannkuchen verglichen werden können. Aber auch der homogene Kalkstein kann die Fantasie des Betrachters anregen: Die Verwitterung bildet immer wieder skurrile Formen heraus.

Von den ursprünglichen Steineichenwäldern ist durch menschlichen Einfluss kaum noch etwas übrig geblieben, meist sind nur **Sträucher** wie der Weißdorn oder Stauden, z. B. die Nieswurz, zu finden. Zu den schönsten Vertretern der Stauden gehört die Peonie, die wildwüchsige Variante der Pfingstrose, die ihre auffälligen rosa Blüten in dieser Höhenlage etwa Anfang Mai öffnet. Pflanzen, die sich auf felsigem Untergrund behaupten können, sind besonders reich vertreten, wie der oft großflächig die Felsen überziehende Efeu, der gelb blühende Felsenhahnenfuß und diverse Steinbrecharten.

☐ Felsengarten El Torcal:
Schrauben und gestapelte Pfannkuchen

120an bn

Ebenso vielfältig wie die Flora zeigt sich auch die Tierwelt, wobei die Vögel mit nicht weniger als 82 Spezies die weitaus artenreichste Gruppe stellen. Weniger erfreulich können Begegnungen mit giftigen **Vipern und Skorpionen** ausfallen, weshalb generell geraten wird, keine Steine hochzuheben, da die aus ihrem Versteck aufgeschreckten Tiere eventuell angreifen könnten.

Bei einer Wanderung sollte man außerdem einen **Regenschutz** mitnehmen und auf Schuhe mit rutschfestem Profil achten. Der Torcal hüllt sich oft in Wolken, und ein Jahresniederschlag von 800 bis 1.000 mm erinnert eher an Mitteleuropa als an Andalusien.

Wanderung

Vom Parkplatz beginnt rechts hinter einer Info-Tafel der sogenannte grüne Weg („Itinerario publico – ruta verde"), der auch mit Farbklecksen markiert ist. Entgegen dem Uhrzeigersinn führt er an so **markanten Felsformationen** wie dem Blumentopf (ein Strauch wächst aus einem Felsblock heraus) oder der Sphinx (zumindest der Kopf ist so ähnlich geformt) vorbei. Da und dort abgehende Trampelpfade sind fast immer Sackgassen, man sollte also auf dem markierten Weg bleiben. Eine weitere, mit einem Hinweisschild gekennzeichnete Abzweigung geht in den sogenannten gelben Weg über, der insgesamt etwa 2 Stunden in Anspruch nimmt. Das für den „grünen Weg" empfohlene feste Schuhwerk (Sportschuhe mit Profilsohle) ist für diese Variante unverzichtbar. Wenn man auf dem Hauptpfad bleibt, kommt man nach knapp einer Stunde wieder am Besucherzentrum heraus. Gegenüber davon befindet sich der **Mirador Las Ventanillas,** der bei guter Sicht einen Blick bis zur Costa del Sol zwischen Málaga und Torremolinos erlaubt.

Praktische Informationen

- **Zutritt und Öffnungszeiten:** Der grüne und der gelbe Weg sind jederzeit ohne Beschränkungen begehbar, für eine Benutzung der anderen Pfade, z. B. zu Forschungszwecken, benötigt man eine Sondergenehmigung der zuständigen Naturschutzbehörde „Delegación Provincial de Medio Ambiente" (Málaga, Tel. 952.22.58.00).
- **Besucherzentrum** mit kleiner Naturkundeausstellung, auf Nachfrage wird ein kurzer Film zum El Torcal gezeigt. Tägl. 10–17 Uhr geöffnet, Info-Tel. 952.70.25.05.
- **Anfahrt:** Die rund 14 km lange Zufahrt von Antequera über die C-3310 (Richtung Villanueva de la Concepción) ist gut ausgeschildert. Man muss vom Stadtzentrum aufgrund zahlreicher Einbahnstraßen in jedem Fall an der Stierkampfarena vorbei. Von Málaga gibt es neben der C-3310 die Möglichkeit, von der N-331 z. B. bei Casabermeja auf die MA-436 Richtung Villanueva de la Concepción zu fahren, das nur wenige Kilometer vom Naturpark entfernt ist – wohl die kürzeste und angenehmste Alternative.

Ohne eigenes Fahrzeug wird es schwierig, da keine direkte **Busverbindung** existiert. Es gibt jedoch die Möglichkeit, den Bus nach Villanueva de la Concepción zu nehmen, der gegen Mittag in Antequera abfährt, und an einer Kreuzung, 3 km vom Besucherzentrum entfernt, vorbeikommt. Da sich dort keine offizielle Haltestelle befindet, gibt man dem Fahrer Bescheid, dass man am El Torcal aussteigen will. Das restliche Stück muss man zu Fuß gehen, wobei zu beachten ist, dass man nicht der Ausschilderung „Repetidor" folgt, denn damit ist eine nahegelegene Relais-Station gemeint. Am Nachmittag fährt von Villanueva wieder ein Bus nach Antequera zurück, der etwa 10 Minuten später an besagter Kreuzung vorbeikommt.

Bequemer, aber mit rund 35 € auch wesentlich teurer ist die Anfahrt mit dem **Taxi turístico,** die einen rund einstündigen Aufenthalt vor Ort einschließt.

■ **Camping: Complejo Rural El Torcal de Antequera,** Tel. 952.11.16.08, www.campingeltorcal.com. Etwa auf halbem Wege zwischen Antequera und El Torcal eingerichteter Campingplatz in herrlicher Lage mit großem Pool und Restaurant. Von einfachen Hütten (cabañas) bis zu luxuriösen Apartments steht auch eine breite Auswahl fester Unterkünfte zur Verfügung. Ganzjährig geöffnet.

Laguna de Fuente de Piedra

Der abflusslose **Salzwassersee** Laguna de Fuente de Piedra zieht vor allem Vogelbeobachter an. Die Beckenlandschaft nördlich von Antequera wird aufgrund günstiger klimatischer Verhältnisse intensiv landwirtschaftlich genutzt, vor allem Olivenbäume, Getreide und Sonnenblumen werden hier kultiviert. Auch im Bereich rund um den See ist von der natürlichen Vegetation wie Steineichen, Oleaster oder Pistazien nicht mehr viel geblieben, sodass Liebhaber ursprünglicher Naturlandschaften hier weniger auf ihre Kosten kommen.

In einem Land wie Andalusien, wo es kaum größere natürliche Seen gibt, ist die 6,7 Kilometer lange und 2,5 Kilometer breite Laguna de Fuente de Piedra schon etwas besonderes. In einer abflusslosen Senke gelegen, dehnt sich die Wasserfläche im Winterhalbjahr durch die nun gut gefüllten Zuflüsse stark aus, während des Sommers, wenn die Bäche versiegen, schrumpft sie jedoch dramatisch – im Extremfall verschwindet der See völlig.

Einer der Gründe für diese große Variabilität ist die **geringe Wassertiefe** von durchschnittlich nur 50 Zentimetern, welche die Laguna nicht gerade zum idealen Badesee, aber zu einem erstklassigen Brut- und Futterplatz für bis zu 170 verschiedene Vogelarten macht. Die größte Aufmerksamkeit ziehen die **Flamingos** auf sich, die vor allem im Frühling den flachen See auf der Suche nach kleinen Krebsen und anderem Getier durchwaten.

Der gesamte See kann in einer gut sechsstündigen **Wanderung** umrundet werden; am schönsten ist die Stimmung am frühen Abend, wenn mit der hereinbrechenden Dämmerung die Vogelschwärme ganz nahe an das Ufer herankommen.

Da die Laguna inzwischen **Naturschutzgebiet** ist, sind sämtliche Arten von Wassersport verboten. Vorsichtshalber hat man zwischen Wanderweg und Seeufer einen Zaun gespannt. Wer kein Fernglas dabei hat, kann auf dem Aussichtspunkt **Cerro del Palo** hinter dem Besucherzentrum ein kostenpflichtiges Fernrohr benutzen.

Praktische Informationen

■ **Besucherzentrum (Centro de Visitantes) „José Antonio Valverde":** am Ende der Zubringerstraße vom Ort Fuente de Piedra, Di–So 10–14 und 16–18 Uhr, Mo geschlossen, Tel. 952.11.17.15.

■ **Camping La Laguna de Fuentepiedra,** 2. Kat., Camino de la Rábita s/n, Tel. 952.73.52.94, www.camping-rural.com. Am Ortsende, ca. 500 m vom See entfernt. Eher rustikaler, sehr preiswerter

Platz, wenig Schatten, Bar/Restaurant angeschlossen. Es können auch Bungalows für bis zu 6 Pers. gemietet werden. Ganzjährig geöffnet.

■ **Anfahrt mit dem Auto:** Bereits auf der Autobahn A-92 ist der See bei dem Restaurant La Laguna ausgeschildert. Nach der Abfahrt folgt man den Hinweistafeln quer durch den Ort Fuente de Piedra.

■ **Mit Bus:** Von Fuente de Piedra nach Antequera 6x tägl., Sa/So/Fe 4x tägl.

■ **Mit dem Zug:** Der Bahnhof liegt relativ nah am See und ist 2x tägl. mit der Linie A4 (Córdoba – Málaga) verbunden. Da die Anfahrt von Antequera mit Umsteigen in Bobadilla verbunden ist, ist der Bus geeigneter.

Ardales-Park

Etwa 20 Kilometer südwestlich von Antequera befindet sich eine landschaftlich und kulturell sehr abwechslungsreiche Region – eine Perle, die bislang nur wenige, meist einheimische Besucher entdeckt haben. Auf relativ engem Gebiet sind hier die **drei Stauseen** Embalse de Guadalteba, Embalse de Guadalhorce und Embalse del Conde de Guadalhorce, die Schlucht **Desfiladero de los Gaitanes** mit ihrem südlichen Ausgang, der Garganta del Chorro, die Ruinen der mozarabischen Siedlung **Bobastro** und die hübschen Kleinstädte **Ardales** und **Álora** zu nennen. Der Einfachheit halber wird die gesamte Region auch als Parque Ardales bezeichnet; 2.016 Hektar davon wurden als *paraje natural* unter Schutz gestellt.

Stauseen von Guadalhorce

Die bequemste Anfahrt ermöglicht die A-357 von Campillos, die zunächst zu dem nach seinem Zufluss **Río Guadalteba** benannten westlichen Arm dieses verzweigten Seenkomplexes führt. Das

121an bn

atemberaubende Panorama mit einer über 700 Meter aufragenden Gebirgsumrahmung kann man am besten von der Höhenstraße Richtung Teba genießen, die vor der Brücke über den See rechts abzweigt.

Der benachbarte, in den 1970er Jahren geflutete **Stausee** des Río Guadalhorce ragt in nordöstlicher Richtung in eine sanfte, agrarisch umgewandelte Hügellandschaft hinein, kann aber im südlichen Abschnitt ebenfalls mit reizvollen Perspektiven aufwarten.

Obwohl die Seen von Menschenhand geschaffen wurden, empfangen den Besucher meist nur Vogelgezwitscher und der unverdorbene Duft ausgedehnter Pinienwälder. Die touristische Infrastruktur hält sich erfreulich in Grenzen, das bedeutet aber auch, dass man nicht gerade mit einem ausgebauten Wegenetz rechnen sollte. Wer am kristallklaren Wasser die Seele baumeln lassen möchte, findet vor allem am **Embalse de Guadalhorce** einzelne Staubwege, die bis zum Ufer führen. Camper, Angler und erholungsbedürftige Ausflügler zieht der kleinere, vom Río Turón gespeiste **Embalse del Conde de Guadalhorce** weiter im Süden an, den man von Ardales als ersten erreicht.

Als **touristisches Zentrum** dient eigentlich der Campingplatz Parque Ardales, der auch organisierte Wanderungen, Fahrradtouren, Kanu- und Tretbootfahren auf dem Stausee Conde de Guadalhorce etc. anbietet. Solange der Zeltplatz umgebaut wird (Ende nicht absehbar!) fungiert jedoch der Kiosk der *Area Recreación La Isla* nebenan als Zentrum der Freizeitaktivitäten und Information.

◁ Embalse del Conde de Guadalhorce

Schlucht von Gaitanes – Stausee El Gaitanejo

Das Herzstück des Paraje Natural bildet der **Desfiladero de los Gaitanes,** ein rund 3 Kilometer langer Engpass des **Río Guadalhorce.** Der von den Stauseen gezähmte Fluss zwängt sich durch eine bis zu 400 Meter tiefe Schlucht, deren fast senkrechte Wände streckenweise nur zehn Meter voneinander entfernt stehen – in dieser Form selbst in Andalusien einmalig. Ursprünglich zu Beginn des 20. Jh. als Dienstweg mühsam in den Fels gehauen und notdürftig abgestützt, entwickelte sich der **Caminito del Rey** zu einem fast schon legendären Abenteuerpfad für Kletterer und andere wagemutige Naturen. Aufgrund seines inzwischen desolaten Zustandes ist die Begehung offiziell verboten, woran man sich auch halten sollte. Solange keine grundlegende Sanierung erfolgt, bleibt nur der sehnsuchtsvolle Blick vom nördlichen Einstieg in die Schlucht unweit des Stausees El Gaitanejo, der sich ideal mit einer einfachen Wanderung (s. u.) verbinden lässt. Spektakuläre Bilderschau unter www.elcaminitodelrey.com.

Mindestens ebenso eindrucksvoll ist der südliche Austritt des Guadalhorce aus dem Canyon nahe dem Weiler bzw. der Bahnstation **El Chorro** – obwohl sich hier viele Profi-Kletterer herumtreiben, ist auch dieser Teil des „Caminito“ gesperrt. Die Verbindungsstraße MA-5403 zwischen El Chorro und Ardales führt nicht nur an diesem Naturwunder, sondern auch an zahlreichen bizarren Felsformationen des vorherrschenden Kalksandsteins vorbei und kann daher als eine der „Traumstraßen" Andalusiens bezeichnet werden.

Wanderung

Ein kurzes Stück östlich des Campingplatzes am Embalse del Conde Guadalhorce führt die Landstraße durch einen Tunnel, über dem sich das urige Restaurant El Mirador (Tel. 952.11.24.00) mit herrlicher Aussicht befindet. Man biegt jedoch kurz zuvor bei einem kleinen Schild, auf dem der leichte Wanderweg „Sendero Gaitanejo, 2,5 km" angeschrieben ist, rechts auf einen Feldweg ab. Man folgt dieser Piste ca. 400 Meter bis ein Schlagbaum das Ende der Fahrt gebietet, man kann allerdings nochmals ein gutes Stück nach links zum **Mirador de los Embalses** fahren, Parkmöglichkeiten ergeben sich hier wie dort. Der Aussichtspunkt vermittelt einen großartigen Überblick über die vom Menschen geschaffene „Seenplatte" und die reizvolle Umgebung, hier endet auch die „kurze Variante" der Wanderung. Dazu kehrt man zu dem oben erwähnten Schlagbaum zurück und geht gemütlich auf einem breiten Forstweg durch einen Tunnel bergab bis man nach einer knappen halben Stunde das Schleusenhaus des Stausees Embalse El Gaitanejo erreicht. An der linken Seite des Gebäudes führt ein schmaler Pfad weiter Richtung Staumauer, biegt dann nach rechts und endet an einem Gatter, das den berühmten Caminito del Rey für Normalsterbliche versperrt. Der an Wildwestfilme erinnernde Blick in den Canyon ist den kleinen Abstecher allemal wert, mit etwas Glück kreisen sogar mächtige Gänsegeier über dem Abgrund. Nun geht es auf gleichem Wege zur Piste zurück, dort biegt man rechts in Richtung Stausee ab, der aufgrund seiner lang gestreckten Gestalt eher an einen breiten Fluss erinnert. Der allmählich immer schmaler werdende Weg verläuft leicht bergan durch eine paradiesisch anmutende Landschaft zwischen Kiefernwald und Schilf, bis nach einer weiteren halben Stunde am Ende eines heftigeren Anstiegs ein Wegkreuz erreicht wird. Der schmale Pfad nach

Wanderung Embalse de Gaitanejo ©Reise Know-How 2014

links bergauf ist zwar mit gelben Punkten gekennzeichnet, aber nicht sehr auffällig – man kann sich an dem Umstand orientieren, dass man hier eine Art „Passhöhe" erreicht hat. In der „kurzen Variante" steigt man nun in 10 Minuten ziemlich steil zum Mirador de los Embalses hinauf, kehrt also nach knapp 1½ Std. wieder zum Ausgangspunkt zurück. Wer noch eine halbe Stunde länger gehen möchte, bleibt einfach auf dem Wanderweg, der nun wieder an Höhe verliert, bis schließlich die aus grobem Mauerwerk gestaltete Staumauer des Embalse del Conde de Guadalhorce in den Blick kommt; links führt ein Tunnel zum gepflegten „Strandlokal" El Kiosco. Von hier geht man oberhalb des Stausees in etwa 10 Minuten auf der wenig befahrenen Landstraße nach links zurück zum Restaurante El Mirador bzw. zum Parkplatz.

Ruinen von Bobastro

Ein Hochplateau westlich des Desfiladero de los Gaitanes, genannt **Mesas de Villaverde,** war im 9./10. Jh. die Bastion einer ungewöhnlichen Rebellentruppe, welche beinahe das mächtige Emirat von Córdoba hinweggefegt hätte. Ihr Anführer war der in Ronda geborene Maure *Omar Ibn-Hafsum.* Um das Jahr 880 nutzte er geschickt die latente Unzufriedenheit der bäuerlichen Bevölkerung gegen das dekadente Emirat von Córdoba und setzte sich an die Spitze des Protests. Von seiner befestigten Residenz Alcázar in Bobastro organisierte er planmäßige Angriffe gegen das schwächelnde Omaijaden-Regime und beherrschte zeitweilig die gesamte Osthälfte Andalusiens.

Vom Stausee Embalse del Conde de Guadalhorce führt unweit des Campingplatzes die Landstraße MA-5403 in Richtung El Chorro. Nach wenigen Kilometern folgt man der Abzweigung mit dem Hinweis „Mesas de Villaverde/Bobastro 5 km" nach rechts. Nach 2,5 Kilometern Fahrt ist rechts ein unscheinbares Hinweisschild „Iglesia Mozárabe" zu sehen. Der rund 300 Meter lange Fußweg führt links zu dem kunsthistorisch wohl bedeutendsten Teil der Stadt Bobastro. Die aus dem Felsen herausgehauene **Basilica Rupestre** (um 900 n. Chr.) zeigt eine dreischiffige Baugestalt mit verbindenden Hufeisenbögen und wirkt immer noch robust und urwüchsig.

Vom Endpunkt der Straße auf dem Gipfel des Berges genießt man einen spektakulären Blick auf den Desfiladero de los Gaitanes und das Valle del Sol („Sonnental") rund um Álora mit seinen Obstbaumplantagen. Vom **Alcázar,** dem befestigten Herrscherpalast, den *Omar Ibn-Hafsum* auf der höchsten Kuppe auf römischen Grundmauern errichten ließ, stehen nur noch wenige Grundmauern. Neben dem großen Staubecken **Embalse La Encantada** überrascht die Hochfläche noch durch die Existenz der Bar La Mesa, in der man sich erfrischen kann.

Praktische Informationen

Information

■ In Ardales: **Museo Municipal de Ardales,** gleich am Ortseingang, Tel. 952.45.80.46, Öffnungszeiten: Di–Sa 10–14 und 16–18 Uhr, So und im Sommer nur vormittags. Das Museum organisiert auch Führungen (1½ Std. 5 €) durch die Höhle von Ardales mit ihren über 27.000 Jahre alten Felszeichnungen; virtueller Besuch unter www.cuevadeardales.com. Auch das mozarabische Kastell und die Kirche *(Conjunto Histórico Peña de Ardales)* können nur mit Führung besichtigt werden.

■ **Kiosk** in der *Area Recreativa La Isla* am Stausee Conde de Guadalhorce (s. o.).

■ In **Álora** existiert eine Tourist-Information an der Ortsumgehung unterhalb der Altstadt, ca. 500 m von der Bushaltestelle entfernt. Öffnungszeiten: Mo–Fr 11–14 Uhr, Sa 11–13 Uhr.

Unterkunft

Sowohl die Kleinstadt **Álora** als auch das Dorf **Ardales** sind schön gelegen und verfügen noch über ein gut erhaltenes, aus maurischen Zeiten überliefertes Ortsbild. In Álora sind die Außenmauern eines maurischen Kastells aus dem 14. Jh. erhalten, der Burghof wird heute als Friedhof genutzt. Als Standquartier für Erkundungen ist jedoch das nur einige Kilometer von den Stauseen und dem Desfiladero de los Gaitanes entfernte Ardales geeigneter.

■ In **El Chorro** dominieren einfache Privatunterkünfte bzw. Bettenlager. Komfortable Ausnahme sind die engen, aber geschmackvoll und kuschelig eingerichteten Apartments des **Complejo Turístico La Garganta**②-③ (Tel. 952.49.50.00, www.lagarganta.com) in der Nähe des Bahnhofs mit herrlicher Sonnenterrasse und großem Pool. Preiswerte Studios für Einzelreisende.

■ **Apartamentos Ardales**③, c/ El Burgo 7, Tel. 952.45.94.66, www.apartamentosardales.com. Überraschend „stylish" und geradezu luxuriös eingerichtete Apartmentanlage in der Altstadt von Ardales, die freundliche Rezeption organisiert diverse Freizeitaktivitäten, auch Fahrradverleih für Nicht-Hotelgäste (7 €/Tag). Dachterrasse mit schönem Blick und kleinem Pool. Gutes Preis-Leistungsverhältnis auch für Einzelreisende. Anfahrt: Am Stadtmuseum links vorbei, stets bergauf zum hübschen Rathausplatz Plaza de la Constitución, von da ca. 100 m die Ausfahrt Richtung El Burgo.

■ **Hostal Restaurante El Cruce**①, am Ortsausgang von Ardales Richtung Stauseen, Tel. 952.45.90.12. Das Ortszentrum ist zu Fuß problemlos in etwa 10 Minuten zu erreichen. Sie Zimmer sind pieksauber und recht geräumig. Auch das angeschlossene **Restaurant** bietet gute Qualität zu günstigen Preisen.

■ **Hostal Durán****/①, c/ La Parra 9, Álora, Tel. 952.49.66.42. Etwa 50 m von der Plaza Fuentearriba (mit auffälligem „Löwenbrunnen") entfernt, dort sollte man auch das Auto parken. Ruhig gelegenes, stilvolles Haus mit komfortabler Einrichtung.

■ **Hotel La Posada del Conde*****/②-③, Tel. 952.11.24.11, www.hoteldelconde.com. Nettes Landhotel in günstiger Lage unweit des Embalse del Conde de Guadalhorce (Richtung Antequera) – man kann praktisch zu Fuß loswandern. Große, geschmackvoll eingerichtete Zimmer mit allem Komfort zu günstigem Preis, nur die Luxus-Suite ist unverhältnismäßig teuer.

Camping

■ **Camping Parque Ardales,** 2. Kat., Tel. 951.26.49.24, 615.35.63.63 (Handy), www.parqueardales.com.

■ **Albergue-Camping El Chorro,** 3. Kat., Tel. 952.49.52.44, 695.36.37.61 (Handy), http://alberguecampingelchorro.es, ganzjährig geöffnet. Recht hübsch oberhalb des östlichen Ufers des aufgestauten Río Guadalhorce gelegen, ordentlich Schatten, weitgehend „naturbelassenes" Gelände. Man kann auch Bungalows ab 2 Pers. mieten oder günstig im Schlafsaal übernachten.

Anfahrt

Die komfortabelste Anreise von Antequera nach Ardales (ca. 50 km) verläuft über die **A-354/A-382 Richtung Campillos,** von dort ist der Landstraße A-357 Richtung Málaga bzw. Ardales zu folgen. Die Anreise von Málaga erfolgt über die ziemlich gute N-357 (Richtung Campillos) nach Ardales, evtl. auch die Abzweigung C-337 über Álora.

Es stellt sich die Frage, ob sich ein Besuch des Ardales-Parks ohne eigenes Fahrzeug überhaupt lohnt; große Bereiche werden von öffentlichen Verkehrsmitteln nicht berührt. Die **Busverbindungen** von Málaga sind nach Álora wesentlich häufiger als nach Ardales.

Zusätzlich ist Álora an den **Nahverkehrszug** *Cercanías Málaga* angeschlossen, der mindestens alle 2 Stunden von und nach Málaga fährt. Der Bahnhof liegt allerdings in sehr gestreckter Entfernung vom Ortszentrum im Tal. Es gibt auch noch die Möglichkeit auf der Linie A4 (Málaga – Córdoba) am Bahnhof El Chorro direkt am Eingang der Schlucht auszusteigen. Abfahrt RENFE-Bahnhof Málaga gegen Mittag.

Torremolinos

Torremolinos ist der **steingewordene Albtraum einer durchgeknallten Freizeitindustrie.** Ohne Rücksicht auf Verluste wurde die sanft nach Nordwesten ansteigende Küstenlandschaft mit Hochhaussilos zubetoniert, als wollte man den erholungsbedürftigen Bewohnern nordeuropäischer Trabantenstädte ein möglichst ähnliches Ambiente wie zu Hause anbieten. Und man hat es auch beinahe geschafft, alles, was an Andalusien erinnern könnte, gründlich zu eliminieren.

Kaum zu glauben: **In den 1960er Jahren** war Torremolinos ein **Geheimtipp** für zivilisationsmüde Bohémiens, Filmstars, Künstler und Exzentriker aller Schattierungen. Mit der haschumwölkten, leicht verlotterten Idylle war es angesichts des Stroms von Pauschaltouristen aber schnell vorbei.

Wie brutal die Gegend von der Stahlbetonflut misshandelt wurde, zeigen Fotografien aus den 1950er Jahren. Wie Spielzeughäuschen waren die Hand voll weiß gekalkter Wohngebäude in die Landschaft eingestreut: zwei von Fischern und Gemüsehändlern bevölkerte Dörfer, **El Bajondillo** und **La Carihuela,** die heute in der Masse der Neubauten geradezu untergehen. 34.000 Einwohner hat Torremolinos offiziell, im August und September kommen rund 60.000 Hotelgäste hinzu – kein Wunder, dass der Ort fast wie eine fremdländische Exklave auf spanischem Boden anmutet.

Benalmádena

Wer an der Küste weiter Richtung Benalmádena fährt, wird gegenüber Torremolinos weder einen Unterschied in der Bebauung feststellen, noch überhaupt, dass er von einem Ort in einen anderen gefahren ist. Vom Sporthafen und dem heute als Kulturzentrum genutzten Castillo del Bil Bil abgesehen, besitzt der an der Küste gelegene Ortsteil **Benalmádena Costa** keinerlei Reize. Erst wenn man sich einige Kilometer bergauf durch wahllos verstreute *Urbanisaciónes* zum alten Ortskern **Benalmádena Pueblo** durchgeschlagen hat, kommt wieder das Gefühl auf, in Andalusien zu sein. Rund um die kleine Plaza de España mit seiner niedlichen Brunnenfigur ist zwar nur relativ wenig originale Bausubstanz, dafür aber noch weitgehend unverfälscht spanisches Alltagsleben zu besichtigen. So kann man ganz nett durch das eher unspektakuläre Dörfchen bummeln, ohne von den Auswüchsen des Massentourismus behelligt zu werden.

Strände in der Umgebung

Durch umfangreiche Bautätigkeit auf den umliegenden Felsvorsprüngen haben nun auch die letzten, halbwegs na-

an14-049 ba

turbelassenen Strände bei Benalmádena deutlich an Reiz eingebüßt. Das gilt auch für die ehemals besonders anheimelnde **Playa Naturista Benalnatura,** die nun teilweise von modernen Apartmentblocks eingerahmt wird – für eingefleischte FKK-Anhänger mangels Alternativen dennoch besuchenswert. Zu erreichen ist die schmale Bucht über die N-340 Richtung Fuengirola, auf dem Kreisverkehr „Nueva Torrequebrada" Richtung „Residencial Avenida" abbiegen, dann ein kurzes Stück links oberhalb der Steilküste bis zum Hinweisschild entlang fahren.

⌃ Fuengirola – Castillo de Sohail

Fuengirola

Wer von Mijas einen Blick in die Bucht von Fuengirola wirft, kann bereits erahnen, was ihn dort unten erwartet: ein **gigantischer Siedlungsbrei** von sich rechtwinklig schneidenden Straßenschluchten, in denen sich der arglose Besucher fast wie in einem US-amerikanischen Großstadtdschungel fühlt. Nur selten findet das Auge Erholung in Form ursprünglicher Bebauung, welche noch inselhaft in die Betonwüste eingestreut ist. Dabei hätte Fuengirola im Vergleich zu Torremolinos zumindest den Vorteil, dass es sich um eine historisch gewachsene Stadt mit ganz normalem spanischem Alltagsleben handelt, aber Lokalkolorit ist so gut wie nirgends spürbar.

Aus der frühen Stadtgeschichte sind nur geringe Überreste, z. B. die rekonstruierte Ruine eines **Römischen Tem-**

pels am Paseo Marítimo, erhalten. Auch von der muslimischen Besiedlung ist im Stadtbild fast nichts mehr zu spüren, lediglich das vorwiegend aus dem 12. Jh. stammende **Castillo de Sohail** sitzt weithin sichtbar auf einer Anhöhe südwestlich des Ortes (Eintritt 3 €, bis auf den Ausblick gibt es nicht viel zu sehen).

Eine gewisse Akkuratesse ist dem Ort schon zu eigen: Seien es die Liegestühle am penibel saubergehaltenen Strand oder die wie ein Wall dahinter aufragenden Hochhäuser – sie alle sind in Reih' und Glied aufgestellt, ein wildes Durcheinander wie in Torremolinos gibt es hier nicht. Ähnlich gesittet verläuft normalerweise auch das Nachtleben, nur die örtliche Jugend tobt sich am Wochenende rund um die kleine **Plaza de la Constitución** (etwas meerwärts der Avda. Jesus Santos Rein) aus. Nicht weit davon hat sich in der Calle Moncayo eine abendliche Flaniermeile etabliert, wo sich ein Freiluftrestaurant ans andere reiht und ebenfalls ein Hauch von Atmosphäre spürbar ist.

Mijas

Rund sieben Kilometer von Fuengirola landeinwärts klebt der kleine Ort Mijas malerisch an dem mit duftenden Pinienwäldern bestandenen Südhang der gleichnamigen Sierra. Weiß gekalkte, ziegelgedeckte Häuser, zwischen denen sich schmale Gassen und Treppenaufgänge winden, schmiedeeiserne Laternen und putzige Dorfkirchen – die traditionelle Baugestalt eines andalusischen **Pueblo Blanco** konnte hier bemerkenswert gut in die Neuzeit hinübergerettet werden. Neben dem pittoresken Ortsbild kann das 425 Meter hoch gelegene Mijas mit großartigen Ausblicken auf die Bucht von Fuengirola glänzen.

Ende des 9. Jh. gehörte der Ort zum Herrschaftsbereich des maurischen Rebellen *Omar Ibn Hafsun,* der an exponierter Stelle eine Burg errichten ließ. Vom Festungsbereich sind heute nur noch wenige Überreste erhalten, ein Wachturm wurde als Glockenturm der **Iglesia Parroquial** weiterverwendet, die zwischen 1505 und 1630 entstand.

Der **Santuario de la Virgen de la Peña** oberhalb des großen Busparkplatzes an der Plaza Virgen de la Peña sieht zunächst wie ein simpler Felsen aus, entpuppt sich aber bei näherer Betrachtung als kleine Wallfahrtskirche, die einige Mönche um 1520 in das Gestein gehauen haben.

Auch in einem so überschaubaren Städtchen wie Mijas finden, in bescheidenem Rahmen, Stierkämpfe statt. Immerhin kann die auf dem Burgberg gelegene **Plaza de Toros** als Superlativ vorweisen, dass sie wohl die einzige eckige „Arena" Andalusiens ist. Für die Besichtigung der Mini-Arena inklusive kleinem Museum werden allerdings happige 3 € Eintritt verlangt.

Natürlich blieben der rührigen Tourismusindustrie die besonderen Reize des kleinen Städtchens nicht lange verborgen, und so quält sich vor allem im Sommer ein Reisebus nach dem anderen den Berg hinauf, um den Pauschaltouristen aus Torremolinos und Fuengirola ein Stück „typisches Andalusien" vorzuführen. Die Bewohner haben sich auf den alltäglichen Ansturm vorbereitet: mit jeder Menge Restaurants mit austauschbarer Speisekarte, ganzen Häuserzeilen von Souvenirshops, die meist

„Basta ya" – der Kampf gegen die baskische Terrororganisation ETA

Die rote Spur der spanischen Terrororganisation ETA, die für die „Befreiung" des Baskenlandes in Nordspanien und Südwestfrankreich kämpft, zieht sich auf grausame Weise durch das ganze Land, auch durch Andalusien.

Die **Anschläge der ETA** richten sich hauptsächlich gegen Politiker, Mitglieder der Guardía Civil, Polizisten und andere Personen des öffentlichen Lebens. Aber auch unter der Zivilbevölkerung gibt es immer wieder Opfer zu verzeichnen. Selten sind touristische Gebiete das Ziel ihrer Attacken. In der Regel werden jedoch mehrfach Vorwarnungen gegeben, da es der Terrororganisation in diesen Fällen vordergründig darum geht, Angst und Unsicherheit zu verbreiten, um somit den spanischen Tourismus und letztendlich die spanische Wirtschaft zu schädigen. Trotzdem kam es in Santa Pola zu Opfern.

Was aber genau ist das Ziel der ETA?

Die Ursprünge der 1959 gegründeten baskischen Untergrundorganisation ETA (Abkürzung für baskisch **Euzkadi Ta Azkatasuna,** d. h. „Baskenland und Freiheit") sind in dem Kampf gegen die systematische Unterdrückung der baskischen Minderheit durch das **repressive Regime des Diktators Franco** zu sehen, das die baskische Kultur auch unter Einsatz von Gewalt unterdrückte.

Äußerte sich der Kampf der ETA zunächst in Form von Propaganda in den Straßen, bildete sich alsbald Anfang der 1960er Jahre ein militärischer Arm aus. Es wurde ein Plan zur „Befreiung" des Baskenlandes mit terroristischen Mitteln ausgearbeitet. Der Terror richtete sich gegen staatliche Institutionen und Personen, die das frankistische Regime repräsentierten. So kam es 1966 zur Ermordung des Polizeichefs von San Sebastián. Das immer brutalere Vorgehen der Guardía Civil gegen die zur Terrorgruppe avancierten ETA brachte ihr zunächst sogar Sympathie seitens der Bevölkerung ein. Doch immer wieder kam es zur Spaltung innerhalb der Befreiungsbewegung. Dabei ging es sowohl um die Durchsetzung des politischen Ziels, als auch um das politische Ziel selbst.

Ein Versuch *Francos,* sechzehn baskische Gefangene Anfang der 1970er Jahre zum Tode zu verurteilen, scheiterte an einer breiten nicht nur nationalen, sondern auch internationalen Opposition.

Die **Ermordung des designierten Franco-Nachfolgers Luis Carrero Blanco** im Jahr 1973 durch die ETA trug schließlich nicht unwesentlich zum Ende der Diktatur bei, was der Terrororganisation zunächst Pluspunkte in der Bevölkerung brachte. Aber wieder kam es zur Spaltung innerhalb der Organisation. Der militärische Arm wollte durch rein militante Aktionen eine gesellschaftliche Veränderung erzwingen.

Doch ihr Kampf um Autonomie fand immer weniger eine tatsächliche Rechtfertigung: Durch die spanische Verfassung von 1978 wird den Autonomen Regionen das Recht auf Selbstverwaltung garantiert. 90 % der Basken entschieden sich im Jahr 1979 in einer Wahl für den Autonomiestatus des Baskenlandes, der den anderer Länder bei weitem übersteigt, angefangen bei einer eigenen Justizverwaltung, über eine eigene Infrastruktur auch auf dem Wirtschaftssektor, im Bildungs- und Kultursektor bis hin zur eigenen Finanzbehörde und Polizei.

Doch die ETA intensivierte ihre kriminellen Aktivitäten sogar. Eine erschreckende Zahl von Opfern hat die Terrororganisation zu verantworten: Allein bis Ende 2001 waren es fast 1000!

Wurden die Aktionen der ETA bis in die 1980er Jahre hinein noch von einem Teil der Bevölkerung toleriert, protestierten die Menschen dann in zunehmendem Maße gegen deren brutale Vorgehensweise. Höhepunkt der Proteste war die bis dato größte **Anti-ETA-Demonstration** mit Hunderttausenden von Teilnehmern im Jahr 1997 nach dem hinterhältigen Mord an dem Stadtrat *Miguel Ángel Blanco*. **„Basta ya"** – es reicht, so lautet immer wieder die Parole gegen die Terrororganisation und ihre Taten.

Es scheint, als ob die fieberhafte Fahndung der Polizei die ETA-Chefs früher wie heute unbeeindruckt lässt, ganz zu schweigen vom Leiden der Opfer und ihrer Hinterbliebenen. Dennoch versuchte die konservative Regierung von **José María Aznar** zu Beginn der Amtsperiode zu vermeiden, sich in einen Krieg hineinzerren zu lassen. Die sozialistischen Vorgänger der Regierungspartei PP versuchten den ETA-Terror mit Gegenterror zu unterbinden, aufgrund dessen wurde der damalige Innenminister *José Barrionuevo* wegen Duldung und Finanzierung der Anti-Terror-Bewegung Gal verurteilt.

Glaubte *Aznar* anfangs noch an eine Konfliktlösung auf dem Verhandlungsweg, schwenkte er bald auf eine kompromisslose Linie gegen die ETA ein. So brachte die Regierung *Aznar* die ETA mit dem verheerenden Terroranschlag (191 Tote, über 1.500 Verletzte) in vier Vorortzügen nahe dem Bahnhof Madrid/Atocha am 11. März 2004 in Verbindung. Der Anschlag entpuppte sich jedoch schnell als Racheakt von al-Qaida wegen der spanischen Beteiligung am Irak-Krieg.

Im November 2004 schlug der Vorsitzende der Herri Batasuna, *Arnaldo Otegi*, vor Tausenden von Anhängern der spanischen und französischen Regierung einen Friedensplan und ein Referendum über die Zukunft des Baskenlandes vor. Das brachte die junge sozialistische Regierung unter *José Luis Zapatero* unter Zugzwang, da sie Gespräche mit der ETA strikt ausgeschlossen hatte.

Auch in der Agenda der spanischen EU-Präsidentschaft 2002 war die Bekämpfung des Terrorismus ein wichtiger Punkt. Man erreichte eine vorzeitige Einführung eines europäischen Haftbefehls gegen gesuchte ETA-Mitglieder. Fahndungserfolge sind seitdem jedoch noch nicht zu verbuchen.

Auf politischer Ebene fand die ETA bis ins Jahr 2002 Unterstützung durch die **baskische Partei Herri Batasuna (HB)**, die immerhin auf 15 % der Stimmen innerhalb der baskischen Bevölkerung zählen konnte. Im August 2002 stimmte das spanische Parlament jedoch bei einer außerordentlichen Sitzung mit überwältigender Mehrheit für die Auflösung Batasunas. Beweise bzw. die Behauptung, nach denen eine Komplizenschaft Batasunas mit der ETA bestand, waren die juristische Rechtfertigung. Die Antwort der Terrororganisation kam prompt: Sie platzierten eine Bombe!

2009 wurden zwei weitere baskische Parteien von der Regionalwahl ausgeschlossen: Nach Ansicht von Regierung und Staatsanwaltschaft stehen die Parteien Askatasuna und Demokratie Drei Millionen (D3M) der ETA der Batasuna nahe. Und wieder antwortete die ETA mit einem Bombenanschlag. Das Risiko weiterer Anschläge hat sich mit der am 20. Oktober 2011 verkündeten Erklärung der ETA zur „endgültigen Beendigung der bewaffneten Aktionen" inzwischen stark verringert – in den letzten Jahren blieb es denn auch ruhig.

grauenhaften Kitsch feilbieten, und Burro-Taxis, folkloristisch aufgeputzten Eseln, welche schwergewichtige Ausflügler durch die Altstadtgassen befördern. Ein „Geheimtipp“ ist Mijas mit Sicherheit nicht mehr, in der Nebensaison aber vielleicht doch noch einen Abstecher wert.

Praktische Informationen

Information

■ **Oficina de Turismo,** Avda. Virgen de la Peña, beim Rathaus, Tel. 952.58.90.34, www.mijas.es, Mo–Fr 9–19 Uhr (Juli/Aug. bis 20 Uhr), Sa 10–15 Uhr.

Essen und Trinken

Als positive, allerdings nicht gerade billige Ausnahmen können die Restaurants **El Padrastro** in der Avda. del Compás 16 (oberhalb der Plaza Virgen de la Peña in einem markanten Turm), **La Alcazaba** (Terrassenlokal mit herrlichem Blick, Mo Ruhetag) und **Mirlo Blanco** (baskische Küche im gleichnamigen Hostal) gelten – die letztgenannten sind von der Plaza de la Constitución gut auszumachen.

Unterkunft

■ **Hostal El Escudo de Mijas**②-③, www.el-escudo.com, c/ Trocha de los Pescadores 7, Tel. 952.59.11.00. Rustikales, komplett renoviertes Haus mit 10 stilsicher eingerichteten Zimmern. Gutes Preis-Leistungsverhältnis, vor allem wenn man in der NS eine der unschlagbaren *ofertas* ergattert. Anfahrt: Zunächst stets an der Ausschilderung „Auditorio Municipal“ (rechts) orientieren. Am Hauptplatz der Altstadt, der Plaza de la Constitución, schnelles Be- und Entladen, ca. 100 m (ausgeschildert) zu Fuß in o. g. Straße. Parken entweder bei der Arena – die Cuesta de la Villa darf von Hotelgästen befahren werden – oder auf den Großparkplätzen der Unterstadt.

Verkehrsverbindungen

■ **Bushaltestelle** an der Avenida Virgen de la Peña. Von und nach Fuengirola ca. halbstündliche Verbindungen von ca. 7–22 Uhr, von und nach Torremolinos ebenso häufig von etwa 9.30–20 Uhr.

Marbella

Mit 138.000 Einwohnern hat sich Marbella nach Málaga zur **zweitgrößten Stadt der Costa del Sol** gemausert, etwa 30.000 Zweitwohnungsbesitzer kommen noch hinzu. Das rasante Wachstum der letzten Jahrzehnte blieb natürlich nicht ohne Folgen. Die Durchgangsstraße Avenida Ramón y Cajal säumen moderne Geschäftsgebäude und Apartmentblocks, ebenso das sich südlich anschließende Hafenviertel, ein besonderes Flair ist hier schwerlich zu registrieren. Erst in der oberhalb der Parkanlage Alameda gelegenen Altstadt wird klar, weshalb es die Reichen und Schönen immer wieder zurück in „ihr“ Marbella zieht. Wie durch ein Wunder konnten die ziegelgedeckten Häuser des Weißen Dorfes vor den Planierraupen der Baumafia gerettet werden. Ein positiver Umstand war wohl, dass Marbella seit Beginn des Tourismusbooms fast ausschließlich von begüterter und leidlich schönheitssinniger Klientel angezogen wurde.

Kein Geringerer als *Hannibal* soll für die Grundsteinlegung der Festung verantwortlich gewesen sein, die später von den Römern maßgeblich erweitert wurde. Im 9. Jh. errichteten die Muslimen eine Stadtmauer und bauten das römische Kastell um. Die innerhalb der Befestigung heranwachsende Siedlung entspricht etwa dem heutigen **Casco Antiguo,** der Altstadt.

Stadtrundgang

Die „gute Stube“ Marbellas ist zweifellos die üppig bepflanzte **Plaza de los Naranjos,** der „Platz der Bitterorangenbäume“. Neben einem steinernen Brunnen von 1604 befindet sich die kleine **Ermita de Santiago,** das erste christliche Gotteshaus der zurückeroberten Stadt. Schräg gegenüber fällt die mit einer Bogenreihe aus unverputzten Hausteinen geschmückte Fassade der **Casa del Corregidor** (16. Jh.) ins Auge.

Das auffälligste Gebäude am Platz ist aber die elegante **Casa Consistorial,** wie das Rathaus zum Zeitpunkt seiner Errichtung Mitte des 16. Jh. noch genannt wurde. Im rechten Gebäudeflügel ist ein Büro der Tourist-Information untergebracht.

Links am Rathaus vorbei gelangt man über die Straße Pasaje zur farbenfrohen **Plaza Puente de Ronda.** Die sich weiter nördlich anschließende Calle Ancha verbreitet etwas großbürgerliches Flair, zumindest bis zur nett angelegten **Plaza Santo Cristo de la Vera Cruz.** Der mit blau-weißen, glasierten Kacheln eingedeckte Glockenturm gehört zur gleichnamigen *Ermita* (Einsiedelei) aus dem 15. Jh. Geht man von der Plaza Puente de Ronda in östlicher Richtung über die Calle Remedios weiter, stößt man auf ein schönes, im Idealfall von einer Kaskade von Blüten übergossenes Eckgebäude. In einer Maueröffnung wurde die angeblich schon über hundertjährige Statue der Virgen de los Dolores aufgestellt, welche der bergab führenden Straße ihren Namen gab.

Auf der linken Seite der Calle Carmen erscheint der am besten erhaltene Abschnitt der **arabischen Stadtmauer.** Über eine Treppe kann man in den einstigen Innenhof des **Castillo** vorstoßen, welcher aber durch den Bau zahlreicher Wohngebäude und einer Schule seinen ursprünglichen Charakter fast völlig verloren hat. Am eindrucksvollsten wirkt die gemessen an ihrem stolzen Alter noch ganz gut erhaltene Festung von außen, insbesondere von den Straßen Salinas und Portada, die auch einen Blick auf die wuchtigen Ecktürme erlauben.

Geht man die Salinas weiter in südlicher Richtung, stößt man auf die Querstraße Hospital Bazán, in der sich ein interessantes Renaissance-Gebäude befindet: der Stadtpalast **Palacio de Bazán,** einstmals Krankenhaus für arme Mitbürger. Nach einer umfangreichen Restaurierung wurde hier 1992 das **Museo del Grabado Español Contemporáneo** eingerichtet, in dem Drucktechniken wie Lithographie, Holzschnitt und Radierung vorgestellt werden. Es sind natürlich auch die dazugehörigen Werke bekannter Meister *(Goya, Picasso, Dalí, Miro)* und auch zeitgenössischer spanischer Künstler zu sehen.

■ **Museo del Grabado Español Contemporáneo,** c/ Hospital de Bazán, Di–Fr 9–21 Uhr, Mo/Sa 10–14 Uhr, im Sommer etwas kürzer, So/Fe geschlossen, Tel. 952.76.57.41, Eintritt 2,50 €.

Weiter westlich erhebt sich unübersehbar die Hauptkirche des Ortes, die **Iglesia de Nuestra Sra. de la Encarnación,** deren Bau 1618 begonnen wurde. Im vorwiegend barock gestalteten Inneren finden gelegentlich klassische Konzerte renommierter Orchester statt. Vom brunnengeschmückten Vorplatz Plaza de la Iglesia verlaufen pittoreske Gassen über einige Ecken zur Plaza de los Naranjos zurück.

Strände

Geht man die Avenida del Mar hangabwärts, gelangt man zur **Playa de Venus,** die sich mit wenig Platz und umliegenden Hochhäusern als typischer Stadtstrand präsentiert. Der alte Sporthafen nebenan lädt auch nicht gerade zu beschaulichem Bummel ein, eher schon die recht gepflegte Uferpromenade Paseo Marítimo, die weiter westlich zur **Playa de la Fontanilla** führt. Die (meist sehr exklusiven) Hotels haben hier zwar mit Liegestühlen und Sonnenschirmen ihre Territorien bereits abgesteckt, aber der feinsandige Strand und das meist kristallklare Wasser können, zumindest außerhalb der HS, durchaus Vergnügen bereiten.

Wer auf die Einrahmung durch Hotels und Apartments verzichten möchte, muss schon in östlicher Richtung aus Marbella hinausfahren. Ein erwähnenswerter Strand ist **Coqui-Beach** in der Nähe des Altersheims Residencia Tiempo Libre, wo sich auch die Bushaltestelle befindet. Nach rund 300 Metern gelangt man an einen relativ schmalen, aber sehr ausgedehnten Sandstrand mit kleinem Dünenwall dahinter.

Ebenfalls recht erfreulich sind die Strände bei der Urbanisation **Cabopino,** etwa auf halbem Wege zwischen Marbella und Fuengirola, 20 Busminuten müssen kalkuliert werden. Die Apartmentsiedlung besitzt einen annehmbaren Strand nebst kleiner Marina, schöner sind aber die mit „Las Dunas“ ausgeschilderten Dünen in westlicher Richtung. Autofahrer können bei den Hochhäusern gleich nach rechts auf eine Staubpiste abbiegen und einen der zahlreichen Parkplätze hinter dem Strandwall ansteuern. Wie nicht anders zu erwarten, werden die Dünen bevorzugt zum hüllenlosen Sonnenbad genutzt, nicht wenige Badegäste aus der Urbanisation kommen daher „zufälligerweise“ zum Spazierengehen hierher.

Puerto Banús

Der **Yachthafen von Marbella,** als Ankerplatz für fast 1.000 Schiffe ausgelegt, liegt einige Kilometer westlich des Zentrums und ist zu einer kleinen Stadt mit edlen Boutiquen, Parfümerien, Cafés, Restaurants und Discos herangewachsen. Um den ursprünglichen Kern herum haben sich gesichtslose Apartmentblocks, Hotels und Warenhäuser angesiedelt, die mit dem „Nobelcharakter“ von Puerto Banús nur schwerlich harmonieren. Täglich werden ganze Busladungen an Schaulustigen ausgeworfen, die mit schussbereiten Kameras auf Mitglieder der High Society lauern. In der Hochsaison kann man, schicke Garderobe und etwas Kleingeld vorausgesetzt, auch mal selbst Jet-Setter spielen und den dann gut gefüllten Edel-Diskotheken und exklusiven Night-Clubs einen Besuch abstatten. Hier ist die Wahrscheinlichkeit, auf Prominenz zu treffen, deutlich größer, denn tagsüber in der Marina lassen sich die bekannten Persönlichkeiten nur selten blicken.

Zum **Baden** ist Puerto Banús nur zweite Wahl: Zwar ist an der Sauberkeit der Strände nicht zu zweifeln, aber ein besonders natürliches Ambiente kann man den relativ schmalen Sandstreifen nicht gerade attestieren.

Praktische Informationen

Information

■ An der Strandpromenade Paseo Marítimo auf der Höhe des Parque de la Constitución befindet sich die Hauptstelle der **Tourist-Information** (www.marbella.es/turismo): Plaza de la Fontanilla, Tel. 952.77.14.42, tägl. 8–20.30 Uhr.

Service

■ **Postamt:** An der Ecke der Straßen Alonso de Bazan und Finlandia, südlich der Avda. R. Soriano, Tel. 952.77.28.98.

■ **Autoverleih:** In der Avda. Ricardo Soriano reiht sich fast schon ein „Rent-a-Car" an das andere.

■ **Fahrradverleih und Mountainbike-Touren** in der Sierra Blanca mit Shuttle-Service bietet die

Spielwiese der Schönen und Reichen

In unserem Jahrhundert wäre die Entwicklung der Hafenstadt Marbella wohl eher unspektakulär verlaufen, wenn nicht der liechtensteinische **Prinz Alfons von Hohenlohe** Anfang der 1950er Jahre dieses schöne Fleckchen unter seinesgleichen bekannt gemacht hätte. Fortan war das stets angenehm milde Klima Marbellas für den verzärtelten europäischen Hochadel im Winter eine erfreuliche Alternative zum etwas klammen Monte Carlo, und die Stadt hatte bald ihren Ruf als partylaunige Spielwiese der High Society weg.

In das lustige Treiben mischten sich dank mediterraner Laissez-faire-Mentalität alsbald auch Gestalten, die ihren sagenhaften Reichtum so „ehrenwerten" Geschäften wie **Waffenschmuggel oder Drogenhandel** verdankten. Wesentlich unerwünschter waren aber die Kleinkriminellen und Drogensüchtigen, die vor allem Ende der 1980er Jahre versuchten, einige Brotkrumen vom reich gedeckten Tisch abzustauben. Mit so viel rohem Alltag konfrontiert, sahen sich nicht wenige Jet-Setter nach entfernteren Refugien in der Karibik oder der Südsee um – Marbella war zeitweilig total out. Doch nachdem der ebenso ehrgeizige wie rabiate **Bürgermeister Jesús Gil y Gil** (1991–2001) unnachsichtig gegen „Unruhestifter" vorgehen und Strände wie Straßen gründlich säubern ließ, fühlt sich die goldbehängte Kundschaft wieder heimisch. Über die Stadtgrenzen hinaus wurde Señor Gil als Gründer einer Partei bekannt, die zufälligerweise genau die gleichen Initialen aufweist wie sein Nachname. Landesweite Schlagzeilen produzierte der massige Choleriker gar, als er in seiner Eigenschaft als Präsident des Fußballvereins Atlético Madrid vor laufender Kamera einen Kollegen mit Fäusten traktierte. Eine derartige Behandlung haben natürlich weder die durch Petrodollars reich gewordenen arabischen Geschäftsleute zu befürchten, noch die jüngsten Marbella-Fans: Neureiche aus der Ex-Sowjetunion, die in Restaurants und im Tourismusbüro bereits auf Russisch empfangen werden.

Der politische Fall des einstigen Volkstribuns *Gil* wurde im Frühjahr 2002 durch den obersten Gerichtshof besiegelt, der ihm für die nächsten 28 Jahre untersagte, ein öffentliches Amt auszuüben. Ihm wurden u. a. Korruption, Veruntreuung öffentlicher Gelder und Manipulation der Gerichtsbarkeit vorgeworfen. Am 14. Mai 2004 starb *Jesus Gil* im Alter von 71 Jahren an den Folgen eines Schlaganfalls.

Bike Station Marbella an, Avenida Arias de Velasco 8, Tel. 952.86.18.07, www.bikemarbella.com.

Taxiruf: Tel. 952.77.44.88, Taxistände rund um die Alameda. In Marbella haben die Taxis meist keinen Taxameter, folglich Preis vor der Fahrt erfragen!

Parkgarage an der Plaza de la Victoria.

Essen und Trinken

An der Straße nach San Pedro sind nicht nur die bekannten Nobelhotels, sondern auch mehrere Spitzenrestaurants, z. B. das berühmte Toni Dalli, zu finden, deren Besuch aber ein prall gefülltes Portemonnaie voraussetzt. Ein weiteres Jagdrevier sind die Strandpromenade und ihre Nebenstraßen, wo sich allerdings auch viele typische Touristenlokale eingenistet haben. Eine reichhaltige Auswahl an oft sehr stimmungsvollen Restaurants ist in der Altstadt gegeben, wobei im Dunstkreis der Plaza de los Naranjos deftige Preise verlangt werden. Die von der Plaza de la Victoria südwärts verlaufende Calle San Lazaro hat sich als lauschige Kneipengasse etabliert.

Restaurante Santiago, Paseo Marítimo 5, Tel. 952.77.43.39. An der Strandpromenade im stark verbauten Bereich. Gilt als eines der besten Fischrestaurants in Marbella und verfügt über einen rekordverdächtigen Weinkeller. Die Qualität hat natürlich ihren Preis, er bewegt sich aber noch nicht in astronomischen Höhen.

Bar Altamirano, an der gleichnamigen Plaza im östlichen Teil der Altstadt. Eine gute Adresse für Liebhaber von Meeresgetier aller Art. Extrem große Auswahl bei moderaten Preisen. Das Interieur ist eher schlicht, aber freundlich, das Publikum fast ausschließlich spanisch.

Bodega La Venencia, Avda. Miguel Cono 15, Tel. 952.85.79.13. Auch von Lesern gelobte Tapas-Bar mit sehr gutem Preis-Leistungsverhältnis auf halbem Wege zwischen der Parkanlage Alameda und dem Sporthafen Puerto deportivo.

Restaurante Pizzeria Mamma Angela, Virgen del Pilar 17, Tel. 952.77.68.99. In einem ziemlich unansehnlichen Hochhaus im Strandviertel, dennoch behaglich eingerichtet. Wohl die beste

Fotolia_27967756_suttonbaggies

Pasta, die man in Marbella kriegen kann, dabei sogar noch recht günstig. Am Wochenende ist das kleine Lokal schnell gefüllt, evtl. telefonisch reservieren. Ab 18.30 Uhr geöffnet, Di Ruhetag.

Nachtleben

Wer meint, man müsse abends in Marbella ständig über Prominenz stolpern, sieht sich meist enttäuscht. Die Herrschaften bleiben lieber unter sich und feiern bevorzugt in den Bars und Diskotheken der Nobelhotels, einige davon, wie Regine's Bar im Puente Romano, sind nur für Mitglieder zugänglich. Eine gewisse Konzentration von Bars und Discos gibt es sowohl an der Avda. Ricardo Soriano als auch im Strandviertel rund um den Puerto Deportivo.

Unterkunft

Das Image Marbellas als Urlaubsort der High Society ist in den meist traditionsreichen Nobelherbergen der 4- und 5-Sterne-Kategorie begründet, die sich vor allem auf den Küstenabschnitt zwischen Marbella und Puerto Banús konzentrieren. In der „Unterstadt" rund um die Avenida del Mar sind einige Hotels der mittleren bis einfachen Qualität zu finden, der Casco Antiguo wartet mit mehreren familiären Pensionen zu überraschend moderaten Preisen auf.

■ **Hotel Marbella Club******/⑤, Bulevar Príncipe Alfonso von Hohenlohe s/n, Tel. 952.82.22.11, www.marbellaclub.com. Das berühmteste aller Luxushotels von Marbella. Bereits 1946 wurde das weitläufige Gelände einige Kilometer westlich der Stadtgrenze von der Familie *Hohenlohe* erworben und die einstigen Gehöfte zu einer exklusiven Hotelanlage umgebaut. Hier feierten schon *Gunilla von Bismarck, Adnan Kashoggi* und *Don Jaíme von Aragonien* ihre skandalumwitterten Partys, und auch heute lässt es sich die Prominenz lieber in diesem ungestörten Refugium gut gehen, als an den von einfachem Volk durchsetzten Ortsstränden. Der wirksamste Schutzzaun sind die stolzen Preise: DZ ab 250 €, in der HS nochmals 200 € teurer.

■ **La Villa Marbella**③-④, c/ Príncipe 10, Tel. 952.76.62.20, www.lavillamarbella.com. Mehrere Häuser im Altstadtviertel mit insgesamt 29 Zimmern, die sehr originell verteilt sind. Außerhalb der Hochsaison gutes Preis-Leistungsverhältnis.

■ **Hostal Enriqueta****/②, c/ Los Caballeros 18, Tel. 952.82.75.52, www.hostalenriqueta.com. Nur wenige Gehminuten von der Plaza de la Victoria entfernt, für Autofahrer also sehr günstig gelegen. Zum Strand geht man etwa 15 Minuten. Angenehmes, ruhiges Altstadtambiente, auch die Plaza de los Naranjos ist problemlos zu erreichen. Die relativ großen Zimmer sind mit Bad ausgestattet, das Preis-Leistungsverhältnis geht in Ordnung. Wer noch etwas Geld sparen will, kann auch ein Zimmer ohne Bad wählen.

■ **Hostal El Gallo**②, c/ Lobatas 46, Tel. 952.82.79.98, www.hostalelgallo.com. Zentrale Lage und durchaus komfortabel.

■ **Hostal La Luna****/②, c/ La Luna 7, Tel. 952.82.57.78. Von Málaga kommend auf der Durchgangsstraße Avenida Severo (die spätere Ramón y Cajal) Richtung Zentrum, beim Hotel El Fuerte Miramar rechts ab. Recht günstige (und relativ ruhige) Lage zwischen östlicher Altstadt und Strand (ca. 200 m). Sehr freundliche Wirtsleute, große, pieksaubere Zimmer mit Bad und Kühlschrank.

■ **Jugendherberge Albergue Juvenil Inturjoven,** c/ Trapiche 2, Tel. 955.03.58.86, www.inturjoven.com. In einem auch optisch ansprechenden Gebäude am nördlichen Rand der Altstadt, in der Umgebung stehen allerdings einfache Wohnblocks. Vorwiegend 2-, 3-, und 4-Bettzimmer, Einrichtungen für Rollstuhlfahrer. Mit Pool, auch Camping ist möglich.

☐ Marbella – Puerto Banús

■ **Casa la Concha**④, etwas außerhalb, c/ Jubrique 45, Tel. 646.52.08.83 (Handy), aber auch Kontakt über casalaconcha@gmail.com, www.casalaconcha.com. Jedes Zimmer ist originell eingerichtet, herrlicher Garten mit Pool zum Entspannen. Anfahrt mit dem Auto von Málaga kommend die A-7 Richtung Algeciras und dann Ausfahrt 182 Richtung Nagüeles; ausführliche Wegbeschreibung auf der Website (engl.).

Camping

■ **Camping La Buganvilla,** 1. Kat., Ctra. N-340 km 188,800, Tel. 952.83.19.73, www.campingbuganvilla.com. Sehr gut ausgestatteter Platz, etwa 6 km von Marbella in Richtung Málaga. Bushaltestelle 50 m entfernt, zum Strand muss man die Küstenautobahn überqueren. Ganzjährig geöffnet.

Verkehrsverbindungen

■ **Busbahnhof,** Avda. bzw. Camino del Trapiche, Tel. 952.76.44.00, am großen Kreisverkehr unweit der Autobahn. Auch für den Transfer in die Altstadt kommt man kaum um die Benutzung von Nahverkehrsbussen herum, Endpunkt ist die Avenida R. Soriano. Diese fahren von 6.30–23.10 Uhr ca. alle 20 Minuten.

La Linea 4x tägl., Algeciras 8x tägl., Cádiz 3x tägl. sowie 2 Direktbusse, Ronda 6x tägl., Estepona ca. halbstündlich, Puerto Banús (Hipercor) ca. alle 45 Minuten, San Pedro ca. halbstündlich. Nach Ojén gibt es von hier tägl. 11 Verbindungen, praktischer sind aber wohl die 3 tägl. Fahrten vom Stadtzentrum aus. Málaga halbstündlich, So eingeschränkt, die Direktbusse bringen eine halbe Stunde Zeitgewinn, fahren 13x tägl., Sa 12x. Die sich östlich an Marbella anschließenden Strände, bzw. die entsprechenden Haltestellen an der N-340, werden von einem relativ langsamen Pendelbus angefahren. Hauptansprechpartner bei Fragen ist die Gesellschaft Automoviles Portillo (im Busbahnhof), Tel. 952.76.44.00.

Sehenswürdigkeiten in der Umgebung von Marbella

Es empfiehlt sich, die genannten archäologischen Stätten im Rahmen einer Führung aufzusuchen, nähere Auskünfte erteilen die Tourist-Informationen.

Basílica Paleocristiana de Vega del Mar

In einem Eukalyptuswäldchen in der Urbanización **Linda Vista Playa** südlich von San Pedro befinden sich gegenüber dem Kindergarten Calpe Jardín Reste einer **frühchristlichen Basilika** aus dem 6. Jh., die auf den Grundmauern einer römischen Fischersiedlung errichtet wurde. Auffälligstes Detail ist das gut einen Meter tiefe Taufbecken aus Marmor, in dem auch Erwachsene untergetaucht werden konnten. In der Umgebung der Kirchenruine sind zahlreiche ummauerte Gräber zu finden, Hinweise auf eine westgotische Nekropole.

Villa Romana de Río Verde

Fährt man auf der Durchgangsstraße von Puerto Banús in Richtung Marbella, gelangt man hinter dem Fluss Río Verde in die gleichnamige Urbanisation. Die **römische Villa** aus dem späten 1. Jh. besteht aus fünf Zimmern, die um einen Innenhof angelegt wurden. Überraschend gut sind die freigelegten **Bodenmosaike** erhalten, die sich vorwiegend mit kulinarischen Themen, aber auch mit typischen Motiven einer Fischergesellschaft beschäftigen. Glanzstück ist der schlangenhaarige Kopf einer Medusa, die in diesem Fall als Symbol der Abwehr von Unglück zu interpretieren ist und nichts Bedrohliches an sich hat.

Los Bóvedas/Termas Romanas

Man orientiert sich von San Pedro aus am Golfclub von Guadalmina, fast direkt am Strand gegenüber dem Restaurante Parque del Sol befindet sich ein auffälliger Wachturm. Die weiter rechts hoch aufragenden Gewölbe aus dem 3. Jh. gaben den Archäologen lange Zeit Rätsel auf: Manche hielten sie für Wasserdepots, andere glaubten, dass es sich um **römische Thermen** handelte. Das große Wasserbecken in der Mitte und die seitlichen Ruhebänke legen die Vermutung nahe, dass die Bóvedas tatsächlich Überreste einer öffentlichen Badeanstalt mit dem Charakter eines gesellschaftlichen Treffpunkts sind.

Sierra Blanca

Nur wenige Kilometer Luftlinie von der Großstadt Marbella entfernt beginnt bereits das Naturschutzgebiet **Reserva Nacional de Serranía de Ronda,** eine recht schroffe Gebirgslandschaft, die mit dem Torrecilla 1.918 m Höhe erreicht. Der südlichste Abschnitt nennt sich Sierra Blanca, („weißes Gebirge"), wegen des strahlend hellen Kalk- und z. T. auch Marmorgesteins, das nur relativ schütter von Wald bedeckt ist.

Wanderungen

Die Sierra Blanca ist recht gut durch Forststraßen und Wanderwege erschlossen, wobei auch Besteigungen der **Gipfel La Concha** (1.215 Meter ü. NN) und **Cruz de Juanar** (1.100 Meter ü. NN) möglich sind. Dies sollte aber, ebenso wie die mehrstündige Höhenwanderung auf dem Grat zwischen den beiden Massiven, nur organisiert bzw. mit gutem Kartenmaterial erfolgen – die Ausschilderung der Pfade ist, wie üblich, sehr bescheiden.

■ Die kompetentesten Ansprechpartner finden sich in der **Oficina de Turismo von San Pedro de Alcantara,** Conjunto S. Luis, Bloq 3, bajo, Tel. 952.78.52.52.

Man kann aber auch ganz gefahrlos eine sehr lohnende Wanderung auf einfacher Strecke vom Hotel Refugio de Juanar (780 m ü. NN) zum Aussichtspunkt **Puerto de Marbella** unternehmen. Nach dem Abstellen des Fahrzeugs am Hotelparkplatz geht man ein kurzes Stück die Zubringerstraße zurück und biegt bei der Ausschilderung „Mirador" rechts ab. Dieser breite Forstweg führt bequem durch eine herrliche Gebirgslandschaft bergauf, bis nach rund 30 Minuten der Endpunkt auf 1.000 Meter Höhe erreicht ist. Nach der relativen Einsamkeit und Stille „genießt" man nun einen geradezu schockierenden Ausblick auf die blinkenden Hochhausfassaden des zum Greifen nahen Marbella. Im Prinzip spaziert man danach auf gleichem Wege zurück, abenteuerlustige Naturen können aber auch einige Wanderpfade zu den umliegenden Anhöhen erkunden.

Ojén

Hauptort der Sierra Blanca ist das Dorf Ojén, das von Marbella etwa 8 Kilometer entfernt liegt. Ojén ist eine arabische Gründung, was man dem besonders um die Pfarrkirche sehr malerischen Örtchen auch ansieht.

Exkursionen

Am Hauptplatz befindet sich die **Tourist-Information,** die von einer halbprivaten Organisation namens Monte Aventura betrieben wird. Diese hat sich dem sogenannten *Ecoturismo* verschrieben, also der schonenden Erkundung der umgebenden Reserva Natural de la Serranía de Ronda, der jüngst zum UNESCO-Biosphärenreservat deklarierten Sierra de las Nieves und weiterer interessanter Naturräume. Der Schwerpunkt der Exkursionen liegt auf der Beobachtung seltener Pflanzen und Tiere und der Erläuterung ökologischer Zusammenhänge, es gibt aber auch Besichtigungstouren zu entlegenen Dörfern mit kulturgeografischem Schwerpunkt.

■ **Monte Aventura/Oficina de Turismo,** Plaza de Andalucía 1, Tel. 952.88.15.19 oder 656.95.04.78 (Handy), wwwmonteaventura.com, täglich 10–14 und 16–19 Uhr.

Feste

■ **Festival de Cante Flamenco „Castillo de Ojén",** Ende Juli/Anfang August. Eines der bedeutendsten Flamenco-Festivals der Provinz Málaga.

Unterkunft

■ **Refugio de Juanar*****/③-④, Sierra Blanca s/n, Tel. 952.88.10.00, www.juanar.com. Ca. 10 km von Ojén entfernt, hervorragend ausgeschildert, nur mit eigenem Fahrzeug zu erreichen. Im einstigen Jagdrevier des Markgrafen von Larios wurde ein vorbildlich gestalteter Landgasthof errichtet, in dem *Charles de Gaulle* 1970 seine Memoiren schrieb. Die rustikal-stilvollen Zimmer lassen kaum Komfortwünsche offen, es sind auch ausgesprochen luxuriöse Suiten zu haben. Nicht gerade billig ist auch das angeschlossene Restaurant, das sehr gute Qualität bietet.

■ **Pension-Hostal El Solar**①, c/ Córdoba 2, Tel. 952.88.11.49. Kurz bevor die Durchgangsstraße den Ort wieder Richtung Coín verlässt, biegt man nach rechts auf die Avda. Pablo Picasso ab, an deren Ende links halten. Einfache, aber relativ geräumige DZ mit Waschbecken, gegen Aufpreis „estudios" mit Bad und Küche.

Anfahrt

An der Autobahnumfahrung Marbellas den Abzweig auf die A-337, danach auf die A-355 in Richtung Coín.

Serranía de Ronda

Zwischen der westlichen Costa del Sol und dem Tiefland von Niederandalusien türmt sich die Betische Kordillere zu einem fast 2.000 Meter aufragenden Massiv, der Serranía de Ronda, auf. Durchaus zu Recht nennt sich das Gebirge südöstlich der namensgebenden Kleinstadt auch *Sierra de las Nieves* („Schneegebirge"). Die noch im Frühling **verschneiten Gipfel** bilden das Zentrum des gleichnamigen, 18.530 Hektar umfassenden Naturparks.

Trotz recht spektakulärer Landschaften sieht der **Parque Natural Sierra de las Nieves** nur wenige Besucher. Neben der unterentwickelten touristischen Infrastruktur ist dafür vor allem die Rauheit der verkarsteten Hochflächen verantwortlich, die trotz hoher Niederschläge nur geringen Pflanzenbewuchs zulässt. In begünstigten Lagen entwikkelten sich aus diversen Laubbaumarten wie Ahorn, Edelkastanie, Esche und Buche, teilweise auch aus Steineichen, zusammengesetzte Wälder. Unter den vorwiegend durch Eiben, Wacholder und Aleppokiefern vertretenen Koniferen ragt als botanische Besonderheit die **Igeltanne** (*Abies pinsapo*) heraus, die hier und in der benachbarten Sierra de Grazalema ihre letzten Refugien in Europa findet.

Eine botanische Rarität: die Igeltanne

Ein wesentlicher Anlass zur Gründung des Naturparks Sierra de las Nieves war, der weiteren Abholzung des letzten Igeltannenwaldes auf europäischem Boden Einhalt zu gebieten. Weitere Vorkommen haben sich sonst nur noch im Hohen Atlas in Marokko erhalten. Wie der lateinische Name **Abies pinsapo** und die stehenden Zapfen beweisen, handelt es sich um eine echte Tannenart, auch wenn die Nadeln nicht gescheitelt sind, sondern bürstenartig rund um den Zweig angeordnet – daher der deutsche Name. Erst 1874 erfolgte die Klassifizierung als eigene Spezies durch einen schweizerischen Botaniker. Ein wesentlicher Grund für die geringe Verbreitung der Igeltanne, die im vorwiegend warmen und feuchten Tertiär (vor mindestens 1,8 Millionen Jahren) noch große Gebiete bedeckte, war die unzureichende Anpassung der Pflanze an die darauffolgenden Kaltzeiten. Durch das wesentlich trockenere Klima des Quartärs reduzierten sich die Vorkommen auf die feuchten Nordwesthanglagen der Sierra del Pinar und Sierra de las Nieves in Höhen zwischen etwa 1.000 und 1.500 Meter.

Die etwas **komplizierte Fortpflanzung** der hermaphroditischen Nacktsamer (Blütenstaub und Samen in zwei „Etagen" desselben Baums) scheint ihrer Verbreitung ebenfalls im Wege zu stehen, ihre Konkurrenzfähigkeit gegenüber anderen Baumarten ist recht gering. Aber auch der Mensch hat natürlich seinen Teil dazu beigetragen: Die nach 100 Jahren bereits etwa 30 Meter hohen Bäume besitzen einen außerordentlich **geraden, ebenmäßigen Stamm,** der sie hervorragend zum Gebrauch als Schiffsmast qualifiziert. Obwohl dafür nicht gerade optimal geeignet, verarbeiteten Köhler das Holz in der Vergangenheit auch zu **Holzkohle,** teilweise wurden Flächen auch zur Gewinnung von Weideland niedergelegt. Obwohl die Igeltanne ein biblisches Alter von **bis zu 900 Jahren** erreichen könnte, sind daher selbst im Kern des Schutzgebietes „Baumgroßväter" von 300 oder 400 Jahren selten. Die meisten Exemplare stammen aus der Zeit nach dem Spanischen Bürgerkrieg, als die Not leidende Bevölkerung ganze Hänge abholzte.

123an bn

⊡ Kann Hunderte Jahre alt werden – die Igeltanne

Von den Früchten der Kastanien und Eichen ernährt sich unter anderem das **Mufflon,** ein aus dem mittleren und östlichen Mittelmeergebiet zwecks Bejagung eingeführtes Wildschaf, das hier noch in größerer Individuenzahl zu finden ist.

Ronda

Das sowohl von Sevilla bzw. Jerez als auch von Marbella bequem über gut ausgebaute Nationalstraßen erreichbare Ronda stellt für kulturell Interessierte wohl die größte Attraktion der Region dar. Mit seiner spektakulären Lage und einer besonders romantischen Atmosphäre darf es sich – nach den Touristenmagneten Granada, Córdoba und Sevilla – sogar zu den sehenswertesten Städten Andalusiens zählen. Das nahe gelegene **Flusstal des Guadiaro** bietet neben diversen Freizeitaktivitäten auch die Besichtigung der geologisch und kulturhistorisch bedeutenden Höhle **Cueva de la Pileta.**

„Ronda … ist eine unvergleichliche Gegend, ein Riese aus Fels, der auf seinen Schultern eine kleine, weiße Stadt trägt, mit Kalk geweißt." So beschrieb einer der bekanntesten Ronda-Besucher, der Lyriker **Rainer Maria Rilke,** den Ort, der ihm im kalten Winter 1912/13 zum Refugium wurde. Der nur drei Monate währende Aufenthalt des literarischen Weltenbummlers konnte in seinem Werk keine allzu tiefen Spuren hinterlassen, dennoch sind die Rondeños (Einwohner von Ronda) mächtig stolz auf den „poeta Rilke", eine *avenida* wurde nach ihm benannt, und sogar eine Fahrschule trägt seinen Namen.

Ob „unser" Rilke Schuld daran ist, dass während der Saison in Rondas Straßen auffallend viele deutsche Sprachfetzen zu hören sind, sei einmal dahingestellt – fest steht, dass die kleine Stadt ihren Status als Geheimtipp längst verloren hat und insbesondere rund um die Feiertage mit einem heftigen Ansturm konfrontiert wird, der nicht ohne Folgen für ihren Charakter bleiben konnte.

Aber auch, wenn das Unverfälschte mancherorts auf der Strecke geblieben ist, auslassen sollte man Ronda auf keinen Fall, dafür werden dem Auge einfach zu viele Reize geboten. Ausgesprochen malerisch besetzt die Stadt horstartig ein **Felsplateau** mit Gebirgszügen im Hintergrund, die sie wie ein Amphitheater einrahmen – daher wohl der Name Ronda („Runde"). Auf stolzen 750 Meter Höhe über dem Meeresspiegel stets frischen Winden ausgesetzt, genießen die Bewohner ausgesprochen angenehme Sommertemperaturen, müssen sich aber im Winter gelegentlich auch auf Schnee einstellen.

Als besonderes Kuriosum ist zu vermerken, dass die Hochebene und mit ihr die Siedlung wie durch den Axthieb eines Riesen von einer gewaltigen Schlucht namens **Tajo** scheinbar in zwei Teile gehauen wurde. Dieses Phänomen hat nicht nur die säuberliche Trennung Rondas in zwei Stadtviertel, sondern bei einem Rundgang auch immer wieder verblüffende Ausblicke in einen gähnen-

› Spektakuläre Lage: Ronda auf dem Felsplateau

den Abgrund zur Folge. Auf der **El Mercadillo** genannten Nordseite ist die älteste und wohl auch schönste **Stierkampfarena** Spaniens beheimatet; zahlreiche ursprüngliche Straßenzüge und einige kleinere Sehenswürdigkeiten runden das – keineswegs von Neubauten bestimmte – Bild dieser sogenannten Neustadt ab.

Bei der südlichen Seite, schlicht **La Ciudad** („die Stadt") genannt, handelt es sich um die maßgeblich von den Mauren aufgebaute Altstadt. Hier sind in äußerst urigem Ambiente die übrigen Sehenswürdigkeiten wie der mondän ausstaffierte Adelspalast **Palacio de Salvatierra,** die noch Überreste einer Moschee bergende **Hauptkirche Santa María La Mayor** und der Renaissancepalast **Palacio de Mondragón** mit dem Städtischen Museum versammelt.

Stadtgeschichte

Gegründet wurde das damalige Arunda von den Kelten, die um 900 v. Chr. das Hochplateau in Besitz nahmen und sich in den folgenden Jahrhunderten mit den einheimischen Iberern zu den sogenannten **Keltiberern** vermischten. Von der zumindest strategisch wichtigen Rolle des heutigen Ronda kündet der Bau einer Festung oberhalb des Flusses durch den römischen Heerführer *Scipio* um 122 v. Chr., der damit die keltiberischen Stämme unter Kontrolle halten wollte.

Nach mehrmaligen Zerstörungen in römischer und westgotischer Zeit fiel der Ort im Jahre 713 in die Hände der **Mauren,** welche das spätere *Madinat Runda* fast komplett neu aufbauten und zur Hauptstadt eines relativ ausgedehnten

208an bn

Ronda
0
100 m
© Reise Know-How 2014
Essen und Trinken
3 Doña Pepa
4 Bar La Verdad
5 La Carreta
6 La Leyenda
9 Bar-Mesón La Plazuela
11 Don Miguel
12 Albacara
14 Bar Santa María
Übernachtung
1 Hotel Catalonia Reina Victoria
2 Hotel Polo
4 Hotel Hermanos Macías
7 Hostal Ronda Sol
8 Hotel San Francisco
10 Parador
12 Hotel Montelirio
13 Hotel San Gabriel
15 Hotel Alavera de los Baños
16 Apartments La Colegiata de Ronda
Bahnhof, Busbahnhof
Camino de los Molinos
Zufahrt zu Hotel Alvera de los Baños
El Mercadillo
La Ciudad
San Francisco
Stierkampf-arena
Iglesia del Socorro
Templete
Posada de las Animas
Convento Santo Domingo
Casa de Santa Pola
Casa del Rey Moro
Iglesia de Padre Jesús
Fuente de los Ocho Caños
Casa de Don Bosco
Museo Lara
Palacio Salvatierra
Puente Nuevo
Puente Viejo
Puente de San Miguel
Baños Árabes
Palacio de Campillo
Palacio de Mondragón
Casa del Gigante
Weinmuseum
Minarete
La Caridad
Santa María la Mayor
Museo del Bandolero
Rathaus
Santa Isabel
Iglesia del Espíritu Santo
Puerta de Almocábar
Guadalevín
Tajo
Arroyo de las Culebras
Carlos Cobo
Virgen de la Paz
El Niño
Molino
Padre Mariano Soubiron
Infantes
Marina
Lorenzo Borrego
de Sevilla
Almendra
Naranja
Dr. Ramón y Cajal
J. Peinado
Pintor
Montereja
Carrera Espinel
Pje. Correos
Pl. del Socorro
Pedro Romero
Paseo Blas Infante
María
Pl. de los Descalzos
Cabrera
Pl. Carmen Abela
Ríos Rosas
Virgen de los Dolores
Capitán Cortés
Santa Cecilia
Plaza Teniente Arce
José Aparicio
las Tiendas
los Remedios
Nueva
Juan Pérez de Guzman
Yesseros
Durazno
Méndez M.
Plaza de España
Villanueva
Ánimas
Cantos
Los Vicente
Ríos
Clavero
Peñas
las Monjas
la Mina
Escolleras
Real
Tenorio
Calle Armiñán
Ruedo Doña Elvira
J. de Cadiz
S. Antonio
José María Holgado
Sor Angela de la Cruz
Ruedo Gamero
Manuel Mont.
S. Juan Bosco
Glez. Campos
Marqués de Salvatierra
Aurora
Alf. Ramón G. de las C.
Plaza Duquesa de Parcent
Escalona
Goleta
Calle del Prado
Imágenes
Espíritu Santo
Corralón de la Muralla
Polvero
C. Marbella
Sauco
Amanecer
Salvador
Marín Carrasco

Verwaltungsdistriktes machten. So erlebte das einstige Festungsstädtchen einen markanten wirtschaftlichen Aufschwung mit reger Bautätigkeit; insbesondere das 14. Jh. gilt als Zeit höchster Blüte.

Das folgende Jahrhundert brachte durch ständige Angriffe **kastilischer Truppen** einen allmählichen Niedergang. Durch den Einsatz neuartiger Geschütze, der so genanten Lombarden, und der Strategie des Abschneidens der Bewohner von der Nahrungsmittel- und Trinkwasserversorgung gelang den Angreifern schließlich der Sieg. Am 20. Mai 1485 ritt der Katholische König *Ferdinand* mit seinem Gefolge durch die *Puerta de Almocábar* am südlichen Ende der Stadtmauer, in deren Nähe sich auch die maurische Festung *Alcazaba* befand.

Um 1500 beschloss die neue Stadtverwaltung, die Zölle auf Nahrungsmittel, die innerhalb der Stadtmauern verkauft werden sollten, drastisch anzuheben. Als Reaktion darauf stellten die Händler und Bauern ihre Marktstände vor den Stadttoren auf. Bald darauf sollten dort **zwei neue Siedlungen,** das Viertel San Francisco südlich der Puerta de Almocábar und vor allem die spätere Neustadt El Mercadillo auf der nördlichen Tajo-Seite entstehen – Ursache für die kuriose Zweiteilung der Stadt.

Im Jahre 1810 wurde die Stadt von napoleonischen Truppen besetzt, bei ihrem Abzug zwei Jahre später zerstörten sie sämtliche Verteidigungsanlagen, so auch die alte Alcazaba. Dem daraufhin verstärkt grassierenden **Banditentum** und Schmugglerunwesen ist sogar ein eigenes Museum, das Museo Histórico Popular del Bandolero, gewidmet. Es zeigt, dass einige der bis ins frühe 20. Jh. aktiven Outlaws bei der einfachen Bevölkerung durchaus beliebt waren, da sie nach Art von Robin Hood nur die Reichen bestahlen und ihre Beute mit den Armen teilten.

Heute scheinen die 37.000 Einwohner von einer florierenden Möbel- und Keramikindustrie sowie vom Schmiedeeisen- und Lederhandwerk ziemlich gut zu leben.

Orientierung

Praktisch jede Anfahrt führt zunächst in die Neustadt El Mercadillo. Von dort kann man sich stets nach Westen orientieren; die bergab in das Zentrum führenden Straßen **Calle Jerez** und die anschließende **Calle Virgen de la Paz** bilden unweit der Schlucht die Hauptschlagader der Innenstadt.

Von der Costa del Sol kommende Automobilisten können nicht direkt bis dorthin fahren, da der südliche Abschnitt der **Carrera Espinel** für den Verkehr gesperrt ist. Es empfiehlt sich, das Fahrzeug entweder in den Parkgaragen an der Plaza el Socorro oder an der Plaza Teniente Arce (hinter der Stierkampfarena) abzustellen. Alle Sehenswürdigkeiten sind von dort zu Fuß erreichbar.

Stadtrundgang

Plaza de Toros

Ausgangspunkt ist das heimliche Wahrzeichen der Stadt, die innig verehrte Stierkampfarena, schlicht Plaza de Toros genannt. Lange Zeit fanden Ritterturniere und Stierkämpfe innerhalb einfacher Bretterverschläge auf der Plaza Duquesa de Parcent (vor der Kirche Santa María

Ronda und die Revolution im Stierkampf

Nicht nur auf ihre Arena, sondern auch auf die Bedeutung ihrer Heimatstadt für die Entwicklung des modernen Stierkampfes sind die Rondeños stolz. Diese Neuerung ist eng mit dem Namen *Romero* verbunden, einer Dynastie, die sich durch robuste Konstitution und enorme Geschicklichkeit im Umgang mit den wilden Stieren auszeichnete. Bis in das frühe 18. Jh. wurden diese in Turnieren ausschließlich zu Pferde mit einer Lanze abgestochen. Die adeligen Ritter wollten so ihre Fähigkeiten für kommende Schlachten trainieren. In Ronda erzählt man sich, dass an einem Tag des Jahres 1720 dabei ein Kämpfer vom Pferd gestürzt und verletzt am Boden gelegen sei. Da sprang ein zwanzigjähriger Bursche namens **Francisco Romero** über die Absperrung und lenkte das Ungetüm durch das Schwenken seines Zimmermannshutes ab – der **Stierkampf zu Fuß** war geboren!

Auch wenn diese Geschichte wohl eher gut erfunden als wirklich wahr sein dürfte, bleibt festzuhalten, dass der mutige Mann aus dem Volke noch viele weitere Kämpfe dieser Art bestreiten sollte und sein Wissen schließlich in einer eigenen Stierkampfschule weitergab. Seine Leidenschaft für die **Tauromachie,** also die

Technik des Stierkampfes, vererbte er an seine Nachkommen: Sein Sohn *Juan*, der das biblische Alter von 102 Jahren erreichte, führte die so genannte *Quadrilla*, also die Mannschaft rund um den Matador, ein.

Der berühmteste Spross der Familie war jedoch dessen Sohn **Pedro Romero,** der am 19. Nov. 1754 im Barrio de San Francisco das Licht der Welt erblickte. Er erlangte im Umgang mit Muleta und Degen eine enorme Kunstfertigkeit und soll im Laufe seines Lebens etwa 5.600 Stiere ins Jenseits befördert haben. Auf ihn geht das umfangreiche Regelwerk der so genannten „Schule von Ronda“ zurück, das in großen Teilen bis heute noch Gültigkeit hat. Sein Kampfstil verzichtete bewusst auf Theatralik und verlangte vom Matador durch die festgelegten Schrittfolgen besonders viel Konzentration und Mut. Davon konnte er im letzten Akt der Tragödie auch einiges gebrauchen, denn im Gegensatz zu seinen damaligen Rivalen tötete er den Stier nicht *a volapié*, also auf ihn zukommend, sondern *recibiendo*, „empfangend“, um dem heranstürmenden Koloss in Sekundenbruchteilen seinen Degen in den Nacken zu stoßen.

Schon bei der Einweihung der Arena wurde *Pedro* so zum umjubelten Star. Der endgültige Durchbruch des Stierkampfes als öffentliches Spektakel ist in hohem Maße ihm zu verdanken – in der Tierwelt hat er sich damit allerdings keine Freunde gemacht. Sein eigenes Motto, „die Angst fügt mehr Verwundungen zu als die Stiere“, zu lesen an seinem Denkmal im Stadtpark Alameda del Tajo, beherzigte der Meister offenbar immer, denn er starb friedlich 1839, ohne je ernsthaft verletzt worden zu sein.

an14-050 ba

la Mayor) statt, bis man aufgrund des zunehmenden Publikumsinteresses an der relativ neuen Form des Stierkampfes zu Fuß beschloss, eine steinerne Arena vornehmlich für diesen Zweck zu errichten. Wie das Wappen der *Real Maestranza de Caballería* am spätbarocken Eingangsportal beweist, oblag der Bau der hiesigen Königlichen Militärreitschule; neben den *toreros* traten auch Reiter in Dressurvorführungen auf. Am 19. Mai 1785 fand die endgültige Einweihung statt, nachdem im Jahr zuvor ein Teil der Zuschauertribüne eingestürzt war.

Die Stierkampfarena von Ronda darf sich wohl mit Recht als die **älteste in Spanien** bezeichnen. Als einzige ihrer Art besitzt sie eine doppelgeschossige, komplett überdachte **Tribüne,** die maximal 5.000 Zuschauer nehmen auf Sitzbänken aus Igeltannenholz Platz. Der Durchmesser des **Kampfplatzes** beträgt stolze 66 Meter – später stellte es sich heraus, dass diese Größe für den Beginn des Kampfes, wenn der Stier in die Mitte gelockt werden muss, nicht sehr vorteilhaft ist.

Stierkämpfe als **Corridas Goyescas** finden nur im Rahmen von *ferias* zweimal im Jahr statt. Dabei tragen die Toreros altertümliche Kostüme *(trajes de luz)* aus der Zeit von *Francisco de Goya,* der viele Szenen des blutigen Rituals in seinen Bildern festgehalten hat.

Für die Verfilmung der **Oper „Carmen"** durch *Francesco Rosi* mit *Julia Miguenes* und *Placido Domingo* stellten die Verantwortlichen die Arena gern zur Verfügung, war doch die historische *Carmen* eine echte Rondeña, welche die französischen Truppen ausspionierte und ihr Wissen den spanischen Widerständlern weitergab. Die Popdiva *Madonna* hatte 1994 für ihren Videoclip über die tragische Liebe einer Frau zu einem *torero* weniger Glück – die Drehgenehmigung wurde ihr verweigert, die entsprechenden Szenen wurden in der Arena von Antequera aufgenommen.

Nach dem Stadionrundgang lohnt noch ein Besuch des angeschlossenen Stierkampfmuseum **Museo Taurino,** welches einen guten Überblick über die historische Entwicklung des Kampfes zwischen Mann (neuerdings auch Frau) gegen Stier vermittelt. Die aufwendig mit Borten und Strass verzierten Kostüme der Toreros sind ebenso zu sehen wie ihr Handwerkszeug und die ausgestopften Köpfe ihrer Opfer.

Die US-amerikanischen Raubeine **Ernest Hemingway** und **Orson Welles** kamen nicht zuletzt aufgrund ihrer Faszination für das archaische Macho-Ritual nach Europa und ließen sich gerne mit Mitgliedern der berühmten Stierzüchterfamilie *Ordóñez,* die mit *Antonio* und *Cayetano* auch bedeutende Matadore hervorbrachte, ablichten. *Hemingway* ließ sich von den Stierkämpfen in dieser „seltsamen, reizvollen Stadt" für sein Buch „Tod am Nachmittag" inspirieren. *Orson Welles* gefiel es hier so gut, dass er Ronda als letzte Ruhestätte wählte.

■ **Öffnungszeiten:** tägl. 10–20 Uhr, Nov. bis Feb. bis 18 Uhr, Okt./März bis 19 Uhr. Eintritt 6,50 €. Eingang an der Plaza Teniente Arce. Tel. 952.87.41.32.

⊡ Puente Nuevo („Neue Brücke"), 1787 fertiggestellt

an14-051 ba

Plaza del Socorro

Von der Arena bzw. der Plaza Teniente Arce zieht sich die **Carrera Espinel,** die Fußgängerzone und Hauptgeschäftsstraße Rondas, weit in die Neustadt hinein. Schon nach einem kurzen Stück öffnet sich auf der linken Seite die schöne **Plaza del Socorro,** so benannt nach der gleichnamigen Mariahilf-Kirche aus dem 19. Jh. Deren pyramidenförmige Turmaufsätze wurden im Spanischen Bürgerkrieg ein Opfer der Flammen und sind nun mit *azulejos* in Wellenmuster eingedeckt. Die Stirnseite beherrscht ein schöner Stadtpalast im venezianischen Stil aus dem späten 19. Jh., der einer Künstlervereinigung als Versammlungsraum dient.

Rainer Maria Rilke weilte im Winter 1912/13 in Ronda; hier seine Statue im Hotel Reina Victoria

126an bn

Templete

Nach weiteren etwa 50 Metern auf der Carrera Espinel steuert man über die Plaza Carmen Abela eine kleine Straße namens Santa Cecilia an. An einer Ecke wurde 1734 die Votivkapelle **Templete de la Virgen de los Dolores** errichtet, die bei näherer Betrachtung einen makabren Skulpturenschmuck zeigt: An den beiden Säulen zur Straßenseite sind jeweils vier menschliche Gestalten scheinbar mit einem Strick um ihre Hälse festgebunden. Der Hintergrund: An dieser Stelle konnten bis Mitte des 18. Jh. die zum Tode Verurteilten vor der Hinrichtung ihre letzten Gebete sprechen. Als Fürbitte für die Seelen der Sünder wurde dann an dieser Stelle das „Tempelchen" mit einem Bildnis „Unserer Lieben Frau der Schmerzen" errichtet.

Posada de las Ánimas

Biegt man von dort nach rechts in die Calle Yeseros ein, kommt man an der recht schmucken Posada de las Ánimas vorbei, die bereits zu Beginn des 16. Jh. als eines der ältesten Gebäude des Stadtteils El Mercadillo erbaut wurde. Heute zum Altersheim umfunktioniert, kann man seinen Ursprung als Herberge vor allem für die Händler des nahegelegenen Marktviertels Padre Jesús noch erahnen.

Rund um die Tajo-Schlucht

Geht man die Calle Ánimas weiter, stößt man auf die ausgesprochen pittoreske **Calle Los Remedios,** mit den typischen Ziergittern, die einst als Schutz vor ungebetenen Gästen an den Fenstern angebracht wurden. Ein beschilderter Durchlass auf der rechten Seite führt schließlich zu den **Aussichtsterrassen** auf der nördlichen Seite des Tajo.

Neben einer tektonischen Verwerfung vor rund 15 Millionen Jahren ist das relativ bescheidene Flüsschen **Río Guadalevín** für die eindrucksvolle Vertiefung verantwortlich. Sein Name ist vermutlich vom arabischen Wort *wadi al-laban* („milchiger Fluss") abgeleitet, eine Anspielung auf die von Auswaschungen des kalkhaltigen Gesteins herrührende, weißliche Färbung. An der Alten Brücke am Eingang der Stadt beträgt die Tiefe erst 31 Meter, die Neue Brücke im Zentrum überspannt den Fluss bereits in einer Höhe von fast 100 Meter, und bei seinem nachfolgenden Austritt erreichen einige Felswände an die 170 Meter.

Die Verbindung von El Mercadillo und La Ciudad war schon immer ein Traum der Rondeños, der lange Zeit an technischen Problemen scheiterte. Der Vorgängerbau der Neuen Brücke mit nur einem Bogen stürzte im Jahre 1741, nur sechs Jahre nach seiner Einweihung, in die Tiefe. 1758 wagte man eine Neukonstruktion auf drei Bögen, so entstand bis 1787 der **Puente Nuevo,** wohl das beliebteste Fotomotiv der Stadt.

Das vergitterte Fenster oberhalb des mittleren Bogens gehört zu einem rund 60 Quadratmeter großen Raum, früher ein Gefängnis für besonders „schwere Jungs", heute das **Brückenmuseum** (Mo–Fr 10–18 Uhr, Sa/So/Fe 10–15 Uhr, Eintritt 2 €). Rechts von der Brücke drängeln sich die weiß verputzten Häuser halsbrecherisch über dem Abgrund, man nennt sie daher auch *casas colgadas* („hängende Häuser").

Auf der gegenüberliegenden Seite der Schlucht schließt sich links des Puente Nuevo der **Convento Santo Domingo** an die gleichnamige Straße an, der nach der Rückeroberung von den Katholischen Königen gegründet wurde. Von dem einstigen Dominikanerkloster, das auch Sitz des Inquisitionstribunals war, sind neben der Kirche nur noch wenige, stark restaurierte Elemente des Kreuzgangs und der Mönchszellen erhalten. In dem renovierten Gebäude, das sich jetzt „Palacio de Congresos" nennt, werden auch wechselnde Ausstellungen gezeigt.

Das weiß gestrichene Gebäude links davon ist die **Casa de Santa Pola,** ein Stadtpalast der gleichnamigen Grafen aus dem 18. Jh. Heute beherbergt er ein Restaurant, in dessen Obergeschoss ein separates Museum mit schönen Interieurs der Barockzeit eingerichtet wurde. Im 14. Jh. muss hier noch ein muslimisches *morabíto*, die private Moschee und spätere Begräbnisstätte eines Einsiedlers, gewesen sein, der nach einem asketischen, gottgefälligen Leben in den Status eines Heiligen erhoben wurde. Vom Restaurant aus führt eine Treppe in das restaurierte Gewölbe hinab.

Casa del Rey Moro

Weiter hangabwärts schließt sich ein imposantes Anwesen in kräftigen Ockerfarben an, die Casa del Rey Moro, deren Bausubstanz trotz des Namens „Haus des Maurenkönigs" aus dem 18. Jh. stammt. Direkt am Fluss ist eine Öffnung zu sehen, die über eine 365 Stufen umfassende Treppe, **La Mina** genannt, mit dem Palast verbunden ist. Im 14. Jh. mussten hier rund 300 christliche Sklaven Wasser vom Fluss heraufholen und Getreidesäcke in den unterirdischen Gewölben deponieren. Nach der Befreiung wurden ihre Ketten auf Anordnung der Königin *Isabella* nach Toledo gebracht und an die Fassade der Kirche San Juan de los Reyes gehängt. Ob sich oberhalb der Gewölbe ein maurisches Gebäude befand oder das Wasser der Versorgung anderer Häuser des Viertels diente, geht aus den historischen Aufzeichnungen nicht hervor.

La Mina und die Gärten stehen dem Publikum offen (tägl. 10–19 Uhr, 4 €), das Gebäude selbst wird aber zurzeit renoviert und kann nicht besichtigt werden; die Eigentümer spielen mit dem Gedanken, hier ein Luxushotel einzurichten.

Rund um die Iglesia de Padre Jesús

Am unteren Ende des Panoramaweges spannt sich der **Puente Viejo** („Alte Brücke") in einem einzigen Hufeisenbogen über den Guadalevín. Ursprünglich gab es hier möglicherweise schon in maurischer Zeit eine Brücke, die allerdings im 16. Jh. vom Hochwasser mitgerissen wurde und anschließend wieder aufgebaut werden musste.

Links davon weitet sich die Straße Santa Cecilia zu einem sehr romantischen Platz, wo 1984 ebenfalls Szenen für den Film „Carmen" gedreht wurden. Den Mittelpunkt bildet der schöne Barockbrunnen **Fuente de los Ocho Caños** mit dem königlichen Wappen *Philipps V.* Seinen Namen erhielt dieser älteste Brunnen Rondas von den acht Röhren, aus denen das Wasser fließt. Im Hintergrund erhebt sich die Kirche **Iglesia de Padre Jesús** mit ihrem markanten spätgotischen Hauptportal aus der Zeit um 1500 und dem an romanischen Vorbildern orientierten Glockenturm.

Baños Árabes

Überquert man den Puente Viejo, kann man unten im Tal noch eine weitere kleine Brücke nur noch zwölf Meter über dem Fluss sehen. Der in erster Linie von den Mauren errichtete **Puente de San Miguel** wird auch als Puente Romano bezeichnet, und es gibt tatsächlich Hinweise darauf, dass es hier zur Zeitenwende bereits eine Brücke gab.

Man kann hier auch zu den Baños Árabes, den wohl am besten erhaltenen **arabischen Bädern** Spaniens hinabsteigen. Die Ausmaße der nur dezent restaurierten Gewölbe von der Wende vom 13. zum 14. Jh. lassen erkennen, dass es sich hier um die größte öffentliche Badeanlage des maurischen Ronda handelte. Über ein Schöpfrad wurde das Wasser aus dem nahen Fluss geholt und in die beiden Badesäle bzw. den zweischiffigen Heizraum geleitet. Der dort erzeugte Dampf diente nach Art der römischen Hypokausten als Fußbodenheizung des Caldariums (Hitzeraum), in dem sich auch ein Wasserbecken befand. Dieser dreischiffige Hauptraum zeigt schöne Hufeisenbögen aus Ziegelstein und sternförmige Lichtöffnungen. Der dritte, zweischiffige Nebensaal diente als kühler Entspannungsraum mit Massage und Wasserbecken.

■ **Baños Árabes,** Mo–Fr 10–19 Uhr, im Winter nur bis 18 Uhr, Sa/So/Fe 10–15 Uhr, Eintritt 3 €, Mo frei.

Iglesia del Espiritu Santo

Im Hintergrund der Arabischen Bäder zeigt die recht gut erhaltene Stadtmauer aus dem 11. Jh. den Übergang zum **alten, islamischen Stadtkern** – hier lässt es sich schön bummeln.

Am ehemaligen Standort einer Moschee errichteten die Katholischen Könige die **Iglesia del Espiritu Santo** („Heiliggeist-Kirche"), die ein ziemlich klobiges Äußeres erhielt. Der Name des bis

1505 im Isabellinischen Stil fertiggestellten Baus spielt auf die Eroberung Rondas zu Pfingsten, dem Fest des Heiligen Geistes *(Espiritu Santo)*, an, der auch im barocken Hauptaltar dargestellt wird.

■ **Iglesia del Espiritu Santo,** Di–Sa 10–14 Uhr, Eintritt 1 €.

Palacio Salvatierra

Durch den 1742 unter König *Philipp V.* maßgeblich verschönerten Torbogen **Arco de Felipe V.** geht es hinauf zum sehenswerten Stadtpalast **Palacio del Marqués de Salvatierra,** dessen Ursprünge auf den gleichnamigen Markgrafen zurückgehen. Kurios ist die monumentale Barockfassade mit vier indianisch wirkenden Figuren in den Pilastern, zwei (bereits christianisierte?) Gestalten bedecken züchtig ihre Blöße, die beiden anderen, vermutlich noch nicht getauften Kerlchen hingegen strecken frech die Zunge heraus. Ein Urgroßvater der heutigen Patriarchin, Doña *Pilar de Salvatierra,* soll der letzte spanische König in Mexiko gewesen sein. Die um 1800 angebrachten Figuren könnten also eine Reminiszenz an das Azteken-Reich darstellen. Das Innere der 43 Zimmer umfassenden Residenz ist nicht öffentlich zugänglich.

Minarete de San Sebastián

Geht man die Straße Marques de Salvatierra bergan, passiert man ein etwas verloren an einer Häuserwand gelehntes Minarett, das **Minarete de San Sebastián.** Die zum Gebetsturm gehörende Moschee aus dem 14. Jh. wurde nach 1485 in eine dem Heiligen Sebastian geweihte Kirche umgebaut, das Minarett blieb als Glockenturm erhalten. Aber auch die Kirche wurde nach Zerstörungen durch ein Erdbeben von dem Wohngebäude abgelöst, was den heutigen kuriosen Anblick erklärt.

Rund um das Rathaus

Die nachfolgende Hauptverkehrsstraße durch La Ciudad, die **Calle Armiñan,** geht man zunächst links, dann gleich wieder rechts hinauf zur **Plaza Duquesa de Parcent,** dem alten Hauptplatz der Stadt. Inmitten des von Zedern, Zypressen, Palmen und Lorbeerbäumen bestandenen Parks wurde eine Statue zu Ehren des hier geborenen Dichters und Musikers *Vicente Espinel* (1550–1624) aufgestellt. Die rückwärtige Seite beherrscht das lang gestreckte, ehemalige Hauptquartier des Provinzregiments aus dem Jahre 1734, das seit 1978 als **Rathaus** von Ronda dient.

Ihm gegenüber erhebt sich die schmucke Fassade der Hauptkirche **Iglesia de Santa Maria la Mayor** mit ihrem markanten, teilweise oktogonalen Glockenturm im Mudéjar-Stil. Ende des 11. Jh. bauten hier die Muslime ihre Freitagsmoschee, über einen Spiegel im Eingangsbereich kann man einen Blick auf die nasridischen Stuckdekorationen der Gebetsnische *(Mihrab)* aus der Zeit um 1300 werfen.

Nach der Eroberung Rondas wurde an dieser Stelle eine der *Santa María de la Encarnación* geweihte Kirche mit den Privilegien einer Kathedrale gebaut. Von den doppelgeschossigen Balkonen an der rechten Seite, eine architektonische Rarität bei spanischen Kirchen, genossen die Adligen und hohe Würdenträger einst einen guten Ausblick auf die an der *plaza* stattfindenden Festlichkeiten, Stierkämpfe und Inquisitionstribunale.

212an bn

Im Innenraum fällt zunächst die Trennung des Hauptschiffs durch einen Lettner auf, er trägt ein Chorgestühl vorwiegend aus Zedernholz mit Schnitzereien in manieristischem Barockstil (1736). An der Eingangsseite erhebt sich der vergoldete Altar des Sagrariums (Tabernakels) im überschwenglichen Formenreichtum des ausgehenden Barock (Ende 18. Jh.). Im rechten Seitenaltar wird eine Mater Dolorosa („Schmerzensmutter"), vermutlich ein Werk der Bildhauerin *María Luisa Roldán* („La Roldana"), aufbewahrt, die in der Karfreitagsprozession durch die Stadt getragen wird. Auf der linken Seite ist eine Wandmalerei des Heiligen Christophorus, des Schutzpatrons von Ronda, aus dem Jahre 1798 zu sehen.

Die Gebetsnische Mihrab (um 1300) in der Iglesia de Santa Maria la Mayor

Der nördliche Teil der Kirche musste nach einem schweren Erdbeben im Jahr 1580 neu im Renaissance-Stil aufgebaut werden. An der Stirnseite ist der Hochaltar aus dem Jahr 1727 aufgestellt, überragt von einem prächtigen Baldachin aus dem rötlichen Holz der Kanadischen Gelbkiefer, die hervorragende Schnitzarbeit eines unbekannten Künstlers.

Santa Maria la Mayor, tägl. 10–20 Uhr, im Winterhalbjahr nur bis 18 Uhr, So 12.30–14 Uhr geschlossen, Eintritt 4 €, Tel. 952.87.40.48.

Zum Viertel San Francisco

Von der Plaza Duquesa de Parcent kann man über die Calle Armiñan noch einen Abstecher an den Überresten der maurischen *Alcazaba* vorbei zum massigen Stadttor **Puerta de Almocábar** (arabisch „Tor der Friedhöfe") machen, das in den Wendejahren vom 13. zum 14. Jh. erbaut wurde. Gleich nebenan öffnet sich die

Stadtmauer mit einem weiteren Tor aus der Mitte des 16. Jh., genannt **Puerta de Carlos V.**

Außerhalb davon erstreckt sich das nach einem Kloster des frühen 16. Jh. benannte Viertel **Barrio de San Francisco,** dessen weiß gekalkte Häuschen aus dem 17. und 18. Jh. immer noch einen sehr ursprünglichen Eindruck machen. Der Rückweg in das Stadtzentrum kann auch über die Calle del Prado entlang des rustikalen Panoramaweges Camino de los Molinos (s. u.) erfolgen.

Kirchen Caridad und Santa Isabel

Links von der Kirche Santa Maria la Mayor befindet sich die von einem großherzigen Stifter im 16. Jh. gegründete **Iglesia de la Caridad** („Barmherzigkeitskirche"), in der ein Nonnenorden immer noch Bedürftigen verschiedene soziale Wohltaten zugute kommen lässt. An der Stirnseite des Platzes erhebt sich das Doppelgebäude **Iglesia y Convento de Santa Isabel de los Ángeles,** Kirche und Konvent eines 1540 auf dem Gelände der maurischen Statthalterresidenz errichteten Klarissinnen-Ordens.

Palacio de Mondragón

Neben der Kirche Santa Isabel biegt die Straße Manuel Montero nach rechts ein, weiter geradeaus öffnet sie sich zur kleinen **Plaza Mondragón,** so benannt nach einem aus mächtigen Sandsteinquadern aufgebauten Stadtpalast im Mudéjar-Stil.

Der Palacio de Mondragón soll zu Beginn des 14. Jh. die Residenz des Kleinkönigs *Abu Malik* gewesen sein, wurde 1491 aber dem Hauptmann der Königsgarde, *Melchor de Mondragón,* übereignet. An der Wende vom 16. zum 17. Jh. wurden zahlreiche Umbauten durchgeführt, sodass von dem ursprünglichen Anwesen kaum mehr als der Grundriss um drei Innenhöfe und die an den Generalife von Granada erinnernde Gartenanlage übriggeblieben sind. Dennoch wirken nicht nur die beiden Turmaufsätze, sondern auch der **Patio Mudéjar** mit seinem hufeisenbogenförmigen Eingangstor und Holztüren in Sternendekor recht orientalisch, was den Besuch allein schon lohnt.

Außerdem wurde hier das didaktisch vorbildliche **Museo Municipal** (Stadtmuseum) mit anschaulichen Installationen und Erläuterungen in englischer Sprache untergebracht. So erfährt man einiges über die Konstruktion eines jungsteinzeitlichen Dolmengrabes, prähistorische Metallverarbeitung und Begräbnisriten der Muslime.

■ **Palacio de Mondragón,** Mo–Fr 10–19 Uhr, im Winter bis 18 Uhr, Sa/So 10–15 Uhr. Eintritt 3 €, Mi frei.

Camino de los Molinos

Geht man die Straße weiter, erreicht man schließlich die schön bepflanzte Aussichtsterrasse **Plaza de María Auxiliadora** mit Blick auf die rund zwei Kilometer entfernte, von den Mozarabern im 10. Jh. in den Felsen gehauene Kirche **Iglesia Rupestre de la Virgen de la Cabeza** (z. Z. geschlossen, aber herrliche Sicht auf Ronda), die im 18. Jh. barock umgebaut wurde. Auf der linken Seite fällt die mit Jugendstilelementen dekorierte, vorwiegend gelb gestrichene Fassade des **Palacio de Campillo** vom Beginn des 20. Jh. ins Auge.

An diesem Anwesen vorbei beginnt der holprige Panoramaweg **Camino de los Molinos** mit fantastischen Ausblicken auf den Austritt des Río Guadalevín aus der tiefsten Stelle der Schlucht. Dazu biegt man nach ca. 10 Minuten steilen Abstiegs rechts auf einen schmalen Pfad ab, der in wenigen Minuten zur **Puerta del Viento** („Windtor") führt. Sie ist Teil der **Albacara** genannten Befestigungsanlage aus dem 13. Jh., die insbesondere die Getreide- und Ölmühlen sowie die Vorräte an Nahrungsmitteln und Vieh im Falle einer Belagerung schützen sollte. Von hier geht man wieder auf den Pflasterweg zurück und – wenn man mag – rechts weiter unterhalb der Felsenwände in einer weiteren Viertelstunde zum Viertel San Francisco/Puerta de Almocábar.

Casa de Don Bosco

Von der Plaza de María Auxiliadora führt die Calle Tenorio zur Casa de Don Bosco aus der Mitte des 19. Jh. Seinen Namen erhielt der Stadtpalast der adeligen Familie *Granadinos* durch deren Stiftung an den Salesianer-Orden; die Priester lebten im oberen Stockwerk. Auch die Inneneinrichtung mit Wandgobelins, Nussbaummöbeln und einem offenen Kamin im kastilischen Stil stammt vorwiegend aus dieser Zeit. Nicht versäumen sollte man den herrlichen Ausblick von der liebevoll gestalteten Gartenterrasse.

■ **Casa de Don Bosco,** tägl. 9–17 Uhr, 30 Min. Mittagspause, Eintritt 2 €.

Museo Lara

Am ihrem Ende mündet die Calle Tenorio in die belebte Calle Armiñan. Wendet man sich hier nach rechts, gelangt man bald zum Museo Lara, so benannt nach einem noblen Herrn, der hier seine recht umfangreiche Sammlung regionaler Kunst und Antiquitäten der Öffentlichkeit präsentiert. Im Keller wurde sogar eine originalgetreue Bodega eingerichtet, in der gelegentlich Degustierungen und Musikaufführungen, z. B. Flamenco, stattfinden.

■ **Museo Lara,** Calle Armiñan 29, Tel. 952.87.12.63, tägl. 11–19 Uhr, Juni bis Okt. bis 20 Uhr, Eintritt 4 €.

Rund um die Plaza del Gigante

Drei Museen können im Bereich zwischen Iglesia Santa María und Casa de Don Bosco besucht werden. Da ist zum einen die **Casa del Gigante** (z. Z. wegen Umbauarbeiten geschlossen), ein stark restauriertes nasridisches Bürgerhaus des 13. bis 15. Jh. Gleich gegenüber widmet sich das **Museo Joaquín Peinado** (Mo–Fr 10–18 Uhr, Sa/So/Fe nur bis 15 Uhr, Eintritt 4 €, Di nachmittags frei) dem 1898 in Ronda geborenen Maler, der erkennbar auf den Spuren *Picassos* wandelt.

Wer sich näher mit den vielfältigen Ausprägungen des Málaga-Weins vom trocken-würzigen *Fino* bis zum süßen *Moscatel Dulce* beschäftigen möchte, ist im **Weinmuseum** gut aufgehoben.

Museo del Vino Bodegas La Sangre de Ronda

Das Museum befindet sich in einem alten Gemäuer, das einmal zur Casa del Gigante, dem arabischen Stadtpalast, gehörte. Lange Jahre ein Weinkeller, ist hier heute **alles rund um das Thema Wein** zu erfahren, auch im Rahmen spezieller Kurse. Für eine professionelle Degustierung von insgesamt neun Weinen (von trocken bis süß) aus der Provinz Málaga werden 12 € berechnet. Eine

Grundlage in Form von Wurst- und Käsevariationen aus der Region schlägt mit rund 6 € zu Buche.

■ **Museo del Vino Bodegas La Sangre de Ronda,** c/ Gonzales Campos 2, zwischen c/ Armiñan und Kirche, Tel. 952.87.97.35, www.museodelvinoderonda.com, offiziell geöffnet 10–19 Uhr, So bis 15.30 Uhr, Eintritt 4 €, mit einfacher Weinverkostung ab 5 €. Deutsches Info-Heft.

Museo del Bandolero

Eher in die Rubrik „Kuriositäten" fällt dieses Museum, ein Stück weiter in der Hausnummer 65. In einer teils amüsanten, teils makabren Schau werden die berühmtesten Vertreter des Banditentums vergangener Jahrhunderte und ihr soziales Umfeld vorgestellt.

■ **Museo del Bandolero,** Tel. 952.87.77.85, www.museobandolero.com, tägl. 11–19 Uhr, Frühling/Sommer bis 20.30 Uhr, Eintritt 3,75 €.

Parador

Dann geht es wieder über den Puente Nuevo auf die **Plaza de España,** lange Zeit der Hauptplatz des Viertels El Mercadillo. Auf der linken Seite fällt der wuchtige, aber trotzdem harmonisch eingepasste Prachtbau des Parador ins Auge. Mitte des 19. Jh. wurde an dieser Stelle das Rathaus für die Stadtverwaltung errichtet, die jedoch 1978 in die Kaserne an der Plaza de la Duquesa de Parcent umzog. Bis 1994 wurde das Gebäude dann zu einem staatlich geführten Luxushotel umgebaut (s. u.).

Praktische Informationen

Information

■ **Oficina Municipal de Turismo,** gegenüber der Stierkampfarena, www.turismoderonda.es (dt.), Tel. 952.18.71.19, Mo–Fr 10–19 Uhr, Sa 10–14 und 15–17 Uhr, So/Fe nur 10–14.30 Uhr.

Essen und Trinken

■ **Restaurante Albacara,** Tenorio 8, Tel. 952.87.38.55. An das sehr stilvoll aufgemachte Mini-Hotel Montelirio (s. u.) angeschlossenes Restaurant der gehobenen Kategorie mit geradezu musealem Ambiente; großartiger Blick von der Terrasse auf die neue Brücke. Kreative, landestypische Küche, gehobenes Preisniveau.

130an bn

☒ Iglesia del Socorro am gleichnamigen Platz

Restaurante Don Miguel, Villanueva 4, Tel. 952.87.10.90. Neben dem gleichnamigen Hotel, auch hier großartiger Ausblick auf die Schlucht. Gute Küche bei annehmbaren Preisen, die Portionen sind übersichtlich. Nebenan die **Cafeteria** für den kleinen Snack oder Nachmittagskaffee.

Restaurante Doña Pepa, Plaza del Socorro 10, Tel. 952.87.47.77. Wohl das beste Restaurant an der so beliebten Plaza del Socorro, man kann auch draußen sitzen. Ambitionierte landestypische Küche, allerdings relativ teuer.

Restaurante La Carreta, c/ Nueva 18, Tel. 952. 87.74.25. An das Hostal Virgen del Rocio angeschlossenes Restaurant in der „Fressgasse" Rondas gegenüber dem Parador, man kann auch ganz nett draußen sitzen. Wer sich vom eher touristischen Ambiente und den gerne hier speisenden Reisegruppen nicht abschrecken lässt, bekommt zu reellen Preisen überdurchschnittlich gute andalusische Küche und professionellen Service geboten. Reichhaltige Tagesmenüs für ca. 15 €.

Bar-Restaurante La Leyenda, c/ Los Remédios 7, Tel. 952.87.78.94. Liebevoll im marokkanischen Stil dekorierte Bar nahe der Plaza del Socorro, drinnen sitzt es sich eindeutig schöner als draußen auf der Straße. Einfache, aber durchaus gute Küche zu günstigen Preisen.

Bar-Mesón La Plazuela, Plaza de los Descalzos 11, Tel. 952.87.60.94. Im nördlichen Abschnitt des Viertels El Mercadillo gegenüber der Iglesia de Santa Cecilia, vom Zentrum etwa 10 Minuten zu Fuß. Eher ein Tipp für den Abend, denn an die urige Bar ist die *Peña Flamenca* „Tobalo" angeschlossen. Die Flamenco-Aufführungen engagierter Amateure finden jeden Fr um ca. 22 Uhr statt. Kein Eintritt, man kann auch eine Kleinigkeit essen.

Bar La Verdad, urige Tapas-Bar mit deftiger Küche, siehe Hotel Hermanos Macías.

Bar Santa María, c/ Arminan 40, Tel. 952.91. 40.80. Anheimelnd aufgemachtes kleines Lokal in einer schmalen Gasse zwischen der Hauptstraße der Altstadt und der Kirche Santa María direkt gegenüber dem Weinmuseum. Einige Tische im Freien, auch dort sitzt man ganz nett. Recht gute, v. a. auf frittierten Fisch spezialisierte Küche, mittleres Preisniveau. Di Ruhetag.

Feste

An Prozessionen und Wallfahrten ist wahrlich kein Mangel.

Ronda Romántica, schließt sich am letzten Maiwochenende an die seit 1509 gefeierte „Real Feria de Mayo" im Gedenken an die Reconquista am 20. Mai 1485 an; seit 2013 als Schau der 27 Dörfer rund um Ronda als „Ronda Romántica" mit Umzügen in historischen Kostümen zelebriert. Der Kunsthandwerker- und Spezialitätenmarkt auf der Plaza Teniente Arce gegenüber der Arena lebt in bescheidenerer Form jeden Sonntag des Jahres zwischen 11 und 19 Uhr fort.

Romería Nuestra Señora de la Cabeza, am ersten So im Juni. Am Vormittag führt die besonders farbenprächtige Wallfahrt mit der kleinen Statue „Unserer Lieben Frau vom Kopf" von der Kirche Santa María La Mayor zu der einstigen mozarabischen Felsenkirche Virgen de la Cabeza. Am Nachmittag dann allgemeine Feierlichkeiten im Ort.

Feria de Pedro Romero, 1.–6. September. Anlässlich des Todestages des hochverehrten Matadors findet die traditionelle *Corrida Goyesca* (zumeist am 5.9.) in der Arena statt, Preise von 60 bis 170 €. Daneben finden weitere Veranstaltungen wie ein Jugendmusikfestival statt, auch Stierkämpfe zu Pferde sind zu sehen.

Aktivitäten

Viña del Juncal, Ctra. nach El Burgo km 1,3 (hinter der Guardia-Civil-Kaserne), Tel. 952.11. 41.61. Sprachschule mit Quartier und Restaurant in ländlicher Umgebung, rund 1,5 km außerhalb von Ronda. Ganzjährig geöffnet.

ACOBIS Rent Bicycle, Plaza del Ahorro 1, Tel. 952.87.02.21, www.bicicletasjesusrosado.com. In der Neustadt unweit des RENFE-Bahnhofs vermietet *Jesús Rosado* gute, aber nicht ganz billige Trekkingräder. Mo–Fr 10–14 und 17–20.30 Uhr, Sa nur vormittags.

Unterkunft

Recht breit gefächertes Angebot an Unterkünften für jeden Geldbeutel. So ergibt sich in jedem Fall die Möglichkeit, Ronda einmal abends ohne großen Rummel zu erleben. In der Stadt selbst rangiert der im ehemaligen Rathaus 1978 eingerichtete **Parador** zumindest preislich an der Spitze, er besticht aber eher durch die spektakuläre Lage oberhalb der Schlucht als durch historisches Flair. Je nach Saison, Ausblick und Verpflegungsstatus sind 160–500 € für das DZ anzulegen, die Parkgarage kostet zusätzlich stolze 22 €/24 Std. Nähere Infos unter www.parador.es. Wer einen längeren Aufenthalt plant, ist z. B. mit den stilvoll eingerichteten Apartments von **La Colegiata de Ronda** direkt gegenüber der Santa-María-Kirche gut bedient, www.lacolegiataderonda.es, Tel. 636.86.55.59 (Handy), inkl. Bad und Kitchenette je nach Saison 75–120 € pro Tag.

■ **Hotel Catalonia Reina Victoria******/③-④, c/ Jerez 25, Tel. 952.87.12.40, www.hoteles-catalonia.com. Das altehrwürdige, im viktorianischen Landhausstil erbaute Grand Hotel diente bereits 1912/13 *Rainer Maria Rilke* als Unterkunft. Zur Stierkampfarena geht man 10 Min. zu Fuß, die Lage oberhalb der Felswände ist grandios. 2012 erfolgte eine gründliche Modernisierung, die dem Hotel viel an nostalgischem Charme und auch das museale „Rilke-Zimmer" raubte, die mittelgroßen Zimmer sind nun im austauschbaren „Boutique-Stil" eingerichtet. Nüchtern betrachtet hat das Hotel aber eindeutig an Komfort gewonnen, und das Abendessen auf der Aussichtsterrasse gehört nun auch kulinarisch zu den erfreulichsten Erlebnissen, die Ronda zu bieten hat. Insgesamt gehen die Preise vollkommen in Ordnung – ob man den sicheren Hotelparkplatz für 15 €/Tag braucht, sei dahingestellt.

■ **Hotel Montelirio******/③-④, c/ Tenorio 8, Tel. 952.87.38.55, www.hotelmontelirio.com. Spektakulär über der Schlucht „hängendes" Mini-Hotel mit geradezu musealer Einrichtung auf der Altstadtseite der Neuen Brücke, für Autofahrer daher nicht ganz ideal. Gemessen an der besonderen Atmosphäre sind die Preise wirklich annehmbar. Siehe auch oben Restaurante Albacara.

■ **Hotel San Gabriel*****/③-④, c/ Marqués de Moctezuma 19, Tel. 952.19.03.92, www.hotelsangabriel.com. Sehr günstig und ruhig in La Ciudad gelegen, in der Calle Armiñan als „Hotel" ausgeschildert. Schwierige Parkmöglichkeiten, dafür logiert man in einem sehr geschmackvoll eingerichteten Stadtpalast des 18. Jh. mit ausgesprochen intimer Atmosphäre. Gemessen an der Konkurrenz sind die Preise v. a. in der NS wirklich günstig.

■ **Hotel Polo*****/②, c/ Mariano Soubirón 8, Tel. 952.87.24.47, www.hotelpolo.net. „Konventionelles", attraktiv aufgemachtes Mittelklassehotel in zentraler Lage oberhalb der Plaza del Socorro, gut ausgeschildert. Be- und Entladen vor der Tür problemlos, eigene Parkgarage. Sehr gutes Preis-Leistungsverhältnis, das Frühstücksbuffet ist inklusive.

■ **Hotel Hermanos Macías***/②, c/ Pedro Romero 3, Tel. 952.87.42.38. Sehr zentral zwischen Arena und Plaza del Socorro gelegen. Etwas rustikale, geschmackvoll eingerichtete Zimmer mit (kleinem) Bad und Heizung. DZ ausgesprochen günstig, in der unteren Mittelklasse wohl das beste Preis-Leistungsverhältnis in Ronda. Im Gegensatz zur angeschlossenen Bar La Verdad kann das Restaurant nicht ganz überzeugen.

■ **Hotel San Francisco****/②, c/ Maria Cabrera 18–20, Tel. 952.87.32.99, www.ighsanfrancisco.com. Unweit der Plaza de los Descalzos etwa 10 Min. zu Fuß von der Arena entfernt, passable Parkmöglichkeiten vor der Haustür. Ehemaliges Hostal, vor einigen Jahren renoviert und mit Klimaanlage, TV etc. zum **-Hotel aufgewertet. Überwiegend attraktiv gestaltete, ausreichend geräumige und helle Zimmer, man sollte aber darauf achten, nicht zum Lichtschacht „abgeschoben" zu werden.

■ **Hostal Ronda Sol***/①, c/ Almendra 11, Tel. 952.87.44.97. Recht zentrale Lage oberhalb der Plaza de Socorro parallel zur Fußgängerzone Carrera de Espinel, mit günstigen Parkmöglichkeiten vor der Haustür. Saubere, freundliche Zimmer, überraschend preisgünstig, allerdings grundsätzlich ohne Bad.

■ **Hotel Alavera de los Baños**③-④, c/ San Miguel s/n, Tel. 952.87.91.43, www.alaveradelosbanos.com. Sehr ruhig direkt neben den Arabischen Bädern gelegen, Zufahrt nur über Puente de San Miguel möglich – von der Rezeption erklären lassen! Eine ehemalige Gerberei wurde vom deutsch-spanischen Besitzerpaar zu einem komfortablen Hotel mit familiärer Atmosphäre umgebaut. Schöne Aussichtsterrasse mit Pool.

Camping

■ **Camping El Sur,** 2. Kat., Ctra. de Algeciras km 1,5, Tel. 952.87.59.39, www.campingelsur.com. An der A-369 Richtung Algeciras etwa 2 km vom Zentrum entfernt. Empfehlenswerter, ordentlich ausgestatteter Platz mit zahlreichen Sportmöglichkeiten im Camp und organisierten Touren. Ganzjährig geöffnet, man kann auch rustikale Hütten, für 50–100 € auch komfortable Bungalows mieten. Sehr gutes und preisgünstiges Restaurant, die Besitzer sprechen deutsch.

Verkehrsverbindungen

■ **Bus:** Busbahnhof an der Plaza de Concepción García Redondo 2, Tel. 952.87.26.57. Nur wenige Minuten zu Fuß vom Hotel Reina Victoria entfernt. Die Gesellschaft Los Amarillos (Tel. 952.18.70.61) fährt 5x tägl. nach Sevilla (Sa/So eingeschränkt), Mo–Fr 8x direkt nach Málaga, am Wochenende stark eingeschränkt. Nach Grazalema/Ubrique 2x tägl., Olvera Mo–Fr 1x mittags, Benaoján Mo–Fr 2x tägl. Comes (Tel. 952.87.19.92) bedient die Linie Arcos – Jeréz – Cádiz 4x tägl. Gaucín/Algeciras Mo–Fr 1x nachmittags. Nach Zahara Mo–Fr 1x mittags. Portillo (Tel. 952.87.22.62) bedient die Linie San Pedro – Marbella – Torremolinos – Málaga 5x tägl., 2x direkt nach Málaga. Mit Sierra de las Nieves Mo–Fr 5x, Sa 3x nach Setenil.

■ **Zug:** Der RENFE-Bahnhof liegt noch etwas weiter außerhalb, zum Hotel Reina Victoria sind es gut 10 Minuten. Avda. de Andalucía, Tel. 952.87.16.62. Ronda ist an die Linie A-5 Algeciras – Antequera angeschlossen. Über den Umsteigebahnhof Bobadilla hat man außerdem gute Anschlussmöglichkeiten nach Sevilla, Córdoba, Málaga und Granada. Für Fahrten an die Costa de la Luz ist der Bus aber in jedem Fall vorzuziehen. Nach Algeciras 4x tägl., So 3x, nach Bobadilla/Antequera 4x tägl., So 3x.

Auto fahren

■ **Tiefgarage** an der zentralen Plaza del Socorro.

■ Mehrere **Autovermietungen,** aufgrund der hohen Preise besser in Málaga/Flughafen mieten.

Benaoján

Etwa 14 Kilometern von Ronda auf der A-376 Richtung Sevilla zweigt die sehr schmale Serpentinenstraße MA-505 nach links Richtung Montejaque, Benaoján und der Höhle Cueva de la Pileta ab. Das etwas verstreut am Hang liegende Benaoján zeigt sich mit rund 1.700 Einwohnern als kleines Dorf, hat sich aber inzwischen zu einem recht günstigen Ausgangspunkt für diverse Aktivitäten im engen **Tal des Río Guadiaro** gemausert. Inzwischen existiert ein ausgedehntes Netz von einfachen bis mittelschweren Wanderungen, die Mitnahme der Militärkarte „Mapa militar 1:50.000 (Ubrique 14–44)" ist sicherlich von Nutzen. Die Höhle **Cueva del Gato** unweit des Hotels Molino del Santo darf nur im Rahmen einer Exkursion erkundet werden – weitere Infos an der Rezeption der Herberge.

Auch vom Ortsbild her kann Benaoján durchaus gefallen, wobei die ursprüngliche Bausubstanz im Bereich um den Kirchplatz **Plaza San Marcos** besonders gut erhalten ist. Zu Ehren des gleichnamigen Schutzheiligen finden vom 23. bis 26. April diverse Feierlichkeiten und natürlich eine Prozession statt – das Blasen von Trompeten gehört dann im Ort zum guten Ton.

Praktische Informationen

Information

■ **Oficina de Información Turistica „La Ermita“,** wenige Meter oberhalb des Bahnhofs. Das Büro bietet auch Exkursionen, Lehrgänge und Kurse an. Geöffnet 10–14 und 17–18 Uhr. In der NS oft geschlossen, dann sollte man sich an das Hotel El Molino del Santo wenden.

Unterkunft

■ **Hotel Molino del Santo****/④, Bda. Estación s/n, Tel. 952.16.71.51, www.molinodelsanto.com. Bildhübsche Hotelanlage am Standort einer alten Wassermühle in extrem lauschiger Lage am Fluss unweit des Bahnhofs. Bungalows mit Terrasse, der hiesigen Architektur perfekt angepasst. Bei der Gestaltung der Anlage wurde auf hohen Komfort Wert gelegt (der sich im Preis niederschlägt). Mitte Nov. bis Mitte Feb. geschlossen.

Camping

■ **Eco-Camping Amatista,** 3. Kat., von der Zufahrtsstraße nicht rechts hinunter zum Bahnhof, sondern ca. 1 km nach links weiterfahren (ausgeschildert), Tel. 952.11.42.42. Die Einstufung ist kein feines Understatement, man hat es hier mit einem ausgesprochen rustikalen Bauern-Camping zu tun. Auch in kleinen Hütten auf hölzernen Pritschen kann man übernachten, Decke und Schlafsack sind unverzichtbar. Die Zufahrt über eine mörderische Holperpiste ist übrigens für Caravan und Gespanne nicht geeignet! Der Schlüssel für das Eingangstor muss in einem kleinen Gasthof an der Landstraße abgeholt werden, die Einfahrt ist von 9–21 Uhr möglich. Offiziell das ganz Jahr über geöffnet.

Cueva de la Pileta

Ab Benajoán ist die Höhle gut ausgeschildert. Entdeckt wurde der Eingang 1905, bald fand man auch menschliche Knochen, Keramik und Reste eines Mahlwerks aus dem Neolithikum bzw. der nachfolgenden Bronzezeit. Um diese 4.000 bis 8.000 Jahre alten Stücke einem größeren Publikum zugänglich zu machen, wurden sie in die Archäologischen Museen von Málaga und Madrid verfrachtet.

Aufsehen erlangte die Cueva de la Pileta mit ihren altsteinzeitlichen **Felszeichnungen der Aurinac-Kultur:** Mit einem Alter von bis zu 27.000 Jahren sind sie wesentlich älter als die bekannteren, allerdings auch aufwändiger gestalteten Malereien der Höhle von Altamira, die zwischen 15.000 und 10.000 Jahre v. Chr. datiert werden. Die Farben wurden in der Regel durch das Mischen von Tierfett mit Eisenoxiden (rot) oder Kohle (schwarz) gewonnen; Tierdarstellungen von Stieren, Hirschen, Ziegen, Bisons und Pferden überwiegen. Vermutlich sollte damit das Jagdglück magisch beschworen werden.

Anlass für Spekulationen lieferten das Bildnis eines tanzenden, offenbar mit Federn geschmückten Schamanen, der auf den Namen *Ikarus* getauft wurde, und eines großen (See-)Fisches, der auf prähistorische Kontakte mit der Küstenregion schließen lässt. Eine Zeichnung mit graphischen Elementen wurde inzwischen als eine Art Kalender identifiziert, und auch die Verwendung von Fledermauskot als Dünger für den Akkerbau zeugt vom Erfindungsreichtum der Bewohner.

Auf dem rund einstündigen Spaziergang durch den öffentlich zugänglichen

Bereich (etwa 500 Meter) wissen die örtlichen Führer in einem kuriosen spanisch-englisch-deutschen Sprachgemisch auch allerhand über die geologischen Besonderheiten der Höhle zu erzählen. Die teilweise sehr bizarr geformten **Tropfsteinformationen** wurden auf so plastische Namen wie „Michelin-Mann", „Venus von Milo", „Virgen de Fatima" (eine Madonna mit dem Jesuskind), „Castillo", oder „Ronald-Reagan-Kopf" (erinnert aber eher an „Spitting Image") getauft. Auch etwas anzügliche Bemerkungen zu pilzartig aus dem Boden wachsenden Stalagmiten werden augenzwinkernd zum Besten gegeben.

Eine möglicherweise einzigartige geologische Rarität offeriert der sogenannte **Mocárabe-Saal:** Die Decke des letzten großen Hohlraumes erinnert in ihrer Bienenwaben-Struktur tatsächlich an die Gipsdekorationen in den Kuppeln der Paläste der Alhambra.

- **Öffnungszeiten:** Man muss sich auf jeden Fall einer der **Führungen** anschließen, die jeden Tag um ca. 10, 11, 12, 13, 16 und 17 Uhr beginnen – satte Verspätungen sind durchaus möglich. Da aus konservatorischen Gründen die Gruppengröße nur 20–25 Personen betragen darf, sollte man sich rund um die Feiertage auf längere Wartezeiten einstellen. Wer auf Nummer Sicher gehen will, kann unter Tel. 952.16.73.43 oder 952.16.72.02 vorher reservieren. Für die Anfahrt von Ronda sollte man 30 Minuten einkalkulieren. Eintrittspreis je nach Gruppengröße 7–8 €. Die durchschnittliche Temperatur ist mit 15 °C recht erträglich, rutschfestes Schuhwerk wird sehr empfohlen. Infos: www.cuevadelapileta.org.
- **Verkehrsverbindungen:** Die Zufahrt mit öffentlichen Verkehrsmitteln ist schwierig, von der Bushaltestelle in Benaoján muss man noch 4,5 Kilometer zu Fuß auf der Landstraße gehen. In Kombination mit einer reizvolleren, etwa einstündigen Wanderung vom Hotel Molino del Santo (auch vom Bahnhof gut erreichbar) verkürzt sich dieser Weg auf 1,5 Kilometer – Skizze liegt an der Rezeption aus. Auch vom Bahnhof der Nachbargemeinde La Jimera de Líbar ist eine 5 km lange Wanderung bis nahe an die Höhle möglich.

Wanderung im Tal des Río Guadiaro

Von Benaoján kann man auf einem *recorrido cómodo* („bequeme Strecke") am Fluss entlang durch einen lockeren Eichenbestand mit reicher Strauchvegetation (Zistrosen, Dornginster) in etwa zweieinhalb Stunden **nach Jimera de Líbar** gehen, Schuhe mit Profilsohle sind zu empfehlen. Dazu überquert man unweit des Bahnhofs die Gleise und anschließend eine Brücke über den Fluss. Von einer Tafel mit ausführlicher Beschreibung des neun Kilometer langen Weges geht es dann nach rechts weiter. Dabei hält man sich zunächst immer relativ nah am Flussufer, einen Abzweig scharf links bergauf ignoriert man, ein kleines verfallenes Gehöft wird passiert.

An einer Abzweigung führt halblinks ein stark eingeschnittener Hohlweg allmählich auf halbe Hanghöhe, zumindest die Bahngleise bleiben aber stets in Sichtweite. Auf dem stärker besonnten Gegenhang dominiert eine schüttere Grasvegetation mit zahlreichen Zwergpalmen. Zum Ende hin nähert sich der Schotterweg den Gleisen wieder an, vor einem Bauernhof am Ortsrand geht man rechts am Flussufer entlang zum Bahnhof von Jimera de Líbar. Praktischerweise kann man gleich **mit dem Zug** wieder nach Benaoján **zurückfahren,** vier Abfahrten tägl., Sa/So drei.

■ Camping Jimera de Líbar, Ctra. Jimera de Líbar/Cortes, km 1, Tel. 952.18.01.02, www.rural-jimera.com. Etwa 1 km südlich von Jimera. Insgesamt eher einfach, aber schön am Ufer des Río Guadiaro gelegenes Natur-Camping. Vermietung von hölzernen Behausungen im Sommer; auch das Restaurant ist nur in der HS geöffnet. Vermittlung von Exkursionen, Wanderungen und diversen Sportmöglichkeiten auf dem Fluss. Ganzjährig geöffnet.

Ruinas de Acinipo

Man fährt von Ronda zunächst ein Stück die A-376 und biegt dann bei der entsprechenden Ausschilderung nach rechts auf die MA-449 ab. Auf dem fast 1.000 Meter aufragenden, heute nur von Vogelgezwitscher erfüllten Hochplateau gab es schon in der Kupferzeit (2500–2000 v. Chr.) durch Hüttenfundamente nachgewiesene menschliche Ansiedlungen. Doch erst die Phönizier und dann die Römer machten aus Acinipo (auch: „Ronda la Vieja“) eine Stadt im eigentlichen Sinne. Zwischen dem Beginn des 1. Jh. v. Chr. und dem Ende des 3. Jh. n. Chr. erreichte sie eine Bedeutung, die zeitweise das heutige Ronda übertraf. Die **römischen Ruinen** sind neben den schönen Ausblicken auf die Sierra de Grazalema der Hauptanziehungspunkt Acinipos.

Etwa 100 Meter oberhalb des Parkplatzes sind die Überreste des **Forums** (Marktplatz und Verwaltungszentrum) am Schnittpunkt der alten Hauptstraßen zu erkennen. Vom Parkplatz gesehen etwa 100 Meter nach links versetzt, befanden sich einst die **Thermen,** heute nur noch mit Mühe als solche zu erkennen. Weiter oben am Hang erhebt sich weithin sichtbar das teilweise restaurierte **Theater** mit 1.800 (!) Sitzplätzen, das kurz vor der Zeitenwende errichtet wurde und recht gute Aufschlüsse über die Konstruktionsweise erlaubt.

■ Öffnungszeiten: Mi–Sa 10–17 Uhr, Di/So/Fe 9–14 Uhr, Mo geschlossen. Kein Eintritt, der Wärter registriert die Personalien. Tel. 670.94.54.51 (Handy) oder 952.18.71.19.

Estepona

Die gut 66.000 Einwohner zählende Kleinstadt wird oft als der **westliche Abschluss der Costa del Sol** bezeichnet, und man hat in der Tat den Eindruck, dass das Leben hier wieder in etwas beschaulicheren Bahnen verläuft. Vor allem außerhalb der Hochsaison spielen Touristen nur eine untergeordnete Rolle – Restaurants, Bars und Geschäfte sind in erster Linie auf die Einheimischen ausgerichtet. Auf die Architektur trifft diese Beschränkung leider nur bedingt zu, vom alten Ortskern abgesehen wirkt Estepona kaum weniger von Hochhäusern verunstaltet als andere Städte der Costa del Sol. Den großen Fischereihafen **Puerto Pesquero,** der sich stolz als der bedeutendste Andalusiens bezeichnet, ergänzt ein Sporthafen, der sich mit rund 1.000 Liegeplätzen ohne Weiteres mit dem Puerto Banús in Marbella messen kann. Das sanft zur Sierra Bermeja ansteigende Umland wirkt aufgrund der etwas höheren Regenmengen besonders lieblich und grün – so überrascht es nicht, dass bereits **fünf Golfplätze** angelegt wurden.

Etwa 100 Jahre nach der Eroberung durch die christlichen Truppen *Heinrichs IV.* im Jahre 1457 wurde die alte maurische Festung zum **Castillo de San Luis** umgebaut, von dem heute am Ende der Straße Castillo einige Überreste zu sehen sind. Ebenfalls aus dem 16. Jh. stammt der **Wachturm Torre del Reloj** am gleichnamigen Platz im Norden der Altstadt.

Der Hauptanziehungspunkt Esteponas ist jedoch die **Altstadt,** die eine gehörige Portion andalusisches Flair verströmt. Den Mittelpunkt bildet, ein kleines Stück von der Uferstraße landeinwärts, die malerische **Plaza de las Flores,** die für den öffentlichen Verkehr gesperrt ist.

Strände

Der vorwiegend sandige **Stadtstrand** ist über drei Kilometer lang und relativ breit, das Badevergnügen wird jedoch durch die dahinter verlaufende Straße und eine unschöne, blockhafte Bebauung deutlich eingeschränkt. Erst weiter außerhalb wird das Ambiente angenehmer, etwa fünf Kilometer westlich (N-340, km 151) ist auch der recht schöne Nacktbadestrand **Costa Natura** mit eigener Apartmentanlage zu finden. Einige Küstenabschnitte, wie auch der Stadtstrand, wurden bereits mit der „Blauen Flagge" ausgezeichnet; die Wasserqualität ist außerhalb der Hafenmolen also mit Sicherheit gut.

Praktische Informationen

Information

■ **Oficina Municipal Turismo,** Avda. San Lorenzo 1, Tel. 952.80.20.02. Unweit des Kreisverkehrs am westlichen Ende der Uferstraße Paseo Marítimo/ Avenida de España in einem Pavillon untergebrachtes Büro. Mo–Fr 9–20 Uhr, Sa 10–13.30 Uhr.

Essen und Trinken

Rund um die **Plaza de las Flores** dominieren einfachere (Freiluft-)Bars mit bodenständiger Kost zu moderaten Preisen, die Gefahr, geneppt zu werden, ist eher gering. Bekannt ist die örtliche Küche außer für diverse Fischgerichte und alkoholgetränkte Nachspeisen vor allem für den Käse der einheimischen Ziegenrasse *cabra esteponera.*

Feste

■ **Romería de San Isidro Labrador,** am 15. Mai. Wallfahrt und Fest zu Ehren des Schutzheiligen der Bauern und Landarbeiter.

■ **Feria de Estepona,** Hauptfest der Stadt vom 3.–10. Juli.

Unterkunft

An der Strandpromenade überwiegen Hotels der unteren Mittelklasse, in der Altstadt hingegen sind es vorwiegend einfachere Pensionen. Zimmer direkt zum Paseo Marítimo haben unter relativ starker Lärmbelästigung zu leiden. Weiter außerhalb gibt es noch mehrere Strandhotels der gehobenen und höchsten Kategorie, die aber auch stattliche Preise verlangen.

■ **Hotel Buenavista****/②-③, Paseo Marítimo 180, Tel. 952.80.01.37, www.buenavistaestepona.com. Der Blick vom Hotel direkt auf den Strand, ist wohl besser als der Blick auf das Hotel, das man nicht gerade als schön bezeichnen kann. Mit den Zimmern kann man aber in allen Belangen recht zufrieden sein, an Platz mangelt es keineswegs, die Garage kostet 8 ¤/Tag extra.

■ **Hostal La Malagueña****/①-②, Calle Castillo 1, Tel. 952.80.00.11, www.hlmestepona.com. Fast direkt an der Plaza de las Flores, nur wenige Minuten zum Strand. Behaglich und sauber; die DZ sind recht großzügig geschnitten und gut eingerichtet, in der HS Reservierung empfohlen.

Camping

■ **Camping Parque Tropical,** 2. Kat., Ctra. N-340, km 162, Tel. 952.79.36.18, www.campingparque-tropical.com. Einige Kilometer östlich der Stadtgrenzen, von der Urbanisation Hacienda Beach ein Stück landeinwärts. Zum gleichnamigen Strand ist es ein knapper Kilometer.

Verkehrsverbindungen

■ **Terminal de Autobuses** der Firma Portillo in der c/ San Roque (von der Tourist-Info die Parallelstraße zur Uferpromenade), Tel. 952.80.02.49. Zahlreiche Verbindungen zu den andalusischen Provinzhauptstädten. Linie **Fuengirola, Torremolinos, Málaga** 11x tägl. (So leicht eingeschränkt), **Marbella** alle 30 Minuten, **Casares** 3x tägl., So nicht, **Ronda** 4x tägl., **La Línea** 11x tägl., **Algeciras** 9x tägl.

Die Küste zwischen Estepona und Gibraltar

Der südwestlichste Zipfel der Costa del Sol hat außer einer recht schönen, meist sattgrünen Landschaft nicht allzu viel zu bieten. Als Mekka der Golfspieler (Ryder-Cup) und Yacht-Kapitäne hat sich die umzäunte Retortenstadt **Sotogrande** herauskristallisiert, innerhalb der Schlagbäume sind jedoch fast nur Apartments zu finden. Für eine Zwischenübernachtung vor der Weiterfahrt nach Gibraltar oder zur Costa de la Luz ist **Sabinillas,** die Strandsiedlung vom etwas landeinwärts gelegenen **Manilva,** wesentlich geeigneter. An den grauen, grobsandigen Ortsstrand sollten jedoch keine großen Erwartungen gestellt werden, wie überhaupt der gesamte Küstenabschnitt für einen Badeurlaub nicht gerade optimal ist.

■ **Hotel Doña Luisa****/②-③, c/ Duquesa de Arcos 53, Tel. 952.89.22.50, www.hoteldluisa.com, direkt am Strand von Sabinillas. Sehr sauberes Mittelklassehotel mit freundlich eingerichteten, großen Zimmern. Kein Restaurant. DZ mit Bad und Heizung.

■ **Hostal Sibaja***/①, Plaza San Luis 9, Sabinillas, Tel. 952.89.02.59. Kleine Pension zwischen der N-340 und dem Strand, gegenüber kleiner Backsteinkirche. DZ je nach Saison, ohne Bad etwas billiger.

Casares

Ein Abstecher ins gebirgige Hinterland von Estepona sollte auch einen Besuch des **„Weißen Dorfes“** Casares einschließen, dessen Bebauung sich ziemlich spektakulär von einem Berghang zu einem Felssporn hinüberzieht. So bietet die Gemeinde von 3.200 Seelen immer wieder schöne Ausblicke auf die umliegende Sierra Bermeja und die Straße von Gibraltar.

Neben der typischen Dorfstruktur mit ihren engen, gewundenen und steilen Gassen geht auch die im 13. Jh. auf die Spitze des Felsens gesetzte Burg **Castillo Árabe** auf die Mauren zurück.

Innerhalb der Ummauerung befinden sich die alte Pfarrkirche **Iglesia de la Encarnación** (1505), die **Ermita de Vera Cruz,** der hübsch angelegte Friedhof und Wohnhäuser, die oft noch auf das 17. Jh. zurückgehen.

Zu den **Festtagen** wird es in Casares ziemlich rummelig, ganze Busladungen von Ausflüglern wollen dem ausgelassenen Treiben der Dorfbewohner zusehen. Außerhalb der Hochsaison präsentiert sich der Ort aber als beschauliches und ziemlich ursprüngliches Fleckchen.

Praktische Informationen

Information

■ Im Geburtshaus des Sozialrevolutionärs und Vorkämpfers andalusischer Autonomie *Blas Infante* (1885–1936) wurde ein kleines **Tourismusbüro** eingerichtet.

Essen und Trinken

Im Bereich rund um den Hauptplatz **Plaza de España** befinden sich die meisten Bars und Restaurants. Die bekannteste Spezialität ist *Conejo a la montañesa,* Kaninchen mit einer Soße aus Zwiebeln, Thymian, Rosmarin und Lorbeer.

Feste

■ **Feria de Agosto,** der traditionelle Jahrmarkt am ersten Wochenende des August.

■ **Fiesta de la Virgen del Rosario/Feria del Cristo,** Festtag der Patronin ist der 8. Sept., die Hauptfeierlichkeiten sind aber erst Mitte des Monats *(Feria del Cristo).* Dabei singt und tanzt die Bevölkerung eine spezielle Form des Fandango, die sich *Savereño* nennt.

Unterkunft

■ **Hotel Casares**②-③, c/ Copera 52, Tel. 952.89. 52.11, www.hotelcasares.com. Noch recht junges, empfehlenswertes Quartier im hoch gelegenen Teil der Altstadt, vom Hauptplatz Plaza de España links bergan. Für Autofahrer viel einfacher auf der Umgehungsstraße MA-546 Richtung Estepona bis zum Parkplatz des Mirador fahren, von hier nur wenige Meter zu Fuß bergab.

■ **Hostal Pension Plaza**①, Plaza de España 6, Tel. 952.89.50.60, 970.66.84.04 (Handy). Einfaches, oft ausgebuchtes Quartier am Hauptplatz der Altstadt.

Anfahrt

Die direkte Anfahrt über die **MA-546** (Abzweigung bei dem Weiler Buenas Noches, 8 km südwestlich von Estepona) dürfte dank erfolgtem Ausbau der restlichen, bislang sehr kurvenreichen 14 km inzwischen wesentlich flotter gehen. Die längere, gut zu fahrende Straße A-377 über Manilva empfiehlt sich eher, wenn man aus dem Raum Algeciras/ Gibraltar kommt.

Verkehrsverbindungen

■ Nach **Estepona/Manilva** 3x tägl., So eingeschränkt. Infos bei Portillo unter Tel. 952.80. 02.49. Die **Bushaltestelle** befindet sich am Ortseingang nahe dem Doppelgebäude Casa de Cultura/Hogar de Jubilados (Altersheim), wo auch eine Info-Tafel steht.

Gaucín

Noch einige Kilometer weiter landeinwärts erreicht man inmitten großartiger Gebirgslandschaft das rund 2.500 Einwohner zählende Gaucín. Touristenbusse machen um das Dorf weit abseits der Hauptverkehrswege noch einen weiten Bogen, sodass der Eindruck **verträumter Ursprünglichkeit** vorherrscht. Eine Gruppe von etwa 200 zivilisationsmüden Aussteigern und Künstlern, fast ausschließlich britischer Herkunft, hat die Qualitäten des Ortes inzwischen für sich entdeckt, ohne in dem sehr spanisch gebliebenen Ambiente groß aufzufallen.

Eine wichtige Rolle spielt hier der Ökotourismus, also Wanderungen und Naturbeobachtung in der noch weitgehend unberührten Natur. Im Sommer kann man einen rund zwanzigminütigen Spaziergang in das Tal des **Río Genal** mit einem erfrischenden Bad in natürlichen Pools verbinden. Der „Camino Piedras del Río" beginnt am östlichen Ende des Ortes unterhalb des Castillo.

Unter den wenigen kunsthistorischen Monumenten ragt im wahrsten Sinne des Wortes das **Castillo de Aguila** („Adlerburg“) heraus, eine heute weitgehend zur Ruine zerfallene arabische Burg auf einem rund 150 Meter hohen Felsen am anderen Ende des Ortes. Im Wesentlichen am Ende des 9. Jh. gebaut, spielte sie eine wichtige strategische Rolle während der gesamten islamischen Periode und wurde zuletzt noch einmal während der französischen Fremdherrschaft 1808 instand gesetzt. Der etwas verwilderte Burghof lädt zum Herumturnen und zu herrlichen Ausblicken auf den Felsen von Gibraltar, bei optimaler Sicht sogar bis Marokko, ein.

Auf halber Höhe des Burgbergs nistete sich im 18. Jh. eine kleine Einsiedelei, die **Ermita del Santo Niño** ein, in der die Figur des Dorfpatrons El Santo Niño aufbewahrt wird.

■ **Ermita del Santo Niño,** Mi–So 10.30–13.30 und 16–18 Uhr, Juni bis Sept. 18–20 Uhr.

Praktische Informationen

Information

■ Für die kleine **Tourist-Info** am Hauptplatz existieren keine offiziellen Öffnungszeiten, in der NS wird man oft vor verschlossenen Türen stehen.

■ Eine weitere Informationsquelle ist **The Office** in der c/ Cañamaque 27 (vom Ortszentrum Richtung Castillo), Tel. 952.15.12.95. Das von der Engländerin *Mary Beker* geführte Büro, auch „La Casita“ genannt, vermittelt in erster Linie rustikale Bauernhäuser, hat aber auch Kontakt zu Veranstaltern des Ökotourismus, die z. B. Exkursionen mit Vogelbeobachtung oder Pflanzenbestimmung anbieten. In La Casita werden auch rustikale, hübsch eingerichtete Zimmer mit Bad für ca. 60 € inkl. Frühstück vermietet.

Unterkunft/Essen und Trinken

Es gibt ein **breites Angebot** an guten Hotels im Ort und umgebaute Gutshöfe in der Umgebung. Restaurants im engeren Sinne gibt es v. a. in den unten beschriebenen Unterkünften, ansonsten sind Bars, Cafés und Pubs vor allem im Bereich oberhalb des Rathauses zu finden. Einen guten Ruf genießt das anheimelnd aufgemachte **Restaurant El Lateral** (gehobenes Preisniveau), c/ Los Bancos 8, Tel. 695.00.71.19 (Handy), www.ellateral.com, Anfahrt von der A-369 ortseinwärts, 2. Querstraße links.

■ **La Fructuosa**③, c/ Convento 67, Tel. 952.15.10.72 oder 617.69.27.84 (Handy), www.lafructuosa.com. Mit viel Liebe zum künstlerischen Detail in ein familiäres Gästehaus und hochgelobtes Restaurant umgewandelte Weinkelter. Nur fünf (sehr gro-

124an bn

⊡ Blumenschmuck im noch sehr ursprünglichen Gaucín

ße) DZ, alle mit grandiosem Ausblick zur Küste. Bei Ortseinfahrt ab Tankstelle an Ausschilderung „Centro Urbano" und „Restaurante La Fructuosa" orientieren.

■ **Hotel Casablanca***/⑤, c/ Teodoro de Molina 12, Tel. 952.15.10.19, www.casablanca-gaucin.com. Die ehemalige Residenz einer Markgräfin im Zentrum der Altstadt wurde zu einem feudalen, inzwischen leider sehr teuren Luxushotel unter britischer Leitung umgewandelt. Die Mehrzahl der Hotelzimmer ist um einen lauschigen Innenhof mit Swimmingpool angelegt und besitzt eigene Terrassen mit wundervollem Blick. DZ inkl. Frühstücksbuffet. Von Ende Okt. bis März geschlossen, keine Heizung.

■ **Hotel Caballo Andaluz****/②-③, Tel. 952.15.11.47, www.hotelcaballoandaluz.es. Hotel an der Landstraße gegenüber der CAMPSA-Tankstelle. Sehr große, hübsch eingerichtete Zimmer, gegen Aufpreis mit Gibraltar-Blick. V. a. für Einzelreisende sehr gutes Preis-Leistungsverhältnis.

■ **Pension Moncada**①, direkt an der Landstraße N-369 bei der CAMPSA-Tankstelle, die auch als Rezeption dient, Tel. 952.15.11.56.

■ Für motorisierte Reisende stellt die preiswerte **Hostelería de Benarrabá**②-③, Tel. 952.15.02.88, www.hbenarraba.es, im Nachbardorf Benarrabá (Richtung Ronda) eine empfehlenswerte Alternative dar. Anfahrt: Im Ort bei dem ersten Platz die Calle Algatocín (Hotelschild) hinunter, dann halbrechts an der Kapelle und dem Sportplatz vorbei bis zum Ortsende.

Verkehrsverbindungen

■ Die **Busgesellschaft Comes** bedient die Linie Ronda – Algeciras einmal am Tag (Sa/So nicht), mit Casares oder Estepona ist Gaucín nicht verbunden.

■ Die **Eisenbahnlinie A5** Algeciras – Bobadilla hält am Bahnhof Gaucín 4x täglich, dieser befindet sich jedoch im Tal des Guadiaro, rund 14 km (!) vom Ort entfernt.

■ **Taxiruf:** Tel. 952.15.11.30 und 908.41.98.18 (Handy).

Jimena de la Frontera

Die A-369 führt von Gaucín in Richtung Algeciras in das 23 Kilometer von Gaucín entfernte Jimena de la Frontera, mit rund 9.000 Einwohnern eindeutig das „städtische" Zentrum in dieser Region. Aufgrund der relativ großen Entfernungen zu den touristischen Brennpunkten ist der Ort noch recht ursprünglich. Dank der gut erhaltenen, traditionellen Architektur wurde Jimena im Jahr 1983 unter **Denkmalschutz** gestellt.

Dieses Gebiet war, wie die Felsmalereien in der nahe gelegenen Höhle Laja Alta beweisen, bereits in der Bronzezeit besiedelt, und auch die Griechen und Karthager hatten in Jimena ihre Stützpunkte. Zur Zeit der römischen Herrschaft hatte der Ort den Namen „Oba" und war bedeutend genug, um eigene Münzen zu prägen. Wichtig war der Ort unter den Mauren, die bereits im 8. Jh. unter Verwendung von römischen Grabsteinen das hoch über dem Dorf gelegene **Castillo** auf den Grundmauern einer römischen Burg erbauten.

Am intensivsten erlebt man die herrliche Natur um Jimena bei einer **Wanderung am Río Hozgarganta,** der sich unterhalb des Ortes vorbeiwindet. Der idyllische Fluss gilt als der unberührteste ganz Andalusiens.

Vom südlichen Ortsrand kann man problemlos auf eigene Faust flussaufwärts weiter in den **Naturpark Los Alcornocales** vordringen und die meist üppig wuchernde Vegetation bewundern, oder auch ein erfrischendes Bad in dem kristallklaren Flusswasser nehmen. Der Fluss wird jenseits eines Gatters von einem kleinen Pfad begleitet, der sich dann auch für den Rückweg anbietet.

Anfahrt: Zunächst von der A-405 stadteinwärts, dann bei dem Hinweisschild „Parque Natural de los Alcornocales" links bis zu einer kleinen Brücke. Diese überquert man aber nicht, sondern fährt rechts bergan bis zu einem Hinweisschild „Sendero del Río Hozgarganta". Die hier links abbiegende Straße verwandelt sich bald in eine Schotterpiste, die man noch rund 200 Meter bis zum offiziellen Parkplatz fahren kann.

■ **Klettern:** Am Fuße des Dorfes befindet sich ein kleines, aber feines Klettergebiet. Noch vor dem Fluss liegt das Sommerklettergebiet. Richtung Dorfzentrum, direkt hinter der Brücke links befinden sich die Felsen, die für das Klettern im Winter eher geeignet sind. Nähere Infos sind dem **Campo de Gibraltar** (siehe „Praktische Reisetipps A–Z, Sport") zu entnehmen.

Praktische Informationen

Service

■ **Medizinische Versorgung:** Servicio Andaluz de Salud, Avda de los Deportes, Tel. 956.64.08.04.
■ **Urgencias:** gleiche Straße, Tel. 112.

Unterkunft

Neben der Übernachtung in einfachen Pensionen gibt es auch die Möglichkeit, für etwas längere Zeit eine Ferienwohnung zu mieten. Im Ort selbst vermitteln **Christa & Christober** zwei Ferienwohnungen (ca. 42 €) bzw. zwei Ferienhäuser (ca. 62 €). Die Preise richten sich nach der Aufenthaltsdauer, wobei auch Einfachübernachtungen möglich sind. Calle Granadillos 4, Tel. 956.64.09.34, www.christa-und-christober.de.

■ **Hostal Anon**②-③, c/ Consuelo 34, Tel. 956.64.01.13, www.hostalanon.com. Mitten im historischen Kern von Jimena gelegen, sehr schönes verwinkeltes Hostal in zwei Gebäuden aus den 16./17. Jh., zusammengefügt zu einem. Dazu gehören ein gemütliches Restaurant und auch ein Pool auf der Dachterrasse. Von der großen Plaza de la Constitución in der Unterstadt und der anschließenden Calle Sevilla gut ausgeschildert.
■ **Rancho Los Lobos**②-③, Tel. 956.64.04.29, www.rancholoslobos.com. Ehemaliger Bauernhof, vor allem für Pferdenarren geeignet. Geführt vom österreich-schweizerischen Ehepaar *Zissler.* Pool und Tennisplatz vorhanden. Eine vorherige Reservierung ist empfehlenswert. Hinweis: Bahnlinie in der Nähe, aber selten Verkehr. Inkl. Frühstück. Die Anfahrt ist fast identisch mit der Wanderung, nur überquert man jetzt die Brücke und fährt dann gut 1 km auf einer Schotterstraße (ausgeschildert).
■ **Posada La Casa Grande**①-②, c/ Fuente Nueva 42, Tel. 956.64.11.20, www.posadalacasagrande.es. Urige kleine Pension in einem restaurierten Stadthaus mit familiärer Atmosphäre. Einfache Zimmer, z. T. mit Dusche und Waschbecken, aber Gemeinschaftstoilette. Es werden gegen Aufpreis auch komfortable „Casitas" und „Suites" außerhalb angeboten. Am leichtesten über die nördliche Ortseinfahrt (Landstraße Ubrique) zu erreichen, stets an der Kirche Iglesia de la Victoria orientieren.
■ **Camping Los Alcornocales,** Tel. 956.64.00.60, www.campinglosalcornocales.com. Recht hübscher Platz mit Pool zwischen dem nördlichen Ortsrand und der Landstraße nach Ubrique. Es werden auch komfortable, am Wochenende und im Sommer aber nicht billige Bungalows vermietet. Ganzjährig geöffnet.

Verkehrsverbindungen

■ **Buslinie Comes** nach Castellar/Algeciras Mo–Fr 2x tägl. und Mo–Fr 1x morgens nach Castellar/La Línea, nach Ronda ebenfalls Mo–Fr 1x morgens.
■ Die **Züge** der Linie A-5 von Algeciras nach Bobadilla halten in beide Richtungen 4x täglich, am Wochenende etwas eingeschränkt. Zuginfo in Jimena: Tel. 956.630.202. Der Bahnhof befindet sich ca. 2 km außerhalb bei dem Weiler Los Angeles.

Cueva Laja Alta

Ein Stück nordwestlich des Ortes kann man mit etwas Entdeckergeist und einer starken Taschenlampe einen Blick in die **Höhle** Laja Alta werfen. Man fährt zunächst die Straße in Richtung Ubrique, nach einer *area de recreación* muss man bei einem Bauernhof auf der linken Seite das Hinweisschild auf die Höhle beachten, welche auf der gegenüberliegenden Seite des **Río Hozgarganta** liegt.

Im Inneren sind schematische Zeichnungen aus der Bronzezeit zu erkennen, die wohl vor mehr als 3.000 Jahren angefertigt wurden. Die Darstellung von acht verschiedenen Schiffen gibt Anlass zu der Vermutung, dass es zu jener Zeit einen Kontakt zwischen den hier siedelnden Menschen und den Phöniziern an der Küste gab.

Die Höhle ist durch ein Eisengitter geschützt, normalerweise kann sie zwischen 9 und 13 Uhr in den Monaten November bis Mai betreten werden (ggf. im Ort Jimena erkundigen).

Castellar de la Frontera

Um möglichen Verwirrungen gleich vorzubeugen: Im Fall Castellar hat man es mit zwei verschiedenen Orten zu tun. Zum einen die direkt an die A-369 angeschlossene, rund 3.000 Einwohner zählende Retortensiedlung **Nuevo Castellar** (von Sotogrande problemlos über die CA-533 zu erreichen) und zum anderen das wesentlich kleinere, aber ungleich interessantere Castellar de la Frontera (vom Weiler Almoraima an der A-369 über eine sieben Kilometer lange Serpentinenstraße anzusteuern). Bei der Anfahrt ist zu beachten, dass sich die Ausschilderung „Castellar“ stets auf die neue Siedlung bezieht – das alte Dorf heißt „Castillo de Castellar“.

In der Tat handelt es sich bei dem alten Ort um ein **mittelalterliches Burgdorf,** in dessen Festungsmauern sich weiß gekalkte Häuschen drängen, während die Moderne ans Eingangstor klopft. Von der Anhöhe genießt man einen herrlichen Ausblick auf die von schroffen Felsen durchsetzte Umgebung sowie auf den zu Fuß gut erreichbaren Stausee **Embalse de Guadarranque.**

Bereits im 8. Jh. wurde die **Burg** von den Mauren konzipiert, was aber die erste Eroberung des Ortes durch die Christen 1255 nicht verhindern konnte. Ab 1450 blieb der Ort endgültig in christlicher Hand, der letzte maurische Angriff im Jahr 1478 wurde erfolgreich abgewehrt. Die Eroberung Gibraltars durch die Engländer 1704 bot den Bewohnern Castellars die Möglichkeit, fortan hauptsächlich vom Schmuggel zu leben.

Ab 1968 beschloss man, anstatt zu modernisieren, an verkehrsgünstiger Stelle eine neue Stadt mit Einrichtungen wie Schule und Ambulanz aus dem Boden zu stampfen. Die meisten Bewohner des Castillo nahmen das Angebot freudig an. 70 verlassene Häuser und einige alte Menschen blieben zurück, und heute wäre auf der Anhöhe wahrscheinlich nur noch ein Ruinenfeld vorzufinden, wenn die Kunde eines sozusagen leer stehenden Dorfes nicht nach außen gedrungen wäre. Vor allem zivilisationsmüde **Aussteiger** aus dem nördlichen Europa ließen sich dann hier nieder und renovierten mit Hingabe die verwitterten Gebäude. Dieser Einsatz nötigte auch den Umsiedlern im neuen Castellar, die anfangs Sodom und Gomorrha im Castillo befürchteten, durchaus Respekt ab, sodass sich das Verhältnis zu den Neubürgern entspannte.

Praktische Informationen

Unterkunft/Essen und Trinken

Mittlerweile gibt es Übernachtungsmöglichkeiten auch innerhalb des Burgdorfes. Die heftigen Proteste der Anwohner gegen den Umbau der Residenz hatten keinen Erfolg: Seit 2009 ist das kleine (9 Zimmer), aber recht exklusive **Hotel El Alcázar** ***/③-④ in Betrieb. Die Gesellschaft *Tugasa* vermittelt sogenannte **Casas Rurales,** rustikale, aber komfortabel eingerichtete Apartments – für 2 Personen sind 64–74 € anzulegen. Reservierungen unter Tel. 956.69.31.50 bzw. www.tugasa.com.

La Almoraima③, Tel. 956.69.30.02, www.laalmoraimahotel.com, ca. 7 km vom Castillo entfernt. Das ehemalige Kloster und die Finca aus dem 17. Jh. inmitten des Naturparks Alcornocales erinnert an ein verwunschenes Jagdschloss, das es zwei Jahrhunderte später dann tatsächlich auch war. Im Arkadenhof und im riesigen Park mit Pool lässt es sich gut aushalten, man kann aber auch zu Fuß, zu Pferd oder im Geländewagen die idyllische Umgebung erkunden. Anfahrt: Zunächst von Algeciras Richtung Ronda/Castellar, kurz hinter dem Abzweig „Castillo de Castellar" (nicht nehmen, sondern Straße weiter folgen) nach links abbiegen (ausgeschildert). Zur Zeit gibt es heftige Diskussionen der Junta de Andalucía mit dem spanischen Staat, dem Besitzer der Finca, zur möglichen Privatisierung. Der Staat möchte den etwas über 14.000 Hektar großen Besitz gerne loswerden, um ihn gewinnbringend verkaufen zu können – die Rede ist von 300 Millio-

☐ Die Burgruine in Castellar de la Frontera

133an bn

nen Euro! Die bisherige Verwalterin kam auf die glorreiche Idee, La Almoraima mit Luxushotel, Golfplatz und Privatflughafen „aufzumotzen". So zeigte sogar schon Hollywood-Latina *Salma Hayek* mit ihrem französischen Millionärsgatten Interesse an dem schönen Flecken Erde. Immerhin gehören schon 90% der Finca zum Naturpark, die Aufhübschung für Reiche soll auf den restlichen 10% stattfinden. Die Junta versucht nun gemeinsam mit dem Umweltschutzverband Medio Ambiente das Bauprojekt zu verhindern, in dem auch der Rest der Finca zum Naturschutzgebiet bzw. zu öffentlichem Eigentum erklärt werden soll. Dann kann aber auch der (klamme) Staat kein Geld verdienen. Auch das Rathaus von Castellar de la Frontera hat die Privatisierung der Finca abgelehnt. Es bleibt abzuwarten, wie – wahrscheinlich vor Gericht – entschieden wird.

Feste

- **Romeria del Santo Cristo de la Almoraima,** Wallfahrt am ersten Sonntag im Mai mit Ochsenkarren von und zur Iglesia del Divino Salvador in Nuevo Castellar. Die Feierlichkeiten beginnen meist schon in den letzten Tagen des April mit Sevillanas, Rumbas etc., vorwiegend in der Neusiedlung.

Verkehrsverbindungen

- Zum Castillo fahren **keine Busse.**
- Im 7 km entfernten Ort Almoraima ist ein **Bahnhof,** der von der Linie A5 Algeciras – Bobadilla auf Bestellung 2x täglich (am Wochenende nur 1x) angefahren wird, d. h. der Zug hält nur, wenn der Kunde dies am Bahnhof anfordert.

Parque Natural de los Alcornocales

Castellar eignet sich als Ausgangspunkt für leichte Wanderungen in den Parque Natural de los Alcornocales. Vom Parkplatz vor der Burg führt eine Asphaltstraße, die sich nach 500 Metern in einen Feldweg verwandelt, direkt in die noch weitgehend unberührte Bergwelt des Naturparks. Die sanfte, im Norden bis knapp 1.100 Meter ansteigende Mittelgebirgslandschaft zieht auch Naturkundler in ihren Bann.

In dem rund 170.000 Hektar umfassenden Naturpark hat sich einer der größten **Korkeichenwälder** Europas mit vielfältiger Flora und Fauna erhalten. Wie in kaum einer anderen Region Andalusiens ist hier der Stockwerkbau eines mediterranen Waldes mit einer hochwüchsigen Baumschicht, einer artenreichen Strauchschicht und einem ungewöhnlichen Reichtum an Flechten und Farnen zu begutachten – ein Verdienst sowohl des feucht-milden Klimas als auch der bislang recht behutsamen Nutzung der natürlichen Ressourcen durch den Menschen.

Für Wildschweine, Füchse und Rotwild bietet dieses Ökosystem hervorragende Lebensbedingungen; mit sehr viel Glück kann man auch seltene Schleichkatzen wie den Meloncillo (eine Art Mungo) oder die Ginsterkatze beobachten. Vor allem zwischen März und Mai, wenn die Zugvögel auf ihrem anstrengenden Weg über die Straße von Gibraltar hier eine Pause einlegen, kommen die **Birdwatchers** auf ihre Kosten, ebenso wenn im Herbst ungünstige Windverhältnisse den Weiterflug nach Süden verzögern.

La Línea de la Concepción

Bevor man **nach Gibraltar** gelangt, fährt man zunächst durch den **Grenzort** La Linea de la Concepción. Hinweisschilder führen direkt zur Grenze *(duana),* die nicht zu verfehlen ist, da die Straße am Meer entlang führt. Der Ort hat in letzter Zeit im Zusammenhang mit dem Streit um die Fischfangrechte zwischen andalusischen Fischern und den Gibralteños Aufsehen erregt. Überhaupt scheint das Verhältnis zwischen Gibraltar und Andalusien gerade hier zwiespältig zu sein.

Praktische Informationen

Information

■ **Oficina de Turismo,** Avda. del Ejército, Ecke Avda. 20 de Abril, s/n, Tel. 956.78.41.35. Hier gibt es eine Liste der Unterkünfte, in der Hochsaison sind die Pensionen schnell belegt, weil viele hier statt in Gibraltar übernachten. Dennoch empfiehlt es sich, Unterkünfte in nahe gelegenen schöneren Orten zu suchen.

Unterkunft

■ **Hostal Carlos**②, c/ Carboneros 6, Tel. 956.76.21.35, www.hostalcarlos.es. In einer Seitenstraße der Plaza de la Constitución, die Grenze ist in 10 Minuten zu Fuß erreichbar. Es gibt ein weiteres Hostal Carlos in der c/ Mendez Nuñez 12, Tel. 956.76.13.03, beide unter www.hostalcarlos.es. Optisch geben die beiden Gebäude nicht viel her, aber guter Preis und gepflegte Zimmer.

■ **Hostal La Campana**②, c/ Carboneros 3, Tel. 956.17.30.59, www.hostalcampana.es. Empfang und Essbereich sind modernisiert worden, die Zimmer aber ungefähr gleich geblieben. In Preis und Qualität vergleichbar mit Hostal Carlos.

Camping

■ **Camping Sur Europa,** 3. Kat., Camino de Sobreleva s/n, Tel. 956.64.35.87, www.campingsureuropa.es. Wohl der Campingplatz in geringster Entfernung zu Gibraltar, eher einfach, aber sehr gepflegt und mit ordentlich Grün. Es werden auch Bungalows für 2 bzw. 4 Pers. zu sehr vernünftigen Preisen (ca. 40–60 €) vermietet, der Strand Vulvos Beach ist ganz in der Nähe. Offiziell das ganze Jahr über geöffnet, in der NS kann allerdings ein vorheriger Anruf nicht schaden. Anfahrt: Von der Autobahn auf die A-383 nach La Línea, dann Abzweig zur Urbanisation Santa Margarita.

Verkehrsverbindungen

■ **Bus:** Busbahnhof nahe des Parque Municipal Reina Sofia unweit der Grenze. Gute Verbindungen an die Costa del Sol und Richtung Algeciras/Tarifa, ins Hinterland dagegen oft nur 1x werktags.

Auto fahren

Wer aus Angst vor langen Warteschlangen beim Grenzübertritt, v. a. zurück nach Spanien, in La Línea **parken** möchte, kann das in den unzähligen Parkbuchten (blaue Markierung = gebührenpflichtig) tun, sollte dann aber absolut nichts im Wagen lassen. Sicherer ist die große Parkgarage an der etwas landeinwärts eingerückten Plaza de la Constitución, aber leider auch unverschämt teuer. Der **Grenzübertritt zu Fuß** ist völlig unproblematisch, die Innenstadt von Gibraltar in 10 Min. erreicht.

Gibraltar

Die Halbinsel ist bereits von Weitem an einem markanten Felsen aus fossilem Muschelkalk zu erkennen. Seit 1704 ist Gibraltar eine britische Kolonie, die heute rund 30.000 Einwohner zählt. Den Briten schien die Bezeichnung „Kolonie“ allerdings nicht mehr zeitgemäß, und so gehört Gibraltar seit 1966 offiziell zu den „Dependent Territories“ des Vereinigten Königreiches.

Die sechs Quadratkilometer kleine Halbinsel ist bis auf das **Naturreservat Upper Rock** ziemlich stark bebaut. Zu Füßen der sanft abfallenden Westseite des Felsens liegt die **Stadt Gibraltar,** de-

Gibraltar

0 400 m

ren gesamte Altstadt von Mauern umgeben ist. An der schroffen Ostseite des Felsens sind die Klippen bis zu 426 Meter hoch. Hier befinden sich die zwei Buchten **Sandy Bay** und **Catalan Bay** mit einem kleinen Dorf, das von Seeleuten aus Genua gegründet wurde, die hier vor allem als Handwerker in den Werften arbeiteten.

An der südlichsten Spitze der Halbinsel steht am **Europa Point** ein Leuchtturm, hier erinnern Kanonen daran, dass Gibraltar stark verteidigt werden musste. Eine mehrere Kilometer lange Straße, die Europa Road, mit einem hervorragenden Panoramablick führt zum **Viewpoint,** der ebenfalls eine schöne Sicht auf die Meerenge bietet. Gibraltar umgibt eine Ringstraße, die teilweise durch den **Dudley Ward Tunnel** führt. Bevor man diese erreicht, muss man aber zunächst einmal über die Start- und Landebahn des **Flughafens** schreiten oder fahren, die bei Flugverkehr natürlich geschlossen ist.

Flaniert man durch die Straßen Gibraltars mit ihren englischen Straßenschildern und Telefonzellen, hat man im Grunde genommen weder den Eindruck in England noch in Spanien zu sein. Eine Kultur mit indischen, marokkanischen und portugiesischen Einschlägen auf andalusischem Boden erwartet hier den Besucher. Und dann sind da noch die Menschen, die nicht typisch spanisch und auch nicht typisch englisch aussehen, sondern beide Charakteristiken vereinen – Gibralteños eben.

Die offizielle **Sprache** in Gibraltar ist Englisch, was auch als erste Sprache in den Schulen unterrichtet wird, aber untereinander sprechen viele Gibralteños Spanisch. Oft kommt es zu einem fröhlichen Gemisch.

Ein **Tagesausflug** lohnt sich, allein schon, weil dieser außergewöhnliche Flecken Erde im Süden Spaniens große historische Bedeutung hat und weil die Halbinsel ein Knotenpunkt der abendländischen und orientalischen Welt ist – Gibraltar beherbergt zwei Kathedralen und weitere kleinere Kirchen, vier Synagogen, einen Hindutempel und eine Moschee. Trotz der unübersehbaren Ausrichtung auf den Massentourismus ist es übrigens keine gute Idee, Gibraltar an einem Wochenende zu besuchen – insbesondere am Sonntag sind zahlreiche Sehenswürdigkeiten geschlossen, und in der Regel fährt auch die Seilbahn zum Upper Rock an diesem Tag nicht.

Die behaarten Hüter der britischen Krone

Gibraltar soll britisch bleiben, sagen die Briten – bis zu dem Tag, an dem es auf dem Felsen keine **Affen** mehr gibt. Dementsprechend werden die possierlichen Tiere von einem speziell für sie zuständigen Sergeant der britischen Armee gehegt und gepflegt, und ihr Bestand wird zuweilen mit neuen Artgenossen aus Marokko aufgefrischt. So ganz will der Eindruck von in freier Wildnis lebenden Affen aber nicht aufkommen. Man hat das Gefühl, sie sind sich ihrer Bedeutung durchaus bewusst, tanzen sie doch den Leuten zuweilen gern auf der Nase herum, und auch von schmerzhaften Bissen in allzu zutrauliche Hände wird berichtet. Anzutreffen sind die Makaken im Naturpark Upper Rock, meist in der Nähe der Tunnel der Großen Belagerung, oder an ihrem Bau, dem Apes' Den an der Queen's Road.

Geschichte

Am Fuße des Felsens von Gibraltar begann im Jahre 711 die faszinierende islamische Geschichte Spaniens, als eine mehrere tausend Mann starke **muslimische Armee** an den Ufern landete. Schon im 8. Jh. errichteten die Mauren eine Burg zur Verteidigung des Felsens. Sie wurde im 14. Jh. verändert, und unter *Karl V.* bekam die komplette Festungsanlage ein neues Gesicht. Nur die **Torre La Calahorra,** der am Ende der Exkursion durch das Naturreservat Upper Rock zu besichtigen ist, erinnert noch an maurische Zeiten.

Bis zum Jahr 1309, als der Statthalter von Tarifa, *Guzmán el Bueno,* die Halbinsel zum ersten Mal angriff, gaben die Mauren sie nicht mehr aus ihren Händen. Das 14. Jh. war geprägt von ständigen **Schlachten zwischen Mauren und Christen,** die bis ins 15. Jh. andauerten, als die Christen sich endgültig wieder Gibraltars bemächtigten.

Aber die Halbinsel beherbergt noch ein ganz anderes Relikt arabischer Herkunft. Es ist klein, sehr agil und pelzig und nimmt mittlerweile allzu menschliche Züge an: die **Magot-Affen,** die einzigen frei lebenden Affen auf europäischem Boden. Sie wurden von den Berbern mitgebracht und gehören zur Gattung der schwanzlosen Meerkatzen, eine Makaken-Art, die es außerhalb Gibraltars nur in Asien und Nordafrika gibt.

Nachdem die Halbinsel wieder christlich geworden war, erfuhr ihre Geschichte im 18. Jh. eine entscheidende Wende. Dieses Mal lieferten sich Spanier, Franzosen, Engländer und Niederländer im Zuge des **Spanischen Erbfolgekrieges** einen harten Kampf, bis die Briten 1704 die Halbinsel einnahmen. Im Frieden von Utrecht 1713 wurde das Schicksal Gibraltars endgültig besiegelt, es blieb in **englischem Besitz.**

Spanien startete 1963 noch einmal den Versuch, seinen Anspruch auf Gibraltar vor der UNO geltend zu machen. Im Jahr 1967 kam es dann zu einer **Volksabstimmung auf Gibraltar** mit klarer Mehrheit zugunsten Großbritanniens. Als Folge dessen schloss Spanien 1969 kurzerhand seine Grenzen zur britischen Kolonie, eine Verbindung bestand nur zu Wasser und in der Luft. Das hieß konkret: Reisende mussten von Algeciras mit der Fähre nach Marokko (Tanger) übersetzen, um von dort aus wiederum nach Gibraltar zu gelangen. Auch die nicht geringe Zahl an andalusischen Arbeitskräften fiel aus, die hauptsächlich durch Marokkaner ersetzt wurden. Nach 1975 lockerte man diese Handhabe, 1985 standen die Grenzen endgültig wieder für den Verkehr offen. Für viele Andalusier war eine Fahrt nach Gibraltar ein willkommener Ausflug, um Produkte wie Schokolade oder Alkoholika zu kaufen, die es auf dem spanischen Festland nicht gab. Spätestens seit der Öffnung des europäischen Binnenmarktes 1993 haben diese **„Butterfahrten zu Lande“** ihren Reiz für die andalusische Bevölkerung verloren, weil nun auch spanische Geschäfte diese Produkte in den Regalen haben.

Händler ganz anderen Kalibers nutzten und nutzen ebenfalls die Öffnung der Grenzen. Es kam zu einem regen **Haschischhandel** über Gibraltar, gegen den die öffentlichen Instanzen Gibraltars herzlich wenig unternahmen. Dies hatte auf spanischer Seite strenge Kontrollen zur Folge, die den Besuchern noch heute lange Autowarteschlangen bei der Ausfahrt bescheren.

Grundsätzlich gilt, dass Entscheidungen nicht endgültig ohne Gibraltar getroffen werden können, denn bei Veränderungen des Status quo sieht die 1969 verabschiedete Verfassung von Gibraltar ein Referendum vor. Die *Gibralteños* fürchten vor allem den Verlust ihrer bisherigen **Steuerfreiheiten:** Denn auch wenn die britische Kronkolonie Mitglied der Europäischen Union ist, ist sie von der Zollunion ausgeschlossen. Immerhin könnte Gibraltar den Ruf als beliebter Handelsplatz verlieren. Schließlich wird die Wirtschaft durch den Hafen als wichtiger Umschlagplatz für internationale Waren getragen, und rund 25.000 Firmen, darunter viele Wettbüros und Internet-Glücksspiele, sind in Gibraltar gemeldet.

2006 wurde von der spanischen Regierung unter *José Luís Zapatero* in Übereinkunft mit dem britischen Premier *Tony Blair* eine Serie von **Erleichterungen** für die Gibralteños beschlossen, die in der Einrichtung einer Fluglinie der Iberia von Madrid nach Gibraltar gipfelte. Weiterhin ungeklärt bleibt die Frage des künftigen Status des „Affenfelsens", da beißen die Spanier vor allem bei den Gibralteños schnell auf Granit. Auch das Thema Fischfangrechte führt immer wieder zu Konflikten, nicht selten werden spanische Fischerboote wegen unerlaubten Vordringens in britische Gewässer aufgehalten.

Sehenswertes

Sich in der Altstadt zu orientieren, ist nicht allzu schwer. Direkt bei der Stadtmauer kommt man zunächst auf den Casemates Square. Dahinter beginnt die zentrale Main Street, die sich quer durch die gesamte Altstadt gen Süden zieht. An der Main Street liegt **The Convent** bzw. **Governor's Residence,** ein ehemaliges Franziskanerkloster aus dem 16. Jh., das seit 1728 die offizielle Residenz des Gouverneurs von Gibraltar ist. Zum Gebäude gehört auch eine Garnisonskirche. Bei einer Tasse Kaffee kann man gemütlich der täglichen Zeremonie der Wachablösung gegenüber der Governor's Residence zuschauen, die zur gleichen Stunde stattfindet, wie die vor dem Buckingham Palace in London.

Die Main Street hinauf kommt man an der katholischen **Cathedral of Saint Mary the Crowned** vorbei, wo früher einmal eine Moschee stand. Die Straße rechts, die Bomb House Lane, führt direkt zum **Gibraltar Museum.** Hier wird die Geschichte Gibraltars unter anderem in einem 15-minütigen Film gezeigt. Der Besucher erfährt einiges über die verschiedenen Kulturen und Menschen, die das heutige Gibraltar ausmachen, ein Teil der Ausstellung beschäftigt sich mit der Flora und Fauna. Zum Museum gehören auch sehr gut erhaltene **maurische Bäder,** die unterhalb der Gebäude Bomb House und Ordiance House liegen. Die dortige **Passage of Time Gallery** führt den Besucher in eine Höhle.

■ **Gibraltar Museum,** Mo–Fr 10–18 Uhr, Sa 10–14 Uhr, So geschlossen. Eintritt 2 Pound.

Alameda Gardens

Hinter der Altstadt liegen am Fuße des Naturparks direkt bei der Seilbahnstation die Alameda Gardens, ein **Botanischer Garten,** in dem die schönsten

Pflanzen gedeihen. Der Brunnen The Dell plätschert sanft vor sich hin und wirkt wie eine Oase im geschäftigen Trubel der Stadt.

Naturreservat Upper Rock

Das Naturreservat bietet eine Fülle an Pflanzen wie Thymian, Schleifenblume und Vogelmiere und auch endemische Arten, d. h. solche, die nirgends sonst wachsen. Gibraltar war schon immer Sammelpunkt für viele **Vögel,** die im Winter aus Nordeuropa gen Afrika ziehen. Innerhalb des Reservats warten einige Attraktionen auf den Besucher. Neben den Makaken bietet auch das Innere des Felsens einige Überraschungen: Quer hindurch haben während der großen Belagerung in den Jahren von 1777 bis 1782 fleißige Hände einen Verteidigungstunnel, **The Great Siege Tunnels,** geschlagen. Eine spanisch-französische Armee von rund 40.000 Mann belagerte 1782 die Stadt und beschoss sie permanent. Gibraltar aber wurde von der nur mehrere tausend Mann starken Armee erfolgreich verteidigt. Etwa eine Viertelstunde läuft man durch den teilweise nur kopfhohen Tunnel bis zur Ostseite des Felsens, wo sich dem Betrachter ein schöner Blick auf die Klippen eröffnet. Der Fels ist durchzogen von Gängen, die unter anderem als Munitionslager dienen und natürlich nicht zugänglich sind.

Von der Natur hervorgebracht ist die beeindruckende Tropfsteinhöhle **St. Michael's Cave.** In einem Teil der Höhle finden im Sommer Konzerte und Theateraufführungen statt.

Die maurische Burg **Medieval Castle** am Ende des Parks stammt zum Teil aus dem 8. Jh. Die Inneneinrichtung versetzt den Besucher kurzzeitig in maurische Zeiten, das Mobiliar ist marokkanisch.

Der Naturpark ist durchaus sehenswert, zur Hauptreisezeit allerdings treten sich die Besucher zeitweise gegenseitig auf die Füße. Ein kleines Lunchpaket zur Stärkung sollte mitgenommen werden, da die Preise für Speisen im Park die Schmerzgrenze klar überschreiten.

Es gibt eine offizielle **„Rock-Tour"** mit Taxi oder Minibus *(coach)* von etwa 90 Min., die an den verschiedenen Besichtigungspunkten haltmacht, die Veranstalter warten v. a. an der Basisstation der Seilbahn auf Kundschaft. Ansonsten bietet sich die **Seilbahn** an. Oben angekommen, kann man durch den Park spazieren. Dafür muss man allerdings einen beachtlichen Fußmarsch von etwa 3 Std. einkalkulieren, wenn man alle Attraktionen besichtigen will.

■ **Öffnungszeiten:** Sommer 9.30–19 Uhr, Winter 9.30–17 Uhr, **Eintritt** in die Monumente pauschal 8 Pound/13 €, Kinder zahlen die Hälfte, Pkw 1,50 Pound/2 €, als Fußgänger an der Kontrollstelle 0,50 Pound. Es gibt aber auch die Möglichkeit, gratis in einer kurzen (ca. 20 Min.), allerdings schweißtreibenden Wanderung den Apes Den bei der Mittelstation zu erreichen: Am nördlichen Ende der Prince Edward's Road zweigt bergan die Devil's Gap Road ab, ein auffällig in den britischen Nationalfarben bemalter Treppenweg. Am Ende ist eine Treppe mit Geländer und der Aufschrift „To Apes" zu erklimmen, danach geht es einen holprigen Wanderweg bergauf. Am Ende links auf den „Rough Track" bergauf bis zur Asphaltstraße Queen's Road, dort rechts gegen die Fahrtrichtung unter der Mittelstation der Seilbahn hindurch zum Affenfelsen.

Seilbahn

Die Station der Seilbahn *(cable car)* zum **Upper Rock** befindet sich direkt am Fuß desselben an der Alameda Grand Parade (mit großem Parkplatz). Der Weg dahin führt die Main Street hinauf durch die Stadtmauer, am Kino vorbei und die Red Sands Road hoch. Von der Grenze sind ca. 45 Minuten Fußweg zu kalkulieren.

■ **Öffnungszeiten:** Im Winter Mo–Sa 9.30–18 Uhr (letzte Seilbahn zum Gipfel um 17.15 Uhr, zur Bodenstation um 17.45 Uhr), So geschlossen; im Sommer (1.4. bis 31.10.) letzte Seilbahn jeweils 2 Std. später, So geöffnet. Hin- und Rückfahrt ca. 12 Pound inkl. Stopp bei Apes Den und Multimedia-Konsole, Eintritte extra. Vorteil der Minibus-Tour: geringfügig günstiger, man spart sich die langen Fußmärsche und bekommt einige Erklärungen; Nachteil ist, dass man warten muss bis sich insgesamt vier Interessenten gefunden haben, und man kann sich die Zeit bei den Attraktionen (gehen natürlich extra) nicht frei einteilen. Eine Taxitour dauert 1–2 Stunden und kostet mind. 25 Pounds pro Person. Aktuelle Preislisten *(price list)* unter www.gibtaxi.com (Tel. siehe unten unter Taxi).

Wie so oft bei Touristenattraktionen, sind am Upper Rock die Preise für Essbares „gesalzen".

Praktische Informationen

Ein- und Ausreise

Ein gültiger **Personalausweis** ist ausreichend. Kinder benötigen ein eigenes Dokument. Es gibt grundsätzlich keine Autogebühren oder Eintrittsgebühren für Gibraltar. Betrüger verkaufen gerne „Eintrittskarten", die man gar nicht benötigt, bereits nahe der Grenze!

Um aus Gibraltar wieder herauszufahren, muss mit einer **Wartezeit** von einer Stunde oder mehr gerechnet werden, denn die *guardía civil* kontrolliert sehr streng am Grenzübergang. Viele empfinden das als Schikane, und so wurde dagegen auch schon eine europäische Bürgerinitiative ins Leben gerufen.

Häufig muss auch schon bei der Einreise mit dem eigenen Vehikel mit längerer Wartezeit gerechnet werden.

Es gilt **Rechtsverkehr,** die Grüne Versicherungskarte für Autofahrer sollte vorhanden sein.

Information

■ **Gibraltar Tourist Board,** am Flughafen: Air Terminal Building Arrivals Hall, Tel. 00350.472.27, www.visitgibraltar.gi; zentrale Tourist Information am Casemates Square, Tel. 00350.200.749.82, Mo–Fr 9–17.30 Uhr, Sa 10–15 Uhr, So 10–13 Uhr; Hauptinformation: nahe Gibraltar Museum, Duke of Kent House, Cathedral Square, Tel. 00350.200.749.50. Öffnungszeiten: Mo–Fr 9–17 Uhr, So am Flughafen 9–16.30 Uhr.

Service

■ **Polizei:** Tel. 199 oder 200.725.00.

■ **Passbehörde:** 6 Convent Place, Tel. 200.700.71.

■ **Medizinischer Notfall:** Tel. 199 oder Krankenhaus St. Bernard's Hospital, Tel. 200.797.00.

■ **Post:** Im mittleren Bereich der Main Street, Tel. 200.756.62.

■ **Taxi:** Gibraltar Taxi Association, 19 Waterport Wharf, Tel. 200.700.52. Radio Taxi Tel. 200.700.27, Gibraltar Mini Cabs (Private Anmietung) Tel. 200.799.99.

■ **Telefon:** Landesvorwahl von Deutschland 00 350; Vorwahl von Gibraltar 9567.

■ **Internetcafé: Café Cyberworld,** Ocean Hights Gallery Arcade Unit 14–16, zwischen Queensway und Line Wall Road, bislang konkurrenzlos.

Geld

Bezahlt wird mit dem **Gibraltar Pound,** dem der gleiche Wechselkurs wie dem Britischen Pfund zugrunde liegt. Man kann auch in Euro bezahlen, hierbei macht der Einkäufer aber ein kleines Verlustgeschäft. Ist ein größerer Einkauf geplant, tauscht man besser Geld in den zahlreichen Banken und Wechselstuben. Vorsicht: Das Gibraltar Pound wird man außerhalb Gibraltars kaum los!

■ **Wechselkurs:** 1 Pound = 1,21 €, 1 € = 0,83 Pounds (Stand Juni 2014).

Essen und Trinken

In Gibraltar dominiert die englische Küche. Es gibt einige Restaurants um die Main Street herum, von denen aber keines besonders hervorsticht. Überhaupt bezahlt man hier wesentlich mehr als in Andalusien, um den hungrigen Magen zu beruhigen.

Direkt beim **Gibraltar Museum** kann in dem angegliederten Restaurant die Küche Gibraltars probiert werden, z. B. *calentita,* eine Art Fladen aus Kichererbsen, Öl, Wasser, Salz und Pfeffer.

Casino

■ **Stakis Casino Gibraltar,** 7 Europa Road. Für diejenigen, die mal so richtig auf den Putz hauen und die Glamourwelt von Gibraltar erleben möchten. Geöffnet ab 21 Uhr.

Einkaufen

Zahlreiche Geschäfte konzentrieren sich um die **Main Street** mit Seitengassen. Gibraltar ist ein Umschlagplatz für internationale Waren, viele kommen hierher, um günstig Spirituosen und Zigaretten zu kaufen. Darauf sind viele Geschäfte ausgerichtet. (Auf die Preise achten! Manches Produkt ist nicht unbedingt günstiger als in Andalusien.) Englische Schokolade erfreut sich großer Beliebtheit, aber auch Parfum und schöne Stoffe kann man erstehen. Öffnungszeiten: 9–19.30 Uhr, teilweise sind die Läden auch sonntags geöffnet.

Gehbehinderteneinrichtungen

Scheint dieses Thema in Andalusien noch nicht sehr präsent zu sein, versucht man sich in Gibraltar auf Gehbehinderte einzustellen. Toiletten für Rollstuhlfahrer: in Eastern Beach, Little Bay, am Marktplatz, an der Piazza, im International Commercial Centre am Ende der Main Street (in nördlicher Richtung). Rollstuhlfahrer haben derzeit freien Eintritt in folgenden Sehenswürdigkeiten: Upper Rock (schwer zu erreichen), Alameda Gardens, Gibraltar Museum.

Unterkunft

Gibraltar ist nicht gerade billig. Hier gibt es vor allen Dingen teure Hotels, man kann sich günstiger in einem andalusischen Ort nahe Gibraltar niederlassen.

■ **Cannon Hotel**③, 9 Cannon Lane, Tel. 200.517. 11. Im historischen Zentrum, hinter der Kirche St. Mary the Crowned. Das Gebäude kann mit einem für die alten Häuser Gibraltars typischen Innenhof aufwarten. DZ mit Waschbecken oder Bad.

■ **Emile Youth Hostel**①, Montagu Bastion Line Wall Road, Tel. 200.511.06, www.emilehostel.net. Eine Art Jugendherberge für junge Leute im Zentrum, die preislich die beste Alternative in Gibraltar darstellt. Dementsprechend groß ist natürlich der Andrang. Inkl. Frühstück. Gegen Aufpreis auch EZ und DZ.

Camping

Die Gibraltar am nächsten liegende Campings sind der größere und etwas luxuriöser ausgestattete Platz **Camping La Casita** bei San Roque, 2. Kat., Tel. 956.78.00.31, www.campinglacasita.com, ganzjährig geöffnet, direkt an der Landstraße N-340 Richtung Estepona bei km 126,200, und der etwas einfachere, aber strategisch noch günstiger gelegene Platz **Camping Sur Europa,** 3. Kat., in La Línea (Näheres siehe dort).

Anfahrt

Um aufreibendes Parkplatzsuchen und lange Autowarteschlangen zu vermeiden, kann es in der HS sinnvoll sein, **im Grenzdorf La Línea** zu **parken** (gebührenpflichtig, keine Wertsachen im Wagen lassen!) und einen Pendelbus nach Gibraltar zu nehmen. Sehr gute Verbindungen: Linie 3 bis Seilbahn-Basisstation bzw. Europa Point spart ab Grenze ca. 45 Min. bzw. 2 Std. Fußweg. Parkplätze innerhalb Gibraltars gibt es hinter der Landebahn im ersten Kreisverkehr rechts die Bayside Road hoch oder in der Nähe der Main Street, des Weiteren an der Seilbahnstation und im Süden am Keightley Way und in der Nähe des Europa Points. Auch im Osten der Insel am Catalan Bay ist ein öffentlicher Parkplatz vorhanden. Falschparken kann böse enden. Sollte der Wagen abgeschleppt bzw. mit einer Parkkralle *(clamp)* festgesetzt werden, kann man sich an folgende Adresse wenden: Gibraltar Security Services im Queensway Car Park, Reclamation Road, Tel. 200.769.99 oder 200.570.00.

Verkehrsverbindungen

- **Bus:** In der Regel ist es empfehlenswert, eine Busverbindung von den verschiedenen Städten Andalusiens zum spanischen Grenzdorf La Línea zu wählen, die sind nämlich günstiger als die Ausflugsbusse, die direkt nach Gibraltar fahren.
- **Fähre:** Verbindung mit Tanger, Tourafrika International LTD, Unit G 10, International Commercial Centre, Casemates (Tel. 200.776.66, 200.794.10).

Algeciras

Mit seiner für den Schiffsverkehr bedeutenden Lage ist Algeciras **eine der wichtigsten Hafenstädte Spaniens,** die dementsprechend auch Industrie anlockt. Rund 3,3 Millionen Passagiere checken hier jährlich ein und aus. Auch viele Nordafrikaner, die beispielsweise aus Frankreich jeden Sommer anreisen, um in die Heimat zu gelangen, nehmen hier die letzte Etappe in Angriff. Als Pforte zu Nordafrika blüht in der Stadt aber auch der **Drogenhandel,** insbesondere mit Haschisch. Die *Guardía Civíl* kontrolliert deshalb besonders streng, und damit ist nicht zu spaßen. Insgesamt ist die Stimmung skurril, aber interessant. Vorsicht beim Parken ist geboten, der Wagen ist sicherlich auf dem Hafenparkplatz besser untergebracht als in den Straßen.

Algeciras ist eine **moderne Stadt,** die keine großartigen historischen Bauten vorzuweisen hat, dafür aber ein buntes internationales Treiben rund um den Hafen und einen ebenso bunt gekachelten Bahnhof im andalusischen Baustil. Von hier aus gelangt man über die Calle San Bernado, die in die Calle Juan de la Cierva übergeht, zur Touristeninformation und zum Hafen. In der Bucht schimmern abends die Lichter des gegenüberliegenden Gibraltar.

Praktische Informationen

Information

- **Oficina de Turismo,** c/ Juan de la Cierva, Tel. 956.78.41.31.

Unterkunft

Algeciras ist kein gemütlicher Urlaubsort, sondern eher Zwischenstation für Reisende von und nach Nordafrika. Dementsprechend finden sich im Hafenviertel einige Pensionen. Ein Blick ins Zimmer, bevor das „Ja-Wort" gegeben wird, ist ratsam, da sie zum Teil innerhalb eines Hostals unterschiedlich gut ausgestattet sind.

- **Pension El Estrecho****/①, Avda. Virgen del Carmen 15, Tel. 956.65.35.11. Direkt mit Blick auf das lebhafte Hafengeschehen.

Verkehrsverbindungen

- **Fähre:** Von der *estación marítima* fahren die Fähren nach Ceuta und Tanger, hier halten auch die Europabusse.
- **Zug:** Der Bahnhof befindet sich an der Carretera de Cádiz, der Straße, die nach Cádiz führt.
- **Bus:** Von der c/ San Bernado 1 fahren Busse Richtung Cádiz, Tarifa, Jerez und Sevilla, von der c/ Virgen del Carmen 15 fahren Busse zu verschiedenen Orten an der Costa del Sol und nach Granada.

an14-063 ba

8 Praktische Reisetipps A–Z

Die Plaza de España in Sevilla

Anreise

Mit dem Flugzeug

Die meisten Reisenden aus Mitteleuropa wählen das Flugzeug, um in den Süden Spaniens zu gelangen. Die Vorzüge liegen auf der Hand: Nach etwa **drei Stunden Flug** (von Frankfurt/Main) kommt man frisch und ausgeruht vor Ort an, die Zeitersparnis wird nicht einmal durch höhere Kosten bestraft.

Andalusien verfügt über **sechs Flughäfen,** die größten sind **Málaga** und **Sevilla.** Darüber hinaus sind als mögliche Zielflughäfen noch Almería, Granada und Jerez de la Frontera zu nennen.

Nonstop-Verbindungen aus dem deutschsprachigen Raum mit Linienfluggesellschaften bestehen mit Lufthansa von Frankfurt, Düsseldorf und München nach Málaga und mit Swiss von Zürich nach Málaga.

Daneben gibt es **Umsteigeverbindungen** nach Andalusien, die zwar billiger sein können als die Nonstop-Flüge, bei denen man aber auch eine längere Flugdauer einkalkulieren muss. Diese sind mit den oben genannten Fluggesellschaften von anderen Flughäfen im deutschsprachigen Raum möglich, aber auch z. B. mit Alitalia über Rom nach Málaga, mit Brussels Airlines über Brüssel nach Málaga oder mit Iberia über Madrid nach Málaga und Sevilla.

Flugpreise

Ein Economy-Ticket von Deutschland, Österreich und der Schweiz hin und zurück nach Málaga oder Sevilla bekommt man je nach Jahreszeit und Aufenthaltsdauer **ab knapp über 100 €** (inkl. aller Steuern, Gebühren und Entgelte). Am teuersten sind Flüge in der Hauptsaison in den Sommerferien sowie über Weihnachten und Neujahr – dann sind die Preise besonders hoch und können über 300 € betragen.

Kinder unter zwei Jahren fliegen ohne Sitzplatzanspruch für 10 % des Erwachsenenpreises; für ältere Kinder werden die regulären Preise je nach Airline um 25–50 % ermäßigt. Ab dem 12. Lebensjahr gilt der Erwachsenentarif.

Indirekt sparen kann man als **Mitglied eines Vielflieger-Programms** wie www.staralliance.com (Mitglieder u. a. Austrian Airlines, Lufthansa, Swiss), www.skyteam.com (Mitglieder u. a. Alitalia) sowie www.oneworld.com (Mitglieder u. a. Iberia). Die Mitgliedschaft ist kostenlos. Bei Flügen mit Fluggesellschaften innerhalb eines Verbundes reichen die gesammelten Flugmeilen dann vielleicht schon für einen Freiflug bei einer der Partnergesellschaften beim nächsten Flugurlaub. Bei Einlösung eines Gratisfluges ist langfristige Vorausplanung nötig.

Buchung

Für die Tickets der Linienfluggesellschaften bekommt man bei folgendem zuverlässigen Reisebüro meistens günstigere Preise als bei vielen anderen:

- **Jet-Travel,** In der Flent 7, 53773 Hennef, Tel. 02242-86.86.06, www.jet-travel.de. Buchungsanfragen oder Online-Buchungen auf der Website unter der Auswahl „Flüge".

Mini-„Flug-Know-how“

Check-In

Nicht vergessen: Ohne einen gültigen Reisepass oder Personalausweis für EU-Staatsbürger und Schweizer kommt man nicht an Bord. Kinder benötigen einen eigenen Reisepass.

Bei innereuropäischen Flügen sollte man mindestens eine Stunde vor Abflug am Schalter der Airline eingecheckt haben. Je nach Fluggesellschaft kann man den Check-In ab 23 Stunden vor Abflug auch vorab **zu Hause** im Internet erledigen und muss am Flughafen nur die ausgedruckte Board-Karte vorlegen und sein Gepäck am entsprechenden Schalter abgeben. Manche Fluglinien bieten auch die Übermittlung des Board-Karten-Barcodes aufs Handy oder Smartphone an – interessant für Passagiere, die nur mit Handgepäck reisen.

Das Gepäck

In der **Economy Class** darf man pro Person in der Regel ein Handgepäckstück bis zu 10 kg in die Kabine mitnehmen (i. d. R. nicht größer als 55 x 40 x 20 cm; exakte Maße auf der Website der jeweiligen Fluggesellschaft) und bei Bedarf zusätzlich ein Gepäckstück bis zu 23 kg einchecken. In der **Business Class** sind es pro Person meist zwei Handgepäckstücke (insgesamt nicht mehr als 12 kg) und ein Gepäckstück bis zu 30 kg zum Einchecken.

Aufgepasst: Bei **Billigfluggesellschaften** gelten andere Gewichtsklassen, und das aufgegebene Gepäck muss zusätzlich zum Flugpreis bezahlt werden. Man sollte sich beim Kauf des Tickets über die Bestimmungen der Airline informieren.

Beim Packen des **Handgepäcks** sollte man darauf achten, dass man Getränke oder vergleichbare Substanzen (Gel, Parfüm, Shampoo, Creme, Zahnpasta, Suppe, Käse, Lotion, Rasierschaum, Aerosole etc.) nur in geringen Mengen bis zu jeweils 100 ml mit ins Flugzeug nehmen darf. Diese Substanzen muss man separat in einem durchsichtigen Plastikbeutel (z. B. Gefrierbeutel) transportieren, den man beim Durchleuchten in eine der bereitstehenden Schalen auf das Fließband legen sollte. Auch das Notebook oder Smartphone muss in eine solche Schale gelegt werden. Hat man einen Gürtel mit einer Schnalle aus Metall, muss man diesen ausziehen und ebenfalls in die Schale legen, da sonst in der Regel der Metalldetektor anschlägt und man vom Flughafenpersonal abgetastet werden muss.

Aus **Sicherheitsgründen** dürfen Nagelfeilen sowie Messer und Scheren aller Art, also auch Taschenmesser, nicht im Handgepäck untergebracht werden. Diese Gegenstände sollte man unbedingt daheim lassen oder im aufzugebenden Gepäck verstauen, sonst werden sie bei der Sicherheitskontrolle einfach weggeworfen. Auch leicht entzündliche Gase in Sprühdosen (Schuhspray, Campinggas, Feuerzeugfüllung), Benzinfeuerzeuge, Feuerwerkskörper etc. dürfen nicht im Koffer oder dem Handgepäck transportiert werden.

an14-054 nk

Billigfluglinien

Preiswerter geht es mit etwas Glück nur, wenn man bei einer Billigairline **online bucht,** die Buchungsbestätigung wird per E-Mail zugeschickt. Zur Bezahlung wird in der Regel eine Kreditkarte verlangt. Bei einigen Anbietern muss man unbedingt vor dem Einchecken die Boardingkarte selbst ausdrucken.

Im Flugzeug gibt es oft **keine festen Sitzplätze,** sondern man muss sich anstellen und einen freien Platz suchen oder bekommt ihn vom Flugpersonal zugewiesen. Sowohl aufgegebenes **Gepäck** als auch **Verpflegung** werden oft extra berechnet, lediglich Handgepäck (gültige Maße bei der jeweiligen Fluggesellschaft zum Beispiel auf der Internetseite checken!) darf mit ins Flugzeug genommen werden.

- **Air Berlin,** www.airberlin.com: Nach Málaga, Jerez de la Frontera, Sevilla und Almería von vielen deutschen, österreichischen und schweizerischen Flughäfen (häufig mit Umsteigen in Palma de Mallorca, teilweise aber auch direkt).
- **Easy Jet,** www.easyjet.com: Nach Málaga von Berlin-Schönefeld, Basel/Mühlhausen und Genf sowie nach Sevilla von Genf.
- **Germanwings,** www.germanwings.com: Nach Málaga von Stuttgart und Berlin.
- **Ryan Air,** www.ryanair.com: Nach Málaga von Hahn im Hunsrück, Düsseldorf-Weeze am Niederrhein und Bremen, nach Jerez de la Frontera von Hahn im Hunsrück und Düsseldorf-Weeze (nicht das gesamte Jahr).

Last Minute

Deutliche Ermäßigungen sind ab etwa 14 Tage vor Abflug im Angebot, sofern noch Plätze im Flugzeug zu füllen sind. Diese Last-Minute-Flüge sind bei Spezialisten buchbar:

- **L'Tur,** www.ltur.com
- **Lastminute,** www.lastminute.de
- **5 vor Flug,** www.5vorflug.de
- **Holiday Check,** www.holidaycheck.at

Mit dem Auto

Wer mit dem eigenen fahrbaren Untersatz vor Ort **flexibel** sein möchte oder als Camper unterwegs ist, muss sich über die **relativ hohen Anfahrtskosten** im Klaren sein. Schon die Benzinrechnung fällt hoch aus, etwa dreieinhalb Tankfüllungen sind bei der Anfahrt aus dem mittleren Teil Deutschlands einzukalkulieren. Hinzu kommen je nach Route ca. 90 € Mautgebühren in Spanien und Frankreich, was insgesamt schon teurer ist als ein (günstiger) Flug.

Bei der Anfahrt aus Süddeutschland ist mindestens eine **Übernachtung** einzuplanen, bei Distanzen von mindestens 2.300 Kilometern z. B. aus dem Raum Köln sind für Autolenker aus dem Westen Deutschlands auf jeden Fall zwei Zwischenstopps ratsam.

Zu berücksichtigen ist auch, dass seit März 2013 in Frankreich Auto- und Motorradfahrer einen **Alkoholtest** *(Éthylotest)* parat halten müssen. Manche deutsche Apotheke führt das Pusteröhrchen, es kann aber auch an französischen Tankstellen gekauft werden. Wer darauf verzichtet, muss momentan (noch) keine Konsequenzen befürchten.

Grob gesagt kann man **zwei Hauptrouten** unterscheiden: die westliche und die östliche Route.

Westliche Route

Die westliche führt **über Paris an der französischen Atlantikküste entlang durch das Baskenland nach Madrid** und von dort weiter ins nordöstliche Andalusien – sie ist vor allem für Reisende aus dem (Nord-)Westen Deutschlands von Interesse. Letzte Station in Deutschland ist in jedem Fall Aachen, dann geht es weiter über Liège und Namur nach Paris, von dort über Orléans, Tours, Bordeaux, Biarritz, San Sebastian, Bilbao und Burgos bis Madrid. Von dort führt die N-IV über den Pass Despeñaperros auf andalusischen Boden. In Bailén gabelt sich die Strecke: Nach Westen geht es in Richtung Córdoba, Sevilla und Cádiz, die Südroute führt über Jaén nach Granada, Málaga und Almería.

Östliche Route

Die östliche Variante verläuft in jedem Fall **über Lyon und dann weiter über Perpignan entlang der spanischen Mittelmeerküste.** Vor allem bei der Fahrt durch die Schweiz sind bei dieser Route die landschaftlichen Reize insgesamt wohl größer.

Um **nach Lyon** zu gelangen, sind grob drei Wege zu unterscheiden: Für Reisende aus dem Westen kann die Fahrt über Trier, Luxemburg, Metz, Nancy und Beaune eine zeitsparende Alternative zur Westroute sein; kommt man aus dem Südwesten, ist die Route über Freiburg, Mulhouse und weiter über Besançon zu empfehlen; für Südbayern und Österreicher ist die Fahrt über Lindau durch die Schweiz nach Genf zu erwägen.

Von Lyon geht es weiter über Valence, Nimes, Montpellier und Narbonne zur spanischen Grenze bei La Junquera. Man umfährt Barcelona, folgt der A-7/E-15 nach Castellón und Valencia. Dort erreicht man über Alicante und Murcia die Grenze zur Autonomen Region Andalusien bei Puerto Lumbreras. Nun muss man zwischen der A-92-N nach Granada und der E-15 nach Almería entscheiden.

Routenvorschläge & Mautgebühren

Wer sich über die optimale Route von seinem Wohnort aus nicht ganz im Klaren ist, kann sich Streckenvorschläge auf den **Websites der Automobilclubs** zeigen lassen, dort werden die jeweiligen Etappen, Fahrtzeiten und Mautkosten aufgelistet (www.adac.de: „Reise & Freizeit/Routenplanung"; www.oeamtc.at: „Reise & Freizeit/Routenplaner"; www.tcs.ch: „Routenplaner").

In Andalusien gibt es zwei gebührenpflichtige Autobahnabschnitte: die **A-4** zwischen Sevilla und Jerez und das südliche Teilstück kurz vor Puerto Real sowie die **Küstenautobahn** zwischen Málaga und Estepona mit einer saisonal schwankenden Abgabe – schon die Fahrt von Málaga nach Marbella schlägt mit mind. 4,60 € zu Buche. Der zeitliche Gewinn gegenüber der gut ausgebauten Landstraße N-340 ist mit etwa 30 Minuten gering und lohnt die Maut nur, wenn man es wirklich eilig hat. Auch die teure Raststätte muss nicht unbedingt sein. Der östliche Abschnitt Fuengirola – Almuñecar ist noch gebührenfrei (www.autopistadelsol.com).

Autozug

Wer den sommerlichen Autostau Richtung Süden lieber vermeidet, kann auch den Autozug von Berlin, Düsseldorf, Neu Isenburg und Hamburg **zum südfranzösischen Ort Narbonne** in Erwägung ziehen. Von dort fährt man dann nur noch 140 km bis zur spanischen Grenze. Die 1570 km lange Fahrt dauert z. B. ab Hamburg rund 22 Stunden, der Urlauber erreicht gegen 11 Uhr ausgeschlafen Narbonne. Ab Berlin kann man die Strecke nach Narbonne je nach Datum und Buchungszeitpunkt für 438–1198 € zum Spezialpreis und 778–1338 € zum Normalpreis für eine einfache Fahrt mit Pkw und zwei Personen im Liegewagen buchen. Nicht zu verachten: Man spart eine Zwischenübernachtung, Benzingeld, Autoverschleiß und Maut ein.

- **DBAutoZug**, www.dbautozug.de

Mit dem Bus

Von Pauschalreisen abgesehen (Information und Buchung in vielen Reisebüros) gibt es bedingt durch die langjährige Gastarbeiter- und Urlaubertradition **gute Linienbusverbindungen** zwischen Deutschland und Spanien. Von vielen deutschen Großstädten wird mehrmals die Woche Sevilla angesteuert, teils direkt, teils mit Umsteigen in Barcelona, von wo es mit direkten Anschlussbussen weitergeht. Die Kosten belaufen sich auf etwa 150–170 € (einfach) bzw. 250–280 € Euro (hin und zurück). Kinder unter 12 Jahren zahlen die Hälfte, unter 4 Jahren 20 % des Fahrpreises. Auf allen

an14-055 nk

Plaza de España in Vejer de la Frontera

Routen erhalten Studenten mit Ausweis 10 % Rabatt, alle Tickets können mit festem oder offen gelassenem Rückreisetermin gebucht werden. Die Fahrzeit bis Sevilla beträgt je nach Ausgangsort rund 30 bis 35 Stunden.

Die Mitnahme von **Reisegepäck** ist auf zwei Gepäckstücke in Koffermaßen und ein Handgepäck pro Person begrenzt, das Handgepäck ist frei. Wenn es die Gepäckraumkapazität zulässt, kann nach Ermessen der Fahrer ein drittes Gepäckstück gegen eine Gebühr von 5 € mitgenommen werden. Die Mitnahme von **Fahrrädern** ist in aller Regel nicht möglich.

Wichtig: Die **Reservierung** für die Rückfahrt (Rückbestätigung) muss für offen gelassene Rückfahrttermine vier Tage vor Fahrtantritt am Zielort durchgeführt werden, wofür vor Ort eine Gebühr von 3 € erhoben wird.

Vor allem für Preisbewusste, die sich nicht Ewigkeiten im Voraus festlegen wollen, ist der Bus eine gute Wahl. Während bei der Bahn oder den Billigfliegern die preiswerten Kontingente meist nur bei langfristiger Vorbuchung zu haben sind, lässt sich so ein Busticket auch noch relativ kurzfristig erhaschen.

Tickets gibt es online oder per Post z. B. bei Gleisnost (s. u.).

Mit der Bahn

Im reinen Vergleich der Fahrzeiten (je nach Ausgangsort 20–27 Stunden für die einfache Fahrt) und auch beim Preis (je nach Ausgangsort, Zeitpunkt der Buchung und gewählter Verbindung 150–350 € für die einfache Fahrt) ist die Bahnfahrt dem Flugzeug meist unterlegen. Die Anreise mit dem Zug nach Andalusien ist dennoch nicht nur etwas für Exoten und Flug-Ängstliche: Es hat durchaus seinen **Reiz,** unseren Kontinent mit dem Zug zu durchqueren und immer mittendrin in den sich verändernden Landschaften und Stimmungen zu sein. Auch bietet die Reise mit der Bahn die Möglichkeit, in den vielen interessanten Orten unterwegs die Fahrt für ein paar Stunden oder Tage zu unterbrechen und so, „en passant", einfach mehr als nur den eigentlichen Zielort kennenzulernen.

Wer ohne solche Zwischenstopps auf dem **schnellsten Weg nach Andalusien** will, hat folgende Möglichkeit: Zunächst geht es ab Deutschland mit TGV, ICE oder CityNightLine nach Paris. Die Ankunftszeit wählt man bis spätestens Mittag. Je nach Ankunftsbahnhof ist in Paris dann ein Wechsel zum Gare de Lyon erforderlich, was aber per Metro das kleinste Problem ist. Vom Gare de Lyon fährt gegen 14 Uhr ein direkter TGV bis Barcelona, der dort gegen 20 Uhr eintrifft. Um 22 Uhr startet der Nachtzug nach Madrid Chamartin, Ankunft gegen 7.30 Uhr und erneuter Bahnhofswechsel. Weiter geht es von Madrid Atocha gegen 9 Uhr mit dem Hochgeschwindigkeitszug AVE in nur 3 Stunden bis Sevilla oder Málaga. Córdoba ist sogar schon nach 2 Stunden erreicht. Wer seine Reise in Barcelona unterbricht, kann von dort täglich morgens mit einem direkten Schnellzug bis Sevilla und Málaga in weniger als 6 Stunden fahren. Bei der Freiburger Bahn-Spezial-Agentur Gleisnost (s. u.) gibt es für den Bahnhofswechsel in den genannten Städten eine detaillierte Beschreibung sowie für Paris auch das Metro-Ticket. Bahnfahrkarten, die dort für die spanischen Strecken erworben werden, gelten auch für die S-Bahnen zwischen den relevanten Bahnhöfen in Madrid und Barcelona.

In naher Zukunft werden sich die Zugverbindungen aus Mitteleuropa nach Andalusien deutlich verbessern: Über die **neue Strecke** von Perpignan Richtung Barcelona **unter den Pyrenäen hindurch** werden mehr und mehr internationale Hochgeschwindigkeitszüge verkehren, die teilweise auch den Weg über Paris überflüssig machen werden.

Alle genannten Verbindungen sind reservierungspflichtig. Das verhindert einerseits spontane Reisen, garantiert aber andererseits jedem Fahrgast einen bequemen Platz.

Buchung

Die komplizierteste und meist teuerste Art, so eine Reise zu buchen, führt über den Schalter einer der beteiligten Bahnen oder über deren Internetseite: Jede Bahn listet nur ihre eigenen Angebote vollständig auf – die der anderen Bahnen dagegen oft gar nicht oder ohne jegliche Sonderpreise. Wer sich also nicht selbst durch den Dschungel der Bahntarife und Fahrpläne schlagen und trotzdem Geld sparen will, erhält bei spezialisierten Bahn-Agenturen kompetente Beratung – und auf Wunsch die Tickets an jede gewünschte Adresse in Europa geschickt:

- **Gleisnost in Freiburg,** www.gleisnost.de, Tel. 0761-205.51.30. Der Inhaber *Siegfried Klausmann* ist selbst begeisterter Bahnfahrer und testet die Tipps, die er seinen Kunden gibt, regelmäßig selbst.

⊡ Begegnung am Strand von Bolonia

Auto fahren

Auto fahren in andalusischen Städten scheint manchmal nach dem Prinzip „einfach Gas geben und sich dem Verkehrsfluss anpassen“ zu laufen. Rote Ampeln, insbesondere nachts, werden von einigen Spezialisten gerne als überflüssig betrachtet, eine Nachahmung ist jedoch nicht zu empfehlen, denn die Stadtpolizei (*Policía municipal,* auch kurz *municipales* genannt) kennt üblicherweise auch mit Ortsunkundigen kein Pardon und wird sich kaum vom fälligen Knöllchen abbringen lassen. Den Verkehr auf den Landstraßen regelt die *Guardia Civíl,* und mit denen ist noch weitaus weniger zu scherzen als mit den *municipales.*

Beim **Linksabbiegen** auf andalusischen Landstraßen ist unbedingt darauf zu achten, dass in vielen Fällen dafür eine Rechtsabbiegespur vorhanden ist, d. h. man muss erst nach rechts ausschwenken, um dann die Straße im rechten Winkel zu überqueren. Ein Nichtbeachten dieser Regelung könnte böse enden, denn die Andalusier achten nicht auf Autos, die auf der Straße stehen, um links abzubiegen.

Wer sich im **Kreisverkehr** befindet, hat in der Regel Vorfahrt. Trotzdem ist bei der oft zügigen Fahrweise der Spanier Vorsicht geboten.

Die zulässige **Höchstgeschwindigkeit** in geschlossenen Ortschaften beträgt 50 km/h, auf Landstraßen in der Regel 90 km/h, bei vierspurigen *carreteras* 100 km/h und auf Autobahnen *(autopistas)* 120 km/h; mit Wohnwagen 80 km/h). An diese Tempolimits sollte man sich halten, Radarkontrollen sind immer häufiger im Einsatz. Zum einen sind die Strafen, falls man doch erwischt wird, empfindlich hoch, zum anderen sind die andalusischen Fernstraßen für wesentlich höhere Geschwindigkeiten auch gar nicht ausgelegt.

In hügeligem Gelände sind sehr viele **Überholverbotsschilder** aufgestellt, die man auch bei großer Eile tunlichst beachten sollte – hinter der nächsten Kuppe kann schon das Verderben in Form eines entgegenkommenden Fahrzeugs lauern. Fahrer und Beifahrer müssen einen **Sicherheitsgurt** tragen, für Motorradfahrer gilt **Helmpflicht** – schon im eigenen Interesse sollte man sich nicht an leichtsinnigen Einheimischen ein Beispiel nehmen. Die **Promillegrenze** liegt bei 0,5 ‰, Verstöße können mit dem Entzug des Führerscheins geahndet werden.

Verkehrssünder haben auch in Spanien nichts zu Lachen. Vor allem auf den Landstraßen kontrolliert die *Guardía Civil* häufig und versteht absolut keinen Spaß. Strafzettel müssen in der Regel sofort beglichen werden. Führt man das nötige „Kleingeld" nicht bei sich, kann im Extremfall sogar der Wagen entzogen werden, oder aber sämtliche Papiere müssen hinterlegt werden, um im nächsten Ort Geld zu ziehen. Die Papiere bekommt man dann bei Zahlung der Strafe zurück. Hier ein paar Zahlen, mit welcher Mindestsumme man bei welcher Verkehrssünde rechnen muss. Alkohol am Steuer: ab 300 €; 20 km/h zu schnell, Rotlicht-, Überhol- bzw. Parkverstoß: jeweils ab 90 €.

Das **Tankstellennetz** ist kaum weniger dicht als bei uns, bei Fahrten in gebirgige Regionen sollte man allerdings auf ausreichende Reserven achten.

an14-056 nk

Schon seit langem ist der Nachschub von bleifreiem Benzin *(gasolina sin plomo)* der Qualitäten 95 oder 98 Oktan gesichert, Diesel *(gasoil)* gibt es ebenfalls in den Ausführungen „normal" und „super". Bei Problemen allgemeiner Art kann man evtl. auch den spanischen **Automobilklub RATE** („Real Automóvil Club de España") zu Rate ziehen.

Im Fahrzeug sind mitzuführen: Für den Notfall ein **Warndreieck** und ein **Erste-Hilfe-Koffer,** darüber hinaus für jeden Insassen eine griffbereite **Warnweste** mit **reflektierenden Sicherheitsstreifen** (Kontrollzeichen: EN 471). Bei einem Verstoß können bis zu 92 € Bußgeld verhängt werden.

Übrigens, das **Abschleppen mit Privatwagen** ist in Spanien verboten.

Straßenkarten

Unverzichtbar für Autofahrer sind natürlich gute Straßenkarten, wobei die Auswahl recht überschaubar ist: Bei Reise Know-How ist die Karte „Andalusien" des **world mapping project** im Maßstab 1:350.000 erschienen. Sie ist reiß- und wasserfest, enthält einen Ortsindex und Entfernungsangaben, die Einträge sind auf dem neuesten Stand.

Die **Eurocart** des RV-Verlages im Maßstab 1:300.000 ist im Bereich der Städte noch etwas genauer, auch herausragende Sehenswürdigkeiten sind eingezeichnet. Die Faltung mit Aufdruck auf der Vorder- und Rückseite macht einen so großen Maßstab überhaupt erst möglich, ist in der Praxis aber manchmal etwas hinderlich. Positiv sind auf jeden Fall die beigefügten Pläne der wichtigsten Städte Andalusiens zu bewerten.

Auch vom **ADAC** wird eine sehr detaillierte Karte „Costa del Sol" im Maßstab 1:200.000 herausgebracht – wie der Name schon sagt, beschränkt sie sich aber auf die Sonnenküste und ihr Hinterland.

In Andalusien selbst ist in Fremdenverkehrsämtern sehr günstig bzw. kostenlos die Karte **„Mapa Oficial de Carreteras"** zu bekommen, die allerdings nur die wichtigsten Straßen grob abbildet, zudem fehlt deren Nummerierung. Generell kann man sagen, dass man nicht am Kartenmaterial sparen sollte, schon ein relativ kleiner Umweg kostet mehr Benzin als eine „teure" Karte.

Parken

In größeren Städten sollen **Tiefgaragen** das Zentrum von der Blechlawine entlasten – auch wenn diese keine absolute Sicherheit gewährleisten, sind sie dem Parken an der Straße eindeutig vorzuziehen. Die Kosten betragen meist 1 € pro Stunde bzw. 16 € pro Tag, ebenerdige Plätze sind etwas preiswerter. Vor lauter Freude, am Straßenrand einen Platz gefunden zu haben, sollte man nicht vergessen, auf eventuelle Gebührenautomaten zu achten.

Noch fataler ist die Vernachlässigung von Ausfahrten *(cocheras),* die manchmal nur am abgesenkten Bürgersteig zu erkennen sind. In der Regel verfrachtet der **Abschleppdienst** *(grua)* den fahrbaren Untersatz ohne Gnade in das entsprechende Depot. Ebenfalls wichtig ist es, darauf zu achten, ob die Bordsteinkante gelb (leider oft nur noch schwach zu erkennen) markiert ist, denn das bedeutet absolutes Halteverbot. Eine blau oder grün verfärbte Bordsteinkante kann eingeschränktes Halteverbot bedeuten, oder aber, dass hier Parkgebühren bezahlt werden müssen. Also gilt: Auch wenn die Bordsteinkante nicht verfärbt ist, immer nach Hinweisschildern oder Parkautomaten Ausschau halten. Fehlende oder abgelaufene Parkscheine müssen mit ca. 35 € gebüßt werden. **Auch Autos mit ausländischen Kennzeichen werden abgeschleppt!**

In diesem Falle sollte man sich bei der *Policía municipal* nach dem Verbleib erkundigen. Auf den Abschleppkosten, etwa 60 €, bleibt man immer hängen, das Bußgeld *(multa)* in ähnlicher Höhe wird bei Personen ohne ständigen Wohnsitz in Spanien als *deposito* bezahlt, d. h. man kann innerhalb einer bestimmten Frist beim zuständigen Rathaus *(ayuntamiento)* – in schriftlicher Form – um eine Rückerstattung bitten. Wenn sich die Behörde von den Argumenten à la „kenne mich als Ausländer hier nicht aus" überzeugen lässt, wird dieser Betrag erstattet.

Die **guarda-coches** („Autowächter") sind in ganz Andalusien ein Phänomen. Es gibt kaum einen Parkplatz, vor allem in den großen Städten, an denen sie sich nicht aufhalten und in der Regel 1 € für das Parken eines Wagens abkassieren. Mittlerweile gibt es einige uniformierte Parkwächter, die häufig einen Ausweis tragen. Dies sind in der Regel etwas gereifte Herrschaften, die sich zu einer *asociación* („Gemeinschaft") zusammengetan haben und sich mit diesem Job über Wasser halten. Ein gutes System, das von den Städten wie auch von der Bevölkerung begrüßt und akzeptiert wird.

Es ist aber auch Sitte, dass, egal wo man parken will, plötzlich nicht-uniformierte Gestalten auftauchen und ebenfalls ihren Euro von den Autobesitzern fordern, den man natürlich nicht zahlen muss. Von einer Bewachung des Wagens kann hier sowieso nicht die Rede sein. Diese Typen können jedoch sehr aufdringlich sein, wenn man nicht zahlt. Im Extremfall findet man seinen Wagen mit Kratzern oder anderen Beschädigungen auf – dies betrifft Einheimische wie Touristen gleichermaßen.

Die Andalusier lassen ihre geparkten **Wagen grundsätzlich leer** zurück, das Radio wird versteckt oder mitgenommen, das Handschuhfach ausgeräumt und offen gelassen. Viele lassen nicht mal ein Taschentuch im Wagen, um damit deutlich zu zeigen, dass nichts zu holen ist, eine Sitte, die Reisende nachahmen sollten. Gerade Touristenwagen sind für Gelegenheitsdiebe ein gefundenes Fressen. Hat man nicht die Möglichkeit, den Wagen leerzuräumen, sollte gerade in den großen Städten ein **öffentlicher, bewachter Parkplatz** aufgesucht werden, der nicht mit den oben erwähnten, von *guarda-coches* bewachten Parkplätzen zu verwechseln ist.

Panne

- **RACE-Pannendienste** sind landesweit unter Tel. 902.40.45.45 bzw. unter dem Notruf 902.30.05.05 (Partnerclub von ADAC, ÖAMTC, TCS; sprechen auch Deutsch) erreichbar. Unfall- und Pannenhilfe auch innerorts durch die **Policía Urbana de Tráfico,** Tel. 092. Der Notruf allgemein lautet: Tel. 112.
- S. a. Kapitel „Notfall" für die Telefonnummern der wichtigsten Automobilklubs.

Mietwagen

Das Mieten von Autos (*alquiler de coches* oder schlicht *rent-a-car* genannt) vor Ort verläuft in der Regel ohne große Formalitäten. Zur Hauptsaison sollte man sich aber nicht unbedingt darauf verlassen, gleich mit dem gewünschten Fahrzeug losbrausen zu können – Reservierung einige Tage vorher wird empfohlen. Voraussetzungen zum Mieten eines Wagens sind ein Mindestalter von 21 oder 23 Jahren und ein gültiger Führerschein.

Bei einem Vergleich der Tarife ist darauf zu achten, ob die Laufleistung inklusive ist *(kilometraje incluido)* oder man pro gefahrenen Kilometer einen gewissen Betrag zahlen muss. Letzteres lohnt nur, wenn man sich in einem begrenzten Gebiet längere Zeit aufhalten möchte, für die große Rundfahrt ist die erste Variante eindeutig vorzuziehen.

Mit längerer Mietzeit gibt es oft deutliche **Rabatte,** man sollte sich also schon vorher im Klaren sein, wie lange man den Wagen nutzen möchte. Besonders günstig sind Wochenendtarife von Freitagnachmittag bis Montagmorgen. In den typischen Touristenorten sind saisonale Schwankungen üblich, für die Monate Juli–September kann man mit ca. 20 % Aufschlag gegenüber dem mittleren Tarif rechnen. Ein Preisvergleich zwischen den Rent-a-cars vor Ort lohnt sich vor allem bei längerer Mietdauer, so differieren die Preise bei einer Woche bereits um bis zu 25 %. Als grobe Orientierung für die Miete eines Kleinwagens (mittlere Saison, Teilkasko, Km unbegrenzt) kann man pro Tag mit ca. 40 €, pro Woche mit etwa 130–180 € kalkulieren. Für Fahrzeuge höherer Kategorien (Mittelklasse, Geländewagen, Cabrio) muss man oft unverhältnismäßig tief in die Tasche greifen. Üblicherweise ist eine **Versicherung** *(seguro)* inklusive, die zusätzlich zur Haftpflicht auch 80 % der Schäden bei Aufbruch oder Diebstahl und Brand abdeckt. Die restlichen 20 % muss der Kunde übernehmen, es sei denn, er kann nachweisen, dass er keine Fahrlässigkeit begangen hat. Ein Versicherungsschutz, der unserer Vollkasko entspricht, kann zusätzlich gegen Aufpreis abgeschlossen werden. Vor allem bei längerer Mietdauer ist die **Zahlung einer Pauschale** von ca. 20 € zu empfehlen, die auch Schäden an Reifen, Felgen und Glas abdeckt, die seit geraumer Zeit von den Versicherungen nicht mehr erstattet werden.

Zu beachten ist zusätzlich, dass die Autovermieter für die Hinterlegung der Fahrzeugkaution und der Tankkaution kein Bargeld, sondern nur eine **Kreditkarte** akzeptieren.

Es kann sich lohnen, ein Auto **von zu Hause** aus zu mieten. In Verbindung mit der Flugbuchung kann das teilweise bis um die Hälfte günstiger als vor Ort sein. Über www.billiger-mietwagen.de können Preise verglichen und ein Auto gebucht werden. Auch ein Blick auf die Website von Holiday Autos (www.holidayautos.de) kann helfen, bares Geld zu sparen. Allerdings ist zu beachten, dass beide Vermittler zwar günstige Angebote heraussuchen, die dann auch gebucht werden, Ansprechpartner vor Ort ist in der Regel aber der lokale Vermieter.

> Sonne, Sand, Meer – der Strand von Barbate

Baden

Auch wenn ein reiner Badeurlaub in Andalusien fast etwas verschwenderisch erscheint, **836 Kilometer Küste und zahlreiche schöne Strände** laden zumindest zu einigen erholsamen Tagen ein. Während die Costa de la Luz vor allem weite Dünenstrände zu bieten hat, dominieren an Costa del Sol und Costa Tropical felsige Buchten mit eher schmalen Stränden. Hat man am nordöstlichen Abschnitt der Costa de Almería und weiten Teilen der Costa de la Luz den Strand manchmal fast für sich allein, muss man praktisch an der gesamten Costa del Sol bei entsprechendem Wetter mit kräftigem Andrang vieler Gleichgesinnter rechnen.

Wasserverschmutzung

Die exakt 200 Strände *(playas)* werden von einer Unterabteilung der „Junta de Andalucía" katalogisiert, ihre Ausstattung und Qualität beurteilt. Untersucht werden die Sauberkeit des Wassers und auch des Sandes. Ist man mit diversen mikrobiologischen und chemischen Befunden zufrieden, wird die **„blaue Flagge"** *(bandera azul)* gehisst. Auch wenn diese einen gewissen Anhaltspunkt für die Unbedenklichkeit des Badens an diesen Abschnitten gibt, kann man durchaus subjektiv einen so geadelten Strand als schmutziger empfinden als einen Strand ohne die blaue Flagge.

Problematisch ist natürlich immer der Umkreis von **Flussmündungen** bzw. großen **Hafenbecken.** Zu diesen „Sorgenkindern" können der Großraum Hu-

an14-057 nk

elva, ein Teilbereich der Bucht von Cádiz und der Abschnitt um Málaga gerechnet werden.

FKK

Auch im katholischen Spanien haben sich die Bekleidungssitten am Strand erheblich gelockert und weitgehend mitteleuropäischen Verhältnissen angepasst. Oben ohne ist eigentlich kein Gegenstand von Diskussionen mehr, lediglich an typischen „Familienstränden“ ist dies im Hochsommer eher unüblich.

Auch die Freunde der Freikörperkultur finden an diversen **playas nudistas** oder *playas naturistas* zunehmend Möglichkeiten, ihrem Vergnügen zu frönen. An der Costa del Sol sind die FKK-Strände geradezu ein Geheimtipp für Liebhaber lauschiger Badebuchten. Der Begriff „playa nudista“ ist dabei recht dehnbar, orthodox geführte Nudistenclubs können ebenso in diese Kategorie fallen wie Strände, an denen hüllenloses Baden verbreitet, aber nicht vorgeschrieben ist. Neben diversen Abschnitten an der Costa del Sol ist hier vor allem die nördliche Küste der Provinz Almería zu nennen, wo riesige **Clubanlagen und Campingplätze** exklusiv für die „Nackerten“ entstanden sind.

Es gibt aber auch den umgekehrten Fall, dass sich hüllenloses Baden an „normalen“, oft wenig frequentierten Stränden eingebürgert hat, ohne dass dies amtlich abgesegnet wurde – gerade an der Costa de la Luz sind solche **wilden FKK-Strände,** z. B. zwischen Rota und Chipiona, südlich von Conil und südlich von Bolonia, zu finden.

Camping

Andalusien verfügt über **mindestens 200 Campingplätze** im Lande, das Netz der Plätze ist vor allem im Landesinneren aber eher grobmaschig gestrickt. Bei nur jeweils acht Einrichtungen in den Provinzen Córdoba und Sevilla kann man kaum damit rechnen, an jedem gewünschten Ort eine Bleibe für die Nacht zu finden. Auch die Naturparks sind keineswegs üppig mit Campingplätzen ausgestattet, und sogar in den landschaftlich besonders interessanten Gebieten wie Cabo de Gata oder Alpujarra muss man schon etwas suchen. In der Hauptsaison ist ein vorheriger Anruf auf jeden Fall sehr zu empfehlen, will man nicht Gefahr laufen, aufgrund voller Belegung abgewiesen zu werden. Wesentlich entspannter zeigt sich die Situation an Costa del Sol und Costa de la Luz (mit Ausnahme des Küstensektors des Nationalparks Coto de Doñana).

Sehr nützlich für die Routenplanung ist das Faltblatt „Camping“ aus der Reihe „Guías Prácticas“ mit einer groben Lokalisierung und Beschreibung aller Campingplätze. Man bekommt es in den örtlichen Tourist-Informationen.

Die spanischen Campingplätze sind einer Klassifizierung in **drei Kategorien** unterworfen, ähnlich den Hotelsternen: Die 1. Kategorie bietet neben den üblichen Komforteinrichtungen wie Restaurant und Supermarkt oft auch vielfältige Sportmöglichkeiten wie Tennisplätze oder einen Swimmingpool. Auch die Plätze der 2. Kategorie sind meist mit allem ausgestattet, was das Camperherz begehrt, der Pflegezustand der sanitären

Einrichtungen kann allerdings sehr unterschiedlich ausfallen. In der Regel einfach und rustikal sind die Plätze der 3. Kategorie, auf Supermarkt oder Cafetería muss man meist verzichten. Noch spartanischer wirken die mit „AA“ abgekürzten **áreas acampadas,** sie sind allenfalls mit Toiletten und Duschen versehen, dafür ist ihre Benutzung ausgesprochen günstig.

So unterschiedlich wie die Ausstattung der Campingplätze ist auch ihre **Preisgestaltung,** die sich häufig nach der Saison richtet, sodass allenfalls grobe Richtwerte angegeben werden können. Generell ist das Preisniveau an der Küste höher als im Binnenland. Für einen Erwachsenen sind meist etwa 4 € zu entrichten, ebenso für einen Pkw. Teurer ist die Unterbringung eines Wohnwagens *(caravana)* mit etwa 4 bis 6 € und erst recht eines Wohnmobils *(coche-cama)* mit 5 bis 8 €. Die Preise für ein Zelt *(tienda)* orientieren sich meist an den Tarifen für den Wohnwagen, für Mehrpersonenzelte *(tiendas colectivas)* wird oft ein Aufschlag verlangt. Bei luxuriöseren Plätzen muss eine Gebühr pro Parzelle entrichtet werden.

Die meisten andalusischen Campingplätze sind **das ganze Jahr geöffnet,** Ausnahmen werden bei der Beschreibung des jeweiligen Platzes angesprochen. In abgelegeneren Gebieten sollte man in den Monaten November bis März auf jeden Fall vorher anrufen, denn bei flauer Nachfrage kann auch ein offiziell ganzjährig geöffneter Platz schon mal die Pforten für einige Wochen schließen. Recht unerfreulich ist sicher der Umstand, dass einige Einrichtungen wie Supermarkt oder Cafetería außerhalb der Hochsaison (ca. Mitte Juni bis Mitte September) auch bei den größeren Plätzen oft geschlossen sind.

Wildes Campen am Strand ist nicht gestattet, und die *Guardia Civíl* kontrolliert dies sogar an den einsamsten Stränden mit Nachtsuchgeräten. Nur mit Schlafsack dürfte ein Nächtigen unterm Sternenhimmel allerdings kein Problem sein (mehrmals inklusive nächtlichem Gespräch mit der Guardia von den Autoren getestet). Dies gilt auch für das Landesinnere und die Bergregionen.

Diplomatische Vertretungen

Ein Visum brauchen EU-Bürger und Schweizer für Aufenthalte bis zu 90 Tagen nicht, aber in Deutschland, Österreich oder der Schweiz lebende Staatsbürger von Nicht-EU-Staaten sollten sich bei der entsprechenden Botschaft des Königreichs Spanien informieren, ob sie ein Visum benötigen.

- **In Deutschland:** Lichtensteinallee 1, 10787 Berlin, Tel. 030-254.00.70, www.spanischebotschaft.de.
- **In Österreich:** Argentinierstraße 34, 1040 Wien, Tel. 01-505.57.88.
- **In der Schweiz:** Kalcheggweg 24, Postfach 310, 3000 Bern 15, Tel. 031-350.52.52, www.embajada-ensuiza.es.

Für die diplomatischen Vertretungen Deutschlands, Österreichs und der Schweiz **in Spanien** siehe im Kapitel „Praktische Reisetipps A–Z“ unter dem Stichpunkt „Notfall“.

Einkaufen und Souvenirs

An **Supermärkten und Einkaufszentren** herrscht in Andalusien kein Mangel. Die bekannteste Warenhauskette ist „El Corte Inglés", die durchgehend bis 21.30 bzw. 22 Uhr geöffnet hat, auch samstags. Hier ist in diversen Fachgeschäften fast alles erhältlich, was man so brauchen kann, auch die Lebensmittelabteilung offeriert in etwas sterilem Ambiente gute Qualität zu entsprechenden Preisen.

Stimmungsvoller ist natürlich der kleine Einkauf im „Tante-Emma-Laden", wo wesentlich mehr menschlicher Kontakt zustande kommt. Ein besonderes Erlebnis ist der Besuch einer **Markthalle** mit ihrem oft überwältigenden Angebot frischer Ware. Einige *mercados* bieten zusätzlich noch architektonische Reize, auch das geschäftige Ambiente sollte man einmal miterlebt haben. Geöffnet sind die Markthallen meist bis zur Siestazeit, also bis 14 Uhr.

Schon der Name *mercadillo* („kleiner Markt") zeigt an, dass **Straßenmärkte** nicht unbedingt reine Flohmärkte sind, sondern dass hier auch professionelle Händler ihre Waren anbieten. Manchmal kann man dabei durchaus ein Schnäppchen machen. Fast immer sind diese Veranstaltungen an bestimmte Wochentage und Uhrzeiten (ca. 9.30–14.30 Uhr) gebunden.

In Andalusien hinterließen viele Völker, vor allem natürlich die Araber, bemerkenswerte Techniken des Kunsthandwerks, in manchen Werkstätten und Verkaufsräumen werden diese Traditionen weiter gepflegt. Vor allem in der **Lederverarbeitung** spürt man die Raffinesse der Meister noch immer, als Souvenir sind Erzeugnisse wie Gürtel, Taschen, Rucksäcke und Schuhe grundsätzlich eine Empfehlung.

Auch die mit verschiedenen regionalen Schmuckdekors und Brennverfahren erzeugte **Keramik** gehört zum andalusischen Kunsthandwerk unbedingt dazu.

Auf dem Land, vor allem in der Sierra de Grazalema und den Alpujarras, werden aus Schafwolle oder Stoffresten **Decken und Teppiche** hergestellt, Sevilla steuert feine seidene Tücher bei.

Als Mitbringsel besonders geeignet sind die oft sehr kunstvollen **Filigranarbeiten** aus Silber, teilweise auch aus Gold. Als Zentrum der teilweise noch auf maurische Überlieferungen zurückgehenden Herstellung hat sich Córdoba herauskristallisiert.

Ebenfalls maurisch inspiriert sind die **Holz-Intarsienarbeiten** *(taracea)* Granadas. Ein wichtiges Zentrum der andalusischen Möbelindustrie ist das kleine Ronda.

Viele typische **Souvenirshops** in den stark vom Tourismus beeinflussten Gebieten schrecken mit ihrem grandiosen Kitsch erst einmal ab, doch findet man nach wie vor Läden, die schöne Stücke zu durchaus fairen Preisen anbieten (Näheres hierzu im entsprechenden Kapitel der Ortsbeschreibungen).

[>] Austern (ostiones) aus der Provinz Cádiz

Essen und Trinken

„Heaven is where the cooks are Spanish."

Die traditionelle andalusische Küche ist **einfach, aber sehr schmackhaft.** Auf den ersten Blick fehlt vielleicht der kulinarische Pomp, auf den zweiten jedoch bietet sich nicht nur für Kenner eine vielfältige Palette von feinsten Produkten. Typisch andalusische Spezialitäten sind beispielsweise der einzigartige **Schinken von schwarzen Schweinen** (*jamón serrano de pata negra* oder auch *jamón jabugo)* oder köstliche Nachspeisen wie **Himmelspeck** *(tocino de cielo).*

In der kühleren Jahreszeit sind **Eintöpfe** wie der *puchero* sehr gefragt, der aus verschiedenen Fleischsorten, etwas Gemüse und Kichererbsen besteht. Letztere werden überhaupt gerne gegessen, z. B. mit Spinat und Knoblauch (*garbanzos con espinacas*). Eine Delikatesse im Frühjahr ist der **wilde grüne Spargel** *(esparragos triguero)*, der oft an der Straße zum Verkauf angeboten wird. Ein deftiges Gericht, das bei Kartoffelliebhabern sehr großen Anklang finden dürfte, sind die *patatas al pobre;* das sind **Bratkartoffeln** mit Wurst, geschmortem Paprika und einem Spiegelei.

Ein weiteres ursprüngliches „Arme-Leute-Essen", das heute von keiner andalusischen Speisekarte mehr wegzudenken ist und mittlerweile internationalen Kultstatus erreicht hat, ist der **gazpacho,** eine aus Tomaten, Gurken, Paprika, Olivenöl, Knoblauch und eingeweichtem Brot bestehende Suppe, die eiskalt ser-

an14-058 nk

viert wird. Dazu werden meist noch gewürfelte Tomaten- und Paprikastückchen sowie gekochtes Ei gereicht. Gerade bei der großen Hitze ist der *gazpacho* nicht nur eine erfrischende Mahlzeit, sondern auch ein willkommener Durstlöscher. Die dickflüssige Variante ist der *salmorejo.* Besonders gerne wird er auf Weißbrot mit Serrano-Schinken oder frischem *bacalao* (Kabeljau) verzehrt.

Nicht unbedingt rein andalusisch, aber Spanienreisenden sehr bekannt ist die **tortilla,** vor allem die *tortilla española,* ein Omelett aus Kartoffeln und Ei.

Daneben erfreuen sich **Fisch und Meeresfrüchte** großer Beliebtheit. Der Besuch einer Markthalle lohnt sich unbedingt, denn allein schon der Anblick der vielen Fischsorten ist ein echter Augenschmaus. Gerichte wie gebratener Schwertfisch *(pez espada a la plancha),* Zahnbrassen in Gemüse-Kartoffel-Zubereitung *(urta a la Rotena)* oder in der Sierra Nevada die Forelle mit Schinken und Mandeln *(trucha a la alpujarra)* verwöhnen auch den anspruchvollsten Gaumen. Fisch wird häufig gebraten *(a la plancha)* oder frittiert *(frito)* serviert. Sardellen *(boquerones),* frittiert oder in Essig eingelegt *(en vinagre),* stehen auf der Beliebtheitsskala von Häppchen ganz weit oben. Muschelfans kommen natürlich auch nicht zu kurz – insbesondere an der Costa de la Luz sollte man nicht an einer Portion der feinen *coquinas* vorbeigehen.

an14-059 nk

Die **Nachspeisen** sind in Andalusien ein Gedicht für Naschkatzen. Eine Köstlichkeit, die auf der Zunge zergeht und deren Rezept die Nonnen von San Leandro in Sevilla wie ihren Augapfel hüten, sind die *yemas de San Leandro.* Auch Mandeln, die von den Arabern nach Andalusien gebracht wurden, finden immer wieder in Gerichten und Nachspeisen Verwendung, z. B. im Mandelkuchen *(tarta de almendras).*

Die klimatischen Bedingungen für den Gemüse- und Obstanbau sind an der Costa del Sol ideal, sodass Kartoffeln bis zu dreimal im Jahr geerntet werden und Zuckerrohr angebaut werden kann. Auch **exotische Früchte,** die jeden Nachspeisenteller verschönern, wachsen dort. Der **Zuckerapfel** *(chirimoya)* schmeckt wie ein kulinarisches Konglomerat aus Erdbeeren, Banane, Melone, Sahne und Zimt. Sein Aussehen erinnert entfernt an eine Artischocke, ist aber

‹ „El Tofe" in Barbate ist Experte für guten Fisch

eher herzförmig, das weiße Fruchtfleisch enthält braune Kerne. Auch **Kakipflaumen** *(caqui, kaki)* gedeihen in Andalusien hervorragend und machen, ausreichend gereift, mit ihrer Süße jeder Süßspeise Konkurrenz. Beide Früchte werden im Spätherbst geerntet.

Essgewohnheiten

So mancher muss seine innere Uhr umstellen, will er sich an andalusische Essenszeiten anpassen. Das öffentliche Leben beginnt gegen neun Uhr morgens, und dementsprechend wird später gefrühstückt. Das Mittagessen *(almuerzo)* wird zwischen 14 und 17 Uhr eingenommen, oder zwischen 13 und 16 Uhr, das Abendessen *(cena)* kann frühestens ab 20 Uhr, in vielen Restaurants auch erst ab 21 Uhr, bestellt werden. Die Andalusier pflegen eher etwas später zu speisen, zumal in der wärmeren Jahreszeit erst mit einem Hauch abendlicher Frische Appetit aufkommt. Zwischen 17 und 20 Uhr kann in der Regel weder in einer Bar noch in einem Restaurant ein warmes Gericht oder eine warme *tapa* bestellt werden, allenfalls ein kaltes Sandwich oder ähnliches. Viele Restaurants sind um diese Uhrzeit geschlossen, nur in touristischen Ballungszentren ist dies nicht der Fall.

Knoblauch und Olivenöl sind vom andalusischen Speiseplan nicht wegzudenken. Das fängt schon beim **Frühstück** *(desayuno)* an. Viele Andalusier reiben ihren Toast oder ihre Brötchenhälften *(tostada, pan)* mit einer Knoblauchzehe ein, träufeln Olivenöl *(aceite de oliva)* darauf und streuen eventuell noch ein bisschen Salz darüber. Dazu wird ein Espresso *(café sólo)*, ein Espresso mit einem Schuss Milch *(cortado)* oder ein Milchkaffee *(café con leche)* getrunken. Hartgesottene beginnen den Tag mit einem Schuss Cognac im Espresso *(carajillo)*.

Churros, ein in Öl frittiertes Spritzgebäck, sind eine weitere Spezialität, die in den *churrerias* schon in den frühen Morgenstunden gekauft und in Milchkaffee oder Kakao *(chocolate)* getunkt gegessen wird. Daneben bieten Cafeterias und Bars **Toast** mit Butter *(mantequilla)* und Marmelade *(mermelada)* oder **Kuchen** *(pasteles)* an.

140an bn

[>] Chirimoyas: geschmacklich eine Mischung aus Erdbeere, Banane und Melone

Die kleine Welt der Tapas

Tapas von kleinen Appetithappen wie Manchego-Käse oder Serrano-Schinken bis hin zum „Minigericht" wie z. B. Spinat mit Kichererbsen *(espinacas con garbanzos)* oder Fleischbällchen in Tomatensauce *(albóndigas)* sind ein wichtiger Bestandteil des spanischen, insbesondere andalusischen Alltags und werden im Gegensatz zum restlichen Spanien in Andalusien in so ziemlich jeder Bar – nicht zu verwechseln mit deutschen Etablissements gleichen Namens – serviert, ausgenommen in Nachtbars oder Cafés.

Tapas sind sozusagen der **Inbegriff andalusischer Lebensart** und werden bei einem Glas trockenem Sherry, Bier oder Wein genossen. Häufig auf kleinen Tellern oder in kleinen Tonschüsseln serviert, können sie, in ausreichender Anzahl verzehrt, durchaus eine Hauptmahlzeit ersetzen. Warm werden sie jedoch nur entsprechend der Restaurantöffnungszeiten mittags oder am Abend angeboten.

150an bn

Auch unter Spaniern ist es nicht unüblich mehr als eine tapa zu bestellen, allerdings nicht auf einen Schlag, sondern pro Person eine. Bei weiterem Hunger wird eben noch eine Runde bestellt. Nicht selten zieht man von einer Bar in die nächste, um sich durch die hauseigenen Spezialitäten zu kosten. Nicht immer gibt es dazu eine Speisekarte, häufig stehen die Tagesangebote auf einer Tafel, im Extremfall müssen Sie den Kellner fragen, der dann häufig mit enormem Tempo die gesamte Palette der verschiedenen tapas abspult, was mitunter auch recht amüsant ist. Nehmen Sie sich Zeit und scheuen Sie nicht, noch einmal nachzufragen.

Erkennen können Sie die Tapas-Bars in der Regel an den Schinken, die z. T. in großzügiger Zahl an der Decke zum Abtropfen hängen und an den Glasvitrinen auf bzw. an der Theke, in der die tapas-Gerichte gekühlt und zur Schau gestellt werden. Eine Faustregel, woran Sie eine gute Tapas-Bar erkennen können, gibt es nicht direkt. Da gilt einfach das Motto: Probieren geht über Studieren.

Jede Stadt und jeder noch so kleine Ort in Andalusien hat seine Tapas-Bar. In Granada werden tapas z. T. sogar umsonst zum Getränk gereicht, allerdings immer seltener. In diesem Fall dürfen Sie dann natürlich nicht wählerisch sein.

In Sevilla haben sich einige Lokalitäten (siehe Sevilla) zur Aufgabe gemacht, besonders außergewöhnliche Tapavariationen zu kreieren.

Wenn es um die Frage der **Entstehung** der heutzutage zum Teil verblüffend aufwendigen Kreationen geht, brodelt die spanische Gerüchteküche. „Tapa" heißt nichts anderes als Deckel, und dieses Wort erklärt wohl auch die Herkunft der leckeren Appetithappen. Nach gängiger These sollen die Getränke zum Schutz vor beflügelten Insekten mit etwas Essbarem in Form einer Scheibe Brot oder Schinken bzw. Wurst zugedeckt worden sein. Im Laufe der Zeit und mit wachsender Beliebtheit wurden diese verzehrbaren Deckel wohl durch kleine Teller ersetzt, auf denen immer ausgeklügeltere Häppchen serviert wurden.

Rund um Cádiz kursiert aber noch eine ganz eigene Version der Tapalogie: Demnach soll im Jahr 1780 in dem Ventorillo El Chato, einer *venta* (im Deutschen würden wir Gasthof sagen, liegt häufig am Straßenrand) am Strand bei Cádiz, die heute noch als Restaurant existiert, die tapa ins Leben gerufen worden sein: Da die Küste für ihren starken Ostwind – den Levante – bekannt ist, ist es naheliegend, dass sich die Einnahme eines Getränks in Strandnähe bei derart starken Windverhältnissen als durchaus schwierig erwies, geriet doch alle Nase lang eine Prise Sand in das geschätzte Getränk. Kurzerhand bedeckte der gewiefte Besitzer die Gläser mit einem Stück Brot, Käse, Schinken oder Wurst

Selbst *König Ferdinand XVII.* kehrte häufig in diesem Lokal ein und soll später über die andalusischen Landesgrenzen hinaus von den kleinen Häppchen geschwärmt haben.

Nach einer nicht minder interessanten Geschichte sollen angeblich die Köche *Alfons des Weisen* bereits im 13. Jh. die Tapas-Kultur entwickelt haben, da sie ihrem König, der aus gesundheitlichen Gründen auf Diät gesetzt wurde, ihre köstlichen Speisen zumindest als „Minigerichte" nicht vorenthalten wollten.

Letztlich kann die tatsächliche Herkunft der tapas nicht gänzlich geklärt werden und bietet genügend Raum für amüsante Anekdoten.

Ein üppiges Frühstücksbuffet gibt es nur in teureren Hotels, wo man sich auf den vor allem von Deutschen gepflegten Frühstückskult mit Eiern, Joghurt und Müsli eingestellt hat.

Tapas-Bars

Mediterrane Lebenslust spiegelt sich auch in der **Geselligkeit** der Bars wider (nicht zu verwechseln mit deutschen Etablissements dieser Bezeichnung). Sie vermitteln vielerorts zur Mittagszeit oder gegen Abend den Eindruck, als würde dort eine fröhliche Stehparty stattfinden. Zu erkennen sind die *bares* oft an den luftgetrockneten Schinken, die an der Decke hängen und darauf warten, auf dem extra dafür entwickelten Holzgestell angeschnitten zu werden.

Man grüßt sich, fragt nach dem Wohlbefinden, jemand lädt zu einer Runde Bier oder Sherry ein, dazu werden **Oliven** *(aceitunas)* geknabbert, und bald ist auch der Appetit auf **Tapas,** kleine Happen oder Gerichte, die für den Hunger zwischendurch gedacht sind, geweckt. Der Tapa-Freund kann sich an diesen Häppchen sogar nach und nach satt essen. Das hat den Vorteil, dass verschiedene Gerichte in kleinen Portionen probiert werden können, denn jede Bar, die etwas auf sich hält, hat neben den allerorts üblichen kalten *tapas* wie herzhaftem Käse *(queso)* oder landestypischer Wurst (*chorizo* oder *salchichón*) stets einige kulinarische Leckerbissen anzubieten.

Für jeden Geschmack ist etwas dabei: für den Vegetarier frittierte Paprikaschoten *(pimientos fritos)* oder Avocado in würziger Sauce *(aguacate andalusí),* für

Sherry – der edle Tropfen aus der Provinz Cádiz

Der Engländer *Sir Francis Drake* verschaffte einem andalusischen Wein über die Grenzen Spaniens hinaus Geltung, nämlich dem Sherry, spanisch **jerez,** benannt nach der Stadt Jerez, in deren Umgebung dieser Wein angebaut wird. Bei seinem Überfall auf Cádiz im Jahre 1587 ließ er es sich nicht nehmen, 3.000 Schläuche des edlen Tropfens in seine Heimat zu entführen.

Näher betrachtet umfasst das Anbaugebiet 23.000 ha der Provinz Cádiz, es wird auch **Sherry-Dreieck** genannt: Jerez – Puerto de Santa Maria – Sanlúcar de Barrameda. Englische Namen wie *Williams and Humbert, Harvey* und *Sandeman* zeugen noch heute von dem blühenden Handel mit Sherry, der im 18. Jh. seinen Anfang fand.

151an bn

Der **kalkhaltige Boden** *(albarizas)* bietet dem Wein eine ideale Grundlage. Vor dem Pressen wird die Traube eine Zeitlang an der milden, salzhaltigen Meeresluft getrocknet, was ihr eine besondere Süße gibt und dem Sherry seinen einzigartigen Geschmack verleiht. Eine Rebsorte, die „Pedro Ximenez", ist möglicherweise nach *Peter Siemens,* einem deutschen Soldaten *Karls V.,* benannt. Andere Stimmen behaupten allerdings, dass die Traube erst im 18. Jh. aus Deutschland importiert wurde. Eine weitere Sorte heißt „Palomino". Sie soll von den Arabern hierher gebracht worden sein.

Reifeprozess und Herstellungsmethode des Sherry unterscheiden sich stark von denen anderer Weine. Zum einen lagert man die Fässer aus amerikanischer Eiche nicht in Weinkellern, sondern in bodegas, großen Hallen. Zum anderen ist der Sherry kein Jahrgangswein. Die Fässer sind in vier oder fünf Reihen über einander gestapelt. Jede Reihe enthält Wein einer unterschiedlichen Reifestufe, wobei die unterste Reihe, solera genannt, den ältesten Sherry enthält, und nur aus diesen Fässern wird ein Drittel in Flaschen abgefüllt. Mit der gleichen Menge wird das Fass wieder aus der darüberliegenden Reihe aufgefüllt, und dieser Prozess wiederholt sich fortlaufend bis zur obersten Reihe mit dem jüngsten Wein. Aufgrund dessen wird eine immer gleichbleibende Qualität des Weines garantiert.

Bei den trockenen Sorten wie dem *fino* sind die Fässer nur zu vier Fünfteln gefüllt, um einer Hefepilzkultur die Möglichkeit zu geben, eine oxidationshemmende Schicht, *flor* genannt, auszubilden. Dadurch wird eine geschmackliche

Beeinflussung des Weines durch die Eichenholzfässer verhindert, das Endprodukt bleibt in diesem Fall hell und leicht säuerlich.

Die meistgetrunkene Sherry-Sorte ist der **fino.** Er eignet sich als Aperitif, kann aber auch allein oder in Kombination mit Oliven genossen werden. Der *manzanilla* ist eine Sorte, die aus Sanlúcar der Barrameda stammt. Beim Bestellen von manzanilla kann es zur Verwechslung mit Kamillentee kommen, denn dieser wird ebenfalls *(infusion de) manzanilla* genannt. Eine häufig getrunkene Marke ist „La Gitana", zu erkennen an einer auf der Flasche abgebildeten Frau im Flamenco-Kostüm. Gerade auf den alljährlich stattfindenden ferias in Andalusien fließen fino und manzanilla in Strömen.

Die **Mitnahme** von Sherry in heimatliche Gefilde will reiflich überlegt sein, denn schon durch leichtes Schütteln kippt dieser Wein um und schmeckt nicht mehr annähernd so gut wie vor Ort.

Kleines 1 x 1 der Sherry-Sorten

- **fino:** hellgelber, trockener und herber Wein, Alkoholgehalt 15–17 %
- **manzanilla:** ähnlich wie fino, aber etwas trockener, aus Sanlúcar de Barrameda
- **amontillado:** bernsteinfarbener, halbtrockener, älterer Wein, Alkoholgehalt 17 %
- **palo cortado**: etwas dunkler und vollmundiger als der amontillado ist diese halbtrockene Rarität, denn hier werden noch gedörrte Pedro-Ximenez-Trauben zugefügt, ca. 30 Jahre Fassreife, Alkoholgehalt: 19 %
- **oloroso:** dunkelgoldfarbener, lieblicher bis süßer Wein, Alkoholgehalt: 18–20 %
- **cream:** die hellere Variante *(pale)* ist weich und rund im Geschmack, die dunklen Sorten *(medium)* sind generell ziemlich süß.

den exquisiten Geschmack Garnelen mit Knoblauch *(gambas al ajillo)* oder etwas außergewöhnliche Gerichte wie Stierschwanz *(rabo de toro)* oder Nierchen in Sherrysauce *(riñones al Jerez).* Innereien stehen hoch im Kurs, Kutteln *(callos)* gibt es in fast jeder Bar.

Die **Herkunft der Tapas** ist nicht gänzlich geklärt. Sehr wahrscheinlich ist aber, dass Getränke ursprünglich mit einem Stück Käse oder ähnlichem abgedeckt wurden *(tapar),* um sie vor Insekten zu schützen. In einigen Orten bekommt man *tapas* umsonst zu den Getränken gereicht, z. B. in Granada und Jaén. Mehr und mehr müssen sie aber bezahlt werden.

Beliebt ist bei den Andalusiern, sich in geselliger Runde verschiedene *media raciones,* etwa doppelt so große Portionen wie *tapas,* zu bestellen, von denen sich jeder bedienen kann.

Getränke

Neben Sherry, dem andalusischen „Nationalgetränk", hat die Weinkarte Andalusiens auch ausgezeichnete junge, fruchtige **Weißweine** zu bieten, wie die verschiedenen „Condado de …" aus der Provinz Huelva oder den „Tierra blanca" aus Arcos de la Frontera. Ein sehr trockener Weißwein, der nicht nur gut zu Fisch schmeckt, ist der „Barbadillo".

Romantisch klingt der Name eines teuren Weines aus Málaga: **„Lágrima"**, was Träne bedeutet. Die Trauben werden nicht gepresst, sondern nur der Saft, der durch das Eigengewicht der aufeinanderliegenden Früchte austritt, wird verwendet.

Ein idealer Dessertwein ist der nach dem Namen seiner Produktionsstätte benannte **Málaga** (siehe auch Provinz Málaga, Ojén).

Erfrischend ist der **tinto de verano** (Rotwein des Sommers). Das Trinkglas wird zur Hälfte mit einfachem Rotwein gefüllt, dazu kommen Zitronenlimonade und Eis. Hauptsächlich von Touristen geschätzt wird die **Sangria,** ein Getränk aus Rotwein, Rum oder Cognac, Orangen- und Zitronensaft und eingelegten Früchten.

Spanien ist nicht gerade für sein **Bier** *(cerveza)* bekannt, dennoch erfreut es sich wachsender Beliebtheit. Vor allem Marken wie Estrella und Cruzcampo werden in Andalusien getrunken. Die Brauerei von Cruzcampo befindet sich zwar in Sevilla, wird aber mittlerweile von Iren (Guinness) verwaltet. Literflaschen Bier *(litronas)* werden von Jugendlichen bevorzugt, und es ist keine Seltenheit, am Wochenende auf Plätzen „feuchtfröhlichen Ausflüglern" zu begegnen. Ein kleines Glas vom Fass wird in Spanien vielerorts als *caña* bezeichnet.

Ein beliebtes Erfrischungsgetränk im Sommer ist der **granizado** aus gestoßenem Eis mit Zitronen- oder Orangensirup. Die Verarbeitung von Mandeln macht auch bei den Getränken nicht halt: Die **Mandelmilch** *(horchata)* ist eine weitere Spezialität auf der Getränkeliste, sie schmeckt allerdings extrem süß und fällt daher aus der Liste der erfrischenden Getränke heraus.

Ein gut trinkbarer Durstlöscher ist nach wie vor **Wasser.** In Spanien ist es weniger üblich, Mineralwasser mit Kohlensäure *(agua con gas)* zu trinken wie z. B. in Deutschland. Die Zusatzbemerkung „con gas" sollte daher beim Bestellen nicht fehlen. Ein sehr schmackhaftes Mineralwasser ist „Lanjarón" aus der Sierra Nevada, das sowohl mit als auch ohne Kohlensäure *(sin gas)* erhältlich ist. Man kann aber auch Leitungswasser *(agua del grifo)* bestellen, das nicht bezahlt werden muss.

Kaffeeliebhaber haben in Spanien die „Qual der Wahl" zwischen *café con leche* (Milchkaffee mit hohem Anteil Kaffee), *leche manchada* (Milchkaffee mit hohem Anteil Milch), *café solo* (ähnlich dem Espresso) oder der noch stärkeren Variante *café cortado,* auf andalusisch kurz *un cortao* genannt Die Variante für Hartgesottene ist schließlich der *carajillo,* ein Espresso mit einem Schuss Brandy.

Botellónes

Jahrelang war es in Spanien üblich, sich insbesondere an den Wochenenden zu Hauf auf öffentlichen Plätzen und in Parks zu treffen und gleich literweise Bier (die sogenannten *litronas*) oder auch härtere Alkoholika in sich hineinzuschütten. Dementsprechend laut gingen diese „Versammlungen", im Volksmund *botellónes* genannt, ab. Die Antwort der spanischen Regierung auf die immer größer werdenden **Saufgelage** insbesondere junger Spanier kam 2002 per Gesetz: Das Einschenken auf öffentlichen Plätzen wurde verboten, theoretisch haben die Feiernden mit einer Strafe bis zu 3000 € zu rechnen. In der Praxis scheint das Gesetz z. B. in Madrid wesentlich strenger angewandt zu werden als in Andalusien, auch wenn es hier immer wieder zu Polizeikontrollen kommt.

Preise

Spaniens Ruf, ein Land zu sein, in dem noch „billig" gegessen werden kann, ist schon lang überholt. Die Essenspreise sind ähnlich hoch wie in Deutschland. Lediglich **Getränke,** alkoholische wie nichtalkoholische, sind günstiger. Zudem geizen die Andalusier beim Einschenken von Spirituosen nicht, was bei uns schon ein dreifacher Whiskey wäre, gilt dort als einfacher.

Für **Tapas,** die kleinen Mahlzeiten in den Bars, bezahlt man 2–5 €. In weniger touristisch erschlossenen Gegenden, wie z. B. in den Alpujarras südöstlich von Granada, kann man bereits Gerichte für 6 € bestellen, nach oben sind den Preisen natürlich kaum Grenzen gesetzt. In Granada und Umgebung wird sogar noch ein Getränk zur *tapa* gereicht.

Mit dem häufigen Aufschlag „+ 10 % IVA" am Ende der Rechnung ist übrigens nicht die Bezahlung der Bedienung, sondern die Mehrwertsteuer gemeint, bei Zufriedenheit kann man daher zusätzlich **Trinkgeld** (bis zu 10 %) geben.

Fotografieren

Obwohl die Digitalkamera dem klassischen Fotoapparat längst den Rang abgelaufen hat, hier **ein paar Tipps:** Sowohl Negativ- als auch Diafilme sind in Spanien deutlich teurer als in Deutschland, nach Möglichkeit sollte man daher genügend Material von zu Hause mitnehmen. Vor Ort kommt man in den großen Fachgeschäften noch am billigsten davon, in Souvenirshops, insbesondere an der Costa del Sol, werden teilweise horrende Preise verlangt. APS-Filmpatronen sind in größeren Städten und touristischen Ballungszentren meist problemlos erhältlich, für den Besuch kleinerer Städte im Hinterland empfiehlt es sich aber unbedingt, einen ausreichenden Vorrat mitzunehmen.

Geld

Im Jahr 2002 hat der **Euro (€),** ausgesprochen „Juro", die spanische „Peseta" abgelöst. Für die Rückseiten der Euromünzen wählten die Spanier drei verschiedene Motive: Auf den kupferfarbenen 1-, 2- und 5- Cent-Münzen ist die Westfassade der Kathedrale von Santiago de Compostela, dem Ziel der Pilger auf dem Jakobsweg, zu sehen. Die goldfarbenen 10-, 20- und 50-Cent-Stücke zeigen ein Porträt des, vor allem aufgrund seines Epos „Don Quijote de la Mancha", als „Nationaldichter" verehrten *Miguel de Cervantes* und die zweifarbigen 1- bzw. 2-Euro-Münzen ziert das Konterfei des derzeitigen Throninhabers und Staatsoberhauptes *Juan Carlos I.*

Zahlungsmittel

Oftmals ist die preiswerteste Art der Geldbeschaffung die Barabhebung mittels **Bankkarte** an einem Geldautomaten mit Maestro- oder Cirrus-Symbol unter Angabe der PIN. Ob und wie hoch die **Kosten für die Barabhebung** sind, ist abhängig von der kartenausstellenden Bank und von der Bank, bei der die Abhebung erfolgt. Man sollte sich daher vor der Reise bei seiner Hausbank informieren, mit welcher spanischen Bank sie zusammenarbeiten. Im ungünstigsten Fall wird pro Abhebung eine Gebühr von bis zu 1 % des Abhebungsbetrags per Maestro-Karte oder gar 5,5 % des Abhebungsbetrags per Kreditkarte berechnet.

Für das **bargeldlose Zahlen per Kreditkarte** innerhalb der Euro-Länder darf die Hausbank keine Gebühr für den Auslandseinsatz veranschlagen; für Schweizer wird ein Entgelt von 1–2 % des Umsatzes berechnet. Mit der Postbank Sparcard kann man zumindest zehnmal pro Jahr auch außerhalb der Euro-Länder kostenlos Bargeld an Automaten mit VISA- und Plus-Zeichen bekommen.

Sehr bequem und ein Muss, wenn man einen Mietwagen buchen will, ist eine **Kreditkarte.** Die gängigen Firmen wie Eurocard/ Mastercard, Visa, mit einigen Abstrichen auch American Express und Diners Club werden in Banken, in den meisten Restaurants und Hotels, sowie in vielen Geschäften akzeptiert. In ländlichen Regionen, wie z. B. den Alpujarras, heißt es aber immer noch häufig: „sólo cash". Ein großer Vorteil gegenüber Reiseschecks ist die Unabhängigkeit von den Banköffnungszeiten, wenn man per Geheimzahl vom Automaten abhebt. Bei Verlust hat man bei der Kreditkarte ohne Zweifel das größere Problem, denn bis sie gesperrt ist, stehen trickreichen Dieben wesentlich mehr Möglichkeiten offen, das Konto leer zu räumen.

Ein sehr sicherer Weg ist auch die Benutzung von **Traveller-Cheques,** da sie bei Verlust ersetzt werden und fast überall umgetauscht werden können. Durch das einfache Unterschreiben können sie einem Dieb kaum von Nutzen sein, denn beim Umtausch im Geldinstitut muss der Empfänger persönlich unter Vorlage von Personalausweis oder Reisepass nochmals unterschreiben.

Ein nicht unerheblicher Nachteil von Euro-Reiseschecks ist, dass die Mehrzahl der Banken in Spanien **Bearbeitungsgebühren,** die sogenannte *Comisión,* verlangt. In der Regel werden etwa 1–3 % von der Gesamtsumme abgezogen, für höhere Beträge gibt es oft einen Rabatt. Da die Gebühren auch bei Filialen derselben Gesellschaft von Ort zu Ort unterschiedlich ausfallen können, empfiehlt sich eine vorherige Nachfrage, um böse Überraschungen zu vermeiden. Eine ausschließliche Nutzung von Traveller-Cheques ist daher, nicht zuletzt aufgrund der aufwendigen Umtauschprozedur, nicht unbedingt der Weisheit letzter Schluss.

Völlig unsicher ist das gute alte **Bargeld,** um einen gewissen Betrag in der Brieftasche für die kleinen Ausgaben des Tages kommt man aber nicht herum. Eine Mischung verschiedener Zahlungsmittel mit einem Grundbetrag an Euro oder Reiseschecks als „sichere Reserve" ist wohl der beste Weg. Nicht zuletzt wegen der Gefahr einer Beschädigung des Magnetstreifens sollte man sich niemals auf nur eine Geldkarte verlassen.

Siehe „Praktische Reisetipps A–Z/ Notfall", falls die Geldkarte oder Reiseschecks gestohlen wurden bzw. verloren gingen.

Informationen

Fremdenverkehrsämter

Ausführliches Prospektmaterial ist schon vor der Reise von den Spanischen Fremdenverkehrsämtern zu bekommen (www.spain.info):

- **Deutschland:** Tel. 030-882.65.43, berlin@tourspain.es
- **Österreich:** Tel. 01-512.95.80.11, viena@tourspain.es
- **Schweiz:** Tel. 044-253.60.50, zurich@tourspain.es

Tourist-Informationen

Generell legt die **Regionalregierung „Junta de Andalucía“** großen Wert auf eine zufriedenstellende Abdeckung der Städte mit Tourist-Infos, in den großen Städten gibt es mehrere Zweigstellen. Die jeweiligen Provinzregierungen unterhalten in den Hauptstädten in der Regel zusätzlich eigene Tourismusbüros, sie konzentrieren sich stärker auf Fragen, welche die gesamte Provinz betreffen.

Die **Oficinas de Turismo** sind an einem Schild mit großem „I“ im Stadtbild kenntlich gemacht, in ihrer Umgebung weisen oft weitere Schilder den Weg. In der Regel sind diese Büros gut mit preiswerten oder kostenlosen Stadtplänen, Hotel- und Restaurantlisten, Bus- und Zugfahrplänen und Broschüren zu kulturellen oder sportlichen Aktivitäten ausgestattet. Bei spezielleren Anliegen sollte man sich gleich an die Zentrale wenden, die einem weiterhelfen bzw. Adressen vermitteln kann. Die Öffnungszeiten sind, je nach Größe der Stadt, sehr unterschiedlich, in kleineren Orten sind die Büros nachmittags meist geschlossen. Die Internetseiten der Oficinas sind leider nicht immer auf dem aktuellsten Stand.

Kleidung und Reisegepäck

Dem weit verbreiteten Klischee vom ständig heißen Andalusien zum Trotz sollte man, von den Sommermonaten abgesehen, auch einige **wärmere Kleidungsstücke** dabei haben. Bis in die erste Maihälfte kann es abends vor allem in Städten wie Granada oder Ronda noch ziemlich frisch sein, auch die zweite Septemberhälfte kann bereits wieder niedrigere Temperaturen bescheren. Die im Sommer so vorteilhafte Bauweise der Häuser entpuppt sich im Winterhalbjahr zumindest nachts als nicht unproblematisch, da sich die tagsüber gespeicherte Wärme sehr rasch wieder verflüchtigt. Wer ein fröstelndes Gefühl am frühen Morgen vermeiden will, sollte das bei der Wahl der Nachtbekleidung berücksichtigen.

Vom Sommer abgesehen, gehört auch ein **Regenschutz** ins Gepäck, für die Stadt ein Regenschirm, für Wanderungen eventuell auch eine Regenjacke. Nicht nur bei Wanderungen sind ein **kleiner Rucksack** und evtl. auch eine **Wasserflasche,** die das eingefüllte Getränk schön kühl hält, von Nutzen.

Dass man für Wanderungen **festes Schuhwerk** mit Profilsohle braucht, liegt auf der Hand, aber auch in den Städten sind robuste Schuhe durchaus von Vorteil: Zum einen verlangen die grob gepflasterten Gassen einiger Altstädte, z. B. in Granada, auf jeden Fall bequeme Schuhe, zum anderen können sich die Sträßchen bei starkem Regen in regelrechte Sturzbäche verwandeln.

Aber natürlich scheint öfter die Sonne, als dass es regnet, man sollte sich auf eine hohe UV-Bestrahlung einstellen. Gerade bei Wanderungen im Gebirge und Aufenthalten am Strand benötigt man **Sonnencreme** mit hohem Lichtschutzfaktor, vorzugsweise wasserbeständig. Auch wenn mancher befürchtet, damit als Tourist enttarnt zu werden, ist die Mitnahme einer Mütze oder eines **Sonnenhutes** fast zu jeder Jahreszeit zu empfehlen, die direkte Sonneneinstrahlung ist bei Wanderungen oder am Strand auf die Dauer doch unangenehm. Auf jeden Fall gehört auch eine ordentliche **Sonnenbrille** ins Gepäck, die weiß gekalkten Häuser reflektieren das Sonnenlicht besonders intensiv.

Vor allem abends werfen sich die Andalusier gern ein wenig in Schale, im „Räuberzivil" fühlt man sich da schnell ein wenig „underdressed". Wenn im Gepäck noch Kapazitäten frei sind, schadet es sicher nicht, einige **elegantere Kleidungsstücke** einzupacken. In der Stadt in T-Shirt, Shorts und Sandalen (mit Socken!) herumzulaufen, würde vielen andalusischen Männern nicht im Traum einfallen, man wird so schnell als Tourist entlarvt. Beim Besuch von Kirchen und anderen Sehenswürdigkeiten ist solche Kleidung eher unangebracht, einen besonderen „Dresscode" gibt es aber nicht.

Medizinische Versorgung

Reisegesundheitsinformationen im Internet unter **www.crm.de.**

Apotheken *(farmacias)* sind in Andalusien fast genauso häufig wie bei uns. Es sind ohne Rezept auch einige Medikamente erhältlich, die in Deutschland verschreibungspflichtig sind. Generell ist das Preisniveau deutlich niedriger als hierzulande, wer im Urlaub dringend auf Arznei angewiesen ist, sollte aber schon allein wegen der Sprachbarriere diese von zu Hause in ausreichender Menge mitnehmen. An den *farmacias* gibt es einen Aushang, der die aktuelle Notapotheke angibt, die auch nachts oder an Wochenenden bzw. Feiertagen geöffnet ist – man kann dies auch über eine Zeitung in Erfahrung bringen. Üblicherweise sind die *farmacias* werktags von 9.30–14 Uhr und 16.30–20 Uhr geöffnet.

Die ärztliche Versorgung ist im Allgemeinen gut, man kann sich beispielsweise auch einen Arzt ins Hotelzimmer schicken lassen. Ambulante Stationen nennen sich **ambulatorio** und können bei kleineren bis mittleren Beschwerden gute Dienste leisten. Auch kleine Dörfer mit wenigen Tausend Einwohnern verfügen meist über diese Einrichtung. Die sogenannten **urgencias** sind eigentlich Notaufnahmen an Krankenhäusern, manchmal wird der Begriff aber auch synonym zu den *ambulatorios* benutzt.

Das einfachste Verfahren, die anfallenden **Gebühren** zu bezahlen, ist, zunächst die Rechnung des Arztes in bar zu begleichen. Dieser sollte seine Diagnose und den Rechnungsbetrag exakt auf einer Bescheinigung vermerken. Dann reicht man diese zu Hause bei der Krankenkasse bzw. der privat abgeschlossenen Zusatzversicherung ein.

Notfall

Autopanne/-unfall

- **RACE-Pannendienste** *(Real Automóvil Club de España),* www.race.es, sind landesweit unter Tel. 902.40.45.45 bzw. unter dem Notruf 902.30.05.05 erreichbar.

Hilfe ist z.B. für ADACPlus-Mitglieder oder ÖAMTC-Mitglieder teilweise kostenlos. Man kann sich auch direkt an seinen **Automobilclub** wenden. Hier die drei größten für Deutschland, Österreich und die Schweiz:

- **ADAC:** Tel. (0049) 89-22.22.22 bei Fahrzeugschaden (man wird verbunden mit deutsch sprechenden Mitarbeitern der ADAC-Notrufstation in Spanien), Tel. (0049) 89-76.76.76 für medizinische Notfälle.
- **ÖAMTC:** Tel. (0043) 1-251.20.00 oder (0043) 1-251.20.20 für medizinische Notfälle, deutschsprachige Notrufstation in Spanien 093-508.28.25, in Frankreich Tel. 04.72.17.12.23.
- **TCS:** Tel. (0041) 224-17 22 20.

Verlust von „Plastikkarten"

Bei Verlust oder Diebstahl der Kredit- oder Maestro-/EC-Karte sollte man diese umgehend sperren lassen. Für deutsche Karten gibt es die einheitliche **Sperrnummer 0049 116 116** und im Ausland zusätzlich 0049 30 4050 4050. Für österreicherische und schweizerische Karten gelten:

- **Maestro/Bankomat,** (A-)Tel. 0043-1-204.88.00; (CH-)Tel. 0041-44-271.22.30, UBS: 0041-800-88.86.01, Credit Suisse: 0041-800-80.04.88.
- Für **MasterCard, VISA, American Express und Diners Club** sollten sich Österreicher und Schweizer vor der Reise die Rufnummer der kartenausstellenden Bank notiert haben.

Geldnot

Wer dringend eine größere Summe ins Ausland überweisen lassen muss wegen eines Unfalles o. Ä., kann sich über **Western Union** Geld schicken lassen. Für den Transfer muss man die Person, die

Notrufnummern

- **Medizinischer Notruf** *(emergencias):* 061, unabhängig von der Stadt.
- **Rotes Kreuz** *(Cruz Roja):* Vorwahl der Provinz und dann 22.22.22.
- In Spanien kann über die landesweit gültige und kostenlose **Notrufnummer 112** sowohl **Feuerwehr** und **Polizei** als auch **ärztliche Hilfe** gerufen werden. In vielen touristischen Gebieten ist die 112 mehrsprachig besetzt. Daher wird sie für alle Arten von Notrufen empfohlen.
- Das **deutsche Auswärtige Amt** hält über seinen Bürgerservice eine zentrale Notrufnummer für Deutsche im Ausland bereit: Tel. 0049-30-18.17.20.00, buergerservice@diplo.de.
- **Policía Nacional** (allg. Notruf): Tel. 091
- **Policía Municipal** (Stadtpolizei): Tel. 092

das Geld schicken soll, vorab benachrichtigen. Diese muss dann bei einer Western-Union-Vertretung (in Deutschland u. a. die Postbank) ein entsprechendes Formular ausfüllen und den Code der Transaktion telefonisch oder anderweitig übermitteln. Mit dem Code und dem Reisepass geht man zu einer beliebigen Vertretung von Western Union in Spanien (siehe Telefonbuch oder unter www. westernunion.com), wo das Geld nach Ausfüllen eines Formulares binnen Minuten ausgezahlt wird. Je nach Höhe der Summe wird eine entsprechende Gebühr erhoben.

Ausweisverlust/Dringender Notfall

Wird der Pass oder Personalausweis im Ausland gestohlen, muss man das bei der örtlichen Polizei melden. Darüber hinaus sollte man sich an die nächste diplomatische Auslandsvertretung seines Landes wenden, damit man einen Ersatz-Reiseausweis zur Rückkehr ausgestellt bekommt (ohne kommt man nicht an Bord eines Flugzeuges!). Auch in dringenden Notfällen, z. B. medizinischer oder rechtlicher Art, Vermisstensuche, Hilfe bei Todesfällen o. Ä., versuchen die Auslandsvertretungen vermittelnd zu helfen.

an14-060 bd

Diplomatische Vertretungen in Andalusien

- **Deutsches Konsulat in Málaga:** c/ Mauricio Moro Pareto, 2–5°, Edificio Eurocom – Bloque Sur, Tel. 952.36.35.91, für dringende Notfälle außerhalb der Bürozeiten auch Tel. 15.57.90.00. Das Deutsche Konsulat befindet sich gegenüber dem Zentralen Busbahnhof („Estación de Autobuses“) und in der Nähe des Hauptbahnhofs.
- **Deutsches Konsulat in Aguadulce:** Centro Comercial Neptuno, Avenida Carlos III., N° 401, local 18 bajo (bei Almería), Tel. 950.34.05.55.
- **Deutsches Konsulat in Jerez:** Avda. de Méjico 10, portal 1–2° D, Tel. 956.18. 74.63.
- **Österreichisches Konsulat in Málaga:** Alameda de Colon, 26, Piso 2., Esc. izq., Tel. 64.60. 60.972.
- **Schweizer Konsulat in Málaga** (nur Postfachadresse): Tel. 645.01.03.03.

Vejer de la Frontera – eines der schönsten „Weißen Dörfer“

Öffnungszeiten

Die Öffnungszeiten der Geschäfte sind mit unseren Verhältnissen nicht zu vergleichen, der Besitzer schließt in der Regel dann, wenn er sich kein Geschäft mehr verspricht bzw. sein Haupt ermattet zur Siesta niederlegen möchte, um der größten Hitze zwischen etwa 14 und 17 Uhr auszuweichen; dafür werden die Aktivitäten eher in die abendliche Kühle verlegt.

Als grobe Orientierung kann man für **Geschäfte und Supermärkte** die Zeiten von 9–14 und 17–20 Uhr angeben, Abweichungen um eine halbe Stunde sind möglich. Am Samstag ist meist nur vormittags geöffnet, der Sonntag ist – auch den großen Warenhäusern – heilig. Um sich nicht sklavisch an diese Daten halten zu müssen, verzichten viele Ladenbesitzer auf eine Deklarierung; wenn die Geschäfte gut laufen, können sie auch nach Belieben geöffnet lassen.

Die **Banken** sind in der Regel montags bis freitags nur vormittags von 8.30–14 Uhr geöffnet. Diese Zeiten können sich jeweils um bis zu 30 Minuten verschieben, nach 14.30 Uhr ist jedoch auf jeden Fall Schluss. Fast alle Banken haben auch am Samstagvormittag geöffnet, jedoch nur bis 12.30 oder 13 Uhr und das auch nur in den Monaten Oktober bis März. In den großen Städten und einigen Orten der Costa del Sol kann man im Notfall wochentags bis etwa 20.30 Uhr auch die Dienste einer Wechselstube in Anspruch nehmen, allerdings müssen dort höhere Gebühren in Kauf genommen werden. Für den Umtausch von Reiseschecks sind diese Stellen aus demselben Grund grundsätzlich nicht zu empfehlen.

Generell sind viele **öffentliche Gebäude** nur vormittags geöffnet. Des Weiteren sind Angaben zu Öffnungszeiten z. B. der Tourismusbüros *(Oficina de turismo)* ohne Gewähr zu sehen, da trotz offiziell angegebener Zeiten doch gerne mal sehr individuell entschieden wird, diese auch einzuhalten.

Die Öffnungszeiten für verschiedene Monumente, historische Gebäude oder andere touristisch attraktive Ziele variieren häufig, oft aber nur um eine halbe Stunde; im Sommer gelten nachmittags meist andere Öffnungszeiten als im Winter.

Post und Telefonieren

Notrufnummern siehe „Notfall“.

Die Postämter **Correos y Telégrafos** sind in den andalusischen Städten nicht gerade zahlreich, aber an den Hauptstraßen oft recht gut ausgeschildert. Beeindruckend lang hat die Hauptpost in den Provinzhauptstädten geöffnet, ohne Siesta geht es von 8.30/9 Uhr bis 21 Uhr durch. In kleineren Orten enden allerdings viele Dienstleistungen um 14 oder 14.30 Uhr, weder Geldgeschäfte noch Briefmarkenkauf sind dann noch möglich. Samstags kann man mit Öffnungszeiten von 9–13 Uhr rechnen.

Um **Briefmarken** *(sellos)* zu kaufen, muss man aber nicht unbedingt auf die Post gehen. Die kleinen Tabakläden, **tabacos** oder *estancos* genannt und an ei-

Vorwahlen

Es muss grundsätzlich die Provinzvorwahl gewählt werden, auch für Gespräche innerhalb des Ortes. Wer zum Beispiel in Sevilla einen Teilnehmer anrufen möchte, beginnt vor der eigentlichen Telefonnummer stets mit der Vorwahl 95, auch wenn er sich in Sevilla befindet. Auch bei Gesprächen von Deutschland nach Spanien darf bei der Vorwahl der Provinz die 9 nicht weggelassen werden.

Vorwahlnummern der Provinzen

- **Sevilla:** 954
- **Málaga:** 952
- **Almería:** 950
- **Jaén:** 953
- **Cádiz:** 956
- **Córdoba:** 957
- **Granada:** 958
- **Huelva:** 959

Internationale Vorwahlen

- **Spanien:** 0034
- **Deutschland:** 0049
- **Österreich:** 0043
- **Schweiz:** 0041

Nach der 00 muss kurz ein Pfeifton abgewartet werden, die Vorwahl erfolgt ohne die Null.

Mobiltelefone

Vom Ausland aus werden spanische Mobiltelefone mit der Vorwahl für Spanien 0034 angewählt, dann folgt die vollständige Nummer. Innerhalb Spaniens wird nur die eigentliche Nummer ohne besondere Vorwahl gewählt. Früher begannen viele spanische Handy-Nummern mit 989, mittlerweile beginnen die neuen Nummern oft mit einer 6.

nem braunen Schild mit dem Buchstaben „t“ zu erkennen, bieten diese ebenfalls an. Neben Zigaretten, Zigarren, Pfeifentabak und Zubehör kann man in den *tabacos* auch oft **Telefonkarten und Postkarten** erwerben, in manchen kann man sogar ungestört telefonieren.

Die **Portogebühren** für Postkarten und Briefe betragen z. Z. 0,52 € innerhalb Spaniens und 1,45 € (unter 20 g) nach Deutschland. Zwischen Karte und Brief gibt es keinen Unterschied, auch nicht zwischen den einzelnen EU-Ländern – die Verkäufer halten eine Standard-Briefmarke bereit. Die Lieben zu Hause müssen sich auf eine Wartezeit von etwa fünf Werktagen einstellen.

Das eigene **Mobiltelefon** lässt sich in Spanien problemlos nutzen. Wer im europäischen Ausland telefoniert (für Schweizer gelten diese Regeln einstweilen noch nicht), zahlt seit Juli 2014 maximal 22,61 Cent pro Minute für einen Anruf, den er tätigt, und nicht mehr als 5,95 Cent pro Minute für einen empfangenen Anruf, für eine abgehende SMS höchstens 9,52 Cent, der Empfang von SMS ist in der Regel kostenfrei.

Gewarnt seien Nutzer von **Smartphones,** denn die Nutzung des Datapacks im Ausland ist mitunter mit hohen Kosten verbunden (seit Juli 2014 23,80 Cent pro MB). Empfehlenswert ist die Nutzung von Skype über eine kostenlosen Wifi-Verbindung z. B. im Hotel oder einem Café.

Die meisten öffentlichen **Telefonzellen** in Spanien funktionieren gleichzeitig mit Telefonkarten und Münzen. Für Gespräche in der gleichen Provinz muss man üblicherweise mindestens drei Münzen, sprich 30 Cent, einwerfen, Auslandsverbindungen sind bei manchen Geräten erst ab 3 € möglich – falls bei geringerem Einwurf kein Kontakt zustande kommt, muss der Apparat noch gefüttert werden. Immerhin wird das Restgeld auf volle Euro-Beträge abgerundet wieder zurückgegeben. Telefonkarten gibt es in jedem Tabakladen oder bei der Post. Außerdem gibt es Prepaid-Karten (z. B. „Printelcard") zu 5–12 Euro, die aber nicht in das Telefon gesteckt werden; vielmehr ruft der Nutzer bei einer Service-Hotline an, teilt die zuvor freigerubbelte Geheimnummer mit und kann dann für eine bestimmte Zeit telefonieren, z. B. nach Deutschland pro Euro etwa 11 Minuten. Das funktioniert im Prinzip von jedem Telefonanschluss aus, gegen Aufschlag auch vom Handy, und lohnt sich vor allem, wenn man relativ lange Gespräche nach Hause führen möchte.

- **Nationale Telefonauskunft: 1003**
- **Internationale Telefonauskunft: 1025**

Reisedokumente

Für die Einreise brauchen EU- und EFTA-Bürger entweder einen **Personalausweis oder einen Reisepass.** Kindereinträge im Reisepass eines Elternteils sind nicht mehr gültig, jedes Kind benötigt ein eigenen Reisepass. Der alte Kinderausweis wird noch akzeptiert, wenn er noch gültig ist und ein Foto hat (wird jedoch seit 2006 nicht mehr ausgestellt).

Da man in Hotels und auf Campingplätzen üblicherweise ein Dokument während des Aufenthalts hinterlegen muss, ist es sehr zu empfehlen, Pass und Ausweis mitzuführen. Wer auf Nummer Sicher gehen will, sollte auch noch Kopien anfertigen, die z. B. im Koffer deponiert werden und auf die man im Ernstfall zurückgreifen kann.

Reist man allein mit Minderjährigen, wollen Grenzbeamte auch innerhalb der EU-Grenzen (vor allem bei Flügen) immer häufiger einen Nachweis der Sorgeberechtigung bzw. des Einverständnisses der Sorgeberechtigten sehen.

Wer länger als drei Monate im Land bleiben möchte, benötigt eine spezielle **Aufenthaltsgenehmigung,** die von den spanischen Botschaften und Konsulaten im Heimatland ausgestellt wird.

Es gibt u. a. in Malaga, Almería, Huelva, Sevilla, Córdoba, Granada und Jaén Jugendherbergen, die dem internationalen Jugendherbergsverband (www.hihostels.com) angeschlossen sind (s. „Unterkunft, Jugendherbergen"). Hat man einen **internationalen Jugendherbergsausweis** aus dem Heimatland, schläft man auch bei diesen Jugendherbergen zum günstigeren Tarif, sonst muss man eine Tagesmitgliedschaft erwerben. Hat man noch keine Jahresmitgliedschaft bei den Jugendherbergsverbänden daheim, kostet diese jährlich 7–21 € in Deutschland (www.jugendherberge.de), 15–25 € in Österreich (www.oejhv.at) und 22–44 SFr in der Schweiz (www.youthostel.ch). Für österreichische Jugendliche bis 16 Jahre und Schweizer Jugendliche bis 18 Jahre ist die Mitgliedschaft kostenlos. Lebenspartner und Kinder bis 26 Jahre erhalten kostenlos eigene Mitgliedskarten. Übrigens kann man in den Jugendherbergen unabhängig von seinem Alter absteigen!

Autofahrer: Durch das „Kennzeichenabkommen" innerhalb der EU gilt als Nachweis für eine gültige Haftplichtversicherung das Autokennzeichen des jeweiligen Herkunftslandes. Die **Grüne Versicherungskarte** *(carta verde)* ist daher in Spanien nicht mehr verpflichtend, ihre Mitnahme empfiehlt sich trotzdem für die schnelle Abwicklung eines Schadensfalles.

Reisezeit

Klimagrafik siehe S. 614.

Für Städtereisen ist die Zeit von **Mitte November bis Mitte Februar** im Prinzip keine schlechte Idee. Man hat die Sehenswürdigkeiten fast für sich allein, in den Hotels wird einem sozusagen der rote Teppich ausgerollt und mit entsprechender Kleidung sind die Temperaturen für Stadterkundungen durchaus zu ertragen. Ob sich das spezielle Flair Andalusiens, das auch viel mit dem öffentlichen Leben auf Straßen und Plätzen zu tun hat, bei kräftigen Regengüssen und harzigen Windböen entfaltet, ist jedoch sehr fraglich.

Besuch der Alhambra

Achtung, bei der Reiseplanung sollte man berücksichtigen, dass man die Alhambra zu Stoßzeiten **nur nach Voranmeldung** besichtigen kann. Siehe „Granada, Alhambra, Besichtigungstipps".

Der **Vorfrühling** von Mitte Februar bis Ende März gilt zu Recht als Geheimtipp. Die Preise für Unterkünfte sind bis Ostern niedrig, die Pilgerstätten des Tourismus noch nicht überlaufen. Dennoch kann man sich bei längeren sonnigen Perioden schon den Duft des Frühlings um die Nase wehen lassen. Auch Wanderungen in tiefen und mittleren Lagen können schon Vergnügen bereiten, das Sonnenbaden am Strand aber meist nur in geschützten Abschnitten.

April und Mai sind zweifellos die klassischen Reisemonate für Andalusien. Die Natur zeigt sich in den schönsten Farben, für Touren im Gebirge ist nun die beste Zeit. Auch in diesen südlichen Breiten kann das Aprilwetter in manchen Jahren recht launisch und ungemütlich ausfallen. Für Badegäste bietet der Mai in der Regel angenehmere Temperaturen, sowohl zu Wasser als auch zu Lande. In den Städten und Dörfern ist das südländische Leben voll erwacht. An fast jedem Tag ist nun irgendwo in Andalusien eine Prozession, Wallfahrt, *fiesta* oder *feria* im Gange, nicht selten gehen die Veranstaltungen fast ineinander über. Diese prallen Sinneseindrücke muss man sich jedoch mehr denn je mit vielen anderen Besuchern teilen, entsprechend problematisch können die Quartiersuche und die Besichtigung von Monumenten verlaufen. Gerade die Semana Santa (Ostern von Palmsonntag bis Ostersonntag) verlangt dem Reisenden in dieser Hinsicht einiges an Duldsamkeit ab.

Ab Mitte/Ende Mai lässt der Andrang in den Städten gewöhnlich etwas nach, wer Tagestemperaturen um 30 °C gut aushält, findet dann eine sehr angenehme Reisezeit vor. Von Mitte Juni bis Mitte September steigen die Temperaturen dann aber endgültig in schweißtreibende Höhen. Spanier und sonnenhungrige Nordeuropäer zieht es im **Sommer** natürlich verstärkt an die Strände, die ungestörten Plätzchen werden rar. Nach einem ruhigeren Juni verläuft die Hotelsuche im Juli und vor allem im August, dem Hauptreisemonat der Einheimischen, äußerst schwierig.

Es ist sicher kein schlechter Gedanke, den mitteleuropäischen Sommer in Andalusien zu „verlängern". Bis etwa Mitte Oktober, manchmal sogar bis Anfang November, findet man noch badetaugliche Temperaturen vor. Die Natur präsentiert sich im andalusischen **Herbst** nach der sommerlichen Trockenheit zunächst äußerst spröde, mit zunehmenden Regenfällen erwacht jedoch etwa Mitte Oktober noch einmal so etwas wie ein zweiter Frühling, selbst manche Baumarten blühen noch einmal. Auch für Städtereisen sind die Temperaturen wieder optimal, der Andrang bei den bedeutenden Sehenswürdigkeiten ist jedoch nicht wesentlich geringer als im Frühling, rund um den 12. Oktober, dem Spanischen Nationalfeiertag, wird es sogar nochmals richtig eng, und ebbt erst im November deutlich ab.

Sicherheit

Grundsätzlich ist zum Thema Sicherheit zu sagen, dass Touristen im Regelfall deutlich als solche zu erkennen sind und daher gerne als „gefundenes Fressen" für **Gelegenheitsdiebe** gelten. Wie andere Metropolen Europas weisen auch Städte wie Sevilla oder Málaga das übliche Maß an Kriminalität auf. Wenn man sich des etwas erhöhten Risikos bewusst ist und sich dementsprechend verhält, sollte einem Urlaub ohne böse Überraschungen aber eigentlich nichts im Wege stehen.

Keine schlechte Idee sind **Geldgürtel** bzw. **Nierentaschen** *(riñonera),* die zwar etwas unförmig wirken, aber doch einen ziemlich guten Schutz bieten. Das Trageband sollte dabei an den Gürtelschlaufen fixiert werden, denn Profis schneiden es ruck-zuck durch. Vor allem am Abend sollte man ein Kleidungsstück darüber tragen, denn bewaffnete Täter sehen sonst sofort, dass hier etwas zu holen ist und nehmen sich das Geld mit Gewalt.

Der Mitleid-Trick

Eine beliebte Unsitte ist der Versuch, Touristen mit **herzerweichenden Geschichten** von erlittenen Schicksalsschlägen Geld aus der Tasche zu ziehen. Dies wird auch gern von Deutschen betrieben, die vorgeben, ihre gesamte Urlaubskasse sei verloren gegangen oder gestohlen worden. Auf keinen Fall sollte man größere „Kredite" geben, in der Hoffnung, diese wiederzubekommen.

Dezenter ist zweifellos der **Brustbeutel,** der sich problemlos unter einem Hemd verbergen lässt. Der Rucksack oder die Handtasche sind für Geldbeutel alles andere als eine sichere Burg, im Gedränge greifen Trickdiebe blitzschnell hinein, von der Verlustgefahr ganz abgesehen. **Handtaschen** sollten in der Stadt grundsätzlich auf der dem Gebäude zugewandten Seite getragen werden, Mopedgangster sind zwar nicht so häufig wie in Italien, aber in manchen Städten stellen sie doch ein Problem dar.

Paarweise arbeitende Gauner versuchen oft, die Aufmerksamkeit des Opfers auf ein Objekt, z. B. ein klimperndes Schlüsselbund, zu lenken, der Komplize greift dann in die Hosentasche.

Fotoapparat und Filmkamera sollte man nach Möglichkeit mit der Schlaufe um den Hals tragen und mit mindestens einer Hand am Gehäuse festhalten.

In den großen Städten empfiehlt es sich, die Reisekasse nach Möglichkeit im **Hotelsafe** zu deponieren – auch einfachere Hostals sind vertrauenswürdig –, und vor allem am Abend nur mit der notwendigen Barschaft loszuziehen.

Nach dem **Geldtausch** sollte man das Geld noch innerhalb der Bank oder am Schalter der Wechselstube verstauen, manche Ganoven schnappen direkt am Ausgang zu.

Die genannten Vorsichtsmaßnahmen sollten nicht dazu führen, dass man als verängstigtes Wesen durch die Stadt huscht und hinter jeder Kontaktaufnahme gleich böse Absichten vermutet. Man kann durchaus den andalusischen Alltag entspannt genießen und sich dennoch möglichen Gefahrensituationen bewusst entziehen.

Sport

Ein vielgestaltiges Land wie Andalusien bietet natürlich reichliche Möglichkeiten zu Outdoor-Aktivitäten zu Wasser, zu Lande und in der Luft. Vor allem in den traditionellen Badeorten an der Costa del Sol gibt es eine kaum noch zu überschauende Anzahl von Angeboten privater Veranstalter (bei den Ortsbeschreibungen werden die wichtigsten genannt). Auch abenteuerliche Sportarten wie Paragliding *(parapente),* Bungee-Jumping, Rafting und Kanufahren *(piragüismo)* können praktiziert werden, in den Tourist-Infos liegen (meist mindestens zweisprachige) Prospekte der verschiedenen Clubs aus.

Wandern

Der *senderismo* erfreut sich in Andalusien allmählich zunehmender Beliebtheit, gerade die Sierra de Grazalema wird gerne von den bewegungsfreudigen Sevillanern aufgesucht. Die **Markierung der Wege** lässt jedoch insgesamt noch zu wünschen übrig. Auch wenn am Beginn eines „offiziellen" Wanderweges nicht selten beeindruckende Hinweistafeln mit Skizze und Wegverlauf bzw. -dauer angebracht sind, belässt man es anschließend meist bei schlecht erkennbaren roten Farbklecksen, die bei Abzweigungen oftmals keine große Hilfe sind.

In gut besuchten Regionen wie der Sierra de Grazalema oder den Alpujarras werden auch **organisierte Exkursionen** zu zivilen Preisen angeboten (Adressen siehe Ortsbeschreibungen). Besteht dazu

Verzeichnis der Wanderungen mit Gehzeit und Schwierigkeitsgrad

Provinz Jaén

- **Rundgang Cerrada del Utrero:** 1 Std., leicht; S. 35
- **Flusswanderung am Borosa und Lagunen:** 3 bzw. 7 Std., leicht bzw. mittel (je nach Variante); S. 35

Provinzen Córdoba und Sevilla

- **Wanderung in der Schlucht des Río Bailón:** 1½ Std., leicht bis mittel; S. 105
- **Wanderung zur römischen Ruinenstadt Munigua:** 4 Std., leicht bis mittel; S. 164

Costa de la Luz und Hinterland

- **Rundwanderung Palacio de Acebrón:** 45 Min., leicht; S. 207
- **Wanderung rund um den Peñón Grande:** 3 Std., mittel; S. 298
- **Wanderung am Río El Bosque:** 3½ Std., leicht bis mittel; S. 300

Granada und Alpujarras

- **Dorfverbindungsweg Pampaneira – Bubión – Capileira:** 2x 1½ Std., leicht bis mittel; S. 385
- **Rundwanderung bei Capileira:** 3½ Std., mittel; S. 389
- **Rundwanderung von Ferreirola über Busquístar durch das Tal des Río Trevélez:** 1½ bzw. 3½ Std., leicht bzw. mittel bis schwer (je nach Variante); S. 392

Provinz Almería/Costa del Sol und Hinterland

- **Von Las Negras zum Strand El Playazo:** 2x 1½ Std., leicht; S. 416
- **Von Las Negras zur Cala de San Pedro:** 2x 1 Std., leicht bis mittel; S. 417
- **Wanderung von Frigiliana zum Río Chillar:** 3–4 Std., mittel; S. 464
- **Rundwanderung Torcal de Antequera:** 1 bzw. 2 Std. (je nach Variante), leicht bis mittel; S. 492
- **Wanderung am Embalse de Gaitanejo:** 1½–2 Std., leicht; S. 496
- **Flusswanderung am Guadiaro:** 2½ Std., leicht bis mittel; S. 534

Im Naturpark de la Breña

an14-061 nk

keine Möglichkeit, sollte man sich besser nicht auf komplizierte Streckenwanderungen in unübersichtlichem Gelände einlassen. Auch mit Wanderkarte und Kompass ist die **Gefahr, sich zu verlaufen, recht groß,** denn es gibt im Gebirge zahlreiche Wirtschaftswege und Maultierpfade, und manchmal verliert sich sogar der „offizielle“ Weg für ein gewisses Stück.

Noch problematischer sind ausgesprochene **Hochgebirgstouren,** denn die Schutzhütten in der Sierra Nevada lassen sich an den Fingern einer Hand abzählen. Immerhin gibt es für die besser erschlossenen Wanderregionen recht ordentliche Karten des Nationalen Geografischen Instituts (IGN) im Maßstab 1:50.000 und 1:25.000.

024an sna

Wind- und Kitesurfen

Tarifa und Umgebung gelten unter Freaks als europäisches Surf-Mekka. Anfänger dürften sich allerdings mit den nicht selten extremen Windverhältnissen und dem starken Wellengang etwas schwer tun (Näheres bei der Ortsbeschreibung Tarifa).

Mountainbiking

Sowohl an der Küste als auch vereinzelt in den besser erschlossenen Gebirgen kann man sich Mountainbikes *(bicicletas de todo terreno)* ausleihen, sehr verbreitet ist das allerdings noch nicht. Ansprechpartner sind private Sportveranstalter oder auch Hotels der gehobenen Kategorie, die lokalen Tourist-Infos geben genauere Hinweise. In fast allen Fremdenverkehrsämtern ist eine informative Broschüre der Reihe *Guías Practicas*/Mountainbike (engl.) mit zahlreichen Routenvorschlägen für 3,60 € zu erwerben. Gute Wegbeschreibungen unter www.viasverdes.com. Radfahrer unter 16 Jahren müssen generell einen **Helm** tragen!

Reiten

Wesentlich dichter gestreut sind im pferdeverrückten Andalusien die vielen Möglichkeiten eines Ausrittes. *Picaderos* („Reitschulen“) finden sich in beachtlicher Zahl. Dabei handelt es sich in der

Mountainbiker in der Provinz Almería

Regel um genormte Exkursionen von verschiedener Dauer in der Umgebung eines Ortes. Im Nationalpark Coto de Doñana werden sogar mehrtägige Ausflüge mit Verpflegung und Unterkunft angeboten, dann geht der Spaß aber ziemlich ins Geld.

Golf

Dank des fast ganzjährig milden Klimas hat sich Andalusien zum Golfer-Eldorado Europas schlechthin gemausert, wichtige Wettkämpfe wie der Ryder-Cup finden hier statt. Als Schwerpunkte können die westliche Costa del Sol mit Marbella und Sotogrande, wo sich fast schon ein Platz an den anderen reiht, und seit jüngerer Zeit auch die Costa de la Luz hervorgehoben werden.

Klettern

Dem Kick, sich nur mit Fingerkuppen und Zehen an Felsspalten festzukrallen, verfallen auch mittlerweile immer mehr Andalusier. In den letzten Jahren sind daher immer mehr Klettergebiete mit den jeweiligen Routen der verschiedensten Schwierigkeitsgrade entstanden. Allein wegen der vorteilhaften Wetterverhältnisse hat man hier ganzjährig die Möglichkeit, seine Kräfte an den Felsen zu erproben. Ein ideales Klettergebiet befindet sich in dem sogenannten „Campo de Gibraltar", das sich von Tarifa bis Gibraltar erstreckt. Vor allem die Felsen bei „San Bartolo" vor Tarifa (siehe Tarifa) sind sehr beliebt, denn die nach Süd-Westen ausgerichteten Felsen bieten einen atemberaubenden Ausblick auf den Atlantik und Afrika. Weitere Klettergebiete befinden sich zwischen Algeciras und Tarifa, El Bujeo sowie bei Jimena und Castellar de la Frontera. Für dieses gesamte Gebiet kann man in Tarifa einen Kletterführer (auf Spanisch, dennoch brauchbar wegen Lagebeschreibung und Routenbewertung) erstehen. Ein weiteres beliebtes Klettergebiet befindet sich in der Sierra de Grazalema bei Benaocaz.

■ Hier eine **kurze Wegbeschreibung für das Klettergebiet „San Bartolo"** zwischen Tarifa und Bolonia: Zunächst von der N-340 bei km 70,2 Richtung Bolonia und danach links zur Häusersiedlung abbiegen, die quasi am Fuß der bereits sichtbaren Felsen liegt. Am Ende dieser Siedlung führt rechts ein Trampelpfad zu den Felsen. Von Kühen, Pferden und Ziegen, die diesen Weg kreuzen, sollte man sich nicht abschrecken lassen, festes Schuhwerk für den Aufstieg sollte im Gepäck vorhanden sein.

Paragliding

Wie auf einer Wolke über Andalusien schweben. So ungefähr fühlt es sich an, wenn man wagemutig genug ist, sich auf 800 Meter Höhe und mehr mittels Paragleitschirm in die Luft zu wagen. Ein bekannter Absprungfelsen befindet sich in **Algodonales** in der Sierra de Cádiz. Für ein erstes „Hineinschnuppern" eignet sich ein Tandemsprung, aber auch Anfängerkurse werden angeboten. Bei Algodonales können Übernachtung und mehrtägige Paragliding-Kurse miteinander verbunden werden: Ein 2013 neu eröffnetes Flugzentrum ist CIVA, www.civalgodonales.com. Weitere Paragliding-Schulen: www.lijarsur.com und www.ganterfly.de (deutschsprachig).

Sprache

Das **Andalusische** ist keine eigenständige Sprache wie das Katalanische im Nordosten Spaniens oder das Galicische im Nordwesten. Sprachwissenschaftler streiten sogar darüber, ob überhaupt von einem Dialekt gesprochen werden kann. Das Andalusische klingt zum Teil, als würden die Einwohner entweder stark lispeln oder das „s" überdeutlich sprechen. Auch werden gern ganze Silben oder das „s" am Ende eines Wortes verschluckt. Man sagt, wer hier Spanisch lernt, beherrscht die Sprache in allen Regionen des Landes, da im Süden extrem schnell und undeutlich gesprochen wird.

Sowohl in Städten wie Sevilla, Granada und Cordoba als auch in vielen Küstenorten gibt es **Sprachschulen.** In der Regel können die Fremdenverkehrsämter Auskunft darüber geben.

Im Anhang findet sich eine kleine **Sprachhilfe** mit den Ausspracheregeln und wichtigen Begriffen.

Als praxisnaher Urlaubsbegleiter sei der im Reise Know-How Verlag erschienene **Sprechführer „Spanisch für Andalusien – Wort für Wort"** empfohlen, der einen schnellen Einstieg in die Sprache ermöglicht.

Unterkunft

Von der einfachen *fonda* bis zur luxuriösen 5-Sterne-Hotelanlage hält Andalusien sowohl preislich als auch qualitativ eine **breite Palette** an Übernachtungsmöglichkeiten bereit.

Zur Nebensaison sollte die Quartiersuche keine Schwierigkeiten aufwerfen. In kleineren Orten mit beschränktem Angebot ist ein vorheriger Anruf in jedem Fall ratsam, denn die gewünschte Herberge kann sich durchaus auch mal in Renovierung oder Betriebsurlaub befinden. In den großen Städten sollte man besonders auf parallel verlaufende örtliche **Feste und Veranstaltungen,** wie Jahrmärkte *(ferias),* religiöse Feiern *(fiestas)* und diverse Wettbewerbe und Festivals (*concursos* und *festivales*) achten, welche die Suche nach einem Hotelbett in einen langwierigen Hindernislauf verwandeln können. In der Karwoche, zu Pfingsten sowie im Hauptferienmonat August ist halb Andalusien unterwegs, sodass man ohne vorherige Reservierung praktisch immer vor verschlossenen Türen steht. Problematisch sind auch die sogenannten *puentes*, also „Brücken" zwischen dem Wochenende und einem Feiertag am Ende bzw. Anfang der Woche, die gerne für Kurzurlaube verwendet werden.

Vor dem **Einchecken** ins Hotel sollte man sich auf jeden Fall das Zimmer zeigen lassen, denn in manchen Etablissements können gravierende Qualitätsunterschiede auftreten. Wer auf ein besonders ruhiges Zimmer Wert legt, sollte an der Rezeption danach fragen, bei entsprechenden Kapazitäten wird diesem

[>] Maurische Teestube „Tetería" in Granada

Wunsch meist entsprochen. Ist man sich einig geworden, wird der Personalausweis bzw. Reisepass zum Ausfüllen der Anmeldekarte verlangt, die Rechnung begleicht man normalerweise erst vor der Abreise. Wer einen mehrtägigen Aufenthalt geplant hat, sollte sein Zimmer auch gleich entsprechend reservieren, sonst kann es passieren, dass es an einen anderen, telefonisch vorbuchenden Interessenten abgegeben wird.

In jedem Betrieb müssen dem Gast auf Anfrage **„Beschwerdeblätter“** *(hojas de reclamación)* ausgehändigt werden, die dann der entsprechenden Behörde einen schwerwiegenden Mangel anzeigen. Ein Missstand kann oft schon mit der Androhung dieser Maßname behoben werden.

Der **Lärmpegel** steigt vor allem in den großen Städten gerade am Wochenende bedenklich an. Wer lärmempfindlich ist, sollte dies bei der Wahl der Unterkunft berücksichtigen.

Tipp: Die Plattform **www.airbnb.de** vermittelt gegen geringe Gebühr interessante Unterkünfte von Privat zu Privat.

Preise

Die spanische Regierung braucht Geld, und das kann ihrer Meinung nach am ehesten die Tourismusbranche liefern. So wurde die reduzierte **Mehrwertsteuer (IVA)** von 8 auf 10 % angehoben – und sie soll weiter steigen. Dies würde gerade für kleinere Hotels die Schließung bedeuten, zumal bei Vermittlungen über gängige Internetplattformen an diese i. d. R. 15 % abzutreten sind. Es kann noch vorkommen, dass zu Unterkunftspreisen die IVA hinzugerechnet werden muss, auch wenn die Spanier mittlerwei-

an14-062 ba

Klassifizierung der Unterkünfte

Pensionen und Hotels sind einer offiziellen Sterneklassifizierung unterworfen, die man aber nicht zum allgemeingültigen Maßstab machen sollte. Manche Häuser stapeln wegen Steuervorteile absichtlich tief, andere versuchen mit Hilfe eher unbedeutender Accessoires wie Fön oder Fernseher in eine höhere Kategorie zu gelangen.

Die einfachsten Unterkünfte, ehemals **fonda** oder **casa de huéspedes** genannt, werden wohl zukünftig in die Kategorie der *pensiones* übernommen. Sehr spartanisch und teilweise in schlechtem baulichen Zustand (vorher nachfragen!) sind auch die sogenannten **refugios,** rustikale Hütten auf dem Lande. Sie sind in erster Linie für kleine Gruppen von Naturliebhabern interessant, die auf eigene Faust die Bergwelt erkunden wollen.

Hostales ohne Klassifizierung

Meist spartanisch ausgestattete Herbergen für den kleinen Geldbeutel, manchmal noch als **pensión** bezeichnet. Insbesondere bei Doppelzimmern hat der Gast nicht selten die Wahl zwischen einem komplett ausgestatteten Bad *(baño completo)* und einem Waschbecken auf dem Zimmer, was sich natürlich im Preis niederschlägt. Gerade in Orten mit entspannter Konkurrenzsituation gibt es auch ausgesprochen luxuriöse Hotels, die sich bescheiden als *pensión* bezeichnen, das heißt aber nicht, dass man hier Preiswunder erwarten dürfte. Manche Hostals sind auch einfach nicht klassifiziert, weil niemand Wert darauf legt – von dem Fehlen der Sterne sollte man also gerade in ländlichen Gebieten nicht auf eventuell mangelnden Komfort schließen. Üblicherweise pendeln sich die Preise für EZ bei 30 €, für **DZ bei 40 €** ein.

Zwei-Sterne-Hostales**

Besonders bei neueren Häusern sind in dieser Kategorie schon komfortable Unterkünfte zu finden, ältere Pensionen können diverse Schwächen oft durch besondere Atmosphäre ausgleichen. Die Ausstattung kann sehr unterschiedlich sein: Badezimmer mit Dusche oder Badewanne sind die Regel, TV, Telefon, Klimaanlage bzw. Heizung sind hingegen nicht selbstverständlich. Die Preise, EZ 30–35 € und **DZ 40–50 €**, sollten daher nur als grobe Annäherung aufgefasst werden.

Ein-Stern-Hotels*

Ein-Stern-Hotels sind nicht automatisch besser als die 2-Sterne-Pensionen einzustufen, ältere Exemplare lassen mit durchgelegenen Betten und abgegriffenem Interieur den erwarteten Komfort oft vermissen. Den Unterschied zu den Pensionen bzw. Hostals macht eher die stets präsente und auskunftsfreudige Rezeption als die Ausstattung der Zimmer, dafür muss man in der Regel etwas höhere Preise bezahlen: EZ 40 €, **DZ 50–60 €**.

Zwei-Sterne-Hotels**

Oft schon solide Mittelklasse, in der Ausstattungsdetails wie Bad, TV, Telefon und Klimaanlage bzw. Heizung fast selbstverständlich sind. Manche Stadthotels dieser Kategorie verfügen über eine eigene (Tief-)garage, was für Autofahrer nicht nur einen Gewinn an Komfort, sondern auch an Sicherheit bedeutet. EZ schlagen mit etwa 50 €, **DZ** mit rund **70–80 €** zu Buche.

Drei-Sterne-Hotels***

In diese Abteilung fallen zu Komforthotels umgebaute Klöster, aber auch viele sterile Bettenburgen in den großen Städten oder an der Costa del Sol. Der wesentliche Unterschied zur einfacheren Konkurrenz sind die meist großzügiger geschnittenen Zimmer und das fast schon obligatorisch angeschlossene Restaurant, das aber nicht immer gehobenen Ansprüchen genügt. Bei den EZ muss man mit rund 70 € rechnen, die **DZ** liegen bei ungefähr **100 €**.

Vier-Sterne-Hotels****

Hier hat man es meist mit sehr luxuriösen Etablissements zu tun. In den großen Städten kann zwar mancher angewitterte Veteran die hohen Erwartungen nicht mehr erfüllen, gerade in kleinen und mittleren Städten sind in dieser Kategorie fast durchweg atmosphärisch ansprechende Häuser zu finden, die kaum noch Komfortwünsche offen lassen. Die angeschlossenen Restaurants bieten gute Qualität, manche Küche hat Gourmet-Qualitäten! Einige Spitzenhotels verzichten freiwillig auf den fünften Stern, um sich die gut doppelt so hohe Mehrwertsteuer zu sparen. Bei den EZ wird man mit rund 90 €, bei den **DZ** mit etwa **140 €** zur Kasse gebeten.

Fünf-Sterne-Hotels*****

Andalusien ist auch bei den Hotels der absoluten Spitzenklasse, die sogar den verwöhntesten Jet-Setter mit der Zunge schnalzen lassen, gut vertreten. Fast immer sind diese Etablissements in parkartige Anlagen mit Swimmingpool und diversen Sportplätzen eingebettet, die Restaurants genießen besten Ruf, und die Zimmer haben oft schon den Charakter von Suiten. EZ sind für ca. 120 € aufwärts zu haben, **DZ ab 150 €**, Suiten können bis an die 600 € gehen.

Saisontarife

In den meisten Regionen können folgende Tarife unterschieden werden:

- **Nebensaison** *(temporada baja)*: Januar, Februar, Juni, November, Dezember.
- **Hauptsaison** *(temporada alta)*: März, April, Mai, Juli, August, September, Oktober.
- In Regionen mit großen Unterschieden zwischen beiden Extremen schieben vor allem Hotels noch eine **Zwischensaison** *(temporada media)* ein, vor allem die Monate März (vor Ostern), Juni und die Zeit von Mitte September bis Ende Oktober können in diese Kategorie fallen.
- **Spitzensaison** *(temporada extra)*: *Semana Santa, Feria de Abril,* lokale Feste.

Preiskategorien der Unterkünfte in diesem Buch (pro DZ)

①	bis 50 €
②	50–75 €
③	75–100 €
④	100–140 €
⑤	ab 140 €

le dahinterkommen, dass gerade bei Online-Buchungen der Einfachheit halber der Gesamtpreis, also „IVA incluido“, angegeben werden sollte. Oft geht auch das **Frühstück extra,** sofern nicht anders angegeben.

Die **Unterschiede zwischen Neben-, Zwischen- und Hauptsaison** betragen insgesamt rund 50 %, ihr Einfluss auf das Urlaubsbudget ist also erheblich. Besonders extrem sind die Saisonspitzen (z. B. die *Semana Santa* in vielen Großstädten, die *Feria de Abril* in Sevilla, die Formel-1-WM in Jerez, Pfingsten in El Rocío), wenn geradezu astronomische Preise, die das Dreifache des HS-Preises betragen können, abgegriffen werden.

Die Preise werden jedes Jahr neu von der „Junta de Andalucía“ festgelegt und auf einer gut sichtbaren **Tafel an der Rezeption** veröffentlicht, der Wirt darf rechtlich keinen höheren Preis verlangen. Bei flauer Nachfrage kommen einige Hoteliers der geneigten Kundschaft von selbst nochmals entgegen, ansonsten kann man auch nachfragen, ob der geforderte Tarif tatsächlich das letzte Wort ist. Die oben angegebenen Preiskategorien sollen lediglich eine grobe Orientierung geben – in touristischen Ballungsgebieten und in der Hauptstadt Sevilla muss man deutlich tiefer in die Tasche greifen, während in den kleineren Städten des Hinterlandes die Hotelrechnung oft erfreulich moderat ausfällt.

Unter „Praktische Informationen“ bei den Ortsbeschreibungen werden die Preiskategorien (siehe Info-Kasten) für das **Standard-Doppelzimmer** (DZ) genannt, Räume mit Sonderausstattungen oder Suiten können deutlich teurer sein. Aus Gründen der Übersichtlichkeit werden Ausstattungsdetails wie TV, Telefon, Fön, Klimaanlage etc. in der Regel nicht aufgeführt, einen Eindruck von der üblichen Ausstattung gibt der Info-Kasten **„Klassifizierung der Unterkünfte“.** Bei Quartieren der unteren Kategorien wird darauf hingewiesen, ob die DZ mehrheitlich ein Badezimmer besitzen oder nicht, EZ sind damit in aller Regel weniger gut ausgestattet. Für die Einzelzimmer (EZ) kann man mit durchschnittlich 70 % des DZ-Preises rechnen. Stehen im Hotel keine EZ zur Verfügung, wird der Einzelreisende in der Regel einen Nachlass bei der Benutzung eines DZ erhalten – verlassen sollte man sich darauf aber nicht. Wer gesteigerten Wert auf ein großes Zimmer legt, kann auch extra nach einem DZ zur Einzelbenutzung fragen, bei entspannter Buchungssituation sind die Wirte gegen einen kleinen Aufpreis gegenüber dem EZ meist dazu bereit.

Paradores

Bereits 1926 kam die Idee auf, historisch bedeutsame und architektonisch beeindruckende Bauten vor allem in den abgelegenen Gegenden Spaniens zu restaurieren und als staatliche Hotels zu nutzen. Gesagt, getan: Unter König *Alfons XIII.* wurde der *Marqués de la Vega Inclán,* der den Anstoß für diese Idee gegeben hatte, zum „Königlichen Kommissar für Tourismus“ ernannt, die Geburtsstunde des „sanften Tourismus“ auf der Iberischen Halbinsel war damit eingeläutet.

In Andalusien stehen einige der prachtvollsten Exemplare dieser Drei-, Vier- oder Fünf-Sterne-Hotels, die meisten sind in umwerfenden Gebäuden wie **Schlössern, Festungen** oder **Klöstern** untergebracht. Mittlerweile gibt es einige wenige auch in modernen Gebäuden, sie sind aber glücklicherweise in der Minderzahl. Das Preis-Leistungsverhältnis der Paradores ist angemessen. Man bezahlt für ein DZ meist zwischen 128 und 180 €, vereinzelt ist es auch teurer. Besonderer Wert wird auf eine exzellente landestypische Küche gelegt – wer sich einmal verwöhnen lassen möchte, ist hier in aller Regel gut aufgehoben, es muss dafür jedoch auch der entsprechende Gegenwert gezahlt werden.

■ **Zentrale Zimmerreservierung** in Madrid unter reservas@parador.es, Tel. 915.16.66.66. Weitere Infos auf der deutschen Website www.paradores.de, Buchungen bei IHR IBERO Hotelreservierung, Tel. 0211-864.15.20, www.ibero.com/de.

Ländlicher Tourismus

Alojamientos Rurales

Dies sind von der Organisation „Red Andaluza de Alojamientos Rurales" vermittelte Quartiere in ländlicher Umgebung. Meist handelt es sich um ehemalige Bauernhäuser (*cortijos* bzw. *fincas*) oder Wirtschaftsgebäude, die zu **rustikalen Herbergen** mit viel Flair umgebaut wurden.

Im sogenannten **„Cortijo-Camping"** können auch Camper ihre Zelte aufschlagen. Die gut 250 Unterkünfte in ganz Andalusien werden von der Hauptstelle in Almería (Tel. 950.26.50.18) bzw. den Zweigstellen in Málaga (Tel. 952.70.30.48) und Sevilla (Tel. 954.21.12.66) vermittelt, schriftliche Anfragen unter Postfach Apdo. 2035, E-04080 Almería.

Zu ländlichen Unterkünften siehe auch unter www.toprural.com.

Villas Turísticas

Seit nunmehr rund 30 Jahren läuft das **ambitionierte Projekt der Junta de Andalucía,** in möglichst jeder Provinz eine Hotelanlage mit landestypischer Architektur und speziellem Ambiente zu etablieren, auch um dem unterentwickelten ländlichen Raum wirtschaftliche Impulse zu geben. In der Regel handelt es sich um **Bungalow-Anlagen** der mittleren bis gehobenen Mittelklasse, die Preise sind nicht einheitlich und bewegen sich etwa auf dem Niveau von 2- bzw. 3-Sternehotels. Einzelreisende oder weniger anspruchsvolle Paare können mit der Wahl eines DZ bzw. „Studios" gegenüber den größeren „Villas" etwas Geld sparen. Am Wochenende muss man mit einem kleinen Aufschlag rechnen, dafür gibt es in der Nebensaison günstige „ofertas". Auch wenn manches Haus in punkto Mobiliar und Sanitäreinrichtungen nicht mehr auf dem neuesten Stand ist, gibt es am Preis-Leistungsverhältnis in der Regel nicht viel auszusetzen.

Aktuell gibt es nur **in fünf der acht andalusischen Provinzen** eine „Villa Turística": in Bubión (Granada), Cazorla (Jaén), Grazalema (Cádiz), Laujar de Andarax (Almería) und Priego (Córdoba), es ist aber eine Erweiterung des Angebots bzw. die Renovierung bereits bestehender Anlagen geplant. Die Broschüre „Villas Turísticas" ist in allen Fremdenverkehrsämtern der Junta de Andalucía zu bekommen. Unter www.villasdeandalucia.org sind alle Hotels in einer gemeinsamen Homepage zusammengefasst. Infotelefon: 902.00.64.90.

Jugendherbergen

Viele Jugendherbergen sind an ein internationales **Reservierungssystem** – IBN (International Booking Network) – angeschlossen. Da es in manchen Städten schwer ist, an verlängerten Wochenenden bzw. Feiertagen ein Bett zu bekommen, ist es ratsam, im Voraus zu buchen. Von welchen Herbergen aus reserviert werden kann, steht unter www.hihostels.com (Jugendherbergsverzeichnis) oder www.hosteleurope.com (Hostelverzeichnis und Buchung in Europa).

Der **Internationale Jugendherbergsausweis** (siehe „Reisedokumente") bietet nicht nur die Möglichkeit der günstigen Übernachtung, sondern sichert auch viele Rabatte: Reisevergünstigungen, ermäßigte Eintritte etc.

„Red de albergues Juveniles de Andalucía-Inturjoven" ist eine Kette von Jugendherbergen, die von der andalusischen Regierung ins Leben gerufen wurde. Um von den günstigen Tarifen zu profitieren, muss man im Besitz eines gültigen Jugendherbergsausweises sein, der in jeder *albergue juvenil* in Andalusien oder direkt in der Zentrale für Reservierungen *(Central de Reservas)* für den Preis von 5 € (Personen unter 26 Jahren) bzw. 11 € (über 26) erhältlich ist. Selbstverständlich gilt auch der Ausweis der I.Y.H.F. (International Youth Hostel Federation, s. o.). Je nach Saison zahlt man in Tarif A (unter 26 Jahren) **zwischen 9,80 und 20,50 €** plus Mehrwertsteuer (I.V.A), in Tarif B (über 26 Jahre) **mindestens 13,50 €** plus IVA für Übernachtung mit Frühstück. Wie die Saisonzeiten angesetzt werden, bleibt den Jugendherbergen überlassen und ist extrem unterschiedlich. Weitere Infos und Reservierungen: c/ Miño 24, E-41011 Sevilla (Tel. 902.51.00.00, 955.03.58.00), Mo–Fr 9.30–14 und 17–19.30 Uhr, oder online unter www.inturjoven.com (auf dieser Seite werden nicht nur Unterkünfte, sondern damit verbunden auch zusätzliche Angebote der jeweiligen Jugendherberge, die diesem Netz angeschlossen ist, aufgezählt – rundum ein interessantes Angebot für junge und jung gebliebene Leute und für solche mit kleinem Portemonnaie).

Verkehrsmittel

Überlandbusse

Zur Erkundung des Hinterlandes ist ein eigenes Fahrzeug eindeutig vorzuziehen, denn mit zunehmender Entfernung von den Städten wird die Zahl der Busverbindungen – von den Zugverbindungen ganz zu schweigen – immer geringer. Bei der Erkundung abgelegener Gebiete muss man damit rechnen, dass es nur eine Verbindung am Tag, oft am frühen Morgen, gibt – Flexibilität ist angesagt. Das gilt auch für die offiziellen Abfahrtszeiten in den Dörfern, Verschiebungen um 15 Minuten in die eine oder andere Richtung muss man auf jeden Fall einkalkulieren. So stellt sich – zumindest dann, wenn man auch das „unbekannte Andalusien" entdecken möchte – schnell die Frage, ob ein Mietwagen nicht doch eine lohnende Investition ist, die wertvolle Urlaubszeit sparen hilft.

Sehr lästig ist die weitgehende **Abwesenheit von Infotafeln** an Bushaltestellen außerhalb der Städte. Kann keine

Touristeninformation kontaktiert werden, fragt man am besten in der nächsten Bar nach den Abfahrtszeiten. Noch geschickter ist es natürlich, sich schon bei der Anreise mit dem Busfahrer über Verbindungen zum nächsten Ort zu unterhalten. Man hat auf dem Lande die Möglichkeit, einen Linienbus durch **Handzeichen** auf sich aufmerksam zu machen, um mitgenommen zu werden.

In mittleren und großen Städten gibt es einen **Busbahnhof** *(Estación de Autobuses),* der üblicherweise vom Bahnhof viel weiter entfernt ist als bei uns. Hier sind in der Regel mehrere Busgesellschaften untergebracht, die Linien in verschiedene Städte bzw. Regionen bedienen. Üblicherweise gibt es einen allgemeinen Informationsschalter, ansonsten wendet man sich mit Fragen an den Schalter der Gesellschaft, wo man dann auch das Ticket kauft.

Im Vergleich zu Deutschland kann man etwa mit der Hälfte des Fahrpreises rechnen. Als Faustregel kann man bei längeren Strecken von **ca. 0,06 €** pro Kilometer ausgehen – so kosten z. B. die 130 Kilometer von Málaga nach Granada etwa 8,60 €. Lohnend kann ein Vergleich von häufig nachgefragten Verbindungen ausfallen, die sich mehrere Gesellschaften teilen, hier sind manchmal unterschiedliche Tarife fällig.

Für längere Überlandfahrten gibt es oft die Wahlmöglichkeit zwischen Bussen des Typs **Directo,** der das Ziel fast ohne Halt ansteuert, und dem **Ruta,** der aufgrund zahlreicher Stopps deutlich langsamer ist. Letzterer ist zwar in der Regel 10 % billiger, doch der Zeitvorteil dürfte bei weitem überwiegen. Besonders auf langen Strecken werden moderne und bequeme Busse mit **Klimaanlage** eingesetzt, sodass sich der Komfortnachteil zum Zug in Grenzen hält.

Die Abfahrtszeiten der Busse sind häufigen Veränderungen unterworfen, auch die Frequenz kann sich durchaus vergrößern oder verringern. Zur Zeit der Siesta, d. h. etwa zwischen 14.30 und 16.30 Uhr, fahren meist keine Busse. Ebenso verringert sich oft die Zahl der Verbindungen an Wochenenden und Feiertagen, kleinere Orte sind dann zeitweise „von der Außenwelt abgeschnitten". Vor allem an der Küste sind die Fahrpläne auch von der Jahreszeit abhängig, etwa von Ende Juni bis Mitte September erhöht sich die Zahl der eingesetzten Busse deutlich. Manche Gesellschaften geben kleine Zettel mit den *horarios* („Fahrplänen") heraus, auch in den Tourist-Infos sind entsprechende Merkblätter in der Regel zu bekommen.

Stadtbusse

Von gelegentlichen Überfüllungen abgesehen, ist die Benutzung von innerstädtischen Linienbussen problemlos, der Fahrschein kann beim Fahrer gekauft werden. Abends muss man passendes Kleingeld parat halten.

Bahn

Das andalusische Bahnnetz wird von **acht Linien** mit einer Gesamtlänge von 1.900 Kilometern gebildet. Zwei Regionallinien, genannt *Cercanías,* für den Großraum Málaga und die Touristenorte an der mittleren Costa del Sol kommen noch hinzu.

- **A-1:** Cádiz – Puerto de Santa María – Jerez – Sevilla
- **A-2:** Sevilla – Córdoba – Jaén
- **A-3:** Geteilt in **Linie a** von Sevilla nach Málaga und **Linie b** von Sevilla nach Granada und Almería. Bei der A-3a wird auch der wichtige Umsteigebahnhof Bobadilla, fast genau im geografischen Zentrum von Andalusien, angefahren, um eine Weiterfahrt nach Córdoba zu ermöglichen (wesentlich flotter geht es natürlich mit dem *Talgo,* s. u.).
- **A-4:** Córdoba – Bobadilla
- **A-5:** Granada – Antequera – Bobadilla – Ronda – Algeciras
- **A-6:** Granada – Linares-Baeza (Umsteigebahnhof nach Madrid)
- **A-7:** Geteilt in **Linie a** Sevilla – Niebla – Huelva und **Linie b** Huelva – Jabugo – Zafra
- **A-8:** Sevilla – Villanueva del Río y Minas – Mérida

Auffallend ist die sternförmige Ausrichtung der Linien auf die Hauptstadt Sevil-

Bahnverbindungen

la und das weitgehende **Fehlen von Küstenverbindungen** – eine Zugfahrt von Málaga nach Almería beispielsweise wäre vollkommen unsinnig. Auch im Landesinneren fehlen wichtige Verbindungen, so sind die nur gut 100 Kilometer entfernten Provinzhauptstädte Granada und Jaén bahntechnisch gesehen Lichtjahre voneinander entfernt. Vor Reiseantritt sollte man sich gründlich über eventuell notwendiges Umsteigen und den gesamten Zeitaufwand informieren. Schon bei einfachem Umsteigen kann die Fahrt mit dem Bus die sinnvollere Alternative sein.

Sehr nützlich für Bahnfahrer sind die hellroten Faltblätter mit den Abfahrtszeiten, ebenso ein kleines Heft ähnlicher Aufmachung („Horarios Trenes Regionales"), das alle Linien auflistet. Beide Broschüren sind, sofern vorrätig, kostenlos in den Bahnhöfen erhältlich.

Neben der Sonderform *Cercanías* sind bei den Zügen vor allem die Typen **Regional** und **Andalucía Exprés** zu unterscheiden. Letztere halten seltener und sind daher etwas schneller, außerdem gibt es die Möglichkeit der *Venta anticipada*, des 15 Tage vor Abfahrt beginnenden Vorverkaufs am Schalter oder im Büro der staatlichen Eisenbahngesellschaft RENFE, das sich meist im Stadtzentrum befindet. Durch diesen Service und die geringfügig höhere Geschwindigkeit muss für die Fahrkarten des *Andalucía Exprés* etwas tiefer in die Tasche gegriffen werden. In der Regel gibt es kein Problem, bei dem regulären Ticketverkauf am Schalter einen Platz zu ergattern, rund um die Feiertage kann es jedoch eng werden.

Die Möglichkeiten, etwas Geld zu sparen, sind vielfältig, natürlich gibt es auch hier die diversen **Vergünstigungen** *(bonificaciónes)* für Kinder, Jugendliche bis 26 Jahre und Senioren. Für Hin- und Rückfahrt innerhalb von zwei Wochen gibt es ebenso Ermäßigungen wie für Vielfahrer, z. B. den *Bono Exprés* für zehn verbilligte Fahrten. Zu den **Preisen** kann man gegenüber dem Bus nur schwer Vergleiche anstellen, natürlich orientieren sich die Busgesellschaften auch daran, ob sie die gleiche Verbindung in kürzerer Zeit bewältigen als die Konkurrenz auf der Schiene. Bei kürzeren Strecken, z. B. Málaga – Granada, wo die Konkurrenten ungefähr gleich schnell sind, ist der Bus preiswerter. Für eine lange Strecke wie Granada – Sevilla ist der Direktbus etwa 20 % teurer als der Zug, allerdings auch fast eine Stunde schneller.

Zu den Fahrtzeiten sind Vergleiche noch schwieriger, gegenüber den oben genannten Zugtypen hat der Bus meist die Nase vorn. Empfehlenswert sind jedoch die ziemlich flotten **Talgos,** kurz auch „T 200" genannt, auf den Linien Madrid – Málaga – Torremolinos – Fuengirola, Madrid – Córdoba – Sevilla – Cádiz und Madrid – Córdoba – Huelva; die Linie Granada – Córdoba – Madrid wird vom ähnlichen Typ ALTARIA bedient. Noch schneller geht es mit dem „spanischen ICE", dem **AVE** („Alta Velocidad Española", „Hohe spanische Geschwindigkeit"), der aktuell zwischen Madrid, Córdoba, Sevilla und Málaga zirkuliert. Damit reduziert sich zwar die Fahrzeit von Sevilla nach Córdoba auf eine Dreiviertelstunde, es müssen aber auch etwa 30 € investiert werden, gut das Doppelte des normalen Fahrpreises. Ein prima Kompromiss ist der nur mager mit Serviceeinrichtungen ausgestattete Typ **AVANT,** der aber z. B. auf dieser Strecke nur 12 Minuten langsamer und mit 20 € deutlich günstiger ist. Noch dringender zu empfehlen ist der AVANT auf der Strecke Málaga – Córdoba, ein Zeitnachteil von gerade mal 3 Minuten (65 Min.) gegenüber dem komfortableren AVE zahlt sich in einem wesentlich günstigeren Fahrpreis (27 € gegenüber 38–42 €) aus.

- Die **Fahrpläne** von AVE, AVANT und Talgo sind in eigenen Faltblättern aufgelistet, in der Broschüre „Horarios Trenes Regionales" bzw. „Media Distancia" werden sie nicht aufgeführt.
- **Informationen** unter Tel. 902.24.02.02 (in Spanien) oder unter www.renfe.es (entweder direkt konkretes Ziel mit Reisedaten eingeben oder auch generell Infos über Zeiten einholen unter „buscador de horarios", dort unter „estaciónes origen"/Abfahrtsort und unter „estaciónes destino"/Ankunftsort und darunter wahlweise noch Reisedatum eingeben; dann „buscar" aktivieren). Kurzstrecken befinden sich auf der Website häufig unter „cercanías" und müssen dort auch eingegeben werden.
- **Kontrollen:** Seit dem verheerenden Terroranschlag vom 11. März 2004 am Madrider Bahnhof Atocha (von den Spaniern kurz als „M-11" bezeichnet) durch al-Qaida mit fast 200 Toten sind an spanischen Bahnhöfen die Sicherheitsvorkehrungen sehr viel strenger geworden. Ähnlich wie an Flughäfen wird teilweise das Gepäck genauestens kontrolliert und durchleuchtet. Dadurch entstehen z. T. erhebliche Wartezeiten, die in die Reiseplanung mit einbezogen werden sollten. Hauptsächlich betrifft dies die großen Strecken wie z. B. Sevilla – Madrid.
- **Kürzel der Wochentage:** L = *lunes* (Montag), M = *martes* (Dienstag), X = *miércoles* (Mittwoch), J = *jueves* (Donnerstag), V = *viernes* (Freitag), S = *sábado* (Samstag), D = *domingo* (Sonntag). Die Angabe „L, M, X, J, V, D" auf dem Fahrplan bedeutet also beispielsweise, dass dieser Zug jeden Tag außer Samstag verkehrt.

Taxi

Die Benutzung eines Taxis kostet in Andalusien weit weniger als z. B. in Deutschland, man kann etwa mit dem halben Preis rechnen. So wird man in den Innenstädten kaum mehr als 6 € investieren müssen, eine Strecke von 10 Kilometern schlägt mit rund 12 € (sonn-

und feiertags 17 €) zu Buche. Für eine Überlandfahrt von 100 Kilometern fallen etwa 70 € an. Bei Fahrten außerhalb des Stadtgebietes existieren Listen, in denen der Tarif für bestimmte Zonen akribisch genau verzeichnet ist. Wenn man den Eindruck hat, übervorteilt worden zu sein, kann man Einblick in die Liste verlangen. Innerhalb der Städte orientiert man sich am Taxameter, hier kann man den Betrag wie üblich aufrunden.

Sehr positiv zu vermerken ist, dass die andalusischen Taxifahrer kein Problem mit kurzen Fahrstrecken haben und meist sehr freundlich sind. Da nicht wenige von ihnen einmal in Deutschland gearbeitet haben, ist vielleicht auch ein wenig Konversation auf Deutsch möglich. Die Taxis sind übrigens weiß, was sie unter den vielen Autos gleicher Farbe in Spanien nicht eben abhebt. Immerhin zeigt eine grüne Signallampe auf dem Dach an, dass der Wagen gerade frei ist.

Versicherungen

Egal, welche Versicherungen man abschließt, hier ein Tipp: Für alle sollte man die **Notfallnummern** notieren und mit der **Policenummer** gut aufheben! Bei Eintreten eines Notfalles sollte die Versicherungsgesellschaft sofort telefonisch verständigt werden!

Der Abschluss einer **Jahresversicherung** ist in der Regel kostengünstiger als mehrere Einzelversicherungen. Günstiger ist auch die **Versicherung als Familie** statt als Einzelpersonen. Hier sollte man nur die Definition von „Familie" genau prüfen.

Auslandskrankenversicherung

Die **gesetzlichen Krankenkassen** von Deutschland, Österreich und der Schweiz sichern eine Behandlung auch im akuten Krankheitsfall in Spanien, wenn die medizinische Versorgung nicht bis nach der Rückkehr warten kann, aber das System ist kompliziert und keine Garantie für ein komplette Kostenerstattung, im Gegenteil. Auch wenn in Deutschland auf der Rückseite der **Versichertenkarte** die Daten für die Europäische Krankenversicherungskarte verzeichnet sind, heißt das nicht, dass automatisch über diese Karte eine Behandlung abgerechnet werden kann. Im Grunde muss man sich als Versicherter gleich zu Beginn einer Reise (d. h. bevor überhaupt ein Krankheitsfall eintritt) an die zuständige spanische Kasse, die *seguridad social,* wenden, um eine für Spanien gültige Versichertenkarte bei Vorlage der eigenen Karte zu erhalten. Dazu bekommt man eine Liste der zulässigen Ärzte und wird dann auch dort ggf. kostenlos behandelt. Die zweite Möglichkeit ist in Vorkasse zu treten, was aber ein Risiko bedeutet: Obwohl bestimmte Beträge von der Krankenkasse im eigenen Land hinterher rückerstattet werden, kann doch ein Teil der finanziellen Belastung beim Patienten bleiben, es also zu Mehrkosten in kaum vorhersagbarem Umfang kommen.

Aus diesem Grund wird zusätzlich der Abschluss einer **privaten Auslandskrankenversicherung** dringend empfohlen. Bei Abschluss der Versicherung – die es mit bis zu einem Jahr Gültigkeit gibt – sollte auf einige Punkte geachtet werden. Zunächst sollte ein **Vollschutz ohne Summenbeschränkung** bestehen, im Falle einer schweren Krankheit oder eines Unfalls sollte auch der **Rücktransport** übernommen werden, denn der Krankenrücktransport wird von den gesetzlichen Krankenkassen nicht übernommen. Diese Zusatzversicherung bietet sich auch über einen **Automobilclub** an, insbesondere wenn man bereits Mitglied ist. Diese Versicherung bietet den Vorteil billiger Rückholleistungen (Helikopter, Flugzeug) in extremen Notfällen. Wichtig ist auch, dass im Krankheitsfall der **Versicherungsschutz über die vorher festgelegte Zeit hinaus** automatisch verlängert wird, wenn die Rückreise nicht möglich ist.

Ausführliche Quittungen (mit Datum, Namen, Bericht über Art und Umfang der Behandlung, Betrag) sind Voraussetzung, damit die Auslagen von der Versicherungsgesellschaft erstattet werden.

Andere Versicherungen

Ist man mit einem Fahrzeug unterwegs, ist der **Europaschutzbrief** eines Automobilklubs eine Überlegung wert. Wird man erst in der Notsituation Mitglied, gilt diese Mitgliedschaft auch nur für dieses Land und man ist in der Regel verpflichtet, fast einen Jahresbeitrag zu zahlen, obwohl die Mitgliedschaft nur für einen Monat gültig ist.

Ob **weitere Versicherungen** wie Reiserücktritts-, Reisegepäck-, Reisehaftpflicht- oder Reiseunfallversicherung Sinn machen, ist individuell abzuklären, denn gerade diese Versicherungen enthalten viele Ausschlussklauseln.

Die **Reiserücktrittsversicherung** für 35– 80 € lohnt sich nur für teure Reisen und für den Fall, dass man vor der Abreise einen schweren Unfall hat, schwer erkrankt, schwanger wird, gekündigt wird oder nach Arbeitslosigkeit einen neuen Arbeitsplatz bekommt, die Wohnung abgebrannt ist u. Ä. Nicht gelten hingegen: Terroranschlag, Streik, Naturkatastrophe etc.

Die **Reisegepäckversicherung** lohnt sich selten, da z. B. bei Flugreisen verlorenes Gepäck oft nur nach Kilopreis und auch sonst nur der Zeitwert nach Vorlage der Rechnung ersetzt wird. Wurde eine Wertsache nicht im Safe aufbewahrt, gibt es bei Diebstahl auch keinen Ersatz; Kameraausrüstung und Laptop dürfen beim Flug nicht als Gepäck aufgegeben worden sein; Gepäck im unbeaufsichtigt abgestellten Fahrzeug ist ebenfalls nicht versichert – die Liste der Ausschlussgründe ist endlos … Überdies deckt häufig die Hausratsversicherung schon Einbruch, Raub und Beschädigung von Eigentum auch im Ausland. Für den Fall, dass etwas passiert ist, muss der Versicherung als Schadensnachweis ein Polizeiprotokoll vorgelegt werden.

Eine **Privathaftpflichtversicherung** hat man in der Regel schon. Hat man eine **Unfallversicherung,** sollte man prüfen, ob diese im Falle plötzlicher Arbeitsunfähigkeit aufgrund eines Unfalls im Urlaub zahlt. Auch durch manche **(Gold-)Kreditkarten oder eine Automobilklubmitgliedschaft** ist man für bestimmte Fälle schon versichert. Die Versicherung über die Kreditkarte gilt jedoch meist nur für den Karteninhaber!

Zoll

In allen EU- und EFTA-Mitgliedsstaaten gelten **nationale Ein-, Aus- oder Durchfuhrbeschränkungen,** z. B. für Tiere, Pflanzen, Waffen, starke Medikamente und Drogen (auch für Cannabisbesitz und -handel). Außerdem bestehen Grenzen für die steuerfreie Mitnahme von Alkohol, Tabak und Kaffee. Bei Überschreiten der Freigrenzen muss nachgewiesen werden, dass keine gewerbliche Verwendung beabsichtigt ist.

Freimengen innerhalb EU-Ländern

- **Alkohol** (für Personen über 17 Jahre): 90 l Wein (nach D unbegrenzt, aber davon max. 60 l Schaumwein) oder 110 l Bier oder 10 l Spirituosen über 22 Vol.-% oder 20 l unter 22 Vol.-% oder eine anteilige Zusammenstellung dieser Waren.
- **Tabakwaren** (für Personen über 17 Jahre): 800 Zigaretten oder 400 Zigarillos oder 200 Zigarren oder 1 kg Tabak oder eine anteilige Zusammenstellung dieser Waren.
- **Anderes:** 10 kg Kaffee und 20 Liter Kraftstoff im Benzinkanister.

Freimengen für Schweizer

- **Alkohol** (für Personen ab 17 Jahren): 1 l Spirituosen (über 22 Vol.-%) oder 2 l Spirituosen (unter 22 Vol.-%) oder eine anteilige Zusammenstellung dieser Waren, und 4 l nicht-schäumende Weine und 16 l Bier.
- **Tabakwaren** (für Personen ab 17 Jahren): 200 Zigaretten oder 100 Zigarillos oder 50 Zigarren oder 250 g Tabak oder eine anteilige Zusammenstellung dieser Waren.
- **Andere Waren:** 10 Liter Kraftstoff im Benzinkanister; für See- und Flugreisende bis zu einem Warenwert von insgesamt 430 €, über Land Reisende 300 €, alle Reisende unter 15 Jahren bis 175 € (bzw. 150 € in Österreich).

Freimengen bei Rückkehr in die Schweiz

- **Alkohol** (für Personen ab 17 Jahren): 2 l bis 15 Vol.-% und 1 l über 15 Vol.-%.
- **Tabakwaren** (für Pers. ab 17 Jahren): 200 Zigaretten od. 50 Zigarren od. 250 g Schnitttabak oder eine anteilige Zusammenstellung dieser Waren.
- **Anderes:** neu angeschaffte Waren für den Privatgebrauch bis zu einem Gesamtwert von 300 SFr. Bei Nahrungsmitteln gibt es innerhalb dieser Wertfreigrenze auch Mengenbeschränkungen.

Nähere Informationen

- **Deutschland:** www.zoll.de
oder unter Tel. 0351-44.83.45.10
- **Österreich:** www.bmf.gv.at
oder unter Tel. 01-514.33.56.40.53
- **Schweiz:** www.ezv.admin.ch
oder unter Tel. 061-287.11.11

Hund und Katze

In allen EU-Ländern muss man eine **Tollwutschutzimpfung** und einen EU-Heimtierausweis *(Pet Passport)* für Hund oder Katze haben. Dieser gilt in allen EU-Staaten und im Nicht-EU-Land Schweiz und kostet 15–25 €. Darüber hinaus muss das Tier mit einem **Microchip** gekennzeichnet sein. Weitere Informationen z. B. beim Tierarzt.

an14-070 nk

9 Land und Natur

< Marschland (marisma) bei San Fernando

Geografie

87.268 km², also eine Fläche etwas größer als Österreich und etwas kleiner als Portugal, umfasst die **Autonome Gemeinschaft Andalusien** und ist damit nach Kastilien-León die zweitgrößte *Comunidad Autónoma* Spaniens. In der Einwohnerzahl liegt man mit rund 8 Millionen sogar vor dem dicht besiedelten Katalonien auf Platz eins.

Von den 50 spanischen **Provinzen,** die etwa den deutschen Regierungsbezirken entsprechen, befinden sich acht auf andalusischem Territorium: Huelva, Cádiz, Sevilla, Málaga, Córdoba, Jaén, Granada und Almería, nach ihrer jeweiligen Hauptstadt benannt. Innerhalb Andalusiens liegt die Provinz Sevilla mit der andalusischen Hauptstadt bezüglich Fläche und Einwohnerzahl an erster Stelle.

Immer wieder sind Besucher von der **landschaftlichen Vielgestaltigkeit** Andalusiens, das sowohl Tiefebenen als auch Hochgebirge umfasst, überrascht. Der westliche Teil ist von sanften Hügeln mit Weiden und Feldern geprägt, während man sich in den östlichen und südlichen Provinzen in der Regel mit ausgesprochen gebirgigen Verhältnissen konfrontiert sieht: Nicht weniger als ein Viertel der Landesfläche liegt hier zwischen 800 und 1.600 Metern über dem Meeresspiegel, etwa der gleiche Anteil sogar noch darüber. Spitzenreiter ist die Provinz Granada, die zu gut einem Drittel über 1.600 Meter hoch liegt, nur vergleichsweise bescheidene 10 % können als Tiefland (unter 400 m Höhe) bezeichnet werden.

Generell unterscheidet man **drei landschaftliche Einheiten:** das Mittelgebirge der Sierra Morena im Norden, die flache bis sanft gewellte Niederung des Guadalquivir in der Mitte und im Südwesten und das aus einer Vielzahl von Einzelmassiven zusammengesetzte Hochgebirge der Betischen Kordillere im Süden und Südosten.

Sierra Morena

Trotz ihrer eher bescheidenen Höhe von **maximal 1.323 Metern** bildet die 400 Kilometer lange Sierra Morena den natürlichen Riegel zwischen Andalusien und der kastilischen Meseta, einer rund 600 bis 700 Meter über dem Meer gelegenen Hochebene. Zumindest von der andalusischen Tiefebene aus gesehen, wirkt das Gebirge recht verkehrsfeindlich, es gibt nur wenige natürliche Übergänge, und selbst am Pass Despeñaperros müssen 775 Meter Höhe überwunden werden.

Die Sierra Morena gehört der gleichen variskischen Auffaltungsphase an wie die deutschen Mittelgebirge, sie hob sich also in der Karbonzeit vor etwa 300 Millionen Jahren empor. Vorherrschend sind kristalline Tiefengesteine wie Granite sowie metamorphe (durch Hitze und Druck umgewandelte) Gesteine wie Quarzite und Schiefer. Diese weit zurückliegenden geologischen Prozesse führten auch zur Bildung bedeutender Erzlagerstätten. Schon in prähistorischer Zeit wurden Kupfer, Mangan, Quecksilber, Blei und Ölschiefer abgebaut.

Weniger günstig sind die Verhältnisse für die Landwirtschaft, denn die Böden sind flachgründig und ihre Mineralien schon weitgehend ausgewaschen. In den fruchtbareren Talgründen wird vorwiegend **Getreide** angebaut, ansonsten nutzt man die aufgelichteten **Stein- und Korkeichenwälder** zur Viehzucht und Korkgewinnung.

Mit einem durchschnittlichen Jahresniederschlag von 800 bis 1.000 mm gehört die Sierra Morena zu den feuchteren Regionen Andalusiens, dem recht dichten Pflanzenbewuchs und den dunklen Böden verdankt sie auch ihren Namen („Dunkelbraunes Gebirge").

Tal des Guadalquivir

Südlich der Sierra Morena schließt sich das ausgedehnte Tal des Guadalquivir an, aufgrund der fruchtbaren Böden und des subtropischen Klimas das Herzstück Andalusiens. Lange Zeit befand sich hier eine riesige Meeresbucht, erst seit der zweiten Hälfte des Tertiärs, als sich die Betische Kordillere bereits deutlich herausgehoben hatte, füllte sie sich allmählich mit den aus dem Gebirge herangespülten Sedimenten. Noch in prähistorischer Zeit besaß der Guadalquivir eine ausgedehnte Trichtermündung, die sich erst im Laufe der menschlichen Siedlungsgeschichte zu einem Salzwassersee und später zu **Marschland** *(marisma)* entwickelte. An dieser Stelle weist die Niederung mit rund 200 Kilometern auch ihre größte Breite auf, flussaufwärts in nordöstlicher Richtung verengt sich das Tal zunehmend.

In seinem Oberlauf durch die Täler der Sierra de Cazorla y Segura wird die 650 Kilometer lange „Lebensader Andalusiens" durch zahlreiche Staustufen gebremst, weiter im Westen bändigen Deiche und Kanäle das einst wilde Gewässer. Zu einem echten Strom wird der von den Arabern so getaufte „große Fluss" ohnehin erst mit der Einmündung des wasserreichen **Río Genil** bei der Kleinstadt Palma del Río, weiter östlich macht er vor allem während der Sommermonate einen eher kümmerlichen Eindruck.

Betische Kordillere

Südlich und Südöstlich des sanft gewellten Flusstales leiten weit geschwungene Hügelketten zur Betischen Kordillere über. Die spanische Bezeichnung *Cordilleras Béticas* zeigt an, dass

166an bn

[>] Bizarre Felsformationen an der Costa de Almería (Los Escullos)

man es hier mit einer Vielzahl **lose zusammenhängender Gebirgszüge** zu tun hat. Der 600 Kilometer von der Südspitze der Iberischen Halbinsel bis zum Cabo de la Nao, einem Felskap nördlich von Alicante, sich hinziehende Komplex entstand wie die Alpen im Zeitalter des Tertiär. Auslöser für die Aufwölbung war in erster Linie die Schiebung der afrikanischen Kontinentalplatte unter die iberische. Dieser Prozess führte vor 8 bis 15 Millionen Jahren auch zu einer starken vulkanischen Tätigkeit an der Stirnseite der in den glutflüssigen Erdmantel tauchenden Platte. Aufgrund der gigantischen Gesteinschmelze entstanden große Mengen von Magma, die sich ihren Weg durch Spalten in der Erdkruste an die Oberfläche bahnte. Zeugnisse der daraus resultierenden Eruptionen sind die Vulkankegel und Felsnadeln im **Naturpark Cabo de Gata** im äußersten Südosten Andalusiens.

Der zentrale Abschnitt des Gebirgszuges, die knapp 90 Kilometer lange **Sierra Nevada** („Beschneites Gebirge") mit bis zu 3.482 Meter hohen Gipfeln, formt sozusagen das Dach der Iberischen Halbinsel. Sie bildet auch das Herzstück der Penibetischen Kordillere *(Cordillera Penibética)*, also des südlichen Bereichs zwischen der Serranía de Ronda und den niedrigeren Bergrücken rund um das Cabo de Gata. Zwischen der Sierra Nevada und den südlich gelegenen Gebirgszügen Sierra de Contraviesa und Sierra de Gádor erstreckt sich ein ausgedehntes Längstal, die **Alpujarras.** Wie ein breiter Gürtel umschließen im Norden die **Sierra Subbéticas** das Penibetische Gebirge, trotz eher bescheidener Höhen warten sie oft mit beeindruckenden Landschaftsbildern auf.

Costa de la Luz

Als Land zwischen zwei Meeren hat Andalusien die unterschiedlichsten Küstenformen zu bieten. Auf der **Atlantikseite,** der Costa de la Luz („Küste des Lichts") kann man über weite Strecken von einer typischen Ausgleichsküste sprechen, d.h. die von den Flüssen herantransportierten Sedimente werden mit der vorherrschenden Meeresströmung (von Nordwest nach Südost) gleichmäßig entlang der Küstenlinie abgelagert. Der ziemlich konstant wehende Seewind türmt die feinen Sande zu mächtigen, bis zu 32 Meter hohen **Dünen** auf. Südöstlich von Cádiz ragen zunehmend Inselberge aus der Ebene, an der Küste bilden sie **Kaps und felsige Klippen.** In den weit geschwungenen Buchten dazwischen sind wiederum goldgelbe, feinsandige Dünen zu finden, hier reiht sich fast schon ein „Traumstrand" an den anderen.

Ganz deutlich machen sich an der Costa de la Luz die **Gezeiten** bemerkbar, der Tidenhub beträgt etwa 1,5– 2 Meter. Generell bietet der nährstoffreichere Atlantik die ergiebigeren Gründe für den Fischfang als die andalusische Mittelmeerküste.

Mittelmeerküste

Während mit Costa del Sol („Sonnenküste") im Allgemeinen der Abschnitt zwischen Tarifa und Almería, also beinahe die gesamte andalusische Mittelmeerküste, gemeint ist, werden offiziell von Westen nach Osten die Küsten **Costa del Sol** (Provinz Málaga), **Costa Tropical** (Provinz Granada) und **Costa de Almería** (Provinz Almería) unterschie-

an14-064 nk

den. Die **Mittelmeerküste** Andalusiens wird fast durchgehend von den Ausläufern der Betischen Kordillere begleitet, der Küstensaum ist daher meist ausgesprochen schmal. Da sich Siedlungstätigkeit und wirtschaftliche Aktivität, besonders in der Provinz Málaga, stark auf diesen Bereich konzentrieren, kann von einem halbwegs natürlichen Ambiente nur noch an wenigen Steilküsten die Rede sein. Flachere Abschnitte werden fast bis auf den letzten Quadratmeter für den Bau von Wohnsiedlungen *(urbanizaciónes),* die größtenteils als Feriendomizile genutzt werden, und für die Anlage von Intensivkulturen genutzt.

Die Beschaffenheit der meist mittelgrauen Strände der **westlichen Costa del Sol** hängt vor allem davon ab, wie weit die Vorgebirge an die Küstenlinie herantreten. Versteckte Felsbuchten mit schmalen, von grobem Geröll durchsetzten Sandstreifen wechseln mit langgestreckten Abschnitten von sandigen bis feinkiesigen Stränden ab, die von bescheidenen Dünenwällen eingerahmt sein können.

Die Strände der **Provinz Granada** weisen nach Osten hin eine immer dunklere Färbung und einen zunehmenden Anteil von Grobsand und Kies auf, da die Flüsse aus der Sierra Nevada vorwiegend kristallines Geröll zum Meer transportieren. Trotz der starken touristischen Erschließung gibt es noch einige „Geheimtipps", vor allem zwischen Nerja und La Herradura.

Ähnlich vielgestaltig zeigt sich die Küste der **Provinz Almería,** die sich grob in einen sehr intensiv erschlossenen südlichen Abschnitt rund um den

Strand am Cabo de Trafalgar

Mittlere Wassertemperaturen in °C

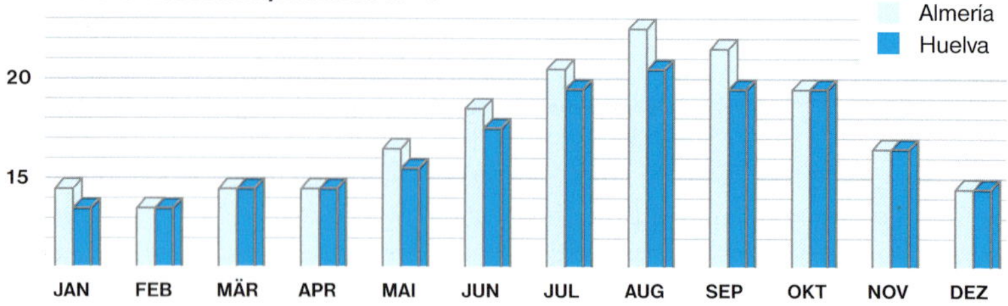

Mittlere tägliche Maximum- und Minimumtemperaturen in °C

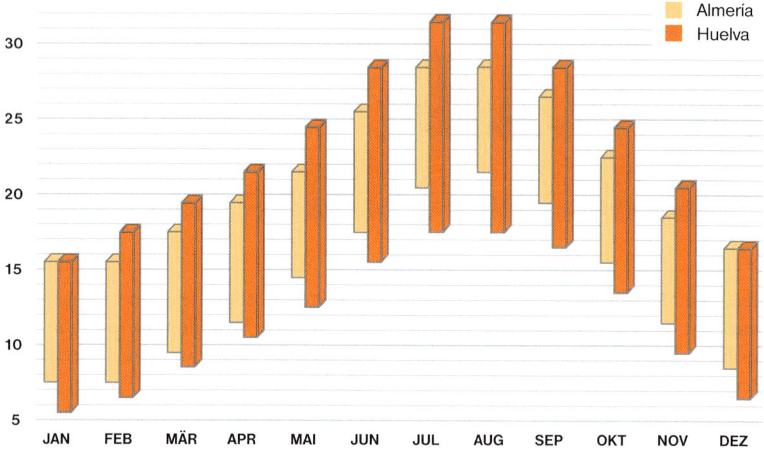

Golf von Almería und den teilweise noch recht ursprünglichen Bereich rund um das Cabo de Gata und nordöstlich davon unterteilen lässt. Vor allem die Strände zwischen dem Kap und dem Dorf San José können als ausgesprochen malerisch und sehr stimmungsvoll bezeichnet werden, aber auch im nördlich anschließenden Bereich bis zur Grenze nach Murcia warten noch viele ansehnliche und nicht allzu überlaufene Strände auf Besucher.

Klima

Aufgrund seiner Lage gehört Andalusien zu den mediterranen Subtropen, die von **sommerlicher Trockenheit und Hitze** geprägt sind. Die während der Sommermonate nach Nordosten wandernden „Azorenhochs" halten den Andalusiern von Ende Mai bis Mitte September recht zuverlässig regenbringende Tiefdruckgebiete vom Hals. Niederschläge beschränken sich auf kurze Schauer und ändern am Schönwetter-Charakter nicht viel.

Da sich die Gesamtmenge des Jahresniederschlags von mitteleuropäischen Verhältnissen zumindest im westlichen Andalusien gar nicht so sehr unterscheidet, zeigt sich die Kehrseite der Medaille in der Zeit von Anfang November bis Ende Februar, wenn atlantische Tiefausläufer ungehemmt über das Land fegen. Der Übergang zwischen den feuchtmilden Wintermonaten und dem heißen Sommer ist in Andalusien sehr fließend und kann kaum an einem bestimmten Zeitpunkt festgemacht werden. So können Luftströmungen aus Nordafrika Ende März im Becken des Guadalquivir bei rund 30 °C Tagestemperatur fast schon für hochsommerliche Gefühle sorgen und Anfang Mai überraschend kühle Windböen aus dem Norden die Urlauber an der Costa del Sol bei knapp 20 °C zum Frösteln bringen – ähnlich „verkehrte" Verhältnisse sind auch im Herbst möglich.

Das ausgesprochen abwechslungsreiche Relief und die Lage an zwei Meeren sorgen für **große regionale Unterschiede,** sodass man kaum von einem einheitlichen andalusischen Klima sprechen kann. Vor allem die Niederschlagsverhältnisse sind extrem verschieden, kann doch Andalusien mit der Sierra de Grazalema (2.138 mm pro Jahr) die feuchteste und mit dem Cabo de Gata (130 mm) die trockenste Region der Iberischen Halbinsel vorweisen. In den großen Städten, von Almería abgesehen, pendeln sich die Werte meist zwischen 450 und 700 mm ein (zum Vergleich: in deutschen Großstädten etwa 500 bis 950 mm). Generell nehmen die Regenmengen von Westen nach Osten ab, dennoch verzeichnen die Städte an der Atlantik-

☐ Andalusien – von der Sonne verwöhnt (hier: in Ronda)

an14-065 ba

küste wie Huelva oder Cádiz keineswegs überdurchschnittliche Werte (455 bzw. 546 mm). Entscheidender ist, ob sich ein Gebirge der vorherrschenden Windrichtung entgegenstellt und als „Regenfänger“ wirkt.

Die offenen Bereiche der mittleren und nördlichen **Costa de la Luz** sind daher klimatisch gegenüber der Costa del Sol nicht so benachteiligt, wie man zunächst glauben könnte. Die recht beständig wehenden Seewinde unterbinden zwar allzu große Hitze im Sommer (Mitteltemperatur im Juli um 25 °C), sorgen aber auch dafür, dass es nach dem Durchzug eines Wolkenbandes schnell wieder aufklart. Jährlich 3200 Sonnenstunden im Gebiet um Cádiz – der höchste Wert der gesamten Iberischen Halbinsel – sprechen für sich. Ähnlich wie an der Mittelmeerküste sind auch hier die Winter praktisch frostfrei, die Mitteltemperaturen (Durchschnitt von Tages- und Nachttemperatur) des Januars bewegen sich um 12 °C. Mit Annäherung an die Straße von Gibraltar gehen die Sommertemperaturen auffallend zurück (Algeciras: 23,4 °C); die Ursache: Aufgrund des Düseneffektes der von hohen Gebirgen eingerahmten Meerenge bläst hier fast ganzjährig ein kräftiger Seewind.

Im Bereich der **zentralen Costa del Sol** steigt die Zahl der Sonnenstunden wieder allmählich auf etwa 3000 im Jahr an, langanhaltende Schönwetterperioden wechseln mit recht hartnäckigem „Schmuddelwetter“ ab, wenn sich Wolkenwirbel über dem südlichen Mittelmeer an den Küstengebirgen festkrallen.

In Richtung **Provinz Almería** kommt man zunehmend in den Windschatten der mächtigen Sierra Nevada, die Regenmengen fallen auf geradezu wüstenhafte Werte (Stadt Almería: 227 mm/Jahr). Auch wenn die Sonneneinstrahlung hier mit 3.100 Stunden im Jahr bemerkenswert hoch ist, werden die Werte der Costa de la Luz dennoch nicht ganz erreicht, d. h. es gibt hier mehr Wolken, aus denen kein Niederschlag fällt.

Die **höchsten Sommertemperaturen** entwickeln sich etwas abseits der Seewindsysteme im Becken des Guadalquivir, etwa zwischen Sevilla und Córdoba. Verbreitet werden hier im Juli und August Mitteltemperaturen von 28 °C erreicht, was bedeutet, dass Nachmittagswerte von 36 °C nicht als Hitzewelle, sondern als alltägliche Normalität angesehen werden dürfen. In Écija, der „Bratpfanne Andalusiens“, etwa auf halbem Wege zwischen beiden Metropolen, soll einmal die magische 50 °C-Grenze überschritten worden sein – Europarekord!

Neben der Entfernung zum Meer spielt auch die **Höhenlage** eines Ortes eine entscheidende Rolle, alle 100 Meter nimmt die Temperatur durchschnittlich um 0,6 °C ab. In Höhenlagen ab etwa 600 Meter muss in klaren Winternächten mit Frost gerechnet werden. In Städten wie Ronda oder Granada kann es durchaus empfindlich kalt werden. Auch gelegentlicher **Schneefall** ist hier, bei Januarmitteln um 6 °C, durchaus möglich, ab etwa 1.200 Meter kann er sogar in reichlicher Menge liegen bleiben. Die Kammlagen der Sierra Nevada machen mit einer Schneehaube von Mitte Oktober bis Anfang Mai (durchschnittlich 200 Tage im Jahr) ihrem Namen („Beschneites Gebirge“) durchaus Ehre.

Die Erwärmung des **Meerwassers** schreitet im Frühjahr nur zögerlich voran, und selbst im Mai ist der Sprung in die Fluten noch ziemlich erfrischend. Die Unterschiede zwischen Atlantik und Mittelmeer sind insgesamt relativ gering. An Steilküsten der Costa del Sol kann das Wasser bei ablandigem Wind sogar deutlich kühler sein als zur gleichen Zeit an einem flachen Abschnitt der Costa de la Luz.

Flora und Fauna

Die Pflanzenwelt

Die Unterscheidung zwischen heimischer und „eingebürgerter" Flora ist wegen der zahlreichen eingeschleppten Pflanzenarten äußerst schwierig. Letztere können sich in der Natur bereits so weit ausgebreitet haben, dass sie aus vielen Ökosystemen nicht mehr wegzudenken sind.

Das mediterrane Klima mit seinen heißen und trockenen Sommern sowie milden und weitgehend frostfreien Wintern bringt auch in Andalusien die typische **Hartlaub-Vegetation,** also immergrüne Sträucher und Bäume mit charakteristisch kleinen und ledrigen Blättern, hervor. Mit dieser Blattform reduziert die Pflanze die Transpiration an der Blattoberseite und damit den Wasserverbrauch während des Sommers. Dafür produziert sie weniger Biomasse durch Fotosynthese – gegenüber den Laubbäumen mit großen Blättern, die es in den feuchten Gebirgslagen des westlichen Andalusien durchaus auch gibt, ein klarer Wettbewerbsnachteil. Auch das bei Wanderungen in südlichen Ländern so berauschende Phänomen der duftenden, aromatischen Sträucher ist im Grunde nichts anderes als ein Schutz der Blattoberfläche vor der sengenden Sonne durch ätherische Öle. Bei anhaltendem Sonnenschein sind die Ausdünstungen natürlich intensiver als bei trübem Himmel. Die auffallendsten Vertreter sind **Thymian, Rosmarin, Schopf-Lavendel** und **Zistrosen,** u. a. die besonders schöne Montpellier-Zistrose mit ihren handtellergroßen, weißen Blüten.

Ein wahrer Anpassungskünstler unter den Bäumen ist die immergrüne **Steineiche,** die mit fast allen Boden- und klimatischen Verhältnissen zurecht kommt und daher Höhenlagen von 200 bis über

an14-066 ba

Kapokbaum in Sevilla

1.500 Meter besiedeln kann. Der meist nur etwa 15 Meter hohe Baum erinnert mit seinen kleinen, auffallend dunklen Blättern nur sehr entfernt an mitteleuropäische Eichenarten, lediglich die ebenfalls als Eicheln geformten Früchte lassen die gleiche Gattungszugehörigkeit erkennen. Als Futter zur Mast der halbwild lebenden Iberischen Schweine haben diese auch den größten Nutzwert für den Menschen, die knorrigen Stämme und Äste sind in der Regel nur als Brennholz verwendbar. So wurde der einstige „Charakterbaum" des Mittelmeerraumes, der einst weite Areale bedeckte, immer weiter zurückgedrängt und oft durch schnellwüchsige Kiefernarten ersetzt, deren Holz vielseitiger zu nutzen ist.

Physiognomisch der Steineiche sehr ähnlich ist die weit anspruchsvollere **Korkeiche,** die mindestens 600 mm Jahresniederschlag, sehr milde Winter und silikatreiche Böden benötigt. Ihr natürliches Vorkommen konzentriert sich daher vor allem auf die südwestlichen Regionen Andalusiens, in der Sierra Morena ist die Korkgewinnung immer noch ein wichtiger Wirtschaftszweig. Nach etwa 25 Jahren kann die mächtige Borke erstmals geschält werden, ein Vorgang, der danach etwa alle zehn Jahre wiederholt wird. Die dabei aus dem Stamm ab-

Seespargel in den marismas der Provinz Cádiz

an14-067 nk

gesonderte rötliche Substanz soll den seines natürlichen Schutzes beraubten Baum vor Pilz- und Schädlingsbefall schützen.

Besonders anspruchslos und oft in Gesellschaft der Steineiche anzutreffen ist der **Wilde Ölbaum,** auch Oleaster genannt, den man an seinen kleinen Blättern und dornenbewehrten Zweigen von der Kulturform (s. u.) unterscheiden kann. Der mediterrane Wald ist besonders reich an Unterwuchs, als **Sträucher** sind vor allem Johannisbrotbaum, Mastixstrauch, Terpentin-Pistazie, Westlicher Erdbeerbaum, Immergrüner Schneeball, Kreuzdorn, Myrte, Jasmin und diverse Ginsterarten hervorzuheben.

Auf sandige Böden und Südhänge haben sich **Kiefern** spezialisiert. Sie werden wegen ihrer Anspruchslosigkeit und ihres schnellen Wuchses auch bevorzugt für Wiederaufforstungen verwendet.

Ein typischer Strandbesiedler ist die **Pinie,** die mit ihrer dichten, fast perfekt schirmförmig gewölbten Krone als der „Charakterbaum" der Mittelmeerküsten gelten kann. Auffallend sind die großen, fast runden Zapfen, die in der Kunst schon seit römischer Zeit häufig als Schmuckmotiv auftauchen. Für die Bevölkerung sind sie als Träger der Pinienkerne *(piñones)* von Interesse, die wegen ihres mandelähnlichen Geschmacks z. B. für Süßspeisen verwendet werden.

Ebenfalls sehr unempfindlich gegenüber Trockenheit ist der meist nur einige Meter hohe **Johannisbrotbaum,** der vermutlich von den Arabern aus dem östlichen Mittelmeerraum eingeführt wurde. Seinen Namen erhielt die knorrige immergrüne Pflanze von den auffallend länglichen braunen Früchten („Karoben"), die *Johannes den Täufer* in der Wüste vor dem Hungertod gerettet haben sollen.

Vor allem in der Sierra Nevada nutzten die Bewohner **Feigenbaum** und **Maulbeerbaum** als Fruchtlieferanten, an den Blättern des Weißen Maulbeerbaums fraßen sich die Raupen des Seidenspinners satt, deren Kokons schon von den Mauren zur Herstellung seidener Gewänder weiterverarbeitet wurden.

Sicherlich erst von den Mauren eingeführt wurde der kleine, aber mit seinen hellroten Blüten sehr dekorative **Granatapfelbaum,** der der Stadt Granada ihren Namen gab. Das leicht säuerlich schmeckende Fruchtfleisch wird meist zu Sirup (Grenadine) verarbeitet, ansonsten einfach ausgelöffelt.

Liegen die jährlichen Niederschläge unter etwa 350 mm, können sich die meisten hochwüchsigen Baumarten nicht halten. Von feuchteren Flussauen abgesehen, bestimmen in diesen Halbwüsten meist dornenreiche Sträucher das Bild. Sehr verbreitet ist hier die anspruchslose **Zwergpalme,** deren wie Fächer angeordnete Blätter zu Besen, Körben, Seilen und Matten verarbeitet werden. Die Knospen der Blüten finden immer noch als „Palmherzen" *(palmitos)* ihren Weg in die regionale Küche. Genutzt wird auch das **Espartogras,** eine Sammelbezeichnung für verschiedene zähe Gräser, deren Halme und Blätter als Grundlage für Flechtmaterial, z. B. als Sonnenschutzrollo an Fenstern, dienen.

Standorte mit extremen Umweltbedingungen, wie Trockengebiete, Hochgebirge, Überschwemmungsgebiete etc., bringen üblicherweise eine hohe Zahl von **Endemiten,** also Pflanzen, die nirgendwo sonst zu finden sind, hervor – Andalusien mit seinem enorm vielgestaltigen Landschaftsspektrum weist mit rund 300 Spezies im europäischen Maßstab einen hohen Endemismus auf.

Das bekannteste Beispiel einer Reliktpflanze aus einem anderen Erdzeitalter ist die **Igeltanne,** die immer noch in den regenreichen Gebirgszügen rund um Ronda vorkommt (Näheres siehe dort).

Degradierte Vegetation

In vielen Ländern des Mittelmeerraumes wird die natürliche Vegetation schon **seit der Antike vom Menschen genutzt, kultiviert oder zerstört.** Auch in Andalusien sind von den Wäldern, die einmal den größten Teil des Landes einnahmen, nur noch verschwindend kleine Reste im ursprünglichen Zustand erhalten.

163an bn

Recht dezent sind die menschlichen Eingriffe bei den **„Dehesas“,** aufgelockerten Stein- und Korkeichenwäldern, die vor allem für die Sierra Morena typisch sind. Die Gebiete werden vorwiegend extensiv zur Viehzucht, Korkgewinnung und für den Gemüseanbau genutzt und gewähren der Natur, vor allem zahlreichen Blumen und Sträuchern, ausreichend Raum.

In vielen anderen Regionen Andalusiens hat man den Wäldern durch wiederholten Kahlschlag und Beweidung so sehr zugesetzt, dass aufgrund der nachfolgenden Verarmung der Böden eine **Degradation** eingesetzt hat (siehe Kapitel „Umweltprobleme“). Durch den Nährstoffmangel können diverse Baumarten nur noch als gut mannshohes Gestrüpp wachsen – was man in Italien als Macchia kennt, wird in Spanien als **Matorral** bezeichnet.

Nutz- und Zierpflanzen

Aufgrund der günstigen Klimaverhältnisse konnten in der Vergangenheit zahlreiche Pflanzen in Andalusien angesiedelt werden, die eigentlich nicht dorthin gehören. Viele dieser Gewächse bringen dem Menschen wirtschaftlichen Nutzen, andere sorgen als Zierpflanzen für optische Auflockerung in Städten und Dörfern.

[>] Baumwollernte in der Provinz Cádiz

[<] Mandeln

Beides trifft für die **Zitrusfrüchte** zu, sprich Orange, Zitrone, Grapefruit, Mandarine, Bergamotte, Pomeranze etc.; diese Arten wurden überwiegend von den Arabern aus Südostasien nach Spanien gebracht. Während ausgedehnte Plantagen der „süßen“ Orange auch den Rest Europas mit Obst oder Saft versorgen, wird die wildwüchsige „bittere“ Variante in erster Linie zur Zierde und wegen ihres betörenden Blütenduftes angepflanzt. Die Einheimischen können mit den tatsächlich ausgesprochen sauren Früchten der Pomeranze nicht allzu viel anfangen, deshalb werden sie bevorzugt nach England exportiert, wo man aus ihnen die berühmte Marmelade herstellt.

Sowohl Nutz- als auch Zierpflanze kann die dekorative **Dattelpalme** sein, deren nordafrikanische Variante (Echte Dattelpalme) schon zu maurischer Zeit mit ihren essbaren Früchten ein wichtiges Nahrungsmittel lieferte. Verwandte Formen auf den Kanarischen Inseln oder Kreta bilden ungenießbare Früchte aus und sind daher „nur“ als Parkbaum zu verwenden.

Ebenfalls auf die Mauren geht die Einführung der **Baumwolle** zurück, die ursprünglich wohl aus Pakistan stammt. Die Samenhaare der einjährigen Staude können zur eigentlichen Baumwolle verarbeitet werden, heute wird dafür allerdings die ergiebigere Variante aus Peru bevorzugt. Vor allem rund um Sevilla liegen riesige Plantagen, im Herbst wirbelt der Inhalt der aufgeplatzten Samenkapseln wie Wattebällchen im Wind.

Auch aus Mittelamerika wurden zahlreiche Pflanzenarten nach Spanien ge-

156an bn

Olivenanbau – bittere Früchte und delikates Öl

Schon beim Flug über Andalusien sind sie unübersehbar: die so akkurat wie ein Strickmuster **ganze Gebirge überziehenden Plantagen von Olivenbäumen.** Die dunkelgrünen Blattkronen heben sich vom rotbraunen bis bleichen Untergrund markant ab. Besonders in den hügeligen Regionen der Provinzen Jaén, Granada und Córdoba wurden die ursprünglichen Wälder zugunsten der Kulturpflanze großflächig beseitigt, andere Möglichkeiten der Landnutzung wären hier allerdings auch schwierig. Der **Ölbaum (Olea europaea)** macht da noch die geringsten Probleme, erträgt er doch nährstoffarme Böden und sommerliche Trockenheit ohne Klagen. Lediglich im Herbst benötigt er zur Ausbildung seiner Früchte etwas mehr Wasser. Längere Frostperioden unter -5 °C können zum Ausfall einer ganzen Ernte führen.

Die länglichen, an der Unterseite silbrig grau schimmernden Blätter bleiben ganzjährig an den Zweigen, die relativ unscheinbaren, weißen Blüten zeigen sich erst im Laufe des Mai. Die **Früchte** sind im Oktober und November noch grün und können dann als Speiseoliven geerntet werden, im Dezember und Januar werden sie zunehmend braun bis bläulich schwarz und sind dann auch für die Verarbeitung zu Olivenöl geeignet. Ein kleiner Steckling zeigt nach 4–5 Jahren einen ersten Fruchtansatz, bis optimale Erträge erzielt werden, dauert es jedoch etwa 20–30 Jahre – immerhin macht der Baum seinen Besitzern dann noch viele Jahrhunderte lang Freude. Bei günstigen Boden- und Klimaverhältnissen kann ein Exemplar rund 100 Kilogramm Oliven tragen, daraus werden etwa 20 Liter Öl gewonnen.

154an bn

Ungewöhnlich arbeitsintensiv zeigt sich die **Ernte,** denn selbst bei Einsatz von Rüttelmaschinen fallen nur rund zwei Drittel der Früchte in die ausgebreiteten Netze. Der Rest muss wie in alten Zeiten per Stock vom Baum geschlagen oder von Hand gepflückt werden. Letzteres ist zur Gewinnung von Speiseoliven oder besonders hochwertigem Öl ohnehin unabdingbar, denn die zarte Haut der Früchte verletzt sich schnell.

Wer schon einmal **reife Oliven** direkt vom Baum aß, wird verstehen, dass sie nach der Ernte zunächst in Kochsalzlösung gelegt werden müssen, um den entsetzlich bitteren Geschmack zu eliminieren. Noch bitterer und weniger ölhaltig waren einst die Früchte des Wilden Olivenbaums *(Oleaster),* aus dem vermutlich vor knapp 6.000 Jahren im Vorderen Orient die „Kulturolive" gezüchtet wurde – eine der ältesten Kulturpflanzen der Menschheit.

Mit bis zu 950.000 Tonnen Öl produziert Spanien zurzeit mehr des „grünen Goldes" als jedes andere Land der Erde, Andalusien nimmt unter den Regionen mit einem Anteil von 80 % mit Abstand den ersten Platz ein. In Spanien haben mittlerweile vier Anbaugebiete eine **kontrollierte Herkunftsbezeichnung** *(denominación de origen),* die, ähnlich wie bei Wein, zu einer Art Gütesiegel werden soll. Zwei davon befinden sich in Andalusien: „D.O. Sierra de Segura" (Provinz Jaén) und „D.O. Baena" (Provinz Córdoba).

Sofort nach der Ernte werden die Oliven zur Weiterverarbeitung zu einer Kooperative oder einem privaten Betrieb geschickt, die sich dann auch um die **Vermarktung** des Öls kümmern. Besonders in den kleinen Ölmühlen *(molino de aceite)* wird oft hervorragende Qualität produziert, die sich mit den (teureren) Top-Erzeugnissen aus der Toskana oder der Provence ohne weiteres messen kann (siehe auch Kap. „Baena"). Hier werden die Oliven oft noch von großen, sich drehenden Mühlsteinen zerquetscht. Die Emulsion aus Fruchtwasser und Öl tropft dabei entweder durch das Eigengewicht ab, wodurch das besonders hochwertige *flor de aceite* („Blume des Öls") gewonnen wird, oder es wird mechanisch zu *aceite de oliva virgen* ausgepresst. Nach der Filtrierung muss das Öl vom Fruchtwasser getrennt werden. Ursprünglich geschah dies durch einfache Dekantierung, d.h. das in einem Behälter oben schwimmende Öl wurde abgegossen.

Vom Typ *flor de aceite* abgesehen, können **vier Qualitätsstufen** unterschieden werden:

- **Aceite de oliva virgen extra:** kaltgepresstes Öl aus besonders schonend geernteten Früchten, hervorragend für Rohkost und Salate geeignet. Max. 0,8 ° Säuregehalt.
- **Aceite de oliva virgen:** kaltgepresstes Öl von ordentlicher Qualität.
- **Aceite de oliva:** Mischung aus kaltgepresstem und raffiniertem Öl, eher zum Kochen und Braten geeignet, meist hoher Säuregehalt.
- **Aceite de oliva rafinado:** Raffiniertes, minderwertiges Olivenöl. Der Trester wird dafür auf bis zu 90 °C erhitzt, um den letzten Rest des Öls herauszuquetschen.

Beim Kauf ist auch auf den maximalen **Säureanteil** *(acidez máxima)* zu achten: Während die Sorte *flor de aceite* mit etwa 0,2 ° besonders delikat und neutral schmeckt, entwickeln Öle mit Säurewerten über 0,5 ° bereits einen starken Eigengeschmack, der nicht unbedingt jedermanns Sache ist.

bracht: Vor allem in den trockeneren Regionen fühlen sich die **Amerikanische Agave** mit ihrem bis zu acht Meter hohen Blütentrieb und der **Echte Feigenkaktus** *(opuntie)*, dessen süße Früchte *(chumbos)* auch als Gelee oder Marmelade verwendet werden können, sichtlich wohl. Mit bloßen Händen sollte man die Kaktusfeige jedoch nicht anfassen, denn sie wird von feinen Borsten umhüllt, die in der Haut abbrechen und nur äußerst mühsam wieder zu entfernen sind! In ländlichen Gebieten werden diese stacheligen Gewächse auch gern als Hecken zur Einzäunung von Grundstücken und Weideflächen angelegt.

Aus den feuchteren Regionen des (sub-)tropischen Amerika wurden v. a. **Gummibaum,** Immergrüne **Magnolie, Jacaranda, Bougainvillea, Kapokbaum** und **Trompetenbaum** *(catalpa)* eingeführt, fast ausschließlich zur Verschönerung von Grünanlagen und Gärten. Sehr dekorativ sind auch der **Judasbaum** aus dem östlichen Mittelmeerraum, der **Zedrachbaum,** dessen Herkunft sich aus seinem Beinamen „Persischer Flieder" erschließt, und diverse **Akazienarten** aus Südafrika und Australien.

Über einen weiteren australischen Export, den **Eukalyptus** (auch: Gewöhnlicher Fieberbaum), der in der Vergangenheit verbreitet zur Trockenlegung von Sümpfen, als schnellwüchsiger Holzlieferant und zur Gewinnung des bekannten ätherischen Öls angebaut wurde, ist man inzwischen nicht mehr so glücklich: Zum einen verbraucht der bis zu 40 Meter hohe Baumriese unverhältnismäßig viel Wasser, zum anderen ist er für die einheimische Tierwelt nicht nur von äußerst geringem Nutzen, sondern sogar eher schädlich. Bei der Zersetzung der Blätter werden Säuren und Gerbstoffe frei, sodass man unter seinem Kronendach kaum andere Blumen oder Sträucher antrifft.

An den geschützten Küstenabschnitten der Provinz Granada werden (sub-)tropische Nutzpflanzen wie **Bananen, Chirimoyas, Avocados, Mangos, Papayas** und **Kiwis** angebaut. Größere Verbreitung erlangte das von den Mauren aus dem Vorderen Orient eingeführte **Zuckerrohr,** das im Gebiet um Valencia weltweit sein nördlichstes Anbaugebiet (40 ° nördl. Breite) hat.

Die Tierwelt

Aufgrund der vielgestaltigen Landschaft und entsprechender Klima- und Vegetationszonen konnte sich in Andalusien eine **artenreiche Fauna** entwickeln, die – gemessen an der Fläche – in Westeuropa wohl einzigartig ist. Die Zerstörung von Feuchtgebieten und die Rodung großer Waldgebiete drängte zwar viele Tierarten zurück, die auf diese Lebensräume angewiesen sind, in den relativ ausgedehnten Naturschutzgebieten finden sie aber zumindest ausreichende Rückzugsgebiete. Etwa **300 unter Schutz stehende Tierarten** beherbergt die Region, 14 davon kommen nirgendwo sonst in Europa vor. Blindwütiger Jagdeifer machte beispielsweise dem Bären und teilweise auch dem Wolf im letzten Jahrhundert den Garaus, doch zumindest Letzterer konnte sich in schwer zugänglichen Gebieten im Norden Andalusiens noch einigermaßen behaupten.

[>] Wildschafe (Mufflon)

Vögel

Vor allem **Zugvögel,** die sich besonders gern im Süden Andalusiens auf ihren alljährlichen Zügen zwischen dem nördlichen Europa und Afrika eine Verschnaufpause vor oder nach der Überquerung der Straße von Gibraltar gönnen, sind relativ einfach zu beobachten. Mit seinen periodisch überschwemmten Sümpfen und Marschen bietet das Land vor allem **Wat- und Stelzvögeln** zumindest im Winterhalbjahr einen reich gedeckten Tisch und im Frühling oft günstige Brutmöglichkeiten. Der ökologisch wertvolle Nationalpark Coto de Doñana nördlich von Cádiz behagt vielen von ihnen so sehr, dass sie sich dort sogar ganzjährig häuslich niederlassen.

Besonders stolz ist man, dass in Andalusien zwei Brutgebiete des seltenen **Flamingo** zu finden sind, neben dem Doñana-Nationalpark auch noch das Naturschutzgebiet Laguna de Fuente de Piedra im Hinterland von Málaga. Auch diverse **Reiherarten** wie der Kuh-, Seiden-, Grau-, Purpur- und Rallenreiher durchstreifen die flachen Tümpel auf der Suche nach Wasserinsekten, kleinen Krebsen, Fischen und Fröschen, ebenso „unser“ **Weißstorch** und der seltene **Löffler.**

Dort, wie auch in gebirgigen Regionen, ziehen viele Greifvögel auf der Jagd nach Kleinsäugern, Vögeln und Reptilien ihre Kreise. Zu nennen sind der ausgesprochen kräftig gebaute **Steinadler,** der nur wenig kleinere, sehr selten gewordene **Kaiseradler,** die mittelgroßen **Habichts-, Schlangen- und Fischadler** sowie der nur bussardgroße **Zwergadler.**

Beeindruckend groß und kräftig wirkt der nach seinem Hals sogenannte **Gänsegeier,** der sich gelegentlich in größeren Schwärmen über verendetes Vieh hermacht, ebenso der vom Aussterben bedrohte **Mönchsgeier.** In der Sierra de

an14-068 ba

Cazorla konnten sich noch Restbestände des mächtigen **Bartgeiers** halten, der sonst nur noch in den Pyrenäen beheimatet ist. Wesentlich kleiner ist der etwas verschrumpelt wirkende **Schmutzgeier,** so benannt nach der Farbe seines Gefieders.

Unter den kleineren Greifvögeln ist besonders der seltene **Wanderfalke** zu nennen, der seine Beute, fast ausschließlich andere Vogelarten, in rasantem Verfolgungsflug schlägt.

Säugetiere

Bei Wanderungen in den andalusischen Bergen ist immer häufiger der **Steinbock** anzutreffen, dessen ausladende Hörner unterhalb der Spitze deutlich nach hinten gebogen sind.

160an bn

Akut vom Aussterben bedroht ist der auf der Iberischen Halbinsel endemische **Pardel-Luchs,** von dem einige Exemplare im Nationalpark Coto de Doñana besonderes Augenmerk genießen.

Versteckt im Unterholz lebend und daher sehr schwer zu beobachten sind die Schleichkatzen wie die **Ginsterkatze** und der mit den Mungos verwandte **Meloncillo.** Trotz ihres Namens haben die kleinen Raubtiere mit Katzen nur wenig gemein und erinnern in ihrer Gestalt eher an einen Marder oder Dachs. Wildkatzen gibt es auch, sie sind allerdings wegen ihrer zurückgezogenen Lebensweise kaum zu beobachten.

Spanischer Rothirsch und **Wildschwein** konnten sich trotz Bejagung durch den Menschen sehr gut behaupten, in manchen empfindlichen Ökosystemen wie dem Coto de Doñana sind sie sogar fast eine Plage.

Eher selten und auch nur schwer zu beobachten ist der zur Unterfamilie der Marder gehörende **Fischotter,** der mit seinem dichten, wasserundurchlässigen Fell dem Leben an den Uferböschungen kleiner und mittlerer Flüsse hervorragend angepasst ist.

Aus dem mittleren und östlichen Mittelmeergebiet wurde einst das **Mufflon,** ein Wildschaf mit ausgeprägtem Gehörn, eingeführt – in einigen Gebirgen sind seine Nachfahren immer noch recht verbreitet.

Als einzige freilebende Affenart Europas gelten die zu den Makaken gehörenden **Berberaffen,** die den Felsen von Gibraltar bevölkern.

‹ Iberische Schweine

Zuchttiere

Vom Menschen gezüchtet wurde das dunkle **Iberische Schwein,** ebenso auch die diversen Rassen des **Kampfstiers** und das sogenannte **Kartäuserpferd,** das gern auch als „reine spanische Rasse" bezeichnet wird. Auf dem Lande werden der **Esel** bzw. die Kreuzungsformen **Maulesel** (Pferdehengst und Eselstute) und **Maultier** (Pferdestute und Eselhengst) noch gelegentlich als Reit- und Lasttiere eingesetzt. Da ihre Bedeutung jedoch stetig abnimmt, muss man sich schon ein wenig über ihren weiteren Bestand Sorgen machen, der von einst einer Million Tiere auf aktuell nur noch 50.000 zurückgegangen ist. Der Maulesel ist vom Maultier übrigens vor allem an den langen Ohren zu unterscheiden, denn die Merkmale der Mutter schlagen stets stärker durch als die des Vaters.

Reptilien und Amphibien

Unter den zahlreichen Schlangenarten gibt es neben einigen eher harmlosen **Nattern** auch giftige **Vipern** wie die Stülpnasen-Otter, deren Biss für den Menschen durchaus gefährlich sein kann. Das Risiko einer schmerzhaften Begegnung ist aufgrund der Seltenheit dieser Tiere jedoch eher gering, die Schlange flüchtet ohnehin, wenn man ihr die Gelegenheit dazu gibt. Etwas Vorsicht ist allerdings in felsigem Gelände bzw. in Ruinen geboten, da sich die Tiere gern an warmen Steinen aufhalten und diese als Versteck benutzen.

Unter einem Felsbrocken oder Steinblock kann sich auch der **Skorpion** aufhalten, dessen Stich ebenfalls zu einem verzichtbaren, wenn auch nicht lebensbedrohenden Erlebnis gehört. Sollte es doch einmal passiert sein, muss die Wunde an der zum Herz gelegenen Seite (nicht zu fest!) abgebunden werden, dann sollte man möglichst schnell einen Arzt aufsuchen.

Keine Probleme bereiten hingegen der auch senkrechte Wände problemlos hinauflaufende **Gecko,** diverse, teilweise überraschend große Arten der **Eidechse** und das recht seltene **Europäische Chamäleon.**

Umweltprobleme

Insgesamt besitzt der Umweltschutz in Spanien immer noch einen geringeren Stellenwert als in Mitteleuropa. Sichtbares Zeichen ist der kaum nennenswerte Einfluss der „Grünen" („Los Verdes") im Parteienspektrum. Auch die **Umweltkatastrophe von Aznalcollar** 1998, als giftiger Klärschlamm eine Fläche von 5.000 Hektar in unmittelbarer Nachbarschaft des Nationalparks Coto de Doñana mit Schwermetallen verseuchte, mehr noch die Abwiegelungstaktik („Wir haben den Coto de Doñana gerettet!") des zuständigen Ministeriums in Madrid werfen ein grelles Schlaglicht auf unübersehbare Defizite. Hinzu kommen viele kleinere „Umweltsünden", die zu einem unbefriedigenden Gesamtbild beitragen.

Degradation und Erosion

Durch die rücksichtslose **Entwaldung** wurde ein beträchtlicher Teil des Landes seiner natürlichen Vegetationsdecke beraubt, ein schleichender Verlust an Bodenqualität (Degradation) ist die Folge. Nur noch eine schüttere, extrem anspruchslose Vegetation kann auf solchen Böden siedeln – viele Landstriche wurden bereits zu öden Steppen oder **Halbwüsten.** Fast ungeschützt sind diese Flächen der abtragenden Kraft des Wassers und des Windes ausgesetzt, d. h. der **Verödungsprozess** setzt sich immer weiter fort und kann nur noch durch menschliche Eingriffe aufgehalten werden. Man rechnet damit, dass mehr als fünf Tonnen meist fruchtbaren Materials pro Hektar und Jahr durch Erosionsprozesse auf Nimmerwiedersehen fortgeschwemmt oder -geblasen werden. Nicht weniger als 40 % der andalusischen Landesfläche wurden in die Kategorie „schwerwiegend von Erosion betroffen" eingeordnet, weitere 1,5 Millionen Hektar sogar in die Kategorie „sehr stark".

Ein positiver Trend ist zumindest, dass die Zahl der **Waldbrände,** zur Gewinnung von Bauland meist absichtlich gelegt, in den letzten Jahren etwas abgenommen hat.

Abwässer

Die **Qualität des Meerwassers** konnte in den wichtigsten Badeorten an der Costa del Sol durch den Bau von Kläranlagen in den letzten Jahren deutlich verbessert werden, aufgrund der unübersehbar gestiegenen Gewässerverunreinigung in den 1980er und frühen 1990er Jahren gab es hier auch akuten Handlungsbedarf. Es liegt auf der Hand, dass die Wasserqualität im Umkreis großer Hafenanlagen generell zu wünschen übrig lässt.

Es gibt allerdings regionale Unterschiede, insbesondere in Bezug auf die **Schadstoffeinleitung durch Flüsse.** So transportiert der Río Tinto bei Huelva Klärschlämme und Rückstände aus den Kupfer- und Eisenerzminen des Hinterlandes an die Costa de la Luz. Im Mündungsgebiet selbst kommen noch Abwässer der Ölraffinerien und Chemiefabriken hinzu, die über viele Kilometer das Badevergnügen erheblich trüben. Der Abschnitt rund um die Mündung

des Río Guadalquivir leidet unter übermäßigem Eintrag von Nitraten und Phosphaten aus der industriell betriebenen Landwirtschaft entlang des Unterlaufs. Recht unerfreulich ist die Situation durch Schwerchemie in der Bahia de Algeciras; wie bei der Bahia de Cádiz, die unter dem Handelshafen der Provinzhauptstadt und dem relativ stark verschmutzten Río Guadalete leidet, sind die für den Tourismus interessanten Strände davon allerdings nicht allzu sehr betroffen. Bei den Hafenstädten Málaga und Almería steht es in Sachen Wasserqualität zwar ebenfalls nicht zum Besten, außerhalb des Stadtgebietes kann man aber doch relativ unbesorgt in die Fluten springen.

☑ Las Alpujarras im Süden der Sierra Nevada (Provinz Granada)

an14-069 ba

Trinkwasser

Vor allem die bis Herbst 1995 andauernde mehrjährige **Dürreperiode** hat gezeigt, dass das Land in Sachen Wasserverbrauch über seine Verhältnisse lebt. Am Grunde der Stauseen hielten sich nur noch bescheidene Tümpel, in Granada musste von 22 bis 6 Uhr eine allgemeine Wassersperre für private Haushalte verhängt werden. Beschleunigt wurde die prekäre Situation durch den allzu sorglosen Umgang mit dem kostbaren Nass, verzeichnet Spanien doch mit 164 Litern täglich den höchsten Pro-Kopf-Verbrauch aller europäischen Länder, wobei knapp 20 % davon im Leitungsnetz verloren gehen.

Dabei treten in Andalusien weder die Industrie (9 %) noch die Siedlungen allgemein (14 %) besonders als Konsumenten in Erscheinung, der Löwenanteil (77 %) geht auf das Konto der **Landwirtschaft.** Vor allem in den 1970er und -80er Jahren wurden die Bewässerungsflächen wesentlich ausgedehnt, auch in sehr trockenen Regionen, was erhebliche Umweltprobleme mit sich bringt. Durch den Bau weiterer **Talsperren** kann das Problem nicht gelöst werden, denn bei der nächsten langen Trockenperiode werden auch sie irgendwann leer sein. Dass einige Staubecken einstmals sehr ursprüngliche Flusstäler schlimm verschandelt haben, soll ebenfalls nicht unerwähnt bleiben.

Abfall

Auf Wanderungen sind **„wilde Müllkippen"** trotz herber Strafandrohungen leider kein seltenes Bild, gerade in der Nähe von Siedlungen entledigt man sich so sperrigen Gerümpels auf die einfache Art. Auch in den Städten haben die Reinigungsdienste ordentlich zu tun, um den anfallenden Abfall aus dem Straßenbild zu entfernen, manchmal hinken sie allerdings hoffnungslos hinterher. Schuld daran ist die in Spanien weit verbreitete „Ex-und-Hopp-Mentalität", also beispielsweise die Bevorzugung von Einwegflaschen und Getränkedosen. Meist landen auch leere Glasflaschen einfach im Hausmüll, entsprechende Container sind immer noch eine Seltenheit. In den Geschäften werden Kleinigkeiten sorgfältig in Plastiktüten verpackt, man muss regelrecht darauf bestehen, den Einkauf in einen mitgebrachten Beutel oder Rucksack stecken zu dürfen. Natürlich bleibt es jedem Urlauber unbenommen, nach seinem eigenen „Umweltgewissen" zu handeln, man sollte sich aber wohl nicht zu sehr von einer, in diesem Falle sehr fragwürdigen, „Laissez-faire-Mentalität" anstecken lassen.

Schutzgebiete

Insgesamt sind in 170 **Naturräumen** *(Espacios Naturales)* mehr als 19 % (im EU-Durchschnitt 8,5 %) des andalusischen Territoriums in acht Kategorien unter Schutz gestellt. Dazu gehören zwei der zwölf spanischen **Nationalparks (Parque Nacional),** deren weitgehend unveränderte, auch im internationalen Maßstab einzigartige Ökosysteme durch besonders drastische Einschränkung der menschlichen Nutzung für die Nachwelt bewahrt werden sollen.

169an bn

In ihrer flächenmäßigen Ausdehnung sehr beachtlich sind die **24 Naturparks (Parque Natural),** die sich üblicherweise durch Landschaften von großer Schönheit mit reicher Flora und Fauna oder außergewöhnlichen geomorphologischen Formationen auszeichnen. In ihrem Gebiet befinden sich in der Regel auch Dörfer oder kleine Städte, traditionelle Wirtschaftsweisen dürfen ebenso fortbestehen wie naturverträgliche Formen des Tourismus. Unterkünfte sind in Form von Hotels bzw. Pensionen und Campingplätzen meist in ausreichender Zahl vorhanden. Einige Naturparks wurden von der UNESCO zusätzlich als Biosphärenreservat ausgewiesen, was zumindest die internationale Aufmerksamkeit für mögliche Bedrohungen der ökologischen Ressourcen dieser Gebiete erhöht.

Etwas unscharf ist die Abgrenzung zu den **32 Naturgebieten (Paraje Natural),** für die ähnliche Restriktionen gelten wie für die Naturparks, wie z. B. das Verbot wilden Campens oder Feuermachens, die Vorschrift, auf den angelegten Wegen zu bleiben und Tiere und Pflanzen zu respektieren. Die Naturgebiete umfassen in der Regel aber deutlich kleinere Gebiete als die Naturparks.

Speziell für aquatische bzw. amphibische Ökosysteme, sprich kleinere Seen und Feuchtgebiete, wurden die **28 Naturreservate (Reserva Natural)** ausgewiesen. Auch einzelne Naturphänomene wie Höhlen, Felsen, Dünen etc. sind als

Intakter Naturraum: die Sierra Norte

37 Naturmonumente (Monumento Natural) unter Schutz gestellt. Ihre Ausdehnung ist meist sehr bescheiden. Die übrigen Kategorien, wie die stadtnahen Erholungsparks *(Parque Periurbano)* oder Renaturierungsgebiete an Flussläufen *(Paisaje Protegido)* sind für den Tourismus weniger bedeutsam.

Die nachfolgende **Auflistung** soll einen groben Überblick über die bedeutendsten Naturreservate Andalusiens geben und ihren jeweiligen Charakter skizzieren. Die für den Urlauber interessantesten Vertreter werden im jeweiligen Kapitel ausführlich beschrieben.

Parque Nacional Coto de Doñana

Die bereits seit 1969 in wechselndem Umfang geschützte Region des Coto de Doñana (siehe Provinz Huelva) umschließt das **Mündungsgebiet des Río Guadalquivir** und liegt zum größten Teil im Südosten der Provinz Huelva, zum kleineren im äußersten Südwesten der Provinz Sevilla. Ein Zipfel der Pufferzone Entorno de Doñana ragt noch in die Provinz Cádiz am gegenüberliegenden Ufer des Flusses hinein. Mit gut 50.000 Hektar Fläche war er lange Zeit der größte spanische Nationalpark, er ist nach wie vor wohl der bekannteste.

Die ökologische Bedeutung des Doñana-Nationalparks entspringt recht komplexen geomorphologischen Prozessen, die in dieser an sich völlig ebenen Landschaft ein überraschend vielgestaltiges Mosaik unterschiedlicher Lebensräume entstehen ließ. So hat der „Coto" fast permanent **überflutetes Marschland,** aber auch extrem trockene **Dünengürtel** mit einem breiten Übergangsbereich zu bieten, vom salzigen Meerwasser beeinflusste Habitate gehen im Binnenland allmählich in von Süßwasser dominierte Bereiche über. Insbesondere die **„amphibischen" Biotope** sind in dieser Klimazone eine seltene Kostbarkeit, sie verleihen diesem Nationalpark einen überragenden Stellenwert.

So ist die Bedeutung des Parks als Lebensraum für **Wasser-, Stelz- und Watvögel** kaum zu überschätzen, als Rastplatz für **Zugvögel** aus dem übrigen Europa ist er praktisch unverzichtbar. In erster Linie werden daher Vogelkundler bei einem Besuch auf ihre Kosten kommen, organisierte Exkursionen in Geländewagen vermitteln auch interessante Einblicke in die verschiedenen Ökosysteme und ermöglichen die Beobachtung von besonders seltenen Vogelarten und Säugetieren.

Parque Natural Entorno de Doñana

Als Pufferzone rund um den Nationalpark Coto de Doñana wurde ein mittlerweile 54.200 Hektar großer Naturpark angelegt, der zum einen die schädlichen Fernwirkungen der Intensivlandwirtschaft in der Umgebung abmildern soll und zum anderen Besuchern die Möglichkeit gibt, bestimmte Habitate und ihre Tierwelt in abgegrenzten Zonen, aber ohne Restriktionen kennenzulernen. Neben **Dünenstränden** und eher trockenen **Heidelandschaften** umfasst der Naturpark wie der Nationalpark auch **Marschen, Feuchtgebiete und Salinen,** die seltenen Vogelarten wie Flamingos, Kaiser- und Steinadlern, Schwarzmilanen und auch vielen Singvögeln Ausweichmöglichkeiten bieten.

Parque Nacional Sierra Nevada

Hierbei handelt es sich um den jüngsten Baustein im Netz der spanischen Nationalparks, erst 1999 fand die Einstufung von 86.000 Hektar des bisherigen Naturparks Sierra Nevada in diese höchste Schutzkategorie statt. Der zwölfte und größte der spanischen Nationalparks umschließt die **Gipfellagen** des höchsten Gebirges der Iberischen Halbinsel und beherbergt nicht weniger als 15 Dreitausender. Während auf dem Gebiet des 170.000 Hektar umfassenden Naturparks zahlreiche kleinere Ortschaften mit insgesamt 76.000 Einwohnern zu finden sind, konzentriert sich die Thematik des Nationalparks auf die Besonderheiten der **hochalpinen Geomorphologie, Flora und Fauna.**

Die einstmals die Bergkämme überziehenden Gletscher schufen Kare und Schmelzwasserseen, die höchste dieser „Lagunen" befindet sich auf 3.146 Meter Höhe. Viele kälteliebende Pflanzen folgten den später abschmelzenden Eiskappen nach und besiedelten die höheren Lagen zwischen etwa 2.000 und 3.000 Meter ü. NN. Die nachfolgenden genetischen Anpassungen an die dort herrschenden Umweltbedingungen führten zu einem verbreiteten Endemismus: Etwa **60 Pflanzenarten** wachsen nur in der Sierra Nevada und nirgendwo sonst. Dieser speziellen Flora haben sich auch die Insekten angepasst, nicht weniger als **20 Schmetterlingsarten,** viele ebenfalls endemisch, wurden festgestellt. Unter den Säugetieren ist vor allem der wieder häufiger vorkommende **Steinbock** zu nennen, in den mittleren Lagen wurden auch Dachse, Steinmarder und Wildkatzen beobachtet.

Für den Urlauber bietet der Nationalpark nicht nur fantastische Landschaftseindrücke, sondern auch die Möglichkeit sportlicher Betätigung. Im Kernbereich sind es vor allem **hochalpine Klettertouren,** die am besten organisiert in einer Gruppe durchgeführt werden. Auf der Nordabdachung der Sierra Nevada sind bis weit in den Frühling hinein diverse **Wintersportarten** wie alpines Skifahren möglich.

Parque Natural Sierra Nevada

Der Naturpark umfasst in erster Linie die **mittleren Höhenlagen** ab etwa 1.000 Meter. Für den Tourismus sind sicherlich die **Alpujarras,** die südliche Abdachung der Sierra Nevada, am interessantesten, denn hier kommt zu den landschaftlichen Reizen noch die sehr ursprüngliche und malerische Architektur vieler Dörfer hinzu. Auf Forstwegen und Maultierpfaden können in diesen mittleren Hanglagen abwechslungsreiche Wanderungen meist mittleren Schwierigkeitsgrades unternommen werden, auch **Ausritte auf Pferden** oder **Mountainbike-Touren** sind machbar.

Parque Natural Sierra de Huétor

Würde man dem **Río Darro** von Granada aus bis zu seiner Quelle folgen, käme man geradewegs in dieses kleine Schutzgebiet (12.400 Hektar) an einem nördlichen Ausläufer der Sierra Nevada. Das bis 1.675 Meter ansteigende Gebirge ist noch recht dicht mit Steineichenwäldern bestanden, **Steinböcke, Steinmarder, Dachs** und **Wildschwein** sind die vornehmlichen Vertreter der Fauna. Für Wanderer besteht der Reiz der Region neben der noch recht ursprünglichen Natur vor allem in den schönen Ausblicken auf die meist schneebedeckten Gipfel der Sierra Nevada.

Parque Natural Cabo de Gata-Níjar

Dieser mittlerweile auch zum **Biosphärenreservat** erhobene Naturpark (siehe Provinz Almería) umfasst 26.000 Hektar an der äußersten südöstlichen Landspitze Andalusiens und schließt als Besonderheit einen marinen Sektor ein. Vor allem der **Küstenabschnitt** fasziniert mit seinem Wechsel schroffer vulkanischer Felsformationen und weit geschwungener sandiger Buchten, die zum weitgehend **ungestörten Baden** einladen. Das Cabo de Gata gilt als der regenärmste Punkt Europas, entsprechend karg ist die vor allem von aromatischen Kräutern, Dornpolstern, Zwergpalmen und Agaven dominierte Vegetation.

Parque Natural Sierra de María – Los Vélez

Mit Gipfeln bis 2.045 Meter Höhe bildet die vorwiegend aus Kalk- und Dolomitgestein aufgebaute Sierra de María eine feuchte Klimainsel im ansonsten staubtrockenen **Nordosten der Provinz Almería** unweit der Grenze zur Autonomen Region Murcia. In dem knapp 19.000 Hektar umfassenden Naturpark wachsen **ausgedehnte Wälder** mit diversen Kiefernarten und Steineichen.

Mit „Los Vélez“ sind übrigens die beiden Zwillingsstädte Vélez-Blanco und Vélez-Rubio gemeint, die mit ihrer noch sehr ursprünglichen Architektur und interessanten kulturgeschichtlichen Zeugnissen wie der **Höhle Cueva de los Letreros** unbedingt einen Abstecher wert sind, bzw. sich als Standquartiere für Wanderungen eignen.

Parque Natural Sierra de Baza

Nördlich der Sierra Nevada, jenseits eines intermontanen Beckens, ziehen sich die Sierra de los Filabres und die Sierra de Baza entlang. Der feuchtere nordwestliche Teil innerhalb der **Provinz Granada,** benannt nach dem Städtchen Baza, wird von einem 52.337 Hektar großen Naturpark eingenommen. Das bis 2.271 Meter hohe Gebirge stellt für feuchte Westwinde eine Art Regenfänger dar und zeigt eine abwechslungsreiche Vegetation mit Resten mediterraner Wälder und größeren, von Kiefern dominierten Aufforstungsflächen.

Parque Natural Sierras de Cazorla, Segura y las Villas

Das aus mehreren Gebirgszügen zusammengesetzte Massiv befindet sich im **äußersten Osten der Provinz Jaén,** Hauptorte sind die namensgebenden Beas de Segura und Cazorla (Näheres siehe Provinz Jaén). Mit satten 214.000 Hektar ist dieser Naturpark der größte in ganz Spanien, zusammen mit weiteren Parks in den Provinzen Granada, Albacete und Ciudad Real bildet er ein beeindruckendes Verbundsystem von Naturschutzgebieten. Vom etwa 600 Meter hoch gelegenen Vorland zu den 2.100 Meter hohen Gipfeln steigen die jährlichen Niederschlagsmengen von rund 500 auf beachtliche Werte bis nahe 2.000 mm an.

Entsprechend ausgedehnt zeigen sich die vorwiegend von Kiefern, teilweise auch von Laubbäumen gebildeten Wälder, die zahlreichen Tierarten Unterschlupf bieten. Unter den mehr als 100 verschiedenen Vogelarten ist besonders der ansonsten nur in den Pyrenäen vorkommende **Bartgeier** zu nennen.

Parque Natural Sierra de Castril

Die natürliche Fortsetzung des oben genannten Naturparks auf dem Gebiet der **Provinz Granada** umfasst gut 12.000 Hektar und zeigt mit **schroffen Felsen** und **engen Schluchten** eine sehr ähnliche naturräumliche Ausstattung. Besonders zu erwähnen sind relativ große Kolonien des mächtigen **Gänsegeiers.** Die Vegetation wird in diesem etwas trockeneren Gebiet vor allem durch Steineichen und Wacholder gebildet.

Parque Natural Sierra Mágina

Östlich von Jaén erhebt sich der Gebirgsstock der Sierra Mágina mit bis zu 2.167 Metern Höhe, er wird fast komplett von dem 19.900 Hektar großen Naturpark eingenommen. Das ausgesprochen blockhaft und rau wirkende Gebirge ist trotz unbestreitbarer Reize bislang vom Tourismus fast unentdeckt geblieben. Das heißt aber auch, dass man sich mit **magerer Infrastruktur** und einem sehr weitmaschigen Netz an Wanderwegen begnügen muss. Informationen z. B. zum wohl größten Oleanderwald Spaniens am Río Cuadros bei Bedmar („Adelfal de Cuadros") gibt es im Besucherzentrum in Jódar (Castillo de Jódar, Ortszentrum, Tel. 953.78.76.56).

Parque Natural Despeñaperros

Rund um das geschichtsträchtige **„Tor zu Andalusien"** im äußersten Norden der Autonomen Region wurde ein kleiner (7.700 Hektar), aber feiner Naturpark eingerichtet. Die von der Autobahn N-IV (Córdoba – Madrid) durschnittene Schlucht Desfiladero de Despeñaperros im östlichen Abschnitt der **Sierra Morena** zeigt geologisch höchst interessante Gesteinsformationen, die wegen ihrer an Röhren oder Orgeln erinnernden Formen auch optisch sehr reizvoll sind. In den vornehmlich aus Korkeichen, Steineichen, Wilden Ölbäumen und eingeführten Pinien gebildeten Wäldern leben noch Ginsterkatzen, Meloncillos, Steinmarder und Steinböcke, stellenweise wurden sogar noch **Wölfe** und **Luchse** beobachtet.

Parque Natural Sierras de Andújar

Nördlich der Stadt Andújar (Provinz Jaén) erstreckt sich in diesem relativ gebirgigen Abschnitt der **Sierra Morena,** der in der Sierra Quintana bis 1.290 Meter Höhe erreicht, ein 60.800 Hektar umfassender Naturpark.

Weiter im Westen, in der Provinz Córdoba, geht der Naturpark in den **Parque Natural Sierra de Cardeña y Montoro** über, der gut 41.000 Hektar umfasst. Dieser Abschnitt der Sierra Morena ist durch niedrigere Höhen und ein wärmeres Klima gekennzeichnet – hier fühlt sich ganz offenbar die sommergrüne **Zerr-Eiche** besonders wohl, die im Gebiet um Cardeña ihre größte Verbreitung in ganz Andalusien findet.

Parque Natural Sierra de Hornachuelos

Im äußersten **Westen der Provinz Córdoba,** rund um den idyllischen Stausee **Embalse de Bembézar** dehnt sich der nach dem größten Ort der Region, Hornachuelos, benannte Naturpark aus. Landschaftseindruck, Vegetation und Tierwelt des 67.000 Hektar umfassenden Parks sind typisch für die Sierra Morena, besonders zu nennen sind kleine Kolonien der seltenen **Schwarzstörche.**

Parque Natural Sierra Norte

Weiter im Westen (siehe Umgebung von Sevilla), in der **Provinz Sevilla,** schließt sich der stolze 165.000 Hektar umfassende Naturpark Sierra Norte rund um die Kleinstadt Cazalla de la Sierra an. Das vorwiegend **flachwellige Mittelgebirge** wird von mediterranen Wäldern bestanden, die oft in Form von *Dehesas,* aufgelockerten Stein- und Korkeichenwäldern, landwirtschaftlich genutzt werden.

Parque Natural Sierra de Aracena y Picos de Aroche

Über beachtliche 184.000 Hektar dehnt sich dieser Naturpark im Norden der **Provinz Huelva** aus, er schließt sich nahtlos an die oben genannten Schutzgebiete an. Auch im Landschaftsbild ist die Ähnlichkeit groß, neben den typischen Kork- und Steineichenwäldern sind riesige **Esskastanienwälder** mit nicht unerheblicher wirtschaftlicher Bedeutung zu finden. Ähnlich wie in der Sierra Norte spielt auch hier die Zucht des **Iberischen Schweins** eine bedeutende Rolle, die Ortschaft Jabugo hat sich in der Schinkenerzeugung sogar überregionales Renommee verschafft. Ein besonderes Bonbon für den Besucher bietet der Hauptort Aracena in Gestalt der „Gruta de Las Maravillas", einer der größten **Tropfsteinhöhlen** der Iberischen Halbinsel.

Parque Natural Sierra Subbética

Im **geografischen Zentrum Andalusiens** gelegen (Näheres siehe Sierra Subbética, Überblick), vereint dieser 31.500 Hektar große Naturpark landschaftliche Reize mit einer Reihe kultureller Glanzlichter. Das vorwiegend aus Kalkstein aufgebaute Gebirgsmassiv der Sierra Subbética überrascht trotz seiner eher bescheidenen Höhe von bis zu 1.570 Metern mit teilweise geradezu alpinen Aspekten, dazu kommt noch ein reicher Karstformenschatz.

Parque Natural Sierras de Tejeda, Almíjara y Alhama

Erst 1999 wurden gut 40.000 Hektar dieser bis 2065 Meter aufragenden Gebirgsstöcke an der Provinzgrenze zwischen Granada und Málaga als Naturpark ausgewiesen. Sie bilden sozusagen die dramatische Hintergrundkulisse der landwirtschaftlich intensiv genutzten Axarquía (siehe Costa del Sol und Hinterland). Vor allem rund um die hübsche Kleinstadt **Competá** genießt man auf diversen Wanderwegen weite Ausblicke sowohl auf die Küste als auch auf das noch sehr ursprüngliche Gebirge.

Parque Natural Montes de Málaga

Wie ein Keil schiebt sich das dicht bewaldete, gut 1.000 Meter aufragende **Mittelgebirge** der Montes de Málaga von Norden her bis an die Stadtgrenze von **Málaga.** Für die Bewohner der Großstadt sind die vorwiegend von Aleppokiefern und Pinien bestandenen Hügel eine wichtige „grüne Lunge" und an Wochenenden und Feiertagen beliebtes Ausflugsziel. Entsprechend gut ist die Ausstattung des gerade mal 4.760 Hektar großen Naturparks mit Erholungsgebieten, Picknickplätzen und Landgasthäusern, für Camper wurden zwei einfache Zeltplätze eingerichtet. Trotz der Nähe zur großen Stadt ist die Vielfalt der Fauna beachtlich: 27 Säugetierarten und 95 Vogelarten, die meisten stationär, wurden gezählt, unter den 19 Reptilienarten ist vor allem das vom Aussterben bedrohte **Chamäleon** zu nennen.

Parque Natural Sierra de las Nieves

Im Westen der **Provinz Málaga,** etwa zwischen Marbella und Ronda, erhebt sich die bis 1.919 Meter hohe Sierra de las Nieves, die zusammen mit einigen benachbarten Höhenzügen den 18.600 Hektar großen Naturpark ausmacht. In den tieferen Lagen des **wild zerklüfteten Gebirges** sind Steineichen, Kastanien und Pinien zu finden, botanisches Glanzstück ist jedoch die äußerst seltene **Igeltanne,** die hier ihre größte Verbreitung findet.

Parque Natural Sierra de Grazalema

Der zu einem kleinen Teil noch in die Provinz Málaga, vorwiegend jedoch im **Osten der Provinz Cádiz** befindliche Naturpark (siehe Provinz Cádiz, Inland) umfasst mit seinen 51.700 Hektar eine Vielzahl von Gebirgszügen, Beckenlandschaften und Tälern. Vorwiegend aus Kalkstein aufgebaut, vermitteln schroff aufragende Felswände, spitze Grate und tief eingeschnittene Schluchten geradezu **alpine Landschaftseindrücke,** zahlreiche **Höhlen** wie die kulturgeschichtlich sehr bedeutende Cueva de la Pileta durchlöchern den hellgrauen Fels.

In der Sierra de Grazalema

170an bn

Parque Natural Los Alcornocales

Südlich des Naturparks Sierra de Grazalema (siehe Westliche Costa del Sol) erstreckt sich fast bis zur Straße von Gibraltar der 170.000 Hektar große Naturpark Los Alcornocales, so benannt nach den **Korkeichenwäldern,** die zu den größten der Welt gehören.

Parque Nacional del Estrecho

Das jüngste (2003) Kind im Verbund der Naturräume Andalusiens soll die äußerste Südspitze entlang der Straße von Gibraltar **zwischen den Buchten von Bolonia und Algeciras** (siehe Provinz Cádiz, Küste) vor weiteren menschlichen Eingriffen schützen. Da diesem Küstenstreifen eine wichtige Brückenfunktion sowohl für Zugvögel aus Nordafrika als auch für die marine Fauna zwischen Atlantik und Mittelmeer zukommt, verteilt sich die Gesamtfläche von knapp 19.000 Hektar auf einen jeweils gleich großen terrestrischen und marinen Sektor. Neben Liebhabern schier endloser Dünenstrände kommen hier angesichts der Römersiedlung Baelo Claudia und über 30 Höhlen mit Felsmalereien auch archäologisch Interessierte auf ihre Kosten.

Parque Natural de la Breña y Marismas de Barbate

Auf einem bis 169 Meter ansteigenden Vorgebirge der südlichen **Costa de la Luz,** westlich der Kleinstadt Barbate (siehe Provinz Cádiz, Küste), findet sich einer der artenreichsten und besterhaltenen Wälder der gesamten andalusischen Küste. Landschaftsprägend für den 3.100 Hektar großen Naturpark sind die schirmförmigen Kronen der **Pinien** mit einem Unterwuchs aus Rosmarin, Zwergpalmen und Schlehen. Zur Küste hin fällt das Relief in hohen **Sandsteinklippen** ab, deren Aushöhlungen diversen Vogelarten wie Seidenreihern und Silbermöwen Unterschlupf bieten. Kleine Spaziergänge zu Aussichtspunkten können hier mit erholsamen Aufenthalten an den **idyllischen Stränden** kombiniert werden.

Parque Natural Bahía de Cádiz

Im flachen Bereich der **Bucht von Cádiz** (siehe Provinz Cádiz, Küste) konnte sich eine erstaunliche Vielfalt von Ökosystemen, vor allem mit Pinienwäldern bewachsene **Dünen** und von Schlick dominierte **Marschlandschaften,** herausbilden. Trotz der eher geringen Ausdehnung von 10.000 Hektar und der hohen Besiedlungsdichte ringsum, besitzt dieser amphibische Naturpark große ökologische Bedeutung.

Paraje Natural Torcal de Antequera

Aufgrund seiner bizarren Felsformationen ist der Gebirgsstock El Torcal im **Norden der Provinz Málaga** (Näheres siehe dort) wohl das spektakulärste Naturschutzgebiet ganz Andalusiens. Auf **zwei markierten Wanderwegen** kann man die geologischen, floristischen und faunistischen Besonderheiten dieses einzigartigen, 1.170 Hektar umfassenden **„Felsengartens“** bequem kennenlernen.

Paraje Natural Desfiladero de los Gaitanes

Landschaftlich fast ebenso beeindruckend, aber deutlich weniger erschlossen, ist die mehrere Hundert Meter tief in den Fels geschnittene **Schlucht des Río Guadalhorce** ein Stück weiter westlich. Außerhalb des gut 2.000 Hektar messenden Schutzgebietes gilt es im **Ardales-Park** (siehe Provinz Málaga) noch weitere idyllische Landschaften und geheimnisvolle kulturelle Zeugnisse vergangener Epochen zu entdecken.

Paraje Natural Acantilados de Maro – Cerro Gordo

Das knapp 400 Hektar große Schutzgebiet (siehe Costa Tropical) an der Grenze der **Provinzen Málaga und Granada** umfasst eine abenteuerliche **Steilküstenlandschaft** mit ausgesprochen attraktiven Stränden.

Paraje Natural Karst en Yeso de Sorbas

Im **Osten der Provinz Almería** wurde eine ungewöhnliche Landschaft mit **Verkarstungserscheinungen** in Kalk- und Gipsgestein unter Naturschutz gestellt. Neben schroffen Felsformationen und kargen Schotterebenen verblüffen die Ufer der wenigen Fließgewässer mit relativ üppiger Vegetation. Die durch Lösung des anstehenden Gips entstandenen **Höhlen** gelten als die größten ihrer Art in Europa und waren der Hauptgrund für die Ausweisung des knapp 2.400 Hektar großen Naturgebietes.

Eine Besichtigung der Höhlen ist nur im Rahmen einer **geführten Exkursion** möglich. Ansprechpartner sind das Tourismusbüro der Kleinstadt **Sorbas,** die auch für ihre Töpferwerkstätten bekannt ist, oder das Besucherzentrum mit leider sehr variablen Öffnungszeiten (Tel. 950. 36.47.04, www.cuevasdesorbas.com), zu erreichen von Sorbas Richtung Los Molinos del Río Agua. Der Veranstalter *Natur Sport* (Tel. 950.36.44.81) offeriert vier Routen unterschiedlichen Schwierigkeitsgrades, z. T. mit deutschsprachiger Führung.

Reserva Natural Laguna de Fuente de Piedra

Aufgrund seiner überragenden Bedeutung als Brutplatz für **Flamingos** und andere Stelz-, Wat- und Wasservögel wurde die größte natürliche **Salzwasserlagune** Andalusiens im äußersten Nordwesten der **Provinz Málaga** (Näheres siehe dort) unter Schutz gestellt. Das Interesse der Besucher sollte sich auch auf die Beobachtung seltener Vogelarten beschränken, weitere Aktivitäten, wie etwa Wassersport, sind an dem komplett eingezäunten, extrem flachen Gewässer nicht möglich. Mit etwa 1.360 Hektar Fläche gehört dieses Naturreservat zu den größten seiner Art in Andalusien.

an14-076 nk

10 Menschen und Gesellschaft

< Schnecken und Feigen gehören zum andalusischen Speiseplan

Bevölkerung

Die **Einwohnerzahl** Andalusiens wurde für 2010 mit **8 Millionen** beziffert, Gesamtspanien zählt ca. 47 Millionen Einwohner. Die Bevölkerung ist über das Gebiet Andalusiens sehr unterschiedlich verteilt: Dicht besiedelte Ballungsräume rund um Sevilla, Málaga und Cádiz stehen ländlichen Gebieten mit kleinen Ortschaften gegenüber. Insbesondere im Hochland hat sich deren Einwohnerzahl in den letzten Jahrzehnten um mehr als die Hälfte reduziert. Vor allem junge Menschen wandern in die Städte oder an die Küsten ab, um dort Arbeit zu suchen. Bereits seit den 1950er Jahren ist diese intensive **Landflucht** zu beobachten, mehr als ein Drittel der andalusischen Bevölkerung lebt mittlerweile in Städten.

Soziale Struktur

Die heutige Gesellschaftsstruktur Andalusiens lässt sich zum Teil noch auf die Anfänge des 20. Jh. zurückführen, als sich drei soziale Schichten herausbildeten. Die untere Schicht der sozialen Pyramide bestand auf dem Lande aus Tagelöhnern, den *braceros* – denjenigen, die die Kraft ihrer „Arme" einsetzten – und Pächtern und in den Städten aus Arbeitern der Dienstleistungsbranche sowie aus Gelegenheitsarbeitern. Diese Klasse der **Arbeiter und „Armen"** machte drei Viertel der andalusischen Bevölkerung aus. Der **konservative Mittelstand,** der vornehmlich in der Stadt anzutreffen war – kleine Händler und Beamte –, versuchte sich durch äußeres Auftreten von der Arbeiterklasse zu distanzieren, denn das Einkommen war in der Regel nicht höher. Die Oberschicht bildete eine kleine Elite von **Großgrundbesitzern.**

Der Industrialisierungsprozess verlief in Andalusien wesentlich schleppender als in anderen Regionen Spaniens wie zum Beispiel in Katalonien. Die Landwirtschaft blieb dominanter Sektor. Es bildete sich in dieser Phase nur eine kleine soziale Schicht aus Finanziers und Händlern in Cádiz, Sevilla und Málaga heraus. Ein aufkommendes Bürgertum, der neue Mittelstand, konnte nicht in gleichem Maße für Andalusien beobachtet werden wie für Resteuropa und auch andere Regionen Spaniens. Die alten starren Gesellschaftsstrukturen hatten Bestand, geprägt von einem starken Gegensatz zwischen reaktionärer Oberschicht, die kein Kapital für Neuerungen investieren wollte, und breiter Arbeiterklasse, deren Mitglieder zum Teil radikal anarchistisch eingestellt waren.

Noch 1957 machte die Arbeiterklasse zwei Drittel der Bevölkerung Andalusiens aus. Die **wirtschaftlichen Veränderungen** in Spanien Anfang der 1960er Jahre ließen allmählich eine neue Mittelschicht entstehen, vor allem in den Städten. In Andalusien vollzog sich dieser Prozess jedoch wesentlich langsamer als im restlichen Spanien. Diese Gesellschaftsstruktur wurde im Grunde genommen erst mit der Einführung der Demokratie nach dem Ende der Diktatur Francos zunächst zögernd, mittlerweile aber um so rascher aufgebrochen. Die städtische Mittelschicht gewinnt seitdem stetig an Gewicht.

Zu den **Randgruppen** der andalusischen Bevölkerung gehören ohne Zweifel die *Gitanos* („Zigeuner"). Des Weiteren lebt in Andalusien eine kleine Gruppe von Muslimen, die sich zum einen aus Einwanderern aus Nordafrika, zum anderen aus zum Islam konvertierten Spaniern zusammensetzt. Von Hochburgen wie Granada oder Algeciras abgesehen, machen sie aber einen geringen Teil der andalusischen Bevölkerung aus.

Die Familie

In Andalusien herrscht nach wie vor ein starker Zusammenhalt innerhalb der Familie, sie ist soziale Stütze und ein wichtiger Bestandteil des Soziallebens. Die Familie gibt Halt, was gerade für die jungen Andalusier lebensnotwendig ist, die heute von der hohen Arbeitslosigkeit betroffen sind. Viele von ihnen könnten sich, auf sich allein gestellt, kaum ernähren. Ein Beispiel dafür sind die Studenten: Sie sind voll und ganz auf den finanziellen Rückhalt der Familie angewiesen. In Spanien müssen jährliche Studiengebühren bezahlt werden, die je nach Studiengang 500 € oder mehr ausmachen. Regelrechte Studentenjobs gibt es in Spanien nicht, allenfalls können Studenten für einen Hungerlohn kellnern gehen. Deshalb wohnen sie, wenn sich die Möglichkeit bietet, bei ihren Eltern und das oft auch noch über das Studium hinaus, denn in den seltensten Fällen finden sie sofort einen Job, um sich finanziell über Wasser zu halten. Oft ziehen sie dann erst von zu Hause aus, um mit ihrem Partner zusammenzuleben.

Aber nicht nur finanzielle Gründe begründen die familiäre Verbundenheit. In Andalusien steht ein unbedingtes Vertrauen in die Familienmitglieder immer noch an erster Stelle.

Andalusische Mentalität

Der erste Eindruck, den man als Reisender von den Andalusiern hat, ist von ihrer Fröhlichkeit geprägt, von Zufriedenheit, der Begeisterung für Feste und der Stimmung, dass die Welt doch in Ordnung sei. Von diesem ersten Eindruck her ihre Lebensphilosophie zu beurteilen wäre jedoch oberflächlich und würde die „wahre Seele" dieses Volkes missdeuten. Die Weltansicht der Andalusier scheint sich zunächst in Äußerungen zu zeigen wie „que más da" (was soll's), „no pasa nada" (nichts passiert, alles in Ordnung) oder „pués nada" (ein Ausdruck der Unverbindlichkeit am Ende eines Gesprächs, in dem man vielleicht wichtige Dinge besprochen hat, um sie wieder zu relativieren).

Aber was steckt wirklich hinter diesen **Floskeln?** Wirtschaftliche Misere und hohe Arbeitslosigkeit sind Faktoren, mit denen die Andalusier tagtäglich umgehen müssen. Und dennoch, in der Öffentlichkeit zeigen sie sich stets großzügig. Egal ob im Restaurant oder im großen Kreis in den Bars, überall werden *copas* (ein Glas zu trinken, meist alkoholisch) spendiert. Man achtet nicht auf den Preis, und jeder möchte bezahlen. Einzelrechnungen für jede Person sind in Andalusien undenkbar, ein Zeichen von Geiz und Engstirnigkeit. Aus ökonomischer Sicht könnte es als unvernünftiges Verhalten gedeutet werden, so mit dem Geld „um sich zu werfen". Das sind jedoch materielle Maßstäbe, die für den Andalusier nicht maßgeblich sind. Weniger zu besitzen, sich in einer untergeordneten wirtschaftlichen und sozialen Rolle gegenüber den Bewohnern anderer Regionen Spaniens zu befinden, wie

Das Volk der Gitanos

Seit Generationen ist die Minderheit der Gitanos, die andalusische Entsprechung zu den Sinti und Roma in Mittel- und Osteuropa, in Andalusien sesshaft. Sie bezeichnen sich selbst als **calé** („Schwarze") und heben sich so gegenüber den **payos** (Nicht-gitanos) ab, sehen sich aber auch als Andalusier. Die Roma und Sinti anderer Länder werden von den Gitanos als *Húngaros* bezeichnet.

Ein Teil der Roma, die im 9. und 10. Jh. Indien verlassen hatten, kam im Hohen Mittelalter vermutlich über Nordafrika in den Süden Spaniens, angelockt durch die stark orientalisch geprägte Kultur dieser Region. Alsbald fielen die Gitanos durch ihre **Fremdartigkeit** und Tätigkeiten wie Handlesen, Wahrsagen, Heilkunst oder Tierdressur auf und kamen in den Ruf der **Hexerei.** Schließlich schlugen sie sich auch durch Diebstähle in dem von Hungersnöten und Pest gebeutelten Europa durch. Als Randgruppe und Minderheit wurden sie verfolgt, man erkannte ihnen nicht das Recht auf eine eigene Kultur an.

Damals wie heute leben die Gitanos innerhalb einer festen Gemeinschaft und haben ihre **eigenen sozialen Gesetze.** Die Familie, der Clan, an die ein Gitano ein Leben lang gebunden ist, stellt den zentralen Punkt der sozialen Gemeinschaft dar. Die Gitanos leben ihren eigenen Ehrenkodex, dazu gehören die Treue zum Clan und der Anspruch, sich bedingungslos für ihn einzusetzen. An erster Stelle des Clans steht ein männliches Oberhaupt, das alle Entscheidungen für die Familie trifft. Auch die Kleiderordnung ist von großer Bedeutung. Frauen sieht man nicht mit kurzen Haaren, im Normalfall tragen sie lange Röcke. Das Oberhaupt hat stets einen Hut und einen Stock, den *palo,* bei sich.

Gitanos werden oft als faul und ungebildet angesehen. Tatsächlich erschweren die den Gitanos **eigenen kulturellen Vorstellungen** oftmals eine Eingliederung in die Gesellschaft. Die daraus entstehenden Vorurteile tragen dann ein Übriges dazu bei, sodass es den allerwenigsten gelingt, in der Gesellschaft einen festen Platz zu finden. So leben sie nach wie vor in ärmlichen Verhältnissen, die Kinder gehen oft nicht zur Schule, und man schlägt sich mit Betteln, aber auch mit Gelegenheitsjobs durchs Leben: die Frauen oft mit Blumenverkauf in den Straßen, die Männer u. a. mit Zigaretten- oder Tempotaschentuchverkauf an Verkehrsampeln. Einige wenige schaffen es, mit Flamenco oder Stierkampf erfolgreich zu werden. Wem es gelingt, der unterstützt seinen Clan finanziell so gut es geht – ein ungeschriebenes Gesetz des familiären Zusammenhalts.

Die meisten Gitanos haben sich in **Baracken** in den Vororten der großen Städte angesiedelt. Dennoch lehnen sie nicht selten die von der andalusischen Regierung angebotenen Sozialwohnungen ab, weil sie sich nicht als Sozialfall betrachten wollen.

Sie haben den **christlichen Glauben** übernommen, pflegen ihn aber auf ihre Art und Weise: So wird z. B. eine Gitano-Jungfrau und ein Gitano-Jesus verehrt. Bei den Umzügen der Semana Santa in Sevilla gibt es einen „paso de los gitanos" mit einem dunkelhäutigen Christus.

Ihr Leid und Leben drücken die Gitanos in ihrer Musik und ihrem Tanz, dem **Flamenco,** aus. In dieser Kunstform äußern sich ihre Lebensfreude, ihr Stolz, die Liebe zur Natur und ein ausgeprägter Sinn für die Schönheit einfacher Dinge. All dies sind kulturelle Impulse, die das andalusische Lebensgefühl und Selbstverständnis mitgeprägt und bereichert haben. Der Flamenco gehört zu Andalusien – und ist durch das Volk der Gitanos ins Leben gerufen worden.

zum Beispiel gegenüber den Katalanen, bedeutet für die Andalusier nicht gleichzeitig, weniger wert zu sein, denn damit würde man seine Ehre verlieren. Auch wenn die ökonomische Situation nicht gerade rosig aussieht, versinken die Andalusier nicht im Gefühl von Armut und Tristesse und kompensieren dies sogar durch entgegengesetztes Verhalten.

Häufig benutzte Redewendungen wie „Ya veremos" (schauen wir mal) oder „el salto hacía delante" (der Sprung nach vorn) zeigen einen **skeptischen Humor** gegenüber schwierigen Situationen, in denen man eher einen Scherz macht, als lange über die Möglichkeiten eines Erfolges nachzugrübeln. Was von außen als Leichtfertigkeit gedeutet werden kann, ist in Wirklichkeit die Art und Weise dieses Volkes, Problemen mit Skepsis und abwartender Haltung entgegenzutreten.

Die wirtschaftliche Misere besteht, sie wird aber nicht verinnerlicht und dominiert nicht das Leben. Viele Häuser sind liebevoll gestaltet, überall sieht man Blumen, alles wird geschmückt. Die Andalusier behalten ihren Frohsinn und versinken nicht in Apathie. Sie setzen sich mit den Schwierigkeiten des Lebens auseinander, indem sie ihnen nicht allzu viel Wichtigkeit beimessen.

Solange die persönliche Wertschätzung und die sozialen Beziehungen intakt sind, können durch das Relativieren von materiellen und ideologischen Zusammenhängen Konflikte vermieden werden. Dieser Eigenart haben die Andalusier ihren friedlichen und offenen Charakter zu verdanken. Insgesamt sind sie eher introvertiert als extrovertiert, aber mit einem ausgeprägten Hang zur Geselligkeit.

Geschichte

Arduum res gestas scribere –
mühselig ist's, Geschichte zu schreiben.

Vor- und Frühgeschichte

Erste Hinweise auf Menschen in Andalusien geben Knochenfunde in Orce (Provinz Granada), die fast zwei Millionen Jahre alt sind. Einige Forscher vertreten die Meinung, der Neandertaler sei eigentlich gar kein Neandertaler, sondern eher ein Gibralteño, denn erste Überreste der Frühform des *Homo sapiens* (darunter der Schädel einer Frau) sollen angeblich bereits 1848 bei Gibraltar gefunden worden sein, der Neandertaler hingegen wurde erst 1858 entdeckt.

Eine wichtige Etappe der andalusischen Geschichte bildet ab Ende des 6. Jahrtausends die **Jungsteinzeit** (Neolithikum), in der Agrarwirtschaft und Viehzucht aufkamen. Ende des 3. Jahrtausends bildete sich die charakteristische Cardial-Keramik aus, Lehmgefäße, in die mit Muschelschalen Muster eingeritzt wurden. Gleichzeitig kamen die **Glockenbecherkultur** und die **Megalithkultur** auf.

Der Übergang von der Jungsteinzeit zum Metallzeitalter ist eher fließend. Andalusien besaß große Ressourcen an Metallen wie Kupfer, Gold und Silber. Vor allem der Abbau von Kupfer spielte in der Region um Almería eine große Rolle, wodurch der Handelsverkehr im Mittelmeerraum stark angeregt wurde. Die **Bronzezeit** führte zur Ausbildung diverser Kulturen, deren Zentren die Bergbaugebiete waren.

Phönizier, Griechen, Rom und das Westgotische Reich

Ab etwa 1100 v. Chr. ließen sich die **Phönizier,** angelockt von Rohstoffen, in Andalusien nieder, im 8.–6. Jh. v. Chr. folgten die **Griechen.** Der zunächst blühende Handelsverkehr zwischen Tartessos, Phöniziern und Griechen endete in der **Schlacht von Alalia,** aus der die Griechen als Verlierer hervorgingen.

Im 5. Jh. v. Chr. eroberten die **Karthager** die phönizischen Kolonien Andalusiens. Die Römer erkannten zunächst die karthagische Herrschaft südlich des Ebro an; als es zu Konflikten kam, konnte sich der legendäre karthagische Feldherr *Hannibal* zunächst behaupten, doch letztlich entschied Rom die **Punischen Kriege** für sich.

Unter *Augustus* wurde die iberische Halbinsel vollständig dem **Römischen Reich** einverleibt und neu gegliedert. So entstand die Provinz Baetica, die einem Großteil des heutigen Andalusien mit bedeutenden Städten wie Córdoba – damals Corduba – als Hauptstadt, Hispalis (Sevilla) und Itálica entsprach. Der Romanisierung verdankte diese Provinz den Aufbau eines Kommunikationssystems, die Verbesserung der Infrastruktur, ein Netz aus befestigten Straßen und nicht zuletzt das Latein als Grundlage für die zukünftige romanische Sprache Spanisch.

Die Krise des Römischen Reiches erleichterte dann den germanischen Völkern über Gallien auf die Iberische Halbinsel vorzudringen. Die bereits weitgehend romanisierten **Westgoten** setzten sich im 7. Jh. n. Chr. in Baetica nach und nach gegen die Byzantiner durch, die das römische Imperium wieder herstellen wollten. Schon zu Beginn des 8. Jh. befand sich das Westgotenreich in einem völlig desolaten Zustand. Als ein muslimisches Heer aus Nordafrika als militärische Unterstützung im Kampf um die westgotische Thronnachfolge zu Hilfe gerufen wurde, kam der Heerführer zu dem Schluss, dass sich die katastrophalen Zustände auf der iberischen Halbinsel zu seinen Zwecken nutzen ließen: Aus Verbündeten wurden Eroberer, und der islamische Eroberungsfeldzug war nicht mehr aufzuhalten.

Die Zeit der Mauren

756 hatten die Muslime praktisch die ganze Iberische Halbinsel bis auf kleinere christliche Königreiche in Asturien erobert. Das gesamte von ihnen eingenommene Gebiet nannten sie **Al-Andalus,** was dem heutigen Andalusien seinen Namen gab.

700 Jahre islamischer Herrschaft auf der Iberischen Halbinsel dürfen nicht als eine Einheit betrachtet werden. Die verschiedenen islamischen Gruppierungen, die vor allem immer wieder Südspanien eingenommen haben, differierten in ihrer Struktur und wirkten sich auch unterschiedlich auf das Reich Al-Andalus aus. Es waren vor allem die von einer arabischen Elite angeführten Berber, die auf die Iberische Halbinsel kamen.

Emirat und Kalifat von Córdoba

Die kulturelle Blütezeit von Al-Andalus wurde durch die Dynastie der **Omaijaden** eingeläutet. Prinz *Abd ar-Rahman*

Tartessos – das sagenumwobene Reich

Bis Ende des 8. Jh. v. Chr. hatte sich Tartessos zur **bedeutendsten Zivilisation Andalusiens** entwickelt. Schon griechische und römische Geografen und Geschichtsschreiber wie *Avianus, Strabon* und *Anakreon* erwähnen Tartessos in ihren Schriften und berichten von legendären Königen wie *Gerión,* der angeblich ein Widersacher von *Herkules* war, und seinem Sohn *Norax;* die meisten Namen scheinen jedoch der Mythologie entsprungen zu sein. Avianus beschreibt die Lage der Hauptstadt des Königreiches, die an einem „Zinnberg und an einem Zinnfluss" gelegen haben soll, und Anakreon spricht vom großen Reichtum Tartessos.

Der sagenhafte Ruf dieses fantastischen Königreiches scheint zu Recht bestanden zu haben, denn bei Sevilla wurde der legendäre Schatz „El Carambolo" gefunden, der aus nahezu drei Kilo Goldschmuck bestand. Die Bedeutung von Tartessos ist offensichtlich: Als **Zentrum der Metallgewinnung** in Andalusien lockte es Griechen wie Phönizier auf ihrer Suche nach Rohstoffen an, war vermutlich ein wichtiger Stützpunkt für den Zinnhandel mit Britannien und der Bretagne, und zudem standen die Tartesser in dem Ruf, ausgezeichnete Segler zu sein.

Die engen wirtschaftlichen Kontakte der Phönizier und Griechen mit Tartessos gaben den Weg frei für wichtige **kulturelle Einflüsse,** und in Andalusien entstand eine erste kulturelle Blütezeit. Tartessos erreichte offenbar ein hohes kulturelles Niveau, von dem der Gebrauch einer eigenen Schrift zeugt, die zwar phönizischen Einfluss aufweist, jedoch immer noch Rätsel aufgibt und bisher nicht übersetzt werden konnte. Auch die **Religion** spielte bereits eine wichtige Rolle: Die Tartessier pflegten einen Göttinnenkult, sie beteten die Mondgöttinnen, „diosas lunares", an.

Der tatsächliche **Standort** der Stadt Tartessos ist bis heute nicht genau erforscht, Vermutungen reichen bis zu einer Verbindung mit Atlantis. Nicht zuletzt soll ja auch laut *Platon* das legendäre Atlantis westlich von Gibraltar versunken sein und könnte daher dem Reich Tartessos zugehört haben. Schenkt man dem Mythos Glauben, soll das Reich hinter den Säulen des Herkules im unbekannten Ozean gelegen haben. Vielleicht ist Tartessos auch mit dem Tarschich des Alten Testaments identisch, auch für diese These gibt es einige Vertreter.

Neueste archäologische Forschungen schließen nicht aus, dass die Stadt **Niebla** die alte Stadt Tartessos unter sich verbirgt. Die Abbildung einer Göttin und eine Inschrift auf einem Steinquader, der der arabischen Befestigungsmauer als Fundament diente, deuten darauf hin. Noch heute befindet sich ein wichtiges Zentrum für den Metallabbau im Becken des Río Tinto, denn dort gibt es konzentrierte Metallvorkommen, was für die „These Niebla" spricht.

Mit den kriegerischen Auseinandersetzungen zwischen Griechen und Karthagern, die in der **Schlacht von Alalia** gipfelten, versank auch das Reich Tartessos. Vielleicht fiel es den Gewinnern der Schlacht, den Karthagern, in die Hände.

Im **Museo Arqueológico von Sevilla** kann man sich recht gut über die vorrömische Zeit informieren. Hier ist auch ein Duplikat – das Original bleibt gut verschlossen – des berühmten „Tesoro El Carambolo" zu besichtigen, insgesamt wurden 21 Stücke gefunden. Der Schatz stellt eine Synthese aus dekorativ orientalischen und der Halbinsel eigenen Elementen dar.

landete 756 bei Almuñecar, griff Sevilla an und gewann schließlich den Kampf um Córdoba, wo er seine Dynastie neu etablierte und das Emirat von Córdoba errichtete. Unter seiner Herrschaft begann im Jahr 785 der Bau der **Moschee von Córdoba.**

929 entstand ein Kalifat mit Córdoba als Zentrum, das von Damaskus vollkommen unabhängig war. Mit ihm erfuhr das maurische Spanien einen Moment der Einigung und kulturellen Blütezeit. Die Stadt wurde zum intellektuellen Zentrum des Okzidents, es herrschten weitgehend Frieden und Wohlstand, Wissenschaften und Künste wurden gefördert.

Herrscherloge Maqsura in der Mezquíta von Córdoba

an14-071 ba

Gleichzeitig aber hatten die **Christen** seit Ende des 10. Jh. wieder erfolgreich Teile des spanischen Nordens für sich gewinnen können. Richtig aufgeschreckt wurden die Muslime jedoch erst, als unter König *Alfons VI.* 1085 Toledo eingenommen wurde und ein Heer den Tajo erreichte. Kurzfristig gelang es dem zu Hilfe gerufenen **Almoraviden** *Yusuf ibn Taschfin,* das Reich neu zu einigen, doch nach seinem Tod verfiel es wieder.

1148 gelang es den **Almohaden,** einer neuen religiösen Bewegung, gegründet von Berbern aus dem Atlasgebirge, Sevilla zu erobern und die Stadt zum Zentrum von Al-Andalus zu machen. Mit ihnen schien sich einen Moment lang das Blatt in Al-Andalus noch einmal zu wenden, aber spätestens ab 1224 zerfiel die Stärke der Almohaden in Al-Andalus. In der **Schlacht bei Las Navas de Tolosa** holten die Christen zum vernichtenden Schlag gegen die Muslime aus.

Aus der Zeit der Almoraviden- und Almohadenherschaft in Al-Andalus gingen **großartige Bauwerke** sowie bedeutende Persönlichkeiten hervor. Stellvertretend für Letztere sei hier der muslimische Gelehrte *Ibn Rushd* genannt, der besser als *Averroes* bekannt ist und dessen Werk das wissenschaftliche Denken des Abendlandes entscheidend prägte.

Ferdinand III. der Heilige („El Santo") setzte den christlichen Eroberungsfeldzug fort, sein Sohn *Alfons X. der Weise* („El Sabio") trat in seine Fußstapfen, machte jedoch auch den kastilischen Hof zu einem wichtigen **kulturellen Zentrum** des spanischen Mittelalters. Dichter aus Südfrankreich und allen Teilen der Halbinsel, darunter auch zahlreiche arabische Poeten, wurden an den Hof geholt und einige belehrende und wissenschaftliche Werke aus dem Arabischen übersetzt.

Unter *Ferdinand III.* wurden ab 1230 immer mehr Orte von den Christen eingenommen. Córdoba wurde 1236 erobert, zwölf Jahre später auch Sevilla. Viele Mauren flüchteten nach Granada, wo das Nasridenreich gegründet wurde.

Das Nasridenreich in Granada

Während das Reich der Almohaden in Al-Andalus langsam zerbröckelte, konnte sich bei Granada die Dynastie der Nasriden mit einer gewissen Autonomie behaupten. In diesen zwei Jahrhunderten kristallisierte sich abermals eine besondere kulturelle Blüte heraus, insbesondere der Architektur und Dekorationskunst, wofür die **Alhambra** mit ihren Gärten schönster und eindruckvollster Zeuge ist. Ein letztes Mal sollte der Zauber von 1001 Nacht über einem Teil Südspaniens liegen.

Die Reconquista der Katholischen Könige

Waren die christlichen Königreiche zuvor oft genug mit Querelen untereinander beschäftigt, hatten sich mit der Heirat **Isabellas von Kastilien** und **Ferdinands von Aragón,** den „Katholischen Königen", 1479 zwei starke Königreiche vereinigt, deren Ziel es war, einen **spanischen Einheitsstaat unter christlicher Krone** zu schaffen. 1482 eroberten sie Alhama, eine strategisch wichtige Stadt des Nasridenreiches. Der Kampf um die letzte muslimische Bastion dauerte zwar zehn Jahre an, was aber die maurische Herrschaft in Spanien schließlich in den Untergang führte, war nicht allein die immer stärker werdende militärische Macht der Christen, sondern vor allem auch ein zunehmender Identitätsverlust der Muslime.

Das war das **Ende der maurischen Epoche,** die lange Zeit von religiöser Toleranz und Weltoffenheit geprägt gewesen war: Die dem Christentum verhaftete Bevölkerungsschicht, die Mozaraber, durfte ihrem Glauben und ihrem Gesetz treu bleiben, ebenso wie die Juden, die Sephardim. Zwar mussten beide religiöse Gruppierungen den herrschenden Muslimen einen Tribut zahlen, ansonsten koexistierten alle drei Religionen friedlich. Mit der Herrschaft der Mauren tat sich demnach eine einzigartige Konstellation in der Weltgeschichte auf.

Diese Toleranz brachten die Christen den in Andalusien verbliebenen Mauren gegenüber nicht auf. Zwar wurden die besiegten Mauren zunächst als Minderheit akzeptiert, doch nach einem königlichen Edikt von 1502 mussten sie **zum katholischen Glauben konvertieren** oder Spanien verlassen. Ein Relief am Hochaltar der Capilla Real der Kathedrale von Granada stellt die Zwangstaufe muslimischer Mauren dar. Tragisches Ereignis des Jahres 1499 war die vom Erzbischof *Jiménez de Cisneros* angeordnete **Bücherverbrennung,** bei der wichtige arabisch-islamische Werke, insbesondere der Theologie, für immer den Flammen zum Opfer fielen.

Bereits 1529 kam es immer häufiger zu **Inquisitionsprozessen** in Granada. Davon betroffen waren vor allem die sogenannten Morisken, Muslime, die sich zuvor zur Zwangstaufe bereit erklärt hatten, aber insgeheim Muslime geblieben waren. Auch zahlreiche Juden, die sich nicht taufen ließen, ereilte ein ähnliches Schicksal. Sie wurden bereits 1492 aus Spanien vertrieben.

Die „Repoblación" – die Wiederbevölkerung Andalusiens

Allmählich wurden die zurückeroberten Gebiete mit Spaniern aus dem Norden wiederbevölkert. Attraktiv machte Andalusien vor allem sein Ruf, ausgesprochen **fruchtbaren Boden** zu besitzen. Den kastilisch-leonesischen Bauern bot sich die Chance, familiären Besitz zu erhalten, dem niederen, verarmten Adel, wieder an Reichtümer zu gelangen, dem Adel und der Kirche die Sicherheit, ihren Aktionsradius und ihre Besitztümer mittels neuer Herrschaftssitze zu erweitern. Zunächst waren kleine bis mittlere Besitztümer vorherrschend, die spätestens im 14. Jh. vom **Großgrundbesitz,** dem *señorío,* „verschlungen" wurden.

Niemals zuvor hatte es in Andalusien eine derart weitreichende Neuverteilung des Bodens gegeben, die in weniger als einem halben Jahrhundert eine komplette Neuordnung der Besitzverhältnisse schuf. Dieses Phänomen hatte weitreichende Folgen, denn sogar die Besitzverhältnisse der Ländereien im heutigen Andalusien sind noch Zeugen der damals geschaffenen Verteilung.

Die Weltmacht Spanien

Die magische Jahreszahl **1492** markierte für Spanien einen bedeutenden Einschnitt: Die letzte muslimische Bastion Granada wurde eingenommen, **Kolumbus** brach in diesem Jahr zu seiner folgenreichen Fahrt auf – mit der Eroberung eines ganzen Kontinents sollte das spanische **Kolonialreich** begründet werden. Im gleichen Jahr wurde zudem die erste Grammatik der kastilischen Umgangssprache vorgestellt, aus der sich das heutige Spanisch entwickelt hat. Mit der Entdeckung Amerikas begann eine Epoche, in der die Küsten Andalusiens Ausgangspunkt für große Seefahrten waren, **Sevilla** wurde zum Herzen Spaniens.

Die nächsten Jahrhunderte sollten durch Heiratspolitik und damit verbunden Thronfolgestreitigkeiten gekennzeichnet sein. *Karl I.* war von mütterlicher Seite Erbe der spanischen Reiche, von väterlicher Seite zugleich Herr der habsburgischen Besitzungen in Österreich und Burgund einschließlich der Niederlande. Er wurde als *Karl V.* zum römischen König, dann 1530 zum Kaiser gekrönt. Spanien wurde zum Kernland des Kaisers und zur **größten politischen Macht Europas,** die zudem durch die Besitzungen in Hispanoamerika enormen wirtschaftlichen Rückhalt besaß. In Anbetracht der Sicherung und Erweiterung der Besitzungen in Übersee konzentrierte Spanien seine Außenpolitik vor allem auf den atlantischen Raum mit dem Gegner England.

Unter **Karl I. von Spanien** kam es zu weiteren Eroberungen in Amerika und zur Teilung der „Neuen Welt" mit Portugal, das wiederum einige Jahre später dem spanischen Reich angegliedert werden sollte. Nicht zuletzt auch als Demonstration seiner Macht ließ *Karl I.* seinen **Palast auf der Alhambra** und die **Kathedrale von Córdoba** in der Mitte der ehemaligen Moschee bauen.

Das Jahrhundert nach **Philipp II.** bis zum Ende der spanischen Habsburger war politisch – durch militärische Pleiten –, wirtschaftlich und sozial von Krisen extrem erschüttert. Zwar genoss Andalusien dank des Kolonialreiches eine Zeit lang eine Sonderstellung, aber die **wirtschaftliche Krise** und der **kulturelle Verfall** waren nicht mehr aufzuhalten: Mit dem Pyrenäenfrieden von 1659 verlor Spanien die Vorherrschaft in Europa, in Übersee kam die spanische Machtstellung gewaltig ins Wanken, und innenpolitisch sah die Situation ebenfalls nicht rosig aus: Es kam zu einem Rückgang der Bevölkerungszahl, zu Missernten und Hungersnöten, hinzu kamen in der zweiten Hälfte des 17. Jh. zahlreiche Epidemien wie die Pest.

Unter *Philipp II.* entschied sich nun auch endgültig das Schicksal der verbliebenen **Morisken.** Wer sich nicht anpassen wollte, wurde vertrieben, Land und Eigentum konfisziert. Gerade für das Handwerk hatte dies verheerende Folgen, denn u. a. Waffenherstellung, Töpferei und Papierherstellung hatten fest in den Händen der Morisken gelegen.

Der Kampf um die Herrschaft in Spanien

Als der Habsburger *Karl II.* kinderlos starb, kam es zum **Spanischen Erbfolgekrieg.** Spanien verlor dadurch endgültig seine europäische Großmachtstellung, Andalusien durch die zentralistische (Madrid!) Politik Spaniens zunehmend seine zentrale Rolle.

Eine alliierte Flotte unter englischem Befehl nahm im Jahr 1704 **Gibraltar** ein; von da an sollte die Kontrolle über diesen Part Andalusiens in englischen Händen bleiben.

Im 18. Jh. kristallisierten sich die **sozialen Unterschiede** heraus, die Andalusien heute noch kennzeichnen: Die Großgrundbesitzer bauten pompöse Häuser und ländliche Residenzen *(haciendas)*, es bildete sich eine Arbeitsbörse zwischen Dienerschaft, professionellen Berufsständen und Handwerkern.

Mit dem Verlust der spanischen Kolonien in Amerika Ende des 19. Jh. verlor Andalusien auch seine Rolle als einer der zentralen europäischen Handelssitze.

Vom Unabhängigkeitskrieg bis zur Diktatur Francos

Das 19. Jh. war in Europa ein Jahrhundert des Übergangs vom Ancien Régime (politisch absolutistisch) zum „bürgerlichen Klassenstaat" (politisch konstitutionell). Für Spanien war dies außen- wie innenpolitisch eine äußerst instabile Zeit. Mit dem Beginn des 19. Jh. wurde die Zerstörung der spanischen Armada in den Gewässern bei **Trafalgar** – der Engländer *Lord Nelson* vernichtete die spanische Flotte – und das Auflehnen gegen **napoleonische Truppen** eingeläutet. Diese hatten Spanien besetzt und dem spanischen Volk *Joseph Bonaparte,* den Bruder Napoleons, als Regent vor die Nase gesetzt.

Aber mit der napoleonischen Besetzung begannen sich die Geschicke des Landes zu wandeln. Zum einen entwickelte sich aus einem Volksaufstand gegen die Franzosen ein **Unabhängigkeitskrieg** (Guerillakrieg). Im ganzen

Land bildeten sich „Juntas de Defensa" (Verteidigungsräte), an deren Spitze die Zentraljunta in Sevilla stand. Zum anderen machte sich gerade in Andalusien ansatzweise eine **Aufruhrstimmung** gegen herrschende soziale und politische Verhältnisse in der Bevölkerung breit. Angestiftet durch revolutionäres Gedankengut aus Frankreich kam es hier zum Kräftemessen liberaler und konservativer Gruppierungen. Die Struktur des Ancien Régime zeigte sich brüchig.

Nach einer Niederlage in Bailén drangen die napoleonischen Truppen quer durch Andalusien bis Cádiz vor, das sich gegen die Einnahme auflehnen konnte. 1812 wurde in Cádiz die erste spanische **liberale Verfassung** durch ihre „Cortes" (Versammlung) proklamiert. Vorbild war die französische revolutionäre Verfassung, im Mittelpunkt stand das Prinzip der Volkssouveränität, also der Ansatz für eine bürgerliche Gesellschaft. Nach einem Volksaufstand 1820 wurde diese Verfassung drei Jahre lang in Andalusien aktiv. Sie war aber von einer fortschrittlichen Minderheit ins Leben gerufen worden, die nicht unbedingt mit der Meinung der Mehrheit der Bevölkerung übereinstimmte.

Viele sehnten sich nach der Wiedereinsetzung des Königs *Ferdinand VII.* Hierbei handelte es sich um eine, wie *Karl Marx* feststellte, eher „konterrevolutionäre als revolutionäre Bewegung", zog man doch dadurch wieder die alten Einrichtungen und Gewohnheiten den Neuerungen Napoleons vor. Die Rechnung kam auch prompt: Nachdem die Franzosen vertrieben worden waren und die spanische Monarchie wieder eingesetzt war, wurde auch schnell die liberale Verfassung von *Ferdinand VII.* über Bord geworfen und wieder nach **alten absolutistischen Grundsätzen** regiert, eine regelrechte Jagd auf Liberale begann. Aber dennoch war das Fundament für einen politischen Umbruch geschaffen.

Auch die folgenden Jahrzehnte waren geprägt von Auseinandersetzungen um die Herrschaft in Spanien. Als Ferdinand 1833 starb, war die Frage der Nachfolge nicht eindeutig geklärt worden. Zwar hatte er seiner Tochter *Isabella* das Erbrecht garantiert, aber sein Bruder *Karl* bestand darauf, dass Frauen von der Thronfolge ausgeschlossen seien. So kämpften die „Karlisten" gegen die Anhänger von Isabella – während ihrer Minderjährigkeit regierte die Königinwitwe *María Cristina.* Aber eigentlich ging es bei diesem **Bürgerkrieg** nicht nur um einen Erbstreit, sondern vielmehr um die Beibehaltung des reaktionären Absolutismus oder die Durchsetzung einer Konstitutionellen Monarchie.

Man war mit diesen Querelen derart beschäftigt, dass keine Zeit blieb für die Auseinandersetzung mit den wirtschaftlichen Problemen des Landes. Andalusien hatte ökonomisch kaum mehr etwas zu melden, die Situation der Landarbeiter verschlechterte sich enorm, Unmut machte sich breit, und es kam in der zweiten Hälfte des 19. Jh. zu sozialen Unruhen, die sich in **Bauernaufständen** äußerten – u. a. in Sevilla und Loja. Das ging so weit, dass habgierige Großgrundbesitzer von der geheimen Bruderschaft „Mano Negra" (Schwarze Hand) kurzerhand „über den Jordan geschickt" und ihre Ernten verbrannt wurden. In Jerez de la Frontera kam es zu Arbeiterstreiks, rebellisches und anarchistisches Gedankengut machten sich breit. In der gesamten Phase der „Restauration" organisierten Anarchisten Streiks und Meutereien. Die gesamte Situation besserte sich auch nicht durch die Ausrufung der **ersten spanischen Republik** im Jahr 1873, die zudem bald scheiterte.

Gleichzeitig kam es in Hispano-Amerika zu **Unabhängigkeitsbewegungen.** Im Laufe des 19. Jh. verlor Spanien allmählich seine amerikanischen Besitzungen, bis schließlich im **Spanisch-Amerikanischen Krieg** von 1898 die letzten Besitzungen Kuba, Puerto Rico und die Philippinen verloren gingen. Das bedeutete für Spanien das Ende einer Epoche. Vor allem für Andalusien und die großen Hafenstädte Cádiz und Málaga hatte dies schwerwiegende wirtschaftliche Folgen, nämlich die Lähmung der Häfen und den Verlust des Handels mit der „Neuen Welt". Gerade für Cádiz war dies der endgültige Untergang, es verlor seinen Status als großer „Puerto Metropolitano de Indias".

Die Preise für wichtige Grundartikel und -nahrungsmittel stiegen enorm an. Auch hier waren die Folgen soziale Unruhen und Straßenschlachten mit der Guardia Civíl. Im ländlichen Andalusien setzten sich anarchistische Ideen in der **Gewerkschaftsbewegung** durch. Andalusien wurde zu einer wichtigen Basis des **Anarchismus,** der sich nicht nur in kriminellen Aktionen, sondern auch politisch äußerte. 1910 schlossen sich die anarchosyndikalistischen Gruppen in der „Confederación Nacional del Trabajo" (CNT) zusammen.

Damit war eine Zeit angebrochen, die die Anfänge eines **andalusischen Nationalbewusstseins,** eines „Andalucismo", markierte, der vor allem von den Städten Jerez de la Frontera, Ronda und Sevilla ausging. Auf einem Kongress, dem „Congreso Fisiócrata" in Ronda, hielt *Blas Infante,* der Verfasser der ersten Autonomie-Statuten Andalusiens, einen kritischen Vortrag über dessen soziale Realität. Er war der Meinung, man müsse endlich die kulturellen Werte des Landes anerkennen. Vor allem die Jahre 1913 bis 1923 waren von starken regionalistischen Aktivitäten geprägt. So wurden 1916 das „Centro Andaluz" ins Leben gerufen und die **Symbole Andalusiens,** das Emblem, die Hymne und die Flagge entworfen.

Im **Ersten Weltkrieg** blieb Spanien neutral. Die Verluste in Amerika versuchte es mit Marokko wettzumachen. Die sozialen Probleme Spaniens und militärische Pleiten in Marokko trieben das Land in eine Staatskrise und führten schließlich 1923 zum **Staatsstreich** des Generals *Miguel Primo de Rivera,* der die drohende Auflösung des Staates, wenn es sein musste, auch mit Gewalt abwehren wollte. Sieben Jahre dauerte diese **Militärdiktatur** an, die mit Zustimmung des Königs *Alfons XIII.* durchgesetzt wurde.

Außenpolitisch wurde 1926 die Herrschaft in **Spanisch-Marokko** gesichert. Unter dem Druck der Öffentlichkeit wurde Primo de Rivera vom König 1930 entlassen. Der König selbst verließ 1931 ohne förmliche Abdankung das Land, und die **Zweite Republik** Spaniens wurde ausgerufen. Die Regierung aus Linksrepublikanern und Sozialisten bemühte sich insbesondere um eine Agrarreform. Großgrundbesitz, Großbürgertum und die Katholische Kirche vereinten ihre Kräfte und erlangten 1933 einen Wahlsieg. Die linken Reformen wurden wieder zurückgenommen, und die Gegensätze verschärften sich noch mehr. Anfang 1936 wiederum erhielt die Volksfront aus Linksrepublikanern, Sozialisten und Kommunisten eine knappe Mehrheit zur Regierungsbildung.

Durch die Ermordung des Monarchistenführers *J. Calvo Sotelo* kam es schließlich im Juli 1936 zu einer Militärrevolte, die sich zu einem **Aufstand gegen die Republik** entwickelte, den konservative Kräfte und das Militär unter **General Francisco Franco Bahamonde** führten. Mit Hilfe deutscher Flugzeuge wurden die Fremdenlegion und marokkanische Truppen nach Spanien gebracht. Andalusien diente als Ausgangsbasis für die Eroberung Spaniens durch Franco. Morón bei Sevilla war dabei ein wichtiger Stützpunkt der deutschen **Legion Condor,** die den falangistisch-faschistischen Truppen Francos zur Seite stand.

Der **Spanische Bürgerkrieg** hatte auch für Andalusien weitreichende Folgen. Auf tragische Weise fielen ihm wichtige Persönlichkeiten aus der Region wie *Blas Infante* oder der Dichter *García Lorca* zum Opfer.

Schließlich übernahm Franco die Herrschaft in Spanien. Während der **Diktatur** dominierten konservativ-klerikale Vorstellungen und faschistische Prinzipien, liberale und demokratische Ideen wurden gnadenlos unterdrückt. Es herrschte ein Zentralismus ohne Kompromisse, regionalistische Bestrebungen hatten keine Chance. Nichtkastilische Sprachen und Folklore wurden verboten, die Guardia Civíl unterdrückte jede Art von Widerstand.

In den 1950er Jahren kam es zu einem **Abkommen mit den USA.** Spanien erhielt wirtschaftliche Hilfe aus den Vereinigten Staaten, die im Gegenzug **militärische Stützpunkte** auf der Iberischen Halbinsel aufbauen konnten, vor allem in Andalusien. Der andalusische Militärflughafen Morón bei Sevilla und der Hafen von Rota, wo eine große Militärbasis entstand, sind noch heute in US-amerikanischer Hand.

Das Andalusien der 1970er Jahre war geprägt vom **wachsenden Tourismus** an der Costa del Sol und der Suche vieler Andalusier nach beruflichem Glück in Nordeuropa. Aber es formierten sich allmählich auch **Protestbewegungen** gegen die Diktatur, insbesondere an den Universitäten von Sevilla und Granada. Junge Studenten, wie *Felipe González, Alfonso Guerra, Luis Yáñez* und *Manuel Chaves,* die an dieser Bewegung teilhatten, gehören zu den führenden Persönlichkeiten der spanischen und andalusischen Politik der letzten zwanzig Jahre.

Die lange Phase der Diktatur endete in den 1970er Jahren mit **freien Wahlen** und einer Reihe von Zugeständnissen an die einzelnen Provinzen des Landes, die unter anderem 1981 zur Anerkennung Andalusiens als **Autonome Gemeinschaft** führten.

Als Franco 1975 starb, wurde **Juan Carlos I.** zum König von Spanien ernannt. Nach fast vierzig Jahren auf dem Thron dankte er 2014 zugunsten seines Sohnes *Felipe* ab. Aufgrund verschiedener Skandale hatte das Image des Königshauses in den letzten Jahren seiner Regentschaft gelitten. Es bleibt abzuwarten, ob sich das neue Königspaar **Felipe VI.** und *Letizia* auf dem Thron halten kann.

[>] Die Kirche war und ist eine Macht in Spanien

Von der Demokratisierungsphase bis zur aktuellen Politik

Mit dem Tod Francos wurde die Demokratisierungsphase Spaniens eingeläutet. Ab Juli 1976 war *A. Suárez González* Ministerpräsident. Seine Partei, die Union des Demokratischen Zentrums, ging aus den ersten demokratischen Wahlen seit dem Bürgerkrieg 1977 als Sieger hervor.

In dieser Phase bildeten sich wieder Autonome Regionen heraus. Abgelöst wurde Suárez von *L. Calvo Sotelo,* nachdem die Guardia Civíl einen rechtsgerichteten **Putschversuch** unternommen hatte, der aber unterbunden wurde, weil sich König *Juan Carlos I.* öffentlich gegen ihre Ziele ausgesprochen und auf die demokratische Seite gestellt hatte.

Ab 1982 regierte die **Sozialistische Arbeiterpartei (PSOE)** Spaniens unter dem Sevillaner **Felipe González** als Präsidenten. Auch bei den Regionalwahlen in Andalusien traten die Sozialisten als Sieger hervor. In diesem Jahr trat Spanien der **NATO** bei. Mit der **Aufnahme Spaniens 1986 in die Europäische Gemeinschaft** schien es auch mit Andalusien aufwärts zu gehen. Felipe González schaffte es in wenigen Jahren, Spanien in einen modernen Sozialstaat zu verwandeln. Das brachte ihm und seiner Partei eine sichere politische Stellung ein.

Aber die Umstrukturierungspläne der Regierung, die die Wirtschaft ankurbeln sollten, fielen nicht unbedingt zugunsten der Arbeiter aus. Arbeitsplätze wurden wegrationalisiert, insbesondere die Stahlindustrie und die Werften waren davon betroffen. Der Unmut hierüber

an14-073 ba

und über die **wachsende Arbeitslosigkeit** äußerte sich 1987 in zahlreichen Arbeitskonflikten und Demonstrationen gegen die Wirtschafts- und Sozialpolitik der Regierung. Trotzdem erlebte die Wirtschaft einen Aufschwung, und so erlangte die PSOE auch 1989 bei den vorgezogenen Parlamentswahlen eine knappe Mehrheit. Andalusien blieb sozialistische Hochburg, aber es zeichneten sich Tendenzen zum Wunsch nach mehr Autonomie ab. Bei den andalusischen Regionalwahlen erreichten die Sozialisten unter *Manuel Chaves* die absolute Mehrheit.

Das Ergebnis der Parlamentswahlen von 1993 zeigte, dass die PSOE allmählich auf wackeligerem Thron saß, sie verlor die absolute Mehrheit, und nun war *Felipe González* unter anderem auf die Unterstützung durch die katalanische **„Convergencia i Unio" (CiU)** angewiesen, deren führender Kopf *Jordi Pujol* noch eine wichtige Rolle spielen sollte. Zum vierten Mal in Folge besetzte *González* nun den Posten des Ministerpräsidenten. Doch die PSOE hatte einen Knacks abbekommen, und der sollte sich zu einem großen Riss weiten, ausgelöst durch **Skandale und Affären,** in die Parteimitglieder verwickelt waren.

Nicht genug der innenpolitischen Skandale: Wegen der Aktionen der **Antiterrorgruppe „GAL"**, die mutmaßliche Mitglieder der Terrorgruppe ETA in Frankreich gefangen hielten oder sogar ermordeten, wurden 1994 zunächst drei ehemalige Polizeichefs verhaftet. Aber der Skandal weitete sich auf die politisch Verantwortlichen aus, und die Bevölkerung ließ ihrer Empörung freien Lauf.

Die Glaubwürdigkeit der sozialistischen Regierung hatte stark gelitten, und davon profitierte die konservative **„Partido Popular" (PP). 1996** löste sie bei den Parlamentswahlen zum ersten Mal seit Bestehen der Demokratie die PSOE ab, auch wenn sie keine Mehrheit gewinnen konnte. Der PP-Vorsitzende **José María Aznar** wurde Ministerpräsident. Räumte kurz nach den Wahlen niemand dem blassen, als verschlossen geltenden neuen Präsidenten Chancen ein, die Regierungszeit zu überstehen, konnte *Aznar* bald Erfolge verbuchen: Die Wirtschaft boomte, jeden Tag wurden neue Arbeitsplätze geschaffen. Die Opposition rang verzweifelt nach Argumenten gegen den Regierungschef. „España va bién", Spanien geht es gut – *Aznars* Motto, zuvor noch von den Sozialisten und an den Stammtischen verspottet, wurde Realität. Bei den Wahlen im März **2000** fuhr die PP mit 44,5 % der Stimmen ein eindrucksvolles Ergebnis ein und konnte allein regieren.

Nicht zuletzt durch die verheerenden **Terroranschläge in Madrid** nur drei Tage zuvor nahmen die **Wahlen** vom 14. März **2004** eine kaum erwartete Wendung. Der Versuch der konservativen Regierung, dafür ohne echte Beweise die baskische Untergrundorganisation ETA verantwortlich zu machen, wurde sehr schnell als taktisches Manöver und Ablenkung von eigenen politischen Fehlern, insbesondere der Unterstützung des Einmarsches US-amerikanischer und britischer Truppen in den Irak gegen eine überwältigende Mehrheit der eigenen Bevölkerung, entlarvt. Auch politisch eher indifferente Wähler sahen sich fatal an die ignorante Desinformationspolitik der Regierung bei der Havarie des Öltankers „Prestige" vor der galicischen Küste 2002 erinnert und straften den nicht mehr zur Wiederwahl angetretenen Ministerpräsidenten *José María Aznar* und damit auch die PP mit ihrem Spitzenkandidaten *Mariano Rajoy* mit 37,5 % der Stimmen überraschend deutlich ab.

Die PSOE unter **José Luis Rodríguez Zapatero** konnte mit 42,7 % in absoluten Zahlen das beste Ergebnis ihrer Geschichte einfahren und stellt seither die Regierung. Neben dem Abzug der spanischen Streitkräfte aus dem Irak brachte der neue Ministerpräsident mehrere gesellschaftspolitische Reformvorhaben z. B. zur Abtreibung, Scheidung und Homoehe auf den Weg, gegen die vor allem die katholische Kirche prompt heftigen Widerstand ankündigte. Auch **2008** konnte der sozialistische Ministerpräsident die Parlamentswahlen gewinnen und sich gegen seinen konservativen Kontrahenten *Mariano Rajoy* und dessen knallharte Konfrontationspolitik durchsetzen. Doch die Popularität *Zapateros* und der PSOE sank wegen harter Sparmaßnahmen seiner Regierung – Kürzung von Beamtengehältern, Lockerung des Kündigungsschutzes etc. – rapide.

Spätestens seit den Bürgermeister- und Kommunalwahlen im Mai 2011 war klar, dass die Chancen der PSOE im krisengebeutelten Spanien für die schließlich sogar vorgezogenen Parlamentswahlen **2011** nicht gut standen. Und so war es nicht verwunderlich, dass die PP, nach wie vor mit ihrem Kandidaten **Rajoy,** die Wahlen mit absoluter Mehrheit gewann. Doch der Stuhl des sechsten Ministerpräsidenten der spanischen Demokratie wackelt im dritten Amtsjahr gewaltig, und schon wieder sind vorzeitige Neuwahlen im Gespräch.

Andalusische Autonomiebestrebungen

Nach der Wiederherstellung der Demokratie in Spanien gehörte Andalusien zur vierten Region des Landes, die einen **autonomen Status** anstrebte. Im Dezember 1977 gingen Hunderttausende von Andalusiern der acht Provinzen auf die Straßen, um für die politische Autonomie ihrer Region zu demonstrieren. Sie erhofften sich dadurch eine wirtschaftliche, soziale und kulturelle Verbesserung ihres Landes. Dabei hissten sie die grün-weiß-grüne andalusische Flagge.

173an bn

Das maurische Erbe – Schlüssel zu einer andalusischen Identität?

Kann seit der Zeit des glanzvollen Königreiches Tartessos bis heute von einer eigenen andalusischen Identität gesprochen werden? Die klare geografische Abgrenzbarkeit begünstigt, rechtfertigt jedoch nicht eine andalusische Identität. Die Basis dafür wurde vielmehr durch die historische Entwicklung dieser Region geschaffen.

Während seiner Geschichte war Andalusien allein wegen seiner geostrategischen Lage immer wieder **Invasionen** sowohl aus dem Norden als auch aus dem Süden ausgesetzt: Byzantiner, Westgoten, Araber erstürmten die Region. Die Eroberer drängten ihre Kultur jedoch nie auf, sie wurde stets in die andalusische Kultur integriert.

Im Gegensatz zu Restspanien, das größtenteils nach zweihundertjähriger maurischer Herrschaft bereits wieder von den Christen zurückerobert wurde, blieb der **islamische Einfluss** in Andalusien insgesamt 700 Jahre bestehen, eine lange Zeit, in der eine gegenseitige kulturelle Beeinflussung stattfand. Wichtige strukturelle Elemente der klassischen mediterranen Zivilisation – von der Technik bis hin zu Philosophie und Wissenschaft – blieben jedoch vor allem im Süden Spaniens während der gesamten maurischen Zeit erhalten. Andalusien galt als Brennpunkt von **Al-Andalus,** dem arabischen Spanien, sogar als das Zentrum des Okzidents, in dem die wichtigsten Strukturen der mediterranen Zivilisation fortdauerten.

Al-Andalus ist nicht aus der Entwicklung der mediterranen Kultur Andalusiens wegzudenken. Von der Hochschätzung der **Technik und Ästhetik** des Wassers bis zu **Mathematik und Philosophie** bewahrten die Muslime das klassische Erbe. Bedeutende Werke klassischer Autoren sind dank arabischer Gelehrter erhalten geblieben, die diese Schriften übersetzten. Auch im religiösen Bereich zeichnete sich für den Süden Spaniens eine Besonderheit ab: **religiöse Toleranz.** Die einheimische Bevölkerung wurde von den islamischen Eroberern nicht unterdrückt, sie konnte ihre eigene Religion weiterhin ausüben. Die Zeit der maurischen Herrschaft war wahrscheinlich eine der entscheidendsten Epochen in der Ausbildung der andalusischen Identität.

Zwar kam es bei der **christlichen Rückeroberung** Andalusiens im 11.–13. Jh. zu einem bedeutenden Wechsel im politischen, religiösen und kulturellen Leben und auch zu einer Neubevölkerung durch Einwohner aus dem Norden. Die Zeichen der maurischen Herrschaft sind aber bis heute nicht zu übersehen. Schon an der andalusischen Architektur nach der *Reconquista* ist zu beobachten, dass die Paläste eher maurischen Charakters waren und seltener dem europäischen Baustil der Renaissance entsprachen. Prägnantes Beispiel dafür ist der **Alcázar von Sevilla.** Selbst bei Kirchen weisen die Gesamtkonstruktion, die Dächer und die ornamentalen Motive eindeutig andalusische und nicht kastilische Merkmale auf. Die **Mudéjar-Kunst** ist ein eindeutiger Beweis für die Vermischung der beiden Kulturen. Steinerne Zeugen dieser einzigartigen Verschmelzung sind die **Moschee-Kathedrale von Córdoba** und die überraschende Harmonie der **Giralda von Sevilla,** die schließlich nicht nur einen Teil des andalusischen, sondern des Weltkulturgutes ausmachen.

Die maurischen Traditionen blieben auch in vielen anderen Lebensbereichen erhalten, man spürt dies noch in der Esskultur, der Musik, der

Sprache und auch in der andalusischen Mentalität mit ihrer Offenheit für Fremde, ihrem Sinn für Eleganz und dem ausgeprägten Bewusstsein der eigenen Identität.

Außerdem verhinderte die Existenz einer eigenständigen Kultur, dass der historische Prozess, der sich im restlichen Europa entwickelte, nämlich der mittelalterliche Feudalismus, in diesem Landstrich Einzug hielt. Die Gesellschaft des muslimischen Spanien hatte **keine Ähnlichkeit mit dem Feudalsystem** im übrigen Europa. Al-Andalus zeichnete eine wirksame Verwaltung und ein Sozialsystem aus, das sowohl in der Stadt als auch auf dem Land den Ausgleich sozialer Spannungen förderte. Der christlich gebliebene Teil der Bevölkerung musste zwar Tribute zahlen, ansonsten aber konnten sich die Mozaraber wirtschaftlich und geistig frei entfalten. Auch die Juden genossen diese Toleranz und spielten im Handel eine wichtige Rolle. Demnach musste die breite Bevölkerung nie als Leibeigene dienen oder ihre eigene Persönlichkeit aufgeben. Als Andalusien dann endgültig von den Christen erobert wurde, war der Höhepunkt des Feudalismus aber weitestgehend vorbei.

Die historische Entwicklung zeigt, dass der Landstrich, der heute als Andalusien bezeichnet wird, schon in früher Zeit als eigenständige Region existierte, auch wenn er immer wieder großen Reichen angegliedert wurde. Die Einwohner können auf eine eigene historische Realität zurückblicken. Das alles sind Tatsachen, die ein Streben nach Autonomie rechtfertigen.

Andalusische Nationalhymne

La bandera blanca y verde
vuelve, tras siglos de guerra,
a decir paz y esperanza,
bajo el sol de nuestra tierra.

Andaluces, levantaos!
Pedid tierra y libertad!
Sea por Andalucía libre,
España y la Humanidad!

Los andaluces queremos
volver a ser lo que fuimos
hombres de luz, que a los hombres,
alma de hombres les dimos.

Die grün-weiße Flagge
kehrt nach Jahrhunderten des Krieges zurück,
um Frieden und Hoffnung zu verkünden,
und dies unter der Sonne unseres Bodens.

Andalusier, erhebt Euch!
Verlangt Boden und Freiheit!
Für ein freies Andalusien,
Spanien und die Menschlichkeit!

Wir Andalusier wollen
dahin zurückkehren, was wir einmal waren,
Menschen des Lichts, die den Menschen
die Seele des Menschen gegeben haben.

In einem ersten Referendum von 1980 entschied sich das andalusische Volk für die Autonomie, diese wurde sowohl auf gesetzgebender als auch ausführender Ebene durchgesetzt.

Die Autonome Gemeinschaft Andalusien wird von der **Junta de Andalucía** regiert. Der Präsident und seine direkten Mitarbeiter, die *consejeros,* bilden den Regierungsrat, den *Consejo de Gobierno.* In der **Hauptstadt Sevilla** werden die Sitzungen der 109 Abgeordneten und des Präsidenten abgehalten. Es gibt verschiedene Räte *(consejerías)* für die Bereiche Justiz, Wirtschaft, Arbeit und Industrie, Tourismus, Landwirtschaft und Fischerei, Kultur, Umwelt und soziale Angelegenheiten. Das autonome Verwaltungsnetz wird durch die *delegaciones provinciales* (regionale Ämter) weiter ausgebreitet. Dennoch ist die Region von internem Neokolonialismus geprägt und wirtschaftlich wie auch in wichtigen politischen Fragen von Spanien abhängig.

Das spanische Parlament unter Führung der Regierung von *José Luis Rodriguez Zapatero* hat Andalusien nun eine **Reform der regionalen Autonomiestatuten** gewährt. Demnach bezeichnet sich Andalusien als „nationale Realität", allerdings mit dem Zusatz „innerhalb der unauflöslichen Einheit der spanischen Nation". Des Weiteren umfassen die neuen Statuten Regelungen u. a. über die Gleichheit der Geschlechter, die kostenlose Bereitstellung von Schulbüchern bis hin zum umfassenden Schutz der natürlichen Ressourcen und zum Kampf gegen Bauspekulationen.

Nach einer Amtszeit von nicht weniger als 19 Jahren wurde der bisherige Präsident der autonomen Region Andalusien, *Manuel Chaves,* durch **José Antonio Griñán Martínez,** Mitglied der sozialistischen PSOE, bei Neuwahlen im April 2009 abgelöst. *Griñán* wiederum musste 2011 **Susana Díaz** (PP) weichen, die als erste Frau das Amt des andalusischen Präsidenten bekleidet.

War die PSOE bisher federführend in Andalusien, musste die sozialistische Arbeiterpartei im Mai 2011 eine historische Wahlschlappe hinnehmen. Sie fuhr bei den **Wahlen zum Bürgermeisteramt** fulminante Verluste ein und verlor sogar ihre Hochburg Sevilla. Die PP (Partido Popular) ging dagegen als Gewinner hervor und übertraf die kühnsten Prognosen: *Juan Ignacio Zoido* erhielt die absolute Mehrheit, was keine Partei in den letzten 28 Jahren geschafft hatte, und wurde Bürgermeister.

Wirtschaft

Ab der Mitte des 19. Jh. bekam Andalusien, das vorher wegen des Handels mit Amerika wirtschaftliches Zentrum Spaniens gewesen war, im Zuge der europäischen Industrialisierung eine untergeordnete Rolle zugeteilt. Dies kam den Großgrundbesitzern der Region entgegen, denn die zentralistische Wirtschaftspolitik Spaniens förderte deren Landwirtschaft und sicherte damit die bestehende soziale Ordnung. In dieser Phase erlitt Andalusien zudem eine Art Kolonialismus im Bergbau durch englische und französische Gesellschaften, an die der Staat den Reichtum des andalusischen Bodens verkaufte, anstatt ihn selbst zu nutzen. Dies hat sich bis heute nicht wesentlich geändert. Andalusien aber als das „Armenhaus Spaniens" zu betrachten, ist längst nicht mehr angebracht.

Die verschiedenen Regionen haben sich auf unterschiedliche wirtschaftliche Sektoren spezialisiert: Um Jerez de la Frontera und Málaga floriert der Weinanbau, aber auch die Züchtung von Pferden und Kampfstieren. Hoch-Andalusien ist reich an Erzlagerstätten, und die Sierra Morena ist ein großes Sommerweidegebiet für Schafe. An den Küsten und im Wintersportgebiet Sierra Nevada blüht der Fremdenverkehr.

Traditionelles Zugpferd der andalusischen Wirtschaft ist die **Landwirtschaft,** die nach wie vor vom Großgrundbesitz dominiert wird. Rund 50 % der Gutsherren verfügen über sogenannte Latifundien von mehr als 250 Hektar. In den Weinbergen bei Jerez gehören 3 % der Grundbesitzer 67 % der gesamten Ländereien. In reichen Gemeinden der Provinz Sevilla wie Carmona, Écija oder Utrera bestehen 45 bis 81 % des gesamten Gebietes aus großen Gutshöfen.

Trotz der guten Qualität der Böden wurde dieses Land nie intensiv bewirtschaftet, es lag meist brach oder wurde als Jagdgebiet, zur Zucht von Kampfstieren und zum Anbau von Korkeichen, Olivenbäumen und Weizen auf unbewässertem Boden genutzt. Bewässerte Anbauflächen hätten wesentlich mehr Ertrag eingebracht, aber man hätte auch viel Geld investieren müssen. Kapital wurde jedoch weder gesammelt noch investiert. Die Regierung versuchte immer wieder, Agrarreformen und Zwangsverpachtungen durchzusetzen, doch auf juristischem Weg gelang es den Großgrundbesitzern stets, diese zu verhindern.

Im flachen Ackerland des Guadalquivirbeckens, „Las Campiñas" genannt, dominiert der Anbau von Weizen, Sonnenblumen und Zuckerrüben, daneben wird auch Baumwolle angebaut. Die Hochebenen im Nordosten sind vom Terrassenfeldbau geprägt, einer Anbauweise, die von den Berbern eingeführt wurde. Besonders häufig in der Provinz Jaén, aber auch um Sevilla, Córdoba und Granada sind Olivenbaumkulturen. 750 Millionen Tonnen Oliven werden jährlich allein in der Provinz Jaén geerntet.

In den letzten 25 Jahren wird eine deutliche **Entwicklung** zu hochtechnisierter Landwirtschaft sichtbar. Beispiel dafür ist die Spezialisierung auf den Anbau von Erdbeeren in der Provinz Huelva, insbesondere bei Lepe, und auch von Zitrusfrüchten und Pfirsichen (*melocotones,* einer Sorte mit gelber Außenhaut und orangefarbenem Fruchtfleisch, die außerhalb Spaniens gar nicht bekannt ist). Auch Treibhauskulturen breiten sich immer mehr aus. Entlang der Mittelmeerküste, vor allem in der Provinz Almería, macht der Anbau von Gemüse unter Plastikplanen 65 % der landwirtschaftlichen Produktion aus. Die Anbauflächen von Avocados und anderen subtropischen Früchten nehmen einen beträchtlichen Teil der Landschaft an der Costa del Sol ein. Andalusien bietet die einzige Küste des europäischen Festlandes, an der überhaupt solche Früchte gedeihen. Tomaten kommen vor allem aus den Provinzen Almería und Granada, Erdbeeren aus Huelva und Córdoba, Sevilla und Jaén liefern insbesondere Oliven und Olivenöl.

Im **Exportbereich** hat sich für Andalusien seit der Eingliederung Spaniens in die EU viel verändert, die Ausfuhren

Andalusien – die größte Wind- und Sonnenmaschinerie Europas

Andalusien hat keine Öl- oder Gasvorkommen zu bieten, dafür aber sehr viel Sonne und Wind, und dass nicht nur zur Freude der Sonnenanbeter und Windsurfer: Ohne Zweifel spielt für Andalusien die Solar- und Windenergie wirtschaftlich und umweltpolitisch eine wichtige Rolle. Vor allem **Andasol I** ist ein besonders ehrgeiziges Projekt: Aus der Luft gesehen muten die riesigen Parabolspiegel gerade in der glühenden Hitze des Sommers wie ein blau schimmernder See an. Verstärkt wird der Eindruck durch die insbesondere ab Juli bis in den Herbst hinein braune Erde, das Ganze am Fuß der für La Calahorra bei Guadix so markanten Burg. Andasol I, eines der größten solarthermischen Kraftwerke der Welt und das größte Parabolrinnenkraftwerk Europas, ist seit 2009 in Betrieb, zwei weitere Projekte sollen folgen. Das Kraftwerk mit einer Kollektorfläche von 512.000 Quadratmetern pro Anlage wird bis zu 200.000 Menschen mit umweltfreundlichem Strom versorgen.

Solarthermische Anlagen – im Unterschied zu Photovoltaik-Anlagen – erzeugen Strom wie konventionelle Kraftwerke, auch Atomkraftwerke, nämlich mit einer Dampfturbine und angeschlossenem Generator. Nur wird der benötigte Dampf mittels Sonnenenergie „produziert": Das Sonnenlicht wird von den Parabolspiegeln aufgefangen und gebündelt, wobei ausreichend Hitze für eine ordentliche Dampfbildung entsteht. Und ist die Sonne längst untergegangen, steht weiterhin Strom zur Verfügung, denn große thermische Reservoirs in Form von Flüssigsalztanks speichern eine Energiemenge, die ausreicht, das Kraftwerk 7½ Stunden weiter zu betreiben. Gerade im Sommer herrscht durch den hohen Energiebedarf der Klimaanlagen eine massive Nachfrage im spanischen Stromnetz.

Um Zahlen sprechen zu lassen: Schon mit Andasol I kann angeblich so viel Strom erzeugt werden wie mit allen Photovoltaik-Anlagen in Spanien zusammen: 180 Gigawattstunden pro Jahr! Natürlich wird das Ganze von der spanischen Regierung kräftig subventioniert, muss es auch, denn die Kosten belaufen sich auf viele hundert Millionen Euro.

In der Provinz Almería wurde 2008 eine 30 Hektar große **Photovoltaik-Anlage** in den Bergen bei Lucainena de las Torres mit einer Leistung von 22,8 Megawatt fertiggestellt, die damit auch zu einer der größten Anlagen weltweit gehört. Auch in den Provinzen Cádiz und Sevilla sind 2008 zwei Anlagen eingeweiht worden. Damit übersteigt die gegenwärtige Leistung 450 Megawatt. Angeblich gibt es Genehmigungen für noch mehr Anlagen mit einer Gesamtleistung von weiteren 800 Megawatt. Auf Dächern installierte Anlagen sollen gegenüber großen Bodenanlagen bevorzugt gefördert werden.

Schon im Jahr 2008 hieß es seitens der andalusischen Regierung, „die **strategische Linie** der Wirtschaftspolitik der andalusischen Regierung (sei) auf erneuerbare Energien, den Kampf gegen den Klimawandel und die Verhinderung von CO_2-Emissionen ausgerichtet ist." Und immerhin hat Andalusien zwischen 2500 und 3000 Sonnenstunden pro Jahr zu bieten, die sinnvoll genutzt werden wollen.

Und auch **Wind** gibt es in den Küstenregionen reichlich, was die zahlreichen Windkraftanlagen bezeugen, die insbesondere zwischen Cádiz und Tarifa entstanden sind.

und Einnahmen sind kontinuierlich gestiegen. Deutschland ist einer der Hauptabnehmer für andalusische Agrarprodukte wie Olivenöl, Paprika, Tomaten, Gurken und Erdbeeren. So titelte eine bekannte spanische Zeitung: „La ensalada alemana tiene sabor andaluz" (der deutsche Salat hat andalusischen Geschmack). Der weltweite Export des „flüssigen Goldes" Olivenöl aus Andalusien ist in den letzten fünf Jahren um 42% gestiegen.

Wie stark Andalusien vom Export seiner Agrarprodukte abhängt, zeigte 2011 die Krise um den Krankheitserreger **Ehec,** der Forscher und Gesundheitsbehörden in Deutschland in Alarmbereitschaft versetzt hatte. In diesem Zusammenhang wurde eine Warnung vor spanischen Gurken – die Lieferungen kamen aus Andalusien – ausgesprochen. Der Schaden war enorm: In nur wenigen Wochen verzeichnete die Provinz Almería einen Verlust von über 43 Millionen Euro durch die – wie sie in Spanien genannt wurde – „*crisis del pepino*" **(Gurkenkrise).**

Auch der **Fischfang** ist ein traditioneller Sektor der andalusischen Wirtschaft. Hier waren aber in den letzten Jahren große Einbußen zu verbuchen. Es entstehen immer wieder Probleme um die Fangrechte, zum Beispiel in den Gewässern bei Gibraltar. Dennoch, die spanische Fischfangflotte ist die wichtigste der EU.

Der **Bergbau,** im letzten Jahrhundert noch wichtiger Wirtschaftszweig, hat enorm an Bedeutung verloren. Ein wichtiges Abbaugebiet für Metalle wie Kupfer ist nach wie vor im Nordwesten Andalusiens, in der Provinz Huelva im Becken

Olivenverarbeitung

214an bn

des Río Tinto, zu finden. Diese Mine befand sich rund 80 Jahre lang, bis 1954, im Besitz britischer Industrieller. Auch Hoch-Andalusien ist reich an Eisenerzvorkommen. Bei Guadix in der Provinz Granada liegt ein riesiges Tagebaugebiet, das das Ausmaß der Misswirtschaft deutlich macht. Seit 1997 ist die Mine geschlossen, zurückgeblieben ist dort eine Geisterstadt. Die Mine lag zunächst in britischer Hand, wurde dann von Franzosen übernommen und schließlich 1987 von Australiern aufgekauft, die aber keinen Erfolg verbuchen konnten. Schließlich wurde sie von Investoren aus Madrid übernommen und von der spanischen Regierung subventioniert. Aber auch diese konnten nur eine Misswirtschaft vorweisen, es musste Konkurs angemeldet werden, und 700 Menschen verloren ihre Arbeit, keiner von ihnen erhielt eine Entschädigung.

Der Sektor **Industrie** hat in Andalusien stark an Bedeutung gewonnen. Vor allem das Guadalquivirbecken ist die industrielle Achse der Region. Zwar ist die Industrie gegenüber der Landwirtschaft nach wie vor unbedeutend, aber in den Gebieten um Algeciras, Cádiz und Huelva schossen Stahlwerke, Werften und Anlagen der chemischen Industrie wie Pilze aus dem Boden, sodass zum Beispiel Huelva neben Tarragona im Nordosten der Iberischen Halbinsel landesweit zum größten Zentrum der Chemieindustrie geworden ist.

Auch in Andalusien gehen die Menschen auf die Straße und protestieren gegen die sozialen und politischen Missstände im Gefolge der Eurokrise

an14-072 nk

Immer wichtiger wird das wirtschaftliche und umweltpolitische Thema der Nutzung **alternativer Energiequellen** (siehe auch Exkurs „Andalusien – die größte Wind- und Sonnenmaschinerie Europas“).

Insgesamt hat es seit den 1960er Jahren entscheidende Veränderungen in der wirtschaftlichen Struktur Andalusiens gegeben: Boten noch in den 1950er Jahren die Landwirtschaft und der Fischfang zwei Drittel der andalusischen Bevölkerung Arbeitsplätze, der Dienstleistungsbereich dagegen nur um die 20 %, so begann sich dieses Zahlenverhältnis in den 1980er Jahren umzukehren. Die **Dienstleistungsbranche** und innerhalb dieser der **Tourismus** ist mittlerweile zu einem der wichtigsten Wirtschaftszweige Andalusiens geworden.

Die **Wirtschaftskrise,** die in vielen Ländern Europas 2008 begann, betrifft insbesondere auch Spanien. Der **Bauboom** – eine riesengroße Blase – ist geplatzt. Zudem wurden von den Banken Kredite feilgeboten wie Angebote auf dem Wochenmarkt, ohne Kreditwürdigkeiten groß zu hinterfragen. Übrig bleiben Bauruinen und eine Baubranche in katastrophalem Zustand, verbunden mit einem enormen Verlust an Arbeitsplätzen. Viele Spanier können ihre Kredite nicht mehr zahlen und müssen ihre Häuser und Wohnungen verlassen. Die **Immobilienpreise** sind stark gesunken, sprich ein Verkauf der Immobilie, falls überhaupt Interessenten vorhanden sind, deckt nicht die aufgenommene Kreditsumme. Davon betroffen ist natürlich auch Andalusien, das schon immer die Armutsregion Spaniens war. Und der ehemalige Ministerpräsident *Zapatero* hat im Zuge der Krise ganze Arbeit geleistet, um die Lage zu verschärfen: Nach 18 Monaten – egal wie lange das Arbeitsverhältnis war – ist Schluss mit **Arbeitslosengeld,** danach gibt es ein halbes Jahr eine soziale Unterstützung, und wer keine Familie ernähren muss, steht dann auf der Straße ohne einen Cent in der Tasche. Finanzielle Unterstützungen wie Hartz IV gibt es in Spanien nicht.

Diese desolate Situation betrifft viele Menschen in Andalusien: Die Arbeitslosenzahl ist in den Krisenjahren immens gestiegen. Ende 2013 verzeichnete das „Instituto Nacional de Estadística“ (INE) knapp **1.447.000 Arbeitslose für die Region,** was einer Quote von rund 36% entspricht (für Spanien insgesamt lag sie bei 26%). In Andalusien gingen seit Beginn der Finanzkrise rund 45 % der Arbeitsplätze verloren. Auch viele junge Menschen, sogar mit Universitätsabschluss, finden keinen Job. Kein Wunder, dass ob dieser aussichtslosen Situation immer wieder Proteste und Demonstrationen stattfinden.

Die Bewegung 15-M und ihre Nachfolger

15-M steht für das Datum **15. Mai.** An diesem Tag begann **2011** ein landesweiter Protest insbesondere in den Städten der Generation Arbeitslos, oder auch **„Generación ni-ni“** (Generation wedernoch). Die Demonstranten forderten einen Wandel in der spanischen Politik und Gesellschaft. Man fühlte sich durch die Parteien nicht repräsentiert und es gab keine Maßnahmen zur Änderung der beunruhigenden Arbeitslage für junge Spanier. Sie forderten ein Ende des

Zweiparteiensystems der PP und der PSOE und vor allem ein Ende der Korruption. Zwischenzeitlich wurden ganze Lager an zentralen Plätzen in verschiedenen Städten aufgeschlagen. Am 22. März 2014 gingen zwei Millionen Menschen in ganz Spanien unter dem Motto „Ocho Marchas por la Dignidad“ (Acht Märsche für die Würde) auf die Straße, um vor allem gegen die hohe Arbeitslosigkeit und Zwangsräumungen von Privatwohnungen zu protestieren. Es gab Ausschreitungen mit rund 100 Verletzten und 24 Festnahmen. Auch Resignation macht sich breit. Viele junge Spanier gehen ins europäische Ausland, um dort Arbeit zu finden.

Vor dem Bischofspalast in Sevilla

Tourismus

Die ersten Reisenden, die über Andalusien berichteten, kamen schon in der zweiten Hälfte des 18. Jh. in den Süden Spaniens, und ihre Berichte inspirierten die **Romantiker.** Auch die zahlreichen Kunstwerke, die napoleonische Truppen im 19. Jh. aus Andalusien nach Frankreich mitbrachten, weckten die Neugier auf diese Region. An die modernen Städte Nordeuropas gewöhnt, wurden reiselustige Romantiker von dem Ruf der orientalischen Exotik des scheinbar zeitlosen Fleckchens Erde angelockt. Auf der Suche nach den *toreros*, den *gitanos* und den legendären Räubern und Schmugglern der Sierras waren *Prosper Mérimée* (erste Reise 1830), *Richard Fords* (1830–1833) und *George Borrow*

an14-074 ba

(1836–1840) in Südspanien unterwegs. Zu Pferd oder in Postkutschen reisten diese Romantiker durch die Sierras und kreierten ein **Klischee** von Andalusien, ja sogar von ganz Spanien, das den wahren Geist und die Kultur dieses Volkes mit einem schönen Schleier verhüllte. Noch heute prägen die romantischen Erzählungen dieser Reisenden das Bild, das viele Nordeuropäer von der Region haben. Die Vorstellung von der typischen Spanierin entspricht immer noch der in Mérimées Novelle „Carmen" (1845) erfundenen Gestalt.

Zum romantischen Bild kam das durch die Tourismuspolitik der Franco-Diktatur geprägte **„Playa y Sol"-Image** insbesondere der Costa del Sol hinzu, das Andalusien als Schlaraffenland für Sonnenhungrige anpries. Die Folge: Die Küste wurde zum Teil gnadenlos mit Betonklötzen zugebaut, um den Ansturm von Touristen zu bewältigen.

Der zunehmende Tourismus war für die Region wirtschaftlich und sozial von Bedeutung. **Neue Gesichter und Sitten** kamen aus Nord- und Mitteleuropa, Devisen flossen ins Land, ein ganzes Netz von Dienstleistungen im Unterkunftsbereich wurde gesponnen, und auch kleine Familienbetriebe wie Ausflugslokale *(„chiringuitos")* profitierten vom Fremdenverkehr. Während der Hochsaison schießen heutzutage jedes Jahr diese *chiringuitos* vor allem an stark frequentierten Stränden wie Pilze aus dem Boden. Sie gehören fast zum Sommertourismus wie der Strand und das Meer.

Alsbald bekam der Tourismus auch politische Bedeutung. Innerhalb der andalusischen Regierung bildete sich die „Consejería de Turismo" (Tourismusrat), die die etwas späte, für einige Regionen zu späte Erkenntnis hatte, dass die Schonung der Umwelt wesentlich zum Erhalt des andalusischen Erbes beiträgt. Deshalb fördert die Consejería den **„sanften" Tourismus.**

Ende der 1980er Jahre befürchtete man einen Einbruch in der Tourismusbranche, da die Besucherzahlen rückläufig waren. Doch die negativen Folgen des jahrzehntelangen billigen Massentourismus wurden mitunter durch die Abwertungen der Peseta aufgewogen. Die meisten Touristen kommen aus Portugal, Deutschland, Frankreich, Großbritannien und dem restlichen Spanien. Auch aus Osteuropa, vor allem aus Russland, kommen neue **Besucher.** Nach Jahren der Stagnation und bisweilen sogar rückgängiger Touristenzahlen keimt wieder Hoffnung auf: Die andalusische Regierung strebt eine Steigerung der Besucherzahl (deutscher) Touristen für die kommenden Jahre um 10 % an, so das erklärte Ziel auf der ITB in Berlin im März 2014. Im Jahr zuvor kamen etwa 1 Million der rund 22 Millionen Besucher Andalusiens aus Deutschland. Allein auf dem Flughafen Málaga landeten fast 50 % mehr Deutsche als die Jahre zuvor.

Tendenziell versucht die Tourismusbehörde, Andalusien von dem Image des billigen Massentourismus zu befreien und sowohl den Individual- als auch den Öko-Tourismus zu fördern. Mit **„Eco-Turismo"** ist im spanischen Sprachgebrauch nicht unbedingt ein strikt ökologischer, sondern eher ein naturverbundener Tourismus gemeint. Neben Wandern, Radfahren und Reiten kann dieser durchaus auch Geländewagentouren in Naturparks einschließen. Neuerdings wird auch die Entwicklung eines **Exklusiv-Tourismus** neben dem nach wie vor starken Kultur-Tourismus immer deutlicher. Stellvertretend dafür stehen Puerto Banús, Marbella und der immer beliebter werdende Golfurlaub sowohl an der Atlantik- als auch an der Mittelmeerküste.

Medien

Mit der Demokratie kam auch in Spanien die Pressefreiheit, die in der Verfassung von 1978 garantiert wird. Mittlerweile gibt es rund 120 Tageszeitungen im Lande, hinzu kommen noch zahlreiche Wochenzeitungen.

1976 erschien mit **El País** die erste unabhängige Zeitung in Spanien. Sie zählt zu den bekanntesten Tageszeitungen und erscheint auch im europäischen Ausland. El País wird als sozialistenfreundlich angesehen. Daneben haben die Zeitungen **ABC** und **Diario 16** in Andalusien besonderes Gewicht. Das Format des ABC ist eher ungewöhnlich, zudem erscheinen in dieser Zeitung kaum Fotos, sondern stattdessen Zeichnungen von Personen. **El Mundo** ist in Gesamtspanien eine vielgelesene Tageszeitung. Sie hat im Zusammenhang mit den Affären um die ehemalige sozialistische Regierungspartei PSOE (s. „Geschichte, Aktuelle Politik") viele Skandale mit aufgedeckt.

Der öffentlich-rechtliche Rundfunksender ist **Radiotelevisión Española** (RTVE), hinzu kommt die staatliche Gesellschaft **Radio Nacional de España** mit drei Inlandsprogrammen. Der Fernsehsender **Televisión Española** (TVE) gehört zu RTVE und strahlt zwei Programme aus. 1988 kamen drei private Fernsehsender hinzu: **Antena 3, Tele 5** und **Canal Plus** (letzterer nur mit Decoder zu empfangen). Daneben gibt es einige regionale TV-Sender, für Andalusien ist dies **Canal Sur.** Allerdings steckt der in Andalusien sehr beliebte Sender in der Krise; noch musste er nicht schließen wie andere Lokalsender, doch aufgrund ausbleibender Werbeeinnahmen machte er zuletzt herbe Verluste.

an14-075 nk

an14-081 ba

11 Kunst und Kultur

Sacra Capilla del Salvador in Úbeda

Architektur und Kunstgeschichte

Ein liebevoll mit glasierten Kacheln und Blumen dekorierter Innenhof, das friedliche Plätschern eines Springbrunnens und neben einem Gitterfenster in Hufeisenform ein Kruzifix mit umgehängtem Rosenkranz ... Allein dieser für Andalusien typische Sinneseindruck verrät die immer noch prägenden Einflüsse fremder Völker, die mal in friedlicher Absicht als Kolonisten, mal kriegerisch als Eroberer in dieses Land kamen. Auch heute noch sind die Unterschiede zum Norden Spaniens in der Architektur und der dekorativen Ausgestaltung der Gebäude offensichtlich. Die wesentlich länger andauernde Beeinflussung des Südens durch die vereinfacht als „Mauren" bezeichneten Völker der Arabischen Halbinsel und Nordafrikas wirkt immer noch nach. Neben den Christen und Muslimen trugen auch die Römer ihren Teil zum heutigen Erscheinungsbild der andalusischen Kultur bei.

Römische Kunst

Die Herrschaft der Römer drückt sich in Andalusien eher durch ihre nachhaltige kulturelle Prägung in Sitten und Gebräuchen, in Sprache, Rechtssystem und Verkehrswegen aus, als durch sehenswerte **bauliche Relikte.** In diese Kategorie fallen in erster Linie die Ruinenstädte von Itálica (bei Sevilla), Baelo Claudia (bei Bolonia, Costa de la Luz) und Munigua (nordöstlich von Sevilla). Im Stadtgebiet von Carmona (Provinz Sevilla) wurde eine sehr bedeutende Nekropole (= Gräberfeld) freigelegt, und auch in Acinipo (bei Ronda) sind einige Gebäudeteile der einstigen Römerstadt erhalten. Eine weitere Hinterlassenschaft sind **gepflasterte Straßen und Aquädukte,** die Aufschluss über das relativ hochentwickelte Wegenetz geben, sowie **Grundmauern von Villen** wohlhabender Bürger. In öffentlichen Gebäuden, besonders in den Städten des Tieflandes und der Küsten, stößt man manchmal unvermutet auf recht gut erhaltene römische **Mosaike** – die Einzelteile wurden in der Umgebung gefunden und dann wie ein Puzzle auf dem Fußboden oder an den Wänden zusammengefügt. Als weitere herausragende Kunstobjekte sollen noch die Skulptur eines Jünglings, der „Ephebe von Antequera", und eine Darstellung der Mithras-Legende im Archäologischen Museum von Córdoba genannt werden.

Im Grunde kann fast jede andalusische Stadt irgendwelche Relikte aus dieser Zeit vorweisen, denn keine Volksgruppe trat so sehr als **Stadtgründer** in Erscheinung wie die Kolonialherren aus dem zentralen Mittelmeerraum. Die im Gefolge der Araber nach 711 verstärkt einwandernden Berber legten zwar viele Dörfer in gebirgigen Gebieten an, die großen Städte, von Almería abgesehen, wurden jedoch von den Muslimen nur auf Basis eines bereits vorhandenen römischen Siedlungskerns erweitert.

▷ Das „Wesirenhaus" in der Palaststadt Madinat al-Zahra in der Umgebung von Córdoba

Westgotische Kunst

Zweifellos erbrachten die Westgoten in Andalusien keine herausragenden künstlerischen Leistungen, aber gänzlich „kulturlose Barbaren" waren sie nun auch wieder nicht. Meist verwendeten sie römische Architekturteile weiter oder kopierten sie zumindest nicht schlecht, wie entsprechende Fundstücke bei einer alten westgotischen Kirche in der Nähe von Vejér (Costa de la Luz) beweisen. Ihre **Basiliken** erschienen mit ihrer gedrungenen, massiven Gestalt wohl eher wie kleine Festungen, der dekorative Schmuck war insgesamt gering.

Die Kunst der Mauren

Die Muslime brachten ein **außergewöhnlich hohes Kunstverständnis** und auch die Fähigkeit, dieses handwerklich und bautechnisch umzusetzen, nach Spanien mit. Zweifellos verfeinerten sich diese Fertigkeiten im Laufe ihrer Herrschaft, es sind also auch unterschiedliche Epochen festzustellen. So zeigt sich die Architektur der omaijadischen Zeit eher robust und von großer Klarheit, in der Endphase des Kalifats von Córdoba werden die flach ausgekleideten Gewölbe („Basilikaler Typ") zunehmend von fantasievoll ausgeschmückten Kuppeln aus

an14-078 ba

Haustein abgelöst. Diese Entwicklung ist geradezu exemplarisch in der **Mezquíta,** der heutigen Moschee-Kathedrale von Córdoba, nachzuvollziehen, mit etwas Fantasie auch in der Ruinenstadt **Madinat al-Zahra,** nicht weit davon.

Aus der nachfolgenden Zeit der Kleinkönigtümer *(taifas)* und der Herrschaft der Almoraviden sind in erster Linie Festungsanlagen und Bäder erhalten, von den zweifellos sehr kunstvoll gestalteten Sakralbauten und Palästen konnten sich – zumindest in Andalusien – nur Fragmente bis in unsere Tage retten.

Obwohl als Verfechter fundamentalistischer Werte angetreten, entwickelten die Almohaden eine relativ schlichte, aber dennoch dekorative Formensprache. Auf meist streng geometrischem, harmonisch proportioniertem Grundriss wird auf die Wand ein Geflecht zusammenhängender Rauten, das sogenannte Sebka-Muster, aufgeblendet. Diese stark an marokkanische Vorbilder angelehnte Dekorationsform ist par excellence am Minarett der einstigen Freitagsmoschee von Sevilla, der **Giralda,** zu sehen. Auch der benachbarte Wehrturm **Torre del Oro** kann als Musterbeispiel für die sparsame, aber ästhetisch sehr ansprechende Gestaltungsweise der almohadischen Baumeister gelten.

In der letzten islamischen Enklave auf spanischem Boden, dem Sultanat Granada, sollte sich die Bau- und Dekorationskunst von Al-Andalus noch einmal zu höchster Blüte aufschwingen. Muslimische Architekten strebten, zumindest bei Gebäuden, die keinen Verteidigungscharakter hatten, schon von Anbeginn eine möglichst ausgeprägte Eleganz der tragenden Elemente an – Mauern, Kuppeln, Pfeiler und Säulen sollten nicht massiver wirken, als dies aus statischen Gründen notwendig war. Die sehr verspielt wirkenden Dekorationselemente sind in schönster Form in der **Alhambra von Granada** (Näheres siehe dort) zu bewundern, die zusammen mit der Mezquíta von Córdoba das eindrucksvollste Zeugnis maurischer Baukunst auf andalusischem Boden darstellt.

Auch wenn der Koran kein explizites Verbot figürlicher Darstellungen formuliert, existieren genügend Gleichnisse des Propheten Mohammed, die einem **„Bilderverbot"** nahekommen. Um dem Vorwurf der Hybris, der Überhöhung des Menschen über Gott, zu entgehen, verzichteten islamische Künstler daher auf die Abbildung von Lebewesen, ob Mensch oder Tier. Im „multikulturellen" Andalusien gab es jedoch ständig Tendenzen, dieses Dogma zu unterlaufen, indem man beispielsweise Tierfiguren stark stilisierte oder die Gesichter dargestellter Personen nachträglich unkenntlich machte. Als „dekadente" Phasen einer laxeren Haltung gegenüber Glaubensvorschriften können die Zeit des Kalifats und ganz besonders die Periode der nasridischen Herrschaft gelten.

Als Basis für die Dekoration von Wänden blieben aber geometrische Motive, meist verbunden mit Zahlensymbolik, epigrafische Motive, also Inschriften meist in Form von „kufischen" (verschnörkelten) Lettern, und vegetabile Motive, stark gewundenes Blattrankenwerk, Palmetten, Pinienzapfen etc., durch alle Zeiten erhalten. Letztgenannte Form wurde als sogenannte **Arabeske** von abendländischen Künstlern seit der Renaissancezeit als Stilmittel aufgenommen. Und auch die von den Muslimen perfektionierte Gestaltung von Holztäfelungen mit Hilfe von **Intarsien** (Einlegearbeiten), also nach Art eines Puzzles zusammengesetzten, verschiedenfarbigen Komponenten, diente als Vorbild für die „Kassettendecken" des 15. und 16. Jh. Diese in Spanien *artesonado* genannte Dekoration beschränkt sich nicht nur auf Zimmerdecken, auch Türen können auf diese Weise zur Verschönerung eines Innenraumes beitragen.

Eine auch heute noch sehr beliebte Form der Innendekoration war ein Mosaik aus **farbigen, glasierten Kacheln,** das meist die Sockelzone einer Wand verkleidet. Der spanische Begriff **azulejo** hat allerdings nichts mit dem Wort *azul* („blau") zu tun, obwohl diese Farbe gerne dafür verwendet wird, es leitet sich von *az-Zulayi*, arabisch für „kleiner Stein", ab. Bei genauerer Betrachtung der in *Alicate*-(„Flachzange")Technik hergestellten Azulejos wird die Herleitung deutlich: Jedes Bruchstück erhält eine eigene Farbe und wird abhängig davon auch einem bestimmten Brennverfahren unterworfen und dann wie bei einem Mosaik an die Wand geklebt. Neben diesem Typ gibt es noch weitere Verfahren, die allesamt wesentlich aufwändiger waren als das, was die Christen an Keramik zu jener Zeit kannten.

Auch wenn die maurische Dekorationskunst oft sehr üppig und fantasievoll wirkt, gehorcht sie doch bestimmten, teilweise religiös bedingten Gesetzmäßigkeiten. Da die Errichtung eines Gebäudes auch immer eine Ehrbezeugung vor Gott beinhaltet, sollte stets auf **Ordnung und Symmetrie** geachtet werden, denn Chaos und Wildwuchs wären Kennzeichen eines gottlosen Universums. Selbst der Aufbau von Pflanzendekorationen verläuft daher bei genauerer Betrachtung entlang von **Spiegelachsen,** d. h. die rechte Seite ist ein Abbild der linken, bzw. die untere Seite spiegelt sich in der oberen. Gerade für Wandpaneele mit vegetabilen Motiven ersann man eine ordnende, rechteckige Einrahmung, den sogenannten *Alfiz.* Auch die vertikale Abfolge der drei bevorzugten Dekormotive musste dem menschlichen Bedürfnis nach Harmonie, d. h. zunehmende „Leichtigkeit" nach oben, entsprechen.

Das auffälligste maurische Architekturelement ist wohl der **„Hufeisenbogen",** dessen exakte Herkunft immer noch ungeklärt ist. Während des Kalifats wurde eindeutig die scharfkantige Variante bevorzugt, aufgelockert durch den sogenannten „Schichtenwechsel", also eine permanente Abfolge von **weißen und roten Streifen** quer zur Bogenlaibung. Diese wurden in der Regel durch verschiedenfarbiges Gestein erzeugt, manchmal auch nur aufgemalt. Der verblüffende Effekt dieses relativ simplen Verfahrens ist besonders gut in der Mezquíta von Córdoba zu erfahren. Dort kann man auch die weitere Verfeinerung, den sogenannten Vielpassbogen, in Augenschein nehmen, bei diesem wird die Bogenlaibung durch eine Vielzahl kleinerer Bögen durchbrochen.

Unter den **Sakralbauten** von Al-Andalus ist an erster Stelle natürlich die große Freitagsmoschee des Kalifats von Córdoba, die **Mezquíta** („Moschee") zu nennen. Der von außen recht simple Aufbau als „Hofhallenmoschee" mit weitgehend horizontalem Dach ohne herausragende Kuppeln sollte lange Zeit Maßstab für die Nachfolger sein. Von der Gestalt der Moscheen zu Zeiten der Almoraviden, Almohaden und Nasriden

hat man jedoch nur vage Vorstellungen, da nach der *Reconquista* die Christen kaum etwas Wichtigeres zu tun hatten, als sie abzureißen und ihre Kirchen auf den Grundmauern zu errichten. Gelegentlich ist immer noch die meist mit Stuck verzierte Gebetsnische, der *Mihrab*, erhalten. Im Gegensatz zu christlichen Altären blieb das Allerheiligste der Muslime stets leer, Zeichen für die Unfassbarkeit Allahs, der nur durch sein Wort, den Koran, präsent ist. (Weitere fundamentale Unterschiede zwischen christlichen und islamischen Sakralgebäuden werden im Kapitel zur Mezquíta von Córdoba aufgezeigt.) Von dem eifrigen Umbau der christlichen Eroberer blieben noch am ehesten die Minarette, die Türme, von denen der Muezzin die Gläubigen fünfmal am Tag zum Gebet ruft, erhalten. Sie konnten, mit einem entsprechenden Aufsatz, als Glockenturm weiter verwendet werden. An ihrer gedrungenen Gestalt mit quadratischem Grundriss erkennt man die Herkunft dieser Campanile, ein Beispiel ist die **Giralda** in Sevilla.

Vor allem in den politisch instabilen Zeiten nach dem Zusammenbruch des Kalifats errichteten die Muslime geradezu gigantische **Festungsanlagen,** die nicht nur die Residenz des Herrschers, sondern auch viele öffentliche Einrichtungen und Wohnungen des Hofstaates beherbergen konnten. Ein Musterbeispiel für eine solche weitgehend autarke „Stadt in der Stadt" ist die **Alhambra,** auch in Málaga und Almería sind zu-

Byzantinische Mosaike schmücken die Gebetsnische (Mihrab) der Mezquíta von Córdoba

mindest die Wehranlagen erhalten. Aufgrund ihrer Lage auf einem Hügel oder Felsplateau hoch über der Stadt, wird eine solche Burg nach einem arabischen Begriff auch als **Alcazaba** bezeichnet.

Im Gegensatz dazu nennt man die befestigte Residenz inmitten einer Stadt, stets direkt gegenüber der Hauptmoschee, **Alcázar.** Von außen wirken diese „Königsschlösser" ausgesprochen trutzig, im Inneren ändert sich das Bild jedoch schlagartig: Möglichst viel Schönheit sollte dem Empfinden des Herrschers schmeicheln, die Architektur hebt sich – je privater der Raum, desto deutlicher – von den „Niederungen" des Alltags ab.

Größten Wert legten die Regenten auf liebevoll gestaltete **Gärten,** das sogenannte „Schattenbild des Paradieses", wie es im Koran in schillernden Farben beschrieben wird. Manche dieser Anlagen waren groß wie Parks und dienten zusätzlich als Obst- und Gemüsegarten, andere wirkten so intim wie ein nach außen verlegtes Wohnzimmer. Was die Muslime in der Alhambra meisterlich vorführten, ahmten tolerante christliche Herrscher, wie in den Gärten des Alcázar von Sevilla, nahezu kongenial nach.

Um den Komplex von Alcázar und Hauptmoschee erstreckte sich die **Medina,** der Kernbereich der ummauerten Stadt. Auffallend ist der gewundene, scheinbar regellose Verlauf der aus Verteidigungsgründen und zur Verringerung der Sonneneinstrahlung äußerst schmalen **Straßen.** Da die Händler nicht mit Karren in die Medina hineinfuhren, sondern bei Erreichen der *Alcaicería* (Basar für wertvolle Produkte) ihre Ware auf Maultiere umluden, war auch kein Bedarf für breitere Straßen vorhanden.

Einen offenen Rathausplatz mit umliegenden Bürgerhäusern und oft auch der Hauptkirche, wie im christlichen Europa üblich, wird man im Orient vergeblich suchen. **Plätze** entstehen eher zufällig am Knotenpunkt zweier Straßen, das Leben spielt sich in viel stärkerem Maße hinter hohen Mauern im Privaten ab. Auch wenn es nach der *Reconquista* Umgestaltungen im abendländischen Sinne gab, ist dieses Siedlungsbild in vielen andalusischen Städten, besonders anschaulich in Córdoba und Granada, erhalten geblieben.

Ebenso behielt man den **Verputz der Häuser** mit einer kalkhaltigen Paste bei, welche die direkte Sonneneinstrahlung reflektiert und auch konservierende Wirkung hat. Auch in den meist auf strategisch günstigen Anhöhen gelegenen kleineren Siedlungen gehört diese „Kalkung" zum (mindestens) alljährlichen Ritual. Wie kleine Schneefelder auf Bergkuppen heben sich die „Weißen Dörfer" von ihrer Umgebung ab. Auch wenn in allen Provinzen dieses Verfahren gebräuchlich ist, gelten die *pueblos blancos* der Provinz Cádiz als besonders malerische Vertreter der Gattung, sie sind untereinander in der sogenannten *Ruta de los Pueblos Blancos* („Route der Weißen Dörfer") verbunden.

Nach wie vor sehr beliebt und aus Andalusien nicht wegzudenken ist das sogenannte **Patio-Haus,** die Anlage der Wohnflügel rund um einen rechteckigen Innenhof. Dieser ist an zwei, häufiger an allen vier Seiten von Arkaden gesäumt, gelegentlich setzen sich diese im oberen Stockwerk fort. Im Idealfall sorgen reichlich frisches Grün und das kühle Nass eines Springbrunnens in subtropischer Hitze für ein angenehmes Mikroklima. Im Gegensatz zum ähnlichen Gebäudetyp der Römer legten die Araber keinen Wert auf die Präsentation ihres sozialen oder wirtschaftlichen Status nach außen, die andalusischen Patio-Häuser sind in ihrer Grundstruktur immer noch der orientalischen Variante verhaftet. Lediglich die kleinen Fenster und niedrigen Eingänge, mit denen sich der Bewohner von der Außenwelt abschotten wollte, wurden von den Christen beträchtlich erweitert. Nicht selten wird der Einblick von Passanten sogar gewünscht (siehe „Festival der Patios" in der Ortsbeschreibung Córdoba).

Die Kunst der Mozaraber und der Mudéjar-Stil

Lange Zeit durften die **Mozaraber,** die Christen unter muslimischer Herrschaft, ihren Glauben weiter ausüben. Es gab mozarabische Bischöfe, und auch Kirchen wurden gebaut. Dennoch spielen diese Bauwerke in Andalusien keine nennenswerte Rolle, denn die später herrschenden Almoraviden und Almohaden ließen diese Gotteshäuser in dogmatischem Eifer abreißen oder in Moscheen umwandeln. Oft flohen die Mozaraber in den Norden Spaniens, dort hinterließen sie in der Architektur auch deutliche Spuren.

Genau umgekehrt liegen die Verhältnisse bei den **Mudejaren,** so benannt nach dem arabischen Wort für „Tributzahler", also Muslime, die ihrem Glauben unter christlichem Regiment treu blieben. Nach der *Reconquista* verfielen nicht wenige der neuen Herren in Bewunderung der Kunstfertigkeit und des Fantasiereichtums der maurischen Baumeister. So stellten die christlichen Herrscher für ihre Sakral- und Profanbauten muslimische Architekten, Steinmetze, Maler und Mosaisten in ihre Dienste. Das Ergebnis, die **Verschmelzung von christlichem Inhalt und islamischer Form,** ist so einzigartig, dass manche Wissenschaftler vom „spanischen Nationalstil des Mittelalters" sprechen.

Die Ausprägung des Mudéjar-Stils war natürlich stark von der Toleranz und Lernfähigkeit des christlichen Monarchen abhängig. So können Córdoba unter der Herrschaft von *Ferdinand III.* („Der Heilige") und ganz besonders Sevilla unter *Peter I.* („Der Grausame") bedeutende Bauwerke dieser fruchtbaren Liaison vorweisen. Absolutes Glanzstück ist der Königspalast **Alcázar von Sevilla,** dessen Kernbereich nur geübte Augen von einem islamischen Palast unterscheiden können. Auch nach der Ausweisung bzw. Zwangstaufe der Mauren blieb dieser Stil hintergründig im Repertoire christlicher Baumeister präsent, Einflüsse blieben bis zum Barock immer wieder spürbar. Seit Beginn unseres Jahrhunderts findet wieder eine Rückbesinnung auf dieser besonders „andalusische" Formensprache unter dem Etikett **„Neo-Mudéjar"** statt.

Gotik

Zur Zeit der Ablösung der Almohaden durch die vorrückenden Kastilier neigte sich das Zeitalter der Romanik bereits dem Ende zu, lediglich in Córdoba sind bei den sogenannten ferdinandischen Kirchen, die sofort nach der Rückeroberung im Jahre 1236 erbaut wurden, romanische Stilelemente festzustellen.

Die bereits Mitte des 12. Jh. in Frankreich aufkommende Gotik, also die Umsetzung der technischen Möglichkeit, durch die Erfindung des Kreuzgratgewölbes und der Strebebögen eine Kirche wesentlich **höher und filigraner** als in der Romanik zu bauen, verbreitete sich spätestens ab Mitte des 13. Jh. auch in Andalusien. Eine exakte Kopie der lichtdurchfluteten, geradewegs zum Himmel strebenden französischen Kathedralen gab es jedoch nicht. Auch wenn man mit diesem Baustil den endgültigen Triumph des Christentums über den Islam dokumentieren wollte, stellte sich das historische Erbe diesem Wunsch entgegen. Alle Kathedralen und fast alle Kirchen wurden **auf den Grundmauern von Moscheen** erbaut, die jedoch wesentlich breiter gebaut waren und ein besonders massives Mauerwerk besaßen. So wirken andalusische Gotteshäuser fast durchgehend eher massig, wegen der relativ kleinen Fensterflächen ohne künstliches Licht oft auch ziemlich dunkel.

Eine spanische Eigenheit ist der *Trascoro* genannte Lettner, also ein in die Mitte des Hauptschiffes versetztes Chorgestühl für die Kirchenoberen bzw. das Domkapitel. Diese hatten für das dahinter sitzende „einfache Volk", das von der auf lateinisch gelesenen Messe herzlich wenig mitbekam, nur die Bemerkung, „Lerne zu glauben, ohne zu sehen", übrig. Die schon an Hausfenstern verwendeten schmiedeeisernen Gitter finden in Kirchen, natürlich ungleich reicher ausgestaltet, als *Rejas* („Ziergitter") ihre Entsprechung.

Sowohl wegen ihrer gewaltigen Dimensionen, als auch aufgrund der harmonischen Baugestalt und der vielen wertvollen Kunstschätze ist unter den Sakralbauten der Gotik an erster Stelle die **Kathedrale von Sevilla** zu nennen.

Der Plateresco-Stil

Der Name „Plateresco" leitet sich von den *plateros*, den Silberschmieden ab, die mit der Entdeckung und Ausbeutung der Neuen Welt natürlich besonders gut zu tun hatten. Die filigranen, etwas verschnörkelten Schmuckmotive aus gegossenem oder gedrehtem Silber oder Gold versuchten auch die Baumeister von Kirchen und Profanbauten nachzuahmen. Dabei ist eine große Ähnlichkeit zum dekorationsfreudigen **Flamboyant** der französischen Spätgotik mit züngelnden Flammen und diversen Pflanzenmotiven festzustellen. In diese Kategorie ist auch der sogenannte **Isabellinische Stil,** so benannt nach der Königin *Isabella von Kastilien,* zu rechnen. Wie das Paradebeispiel, die **Capilla Real** (Königliche Grabkapelle) von Granada, zeigt, bevorzugte die strenggläubige Monarchin eine eher gemäßigte Form ohne übertriebenen Pomp – auffallend ist die reichliche Verwendung von Wappen und heraldischen Zeichen.

Zu großer Form läuft der Plateresco in der Renaissance auf, in Spanien etwa ab 1525, als die finanziellen Mittel für derartige Kaprizen reichlich flossen. Besonders als **Portalschmuck** sieht man ihn nun an fast jeder Kirche, auch bei der dekorativen Ausgestaltung der Gewölberippen, z. B. in der Kathedrale von Córdoba, konnten die Baumeister nun in Formenreichtum schwelgen. Eine sehr gelungene Umsetzung des Themas bei einem Kommunalgebäude zeigt das **Rathaus (Ayuntamiento) von Sevilla.**

Renaissance

Die in Italien bereits in der zweiten Hälfte des 15. Jh. aufkommende Rückbesinnung auf antike Traditionen und Vorbilder konnte sich in Spanien nur sehr langsam gegen die liebgewonnene Spätgotik und den Plateresken Stil durchsetzen. Es war auch keineswegs unüblich, dass zwei oder drei Stilrichtungen einige Zeit parallel Anwendung fanden. Um die klassischen Ideale – Überkuppelungen statt Kreuzrippengewölbe, Säulenbündel statt Pfeiler und weitgespannte Rundbögen („Triumphbögen") statt Spitzbögen – zu verwirklichen, musste massiv in die bauliche Grundstruktur eingegriffen werden. Die auf gotischem Grundriss im Renaissance-Stil weitergebaute **Kathedrale von Granada,** ein Werk des herausragenden Architekten und Bildhauers *Diego de Siloé* (1495–1563), ist ein Musterbeispiel dafür. Ein begeisterter Anhänger des Stils römischer Cäsaren war Kaiser *Karl V.,* der sich gerne in deren Nachfolge sah. Bei seinem Sommerpalast **Palacio de Carlos V.,** von *Pedro Machuca* 1525 in die Alhambra hineingebaut, konnte er diese Architekturform ohne Kompromisse durchsetzen.

[>] Kopie der Wetterfahne El Giraldillo an der Kathedrale von Sevilla

Auch das im „Goldenen Zeitalter" zu Reichtum gekommene Bürgertum und der Adel nahmen Elemente der Renaissance bereitwillig zur Gestaltung ihrer, nicht zu Unrecht häufig als *Palacios* („Paläste") titulierten Wohnhäuser auf. Wie die **Casa de Pilatos** („Haus des Pilatus") in Sevilla und der **Palacio de Mondragón** in Ronda beweisen, kann diese Bauform eine ganz entzückende Verbindung mit dem Mudéjar-Stil eingehen.

Im weiteren Verlauf des 16. Jh. erfolgt ein allmählicher Übergang zu immer größerer Schmucklosigkeit und Strenge, genannt **Desornamentado-Stil.** Ein typisches Merkmal ist das an eine flache Pyramide erinnernde Herrera-Dach, so benannt nach dem aus Sevilla stammenden Baumeister *Juan de Herrera* (1530–97). Insgesamt findet man Bauwerke dieser Stilrichtung eher im zentralen und nördlichen Spanien, in Sevilla ist das **Archivo de Indias** als Beispiel zu nennen.

Das 16. Jh. war auch die Blütezeit für in- und ausländische Maler und Bildhauer, welche reichlich mit Aufträgen wohlhabender Mäzene, in erster Linie des Klerus, versorgt wurden. In der skulpturalen Ausgestaltung von Altaraufsätzen ist, neben dem nun reichlich prunkenden **Goldschmuck,** gegenüber der Gotik noch eine weitere Veränderung zu erkennen: waren die Figuren bislang eher statisch und in Anbetung einer höheren Macht ergeben, zeigen sie sich nun zunehmend, als seien sie für einen kurzen Moment in ihrer **dynamischen Bewegung** festgehalten worden. Auch auf einen **stärkeren Ausdruck** menschlicher Empfindungen wie Leid,

Angst, Freude oder Verklärung wurde bei der Gestaltung der Gesichter nun verstärkt Wert gelegt. Als einer der ersten, künstlerisch wegweisenden Altaraufsätze dieser Epoche gilt das Retabel des Hochaltars der **Capilla Real in Granada,** gestaltet vom französischen Meister *Felipe de Vigarny.* Im gleichen Gebäude finden sich mit den lebensecht geformten Grabmälern der Katholischen Könige durch *Domenico Fancelli* großartige Beispiele der Steinmetzkunst.

Barock

Der im frühen 17. Jh. von Italien ausgehende Barock wurde von den schmuckliebenden Andalusiern begierig aufgesogen. An der baulichen Struktur änderte sich zunächst nur wenig, man beschränkte sich darauf, typische Barockelemente wie geschweifte und gesprengte Giebel, reichlich wucherndes vegetabiles Dekor und Medaillons zusätzlich anzufügen. Ganz typisch für Sakralbauten des 17. Jh. sind **verschwenderisch ausgeschmückte Eingangsportale** vor geradlinigen, flächigen Fassaden, die zunehmend weiß verputzt wurden. Eine spanische Spezialität sind die *Espadañas,* zweidimensionale Glockenturmaufsätze, an denen sich die Liebe zur geschwungenen Linie und zu putzigen Details nach Belieben äußern durfte.

Zunächst bei Bürgerhäusern und Adelspalästen, später auch bei Sakralbauten kehrten nun auch Einflüsse aus den spanischen Überseebesitzungen in das Mutterland zurück. Vor allem in Sevilla trägt dieser **„Kolonialstil“** in übersprudelnder Formfülle wie auch ungeniert bunter Farbgebung zum ausgesprochen lieblichen Erscheinungsbild vieler Wohnviertel bei. Dabei wird die Heiterkeit des *Siglo de Oro* („Goldenes Zeitalter“) Mitte des 17. Jh. auf das Schrecklichste vom Ausbruch der Pest überschattet – um so schillernder malte man den Gläubigen die Hoffnung auf eine Erlösung im Jenseits aus. Skulpturen der Maria als Himmelskönigin zeigen sie in prächtigstem Ornat mit von Edelsteinen besetzter Krone und goldenem Zepter. Die Leiden des für die Menschheit gestorbenen Jesus werden mit Hilfe grässlich blutender Wundmale und vor Schmerz verzerrter Gesichtszüge so drastisch wie nie zuvor dargestellt. Verbreitet sind auch Bildnisse der *Mater dolorosa* („die Schmerzensreiche“), eine Marienfigur mit wie Perlen von den Wangen rinnenden Tränen. Wohl nicht zu Unrecht meinen Spötter, dass mit Hilfe dieser Überdosis Theatralik die an Gottes Weisheit und Güte allmählich zweifelnde Gemeinde bei der Stange gehalten werden sollte.

Eher den Prinzipien des **Naturalismus** und adäquaten Ausdrucks war die von *Juan Martínez Montañes* (1568–1649) angeführte **Bildhauerschule von Sevilla** verpflichtet, und auch sein Schüler *Juan de Mesa* (1583–1627) erlangte mit seinen Christusfiguren einen ausgezeichneten Ruf. Ein beträchtlicher Teil der bei den Prozessionen der *Semana Santa* durch die Stadt getragenen Heiligenbilder gehen auf die beiden zurück, letztlich blieben sie in diesem Sektor bis heute stilbildend.

In der zweiten Hälfte des 17. Jh. ist vor allem *Pedro Roldán* (1624–1700) mit seinen besonders ausdrucksstarken Skulpturen und Figurengruppen zu nennen, seine Tochter *Luisa* („La Roldana“) kann als erste wirklich bedeutende weibliche Vertreterin dieses Handwerks gelten. Eine immer größere Rolle scheint nun die „unbefleckte Empfängnis" der Muttergottes zu spielen, in Andalusien wird sie durchaus im wörtlichen Sinne meist als *Virgen* („Jungfrau") bezeichnet. Im Vergleich zur Renaissance wirkt ihr Erscheinungsbild nun immer mädchenhafter, der Typus der *Inmaculada* („Unbefleckte") gewinnt zunehmend an Verbreitung. Ein Musterbeispiel ist die gleichnamige Skulptur des „Granadinischen Michelangelo", *Alonso Cano* (1601–67), in der Kathedrale von Granada.

In Sevilla schuf der Maler *Bartolomé Esteban Murillo* (1618–82) seine anrührenden von manchem vielleicht als etwas süßlich empfundenen Madonnenportäts im *Estilo vaporoso*: Sie treten aus einem in mystisches Licht getauchten Dunstschleier heraus. Hierzulande ist er wohl eher als liebevoller Beobachter von Straßenszenen, z. B. den genüsslich eine Melone verzehrenden Knaben, bekannt. Zusammen mit *Juan de Valdéz Leál* (1622–90), dessen oft drastische Darstellungen von Tod und Verwesung zur damaligen Zeit für Befremden sorgten, und dem als „Maler der Mönche" bekannten, in seinem Schaffen ebenfalls eher asketisch wirkenden *Francisco de Zurbarán* (1598–1664) bildete er die berühmte **„Schule von Sevilla"**. Zum letzten Beweis der enormen Fruchtbarkeit der Kunststadt Sevilla im *Siglo de Oro* soll der recht früh aus seiner Heimatstadt nach Madrid gezogene *Diego Velázquez* (1599–1660) angeführt werden, dessen meisterliche Modellierung seiner meist weltlichen Figuren aus Licht und Schatten zum bewunderten Vorbild vieler Malergenerationen werden sollte.

Im 18. Jh. sollte sich die **Dekorationsfülle** in den Innenräumen der Kirchen in ein kaum noch zu übertreffendes Maß steigern. Erstmals ahmt nun auch die bauliche Struktur die wegweisenden italienischen Vorbilder mit hohen, lichtdurchfluteten Kuppeln und in die Wandfläche eingearbeiteten Wölbungen und Nischen nach. Der meist farbig oder mit Blattgold eingefasste Fassadenschmuck und die zierlichen Balkone erinnern gelegentlich, wie z. B. in der Kirche des Hospital de San Juan de Dios in Granada, stark an den Innenraum eines Opernhauses. Als zusätzliches Schmuckelement wurden die sogenannten „Salomonischen Säulen", Stützelemente mit abenteuerlich gedrehtem Schaft, eingeführt.

Nach dem kastilischen Baumeister *José Benito de Churriguera* (1665– 1725) wird die spanische Sonderform des **Rokoko** auch *Churrigueresco* (auch: „Churriguerismus") genannt. Fast schon ein Synonym für diesen stark auf Effekte ausgerichteten Stil wurde die prunkvolle, fast schon „überladene" Sakristei des Kartäuserklosters **La Cartuja** in Granada. Als beachtenswerte regionale Ausbildung des ausklingenden Barock soll an dieser Stelle noch der sogenannte *Barroco Cordobés* der Provinz Córdoba genannt werden.

Klassizismus und Moderne

Im Grunde ist der eher monumentale und steife Klassizismus, also die verstärkte Hinwendung zur klaren Formensprache der **griechischen und römischen Antike,** den verspielten Andalusiern ziemlich fremd. Dennoch fand diese Stilrichtung in der zweiten Hälfte des

18. Jh. in Sakralbauten wie der **Kathedrale von Cádiz** und auch in privaten und kommunalen Gebäuden Eingang, selten allerdings in reiner Form. Für den Bau weiterer Kirchen war das 19. Jh. dann allerdings ohnehin nicht mehr die beste Zeit. Man war eher damit beschäftigt, die Zerstörungen der napoleonischen Besatzung wieder zu beheben, im Zuge der Säkularisierungen der dreißiger Jahre wurde manches an kirchlichem Vermögen eingezogen, und zahlreiche Klöster wurden in öffentliche Gebäude umgewandelt.

Zu Beginn des 20. Jh. erlebt der **Mudéjar-Stil** eine Renaissance, er überlagert als spezifisch andalusisches Element auch den von Katalonien ausgehenden **Modernismo** („Jugendstil", „Art Decó"), der hier eher zitiert als komplett nachgeahmt wird. Wie ein stilistisch verwegener, ästhetisch gleichwohl sehr ansprechender Streifzug durch fast alle spanischen Baustile wirken die Gebäude für die **Iberoamerikanische Ausstellung von 1929,** die vor allem dem Stadtbild von Sevilla eine spezielle Note verleihen.

Über die Mehrzahl der nachfolgenden, „funktionalistisch" geprägten Bauwerke kann man getrost den Mantel des Schweigens hüllen. Zum Glück verschrieben sich die schönheitssinnigen Andalusier zumindest in den Innenstädten nie so sehr einer gesichtslosen Stahl- und Betonarchitektur wie andere Völker in Europa.

Feste und Feiertage

Zwar haben Modernisierung und die Annäherung an Mitteleuropa schon längst den Süden Spaniens erreicht, dennoch halten sich hier alte Traditionen, Sitten und Gebräuche in großem Maße. Sie spiegeln sich insbesondere in den Festen wider. Und davon gibt es einige, die Andalusier finden stets einen Anlass zum Feiern: Mehr als 3.000 zumeist lokale Feste werden in fast 800 Orten über das Jahr verteilt zelebriert. Sie bieten Reisenden eine gute Möglichkeit, Einblick in andalusische Traditionen zu gewinnen.

Zu Beginn des Jahres feiert man das Fest der Heiligen Drei Könige, **Reyes Magos** genannt. In Spanien werden nicht zu Weihnachten Geschenke verteilt, sondern die Heiligen Drei Könige bringen die Präsente. Das Fest wird mit einem großen Umzug (*cabalgata*) gefeiert, die Könige ziehen in bunt geschmückten Wagen durch die Orte, um den Kindern Süßigkeiten zu spendieren. Immer wieder ertönt das fröhliche „dáme caramelos" („gib mir Bonbons") am Straßenrand.

Ein religiöses Schauspiel besonderer Art ist die kultisch-dramatische Darstellung des Leidensweges Jesu vom Palmsonntag bis zum Karfreitag, die **Semana Santa** (Karwoche). Sie wird überall, in den großen Städten und kleinsten Dörfern, zelebriert und ist Ausdruck der tiefen Frömmigkeit vieler Andalusier. Bei diesem Fest vermischen sich Tradition, religiöse Ehrfurcht und Ästhetik, die für den Süden Spaniens so kennzeichnend sind. Die Prozessionen ziehen die gesamte Karwoche tagsüber und zum Teil auch nachts durch die Straßen und Gassen. Besonders großartig wird die Semana Santa in Córdoba, Málaga und Sevilla vollzogen, ein Mysterienspiel, das man einmal miterlebt haben sollte.

Zahlreiche **fiestas** finden zu Ehren eines Stadtpatrons oder einer *Virgen* (Jungfrau bzw. Madonna) statt. Viele dieser Fiestas können auf einen religiösen Ursprung zurückgeführt werden, aber sie sind immer von einer fröhlichen Feierstimmung begleitet, die vor allem nach der Messe oder den Prozessionen aufkommt und oft die ganze Nacht hindurch anhält.

Meist finden auch **romerías** (Wallfahrten) zu Ehren der Schutzpatronen/-innen der Orte statt. Auch hier vermischen sich weltliche Elemente mit religiöser Andacht und Ehrfurcht. Trotz des bestehenden „*machismo*“ und der patriarchalischen Gesellschaftsstruktur wird vor allem das weibliche Geschlecht in Form der „Mutter Gottes“ und der „Mutter Erde“ verehrt. So wird die Madonna „Blanca Paloma“ im Wallfahrtsort El Rocío geradezu abgöttisch geliebt, man spricht zuweilen von ihr als unerfüllbarer Sehnsucht der Männer. Diese außergewöhnliche Wallfahrt zählt zu einer der wichtigsten Spaniens. Hunderttausende von Gläubigen zieht es zu Pfingsten in den kleinen Ort. Überhaupt haben die Frühlingsfeste im Fruchtbarkeitszyklus und die Jungfrauenverehrung in Andalusien einen besonders hohen Stellenwert.

Bei all diesen religiösen Festen steht nicht das „In-sich-Kehren“ im Vordergrund; Schmerz – wie bei der Semana Santa – oder Verehrung werden offen gezeigt, begleitet von Gesang und Musik.

Ein besonders fröhliches und ausgelassenes Fest ist die **feria,** deren Name im 19. Jh. noch für traditionelle Viehmärkte stand, die sich aber bald zu einem großen Jahrmarkt und gesellschaftlichen Treffpunkt entwickelten. Mittlerweile feiert jedes Dorf seine eigene Feria; besonders hervorzuheben ist die Feria **de Abril** von Sevilla (siehe Ortsbeschreibung).

Nicht weniger lustig geht es beim **Karneval** zu, der intensiv in der Provinz Cádiz gefeiert wird. Großes Vorbild ist der Karneval von Venedig, der im 17. Jh. von den Andalusiern übernommen wurde. Höhepunkt sind die Karnevalszüge mit bunt geschmückten Wagen, riesigen

Die Capilla Mayor (Hochchor) der Kathedrale von Granada

an14-077 ba

Semana Santa – feierliche Prozessionen in den Straßen von Sevilla

Die Semana Santa von Sevilla stellt ein ganz besonderes Ereignis dar, Sevilla ist die Hochburg der Karwoche. Im Mittelpunkt stehen die pasos, die figürlich dargestellten Stationen der Leidensgeschichte Jesu, die auf Holzgestellen langsamen Schrittes durch die Straßen und Gassen zur Kathedrale getragen werden. Die gesamte Stadt ist auf den Beinen, um dem leidenden Jesus und der weinenden Maria zu huldigen und an deren Schmerz teilzunehmen.

Die **Ursprünge** der Semana Santa gehen auf das 16. Jh. zurück: Wie in der religiösen Kunst versuchte die Kirche auch mit den Prozessionen das einfache Volk mit ausdrucksstarken Bildern zu beeindrucken. Die **Leidensgeschichte Christi** sollte anschaulich gezeigt und nachgelebt werden. Im 17. Jh. wurden die heute noch geltenden Wege der Prozessionen durch die Stadt festgelegt. Auch die Gewänder der Akteure haben sich seitdem nicht geändert.

Die schweren, handgeschnitzten **Figuren** weisen zum Teil ein hohes Alter auf, viele von ihnen wurden vom berühmten Bildhauer *Martínez Montañés* geschnitzt. Der *paso* ist zusätzlich mit Nelken und kunstvoll geschmiedeten Kandelabern geschmückt. Besonders bekannt ist der „Cristo del Gran Poder", der von *Juan de Mesa* geschnitzt wurde und in der Iglesia San Lorenzo aufbewahrt wird.

Die **Marienverehrung** nimmt eine mindestens genauso wichtige Rolle ein wie die Christus-Verehrung, und so wird häufig dem *paso* vorweg die *virgen,* eine Marienskulptur, getragen. Sie steht auf einem Podest, eingehüllt in einen mit goldenem Faden kunstvoll bestickten Samtumhang, umgeben von Blumen aus Wachs und flackernden Kerzen, über ihr ein Baldachin.

Angeführt wird jede **Prozession** von einer langen Zweierreihe *nazarenos*, die mit ihren langen Gewändern und den spitzen Hauben an den „Ku-Klux-Klan" erinnern, mit diesen aber auf keinen Fall zu verwechseln sind, und von den *penitentes*, den Büßern, mit langen Kapuzen, die nicht wie bei den *nazarenos* durch kegelförmige Pappen verstärkt sind. Ihre Gesichter sind vom Stoff der Kapuzen verdeckt, nur schmale Schlitze für die Augen bieten Kontakt zur Außenwelt. Häufig laufen die *penitentes* barfuß, viele von ihnen halten eine große Kerze in den Händen, und somit werden die Gassen, durch die sie ziehen, allmählich stark mit Wachs bedeckt. Die *penitentes* tragen zuweilen heute noch als Zeichen ihrer Buße ein Holzkreuz auf den Schultern oder schwere Ketten an den Füßen. Sie alle gehören einer Bruderschaft, *hermandad* oder auch *cofradía* genannt, an. Insgesamt gibt es davon allein in Sevilla über fünfzig, und jede *cofradía* ist schon seit Jahrhunderten für einen bestimmten *paso* verantwortlich.

Die schweren Holzfiguren werden von den *costaleros* auf den Schultern getragen, die teilweise gemeinsam ein Gewicht von 600 kg abfangen müssen. Sie tragen ein dickes Stück Stoff auf dem Kopf, den *costal*, um das Gewicht besser aushalten zu können. Ursprünglich waren die *costaleros* kräftige Handwerker, heute aber gehören sie meistens einer Bruderschaft an und zahlen sogar einen kleinen Beitrag, um den *paso* tragen zu dürfen.

Wegen des schweren Gewichtes kommt der Zug immer wieder zum Stehen, damit die *costaleros* einen Moment verschnaufen können und man sich auf einen besonders erhebenden Augenblick vorbereiten kann, den Tanz der *virgen:*

190an rc

Durch die rhythmischen, gleichmäßigen Bewegungen der *costaleros* scheint es, als ob die Madonnenfigur lebendig wird und tanzt.

Die **geradezu mystische Stimmung** zieht auch Besucher in ihren Bann: Befremdend kalt klingen die etwas schrillen Töne der Blechblasinstrumente, die Schmerzensschreien gleichen und den *paso* musikalisch untermalen. Hinzu kommt der Hall der Trommeln in den Gassen, die dem Szenario etwas Bedrückendes verleihen. Plötzlich und unerwartet hält ein *paso* an, die Menge verstummt, und von einem Balkon aus wird eine *saeta* gesungen. *Saeta* bedeutet „Pfeil", und einem Stoßgebet gleich schießt der Gesang durch die Luft, wie ein Ausdruck des tiefen Schmerzes wird die Leidensgeschichte Christi besungen und durch den aus dem Flamenco bekannten Ausruf „ay" untermalt. So abrupt wie der Gesang beginnt, wird er beendet und durch ein lautes „olé" der Menschenmenge verabschiedet. Der *paso* zieht weiter.

Beeindruckend ist auch der **„Paso del Silencio"** (des Schweigens), der nicht von Musikern begleitet wird und um den herum tiefe Stille herrscht. Niemand spricht, wenn er vorbeizieht, und nur die schweren, schleppenden Schritte der *costaleros* sind zu hören. Ein besonderes Erlebnis ist auch der „Paso de los gitanos" mit einer ganz eigenen Stimmung und Flamencogesang.

In Andalusien steht in der Karwoche nicht das Fasten im Vordergrund, wie dies in anderen Ländern der Fall ist, sondern gerade in dieser Zeit gibt es die herrlich leckeren und süßen *pestiños*, ein **Gebäck,** das zunächst in Olivenöl frittiert und dann einige Tage in einer Masse aus Honig und Zitrone eingelegt wird, oder die *torrijos*, frittierte Weißbrotscheiben, die in Wein und Honig getränkt werden.

Für den **Palmsonntag,** den *Domingo de Ramos,* hat sich eine besondere Sitte in Sevilla eingebürgert: An diesem Tag tragen viele Sevillaner ein neues Kleidungsstück oder neue Schuhe, ein fast ungeschriebenes Gesetz, das aber natürlich nur von treuen Semana-Santa-Anhängern befolgt wird. Alle sind schick herausgeputzt, die Männer und sogar kleine Jungen tragen häufig einen dunklen Anzug. Mit bequemem Touristen-Outfit oder womöglich Shorts und ausgetretenen Schuhen fallen manche Reisenden dann fast unangenehm aus dem eleganten Rahmen. In der Nacht auf Karfreitag hingegen ziehen die meisten bequeme Kleidung an. Am Gründonnerstag sind viele Frauen schwarz gekleidet und tragen den typischen großen Kamm (*peine*) in den Haaren, darüber einen langen Schleier, *mantilla* genannt.

Höhepunkt der Semana Santa ist die **Nacht von Gründonnerstag auf Karfreitag,** die im Volksmund „la Madrugá" genannt wird. In dieser Nacht erinnern sich die Gläubigen an die tragischen Stunden der Passion Christi vom letzten Abendmahl bis zur Kreuzigung. Kind und Kegel befinden sich die gesamte Nacht auf der Straße. Viele treffen sich abends zum gemeinsamen Essen, um dann gegen 1 Uhr den *paso* der Brüderschaft „Ntro. Padre Jesús del Silencio", den ersten dieser Nacht, zu erleben. Aberglaube, Rituale und Religion liegen oft eng beieinander: So darf man sich in dieser besonderen Nacht frühestens bei den ersten Sonnenstrahlen und dem ersten Hahnenschrei nach Hause begeben, andernfalls würde das Jahr mit unschönen Überraschungen aufwarten.

191an rc

Es gibt unter den **Kindern** die Sitte, im Laufe der Semana Santa eine möglichst große Wachskugel zustande zu bekommen, indem sie sich von den Büßern immer wieder ein wenig flüssiges Wachs der Kerzen auf die immer größer werdende Kugel träufeln lassen. Diese wird dann nach den Ferien stolz in der Schule gezeigt und mindestens ein Jahr lang aufbewahrt.

Mittlerweile kommen jährlich Tausende von **Touristen** in die Hauptstadt Andalusiens, um das religiöse Ereignis mitzuerleben. An Kiosken können Broschüren gekauft werden, die das genaue Programm aufführen, auch in der Tageszeitung werden in der Regel die wichtigsten *pasos* und ihre Wege sowie Uhrzeiten aufgeführt. In den Wochen vor der Semana Santa können auch Karten für Tribünenplatze gekauft werden, die preislich ungefähr zwischen 3 und 19 € liegen. Die Verkäufer sitzen u. a. in der Nähe der Kathedrale an kleinen Holztischen.

Die **jüngere Generation** steht der Semana Santa gespalten gegenüber. Viele Andalusier, nicht nur die jüngeren, nutzen diese Woche für einen Ausflug oder Kurzurlaub, daher kann die Karwoche auch als Start in die Reisesaison betrachtet werden. Die ersten Ausflüge ans Meer oder in die Berge werden gemacht, und manch unwissender Tourist dürfte ob der ausgebuchten Hotels und Pensionen überrascht sein.

Pappmachée-Figuren und zahlreichen Tänzern und Musikern, begleitet von bunt kostümierten Narren. Zum Cádizer Karneval gehören auch satirische Gesänge, die *chirigotas*, mit denen aktuelle Themen aufs Korn genommen werden.

Fast übermütig werden die Festspiele **Moros y Cristianos** in einigen Regionen Andalusiens gefeiert. Hierbei handelt es sich um eine Art ritualisiertes Nachspielen der historischen Kämpfe zwischen Mauren und Christen. Alle Teilnehmer tragen historische Gewänder und liefern sich einen Schaukampf. Dabei geht es eher spaßig als ernst zu, wenn auch gelegentlich etwas ruppig. Besonders beliebt sind diese Festspiele in den Alpujarras, in der Sierra de Grazalema und in der Provinz Almería.

Hinweise zu den einzelnen Festterminen finden sich in den jeweiligen Ortsbeschreibungen.

Stierzucht und Stierkampf

Der Mythos der wilden Bestie

Er war für die Menschen des Mittelmeerraumes lange Zeit das Symbol für diabolische Urgewalt schlechthin: der oft pechschwarze, mit gewaltigen Hörnern ausgestattete Stier, dem der so viel kleinere und schwächere Mensch machtlos gegenüberzustehen scheint. Aber schon immer versuchte letzterer, das Ungetüm herauszufordern, es mit Geschicklichkeitsspielen zu überlisten, auf Stangen zwischen seinen Hörnern hindurch zu springen oder sich auf einen Zweikampf mit tödlichem Ausgang für einen der Beteiligten einzulassen.

In Spanien entwickelte sich aus den Turnierkämpfen der adeligen Ritter während der *Reconquista* im Laufe des 18. Jh. der heute bekannte, „moderne“ Stierkampf *(corrida de toros)*. Als Heimstatt dieses Wechsels von elitärer Leibesertüchtigung zu einem öffentlichen Spektakel bezahlter *toreros* gilt das andalusische Ronda. Durch die scheinbare „Waffengleichheit“ der Kontrahenten erlangte der Stierkampf die Qualität einer **kultischen Handlung** und wurde in den Status einer Kunstform erhoben. In einer Art Exorzismus besiegt der Matador stellvertretend für das Publikum eine dunkle Macht. Fast wie eine Ballerina gekleidet, beweist er dennoch seine Männlichkeit durch den präzisen Stoß zwischen die todbringenden Hörner.

Übungsgerät für angehende Stierkämpfer

178an bn

Stierzucht

Wo immer sich in Andalusien sanfte Hügel mit saftigen Wiesen ausbreiten, sind auch die massigen Kampfstiere, die inoffiziellen Wappentiere Spaniens, nicht weit. Ihre „Vorfahren" wurden vermutlich von der Insel Kreta, wo in der Antike ebenfalls Stierspiele stattfanden, in die Römerstadt Itálica bei Sevilla gebracht. Aus der Wildform entwickelten sich durch Züchtung die heute bekannten, für Kämpfe einsetzbaren Rassen. In Niederandalusien, im **Tiefland des Guadalquivir,** gibt es viele *fincas*, teilweise über 1.000 Hektar große Ländereien, die sich ganz oder teilweise ihrer Aufzucht widmen. Auch wenn für ein Exemplar etwa 6.000 €, in Einzelfällen sogar noch deutlich mehr bezahlt werden, für die kleineren Farmen ist es oft nur ein Zubrot zu Landwirtschaft und sonstiger Viehzucht. Man muss schon intensive, meist über Generationen vererbte Beziehungen zu den Eigentümern der Top-Arenen haben, um regelmäßiger und lukrativer Verkäufe sicher zu sein. Mafiose Strukturen in diesem Geschäft werden allenthalben beklagt, nicht selten sind Züchter und Veranstalter der Kämpfe ein und dieselbe Person, einige gönnen sich zusätzlich als Manager von zugkräftigen Matadoren satte Provisionen von deren Gage.

Um einen möglichst mutigen, sprich angriffslustigen und schmerzunempfindlichen Stier heranzuzüchten, wird schon auf die Auswahl der Gene Einfluss genommen. Jede Farm verfügt über eine Mini-Arena, in der auch die Kühe auf ein geschütztes und speziell trainiertes Pferd losgelassen werden. Nur wenn eine Kuh gleich versucht, das fremde Tier anzugreifen, kommt sie für die Zucht in Frage, als Samenspender werden bevorzugt Stiere verwendet, die sich bereits als furchtlose Wüteriche im Kampf bewährt haben.

Später werden die Jungstiere von ihren Müttern getrennt und bekommen ein **eigenes Gehege** mit viel Auslauf, damit sich die Muskulatur kräftigt. Dieses angeblich „paradiesische Dasein" wird von den Anhängern des Stierkampfs in Diskussionen gern ins Feld geführt – dass die natürlicherweise rund 18 Jahre dauernde Lebensspanne eines Stiers im Regelfall radikal verkürzt wird, wird gern verschwiegen. Die von Natur aus eher friedfertigen Tiere werden auf der Weide immer wieder gepiesackt und provoziert – geht der Prüfling beherzt zum Gegenangriff über, sind die Züchter zufrieden. Zeigt er als gut zweijähriger Jungbulle aber immer noch mentale und körperliche Schwächen, kommt er in der Regel nur für *novilladas* in Frage, Probekämpfe angehender, noch unerfahrener Stierkämpfer *(novilleros)*, die in ziemlich hässliche Schlächtereien ausarten können. Ansonsten bleibt nur noch, ebenso wie den in der Test-Arena ausgemusterten Kühen, der Weg zum Schlachthof.

Bis kurz vor dem Kampf werden die Stiere intensiv gefüttert, um die Nackenmuskeln zu stärken, denn die von der ruckartigen Aufwärtsbewegung des Kopfes ausgehende Gefahr elektrisiert das Publikum ganz besonders. Erscheint ein Exemplar für höhere Aufgaben qualifiziert, wird es im Alter von vier bis sechs Jahren, wenn es sein maximales Kampfgewicht von 500 bis 700 Kilogramm erreicht hat, für einen „richtigen" Stierkampf verkauft. Und der Bedarf ist riesig, denn allen Protesten zum

Trotz erfreut sich der Stierkampf quer durch alle Bevölkerungsschichten großer Beliebtheit.

Der traditionelle Ablauf einer Corrida

Der Reigen der bedeutenden *corridas* in Andalusien beginnt mit der **Feria de Abril** in Sevilla und endet mit der **Feria de San Lucas** Mitte Oktober in Jaén. Es können auch außerhalb dieser Saison Kämpfe stattfinden, meist handelt es sich dann um Wohltätigkeitsveranstaltungen oder *novilladas*. Bevorzugte Termine sind das Wochenende, offizielle Feiertage oder auch lokale Festivitäten, z. B. Jahrmärkte. Beginn ist meist zwischen 17 und 18 Uhr, wegen der dann schräg einfallenden Sonne zahlt man für den kühleren Schattenplatz *(sombra)* stets deutlich mehr als für einen Platz in der Sonne *(sol)*. Die Preise variieren selbst innerhalb einer Arena *(plaza de toros)* erheblich, im Durchschnitt liegen sie zwischen 12 und 60 €. *Novilladas* sind meist etwas billiger, in Sevilla oder Málaga kann es aber auch noch teurer werden.

Die Stars der Veranstaltung sind die drei **Matadore,** welche die Aufgabe haben, je zwei ihnen zugeloste Stiere innerhalb von 20 Minuten zu töten. Für diesen Job verdienen sie gutes Geld, doch während die Publikumslieblinge locker 100.000 € pro Abend einstreichen, kommt die zweite Garde gerade so über die Runden, denn von den Gagen müssen auch die diversen Mitarbeiter bezahlt werden – so beispielsweise die **quadrilla,** die die Aufgabe haben, den Stier zum Angriff anzustacheln, später dann aber auch zu ermüden und ihm Verletzungen beizubringen.

Nach der feierlichen Eröffnungszeremonie betreten zunächst die **capeadores** zusammen mit dem Matador (der „Dienstälteste“ muss beginnen) die Arena. Sie versuchen, den Stier mit Hilfe eines grellfarbenen Mantels *(capote)* zu reizen, der Matador lernt dabei seinen Gegner erstmals kennen. Da der Stier ohnehin farbenblind ist, wird er aber tatsächlich nur durch die ruckartige Bewegung der *capote* angestachelt.

Dann greift der berittene **picador** („Stecher“) ins Geschehen ein, indem er mit seiner Lanze immer wieder in den Nackenmuskel des Stiers bohrt. Was wie eine Reminiszenz an die Turnierkämpfe der Ritter aussieht, ist im Grunde unverzichtbar, denn zwischen zwei unverletzten Nackenmuskeln könnte ein normaler Mensch mit einem Degen kaum bis zur Hauptschlagader des Stiers vordringen. Seine Aufgabe sollte der Picador aber auch nicht übertreiben, sonst wird er von den Zuschauern ausgebuht, weil er seinem „Chef“ die Arbeit zu leicht macht. Die speziell ausgebildeten, ausgesprochen kräftig gebauten **Pferde** tragen zum Glück seit etwa 1930 einen speziellen Flankenschutz, zuvor erlitten viele von ihnen schwere Verletzungen.

Hierauf betreten die **banderilleros** die Arena, welche die Aufgabe haben, insgesamt drei *banderillas*, mit Widerhaken und Flitterschmuck versehene Stäbe, in denselben Muskel zu stecken. Danach folgt der eigentliche Auftritt des Matadors („Töters“), der mit seinem scharlachroten Tuch *(muleta)* versuchen muss, den blutenden, aufs äußerste gereizten Stier möglichst nahe an seinem Körper vorbeizuführen. Hält er die *muleta* besonders weit vom Körper entfernt, macht er zu viele hektische Bewegungen oder tritt er gar feige den Rückzug an, sind ihm Buh-Rufe oder ein Sitzkissenhagel des Publikums sicher.

Die an Ballett erinnernden Bewegungen gehen zum größten Teil auf *Pedro Romero* und auch *Juan Belmonte,* einen Revolutionär des Stierkampfs aus den 20er und 30er Jahren des 20. Jh., zurück. Aufgrund einer leichten Gehbehinderung blieb *Belmonte* gar nichts anderes übrig, als auf eine möglichst präzise Handhabung der *muleta* und äußerste Geistesgegenwart zu achten – für spätere Stierkämpfer schraubte das natürlich die Ansprüche in die Höhe.

Über den korrekten Ablauf des Showdowns existieren unter den Experten verschiedene Auffassungen, letztlich kommt es darauf an, dass der Stier den Kopf senkt und der Matador den **Degen** zwischen den Hörnern präzise in die schwache Stelle versenkt. Vor allem diese Aktion ist der Gradmesser für die spätere Beurteilung durch die Jury, wobei die Abstufung von einem Ohr („gut") über zwei Ohren bis zum Schwanz des Stiers („hervorragend") geht.

Die sterblichen Überreste des aus der Arena geschleiften Tieres wurden bis in das 19. Jh. noch an die Armen der Stadt verteilt, inzwischen ist aus dem Verkauf jedoch ein lukratives Geschäft geworden. Das muskulöse, blutdurchtränkte Fleisch mit seinem starken Eigengeschmack ist für nicht wenige Andalusier eine begehrte Delikatesse und ist selbst in Spezialitätenrestaurants nur schwer erhältlich. Lokale, die sich der traditionellen Küche verpflichtet fühlen, bieten zumindest den deftigen Stierschwanz *(rabo de toro)* an, allerdings sollte man nicht davon ausgehen, dass dieser einem echten Kampfstier abgenommen wurde.

In sehr seltenen Ausnahmefällen (ca. 0,1 %) gelingt es dem Bullen jedoch, diesem Schicksal zu entgehen – nicht unbedingt dadurch, dass er den Matador seinerseits ins Jenseits befördert, wie manchmal fälschlicherweise behauptet wird, sondern einfach, indem er ihm durch permanente Angriffe keine Gelegenheit gibt, zum Todesstoß anzusetzen. Hält er diese Strategie lange genug durch, kann er vom Publikum **begnadigt** werden, dann wird er zur Weiterzucht in seine *finca* zurückgeschickt und muss nie wieder kämpfen.

Eine Frage der Ethik?

Inzwischen ist die einst vor allem in Süd- und Zentralspanien so beliebte Corrida mächtig **in die Defensive geraten.** In vier Autonomen Regionen (Kanaren, Katalonien, Balearen, Kantabrien) wurde bereits ein Verbot erlassen, weitere Regionen, vor allem in Nordspanien, werden wohl in den nächsten Jahren folgen. Aber auch in den einstigen Hochburgen hat das Interesse dramatisch nachgelassen: Fanden in den rund 400 spanischen Arenen im Jahr 2008 noch 3300 Kämpfe statt, sank die Zahl bis 2012 auf weniger als 2000. Zweifellos überlegt es sich mancher *aficionado* („Liebhaber") in Zeiten der Wirtschaftskrise zweimal, ob er sein gutes Geld Woche für Woche in die Arena tragen soll, aber es ist auch ein schleichender **Kulturwandel** innerhalb der Bevölkerung spürbar. Nur noch 8 % der Spanier besuchen aktuell im Laufe eines Jahres eine Arena, in der breiten Masse stößt das blutige Ritual zunehmend auf Desinteresse oder offene Ablehnung. Freuten sich die meist adeligen Betreiber der Arenen in den goldenen 2000-er Jahren noch über rund 500 Mio. Euro Umsatz pro Jahr, bleiben nun immer mehr Ränge leer, werden viele Arenen bereits mit öffentlichen Finanzspritzen künstlich am Leben gehalten.

Die in der regierenden konservativen Volkspartei gut vernetzte Stierkampflobby drückte Ende 2013 das sogenannte **Torero-Gesetz** durch, das spanische Parlament erhob damit die Corrida zum **„Nationalen Kulturerbe“.** Sie ist damit sozusagen gesetzlich geschützt, kann mit zusätzlichen Subventionen aus der Staatskasse rechnen und soll sogar zum Weltkulturerbe der UNESCO erhoben werden. Die Empörung der Tierschützer, die im Stierkampf kein jahrhundertealtes Kulturerbe, sondern lediglich eine grausame Tortur für das Tier sehen, ist gewaltig.

Typische Flamenco-Verse

Como no tengo dinero, nadie me quiere.
Y cuando tengo dinero,
todo el mundo me quiere …

A mí me daban, me daban
tentaciónes de locura,
cuando de ti me acordaba.

Wenn ich kein Geld besitze,
dann liebt mich niemand.
Und wenn ich Geld besitze,
dann liebt mich alle Welt …

Ich kam, ja ich kam
in die Versuchung, verrückt zu werden,
immer wenn ich mich an Dich erinnerte.

Flamenco

„Flamenco ist die Kunst,
Feuer aus dem Munde zu speien
und es mit den Füßen auszulöschen.“

Jean Cocteau

Der Flamenco ist voller Temperament, voller tiefem Lebensgefühl. Er hat wenig mit dem rüschenreichen und seichten Klischeebild gemein, das durch den Tourismus der 1970er Jahre und diverse Carmenverfilmungen geprägt wurde. Flamenco muss man hören, muss man sehen und spüren. Für viele ist er wie eine Droge, eine Kunst, die süchtig macht.

Was den noch unerfahrenen Zuschauer und -hörer als erstes anzieht, sind die akzentuierten Rhythmen und die ausdrucksstarken Tanzbewegungen. Der **Gesang** hingegen, *el cante,* das älteste und wichtigste Element des Flamenco, dürfte erst einmal etwas schwer verdaulich wirken. Der reine, pure Gesang, der *cante jondo* (*jondo* ist wahrscheinlich die andalusische Aussprache von *hondo*, was soviel wie „tiefgehend“ bedeutet), gilt als die authentische Form des Flamencogesangs. Ursprünglich wurde er lediglich mit einem Stock oder durch rhythmisches Klopfen der Fingerknöchel auf den Tisch begleitet.

Der *cante* wird meist durch ein sehr lang gezogenes „ay“ eingeleitet, ein schmerzlicher Ausruf, der dem Gesang eine besondere Basis schafft. Für manche Ohren mögen die übersetzten **Texte** zum Teil ein wenig schlicht klingen, aber der *cante jondo* ist vielmehr ein gelebtes Gefühl, als textbezogener Gesang. Liebe, Tod, Ehre und Schicksal – das sind die zentralen Themen.

Neben dem Gesang sind **Tanz** und **Gitarrenspiel** die Hauptbestandteile des Flamenco. Die Tänzer sind die *bailaora* und der *bailaor,* der Gitarrist heißt *tocaor.* Die rhythmische Beinarbeit der Tänzer, *taconeo* oder *zapateado* genannt, ist nicht wegzudenken. Gerade bei den älteren männlichen Tänzern reicht oft eine Andeutung der Bewegung oder eine Geste, und das Publikum tobt. Zum Flamenco gehören ebenso das rhythmische **Klatschen,** das **Schnipsen der Finger** und Zurufe der begleitenden Musiker und des Publikums wie „por dios" oder „eso es", die den Flamencokünstler animieren sollen. Die **Kastagnetten** werden eigentlich *palillos* genannt und sind ein relativ junges Element.

179an bn

Der Flamenco wurzelt ganz tief im **Gefühl** und spricht die Menschen unterschwellig an. Wenn der Funken überspringt, spricht man von *el duende*, einem Moment, in dem das Gefühl des Künstlers durch die Stimme, den Gesichtsausdruck und die Bewegungen auf das Publikum einwirkt. Man kann nicht erwarten, dass bei bestimmten Künstlern, einfach weil sie gut sind, das „gewisse Etwas" zu spüren ist – es hängt stets von der Stimmung sowohl des Künstlers als auch des Publikums ab.

Die Flamencomusik ist von den **Gitanos,** den spanischen „Zigeunern", entscheidend geprägt worden. Sie verbanden ihre eigene musikalische Tradition indischen Ursprungs mit der eigentlichen Volksmusik Andalusiens sowie Rhythmen und Tänzen mozarabisch geprägter Kultur, woraus sich ein neuer, origineller Musikstil entwickelte. Auch der Tanz weist Elemente indischer Kulttänze auf.

Bis in die zweite Hälfte des 19. Jh. wurde der Flamenco nur im Kreis der Gitano-Familien oder auf Gutshöfen der *Señoritos* während oft tagelanger Feste gespielt und getanzt. Mit dem Entstehen der *Cafés cantes* in der zweiten Hälfte des 19. Jh. kam es zu öffentlichen Flamenco-Aufführungen. In dieser Zeit setzten sich bestimmte Varianten des Tanzes durch: die *Siguiriya*, die *Soleá*, die *Bulería* und der *Tango*. Die *Bulería* ist die fröhliche und lebhafte Variante des Flamenco und sehr beliebt.

< Flamencosängern wird ein Denkmal gesetzt

Von nun an wurde der Flamenco auch von Nicht-Gitanos gesungen, stellvertretend dafür stehen *Silverio Franconetti Aguilar* und *Antonio Chacón*. In den Cafés entwickelte sich eine gewisse **Kommerzialisierung,** besonders, als der Flamenco auf die Theaterbühnen geholt wurde. Die Texte wurden schwülstig, der Fandango setzte sich durch, und der Flamenco geriet in den Ruf, kitschig und niveaulos zu sein, während der „Flamenco puro" wieder in seinen geschlossenen Kreis zurückkehrte.

1922 veranstalteten der Dichter *Federico García Lorca* und der Komponist *Manuel de Falla* den ersten „Concurso de cante flamenco", einen Wettbewerb, um dem Flamenco seinen alten Stellenwert zurückzugeben. Der Flamenco blieb eine verschlossene Welt, erst recht in den für Spanien schwierigen Zeiten während der Franco-Diktatur in den 1960er Jahren, als nur der heitere, kitschige Flamenco für den Tourismus gestattet wurde. Guter Flamenco, der *cante jondo*, wurde eher durch Intellektuelle aus dem Ausland gefördert, so wurde die erste Flamenco-Anthologie in Frankreich aufgenommen.

Das Interesse am Flamenco nahm in den 1980er Jahren wieder zu, als man ihn sogar in Diskotheken einführte. Spaniens „movida" der 80er Jahre und der enorme Erfolg des Sängers **Camarón de la Isla** führten ihn über seinen engen Folklorerahmen hinaus. Camarón war der erste, der alle Stilrichtungen und alle Generationen im *cante jondo* vereinte. Er starb 1992 im Alter von nur 40 Jahren und wurde spätestens mit seinem Tod zur Legende. Er war und ist das Symbol eines über die Grenzen Spaniens hinaus wirkenden Flamenco und inspirierte eine ganze Künstlergeneration, die heute in Gesang und Tanz führend ist.

Allmählich tauchten junge Künstler auf und wagten Experimente, mischten Rock, Salsa und Jazz hinzu, wodurch der Flamenco stilistisch zwar modernisiert, sein Wesen aber nicht verändert wurde. Er ist eine Musik, die nach wie vor junge Leute begeistert, da er leidenschaftlich und lebendig ist.

223an bn

Flamencotänzerin im „Vimaambi" in Granada

Paco de Lucia – Andenken an ein Genie

Kaum einer beherrschte die Flamenco-Gitarre so brillant wie der Maestro *Paco de Lucía.* 2014 ist der **Revolutionär und Erneuerer des Flamenco** mit 66 Jahren verstorben. Auch wenn er viel Zeit auf Mallorca und in Mexiko verbrachte, wo er auch starb, seine letzte Ruhestätte fand er in seiner Heimatstadt Algeciras. Sein musikalisches Erbe ist eines der bedeutendsten des 20. Jahrhunderts. In den 1970er und 1980er Jahren arbeitete er eng mit dem nicht minder revolutionären Flamenco-Sänger *Camarón de la Isla* zusammen. Mit der LP „Entre dos Aguas" kam 1975 der internationale Durchbruch, doch schon die Konzerte zuvor im Madrider Klassiktempel Teatro Real waren eine Manifestation überragender, einzigartiger Musikalität. Legendär wurden die Aufnahmen mit den Gitarristen *John McLaughlin* und *Al Di Meola.* Ende 1980 spielte das Trio das Live-Album „Friday Night in San Francisco" ein, das ein sensationeller Erfolg wurde. Der spanische **Gitarrenvirtuose** machte den Flamenco weltweit populär und bereicherte ihn mit Elementen aus Jazz, Blues, Klassik und „Weltmusik". Unvergesslich wird bleiben, mit welch verblüffender Schnelligkeit und Schwerelosigkeit gleichermaßen *Paco de Lucía* über die Saiten huschte und sein Publikum zu Begeisterungsstürmen hinriss.

Eine aktuelle Ikone des Flamenco ist der Tänzer **Joaquín Cortés,** der sich durch die Kombination von leidenschaftlichem Tanz und Sexappeal geschickt zum Star aufbauen ließ – eine Tendenz, die nicht von allen Vertretern der Zunft gern gesehen wird. Der Flamencotänzer *Antonio Canales* ist Vertreter einer Schule, die beweist, dass traditioneller Tanz und moderne Choreographie zu einer originären Ausdrucksform verschmelzen können.

Stellvertretend für die neue Generation steht die Gruppe **Ketama.** Die Mitglieder sind zunächst mit dem Flamenco

groß geworden und haben mit bedeutenden Persönlichkeiten zusammen gespielt. Die Band setzt die Tradition einer Flamenco-Familie („Habichuelas") fort. Ihr entstammen außergewöhnliche Gitarristen, erfinderische Wegbereiter für die junge Flamenco-Generation.

Der Flamenco hat sein rein folkloristisches Element abgelegt, er ist heute ein Teil der spanischen Kultur, der dank der Adaptionen zeitgenössischer Künstler überlebt. Aus diesem Grund ist es sicherlich ein unangemessener Purismus, ausschließlich die Kunst der Gitanos, die in den Kellern Andalusiens ihre Lieder der Verzweiflung singen, als den „wahren" Flamenco zu bezeichnen. Konzerte mit virtuosen **Gitarristen** wie *Paco Cepero* oder *Vicente Amigo* liegen auf höchstem musikalischem Niveau und transportieren nicht minder das „wahre Wesen" des Flamenco.

Feria del Caballo in Jerez de la Frontera

054an bn

an14-082 nk

12 Anhang

< In den Gassen von Vejer de la Frontera

Glossar

Aficionado: begeisterter Anhänger, insbesondere des Stierkampfs oder des Flamenco.

Ajimez, Ajimeces: von schlanken Säulen untergliedertes Zwillings- oder Drillingsfenster.

Al-Andalus: der von den Mauren eingenommene Teil der iberischen Halbinsel; gab dem heutigen Andalusien seinen Namen.

Alcazaba: Zitadelle bzw. befestigte Residenz auf einer Anhöhe außerhalb der maurischen Stadt.

Alcázar: befestigter Königspalast innerhalb der Stadtmauern, von arab. *al-kasr*, „das Schloss".

Alhambra: Eigenname der befestigten Residenz von Granada; von arab. *al-hamra*, „die Rote", vermutlich eine Anspielung auf die roten Haare ihres Begründers *Mohammed I.*, genannt „al-Ahmar" = der Rote.

Aljibe: maurische Zisterne, meist kugelförmig ummauert.

Almohaden: ursprünglich Gruppe sesshafter Berber aus dem Hohen Atlas, später Herrscherdynastie in Andalusien. Der Name leitet sich vom arabischen *al-Muwahiddun*, „Bekenner der göttlichen Einheit", ab.

Almoraviden: einst Sekte von Nomaden aus der Sahara, später Herrscherdynastie in Andalusien. Der Name kann mit „Männer des Ribat" (*Ribat* = Militärkloster der Muslime) übersetzt werden.

Artesonado: ursprünglich ein Begriff für die kunstvollen Holzvertäfelungen von Gewölben und Kuppeln in der islamischen Kunst, heute generell für hölzerne Kassettendecken bzw. Holzintarsienarbeiten.

Azulejos: glasierte Kacheln, oft nach Art eines Mosaiks zusammengesetzt, seit maurischer Zeit sehr beliebte Wandverkleidung der Innenhöfe im Sockelbereich. Hat nichts mit dem span. Wort *azul* („blau") zu tun, sondern leitet sich vom arabischen Begriff *az-Zulayi* („kleiner Stein") ab.

Barrio: Stadtviertel.

Carmen: städt. Villa in Granada, vom arabischen *karm*, „umschlossener Garten".

Chor: Ort für den Chor der Geistlichen (Klerus) an der Stirnseite einer Kirche im Bereich um den Hochaltar. Das eigentlich dazugehörende Chorgestühl ist in Spanien oft in das Mittelschiff versetzt.

Cofradía, Hermandad: Laienbruderschaft einer Pfarrgemeinde.

Cortijo: Gehöft bzw. Gutshof, insbesondere in gebirgigen Regionen.

Custodia: Monstranz (von lat. *monstrare*, „zeigen"); meist in der Schatzkammer einer Kirche aufbewahrtes liturgisches Gefäß, welches in erster Linie zu Fronleichnam in einer Prozession durch die Straßen getragen wird.

Espadañas: zweidimensionale Glockenturmaufsätze der Barockzeit.

Feria: ursprünglich der Jahrmarkt bzw. Viehmarkt eines Ortes, heute mehrtägiges Volksfest mit Feierlichkeiten und Veranstaltungen.

Fiesta: religiöse Feier, oft zu Ehren eines Stadtpatrons oder einer *Virgen* (Jungfrau, Madonna).

Finca: Bauernhof, teilweise Nutzviehhaltung; Zuchtbetrieb für Kampfstiere.

Gitanos: spanische Roma.

Hufeisenbogen: typisches Element der maurischen Architektur.

Isabellinischer Stil: Nach der Katholischen Königin *Isabella I.* benannte spanische Sonderform der Spätgotik (um 1500) mit reichlicher Verwendung von Pflanzenmotiven und Wappenschildern.

Junta de Andalucía: Regierung der Autonomen Gemeinschaft Andalusien *(Comunidad Autónoma)*.

Kapitell: dekorativ gestalteter Aufsatz einer Säule oder eines Pfeilers.

Manierismus: Sonderform der europäischen Spätrenaissance (2. Hälfte des 16. Jh.), in der im Sinne einer persönlichen Handschrift bewusst gegen die Idealmaße der griechisch-römischen Antike verstoßen wird.

Maqsura: Vom eigentlichen Gebetssaal der Moschee abgetrennter Bereich für den Kalifen oder Sultan.

Mauren (span. *moros*): von griech. *amauros* („dunkel"); ursprünglich ein Begriff für die arabisch-berberische Mischbevölkerung des nordwestlichen Afrika, später populär als Bezeichnung für alle Muslime, die nach 710 auf die Iberische Halbinsel kamen.

Medina: der Kernbereich der ummauerten maurischen Stadt, um den Komplex von Alcázar und Hauptmoschee herum.

Mezquita: Moschee, von arab. *masdjid*, „Ort der Anbetung". Es werden private und öffentliche Gebetshäuser unterschieden, die sogenannte Freitagsmoschee bekam als Ort des kollektiven Gottesdienstes der Gemeinde am höchsten islamischen Wochentag auch eine politisch-gesellschaftliche Funktion.

Mihrab: das Allerheiligste einer Moschee, in die Qiblawand eingelassene, meist halbrunde oder achteckige Gebetsnische, in die der *Imam* (Vorbeter) Texte des Koran oder der Sunna hineinspricht.

Mirador: Aussichtspunkt.

Morisken (span. *moriscos*): Muslime unter christlicher Herrschaft, die trotz Zwangstaufe ihre Sprache, Sitten und Gebräuche beibehalten wollten.

Mozaraber: „arabisierte" Christen, die auch während der maurischen Herrschaft ihrem Glauben treu blieben, in Andalusien meist die Angehörigen der eher niederen Stände.

Mudéjar: vom arabischen Wort *mudayyan* („Tributzahler") abgeleitete Bezeichnung für die Muslime unter christlicher Herrschaft. Künstler und Handwerker dieser Bevölkerungsgruppe fügten den Bauwerken ihrer christlichen Auftraggeber Elemente der orientalischen Formensprache hinzu. Die daraus resultierenden Mischformen werden Mudéjar-Stil genannt.

Muqarnas: an Bienenwaben erinnernde Stuckdekoration unterhalb von Gesimsen bzw. in der Kuppelzone eines Raumes, aufgrund der herabhängenden Zapfen auch als Stalaktitengewölbe bezeichnet. Die Muqarnas-Kapitelle in Form geflochtener Körbe sind ein typisch islamisches Formenelement.

Nasriden: nach ihrem Ahnherr *Mohammed Ibn-Jusuf Ibn-Nasr* benannte Herrscherdynastie des Sultanats Granada.

Parador: staatlich geführtes Komfort- bzw. Luxushotel, oft in historischen Gebäuden.

Paso: annähernd lebensgroße Figuren bzw. Figurengruppen mit Darstellungen aus der Leidensgeschichte Jesu Christi, die bei den Prozessionen zur Semana Santa (Karwoche) auf Podesten durch die Straßen getragen werden.

Patio: meist üppig bepflanzter Innenhof, für viele Andalusier das „Wohnzimmer im Freien".

Plateresk: von span. *platero* („Silberschmied") abgeleiteter Begriff für die reichliche Dekoration von Fassaden und Innenräumen mit zierlichen, an Silberschmuck erinnernden Formen in der Spätgotik und Renaissance.

Qibla: die nach Mekka ausgerichtete Wand an der Stirnseite einer Moschee.

Reconquista: die Rückeroberung der von den Mauren beherrschten Iberischen Halbinsel durch die Christen.

Retabel: Altaraufsatz; in Spanien oft eine hoch aufragende Wand mit zahlreichen Skulpturen und Reliefs.

Romería: Pilgerfahrt; auch Wallfahrt in kleine Kapellen (span.: *ermitas*) außerhalb eines Ortes.

Semana Santa: Karwoche, mit aufwendigen Prozessionen gefeiert.

Sevillana: Sonderform des Flamenco aus Sevilla, fast immer mit Kastagnetten-Begleitung, meist sehr heiter gestimmt.

Taifas: maurische Kleinkönigtümer, die sich in der Zeit nach dem Zerfall des Kalifats von Córdoba formierten.

Tapas: kleine Häppchen, die oft zusammen mit alkoholischen Getränken gereicht werden.

Trascoro: Rückseite des zentral im Mittelschiff der Kathedrale/Kirche aufgebauten Chorgestühls als Gebetsraum für das einfache Volk, das von der Messe nicht viel mitbekam; im Gegensatz dazu der *crucero* (Vierung) zwischen Chorgestühl und Hochaltar, der Klerus und Adel vorbehalten war.

Vielpassbogen: Hufeisenbogen, dessen Laibung von einer Vielzahl kleinerer Bögen durchbrochen wird; für die maurische Kunst ab dem 10. Jh. charakteristisch.

Virgen: Jungfrau bzw. Madonna.

Literaturtipps

Ali, Tariq: **Im Schatten des Granatapfelbaums,** München 1997. Roman.

Barrucand, Marianne und Bednorz, Achim: **Maurische Architektur in Andalusien,** Taschen Verlag Köln. Sehr kenntnisreich geschriebene Geschichte der maurischen Baukunst.

Bastart, Jordi: **Rutas – Aktivurlaub Andalusien.** Es werden acht Routen für Radfahrer, Wanderer und Autofahrer durch die interessantesten Regionen Andalusiens beschrieben. Das Heft ist in vielen andalusischen Tourist-Informationen erhältlich.

Gala, Antonio: **Die Handschrift von Granada,** Serie Piper. Roman.

Gautier, Theophile: **Reise in Andalusien.** Reisebericht.

Hunke, Sigrid: **Allahs Sonne über dem Abendland: Unser arabisches Erbe,** Fischer Taschenbuch Verlag 1990. Vielschichtige Analyse der arabischen Kultur und ihres prägenden Einflusses bis in unsere Zeit.

Irnberger, Harald: **Andalusische Arabesken,** Artemis & Winkler 2002. Literarische Streifzüge auf den Spuren von Lorca, Alberti, Machado und anderen Schriftstellern quer durch Andalusien.

Irving, Washington: **Erzählungen von der Alhambra.** Deutsche Ausgabe in Granada erhältlich. Reisebericht.

Kinkel, Tanja: **Mondlaub,** Goldmann, München 1997. Historischer Roman, Spanien in den Wirren der Reconquista. Hauptfigur ist Layla, Tochter des Emirs von Granada, unfreiwillig am Hofe Isabelas und Ferdinands.

Schönfelder, Ingrid und Peter: **Die neue Kosmos-Mittelmeerflora,** Kosmos Naturführer. Über 500 Mittelmeerpflanzen, mit Farbfotos.

Ländliches Andalusien. Von der Junta de Andalucía (Andalusische Regierung) herausgegebenes Buch mit Beschreibungen kleinerer Orte und zahlreichen Vorschlägen für Wanderungen, Radtouren und Ausritte. Ist in fast allen Tourist-Informationen zu bekommen.

Spanisch – Wort für Wort, Kauderwelsch, Band 16, Reise Know-How Verlag, Bielefeld. Spanisch zum Einsteigen und Auffrischen, ermöglicht schnelle Verständigung.

Spanisch für Andalusien – Wort für Wort, Kauderwelsch, Band 185, Reise Know-How Verlag, Bielefeld. Das alltägliche Spanisch für den Süden des Landes.

Spanisch Slang, Kauderwelsch, Band 57, Reise Know-How Verlag, Bielefeld. Alltags-Spanisch für Fortgeschrittene.

Kleine Sprachhilfe

Hier sollen nur ein paar Phrasen genannt werden, die man schnell erlernen kann bzw. auf die keine komplizierte Antwort zu erwarten ist. Wer mehr Spanisch lernen möchte, sei auf den **Sprachführer „Spanisch – Wort für Wort“** verwiesen; wer bereits etwas Spanisch beherrscht, kann mit dem Band **„Spanisch Slang“** seine Kenntnisse um Begriffe und Wendungen der Alltagssprache erweitern (siehe Literaturtipps). Und wer in Spanien landestypisch essen und einkaufen möchte, ist mit dem Band **„Spanisch kulinarisch“** gut beraten.

Aussprache und Betonung

Bei der **Betonung** gibt es zwei Grundregeln:
- Jedes Wort wird so ausgesprochen, wie es geschrieben wird, d. h., es werden keine Buchstaben zusammengezogen; Beispiel: *bien* [gut] wird „bi-en“ gesprochen. Einzige Ausnahme: *gue* und *gui*, die werden „ge“ und „gi“ gesprochen; Beispiel: *guerra* [Krieg] – „gerra“.
- Grundsätzlich werden die Wörter auf der vorletzten Silbe betont, wenn sie auf einem Vokal *(a, e, i, o, u)* bzw. auf *-n* oder *-s* enden.
- Endet ein Wort auf einem Konsonanten (außer: *-n* und *-s)*, wird die letzte Silbe betont.
- Abweichungen von dieser Regel zeigen die Akzente an. In diesem Fall wird dann der Buchstabe betont, über dem der Akzent steht.

Zur Aussprache

- **c** wird meist weich gesprochen, fast wie englisches „th“.
- **c** wird hart gesprochen, wenn a, u, o folgt; Beispiel: *casa* (Haus) – „kasa“.
- **ch** – „tsch“; Beispiel: *mucho* (viel) – „mutscho“.
- **j** – „ch“; Beispiel: *Juan* – „chuan“.
- **ll** – wie deutsches „j“; Beispiel: *valle* – „waje“.
- **ñ** – „nj“; Beispiel: *España* – „Espanja“.

Ein Hinweis auf ein vom Deutschen abweichendes Phänomen: Das umgedrehte Fragezeichen (¿) vor dem Fragesatz ist eine typische spanische Besonderheit. Analog wird vor einem Befehlssatz ein umgedrehtes Ausrufungszeichen gesetzt (¡).

Wichtige Begriffe und Phrasen

Höflichkeitsfloskeln

Hallo	*hola*
Guten Tag	*buenos días*
Auf Wiedersehen	*adiós*
Gute Nacht	*buenas noches*
Bis später	*hasta luego*
Wie heißt Du?	*¿cómo te llamas?*
Ich heiße	*me llamo …*
Wie geht's?	*¿cómo estás?*
Sehr gut, danke	*muy bien, gracias*
Bitte	*por favor*
Vielen Dank	*muchas gracias*
Gern geschehen, macht nichts	*de nada*
Ja/Nein	*sí/no*
In Ordnung	*vale*

Verständigung

Ich verstehe nicht	*no entiendo*
Sprechen Sie deutsch?	*¿habla Usted alemán?*
Tut mir leid, ich spreche kein spanisch	*lo siento, no hablo español*

Zeiten

jetzt	*ahora*
spät	*tarde*
später	*más tarde*
der Morgen	*mañana*
Nachmittag	*tarde*

Nacht	*noche*
gestern	*ayer*
heute	*hoy*
morgen	*mañana*
Tag	*día*
Woche	*semana*
Monat	*més*
Jahr	*año*

Wochentage

Montag	*lunes*
Dienstag	*martes*
Mittwoch	*miércoles*
Donnerstag	*jueves*
Freitag	*viernes*
Samstag	*sábado*
Sonntag	*domingo*

Monate

Januar	*enero*
Februar	*febrero*
März	*marzo*
April	*abril*
Mai	*mayo*
Juni	*junio*
Juli	*julio*
August	*agosto*
September	*septiembre*
Oktober	*octubre*
November	*noviembre*
Dezember	*diciembre*

Straßen

Straße	*calle*
Platz	*plaza*
Prachtstraße	*avenida*
Promenade	*paseo*

Touristische Begriffe

geschlossen	*cerrado*
geöffnet	*abierto*
Toiletten	*servicios, baño*
Männer	*hombres*
Frauen	*señoras*
Doppelzimmer	*habitación doble*
Einzelzimmer	*habitación simple*
Zimmer ...	*habitación ...*
... mit Bad	*... con baño*
... mit Dusche	*... con ducha*
Flugplatz	*aeropuerto*
Hafen	*puerto*
Bahnhof	*estación de tren*
Busterminal	*terminal de autobús*
Preis	*precio*
Eintritt	*entrada*
Eintrittskarte	*billete*
Rückfahrkarte	*billete de ida y vuelta*

Wichtige Phrasen

Wie teuer ist es?	*¿cuánto vale?*
Wie kann ich ...	*¿cómo podría ...*
nach ... gehen?	*... ir a ...*
Wo liegt ...?	*¿dónde está ...?*
Wie spät ist es?	*¿qué hora es?*
Ich suche ...	*estoy buscando ...*
Ich benötige ...	*necesito ...*
Ich möchte ...	*quiero ...*
Ich hätte gerne ...	*querría ...*
Geben Sie mir ...	*déme ...*
Haben Sie ...?	*¿tiene ...?*
Gibt es ...?	*¿hay ...?*

Zahlen

0	*cero*
1	*uno*
	(aber: *un kilo, una cerveza*)
2	*dos*
3	*tres*
4	*cuatro*
5	*cinco*
6	*seis*
7	*siete*
8	*ocho*
9	*nueve*
10	*diez*
11	*once*

12	*doce*
13	*trece*
14	*catorce*
15	*quince*
16	*dieciséis*
17	*diecisiete*
18	*dieciocho*
19	*diecinueve*
20	*veinte*
21	*veintiuno*
22	*veintidós*
29	*veintinueve*
30	*treinta*
31	*treinta y uno*
40	*cuarenta*
50	*cincuenta*
60	*sesenta*
70	*setenta*
80	*ochenta*
90	*noventa*
100	*cien*
101	*ciento uno*
102	*ciento dos*
110	*ciento diez*
138	*ciento treinta y ocho*
200	*doscientos*
300	*trescientos*
400	*cuatrocientos*
500	*qinientos*
600	*seiscientos*
700	*setecientos*
800	*ochocientos*
900	*novecientos*
1.000	*mil*
2.000	*dos mil*

Die Zahlen ab 1000 aufwärts werden wie im Deutschen gebildet, indem jeweils *mil* angehängt wird.

Register

Die Autoren

Petra Neukirchen lebte einige Jahre in Andalusien und gewann dadurch nicht nur einen Eindruck der landschaftlichen und städtischen Reize dieser Region, sondern auch einen tiefen Einblick in das andalusische Alltagsleben. Ihr Studium der Geschichte und Spanischen Philologie absolvierte sie in Köln und Sevilla und verdiente sich ihre Brötchen als Reiseleiterin, wenn sie nicht gerade in den andalusichen Bergen wandern oder in Tarifas Gewässern surfen war. Bei der Ausgabe GEO Special „Spaniens Süden" hat sie auch redaktionell mitgewirkt und beim SWR steht sie gelegentlich als Spanien-Expertin vor der Kamera. Als freie TV-Journalistin und -Regisseurin lebt sie heute in Köln und – wie könnte es anders sein – in Spanien. Interessantes rund um Spanien unter www.spain-unlimited.com oder www.spain-unlimited.info.

Wolfgang Bauer kam zuerst während des Studiums in Augsburg (Geografie, Soziologie, Spanisch) mit dem Thema Spanien in Berührung. Die so geweckte Neugier wurde auf ausgedehnten Reisen quer durch das Land gestillt. Bald kristallisierte sich der tiefe Süden mit seinen großartigen Kunstschätzen und seiner vielgestaltigen Natur als Favorit heraus. Mittlerweile ist Andalusien auch der bevorzugte „Arbeitsplatz" des Autors geworden. Aus seiner langjährigen Tätigkeit als Studienreiseleiter weiß Wolfgang Bauer, welche Tipps und Infos bei der Erkundung des schönen Andalusien weiterhelfen.

Danksagung

Besonderer Dank gilt *Miguel Cuevas López* für seine intensive Mitarbeit an dieser Auflage sowie *Juan* aus Vejer für wertvolle Tipps. Zudem möchte *Petra* ihren Eltern *Hedi* und *Werner Neukirchen* danken, die ihre Pläne immer unterstützt haben und ihr mit Rat und Tat zur Seite standen. *Wolfgang* möchte seiner Lebensgefährtin *Anja* für ihre liebevolle Anteilnahme und die Geburt ihres wundervollen Sohnes *Julian* danken.

an14-087

196an bn